中山大学哲学系　主编

朱谦之全集

卷四

历史哲学

（一）

历史哲学

历史哲学大纲

商務印書館
创于1897 The Commercial Press

图书在版编目（CIP）数据

朱谦之全集. 卷四，历史哲学 / 朱谦之编著.
北京：商务印书馆，2024. --ISBN 978-7-100-24461-9

Ⅰ. C52

中国国家版本馆CIP数据核字第202403SV78号

朱谦之全集

卷四

历史哲学

（全二册）

商 务 印 书 馆 出 版

（北京王府井大街36号 邮政编码100710）

商 务 印 书 馆 发 行

北京虎彩文化传播有限公司印刷

ISBN 978－7－100－24461－9

2024年10月第1版　　开本 880×1240 1/32

2024年10月北京第1次印刷　　印张 $35^{1}/_{8}$ 插页2

定价：218.00元

朱谦之先生 1933 年著作《历史哲学大纲》，
图为上海民智书局 1933 年版

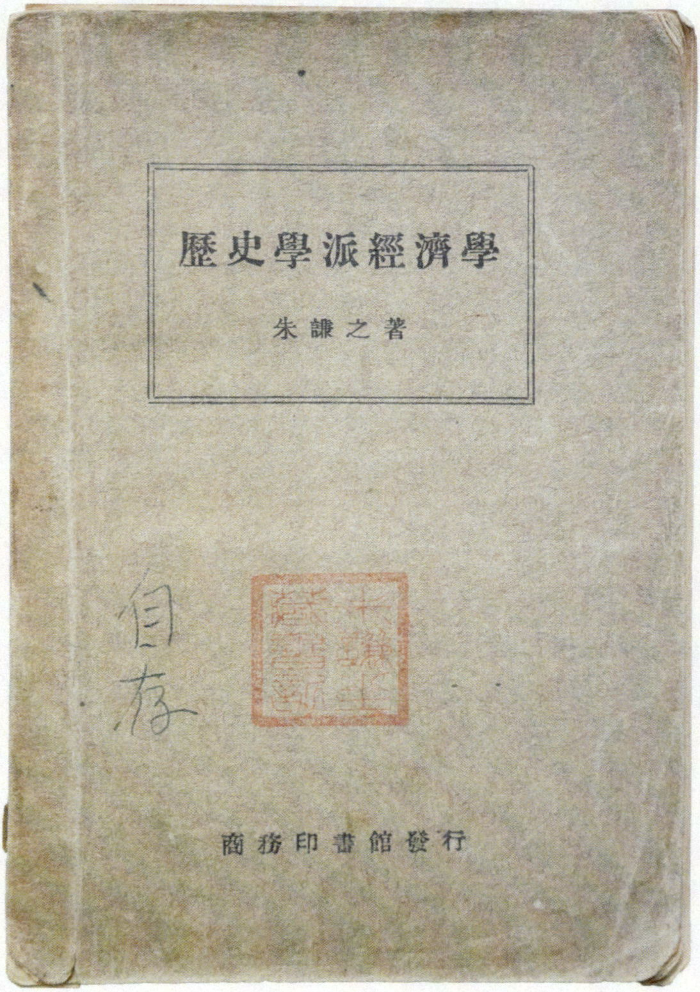

朱谦之先生 1933 年著作《历史学派经济学》，
图为商务印书馆 1933 年版，朱谦之“自存本”

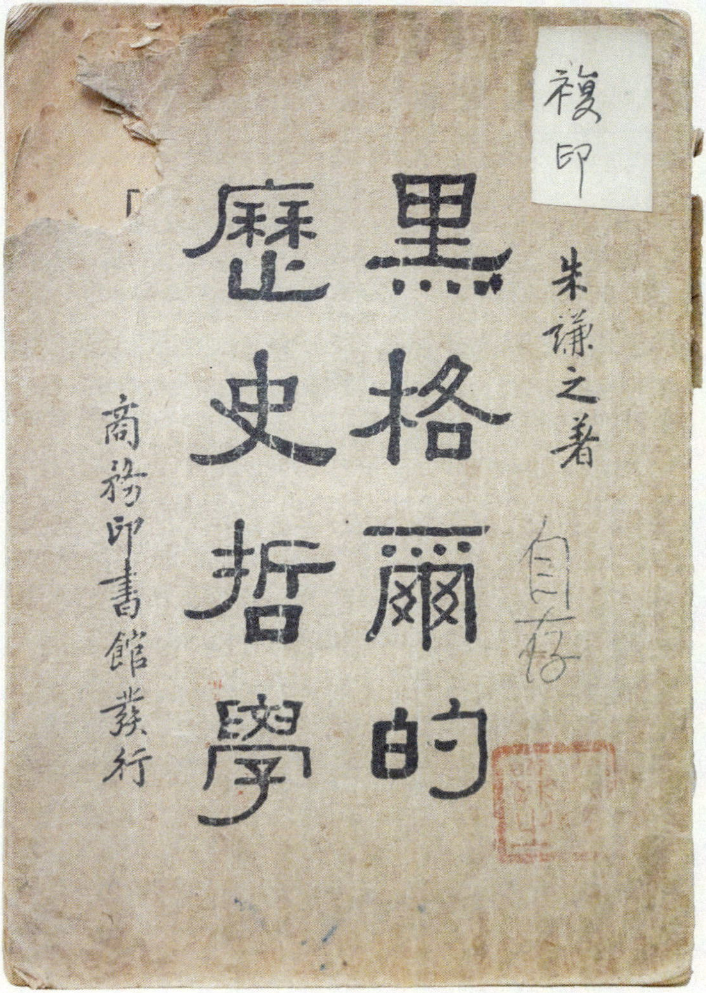

朱谦之先生 1936 年著作《黑格尔的历史哲学》，
图为商务印书馆 1936 年版，朱谦之“自存本”

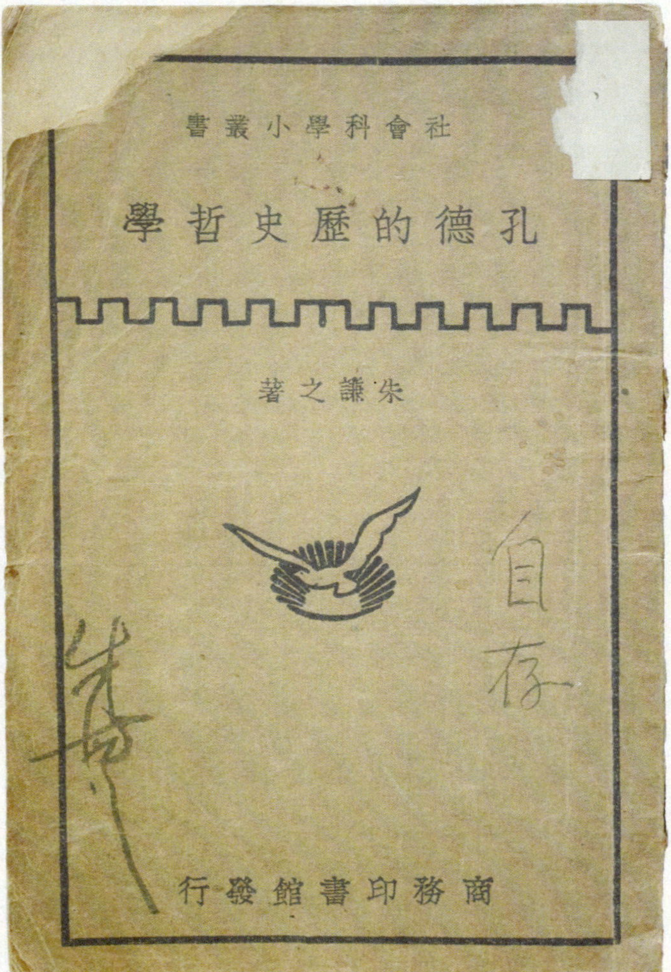

朱谦之先生 1941 年著作《孔德的历史哲学》，
图为商务印书馆 1941 年版，朱谦之“自存本”

《朱谦之全集》总序

一

朱谦之先生（1899—1972），字情牵，曾用笔名闽狂、古愚、左海恨人、AA等，福建福州人，我国现代著名的哲学家、历史学家、宗教学家。一生研精覃思，著述宏富，在东西文化比较、中国哲学史、东方哲学史、宗教学研究等领域，作出了重要贡献，有着较大的国际影响。先生治学范围极为广博，涉及哲学、宗教、历史、考古、文学、音乐、戏剧、政治、经济等诸多领域，且颇富创见，被誉为“百科全书式的学者”。

知名学者王亚南曾评价朱谦之先生的学术研究具有强烈的“时代感”。他的人生轨迹和思想发展，体现出一位进步知识分子在新旧社会交替之际积极探寻真理、追求光明的卓绝历程。先生正直坦荡，独立不迁，具有崇高的人格风范。其自作诗有云“宁可千秋无我席，吾生决不慕时流”，正是其一生之真实写照，令人景仰！

谦之先生与中山大学有着不解之缘，他在中大工作时间最久，曾称广州为其“第二故乡”。1932—1952年的二十年间，先生执教中大，历任历史系主任、文学院院长、文科研究所主任、哲学系主任等职。抗战期间，先生大力提倡“南方文化运动”和“现代史学运动”，影响深远。又亲历中大自广州石牌至云南澄江、粤北坪石、广东梅县之迁校历程，敬业尽职，心忧国运，曾作诗云“诲人不倦吾滋愧，抗敌图存志不灰”，令人感佩！

中大哲学系素来重视缅怀弘扬前辈学人之德业。2004年，时任系主任的黎红雷教授曾编辑《朱谦之文集》，列为“中山大学杰出人文学者文库”之一。“世纪中大，山高水长”，2024年正值中山大学建校一百周年，同时也是哲学系建系百年。鉴于谦之先生在学术上的重要影响及其在哲学系历史上的重要地位，中山大学哲学系决定系统整理谦之先生的相关著述，而成此皇皇10卷20册《朱谦之全集》，以为百年校庆、百年系庆隆重献礼。《朱谦之全集》亦得到校方鼎力支持，并获百年校庆“人文社科重点学术规划”专项资金资助。

二

学界此前关于朱谦之先生集子的整理，规模最大者为2002年由福建教育出版社出版的十卷本《朱谦之文集》（下称“福建本”）。此套书的编者为中国社科院世界宗教研究所研究员黄夏年先生，他也是朱谦之著作权代理人。福建本充分利用谦之先生手稿等相关文献，对其著述作了较为系统的整理，使学界得睹谦之先生学术之整体面目，嘉惠士林，其功甚钜！此次《全集》整理，也得益于此套书最多。不过，福建本尚有谦之先生著述多种未能收入，底本选择及整体分类也还有值得商榷之处，于是，编纂一部资料更为完整的《朱谦之全集》便实有必要。

中大哲学系编辑整理《朱谦之全集》有着得天独厚的优势。2019年恰逢谦之先生诞辰120周年，我系隆重召开“纪念朱谦之先生诞辰120周年座谈会暨朱谦之学术思想研讨会”，中国社科院黄心川、黄夏年贤父子有感于中大哲学系弘扬谦之先生学术之功，慨然捐赠谦之先生全部遗作手稿及早期著述自存本若干，总计180余种。这些文献资料是朱谦之研究最为珍贵的一手文献，其中有不少文献为编辑福建本时所未见。此宗文献，除用以校勘外，又使数种著述得以首次面世。

《朱谦之全集》凡10卷20册，包含谦之先生著作44种、文章79篇，几乎囊括其所有著述。其中，从手稿、油印稿等早期著述中整理而得首次面世者，有著作1种、文章8篇；此前虽有出版或发表，经重新整理而首次纳入朱谦之集子中者，有著作4种、文章38篇。

《全集》卷次之排列，大致以朱谦之平生学术转向为序，同时兼顾相关著述问世时间之先后。此次《全集》整理，于各种著述皆重新确定底本、校本，精加校勘，并出校记。底本之选择，据实际情形以稿本、初版、新出校订本等为底本，同时参以中大哲学系藏朱谦之先生“自存本”之校批文字。校记文字之后皆标“——编者”，以区别于作者原有注释文字。对每种著述皆加编者注，说明此种著述之书名篇名更易、版本源流、底本选择等相关情形。我们的愿望是，为学界奉献一部迄今为止资料最为完备、学术信息最为完整，且在编排上更好展现谦之先生学术脉络的著述全集。

三

1972年谦之先生仙逝后，其夫人何绛云先生作有悼念诗数章，其中《再悼朱谦之》之八有云：

> 挽诗作罢当招魂，墨沈淋漓杂泪痕。
> 最是伤心凄绝处，满箱遗稿付何人？

半个世纪后，因缘际会，谦之先生遗稿全部入藏他曾经工作和生活过的中山大学，并得到妥善保存和利用，正可谓得其所哉！2019年12月，中大哲学系曾举办“古愚荷心——朱谦之先生遗作文献展”，以纪念这位具有独立品格的杰出学者。如今，《全集》即将由商务印书馆出版发行，或正可偿绛云先生当年之遗愿。

2022年底，笔者承蒙哲学系张伟主任及诸位同人的信任，承乏《全集》整理事宜。2023年初，我们先花费近三个月对谦之先生全部遗稿作了普查，梳理每种著述的版本源流，并依据谦之先生的学术转向厘为十卷，确定了《全集》整理的基本体例。自2023年5月起，以哲学系师生为主体的整理团队30余人开始第一阶段的整理，释读谦之先生手稿多种。2024年寒假结束后，又开始第二阶段的清样校读工作，前后共计40余位老师同学投入此项工程。整理工作，不唯校对，亦有校勘。自寒徂暑，历经将近一年半的时间，终于定稿。摩挲谦之先生遗稿，体知前辈学者学术，辛苦之余，所有整理人员都倍感与有荣焉！

《全集》的编辑整理，始终得到黄夏年先生的指导关爱。2019年冬，我与哲学系张清江副主任前往黄老师家中取走谦之先生遗稿时，黄老师谆谆教导道：“你们一定要好好珍藏利用朱先生的这些文稿，弘扬朱先生的学术就靠你们了！”黄老师对谦之文献、谦之学术最为熟稔，《全集》之整理，也正是在福建本之基础上再作补充完善。《全集》的最终编成，黄夏年先生功莫大焉！

自《全集》工作上马到最终顺利出版，中大哲学系资深教授冯达文先生、中山大学人文学部主任暨哲学系学术委员会主任陈少明教授等，一直给予深切的关怀和支持，在此谨致以衷心谢忱！此外也感谢学界专家、教授，以及商务印书馆对整理工作的关怀和指导。感谢上海对外经贸大学张国义教授现场指导《全集》整理工作；感谢上海财经大学殷飞飞教授、中山大学历史学系曹天忠教授提供宝贵参考意见；感谢北京大学哲学系主任程乐松教授帮助联系张岱年、周辅成先生后人，协调著作授权事宜。《全集》的出版得到了商务印书馆的大力支持，其为这套书的学术质量提供了保证。

诚然，对于朱谦之先生学术思想研究而言，《全集》整理仅仅是一个基础性的文献工作，未来还有待学界同人从不同角度对谦之先生渊博学术做更深入的探研。来日方长，诸君齐努力！

周春健

甲辰槐月

于中大哲学系

凡　例

一、《全集》卷次之排列，以朱谦之平生学术转向为序，同时兼顾相关著述出版或问世时间之先后。卷一“学术自传”打散著作、文章之别，径按时间排序。其余九卷，皆先排著作，后排文章；相关文章往往数篇，统置于“文章辑录”目下。

二、《全集》所收著述，据具体情形以稿本、原刊、作者手订本或校订本为底本，参校他本，正其讹误。版本源流、底本选择等情况，皆以编者注进行说明。校改之处，以校记进行说明。

三、《全集》保留作者文字风格及语言习惯，不按现行用法、写法改动原文。如系作者笔误、排印舛误、外文拼写错误等，则予径改。原文偶有保留避讳字者，径改为本字。

四、底本为繁体、竖排者，均改为简体、横排。原无标点或仅有句读者，均改为新式标点，专名号从略。原无分段的长文，据文意酌情分段。

五、原文篇后注皆移作当页脚注，双排夹注改为单行夹注。

六、底本文字漫漶处，据所缺字数以“□”标示。

本卷说明

1920年代末，朱谦之先生受时代思潮影响，由关注人生问题转而关注社会问题，开启了从人生哲学向历史哲学的转向。朱谦之的历史哲学研究，以生命哲学为体，以孔德主义和黑格尔主义为用，参与了中国学界早期对黑格尔哲学和孔德哲学的研究，并构建了“四阶段法则”的历史哲学。

本卷计2册，包含著作6种、文章3篇。

本卷册一目录

历 史 哲 学

朱谦之先生1924年曾在厦门大学讲授“历史哲学”课程，在讲义基础上整理而成《历史哲学》一书，于1926年9月由上海泰东图书局初版发行，1928年12月再版。2002年收入福建本第五卷。2021年厦门大学出版社影印出版1926年版《历史哲学》，列为“厦门大学百年学术论著选刊”之一种。本次整理，以泰东图书局1928年本为底本，校以福建本及厦大本，同时参以中山大学哲学系藏朱谦之先生“自存本”之校批文字。

——编者

目　次

序

这是中国人第一次对于“历史哲学”的贡献，我现在把他发表出来，是有三个意思：第一，因为国内学者还没有一部更好更能解决历史进化的著作，这书不过抛砖引玉而已。第二，本书的贡献，的确是可以成立，把他来研究中国知识线的进化，尤其切要。所以在我著《中国文化史》《中国哲学史》两书以前，实有尽先贡献读者的必要。第三，本书是我一九二四年十月至一九二五年五月在厦门大学讲演过的。对于那时听讲的朋友们，应负一种责任，这也是本书不得不发表的重大原因。

我最感激的，是新生机主义者杜里舒、柏格森、麦独孤、鲍尔文等，都有很多的借重。还有孔德、克鲁泡特金，都曾给我许多有益的见解，因有这些影响才成功我的《历史哲学》。但这种历史哲学，还是以根据历史事实为主，这一点是应该要特别申明的。

一九二六，三，二十四，西湖，葛岭山下，朱谦之。

一　历史的新意义

从来没有一种严正意义的历史科学，更不要说到“历史哲学”了。尤其是中国过去的史学界，虽然有一个司马迁，要“考之行事，稽其成败兴坏之理，……欲以究天人之际，通古今之变，成一家之言”（《报任少安书》）；本要建设一种历史哲学。但他所作的《史记》，也不过以人物为本位，那里能够究天人之际？司马迁以下差不多都是把历史来奉承专制君主的，更不消说是没有历史哲学可言，所以我今天在这里讲“历史哲学”，还算做中国史学界里的破天荒的一桩事。

历史是什么？从来没有一个很好的界说，过去的《二十四史》，往往对于一朝代的剧盗——帝王，便大书特书，说了一大篇，而对于全国思想界及社会情形极有影响的事，反倒置之不理；最使人看了难受的，就是无论那一朝代历史，都是充满着战争的故事，这些无关社会生命的事情，把他“堆积”起来，难道就是历史吗？不是的，大概过去历史家的错误，就在于把政治看得太重了，并且所谓政治，特别的是指一朝代的权力而言。英国史学家佛里曼（Freeman）说：“历史就是过去的政治”（History is past politics）；换句话说，除却过去的政治，就应该没有历史了。德国史学家兰克（Ranke）以为史学的目的，是要明了我们对于国家起源和性质的观念，似这种把国家-政治的组织，为研究史学中枢，把历史看作“民族之魂”，和中国的《二十四史》《资治通鉴》把帝室为史的中枢的观念，当然是一样地错误了。

旧历史把政治看得过重，固是错误，新历史家把人类活动的事迹，来包括全历史，也是个顶大的毛病，他们对于历史所下的定义是："史者叙述人类社会赓续活动之体相也"，就是很有史识的历史学者，仍不过把历史和人一样看法。其余的新史家，把历史进程的原动力，归于"人类"方面的，或"社会"方面的，更不知其数。他们的说法，自也有社会科学的根据，但他们实在把历史太误解作"人类"一部分的了。其实历史所纪录的，应该包括宇宙全体，而宇宙历史是我们计算不来的，把他和人类所自以为那由传说书契传至今日的历史比较一下，实在算不了什么。并且人类不过是宇宙活动之一部分，政治更不过人类活动之一部分，而那专叙述人类活动的历史，只算历史之一部分，那范围更狭窄的政治史，更只算得历史一部分之一部分了。依照德国赫克尔（Haeckel）的意思，这以一部分包括全体的历史是不对的。他在《生命之不可思议》一书的第十八章（页484）曾讲到"一元的历史"，很批评这一层。他说：

> 历史这个名词，常常总被人误解作"文明生活发展中所起的事件之纪录"——即民众和国家的历史，文明史，道德史之类，这全是一种人类中心主义的感情，以为"历史"两个字，就其严密的科学上意义说来，只能作"人类行事的纪录"用，照这样的意义，历史和自然是对立的。历史专论道德上自然的现象，自然专管自然法则的范围，这样的说法，好像是并无"自然的历史"这件东西，好像是宇宙发生学、地质学、个体发生学、系统发生学，都不是历史的科学了。这种二元的、以人类为本位的见解，虽然还在现代的大学里盛行，国家和教会虽然还保护这尊严的传说，但是早晚必有一种纯粹"一元的历史哲学"代兴，这是一定无疑的。

因此他就说及近世人类发生学表明个人进化和种族进化中间的密切关系，并且以有史前的系统发生的研究，把那所谓世界历史和脊椎动物的种类史联合到一起。这种一元历史的见解，实在再好也没有了。因为历史的意义，非包万有而并载之，不能够算做完全，如果历史只讨究人类进化的现象，而不究及人类之从何而来，那么这个历史，只能算做半截的，一部分的了。所以我对于历史的界说，比较广大一些，我以为历史是有好几层意义：

（其一）历史是叙述进化的现象的——从前的历史家，往往把历史看作人物传一般，以为记下来就是了。现代的历史家才知道注意到发达和进步的趋向，他唤做“历史的继续”。但是这“历史的继续”，因为太看重在历史之社会的经济的解释了，所以结果把过去的历史，都看作社会的，或经济的产物，这实在最错误不过，并且完全把历史的意义埋没了。杜里舒（Driesch）在南开大学讲演，实在给我许多的教训，使我知道历史之意义，应该从生物学之进化的解释。他说：

> 欲论历史之意义，不可不知意义二字之作何解释，……凡变化情形之有目的者，是为有意义。以自然界之现象明之，若山脉之成，或由火山之爆烈，或由地形之变迁，时而风吹，时而雨打，一切出于偶然，初无目的可言；反之若蛙卵之长成，自受精后为细胞开剖，而终于成蛙，若是者为有目的，二者之为变化同也，然一则为物理的变化，故彼此之堆积为总和的。试分析言之，有特点三：山石堆砌而彼此并无关系，一也；风吹雨打原因皆由外起，二也；元素之性质，如速率位置等既定，则变化可以推算而得，三也。以言乎蛙，则为生机体的变化亦有特点三：求达于最后之全体一也；生机体之长成，不能无待于物质条件，如水中之酸素，气候不能在百度表零度下皆是也，然环境虽重，而

动力则自内发二也；虽知其元素之性质，无以明其变化，以其中尚有全体化成之动因在三也。吾人更以简单之名表之，山脉之变化为总和的，为偶然的元素所合成。至于生机体之变化，则为全体的，彼此互有关系，而其动因则不能求之于元素之间也。——变化之为总和的，偶然的，吾人名之曰“堆积”其为全体而有互相关系者，吾人名之曰“进化”于是所谓历史之意义者决之于历史之为堆积的抑为进化的而已。

这“堆积”和“进化”两个名词，实在是杜里舒对与历史哲学的最大贡献，不但为“进化”之概念重新估定一番，下一次新定义，更为混杂的历史寻出一条新路来。原来堆积是从外面累积的，进化是从内部发展的，如果人类历史只是陈陈相因，而没有创造而日进不已者在，便历史犹之乎物质之为堆积的，而无所谓生物学之进化了。

从来研究历史哲学的，对与历史进化有几种学说：有的以为“人类的进化，永远是今不如古，他们想象的历史进化，是永远下降的”。有的以为“人类进化，永远是在那里‘兜圈子’，故他们理想中的进化，是一个圆圈”。但是这两种学说，实在都没有生物学的根据，所以都靠不住。如果历史的现象，只是一个圆圈，那么现在所有的，从前都已经有了，反复循环外，没有添上一些，那和物质的堆积何异？所以我们不讲历史的进化罢了，要讲进化，须从生物学的解释，而认定人类是永远向上的；理想中的历史现象，是永远进化没有间断的。不过这种进化，决不是达尔文主义（Darwinism）所能解释，而应该把柏格森（Bergson）、杜里舒的“新生机主义”（Neo-Vitalism）来讲明。达尔文在生物学上的功绩，我们自要永远纪念，但进化学说到了现在，实比达尔文当时不知进化得多了。达尔文的进化说，惟以因果关系的机械律立论，好比砌墙，一块一块增加，这种进化观念是堆积的，实在不足以说明历史的意义。反之新生机主义的进化论，则和他很不相同，他们以为生物之自体，就有一种动力，由这动力向上自由发展，自创新的形状，这就是进化的根本原因。达尔文说明进化，由现在推寻原始以律未来，生机主义者则以进化为由原始而现在而未来而永续的生机流行，姑不论那最原始的生物，是无核的亚米巴，或是一种鞭毛动物，但自这动植物共同泉源以后，分途猛进，恰似爆裂弹一般，化成无数的碎片，碎片又为爆弹，又裂为无数的碎片，重重劈裂，永没穷期，而这猛进的原因是什么？就是“生机力”（Vital Force）。这生机力，凡是生物，个个都有，生物即因这生机力的冲迫而分途进行，各有一定的自主律，是万不能用机械的原则说明的。并且历史进化，纯然是一种动的行为，是有生命的东西，尤觉非生机论不能讲明。所以我们讲历史意义的，也自应该从生机主义的进化，把历史看作由原始而现在而未来的不断的生命之流。

（其二）历史是叙述一种生机活泼的动物——人类——的进化现象的——生物在进化的长途中，经过无量艰难，分作二大派：一派变为动物，一派变为植物，两者都由细胞所组成，都有生物的奋发性。然在动物则能自由运动，而普通植物便不能够，可见生机力之强弱，是大有关系的了。而在动物之中，因自求保护的缘故，常生坚壳。如棘皮类动物的硬皮，软体类动物的壳，甲壳类动物的甲，都是最好的例；他如节足类鱼类，古代也多有甲和硬鳞的，不过生甲虽然能够保身，也大足阻碍生机，使不活泼，因为生机受了束缚，所以固定而没有进化，就普遍生力言有历史，就其本身言，就没有历史了。就中唯节足类无脊骨类动物，虽也经过这个境界，却能拔身出来，所以能够进化到现在最高的境界。而就这两类进化的极致而言，则前者为蚁，而后者便是人。蚁类生活状态，虽然也有他们自己很有趣的历史，但是没有人的这种特色；就中唯脊椎动物中的哺乳类动物为生物发达最完全的，哺乳动物发达到完全最高等的是主兽类；主兽类发达之最完全是人类；到了“人类”出来，而后才有历史之可言了。固然以人类现在的文明发达史和地球生物史比较，短不可言。但如果没有人类，便这生物的一切疑谜，也没得解决，生物史也不能够成立。所以我们也同赫克尔一样，很不赞同于一种很大误谬的“人类中心主义”，认人类构造和一切自然界的生物相反；但我们不能不承认人类中心的新观念，认人类是大自然活动的顶点，是一切自然界之生物中最完全最进化并且最后出现的动物；也许这一支动物进化到了极点，有如尼采（Nietzsche）的“超人”发生。但无论如何，人类在生物进化当中，占得现在这个地位，不得不说是由于“生机力”的伟大，所以有那运动自由的手——虽然手不是工具，但是现在最有用最利的工具，那一个不是由手造出来的？所以运用手，实在是人类的特征，但却不是唯一的特征，因为猿类和人一样，也是用手和身体独立的动物；所以归根及底，人类和猿类的分别，仍不能不归到言语发达一层了。我们可以说：有言语的动物，唯有人类。言语学始祖 Humboldt 说：“人之所以为人，是因为他有言语”；这句话并没有错。因为人类言语，据赫克尔《一元哲学》（页 41）所说，实为最新世纪猿类啼声发达之所成，所以唯人为有言语之动物，以后言语在无数年代之中，一天比一天进步，人类智慧高超于一般动物的大部分原因，即为言语发达的结果。由上可见人类自从用后足撑持身体直立着走以后，已经不能不算生物之最前进的了。不过这种进化的原因，浅言之即运用手和有言语二事，若问他为什么能够运用手和言语？为什么有这种自由的创造的动作？那就要推源到生机体之进化了。柏格森在《创造的进化》里说得好：

从把生命推进世界之中的最初的冲动算起，生命全体如同

> 一个高起的波浪，它遇到物质的下降的运动而倒流，而受其抵抗。在波面上较大的部分，许多高起之点上，这支水流被物质的倒流激成漩涡；只有在这一点上，它自由地流了过去，拖带着很重地压在上面而却不能停止它的进行的阻碍之物，人类就是在这一点上，这一点乃是我们特有的优越的地位。

可见人类就一种特殊的意义而言，乃是生命之流自己的胜利，换句话说，这个生物，我们可以随意唤他做一种生机活泼的动物了。因为生机活泼，所以能够制造工具和言语，这才是人类进化的内部真因。好比人和人猿从比较解剖学研究的结果，不惟极相似，实即相等，二者同具骨节筋肉，同具神经细胞，心脑同具四房，血液照同理流动，同具牙齿三二，……但为什么人类有历史，而人猿没有呢？这就是“生机力”差异的缘故了。猿类只能用木杖行路，掷石、树枝及有刺之果实，于他敌人的顶上，但猿类的“生机力”不过如此，所以进步也就到此为止。人类则进之，能够在制造工具的方面前进，既然知道用石子敲果实，再进一步，即能用石子打击石子，成他所希望的形象，以后就造出刀斧、锯、凿、铇、锤种种工具，从此就有文化史了。又猿类只能发声，最进步也不过如苏门答腊所产人猿之一种 Hylobates Syndactylus 能唱七音阶，但他的“生机力”不过如此，所以进步不过是些叫喊而止。到了人类便用言语来发表思想感情，最初不过是沟通意思的工具，以后愈演愈高，遂成人类知识的根源，于是就有思想史了。总上所述，可见历史实在是人类的产物，只有人类是一种进化到了生机活泼，有言语时代的动物。在人类以前，自藓藻野草以至牛马猿猴，虽然都是由细胞而成完全的生机体虽然从广义的解释，都有生命史的价值，而从狭义的解释，就只人类有历史。只有人类在这生命进化长久的年代之中，因为生机力，格外奋发，已经造出极复杂的极高尚的文化了，所以人类实在是成立历史的主源。

（其三）历史是叙述一种生机活泼的动物——人类——在知识线上的进化现象的——研究历史万不能从“堆积”的解释，假使“堆积”可以解释历史现象，那么我们听葛拉普（A. W. Grabau）讲人类自然史时，都知道达尔文的眼眶骨凸起，这是猿类的一种标记，如果这样说起来，达尔文岂不是很似猿类，不是人吗？所以从外面的“堆积”来讲史学，是完全不对的。要讲历史，要以“进化”为主，尤其以叙述人类在“知识线”上的进化，才算内面的解释。这种知识线是由人类全体或其大多数之共业所构成的。在这语句内，有三种意义：（一）知识线不是由一个人独力所造，实由一般人共业所造；（二）知识线是“进化”而不是“堆积”；（三）除了知识线外如人种、大人物、民族、国家都和“进化”无关，都和历史没有密切的关系。杜里舒在南开大学的讲演里，说得最好，用不着我再说了。

> 谓世界人种之分立，有关于进化耶？以吾人所见，人种之发达虽殊，然无特别之差异。以欧洲之哲学上贡献言之，法有笛卡儿（Descartes）、马尔布兰西（Malebranche），英有洛克（Locke）、休谟（Hume），德有来布尼兹（Leibniz）、康德（Kant），文化学问之发达，纯视个人之天性如何，与种族之界无涉焉。欧种如此，他种可知。……谓英、德、法及其他各国之分立有关进化耶？则德法之世仇，其先出于同源，今德之西部与撒尔脱人（Celtic）混，东部则与斯拉夫人同化，以言英人则为盎格鲁、撒逊、诺曼三种人之混合，若此者皆物质心理之积叠使然，谓为出于天之所命则误矣。各国之分合，殆如蚁虫之散处，多一国，少一国，与世界之进化，决无影响。

然则历史上之大人物，其种种行为，能构成一进化线耶？以吾人观之，所谓大人物者，即其生存，半出于偶然？或以疾病而死亡，或以战争而殒命，谓一负担进化之人，而生死之不可必如是；则进化步骤之相继，不亦殆乎？

由上所言观之，大人物也，民族也，国家也，皆与进化之义无涉，何也？凡散见于大地而属空间的者，皆以非全体性参什其间，既非全体矣，尚何进化可言？诚如是，地球上人类历史中，果无进化之可言乎？曰：不然，变化之为进化者独智识线（Wissenlinie）而已。

智识有二面：自其互相授受者言之，固难逃积叠之公例。自其推陈出新者言之，则日新又新进而不已，且流传人间，今古相继，文字一日存在，即智识一日不灭。又以智识虽出于一人，而是非真伪之标准，必以最后之全体为依归。若夫种族政治，有此疆彼界之分，而独此一端，则为人类共享之公器，故吾以为欲求所谓进化线，舍智识莫属焉。

此智识线上之贡献者，世界能有几人，以吾人观之：孔子也，老子也，耶稣也，释迦也，亚里士多德也，牛顿也，歌德也，康德也，其殆近之。然特创者固不可多得，而有功与传播或采纳者，要亦合与前所谓学说之传播之全体性，故智识之授受者，虽概以归诸进化之列可焉。

杜氏的历史哲学，归宿在“知识线”[①]的进化上，知识线的进化，又由于人类社会之心理的原因（他曾屡次说到历史现象不是个人心理学可以从而解释）。这一点实在我完全赞同，没有疑义的了。不过杜

① “知识线”，底本如此，与前“智识线”不统一，姑存之，余同。——编者

氏虽知提出“知识线”在历史上的重要，又说人类历史之是否进化，因只是一例，不能比较，所以很难有答案，是很难解决的。这实在是杜氏的自相矛盾处。知识线是进化的。为什么人类历史还不是进化的呢？大概杜氏只知道知识线可以解释历史进化，却不知知识线如何的进化。换句话说，就是过去知识线上的演进史，杜氏还未研究及之，所以不敢有什么正式的答案，其实在这一点上，法国的孔德（Comte）已经有一个很大的贡献了。

过去的历史家，很少注意到知识线上，梁任公在《中国历史研究法》（页七）上说得好：“隋唐间佛教发达，其结果令全国思想界及社会情状生一大变化，此共见之事实也；然而遍读《隋书》新、旧《唐书》，此种印象，竟丝毫不能入吾脑也。如元明间杂剧小说，为我文学界开一新纪元，亦一共见之事实也；然而遍读《元史》《明史》，此间消息乃竟未透漏一二也。”既然不知注意知识线上的“活的历史”，所以把人类情感所产生的活动相，都把他僵迹化了！自然也不能完满历史的意义了！但是过去的史家如此，现在的史家何莫不然？现在的史家，最注意在历史和人种的关系，这个民族是原住的，抑移住的？这个民族由几种民族混合而成？这个民族最初的活动，以何部分之地做根据？这种要分别这一族和那一族，把历史看作“叙人种之发达，和他相结相排的故事”，这实在再笨也不过的。更荒谬的，就是从人种上，还要生出许多的意见：这是历史的人种——能扩充本种，以垄断历史的舞台的；那是非历史的人种——不能自结，至失历史上本有的地位的。历史的人种当中，又要分这是世界史的，那是非世界史的。世界史的他的文化武功，不仅传于本国子孙，并且扩充于外，使全世界的人类受影响，所以在历史上，应该特别推崇。似这种把一种民族的，同国家的精神，贯注在历史里面的“国别史”，也实在应受排斥的。无论这种国别史，断不能完满历史的本义，并且也太不明了于历史的进化之和民族的区分无关，并且在智识线上的代表思想家，实在也没有国家或种族的偏见的。

过去的历史家，多偏于外面的“堆积”的观察，而这外面的现象，常是矛盾而冲突的；因此差不多一切历史的纪录，都成了夸张人类生活的斗争方面，而轻视他的和平方面。他们把各战争，各暴行，和各种个人的不幸，详细的记述传给后世，于是我们根据历史，就以为“战争”就是古代史的常态。其实这种记载，是大错特错的。在这些少数人互相酣战的时期内，那民众的大多数，还是和平地劳动过生活，我们若肯掉转头来看那时候做民众思想的指导者，对于战争一定是处反对的地位。虽然在“堆积”的现象上，那些武人们、资本家们，好像只有“嘴及爪的斗争”（beak and claw fight）。在知识线上，则各处民众思想家的精神上、实质上，却本于同一的精神，向同一的方向进行。我敢说世界的恶业，全在一般非知识线上的人们作出来的，没有一回是由有思想在知识线上的引导者帮助着作出来的。不信，请看前几年引动全欧的大战当中，全欧的知识线上的代表，在那样发狂热的时候，他们也曾不失本色，不辞劳瘁，不避艰难，不畏强御的，为精神，为真理，为人类全体来反对他。到了战后，还发表一篇《精神独立宣言》，载在巴黎的 *Humanité* 的报上，这实在在历史上应该大书特书的一桩事的。不信，再看几年来在亚细亚境内的军国主义资本的侵略主义下的青年运动，如中国青年的五四运动、六三运动，日本青年的普选运动、劳工运动，朝鲜青年的自治运动，台湾青年的独立运动。在“堆积”的历史里，只见那强者阶级的嫌怨、隔阂，但在“进化”的历史里，因为打破种族和国家的界限，所以在“知识线”上，知道亚细亚青年运动，都是由黑暗向光明的运动，是向同一的方面进行的。总而言之，历史的原动力，决不在于施行残忍政治和激成民族仇怨的强权阶级，或少数的英雄，而在全体社会的知识线上的活动的体相。无论那个时候，强权阶级总是死板板好似铸定的偶像，而在知识线上则理想中必定有一个时代所欲创造而且正在创造的“历史的继续”。虽然在那时知识线上的思想家，表面上、形式上，或有不同，而他们的精神，一定都集中在那光明里成一个线索。这在历史，实是百试不爽的。

并且我们应该宣言，所谓历史的人物，是那些肯在历史的进化中负过责任的人们；是那在生活混乱中间为思想的传达者。无论是宗教家、哲学家、科学家、文学家、批评家、革命家，只要他在历史当中，能为大家指出了一条道路，一个方向，他便是历史界的一盏明灯。我们应该纪念着作一个历史的人物。那些一向占历史中枢的帝王、贵族、军阀，我们应该有胆量，把他赶在“进化史”的外面。

（其四），历史是叙述一种生机活泼的动物——人类——在知识线上的进化现象，使我们明白我们自己，同人类的现在及将来——根据知识线上的事迹，我们相信人类是日向进化的途径；但是这个进化，不是空间的问题，还是“时间”的问题。没有时间，便历史失其命脉。但于此须知道历史所谓时，应当比如一根很长的铁链，每一环虽有每一环的独立存在，但是前一环和后一环，却有互相衔接的关系，我们既然得着过去若干环提携的力量，我们便该当相信自家的创造能力，来光大过去，诱启未来。因为这是我们在知识线上的责任，我们不要错了我们的这个责任。从前也有个反对历史的，如尼采，以为历史只是回忆过去，很妨碍于生活之流动，所以我们要超过历史，摆脱传统的历史势力。他的话完全对的。因为过去的历史界，对于自神秘的内部所萌出的生命，而欲仅仅以“堆积”讲明他，难怪其束缚生活，倒不如由真的哲学者，以创造之手，选择一个最高尚的理想而到达他。所以尼采是对的。他要重新估定历史的价值，从人生之根底上，从浑身一切力之解放之自我的象征上，从自内涌出的力上，历史实在决无保持“现在”的势力，历史自身亦应该上了“进化”的路。从前的历史，看重于凝固的史迹，而忽略纯粹的生命绵延；换句话说，就是看重“堆积”的见解，而忽略了真的“进化”不知历史是为进化而存在。为生机开展而存在，所以把从过去而现在而未来而不断的生命阐明出来，这就是历史家供给人们以一种改造现状的原理了。

历史家如果能够把过去的僵迹，完全无缺的记载下来，还不算尽了史家的职务，须知史家之所以为史家，在他能够将过去同现在、未来，联络起来，如果历史同现在的中间，留一个空间，那可见这个历史家，是万要不得了。因为生命的真相，是且进且成，所以由微而著，积小至大，他是时时刻刻的创新，过去的保存无已，所以未来的扩张，也永没休歇。历史的职务，就在一方面仰倚着“过去”，一方面俯恃着“未来”，一个是过去的保存永无穷期，一个是未来的前进不可预测。无如现在所有历史的著作，都好像一个很坏的脑筋，所“堆积”的事实，都不足使我们明了我们的现状，更不足以应付未来的问题，所以只成其为死的历史了。反之 Robinson 在《新史学》说得极好：

> 我们应该大大的发展我们的“史心”因为他可以在我们知识上，增加一个重要的原质，而且可以提倡我们合理的进步。从前的现在，自愿作过去的牺牲，如今我们要向到过去，要利用过去，来谋划现在了。（原本页 24，何译页 22）

现在“史心”（Historical-Mindedness）的发达可谓盛极了。但是 Robinson 虽提出“史心”，却未必是懂得“史心”的。他曾说：“我们思想习惯的变迁，比我们环境的变迁慢得多，我们始终不适合于我们的环境。”（原本页 22，何译页 21）。其实这句话，完全倒说了。我们在知识线上的进化，实在比我们环境的变迁快得多了。各时代的思想传达者，都曾告诉我们以历史上光明的前路，但是那些持强权论的，好弄阴谋的，想用一派势力统治人的，总想用黑暗势力来摧残光明，结果光明运动反震天撼地叫将起来，这就是“革命”了。然革命又革命，而黑暗势力仍能在空间时间划一个痕迹，占一个地位，这是谁的耻辱呢？我以为时代的证人的历史家，不能不负一种责任。

试看那些反对改造反对革新的人们，总是假托于今不如古，说什么旧制度是怎样的好，我们应该遵守他。似这种保守的心理，自由于他们不知历史的进化的缘故了！真正的历史家，应该如谢雪庐（Cicero）所说：是真理的火把，是生命的指导师，是往古的传达人，应该告诉我们：人类的进化，是到了这个程度；应该极力提倡进化，极力从种族的偏见解放出来，总之从前的历史家高唱“德意志超过一切”，现在的历史家，在宛转呼号中间也梦想世界大同主义的发展。

二　历史哲学的进化史

傅林特（R. Flint）对于“历史哲学”，曾下一个很广泛的定义道：

The philosophy of history is not something separated from the facts of history, but something contained in them. The more a man gets into the meaning of them, the more he gets into it, and it into him; for it is simply the meaning, the rational interpretation, the knowledge of the true nature and essential relations of the facts.

又乌拉慈（Friedrich Ratzel）的定义道：

A philosophy of the history of the human race, worthy of its name, must begin with the heavens and descend to the earth, must be charged with the conviction that all existence is one——a single conception sustained from beginning to end upon one identical law.

把这两个定义合拢来看，可见历史哲学的职务，是要在历史事实里面寻出一种根本发展和进化的原理的了。它告诉我们：过去历史的发展，是进步的，与时俱变的；但却不是偶然的，无定的；在他一个整个的活泼泼的历史里，却自然有个历史定律。不过这个定律，依我意思，是动的定律，不是静的定律；是生机主义的定律，不是机械主义的定律；并且就是过去“历史哲学”的本身，也脱不了这个定律。晓得这一层，于是对于历史哲学，才有一个新的观察，并且也可指出将来历史哲学的趋势。

现代的新史家，都已知道史学观念是常常有许多变迁的，所以只要时代有变迁，历史的观念也变迁了。并且对与过去的史材方面，也是常常有所增加，从前的错误，常常有所发见，所以就历史本身，就有一段长的而且复杂的历史。好比中国的古史，二千余年来随口编造，差不多很多是假造的，而从前的史家，却一些也不敢有所异议，但到了崔述的《考信录》，就发生一种翻案了。近人顾颉刚先生还要更进一层，把历史演进的见解，来观察历史上的传说，他那种“层累地造成的古史”的创见，实在是中国史学界的一大贡献，为刘（知幾）、郑（樵）、章（学诚）他们所梦想不到的。由此可见历史观念，就在中国，也有个顶大的进化，我在这里虽不是想讲明中国的史学界，但已经很够证明时代变迁，历史和历史的观念，也有变迁的了。

我们不要像法人 Daunon 一般说“历史是娱乐读者的文学”；但我们也不要像 Robinson 一样，来反对最初历史之为文学的。在现代的历史家，如果仍将历史附属于文学之内，自必将历史的真精神失掉；但是过去的古代历史家极注意于佳妙的文辞，这在“历史哲学的演进史”上，也是有极重要的价值的。因为古代文字传写不便，所以对于过去史迹之保存，都是专靠记诵，而最便于记诵的，就是有韵的诗歌。所以印度《四吠陀》中的一部分，可算是印度最古的社会史宗教史了，原文却是梵歌。中国的历史，也很多保存在《诗经》的雅颂内。在欧洲就最先保存于 Homer 的史诗里。因为历史最初保存于诗歌之内。所以以后史家，无论记载的是名人传记或政治历史，一向皆注重在文笔方面，在现在讲中国历史写法的还要称道马班，可见古代史和文学的关系了。固然这种太重文笔，势必至于牵强附会，损却史学纪实的精神，但在古代史家方面看，却有一个好处，就是能够激动感情，所以他们的历史，都特别注重文笔，和存于文笔内的“情感的表现”，这么一来，历史才能激起读者兴味。如果没有那种佳趣的文笔，也许过去的古史不会流传到今，我们在现在对于上古的史，还不能知道什么呢！所以我们在这个地方，也实在应该绝对应用“史心”，对与最初的史家，给他一个相当的位置。

最初发明历史的人们，差不多对于“历史哲学”，都没有什么研究，这时历史的观念，不过同生活器具一样，无非是叙述有兴味的，同重要的人物过去就完了。大概“历史哲学”的成立，即把历史事实开始给以哲学的研究，还在基督教教会建设以后，一直到了现在，历史哲学的本身，有一段很有进步很光荣的历史，约言之可分作几个时期：

（1）宗教的历史时期　欧洲中世的历史，是完全受宗教支配的。他们从宗教的立脚点，观察历史和宇宙，以为历史这个东西，是一篇神诗（Divine Epic），从创造人类起，到赎罪为宇宙剧的末场止。如格罗细士（Gnosis）派就是好例。他说：宇宙的历史的过程，就是善力与恶力争斗，这种争斗只能由基督去救济，救济的结果，以善为最后的胜利。这种历史哲学以基督救世为中心，实在就是历史哲学的渊源了。后来教父奥古斯丁（Augustine 345—430）著了一本《上帝之城》（*The City of God*），证明人类纯然是神的计划，这本书里发挥一种历史哲学，表明上帝之城不在地上是在天上，从《旧约全书》一直述到《新约全书》，都可证明他的存在；在地上的是撒旦之城（City of Satan），从亚当犯罪起，一直到罗马帝国时代止都是。这么一来，历史完全变成一部神秘史，而人们所要作的，也只有尽力于建神的城于地上罢了。以后奥古斯丁的弟子 Orosius 把这种思想更推到极端，以为历史就是上帝罚恶的记载，他著了七卷《反对异端的历史》（*History Directed against the Pagans*），举许多古代史中战争和别的恐怖事件，汇在一起，以为这就是基督教没有出世以前的罪恶史了。这部书跟着中世纪基督教的发达，差不多影响有一千年之久。直到宗教改革时代，法国包缕（Bossuet 1627—1704）在所著一部《通史》（*Universal History*）里，还把超自然的“神意”（Providence）作历史线索，说：神是怎样爱护旧教同痛恶叛离旧教的。而在新教方面，路德（Martin Luther 1483—1546）也很早就利用历史，作他宗教战争的武器，在他死后不久，有一大部的《教会史》（*History of the Church*）出现，想要证明那罗马教会是怎么样非神圣的，而为魔鬼的了。于是宗教的历史观念已经自己宣告破产，那主张神之城的，也渐渐不能得众人公认，也算不得历史的关键了。

（2）自我的历史时期　在宗教的历史时期，实在没有机会可以使人和历史发生直接交涉。虽然由现在看起来，“伟人”或空泛的“时代天才”，都不是历史的真正解释，却是在从前势力雄厚的宗教教义之下，公然竟以历史进程归于人们心内潜在的神，把历史认作自我发展自我实现的过程，这实在是文艺复兴以后的顶大发现了！本来当十六世纪之时，好些的历史家，已经将历史观念转到世俗的方面，到了十八世纪，正当法国革命的时代，这时思想是理想的，而非历史的，所以从表面上看去，似乎是漠视历史，或者故意的反对历史，其实底子里，却正是代表自我时期的历史精神。如卢梭（Rousseau 1712—1778）在《爱弥儿》（*Émile ou de l'Éducation* 1762）分明定上了一种历史的科目，不过他所注重的是个人的传记罢了。福禄特尔（Voltaire 1694—1778）虽没有供给我们一种历史的原理，但他的《历史哲学》（*La Philosophie de l'histoire* 1764）选出他所认为“有用的真理”（les vérités utiles），作他攻击当时宗教的一种工具，这不能不说是自我时期的历史哲学了。虽然如此，哲学家作出历史哲学，对与历史是不十分熟悉的，所以赫德（Herder 1744—1803）于一七七四年著了一部《人类的历史哲学》（原文 *Auch eine Philosophie der Geschichte zur Bildung der Menschheit*. Beitrag zur Vielen Beiträgen des Jahrhunderts），就很讥笑他。以后十年，又著了一本《对于历史哲学的思想》一书（原文 *Ideen zur Philosophie der Geschichte der Menschheit*），想从宇宙开辟的自然史出发，以至于人类有意志止，都把一个自然定律连串起来，使历史成功一种连续律的关系。在很杂乱的人类过去里面，发现那和天体运动定律一样好，一样美的自然定律，这就是"历史哲学"的最后目的了。虽然他也不免受些神道概念的影响，如说什么"假使在自然里面有一个神，那么历史里面也应该有一个神"（If there be a God in the nature, there is in history）；却是这位"历史的神"并非远在天国，实在除了人神和合，或"我"之神化以外，别无所谓神；所以"历史的神"即存在个人精神的根底中；赫德所以归根及底，主张人道主义为人类天性的终点，即因这个原故。康德（Kant 1724—1804）在所著《赫德历史哲学考的批评》（*Rezensionen von J. G. Herders Ideen zur Philosophie der Geschichte der Menschheit* 1785）还嫌他太趋于想象方面，其实在那个时候，提出以前历史家梦想不到的许多问题，总算是很有见地的了。

原来康德的历史哲学，是根据批评哲学的方法，以解释历史的。除了上面一书外，还有《世界主义的一般历史考》（Idee zu einer allgemeinen Geschichte in weltbürgerlicher Absicht 1784）和《人类历史之臆测的起源》（Mutmaβlicher Anfang der Menschengeschichte 1786），对于历史哲学都有很大的贡献。他的意思："自由"就是历史的一种范畴，人类因感生活上的不满意，才各从意志自由而产生各种历史的事业；但是人类一方面要求自由，一方面又发生非社交性的争斗，争斗不但仅为经验的事实而存在，实在又有论理的妥当性，所以

“争斗”也是历史的别一个范畴了。而人类的理想目标，却在乎“永久平和”的实现。这种学说，实在已经给黑格儿的三分辩证法，开了一个门径，不过到了黑格儿（Hegel 1770—1831）更达于“历史的唯心论”的解释之极端罢了。黑格儿在一八二二年至一八二三年冬天在柏林讲演《历史哲学》（*Geschichtsphilosophie* 1828，有 Sibree 英译本），这部书以后或直接或间接生极大的影响于历史家的。在这部书里，他认历史就是自觉中一种进步的记载（History is a record of a certain kind of progress in self-consciousness）。换句话说，就是绝对理性的发展（Development of pure reason），也就是要显示历史的民族的“世界精神”（World-Spirit）在人间上。但谁是驾驭全世界统制全世界的历史的民族呢？在这一点他很不客气地告诉我们，所谓历史的民族，就是那波斯、希腊、罗马和他自己的德国民族，所以德国民族就是世界的精神的代表，是为实现绝对的真理而存在的。他有一段很骄傲的话道："The German spirit is the spirit of the new world", "Its aims is the realization of absolute truth, as the unlimited self-determination of freedom. …… the destiny of the German peoples is to be the bearers of the Christian principle"。把自己民族看作天纵之资，将狭义的国家主义的精神贯注在历史里面，这实在无异于给欧洲大战下一个战祸的种子，我们自然不能赞成他。但是黑格儿的历史哲学，也有一个好处，就是使各民族都充满一种爱国的热忱，并且对于他们的老祖国，发生了新的自负心，所以黑格儿这部书不能不算是历史上的大发现了。从此以后各处的历史家都忙着去找过去的光荣和名誉，各自以为自国就是历史上最具有“世界精神”的民族，并且异常傲慢起来了。

（3）社会的或科学的历史时期——我们研究黑格儿的历史主义，便发现了意外的事实，就是从他以来，历史哲学家差不多都是受他影响，而得到各种不相同的解释。最著名的如兰克（Ranke 1795—

1886）和马克思（Marx 1818—1883），他们可以代表两种不同的趋向，但都是从黑格儿的历史哲学引出来的。兰克对于历史现象，主张要严格探讨，所以他的方法和工作，都是科学的，而所受于黑格儿派，也不过在其收入于其结论中的一种意义罢了。但是黑格儿的历史哲学，在马克思手中便成就了很有名的“唯物史观”，后来有四种名称都是指这个法则的，即是:（1）历史之唯物的概念;（2）历史之经济的解释;（3）历史的唯物主义;（4）经济的决定论；据塞利格曼（Seligman）主张还是名“经济史观”一辞妥当些。原来这个学说的产生，和黑格儿辩证方法是很有关系。由马克思的眼光，以为黑格儿辩证法的革命性质是绝对的，所以他的根本意见，也以为历史是一个不停的进化轮机。黑格儿哲学把历史变化的公例，由那所谓“绝对理性的发展”引出来，马克思却在此处受了费爱巴哈（Feuerbach 1804—1872）唯物思想的影响，把近世史当作一个阶级斗争看，当作经济的进化看。他这种以经济事情为中心的历史观，因他说明历史上的社会变迁注意在社会史上一切关系依于物质的条件而变化的原则，故此学说推到极端，把理想那样东西，也看作不过物质的影子，历史家对于这句话，自然不能同意的了。不过他也有一个好处，就是对于他们专门在上帝之城理性之城去发现历史的原理的，却别开生面，从地球上日常生活里面去发现他。

但我们的意思，所认为社会的科学的历史哲学家，在黑格儿的辩证法引出来的“唯物史观”，是算不了什么的。马克思的朋友恩格斯（Engels）和一般马克思的信徒，都说他有科学上的根据；又以为马克思用这种学理去解释社会演进，就如同达尔文用天然淘汰解释演进一样；并且更以为马克思的功绩，和达尔文在生物上的功绩相等。似这样过分赞赏的话，实在不值得克鲁泡特金（Kropotkin）在《近代科学与无政府主义》书上一驳，已证明其非科学的了。我所认为科学的历史哲学，只有在法国的孔德（Comte 1798—1857），他实在能于德国之外，分布一种较黑格儿的成就更为远大的历史哲学。他所著的《实证哲学讲义》（*Cours de philosophie positive*）一书，创立社会学，而以历史作这种新科学的一部分，叫做“社会动学”。他把从古至今，人类所以承承代代的社会现象，集拢来做一条直线，使大家可以见得社会在各时代中一种继续不断的发展状况。他研究的结果，寻出两种理想：其一，谓历史家不应注意于一二著名的人物，而应该注意于民众的行为，因为民众才是历史进程的重要元素。其二，谓历史的现象是自然的现象，受制于自然定律的。这两种理想，实在是互相关系，因必当民众都向前而活动时，而后自然定律——人类在时间里的进步——才可显现出来。因此他从这个意思去估定人类的进化，并且拿他那最有名的三级律来讲历史哲学，以为人类的一切知识，系经过三个不同的理论的阶级：（第一）神学阶级（Theological Stage），这时期做一切理论的基础的，就是“神”，一切现象都可以不可思议的超自然力解释他。（第二）形而上学阶级（Metaphysical Stage），这时期以抽象的概念，就是潜伏人们内心的思想来解决一切。（第三）实证或科学的阶级（Positive or Scientific Stage），这时期专以观察为主，汇集事实上所得的法则而整理之，排列之，借以说明一切，所用的方法，完全是科学的。——以上三个阶级，第一级是人智发展的开端，其发现时为由上古以至中世之军事及宗教时代。第二级不过是过渡的方法，其发现时为由文艺复兴以至十八世纪的哲学时代。第三级是人智发展的归着点，这便是孔德的实证的科学的时期。依他的意思，那三级律中之第一第二时期都早已过去了，只有第三科学阶级，才算人类进化中之确定的时期。但涂尔干（Durkheim）驳他，以为这不过是孔德一人的私意罢了，“更又有谁能担保说除了科学时期而外，将来不更另生出其他的时期来呢？”（见许译《社会学方法论》页154）这句话是对的。不过我们假使抛却孔德的私意，专门注意他以普遍的定律为可以施于历史的设想，总算是极有贡献的。在孔德提出之后二十年，英国有一书出来发挥这种思想，它的影响很是远大，这就是巴克尔（Buckle 1821—1862）的《英国文化史》（*History of Civilization in England* 1857）了。巴克尔想把历史成功为一种科学，因此就根据自然科学的方法，去改造历史；以为史家的职务，即在于杂乱无章的事实中，寻出历史上的定律。但是等到他解释历史定律的时候，却与马克思的意见全然不同，虽然他也极注意于地理元素对于社会改进的直接影响，可是归根及底，要确定人类上进的发达的情形的，知识的进步实为更重要的原因。所以由他的意见，进步即在知识律的战胜中，所以说："欧洲文化的进步的特征，就是物质律的影响减少，心理律的影响加多"；"如果文化的标准，是心理胜过外物，那么支配人类进步的两种定律之中，心理的当然比物质的更见重要"（参看《经济史观》引 Robertson 批评的话）；既然物质律到了现代已没有运用的余地，那历史家也应该特别注重在历史上的知识的定律才好。自然这一点，他实受孔德的影响，不过较孔德更进一步罢了。

（4）综合的历史时刻——巴克尔的书出版已有六十年了，历史哲学也不知为什么原因自然而然的成功为挽近最进步的综合史观或社会心理史观了（Synthetic or collective psychological interpretation）。代表着一派的，如德国的兰伯列希（Lamprecht），美国的鲁滨孙（Robinson）和邵威尔（Shotwell），他们都不满意于从前历史的范围那样狭小，主张历史必须记述人类成绩的总和，是要归宿到世界史或普遍史的。并且欲说明一时代的历史发展，也只有就那时候的社会心理中求其解释；因为这一派学说能够融汇贯通，给各种历史哲学以相当的地位，可算得最有价值的了。我们再睁眼看看现在历史界的许多明星，最著名的如威尔斯（H. G. Wells）在一九二〇年出版的《历史大纲》(*The Outline of History*)和房龙(Van Loon)所著《人类的故事》(*The Story of Mankind*)这两部别开生面的书，实在都是以综合的态度，综合的方法，来宣传一种世界主义的新历史的。

在新历史的运动中，我们不要忘记了德国的西南学派，这派的历史哲学亦称为新理想主义的历史哲学，是有应特别研究的价值的。这派的创始者温特尔班(W. Windelband 1848—1915)说：他的历史主义是"黑格儿主义复兴"(Erneuerung des Hegelianismus)。这话很对！依照他思想，则历史的事实常为创造进步的，但应当从价值方面下观察。他和继承者黎卡特(Rickert 1863—1936)，拉司克(Lask 1875—1915)们，提倡一种"价值哲学"来讲明历史，并且主张于自然科学外，建立历史的科学，即文化科学的运动，以为文化科学乃是含有价值的意味的东西，所以应该尊重个性，和自然科学之尊重定律者不同。因为所谓定律者，是由某种同样的原因，发生某种同样的结果；而历史家所讨论的事实，决没有重复的，既不能发生同样的原因，所以不能发生同样的事实，那么还要定律做什么呢？但是据我看，这派未免把历史的定律过于轻视了！杜里舒在《生机主义史附录》里有一段批评他们的话道："谓历史以价值为标准，这也是好的，但却不能说是科学。假如这便是历史最后的话，则历史便变成许多珍奇的事物的集合，最多只有了道德的价值而已。"(页35)还有一层，就是这派把价值看作把捉真理的标准，这本是超出于"心理的"之外的一种方法；但说到价值，就不免有感情的元素夹杂其间，结果仍不免于心理的；那么为什么不直截了当主张心理的方法，把感情元素来讲历史哲学呢？

因为新康德派的西南学派，不是以心理学者的资格来研究历史，所以不能合我的意。我的意思，是如杜里舒教授一样，以为"未来历史之目的，在求历史中进化的符号，要如此，历史才能自成一种科学。”（同上页 36）不过杜里舒虽很注意于“历史的进化论”，却不知历史进化的定律为何；并且对于历史是否为一个真进化的问题，仍不免有些疑问（参看《生机体之哲学》页 80—82。《生机主义史附录》页 28—30 页。《实生论大旨》页 94—98。《系统哲学》页 139—142）；他一方面主张历史应该从进化的解释，一方面又说人类是否进化永久是历史上的疑问符号，这就是他顶不彻底的地方了。并且他反对历史定律的学说，尤其与他的秩序论自相矛盾。不知历史定律从巴克尔（Buckle）、丹恩（Taine）、兰伯列希（Lamprecht）以至勃兰雪希（Breysig），虽然还没有达到以历史为一单纯进化的行历的题目却是历史定律既经有人注意，他的本身也就应该上了进化的路。我可以说，过去的历史定律，是和其他自然现象同支配于机械的法则底下，是把物理化学的历程应用到历史方面，所以应该反对；换一面说，我们所要发现的历史定律，是一种动的定律，是主张历史现象具特有的动的定律；自然这种动的定律，正可应用杜里舒的生机主义来讲明他，却何必因噎废食，反持生机主义去抹煞历史定律的存在呢？

我们现在的要求，是要一种根据于历史事实的哲学，把他来解释历史全体的，所以历史定律，自是必须。并且也不像孔德那样宣传家的态度，认定一个科学阶级，而排斥神学与形而上学的阶级，以为世界到了科学阶级，就从此不进化啦！我们不相信世间有所谓“万事万物的终点”（The End of Things）。我们立定主意：“历史哲学应该包括全体”，如时间的展拓（Extension of Time）、空间的连贯（Unity of Space）。这还算余事，最要紧的，是认清人类的历史，是由人们的本能造成的，以人们的本能造成的。如果讲历史而忘却这个遗传的内在的生机力——本能，这是很不对的，算不得历史家。尼采说得好：历史上的大事业，什九皆不合理性的法则。吕邦（Le Bon）在《意见及信仰》一书，很叹息于历史最重要的原动力，如信仰的发生及传播，现在还很少有人知道（页55）。倭伊铿（Eucken）亦见到历史依赖精神生活的能力。因为历史进化的原动力是本能，只有本能才能冲破了过去的藩篱，而实现一个新的更好的历史世界，所以对于从前学者主张知识元素为人历史原因的，认他还有不看见全体的毛病。并且由历史眼光看起来，都是先有本能，后有知识现象，而本能的我，却构成了人格的根本元素，从他的陈迹里，才发生知识的表现。所以在历史演进当中，一切的本能情感，甚至于不可思议的超自然力，都不应该排斥，排斥他也不能取消他那历史的存在，换一面来说，反要还他一个本来面目了。由我看起来，所谓神学阶级、形而上学阶级，都是代表一种人类的本能，所谓历史的演进，就是以一个本能，换一个新的本能，从神学的阶级到形而上学的阶级，从形而上学的阶级到实证的或科学的阶级，既然在历史上都能够划一个知识线上的痕迹，在人的本能上也自占一个位置。我们不要求全人类生活的历史罢了，我们不研究历史的进化罢了，如果要做这样研究，那么，一方面要注意进化变迁的动力，就是本能；一方面要有极公平的眼光去发现那外表知识线上的痕迹才好。

三　历史哲学的方法

人类自有历史以来，还只有数千年，历史之有哲学，更不过数百年间的事罢了。然在这不及千年的短期中，这种历史哲学研究的方法，是屡变的。从孔德以后，历史才渐渐有科学的根据，才渐渐去注意历史事实的“所以然”；依他意思，历史现象之主要原因，一方面看来是进步，而从他方面看来，社会的进步又是原于人类的心理。诚然，如果要使历史发达到最高的程度，应该于研究社会生活的各种情形——如家庭、人口、都市、经济诸问题——以外，还要注意到心理的方法，从人类心理的现象，去找出历史的程序来。所以在这一点，孔德实在是很有贡献的了。可是在孔德时代，达尔文的《物种起源》还没有出世（在一八五九年出版时，孔德已经死去二年了），对于人类以外各高等动物的心理学，且一无所知，更不消说到最近才产生的社会心理学了。我们知道林德勒（Lindner）最初发表《社会的心理学》（*Ideen zur Psychologie der Gesellschaft als Grundlage der Socialwissenschaft*）是在一八七一年，这时孔德已经死过去十四年了。在心理的研究那样幼稚的时代，孔德竟想用心理学的方法以解释历史现象，结果只能把历史现象弄变易，而不能完全解释他。所以到了涂尔干（Durkheim）就很不客气地拒绝了心理的解释，以为不过是种玄想罢了。（见《社会学方法论》页127—144）然个人心理虽不能用来穿凿事实，但历史既是一个社会现象，把他当作是社会的心理来研究，这就不容有少许疑义。我们假使不能想着一个与社会心理分离独立的人类历史，那么我们就不能不承认兰伯列希（Lamprecht）的话，以“历史为社会心理的科学”了（History is primarily a socio-psychological science）。由兰伯列希看起来，历史上的一切活动和事实，都不外乎心理作用，尤其是某种文化的形状，就是某种集合心理的形状（Collective Psychical Condition），而所谓文化的时期，也不过是社会的心理现象的一个连串罢了。因此他就把历史发达的一般形式，分做六个阶级：（1）万物有生主义（Animismus），（2）象征主义（Symbolismus），（3）模型主义（Typismus），（4）因袭主义（Konventionalismus），（5）个性主义（Individualismus），（6）主观主义（Subjektivismus）。像他这么样把模型主义因袭主义都嵌进文化的时期里，本不是什么妥善的研究法，但由他意思，历史应该以人类社会心理方面为主，这实在一点也没有错的了。我可以很公平地说：就是杜里舒都不能没有受他的影响，不过杜里舒所反对他的，是因为太近于堆积说方面（见武昌中华大学讲演）。如果把这社会心理只看作“堆积”的，那虽有超个人的特征，然今日一现象，明日一现象，前后重叠，那又和地质上泥沙的堆积何异？自然还说不上历史的“进化”了。即因兰伯列希只把历史看作社会心理的一个连串，而没有注意到这个连串背后那种逼促人们实现他进步的“生机力”，所以还算不得尽历史的意义，算不得知道历史的全体性，换句话说，就是于“进化”还不能有所启发，所以方法上有改造的必要。

我们现在的问题：便是怎样使历史变成功有生命的？申言之，历史是否也以生机主义的方法，才可以解释？从前的历史家，记述些王公世爵耀武扬威的事，好一点的亦只在夸耀他本国的光荣，我们所认为极重要的事实，竟丝毫不载；反大书特书其焚杀、奸谋、篡夺、压制等等，这不消说是全然没有生命的。反之现代的历史家，其历史的解释方法，不求原因于心的势力，而求之于物的势力，主张心的变动常是为物的环境所支配；凡他所记载的事实，都是适合于这个目的，这自然也是呆板板的一点没有生命之可言了。有生命的历史，必须另有一番解释，必须注意关于社会行为的心理方面，知道于各个人私有行为之上，还有多数人公共的行为思想；这是社会心理之所以形成，与个人心理是显然不同的。但是只有一种公共的行为思想还是不行，须要把这一个个公共的行为思想，作一个继续的形式而连接起来；并且这种继续的延长形式，不仅一段一段的上升，还且底子里是有人类普遍的"生机力"作主宰的。我们要知道人类继续不断的历史发展，都是从人类的"生机力"做出来的，有这普遍生力，故常不满意于现在的境界，而别求创造其他的新生活形式。因为他是变化多端向着四方各面分歧的，故能造出知识线上伟大的复杂的系统，如宗教、艺术、道德、政治、法律、经济、科学等，这就是历史进化的原因了。复次，历史是要叙述过去，但这种过去是活动的、绵延的、有公共的遗传性的；如果没有绵延，就绝不会有历史。即因"生机力"的绵延，不是堆积，乃是过去的扩张；不是如记录和收藏一样，不时间断，乃是连绵不断地增加；并且过去即保存于现在当中，现在是永远"向着光明里跳"。由此可见从生机主义的解释，则历史也是发展不绝，为有生命的东西，他的本身就是活泼泼地受制于宇宙的根本大法。反一面讲，如果采"堆积"的方法，把历史的心理现象，看作一时代一时代孤立绝缘的，虽有进化，也只算做"堆积"的现象，怎好解释那永远不断的绵延创化的历史哲学呢？

我们知道，历史事实并不是乱哄哄的瞎碰一气，他是由于人类生机力的主宰，而表现为一定的趋势或倾向的。但从前的历史家，至多不过以为是一串一串事实的相续罢了。这一时代一时代的历史现象，好比是一张一张的像片，在每一张像片，都是静的，那么一百影片连串起来，仍只是静止的堆积的东西，这怎好拿来说明活动的进化的历史呢？反之生命的史家，把这些影片贯串起来，他的活动境界，才一言难尽，一瞬间一瞬间都通彻无间，而历史的真象也显现出来了。晓得这一层，可见说明历史，实用不着堆积的方法，而应该把历史看作一种活形势，一种有意味的东西，但怎样才能认识历史的活形势与意味，这就不能不靠“生物学的方法”了。

我主张生物学的方法，并不是对于孔德和兰伯列希的方法有意排斥，也实在是就历史现象的特别情况，不可不确定一种明晰确切的历史哲学方法。因为所谓历史，浅言之：就是“研究人类故事的由来及其意义与价值的”；而一究人类的由来，却是由极远的动物祖先传衍下来的，是经过若干万年由哺乳动物进化来的，除非我们不问人类是从那里来的罢了，如果要问，就只得慢慢的追溯到古生物学上去了。复次从前学者把历史归结于人类心理的现象，却不知这种人类心理，还是慢慢从动物心理发达出来的，是不是我们的心理，和动物的心理完全不同？或者有许多是由动物传下来的？如果这个问题不解决，便武断地将心理的方法来解释历史，其误谬可不消说。但一涉于这种研究，又正是动物心理学的问题了。并且人类是好群的动物，所以有社会的组织，但若以社会的组织评人类，则在别的同种动物之间，也很容易看出那独居之恐惧或不悦，和伴侣之愿望和同情。所以要指明人类社会是什么，势必须追溯于动物社会的演化，自极端个人主义以至于蜂蚁的社会，这又是生物学的问题了。并且历史的目的，是要我们明白我们自己同人类的现在及将来的，关于人类将来的讨论，从生物学上立论的，如日本丘浅次郎以为今后唯有向着灭亡的方向进行，人类和人类间，势必至于不能协力一致的动作（《进化与人生》页259—260、284）。反之克鲁泡特金在《互助论》里，则断言人类将来底进步里面，乃是互助；所以我们只有庆前途无穷。究竟这两说那一个对呢？我们讲历史哲学的，应该取那个的途径呢？这就不能不从生物学上来取决了。并且杜里舒告诉我们，历史的意义是决之于历史是“堆积”的，抑为“进化”的？前者是物理的变化，后者是生机体的变化，所以历史必须像自然界的蛙卵一般，合于生机主义，而后才有历史的意义可言，这更可见历史哲学应该以新生机主义的生物学说为根据，对于历史现象，将来永远不能有机械的解释了。

在上述以外，我还有更重要的原因，使我不能不这样主张，因为只有从生机主义的生物学家的解释，而后历史才成功为自觉的，而后历史才成功人的历史。我们很勇敢地自信：人们的生活发展的内力，是禽兽所无。虽然这世界不只是属于人们的，但只人们的历史上，有过很放光辉的时代；只有人们在生命的舞台上，会演成雄伟壮丽的奇观。因为人在芸芸万汇之中，具有特别的自觉心与创造力，所以不受机械的支配，而能继续创造他自身的历史。但是历史上的往事，又明白告诉我们说：假使人类不能自己努力建设世界，那么今日这个地位，也许不久就要被剥夺了。我们知道古代里鱼类和两栖类，中生代里的爬虫类，他们是怎样的在这地球上横行阔步，又怎样的终归灭绝，只要稍微思量一下，也就知道全是“生机力”消长的原因了。柏格森说得好：“自最低级的有机物，以至最高级的脊椎动物，常常有一种努力，这种努力时时失败，却也时时以更妙的方法图进步，人类就是这个场合的战胜者”；我们要牢牢记着：这个战胜者的历史，正是脱离机械主义的羁绊的生机主义史，现在生命虽是打了胜仗了，但圆满的光辉还应该怎样去取得他？

现在已到要讲明生物学方法的地方来了！固然在宇宙之内，从组织这个大地的质点起，没有一个不是永久在剧动的状态中，没有一个是真正的静止的东西，所以推到究竟，实在很难分别出什么是生物？什么是无生物？不过就现象的变动言，有生物的动和无生物的动，却是各不相同，差不多可以说这两者是互相矛盾的；一个是生机作用，一个是机械作用；一个是起于内的，叫做进化；一个是起于外的，叫做堆积。诚然无生物也能变动，但动的结果，仍是无生物，不会变出生物来；但细胞则能成胎，而成完全的一个动物。这么一来，就知道生物和无生物，毕竟有严密的界限，我们不应把机械的法则，来讲明生物学，犹之乎我们不能把山石堆积的现象，来讲生机体的复生现象，以及细胞的胚胎学的发展。因为两者都是非机械的，所以必须用特别的方法，来定生物一切的历程，这种方法，就是所谓“生物学的方法”了。在这里我们应该注意生物学的方法，怎样和机械主义不同，依杜里舒学说：第一，生物是发生的，在胚胎发生的途中，就算切去了一部的细胞，每一细胞也都能发展成一完全的生机体，但假使生物是一架极复杂的机器，难道有这样一架机器，分之又分，分到百数次，各部分都能成一完全的机器么？也能维持原来的秩序么？这就可证机械的方法，是完全不可通了。第二，生物有复生的现象，譬如蚯蚓之头，切去复生，可至五十余次，切尾亦可生头，如我们切头留尾，新头生再切尾，新尾生再切头，循环切去，都可复生。譬如一只轮船，机器坏了换机器，换了机器之后，船身坏了又换一船身，假如机器又坏，又换一机器，还同是一个船，但这同字又作何解释呢？第三，从生物的行为生理而论，也不是机械的方法所能解释的。固然所谓行为，都有“历史根据的反应”，初看似乎这种现象正与留声机作用无异，但留声机的发音，以所受的音为限，故第一次所唱的，与第三十次完全无二，但是人类的行为，则把平日所感受的事件，于重新配合以后，才表现出来，是有一种自发运动的能力的，这又可见用机械主义的方法，是不成功的了。（以上均引杜里舒“生机体的哲学”讲演。）总而言之，机械主义的方法，把他应用在无生物方面自是恰好，但在生物则万不能以机械说明。生物所与无生物不同的地方，即在有生命，有绵延，有自觉性，就在植物界，虽说他大概固着在地上，却并不是没有自觉运动的机能，不过他的这种机能在睡眠状态，遇用着这种机能时，他就醒觉。因为生物有生物的特别情况，所以不能用无生物学的方法去管理他，说明他，应该即用生物学的方法，去管理他，说明他。

怎样是生物学的方法呢？这自然是指着以生机体的进化为主的历史方法了。在这种方法之下，有几个特点：（一）全体性——生机主义在方法学上的根本概念，便是全体（Whole），怎么样才是一个全体？即如这个字所代表的，他是浑成的，实在的，以统一的变化为基础，但若不细细考察，便很容易和总和（Sum）相混。然全体不是总和，总和是“堆积”，而全体是“进化”；总和如物理的变化，是偶然的由元素凑成，全体如生机体的变化，是个性的凝合，彼此互有关系的。因为生机体的发生，由他内力由简单的状态，进到复杂的状态，前后变化，都是要到达全体为止境的。所以生机论者给他一个专门名词，叫做“以全体为依归”（Ganzheitsbezogen），能够“以全体为依归”，这就是进化的真相了。把这个道理来看人类历史，究竟人类社会的变化，最后的目的在那里？他最后的全体在那里？假如所谓目的，所谓全体，都和胎生中的生机体一般，那么人类历史才是进化的历史，才是整个而活的历史。所谓历史家的职务，就是把这整个而活的全体相，把他摄取而再现于我们心目中，使他和现在连络成一个生命，这就是历史学的目的了。固然从外的眼光观察，天下古今从来没有一个模型造出来的历史事实，如就种族政治来说，都留下他疆界的痕迹；但我们若从内的眼光观察，就天下古今的知识线的波澜起伏，实在俨然有所谓“全体性”的在他背后。譬如人生哲学里所认是非善恶的标准，差不多都是以最后的全体为依归的。关于这层，杜里舒教授尝从物质上、精神上，来证明人类是具全体性的。从物质方面讲，人类是一代一代相传下去的物种相传，因而有变化、有血统，这可说就是全体性的一种象征。然还有更重要的，却在精神方面。他曾举几个特征如下：

（A）文字和语言——无论那一人种，那一国家，都是有语言及文字，这就是人类心理自然相应的第一个特征。

（B）新思想的同时发明——人类思想的基础，往往时间和空间绝不相同，而能发现不谋而合的学说，例如牛顿（Newton）与来勃尼兹（Leibniz）二人，同时异地而同发明微分学，这各不相谋而想及同种学说，不得不说是全体性的表示了。

（C）学说授受——如甲提倡一种学说，乙宣传之，这决不但是师生间相互的传授，他所以彼此相得，实由甲乙同在协和的全体当中。

（D）道德的自觉性——任何社会都有“应该”“不应该”“何必这样”“可这样”这几句话，我们从这几句话观察，就可知道人类“善”和“恶”的观念，也是全体的。一定是自己已经承认了是全体的一分子，所以一切行为，才要求符合于他。

（E）职业的协和——人类各种职业，都有人担任，这也决不是偶然的。这种职业的协和，在国家有非常变故时，格外重要，彼此间互相扶助，拿大家所得的，来维持生存，虽不免有的失业或饱食，但仍有好几个地方可看出是有全体性的。

（F）目的与结果相反——有人说过冯德（Wundt）所谓“目的底异化”，也是全体性的一个证据。如亚历山大攻小亚细亚，本不过要穷兵黩武，结果却给东西交通作个媒介。这种一人或一团体的行为，能发生并没有预先计划而于全体有利益的效果，这除了全体性，也很难说明的了。（以上见杜里舒《系统哲学》页

134—136,《生机体之哲学》页 80,《实生论大旨》页 96 等)

照此看来，人类历史实在是全体性的，整个而活的了。所谓历史本就是世界人类的全体进化的历史，若离开人类的全体性，而凭空描写某朝代的战争，某帝王的野心故事，那就是表明他对于历史这个东西，还没有懂得罢了。固然说到人类两个字，就含有甲乙丙丁各个人的意义，但是这些甲乙丙丁的事实，决不是历史，因为历史就他的本性讲，就是有超个人的特征的。所以种族呀！战争呀！都决不是历史应有的东西，所谓历史决不是仅有这一方面，是要注意在全体性一方面的。并且表面上虽似乎一切历史事实纯然是知识线上一人或数人活动的结果，然从底子里看，却不能没有公共的思想行为在他背后，这就是一时代一社会的全体性的表现了。

（二）生命自主——生机主义在方法学上还有一个更主要的贡献，就是生命自主律（Autonomy of Life）。凡生物都能自己选择或有选择的倾向，他有一种生之冲动，有了这一种冲动之力，才能绵延进化。他好像一条生命的大河流，冲着物质流去，一意只想冲开一条地道，或左或右的试验，或多或少的冲进，他虽不能完全破坏物质所服从的必然律，却能使他屈曲；虽对于物质的战胜，还没有完成，却能努力更求有势力的运动，向更有自由选择的方向进行。由此可见生物在事事有定的世界内，却有一个生命自主的地带，围绕着他。自然那些主张机械主义的学者对于生物进化，总喜欢用“适应环境”来解说，他们不承认有什么生活自主，以为人的内心生活，也不过是适应环境的手段罢了。其实这种学说，只要举一个例，已经很可证明是误谬的了。柏格森在《创造的进化》第一章，曾把脊骨类动物的人眼，和软体类动物的蚌眼，比较一下，知道俩构造相同，同具网膜骨膜和晶球，而网膜的倒转，是一切无脊椎动物所不会有的，蚌也有他。这么一来可见人和蚌虽然种类不同，各走各进化的路，但俩目同一受光的影响，这决没有异议。因为光是物理的作用，依照物理一定的原因，必生一定的结果。然人和蚌他的体积不同，何以纯以同感一光的缘故，竟致眼有这样构造相同呢？假使说生物因适应光以致机官相似，那就恰好拿来反证其非纯由物理的作用了。并且眼的构造，是由简而繁，如果照适应环境的话，难道也是由光之反射其上，由疏而渐密的吗？这自然是不可通的话了。所以柏格森在《心力》一书，又告诉我们：适应环境的必要，似乎只能解释生命所以破阻碍于种种的构造，却不能解释生命何以能使组织者逐渐向上的运动。一个极下等的有机体，也能像人一样，善于适应生存的条件，这个可以由他能保存生命推断出来的，那么生命既然适应环境了，为什么还要纠缠他自己呢？（页 20）总而言之：生命本身实有向上的要求，实有一种生机力，督促他冒险前进，不甘于停止一个固定的地方；并且这种内力，似乎很明显地在那里运动，极力使生物脱离物质的桎梏，不绝地创造自身。似此自动自主的方法，便是生物的真相如此。

把这种道理来解释历史，便头头是道，所谓历史全体的进化，也是有本身目的的，是能生长变化的。然而全体的历史进化，从最初生命这一动，便不住的动；但这一动不仅一段一段的上升，是四方各面分歧的，是很复杂的，是变化多端的。所以从根本上看起来，历史是一线相延的、创造的进化；从别方面看去，因有环境和生命对，而人类不得不和他宣战。只要人类生命的力，对于环境一旦冲入，他就逐渐扩大，从冲进去的那一点，逐渐扩充。因为他有无穷的时间，所以他可以慢慢进行，在慢慢进行之中，有时给别种势力压抑住了，碰着机会就这种磅礴郁积的生机力，又活泼泼地从地底里跳出来，这就是所谓“革命”了。梁启超在《中国历史研究法》里说“历史上进步的事象，什九皆含革命性”（页二百十），这是再对没有的话了。但他又说：“历史长在此心物交战的状态中，次第发展，而两力之消长，绝无必然的法则以为之支配”（同上）；这句话还有应商榷的地方。因为历史的根本的活动形式，是向上进行，是追求那个无穷无尽的“全体性”的实现，换句话说，就是生生不已自强不息的进化了。而在进化的时候，同时必伴有不可思议的生命力，以排山倒海的力量，去冲破一切网罗，这便是“革命”。这很可证明历史什九皆含革命性的一句话了。但在这心物交战的状态中，从进化的前一段，到进化的后一段，那是有一定目的的，这个目的不仅为历史的进化的原动力，并且为指示他的方针的。木村泰贤在《人生论》说得好：“譬如生命的方针，恰像放箭似的，纵使把那根箭，偶然从手里放出，并没有预定的目的，但既放出了之后，那箭必在一定的方向上进行，好像有预定似的。我们的生命就使是偶然而生，但既然生了，由他自身讲起来，这一生是要有一个一定的进行方针的。”讲到历史，更是如此。假使不承认有目的的表示，不承认有“以全体性为依归”的表示，那也无从说明历史进化的究竟原因了。须知历史哲学家的职务，即在于人类全体的进化当中，时时找出那生物现象所特有的“动的目的”（Dynamic Purpose）；不过这个目的，并不是有前定和机械的意思，如从前“静的目的论”（Static Teleology）那样讲法，这个目的也还在永远进化之中。所以从此发见出来的“历史法则”，也只是整个而活的生命的历程，就是生命活动于物质上向上自由的现象罢了。请问在这活动于物质上向上自由的现象当中，究竟有没有历史的法则以为之支配呢？那是有的。这个法则就是“进化的法则”——人类知识线上的进化法则。

上面已经将生物学方法决定了。现在讨论怎样应用这生物学的方法在历史哲学上，使他格外可靠些。因要做到这一步，我更把生物学的方法，分别研求：（一）发生的，（二）心理的，（三）社会的，然后一一加以解释与例证。如果能够照这样的方法同计划来说明历史，我敢相信无论如何，不至于再在唯物主义或机械主义的历史观里面翻来覆去了。

（1）发生的方法——由天演的眼光看起来，无论什么东西，都有一段发展和进化的历史在。所以我们着手研究任何问题，要使他格外成功具体的系统的知识，那就非用发生式（Genetic Mode）的方法研究不可。这种方法，本是生物学上研究有机体发生的各时期的经过的一种方法，现在却应用到各种科学上去。如有所谓“发生力学”（是由杜里舒提倡的）和“发生的心理学”，都是最近才产生的。但我们还应该注意这种方法，本就是历史的方法，所以鲍尔文（J. M. Baldwin）在《发展与进化》（*Development and Evolution*）一书里说：全部的历史，应当是发生的历史，这句话一点也没有错。固然有一派人，如德国海娃儿（Friedrich V. Hellwald，著 *Kulturgeschichte in ihrer natürlichen Entwickelung bis zur Gegenwart* 1875）、席克（Otto Seeck 著 *Geschichte des Untergangs der antiken Welt* 1894）等，一面主张历史现象可全用生物进化的方法讲明，一方面却未免把环境的影响看得太重了。所以结果把历史全部过程，看成功机械的、唯物的、偶然的、历史“追溯”的科学，却不“发生”的科学了。但“追溯”是一种反发生的（Agenetic）方法，结果必至于把反复循环的现象来讲历史，也怪不得从前叔本华（Schopenhauer）、尼采（Nietzsche）们都借循环来贬历史的价值了。因为历史的现象，是进化不是循环，所以我们应该用发生的方法，来指明进化的途径；并且这种方法还有一个好处，就是给历史以新生机主义的根据，这自然再可靠也没有了。

依我意思，达尔文（Darwin 1809—1882）的《物种起源》（*The Origin of Species*）可算第一个应用发生的方法的。因为从前最大多数的自然学者，总以为“物种”是不变的，牛不会变成马，马不会变成人，所有生物的今种，自古至今就从没有改变过，那就用不着讨论他的“起源”了。直到达尔文出来，才把“物种”和“起源”连在一起，他在纷乱的生物界中，居然找寻出了亲属关系，使我们知道所有的生物，都是由相同的祖先变下来的了。但他虽给我们一个“变”的新观念（从一八五九年“变”的发现以后，一个历史学者，便同时即一进化论者了），却并没有指出“物种”所以变的原因，在这一点，洼来斯（Wallace 1828—1915）实在给我们以更好的贡献。他在《生物之世界》一书里，讲到达尔文还没有讲过的生命原因，他告诉我们：“生物世界宏高深远，生物形态千奇万殊，考其由来，不外单一细胞为之原始，逐渐变化，乃生各种生物，种类性质，效用美观，各不相同，但求其最后原因，则非物质的存在，乃精神的存在。”他的生命起源结论是：“此复杂变化之宇宙，可谓为神力的表现。”（页567—574）不过洼来斯究竟是一个不彻底的学者，所以他虽认生物不是唯一的上帝造出来的，却还没有胆量来主张一种普遍的泛神论（Universal Pantheism）。这一点反不如他的论敌赫克尔（Haeckel 1834—1919）那样显明的泛神思想了。赫克尔实受白鲁罗（Bruno 1548—1600）、斯宾诺莎（Spinoza 1632—1677）、歌德（Geothe 1749—1832）的影响，这在他的《一元哲学》（页263）很可看出来的。我们知道，白鲁罗以他的奇想的爱美的精神，把他所居的新世界，看作神的象征；他认神无所不在，宇宙无论内外，都是神自身的表现。这个泛神主义者，为要证明他的学说，于一六〇〇年竟为上帝代表烧死于罗马的浮立场了。到十七世纪的下半期，泛神论的系统，才由斯宾诺莎接续起来。斯宾诺莎以为万有皆神所包，神不但是万有的普遍原理，也就是万有的总和。这种神秘的宇宙观，以后影响歌德，使他也成了一个“想求神于自然，求自然于神”的泛神论者。并且把最完全最美丽的诗词，来宣传他对于自然的欣慕之情。这是不须疑的，赫克尔因受了这些影响，使他格外确立泛神论就是近世自然科学的世界观念了（《一元哲学》页 261）。他解释泛神论的特性，就是万物有生论（《生命之不可思议》页 456）。既认神的精神充满万物中，就所谓“物质”也不是死的，是活的了。所以说：“物质及以太之二实在元素，非死物质，亦非依外力而活动者；彼自具感觉与意志，但所具者程度较低耳。且物质与以太，皆趋于凝众而恶压屈云。”（《生命之世界》页七，据英译《一元哲学》页七八引）又说：“余与歌德抱同一之意见，而谓凡物质无精神则不能存在运动，而斯宾诺莎之纯一元论，予亦守之。故谓物质与精神为宇宙的实体之二基本性，此基本性一旦表现其无限扩充之实体，则更表现其可感受可思考之实体，此即所谓活力（Energy）也。”（同上，页八）由上所述，可见他的泛神论已承认一个变动不居的物质状态，他虽有时说到“物理的生机主义”（他和白拉特 Bernard 一样是攻击生机主义最有力量的人，然而很奇怪的，他的泛神论却极与生机主义相近），却是极反对那非物质的活力所支配的生机主义的人。（见《生命之不可思议》页 50—57）以为一切生活作用，都是原形质的官能；都是受物理学上形态学上的性质所支配的。因此就很反对新旧的生机主义，对与新生机主义的代表杜里舒，很不赞成。这一点我以为赫克尔是错了的。因为旧生机主义假定有一个特别的有机力制御个体的生命，催动无机物的官动力，这种思想，一面用一个造物主的意思解释一切，一面仍采取一种机械的形式，这是很容易陷于机体的机械说的，我们自不能赞成他。但如新的生机主义，认生活历程是一种不容分析的自主，一方面反对因袭的生机主义的一般人，除去他的错处；一方面由于实验的发生学之重新发现，而提倡那一般主张系统的发生的人所最忽视的发生的问题。（参看杜里舒《生机主义史》第三章）须知这是完全根据生命发生底程序立说的，这实在没有理由去否认他。所以关于这一点，杜里舒的新生机主义，至少也使我们承认生机主义是可能的。他最大的功绩，就在发生学上告诉我们生物发生的原因究竟是什么？他的生活自主说的论证，就是完全以实验海胆的胚胎的发生结果为理由的。他知道海胆的卵，即使有一部分缺陷的时候，仍旧可以长成完全的胎体，无论去其一细胞两细胞，或竟去其三细胞，其余的三细胞二细胞与一细胞，都有发展成一个虽然小但是完全的生机体的可能。并且他还用压力的方法，把海胆挟在两枚玻璃片的中间，使他发育，则因压力的关系，结果一定要失去常态了；孰知无论怎样，依然可以成为平常的胎，这难道也是机械主义所能说明的吗？（参看《生机体之哲学》页九至十九）由上因杜里舒在那汨尔海滨生物试验所十二年反复实验的结果，竟结结实实的为生机主义添了最有力的证据，的确是科学的证据。并且杜里舒告诉我们：生物有生物的特别自主律，所以不能由空间的物理的因子来决定，应当是由一种复杂的超时间空间的不可验的动力（Agent）来决定，这个动力，就是“极素”（Entelechy）。“极素”是有机的行历，虽然我们很难说出是怎么样的一种东西，不过在生物现象之中，确似乎有这种动力，使“可能”的事象，变成“实在”的事象。（参看费鸿年著《杜里舒及其学说》页49—52）若用比喻的方法，“极素”可以说是有意欲的；“极素”的意欲，就是要机体构成。他是向于目的的，“以全体为依归”的，一切有机体的行为，如本能的发动，及复生现象，都是由于“极素”的作用。总而言之，杜里舒假定有一种“人”空间的一个动力，叫做“极素”；这实在和斯宾赛尔（Spencer 1820—1903）所谓“不可知界”；达尔文所谓“苟无智性的原因（精神），则宇宙不能存在，但此智性原因究为如何之物，用非人智所能解”；这实在是一样地承认宇宙间有不可验的原因，不过不能深究他的性质罢了。虽然如此，我们难道终不能完美无憾地把他发见出来吗？生命论既给我们以一道新光，在知识论上也只经指示其中有直觉存在；不可知不是不可知的，他是只可以直接的直觉认识的，我们只要凭借同情而深入于生命当中。（这是伟大的音乐家诗人“以神遇而不以目视”的一种方法，又如牛顿见落苹果，就悟及万有引力，也是直觉的最粗浅的解释。）我们就能活灵活现地发现生存的神了。生存的神永远地在那里创造世界一切生存的男女，我们除了赞叹他的伟大，唤他做“神”外，几乎没有别的话可说了。因此我在这一本小册里，不但承认有一个贯彻万物的宇宙大神，并且承认泛神实在就是真正源始的史源（True Original Source）。

由上所述：影响于历史哲学方面，实在再大也没有了。我现在不妨再申说一过。因为历史最注重的就在作者有没有“史心”，一说到“史心”，便就是发生的方法了。如达尔文证明人类是从动物变来的，于是我们才知道人类并不是上帝一天造成的，人类是从不能说话同不能耕田的动物进化来的。于是我们讲历史的，便不可不注意到人类以前的古生物学，而贡献一种新眼光同新解释了。但达尔文虽能告诉我们以人类为无穷尽进化的结果，却不能说明人类在自然界是怎么样地位，和生命的原因为何？这一点洼来斯讲得顶好：他在《人类在宇宙中之位置》（*Man's Place in the Universe*）中大意说：我们太阳系位于宇宙的中心，地球在宇宙中心的特别位置，和别的星不同，具备有可以发生有灵魂的人类的特殊条件。他又在《生物之世界》里，竭力发挥这个学说，以为现住世界就是想象的世界中的最善世界，而生物发生的法则，也就是想象法则中最好的法则。（页 376）这法则的效果，便是产生人类，具有他能够解决宇宙的神秘，所以可算得是进化的了。（页 537）这种新人类中心主义，我是很承认的。实在说起来，在科学化而且眼光正确的生物史里面，人类是最进化最后出的；但是如果把这进化的原因，归之于有人格的神，把神的思想感觉行为和人相等，那就是错到万分。所以这一点，洼来斯还不如赫克尔那样有贡献了。赫克尔的泛神思想，实在是说明历史原因之一切时代中最稳当最深远最真实的思想。假使不借万有神的力量，便全部历史万无解决的希望；假使不受泛神主义的辅助，说要把自然科学的宇宙观，加以妥当的说明，也是不可能的。但赫克尔虽知泛神的世界观念了，却不知人类内心机能的主宰（生机力），和宇宙造物究竟有什么关系？是不是泛神的世界，同时和自己的人类发生关系？如果神性遍布自然界，便在人类也应该到处可寻他的痕迹了。在这一点上，我敢说唯有杜里舒的新生机主义，能够看到人类基于内在的神，这就是"生活行历的自主"的学说了。并且在他的指导之下，使我知道历史是为那非机械的"极素"所支配；换句话说，就是说历史的发达（系统发生的变化），是向看一种内在底目的的，是"以全体为依归"的。这种学说，实在是大大地增加我们研究历史力量同范围，使研究历史的结果，比从古以来还要有价值。

（二）心理的方法——心理的方法，是研究人类的全体行为，和行为中最重要的动机的。它和生物学很有关系，并且可以说就是生物学方法的一支。自从生物学者推广论到动物行为的问题，这种比较的而且说明进化底道理的方法，才算成立，所以推到源始，仍不得不归功于伟大的达尔文了。麦独孤（William McDougall）在《社会心理学绪论》（*An Introduction to Social Psychology*）里说："只有达尔文底著作，把人类生理方面的进化，和动物生理方面的进化之相衔接教训了我们之后，我们才能很快地看出人类心理方面的进化，和动物心理方面的进化之相衔接；我们才能造出一个比较的而且说明进化底道理的心理学来。"（页六）诚然我们要打算明白人类的历史，必须先明白人类的行为；然要研究人类的行为，是不可单以内省他自己的心理现象为根据的。如果只以人类心理为根据，其缺点则无论如何推论，总不免有点靠不住。所以在这里，我们必须倚靠发生的方法向前进行，进化论已经告诉我们：人类的生理有许多是由动物传来这件事，正是一件历史的事实，那么我们岂不是应该去研究动物的行为，使我们对于人类的行为，做一个比较的而且系统的研究么？

原来行为的特点，是在他有历史的基础（Historical Basis）这就是研究动物心理学及行为派中人所谓先天的或遗传的本能（Instinct）了。（就是郭任远先生也须承认生物的奋兴性，是行为的最初的起源，但试问这个奋兴性究竟是什么呢？见《人类的行为》页225）譬如鸟筑巢；蜘蛛结网；蚁地狱掘穴以陷蚁；豕生一二分钟，已能爬行近母以吮乳；这都是由于他的元始而不须学习的本能。又如蚁蜂蜜蜂等他的本能的倾向，是很可惊异的；拿人类来比，恰似初生的儿童，已经有工业学校毕业的程度了。兽类中如北美产的海狸，以能够营土木工程著名，这是动物的本能中最有名的。（丘浅次郎《生物学》第七章）因为本能就是动物的一种生机力，表现出来也就是一种遗传的反射行为；所以从生理学上倒看过去，似乎本能由反射而来，反射又由刺激而来，那么所谓动物行为，岂不是完全由环境刺激的结果，还有什么叫做本能呢？不知本能之所以成为本能，即因他于刺激反应之外还有个“历史的基础”。罗曼士（Romanes 1848—1894）是很早就注意动物心理学的人，他在《动物的心理进化》（*Mental Evolution in Animal*）告诉我们说：“本能的起源，有两条路，是证据确凿的：第一个，由无意识的习惯碰巧是有利益的，为天然淘汰所限定，所以不用智慧的能力，这些习惯就自然而然的变成本能。第二个，本来有意识的习惯，行之既久，自然而然的变成自动的，也就变成本能。”虽然在这话里，不免把本能看成和留声机器唱戏一般，但他至少也承认本能的历史基础，是慢慢的从动物祖先遗传下来的。如上面所举的例：鸟能筑巢而不能结网，蜘蛛能结网而不能筑巢，这都是由一世代遗传到一世代的结果，这便是个性不同的原因。魏兹曼（Weismann 1834—1914）告诉我们：“一切本能都是由淘汰来的，其根源不在个体生活之常习上，而在胚种的变异上。”虽然现代遗传学的进步，还不能在胚细胞（Germ Cell）里把本能的根底发现出来，但也何至于怀疑到本能的存在呢？并且本能的存在，是可以用实验的方法来证明的。如斯波定（Spalding）的鸟飞本能实验，司谷脱（Scott）的莺歌本能实验，都是极显明的例子。我现在且引柏格森关于本能很有趣的一个例："有一种昆虫，叫做 Staris，常下卵于一种土蜂所开掘的地窠口，当其幼虫由卵而出，待此种雄蜂出地道时，即飞跃于其背上，附着不动。等到雄蜂和雌蜂交合时，即由雄蜂之体，移至雌蜂之体，及至雌蜂到藏蜜的地方产卵时，又跃在卵上，不数日食尽其卵，乃栖于卵壳上，作第一次的变形。此刻已憩于蜜上，吸尽蜜中之滋养质而变为蛹，继由蛹成虫。由此种种事实，此种昆虫之幼虫，于其孵化之际，似已知雄蜂必从地道而出；似已知其必与雌蜂作交尾的飞翔，而由此得以移在雌蜂之体上，似已知雌蜂必携之赴藏蜜之所，而于其变化后喂哺之；似已知变化之后必能渐食蜂之卵，而同时又能栖附于蜜上，使蜂子不致孵生；这种昆虫又似已知其幼虫必知道这种种事情。”（见《创造的进化》赵演译文）此外如马蝇、胡蜂、玉加虫（Yucca Moth）等，有许多行为，假使不是有一种自始就完全而且不须学习的本能，是很难解释的。总而言之，依观察和实验的结果，动物的行为大多数都是走本能的路，就中如猿、犬、马等智力虽也很高，不过就动物全体来看，还是本能比智慧占更普遍的地位。

我们晓得“本能”这个名词，在从前是用来表示一种反智慧的，和不正当的行为的形式。所以许多抱人类中心主义的人，如笛卡儿（Descartes）、摆特（Bethe）都想把“智慧”和“本能”来分别人和动物。直到进化论者达尔文、斯宾塞尔提出本能在人类行为上的重要以后，才有许多学者大张旗鼓，提倡本能的学说，把本能来决定人类行为的动机了。詹姆士（William James）甚至于说人类的本能比较动物的本能还要多。不错，本能现在已经是好听的名词了！但除了杜里舒、柏格森、麦独孤几位新生机主义者外，真懂得本能的人，实在很不多。杜里舒很知道将来生物学里最重要的结果，必有些来自本能的研究，是无疑的；但他一方面又认美国的行为派中人，他们所分析的差不多只限于以经验为根据的行为。却不知本能的主要性所在，是不以经验为根据，而以“原初有目的性”（Primacy Teleological）为根据；换句话说，就是本能是开始便完全了的。虽然他对于本能只提出些问题，没有答案，但依照他的讲法，而后本能才成功为生机主义的行为（参看《实生论大旨》页33—34、《生机体之哲学》页39—41），如从前生机主义者罗和（Roux）就是把本能这个心理的元素，看作生物教育最重要的动机的一个人了。因为本能的行为，有许多地方很可看出他是杂有警觉和努力的痕迹。（这是汤姆生在《科学大纲》卷一第二编说的。）所以本能本身就是一种生机力，柏格森说他是天生而知本体的知识，真一点也没有错啊！不过柏格森要分别本能和智慧为二，这就很有疑义。他说：“节足类的动物是走本能的路，脊骨类是走智慧的路；只有脊骨类中的下等，仍依靠本能，不过于本能所做不到的，把智慧替他罢了。”由这话看来，岂不是脊骨类中，有的仍然依本能为生，可见和柏格森分途进化的学说，已经不合；并且即就人类来论，完善的智慧好像是突如其来，其实却是从猿马犬等发展来的，但他虽有智慧，而智慧之原始的形式，就是本能，本能仍然是人类行为的原动力。我们如果从外表学习的行为观察，可说在生物进化之极端的这一支动物之上，是智慧掌权；若从潜伏于体内的遗传的行为看起来，还不如说是本能掌权妥当些。据柏格森的意思，本能和智慧不能同时发展得完善的，所以在人智慧是极高的本能则已失去指导人的权力了。其实事实告诉我们，何尝如此。我们只要用发生的方法，作长久细心的研究，便知婴孩在生后很早的时期，很容易看见他本能的痕迹。我们也不必举詹姆士（James）、桑大克（Thorndike）对于人类本能分类的话。且看看华德生（Watson）本能发生研究的报告：如哺乳（Nursing），握的反射（Grasping Reflex），自卫的动作（Defense Movements），对于光的朝向（Orientation to Light），眨眼（Blinking），这都是呱呱坠地的婴孩一生下来不久即发现这种能力的（见《行为主义的心理学》页226—236）。只要我们是一个公正的科学家，对于这种本能的发生研究，绝没有法子否认，并且我们正应该把这种方法推广去研究其他社会活动中本能的要素。关于发现的时期，消失的时期，及遗传的活动的进化性质，都作一个细心的研究，那么我们不但能发见人类行为的动机，也就结结实实地给历史行为以一个科学的根据了。并且在历史所要论的是动作中的人，研究历史哲学的人，所应要注意的，就是制造中的心；而这种制造中的心，实在是从社会活动中的本能发生出来的；而社会活动中的本能，又是从个人“心理的有机”相感所成的。从前的心理学家，喜欢把本能看作一成不变的东西，这种思想到了最近才改变过来，知道高等动物中有定形的本能活动很少，人类更少；因为人类的行为是永远不断的加添新材料，所以本能的反动，因此就格外容易变化。可见在本能的发达史中，人的本能乃由多年的进化造成，所以是本能最进化的一点。在于动物当中，本能只限于追求自己的目的，而在人类则有各种的本能，去组成各时期的社会组织；在动物中本能似乎固定不能变化，在人类则常能从环境中的好多刺激中，选择应用的刺激，以使有机体动作可以发展；这种选择的方针，即发自有机体内心的主宰，就是“本能”。可见本能之在人类，正是生命中统治行为的一个机关，人类若没有本能，便如时钟没有发条一样，就不能活动了。再明白说罢！人类在动物界中的位置越高，这种统治行为的本能也越大，本能越发达，就受环境的限制也越少，改变环境的能力也就越大。人类因有更进化了的本能，所以能够在历史的舞台上，演成雄伟壮丽的奇观，这么一来，可见本能正是一切人类行为的动机了。并且有本能才有努力之感，有了努力之感，才发生历史，试问历史上的一切现象，那一个不伴着努力？那一个不是本着各种自然本能生出的？因为本能是天赋的原素，是生机活动（Vital Activity）的主要机关，所以可以说本能就是历史成立的根本，人类一切行为的渊源就是所谓“历史的继续”，其实也不外乎用一种不断的方法，去发展或改变人的本能。就是将来有组织的社会，要改变人类的行为，使不适当的行为消灭，适当的行为发生，也全靠本能自身的发展或改变；自然社会的本能在世界大同主义的发展里，是格外重要的了。

因为现代的历史家，许多还在智慧主义支配之下，所以不能确实知道“本能”在历史上的意义与价值。但是倭伊铿已经告诉我们：即在宗教改革的历史上，那位鼓动风潮的，也是有精神的能力和情感的路德，而不是学者和论理学家的伊拉斯摩斯（Erasmus）。吕邦在《革命心理》里也告诉我们：法国的大革命是怎样在罗拔士批（Robespierre）、但登（Danton）这些煽动专家的指导之下。现在更是本能战胜的时代了，理知的墙垣里，已经不能发见什么真理，于是把本能来解释人类行为的，一天多似一天。如李勃（M. Ribot）、史蒂芬（Leslie Stephen）的学说，就是好例。总而言之，人类的历史并不是支配于抽象的智慧，所以把本能认作历史的原动力，实在是很有根据的。不过在这里，我应该有几句话申明：就是人类的行为，虽都是顺自然的本能，如狂风扫荡一般做出来的；但从行为所发生下来的所有文明社会上的各种特征，如语言及文字等，全都是智慧的产物。所以智慧的形式，在人类也成了不可少的原素。并且人类所以和他种动物不同，从外表的学习行为看起来，也好似全由于人的智慧特别发达。一些学者都这样说：“兽类社会没有发明和发见的能力，所以不能进步，人类有这两种能力，所以能够促进文明。”柏格森甚至于替人类下一个定义道：人不是生物中最聪明的乃生物中最会制造工具的。又给智慧下一个定义道：智慧就是制造工具和发明物品的一种能力。似此把人和智慧联在一起，我是不赞成的，因为人类实在是本能和智慧同时并进，人类似乎自夸这个奇异的智慧的能力，乃是一个完成的很迟慢的获得之力，但人类更应该自夸，我们所有的直觉，所有不受智慧限制而了解生命的力，这才是一个心理进化的最后产物。但这种进化，却是从本能发展得来，是他种动物所没有的。

由上可见仅仅智慧是不能说明全历史的，必须和本能合拢起来，而后才成功一个完全的历史哲学。所以我们无论如何，必须回复本能来解释历史；可不是动物的狭窄本能，而是从动物进化，而更加以融通自觉之性的人的本能。我们并且敢断言：全部的人类史，就是要求人的本能的扩大，本能愈自扩张，愈自深入。便愈和生命的原动力合为一体。在柏格森只认有盲目同情的本能，在我们却认本能是全体化成的动机，人类究竟是否进化，也只决于本能之是否扩大罢了。从前的历史家，奖励人们去从事于极凶恶的国家主义的战争，今后的历史家是要利导人们脚踏实地，向互相扶助的大路上走；我们理想的一个新的更好的未来，实在也不过要将人的本能扩充到极点，以完成所谓大同的世界罢了。好比性的本能，亲的本能，实在是人类本能之最切近最容易发出的。既有这种本能，便可依靠他作扩充的出发点；扩充又扩充，扩充到最高限度的历史的进化，这就是我们的责任了。并且以本能为本位的历史观，实在有几个好处：为从前历史所没有的。第一，这种历史是以生机为对象的。在智慧的方法，只有对于无生物认得清楚，一旦把生物作对象，就没有法子研究；因为这种方法，从来拿生物看作无生物，拿流转创化的行为，看作固定不变，所以不能够讲明历史的现象。换一面说，历史所拿来作对象的，是有生命的东西，是活的东西，所以我们要找有意义的历史，只有依靠本能的方法。因为本能对于一切现象总看成一个整个的，有生机的；因为本能是一种生机力和有机作用相同，所以把他来说明历史才能给我们以一个整个的活泼泼地历史的意义，并且这么一来，那过去若继若续的历史，才打成一气，变成一个筋摇脉注的一个全体；这自然是本能方法的最大特色了。第二，从前人类的历史，是表明女性被男性束缚，没有一回完全脱出羁绊的历史。说句不好听的话：过去的人类史，只可以称为男性的人类史，这自然是轻视女性本能的结果了。但我们以本能为本位的历史观，却倒转过去，尊重女性本能的美德，恢复了女性所已经失掉了的历史价值。从前有那种野蛮的传说，把女子当作性的象征；但是现在我们对于性的观念已经改变了，我们已经如嘉本特（Carpenter）所说：相信性的本能的光荣，在一切有生物上没有不普遍透彻的了。那么我们不但要主张男女平等，并且我们从男女关系中间，已寻出来个根本差异的地方；就是女性的行为，多偏于本能的；男性的行为，多偏于智慧的；那么在本能的历史观念之下，自然女性占历史上更重要的地位了。（如一八一五年维也纳的神圣同盟，主动的却是那位感情浓厚的男爵夫人，这就是很好的例。）我们只须平心静气来看一看早年女性和早年农业有如何关系；在母系制女性全盛时代，是怎样有一种优越的势力；但这种事实差不多在各种历史中好像都忘记似的了。英国有一位女子威尔坚逊（Wilkinson）在《女子自由问题》（见《爱的成年》附录二）里，给我们以历史上最重要的史实，可说是从来历史家都没有注意过的：

一七八九年八月，有一天，巴黎大起革命，这城中的人民饿得要死，有一班女子不怕大雨淋漓，立刻就聚集街上，讨论面包和王同后的问题。他们既然会齐众人，立刻向华西尔（Ver-

> sailles）出发；到了华西尔攻击那议会，要求面包，救济巴黎的饥人。他们的热度高得很，所以又提出许多条件，要求立刻解决；等到晚间又侵入那王室居住的宫殿；明天就得了胜利，回到巴黎。他们所拿回的囚虏，恰非别人，却是法兰西的王和后。
>
> 到了一八七一年三月十八日，巴黎革命党大起，那战胜兵士的人，不是别人，却是女子。她们看见那兵士抢了平民的炮来杀平民，就不怕什么危险，立刻散布街上，围了那些兵士，叫他们做弟兄，请他们不要开枪；并且冒着危险，向炮口前进，和他们握手。这些女子的勇气，比那大将的命令还要快一点，弄得那兵士立刻就由开枪的"人机器"，变做"人"，把那些发令叫他们杀人的军官捉去了。

由上所举的例，很可以证明女性是本能的，和这种本能的行为，在历史的位置了。威尔坚逊的结论是："女子在世界上无论那一个时候的革命，都是主动的，不是被动的。"这句话如果把我在前面所引那句"历史上进步的事象，什九皆含革命性"来比看一下，更可见女性的本能，在历史上是有何等的价值！何等的荣耀！过去如此，将来的理想世界，更不消说是自由的男女互相扶助的社会了。这就是我主张以本能为历史本位的原因了。

（三）社会的方法——从进化的眼光看，人类历史只能当作一种生物社会进化了的形式，所谓社会学，也不过是生物学的一分支罢了。但一说到生物学，就不能不想到那讲明生物社会的两极端的学说：就是生存竞争，和互助。达尔文于一八三八年间读了马尔萨斯（Malthus）的《人口论》（*Essay on Population*）受了极大的影响；他于是想到新种的造成，就是由于生存竞争，结果为适者生存。（参看《物种原始》页85—104）这就是所谓自然淘汰，或天择律了。

（同上，页 105—167，255—302）但生存竞争这句话，并不是如后来极端论者所说的互相残杀，或弱肉强食，它是含有较广大的意义。所以说：“我须申明我用生存竞争这个名词，是广大的，比喻的，包括彼此的互相依赖，而且包括（更为重要的）不特关于个体的生存，又在后代的成立。”（页 87）他又在《人种原始》（*Descent of Man*）里告诉我们：“包含着最大多数同情心，最深的个体的社会最为繁盛，并育成很多的子孙。”由此可见达尔文的生存竞争说，本不是从狭窄的观念生出来的。罗曼士（Romanes）更明白解释道：“生存竞争这名词，应该知道他的意义所指，不但是同种族中同时期的个体争生存，其实也集合一起，争他们种族的永久。”但不幸得很，达尔文的学说，以后竟引起许多的误会了。当斯宾塞尔把这个研究扩张到“那个是最适者（Who are the fittest?）”这个问题的时候；而无数达尔文主义的信徒，已经把生存竞争的观念，解释作为个人利益的残酷的斗争，以为在这互相杀戮的世界里面，斗争就是生物上的最高原则了。（参照克鲁泡特金《互助论》页四—五）这个主张最有力的代表，自然是赫胥黎（Huxley）他在《生存竞争和他对于人类的影响》（Struggle for existence and its bearing upon man）一文里，竭力宣传斗争的原理道：“从伦理学家底见地看，动物界是在罗马底格斗士场一样的水平面上的。各生物受十分的好待遇送去格斗，在这格斗里面，最强壮的，最敏捷的，最狡猾的生存着下次再斗。旁观的人与这些格斗士没有什么关系，所以没有动心的必要。”他又告诉我们说：原始人里面也和动物里面是一样的：“最弱的及最蠢的死灭，而最顽强最狡猾，虽然在别方面不是最好的，而于他的环境奋斗是最适的东西，就接着生存下来。”（同上页五引）如果人类的历史，真如赫胥黎所说，只有不绝的斗争，那我们倒不如毁坏这个世界，还可以有点安慰。但是很侥幸得很，赫胥黎的社会观，不能当作科学的推论看，最好只算一种臆谈罢了。因为他完全从不好的方面看，却忘记了自然里面爱、和平及调和的元素，所以有这样武断结论，其实自然界给我们的教训，不是这样的。所以克鲁泡特金在《互助论》里，说他不能为自然底公平的解释，那也自然失了科学的价值了。

在达尔文无数信徒，高唱生存竞争的时候，洼来斯已提出“自然是残忍吗”的疑问了，他在《生物之世界》第十九章说：自然界的生存竞争，好像很残忍似的，其实却促进了生物的进步；这种竞争，并不是偶然的，是要产生高等动物作它代价的。所以说：“在生物进化之途中，下等生物必为高等生物所蚕食，此自然之天则也。而此自然天则之作用，所致最后效果，即为产生人类。盖人类能理解生物界之森罗万象，玩赏其美丽之观，利用其无机物产物，及化学的产物，故生物界之发达，至于人类，可谓臻于极端矣。”（页 536）这种学说，自也有一面的真理，但他还没有胆量去证明生物互相扶助的事实，所以结果也不能驳倒赫胥黎一派。此外在达尔文主义中，也有一和平派，主张在进化的各级上，阶级愈高，便愈取较缓和的形式；所以蛮力的斗争，只在人类社会之早年中或属必要。这种调和派的口吻，仍然没有看到动物之间的爱和同情底存在的。但自克鲁泡特金一九〇二年《互助论》出版之后，从此生物界便从生存竞争里救出来了。在他序里曾述及动物学者凯斯勒（Kessler）讲演的“论互助的法则”，以亲子的感情和保护子孙之情，看作动物间互助底倾向底起源。又有毕毓勒（Büchner）的“动物界的恋爱及恋爱生活”，是以爱的赞美歌起始的。这两位学者研究的方法，似乎和我们思想最相合，不过他们的著作，还没有机会看它，所以只能就克鲁泡特金的《互助论》来举例了。

《互助论》是决定互助为自然底法则，及进化底一要素底学说。

克鲁泡特金以为这种互助，既不是爱，也不是个人的同情，这乃是比爱或个人的同情广泛得多的感情；这乃是在极长的进化行程之间，在动物和人底社会里面慢慢地发达起来的本能。（页九）这样去解释广泛的社会性，我也是很表赞同的。因为他把这高尚的一种生机力——互助的本能——认为是在广大而必然的基础上面发达起来；于是进化的主要要素，不由于同种动物之间激烈的生存竞争，却是由于各种的互助和互相维持了。并且克鲁泡特金还用力地寻找许多事实，来反复证明：动物同种里没有自相残杀的情形，有互相维持的趋势。大概能互助的动物多繁衍强盛，容易得到食物；至于反互助的，他的生活能力总不及互助的强，所以自然淘汰要不绝地灭绝他们的。（页 24）体此《互助论》所得到的最后教训，就是动物有互助的倾向的，是最适于生存；这个公例同样地适用到人类社会，承认越升上进化的阶梯的，便互助的范围也越发扩大了。这种思想，不但是一种最有益社会的研究法，并且还是扶助人类的福音，即此一端，克鲁泡特金在生物学说上的功绩，已经很不少了。

我们既已知道互助在社会的方法里的重要，还要知道互助的本身，也有一段很光荣的进化史的。在蚂蚁的社会里，互助已完全代斗争而起了；然他互助的事实，毕竟很难超出洞穴或窠巢的范围之外。人类却是不然，在这一支生机活泼的动物之上，他恻怛慈爱的本能，至有推广到和天地万物一体，对于一草一木的摧残，都不禁地有无限的同情的。这就可见人类实在是互助社会里面最进化的了。并且因为一般的目的而扶助，这似乎是一切生物的通性，唯人类则能以“无所为而为”为社交的极致，要有所为便是走狭窄的路子，谁也不认有什么价值了。所以在人类的互助社会，很多都是为生机之无所为而奋发，为奋发而互相扶助，这可说都是自然而然的，却不是为着什么利益而这样干的。好比当社会发生困难的时候，人类都显出天然的社会本能，强的帮助弱的，不顾利害而一致团结，这能说为着什么利益呢？并且只为享受幸福而希望和平的和平团结，这在海狸麝香鼠及别的几种啮齿类群里早已发现了；不过在人类，则这种本能更为发达。虽在今日世界，还没有达到大同，那种为一般目的才肯互助的生物通性，在进化的人类还未能免，所以就是现代的文明人，虽也知互助的重要，而在许多团体中，依然把功利作最后目标；但我们相信人类社会一天天进化，便越接近于“为社会而爱社会”。将来的社会，或者要完全由于音乐和跳舞这些美的动机而结合，那时自比现在还要进化了。总而言之，社会的生活，乃是应人类本性的永久需要，所以无论历史在什么时代，我们总可发现那种互助博爱的精神。尤其是《互助论》里所研究的蒙昧人底生活，野蛮人的生活，使我们越发相信互助的精神便是人类社会本来的美质。所有过去的社会，实在都充满着一种最广泛的情感的歌声，而一般人所想像的野蛮人，反没有实际的存在。并且我们相信：就靠着人类的互助，便能到达光辉灿烂的未来的“黄金时代”。

这么一来，历史的面目便大大的换新了。从前的历史家好似也懂得互助生活在人类生活中的重要，好似也懂得“社会”的价值，但只可惜他们所谓互助，是要在个人利害底暗斗里面去求；所以他们最注意的，不是社会所产的文化，而只是少数人所创的法律。最好的比喻，就是把这种社会看作针鼠冬季的群集一般，远些既不胜其寒，近些便感着刺触的苦处，其中间适当的距离，使即所谓法律。如果人类的社会生活，只靠这些外铄的手段，那也还有什么生机？但人类的社会生活，实并不是如此，他是完全以博爱的冲动为根据的。所以即在蒙昧人时代的蒲系满人（Bushman）、霍坦脱人（Hottentots），他们都是非常平稳地生活着，很少和邻人打仗；他们都是互相亲爱，并且抱好意的。再说到埃斯起莫人（Eskimo）、亚柳人（Aleuts），他们对[①]富的破坏，他们把自己底生存和种族底生存，当做一个东西看；他们的为众人而劳动；实在都是很可欣羡的。至于野蛮人底互助，有如共产村落、共同吃饭、共同劳动和他们的正义观念；他们把帮助贫穷，和尊敬外客看作分内事；甚至于平民间以减轻或防止斗争的种种制度；这和我们以为是现代生活底一个最好底特质，谁知道他的起源，乃是在这种古代野蛮时代？并且在这里还可发现过去历史的顶大错误，以为这个时代的人，只有战斗和压制，其实这时代民众的大多数，就是在这些少数人互相酣战的时期内，还是和平地劳动过生活。所以克鲁泡特金在《互助论》第四章很叹息地说："史诗、纪念碑、志铭、平和条件——差不多一切历史的纪录，都是这个一样地性质；他们都是论和平底破裂，不是讲和平本身的。"

现在我们要讨论到人类和平本身的历史了。我们和克鲁泡特金的思想一样，不要那些过去的纪录，因为在那里都是夸张人类社会斗争方面的。我们不要现在新闻纸、政府底布告以及为将来的历史所预备的浩瀚的纪录，因为在那里也是陷于这个一样地偏见的。他们既然对于社会互助的生活简直一点也不注意，我们所认为互助和牺牲的无数行为，他们差不多一点痕迹也不留，所以我们不能不割爱了，不能不开始建设我们的新历史了。我们相信：无论人类生活底任何时代，战争都不是人类生存的要素，民众他们就是在暴虐的神权政治和专制政治底下面，还知道用许多方法来维持他们所认为平等互助的社会组织。所以在我们的历史里，最注意于这些事实。就说到最近代的社会主义的发达，依唯物史观看起来，是经济原因的产物；但由我们看起来，却是建立在比一个经济原因更为紧要的东西上面，就是人的社会本能。潘悌（Penty）说得好："社会主义的正式的学说，是基础在工

① "对"，原作"的"，疑误，据上下文改。——编者

业的永久性上，到现在已经永远的失了信用了。但他的非正式的哲理，还是安然的存在，因为在消极的方面，他是一个反对资本主义的道德革命，在积极的方面，他却是建设于互助、情义、共同生活和四海皆兄弟的原理上面，这都是社会主义最终的目的。”而在唯物史观论者方面，如柯祖基（Kautsky）、郭泰（Gorter），也都承认社会的本能，即道德心。由此看起来，就在将来的理想的社会实现，也用得着社会的方法去解释他了。

由上所述:（一）发生的,（二）心理的,（三）社会的三种方法，总括起来，总是生物学的方法——生机主义的方法。有了这种方法，才能给人类的历史，以一个确实的科学的基础。

四　生物学的历史观

从生物进化的眼光看来，人类行为和动物行为是有一个遗传的进行程序可寻的；他有一个最大显著的变迁，就是本能的遗传，大大的进化了。固然人类的行为，是由下等动物进化而来，但在人类更有与猿类不同的，就在他的活动更为本能的、情感的。在一八七二年，达尔文著《人和动物感情之表现》（*The Expression of the Emotions in Man and Animals*）说：人类所认为感情的表现者，无一不是由动物的逐次进化而来；只如人类代表耻辱的赤面点，这就是其他哺乳动物所没有的。洼来斯（Wallace）亦主张于生命加以感情时，叫做动物；于动物加以高尚能力，如道德性及宗教性时便叫人类。罗曼士（Romanes）更从理论上、实验上，证明人类心理性的进化，他在《人类心理的进化》（*Mental Evolution in Man*）一书里，告诉我们：人类的感情，和动物的感情，很多是相似的。就本能说，例如儿童有吮乳的本能，有啼泣的本能，大人有保护儿童的本能，这都和高等动物无异。并且动物虽没有人类那样自由，而有人类的意志和知性的基础，人类的意志和知性，正是从动物进化出来，愈高尚而愈显明罢了。由这一点看起来，可见人类和动物的区别，不在于要求生存，而在于要求生存上的情感；换句话说，就是由于本能进步的结果了。但是我们要问：这本能的进步，是由于身体质（Somatoplasm）的变化呢？还是由于生殖质（Germplasm）继续？如果照达尔文等说法，则本能大都是受外界的影响。再由遗传传留下来；然而魏兹曼（Weismann）却费尽气力，来驳这个观念。据他的学说：生物一生所受的外界影响，只能及于身体质，并不能由身体质而影响到生殖细胞里去；所以达尔文至多不过是说明人类心理的进化，还没有论到心理进化中怎么样的遗传；在这一点上，魏兹曼实在很有贡献的。他的遗传的原则是："先天的或原有的特性能遗传，后天的或获得的特性，不能遗传"（inborn or inherent character can be transmitted, while acquired character cannot）；那可见本能的遗传，也是从一世代一世代的生殖细胞剩下来的，并不是从一世代一世代的身体质生出来的了。因为身体质的效力所及，不过得一个适于发展本能的机会，所以动物心理的进化，也应该推源于一系相连的生殖细胞。虽然如此，魏兹曼所说仍不过是说明怎么样的遗传，若论到遗传进化的主要因子，那又非应用生机主义不可。因为近来遗传学者研究的结果，说生殖细胞有所谓 Gens，这便是遗传的基础，但是什么使 Gens 遗传下去呢？这自然也不是机械论可以解释的了。

假如我们把一切动物创造和应付环境的行为，叫做本能；那么人的本能，就是本能之更伴有生机力的。罗曼士把动物行为分作（A）反射作用（Reflex），（B）本能（Instinct），（C）知能（Intelligence）三种。但由我观察的结果，通彻生物界本只是一个生机力，只是一个本能的遗传。反射运动就是生机力的开始，也就是本能的开始，在下等动物中如一滴水中，有无数的变形虫和草履虫，虽是简单生物，也能受激刺而有行为；如若遇食物时所受的刺激，他就向着激刺的方面进行，若用玻璃针使他受一个很强的刺激，他就向着离开激刺的方向行动，除此以外热度的变更、光的强弱，也能使他转向一定方向，这就是所谓"反射的运动"了。固然反射的运动，分析到最后，也可看作本能之确证，但讲到蜂蚁的本能，就格外容易明白些。我们如就一个蜂房观察其中之蜂，它们一经出世，就知道必须要做的工作；它们也没有老辈教导，也好像不认识同伴，而也不为它们认识；它们立刻加入联合的工作，看护幼虫，采集蜜与花粉，而贮藏之于小洞之中，这种不须学习的动作，就是所谓“本能”。但人的本能，比蜂蚁的更为完全，它为我们的活动开出一个实际上没有限制的场所，并且能够选择高尚的方法以达到目的，这是基于有智能的高等本能，所以更进化了，所以更为主动的、生机的了。因为如此，所以在人类方面，特别的以“生命自主律”为进化的原动力；进化的方向，也是“以全体为依归”，按着一定的思想活动的。把他和别的动物对比，自然更不受那必然的物质的机械主义的历史法则所支配了。

这种生物遗传进化的元素与势力，在人类历史进化中亦可适用。从广义说，生物进化包含人类历史进化；从狭义说，历史进化自有他特别的地位，是特别的从事于人类知识线上的发展的研究的；这就是所谓知识线的进化了。当然这种知识线的进化，也是生物进化的一个产物，人类学告诉我们：人类知识线上的进化，实从动物世界开始，动物阶级渐次升高的时候，就主动的和含有意义的行为越发重要。所以人类历史不要误会他是盲目的机械的物质的舞台，人类历史乃是人的本能所组成，从他开始的时候，已经多少含有意义的活动；直到现在，历史已达到目前最高文化的地平线，含有意义的活动，也自然增加了许多。所以知识线的进化，有一个顶大的特点，就是以生机的法则，代替机械的法则。有很多的历史学家，因误把机械的法则看得太重了，把人类历史完全看作环境的劫掠物，这一点实在太没有科学的基础了。因为生物学已明确的表示生机体的特性是生机力，所以我们可以断定生机体的自身活动，乃天然的无须外力迫之使动，动作实自内而起，外界环境不能使生物发生行为，不过供给行为的机会罢了。所以生机体降服于环境的一句话，我们绝对的不承认；把人类历史直接的处于被动的地位，我更不能赞同。因为知识线的进化，实跟着生机体的进化，自动的能力发展到能完全主宰环境的地位，我们还能说他是在物质圈套中为周围环境所支配吗？如果这样，那也太不进化了。

我们都已承认将进化论的原则推到人类历史的进程上去，但我们研究到历史进程的原动力，是机械的，抑生机的？在这一个问题底下，我们不能不与一般短见的唯物论家分手了。依照他们的意思，只有地理的元素、经济的元素，足以支配历史进化的途径；但依照我们的意思，只有生机的元素、本能的元素，才是社会进化真正的原因。关于这一点，自然不可不分别来看：

（一）评地理的历史观——据主张地理定命论（Geographical Determinism）的人说：如气候、土壤、食物等类的情形，和天然的普通现象，就是人类进步主要的原动力。如孟德斯鸠（Montesquieu）主张有某种气候自然要酿成某种制度，寒带宜于自由，热带宜于专制，沃土常行君主政体，瘠土常行共和政体。因为他把气候土壤看得太重，把人的力量看得太轻，结果以为某种社会或政治的组织，都好像是天造地设，不是人力所能左右的了。巴克尔（Buckle）在他的《英国文化史》上虽然并不主张只用地理的原因来解释所有历史，可是他的地理史观，比谁都有名的。他极力指明气候和土壤对于社会进步的直接影响，他说：欧洲地理上的情形，利于使人力操纵天然，所以是欧洲文明主要的元素；并且同一的理由，高等文明的发达，可以永久的不能希望于欧洲以外的地方。属于这一大派的别的著作家，或以为大河流是进步的主要原因；或以为人类需要的粮食的情形，更可判定进步；或以为驯养禽兽的问题，对于社会进步有重大的关系。美国社会学者海司（Hayes）更分析地理的元素，与其对于社会生活的几种影响，以为就是宗教的伦理的概念，亦因地理的环境而大不同。这种学说，好似也有一面的真理，但是太简单了。就是巴克尔自己承认在较为进化的社会里，心理律比物质律更见重要，可见史之地理的解释，在现在早不能成立。所以爱尔乌德（Ellwood）在《社会心理学》（页 275）说他不足以表明一切社会进步的自动元素，他道：“设若这是一种适当的解释，那就是说地理上的情形，能够把猿猴的群或下等动物的群变成进步的原因，也不是不公允的。物质情形即使顺利，社会变迁也未必常常跟着进步的，在古代最顺利的物质情形，也不能阻止社会的退步，当希腊罗马衰败时，他们的地理情形，却不见变动了。主张地理判定社会进步的人，大都未能把气候的地理的情形之变迁，和历史上著名的社会进步与退步变迁，其间一定的关系，指示出来。”这话很对！也可见地理的元素本身是不能解释进化的了。固然在生物学者当中，如达尔文也未尝不采用这地理的元素。如说北方终年积雪，所以北方的鼠，由黑色变成灰色以适应环境；后来因为灰色还不够，又变成白色，与雪同色。但是依丹麦 Johannsen 的考察，如灰鼠生白鼠，其第二代的小鼠，未必更白于第一代的幼鼠。（见《生机体哲学》页 76）由此可见地理的元素不但不适用于人类历史进化上，并且也不适用于生物进化上。所以把气候、土壤、食物的偶然堆积，来解释人类活的历史，这就是这派学说的最大失败了。

（二）评经济的历史观——从孔道西（Condorcet）依着机械主义，想把历史作成一种科学，已竟开了唯物史观的端绪。至圣西门（Saint-Simon）虽也把知识的历史观很强烈的表现于他的初期著作；但后来观于法国革命时代的经济情形，其历史观竟把经济的要素比精神的要素看得重些；以为产业的进步，就是历史的决定条件。后来把此说发挥光大集其大成者，就是马克思（Karl Marx）了。马克思用他特有的理论，把从前历史的唯物论者不能解释的地方，与以创见的说明，遂以造成他特有的“唯物史观”。这种学说出来，大受现在社会科学的欢迎，但由我看起来，把唯物史观来解释社会科学，毕竟是不对的，因为他太不顾及生物学的情形了。

由唯物史观引起许多不近情理的，言过其实的论潮，我们实在不能承认。我在一九二一年著《革命哲学》（第十章页 133—161）已极端否认马克思在《经济学批评》说的“社会生活决定人的意识”的话，是靠不住。因为从他本身的性质和用处着想，是有几件说不通的地方：

（第一）把物理的法则硬用到社会进化上去——因为唯物史观的要旨，只承认环境可以改变有机体，却不知道这种历史法则，只是极粗笨的物理法则；把他来说明社会迟钝不进的移行是可以的，至于社会进化这回事，那就绝对不可能。何则？社会进化是有目的性的，分开说是有两种表示：（1）向未来的目的做，（2）选择做到目的的方法器具，由此可见社会进化还须人类的精神的努力，这自然和物理的法则不相容了。因为物理法则只能看到有因果性的必然关系，故此由此去观察变动状态也只看得物质的变动，就是空间的变动。陈启修教授在《唯物史观与贞操问题》说：“照物质不灭和物质普遍的公例说来，物质的数量和性质，虽然是无古无今无东无西皆是一样的，然而物质的结合，和物质的位置，若从新陈代谢、周流延环等生理学、化学、社会学、经济学等的公例看去，却是转换不定的。”这话很对！物质的确是有变动，但这相对的变动，假使留心研究，就知道他是弛缓的，不是紧张的；是向着空间开拓的，不是望着时间流转的，这自然没有向前的目的，把他来说明自然科学是对的，至于社会进化现象，那就用不着了。因为社会进化的法则是永远向前的，不间断的，自动的，而这自动也都有其满足需要的目的。故此那空间性的因果的盲目的物理法则，在他本身的性质上，就没有力量去应付社会进化的道理。由此可见唯物史观要用自然科学方法，去探讨物质的运动——经济现象的变化消灭——是很有理由；但把物质的运动就说是社会进化，那便非常没道理了。须知物质运动由甲状态变到乙状态，由乙状态变到丙状态，由表面上看去似乎有进化，其实这种进化，乃排在空间之中，自然不是那继续前进，努力往前推的进化真象。复次，由唯物史观的见解，凡以前存在的社会的历史，都是那直接间接或多或少各殊异阶级间团体竞争所表现的结果。由此可见他所说的进化，只是现成的，是没有新的分子的；而此后的进行，也都是重复的；这自然和永远变化永远创造的社会真生命，大不相同。然亦可见把物理的法则应用到社会进化上的唯物史观，是差错无可疑了。

（第二）只知历史法则，却忘了意志自由一节——马克思对于人类意志的势力，或是心理作用，在一方面看去，好似很承认的，其实他所承认的是意志的存在而已。所以说："人类能够造成自己的历史，但必要依于一定条件之下去做。"此所谓一定条件，就可见他是把意志自由限制在"必然"的大圈套内，似这种自由，只是在一个极狭小的范围内，自然算不得意志自由了。但有人代他辩护道："最近多数伦理学者，讲到意志自由四个字，也认为是于相当范围之内，可以有选择的自由，并不是脱离一切自然和社会的限制，而有绝对的自由。依《经济学批评》序文的话，当着生产力变动，社会关系随着变动的时节，这个社会关系的变动，当然要靠社会的活动。所谓阶级的斗争，便是人类意志的势力，却是这种活动，也是顺着经济行程自然的变化。所以既不是绝对的自由，也不是无意识的机械。"我想这些话，不但不能反驳那卡斯天（Bernstein）[①]，而且反正马克思是个必然论者，否认意志自由罢了。为什么呢？哲学上所谓必然论，并非不承认有意志，只是要把人类的意志限制在外界事物底下，似马克思的唯物史观，就是这样。他何尝不认意志可以

① 朱谦之又译"柏恩斯坦"。——编者

影响历史的发达，和个人的行为；但他同时又说人类意志究竟要跟着物质的脚跟走。这么一说，可见社会制度的改革，依着人间意志是不成功的。换句话说：意志自由是以物质的障碍为基础，这难道还是意志自由？这就是不承认意志自由的铁证了。须知必然和自由的分别，一个只知道机械关系的变动，所以“今所有者，必为于昔既成之中，果所含者，必为已在因中之件”；一个是说意志有决定的能力，所以“一切经验都是新的，一切事体都是继续创造出来”的；由此可见前者只知道环境可以改变有机体，所以结果偏于保守，后者却说意志可以改变环境，所以结果是要创造自己。晓得这些分别，那么意志自由与否，也只是意志自动与否问题，和绝对不绝对有何干涉？而且世间除了将为（to be）绝对以外，更那里有（is）的绝对，故此马克思既然不主张绝对的自由，就可见他抹煞了意志的自由；既然不是无意识的机械，也可见他不过是有意识的机械。唉！有意识的机械！难道不是机械？马克思既已反对旧派机械的唯物，何以屏去旧机械，又换个新机械？如此换汤不换药的机械论，就是马克思不彻底的明证，故此卡斯天批评唯物史观的话，说他：“总迫人假定人的一切事业志向行为，都是物质的出产情形的影子。”也正是搔着痒处，恐怕就是马克思复生，也巧护不来了。

（第三）唯物史观忽略了一个心理的原因，就是欲望——马克思的历史观，他观察社会的变迁，注重在社会上经济条件的变化，所以唯物史观就是经济的决定论。其实单独经济的势力，是否能够断定历史发达的程序，这还是很大的问题？今姑假定这种理论，是不会错的。然而经济现象如物价涨落等等，假使从根本上的意义着想，都没有不由于心理上的原因，就是欲望。（本津村秀松说）总之欲望是经济行为的动机，人因充足其欲望而演成的共同动作，这才叫社会经济。所以欲望为主，而物质的条件，反是他的臣仆。总之求满足是人的本性，所以心的要求在物的要求之先，因有这个那个心的要求，于是去努力满足这个要求；假使人们没有心的要求，那么经济的物质的条件，任他如何更变，与我有什么相干？由此可见心的作用实是支配经济现象的根本原力，我们要是穷源追本，自不取于经济史，而要另立个社会组织随于心理的变动而变动的原则，来代替他了。

由上面的证明，我竟宣言唯物史观不合于现代人心的要求了！是站不住脚了！现在我更进一层，重新估定马克思唯物史观的价值。我以为依马克思说起来，社会进步大部分是关于谋生活营养生物的法则的一桩事情，如经济现象的变化消灭种种，都是谋生活。却不知如果没有生活本身，也从何谋生活呢？如果注重生活过于谋生活，便自应该用生物学作基础了。所以爱尔乌德（Ellwood）在《社会学及现代社会问题》里说："社会主义家的规画，只求满足经济的需要，而不顾及生活必需的生物的需要。其实仔细研究起来，用家庭的需要作改造社会的基础，比用工业作基础，却是合于学理。要打算谋人类社会的继续生存，则生殖的程序（Reproductive Process），比经济程序，却是重要得多。"（页310）但是生殖的程序，竟为唯物史观所忽略了！生养后嗣培植后嗣的生物学的法则，竟受生产财货分配、财货的经济学法则所替代了！其结果只注意于谋生活，而忽略于生活的遗传和变化，这自失了科学的价值了。并且近来马克思的唯物史观，和达尔文的学说，又联络起来，想把唯物史观在达尔文主义里面别开一新生面。其实达尔文学说对于动物中的复生现象，已不可解，而必待于生机主义去解释他，可见把生物进化全归于环境的感化力的学说，在现代的生物学上已发见种种误谬。何况于马克思的唯物史观，于环境的原因上，更特别限定于一个经济的原因？似此把历史上的现象，都拉在一个轨道上，好是好极了，只可惜太偏于非人类的元素（Non-human Factors），结果把人变成‘非人’，把人类的历史，也变成非人的历史了。

由上两节：可见地理的元素和经济的元素，都不足以解释历史进化，那么我们就采用那唯物主义的人，即是主张地理定命论与经济定命论的人所讥诮的理想主义说（Ideological Theory）好吗？固然观念及理想，本来是历史进化的重要工具；但在这一派历史哲学里，应用错误的心理学，把那易启误会的关于人底心理的武断做出来的历史进化论，我们也是绝对的不能赞同。我们可取古新（V. Cousin 1792—1867）所用为历史哲学底基础的理论为例：他是很郑重申明，把心理学的分析应用在历史方面的。他说：（见 Flint's *History of the Philosophy of History* P. 456 引，见刘延陵译《社会心理学绪论》页十四）“社会生活之各方面，与各种现象，都可到他们所从生的人性之倾向之中穷本而溯源。他们从人性之中底五个基本的需要生出，这五个需要，每个有和他相符合的一个观念：适用底观念（The idea of the useful），产生数学物理学，工业与经济学。公正底观念（The idea of the just），产生文明社会国家和法律。美底观念（The idea of the beautiful），产生艺术。神底观念（The idea of God），产生宗教与崇拜。对于真理本身底观念（The idea of truth in itself），产生哲学。这些观念可说是简单而不容再为分析，同时存在于人心之中，组成人性底基础底全部。他们发生的次序，和上文先后所说的次序一样。”因为在古新那时候没有正确的心理学，所以从错误的基础上，演绎推出错误的历史哲学，这自不免为世人所讥消了。虽然如此，心理的原素在历史进化上还是最重要不过的。我们尚不能用物质环境来说明动物社会，何况人类底社会呢？所以自从达尔文看出人类心理进化和动物心理进化之相衔接以后，我们才能稍稍有一个比较正确的，而且说明进化道理的心理学来；而后才稍稍可以从原始上生物学上看出发展出来的心理上更高更复杂的“知识线底进化”；而后才知道把本能安置在生物发展的系统上。我可以说从前历史哲学所依据的是玄学家神学家眼光中底心理学，但今后的历史哲学，已经是倚靠生物学的心理学了。

依我意思，在挽近心理学中，只有动物心理学才是真正可称为科学的。起初如罗曼士（Romanes）等，他们所根据去研究动物行为进化的，是发生的方法。他把动物行为分作反射运动、本能、知能三种，由非心理的反射运动进化而生心理的智能，这就是他所要证明的。其实由我看起来，在反射作用必伴以生机体的运动，既有运动，即可表示其最低限度的心之存在。所以从反射作用进而本能、智能，这三者本是一线相延的，是代表生机力在遗传进化上的几个程序的。我们可以说，反射作用是未醇化的本能；智能是醇化了的本能；特别的以人类为有融通自觉的本能；所以彻首彻尾，只是一个动物的本能。所谓动物的进化，其实就是动物本能的进化。所以动物心理的研究，其实就是本能的研究。我们只要查一查近来动物心理学家所做的工作，他们用实验去研究各种不同的动物之本能，或固有能力：如朱尔登（Jordan）、斯波定（Spalding）、桑大克（Thorndike）、司谷脱（Scott），他们研究的结果，真正是动物行为上的事实，知道动物行为很多都是依靠先天的本能的了。但是在这里，我们应该注意不要把本能二字用得太滥；如以为动物底行为完全都是本能的，人类底行为完全是智能的，那就是大错了！因为人类既由动物进化而来，而前于人的动物底生活，都是由本能主宰；所以进化到了人类，至少也如詹姆士（James）所说人类本能的数目，比动物底本能有增无减；而且在决定人底行为和心理作用上，更有个领袖的地位。的确，这个本能的知的方面，更比动物的高得多了，因此特别被称做“智能”，其实智能仍是本能之化身。有些误会的人如倭拉士（Wallas），一面让本能在社会心理中占更重要的位置，一面又说人类一切行为都在理性支配力之下（见《社会心理之分析》页23—33），有些人简直把这比较心理学的名词——本能——看作一种神秘的心理，而主张废弃它。（如郭任远《取消心理学之本能说》，见《学艺》第四卷第九号）其实本能在行为上的重要，在现在心理学界是一种新运动，是生机主义心理学的引子。在这新运动中，我所认为最有贡献的一部书，就是麦独孤的《社会心理学绪论》（William McDougall's *An Introduction to Social Psychology*，刘延陵译）。实在没有比他讲本能更好一点的了，我们可以说，自从达尔文和斯宾塞尔底著作把蒙蔽住动物底本能的秘密之幕掀起了一点，以后集大成的，就是麦独孤了。

麦独孤是极端拥护本能说的人，他的工作，的确可代表社会心理学很明确的进步。他告诉我们：“本能是一切行为和思想的源泉及原动力，并且他不但能够断定一切活动的目的，并且供给一切心灵活动的原动力。”他替本能下一个定义道：“本能是一种遗传的或先天的心身的倾向，便得我们对于某类的东西，不能不去注意；因而经验着一种情绪底激动，而且发生一种特殊的动作；至于对于这样的动作，有一种冲动。”并且他告诉我们以本能的来源，是从昆虫底生活里就有的。脊椎动物中的低等动物，也常有未被智慧所支配的动作，到了人类只有一人生后未久即行成熟的那少数较为简单的本能，是借纯粹被先天倾向所决定的动作表现出来，这就如吸乳、哭、爬、眨眼和见打击而退缩的种种本能而大多数的本能的成熟，都在人已获得模仿动作，和用智慧管束动作的能力以后。所以这些本能底动的倾向，很难借纯粹先天的形式表示，而自始就或深或浅地把那本有倾向，互相混合，成为许多非常复杂的本能的活动历程发生出来。因为人的本能的活动历程极端复杂的原故，前人竟不晓得人与动物底本能作用，是同样的东西，其实我们可以说直接或间接做人底一切动作底最初本源的，乃是本能。假使没有本能，就没有思想，就没有动作可做，所以说："拿去这些本能和素质，和他们底有力的冲动，人类就不能有任何种活动。他就要很懒地，一动不动地卧在那儿，像一个除去了弹簧的钟，抽去了火柴的蒸汽机。"那么还有什么人类的历史可言呢？因此麦独孤的结论是："人类的行为无论其在家庭、在社会、在国家、在宗教，或在其他一切生活之中，必导源于他的元始而不须学习的能力或本能之中。"这个结论差不多是的确可以成立的。

爱尔乌德（Ellwood）也说过（《社会心理学》页一七七）："如果人类社会是从动物的社会生活蜕化出来的，那么由低人的社会到人的社会，这个过程时间，虽则别的元素在社会生活中已见发达，并且渐渐占有重要的地位，也断没有失掉本能的根基的道理。我们知道：人既是一个动物，他的本能的或本性的反动，必定是社会生活的端绪。正因为这本能的反动，是动物互相联合的一个主要根基；我们如否认这个，就不啻推翻人类和动物社会生活是继续的这个假设。"虽然，爱尔乌德的主张本能不是很彻底的，但由他的话，已可见人的本能并不是一张白纸，可以在他上面任作何种的文字，他实在是有先天的倾向的。申言之，就是生物在长途遗传进化的结果了。总之我们要考察在社会生活中之本能的原素，最妥当的方法，就是把人的本能和别的动物的本能去比较一下而后可看出人类本能做历史原动力的是些什么？（第一）我们都知道，旁的动物本能底性质，都是由一个官能底印象，或许多官能印象之结果，而激起一种完全的纯粹本能，所以比较近于生理的，而心理的作用不容易显明。若人类底本能，则不单是生理的，而兼有最高心理的动作，所以人的本能含有最高心理的变化，就是知识线上的进化。（第二）阔达筏基（Quatrefages 1810—1892）说人类和动物的分别，在有无道德性与宗教性这句话，也非常之对！他说人类所具的能力，有两件是动物所缺乏的：（A）识别善恶的道德上能力；（B）信人类死后存在之宗教的能力；固然阔氏心目中的宗教未必很是，但说人类有宗教的本能，而动物没有，这确是事实。（第三）在动物中的本能，差不多都是瞎来的、盲目的，但在人类则和智慧并没有什么冲突。晓得这几层而后再进论人类的本能，和他在历史上的势力，就很容易了。

但我们既知本能在人类历史中是头等的重要的原动力，我们还要接着问做历史原动力底主要的人的本能，是些什么？据麦独孤所说（《社会心理学绪论》页50—104），分别（A）逃（Flight）的本能；（B）拒（Repulsion）的本能；（C）求知（Curiosity）的本能；（D）斗（Pugnacity）的本能；（E）自卑（Self-Abasement or Subjection）与自炫（Self-Assertion or Self-Display）的本能；（F）亲的本能（Parental Instinct）。还有几个情绪不很清楚的别的本能：（G）生殖的本能（Instinct of Reproduction）；（H）结群的本能（Gregarious Instinct）；（I）获得的本能（Instinct of Acquisition）；（J）造作的本能（Instinct of Construction）。但他对于最重要的宗教的本能，就有疑问了。所以就是吴伟士（Woodworth）很赞成麦独孤的人，尚且说："读麦独孤的著作，有一事要使得你惊诧的，是他对于'专权'和'服从'等本能常常说到，而说到交谊和同伴中别种关系的地方，比较是很少很少的。"（见《动的心理学》页274—275）但由我看起来，麦独孤这种本能的分法，实在太滥而且太不扼要了！反之哈特（A. Herter）在《生物学的人生观》上，把人类本能分成（A）保存自己的本能，与（B）性的本能二种，又实在太简单了！其实在这些本能当中，我们应该分别出：那是基本的？那是派生的？那是和别的动物公共的？那是人类所特有的？不然，把斗的本能，拒的本能，逃的本能，这些在动物里虽很重要，但在人类已经成为“遗形物”的，也看做人类主要的本能，岂不是顶大的错误吗？并且人类和动物的不同，即在有宗教的本能。尔朗（Renan）说得好：“宗教的本能，为人所固有，正同筑巢的本能，为鸟所固有（The religious instinct is as natural to man as the nest-building instinct is to birds）。”但麦独孤却驳他道：“宗教的情绪，不是个简单而有专一的倾向的东西，可由某一个特殊的本能唤起；他实是好几种本能通力合作而生的复杂之果。所以宗教的情绪与冲动之本源，不能不求之于好几个非有宗教的特性的本能之中，所以就没有那一个本能，专管宗教的事。”（页104）这话几乎使我疑惑他是不懂得人的本能是从动物进化来的一桩事了。因为在动物的生殖细胞，非常简单，所以本能也是走固定的路子；在人类则生殖细胞愈复杂，所以本能也愈复杂；我们可以说人类的本能，都没有由某一个特殊的本能唤起的。好比麦独孤所举自卑与自炫的本能，我们难道可以武断地说：有一个本能专管自卑与自炫的吗？所以麦独孤否认宗教的本能，实在不能自完其说。由我看起来，人类中可称作基本本能而与动物公共的，只有亲的本能，与性的本能，我们知道无论人类制度的形式如何，这两个最原始的本能，在生殖程序中，总是很有势力。所以弗洛特（Freud）和他的信徒，把性的本能认为一切行为的动机，这也未始没有大部分理由。因为在任何的社会中，男女相恋是家庭生活的起点，不独如此，无论在那个民族中，父母的慈爱，总是家庭团结中最大的要素，所以我可以说它就是人类的基本本能。而这基本本能，不独在人猿中有，就是在别的低等动物，差不多早已发达了，所以是和动物公共的，不过在人类则格外“纯洁化”（Sublination）罢了。因为人类历史无论变得如何复杂，总不外乎把遗传的生殖细胞为基础，却以亲的本能性的本能为基础。所以我们人类最初的社会都是因为生命的必需自然发生的，并不是由人类筹划成的；这一点实和动物的社会一样。但是在人类于这基础本能外，更派生有几个特别的本能，能使人类社会和动物社会不同，这些特别的本能，实在最值得我们注意，并且就是我们历史哲学的最重要的一点了。因为历史哲学虽注重属于遗传的本能，然而个人所得的遗传的本能，常表现于个人行为之中。从广义说，虽可名为本能的冲动，却不是历史上最重要的。而历史上所认为最重要的本能是专用于可以代表人类全体，或一大社会的遗传活动力。换句话说，就是由各个人基础本能，所混合起来的公共的遗传了。所以从历史哲学的眼光看来，人的本能应分讲如下：

（1）宗教的本能

（2）自我的本能

（3）社会的科学的本能

（附注）汤姆生（Thomson）《科学大纲》卷二第十五编页十六，曾说及所谓公共意结（Complex），这种意结是以三大原始本能，或本能系统做中心的。（1）性欲意结，（2）自我意结，（3）社会意结。这“Complex”一个字，在弗洛特一派的心的病理学者，是把他看作一种不自觉地活动的倾向的。所以和我的说法很有些相同。只有性欲意结，应改作宗教意结。

什么是宗教的本能？简单来说：就是宇宙的生动感情（Cosmic Vital feeling）。许多宗教心理学的著作者曾说，人类对于宇宙的关系，用感情描写出来的东西，这就是宗教。凯尔德（Ed. Caird）在《宗教的进化》说：“一个人的宗教，乃是其人对于宇宙终极的态度之表示；

即其对于全体事物所认为最高的价值。”固然在通行宗教中，也可看出两派的信仰：一派以为神就是万有，他的主要的言语，便是“一切即神，神即一切”（All is God and God the all）。所以宇宙便是神的表现。在第二派看现世界一切都是幻象，而力求那不生不灭的常住世界，佛教就是这种信仰的代表。然这两种宗教，都是以宇宙观为中心的，佛教不过是宗教的本能之变式的表现罢了。我们再看上古的人，因为山川日月的变异，因而觉得触处有神。又如耶教承认上帝创造世界，而不承认世界创造上帝；虽然他把上帝看作“存在于时间空间以外”，但既有存在，便可算都是宇宙观的态度了。在十七世纪如笛卡儿（Descartes）、斯宾诺莎（Spinoza）、来勃尼兹（Leibniz），都认神是一个绝大的存在。最近代如蒲得罗克斯（Boutroux）、柏格森（Bergson）认神为不绝的生命、无间的动作、不尽的绵延。总而言之，都是一种对于宇宙的生动感情而已。所以依我意思，宗教的本能和形而上学的本能非二。叔本华称宗教为民众形而上学（Volksmetaphysik），知道民众都有形而上学的需要，就知道宗教的本能，也正如家常便饭一般，不必一定要坐在教堂或寺院里，方是发生宗教的本能的时候了。

但是宗教的本能究竟是怎样一个心理状态呢？依我意思，这完全是一种宇宙生动感情之精神的虔敬的性质。是伴有如麦独孤所说赞美（Admiration）的情绪的。在对于被赞美的对象所唤起的，还包含着两个原始的情绪，就是惊奇与自卑的情绪。这就是说赞美之中，包含着我们到了他面前而自觉卑小，因为他是最尊严最伟大的东西，彷佛他是高踞九霄，下视万类，我们是受他的陶冶溶化，我们是不能脱了他独立而自存，因此不自禁地在他面前献颂了。由此看起来，可见在宗教的本能当中，本毫无苦痛，只是从欢喜中流出来的。这不是怕，乃是爱。从前许多的哲学家都没有看到这层，如卢克立塔（Lucretius）说："恐怖生多神。"霍布士说："畏惧那不可见的，乃是宗教自然之种子。"休谟说："宗教最初的观念，是起于人所共关的生命事物，及激起人心的恐怖。"这种误谬的解释，至今还保存于《比较宗教学》里。（如 Le Bon 的著作就是好例。）其实你们都忽视了下述的明显事实：就是群众所向之求助，向之希求他们的愿望之欢乐，向之希求他们的需要之满足的人，就是他们所信仰赞美的神。因为群众有这种爱神的宗教本能，所以才把那所赞美的对象，当作创造一切的上帝，或造化，或主张万有即神。须知这种神秘的心理，在没有了解的人，以为有恐怖的分子，而在信仰者本身，却是完全自发于爱和愿意的。并且这种爱，这种赞美的情绪，实在就是一切审美的艺术的本源，所以都有欢喜的原素的。不信，我们请看原始时代的泛神思想，如对于自然之物，如美丽的花，或风景，或介壳，或动物底完美的身体，都把做赞美的对象；他们对于自然界的调节作用，如轻微的风雨，温和的日光，江河之徐徐的流动，动植物之安健的生长，都不能没有惊奇的情绪和感戴之柔情的。你看这种原始时期的宇宙观，确以为宇宙之本质的组织，是非人身的活物质，这不是宗教的本能的分明表现吗？不信，请看原始时期的埃斯起莫人（Eskimo）有描写山顶层云的一首诗（见蔡孑民《美术的起源》引）道：

这很大的 Koonak 山在南方——我看见他——这很大的 Koonak 山在南方——我眺望他——这很亮的闪光从南方起来——我很惊讶——在 Koonak 山的那面——他扩充出来——仍是 Koonak 山——但是海已覆起来了——看呵他（云）在南方什么样？——滚动而且变化——看呀他在南方什么样？——交互的演成美观——他（山顶）所受包护的海——是变化的云——包护

的海交互的演成美观。

这一首诗不但可见初民的宇宙观，也可见初民的宗教的本能，是很素朴的。他们也不外就他们日常所接触的现象，而自然发生无尽赞叹的情绪；至于说到后来利用宗教的人，把神看作残忍嗜血专门降祸于人类的性质，这完全是由于那些术士、沙门、巫觋、祈雨师、祭师之类，惨淡经营，来愚弄一般本民的。社会心理学者像麦独孤尚且受其影响，把宗教看作由于怕与求知自卑三种本能合成的东西，以为宗教的起源，不过如此。其实人类自有社会以来，那大多数的平民，都在发挥其真正的宗教的本能，他们本不知道什么叫做“怕”，什么是机械的唯物的宇宙观，所以他们在赞美的歌声里，早把这世界放在一个有生机的宇宙基础之下了。

什么是自我的本能？简单来说，就是“我自觉我的发见”，申言之，就是我自觉的有与别的许多人有关系的一个人底自我。因为这种自觉，是我底自我，和旁人的自我之间感受传达的结果，所以也是社会公共的本能；这自然是人类的行为，比动物行为进化的地方了。在动物当中，只有生存的本能，就是身体之自己保护的本能，除了最简陋的雏形的自觉以外，就简直没有这个本能。但却不是没有自炫的本能，依照麦独孤所说，哺乳类之中，把他表现得最明显的，或者要算马了。(《社会心理学绪论》第三章）但这种自炫的表现出来的，却不一定都会有自觉的意味，到了人类自觉心渐渐生长，这种自我的本能，在我们愿意扩充我们底行为之时，就成为道德的本能，或称为良心，这就是所谓心理上的人格了。在哲学上，这种本能，又常唤起一种有活气的、有热情的、心里总是不安宁要发问的一种心理状态。“我想”“我这样想”“我要”“我看”“我反对”“我要问”一切的批判，都由我独立观察和批评；一切的问题，都要加一个“我”字；因有自我的本能，所以能够打破环境的束缚，打破政治上的强权主义，其结果就成为各个人自觉的独立的运动。

什么是社会的本能？简单来说就是“同情心”，就是我们的情感要求与同类和谐的冲动。在这种本能之下，能令人牺牲个人眼前的目的，而与社会合作，造成个人努力所不能获得的目的，这是完全发于纯粹地爱他的情感的。自然有许多的社会思想家，对于人的天然的社会能力很怀疑，如霍布士指所谓反社会的特性（Antisocial Traits）为原始的。以为人性本出于争夺暴乱，是一个可怕的、孤立的、自相残杀的生物。有的就列举许多野蛮时代中好战和劫掠的性质，来证明人性是反社会的。这句话无人论就种学或就别的东西来讲，总没有确证使我们深信最可怕的人类，反社会的特性，是从原始时就有的。就是文化最低的民族，我们知道实在都是很和平的，不信请看克鲁泡特金的《互助论》（第三四章）。他告诉我们：那些以为原始人类，是只顾纵自己个人的情欲，利用自己底力和狡猾，以对抗同种的别人类的个体底无秩序的结团，是怎样的错误。无限制的个人主义，乃是近世底产物，不是原始人底特色。（页十八）他举例如蒲系满人、霍坦脱人、奥大利亚人、巴普亚人、波里勒西亚人、斯零克人、埃斯起莫人、亚柳人，他们的生活差不多都是以共产为基础的。好比有些人所认为“最不洁净的动物”的霍坦脱人（Hottentots），据郭尔崩（Kolben）考察的结果：“他们确是地球上最友爱、最自由、又彼此最亲切的人民；他们一定都不知欧洲人底腐败和失信的技术；他们是非常平稳地生活着，很少和邻人打仗；他们都是互相亲爱，并且抱着好意的；他们最大欢喜之，一就是互相赠物，和互相贡献。”郭尔崩的话，已经给好些学者十分确证了。所以我们可以无疑地承认克鲁泡特金所说：“社会本能在人类性质里面，也是这样根深蒂固的。”（页十七）

社会的本能又可称为结群的本能（Gregarious Instinct），在麦独孤《社会心理学绪论》有专章论到它（P. 303—308），用不着我再详说了。不过我的意思和麦独孤有些不同，他说这个本能的活动之情的一面，并不十分强烈特殊，由我看起来，却是不然。差不多没有一种本能，不带着情感的激动的；所谓社会本能，岂能独出此例。不过在心力很低的动物中，虽也有这个本能之社会的活动，却是只限于血种甚近的亲属所结的小群，所以不能够扩大；并且他们在结群的时候，不表示何种爱情，只不过是孤独之时的不安，与成群之时的得意罢了。反之人类则确实能享乐社交，常是无所为而为，詹姆士说过："孤独对于人，是最大的苦恼之一。"可见人类社会本能的发达，实由于"同情心"，如鸡丁斯（Giddings）所谓同类意识（Consciousness of Kind），便是社会本能的基础了。

在这里我们更应该提到科学的本能，分着说自然是社会的本能，表现于社会生活上；科学的本能，则表见于学术思想上；但究其实，这两种本能，却是互相关系的。所以现代西方文明之下，随便一桩事，都寓有这两种本能，他的政治是社会的政治，也是科学的政治；他的教育是社会的教育，也是科学的教育；诸如此类，可见这两种本能是同时代的产物了。但什么是科学的本能呢？依我意思，就是麦独孤所说的造作的本能（Instinct of Construction），所以最好就用他的话来讲明。他说："儿童底游戏的动作，似乎就从这个本能底冲动生出，到了文明的成年之人，这个本能底活动范围，虽然受了限制，这个本能，还依然存在。我们能造出一件东西之时，无论他的价值与用处如何，我们都非常得意；而且植在这个本能之中要做一点东西的这个欲望，或者就是人类的一切制作底动机之一，下自一个泥馒头，上至一个宇宙观、一本律典，或者都是由于人有造作的本能而生。"（第三章），这话自然最可拿来讲明科学的动机了。在同书第十四章似乎还知道科学的本能和社会的本能底关系，所以说："造作的本能对于社会所生的主要的影响，生于做巨大的制作之时（尤其是做巨大的建筑之时），之必有许多人通力合作。任何民族，倘其为作巨大的建筑，如独石制成的碑塔，如伟大的庙宇，如埃及的金字塔一类的坟墓，而需有许多人通力合作，则这种工作，往往能教这个民族底已定的生活状态，因几十万工人底长久的聚合，而更为固定。这个社会的团结力，也因此而更为坚强。”（页 53）由此可见科学的本能和社会的本能，实在是不可分离的了。

由上面所说——宗教的本能，自我的本能，社会的或科学的本能，——虽然许多历史哲学家都没有从这里着手解释，但它却实在是社会进化的元素和势力，我们可以说这就是知识线的进化的三种原动力了。固然有些人主张废除本能，以为本能说是不能帮助社会科学来解释人类在社会上一切的活动的，但问他有怎么一个完善的概括的一种假设可以代替它呢？“老实说声，现在是没有找出来的。”（见《社会科学季刊》第三卷第一号樊际昌:《社会科学和本能的问题》。）可见这种非科学的决意排斥，对于本能说并没有破坏什么，反证我们把本能说来彻底的解释知识线的进化，是非常地正确的了。并且这三种特殊的本能，从过去社会科学的趋势看来，好些学者虽没有称他为本能，却也自然而然地好似承认有这么三种的基本活动，形成三个历史阶级；使我们对于历史进化的程序，略示了一个大概。我们所称为社会学之祖的孔德（Comte），有一个很有名的提议，他说人类思想的进化分三个阶级：第一级，为神学时期；第二级，为形而上学时期；第三级，为科学时期。在孔德以先有意大利的韦柯（Giambattista Vico 1668—1744），他所著《新科学的原理》（*Principi di Scienza nuova*）实际就是历史哲学。他认各种社会皆须经过三个时期：第一期，是感觉的知识，这便是生存于自然状态的原人社会；第二期，是想象的知识，这便是英雄时代的半开社会；最后是概念的知识，这便是开明时代了。此外还有费爱巴哈（Feuerbach 1804—1872）说过："上帝是我们最初的思想，理性是我们第二的思想，人类是我们最后的思想。"又格伦尼（Stuart-Glannie）说明我们智慧的发展，是经过幻术的、神鬼的、科学的三个阶级。总之这"三阶级的法则"（Law of the Three Stages），实在很早就发明了。这些学者告诉我们，历史的最大的概括，就是知识线上一天比一天趋向进化的地位，这实在一点也没有错；但因他们很执意地，把一阶级一阶级都看成印成呆板的东西，这就不足以说明历史进化的真像了。因为静的法则不适用于动的现象的原故，所以我们不得不改变这"三阶级的法则"，另用一种"发生式"（Genetic Mode）的法则来代替它这种法则的好处，便是打破向来对于历史的"堆积"的见解。依我们意思，历史的现象，都是极其活泼泼地，所以过去乃连绵不断地增加，并且在发展期中一方面仰倚着过去的一种本能，一方面则逐渐生出新的本能，它不仅仅是一个继承的延长形式，乃是些遗传的先天的本能之无穷的发展。当着机械势力忽然爆裂，便依次涌现出来的。因为过去的本能，是正在发展不绝为有生命的东西，所以我们历史也绝没有一个印成呆板的静的法则。我们可以依照孔德的"三阶级的法则"来代表历史上三个时期，但我们最注重的，还在做成这三个时期的人类的生机力——本能。所以是生机的进化，却不是物质的堆积；是永久的创造，却没有最后的完成。如韦柯把社会进化看作螺旋状的运动（Spiral Movement），孔德把第三级看作人类进化中的确定时期，这种呆板的反发生的法则，自不是我们所能承认的了。我们所认为活泼泼地发生式的法则是：

第一级——宗教的本能

第二级——自我的本能

第三级——社会的或科学的本能

如果这个法则不错，便不能不承认知识线的进化，是由于人们的本能造成的，以人们的本能造成的。并且完全是一种自动的现象，真好比滚雪球一般，越来越大的了。不过历史的事实，毕竟是不可预测的，因为本能的发动，是极其自由，不受什么限制，所以无论怎样固定的社会，也很难预料或限制其中之任何时任何人忽然突飞前进发生一种特殊的本能，好似那洪水样潮流样在那里传播。所以本能在历史上的势力极大，而本能的进化发展，实在是不可预测的。我们虽然根据事实知道这三种本能在现代是为综合的表演，是“以全体为依归”，但我们怎样知道将来不会发生一种更进化更美满的特殊的本能，做我们将来真理上的最光明最彻底的路灯呢？总而言之，在生物学的根据上面，我们已经发现出有这三种特殊的本能，是动物所无，而为人类历史进化的根本原因。这一点我们很可自信得过，并且从人类的一种特殊本能发展到别一种特殊本能，这其间是“进化”不是“堆积”，也是可断言的了。

但我怎样证明这三种人的特殊本能，是渐次发生并且是有扩大的形势呢？关于这一层，我们把儿童本能的发展为例，是一个最简便的方法。懂得一个人的本能发生史，就可推知人类的本能发生史，这种方法，好比我们从比较胎生学来证明人类几万年前之祖先，进至现在状态的径路是一个道理。我们依照鲍尔文（Baldwin）研究的结果，知道初期儿童的心理，是投影的状态（Projective），及稍发达，则为主观的状态（Subjective），最后才是投观的状态（Ejective）而投移一己的思想感情于社会方面。现在即依此经历，把儿童心理考察一下。在第一级的儿童，他底物底观念，与他底自我底简陋的观念，还没有辨别清楚。他所能认识的身外的东西，是人和无生物两种，但他往往把无生物看作有人的性质。据毕司柏烈（Pillsbury）说：那未满三岁的儿童，当他吃东西时，常常把他所吃的一部分给他底足吃，若是问他为什么要给东西给足吃，他却说不出理由来；但是我们若在旁边默默地考察他，他常对足说："我吃好东西，你也吃点罢！"这就是初期儿童没有自我的认识的凭据，也就是儿童于无形之中暗示着宗教的"无我境"了。并且这时儿童所见的世界，是一个川流不息的感觉底混沌状态。（见陈译 R. Gaupp《儿童心理学》页 42）在他常常表示赞美和惊异的语句之中，很容易看出包含着宗教的本能；我们如再注意到神话作物在儿童教育上所占的位置，就已很够证明儿童心理之最初发达，就是宗教的本能，即投影的状态了。稍长一点，他自我的观念，渐渐明了了，于是儿童始能知道外界，始能分别个体，——当然还很不完全；因此于幼儿和他的周围底关系上，才发生了秩序，而他的经验，也使他从此能分别自身和外界，这个分别是有重大的意义的，儿童底原始的自我即发生于此时。（同上页 31）这就是自我的本能，即主观的状态及到了青春初期，这时儿童才渐认明社交的价值，对于社会发生的事，及社会所认为有声望的人，也晓得注意，这就是社会的本能即投观的状态了。由此看起来，可见从儿童心理上发展的自然步调来看，也是从宗教的本能到自我的本能，从自我的本能到社会的本能，譬如一个过渡一样，要从这边岸上到那边岸上，必不可不经过这个路径。个人如此，民众思想的发展状态也正是如此。

前面已经把人类本能的意义讲明，我们于是再进把生机主义的历史观，用最简明的话说出来，就是：

> 说明历史上的种种变动注重在那时候的本能，依于生机主

义的条件而进化的原则。

由生物学看起来，人的本能比他种动物更为适应的（Adaptive）或目的的（Teleological）。我们不要为流行的博物学理所蔽，把蚁与蜂下等动物的本能来作比例。须知人的本能是有生命的东西，是活的常常可改变的东西，因他对于历史活动力很有关系，所以我们决定本能就是人类一切行为的动机，就是历史进化的原动力。由他本身讲起来，在绵延创化之中，似乎有一个自然而然的动的法则；这个动的法则在继续不断的进行中间，按一种法则——进化的法则——显露他的自身。并且一时代的新的本能，实契合于一时代的"生机力"的要求，而一时代的"生机力"的要求，却要唤起一时代的新革命。由此可见，历史上的种种变动，莫不是本能变动的结果，换句话说，只有本能支配历史行为，历史是人的产物，不是人是历史的产物。

因为历史变动是由于我们自身的一种生机力——本能——而决定，所以我们解释一切历史上的一切进化，看重本能；并且看重人类史上那少数突飞前进的"本能的冒险者"，和大多数的"本能的传播者"。换句话说，就是在人类知识线上有贡献的人们：无论是宗教家、哲学家、科学家、文学家、批评家、革命家，我们都承认他为有"历史的人格"。什么是历史上的人格呢？这就是说在历史上当时此地所演出的文化，实由于这些人的本能作主动——最少也是一部分的主动——而这些人就是那时候民众思想的指导者。我们不承认加来尔（Carlyle 1795—1881）所说："历史即英雄传（History is the biography of heroes）。"我们不承认古新（Cousin）的话把"伟大人物，综括而且代表人类"；但我们却不能不承认罗素（Russell）说的："一部世界史，试将其中十余人抽出，恐局面或将全变。"不过依我们意思，这些有“历史的人格”的数十人，不是英雄，不是恺撒，正是那对于数千万人的生活产生一个骤然的变化的少数的“本能的冒险者”。并且这少数“本能的冒险者”的思想，必建设在当时此地的民众心理之上，他是叛逆和扰乱世界的学校教师，但同时就是那位自由平等博爱新信仰的宣传者。推之宗教、科学、文学各方面的历史人物，也无一不反射其时代的反抗的精神，无一不是代表新文化的倾向的。在这一点，似乎杜里舒已经告诉我们了。他在《生机体之哲学》（页82）里，说过历史就是要考究人类进化的趋向究竟向着什么目的？对这问题，他有一个很好的答案道：

> 我以为有发见者，也就担负起进化的责任，不论是理知方面，或是道德方面，只要有所发见，便是发见人类进化之方向。如盖律雷等，不管是在道德上，抑或是在知识上，都是有发见的。有一知识线，这一点可以说人类历史是进化的，这便是历史的目的。若是知识线是历史的目的，那么政治史便太不重要了。政治史上岂非全是堆积么？知识线上无论美术科学道德，都是向进化之路，是很重要的。

把这段话来讲明历史的进化，自然再好没有。不过杜里舒还没有注重本能在历史上的价值，所以他所认识的“历史的人格”，虽和我完全相同，却不算顶完满的解释。他只知道知识线上的几个宗教家、科学家，却忘记了那反抗当时社会政治的或感情作用的革命家的重要。并且杜氏虽知这些人物的学说和社会心理相关，但这种学说，何以能成为社会思潮？如果不提到人的本能，又怎样去解释他？又怎样知道一个人的行为，能够扩充作一时代一社会的公共行为？和一时代一社会的公共行为，何以能寄托于一个人的行为当中？在这一点，我又不得不采用哈特（Herter）在《生物学的人生观》上所说的话了。（页 302—303）他很大胆的说：

> 盖天才者，于生物学的意义，为不能豫定其出现之一种变化故也。……实则此等熙熙攘攘之男女，若念及伟大目的之一阶级，则当知其定非偶然，盖即彼等，非亦产生天才之资材乎？

这话很对！台弗利（H. de Vries）的突变说（Mutation Theory），自然给我们历史的“天才”以一个很好的解释。但我们一定还要注意，那些特别具有“天才”的人们，至少也如吴伟士所说：“天才就是一种对于实体（Reality）的某方面特别适应而易起反应的人，一与接触，即引起他的反应活动；他对于它们的反应，和狮子对于它的食料的反应，一样的自然。”（《动的心理学》页 189。）我们试看提倡宗教革命的路德（Luther）、加耳文（Calvin）；提倡英国革命的克伦威尔（Cromwell）；提倡美国革命的华盛顿（Washington）；提倡法国革命的但登（Danton）和其他雅各宾党（Jacobin）；提倡俄国革命的李宁[①]、托罗斯基，当他们对于一切宗教的或政治的经济的专横，叫起革命的时候，群众都喝采颂扬他，并且甘心情愿牺牲生命，去跟着他。这就可见“历史的人格”，是怎样有一个敏锐的反应的天才，是怎样可以代表时代了。固然历史上的种种变动，并不是几个“天才”的领袖就完事了；但有了天才的本能的发见，结果才能时常产生革命，于是便有新历史发生了。革命家如此，一切的哲学家、宗教家、艺术家、科学家，他们最好的工作，也都直接间接给我们以一种生机的势力。所以由我看起来，那些有“历史的人格”的人们，他也不过

① “李宁”，今译“列宁”。——编者

把那潜伏在大家心里的本能，揭穿出来罢了。

最后几句话，我们还要知道，人类的历史就是本能与环境宣战的生机主义史，申言之就是在生命进化中本能与物质相冲突的革命史。在人类历史发生的那一日，便是同环境冲突开始的那一日，人类历史的继续的新的创造就是证明我们生机力可以无限扩张。用比喻的方法来讲，历史的全体，就是一个浩大的波浪，永远向着那个与这大流相反的物质冲着前进；假使不幸这个生机力被所遇到的死的物质之重量折回，那么人类历史就应该是听环境摆布的玩意儿了！但是人类是有特别的优越的本能的。人类就是在这一点上，能够战胜一切的物质阻力。在宽畅的宇宙之中，很自由地流了过去。这就是人类内心所涵蕴的“生机力”了。这种生机力，好像是人类的一种新工具，专门在历史上推翻旧制度，以增进人类的无穷幸福。现在即引新史学家鲁滨孙的话，做我们这篇的结束：

> Even those of us who have little taste for mysticism have to recognize a mysterious, unconscious impulse which appears to be a concomitant of natural order. It would seen as if this impulse has always been unsettling existing conditions and pushing forward, groping after something more elaborate and intricate than what already existed. This Vital impulse, élan vital, as Bergson calls it, represents the inherent radicalism of nature herself. This power that make for experimental readjustment —— for adventure in the broadest sense of term —— is not longer a conception confined to poets and dreamers, but must be reckoned with by the most exacting historian and the hardest-headed man of science.（*New History* PP. 264—265）

五 历史的一元主义

我们只要对于近代历史和史观的综合的趋势，眺望一下，那么我们便可更进一步来谈我们的“历史的一元论”了。因为“历史的一元论”，是综合趋势中，算是一切人类行为的最综合的解释。固然有人说：“人类不容有一元的解释，无论如何非到学问中最难的社会学，到了最后有其所以成立的定律，并且成就为一个真正科学的时候，人类是不容一元的解释的。”但我们从杜里舒（Driesch）的见地，已经知道人类自个别事实以外，实有强烈不可分析的全体性，所以即在社会科学没有完全成立之时，我们已经于实验发生学上取得证据，知道历史是可以一元解释的了。从前最初次去作一个统一的历史观的，是马克思和服应马克思的人。但是这个一元的历史观，实在出现得太早一点，所以就是主张“经济史观”的塞利格曼（Seligman）也不得不说：“只是到了社会的经济状况变成更好的时候，我们才可以不注意经济的元素，以之为一成不变；彼时经济史观会变成古物学者所研究的问题，而非历史家所研究的。”（页四十二）“他是一个相对的，而非绝对的解释；他在已往完全是实在的，他在以后，渐渐的就要不十分实在了。”（页六十八）因为世界上没有“经济人”，好像没有“神道人”一样；所以我们就是从外的着眼点观察，至多只能承认经济史观，只能解释一部分的问题；此外还有多少种解释历史的方法，还有宗教的、艺术的、伦理的、政治的、法律的和科学的历史观。所以我们可以决定马克思的“历史的一元论”，实在已经丧失一元主义的精神，所以是很靠不住的，反之我们的真的“历史一元论”，与马克思主义者异其见地。我们知道，种种制度都是由人的本能造成的，以人的本能造成的，所以当我们去找历史进化的原动力的时候，是以人的本能为这个最综合的要素。因为人的本能是主持生命的力，是最会变的东西，所以还是人的本能发生变化，而后经济以及其他制度才跟着变化，所以“人的本能”就是我讲“历史的一元主义”的起点了。

固然历史进化，从外的着眼点看起来，是四方各面分歧的，是很繁复的，用不着勉强都装在一个固定的阶级系统之内。但是如果我们姑置表面上局部的差别不论，专讨论那有生命的活动的生机现象，就可以看出知识线的进化，有共同的特点，可以将他们排列成一个普遍的简单的阶级。并且在这个所经由的阶级上，全体仍互相调和、互相联络。所谓历史的一元，就是这个生机的一元，而不是机械的一元，是人的生机力的一元，而不是经济力的一元。因为人们生理的构造，既然相同，便本能的表现，也不能有根本上差异，只要是人，便都不能没有人的本能。换句话说，就是不能不走“生命本来的路向”。所以西洋也好，中国也好，印度也好，都只有一条路——以人的本能向前活动为其根本精神的——才是历史进化的坦坦大路。所以我主张历史的一元主义，即因对于这种见解而来。依我意思，所有历史都是人的本能向前活动的生机主义史，所以本能是原动力，而知识线上伟大的复杂的系统，如宗教、艺术、道德、政治、法律、经济、科学等，反是它的产物。不但我们不能倒果为因，主张那宗教的、艺术的、道德的、政治的、法律的、经济的或科学的历史观。并且我们正该尊重本能，来解释知识全部变迁的线索。现在用下表说明：

知识线 / 阶级	宗教	艺术	道德	政治	法律	经济	科学
第一级	A	G					B
第二级	E						F
第三级							
第四级							
第……级	C	H					D

上表可以看出研究人类知识线的进化，是有两种方法：一种是把知识线整个的横着去看（如从 A 到 B，从 E 到 F 等），这是最便于研究某时代知线的集合现象的。一种是把知识线整个的纵着去看（如从 A 到 C，从 G 到 H 等），这就可以把历史进化程序的线索发现出来了。我在前面说过：人类特兴宗教本能、自我本能与社会本能三种。这三种本能，随时代递次增加，表演而为各时代的文化。现在我更应该申明：在历史上的宗教时期，并不是没有艺术、道德、政治、法律、经济、科学，等等，可是这时代的艺术、道德、政治、法律、经济、科学等等，莫不带有宗教的色彩。所以艺术，是宗教的艺术；道德，是宗教的道德；政治，是宗教的政治；总而言之，在第一级里，一切都宗教化。第二级里，一切都自我化。第三级里，一切都社会化，或科学化了。这就是第一种的看法。复次，宗教艺术道德政治法律经济科学等等，他们本身都经过同样的发展的路径。如第一级的艺术，是宗教的艺术；第二级的艺术，是自我的艺术；第三级的艺术，是社会的或科学的艺术；这就是第二种的看法。以下即应用第二种看法，把知识线上每件事项都分时按代的考察起来，使我们知道，每件事项都是按着历史法则，不停的向着一定方向前进的。因此便成立了我所讲的有科学根据的“历史的一元论”了。

（一）宗教——宗教唯一主旨便是“神”的存在。宗教发达史所给与我们的事实，便是“神”的观念的变迁；从宗教的神，到自我的神；从自我的神，到社会的或科学的神。最初基督教的创立，崇拜耶和华，《四福音》所说的基督，宣言万物是从上帝造的，人类乃是从上帝生的，我们应该服从得救的上帝，才得永生。这种开明的一神的思想，经过一千二百年自君士但丁（Constantie）大帝以至宗教改革时代，全世界皆发狂似的信仰这位人格的上帝。因而形成教皇的教权万能主义。直到一五一七年十月卅日马丁路德（Martin Luther）以诘问状九十五条，钉于宇吞贝希（Wittenberg）教堂的木门，经这新教徒的改革大运动以后，新教的神学基础才算成立。于是上帝的观念，也从超自然的势力，一转而倾向于个人的内在经验。路德说过：“造成神的无论神的真假，只是信任和信心，没有别的。”既然上帝便是信心，于是宗教的上帝（第一期），也渐倾向于自我的上帝（第二期）了。不过路德仍不能脱去宗教的迷信，对于死体复生，遗传罪恶这些传说，还是热心袒护，故还是代表第一期的。及到诗来尔马哈（Schleiermacher 1768—1834）才真正是宗教第二期的代表。他主张神的存在，只启示于感情当中；而直觉和感情为合一，由感情而确认神的存在，即由直觉而得直接感知神性。照这样说起来，便所谓天堂、人格的上帝、最后审判，都用不着了。在诗来尔马哈以外。还有许多大哲学者，如笛卡儿（Descartes）、马尔布兰西（Malebranche 1638—1715）、斯宾诺莎（Spinoza）、来勃尼兹（Leibniz）、康德（Kant）、菲希特（Fichte）、谢林（Schelling）、黑格儿（Hegel）等，都认有一个神秘不可思议的存在，唤做神。有的以为神是心的地位（如马尔布兰西），有的以神为依道德的存在（如康德），有的以神为普遍的自我（如菲希特），有的以神为构成世界的统一的绝对观念（如黑格儿），而尤以斯宾诺莎和来勃尼兹建设了最完全的神学系统。斯宾诺莎信仰他的本质，来勃尼兹信仰他的玄元，都是自我的宗教信仰，这都是第二期的宗教的精神，和耶稣、谟罕默德的宗教大不相同了。但是第二期的宗教，是以唯心论为基础，和第三期以社会的科学的为基础者，又自不同。所以第三期提倡新宗教的，如奥文（Owen）、傅立叶（Fourier）同时就是社会主义家。最著名的如孔德（Comte）要建立人道教，赫克尔要建立一元的宗教，托尔斯泰要以“劳”（Labour）与“爱”（Love）为宗教，他们都不过以为宗教，是适用于社会的科学的。此外还有自号为基督教科学家（Christian scientist），想从科学上建立宗教，反一面也有一派如司特老司（Strauss 著《旧信仰及新信仰》），费爱巴哈（Feuerbach 著《基督教本性论》）等，对于基督教用新的科学的历史的批评。或者像赫胥黎、斯宾塞尔的不可知论（Agnosticism）也出来了。更彻底的，如社会主义的劳动者，是完全无宗教的，但罗素先生却加他一个“马克思教”的名称了。可见第三期的宗教信仰，只是无宗教的宗教说。上帝是物力、是以太、是虚无乌有，这么一来，还有什么宗教可言？但是无宗教的教义，这种势力入人之深，和过去时期的宗教也没有差别，所以仍可唤做社会的或科学的宗教。但是依历史的自然的发展，这种宗教也不过有“时代的价值”，时代既过，便不能不发生新的第四期的宗教，就是现代的宗教。最明显的是新基督教（Neo-Christianity）的运动。还有詹姆士提出信仰的意志把宗教看作各人对于生命的全反动；柏格森的哲学，穿着神秘的衣，把神看作不绝的生命，无间的动作，不尽的绵延；尤其以倭伊铿的宗教思想，可作这一时期的代表。他把神看作绝对的精神生活，把宗教看作“人类体合于精神生活的一种行为”，一面废弃祈祷礼拜奇迹三位一体的谬说，一面深信基督教为人类表现一精神实在与不朽价值的新世界。依他意思，宗教的鹄的：第一在保存精神生活；第二在归向新世界；第三在确定人生标准。这种抱生命的活动的宗教信仰，就是最近代的宗教的新倾向了。

（二）艺术——艺术思潮的变迁，应分作五项来讲：（A）文学，（B）音乐，（C）绘画，（D）雕刻，（E）建筑。就中尤以文学格外可看作历史时代的反映。王尔德（Wilde）说得好："艺术起于抽象的装饰，取不实在不现存的事物，纯然成想象的快乐的作品，这是第一期。次之以人生为其材料之一部，改成新的形式，全然不顾事实来创作、想象、梦想。到了第三期，人生得了胜利，艺术逐至荒野，这真是衰颓！"自然王尔德是代表第四期唯美主义一派的，对于平凡的民众的第三期不能赞同。但由他所说，来追寻文学变迁的历史痕迹，实在再好没有。假使第一期装饰的艺术，就是那尊重绝对美的宗教意味的古典主义时代；那么第二期就是重独创的，贵清新的，为自我的基础所造成的浪漫主义时代了。再转而为第三期，就是那称为社会剧、思想剧、问题剧、倾向小说、问题小说一类的现实的自然主义的时代了。但是自然派的特色，在世界的丑化，这那里能够满足第四期的人的本能呢？所以自然主义达到极点，新浪漫派的新运动便出现了！这个运动，一面暗示人生的神秘的象征的理想，一面已经是经科学的陶冶后的文学。最可特别注意的，这时期的努力，是把诗歌、音乐、绘画都混合一起，所以可唤做综合时期。以上区分，还可以把戏剧及小说变迁的痕迹作例：如但丁（Dante）的《神曲》（Divine Comedy），是第一期。歌德（Goethe）写《浮士德》（Faust）是第二期。易卜生（Ibsen）写社会剧、问题剧，是第三期。至于梅脱林克（Maeterlinck）所独创的静剧（Tatic Theatre），就是第四期了。小说的发达，据美国的麦秀士教授（Brander Mathews）所说，应分为四期：第一、古代起初荒唐无稽，全然写不可能的事；第二写不可有的时代；第三写实际可能的时代；第四即某事情必然的结果，不得不如此的性质，即写不可避的时代。这里所说第一期第二期，即实际的文艺史上的古典时代。第三期是浪漫时代的作品。第四期和自然主义相当。（参看罗译厨川白村《近代文学》十讲）可见小说的发达，也仍不失其为历史进化的潮流了。复次音乐从近代音乐之祖巴哈（Bach 1685—1750）、亨台尔（Handel 1685—1759），以至海顿（Hadyn 1732—1809）和天才的音乐家莫查特（Mozart 1756—1791），都是以宗教音乐得名的。巴哈所制最庄严最神圣的圣歌与圣乐，如《马太受难曲》（St. Matthew Passion）、《约翰受难曲》（St. John Passion）、《罗卡受难曲》（St. Luka Passion），都是充满着宗教的情调。亨台尔更不消说是晚年成功的圣乐的作家，从一七一九创作了好些赞美歌，在伦敦最初第一次英文圣剧 Esther，在当时已被公认为有新趋向的新乐剧本。临死还在指挥着，奏他最后的一个圣乐 Jephthah 呢！海顿就是受着亨台尔神剧的感动的，那号称一代神剧杰作的是“天地之创造”和“四季”两曲。莫查特虽创造了纯粹可爱的音乐，但成大名曲的，还在他临终最后所作的“镇魂乐”，这是宗教乐之最杰出的。此外更有弥撒十五，德国赞美歌二，以上都可以算做第一期宗教音乐的代表作品。至于浪漫音乐的开创者贝多芬（Beethoven 1770—1827），虽然早年也不免受海顿、莫查特的影响，而作《橄榄山之基督》，但他终究是生在法国大革命时代的人物，所以从《英雄新风里》以后，便完全成功音乐的浪漫主义。他把个人的感情完全音乐化了！在《英雄新风里》里，满心歌颂世界有一个理想中的英雄——拿破仑——虽然这个英雄以后竟使他完全失望。贝多芬以后，在音乐界作浪漫主义的领袖的，如魏伯尔（Weber 1786—1826）、薛满（Schumann 1810—1856）、叶申（Jensen 1837—1879）、柏纳谟斯（Brahms 1838—1897），都是代表“主观音乐”的潮流，以为一切音乐只是由于人们底情感的。但自李斯志（Liszt 1811—1880）提倡“客观音乐”以后，于是对于“主观音乐”攻击的声浪，货然而起。后起的如吴尔湖（Wolf 1860—1903）、史特老司（Strauss 1864—1949）都是主张无论什么音乐，皆须有描写的客观主义，这可算音乐进化的第三期了。只有瓦康来（Wagner 1813—1883），作成第三期音乐和第四期音乐的桥梁。从他提倡客观描写看起来，和李斯志没有不同；但从他自己作诗、自己制谱，把诗歌音乐绘画、建筑综合集成大规模的歌剧，又正是代表第四期综合的精神了。不过现在号为新派中的新派，还推奥国勋白格（Schönberg 1874—1951）的表现主义，他那破除规律表现我见的新音乐，自是最近代的了。复次绘画在文艺复兴时代，其绘画意匠纯然是宗教的。如弥盖郎（Michelangelo 1475—1564）、鹤费尔（Raphael 1483—1520），以至路易大卫（Louis David 1748—1825）的作品，是代表的东西。这派画题，取希腊、罗马等古史神话为多，并且尊重那种传统的美观念，这是第一期。继之就有浪漫画派（Romantic School）的运动，最著名的代表作品，是卖拉克拉（Delacroix 1799—1863）[①] 作的《唐透的渡船》。那表情的热烈和诗的色彩感觉，都很容易看出浪漫的精神，这是第二期。但是浪漫派之中为后印象派画风的先驱者，特别是风景画家的米勒（Millet 1814—1875），看他所作的《晚祷》《播种者》《拾穗》，都是用农人的画像，去表现由那种风光所鼓吹的情绪。至于对于浪漫画派的反动的运动，还在那主张写实主义、印象主义的一般人。最有名的代表者，是哥柏（Courbet 1819—1877）、马衲（Manet 1832—1883）、孟勒（Monet 1840—1926）等。这派绘画的理论，是以光学为依据，并且由光的浓淡调子，表如实的刹那的印象在画面，所以是科学的。到新印象主义作者苏那（Seurat 1859—1891）、席来克（Signac 1863—1935）再从科学上推到极端，而提倡一种点描方法，想把光再现起来这是第三期。于此有立方体主义（Cubism）出来，主张离开外面的描写，从事画家心里头拿那个物象做原因的自由创造。他们当中，有的

---

① 原文如此，又译“德拉克拉瓦”。——编者

把立体三角形等形体借来，表现一种抽象的形态，所以又叫做几何学派。但在反面，那主张在物质世界发见新美的未来派（Futurists）的画家，也拿主观的表现做主要目的。他们主张完全从事动的感觉的表现，才能解决绘画上底量底问题，这种动感派的思潮，实在和第四期最相符合。不过我们所认为最可代表第四期画派的，还是后期印象主义（Post-Impressionism），即表现主义（Expressionism）。他们的代表塞尚奴（Cézanne 1839—1906）、哥更（Gauguin 1848—1903）、哥和（Van Gogh 1853—1890）都是热衷表现他们的艺术，就是他们情感的象征，并且是要接触物象底生命的。此外巧妙地反映第四期的时代精神在画面上，还有象征主义的鲁东（Redon 1840—1916），构图主义的康丁斯基（Kandinsky 1866—1944），都是把绘画看作纯粹的象征的表现，和作曲家从事作曲一样。尤其是鲁东的《岩窟圣母》，好像音乐一般，使人游心于模糊无尽的世界里，这自然是第四期绘画中最美妙的了。此外雕刻建筑发达的径路和姊妹艺术的绘画，略为同样。如法国雕刻大家罗丹（Rodin 1840—1917）的灵的写实主义，建筑界华格莱（Otto Wagner）的构造主义，和分离派都是代表第四期的新倾向的，这都用不着详说了。

（三）道德——罗兰霍可德女士说“智识树变化了善恶的观念”；可见道德也不是永远不变的了。最初在道德学史上有大贡献的，是基督教。他把道德看作成文律，这成文律是从神灵特别赋与人的，我们不得不服从他。然更重要的，却在基督教发生以后，博爱主义才成功了主要道德。我们读《约翰》一书，明明地说上帝就是爱。并且说：“从来没有人看见上帝，我们若彼此相爱，上帝就住在我们里头。”这种爱中识神的思想，以爱为生命，把人类互相关系看作兄弟一般，实在就是第一期的道德精神所在。德国赫克尔很反对基督教，但在《一元哲学》十九章也承认他纯粹人生学的真核——如道德根本律，又名黄金律。——主张爱人克己的教训。由此可见基督教的道德哲学方面，实为知识线上最重要的文化因子，把他来代表道德第一期，实在一点也没有错的了。但我们还要注意，基督教自路德提倡宗教改革，已渐渐对于外的法则的反动，而注重于良心的法则。换句话说，就是由道德的第一期移到道德的第二期。所以自倍根（Bacon）分离道德学与宗教以后，于是道德学说都倾向于个人的动机之上。英国派如霍布士（Hobbes）、洛克（Locke）、哈特烈（Hartley）、配烈（Paley）、休谟（Hume）、亚丹斯密（Adam Smith）等，无论主张的是幸福说、快乐说、为我说、功利说，都是以个人为本位。大陆派如卢梭（Rousseau）主张天赋的自由，斯宾诺莎（Spinoza）看重个人的自由；或如德国康德的无上命令说，菲希特（Fichte）的自我满足说；总之都是一路气味，都是代表第二期的道德精神。至十九世纪以后，如孔德（Comte）、海尔巴特（Herbart）始以社会学心理学的基础，提倡一种科学化的道德观念。而英国的功利派如边沁（Bentham）、穆勒（John Stuart Mill）也都把快乐主义推广到社会方面。斯宾塞尔（Spencer）的进化论的快乐主义，更不消说了。于此有更可注意的，就是根据唯物史观的道德学说，如柯祖基（Kautsky）所著《人生哲学与唯物史观》就是把道德来拥护无产阶级的。但依最近的倾向，这第三期的道德思想，此刻已走到末运了。于是而人格的唯心论，竟成功为最近道德的标帜。如詹姆士的主情意论、主观论；倭伊铿的精神生活论；柏格森的直觉论；都不知不觉地从内的生命里，奠定了人生。这种新生命的人生哲学，自是人们才转上去的第四期的一条路了。

（四）政治——考究政治思想的初期，是把政治收纳在教会之中，以为国家政府是为神的教会设的；政府是上帝救济人类罪恶的制度，所以政府的权力，也是由上帝而来；所谓元首不过上帝的代理人罢了。这种学说，最著名的代表，如奥古斯丁（Augustine），就是把国家为方法，以教会为目的。最后的教父格来高一世（Gregory the Great）说过："地上的王国，须服事天上的王国。"又说"国家的和平，须靠教会的和平。"到了阿奎拉太摩士（Thomas Aquinas）更利用圣保罗所说"上帝以外无权力"的话，来证明他的神权论。虽然到了十四世纪以后，教权衰落，许多鼓吹政权独立的人，把政权放在教权之上。但如但丁（Dante）的君政论仍不免于说：罗马帝国的权力，是直接从上帝得来这句话。就是痛骂那神圣不可侵犯的教王的马献僚（Marsilius of Padua），也不过把帝王的神权说，来代替教王的神权说罢了。因为国内只有国王，国王就是国家，那么帝王就是全圣全能的上帝，怪不得法王路易十四（Louis XIV）"朕即国家"的话，也说出来了。以上神权论，就是政治的第一期。后来继神权论派而开近代政治上新局面的，是契约论派。这派的根本原理，就是"自然权利""社会契约"，或"政府契约"和"主权在民"，"在自然法下一切人类生而自由"；一类的话虽然他们的议论，多半是一种幻想；但他们都承认君权由人民而来，这实在可以代表第二期梦想平等自由的政治精神。顶著名的代表，有霍布士的 *Leviathan*，洛克的《政府论》（*Two Treatises of Government*），卢梭的《民约论》三书。尤以《民约论》的影响最大。如法国的《人权宣言》，美国的《独立宣言》，都是最明显的例了。至于第三期则以全民主义思潮，和德国拉塞尔（Lassalle）、马克思（Marx）、恩格斯（Engels）社会主义思潮为代表。全民主义是主张建设"人民全体的政治，为人民全体的政治，由人民全体的政治"（Government of the whole of people，for the whole of people, by the whole of people），这实在是近代政治的特色。鲁滨孙在《新史学》说十九世纪的思想史道（页 125）："我们不知不觉的，生出一种尊重平民同赏识平民的意思，关心他们的安宁，愿意许他们去参政。这种赏识平民的意思，所以有近世社会科学的发达。”又托格维儿（Tocqueville）著《美国的平民主义》也说“平等之逐渐的发达，实即判别人类历史的过去与未来”；可见德谟克拉西（Democracy）的精神。正是第三期政治社会的自然倾向。又如社会主义主张撤废资本私有制度，把生产要件归社会所有，实行起来，就是俄国布尔札维克主义（Bolshevism）“无产阶级，独揽政权”的主张，大概都是第三期万不可少的局面了。就中只有无政府共产主义（Anarchism）、工团主义（Sydicalism）和基尔特社会主义（Guild Socialism）都是最近才产生的。他们借劳动团体的势力，来到达理想社会，也同第三期相近；可是他们对于理论上的主张，在近代社会主义诸派别中，实在有新生命得多了。如无政府共产主义的克鲁泡特金，工团主义的苏鲁（Georges Sorel），基尔特社会主义者的潘悌（A. G. Penty）、罗素（Bertrand Russell），我们不得不承认他是倾向第四期的政治精神的表现了。

（五）法律——《新约》中法的观念，认定自然法是表示上帝自己的真理的，是铭于人心的，这大概就是法律的初期了。太摩士（Thomas Aquinas）把法律分为四类:（一）永久法，（二）自然法，（三）人类法，（四）神圣法。就中永久法为一切法律的大源，是在上帝精神之中，是统治宇宙的大法。神圣法就是基督教中的“天示法”；自然法不过是永久法的应用；人类法又不过是自然法的应用；那么归根及底，一切人类都是支配在上帝的法律之下了。这么一来，就把判断事情的最终权力全归教会，法律好像只为着神的教会设的，这是法律思想的第一期。但是自从十八世纪的法律家采用人的权利，法律就渐趋向到个人主义的理性的方面。所谓教会法、封建法，已成过去的东西了。代替他的，乃是保护“人”的天赋权利的法律，尤其保护那班有产者而轻视社会利益。他们以理性为万能，以尊重个人的法律人格为标帜，我们试看一七八九年的《人权宣言》及拿破仑《法典》，及所有为这二名著所感化的法律，都是把纯粹个人主义的法律观念为基础的。如所谓国家（人格化之团体）的主权权利，与个人的主权权利，这个“权利”（Right）的形而上概念，实在把第二期的法律精神，完全代表了。并且这一期的法典，可以说就是财产权的法典，“中等阶级”的法典。所以十九世纪如圣西门（Saint-Simon）、孔德（Comte）、傅立叶（Fourier）、蒲鲁东（Proudhon）都蔑视这种法律。提出“社会”的自由，以反对个人的自由。孔德反对“法律预想着个人之绝对自主”；蒲鲁东以人类尊严的观念，来代替法律；此外如民治主义派，社会主义派都有把“社会”观念来改造法律的计划。即在法典的研究，许多学者也改变注疏式的方法，而应用自然科学的方法，所以第三期的法律，可以说是社会的、科学的。人是社会中一分子，就不能有所谓主权权利，只应尽有一种职务，行一种事业；因此社会职务（Social Function）就代替了权利这个字，而财产权的法典，也渐渐变成功以社会全体组织为基础的工作法典了。这是法律的第三期。但是我们还要知道，我们如果要实现出人类的真正法则——绝对的真理，最后实在不需要法律。在这一点，或者克鲁泡特金所著《法律和强权》一篇，正是法律发达到了极端的第四期思想。将来人们，都摆脱了约束自己的法律，而为一种最友爱最愉快的自由组织，那时人们只管尽量快活，还要什么法律来拘束他？

（六）经济——我们研究经济发达的历史，无处不和经济思潮的历史相依为命。在经济发达的某阶级上的状态，实即代表经济思潮的某阶级的一种一时的产物。如基督教徒对于财产观念，有些地方很有共产的精神，有些地方又主张私有财产，这种“私有公用”的思想和当时基尔特（Guild）制度相合。因为基尔特从表面上看来，也是一个小小的共产团体；在经济方面，是特别在基督教与教会的感化之下的手工业时代。克鲁泡特金在《互动论》说过（第五章）：“若从在特别圣徒底保护之下的共产村落或都市，乃是社会的和宗教的一意义而说，则一切同业公会，就都是宗教的。”（页 29）这句话或没有错，我们只要稍稍注意到当时最卓越的圣徒阿奎那太摩士的经济学说，他们高唱劳动的尊严，反对奴隶制度，以收取利息为不当的见解和正当价格的规定，那一件不影响到基尔特？实在说在中世手工业活跃的时期内，劳动所得的繁盛和尊敬，都是根据于基督教的观念的。这就是经济的第一时期。到十六世纪以后，因国民的自觉，看重富国强兵，造成所谓“重商主义”，接着起而反抗这种思想的，是“重农主义”，这都是应着第二期自我的本能而产生的。尤以重农主义，主张自由放任的哲学，对于制限或干涉个人的经济活动的，都极端反对。他们主张经济行为的目的和动机，全在个人，所以也可唤做自由主义派，或个人主义派。如谷尼（Gourney）、揆内（Quesney）、土尔阁（Turgot）等自不消说，就是所谓“正统学派”的亚丹斯密（Adam Smith 1728—1790）、马尔萨斯（Malthus 1766—1834）、李加图（Ricardo 1772—1823）、约翰穆勒（John Stuart Mill 1806—1873），都属于这一派。自从亚丹斯密的《原富》确立了个人主义经济学的基础以后，大计划的资本式的企业，就出来了。分工论的结果，使无数的工人分工而作；在好的方面讲起来，实使我们经济生活发生完全的变化，造成了一种新的经济时代——资本制度；在坏的方面，那分工的工人，生涯纯为机械的动作，这正是资本制度自然的结果。不但如此，因为资本制度发展的结果，贫富两种阶级，产生不能再容忍的不平等的状态，那没有生产工具的人，不得不为极低微的工银，每天做工十五六小时。这种不公道的分配制度，遂引起第三期的经济思潮，如约翰穆勒就是好例。他本是个人主义者，到了晚年，竟自认是社会主义的共鸣者了。可见他是由经济的第二级，跨到经济的第三级，这正是特定的历史发达的结果了。自此以后，无论如空想的社会主义者的奥文（Owen 1771—1858）、傅立叶（Fourier 1772—1837）、圣西门（Saint-Simon 1760—1825），或科学的社会主义者的马克思、恩格斯都是代表第三期的。尤以马克思的《资本论》确立了社会主义的经济学。但我们不要忽略了德国以经济学者教派为中心，而起的历史学派。这一派反对第二期学者的抽象主义、绝对主义；排斥演绎法，而主张归纳法及历史的统计的研究；并且努力想建设一种国民经济学，创设社会政策学会，这种不彻底的“讲坛的社会主义”，也是基础于第三期社会的，或科学的精神的。总之第三期的经济学说，都是倾向于社会的幸福，不是谋个人的幸福，所以表现在工作组织上，也成功为社会化的工业，即国家的与合作的两种。把他完全表现出来，就是最近俄国的布尔札维克主义了。但是现在最新的经济学说，已添附了主观的心理的色彩（如澳大利学派），克鲁泡特金的无政府共产主义，且不说他。即如新进的经济学者如柯尔（Cole）、潘悌（Penty）、泰罗（Tylor）的基尔特社会主义，苏鲁（Sorel）的工团主义，都是要根本的改造经济理论，使倾向更新的方面走的。自然由这种第四期的新的学说，将来或可发展为最完美最高级的经济发达的形式了。

（七）科学——从历史的态度看起来，科学并不能很笼统的拿来代表西洋文化，它也是人类知识线上进步的结果的。你不信请看希腊，当 Pythagoras 出来，应该科学稍进步了，但他推出种种说素，谓“一”为万物之源，“四”最完善，“五”色之源，“七”灵魂，健康、光明，“八”友爱之源，这种推衍的说法，和中国把五行来讲五方、五色、五伦、五脏的种种附会，有什么不同？亚历士多德总算大科学家了，但他曾主张蛙为草所变成，我们不能不说和中国古代“腐草为萤”一样地误谬观念。举这一些小例，已可证明近来许多人把科学来代表西洋文化，是完全没有历史的观念的。其实讲起来，声光化电都只是近代的产物，并非凭空来的。是依照历史的法则才发生的。

最初的科学，是通神术的科学；不是要研究自然，是要统制自然以内的宗教力，如占星术、炼金术，都是用神秘的方术，去统制那些魔鬼的百病的精怪，这炼金术，就是化学的渊源了。最可注意的，还有那位证明太阳是宇宙中心的哥白尼（Copernicus 1473—1543）和盖律雷（Galileo 1564—1642），从根本上换了一种新宇宙观，这种天文学的新的发见，好像世界忽然变成了广阔的样子，这就是第一期的特色了。以后接着就是一般唱极端唯物论的人。如一七八九年拉瓦喜儿（Lavoisier）发明物质不变的化学定律；一八一二年梅尔（Robert Mayer）树起物力不灭的物理定律的根抵；同时佳尔（James Prescott Joule）发表同样的研究，德国有名生理学者黑伦候支（Hermarnm Helmholtz 1821—1895）集其大成，于是物力不灭定律和牛顿（Newton 1643—1727）的运动法则，共同把物理学的基础立定了。有了这些哲学思索的科学的假设，以后接着才渐渐有真正的自然科学发现，所以科学的第二期，也是很重要的。但是科学是由数目形体抽象的概念，进到具体的物象，如马尔文（Marvin）所说过的。科学实有使研究日趋于实证的或实验的倾向，因此第三期的科学不重理论，而重科学的事实。如达尔文的进化学说，尚是从第二期移到第三期之间产生的东西，也可看做哲学上的学说似的。但是要证明生物进化底事实，而从形态学上、发生学上、生物分布上、生态学上、化石上、生物化学上，种种事实，加以研究考察，这才是第三期的科学精神。并且在这期内，科学大发明有许多实际的应用，虽然我对于机械是一个门外汉，但眼见得机械一直进步到现在“电器时代”，还有在天空里的飞机、海上的轮船、陆上的火车，这种极度的利用近代科学，实在是从前所梦想不到的。是很值得使人赞美的！此外更有为第三期特色的，是社会科学的成立。Sociologie 一字就是孔德独创出来的。从社会之生物的考察，次及于心理的考察、统计的考察，于是“社会心理学”等都出来了。所以第三期可算科学史上的黄金时代，那讴歌科学万能的人，总算有了一部成功。但是欧战以后，“科学破产”的喊声起来了！这种喊声，好像是告诉我们科学又入一个新生的纪元，这就是第四期的新科学的建设。如最近开明的科学家如马哈（Mach）、皮耳松（Pearson）、邦加（Poincare）等，把从前所认为天经地义的科学法则，以为都不过暂时适用的假设，影响所至，历来公认的欧克立几何（Euclidean Geometry），也一变而为非欧立克几何了。这种情形，很可见科学的根本动摇，而倾向于另一途径，即是和宗教哲学合一的综合科学。如邦加著《科学的价值》，彻底的不离自然科学的立脚，而主张为其基础的形而上学。洛慈（Lotze）是有名的物理学者，他著《人与宇宙》一书，极力主张科学与宗教的一致。还有一个最著名[①]的现象，就是要研究人类的神秘不可思议的精神现象，所谓灵学；在不存成见的科学家——如汤姆生——也承认他的价值。在心理学方面，则英国有下意识学派发生。还有如德国化学者奥斯托尔（Ostwald），意国法医学者郎勃罗沙（Lombroso），法国天文学者弗兰马林（Flammarion），英国化学者克罗克斯（Crookes），这些人都是从精神方面研究科学，一方面好像具有神秘的性质，一方面又确是科学研究的结果，这大概就是正在探索一条进入自然的最隐秘最深奥的新科学的开端了。

由上种种历史事实研究的结果，可见把宗教的、艺术的、道德的、政治的、法律的、经济的和科学的历史观，来解释一切，乃是谬见。他不过只是该时代的本能，依于生机主义的条件而变化的反映。这个生机主义的条件，乃是宗教的、艺术的、道德的、政治的、法律的、经济的、科学的等上层建筑的基础，换句话说，就是人类历史社

① “名”字原缺，据上下文补。——编者

会之根本的最终的基础。只要生物的基础一变动，便巨大的上层建筑，全部也就不得不随着变动。总而言之，人类的一切历史，都须以其生物的观察而解释，每个新的阶级，都是改变旧的本能，融化新的本能。（这种进化，是一种潜势力的爆发，是革命的形式）每有一个本能，就发生新的阶级。最初，或只发现于知识线上，一小部分，以后突然大发展，影响于宗教、艺术、道德、政治、法律、经济、科学，各方面都显出新的形式。这就是我主张"历史的一元主义"的根本原因了。Müller-Lyer 说得好："进步一定是人的固有的，至少也是他的本质中发生的，凡是人类社会，过了若干年代一定要发现的。"（《社会进化史》页 334）他是专从经济变象去研究文化发展的定律的一个人，尚看到这点，从此可知我把人的本能作最综合的要素的历史一元主义，是不错的了。

六　西洋印度两方哲学的生命派

（一）

历史学上最主要最根本的问题，在求知识线中进化的全景，研究各种文化因子之中，有否一个“综合”的因子可以为各种现象的重心的？关于这一层，自然不能不推到根本的（fundamental）、综合的（sythetic）学问的哲学了。因为哲学能够根本的回答何谓生命这个问题，所以在各种文化中，常以自己为中心，而维持其最高的统一；如实生活上的思想，如宗教、艺术、道德、政治、法律、经济、科学等等，都不过是哲学思想的反映，依我意思，所谓哲学史，就是综合的发达史罢了。如果这句话不错，那就应该有一个订正：就是从来讲哲学的人，把他看做“玄之又玄”，以为和人类的行为全无干涉，这实在大错！其实从古以来的哲学，都是社会公共行为思想的表现；从古以来的学说，都是以人的本能为出发点。不过人的本能是有变动有进化的，所以在哲学方面，虽然在某一时代很适合于人的本能，到了时代过去，也就没有用了。我们现在觉着康有为、梁启超所讲的维新变法，是一句废话，但在戊戌政变时，却造成了一时的风气；在哲学史上所诏示我们的，何尝不是如此。如西洋哲学的认识论，要讨究人类知识的来原、性质，有多大效用？这实在都是暗示人之理性的权威，对当时革新运动，有很大影响。但在今日，认识论便渐渐不成问题了！真如洛慈（Lotze）所讥为“磨刀不割”的了。又如印度哲学里有因中为有果？为无果？因果为一呢？为异呢？这些讨论，现在没有人过问的了；而在当时，这问题没有解决。便不能生活下去。总而言之，人类的行为是应付困难解决问题的，而这应付困难解决问题的综合学问就是哲学。所以每一时代的哲学思想，都足以代表那时代社会的普遍的生机活动，这可以说，没有一个例外。就是实验主义家所认为绝对不必要的形而上学，要研究什么宇宙本体问题，察其始也是社会的产物。我们知道，希腊最古的形而上思想，是民众对于自然之惊疑而起；苏格拉底（Socrates）和那些哲人讲学各地，无论什么人，都听他们；至于近世的启明时期，朝野上下，都把哲学看作家常便饭一般，更不消说了。还有黑格儿（Hegel）的辩证法，不是很奥妙的吗？在俄国竟能影响到虚无党的运动，如巴枯宁（Bakunin）、赫尔岑（Herzen），几乎没有一个不受其影响。可见无论那种哲学，从本质上看起来，都不能不说他是社会公共思想的表现了。印度的吠檀多派，是代表印度民众的，中国的儒家，是代表中国民众的。甚至于明末清初学者所指摘为空谈无用的王学学派，在当时都是民众的哲学。据胡庐山所述：阳明弟子有酒徒、哑子（《明儒学案》卷二十二）。再看心斋父子门下有樵夫、陶匠、田夫等，就更可见了。

因为哲学是生命的学问，所以能够影响民众，于不知不识之间，弥漫于社会思想的任何方面。所谓哲学家，都不过是民众新信仰的宣传者，把民众潜伏心里的思想组成“系统的”罢了。换句话说，哲学家就是时代的证人，生命理想的集大成者，这话似乎很不通，却实在很足以表示“正统哲学”的态度。从前孟子批评孔子，说孔子是“集大成”；这“集大成”的意思，就是说孔子能够把历史的和当时种生命的理想，加以系统化，就英文讲，所谓 Systematize 便是这个意思。而我们无论把何种学说，来组成系统的时候，总得先有一个根本原理，这个原理，就是“生命”。凡真正的大成的哲学家，他一生所讨论的，只是“生命”一件事。我们如不承认生命有外，那么就可以说世界上没有一种真正唤做哲学家，而不是讲生命的学问了。

我的意思，历史发达的过程底后面，有一个全体性就是普遍的生机力，就是生命本身。如果不懂得生命，便人类知识线的进化，怎样有“全体性”可言呢？哲学就是从根本上着想，去研究生命问题，是有全体性的；所以可算人类知识线创造的基本式。哲学史告诉我们的，也正是一时代一时代底知识全体；换句话说，就是这人类精神最玄妙处的生命的发展史了。但哲学之为全体性，有没有标准可言呢？有的：

（第一）我们请看东西哲学最初发展的历史，就可以发现一种全体的概念。就是在周秦诸子哲学的全盛时代，这时全球思想，都在那里蓬蓬勃勃般兴起。如印度释迦的降生年月，虽古来有三十二说之多，还未能确定，但最可靠的，还是在西历前五世纪。至释迦前后的诸大派哲学，大概都是距今二千四五百年之前（西历前五六世纪），正当中国九流百家兴起的时候，这就是印度哲学的全盛时代。再看西洋思想，有人考据过，七贤之中，Thales 系生于鲁僖二十四年；Anaximander 生在鲁文十七年；Pythagoras 生在[①]鲁宣间；Xenophanes 生在鲁文七年；Parmanides 生在鲁昭六年；Heraclitus 生在鲁定十三年；Anaxagoras 生在鲁定十年；Democritus 生在周定王九年；Socrates 生在周元王八年；Plato 生在周考王十四年；Aristotle 生在周安王十八年。直到中国秦灭古学时代，而希腊思想也自此渐渐衰微，可见这前后几百年间，实为地球上有生以来，空前绝后的哲学运动。虽然中国西洋印度三方的地理、人种，绝不相同，而同时哲学有这样发达，这

① “在”字原缺，据上下文补。——编者

实在是很可惊异的，假使不是有全体性，又怎样去说明他呢？

（第二）再从思想方面看，最初的东西哲学，都是宇宙论的，也都是主张泛神论的。这种“物质是有生活”的主张，实在可算初期东西哲学家的共通特点。如中国古代最初的哲学，就是很广泛的泛神思想，我们只要从文字学上考察，即可知道。（参考陈钟凡的《中国文字学上之原始宗教考》）《周易·系辞》依传说记道：“古者庖牺氏之王天下也，仰则观象于天，俯则观法于地，观鸟兽之文与地之宜，近取诸身，远取诸物，于是始作八卦，以通神明之德，以类万物之情。”固然庖牺氏实在荒邈难稽得很，然我们总相信有一个仰观俯察的古圣，替我们中国哲学立下宇宙论的基础。至神农氏于宇宙本体，以天乐喻他。（见《庄子·天运篇》作有焱氏，注：即神农氏）道：“听之不闻其声，视之不见其形，充满宇宙，包裹六极。”这分明是认宇宙一切为本体的化身了。黄帝更分明是泛神主义者，《吕氏春秋·圜道》篇引：“黄帝曰：帝无常处也，有处者乃无处也。”以后道家的“道”的观念，就是出于这种相传的形而上学。孔子更说：“神无方而易无体。”“惟神也，故不疾而速，不行而至。”（《系辞》“神也者妙万物而为言也。”（《说卦》）可见中国古代的哲学，是泛神论的了。再看印度，最古的经籍，为《四吠陀典》，可算印度思想文明的源泉，但也是主张泛神论的。如《黎俱吠陀》卷十之一二一及一二九两篇，是极有名的。现在摘录几段在下面：

太古之初，金印始起；生而无两，万物之主；既定昊天，又安大地；吾应供养此是何神？

俾吾生命，加吾精力；明神众生，咸必敬迪；死丧长生，俱由荫庇；吾应供养，此是何神？

徒依己力，自作世主；凡有血气，睡者醒者；凡人与兽，彼永为主；吾应供养，此是何神？

神力庄严，现彼雪山，汪洋巨海，与彼流渊；巨腕远扬，现此广莫；吾应供养，此是何神？

太地星辰，孰奠丽之？天上诸天，孰维系之？茫茫廖廓，孰合离之；吾应供养，此是何神？

汪洋巨水，弥满大荒；蕴藏金卵，发生大光；诸神精魄，于以从出；吾应供养，此是何神？

这种从亚里安人（Aryan）对于天地万物油然涌出来一种歌唱泛神思想的《吠陀圣典》，实在就是古代印度思想的结晶。吠檀多派（Vedanta）就是从这里出来的。再看西洋的古代哲学，他们很分明地都是主张万物有生论，把那和自然相同，而同时能运动的唯一原理，认做宇宙万物本体。Thales 说是水，因为水是流转不息的，所以以为水的自体中，是有生命的。Anaximander 说是空气，因为空气是最能变动而又无限的。Anaximander 说是无限，因为我们知觉的经验中，只有“无限”，可以充分解释宇宙的不息的运动。在 Xenophanes 则唤作“神”，也不过积极的说明宇宙的本体，是宗教崇拜的一个对象，所以他仍是一个万物有生论者。讲到 Heraclitus 更明白了！他以火为宇宙的本体，因为火是最能动的，所以把火来象征宇宙的变化。他有句名言道：“你不能踏下同一条河，因为新鲜的水，不断的流着。”这就可见他的宇宙论完全是动体的了。这有如 Anaxagoras 的 Nous, Empedocles 的爱和憎，差不多都是万物有生论的意味。他们所选的，都是他们各人以为最精神最流动，而又具有最大的内在的生机的，以为宇宙本体。可见西洋古代哲学，也是泛神论的了。总而言之，东方西方，同时异地而同发生大同小异的泛神思想，这种各不相谋的情形，很可看出宇宙间有个公共的哲学系统，这不能不说“全体性”的表示了。

（第三）杜里舒告诉我们：“全体”的一个标准，是因为其自身有调节能力（《生机体之哲学》页七十），那么如果哲学是和全体——生命——相符合的，也就应该有自动的调节之力。现在就着眼这一点来解释哲学，证明哲学是有全体性的。原来人类文化是只有一条生命本来的路向，这个路向是以自己为中心，而维持其“自动的调节作用”的路。不管西洋也好，中国也好，印度也好，他们生命的表现，实不能有根本差异，自然反映在哲学方面，也只有一个主张生命“自动的调节作用”的学说，才是哲学的正统大路。虽然在哲学史上也不少有极端的厌世派，或极端的破坏派，但是这种偏左的革命思想，在调节作用当中，至少也是一种普通形式。因为革命思想，就是由不调节自动的要求调节，所以非正统派多在正统派之先做破坏的工夫；如孔子之前，有许多鼓吹邪说的思想家，苏格拉底之前有诡辩学派。正统派则常于其后，纠正绝对破坏思想，而有一种维持调节作用的建设的企图，所以正统派哲学的特色，总是生命的、进化的、系统的“生命的哲学”，是以全体为依归的。借梁漱溟先生“文化哲学”的话来讲应该就是“以意欲自为调和持中，为其根本精神”的第二条路了。（参看《东西文化及其哲学》一书。）但这一条路，正是一切生物的本来路向。（费鸿年著《新生命论》就是从实验形态学来证明这句话。）我们不要如“文化哲学”，把西洋人和印度人的生活，赶出生活本来的路向以外，我们要知道是印度人的“自饿不食，投入寒渊，赴火炙灼，赤身裸体，学着牛狗，龁草吃粪，在道上等车来轧死，上山去找老虎”；这些人还不是极端的要求调节？还不是生活意志之变式的表现？晓得这一层，就可见彻首彻尾，东方西方的人们，他们的生活，都是自动的调节作用。为要求调节而破坏，若不调节，还要破坏，竟至于战胜“死亡”而永生。这种厌世思潮，不但印度有之，即如西洋文化中的希伯来派，中国文化的《硕鼠》诗人一派，都是这种倾向，算不得印度文化的特色。换句话说，那代表印度思想的，并不是种种外道，乃是内的自我有完全调和的哲人（Rishi），这些哲人，是代表印度教，即婆罗门教的。婆罗门的大经典，赞美自然的浩大的生命不置；把生命看作好像音乐，须要“谐和”一般。并且告诉我们：真正得达人类生活目的的人，必自己能与自然相调和。梵语有 Dvandva 的一句话，可谓表示自动的调节作用，到了极点；一方面动作于相反的方向，一方面仍动作于绝对调和之中，这样贯透大调和世界的精神，才是印度人的根本精神。可见印度思想，是以全体为依归的了。复次西洋文化，如今人以“向前奋斗”的一条路来包括他，这实在也是大错。因为从历史看起来，一部历史都是人们向前奋斗的历史，就是改造局面的历史；然即在向前奋斗之中，未尝没有自动的调节作用，未尝没有个恰好的地方。所以“向前奋斗而自动的调节”，不但中国人如此，西洋哲学更见如此。我们都知道西洋思想是导源于希腊的七贤时代，他们的唯一格言，即是“中庸”（Moderation），“无太过”（Nothing too much ; nothing in excess）。Thales 更告诉我们：“最高的善，是中庸，不是财富。”似这种教训，正是希腊人自动的调节生活，也就是希腊民族的根本精神。Von Loon 说得好：“他们喜欢中庸，并不是只在特别时间内的一句空洞的话，这字影响他们，自生至死一生的。他们的文学，取乎中庸；他们的建筑，取乎中庸；甚至于希腊的政治家、运动家，也注重这中庸的性质。”可见笛根生（Dickinson）《希腊人的人生观》，把“谐和”（Harmony）一个字来代表希腊文化，是很不错的了。以后苏格拉底主张普遍的真理；柏拉图主张中庸的自由的爱；亚历士多德更是很分明抱中庸思想的。他以为一切道德，都不是趋于极端的，却恰好在两极端的中间，如勇气在粗暴与卑怯中；自重在傲慢与卑屈中；宽大在奢侈与吝啬中。由亚氏的中庸主义，可见西洋哲学也是以自动的调节为其根本精神，也是以“全体”为依归的了。复次中国，从来把“中庸”——生活的恰好，看作孔门传授心法，如《论语·尧曰》篇：“尧曰：咨尔舜！天之历数在尔躬，允执其中。四海困穷，天禄永终。舜亦以命禹。”这虽是讬古改制的话，然也可见孔家是认“中庸”为传统的观念了。如《周易》《尚书》《中庸》等书讲“中”的地方很多，后儒如程子认“中者天下之正道，庸者天下之定理”；王阳明说：“本体原是中和的”“中只是天理，只是易。”类此的话，都可以代表中国哲学的根本精神，是以全体为依归的。总而言之，生命就是全体，就是自动的节作用，所以解决生命问题的学问——哲学——无论东方西方，也都是倾向全体，倾向于最平庸的自动调节的思想。稍有些过或不及，便违背了生命的坦坦大道，便算不得正统派的哲学家了。

晓得哲学是有三个标准，可以证明是全体性的，那么就可晓得哲学的历史的研究，就是使我们把人类知识线的全体，作一个概括的观察。我们对于哲学的历史知道得愈详愈切，那我们对于知识线的全体，所得也愈广愈深。就中尤以“我们的近代”的哲学史，格外重要。因为我们要明白现代人类的文化问题，非先明了近代哲学的状况不可，所以这次讲演，先把西洋近代哲学的生命派，依发生式的法则，分讲如下：

第一阶级——宇宙哲学时期（文艺复兴）

原来人类文化时代的年龄，是越进越短促，每次进步速度越快。现在所谓近世哲学史，在时间上不过是过去知识线上最后的最短的一小部分，但这一部分，虽然驹光过隙一般，而“全体性”却仍旧存在，仍可以应用发生式的历史法则来解释它。如纪元后十四五六世纪的文艺复兴，就是历史法则中的第一阶级——宇宙论时期。但是实在历史的年月，是不能有这样显著的界限的。如中世反对基督教最力的“新柏拉图主义”（Neo-Platonism），他们在玄学上主张“动的泛神论”，可算就是这一阶级的起源。他们的思想，乃有极有神秘的倾向，把宇宙完全纯美化了；以后无论是正统的，或异端的基督教，各方面都受了他的影响。最明显的就是奥古斯丁（St. Augustine），他虽说明神之城是在天上，但他实在是最初设法将乐国设立在地球上的。所以倭伊铿在《人生问题》上说：“有的地方，Augustine 比 Hegel, Schopenhauer 还离我们近些。”这话很不错！即因中古时代有许多独立的神秘主义者，为个人主义的宗教的代表，所以影响到文艺复兴时期，便成功了路德（Luther）、司文格（Zivingle）、加耳文（Calvin）的宗教改革。他们想打破天主教会的恶习，其实只是要复归于基督所说的基督教，要以个人直接和神相联合罢了。这种北欧的宗教上的复兴，我们依温特尔班（Windelband）之说，也应看做文艺复兴（Renaissance）的一种。固然从狭义说，似乎文艺复兴的运动，就是文学美术的复兴运动，即对于中古时代把一切文化都归并到宗教里面的下一种革新运动；其实这话未免说得太早一点。历史告诉我们：即在一六〇〇与一六五〇时代的人，他们除了宗教以外，还什么也听不见，更不要说文艺复兴时代的新人仍旧还是教会的人，不过特别的有对于自然之宗教的觉悟罢了。当时南欧 Bohemia 地方，有约翰胡司（Jan Hus 约 1370—1415）唱道新教义，为教会焚死，文艺复兴就是代表这种宗教的感情。他们当中如文西（Vinci 1452—1519）、孟泰诺（Montaigne 1533—1592），都是极端歌颂自然的神圣与美丽，把一副向对神之深切信仰心，来对自然世界。和南欧路德革除了禁食主义和独身主义，使这世界由此得了许多庄严马利亚图像一样。所以文艺复兴，依我意思不但是文学、美术的运动，实在从底子里看，却是一种想用新教义来代替旧教义的宗教的哲学运动。不过在南欧，则在自然中求教义，在北欧仍只在圣经中求教义，有这些不同罢了。但在不同之中，却能确定其相同之点，就是“新宇宙”的发现。换句话说，就是他们的宇宙观，已经根本改变为“这世界”的了！有这“这世界”的新信仰，所以这许多文学艺术，也都蓬蓬勃勃地开放出来。

在这时期，好像春雷一声，万卉齐发，忽而一切古代哲学系统复活了！就中尤以新形势的“新柏拉图主义”最为出色。他那唯美的神秘的自然的乐天的倾向，实在支配了文艺复兴的前半期（1458—1600），使他成功为最活泼最华丽最艺术好像春回大地的时代。在这一点，我们自应以白鲁罗（Bruno 1548—1600）的“唯美哲学”为代表了。他的奇想的爱美的精神，是最清楚的意大利文艺复兴的思想反映。他用新柏拉图派常用的表现——即形成一切发生一切的光——去表白他的泛神论。他以为这无限大的宇宙，即神之发现；自然即神，神即自然；宇宙无论内外，都是一个永久的调和，一个“神”的“美”与艺术的调和；我们如以诗人的热心去观察，则一切外表的缺点，都消灭于全体调和中了。并且神是无限，万有都是神发现的光辉，都是有生机的无限的活动。白鲁罗是一个普遍的乐观主义者，是一位神秘的诗人，自然的崇拜者，所以他的结论，把哲学、艺术、宗教、科学都看作一体了。在他以后，英国倍根（Bacon 1561—1626）出来，要“为方法奋斗”，他喝破中世纪的宗教束缚，另找出探寻这新宇宙的真理的新方法。同时剑桥大学的柏拉图派，还在受神秘主义的影响，主张宇宙的究竟观。而比较的可算做“世界哲学家”的，却是法国的笛卡儿（Descartes 1596—1650），荷兰的斯宾诺莎（Spinoza 1632—1677）和最后德国的来勃尼兹（Leibniz 1646—1716）。他们都是真正文艺复兴期的代表，不但提出了一种新约宇宙观，对于神更有一种新观念。他们差不多都是把神看作一个绝大的存在物，万物都包含于神之中，所以完全是宇宙论的哲学。笛卡儿以“我思故我在”来解释神的存在；他以为我的观念明晰，故我存在，上帝的观念，亦极明晰，上帝当然存在。并且我有一完全的概念，这概念必有其所自来，小己是不完全的，决不能有完全的概念发生，完全的概念，必从完全之体来；上帝是完全的，故完全的概念，必即从上帝来，故上帝必存在，以我有此概念，证其存在。上帝是可以信托的，因此所创造的自我与宇宙，亦必可信。所以笛卡儿哲学当中，以为欲证明于疑无可疑的自我与宇宙，必须证明上帝存在，而后我们所存想的自我和宇宙，才靠得住。这种单纯演绎的论证，初看似和文艺复兴期无甚关系，其实神的存在则宇宙万事才有新气象，才能给我们以新生命的欢喜，所以说“神在他的天上——世界上一切都是对的”；如果没有神，便存在于这世界的一切，都是虚空，都要怀疑，人们也不要再唱“这世界”的赞美歌了！复次，斯宾诺莎的哲学，其走上生命哲学系统上，更为明白。他完全是从神的统一与普遍性上演绎出来的真理，神是自存自明的，其余一切事物，都靠他讲明。并且神不是创造世界的，因为他就是世界，世界就是神。神不但是万有的普遍原理，亦是万有的总和，万有都不过神的变化。神是想象中最抽象的统一，最高的自由，最真实最普遍的本体。这种用几何学方法来证明泛神主义，和文艺复兴宗教上渴求一生命较大的统一的情形，极为相合。直到十八世纪中叶，文学家如雷星（Lessing）、赫德（Herder）、歌德（Goethe）都多少受了他的影响。复次来勃尼兹也是一个泛神论者，他认宇宙有多数的形而上的玄元（Monad），每一玄元，表现其他一切玄元，因而表现全宇宙；所以每一玄元，都是缩小的宇宙。神就是宇宙间最大的中心的玄元，凡玄元皆有体，而神无体，其他玄元之来源，即为神之不绝的流发，所以神就是玄元的玄元，全宇宙每一玄元，都是神的反映。他在《神义论》（*Theodicy*）一书，又说神造世界，但可能的世界很多，于是神乃择其最好的造出来，所以这世界即是最好的世界，自由的世界，是有预定的调和的。这种思想，使人们生活充满了活泼元气，并且暗示有一个生力的中心，与个性的自由发现，实在是文艺复兴时期与启明时期之中，为承前启后不可少的宇宙哲学。过此就是自我哲学的时期了。

第二阶级——自我哲学时期（启明运动）

人类本能的发展，不是偶然的进行的，是按着生机主义的条件，从宗教的本能到自我的本能，有一定的方向的。如在文艺复兴的二百余年以来，就是近代思想的第一阶级，全部工夫，多用在开发一个泛神主义的"新宇宙观"；到了启明时期，人的本能初达到主观的自觉的时期，正如儿童初次叫了一声"我"的一样，这时对于"新人生观"特别有兴趣了。因为从前因研究新宇宙，因而不曾想到他自己，现在却转而研究其自身为起点，知道人是理性（Reason）的一个人，便须努力提高人的"理性之光"，使其超越一切。这时代有一个公共倾向，就是自由思想的批评精神，打破了种种偶像，扫除了种种迷想，好像拨云雾而见青天一般，所以唤做"启明时期"（Enlightenment）。在法曰 Éclaircissement，在德曰 Aufklärung，继之在十七八世纪所表现的主观的、批评的、理想的、浪漫的反抗的精神，用一句话来说尽，就是所谓"启明运动"。这时期的代表，于英国方面则有洛克（Locke 1632—1704）、柏克莱（Berkeley 1685—1753）、休谟（Hume 1711—1776），在法国则有伏尔泰（Voltaire 1694—1778）、卢梭（Rousseau 1712—1778），在德国这种运动最初发生于文学方面，以雷星（Lessing 1729—1781）为代表，到了康德（Kant 1724—1804）就成为启明时期的许多势力的集合点了。他的继承者菲希特（Fichte 1762—1814）、谢林（Schelling 1775—1854）、黑格儿（Hegel 1770—1831）也都是反应这种运动而起。总之启明运动乃这时代特别的倾向的产物，在思想史的意义说，就是“我的发见”罢了。

自由批评精神的个人主义，最初发源于英国倍根打破偶像的学说。他对于古代遗传下来的圣贤教训，对于社会上胡涂公认的行为信仰，都抱一种“批评的态度”，这种态度就是“思想解放”的旗帜。到了洛克，他是“英国的最大的最超群出众的哲学家”，一六八八年革命的辩护者，他所注意的问题，是认识论的问题，首先提出《人类知识论》(*An Essay on the Human Understanding*)，要“讨究人类知识的起原确实性与范围”，这实在是启明运动的第一声，实在是第一次正式用一篇长文宣布个人在知识上的自由权的。他说明知识所有的限制，告诉我们，什么问题是我们可以确实知道的，什么是或者可以知道的，什么是不能知道的。因为他的知识论，注重人心的自动，用批评的方法，一层一层的来发挥人类的知识能力，要人类只依自己的理性做事，自广义言之，这就是人类自觉的宣言书了。他学说的根本价值，在反对先天观念，因为凡主张先天观念的，往往把习俗相传下来的信仰来禁锢思想，遏抑自由，他既然要为一六八八年的革命找到学理上的正当解释，那么拥护主权的先天观念，不消说是要根本排斥的！实则一切知识都是从经验来的，我们的心，初生时只是一张白纸，上自帝王下至皂隶，都同是一张白纸，这种彻底要表现知识的确实性，实在使人不能不佩服他了。自洛克至柏克莱，他是个主观的唯心论者，看重个人，比洛克还要进步。他的哲学，正是精神支配一切的宣言。他竭力反对物质的抽象观念，以为物质的存在，都由于主观变现出来，一切物性都无非吾心的观念，这种一半批评，一半形而上学的学说，很明白的把“我”从自然机械论的人生观里解放下来了。柏氏之后为启明运动中流砥柱者，更有休谟。他对于哲学的贡献，最著名的是怀疑一切的“唯觉主义”，他攻击神学，攻击科学，以为除印象(Impression)所发生的观念外，没有其他观念的存在，所以连自我与灵魂，都不承认了。自我不过是知觉的一束，或是一束的关系；这种极端的怀疑的论潮，实在是批评时期中最富于批评精神的了。总之英国的启明运动，是以认识论做根据的。认识论好似就是这些批评家的威仪，有了这个真确的方法和态度，然后按步就班的“重新估定一切价值”，所谓启明时期的哲学，可说是全从“批评的精神”出来的。

讲到法国，更是启明运动宣传得最激烈的地方。当那位勇敢的老哲学家伏尔泰，对于当时的任何制度都要批评的时候，全法国都同声叫起“我”来。“我想”“我要”“我反对”……一切的问题，都加一个“我”字，这样的“存我”，就是法国启明期的时代精神。伏尔泰的思想，是受英国批评的方法的影响的，他一生放言高论，主张依赖“理性”，于旧制度的反动中提高个人，这一点可算教会空前的仇敌了。同时攻击法国现象的，还有百科全书派（Encyclopédiste），以笛特老（Diderot）为代表。百科全书中所攻击的为宗教专制、苛税、贩卖奴隶、苛虐刑法等。在思想解放上，可算是知识的启明运动的一盏明灯！但是只有知识的启明运动，是不能唤起革命，因为革命的心理要素，是一种感情，所以卢梭的唯情的浪漫主义，正是这时候最有效力的革命学说。从卢梭之发表他的《民约论》（一七六二）以至大革命，全法国都支配于感情的批评时代。卢梭是一个富于感情而性格极烈的人，他高唱返于自然，要使人脱去一切人为的虚伪的制度习惯，向着自然的路上走。他说：“人一生出来，本是自由的，但是现在无论什么地方，都是被铁锁锁着。”他的哲学，就是要人们打破这些铁锁，还我活泼泼地一个人。他还有人类自然平等和参预政治权利的主张，都影响到一七八九年的《人权宣言》，这个宣言，把启明期靡漫全国的自由精神，都包括在里头了。

德国的启明运动，以诗家兼评论家雷星（Lessing）的 *Laocoon* 开始，如歌德（Goethe）、席拉（Schiller）也是这个运动的中心。

他们都是以自由浪漫的诗歌，极力讴唱自我实现的。在哲学方面，有“为卢梭革新思想所鼓动，依冷静细心的理性批评，定理知之对于情意及其他精神活动之位置与关系，和‘我’内部之乖离，救‘我’于理知所产决定论淫威之下而恢复其自由者，则康德其人。”（这一段话从《近世我之自觉史》页23引来。）自康德提倡批评主义以后，很多学者，才知道哲学便是批评的学问（Critic Science），他在《实践理性批评》（*Critique of Practical Reason* 1788）一书里，绝对的肯定“自我”的尊严。以为人世有两方面：一属必然，一属当然；前者是个人的现象的肉体的感官的“我”，后者是超个人的精神的超感官的、自由的“我”。我们所能作的，就是体认超个人的我，超脱于形骸感官之外，发无上命令，有无上威权，不受因果支配而达绝对的自由。这种大我（超个人我）的发见，实在即是发见“自律的人格”，即是发现我们内心的“道德律”。康德以后，菲希特更把主观高潮的精神推到极端，而主张“真我”。宇宙一切皆由真我的创造，有我而后有世界。“我”是由“我”，此即发生同一律；“我”设“非我”与我对立，由此即发生矛盾律；然“我”之外，别没有“我”，所以综合以上二原理，便成功下面的一句话：就是“我”与“非我”皆在“我”当中。所以宇宙中，只唯有“我”，我就是宇宙的根本大法，我所感所行，都是自由的道德的活动。这种自我中心的浪漫思想，正是时代精神的反映。其次便是谢林（Schelling），他实在很像一个诗人，把宇宙一切都看作他的艺术的人格的表现。宇宙即是一种艺术品，在转化中的自我；这种唯美的唯心论，是将菲希特的自我哲学，建筑于一浪漫主义的基础之上，这实在是德国那时共同的倾向。再到黑格儿，他的全部哲学，达到唯心论的最高点，以为一切存在都是思想的体现，一切变化都是思想的变化，他因为认世界为理性发展的历程，所以森罗万象都是理性，我们的思想可以自由发达，是绝对的有灵性的东西。然黑格儿的学说中，有一部分可认他保守极了，但他那“盛水不漏”的形而上学和辨证法，却引起不少的革命思想。照他的学说，世界上没有绝对的真理，真理只是理性自己的随时变易。所以黑格儿的哲学，很有革命的性质，许多他的青年门生，从他的学说里，下急进的革命的结论，如左派的司特老司（Strauss），费爱巴哈（Feuerbach）与马克思（Marx），拉塞尔（Lassalle）就是好例。总之启明期运动到了黑格儿，已经登峰造极，故由绝对的唯心论，转而为左派的绝对的唯物论，即由知识线的第二阶级，移到知识线的第三阶级。黑格儿正是这个时期的区划线，正是承前启后的一个人，过此便是对于启明运动发生反动的叔本华（Schopenhauer 1788—1860）的悲观论的哲学了。

第三阶级——社会的科学的时期（十九世纪）

自我的倾向达到最盛期的时候，社会的科学的本能就勃兴起来。结果因在急激的过渡时代，现实感太盛了，人心不绝的动摇，于是苦闷、绝望、悲哀，遂造成十九世纪的怀疑思潮。一方面对于现世的希望很强，一方面又好似失却他的归趣，原来思想史上的第二阶级，就是从这样发达出来的，最显著就是叔本华的悲观论的哲学，很可代表这时代的思潮。他在《观念世界与意志世界》一书里，主张“世界是我的表现，我的本质为生活意志，故世界万象都是生活意志的表现”，这种思想，很带启明期的精神。但他同时又主张寂灭意志，解脱痛苦，世界实在悲观，不如无世界，并且否认启明时期的一切，这自然和过去哲学家的说法恰相反了。以后哈脱曼（Hartmann 1842—1906）主张“无意识的哲学”，把悲观论搁在归纳法的基础上，用许多事例再推到形而上学，更可见厌世的，乃至世纪末的倾向，确是十九世纪思想界的一面。因为这时人们的思想，从精神的变了物质的，理想的变了机械的，主观的变了客观的，总括一句话，即从向壁虚造以“美”为极致的，现在却一变而彻底“求真”。把这“千疮万孔”的自然，和外面假装面具的社会，都赤裸裸地揭穿出来，这正是科学“求真”的态度，结果安得不倾向于悲观厌世？如马尔萨斯（Malthus）社会的厌世观，斯铁纳（Max Stirner 1806—1856）极端个人主义的厌世观，赫胥黎（Huxley）生物的厌世观，这些对于现实世界真相的深刻的悲哀，实在就是科学的社会的时期的特殊色彩，用不着什么大惊小怪的。

但是科学时期并不是只看黑暗方面。而忘却光明方面的。我们试把十九世纪初期英法的哲学研究一下，就知道我们知识线的范围，比从前进步得许多。我们最概括来说，十世纪的思潮，就是现实思潮，不但包含科学的、进化论的，或物质的进步，乃广包社会方面的政治的、经济的实际进步。这时期的代表，在法国以圣西门（Saint-Simon）、孔德（Comte）为先驱。还有纯粹社会主义方面的，如傅立叶（Fourier）、路易伯兰（Louis Blanc 1811—1882）、蒲鲁东（Proudhon 1809—1865）等，不但代表尊重实证的科学的倾向，实在竭力从事民众意义的社会改造的宣传。圣西门最初用“实证的”和“劳动尊重”这个名称，依他意思，要改善社会生活，必须靠自然科学的进步，所谓“化海水为嗬嚾水，使普天有情同沾一勺”，这就是他所馨香祷祝的理想社会了。这种思想，影响到孔德，便成功他的实证哲学（Philosophie Positive）。孔德的三时代说，就可看做实证主义的宣言书；以为实证时代就是科学时代，就是科学知识为一切人类生活基础的时代，他这样尊重“科学的哲学”，实在就是近代哲学的新倾向。最可注意的，还在他的著作中选择他所认为最根本的“社会学”，看作一切科学的总汇，这样看重社会的思想，也是孔德的最大贡献！在英国方面有与孔德同为十九世纪现实思想的创造者，为约翰穆勒（John Stuart Mill）的归纳的论理学。自这种论理学出现之后，欧洲学术界与思想界，都自然而然倾向于经验的，科学的归纳的方法。然真能完全实现这个理论的，我们不能不推到建设进化论者的达尔文（Darwin）与斯宾塞尔（Spencer）了。达尔文在思想史的最大贡献，在他供给近代人以一个进化的眼光。自《物种起源》出版以后，差不多个个自然学者都承认进化的大原则，这个原则是可用观察与实验来证明的。换句话说，就是一种实证主义的精神了。以后赫胥黎、斯宾塞尔提倡“不可知论”（Agnosticism），更把实证主义的精神置诸稳健之地，严格的不信任一切没有充分证据的东西。斯宾塞尔更把进化的原则，应用到“可知界”的各方面去，因而主张一般的就宇宙说进化，进化一字，便给他推用得很广了。在德国方面则自黑格儿学派分裂以后，“左”派的司特老司（Strauss）、费爱巴哈（Feuerbach），及许多社会主义者如马克思（Marx）、恩格斯（Engels）、拉塞尔（Lassalle）均足使唯物论在德大盛。在科学界则经一八五四年博物学家大会，已确立了以自然科学说明一切的信条。还有达尔文学者赫克尔（Hackel）凭他的一元论，来解决“宇宙的谜”，他的精神支配近代的人心，差不多所有科学家都信服，并且组织一元论公会去宣传他，但是赫克尔的思想，在纯粹的科学家看起来，不免带了半分空想，柏黎（Perry）在他《现代哲学的倾向》很批评他，以为自然哲学的弊病，赫克尔学说里面完全有了。不错！十九世纪产儿的赫克尔，实在给十九世纪的科学，做一个很光荣的下场。观于他的弟子奥斯托尔（Ostwald 1853—1932）以化学者的资格极力攻击唯物论，可见这时期的精神已经完全消失，在思想史上便不得不另辟新途径了。

第四阶级——现代的生命哲学

现代是哲学复兴的时代，是新形而上学创设的时代，哲学在这时方能通过实证主义而入于新理想主义。在这哲学的复兴当中，哲学充满了生命同创造的精神，直接和精神生活接触；这是“科学的哲学”从来没有做到的，现在却得着这个特殊的新的使命。对于绝对主义主知主义，而主张人本主义主情意主义；对于理性派理论派或抽象派，而称为生命派行为派具体派；这就是现代哲学的新倾向了。

在十九世纪后期，大陆上的思想界，忽然出了一个怪杰，叫做尼采（Nietzsche 1844—1900）。他实在是现代哲学的急先锋，他最初受叔本华的影响，但叔氏以诚意为主，尼采却断章取义的说：人人灭身成圣，事之不可能，所以希望有超人的生活，可以增加人的生活的价值。“超人”就是人的较高较超的一种，是生命向上的一种表现，是人的“向权力的意志”的表现。由叔本华的悲观论的哲学，一转而为尼采的超人主义，这其间进化的痕迹，很可供人玩味；然自尼采以来，才有现代哲学；自尼采以来，生命才能重新估定了“新价值”。尼采以后，在美有詹姆士（William James 1842—1910）的实验主义（Pragmatism）。在德有倭伊铿（Eucken 1846—1926）的行为主义（Activism），在法有柏格森（Bergson 1859—1941）的直觉主义（Intuitionism），都是奉这个新使命而来，都是拿生命的活动创造做中心的，詹姆士实验主义的中心意义，是经验论、主情意论、主观论。因为心理的自然发展，最初是兴趣，次为注意，最后才是知识，可见情意作用实是支配知识的根本原力，我们认识真理是应该拿情意的利害关系做标准；将真理看作有效果的东西。复次知识既不确实，只好容认那凭信仰假设的确实，在这里詹姆士又提出信仰的意志，做他学说宣传的旗帜。这个信仰，是一种无穷冒险的态度，并不是要寻一个世界可以歇肩，实在觉得这个世界里须要奋斗去换平安。他自己说：“我吗？我愿意承认这个世界是真正危险的，是须要冒险的，我决不退缩，我决不说‘我不干了！’”这种热烈的生命要求，企图把捉生底全体经验，这才是实验主义的根本精神。此外英国席勒（Schiller

1864—1937）的人本主义（Humanism），拿人类做中心解释一切问题；美国杜威（John Dewey 1859—1952）的工具主义（Instrumentalism），认知识不过生活或实行的工具；这都可认为实验主义的一派，顶能够代表现代底动的进步的思潮的地方。虽然如此，实验主义是不谈形而上学的，他们以为实验主义就是一个息止形而上学无谓纷争的方法，所以他们排斥理知并不彻底；他们所唱的利害关系，由柏格森眼中看来，也只是一种翻译的知识。于此有孤军突起，比起詹姆士、杜威的哲学，还要直觉的，生命的，这就是新形而上学底创造者倭伊铿和柏格森了。倭伊铿主张精神生活，以为在感官经验以外，还有一个实在，独立而又内在的精神生活；这精神生活是一切的动的创造的自主的生力，他本身便是一切实在，人与自然都是属于这个实在，这就是人和自然所以存在的最深的本质。但是我们不要误解了倭伊铿的意见，以为精神生活是已经完成的，如果我们不能永久不断的努力，不能永久不断的活动，便决不能参加这个实在。所以要达到精神世界，必须奋斗努力，用着他自己的话说，就是："精神界能成我们自己的生命，但是要我们自己努力，自己决定，自己参入精神的生命，自己提高天性中一切自尊的本能。"能够这样，他就有权自称为人，他的究竟的具足的生命，才第一次出现。所以倭伊铿的哲学，带着非常浓厚的奋斗色彩，给"世纪末"烦闷的人生，找着一个安心立命之处，这个贡献再伟大也没有了。复次柏格森用直觉的方法，直接的体验生命的绵延创化，他说：生命好比一股大流，没有时候休息的，也不会重复的，也没有部分的，只是那继续前进的不断的"生的冲动"（Élan Vital），只是一种"真时间"。这真时间的认识，不要凭借一种理知作用，是借一种内在的同情的方法，以游神于物的内面，而亲与其绝对无比不可言状的本体融合为一，这就是"直觉"了。直觉是人人都可有的，所以柏格森说："至少有一样真实，是我们都能不用分析，而用直觉，而自内得到的，这就是我们自己的人格；在那里流着穿过时间，我们的‘我’在那里绵延。”因此他就主张自我不断的创造。反对机械论和目的论，极力唱道我们的生命，是自由意志的。我们就是生命的整个性的表现。我们是对于生命之大流负责任的。他有一篇论文，还把生之冲动应用到民族们的生命与自由上来，可见柏格森的哲学，全部自直觉出发，而组织一个伟大的哲学系统，这实在给哲学界开了一个新纪元！此外和柏格森、倭伊铿思想相近的，是新康德派温特尔班（Windelband）、黎卡特（Rickert）等的“价值哲学”。他们以为这个世界是价值底世界，企图把一切个性化来表现内部要求的。他们看重历史，以为真历史是不可分割的，是浑一的，活个性的表现，我们要判断历史有没有价値，是说历史那个东西，是价值意识底表现，就是个性的。在这个地方，实在完全发挥了晚近哲学的特色。还有近年的一个最后的学派——新唯实主义（Neorealism），如罗素（Russell），他的哲学是彻底的从数学上的点出发，是一种“逻辑的元子论”或“绝对的多元论”，其实也正是一种看重个性的哲学方式。他在欧战以后，很注意社会哲学方面，反对强权，反对近代产业主义与社会制度。他的旨趣，只在排斥占有冲动，而开导创造冲动，让各个人去自由的活泼的生长；这种思想可以看作现代思想界普遍的趋向。但我们更要注意的，即在欧战以后，德国哲学的特殊倾向：如洼鲍姆（Walbaum）的《罪恶与肖像之世界》（一九二〇年出版），威廉夏士（Wilhelm Hass）《对于心灵本体世界的研究》（一九二一年出版），杨森（Otto Janssen）的《形而上学研究的准备》（一九二一年出版），他们表示一时代的精神已进于另一个新的路径。将来西洋的思想界，究竟要成功怎样的情形呢？在这个形而上学的复兴中，似乎已明示我们早晚必有新意义的新时代发生。以上述近代西洋哲学的生命派竟。

（二）

我们研究印度文化，好似印度的思想，就是出世的思想；差不多自《吠陀》以来，好多家数，从高的佛法，一直到《小乘涅槃经》所列的六种外道——自饿、投渊、赴火、自坐、寂默、牛狗诸外道——都明明是做那出世的生活。这些苦行外道，和求死一般，如果这也可以代表印度文化，那么印度早就该没有人种了！早就该没有文化之可言了！但我们现见印度人还在那里生活着，可见代表印度人全部的要求的，并不是如此。并且印度的外道当中，还有和出世精神刚刚相反的"顺世外道"，这一派不信梵神，不信三世，不信灵魂，不厌世，不修行，他们的哲学，完全是唯物的。据《成唯识述记》（卷六）说"顺世外道唯执有实常四大生一切有情，一切有情禀此而有，更无余物，后死灭时，还归四大"。这分明就是"多元主义"！他们又极力排斥神秘，批评吠陀道："祠火三吠陀、提三杖、投灰诸行法，皆为无知怯懦者而作。如祠祭所供之牲能升天者，则曷不自杀其父以祠？如供物能充祖父之饥，远行之人，可不赍糇粮。如地上之供物，能养天上之人，门屋下之食，何不饱屋上之人？三吠陀之作者为妄人，为妖恶。"似这种不信神的唯物的多元的思想，虽和别的宗派极端不同，然也很可见在印度方面，也是有人走上很执着物质的一条路。不过由印人看起来，顺世外道一名路伽耶（Lukya），是有"恶论"的意思，所以和主张出世的外道，也一样的不对，一样的不能代表印度思想。而代表印度思想的，必别有所在了！

平常一讲印度文化，就联想及于"佛法"，以为"佛法"就是印度文化的代表；却不知在没有佛法以前，印度的思想界，早已发达了。佛法只算后起的产物，只算一个反对婆罗门教徒的新运动，当时婆罗门人有的逢场作戏，贪财好利到了极点，于是生命派的哲学弛缓了，才有佛陀出来。我们须知道在佛初五百年间，全印度所宏传的，都是从“苦集灭道”这四谛生出来的小乘法。这小乘法就是发端于反对婆罗门教徒的。从佛教教理发展史看起来，印度佛教，大体可分作两个时期：（A）自佛陀至纪元二世纪龙树出世时代止，都是小乘教隆盛时代。（B）即龙树以后，才是大乘教勃兴时代。所以小乘在前，大乘在后。至今印度锡兰的小乘佛典，都用巴利文（Pali 佛所生地的文字），北方所传大乘，才用梵文。巴利文是阿轮迦王所集（第三结集），梵文是小乘诸派分裂以后，由迦腻色迦王结集的（第四结集）。当时高僧大天（梵语摩订提婆）不守从来的教义，唱导异说，实在就是大众部和上座部分裂的原因，也正是大乘兴起的根本。直到纪元二世纪后，有龙树、提婆、无著、世亲出来（还有马鸣菩萨实一诗人而宣说小乘法的。从来误会他为《大乘起信论》作者实在大错！），大乘佛法才告成立。所以大乘并不是佛说，只好算龙树提婆无著世亲等所自创，是后来进化的产物。我们根据历史，就知道大乘实继起于婆罗门教再兴之后，而受它的影响；于印度本土并无势力，降至纪元十二三世纪，早已陷于全然绝灭的悲运里了。由此可见佛教在印度本不过支配一时，且所支配的还是印度中古的黑暗时代。到了婆罗门教再兴，所谓有名的吠檀多派婆陀罗衍（Badarayana）、商羯罗、阿阇梨（Sankaraacarya），与佛教一大打击，这就是印度的“文艺复兴”。本来在小乘佛法里头的世界，是暗黑的、灰色的，像荒廖的沙漠一般，现在却发现了神秘的、欢乐的世界来了。所以吠檀多派才是印度生命派的代表，佛法所代表的，不过一个黑暗的时代的一断片罢了。我也知道，这里的话一定要引起许多佛教徒的不平，但我个人从历史的研究的结果，实在觉着佛法是不可以代表印度思想的。佛法既不足代表印度，那么把佛法的一宗派——唯识宗——来讲印度文化全体的，更毫无是处。

依我意思，印度从古称为“婆罗门国”，《大唐西域记》云：“印度种性，族类群分，而婆罗门教，特为清贵，从其雅称，传以成俗，无有经界之分，总谓之婆罗门国焉。”所以述及印度思想，应该以婆罗门教——印度教——为代表。在印度的最古典籍，曰《四吠陀典》（Catur Veda），就是婆罗教所奉神典。就中《黎俱吠陀》（Rig-Veda）有颂神的诗千篇，可算印度泛神思想的萌芽。如颂火神的诗道：“神力无疆，人莫能外。”颂风神道：“神手摇鞭，鞭声甚近；神行愈远，愈增光荣；（中略）神之威力，人类震惊，山岳震惊。”颂晨光道：“仰彼晨曦，美光闪烁；升入中天，有如水波；（中略）神袒其胸，盛其容饰；神兮伟哉。闪烁晶莹；（中略）神路荡荡，走登山巅；神体自光，稳度瀛海；（中略）神兮神兮，长我活我，惟神所欲，使我获福。”此外颂宇宙创造的、颂日月的，都是很美丽的歌辞，对于眼前茫漠的天空而虔诚敬礼，这就是印度哲学的渊源了。我们知道印度哲学最重要的是六大派，而这六大派其初都是起于解释《吠陀》，所以都可算“吠陀的潮流”。《吠陀》的范围非常广大，而吠檀多派实为正统派的代表。现在将六派哲学和《吠陀》的关系，依木村泰贤所说，列之如下：

（a）基于《吠陀》圣典以组织其教义的正统派：

（1）弥曼差派（Puarra Mimanss）……组织者阇弥尼（Jaimini）

（2）吠檀多派（Vedanta）……婆陀罗衍（Badarayana）

（b）共认《吠陀》的权证，但不是直接继承《吠陀》的思想的：

（3）僧佉派（Samkhya）（数论派）……劫比罗仙人（Kapila）

（4）瑜伽派（Yoga）……钵颠阇梨（Patanjali）

（5）吠世史迦派（Vaisesika）（胜论派）……迦那陀（Kanada）

（6）尼耶也派（Nyaya or Naiyayaka）（正理派）……乔答摩（Gotama）

这六派本教义的性质，而为教系的组合，有的直接继承从前的婆罗门主义；有的从而改造；有的要全然独立；但无论有种种方面的不同，然都是从婆罗门派——《四吠陀典》——生出来的。所以我的意思，只有婆罗门教，可以完全代表印度思想；只有婆罗门的教理，可称印度文化的根本精神。如果这话还不能相信，就请再从“统计的方法”，把晚近印度的思想界，从数量去观察。按印度人口依一九一一年与一九二一年的记载，以宗教分别之如下：

	1911	1921
印度教	217,587,000	216,734,000
回教	66,647,000	68,735,000
佛教	10,721,000	11,571,000
安尼密斯教	10,295,000	9,775,000

由上可见，印度佛教的现状，和安尼密斯教差不许多。安尼密斯是原始民族的宗教，往往因时代的推移，而列入印度教当中，可见依统计的指示，印度教——婆罗门教，实在印度思想界最占优势，我们把他来代表印度，是一点也没有疑义的了。不过印度教里，依《吠陀》有“理”“事”的不同，又可分做两个宗派；弥曼差派是尊重事实方面，所以主仪式祭典的说明。这派太偏于宗教制度方面了，虽然可称印度教系的纯正统派，却与哲学的思想无干，没有讲述的必要。只有吠檀多派要解释《吠陀》的原理方面，可算最富于深远的哲学的。并且成立最后，年代较新，至今还在支配印度的思想界，所以我

即拿他作印度生命派的代表来讲：

原来印度的根本思想，是蕴含在《乌波尼娑度》(Upanisad)里，《乌波尼娑度》或名之为《奥义书》，因为是解释《吠陀》里头的玄理，又可呼为吠檀多，即《吠陀》的究竟的意思。对于《吠陀》经中最深奥的生命的宗教，打算把他完全实现出来，这就是吠檀多派的最大赏献了。我们试用《乌波尼娑度》一书的话来说，如："生命就是无限。""在宇宙一切活动之中，表现自己的神，便是人心中最高之灵；用一霎时的直觉去实现神，即可得不死之生命。"又说："独在活动中，你愿活一百年。"又说："真正得达人类生活目的的人，必已能与自然相调和。""你须知自身的灵魂。"类此的话，就是赞叹生命不置。教训我们在圆满的无限里，去实现生命，这就是印度生命派的唯一意义，最可注意的，就是他们对于"死"的解释：以为我们的生命，在外表方面是有限的，在原理方面是无限的，所以真正的死，是死向永生，不是死向消灭。我们的生命是永远的，是不死的，在生命之永远向上中，死也只是生的一段经过。因此便可不信有死，死即是生，更不消说在一个生的世界，更应该怎样顺着自然道理，顶活泼顶流畅的去生发了。因此印度人赞美生的文字，如对于性爱，比别的地方更看得神圣些、尊重些。性的行动在印度是有一种宗教的意义；而性的生活内容，在印度恋爱的文字中，是以一种最郑重的精神解说的。关于这层，请看"爱的成年"第一章所述：《吠陀圣典》的一段教训，说一个男子和一个女人睡时，向自然造化诸神祈祷的话，便可知道。引者并说这段文字，及到英文《吠陀》译本，这个地方，只把梵文的原文照抄就算完了。那德文的译本，在这个地方，更加以一句注解道："不可译，不可译。"可见在西方人都不敢译出来的关于性爱的文字，竟发现于印度教的圣典当中，那么印度人之看重生命，而非主张"无生"，也可见了。吠檀多派是传《吠陀》的究竟的意义的，所以正是印度生命派的代表，并且是印度近代哲学史上的代表。以下我就把发生式的历史进化去说明他。

第一阶级——宇宙哲学时期（婆陀罗衍）

吠檀多派大概成立于六—八世纪之间，这时佛教已经兴起了一千多年，已经陷在自灭的苦境，于是印度的文艺复兴（Renaissance）一时焜耀起来。在从前荒凉得像沙漠一般的空观里，忽然重新发见宇宙；从前只是一种纯粹的寂灭，否认世界上万物的，现在却要拥抱万物，走入于宇宙的生命之中。这种思想，最明显的表示于吠檀多派创的人婆陀衍（Badarayana）所著的《吠檀多经》这部书，一名《梵经》（*Bramna Sutra*），或《根本思惟经》（*Sariraka Mimausa Sutra*），对于佛教毘婆沙派、瑜伽派（即当唯识派者），都有很严格的批评，可见是一种反动。这部书的内容，劈头即研究宇宙大原理"梵"是什么？所以说：

> 今由梵之思索始。

梵（Brahman）就是宇宙万有的原理，在《乌波尼娑度》里已将宇宙的本原归梵。梵的本性为力（Bala），为大（Bhuman），为存在（Sat），为精神（Cit），为欢喜（Anauda），为实在之实在（Satyasya）。关于这个问题，印度学者有许多议论，《吠檀多经》不过将《乌波尼娑度》中种种异说搜集起来，而发挥他的正意罢了。他对于梵下一个界说道：

> 彼之生等于所存。

注释家解道："彼"是全宇宙义；"生等"是生住灭等；颂文的

意思，是以梵为全宇宙的创造者、保持者、破坏者。梵造世界，又周行世界万物之中，所以是全宇宙的创造者、保持者。“宇宙由梵而生，被梵所维持，向着梵转动，而入于梵。”所以又是破坏者。总之“梵”就是绝对唯一的存在，不过和数论派所讲“自性”不同。“自性”好像老子的天道观念，并不是有意志的作用，只是一个“无知”；反之梵是具有世界的全意识，他在空间或扩张的世界里是全意识，在灵魂或内包的世界里，也是全意识。因要辨明“梵”不是“自性”，《吠檀多经》里很明白地告诉我们：梵是万有的动力因（Nimitta），同时又为其质料因（Prakrti），由其自己的发展而形成万有，好比木工兼备材料一样。不单如数论自性，只为无知的物质原因；也不如湿婆派的大自在天，单为质料因以外的人格神；实在是一种“精神的实在，而为万有生住灭的计划者，同时又为其材料者”。这种把万有看作梵的大意匠的结果，很可以拿来代表吠檀多派的宇宙哲学。

婆陀罗衍切实觉得梵是包罗万有而为宇宙论的，所以梵到底不能为部分的说明，是个人的精神以上，万有要素的物质以上底总包括的一个大实在——是在时间空间一切之中，又超脱于时间空间一切之外的永远完成的实在。虽然开展而为世间有情，但梵的自体，仍然没有一毫的分裂；万有生灭，好比梵统一性的风舒光耀，而他的自体仍是永恒妙乐、绝对自由。并且梵中弥漫有无限的光明，无限的生命，无论物质和灵魂，都沉浸在他的怀抱当中。所以梵的表象，无所不在，我们在世界中所有的东西都可以看见他。但在这里有一个疑问：即自精神的实在的梵，怎样发生无知的物的世界呢？梵本为永远完成的实在，因何动机而开展宇宙呢？这个答案，在本经里拿譬喻作解释；以为只是游戏的动机。注解家解道：“好比无不足国王唯为着游戏而狩猎罢了。”宇宙万物，都只是全智全能的神油然涌出来的欢乐的形式，都只是由于神的欢喜游戏才发现的。我们因为弦可以发嗡嗡的声韵，所以才发明了原始乐器，神也是要求于活动中找得欢喜的成就，而表现其自身。所以这种大胆的诗的宇宙缘起的说明，实在使一切万物都获得一个新意义，这就是所谓泛神观了。本来在《吠陀》书里，已经有世界不惟为神所造，而且是由神自身欢乐造出的教义。如《曼特迦书》常有喻云："有如一蜘蛛，引丝而布网，世界锦罗开，还即自身出。""看那蜘蛛吧！它从它自己的身体里引出了丝线，以造成奇异的蛛网。"这就是神造宇宙的一桩故事，正是吠檀多派的宇宙观。因为神体转变以为宇宙，所以全宇宙即神，神不在宇宙以外，而与宇宙合为一体。换句话说，就是世界中所有的东西，都是被神包封的泛神主义了。

但我们要注意这一时期所发挥的是宇宙原理——梵——方面，而于人生原理——我——方面，实在没有什么发明。本经里很显明指出梵和我的关系，梵是唯一无二的生活，我是现象复杂的；梵是自由灵妙的，生活我是不自由不净的；并且梵为全体，而生活我只是其一部分或属性。全体和部分不同，故"梵""我"也很有区别；离全体、部分不能独立，所以梵为作者保护者，而个人只是被作者，被保护者罢了。本经中有阿周、摩罗梯、耶论师说："个人我包含在梵当中。"傲多弱弭说："个人我脱却身体时，归入于梵。"但这种讲法，都分明把"梵""我"看作两件东西，不是一件东西，到了"梵我同一论"成立，已经是印度哲学史的第二阶级了。

第二阶级——自我哲学时期（乔陀婆陀）

在吠檀多史上的"启明运动"，大概发生于七世纪时代。乔陀婆陀（Gaudapada）著有《曼陀括耶颂》（*Mandukya Karika*），这部书可看作纯然"第二阶级"的产物。在颂里驳各派宇宙观中，有破神以游戏目的而作世界的话，不消说就是对于《吠檀多经》以世界创造动机唯为游戏这个学说的反动了。乔陀婆陀很明显的主张一种"一元论的观念论”，以为真正实在的，只有我们心性的不变常住的“我”。即就宇宙万象而言，也都是“我”放射出来的影子罢了。本颂的内容，有二百五颂，分为四章，都只是发挥这一个道理。在第三章里，主张梵我不一，从各方面来证明大我和小我同一。立个譬喻道：大我如虚空的本体，小我如瓶中的空；然瓶中的空，和大虚空本质相同，算不得是由大虚空发生，也不是它特定的属性；同理小我也不是大我发生，也不是它的属性，本质上本来了不相异。但是瓶中的空，暂因瓶的限制，现与虚空不同；小我也因身体的限制，而现与大我不同；等到瓶破时候，就瓶中的空，融会太空；身体的限制一去，便小我也自然渣滓融化，和大我冥合。再详细说吧！即当瓶未破时，瓶空和太空，也毕竟没有什么不同。身体的限制只好算作似有非有的一个幻影，从底子里看去，是不存在的，是只有个唯一不二的“我”的。所以小我就是大我，而人人的本性，都是不变的、常住的、自由妙乐的。因此在本颂里就这样说：

诸法（各自心性）本来无始等虚空，无论何意，均无有杂多。

这就是说没有什么差别的“我。”全宇宙只是一梵，一梵只是一我。这就是所谓“梵我同一论”了。这个学说的特色，就是把梵归结到自己心理上的说明：梵即是我，我即是梵，所以我就是宇宙的本体，世界有情，都是从我们心识变见出来的。因此在本颂第四章，就发生旋火轮的一个比喻。如把火急转，生长圆等的火线相；同理我们客观主观的现象界，也是由心识动转而来。所以说：

如由把火动摇，有直线曲线之相；由识之动摇，而现执及执者之相。如不动摇，火不生相故。无动摇之识，不生相故。

因为宇宙是由我心所变，所以宇宙只是自我的表现。第二章有一句很重要的话道：

> 我神（大我）由自己幻力，表现自己。

但“我”以什么顺序来表现自身为现象呢？本颂里说：大我先表现内部的光，次表现外部的物，这种完全唯心论的个人主义的思潮，把宇宙的消长变化，都认为我的消长变化，实在是印度启明期的根本精神。以后商羯罗阿阇梨（Sankaraacarya，生于公历七百八十九年）要分别“上梵”（Param Brahmnan），“下梵”（Aparam Brahman），也是倾向于主观的思潮。他很看重认识论以为“存在即知，知即存在”；但这个知是主观的不是客观的。所以上智所见的为上梵，下智所见的为下梵。上智没有分别见，用证会发见本体，这是“真谛”。下智有分别见，由经验观察现象，那是“俗谛”。他还讲“真我”，讲“无明”，其实所代表的都是这一时期的精神。直到萨陀难陀（Sadanada）著《吠檀多精要》，把梵看作有知妙乐的本体，以图表之是：“梵——实在——知——妙乐——我”，他还往往引《乌波尼娑度》两句的格言：“彼即汝”“我即梵”，来证明他的人生观的归着点，在要求自我的最高显示，这就是这时期渴望解决的问题。

第三阶级——社会哲学时期（甘地）

我们知道印度的历史是继续的社会调整的历史，不是组织能力以备攻守的历史。所以自古印度贤哲的宏传，都不在乎要征服世界，而在于实现真理。近代因与世界列强交际，受英国政府压迫以后，才有甘地（Mahatma Gandhi 1869—1948）出来，提倡“不合作运动”。他是一个大法学家，一个宗教性质的政治领袖，他的思想实足奠定新印度的基础，为吠檀多史上开一个新的纪元。因为他所信仰的宗教，是印度教中所有的经典，他就完全把经典的教义，应用在社会政治方面，不仅是为印度人争自由，且为全人类彰显真理。当一九二〇年八月十一日，他曾宣言："我和印度结婚，因为印度对于世界实负有极重大的责任，……我的宗教，是无国家和地域的限制的。"这就可见他能够代表时代的精神了。他把"爱"的哲学，应用来讲政治，而主张他的"以善胜恶主义"，想将道德的能力，胜过于残暴的能力。他主张"不合作运动"，是因为他是不能和罪恶合作的；所以他鼓动印度人民反抗英政府，即用这种不合作的手段。"我们当怎样达到独立的地位呢？就是以爱的精神，胜过一切的强权："一方面不与强权合作，一方面也不用暴力，依此而解放了自己，恢复他印度自治的国权，这就是甘地把吠檀多派原有的思想，在政治上的应用了。他的思想，还有几个特色：（一）废除阶级的制限；（二）男女平等；（三）"回到纺车去"，就是促进家庭工业，使印度在经济止能自给自足，免受外国资本的掠夺。此外他还宣言：（四）"我们的目的，是要和全世界的人们做朋友；我们要坚持非暴力主义，……且将要和全人类同在，直到全世界真到了和平的光明的乐土。"（以上见《甘地小传》《甘地主义》等书）这么一来，可见甘地确是印度人所要求的一个政治领袖，把他来代表印度思想的第三时期，也是决没有可疑的了。

第四阶级——生命哲学时期（太戈尔）

依奔卡儿（Bengal）医生的话：印度今日的时代，是"太戈尔的时代"（The epoch of Rabindranath Tagore）。所以我们接着应该对于这位生命的哲学家——太戈尔——研究一下；他和甘地不同，更只希望着印度人可以代表全世界人类合作的精神，而反对狭义的国家主义。换句话说，太戈儿是一个世界主义者，是印度新精神新运动的先驱；他是诗人，伟大的音乐者，同时又是生命派的哲学家。我们只要读《生之实现》（*The Realization of Life*）一书，便知道太戈尔不但可代表印度的时代精神，并且这种宗教的诗的兴味的哲学，在最近代哲学里，也是得未曾有的了。他在宇宙人生政治，都有卓绝的表现，而唯一无二的中心观念，只是一个生命的实现主义——自我的实现，在爱里的实现，在动作里的实现、美的实现、无限的实现。——他告诉我们：宇宙是一个大和谐，人生目的是在情感里和行为里去实现这大和谐。他的美的形而上学，使我们恍如音乐一般，直接达到我们心里。他还著了《人格》(*Personality*)、《国家主义》(*Nationalism*)各书，以发挥其人生观和政治思想，所以即在吠檀多史上，也是一个集大成者。这里将他代表印度哲学第四时期，真再好也没有了。以上述印度哲学的生命派竟。

七　中国哲学的三时期

现在我们再重申以前所说的观念，假使我们所讲的发生式的历史法则，正是了解历史进化的钥匙，那么在哲学史里，应该有许多实例，来证明这句话了。当然这种进化线索，在西洋印度可以适用，在中国也可以适用的。西洋近世哲学，可分三个时期：每一时期，代表一种人的本能。如文艺复兴时期，是代表的宇宙哲学，如笛卡儿、斯宾诺莎、来勃尼兹的学说，可为明证。启明时期对于新人生观特别有兴趣了。这时以研究其自身为起点，所以是自我哲学。如英之洛克、柏克莱、休谟，法之伏尔泰、卢梭，德之康德、菲希特等。菲希特至谓：个人的哲学，就是他人格的表现，可见这一期所代表的，是自我的本能了。近代为社会哲学时代。可以孔德、斯宾塞尔代表之。直到现代哲学家，如柏格森、詹姆士、倭伊铿都是“生之形而上学”的主唱者，可算全体哲学生命的伟大的新时代的开端了。又如印度近代哲学，则当以吠檀多派为代表。开创者婆陀罗衍著《吠檀多经》，其问题为“宇宙原理——梵是什么？”故为宇宙哲学。后继者有乔陀婆陀作《曼陀括耶颂》，主张一元论的观念论。说真正实在的只有我们常住不灭的我。这种思想，是可以代表自我哲学时期的。至于政治社会方面，则因印度的历史，是继续的社会调整的历史，不是组织能力以备攻守的历史。所以直到近来，受了英国政府压迫以后，才有甘地的不合作主义，本于印度的精神，作印度一个宗教性质的政治领袖。我们可把他作社会政治哲学的代表。

若太戈尔则为最近形而上学复兴运动的一人，他哲学是系统的、集大成的。——以上所举西洋印度的例，不过拿来作中国近世哲学史的旁证，若就中国近代哲学来谓，这三时期区分的痕迹，格外显明。现在且原原本本地讲明它。

我们知道，西洋哲学的“中古时代”，差不多一千多年的工夫，在哲学上没有什么收成。虽然在这个时代，成功了基督教；在基督哲学中，也出了一个精神极伟大的奥古斯丁；但从大体上说，却都是系心天国，漠视现世，因为他们没有走上生命最安全的正路，所以免不得要把他划入“黑暗时代”。在中国也是如此。中国从秦到唐，中间一千多年（公历纪元前二四六到纪元后九〇六年）。在汉则阴阳五行灾异学说，最为有势力。大儒如董仲舒的《春秋繁露》，阴阳五行殆占全书之半；刘向的《洪范五行传》，以五行和妖异相配，扬雄的《太玄》，以筮法包括宇宙万有的现象；其价值和那些讲“分野”“爻辰”“消息”的，本差不多。至于京房、焦赣、夏侯胜、翼奉之徒，以阴阳五行治经，于是庄严纯洁的六经，竟被中国式的“经院学派”，弄得糟不可言了。魏晋以降，是虚无清谈派最盛的时代。或者也可说，是“新老庄时代”。因为他们的思想，都有“对酒当歌，人生几何，譬如朝露，去日苦多”的厌世的精神；所以最欢迎的，自然是老子的“刍狗万物”和杨朱“奚遑死后”的学说了。他们固然不能如范宁所说：“王弼、何晏二人之罪，深于桀纣。”但他们纵欲自放的思想，也实在未免太趋极端了。虽然这时期思想的破坏的性质，在哲学史上应占一极重要的地位；但从本身来讲，仍不是已经走上生命坦坦大道的真正哲学，所以我认他是中国哲学史上的第二个黑暗时代。到了唐代，受印度佛教的影响极大，成功了中国佛教；如华严宗、天台宗和教外别传的禅宗，都可说是中国的产物。但据实来讲，这些弘传佛法的，都还没有走上生命最安全的正路，所以依我意思，把中国从秦到唐，中间一千多年，都算做哲学史上的“黑暗时代”。

在“黑暗时代”之后，当然是继之以“文艺复兴时代”了。近来学者好像都承认自一九一四年提倡白话文以后，是中国的文艺复兴，以比于欧洲近世史上的文艺复兴。这句话初看很似有理，其实是没有历史眼光的。因为在欧洲近世史的开端，是文艺复兴期，起于意大利，传播于英法，而终及于日耳曼，这是欧洲的文艺复兴。在印度则第八世纪之后半纪，印度婆罗门教中兴，这是印度的文艺复兴。在中国则宋代借复古的潮流，而提倡其新宇宙观，这是中国的文艺复兴。所以从世界哲学全体看起来，西洋印度中国的中古哲学，都经过一个很长久的黑暗时代；而在其近世哲学史的开端，却都以文艺复兴作一个标帜。如果我这个观察没有错，那么我便可把中国的近世哲学，分作三时期，而这三时期的各种思想，都是从第一时期濂洛关闽的文艺复兴开始。

第一阶级——宇宙哲学时期（宋代）

在中古黑暗时代之后，而辟一闳大幽渺的“新宇宙观”，这一点我不能不说是宋儒的最大贡献了。自然有些人以为宋儒是受佛法的影响的，但那只是反对的影响。从宋儒理学兴起之后，思想界起了一大革命，把从前支配于佛法观念之下的真空观完全推翻，而极力肯定全宇宙的实在。所以说：“吾儒万理皆实，释氏万理皆虚。”“佛氏偏处只是虚其理，理是实理，他却虚了。”只因佛法不讲这个实理，所以“空豁豁地，更无一物。”宋儒要讲这个实理，所以“日月便要行，天地便要运。”（以上引《朱子语类》）这是宋学和佛学极端不同的。他们反对佛学，就是要标榜他们的“文艺复兴运动”。他们要由复古得解放，所以提出生命派的孔子做他们的目标。这种情形，和欧洲文艺复兴的情形是很相似的。当时理学诸儒，革新儒家的面目，到处聚徒讲学，要把生机剥尽，死气沉沉的学术思想界，从新宇宙里复活过来。他们的运动，实在有元气淋漓的新气象！

这一期提倡古学复兴，最重要的，就是《周易》了。他们的代表。如周濂溪（敦颐）、邵康节（雍）、张横渠（载）、程明道（颢）、程伊川（颐）、朱晦庵（熹）等，差不多都和这一部讲宇宙哲学的书，发生很密切的关系。至如刘牧的《易数钩隐图》，司马光的《潜虚》，晁说之的《易玄星纪谱》，朱震的《汉上易卦图说》，把《周易》“数”的观念，来讲他的宇宙论的，更不在话下了。他们的学说，有一个共通点，就是“新宇宙的发见”，就是一种泛神主义。他们都认天地万物皆自然而然，“天地之大德曰生，天地絪缊，万物化生。”这种“宇宙之生”，就是他们最重要的观念。他们要教人观天地生物气象，教人大着心胸，广求宇宙间的道理。看呀！天空海阔、山峙川流、鸢飞鱼跃，充塞这个宇宙内，无非生意春气，只是“四时行焉，百物生焉”，这种生命的哲学，自和一切虚无寂灭，茫茫冥冥的空论者大不同了。不但如此，他们实在因着“宇宙之美”而高唱“这世界”的赞美歌的。他们都是泛神主义者，以神为生命永久的主宰，宇宙即神，神即宇宙。周濂溪所谓：“物则不通，神妙万物。”这是很直截了当地，给泛神主义下界说的。现在把这一时期关于泛神主义的思想，录在下面：

周濂溪说：

> 夫化不见其迹，莫知其然之谓神。（《通书》）
>
> 动而无动，静而无静，神也；动而无动，静而无静，非不动不静也，物则不通，神妙万物。（同上）

邵康节说：

气一而已，主之者神也；神亦一而已，乘气而变化，能入于有无死生之间，无方而不测者也。(《观物外篇》)

气者神之宅也，体者气之宅也。(同上)

一消一长，一阖一辟。浑浑然无迹，非天下之至神，其孰与于此！(同上)形可分，神不可分。(同上)

因物则神，神则明矣。潜天潜地，不行而至，不为阴阳所摄者，神也。(同上)

神无所在无所不在；道与一，神之强名也；以神为神者，至言也。(同上)

神无方，而性有质。(同上)

人之神则天地之神，人之自欺，所以欺天地，可不慎哉！(同上)

利用出入之谓神，名体有无之谓圣，惟神与圣，能参乎天地者也。(《渔樵问答》)

天地之道备于人，万物之道备于身，众妙之道备于神。(同上)

张横渠说：

惟神为能变化，以其一天下之动也。人能知变化之道，其必知神之为。(《易说》)

天下之动，神鼓之也。神则主乎动，放天下之动，皆神为之也。(同上)

大抵过则不是着有，则是着无。圣人自不言有无，诸子乃以有无为说，说有无，斯言之陋也。在《易》则惟曰：神，则可以兼统。(同上)

一物两体气也。一故神(两在故不测)，两故化(推行于

一），此天之所以参也。两不立则一不可见，一不可见则两之用息。（同上）

大率天之为德，虚而善应，其实非思虑聪明可求，故谓之神。……太虚者气之所体，气有阴阳屈伸，相感而无穷，故神之应也无穷。其散无数，故神之应也无数。虽无穷，其实湛然；虽无数，其实一而已。（同上）

神不可致思，存焉可也。化不可助长，顺焉可也。（同上）

神与易虽是一事，方与体虽是一义，以其不测故言无方，以其生生故言无体，然则易近于化。（同上）

阴阳不测，其德神。（同上）

神德行者，寂然不动，冥合于万化之感，而莫知为之者。（同上）

易言感而遂通，盖语神也。（同上）

用之不穷，莫知其乡，故名之曰神。（同上）

虚静昭鉴，神之明也。无远近幽深，利用出入，神之充塞而无间也。（同上）

非神不能显诸仁，不知不能藏诸用。（同上）

神则不屈，无复回易，鼓万物而不与圣人同忧，此直谓天也。天则无心，神可以无诎。（同上）

程明道说：

《中庸》言诚，便是神。

惟神也，故不疾而速，不行而至。无速亦无至。须如此言者，不如此不足以形容故也。

冬夏寒暑，阴阳也；所以运用变化者，神也。神无方故易无体。若如或者别立一天，谓人不可以包天，则有方矣，是二本也。

生生之谓易，生生之用则神也。

穷神知化，化之妙者神也。

杨龟山说：

变化者，其神之所为乎！无象无形，则神之所为隐矣，此一动一静，天地之间，理之不得已焉者。其相摩相荡，非有机缄纲维而然也。(《杨氏易藁》)

变化者神之所为也，其所以变化，孰从而见之？因其成象于天，成形于地，然后变化可得而见焉。(同上)

通乎昼夜之道而知。神无方而易无体。圣人所以体易者，以其通昼夜而知也。知刚柔一气之往来，则昼夜之道可知矣。(同上)

鬼神体物而不遗，盖其妙万物而无不在也。(同上)

朱晦庵说：

阴阳不测之谓神。不测是在这里，又在那里；便是这一个物事，走来走去，无处不在。

神无方而易无体。神便是在阴的又忽然在阳，在阳的又忽然在阴。易便是或为阴，或为阳，交错代换，而不可以形体拘也。

变化之道，莫非神之所为也。故知变化之道，则知神之所为矣。

至神之妙，固无不在。……推而极于天地之大，反而验诸心术之微，其一动一静循环终始之际，至神之妙亦如此而已矣。此其所以不疾而速不行而至也与！

神妙万物而为言者，物物自妙也。

由上可见泛神思想，在宋代儒者早已发挥尽致了！此外如司马光《易说》道："可测则不为神。"苏轼《易传》道："神之所为不可知，观变化而知之矣。变化之间，神无不在。因而知之可也，指以为神则不可。"张南轩说："变者不能自变，有神以变之；化者不能自化，有神以化之。"又说："夫八卦各有所在也，而神则无在而无不在。八卦皆有所为也，而神则无为而无不为。强名之曰神，即妙其万物而为言也。"可见就在非正统派里，也是以"神"为宇宙变化的主宰，也是把"神"看作不绝的生命绵延。我们把泛神思想来代表文艺复兴的哲学思潮，实在再对也没有了。

宋代哲学到了朱晦庵，总算是集大成了。他所注的经书极多，对于自然界也很能实地研究。他还提倡一种格物的方法："上而无极太极，下而至于一草一木一昆虫之微，都要穷格。"他这个人魄力极大，总算中国文艺复兴期最重要的哲学家。从他以后，没有一个人再能于宇宙观有所发明，他的弟子，力量都不如他。（只有蔡元定于天文、地理、乐律、历数之说，无所不通，他有一部讲天道的书，名《翁季录》，已经失传了。）并且在他的时代，也渐渐由宇宙哲学而移入自我哲学时期，出了一位陆象山（九渊），也是了不得的人。他说："宇宙便是吾心，吾心便是宇宙。""宇宙内事，乃己分内事。己分内事，乃宇宙内事。"他的学说，只注重人生方面，认朱子格物方法，很是支离，当时就有朱陆异同的争论。自宋到元，杨慈湖弟子遍于大江以南，而李屏山（纯甫）的《鸣道集》，自号"中国心学"（见《宋元学案》卷一百，屏山《鸣道集说略》），格外可看出元代是由宇宙哲学到自我哲学的过渡期间，过此就是明代，就是我们所认为近代哲学的第二时期了。

第二阶级——自我哲学时期（明代）

明代哲学，应该以陈白沙、王阳明为代表。《明儒学案》说："作圣之功，至白沙而始明，至文成而始大。向使白沙与文成不作，则濂洛之精蕴，同之者固推见其至隐，异之者亦疏通其流别，未能如今日也。"（卷五）又说："自姚江指点出良知，人人现在，一反观而自得，便人人有个作圣之路。故无姚江，则古来之学脉绝矣。"（卷十）可见白沙、阳明确可代表这一代的思潮，就是自我哲学的思潮。但这思潮，实起源于南宋的陆象山、杨慈湖。陆象山告诉我们："上是天，下是地，人居其间，须是做得人，方不枉了。""人生天地间，自当尽人道。学者所以为学，学为人而已。""人须是闲时大纲思量；宇宙之间如此广阔，吾身立于其中，须大做一个人。"（《象山语录》）在第一时期的学者，都认有一个客观的宇宙，而在陆象山则主张有"主观的宇宙"，所以说："万物皆备于我。""宇宙便是吾心，吾心便是宇宙。"或劝他著书，象山道："六经注我，我注六经？"又说："学苟知本，则六经皆我注脚。"又说："便不读书，也堂堂地做一个人。"又作诗道："仰首攀南斗，翻身倚北辰；举头天外望，无我这般人。"他教人也只要人们自己收拾精神，自作主宰，自立自重，不可随人脚跟，学人言语，这就是发挥自我的本能的特色。到了慈湖，这种特色格外推到极端彻底了。他著了一部《己易》，说道："易者己也，非他也。以易为书，不以易为己，不可也。以易为天地之变化，不以易为己之变化，不可也。天地者我之天地，变化者我之变化，非他物也。"又说："在天成象，在地成形，皆我所为也。"又说："于是而忽觉焉，则天在我矣。云之所以行者，我也。雨之所以施者，我也。而人不自知。"这种极端主我思想，影响到明代哲学很大。陈白沙说："人争一个觉，才觉便我大而物小，物有尽而我无尽。"他的学问，以"自得"为究竟。自得是什么呢？"自得者不累于外物，不累于耳目，不累于造次颠沛，鸢飞鱼跃，其机在我。知此者谓之善学，不知此者虽学无益也。"他所认为真的人生，是活的不是死的，所以把这些醉生梦死"食而产产而死"的人们，叫做禽兽，而以为："具七尺之躯，除了此心此理，便只浑是一包脓血裹一大块骨头而已。"王阳明出来，因备尝艰苦的结果，一旦忽悟圣人之道，吾性自足，于是即将证悟过的心即理、知行合一、致良知，这些学说教人。这些学说，又只是一个做人的道理，做"大人"的道理。他最重要的话是："大人者以天地万物为一体者也，其视天下如一家，中国如一人。若夫间形骸分尔我者，小人也。大人之能以天地万物为一体也，非意之也，其心之仁本如此。"他把人生的价值，看得和天地一般大，天地只这一点生意，人生也只一点生意，所以能够随感而应。对于宇宙内飞潜动植纤细毫末的东西，看他得所，就油然而喜，和自家得所一般；看他失所，就罔然而悲，和自家失所一般；这满腔子恻隐之心，就是人生的本能，是不靠经验不用学习的先天的本能。王阳明叫它"良知"。他说："良知之在人心，无间于圣贤，天下古今之所同。"它原是完完全全的，是的还他是，非的还他非，所以："这良知还是你的明师。"我们能够依照良知而行，便自然合于天理，自然是是非非，一点瞒他不得；就是偶然发生不好的念头，良知也自然知得："吾心良知一觉，即罔然消阻，或遏于初，或制于中，或悔于后。"可见阳明的"良知"，并没有什么玄妙，中是把他做人生行为的标准罢了。不过他既然讲到"良知"，那就自然而然地引起认识论上的问题，即因认识论上不同的种种见解，以后遂成为种种不同的阳明学派。而在阳明先生的本意，我们也有可以看出的地方：他在良知的起源问题，是主张先天所固有的。所以说:“良知者,即所谓是非之心,人皆有之,不待学而有,不待虑而得。”又说:“良知即是天植灵根,自生生不息。”又说:“德性之良知,非由于见闻,良知非见闻,而见闻莫非良知之用。”因为他主张良知先天所固有,又说见闻也是良知之用,这就要引起许多争论了。他对于良知效力的问题,则认良知为有绝大之效力。所以说:“良知本无知本无不知。”对于良知本质的问题,有时说:“耳无体以万物之声为体,目无体以万物之色为体,鼻无体以万物之臭为体,口无体以万物之味为体,心无体以天地感应之是非为体。”耳目鼻口以感觉言,心以知觉言;换句话说,就是知无体以万物的声色臭味感应为体,所以说:“释氏虚空圆寂之知,与吾儒体物之知不同。”那么阳明似乎主张知是有客观事物存于外界的实在论了;但他又有“无善无恶知之体”的学说,这又近于虚无论了。因此阳明学说,以后遂引起种种不同的认识论。即唤起种种不同的,对于人生问题的解决方法。大概可以分做两派:

- 王阳明
  - 左派
    - 浙中学派
      - 钱绪山
      - 王龙溪
    - 泰州学派
      - 王心斋
      - 王东崖
      - 罗近溪
  - 右派—江右学派
    - 聂双江
    - 罗念庵
    - 王塘南
    - 万思默

这左右两派中,左派主动,右派主静。左派主张本体即是工夫,近顿悟的。右派主张由工夫达到本体,近渐修的。左派的学说,浙中和泰州不同;浙中的钱绪山和王龙溪不同,阳明在时已有争论,看《天泉证道记》便知。所以在浙中学派里,绪山比较和江右学风接近,但和双江、念庵又自有不同,仍可归之左派。至于龙溪,在左派当中,也算极彻底的了。依他意思,“良知原是未发之中,此知之前，更无未发。即是中节之和，此知之后，更无已发。自能收敛，不须更主于收敛。自能发散，不须更期于发散。当下现成，不假功夫修整而后得。致良知原为未悟者设，信得良知过时，独往独来，如珠之走盘，不待拘管而自不过其则也。”这些话，极其直截了当，大丈夫胸中光明特达，原该如此。复次泰州一派学风，和龙溪有些相似。王心斋的主张，是一种“唯我主义”，把我看得极重。他主张要以“天地万物依于己，不以己依于天地万物。”“反求诸身，把柄在手。”既知吾身是一个根本，只是毋自欺，真真实实在自己身上用功；才着意便是私心，凡涉人为，便是作伪；才欲安排如何，便是人欲。他的哲学，实在完全是一种“自律主义的人生哲学”。到他儿子东崖，率性变成“任自然主义”了。他说：“良知自能应感，自能约心思而酬酢万变。知之为知之，不知为不知，一毫不劳勉强扭捏，而用智者自多事也。”“才提起一个学字，便要起几层意思，不知原无一物，原自见成，顺明觉自然之应而已。自朝至暮，动作施为，何者非道，更要如何，便是与蛇画足。”“孟子曰：我固有之也，非由外铄我也。今皆以铄我者自学，固有者为不足，何其背哉！”所以他的学旨：是“鸟啼花落，山峙川流，饥飧渴饮，夏葛冬裘，至道无余蕴矣。”可见他也不过要日用间的本然快活罢了。此派至罗近溪发挥得更为透彻。近溪的学说，是“以赤子良心不学不虑为的；以天地万物同体，彻形骸，忘物我为大。此理生生不息，不须把持，不须接续。当下浑沦顺适。工夫难得凑泊，即以不屑凑泊为工夫。胸次茫无畔岸，便以不依畔岸为胸次。解缆放船，顺风张棹，无之非是。”这实在可算泰州学派的集大成了。总之泰州学派，在明代影响最大。王心斋父子门下，有樵夫朱恕、陶匠韩乐、田夫夏叟，他们都是很能实行阳明“良知”的学说的。传至颜山农、何心隐、李卓吾一派，学说更趋于极端了，影响也越发大了。

但我们要注意，阳明学系有“左派”的一方面，还有“右派”的一方面，两派都是富有人生的意趣的。右派应以江右学派为代表。聂双江在王门中，不避同学朋友的攻击，一力主张要“归寂以通天下之感”，对于当时王龙溪一派，很有争论。只有罗念庵深表同情，以为“双江所言，真如霹雳手段，许多英雄瞒昧，被他一口道着，如康庄大道，更无可疑。”念庵自己的学说，是以静为圣学的传。他说：“当极静时，恍然觉吾此心，中虚无物，旁通无穷。有如长空，云气流行，无有止极；有如大海，鱼龙变化，无有间隔；无内外可指，无动静可分，上下四方，往古来今，浑成一片，所谓无在无不在。”王塘南、万思默继之，都极端主静。万思默形容静的好处：“当下恬然，有与天地万物同居其所气象。一道清冷，万古常寂。”这派的根本观念，是在实现一个冻解冰释的人生，能够日间常是闲闲静静，欣欣融融，便情感自然幽美和畅，而人生的意味，也格外浓厚了。但话虽如此，“右派”的唯静主义，确是流弊不少。他们以为必须交游息绝，山中静坐数年，要想过快活的人生，结果却成了个自私自利的人，和“人”相距千里万里了。所以在这里，我倒觉只有阳明左派，确能实现快活人生，到最圆满的地步。

“左派”的人生态度没有别的，只是不停歇不呆坐着的全身全灵的“动”，生命的动。越努力越有生趣，越发能体验自己本心的快活。依他们的意思，人生就是这一点“良知”，时时这一点良知，即时时在那里动；时时在那里动，即时时都是快活了。反之生命不动，由于有欲；有欲便不能与外面的生命相应和，那真是烦恼的原因了。所以这派有一个中心观念，就是教人们从私欲里拔身出来；私欲之蔽一去，就自然活泼泼地，实现了快活的人生了。以下即将他们的学说，依次述之：

王阳明说：

乐是心之本体，虽不同于七情之乐，而亦不外于七情之乐。虽则圣贤别有真乐，而亦常人之所同有。但常人有之而不自知，反自求许多忧苦，自加迷弃；虽在迷弃之中，而此乐又未尝不存。但一念开明，反身而诚，则即此而在矣。(《传习录》)

王龙溪说：

乐者心之本体，人心本是和畅，本与天地相为流通。才有一毫意必之私，便与天地不相似；才有些子邪秽渣滓，搅此和畅之体，便有所隔碍为不能乐，发愤只是去其隔碍，使邪秽尽涤，渣滓尽融，不为一毫私意所搅，以复其和畅之体，非有所加也。愤乐相生，勉焉日有孳孳不知老之将至，夫子至诚无息之学，譬之于目，自开自阖，原是快快活活，原是乐，才为些子沙屑所碍，便不快活，使人于苦，欲复本来开阖之常，惟在去其沙屑而已，亦非有所加也。(《龙溪集》卷八)

吾人欲寻求仲尼、颜子之乐，惟在求吾心之乐。欲求吾心之乐，惟在去其意必之私。荡邪消滓，复还和畅之体，便是寻乐真血脉路。(同上)

反身而求，万物皆备。自成自道，乃为大乐。(卷十二)

一念自信，独往独来，旁无牵累，大行不加，穷居不损。舜禹有天下而不与，与颜子箪瓢陋巷不改，孔子曲肱自得，其乐一而已矣，此乐是吾人生生之机，如树之萌芽，生意充足，虽至千寻合抱，未有不从培养萌芽而得者也。(卷十二)

王心斋说：

须见得自家一个真乐，直与天地万物为一体，然后能宰万物而主经纶，所谓乐则天，天则神。(《心斋集》卷一)

人心本自乐，自将私欲缚；私欲一萌时，良知还自觉。一觉便消除，人心依旧乐。乐是乐此学，学是学此乐。不乐不是学，不学不是乐。乐便然后学，学便然后乐。乐是学，学是乐，于乎！天下之乐，何如此学！天下之学，何如此乐！（卷二）

王东崖说：

日用头头，无非妙动，而纤力不与，快乐难名。

乐者心之本体也，有不乐焉，非心之初也。吾求以复其初而已矣。然则必如何而后乐乎？曰：本体未尝不乐，今曰必如何而后能，是欲有加于本体之外也。如是则乐亦有辨乎？曰：有。有所倚而后乐者，乐以人者也，一失其所倚，则慊然若不足也。无所倚而自乐者，乐以天者也；舒惨欣戚，劳悴得丧，无适而不可也。既无所倚，则乐者果何物乎：道乎心乎？曰：无物故乐，有物则否矣。且乐即道，乐即心也。而曰：所乐者道，所乐者心，是床上之床也。

王一庵说：

悦乐心体，本是见在工夫。

君子坦荡荡，小人长戚戚。一日坦荡，便做了一日君子。一时忧戚，便做了一时小人。

罗近溪说：

> 所谓乐者，窃意只是快活而已。岂快活之外，复有所谓乐哉？生意活泼，了无滞碍，即是圣贤之所谓乐，却是圣贤之所谓仁。盖此仁字，其本源根抵于天地之大德，其脉络分明于品汇之心元。故赤子初生，孩而弄之。则欣笑而不休，乳而育之，则欢爱无尽。盖人之出世，本由造物之生机，故人之为生，自有天然之乐趣。故曰：仁者人也。

我们看了以上的话，便知道阳明一派的根本哲学，就是人生——快活的人生。这就是中国近代哲学第二期的特色了。

第三阶级——社会政治哲学时期（清代）

明代哲学看重个人，所以注重主观的冥想，而忽略于客观的考察，对于当时社会政治的情形，未免太隔膜了。所以自然而然地，末了起了反动，而有“东林学派”出来。这派一方面反对阳明学派的空谈误国，一方面用学术团体名义，来实行政党式的活动。这派重要人物，如顾泾阳（宪成）、顾泾凡（允成）、高景逸（攀龙）、钱启新（一本）都对着当时政治上的恶势力，拼命奋斗到死。我们且看顾泾凡的话，便可见他们的真精神了。“泾凡一日喟然而叹，泾阳曰：何叹也？曰：吾叹今之讲学者，恁是天崩地陷，他也不管，只管学耳。泾阳曰：然则所讲何学？曰：在缙绅只明哲保身一句，在布衣只传食诸侯一句。”（《明儒学案》卷六十）史孟麟也是这一派中人，也看出阳明末流的流弊。他道：“往李卓吾讲心学于白门，全以当下指点后学，说个个人都是见见成成的，圣人才学便多了，闻有忠节孝义之人，却云都是做出来的，本体原无此忠节孝义。学人喜其便利，趋之若狂，不知误了多少人。”可见第二期的自我哲学，在明末举国人心，对之早已厌倦的了。所以在王学自身，也有反动。如最后结束王学的刘蕺山（宗周）一派，特标出“证人主义”，也总算是趋向实践方面了。由这种种反动，所以接着就有黄梨洲（宗羲）、顾亭林（炎武）、王船山（夫之）、颜习斋（元）一船明末清初的“经世学派”出来，于是近代哲学，遂由自我论时期而一转而入于政治论时期了。

最初提倡经世主义的元祖，是昆山顾炎武。他的门人潘久耕（耒）说他：“留心当世之故，实录奏报，手自钞节经世要务一一讲求。当明末年，奋欲有所自树，而迄不得试，穷约以老。然忧天悯人之志，未尝少衰，事关民生国命者，必穷源溯本，讨论其所以然。”因此对于晚明学风，就猛加攻击，他说：

躁竞之徒，欲速求以名于世。语之以五经则不愿学，语之以白沙、阳明之语录，则欣然矣。以其袭而取之易也。（《文集》卷三《论门人书》）

又说：

刘石乱华，本于清谈之流祸，人人知之，孰知今日之清谈，有甚于前代者；昔之清谈谈老庄，今之清谈谈孔孟。……不习六艺之文，不考百王之典，不综当代之务，举夫子论学论政之大端，一切不问，而曰一贯，曰无言；以明心见性之空言，代修己治人之实学；股肱惰而万事荒，爪牙亡而四国乱；神州荡覆，宗社丘墟。昔王衍妙善玄言，自比子贡，及为石勒所杀，将死，顾而言曰：呜呼！吾曹虽不如古人，向若不祖尚浮虚，戮力以匡天下，犹可不至今日。今之君子，得不有愧乎其言！（《日知录》卷七“夫子之言性与天道”条）

还有一段责备阳明最痛快的话道：

> 以一人而易天下，其流风至于百有余年之久者，古有之矣：王夷甫之清谈，王介甫之新说，其在今日，则王伯安之良知是也。孟子曰：天下之生久矣，一治一乱，拨乱世反诸正，岂不在后贤乎？（《日知录》卷十八“朱子晚年定论”条）

从他以后，第二期告一结束，而“经世学派”便开始了。所以他标著述的宗旨：是：“孔子删述六经，即伊尹、太公救民水火之心，故曰；载诸空言，不如见诸行事。……愚不揣有见于此，凡文之不关于六经之旨，当世之务者，一切不为。”（《文集》卷四《与人书》三）他所著书，如《天下郡国利病书》百二十卷，《肇域志》百卷，虽还没有删定，但他这种想把学问和社会政治发生关系的热心，总可以看出来了。并且从他以后，才替后人开了一种做学问的方法——科学的方法。所以他是政治科学时期的开创者，就是第三时期的代表思想家。他的一部生平最得意的著作，就是那三十二卷的《日知录》。这部书内容，卷八至十二，都是讲“政事”的，卷十三至十七也都是关于社会问题的。他自己说著这部书的宗旨是：

> 有王者起，将以见诸行事，以跻斯世于治古之隆，而未敢为今人道也。（《文集》卷四《与人书》二十五）
>
> 向者《日知录》之刻，意在拨乱涤污，法古用夏，启多闻于来学，待一治于后王。……（《文集》卷六《与杨雪臣书》）

我们现在把《日知录》关于赋税、田亩、职官、选举、钱币、权量、水利、河渠、漕运、盐钱、人材、军旅等项，拿来研究一下。就知炎武的政治社会思想，许多是很透辟的。如云：“民穷盗起，此无他，不知钱币之本为上下通共之财，而以为一家之物也。”（卷十二《财用》）“治天下之道，有不恃法而行者，未可与刀笔筐箧之士议也。”（《盗贼课》）他还极力主张“乡治主义”，以为：

> 人聚于乡则治，聚于城而乱。聚于乡则土地辟，田野治，欲民之无恒心不可得也。聚于城则徭役繁，狱讼多，欲民之有恒心，不可得也。
>
> ……民舍其田而徙于城郭，又一变而求名之士，诉枉之人，悉至京师，辇毂之间，易于郊坰之路矣。锥刀之末，将尽争之；五十年来，风俗遂至于此。今将静百姓之心，而改其行，必在制民之产，使之甘其食，美其服，而后教化可行，风俗可善乎！（卷十二《人聚》）

这种理想的乡治社会，就是儒家所梦想的“美善相乐”的社会的缩影了。同时学术思想界里，还有一个代表时代精神的先驱者——费密（参看《胡适文存二集》卷一页75—138《费经虞与费密》）。他也是提倡实事实功而反对晚明空谈的学风的。在《弘道书卷》中说：“……无论其未尝得而空言也，果静极矣，活泼泼地会矣，坐忘矣，常在腔子里矣，……亦止与达摩面壁，天台止观同一门庭。……何补于国？何益于家？何关于政事？何救于民生？”因此他就提出一种“政治的道统论”，来代替从前的“道统论”。他告诉我们：“欲正道统，非合帝王公卿，以事为要以言为辅不可。”因为古代政教不分，君师合一，所以帝王将相的治统，和师儒弟子的道统非二，政统即是道统，除了政教礼制，还有什么道？还有什么道统？他本这个意思，列为“天子统道表”如下：

二帝三王（君师合一）—— 孔子（师）历代 ——
- 公卿辅行道统
- 帝王统道（君师之尊治教所本）
- 师儒讲传道脉

这种特别的道统论，由现在看起来，当然太浅薄了！但实在正是代表第三时期的传统观念，以为古往今来的一部历史，就是政治史，政治史就是道统史了。

我们再看那时候的几位经世学者，如黄宗羲、王夫之、颜元、刘献廷，他们都是从明学里反动出来，都一样地注全力于政治社会方面的。黄梨洲有一部顶有价值的书，为《明夷待访录》。所条陈的，都是“为治大法”，顾亭林很看重这部书，给梨洲的信道：“大著《待访录》读之再三，于是知天下之未尝无人，百王之敝，可以复起，而三代之盛，可以徐还也。”可见这部书的真价值了，全书共二十一篇，篇目如下：

> 《原君》《原臣》《原法》《置相》《学校》《取士上》《取士下》《建都》《方镇》《田制一》《田制二》《田制三》《兵制一》《兵制二》《兵制三》《财计一》《财计二》《财计三》《胥吏》《奄宦上》《奄宦下》

但据全谢山跋云：“原本不止于此，以多嫌讳弗尽出。”可见这部书那最彻底的思想，都失传了。然即就这不全的本子，已很有影响于近百年的政治思想，看许多人拿它作“民主主义”来宣传，就可以知道了。《待访录》开头有《原君》一篇，对于向来所视为天经地义的纲常——君——从根本上怀疑起来。他很沉痛地说：

（上略）为人君者不然，以为天下利害之权，皆出于我，我以天下之利尽归于己，以天下之害，尽归于人，亦无不可。使天下之人不敢自私，不敢自利；以我之大私，为天下之大公，始而惭焉，久而安焉。视天下为莫大之产业，传之子孙，受享无穷，汉高帝所谓某业所就孰与仲多者，其逐利之情，不觉溢之于辞矣。此无他，古者以天下为主，君为客，凡君之所举世而经营者为天下也；今也以君为主，天下为客，凡天下之无地而得安宁者，为君也。是以其未得之也，屠毒天下之肝脑，离散天下之子女，以博我一人之产业，曾不惨然，曰：我固为子孙创业也。其既得之也。敲剥天下之骨随，离散天下之子女，以奉我一人之淫乐，视为当然，曰：此我产业之花息也。然则为天下之大害者，君而已矣。……今也天下之人，怨恶其君，视之如寇仇，名之为独夫，固其所也！而小儒规规焉，以君臣之义无所逃于天地之间，至桀、纣之暴，犹以为汤、武不当诛之，……岂天地之大，于兆人万姓之中，独私其一人一姓乎？

又《原法篇》说：

……后之人主既得天下，唯恐其祚命之不长也，子孙之不能保有也，思患于未然以为之治。然则其所谓法者，一家之法，而非天下之法也。是故秦变封建而为郡县，以郡县得私于我也。汉建庶孽，以其可以藩屏于我也。宋解方镇之兵，以方镇之不利于我也。此其法何尝有一毫为天下之心哉，而亦可谓之法乎？……后世之法藏天下于筐箧者也。利不欲其遗于下，祸必欲其敛于上；用一人焉则疑其自私，而又用一人以制其私。行一事焉，则虑其可欺，而又设一事以防其欺。天下之人共知其筐箧之所在，吾亦鳃鳃然，日唯筐箧之是虞，故其法不得不密，法愈密而天下之乱即生于法之中，所谓非法之法也。……夫非法之法，前王不胜其利欲之私以创之，后王或不胜其利欲之私以坏之，坏之者固足以害天下，其创之者，亦未始非害天下者也。乃必欲周旋于此胶彼漆之中，以博宪章之余名，此俗儒之剿说也。

这是何等彻底的政治思想！此后三十余年，梨洲还做了一本书名《破邪论》，据他自己说，就是《明夷待访录》的续编。如论“从祀”则推重汉诸葛亮，唐陆赞，宋韩琦、范仲淹、李纲、文天祥，明方孝孺，以为这些政治家，在国家存亡危急的时候，很能实行孔子的道，所以应该从祀。这话和费密的道统论很相似的。又如论“赋税”，论“科举”，都可和《待访录》互相发明。至于平常讲学说的：“学者必先穷经，经术所以经世，乃不为迂儒。”(《汉学师承记》卷八引）简直就是顾亭林的共鸣者了。

和顾、黄同时，一面提倡经世之学，一面研求最高原理的，有王船山。但可不是阳明所说的最高原理，他很排斥王学，以为“姚江之学，横拈圣言之近似者，摘一句一字以为要妙，窜入禅宗，尤为无忌惮之至。”又说：“姚江王氏，阳儒阴释，诬圣之邪说，其究也刑戮之民，阉贼之党，皆争附焉，而以充其无善无恶圆融事理之狂妄。”可见他的态度了。现在只就他论政治思想的专著来讲。最重要的是《黄书》《噩梦》二书，《黄书》共分七篇，篇目如下：

《原极》第一，《古仪》第二，《宰制》第三，《慎选》第四，《任官》第五，《大正》第六，《离合》第七，这部书和《明夷待访录》可谓无独有偶！他的特别色彩，是一种“民族主义”，他在后序里，论社会的起源，以为最初君主不过为着保护民族而有的。故说：“民之初生，自纪其群，远其害沴，摈其口口，统建维君。故仁以自爱其类，义以自制其伦，强干自辅，所以凝黄中之絪缊也。今族类之不能自固，而何他仁义之云云也哉？”这就是他著书的本意了。《古仪篇》说得更为明白：

自轩辕肇纪，而神明之胄，骈武以登天位者，是岂有私神器以贻曾玄之心哉？而天觊不舍，灵光来集者；盖建美意以垂家法，传流云昆，不丧初旨。群氓蒸蒸，必以得业而后足于凭依，故屡滨播弃，而卒不能舍去，以外求宗主；迹其所以焘冒天下者，树屏中区，闲摈殊类而止。

照船山的理论说来，君主只是保障民族的唯一的工具，是由民族自己合意选择来的。所以历代的君主，须要是本族的人，须要作本族的代表才对。但是他这个代表，如果违反本族信托而有私天下的意思，那便是本族的罪人，那便是祸乱的根本了。故说：

（上略）迄于孤秦，家法沦坠，胶胶然固天下于揽握，顾盼惊猜，恐强有力者旦夕崛起，效己而劫其藏。故翼者翦之，机者撞之，腴者割之，贰人主者不能藉尺土，长亭邑者不能橐寸金欲以凝固鸿业，长久一姓，而愤怒旋踵。由此言之，詹詹凿陋，未尝回轸神区而援立灵族，岂不左哉！（中略）宋以藩臣，暴兴鼎祚，孤立于强虏之侧，亭亭然无十世之谋。赵保吉之去来，刘六符之恫喝，玩在庭于偶线之中，而莫之或省。城下受盟，金缯岁益。降及南渡，犹祖前谋，蕲循仅存于货酒，岳氏

> 遽陨于风波，挠栋触藩，莫斯为甚。卒使中原趋靡，形势解散，一折而入于女真，再折而入于鞑靼；以三五汉唐之区宇，尽辮发负笠，澌丧残剐，以溃无穷之防，生民以来未有之祸，秦开之而宋成之也。是故秦私天下，而力克举；宋私天下，而力自诎；祸速者绝其胄；祸长者丧其维；非独自丧也，抑丧天地分建之极，呜呼岂不哀哉！

我们知道船山的民族思想，是有激而成。他一方面从过去历史研究的结果，知道历代曾屡次受异族蹂躏；一方面又切身抱着“故国之思”“遗民之痛”，自然对于历来卖国的君主们，痛恨极了！他很勇敢地提出“民族自决主义”道：

> 夷狄之与华夏，所生异地，其地异，其气异矣。气异而习异，习异而所知所行蔑不异焉；乃于其中，亦自有其贵贱焉。特地界分，天气殊，而不可乱，乱则人极毁，华夏之生民亦受其吞噬而憔悴，防之于早，所以定人极而保人之生因乎天也。

这种把气候和土壤的差异，来断定中国与异族间的差异，实在是船山独创的见解，实在就是民族自决主义的根本原因。因为要贯彻这个主张，他自然而然地倾向于“民主主义”，《宰制篇》说：

> 圣人坚揽定趾以救天下之祸，非大反孤秦陋宋之为，不得延固。以天下为神器，毋疑滞而尽私之。

《噩梦》开头就说：

若土即非王者之所得私也。天地之间有土而人生其上，因资以养焉。有其力者治其地。故改性受命，而民自有其恒畴，不待王者之授之。

他最痛恨的是：

灭人之国入其都，彼之帑皆我帑也，则据之以为天子之私。唐克西京而隋氏之有在唐，宋入周官而五代之积在宋；蒙古遁而大都之藏，辇而之于南畿；赫然若上天之宝命，祖宗之世守，在此怀握之金赀而已矣！

这种思想，实在对于二千年来专制君主的政治而起一大革命！此后如唐甄著《潜书》，胡承诺著《绎志》，大概都是闻风兴起的了。而博野颜元（习斋）主张“王道”可以实行，格外使我们注意。他抱定宗旨：“生存一日，当为生民办事一日。”（《年谱》卷下）空谈学问，是没有用处的；学问要在社会日常行事处中去求。什么主静穷理，什么明心见性，此等全然没有用处，而且和帝皇王霸世界，尧舜周孔派头，毕竟不同，照习斋看来，尧舜周孔的三事三物，那才是真学问。因他有个梦想的“经世之学”，要用来做新政治建设的准备，所以著书也自始至终以讲明政治为事。戴望《颜氏学记》说他：“尝推论明制之得失，所当因革者为书，曰：《会典大政记》曰：如有用我者，举而错之。”他著作中最主要的，是《存学》《存性》《存治》《存人》四篇。《存人》本为着政治说的，如云：“逆手游食，易服而逃租税，只其断定和尚不是好人了，今日由和尚做了平民，是朝廷正道百姓。”他的宗旨，不过给朝廷添一个好百姓而已。《存学》篇开头第一句，便是“圣人学教治习一致也”；还分明要为政治而学问。至于《存性》，只好算一部批评中国先哲人性论的书。所以四存当中，归结还是《存治》一篇，最为重要。他的篇目如下：

《王道》《井田》《治赋》《八阵图说》《学校》《封建》《宫刑》《济时》《重征举》《靖异端》

开首便谈“王道”：

昔张横渠对神宗，为治不法三代，终苘道也。然欲法三代，宜何如哉？井田、封建、学校，皆斟酌复之，则无一民一物之不得其所，是之谓王道。不然者不治。

又讲“井田”道：

井田之不宜于世也久矣，子之存治，尚何执乎？曰：噫！此千余载民之所以不被王泽也！夫言不宜者，类谓亟夺富民田；或谓人乐而地寡耳。岂不思天地间田，宜天地间人共享之，若顺彼富民之心，即尽万人之产而给一人，所不厌也，王道之顺人情，固如是乎？况一人而数十百顷，或数十百人不一顷，为父母者使一子富而诸子贫可乎？又或者谓画田生乱，无论至公服人，情自辑也。搜先儒之格议，尽当代之人谋，加严乎经界之际，垂意于厘成之时，意斯日也。孟子所谓百姓亲睦，咸于此征焉。游颀有归，而土爱心藏，不安本分者无之，为盗贼者无之，为乞丐者无之，以富凌贫者无之。

这种议论，很富于“均产主义”的精神。所以他的门人李塨（恕谷）作《存治篇后序》也说：——

> 夫使天下富贵，数百年皆一姓及数功臣享之，草泽贤士，虽如孔孟，无可谁何，非立贤无方之道，不公孰甚，欲治平何由？

李恕谷也作了好几种讲政治的专书，如《拟太平策》《瘳忘编》《平书订》都是。《拟太平策序》云："昔年读《中说》见王仲淹献太平十二策，心窃慕之，而惜其书之不传也。汉儒以《周官》为周公致太平之迹，而宋之张子亦云：儒者为往圣继绝学，为万世开太平。今幸际太平之世，明四目，达四聪，令士皆得陈言，而不思治平之策，则有负于儒矣。因准《周官》为《太平策》七篇。"这就可见他的怀抱了。《平书订》一书是对于同学王源（崑绳）所著《平书》的一种批评。《平书》的篇目如下：

> 《分民》第一二《建官》第三（上/中/下）《取士》第四《制田》第五（上/下）《武备》第六《财用》第七（上/下）《河淮》第八《刑罚》第九《礼乐》第十

此外还有张文升的《存治翼编》，也是受习斋《存治》的影响。近人黄节在《颜氏学记跋》说得好："习斋之学以事物为归，卒之日，召门弟子曰：天下事尚可为，若等当积学待用。观其弟子李恕谷著《瘳忘编》，王崑绳著《平书》，张文升著《存治翼编》，大抵切于事功者为之。再传而有杨慎修、叶维一以吏治闻。盖其所为教，收效若此已。"这话把颜李学派的根本精神，都道尽了。同时大兴有刘献庭（继庄）著《广阳杂记》，他论学也是主于经世实用的一方面。如说：

今之儒者之心，为刍狗之所塞也久矣！而以天下大器，使之为之，爰以图治，不亦难乎！（卷一）

学者议古今之成败是非，以开拓其心胸，为他日经济天下之具也。乃以此等粪秽瓦砾，填塞心胸，牢不可破，求其磊落轩天地者，又胡可得邪？哀哉！为痛哭流涕长太息者也！（卷四）

予言为学，先须开拓其心胸，务令识见广阔为第一义；次则于古今兴废沿革礼乐兵农之政，一一淹贯心知其事，庶不愧于读书。（卷四）

还有关于科学方面的：如音韵、地理、天算、水利、都很有所发明。他说得好："宇宙之中，万美毕具，人灵渺小，不能发其蕴。如地圆之说，直到利氏西来，而始知之。硝硫木炭和合而为火药，方济明偶试而得之。以此知造化之妙，非算数比喻所能尽，而世人之所知者，特其一二端倪耳。吾知千世而后，必有大圣人者出，而发其覆也。"在这话里，把科学思想第一回明明白白的发现出来了。

总上所述：明末清初的"经世学派"，都是想唤起政治革命的。他们对于清廷的反感很深，因此大受猜忌，自文字之狱兴后，"经世学派"便不能不改头换面，把那激烈的论调隐藏起来，当时文字之狱大的有好几次，如庄廷鑨的《明史稿补》，戴名世的《南山集》，汪景祺的《西征随笔》，陆生枏的《通鉴论》，都坐他个"大逆不道"的罪名，把他杀掉。最重要的，是曾静、吕晚村之狱。晚村也可算经世学派的大师，他很反对王学，以为"正嘉以来，邪说横流，生心害政，至于陆沉。"又说："正嘉以后，诸公诸举纷纭，病谵梦呓，皆因轻看经义，不曾用得工夫，未免胡乱蹉却头路耳。"（《用晦文集》卷一）所以他的书里，有论赈饥的（卷八），论保甲的（续集卷四），曾静即因见其所评时文中，有论井田封建的话，很表同情。而且还上书岳钟琪力言夷夏之防，数雍正帝九大罪，劝他造反，为钟琪所举发，后拿到京，雍正亲自审问他，把审问的口供，冠以一篇极长上论，当做序文，书名《大义觉迷录》。内中最重要的，是辨夷夏问题，和封建制度等等，于是吕留良剖棺戮尸，曾静到乾隆初亦被杀。"经世学派"经这一次摧折之后，大家箝口结舌，只好从事"考证学"的考证，把那被压迫不能表现的政治的本能，把科学的本能去替代他。

这时期的人物，可分吴皖两派。吴派以惠栋为代表，其后著名的，如余萧客、江声、江藩、王鸣盛、钱大昕、汪中等。皖派起于戴震，著许多关于小学历算水地的书，都是避去政治问题不谈，而从事于科学的研究。他的后学，如段玉裁、王念孙、王引之，他们都是博闻强记，在整理国故上，很有顶大的贡献。除了集中于经学小学以外，还及于史学、天算学、地理学、律吕学、金石学、校勘学、目录学，等等，可是他们在政治方面，就很少有贡献了。然于政治虽没有贡献，而他们学派当中，却不约而同的有一种新运新学风，就是看重"情感"。所以我认清代三百年学术史中，"经世学派"时代以后，便继之以"唯情哲学时代"。这时代的代表思想家，依我意思就是惠栋、戴震、焦循、阮元。

惠栋的《周易述》，表面上虽尊汉儒，实际上却大有所发明，以一个提倡汉学为标帜的人，竟敢宣言"谬种流传，肇于西汉"。（《周易述》五）可见他并没有绝对盲从了。他这部书最大的发明，就是一个"情"字。《周易述》《易微言》说："孟子言性而及情，情犹性也，故利贞者情性也。""《彖》传屡言天地之情，情犹性也。"又解"啧"字，"啧情之未动者也。""啧情也，乃情之未动者。"凡此种种，都影响于我做的《周易哲学》甚大。所以我认惠栋是唯情学派代兴时代的第一个先驱者，并不算过言。复次就是戴震，他也是以尊汉为名，实际仍是发挥其独特的思想。他说："汉儒训诂有师承，有时亦传会。"

（《东原集与某书》）可见仍没有失掉他的批评精神。至于他的名著《孟子字义疏证》，则完全是一种“唯情哲学”。而他的唯情哲学，又只是为着政治而作。我们试翻开《孟子字义疏证》的《序》一看，便知道他心目中的孔子，只是一个政治家的孔子了。

周道衰，尧舜禹汤文武周公致治之法，焕乎有文章者，弃为陈迹。孔子既不得位，不能垂诸制度礼乐，是以为之正本溯源，使人于千百世治乱之故，制度礼乐因革之宜，如持权衡以御轻重，如规矩准绳之于方圆正直，言似高远而不得不言。自孔子言之，实言前圣所未言。

他作这本书的动机，也不过防止那些理性派的学说：“其入人心深，祸斯民也大。”“心受其蔽，必害于事，害于政。”所以排斥理性而主张情感，也是间接为着政治罢了。我们现在且看他的“唯情哲学”，是这样说：

圣人之道，使天下无不达之情。求遂其欲而天下治。后儒不知情之至于纤微无憾是谓理，而其所谓理者，同于酷吏所谓法；酷吏以法杀人，后儒以理杀人，寖寖乎舍法而论理，死矣更无可救矣！（《东原文集》卷八《与某书》）

又说：

记曰：饮食男女，人之大欲存焉，圣人治天下，体民之情，遂民之欲，而王道备。……今之治人者，视古圣贤体民之情，遂民之欲，多出于鄙细隐曲，不措之意。……及其责以理也，长者以理责幼，贵者以理责贱，虽失谓之顺；卑者幼者贱者以理争，虽得谓之逆；于是下之人，不能以天下之同情，天下之所欲，达之于上。上以理责其下，而在下之罪，人人不胜指数，人死于法，犹有怜之者，死于理，其难怜之！”

这番话平心而论，就是叫他唯情主义的政治哲学，都无不可。论尊卑顺逆一段，很带民主主义的精神。但不幸当这时代，讲政治是有触时讳的，所以说来不甚痛快，而我们现在也只得把戴震作唯情哲学的一个代表思想家了。复次便是焦循，他著《易通释》，这部书在整理国故方法上，可算是有科学的眼光；而在主义上，则带有极浓厚的唯情主义和乐利主义的色彩，是很值得注意的。如说：“成物在情之旁通”“率性由乎通情。”含情而言善，舍而欲言仁，舍才以明道，所以昧乎羲文孔孟之传也。”很多都是精粹的话，还有《论语通释》一书共十五篇，是本《孟子字义疏证》的体裁，把孔子一贯忠恕的话，发挥得最透彻了。复次便是阮元，在他的《揅经堂集》，有《性命古训》《论孟论仁篇》《释顺篇》都是极端抱唯情思想的。如《性命古训》说：“昆虫草木，皆有性焉，不尽善也；天地万物，皆称情焉，不主恶也。”“欲生于情，在性之内，不能言性内无欲。”又如《释顺篇》不但主情，而且主张一种唯情的政治。他说：“圣人治天下万世。不别立法术，但以天下人情顺逆，叙而行之而已。故孔子曰：至德要道，以顺天下，顺字为圣经最要之字。”“不曰治天下，不曰平天下，但曰顺天下，顺之时义大矣哉！”可见惠戴焦阮虽然都不谈政治，而在骨子里，实潜伏一种政治的本能，不过表面上用“唯情主义”来表现罢了。此外如凌廷堪的《复礼》三篇，和许多研究典章制度的，都不能谓于政治制度上，全没干涉。所以即在乾嘉纯粹朴学的时代，仍不自觉的把政治的本能发挥起来。如王念孙抗疏劾和坤，洪亮吉应诏直言，以至谴戌，这就是好例了。

乾嘉以后，政治的权威，渐渐弛缓；而中外交涉，适于此时发生，无形之中，把经世致用的思想，又重新唤出来了。（参看梁启超《清代学术概论》页116—118）这一派就是所谓“今文家”。今文家学问的中心，在《春秋公羊传》，真所谓“其中多非常异义可怪之论”（何休《公羊传注自序》）；自常州派今文经学家出来，就特别表彰这本书，以成立他们的政治思想。这一个思潮，发生于武进的庄存与（方耕）、刘逢禄（申受），存与著《春秋正辞》共九篇：

《正奉天时辞》第一，《正天子辞》第二，《正内辞》第三，《正二伯辞》第四，《正诸夏辞》第五，《正外辞》第六，《正禁暴辞》第七，《正诛乱辞》第八，《正传疑辞》第九。

这部书是本公羊家法，来讲求所谓“微言大义”的。他的外孙刘逢禄继之，著《公羊春秋何氏释例》十卷三十篇，《解诂笺》一卷，《春秋公羊议体》十四篇（未编定，附《刘礼部集》卷五），现在只将《公羊义议礼》的篇目列下：

《正始》第一，《正内治》第二，《正妃匹》第三，《制爵》第四（上下），《制国邑》第五，《制田禄》第六，《制田赋》第七，《制军赋》第八，《贡士》第九，《制刑》第十，《郊禘祫》第十一，《庙制》第十二，《乐舞》第十三，《城制》第十四。

依他意思，《春秋》不是记事的书，是以二百四十二年，讲明万代政治的标准的。所以《公羊春秋》里有“张三世”“通三统”“异内外”诸义，什么是“张三世”呢？他说：

有见三世，有闻四世，有传闻五世。于所传闻世，见“拨乱”始治；于所闻世，见治廪廪进“升平”；于所见世，见治“太平”（《释三科例》上）。

什么是“通三统”呢？

曰：昔者夫子告颜渊问为邦，曰：行夏之时，乘殷之辂，服周之冕，而后终之以乐则韶舞，盖以王者必通三统，而治道乃无偏而不举之处。自后儒言之，则曰：法后王，自圣人言之，则曰：三王之道若循环。非仅明天命所授者博，不独一姓也；天下无久而不敝之道，穷则必变，变则必反其本，然后圣王之道与天地相终始。《春秋》通三代之典礼，而示人以权，经世之志，非二圣孰能明之！（《释三科例》中）

什么是“异内外”呢？

《春秋》治万世之天下，不为一人一事立义，而其例必曰：内诸夏而外夷狄，内其国而外诸夏。夫岂私其近已者哉！《春秋》以内为天下法，言以内而及外，皆所以自治也。……由是以善世，则合内外之道也。至于德博而化，而君道成，《春秋》所谓大一统也。（《释三科例》下）

这种思想，认社会政治是进化的，变动的，实在就是今文家的一大特色。以后传衍于仁和的龚自珍（定盦）、邵阳的魏源（默深）、德清的戴望（子高），都是这派中的著名者。都是假借经义来诋排当时的政局的。定盦著书常常引用公羊义例，作他政治哲学的基础，尤以《劝豫》一篇（《乙丙之际著议》第七）为康有为（长素）维新变法所本。他很早就看出贫富阶级的不平等，而极力主张平等。（《文集》卷上《平均篇》）最出色的就是他"大同主义"的倾向：

> 问太平大一统何谓也？答宋明山林偏僻士，多言夷夏之防，比附《春秋》，不知《春秋》者也。《春秋》至所见世，吴楚进矣，伐不言鄙，我无外矣。《诗》曰：无此强尔界，陈常于时夏，圣无外，天亦无外者也。然则何以三科之文，内外有异，答据乱则然，升平则然，太平则不然。（《五经大义终始答问》七）

他还作《春秋决事比》《农宗答问》等书，都很有见地。同时魏源和龚很相得，也是一个经世家。著《默觚》一书；前十四篇论学，后十六篇论治，而论学的宗旨，也不外乎以"经术为治术"（《学篇》九）；论治的宗旨，则归结于维新主义，而反对复古。如《治篇》五云：

> 变古愈尽，便民愈甚。人情所群便者，变则不可复，江河百源一趋于海，反江河之水，而复归之山得乎？履不必同，期于适足；治不必同，期于利民；是以忠质文异尚，子丑寅异建，五帝不袭礼，三王不沿乐，况郡县之世而谈封建，阡陌之世而谈井田，笞杖之世，而谈肉刑哉！

我们很可看出今文家和清初经世学派思想的不同，就在这里。一则主张维新，一则主张复古；一则主张井田封建可复，一则主张井田封建必不可复。好比顾炎武看重乡村，魏源反转过来，看重城市（见《治篇》九），这就是极端的例。他甚至于说"后世之事，胜于三代；

三代酷而后世仁，三代私而后世公。”（同上）这真是近代思想界里破天荒的论潮了！延至戴望，更进一步把《公羊》来讲《论语》。以为《论语》一书：“往往具见制作之义，孔子身为素王，欲使得如尧舜汤武为天下君致太平，故以《尧问》终篇，犹《春秋》文成致麟之旨。”（《论语注》卷二十）他的政治思想和公羊家没有什么不同。如云：

> 明王出致太平，则凤鸟至，河出图矣。今天无此瑞，已矣夫！恨不制礼乐也！制作必当革命之际，不欲显言，故以凤鸟河图见意焉。（卷九）

又注“与点也”一节云：“四子皆志于为国与天下，由、求志在拨乱，赤、点志在致太平”；这话虽似杜撰，也可见戴望的意旨所在了。最后清末有南海康有为先生，他可算今文家的集大成者。著有《新学伪经考》《孔子改制考》《大同书》等，以为六经都是孔子讬古改制，所作以宣传的书册；尧舜只是孔子理想的人物。他最大的贡献，就是把公羊义例来讲《礼运》，谓“升平世”为“小康”，“太平世”为“大同”。把“大同”一段认为孔子的理想的社会制度，这简直就是无政府主义的思想了。他描写大同社会的组织是：

> 一、无国家，全世界置一总政府，分若干区域。
>
> 二、总政府及区政府，皆由民选。
>
> 三、无家族，男女同栖不得逾一年，届期须易人。
>
> 四、妇女有身者，入胎教院，儿童出胎者，入育婴院。
>
> 五、儿童按年入蒙养院，及各级学校。
>
> 六、成年后，由政府指派，分任农工等生产事业。
>
> 七、病则入养病院，老则入养老院。

八、胎教、育婴、蒙养、养病、养老、诸院，为各区最高之设备，入者得最高之享乐。

九、成年男女，例须以若干年服役于此诸院，若今世之兵役然。

十、设公共宿舍、公共食堂，有等差，各以其劳作所入，自由享用。

十一、警惰为最严之刑罚。

十二、学术上有新发明者，及在胎教等五院有特别劳绩者，得殊奖。

十三、死则火葬，火葬场比邻为肥料工厂。

——《清代学术概论》页一三三

他这种讬古改制的大同社会，实在就是无政府主义的理想。在三十余年前而有这种主张，我们不能不佩服他！虽然现在的康长素我们都知道他是极右的复辟派了，但这极右的复辟派，在清末也曾当过极左的急进的思想家，这层却值得我们纪念。并且最有趣的，就是同时余杭章炳麟（太炎）先生，也主张他的“超过民族主义”——“五无论”——什么是“五无”？他说是一、无政府，二、无聚落，三、无人类，四、无众生，五、无世界。上面四无，只是虚无主义的思想。且不说他，单述他的“无政府主义”如左：

凡兹种族相争，皆以有政府，使其隔阂，假令政权堕尽，则犬马异类，人犹驯狎而优容之，何有于人类？抑非专泯种族之争而已，有钱币在则争夺生而阶级起；于是以共产为生，则货易可断，而钱币必沉诸大壑矣。有军器在，则人将借是以为杀掠之资；于是镕解铳炮，椎毁刀剑，虽未足以息争心，而争见则自此

失矣。(《章氏丛书》别录三)

但是太炎虽知“超过民族主义”，结果仍不能不降格做一个很狭窄的民族主义的信徒。长素知道“大同”的好处，却故意把“小康”来拥护溥仪复辟。他们结果都抛弃了他们的彻底主张了。长素的弟子梁启超与夏曾佑，曾做过很激烈的“排荀运动”，其实只是要提倡民权。谭嗣同的《仁学》说：“二千年来之政，秦政也，皆大盗也；二千年来之学，荀学也，皆乡愿也；惟大盗利用乡愿，惟乡愿工媚大盗。”(卷下)因此从前所认为天经地义的名教纲常，都要打破他了。《仁学》下卷痛谈政治，而归本于世界主义。他说：“《春秋》大一统之义，天地间不容有国。”这话彻底极了！痛快极了！近年梁启超以二十年研究中国政治思想的结果，发表一部《先秦政治思想史》，认中国政治思想有三个特色：(一)世界主义，(二)平民主义，或民本主义，(三)社会主义。他说：“中国人自有文化以来，始终未尝认国家为人类最高团体，其政治论常以全人类为其对象。”(页三)这话从过去的思想史上看来，确是如此。而同时我们革命的先驱者——孙逸仙先生，宣传三民主义，影响全国，三民主义的内容是：(一)民族主义——国内诸民族一律平等，中国民族在世界上独立自由。(二)民权主义——人民有选举权、罢官权、复决权、创制权。(三)民生主义——平均地权，节制资本，这伟大的政治系统，使他成功为政治哲学时期的集大成的代表思想家了。

我，——对于清代以至民国的几位政治思想家，虽有许多要批评的地方，而从大体上看起来，都很赞同。这种赞同，是有历史的根据的。我常说自己的“唯情哲学”是一种历史的产物。我以为现在正是中国哲学的综合时代，就是把宋代的宇宙观，明代的人生观，清代的政治哲学，融合为一而成全生命的哲学的时代了。所以我的思想，颇受这方面的影响，这层可不必讳言，只要我纯以超然客观的精神，来看我思想的发达史，也无庸讳言。我在第一讲里曾说过："历史是叙述人类在知识线的进化现象，使我们明白自己，……"现在所说，就是我"明白自己"的话了。

以上述中国近代哲学的三时期已竟。但人们不要忘记这只是一个例。在这个例里，说得最为详尽，也只因我对于中国哲学，研究的机会多些，没有别的原故。我们已经把发生式的历史法则，来看那西洋、印度的知识线上，也是如此。那么根据事实，对于历史的进化的理论可简单的规定如左：

知识线的进化现象是有三个时期（一）宇宙哲学时期，（二）自我哲学期，（三）社会政治哲学时期。这三个时期在现代则为综合的表演——综合时期。

八　世界未来之历史的观察

我们要发现我们理想的未来，还须有历史上的根据才好。换句话说，就是必须以历史的进化态度去发现他。从来讴歌理想世界幸福世界的著作，不在少：如莫尔（More 1478—1535）的《乌托邦》（*Utopia*），倍根（Bacon）的《新大西洋》（*The New Atlantis*），康盘尼拉（Companella 1568—1639）的《太阳城》（*City of The Sun*）以至穆列斯（William Morris 1834—1896）的《理想乡之消息》（*News from Nowhere*），他们都是以文学家的资格，梦想一有望而愉快的生活——欢天喜地的平和生活。固然这种平和生活，只要有人希望和实现的决心，多少也能给未来历史开辟一些路径；但我们不要忘记了横于历史过程的根底而决定其行程的，除了希望的努力以外，还决定于一个更重要的原因，就是“历史的基础”。我们是现今的人，我们的生机力，都超过以前，我们已经得到所有过去世纪的果实；因此我们才能更向前一步，去实现我们理想的未来，这自然比文学家的梦想进步得多了。现代大思想家威尔斯（H. G. Wells）在《历史大纲》上说得好：“没有无公共历史的观念，而有公共的和平和兴盛。”（There can be no common peace and prosperity without common historic ideas.）这就是说有公共历史的观念，而后有公共的和平和兴盛。所以《历史大纲》一书，就是依照历史上文化进步的途径，以决定今后文化的新趋向的。他在最后一章（The Next Stage of History，见原书四版页583—587）说他所认为理想的未来是：

(Ⅰ) It will be based upon a common world religion, very much simplified and universalized and better understood. This will not be Christianity nor Islam nor Buddhism nor any such specialized form of religion, but religion itself pure and undefiled……

(Ⅱ) And this world state will be sustained by a universal education, organized upon a scale and of a penetration and quality beyond all present experience. The whole race, and not simply classes and peoples, will be educated.

(Ⅲ) There will be no armies, no navies, and no classes of unemployed people either wealthy or poor.

(Ⅳ) The world-state's organization of scientific research and record compared with that of to-day will be like an ocean liner beside the dug-out canoe of some early heliolithic wanderer.

(Ⅴ) There will be a vast free literature of criticism and discussion.

(Ⅵ) The world's political organization will be democratic, that is to say, the government and direction of affairs will be in immediate touch with and responsive to the general thought of the educated whole population.

(Ⅶ) Its ecconomic organization will be an exploitation of all natural wealth and every fresh possibility science reveals, by the agents and servants of the common government for the common good. Private enterprise will be the servant——a useful, valued, and well-rewarded servent——and no longer the robber master of the commonwealth.

最后他还讲到未来世界，须有一极公正与有效率的钱币制度，还须有一极公正的选举制度。固然威尔斯的历史未来观，是不很彻底的，但我们由他的话，至少也总可相信这种历史事实上的进行，是从各别的国家，进化到大同国家（World State）。这“大同国家”之中也有神，不过是全人类的神（our true God now is the God of all man）。这好像中世纪的学者奥古斯丁所说的神国，却又进化得多了。因为这种神国，是地的意义了。我们也成为世界公民（World Citizen）了。这就是以历史促成大同主义的一证。傅林特（Flint）亦谓：人类和一及大同胞观念的生长，自有史以来，其进步皆依这个途径。那么可见从历史的观察，黄金时代正在我们面前，不在过去，乃在将来。我们敬爱的崇今派的战士们：努力吧！快从过去追慕的蛊惑当中解放下来啊！

历史好似经验的一个大塔，这个塔一层层地向上飞升，一层层的趋向光明；这个“光明”是由于未尽善的，而进于较为尽善，自较不幸福的，而进于人生较为幸福。我们只要把历史全体的好景致，眺望一下；从文艺复兴至十六世纪与十七世纪宗教纷争的时代，这是历史上为宗教自由而奋斗的一个时期。从英国革命、美国革命、法国革命，以至希腊、比利时、西班牙与其他欧洲大陆上的许多国民独立的故事，这是历史上打算要做他们自己的主人而奋斗的一个时期。从机械发明、科学进步、殖民地的扩张与战争，以至一九一七年布尔札维克（Bolsheviki）的社会革命，这是历史上科学家得到行动自由，和人们为政治的与经济的政策奋斗的一个时期。这三个时期，实在依人类本能的发达如何，而附与其特性于历史上的各时期。现在人类的本能，比从前更丰富了。历史也到了最有趣的描写幸福的一章了。为要劝勉我们尚未到达的目的，我们不可不讴歌未来，颂祷未来，我们应该有勇气承认：我们是现今的人，我们的时代，是新的时代。

一九一九年的《巴黎和约》，虽然不过一种形式；一九二〇年的国际联盟议会，虽还不能根本保护和平；然而国际间的互助精神，既已发生，那褊狭的 Pan...ism，自然快要应手倒下来了。虽然渺渺茫茫的前途，很难预测，但我们既探求着了支配历史的法则，把这法则来推测他的将来，至少也可相信有一个永远平和的世界快要实现。而且从历史进化的速度看来，是后后胜于前前，以加速度进行，那么在最近的未来，我们对之实充满有无限的希望。我们敬爱的未来派的战士们：努力吧！未来文化的伟大的新时代已经开端了！

只要我们从进化的符号看来，已可见世界是力向着光明底前途走。从前讲历史，所用一种很重要的纪年，现在已大家共认应该用“世界公历纪年”了。（参看钱玄同《论世界公历纪年》，《新青年》第六卷第六号）如中国的二十四史，一向是用皇帝来纪年，像武则天做了二十一年的皇帝，竟改了十八次的元，这种纪元，自不可用。现在大家已经知道要用民国纪元了。但是皇帝纪元，是代表的专制政体，民国纪元是代表的国家主义，而现在的纪元，则倾向于用世界通行的公历纪年（并不是基督纪元，这层已经有人论过了）。这就是倾向于世界主义的表现了。这可见我们的心理，怎么样要想打破历史的残余了。复次从前的历史，要分别这一族和那一族，把历史看作“叙人种发达，和他相结相排的故事”；但现在婚姻的进化史上，却发生了“国际结婚”的新倾向，于是种族的意见，也可以混和了。民族间不同的风俗习惯也可以除掉了。并且于改良人种一层，更有好处。我认为将来国际结婚，一天天发达起来，便历史也一天天倾向于世界大同主义了。复次，从来的文化都是各国人各用他私有的语言文字，然自一八八九年柴门甫（Zamenhof）出来提倡“世界语”（Esperanto 原意为希望者，译为世界语），于是世界各地方的意见可以相通，而各国的文明民族，也可以联络起来了。由上所述：——世界纪元、国际结婚、世界语——这三桩事，都不过形式上表现上的符号，都已看得如此，我们再从深处考察，也何莫不然呢？

我们再想到将来知识线的进化，更越发乐观了。廿年、五十年、最多不过百年，我们所理想的“大同世界”，不怕他不会完全实现。人类本能的完成，是真正无穷的，无止境的。到了那时，情形一定和现在不同，没有什么超神，没有什么罪恶，没有什么政府、资本家，这些名词只有向历史上去找寻的了。当然那时也没有什么法律，什么监狱，如在那时而还有祖先遗传的犯罪的旧病，也只须在医院诊治便好。这实在不是我的梦想，我从历史的研究的结果，确认有这一种境界，我认知识线的进化上，不能没有这种境界。但怎么样能到达这样境界呢？我以为只有充分发挥人的本能。换句话说，就是人的一种潜势力的爆发，便是一种革命。今日的革命，就是明日的文化，老实说：一时代的历史，便是一时代的革命。德国的宗教革命，形成历史上的宗教时期；法国的人权革命，形成历史上的自我时期；英国的工业革命，俄国的社会革命，形成历史上的社会科学时期；可见革命就是进化，就是创造。我们不求今后历史的进化罢了，要求进化，那热爱和平的革命，便是进化的自然程序。因历史进化有无穷无极的引申，故此革命的范围，也逐渐扩大；逐渐变成“非暴力”的，我们要求到达永远平和的新时代么？我们还要为爱而努力革命。因为我们所正要实现的，是和平的理想生活；所以我们第四期的革命，也是一种和平的革命。又因我们所正要创造的是综合时期，所以我们的革命，又是一种综合的革命。这种革命，分开来说，是有三种意义：

（一）**宗教的革命**——我们是“现世主义者”，很相信存在于这世界的一切，都是神。细如电子尘埃，大如银河世界，举凡太阳的光，月亮的光，一切存在的光，都能给我们以新生命的欢喜，都无往而不是神。这么一来，神就是宇宙，宇宙即是神，无在而不是神的化身，即无在而不是平等；而从前有人格的有意志的能作威作福的上帝，当我们就宗教的本能于宇宙观上充分的扩充时，便自应手倒下来了。这是真正的“宗教的革命”。这是真正推翻了那“拿条件来管束人的行为的，并且规定人生行为的准则，硬要人去信仰”的反生命的宗教，而代之以使人生趣盎然、活泼自由的“生命的宗教”。并且那反生命的宗教，都只表明各民族的差别来，都有特别的教旨；看他们自己做天主特选的国民，而全世界里其余的人民，都是异端的。因为自己是善神的信徒，而其余的人类，都是恶神的信徒，其结果便弄成了历史上的“宗教战争”了。这是何等伤心的事！换一面说，只有泛神的宗教，是没有一切界限的。他告诉我们：一切都是神。使我们涵泳于一直觉的宇宙当中，去认识神，遍一切时，遍一切处，都只有神，还有什么争论的境界呢？复次，从前宗教的教义，是告诉我们：“人生是罪恶的，人生便获罪于神，假使不求忏悔，将来不能超升天国。所以现在的生活，非为着现世而生活，是为着将来赎过去的罪恶而生活。我们不要希望什么现身的快乐，最好只有服从教义，把自己为神而牺牲好了。”这种思想，分明是破坏了直觉的宇宙，把我们在宇宙间的快活都完全牺牲，而遗恨于一世了。我们大胆否认他。因为我们相信为神所著大自然的书，就是神；宇宙就是一幅图画，一件音乐，一个剧场，也只是一位真情的神。活泼泼地宇宙啊！当下便是乐土，我们从此不要再求那超于人间希望的“涅槃”了。

（二）自我的革命——在未来世界，完全是乐天派的天下，对于近代悲观的、厌世的、自己主义的，而且喧嚣的人生态度，实在是一种革命。这时人们都是本着自己真情，只管一任本能，一切行为动作，都是无所为的。因无所为而为，所以生活完全建筑在生机的基础上，只管极端的发挥自我的本能就对了，而一切人为的由强力而统驭抑制生机的态度，都是不必要的了。故在未来文化中的人生态度，完全摆脱了一切的束缚，而纯任自然，成为一种快活自在的人生，就是完全实现自我的人生。这一层我们由人生哲学的进化史上看，已经很明了的是这种趋向了。在从前的人生，因受支配于理智主义之下，所以需要种种人为的道德制度，才有那些欺谎的事，那些妒忌的事，那些机械变诈的事；但在这时代，人们已经都发觉了本性原来是不坏的，只管一任本能，便一切罪恶，都一概可以删除净尽了。这种以“本能主义”代替“理智主义”，就是自我革命的真意义。自我革命以后的人生，好比孩提能够步行，就不要人抱持了，这并不是什么理想，这是历史趋势所必至。

（三）社会的科学的革命——人们一任本能，自也没有威可怕、有财可贪了。所以也没有政府、没有法律、没有金钱、没有买卖；那些连带而有的什么官吏、什么政客、什么军备、什么资本家，一概再也没有了。凡是世界上的人，都知道互相扶助，“各尽所能，各取所需”，只要是人——男女的分别，早已没有了！——都要全数参加于未来的文化史事业。大家生趣盎然，互以真情相见，万物为万人所有，而实现万人的安乐生活，这是何等的一个真情洋溢的“新社会”呀！这种新社会的实现，自然是在世界革命以后；这种革命和普通社会革命不同，因他不是以区区的政治自划、国界自划，并且绝对不用暴力的革命，是用“爱”来感动一切战胜一切的“和平的革命”。只有“和平的革命”才能实现和平的社会生活。在这种革命以后，自然那些政府所办的事，像水陆军备财政赋税各种名目都没有了。把那些旧历史上残余的东西完全舍弃，而人类才能够向着永远平和的路上走。但是我们不要忘记：以为在平和社会就不要科学了，从前的科学是在少数人的手里，现在的科学，万人都能享有他的好处。并且这时科学一定发达到可惊的程度，现在的机械，也许在那时，都被看作最为粗陋的东西了。用房龙在《人类的故事》的话来说：“那时候将最末的一架汽机，送到自然博物馆去，与恐龙、羽龙的骨头，以及已经灭绝的古代的生物，陈列在一处了！”（页 248）于是机械时代过去了，新的机械变成功一种很美的艺术。机械运转的声音，一变而为和谐婉脆的音乐节奏了。并且这时科学，应用最高的生产法，“用化学可以从土壤空气水诸原素中，造出综合的食品”。那么还怕人们的享受有穷尽的时候吗？这真不是从前所能梦想得到了。

我上面所讲的，大家或者以为又是一种“新乌托邦”了。其实这完全是有历史的根据的。我上面所说的三种革命，只是代表着人的三种本能——宗教的、自我的、社会的，我认历史的最新世纪，是“综合时期”，就是人的本能完全充分发挥的时期，这是不能避免的知识线上的进化。

最后几句话，把“历史哲学”来解释从现在到未来的各种思潮，无论那方面，都是以到达“全体性”做进化的路程。而我的历史哲学，又是基本于历史的经验，是证明自然不可逃避的事实，所以凡为历史哲学所能证明的，都是必能实现的。所以未来文化的伟大的新时代，我认为自然必致的事情，或激或徐，只要人们始终主张真理，始终把握伟大的生机力，他的成功，总是历史的经验所能推测得来。但是朋友不要忘记了；历史是人的历史，是由人的本能的努力，去发展造成的。坦坦的大道，即在眼前，人们要怎样去完成这种历史的使命呢？我祝“新历史”的发生！

附录：历史哲学参考书目

▲附白　这些书目，是就我所知道的，写在下面，以便自修历史哲学之一参考。

（A）关于历史哲学的：

F. Medicus: *Kants Philosophie der Geschichte* (Kantst Ⅶ)

Hegel: *Philosophy of History* (Tr. by Sibree)

Rickert: *Geschichtsphilosophie* (*Philosophie im Beginn des Zwanzigsten Jahrhunderts*, J. H. *Kuno Fischers Festschrift*)

Simmel: *Die Probleme der Geschichtsphilosophie*

Windelband: *Geschichte und Naturwissenschaft*

Lask: *Fichtes Idealismus und die Geschichte*

Lamprecht: *Modern Geschichtswissenschaft*

和辻文学士译：ラムプレヒト近世歴史学

R. Flint: *History of the Philosophy of History*

Schlegel: *The Philosophy of History: in a Course of Lectures*

Comte: *Cours de Philosophie Positive*

米田庄太郎：歴史哲学の諸問題

米田庄太郎：歴史哲学体系

米田庄太郎：カント及び其后の歴史哲学

米田庄太郎：ウインデルバゾドの歴史哲学

米田庄太郎：リッケルトの歴史哲学

板垣鷹穂：新カント派の歴史哲学

杜里舒:《历史的意义》(《讲演录》第五期)

(B)关于普通历史学的

Robinson: *New History*

何炳松译:《新史学》

F. J. E. Woodbridge: *The Purpose of History*

Pollard: *Essential Facts of History*

Bury: *The Idea of Progress*

Croce: *Theory and Practice of History*

Barne: *Past and Future of History*

Gooch: *History and Historians in the Nineteeth Century*

Langlois & Seignobos: *Introduction to the Study of History*

Shotwell: *An Introduction to the History of History*

橘惠胜：史学は何る也

板口昂译：ベルンハイム歴史は何る也

植村译：マイャー「歴史の理論及方法」

李守常:《史学要论》(《百科小丛书》第五十一种)

梁启超:《中国历史研究法》

(C)关于文化及文化史的

Buckle: *History of Civilization in England*

バックル:《世界文明史》(而立社译)

E. B. Tylor: *Primitive Culture*

Towner: *The Philosophy of Civilization*

Schweitzer: *Civilization and Ethics* (*The Philosophy of Civilization,* Tr. by H. Naish)

野村限畔：《现代文化之哲学》

米田庄太郎：《现代文化概论》

米田庄太郎：《现代文化人之心理》

梁漱溟：《东西文化及其哲学》

Wells: *The Outline of History*

Van Loon: *The Story of Mankind*

沈性仁译：《人类的故事》

Robinson: *The Mind in the Making*

McCabe: *The Evolution of Civilization*

吕澂：《西洋美术史》

吉田静致：《西洋伦理学史》（杨昌济译）

高一涵：《欧洲政治思想史》

方孝岳：《大陆近代法律思想小史》

北泽新次郎：《经济学史概论》（周佛海译）

张子高：《科学发达略史》

陶孟和等译：Müller-Lyer《社会进化史》

（D）关于唯物史观及其批评

Seligman: *The Economic Interpretation of History.*

陈石孚译：《经济史观》

Rogers: *The Economic Interpretation of History*

Labriola: *Essays on the Materialistic conception of History* (Tr. By Kerr)

Croce : *Historical Materialism and Economics of Karl Marx* (Tr. by Meredith)

水谷长三郎：《史的唯物论解释》

河上肇：《唯物史观研究》

李达译：Herman Gorter《唯物史观解说》

William: *The Social Interpretation of History: a Refutation of the Marxian Economic Interpretation of History*

Penty: *Guildman's Interpretations History*

（E）关于生物及进化论的

Darwin:*The Origin of Species*

马君武译：达尔文《物种原始》

Huxley:*Evolution and Ethics*

严复译:《天演论》

Haeckel: *The Riddle of Universe*

马君武译:《一元哲学》

Haeckel: *The Wonder of Life*

刘文典译:《生命之不可思议》

Wallace: *The World of Life*

尚志学会译:《生物之世界》

Driesch: *The Science and Philosophy of the Organism*

瞿世英译记:《生机体之哲学》

Driesch: *The History and Theory of Vitalism*

瞿世英译:《生机主义史》

Driesch: *The Problem of Individuality*

江绍原译:《实生论大旨》

张君劢译记:《系统哲学》及其他

费鸿年:《杜里舒及其学说》

Bergson: *Creative Evolution* (Tr. by Mittchell)

张东荪译:《创化论》

Kropotkin: *Mutual Aid*

周佛海译:《互助论》

陈乘善:《进化论发达略史》(《民铎》第三卷第四五期《进化论号》)

（F）关于社会心理的

Trade: *Laws of Imitations*

Trade: *Social Laws*

Wallas: *The Great Society*

梁仲策译:《社会心理的分析》

McDougall: *An Introduction to Social Psychology*

刘延陵译:《社会心理学绪论》

McDougall: *The Group Mind*

Wundt: *Elements of Folk Psychology*

Ellwood: *An Introduction to Social Psychology*

金本基译:《社会心理学》

Le Bon: *The Psychology of Crowd*

杜师业译:《群众心理》

Le Bon: *Psychology of Revolution*

杜师业译:《革命心理》

Ross: *Social Psychology*

陵志韦:《社会心理学新论》

Allport: *Social Psychology*

Dunlap: *The Foundations of Social Psychology——The Psychological Review*, Vol.3, No.2 1923.

Baldwin: *Social & Ethical Interpretation in Mental Development*

Woodworth: *Dynamic Psychology*

潘梓年译:《动的心理学》

Watson: *Psychology from the Standpoint of a Behaviroist*

臧玉淦译:《行为主义的心理学》

郭任远:《人类的行为》
郭任远:《取消心理学上的本能说》(《学艺》第四卷第九号)
樊际昌:《社会科学和本能的问题》
李石岑:《本能论》(《论文集》页一三四至一五九)

(G)关于西洋哲学的

Weber: *History of Philosophy* (Tr. by Thilly)
Windelband: *History of Philosophy* (Tr. by Tufts)
Thilly: *A History of Philosophy*
Marvin: *History of European Philosophy, An Introduction*
Höffding: *A Brief History of Modern Philosophy*
Draper: *History of the Intellectual Development of Europe*
Lecky: *History of the Rise and Influence of the Spirit of Rationalism in Europe*
瞿世英译:《西洋哲学史》
杜里舒:《近代哲学史》
桑木岩翼:《现代思潮》(南庶熙译)
朝永三十郎:《近世我之自觉史》(蒋方震译)

(H)关于印度哲学的

Radhkrishnan: *Indian Philosophy*
木村泰贤:《印度六派哲学》(武昌佛学院译)
高楠木村:《印度哲学宗教史》
宇田博士:《印度哲学研究》
梁漱溟:《印度哲学概论》
鸠野黄洋:《印度佛教史》(武昌佛学院译)

吕澂:《印度佛教史略》

（I）关于中国哲学的

胡适:《中国哲学史大纲》
梁启超:《先秦政治思想史》
朱谦之:《周易哲学》
蔡元培:《中国伦理学史》
谢无量:《中国哲学史》
黄宗羲、全祖望:《宋元学案》
黄宗羲:《明儒学案》
梁启超:《清代学术概论》

（J）杂志书类

《社会科学季刊》：北京大学社会科学季刊社编辑
《史地学报》：南京高等师范学校史地研究会编辑

历史哲学大纲

朱谦之　著

本书于1933年4月由上海民智书局初版发行，列为“历史哲学丛书”之一种。2002年收入福建本第五卷。本次整理，以1933年民智书局本为底本，以福建本为校本，同时参以中山大学哲学系藏朱谦之先生“自存本”之校批文字。

——编者

目　录[①]

① 此为编者据民智书局本详细目录所编新目，以利读者——编者

历史哲学丛书弁言

历史哲学是和自然科学一样，要在事实的浑沌当中，寻出一种社会现象的根本法则。这种学问的重要，为一般研究社会科学者所公认，试为说明如下：

（一）从哲学方面说　现代哲学的新倾向，可从两方面观察。一方为由神学，形而上学而递嬗于实证的科学的哲学；一方即为黑格儿主义复兴。以前言之，应先研究孔德的历史哲学；以后言之，不可不先研究黑格儿的历史哲学及辩证法。

（二）从历史方面说　历史学的演进，是从故事式的历史进到教训式的历史，又从教训式的历史进到挽近发展式的历史，这就是所谓历史观，或历史哲学。史家论史，愈广博，愈深刻，换言之，愈真实，就愈不可不先研究历史哲学。

（三）从社会学方面说　社会学的派别，虽有分科科学的形式社会学和历史哲学的综合社会学对立。然而形式社会学终不及后者来得影响远大，如近来各史观的抬头，就是好例。即在形式社会学学者，从其社会形式的研究，也指出历史观的可能（如 Simmel）。所以研究任何派社会学，都不可不先明白历史哲学。

（四）其他社会科学方面　如研究经济学，便不可不先明了历史学派各种经济发达阶段说，乃至于民生史观，唯物史观。又研究社会心理学[①]的，应注意社会心理史观。研究人生地理学的应注意地理史观。研究法律学的，应注意法律史观等。

总之历史哲学在学问体系中，为一种综合的学问。尤其在我们中国先有整个系统的介绍的必要。本丛书的编辑，意在广包并容，不拘一格；内容务切急需，而以总理所唱三民主义的历史观，为其旨归。介绍部门，约分四种：

A. 入门书　如《历史哲学概论》《历史哲学史概论》《历史哲学的社会学》《三民主义的历史观》等。

B. 以史观为标准　如《社会学的历史观》《唯物史观》《地理史观》《生物史观》《新康德派的历史哲学》等。

C. 以个人为标准　如《孔德的历史哲学》《菲希特的历史哲学》《马克思的历史哲学》《黎卡特（Rickert）的历史哲学》《斯宾格拉（Spengler）的历史哲学》等。

D. 黑格儿及辩证法研究介绍　黑格儿名著，如《历史哲学》《论理学》《法律哲学》等，论文专刊有《黑格儿主义与孔德主义》一种，可作入门书读。

朱谦之于广州中山大学历史学系主任室

① “学”，底本无，据中山大学哲学系藏朱谦之“自存本”校批文字补。——编者

详　目[①]

① 民智书局本原题作“历史哲学史大纲目录”，其中“哲学史”之“史”疑衍。——编者

和经济的历史解释——本期的两大历史思潮——社会史观与唯物史观——生物学的历史观——Hellwald——Seeck

（二）唯物史观的哲学体系——Hegel 辩证法之革命的转化——Feuerbach 唯物的自然主义——青年黑格尔派——Marx 前法国的唯物论——La Mettrie —— d'Holbach ——Helbétius ——王政复古时代的法国史家——K. Korsch 论唯物史观之三大进化时期——Marx, Engels 自身理论的发展——Kautsky 派科学的非辩证理论的发展——俄国 Lenin 派辩证法革命理论的发展与哲学问题复活

（三）Marx 历史观的发展——德国社会运动的二大潮流——一八四三年马克思的书信——一八四四年黑格尔法律哲学批评序说——一八四四年犹太人问题——一八四五年神圣家族——一八四七年哲学的贫困——一八四八年《共产党宣言》——一八四九年工资，劳动与资本——一八五〇年至五二年一些论文——一八五九年经济学批评的序文为唯物史观的公式——河上肇的分析研究——基础与“上部建筑物”的关系——经济发达阶段说的批评——一八六七年资本论第一卷中的唯物史观——Seligman 论资本论第三卷中唯物史观

（四）Engels 与唯物史观——对于 Marx 利用 Hegel 辩证法的批评——反对 Dühring 论——Feuerbach 论——家族私有财产及国家的起源——一八九〇年至九四年的四封信——Engels 与 Marx 的四大分歧点——Marx 只说生产力 Engels 却说生产，其次交换为历史的决定力——Marx 只认经济的技术的生产力，Engels 却追加入人类有机的生理的再生产——Marx 只将辩证法应用于社会的历史的事实，Engels 却扩大来说明一切自然的认识——财产辩证法中 Engels 的解释合于辩证法运动之必然的基础

（五）Dietzgen 主义——Dietzgen 与 Marx——Pannekoek 和 Corter 所见 Dietzgen 哲学著作的地位——Dietzgen 哲学影响于马克思主义

法则——种族，环境及机会为三种根本力

（四）Comte在英国的影响——J. S. Mill反对Comte后年历史哲学的修正——进步的意义——H. Spencer与Comte异同——军事型社会与产业型社会——万物进化的三时期——积聚时期——划分时期——安定时期——叙述的社会学即历史学——Spencer在历史哲学上应占重要位置

（五）Buckle的文化史观——Mill对Buckle的误解——Henri Bourdeau的统计法——“人类发达完全受气候，土壤食物及其他环境的影响”——自然力以外更有人心的力——欧洲文明与他诸文明的根本异点——心的法则渐次胜过物的法则

（六）从Durkheim、Bouglé及Hobhouse说到Lamprecht——近代历史学——Braun对Lamprecht的误解——历史的法则就是社会心理的法则——文化阶段的六个时代——经济发达的六个时代——经济阶段的心理化说——心理学的文化论——从社会心理学的立场所见世界史的问题

（七）Breysig之世界史的概念——世界史联关理解之三可能性的批评——时代史观——地理史观——种族史观——Breysig主张生物学史观——“幼年期-老年期”的发展阶段说与J. W. Draper的结论应受一样批评——“世界历史之渐次构成与法则”——因国家制度发展的法则，定世界历史为二十四法则

（八）Barth历史哲学的社会学——人的意志为构成社会的要素——社会学的对象即历史哲学的对象——“黑格尔及其学徒的历史哲学，批评的研究”——人类史之三种类——历史搜集，历史记述与历史科学——历史科学和历史哲学只是程度的不同——推翻历史与自然科学不同的三种说法——概念及法则的重要——历史法则之论理的性质

（九）社会史观论者对唯物史观的批评——Comte注重精神的原

---

① “的生命”，底本作“主义”，误，据下文改。——编者

论——历史与诗——论历史与科学不同实为西南学派所本——历史的主观性——历史很和小说相近——历史循环论为真的历史哲学

（二）Nietzsche 反对历史主义——“历史对于人生的利弊”——非历史的与历史的同样必要——真正生活与行为的历史——历史的三种类——纪念碑的历史——好古癖的历史——批评的历史——历史的过剩——Hegel 历史哲学之讽刺的批评

（三）Bergson 的立脚点——创造的进化——Fouillée 观念力的进化论——Boutroux 的偶然性论——Cournot——绵延——“心力”中论历史与定律无关——提出了生物学的心理学的方法——“生之跃动”——Shotwell 谓近代哲学家以 Bergson 论时间为最精彩

（四）Croce 绝对观念论的历史观——历史的现在性——所谓“永远的现在”——历史与年代记之分——文献学的历史只算得伪历史——具体的普遍——自然主义历史观的批评——历史哲学观念的成立及其解体——人格的历史观——将来的哲学就是历史——H. Wildon Carr 的解释——历史与哲学同时并生的说法

（五）Theodor Lessing 表现主义的历史观——“历史为无意义中的意义”——Thomas Mann——Keyserling——Spengler 论西欧的没落——世界史概念的否定——九种独立文化——文化就是一切过去及将来世界史上的根本现象——世界史形态学的方法——命运——文化与文明——Dostoyevsky 的文化为未来的新文化——“文化之灵”——一切文化的本质为宗教的——城市与田野——历史世界与自然世界——时间与空间的对立——自然科学的认识与历史的认识——历史的观察法为艺术的直观——Spengler 思想的矛盾

（六）Driesch 的历史哲学思想——Messer 评 Spengler 为生物学上的新生机主义说——历史的意义——堆积与进化——知识线的进化——人类社会之心理的原因——历史是“以全体性为依归”——

第一章　历史哲学的概念

（一）发端

历史哲学（英 Philosophy of history，法 Philosophie de I'histoire，德 Geschichtsphilosophie）这个名称，是从一七五四年 Voltaire 在柏林出版了《自沙利门至路易十三其间各国之精神与道德论》（*Essai sur les moeurs et l'espirit des Nations, et sur les principaux faits de I'histoire depuis Charlemagne Jusqu'à Louis XIII*）一书，才开始用起来的。最初不过指世界史上人类文化之哲学的考察，像我们现在所谓在历史事实里寻出一种根本定律的历史哲学，是直到一七八四年 Herder 著《人类史的哲学考察》（*Ideen zur philosophie der Geschichite der menschheit*），想从宇宙开关的自然史以至于人类史，联成一个自然定律，于是历史哲学才算成立。这么看来，历史哲学成为独立的学问，为期很浅；所以有许多专门学者，对于历史哲学的可能性，很是怀疑。尤其是历史学家本身，固然如 Eduard Meyer 或 Lindner 等，以史家而接近历史哲学，但在一般却只认有历史家（Geschichtswissenschaft）而不认有所谓历史哲学。如法国 Fustel de Coulanges 和 Ch. V. Langlois, Ch. Seignobos 等，对历史哲学即极为严刻，好似一讲到历史与哲学的关系，便要失却历史之科学的性质似的。

实则彻底说来，要是历史哲学可疑，就所谓历史科学也不见得就没有疑问吗？如 Schopenhauer 和 Rümelin 就是根本怀疑到科学的史学；以为史的概括，多少总带有不正确地主观的色彩，和实验的科学相违，所以不能成为科学。Schopenhauer 简直只认史学是和旅行记或逸话录一样的有趣，可是没有学问价值。又 Froude 以为人类的行为是自由意志的，所以那以人类行为为对象的史学，也不能有适当的科学的成立。似这样否认历史科学的理论，我们是听得很多了，然而细察起来，这些怀疑论者，有的因为还没有知道历史科学和自然科学的根本不同；有的恰好成功了一种反历史主义的历史哲学（如 Schopenhauer）。Nietzsche 在《历史对于人生的利弊》一文告诉我们："非历史的东西和历史的东西，同样地于某个人、某民族、某文化的健康上，是必要的""对于历史的东西之解毒剂，就是那所叫做非历史的和超历史的。"所以 Schopenhauer 反历史的论潮是对的，说什么"历史的本性是虚伪的""历史是循环的"，甚至于说"历史是主观的，不是科学的"（《意志与观念的世界》下第三十八章历史论），这些话都不过证明反历史运动的高潮。如 Eucken 对于十八世纪的反历史运动的批评似的，这正是历史的连续运动中的一个重要部分（《新理想主义的哲学》第三章），或者不过指出历史不是科学中所谓物质科学，而是那另一种类的科学罢了。

关于历史是那一种类的科学的话，暂且留在后说，现在最先要提出解决的，是历史哲学的可能性的问题。且举日本有名的史学家做例，如坪井九马三就是忌避历史哲学而主张采用"理论史学"这个名词的（《史学研究法》）。意大利 Benedetto Croce 在《历史叙述的理论及历史》一书，就有"历史哲学概念的成立及其解体"一章（羽仁五郎译页 81—109）。他最喜欢引 Fustel de Coulanges 的一句话道："历史和哲学都的确存在，但历史哲学这个东西，却是不会有的。"（页 109）他说"一切的历史哲学，很明白地都具有诗的性格的。把历史事件看做各民族各家族的神神之间，或各各个人的守护神之间的战争；或是光及真理之神对于黑暗及虚伪之力的战争；这种战争表现于古代的历史哲学，是可认为诗的性格的。”不但如此，在历史当中，有的表现着对于各种国民主义或民族主义的感激；或将历史的进行，看做到自由境域的一个步骤；又或“憧憬于原始的共产主义的乐园，这些最近代的史观，也显著着诗的性格的。因为是诗，所以不是事实，只算说话；不是现实，只不过想象罢了。”似这样挖苦历史哲学的话，和 Schopenhauer 的反历史运动，几乎没有两样。其实讲起来，就使假定历史是“诗”，仍然没有推翻历史哲学的说法。何则 Oswald Spengler 的历史哲学，就是具有诗的艺术的倾向的。他说得好，“历史家及历史哲学者的使命，在有组织的才干，与计算整理的分析能力以外，还要以艺术家的眼光为前提”（1,206[①]），又“对于自然应该应用科学，关于历史则应和作诗一样”（1,209）；这段话固然很受 Messer 的批评，但拿来和 Croce 的理论比较一下，不正是针锋相对的吗？所以 Croce 若只以这一个理由来取消历史哲学，是要有许多人提出抗议的。而且 Croce 的否认论也不见得怎样彻底，他不是已经对于以历史哲学为历史之哲学的考察，或以历史认识的研究为历史哲学的，都已经表示让步了吗？他不是默认德国西南学派的历史哲学是一种历史叙述法的哲学吗？（页107）实在很不错！像 Rickert 一般人所提倡的，本不算什么历史哲学，而只好是一种历史叙述法的哲学，不过 Croce 对于和他自己“历史是诗”的说法刚刚相反的社会学的历史哲学，如 Barth 等，则不免有意排斥，这一点我对于 Croce 是绝对不敢赞同的了。总而言之，讲到历史哲学是要包括历史的和反历史的两方面，是有许多派别的。所以如 Croce 或法国 Bergson，他们普遍的历史见解（如 Bergson 所说绵延 durée 或生之跃动 élan vital）虽然有时放出反历史的论潮，而在历史哲学家如 O. Braum（《历史哲学概论》第二章《历史哲学的历史》，页89）却是尊重他们做真的历史哲学家的。

---

① 书中引 Spengler 时均用此编码方式，疑指其《西欧的没落》引文位置，具体不可考，姑存之，余同。——编者

（二）历史与自然科学

一九二二年 *Mind*, No. 121. Oct 载有关于历史与科学英国哲学者的论战，题为“Are History and Science Different Kinds of Knowledge?”参加这次论战的人物，为R. G. Collingwood, A. E. Tayler, F. C. S. Schiller 三人。Collingwood 对于历史科学之否定者，如谓（a）科学是普遍的，历史是特殊的；（b）科学发于批评精神，历史是基于教权的。这些话都一反驳，而肯定了十九世纪实证论者以历史为科学的说法，不过历史家不单只要一般法则就完了。于是对此便有 Tayler 之反对说，他是从论理的关系上，主张历史和科学不同的。但他的纯粹科学与纯粹历史不相一致的论潮，实在不过单纯的假定，反之现实的科学和现实的历史，就一定相合之点很多。所以在这里 Schiler 从实验主义的出发点上，比较倾向于 Collingwood 的意见些。却是这一次讨论中，三人都没有一句话提到德国 Windelband、Rickert 一派的学说，这不能不算做一大遗憾。（详见桑木岩翼《哲学体系》，页 196—210，《历史与科学是不同的知识吗？》）所以我们如果要彻底问历史是否科学，则不可不超出英国哲学者的讨论范围，而更进一层，把德国学者对于历史与自然科学问题的讨论，拿来批评研究一番。

德国 Windelband、Rickert 等属于所谓新康德派的西南学派，这派的最大贡献，在把历史与自然科学对立。但实际在一八八三年 Dilthey 著《精神科学序论》，在他研究历史学的认识论中，以为自然科学是依于官能的智觉与悟性的研究，历史学（精神学）则依于一个统一的全体，即个性的研究；自然科学为外面的悟性的理解，历史上的事实（精神的事实）则为内面的想象的体验。似此分别历史学与自然科学，已经给后代以重要的暗示。所以一八九四年 Windelband 便发表

“历史与自然科学”的一个讲演，到了 Rickert 发表《自然科学与文化科学》一书，历史与自然科学从此便要分道扬镳了。依据他们的说法，我们要认识经验事实，是有二种方法，一种是从经验事实之一般化方法去认识，一种是从个体的方面去认识。前者研究事实的一般法则，后者研究事实的特殊个性。因此前者叫做“法则科学”（Gesetz-Wissenschaft），后者便叫做事实科学（Ereigniss-Wissenschaft），而前者为自然科学，后者就是历史科学。依照上述的趣旨，可作一比较表（见中村久四郎著《历史及历史教育》，页 124—128，《历史学之学问性质的研究》）：

自然科学 （物理学、化学、生物学、力学等）	历史科学
（一）自然科学的对象——自然，是以同一事实而数次反复着的，换言之，即从一般的法则，而反复表示着同一事实。	（一）历史科学的对象，不是同一事实的反复，而为只一度起的；换言之，不是一般的而为特殊的；没有所谓法则，而各有他的个性。
（二）自然科学讲明我们经验事实间的因果关系，是求支配于如何原因生出如何结果的因果关系之一般法则的学问。	（二）历史的事实，无论对于时间，或对空间、人物，都只限于一次起的东西。史学在何处，都是讲明时间上只一度起的事实的学问。
（三）自然科学尽力除去直接经验的异样性与个性而将一切经验统一之于一般性质之下，从此说明一切。	（三）纵谓历史是反复的，可是时间既已不同，便其人物、年龄也不能无异。严密说来，即已不是同一个人，所谓反复，都是那已经失掉个性的。
（四）自然科学尽力将经验的事实，使之一般化。	（四）反之历史家尽力使之个性化，如要讲一般法则的历史，那即是社会学了。
（五）自然科学是立于一切同一性质的假定上，为统一经验的学问，且有归一的倾向，即将生理学还元于化学与物理学，化学还元于物理学，物理学又还元于力学。	（五）历史中讲原因结果和自然科学的因果律不同，而只是明因果关系。即虽有同一事情原因，却不必生同一的结果，那是依于不同的国体，不同的国民性以讲明个性的。

续表

自然科学 （物理学、化学、生物学、力学等）	历史科学
（六）所谓学问是有构成的概念，将一般东西，由一般化的方法，收入主观，这是自然科学。	（六）将特殊东西，由个性化的方法，收入主观，这是历史科学。
（七）如在一定条件（原因）下能生同样的事件（结果），则自然科学的法则是有效的。即自然科学自始即豫想着反复的事件而成立。	（七）历史科学限于一回完成事件的价值认识，所以历史的认识，不同于自然科学要定立一般的法则，而是要决定某完成事件是有怎样的意义？是否立于全体上的某事件，有为其一部分必然的事实的价值。
（八）所谓自然，是一任其自然生长生产的。如就土地说，从土地的自然自由生长来的，是自然产物；人类则从事有价值的目的，而耕耘灌溉，成为田亩产物，叫做文化产物。所以即就自然概念的构成，也是离开价值方法，而以发见一般的法则为目的。	（八）历史一语，不过表明形式的方面，若从内容来说，则特殊的东西谓为历史，勿宁叫做文化。所谓文化，是因从事有价值的目的，而由人类直接产生来的。或至少这在现在时候，因固有价值而有意义，所以一说文化，即含价值。故历史科学或历史学，文化科学，是以由价值关系的方法，而决定一次起的事实，为其目的。

以上所列，简单说起来，就是历史学要把那一回起来而非反复的事实个性，从价值方面去认识他，这就是所谓文化科学说了。但由我看来，文化科学说要把历史科学的非反复性来和自然科学的反复性分开，这种见地实在是很滑稽矛盾的。真正的历史谓为注重个性，勿宁说注重具体的事实性；谓为注重价值关系勿宁说注重目的的关系。并且 Rickert 关于分别历史与自然科学的根据，也实在过于浅薄。Wundt 在《哲学概论》中就有下面的一段话：

这个形式的表征（在自然里现象的反复性及历史领域的非反

复性——引者）从二个见地看来，是不对的。第一以单一的现象（das Singulare）为在自然科学上完全缺乏不用的东西，是全然不对的。例如全地质学差不多是由单一事实成立起来的，可是谁也不会主张——冰河时代底研究，因其在一切盖然性上，只有一回存在了的缘故，就不属于自然科学，而该是历史家底空想的直观。第二，说在历史上现象是不反复的，更是全然不当的。从 Polybius 为始，历史家只要他们不是年代记者，是很少放过可以指摘着同时的事件及于异时间中有着处所或具有一样的内的结合的类似的现象系列的场合的。历史家为了某种结论，是利用了这样的历史的相似物的。（吴念慈译《社会学底批判》，页 14—15 引此）

这么一来，便历史在一面说，也是具反复性的了。亚克色列罗德在前书又引了近代哲学史家 Kuno Fischer 的话，来证明历史事实底反复底意味，好像历史经验的事实，都是为要反抗 Rickert 的历史科学说而有意反复着似的。但是历史是反复与不反复是一个问题，历史是不是科学又是一个问题，假使我们证明了历史之非反复性，Rickert 因此便要把历史与自然科学对立，换一面说，我们就使证明历史是反复的，许多学者们，又要据此来攻击历史之为非科学的了。如 Schopenhauer 就是一个极端的例。他是主张历史的反复性的，所以说“历史是循环的”（《意志与观念的世界》下第三十八章“历史论”）。因此便说“历史的本性是虚伪的”“历史是主观的，不是科学的”。似此以历史的循环法则来否认历史科学的理论，我们是听得很多了。依我们意思，把历史看做不同题名而同内容底反复，和把历史看做一回起非反复的东西，都是一样的错误，就是没有注意到历史的进化法则，所以对于历史是否科学的问题，也无从得到圆满解决了。

我们要问历史是不是科学，应该先问历史是不是与一切科学同样的有一个法则？是不是贯彻于历史进程中的“个性”，乃跟着存在其中的必然底法则来的？如果承认在历史里面可以寻出一种根本发展和进化之法则，如果承认历史的“个性”并不是飞将军似的从天而下，那么我们怎好把历史和一切科学分开，要分别什么“事实科学”和“法则科学”呢？须知宇宙间一切的学问，不讲便罢，要讲便都是以事实做基础，而寻求他的法则的；不然即不得以 Wissenschaft 看待，不过同在法则科学当中，自然科学有自然科学的法则，历史科学有历史科学的法则。固然有许多人把历史法则和其他自然现象同支配于机械的法则底下，要把物理化学的法则，应用到历史方面，所以应该反对。但我们因此便可以抹煞历史法则底存在，而否认历史是科学吗？不对！历史现象是具特有动的法则的，历史科学和自然科学的不同，不关于法则的有无存在，而是关于它的本性所发露的动的法则和静的法则的不同。动的法则是时间的法则，静的法则是空间的法则，历史无论从那一点看去，都是以时间为标准的。在这里我可以介绍 Flint 和 Shotwell 所论历史和自然科学的分歧点。Flint 他说得好：

> It is the entire course of events in time. It is cell that has happened precisely as it happened. Whatever happens is history. Eternal and unchaning being has no history. Things or phenomena considered as existant, connected, and comprehended in space, compose what is called nature as distinguished from history. And history as distinguished from nature is process and movement, the coming of things and phenomena into being or into successive stages and states of being, the flow of occurrences in time. (*History of the Philosophy of History*, PP. 6—7，郭斌佳译《历史哲学概论》页 10—11）

Shotwell 有一段更透彻的话，他说：

For history differs from the natural science in this fundamental fact, that while they consider phenomena from the standpoint of Space, history deals with them from the standpoint of Time. Its data are in eternal change, moving in endless succession. Time has no static relationships, not so much as for a second. One moment merges into the next, and another has begun before the last is ended. The old Greeks already pointed out that one could never put his foot twice into the same waters of a running stream, and never has philosophy insisted more eloquently upon this fluid nature of Time than in the writings of Professor Bergson. But whatever Time may be in the last analysis it is clear that whereas physics states the meaning of the phenomena with which it deals in descriptions, history must phrase its interpretations in narrative——the narrative which runs with passing time.（*Introduction to the History of History*, PP. 316—317，何炳松译《西洋史学史》页 367）

似此把“时间”“空间”这两件事，来分别自然科学和历史，实在比新康德 Windelband、Rickert 等学说，理由充足多了。从一方面看，时间和空间相互间的关系，非常密切，所以历史科学和自然科学的本身，从底子来看，也是不可以绝对分开的，而从另一方面来说，他们毕竟各有各的界限，各有各的法则。一个是研究时间的进化法则，叫做历史科学；一个是研究空间的现象法则，叫做自然科学。再明白说，一个是从内部进化来的生成的科学，一个是从外面堆积来的既成的科学。在此我应该再介绍欧战后影响最大的历史哲学家 Spengler 的学说，他在《西欧的没落》一书，分别所谓“历史的世界”（Welt als Geschichte）与“自然的世界”（Welt als Natur），历史的世界是“生成”（Werden）的世界，是时间的，直觉的，生机主义的世界；自然的世界是“既成”（Gewordene）的世界，是空间的概念的机械主义的世界。历史的世界是“觉醒的状态”（Wachsein），因此Spengler结论，也承认历史事实之不可逆性的原理，就是说：历史事实和自然科学之为必然性的形式不同，历史事实决没有重复的。这一点虽和新康德派的论潮似乎相同，实则他是更彻底地从内的时间的流动性说历史；若果只从外的堆积的观察，则一切历史的现象，都是矛盾而冲突的，还有什么不重复呢？总而言之，历史与自然科学不同，即在一个是时间的动的法则，一个是空间的静的法则。人类历史生活的现象，是时时演进，滔滔不息，但在演进过程之中，是有一个现象所以附隶的动的法则，来支配社会的现象；但这个动的法则，究竟和自然现象所以附隶的静的法则，有怎样的不同呢？于是我们可更进论如下：

（一）历史法则是心理的法则，自然法则是物理的法则——自然的现象是本于物理而成的，历史的现象是本于心理而成的，所以对于历史现象的解释，在某范围内，固可以如Shotwell的说法，兼收物质与心理两原素；而从内的方面来看，仍归宿于心理的法则而不归宿于物理的法则。所以Lamprecht在《近代历史学》（英译本*What is History?*）里开头便说“历史为社会心理的科学”（History is primarily a socio-psychological science, P.3）；田他看来，历史上的一切活动和事实，都不外乎心理的法则，尤其是某种文化的形状，就是（Collective Psychical Condition），而所谓文化的分期，也不过是社会的心理现象的一个连串罢了。因此他就心理学的见地上，将德国史发达的一般形式，分做六个阶段。似此主张历史应以心理法则为主，这实在一点也没有错的了。

（二）历史法则注重目的的关系——目的的必然，自然法则注重因果关系——因果的必然。凡百自然现象之自然定律，都是支配于因果律的原则（Causality），但在人类历史，则在因果关系以外，实支配于动的内在的目的。Stammler 在他名著《依据唯物史观的经济与法律》一书，述及社会现象有基于自然必然性的因果关系，同时他面有手段与目的的关系，即目的论的考察。假使只认社会的发达是自然必然的和日蚀之必然的来到一般，那么社会主义者只要笼着手以待因果律的自然推进好了，还要参加社会运动做什么呢？由这矛盾的事实，可见历史科学与自然科学是很大不同的。历史要求一个动的目的，是由于人们的欲望与目的而成，所以尽管一切事物都有他因果关系论的说明，而历史法则不可不用动的目的论之解释。反之如 Bukharin 的《史的唯物论的理论》一书，因他只懂因果律不懂得辩证法，所以那样反对目的论的考察，实际辩证的法则正是一种动的目的论的变式之表现，那么为什么不老实承认历史法则是注重目的的必然呢？

由上所述，便知历史它是以动的时间为基础，而形成心理的目的论的法则，和那以静的空间为基础形成的物理的因果论之法则，从本质上根本不能相同，因此我们便否认历史为法则科学，那实在大错特错。英国 Buckle 著《英国文明史》（*History of Civilization in England*）第一编，即揭出历史学家这一大弱点，以为从前历史家不能发见支配现象的法则，使历史陷于混沌无政府的状态，这不能不说是历史家比之其他自然研究者较劣弱的证据了。他很沉痛地说：

> It is not, therefore, surprising that the study of the movements of man should be still in its infancy, as compared with the advanced state of the study of the movements of nature. Indeed the difference between the progress of the two pursuits is so great, that while in physics the regularity of events, and the power of predicting them, are often taken for granted even in cases still unproved, a similar

regularity is in history not only not taken for granted, but is actually denied. (*History of Civilization in England*, Vol Ⅰ. P. 6)

知道历史和自然科学一样，要从事实的混沌当中，寻出社会现象的法则，而后历史才能脱出幼稚状态，和自然科学来并驾齐驱。但说到历史的法则，Buckle 的意见和我们一样，一方面注重自然界中气候、食物、土壤、自然之一般的状况，叫做“物的法则”，一方面则注重人类的精神，知识，叫做“心的法则”。欧洲文明的特征，即在物的法则渐渐减少，而心的法则渐渐加多。他说得好：

From these facts it may be fairly inferred, that the advance of European civilization is characterized by a diminshing influence of physical laws, and increasing influence of mental laws. (P.112)

[...] For if the measure of civilization is the triumph of the mind over external agents, it becomes clear that of the two classes of laws which regulate the progress of mankind the mental class is more important than the physical [...] These mental laws, when ascertained, will be the ultimate basis of the history of Europe; the physical laws will be treated as of minor importance, and as merly giving rise to disturbances, the force and the frequency of which have, during several centuries, perceptibly diminished. (P.113)

这是何等明白地指示我们历史进化的意义，是在“心的法则”，而不在“物的法则”。在物的法则方面，历史不能不借助于自然科学方法，来研究定期反复的现象；而在心的法则方面则不可不超出地理环境，以直接体验历史生命的活跃，这就是人类进化历程的心理阶段说了。

（三）历史与社会科学

但历史学虽与自然科学不同，它的本身却是关于社会的一个具体的叙事学。换言之，即一种社会科学，尤其是历史哲学，实际就是“社会学”。我们固然不必如史家Freeman和Heinrich von Treitschke似的，主张什么特别科学的社会学为无用的长物，然而我们至少也须承认社会学与历史学二者实同出一源，有相资相倚的关系；而社会学的研究中，更应该有历史哲学的存在，这大概是无疑的了。然而我们新史家如何炳松先生在《历史研究法中》（《百科小丛书》第一百二十二种）仍然否认这种见解，主张史学和社会学分开。他说：

> 史学与社会学虽同以已往之人群事迹，为研究之根据。然目的方法既然各不相同，研究结果，亦复迥然有别。史家抉择事实，旨在求异；所取方法，重在溯源；其结果非人类共同演化之原理，乃人类复杂演化之浑沦。至于社会学所致意者，乃已往人群事迹之所同，参互推求，借以发见驾驭人群活动之通则；选择事实，务求其同，不求其异；所得结果，非人类演化之浑沦，乃人群活动之定律。故社会学为研究社会之自然科学，其所取方法，与史学异，而与自然科学同。总之，史学所重者在质，社会学所重者在量。史学所求者为往迹之异，社会学所求者为往迹之同。……（页6）

这一大段话和梁启超在《中国历史研究法》（第六章页200—203）所说自然科学与历史之别。“自然科学的事项为普遍的，历史事项反是，常为个性的”；一样地没有脱出Windelband、Rickert等学说的范围，一样地不明了历史学之为一种社会科学，而社会科学自有其和自然科学不同的历史法则也。固然如李守常著《史学要论》(《百科小丛书》第五十一种，此书本于内田银藏的《史学理论》之处甚多，似非代表之著作。)似乎要在此类历史的“浑沦”以外，另找真实的历史，生活的历史（页三），所以说“横着去看人类，便是社会，纵着去看人类，便是历史”（页五）；“历史学是把人类社会的生活纵起来研究的学问，社会学是把人类社会的生活横起来研究的学问”（页八十二）。但他仍然始终认二者之间有些不同，终以为不可认作全为同物（页八十一）。这种不彻底的论潮，我以为还不如 Bukharin 所说“唯物史观的理论即同于马克思主义的社会学”来得痛快（虽然我不是唯物史观论者）。因为这么一来，历史学即在社会科学之中，而历史哲学即同于社会学了。他在《史的唯物论的理论》绪论中说:（许楚生译《唯物史观与社会学》页九。英译 *Historical Materialism* 页XIII）

> 在社会科学之中，有两种最重要的支派，他们都不只是研究社会生活中之一领域，而并且是研究社会生活中之全部最复杂的现象；换句话，他所研究的不限于社会现象中之一类。(例如只是经济现象，只是法律现象，只是宗教现象。)而是研究社会现象之总体，百凡一切的社会现象。此类科学中，一种是历史学，一种是社会学。
>
> 社会学就是社会诸科学中之最概括的，最抽象的。还有人常常用别种的名词来称呼他，称他为“历史的哲学”“历史的发展之理论”等等。(页 10)

由上所述，我们也就知道历史学与社会学的关系，而历史哲学无疑乎就是那要解释社会现象的发展，社会之历史的形态，社会形态之变迁的社会学了。不但如此，历史哲学的社会学，这也决非马克思派独特的见解，可说从 Comte 在一八三八年使用社会学一语以来，始终以历史哲学的综合社会学为最占势力，而近来各史观的抬头，更是社会学趋向于历史哲学研究的一大表示。虽然历史哲学至今尚未能完成其整齐的系统，但一说到历史哲学，便不能不以社会学为研究的对象，因此历史哲学的定义，便有以下各说：

（一）Comte 历史哲学即社会动学说；

（二）Sombart 历史哲学即哲学的社会学说；

（三）Barth 历史哲学即社会学说。

Comte 将社会学分为两大部门，其一社会静学，即普遍地研究社会的构成组织方面；其二社会动学，即历史哲学，普遍地研究社会的历史变迁方面。前者关于社会秩序的研究，后者关于社会变迁进步的考察。然而“实证哲学”，社会科学之部，论社会静学的只有一章，而讲到社会动学即历史哲学的却有七章之多（第五章社会静学第六至一二章为社会动学见 Émile Rigolage 本）可见社会动学即历史哲学，在社会学部门中是怎样重要的了。然此犹谓为社会学初期的见解，却是直到最近代德国的权威学者 Sombart，为柏林发行《社会哲学体系》，担任编纂《社会学》一书。（景山哲雄译页五）在他绪论里，仍将社会学分为两类，可简括如下表：

- 社会学
  - 哲学的社会学
    - 1. 关于人类进化原则之各种研究。
    - 2. 关于文化现象之本质的研究。
    - 3. 关于决定历史诸要素的研究，如唯物史观及其他史观。
  - 科学的社会学
    - 心灵科学的（或心理的社会学自然主义的社会学）……法英美派的社会学者，即西方派。
    - 精神科学的社会学（或知力学的社会学）……德意志派。

他说：“哲学的社会学即同于历史哲学，故就哲学的社会学来说，Barth 所唱社会学与历史哲学为同一的话，是全然对的。”但依我意思，

Sombart 未免倒说了，其最大的错误，和 Rickert 一样，要分别什么文化科学与自然科学，以为自然科学以“法则”为主要概念，文化科学以“理解”为主要概念，所以他所谓科学的社会学，反而就是理解的社会学。却不知这种精神科学的社会学，从广义来说，正是哲学的社会学，而他所谓哲学的社会学，要探讨关于人类进化的原则，关于决定历史诸要素之种种法则的学问才真是科学的社会学，不过不是自然科学的社会学而为依据历史法则的社会科学罢了。于是我们再看 Barth 的社会学说，在他所谓社会学的本质，充塞着历史哲学的色彩。由他看来，社会学的对象即历史哲学的对象，社会学和历史哲学，应该是同一而且不可不同一的。他说意志的变化过程，这是历史哲学的对象，同时就是社会学的重要对象。所以他的社会学说，即在于社会之静的原理，以社会为意志的统一；在社会之动的原理，则要寻绎社会意志过程，因而主张历史学、历史哲学和社会学都只是一个概念而有程度的不同。实际社会学就是历史哲学，历史哲学就是社会学，所以他的名著（*Philosophie der Geschichte als Soziologie*）汉文译语即《历史哲学的社会学》，这不是很明显地主张历史哲学的社会学吗？

固然一说到社会学，有许多学者对从 Comte、Spencer 以来抱历史哲学倾向的所谓综合社会学，树起叛旗，而成立了一种分科科学的社会学。他们主张社会学有独特的研究对象，社会学有其他科学力量所不及的研究范围，及在这个范围里，社会学有它固有的态度和方法，可以充分成立为一个独立的科学。如 Vierkandt 社会学的立场，就是这一派。把这种倾向，用最直截的形式表示出来的，可以举法国的 C. Bouglé，用他自己的话来说，即“社会学不自负能自成为历史哲学，社会学是更谦逊地（单单）只欲成一个社会科学”；像这种纯粹社会学的独立运动，要使社会学与历史哲学分开，也可算显著的社会学界的倾向，在法国这种独立运动的标语，是“基础的社会事实”“真正的社会现象”等，而在德国几年前则用比较纯化的形式，由 Vierkandt 来代表的。现在从 Vierkandt 的立场来观察社会学史，则如 Tarde、Durkheim、Simmel、Tönnies、Wiese 等这一批学者的努力，都是想把他社会学成为特殊科学，尤其是 Simmel 给这派社会学以一个名称“形式社会学”（die formale Soziologie），可算得当代形式社会学倾向的一大宗师，而暗示我们社会学的定义，为“研究社会形式的科学”。即从复杂的社会生活中，论理地抽出一可认为纯粹社会之对象的一种科学；因而社会学史的进化，不消说也是从所谓“历史哲学的综合社会学”到“特殊社会科学的形式社会学”了。最明显的就是德国 Von Wiese 所著《社会学：历史及主要问题》（*Soziologie Geschichte und Hauptprobleme*）就是抱这种见解。日本一般社会学家如户田贞三《社会学讲义案》，及岩崎卯一《社会学序说》，也照此来分社会学的体系；不过两教授分法不同，如 Durkheim 和 Tönnies、岩崎卯一，便不列入形式社会学一派；最可怪的就是对于 Giddings 是综合社会学派还是纯正社会学派？两人见解全然不同，可见这种分类，原无一定标准，真不可靠极了。实际社会学元祖 Comte，早将社会学分为两大部门，照社会动学说，固然可算得“以社会学为研究社会进步的科学”，而照社会静学说，又何尝不是如 Simmel 似的“以社会学为研究社会形式的科学”？照社会动学说，固然是“历史哲学的综合社会学”，而照社会静学说，又何尝不可说是“特殊社会科学的社会学”？所以依我意思，“形式社会学”原不过社会学的一大部门，Simmel 也罢，Vierkandt 也罢，Weise 也罢，都不过把 Comte 没有发挥得穷微尽致的“社会静学”方面，特别提倡他罢了。（老实说，我主张形式社会学，应脱出 Simmel 抽象的范围，完全应用统计法来具体地研究社会的形式；而统计法即为静态的历史学，如 Schlözer 所说：“统计学者即停立不动的历史，历史即是行动的统计学。”）然而因此要大张旗鼓，主张“论理地分离社会的形式与内容”，一定要否定地说“历史只是断片的事象，没有法则可求”；走到极端，反而把社会学完全抽象化，只成其为抽象的社会学了。不错！Ogburn与Goldenweiser曾已告诉我们，以“在专门化的现在，综合研究的困难，一天胜似一天”（见《社会科学的领域》一文，译见《社会学与其他诸科学之关系》一书）；学术史上本没有几个Aristotle，几个Spencer、Comte甚至如Wundt那样和综合观念相近的人，都是很难得的，所以学术愈进步，愈走向专门化的路上，知识的贮蓄愈多，综合的研究愈觉困难。然事实正因为学术愈向专门化，故要求综合的力量也愈迫切，不说别的，最明显的例，就是历史学；如现代所谓“新史学”或“综合史学”（Synthetic History），因得力于各专门的人类学、人种学、心理学，以及各种专史如思想史、科学史、经济史、社会史、政制史、法律史等专门研究的结果，然后才发生“综合史学”。又如马克思派社会学最近大有抬头的倾向，但马克思派即属于历史哲学的社会学的。我们眼见着这种社会学派的发达，已有一日千里之势，那么我们还能勉强说“社会学的发展，是从综合社会学到形式社会学吗？”所以讲社会学史的千万要抛弃前述狭隘的见解，而采纳Comte元来的见解。现在社会学的研究，不是如Ogburn等所说“综合研究的衰落”，事实上乃是“综合的历史哲学的社会学”之复兴！

而且如松元润一郎在“社会学的领域”（见《现代社会学说研究》内一篇论文）里所说似的，形式社会学非难综合社会学之历史哲学的，百科全书的倾向，而从形式社会学研究的学者，以后很多又承认综合的倾向。我们可以最先举出Simmel，他在“社会学”里极力指摘综合社会学的缺陷，认为这是无用的东西；但虽如此，Simmel在他最后社会学的著述上，承认社会学可分三个部门，这即是一般的社会学（die allgemeine Soziologie）与纯粹即形式的社会学（die reine oder formale

Soziologie)、哲学的社会学(die philosophische Soziologie)三者;第二的形式社会学即当现代形式社会学的研究,其他二者,即一般的社会学及哲学的社会学,是有怎样的内容呢?据 Simmel 所说,一般的社会学的领域,是充满着形成社会之一切的历史的生活,常将构成社会的东西,认为全体把握着,那么就很容易使人联想到历史哲学的研究了。至于哲学的社会学,一部分为认识论,一部分为形而上学,这是和社会学的对象无甚关系的"社会学的哲学",Simmel 竟把他归入社会学的领域之内。不消说对于这个三部门的分类,有许多反对的意见,而所谓一般社会学之部分的研究,实在即现代许多有力学者所从事的社会进化论,或置重于特殊方法的社会学的研究。其实当 Simmel 叙述一般的社会学时,已数到 Comte 三阶段的法则,与 Durkheim 所主张社会对于个人之拘束的研究以为内容;可见 Simmel 著作,已无异自己推翻其自已逻辑所得的结论,而我们社会学史之研究者,还要循他从前说法,来以讹传讹,显然是不很对的。不但如此,Simmel 在《社会学的基础问题》里,显然从他社会形式的研究,而指摘出新的历史观之可能,如日本有名的社会学者高田保马,所唱"第三史观",即受 Simmel 的影响。所以即在 Simmel 派自身,已看出历史哲学观或集团数量之决定性的研究,那么我们还能说他是无条件地反对历史哲学的社会学吗?至于前面所举 Vierkandt 的形式社会学,误解更多,他分明以社会学为一个精神科学的,所以著书的副题,写着"哲学的社会学之主要问题",可见他是将社会学来接近哲学,同时全然抛弃了经验科学的研究。所以 Jerusalem 批评他,以为这是形式社会学与现象学的提携,认为这是"社会学形式主义倾向之危险错误的根源"。因为 Vierkandt 把社会学建立于纯然先验的科学之上,所以不但不重历史的范畴,而且很明显地抛却经验的要素,只以理论之先验的要素为社会学的中心,所以他这种形式社会学,在方法上分明和我们主张以定立法则为基础的社会学，根本没有共同点，那么又要从何说起呢？只有 Weise 的“关系学”，始终立脚于经验上面，极力主张社会学为一经验的科学，这一点恰好和 Vierkandt 之哲学的倾向互相对立。然而从大体来看，形式社会学仍不免于带反历史主义的倾向，虽则他们在社会静学方面的贡献不可埋没；但其反历史的和玄学的态度，在社会学史上也不过只占一时的重大位置，现在已由所谓“文化社会学”出来代替它了。文化社会学，换句话说，就是否定了旧形式社会学而复归于新综合社会学即新历史哲学。属于这一派的，德国如 Max Weber 和 Ernst Troeltsch 的宗教社会学，Oswald Spengler 的形象学或世界史的形态学，Max Scheler 的知识社会学，Alfred Weber 的历史社会学等，尤其如 Troeltsch、Spengler 很有名的抱一种历史主义，即将一切世界观，宗教的及哲学的世界观，只看做变化不居的现代历史及社会的生活状态之可变的表现形式。Alfred Weber 更不客气地，称文化社会学为历史哲学。不但如此，即在美国文化学派社会学的发展，表面上虽排斥历史哲学，高揭着“反进化论”（anti-evolutionism）的旗帜，实际却极特别注重历史研究法，即从最广义的历史哲学出发。新派人类学家如 F. Boas, A. A. Goldenweiser 等，主张每种文化均有其独一无二的历史，所以应该利用历史法来分析文化。W. F. Ogburn 本身更明白了，他主张“用历史法以研究社会，最有效果，欲分析社会现象中之文化、心理、生理、气候诸要素，此法最有价值。不但如此，历史法并可以保证对于判别他种原素之不陷于误讹，要之历史法者，求得文化上之事实而已。”（见孙本文《社会学上之文化论》页 16—17）可见文化社会学的倾向，仍不脱于历史哲学范围，现代历史哲学的特色，即在于以文化上之事实做根据，所以与旧历史哲学不同，而这就是我们今后所要详细研究的题目了。

由上不厌繁复的说明社会学的派别，无非要讲明历史哲学之为社会学，与这社会学所以存在的充足理由。总而言之，我们要将历史学与社会科学之研究打成一片，我们要将历史进化的方法完全应用到社会科学的各方面；所以历史哲学可算社会科学中各种科学的科学。如过去所谓“历史学派”，就是应用历史的精神和方法，到社会科学上的一个运动。就政治学方面说，如 Gettell 在《政治思想史》（*History of Political Thought*）即有《政治的历史学派》一章，历举德国历史学派的Friedrich Karl Von Savigny，英国历史学派的Sir Henry Maine，美国历史学派的 John W. Burgess，实际从十九世纪直到现在根据于历史考察，来研究政治发展的学说，还很占势力。如 Bagehot、Hobhouse 都可算对于政治进化论很有影响的学者，Oppenheimer 虽反对新历史派，而他所著《国家论》，却完全引用历史方法来讲明国家制度的发达的。次就法律学方面说，如 Vico、Montesquieu，经 Savigny、Stammler，以至现代法律学上的新历史派，即社会学派（Sociological School），也有代表的人物。如 Ehrlich、Holmes、Pound、Cardozo 等，可算近代法律学几大宗派中最大的一派。次就经济学方面来说，格外明白了。经济学上的历史学派是对抗 Adam Smith 和 Ricardo 等所建抽象的超时间空间而永久不变的经济原则，主张归纳法及应用历史的方法去从事各民族的经济生活之研究。从 Friedrich List 至 Wilhelm Roscher、Karl Knies、Bruno Hildebrand, 遂为该学派划一个新纪元。Roscher 所著《根据历史方法的国家经济学要纲》（*Grundriss zu Vorlesungen über die Staatswirtschaft nach geschichtlichen Methode*, 1843）与 Karl Knies 所著《站在历史方法立场上的经济学》（*Die politische Oekonomie vom Standpunkte der geschichtlichen Methode*, 1853），主张经济学应求其立论基础于历史的生活之中，它的结论非应用历史的方法不可。经济学上所谓一般的法则，不外显示着历史的说明与真理进化之表现。因此他们便极力反对经济学理论的绝对主义，而只认经济法则为暂时的、条件的。于是更有将历史方法彻底地适用于具体的研究者，有自称为新历史学派的一群，即以 Gustav von Schmoller 为中心，由 Lujo Brentano、Adolf Held、Knapp、Bücher 开始，算到 Nasse、Schäffle、Schönberg、Hans von Scheel、H. Rösler、Adolf Wagner、Sombart 等，他们更彻底地将经济学建立于严格之历史的统计的经验主义之上，而排斥一切抽象的方法。他们和别派抽象经济学的真正区别，即在他们能埋头于准备的工作及历史材料的搜集；然而他们也不是止于纯粹记述而不从事定立法则的，他们由归纳研究的结果，各自建立经济进化的法则，即经济发达的阶段说。旧派如 List 以生产形态为标准，谓国民经济之阶段的发展，是从原始蒙昧状态进至牧畜状态，更进入于农业状态、农工业状态、农工商业状态。Roscher 以生产要素为标准，分一般经济的发达，为从依赖自然时代至劳力时代、资本时代。Hildebrand 以交换形态为标准，区分经济发达的阶段为一自然经济时代，二货币经济时代，三信用经济时代。于是再考察一下所称新历史派的人物，如 Schmoller 关于经济组织形态所见的经济阶段说，Bücher 从生产目的，又从生产至消费径路长短所见的经济阶段说，没有一个不可称为定立法则的科学。所以历史学派不但于搜集材料上有价值，即在建立经济发达阶段的理论，也决不下于马克思派的经济史观。而从广义来说，马克思派实际上也正是一个历史学派的产物，换句话说，都是以划时代的历史方法来研究社会科学中的经济学的。然而历史哲学的范围，却不止限于经济的研究，对于一切社会科学的形像，政治、法律、宗教乃至人生的诸领域，都能从历史的进化形态方面去观察它，一面具体地认识那些事象的过去的阶段，即一面预测现实之必然的历史的步骤，这种特出的探求历史法则与依据法则以说明一切社会科学的综合学问，这就是我们所讲的历史观或历史哲学了。

第二章　历史哲学的历史

（一）历史的历史

历史是一种科学，叙述人类在知识线上的进化现象，使我们明白我们自己同人类的现在及将来的（此定义见拙著《历史哲学》第一章《历史的新意义》）。然而说到知识线上的进化现象，则如文学、哲学、艺术、科学，几皆有历史，而尤其是政治，甚至如 Edward Freeman 说什么“历史是过去的政治，政治是现在的历史”（History is past politics and politics are present history），这样狭窄独断的历史概念，当然不值得一驳，然亦可见一切值得记忆的知识线上之进化现象，都已有人追述它，单单“史学”本身，至今尚未成为“历史的题目里主要的部分”，这不能不说是一个遗憾。哥伦比亚大学教授 J. T. Shotwell 所撰《史学家导言》（*An Introduction to the History of History*）是在一九二三年在纽约出版的，尚且说到“在最近数年前，除极少数备学生所用之书外，历史本身之故事，始终未尝有人为之叙述者”“盖即史学史一语，亦尚未为一般人所了解，以此等为问题，唯大学中或有余兴可一为之，普通人士则初无暇晷。”（何炳松译页一）可见史学史一科尚在萌芽时代，遑论到历史哲学。本从史学本身蜕变进化的产物？如果不先明白史学的进化，便历史哲学从何而来的问题，即无从谈起。所以虽有 Flint 在一八七四年与一八九四年所著《历史哲学史》二书，仍然不能使我们满意。第一这书不能讲明史学如何从故事式的历史，进至他所谓“对历史所发的思想——历史哲学”。第二他叙述历史哲学的发达，事实只以国家为单位，一直铺叙下去，而没有注意到历史哲学的演进，也应该常做一个发展，一个过程。为要纠正这两种错误，所以我讲历史哲学的历史，不得不特开生面，将历史学的发达，看做人类知识在线的一种进化现象。换言之，即将关于人类知识发达的阶段法则，完全拿来研究史学史及历史哲学的历史。这就是说，即将历史哲学的发展，认为一个极有规律的极有条理的阶段发展。但说来话长，未说之前，须先讨论一下历史的分类。

请先举 Hegel 对历史的分类。Hegel 在《历史哲学概论》（河野正通译 Lasson 版）第二编《特殊绪论》中，有《种种不同之历史的考察方法》一章，这在 J. Sibree 英译本，便当做“开宗明义”的总论发表。他将历史分做三种类：

（一）原始的历史（die ursprüngliche Geschichte, Original History）；

（二）省察的历史（die reflektierte Geschichte, Reflective History）；

（三）哲学的历史（die philosophische Geschichte, Philosophical History）。

第一，原始中的历史　例如 Herodotus, Thucydides 及其他二三类似的历史家中，都可看出。他们只纪录当时战争的状况、事迹、社会诸状态，这些十之八九都是从自己见闻得来的。他们目的只在将短小时间活灵活现的事件，真实明确地传给子孙，他们是不发生省察的问题的。

第二，省察的历史　这种历史的特性，在于超越现在，即这种历史的叙述，不限于所关的特殊时代，却企图着超出特殊时代的精神。在这类历史中，又可区分为数种历史：（甲）普遍史（Universal History）为一民族或一国乃至世界之全历史的概观。简言之，在普遍史里以改制史的材料为主要条件，此种修史家以自己的精神从事修史，换言之即以与内容精神各别的精神，来从事修史事业。因此史家在一方面关于所记述种种行为，事件的内容及目的之种种原理，在一方面则关于历史的编纂法所有之种种原理，都特别成为重要了。（乙）实用史（Pragmatical History）即为明示事迹之原因结果的历史，其特点在复活了属于过去一类的事迹，而给与以现在的生命。此类实用史的著者，应特注意于道德上的省察，并希望以历史为道德的教训的实例——历史屡屡是为这个目的编纂的——使统治者、政治家、国民能因此历史的经验得到教训。（丙）批评史（Critical History）原来不是历史自身，应该说是历史的历史，历史故事的批评，历史的真理性或确实性的考察。（丁）艺术史、法律史、宗教史等（History of Art、of Law, of Religion）这是从一民族全部丰富的生活里摘取下来的一个专门的历史。此种历史，最初就是部分的、特殊的，因此便不免于抽象的，但因其采用了一般的见地（例如艺术、法律、宗教的历史），故可看做达到哲学的世界史之一个过程。过此便是第三哲学的历史，即历史哲学了。

如上 Hegel 关于历史的分类，大体是没有错的；不过只有一点，就是 Hegel 仍然没有注意到这些历史分类之内的联络。他只知道历史有三个主要分类，却不知在历史知识的发展中，这三种历史实即形成了史学史的三个主要阶段。即从原始的历史进至省察的历史，从省察的历史进至哲学的历史，如果从发生学的方面，去考察历史的历史，则这三种历史是可看做一个有机的全体而渐进发达着的。自然这种新的看法，也不算我的创见，我只是一方面承认历史之本质的分类，是有如 Hegel 所说的三种类，一方面又承认这三种类的历史，是按着三阶段的法则而渐进发展着罢了。德国 E. Bernheim 所著《史学入门》(*Einleitung in die Geschichtswissenschaft*, 1920 柏林新订版，坂口昂等译《历史是什么》第一章页 4—5)，虽然没有提到 Hegel，但他很有名的历史分类，却是完完全全就历史之系统的序列说的。依他意思，历史可分做（一）故事的历史;（二）教训的历史;（二）发展的历史三种。“在历史的知识发展中，可分做三个主要阶段，此等阶段如现在所指示，实相当于一切知识的发达阶段，即可分为故事的或列举的阶段，教训的或实用的阶段，与发展的或发生的阶段三者。”（页五）把这段话和 Hegel 的分类比较一下，所谓故事式的历史即原始的历史，教训式的历史即省察的历史，发展式的历史即哲学的历史。Bernheim 本着眼于 Comte“人类知识发达阶段说”的（实际已有人误认此三种分类为出于 Comte 者，如卢绍稷着《史学概论》第四章《历史之进化》页五所述，就是好例)，而其结果却恰好和 Hegel 的分类极相吻合。并且他从静学的历史分类变为动学的历史分类，从空间的组织学的历史分类变成时间的发生学的历史分类，这一点我不能不说是有很大的贡献了。

但在这里，我意思只是要指出和 Hegel 历史分类不同的，还有那受 Comte 三阶段法则影响的 Bernheim 的历史分类，要读者注意。固然这两种同以原始的历史或故事的历史为起点，同以哲学的历史，历史哲学或发展的（发生的历史）历史，为历史知识的发展中之最后最进化的产物。但在一说到各种历史的实例，则两家的学说便不免很有出入。如照 Bernheim 的见解，则 Thucydides、Polybius 等是属于教训的（实用的）历史之内，而在 Hegel，则仍属之于历史的第一类，即故事式历史之内。这种很大的出入，使我们研究史学史的不免感着困难，但经我几次考察的结果，觉着 Bernheim 所举例，比较更近于事实些。Langlois 和 Seignobos 曾讥“Bernheim 氏所论之大体，皆为吾人所不欲留意之立理问题”实际吾人所认为极重要的历史之科学的分类，在二氏所撰《史学原论》中，尚未曾言及。现在试照 Bernheim 说法，为作一个简单的表解：

历史的分类	根本概念	体裁	举例
（1）故事的历史	纯材料的注意及美的注意	年代记，歌谣，史诗	荷马史诗，东洋希腊罗马之金石刻文。（Herodotus）
（2）教训的（实用的）历史	教训的注意偏于事件之心理的冲动的视察	传记言行录	Thucydides, Polybius, Tacitius
（3）发展的（发生的）历史	发展的概念 人类统一性的概念	科学的历史	二元的神学史观 唯物论的史观 实证论的史观 康德派历史哲学 人生论哲学

把上表和 Shotwell 所著《史学史导言》比较一下，则在史学史的开卷数章，从埃及之纪年史——巴比仑亚述与波斯之纪载——犹太史——自 Homer 至 Herodotus 等，都可算做故事式历史的阶段。从 Thucydides、Polybius、Varro、Caesar、Sallust、Livy、Tacitus 以至 Suetonius、Ammianus Marcellinus 都可算做教训的（实用的）历史的阶段。而附录题为《中古及近世史学》之第二十七章《历史之解释》，却正是发展的（发生的）历史的阶段。现在试照这三阶段，用历史事实证明如下：

第一，故事的历史。近来新史学派如 Shotwell（《西洋史学史》页二）、Robinson（《新史学》页 29—30），都异口同声反对历史为文学之一支，固然如法人 Daunou 一般，说什么“历史是娱乐读者的文学”，这句话应该反对。（参《新史学》页 30 引 Daunou 在法兰西学院讲演，就要做历史家应先读乐府的名著，既读过诗同小说，再去读历史的名著，以研究文体为主一段。)，但事实上古代实以史神（Clio）为文艺女神（Muses）；即证之有史之初，史诗也在散文记事之前，所以“印度有刺马耶那（Ràmayana）与摩诃波罗陀（Mahàbhàrata），而无纯粹的历史；希腊先有荷马（Homer），然后有希罗多德（Herodotus）；英国伊利沙伯（Elizabeth）时代的莎士比亚（Shakespeare）描写人情事物，刻划入微，然而直要到查理第二（Charlies Ⅱ）的时候，才始有良史。”（见郭斌佳译《历史哲学概论》页74）虽然这些用诗歌来传诵故事的，未必都真可靠，Flint 也说“Buckle 以为这类诗歌，确凿可据（not only founded on truth but strictly true），实在不是笃论”；但事实告诉我们，在没有真正的历史以前，能以最古文明遗迹留给后人的，只是这种富于幻想的诗歌，没有这些纪事诗人，我们甚至连这一些神话故事，都不能知道什么呢！因为史学的发达，是从故事式历史到教训的历史，然即在故事式的历史阶段，又可分做几个小节目，如“史诗”正是故事式历史的第一时期。因为古代文字传写不便，所以对于过去故事，都是专靠记诵，而最便于记诵和传诵的，要算到有韵而可歌唱的诗歌，所以“史诗”不算完备的历史，却正是远古历史的模型。如印度四吠陀中的一部分，可算印度最古的社会史宗教史了，原文却是梵歌。中国的上古史料，也很多保存于《诗经》的雅颂内。日本古代史保存于经后人记入《古事记》与《日本书纪》的古代歌谣里面。在欧洲就最先保存于 Homer 的史诗里。因为历史最初保存于诗歌之内，所以看重文笔，势必至牵强附会，所述皆带传奇的色彩，而失却史学纪实的精神；但在古史家方面看，却有一个好处，就是能够激动感情。所以即在史诗时代以后，古代史家都特别注重文笔和文笔内的“情感的表现”，这么一来，历史才能激起读者兴趣以达到故事式历史本身的目的。

原来故事式历史从文体上说，须用最古的“史诗”，从内容上说，则几无一不属“神话”。因有神话才能充分满足初民惊奇玄妙的心理，也唯有这属于心理上的冒险事业，才有当做故事讲述的价值。而这神话中最普遍的就是人类原始的神话，所以各民族各有其创世记（Genesis）及天上战争、地下洪水、英雄豪杰杀龙力斗以及以威武神迹救助贫弱等故事。如埃及极著名的巴勒摩碑（Palermo Stone）、Shotwell称之为史学史中最早的纪年史（页66），但所记大半系神祇圣节与神史的断片（页71）。巴比仑的创世故事，保存于七砖（Seven Tablets）里的，和《旧约创世记》中故事相同。至于著名的神话史诗，即 *Gilgamesh and the Flood*（《吉尔加美什与洪水》）一段故事，R. W. Rogers称之为“现存古巴比仑文学中最美丽最动人且最宏大的诗（The most beautiful, most impressive and most extensive poem which has been preserved to us of the literature of the ancient Babylonians）”。亚述的刻文，用上帝亚须尔（Ashur）亚述之神来诏示来世。至于巴力斯坦的希伯来人留给我们的一部《旧约圣经》，更不消说是神圣不可侵犯的神话史的典型。他们要证实基督天国，遂不免于摧残过去的史料，如《摩西五经》现已证明并非摩西所作，为由许多人更改成的。如唯一伟大耶氏本著者（The great Jahvist），材料虽甚粗陋，却具有史诗的力量。将耶氏本与以氏本（Elohist）比较，耶氏本取材于巴力斯坦南部之犹太王国（Judah），以氏本取材于北部之以色列王国（Israel）；耶氏本族长的故事用耶和华之名，以氏本则将一切超自然的故事，归于以罗欣（Elohim）；耶氏本记载故事主仍保存传说，以氏本则改变其残忍粗陋，而为仁爱公道之神。又以氏本所表上帝概念较耶氏为高，所以上帝高高在上，已不肯显身于世人，这种于神话故事加以浪漫的色彩，不是很可反映神话历史也有演进的痕迹可寻吗？于是从犹太人的《圣经》一转来看希腊的Homer史诗与Hesiod，这些古代诗人所述者不过伟人的功绩与惊奇的惨事，因为他们（一）所述过去，皆带传奇的色彩；（二）所述故事，目的在于娱乐而不在求知；（三）专重个人而不注意城市组织的源流；这时可说对于政治完全忽略，有传奇而无历史，所以仍属于故事式历史的第一期。

自Homer至Herodotus中间经过说书家（logographoi）时代，这时因为文体解放，即去韵文而用散文，出了不少至今仅有姓名而无著作的城市编年史家，有名的如Hecataeus虽未能以搜得的事实，打破旧日的世界观念，但他实为Herodotus所本。不过依Shotwell批评："最初散文家沿袭诗人之题旨，所述者政事少而英雄贵族之故事多"（P. 161）；所以仍属于故事式历史的第二期，可算是一半传奇一半历史。直"至希罗多德方为首出之政治史家，始将国家之演化，与民族之事业，为有系统之叙述"（P. 161）；因为他注意叙述希腊的社会状况（P. 203），树立了历史的新方向，所以可称历史之父。他将多年游历的经验，著成一部有名的《波斯战争史》（*History of the Persian War*），虽许多不免道听途说，受史料的欺骗；却是故事式的历史到Herodotus便已登峰造极了，这就是故事式历史的第三期。

第二，教训的（实用的）历史。最初的代表者即Thucydides，所著《柏罗坡泥细安战史》，他所谓历史，不是历史事件而指关于历史事件的正确知识；而且这样记述正确历史事件的目的，是要传给后世，拿做后人的参考用的。这种传于历史记述之实用的意味，至少在Thucydides以后成为历史研究的主要目的。他说"要是那求过去的正确知识以资解释未来的研究者，对此认为有益，那么自己就十分满足了"。因此他即努力于"一心一意注全力于求事实的正确真相”；不过Thucydides不单以为踏实记述历史事件就完事的，历史决不单是事实的连锁，事变的偶然连续，个个的事件是应该在比较大的关系里去考察的。一堆的历史事实中，是含着如何意义呢？探索此中奥妙，便是历史家的天职。所以Thucydides在历史里——在柏罗波泥细安战争中，又雅典的没落中——看出历史实际就是一个经世之学，于历史中寻出某种意味，以为将来事件的典据，大之可供经世济民的数据，小之亦可以为日常生活的指针，这种为功利的实用的目的而著历史，可以说就是希腊罗马史家的根本精神。Polybius如此，Livy如此。Polybius以为“历史而仅记事实，不事解释原因原理主旨以及事物之前因后果，则如一幅画图，无俾教训；虽或能取悦一时而不能垂教后世，终无永久之价值”（《史学史》页228）。所以历史应具实用主义，熟悉史事不但为一种学问，实即处事接物的南针，政治家的千秋宝鉴。这种教训的（实用的）历史观念，到罗马格外发达，以为历史原为政治家与演说家援引以助论证之用。Livy则因此而表扬其爱国的热忱，他说“研究过去，可得无穷之利益，盖在历史真理光明之下，各种先例具在也。从各种先例之中，可选择其足为自身与祖国之规范而摹仿之，择发轫不吉结果不祥者而避免之”（页292）；所以他所著《罗马城建设史记》（*Ab Urbe Condita*），依Machiavelli的评语，就是“借过去事迹，教导当时之国人，而为古代唯一之著作家”。自Livy以至Tacitus，以为历史是要保存有益于世之真理（页300），他主张一如古代诸大思想家，以为“历史最高之任务，在于尽记有价值之事，不使有所遗漏，而以后世之唾骂为戒，使读者不敢有恶言恶行”（页315）；这可算教训的（实用的）历史之最卓越的表现了。不过依Hegel批评，这种为实用而编纂的历史，要使统治者政治家，国民从历史的经验里，得到教训，然而征之实际，政府和人民决不从历史里学着什么；又依历史所得教训而行动的事，也是没有的。因为各各时代有各各特殊的环境，所以生于当代，便非依当代自身来决定一切不可，也只有依自身决定才可能的。所以教训的历史要以黯淡过去的事例，来对付泼剌自由的现在，不但全然无力，而且再浅薄也没有了。

（二）发展的历史

原来历史的历史，它本身就是从渐次发展来的。由古代纯粹材料的注意以至教训的注意，最后至于近代关于发展概念的注意，其间的确是一种进化，一个过程；而就编史的眼光来看，则尤以“我们的近代”的史学史，格外重要。因为我们要明白现代人类知识线的进化现象，非先明了近代史学的学说不可，所以对于所谓“发展的历史”即“历史哲学”，应特别注意。固然在所谓哲学的历史、历史哲学、发展的（发生的）历史，现在这些题目之下的历史研究，是最容易发生误解的，因为这种学问成为独立的学问为期很浅，拿他做史学史的最后阶段来说，更是新近的事情。所以有许多专门学者对于发展的历史之可能性很是怀疑，尤其是历史家本身，一般只认有历史学而不知有所谓发展的历史的；其实这完全是一种浅见。Bernheim 告诉我们，从前研究历史和哲学的两专门的代表者，大抵互不接近，直到现在这种倾向便大不同了。“由历史家看来，历史哲学决不是无用的赘物，只有那对于‘自己所成之事毫不加思考’的人，才觉此为赘物，其实在从事某种学问的研究者，于自己特别研究中，不注意到何等一般的观察，而只凭空想，这正是那学问之致命的错误！”（《史学者何》页26）这话实在不错，因为历史哲学或历史观是要在历史事实里面，寻出一种根本发展之进化的原理原则的。所以历史哲学或历史观，就是研究发展的（发生的）历史的学问，他不但不和历史事实冲突，而且刚刚相反，如 Flint 所说似的："史家论史愈广博，愈深刻，愈敏锐，一言以蔽之愈真实，就愈配称为历史哲学家。"（《历史哲学概论》页 23）又说："组成历史的一切事实，都可以用历史的目光去解释他，正像自然界的一切事物，都可以用自然的目光去解释他；而全部的历史正和自然一样，是一个极有规律极有条理的整体。"（页 28）这话已很够证明历史哲学史的重要性了。

由上历史哲学或历史观，它本身就是历史学中的一种演进，一种过程。Bernheim 所叙发展的（发生的）历史，要将发展的概念适用于历史事实，然而"发展的概念在现在似乎是自明的，但这却不是人类精神生来有的，尤其将人事看做一个发展的产物，即为把捉着由外诸原因之统一的关系，是必须要有更高度的全精神文化的"。（页一五）所以历史哲学，历史观或发展的（发生的）历史，毕竟同时也是一种历史的较高历程，而推溯到过去学者解释人类历史所具思想的变迁，换言之即种种史观的变迁，也是有一段长的而且复杂的历史的。

依照 Bernheim 的分类（《史学者何？》第一章第二节现在的史观主潮（历史哲学）页 29—62），史观可分做下列种种：（一）二元的神学史观；（二）唯物论的史观；（a）生物学的唯物论，（b）经济学的唯物论；（三）实证论的史观；（四）康德派历史哲学；（五）人生论哲学。这种史观的区分，显然是"堆积"的，和他前面所说"发生的历史"方法不同。假使我们知道这些"思想家的思想议论，实在也是同样的历史上的事实，所以已往的人，对于历史所持的思想，实在他本身已经是一部历史"（Flint：《历史哲学概论》页四）；那么历史观的分类，同时也应当把他和凡百发展的历史一样看待。换言之，只可按着历史的发展来分类，却不应把他当做"堆积"的东西。可是 Bernheim 以外，讲历史观的体系的，差不多没有一个脱出"堆积"的范围。如美国 Giddings，总算是综合社会学即历史哲学的一派了，但他所分历史学说的五类型：（一）形而上学者或神学者所抱先验的历史哲学；（二）社会自己决定论的哲学；（三）环境史观；（四）文化史观；（五）Giddings 圣雄主义（Protocracy）的历史解释（见 *A Theory of History*）；似这样不确定的五类型说，我以为任意再添上几个都可以的。至于 Seligman 所叙（《经济史观》第一章）早年的历史哲学，有（一）哲学史观；（二）宗教史观；（三）政治史观；（四）地理史观；更是信手拈来，结果把史观的历史看做从外面堆积来的，而无所谓进化的发展的（发生的）历史了。

但据实研究的结果，历史哲学或历史观的分类，也和历史本身的分类一样，一方面有历史哲学的三个主要分类（一）宗教的历史观即神学史观；（二）自我的历史观即形而上学史观；（三）社会的经济的历史观即科学史观。而这三种史观，又形成了历史哲学史的三个主要阶段，即从宗教的历史观到自我的历史观，从自我的历史观到社会的或经济的历史观，固然这三种史观，在现代则为综合的表现，即（四）综合的生命的历史哲学即艺术史观，但从发生学的方面考察，历史哲学之本质的分类，确是按着人类进化的三阶段法则而渐进发展来的。或者借用 Rapporte 所说，将历史哲学的进化，分别为三个时代，即神智说时代、观念说时代、实证说时代；意思和我在《历史哲学》（页 33—53）所分时代的术语，也并不冲突（《历史哲学》青锐译页 85）。因为我们同依据于三阶段的法则，而“这个分法，已经为学说发展至今的性质，自身所证明其正确的了”（页 86）。不过历史哲学不是到了科学时代便算完全确定的时期，尤其即在科学时代，Marx 底经济观，也不能算得唯一伟大的历史哲学罢了。现在为说明便利，试将历史哲学的进化，以孙中山为止，先大别为三阶段，试作表解如下：

历史阶段		发展时代	代表思想家	集大成人物	代表著作	根本观念
第一阶段	宗教的历史时期	中世纪至宗教改革时代	Eusebius, Augustine, Orosius, Bossuet, Luther	Augustine	《上帝之城》（*City of God*）	以基督救世为中心的神学史观
第二阶段	自我的历史时期	十八世纪至十九世纪	Vltaire, Rousseau, Herder, Kant, Fichte, Schelling, Hegel, Ranke	Hegel	《历史哲学》（*Geschichts-Philosophie*）	以伟人或时代天才为中心的个人史观或精神史观，即形而上学史观。
第三阶段	社会的科学的历史时期	十九世纪至二十世纪	Marx, Comte，Engels, Buckle, Dietzgen, Lamprecht, Kautsky, Breysig, Plekhanov, Lenin, Barth, Bukharin, William, Deborin，孙中山	Marx, Comte	《经济学批评序文》《共产党宣言》《实证哲学讲义》（*Cours de Philosophie Positive*）	以社会学或经济学为中心的社会史观、经济史观，即科学史观。

第三章　神学的历史哲学

（一）序说

我们人类一有历史不是即有历史哲学，虽然如 Flint 所说“人类对他自己第一次发问，就是密尔顿（Milton）诗中亚丹（Adam）所讲的我怎样会来的？怎样在这里？”（《历史哲学概论》页 51）这或就是历史哲学的起源了，但他不是又说：“柏拉图（Plato）对于历史不当他是一种科学或者哲学，亚里斯多德（Aristotle）也是如此。如果他确认为历史里有一种哲学，那他也决不讲‘诗’（史诗）比了历史更加深奥真实了。”（页 249）因为古代历史本只注意特殊的繁复的孤立的事实，原无所谓历史哲学，所以在这一点，Rapporte 倒和我的意思一样主张“古代无历史哲学”（《历史哲学》页 88）。他引 Flint 的话，谓他们“都不会在历史底科学或哲学底本义上，正正当当地在历史中有科学的兴趣或哲学的兴趣”（同上，页 86 引）；他甚至于说“Robert Flint 这个历史哲学底历史学家所说这些很肯定的话，至今没有生出反对底意见，这当然是正确的了。”（同上，页 86—87）然而古代虽无历史哲学却实为宗教历史哲学的萌芽，这一点也无法子否认。如史诗中有与 Homer 并肩的 Hesiod 所著《工作与日期》（*Works and days*）始区分时代为黄金时代、白银时代、铜时代及铁时代。又《神谱学》（*Theogony*）一书述明古希腊人对于社会起源之观念，实根据于神话，故其一诗具有各时代社会进化之结构，隐具世界史规模；其另一诗则写出此种历程中之神圣因素。（Shotwell《西洋史学史》页159）可见即在史诗中，也不免发生宗教的历史哲学。Herodctus 的历史“其下潜伏一段忧郁之底层，而懔然敬畏神祇之愤怒”（页 190）；Thucydides 的历史“终受命运（Fortune）之限制……然而此未知之数，乃一宗教名词”（页 205）；可见即在古代史家中，也发生宗教历史哲学的萌芽，不过真正宗教历史哲学的起源，却在于基督教史学兴起以后，尤其是在 Augustine 著《上帝之城》（*De Civitate Dei*）以后。在 Augustine 以前可举的，如与基督同时的 Philo Judxus 所著《神圣法律之寓言》（*The Allegories of the Sacred Laws*），“胆敢假借历史之意义，以为其附会哲理之资”（《史学史》页 140）；虽似未直接影响后来基督教作家，但他“用寓言解释典籍，于鼓励思想上之非历史态度，有重大影响”（页 140）。自后 Origen 的玄谈，以象征与事实混合来解释圣经，而宗教史家 Eusebius of Caesarea 所著《教会史》（*Church History*）主张必须以基督救世之道的来源为始，其首数章即已可见 Augustine《上帝之城》一书的大概。（同上页 357，361）然我们尤不能不提到纪元三世纪顷 Plotinus 的遗稿 *Enneads*，在那里实贡献一种历史哲学。依他所说：“历史就是由神们心中所创造的艺术品，从全体考察，便一切罪恶都在历史之中消失了。”这种从宗教的立脚点以为历史就是一篇神诗（Divine Epic），实在反映初民对宇宙生动感情之精神的虔敬的性质，而与 Augustine 以极大的暗示。原来自基督教出世，认现实世界与灵界间，有很深的间隙：我们在教父哲学与神智教中，也非不可看出目的论的史观，然而很明白提倡二元的神学史观的，仍应推到 St. Augustine。Flint 说得好“奥古斯丁在所著 *De Civitate Dei* 里面，竭尽他天赋的才力，用基督教神学的原理。这项原理，势力极大；自奥氏以后，数百年间为唯一的历史哲学。其实中古欧洲所有的唯一的历史哲学，只有奥古斯丁所倡的这项原理，在近世并且也占有很大的势力。我们看波绪亚（Bossuet）、希勒格（Schlegel）等人的说教，虽然多少有些改变，但是他们根本的主张，仍旧是 Augustine 的历史哲学。”（《历史哲学概论》页 109）又 William Turner 在所著《哲学史》，论 Augustine 在历史上的地位也说“The debt which philosophy owes to St. Augustine includes, besides many original contributions to the definition of the Christian concept of God, of the human soul, and of the destiny and duty of man, the first essay on the part of a Christian philosopher to disover and expound the philosophy of human history”（原书 234 页，此引《圣思定千五百年纪念论文》页 5）。可见他对人类之历史哲学是有莫大的贡献了。因为历史哲学的第一阶段即神学的历史哲学，不外 Augustine 所谓“神国”：世俗之国与基督之国相争斗的历史，所以应从这位古罗马的“教会博学之明星”（Ecclesiasticorum Iumina magistrorum）说起。

（二）Augustine

照 Augustine 的 *De Civitate Dei* 看来，“他这部巨著，并不是一种历史的哲学，也并不是想阐明什么历史的哲学，既非讲哲学的，亦非讲历史的，实在是讲神学的，实在是一篇堂皇宏深雄健挺拔辟除异教辩护基督教的文章而已。但是他这书里的论调，如果比了其他神父的著作，就觉得他自有一种历史的哲学，包含在里面”（《历史哲学概论》页 260—261）。因为他借了历史来推出神学里面的阃奥，所以把历史这个东西，从头至尾纯然认为只是神的计划。他提出一个很有名的二城主义，一个是上帝之城，一个是魔鬼之城，一个代表善，一个代表恶，上帝之城不在地上而在天上，从《旧约全书》一直述到《新约全书》，都可证明他的存在；在地上的是魔鬼之城（City of Satan），从亚当吃了分别善恶的树上的果子以后，一直到罗马帝国时代止。这么一来，历史完全变成功一部神秘史，一部善恶对峙善的战胜恶的之历史，而人们所要作的，也只有尽力于建上帝之城于地上罢了。因为这种史观，将人类历史的构成，用善恶二元的解释，所以又称为“二元的历史观”。现在请将 Flint 简括他的历史哲学中九条主要的论潮，节录其三，以代说明：

(3) God who has everywhere impressed on nature regularity, beauty, and order —— who has done everything in the physical world according to number, weight, and measure —— who has left not even the entrails of the smallest and meanest living creature, the feather of a bird, the little flower of a plant, or the leaf of a tree, without its exquisite harmony of parts, ——cannot have left the course of human affairs, the growth and decay of nation, their victories and defeats, unregulated by the laws of His Providence. The vicissitudes of empire can have their reason neither in chance [...] nor in fate; [...] but only in the will itself, in a divinely fore-ordained plan embracing all things and times, yet not inconsistant with men doing freely whatever they feel to be done by them simply because they will it.

(4) The human race, naturally one, has its unity broken by the fall or sin of Adam, from whom have issuced in consequence two kinds of men, two societies, two great cities; the one ruled by self-will and self-love, the other by the love of God and man, ——the one subject to condemnation and destined to eternal misery, the other under grace and certain of eternal felicity. [...]

(9) The city of God, which has from the first grown up alongside of the kingdoms of this world, will outlast them all; and although they have often despised and oppressed it, will appear invested which immortal beauty and however when their glories have been extinguished for ever. [...] (*The Historical Philosophy in France and French Belgium and Switzerland*, PP.152—157,《历史哲学概论》郭斌佳译页 261—268)

由上 Augustine 的历史哲学,(3)为神意决定论，以上帝的计划该括一切事物，一切时间。(4)即二城主义，以为其他一切分类，没有再比这个重要的。(9)即神国的理想，以为因上帝的慈光普照，可在一片新的净土上，建立一个极乐的国家。Augustine 这项历史哲学在中古欧洲，自是独一无二的。他将《圣经》里所载犹太人的历史，包括全人类之历史，所以他的历史分期，有时以为两个、三个，有时以为六个，然都不过为《圣经》故事添一注脚罢了。但话虽如此，Augustine 历史哲学，仍有很大的成功，即克服了异教之阴郁的“循环”的理论，而积极地建设历史，对于现在，取决定的态度。他以为历史的时间，都只是现在的关系，换言之，时间只是过去的现在，现在的现在，与将来的现在，所以否定历史发展时间之年代学的解释，以为“一切时间只三个现象形式：希望，直观，记忆”；这种以现在性为历史的全体性及发展性的基础，更进而把握着所谓永远的现在性，或神的现在性，这一点不得不算 Augustine 的最大贡献了。(参照羽仁五郎《转形期的历史学》页 178—181)

(三)Augustine 以后

Augustine 的弟子，把这神学史观更推到极端，以为历史就是上帝罚恶的记载。如由 Orosius 看来，则古代史中无所谓埃及、希腊、罗马的事业，而只有异端国家的战争瘟疫，同种种的灾害。他承其师说，将许多古代中种种灾害和别的恐怖事件汇在一起，著成七卷《反对异端的历史》(*History directed against the Pagans*)，以为这就是基督教没有出世以前的罪恶史了。这部书跟着中世纪基督教的发达：差不多影响有千年之久。在一方面则又有如中古时代编年史家 Otto of Freising，承 Augustine 余风，用历史说明尘世的生活是怎样不稳的、空虚的、悲哀的，唯有天堂才是人类安稳的住所（《历史哲学概论》页 120—121）。又如 Thomas Aquinas 则以为魔鬼之国与上帝之国的二元，应作为从低级的到高级的之必然的阶段，而地上国家虽为必然的现象，但他不过到达神国即教会的一个过程罢了。这种对 Augustine 历史哲学，而给他一些重要的修正，是很值得注意的。直到宗教改革时代，法国 Bossuet(1627—1704) 在所著一部《通史》(*Universal History*) 里面，还要把超自然的"神意"(Providence) 作历史线索，以为自古以来的大事，都是受上帝支配，只有上帝才能依据公平的规则，来生杀与夺人类，而所有历史，也都只表示上帝是爱护旧教同痛恶叛离旧教的罢了。在新教方面，Martin Luther(1483—1546) 也很早就利用历史，作他宗教战争的武器，他死后不久，新教徒编了一大部的教会史，叫做 *The Magdebury Centuries* 想要证明那罗马教皇同旧教教会是怎样非神圣的，而为魔鬼的了。于是宗教的历史观念已经自己宣告破产，那主张上帝之城的，也渐渐不能得众人公认，也算不得历史说明的关键了。

但话虽如此，神学史观已成为遗形物，而至今尚有奉为圭臬，不能脱其窠臼的。如 Friedrich Schlegel 著《历史哲学》(*Philosophie der Geschichte*，1828)，以为哲学的第一问题，在恢复人们对神所失却的想象；历史哲学的目的，即在从人类种族的历史上，证明人们渐次恢复对神所失却的想象之进步，这种见解，不消说是陈腐极了。却是从他以后，还有不少以宗教解释历史的，如 Bunsen（著《历史里的神》*Gott in der Geschichte*, 1857；著《人性论》一名《历史哲学》第二版 *Lebenlehre eder Philosophie der Geschichte*, 2. Aufl., 1904）、Steffensen（遗稿集成载《关于历史哲学》*Zur Philosophie der Geschichte, Auszüge aus seinem handschriftlichen Nachlaß* 1894）、Rocholl（《历史哲学的建设》第二版 *Aufbau einer Philosophie der Geschichite*, 2 Abd., 1911）及一八九一年 G. Grupp 著《文化的体系及历史》（*System und Geschichte der Kultur*）等，乃至一九二六年 F. Gogarten 著《我相信三位一体的上帝》（*Ich glaube an den dreieinigen Gott*）仍代表这一派。在社会学者中则 Benjamin Kidd 所著《社会进化论》第四章，主张宗教为人类历史的中心点，虽附和的人很少，然亦可见宗教史观至今尚占势力。不过宗教史观，依 Shotwell 所说，自 Augustine 到了 Bossuet，正科学开始发达，唯理主义澎湃之时，Bolingbroke 与 Voltaire 诸人大声疾呼，力唱以纯理打破一切迷信（《史学史》页 378），所以历史之神学的解释，当 Bossuet 时，已达到极点，过此便入历史哲学的第二时期，即自我的历史时期了。在宗教的历史时期，虽能充分的阐明天意，然而这种历史哲学，不过用以论证一种神学上的主张，其实还未能以哲学解释历史。好比战争，由宗教史观论者如 Commines 的口吻，应该就是上帝贯彻神意的一种手段，神有时立于胜利之一方面，有时又立于他方面，即一国所起的骚乱，也都是由于神的命令（参看 Buckle: *History of Civilization in England*, Vol, I, P. 236）。这么一来，便自古以来的大事，隐隐之中都由神意决定，还有什么人类本身的历史可言？于是到了十八世纪，对此便不得不生一大反动，而从宗教的历史观念转到自我的理性的形而上学的历史哲学时期了。

第四章　形而上学的历史哲学

（一）序说

宗教的历史时期，实在没有机会可以使人和历史发生直接交涉，虽然由现在看来“伟人”（Great man）或空泛的“时代天才”（Genius of the age）都不是历史的真正解释；却是在从前势力雄厚的宗教教义之下，公然竟以历史进程归于人们内心潜在的神，把历史认作自我发展自我实现的过程，这实在是文艺复兴以后的顶大发见了。本来当十六世纪之这时，好些历史家如 Machiavelli 同 Guicciardini 等，已经将历史观念转到世俗的方面；如 Dilthey 所说似的，十五六世纪“人心倾向于历史生活之依于自然的解释”例如 Jean Bodin（1530—1596）对于史的认识，持很好的见解，而于历史过程中自然的要素，也有根本的理解。他说：“人种的关系与气候的关系，支配了各民族的文化活动。”又如 G. B. Vico（1668—1744）所著《关于国民通性底新科学原理》（*Principi di scienza nuova d'introno alla comune natura delle nazioni*），说及历史的原理（或观念）与民族心理学的原理（或观念）；即告诉我们以人类平等与发达阶段的类似，而以文化扩张为历史的目的。到了十八世纪正当法国革命的时代，这时思想是理想的而非历史的，所以从表面上看去，似乎漠视历史，或者故意的反对历史，其实底子里却正是代表自我时期的历史精神，却正是近代历史意识之最初的发现。在这十八世纪启明运动的绝顶，最明了地指示出“进步的信仰，理性之力的信仰，及基于此信仰的连带感情”等根本观念。现于德国启明运动初期之进化哲学者 Leibniz，广义来说，也是个历史家，他很懂得“历史的本质”，而且最严密地了解通于一切历史里面之“连续性的法则”（das Gesetz der Kontinuität），即“过去残存于现在之中，乃至未来”；所以要理解现在，应先以过去为基础，因而史学遂成为批评的经验的科学而有价值。于是再来看合理批评精神的发源地法国，一般既表示盛况之哲学的活动，即在史学一面，亦有不少影响。就中 Voltaire（1694—1778）提倡合理主义，反抗神学的世界观，很快地将哲学应用到历史上去。他说“只有哲学家才该著历史”“在一切国家里面，历史都因荒唐的杜撰而失去本来面目，直到着哲学来启明人类，哲学最后走到这个黑暗的中心，就发见人心那么为几许世纪的积误所晦蔽，弄到无法促他觉悟了；发见礼法呀，事实呀，纪念碑呀，都是堆积起来证明谎语。”（威尔都尔著《古今大哲学家之生活与思想》第五章《伏尔泰与法国启明运动》页 344）因此他便发见了最初的历史哲学概念。他在一七五四年出版了《自沙利门至路易十三其间各国之精神与道德论》，想在事实里面探求一个统一原则来一线贯串欧洲文明的全部历史，而这一线他相信就是文化。他决定他的历史应该不论国王而论各种运动，势力和民众；不论国家而论人类；不论战争而论艺术和人心的进步。“我愿著一部历史，不是战争历史而是社会历史；考核从前人们在他们的家庭里如何生活，他们普通培养些什么艺术。……我的目的是人心的历史，并非仅仅琐碎事实的一笔细账；我也无意于爵爷们的历史。……不过我要知道人们自野蛮进于文明的步骤是什么。”（同上节录，页 346）固然这篇道德论还不能给我们以真正历史的法则，但如 Buckle 说似的，这部书实奠定了近代历史科学的基础。从他以后才摈弃了历史超自然的解释，而注意于民族的天才（Genie eines Volkes）与时代精神（eprit du temps），且以理性与自由为进化目标，终至拒绝战争、迷信、君主们于历史之外，这一点可算法国启明运动的雄鸡第一声了。

但我们不要忘却 Rousseau（1712—1778）也是这时历史哲学最伟大的建设者。他以一个人兼为启明运动的信奉者与超越者，只有他一个人敢怀疑文明的价值，以为文明创造只是剥夺自由的行为，因而所谓文明愈进步，心灵的自由愈坠落。他在一七五〇年以科学与艺术是否足以增进道德一题，大发挥其反历史的精神，以为“古代各国皆以文明太进步而亡国，如埃及、如希腊、如罗马，均以文明发达机巧太过而衰落。”（瞿世英著《西洋教育思想史》第九章页 37）他又在一七五三年著《人类不平等的原因》，同六二年著《民约论》，攻击不自然的文明而憧憬于自然人的朴实社会。他最大的贡献，即在历史里面看出本能的动力；他蔑视社会尊重个人，在《爱弥儿》中（*Émile ou de l'éducation*, 1762），虽分明定上了一种历史的科目，不过他所注重的还是个人的传记罢了。于此我们应特别注意的，就是第二期自我的历史时期，也可看出第三期社会的科学的历史哲学之萌芽。如启明运动中，Montesquieu 要是地理史观的先驱，Turgot 就是人类进化三阶段说之元祖。Montesquieu 不见得比 Voltaire 更为彻底的批评家，可是一七四九年公刊的《法的精神》（*De l'esprit des lois*），实在可算应用历史方法研究出的产品，且确立了人类思想制度与自然环境的因果关系。他说明自然环境和社会制度政治制度的关系，比 Bodin 更进一层，“Bodin 只说人类特性因经纬度发生差别，孟氏却特别论到气候、温度、空气燥湿和土壤肥瘠的差异”（高一涵：《欧洲政治思想史》中卷页 291）。如第十四卷论“法典与其国风土之对待”；第十五卷论“国有奴隶原于风土”；第十六卷论“妾婢之制原于风土”；第十七卷论“国群奴隶与其风土之关系”；第十八卷论“法之系于土壤肥硗而异者”（《严译名著丛刊》页5）；这种自然环境的社会观，实为后来Buckle、Karl Ritter等所本，在“地理史观”的名称下，发展为历史哲学之一分派的。孟氏又从研究自然科学的结果，以为人类个人的差别，不如普遍的方面来得重要，故以普遍之精神为决定的要素，然一面则以种种形态，现于言语上，所以民族间本性的差别，也是可以承认的。又在法国大革命初期，一个光荣的经济学者政治家Turgot，他在一七五〇年发表《关于世界史的论文》，以为一切民族的进化阶段，大概按着三段阶而继续发达，即为神学时代、形而上学时代及自然科学时代，这就是后来Comte有名之知识进化三阶段的“法则”之先驱了。Turgot又认地理的影响为民族间差别的根本条件，这一点又可说是Herder、Ritter、Ratzel等的先驱。不过话虽如此，启明运动在根本上是要摆脱一切基督教之超越的历史解释，而承认诸现象之内面的动力，所以如Montesquieu、Turgot在他脱却历史的神学解释上，可算是第二期了，然因他们太早注意自然环境对于历史的影响，所以仍只可算第三期的萌芽。而真正代表第二期之历史精神的，乃不得不归于从事启明运动较后的德国哲学家。

固然英国的启明期，从其实证文化，发生了很新的对于历史之物观的考察，且以心理学的解释代替形而上学的解释。如Adam Smith以竞争与分业为基础，说明进步；David Hume依据自然科学的方法论，研究人类社会之心理的平等性，在人类相互精神的关系中，发见了史的因素。在他以外，有名的如William Robertson、Edward Gibbon。Robertson在*The History of the Reign of the Emperor Charles V*的序文里，发表许多很好的意见，即以国家之集团生活为最后的文化条件。又说到原始人状态是普遍的平等与自由的，但为封建制度之故，自由破坏了，于是达到极点又生起反动，而有更向自由的要求。十八世纪末十九世纪初，英国更有Adam Ferguson一位可注意的学者，他受 Montesquieu 和 Shaftesbury 的影响，以为历史只应从种族的立脚点去观察他。又在一七六七年发表《公民社会史论》（*Essay on the History of Civil Society*）以自己保存与蕃殖欲为动的因素，而认人类里有原始的利他的倾向。于是我们再来研究一下意大利，在历史哲学的发达上，也有个不可忘却的人 Wegelin。他从一七七〇年至七六年间发表《历史哲学论》（*Sur la philosophie de l'histoire*），他将历史的动因归到群众与个人之相互作用，而认为人的感情自然一致于群众的感情，这不消说也是代表第二期历史哲学的思想了。却是据实说来，第二期历史哲学从一方面说是一种精神史观、唯心史观、唯理史观，乃至英雄史观，然而历史终竟不只记载伟大的政治家、宰相、大臣的、外交官等业绩，历史终竟不只记载勇士、将军、诸侯、国王就完了。第二期的历史哲学，其最重要的贡献，还在于这些唯心史观英雄史观以外，提倡所谓国家主义的历史哲学；而这就是说明我为什么用此史观集大成的德国哲学，来代表时代了。

（二）Herder

一九一五年 John Dewey 所著《德国哲学与政治》（*German Philosophy and Politics*, PP. 91—132）中，有《德国的历史哲学》一章；依他意思，历史哲学就是德国哲学者所唱反对法国革命论的学说。如反对 Rousseau 的复归自然主义而尊重科学艺术；反对法国的人道主义而主张国家主义；以为个人的权利，须依靠国家，才能确立。又法国革命哲学即建立于理性（Reason）之上，因而对于依靠历史惰性之一切传说、制度，自不得不破坏一番。可是德国便排斥这种思想，以为历史自身即理性的显现；而绝对理性的显现，比较个人之形式的抽象的理性，更为合理，更为正确。个人只有吸收同化于依历史制度，历史发展所体现之普遍的理性，而后更为合理化了。这种思想就是德国智的信条底一个信仰，所以 Dewey 说，差不多 1 世纪间，德国特有的哲学，在形式上还未完全明白以前，已可说即有了历史哲学。这句话当然一点不错，第二期的历史哲学，实在一方面存于法国的自我哲学之中，表现其反历史的精神；一方面即存于德国的国家哲学之中，表现其历史的精神；这两者并不冲突的，是相反相成的。我可以说前者代表小我理性的权威，故能和一切历史的惰性挑战；后者代表大我理性的权威，所以世界历史为世界裁判，然无论两者却都带着很浓厚的主理的倾向。现在试将德国的历史哲学，源源本本的叙述一番。

先说 Johann Gottfried Herder（1744—1803），他是一般所认历史哲学的真创造者，因他实际从统一之观点，考察了人类全体的发展，这种观点，却正是历史哲学独特的方法。他在一七七四年著了一部《人类的历史哲学》（原文 *Auch eine philosophie der Geschichte zur Bildung der Menschheit: Beitrag zur vielen Beiträgen des Jahrhunderts*）虽不过纲领草案还未定下人类完全的历史哲学，但以后十年，又著了一本《人类史的哲学考察》一书（原文 *Ideen zur Philosophie der Geschichte der Menschheit*），便想从宇宙开辟之自然史出发，以至人类有意志止，都把一个自然定律连串起来，使历史成功一种连续律的关系；在很杂乱的人类过去里面，发现那和天体运动定律一样好一样美的自然定律，这就是“历史哲学”的最后目的了。他在著书的序言里说：“在世界中，一切东西都有哲学与科学，难道和我们最密接之人类的历史全体，会没有哲学和科学吗？我常这样想着。”固然对此有许多人赞成的和反对的，但他告白：“我是要尽力所及探究历史哲学的。”因为他很早看出法国启明思想不认历史的缺憾，以为如 Rousseau 所说原始社会，实际是不存在的；而在别方面，Voltaire 所作《历史哲学》，因为法兰西哲学只会咬文嚼字，对于思想的哲学太不熟悉，所以他决定着成前述一部《人类的历史哲学》以相对抗。因而这就是他所以成为历史哲学创造者的原因了。

Herder的根本思想，在认人类的发展有个最后到达的目标，就是所谓“Humanitat”，如第一期基督教的历史哲学，以此目标为彼岸的信仰，Herder却反过来，将目标置于此岸。他说得好：“将目标置于绝对地坟墓的彼岸，这由人类看来，是很有害的。如果现述存在是因彼岸才能生长，那分明从人类里夺却现世的存在，而报之以吾人世界以外的东西。这不消说就是欺骗人类的了。”但说到目标如何，Herder似乎没有确定的思想，他有时如Lessing似的，认为这就是人类神圣的教育，有时用Schlegel或Geothe似的哲学上的形式论，来解决历史之谜。由Herder看来，所谓人道是对于人类理想状态的总称，Kant在《世界主义的一般历史考》里，认理想的社会状态，缓缓地开展于人类之间，Herder却不信有此，以为“人类仍然只是人类，只有承认前进努力的计划，才是我们的最大问题”。他先瞥见了地球、植物、动物的进化痕迹，而后进论人类界中之历史生活。再三力说人类的到达点，实即不外充分发达了人类所具的各种性能，而到达于内的调和与满足之状态。然要如此，则不可不教育个人，人类只有因教育始成为人，社会的要素，由他看来，倒不过教化个人的一种手段罢了。但话虽如此，Herder始终从心理的观点考察，却亦不能完全脱离旧时代的空气，他也不免受些神道概念的影响，如说什么“假使在自然里面有一个神，那么历史里面也应该有一个神”（If there be a God in the nature, there is in history），却是这位“历史的神”，并非远在天国，实际除了人神和合，或“我”之神化以外，别无所谓神。所以“历史的神”，即存于人类组织的世界里，即存于精神力的体系里；用他在第十五卷（页281）所说，则神的自然法则，即以促成人道的进步，所以归结起来，Herder便主张人道主义为人类发展的最后目标了。Herder以后，如Wilheim V. Humboldt（1767—1835）在他论《历史记述者的任务》里（*Über die Aufgabe des Geschichtsschreibers* 1821），以为理念就是历史的指针，也是它的原动力；所谓历史的进化，即是人类理念之具体化而已。又《小宇宙》（*Mikrokosmos*）的著者Hermann Lotze（1817—1881），也很受Herder影响，确信人类性的进化。他详细考察各种文化领域，如“知识的发达”“劳动的发达”“艺术的发达”等，以为人类不仅能适应环境，创造文化，并能利用而且改变已有的文化，去实现人道主义。这种以人道主义之精神，来决定历史的意义与价值，我以为就是Kant一七九五年所著《永远平和论》都不能算做例外。

（三）Kant

最伟大的理想主义体系的建设者Immanuel Kant（1724—1804）在历史哲学上，也持有很多的贡献。但他和Herder不同，Kant解释历史始终根据批评哲学的方法，在他《Herder历史哲学考的批评》（Rezensionen von J. G. Herders: Ideen zur Philosophie der Geschichte der Menschheit, 1785）一文，很嫌Herder太趋于无批评的平等观了，至于他自己在历史哲学的功绩，据后人考察，可分三方面。（参看广告板垣鹰穗著《新康德派之历史哲学》页27—30）（第一）论理学的方面，这是因现代新康德派学者而渐次为人认识的。最重要的，就是在《纯粹理性批评》里，将经验实在之先天形式和历史之认识问题相结合，将Kant只拿来考察自然宇宙的，新康德派学者却一变而适用于历史宇宙的把握。即在这个范围，Kant的功绩，须待后来学者的努力而才有意义；从此意义，Kant哲学在其他方面——尤其是辩证论及目的观等——于历史论理学的考察里，也有很多的暗示。（第二）是关于历史的宇宙底原理。在实践理性批评里，Kant 的研究，承认有从自然限制独立出来之人格底意义；对于自然宇宙充分证明了文化宇宙的存在，在这里才看出历史世界的独立性。所以 Kant 可算真个给历史以正当意义的最初哲学者了。（第三）就是 Kant 关于历史哲学的几种著作。这虽不及两者重要，却是属于他自己的。重要论文除了《Herder 历史哲学考的批评》以外，还有（1）《世界主义的一般历史考》（ldee zu einer allgemeinen Geschichte in Weltbürgerlicher Absicht, 1784）；（2）《人类历史之想象的起源》（Mutmasslicher Anfang der Menschengeschichte, l788）；（3）《什么是启明？》（Was ist Aufklärung? 1784）；（4）《永远平和论》（Zum ewigen Frieden, 1795）等，对于历史哲学都有很大的贡献。从全体来看，却是一种合理的目的观。照 Kuno Fischer 解释，则 Kant 历史哲学上的问题，可举历史的起源，目的及现代的解释三点。第二论文说明起源，第一论文指示目的，而解说其顺序，又第三论文因为 Kant 时代，正所谓启明思想的时期，所以这篇论文，即当于现代的解释。依 Kant 说法：

> 人类进步是有根本的基础，只有以最后目的为其目标，而后历史才有哲学可言。所谓历史想象的原始状态，可设想为带纯动物的性质，其初听任本能的人类渐次得理性作用，终以自然物象认为到达自己目的的手段了。因自觉了自己的自己，人类才能脱却自然之束缚，在世界抬起头来，人类及其文化的历史，实在就是自由的历史。
>
> 在这里因欲望的发达，发生了社会纷纠，文化的进步，同时可使本能的幸福越发减少，然因种种纷纠，又必要有公民社会之立法的秩序。人类种族的使命，不在于得到个人幸福，而在完

成所与人类的最后目的。

在完成人类的最后目的，Kant 似乎告诉我们："自由" 就是历史的一个范畴。人类因感觉生活上的不满意，才各从意志自由，产生各种历史的事实；但是人类一方面要求自由，一方面又发生非社交性的争斗；争斗不但仅为经验的事实而存在，实在又有论理的妥当性，所以"争斗" 也是历史之别一个范畴了。而人类的理想目标，却在乎"永久平和" 的实现。这种承认人类之中有两个反对之力的作用，结果又归于调和统一，这实在已经给 Hegel 的三分辩证法，开了一个门径，是很值得注意的。Kant 又在《人类历史之想象的起源》中，定下人类发展的三个阶段。第一为安乐及和平的时代；第二为劳动及纷争的时代；第三为人类趋于社会的结合的时代。这种历史的阶段，就是人类本能因理性觉醒而从自然状态递嬗于文化状态之历史阶段。这不消说又是后来 Fichte 在《现代的根本特性》中，所分历史五阶段说的蓝本了。

（四）Fichte

Johann Gottlieb Fichte（1762—1814）从 Kant 的思想出发，而特别发展其实践的伦理的方面。他有许多关于历史哲学的著述，最重要的如《人的本分》（*Die Bestimmung des Menschen* 1800），《现代的根本特性》（*Der Grundzüge des gegewärtigen Zeitalters* 1806），《告德意志国民》（*Reden an die deutsche Nation* 1808），《国家论》（*Die Staatslchre, oder über Verhältniss des Urstaates zum Vernunftreiche* 1813）等。他的历史哲学自始就有"义所当为"（Seinsollen）的理想为其前提，所以他的历史哲学，本身就是道德哲学，也就是宗教哲学。依他

意思，一切人类努力的目的，除“安息于神里面”以外，什么目的也没有。“为行为而行为”，是没有的。他首先就依先天的范畴，以从事“哲学之描写”。经验的历史家固然可敬，但那不过纯粹事实的搜集者；历史哲学者则努力于理解世界事件之内面的意义。——即在时代思潮之中，发现人类所以全体发达的某种意义，而且这种意义，是照事实之最高目的底关系而决定。最高目的就是理性本质所成完全自由之一切关系的组织。所以由 Fichte 看来，人类自由及理性就是历史之先天的前提，而理性的体系，就是自由的体系，所以历史也就是自由的历史。因此世界史的过程，是以理性本能的时代开始，而以理性自由的时代终结的。他在《现代的根本特性》第一讲，将历史分做几个时期，认各时期中有个一定原理，可以说明人类历史全体的。就是：

> The end of the life of mankind on earth is this——that in this life they may order all their relations with Freedom according to Reason.

人类历史不是偶然的是有目的的，这个目的就是要在这个生活里面，将他们一切关系都放在与理性一致的自由之下。所以人类历史的过程，也可分做如下的五时期：

（1）理性本能的时代，即人类无罪的状态。The Epoch of the unlimited Dominion of Reason as Instinct: ——the State of Innocence of the Human Race.

（2）理性本能因外的权威而变化，即要求盲信及绝对服从的时代，即罪恶发生的状态。The Epoch in which Reason as Instinct is changed into an external ruling Authority; ——the Age of positive Systems of life and doctrine [...] —— the state of progressive sin.

（3）解放时代。直接从外的权威解放，间接从理性本能之协力而解放，这就是对一切真理绝不介意，全然放纵的时代，即完全有害的状态。The Epoch of Liberation, —— directly from the external ruling Authority —— indirectly from the power of Reason as Instinct, and generally from Reason in any form; ——the Age of absolute indifference towards all truth, and of entire and unrestrained licentiousness: the State of completed Sinfulness.

（4）理性知识的时代。以真理为最高的，超出一切的东西，即正义发生的状态。The Epoch of Reason as Knowledge; ——the Age in which Truth is looked upon as the highest, and loved before all other things: ——the State of progressive Justification.

（5）理性艺术的时代。人类正确地运用理性建设的时代，即完成了正义及神圣化的状态。The Epoch of Reason as Art ; ——the Age in which Humanity with more sure and unerring hand builds itself up into a fitting image and representative of Reason:——the State of completed Justification and Sanctification.

在以上五时期中，现代是属于第三时代，即一方面为黑暗的世界，他方面为光明的世界。这样束缚与自由相联结的时代，换句话说，这就是主观的自己本位的时代。因而现代的根本特性，无论知识、艺术、社交、道德、宗教各方面，都是自私自利的，和人类理想的博爱生活，全然不同，即和理性的生活不同，所以只算无理想的时代，空论和无力的时代。于是从内部必然地要生起反动，即不可知说与神秘说。以上所述，均原书前八讲的大要。于是 Fichte 更进论人类历史的起源，在那里可看出德国军国主义思想之萌芽。和他分别“自我”与“非自我”，“理性”与“非理性”一样，他要分别“模范民族”与“野蛮民族”，以为历史发展的二要素。“模范民族”是完全有理性文化状态的民族，为着保存国家的存在，不惜与种种野蛮民族宣战，而这种战争实无异于介绍历史上有活气的进步原理于人类之唯一的渊源。虽然以文明征服野蛮，一见似乎不很正当的行为，但因此而人类文明遂能普及起来，继续起来，终之世界人类的目的，因而实现。（However unjust these Purposes may appear in themselve, [...] the first characteristic of the World-plan, i. e. the general diffusion of Culture is gradually promoted; —— and thus will it continually proceed, until the whole Race which inhabits our globe shall [...] be amalgamated into one national republic of Culture）。在这里不是很明显地看出国家主义的历史哲学吗？所以在一八〇八年当拿破仑进攻柏林，普鲁士军队在耶拿败绩的时候，Fichte 即发表有名的《告德意志国民》一书，拥护他的老祖国。他努力宣传历史上德人的特性（第六讲），努力对于民族的本源性与德意志的资质，为更深刻的研究（第七讲）；这一点不消说对于 Hegel 的历史哲学，是有很大的影响了。

（五）Schelling

Friedrich Wilhelm Joseph von Schelling（1775—1854）虽没有历史哲学的主著，但他历史哲学思想，实在通贯全部著述，可以看出；可是就中最有历史学的要求而最重要的，就是一八〇〇年之《先天的唯心论体系》（*System des transzendentalen ldealismus*）与同二年至三年《关于大学里研究法的讲义》（*Vorlesungen über die Methode des akademischen Studiums*）二种。与外讲历史论理学的论文，有《史学的批评》（Kritik der Geschichtswissenschaft）一文。依 Schelling 意思，自然与历史为并行的二大系统，但历史实位于自然之上，因为自然只是表示"现实"，历史却表示"理想"。所以这位浪漫主义的历史哲学家，要在 Fichte 所认为伦理的价值之外，特别从艺术与宗教的立场，给历史以精神的原理。在历史的宇宙里，精神原理支配了物质的因素，所以历史哲学应该把一切过程，把握之于“神意”（Vorsehung）的概念之下，这就是当做宗教的解释，——但历史认识之本质的把握，一方面是理想的，同时却应该是现实的；——而且只有看做“艺术”，而后可能；这就是历史的绝对境，因而是史的艺术之绝对境了。真的普遍史，应当作“叙事诗体”（im epischen Stile）来写，历史本身原来就是神国的奇迹的证明，这么一来，历史不是历史，而变成“诗”了。可是这首“诗”，依 Schelling 就是由于个人的恣意与自然的必然之融合的渐进的发现；换言之，历史就是必然与自然，无意识与意识之融合的无穷发展。因而在历史里两者的冲突常常发生悲剧，常常产出罪恶，可是哲学者无论处境如何困难，仍然相信神之渐进的显现。舍却个人之恣意而从大必然，以实现英雄的行为，尤其这种大必然的信仰，是全世界之目的底信仰，或道德以上之神的信仰，却不是对于道德世界秩序所现出之事情的信仰。这就是历史为神进行的证明，是渐进的，永远不断的，却没有完成的时候。如果神可以完全现存，那么世界和我们都没有了。世界是神所歌唱的诗，历史是神所创作的戏剧，他在《关于大学里研究法的讲义》中，曾将历史过程中神的显现，划作三时期，就是照“自然”“运命”“神意”的顺序而显现的。

（1）自然的显现期。这在罪恶未发生的时代，自然与必然性同义的时代，这就是希腊诗与宗教的最高期，就是悲剧时代，是“历史之自然的方面”。

（2）运命的显现期。是以“自然的破坏”“坠落”“自由对自然的矛盾”开始。要之最初现为无意识的时代（黄金时代），次之始有真的争斗，而最后于神意时代，达到调和。

（3）神意的显现期。历史里完全的世界，就本身说，即是理想的自然。有如在自由里，达到必然与自由调和，所谓外形的有机体之国家一样。这就是说，高级的自然，必然地发生人类国家，而所谓高级的自然，就是法律之统制组织（Rechtsverffassung）完全建设此法律之统制组织，却是人类最大的问题。

这么一来，可见这位浪漫主义的历史哲学家 Schelling，讲到人类进步之历史标准，仍然和 Kant、Fichte 一样，以历史终于理性王国（Vernunftsreich），即完全自由的实现。为要完全实现自由，便不得不先抑压各个人的恣意行动，因而法律与国家生活，都是很必要的。他曾说过："要是历史唯一的对象，就是普遍的法律之渐次实现，那么人类进步的历史标准，就只是逐渐地接近这个目的而已。"这种倾向于自由与必然，恣意与合法则性的调和，用他这的术语表之，就是所谓"绝对的同一"（die absolute Identität）了。

（六）Hegel

德国理想主义历史哲学的发达，是从 Fichte 伦理的历史哲学到 Schelling 艺术的及宗教的历史哲学，更进就是（Georg Wilhelm Friedrich Hegel 1770—1831）论理的历史哲学了。Hegel 在一八二二年至一八二三年冬天，在柏林讲演《历史哲学》（*Philosophie der Geschichte*），这部书以后直接或间接生极大影响于历史家的。在这部书里，他根本信念，以为一切存在只是绝对理性的表现，理性支配世界又因支配世界历史，所以世界历史是依理性的发展而进行的，是在精神的领域中，为辩证法的发展的。但精神的性质是什么呢？ Hegel 说精神的性质，便是"自由"。精神依于和其正反对的物质对照，最容易认识出来；即是说物质的本体为重力，同样自由为精神的本体；物质在自己的外部有其本体，反之精神则为依据自己自身的（Bei-Sich-Selbst-Sein）。精神之依据自己自身，就是自己意识（自觉）；意识与被意识者两者是同一的，那么据有精神的世界历史，就是精神的自己展开，即不外为精神本质的自由之实现了。所以说“世界历史就是自由意识的发达”（die Weltgeschichte ist der Fortschritt im Bewuβtsein der Freiheit）；除却为自由实现其目的自身以外，没有什么。但是精神用什么方法来实现它的目的自身？在这里 Hegel 说出二个要素，其一理念，是有最后目的；其二便是人类的热情（Leidenschaft），依据后者而无意识中达成前者，即最后目的，所以热情可算做世界历史实现自己目的的一种手段、工具。“他们（人类的行为）做成了自己的兴味，而因此遂到达比较更高超的东西（ein Ferneres），世界史的大业，没有这个热情，便什么也做不成的。”在此他又提出世界史的个人（die welthistorischen Individuum），这般人虽只在谋个人的特殊兴趣，可是同时已贡献于最终目的，而代表世界史的精神。在这范围内，世界史的个人又可叫做英雄呢！话虽如此，精神状态的完全实现，却在乎综合这热情和理念之统一的伦理全体，这便是国家。世界史理念的自由之实现，只通过诸民族诸国家才可能的。由于诸民族诸国家，而后显示了“世界精神”在人间上。这一点 Hegel 的历史哲学，实和它的国家哲学联成一起的。国家形成后的历史，才是现实世界的历史，国家形成以前的历史，严密地说不是历史，是历史的前史（Vorgeschichte）。不但如此，国家是有客观的实在自由，比较主观之自由有更高的自由，个人加入国家不但没有因此制限自由，相反地得到更高的自由。所以一部自由意识的发展史，结果就是国家形成以后历史的民族之发展史了。但谁是驾驭全世界、统制全世界底历史的民族呢？在这一点，他很不客气地告诉我们，所谓历史的民族，就是那古代东方诸国及希腊罗马，和他自己的德国民族。历史是自东方渐次及于西方：第一古代东方诸帝国，如中国、印度、波斯，为精神的幼年时代，这时只一个人有自由。第二希腊为精神的青年时代，第三罗马为精神的壮年时代，这时只少数人有自由。第四为日耳曼人时代，即基督教的世界，这是精神的老年时代，这时人类达到全体的自由。但所谓老年，不是衰弱的意思，自然的老年为衰弱，反之精神的老年，则为完全的成熟。所以在这一点，德国民族就是世界的精神的代表，是实现绝对的精神而存在的。他有一段很骄傲的话道："德国的精神，是新世界的精神；他的目的在于实现绝对的真理，……就是自由的无限自决……德国人的将来，是基督教原理的传布者。"似此把自己民族看作天纵之资，将狭义的国家主义的精神，贯注在历史里面，这实在无异于给欧洲大战下一个战祸的种子，我们自然不能赞成他。但是 Hegel 的历史哲学，也有一个好处，就是使各民族都充满一种爱国的热忱，并且对于他们的老祖国，发生了新的自负心，所以 Hegel 这部书，不能不算是历史哲学的大发现了。从此以后，各处的历史家都忙着去找过去的光荣和名誉，各自以为本国就是历史上最具"世界精神"的民族，并且异常傲慢起来了。

还有，Hegel 的历史哲学，实际就是论理主义，依 Eduard Erdmann 所说，他就是一个泛论理主义者，那么历史当然不是例外。R. Haym 在《黑格儿及其时代》一书，也看出 Hegel 论理学的历史主义。所以说 Hegel 论理学是与历史平行发展的。"为什么？因为历史就是辩证法的内容，他的指南针，具体的向导者。"至于马克思派更不消说了（见 Weinstein 著《黑格尔辩证法批评》，直井武夫译，第四章页 279—286）。Engels 完全同意于 Hegel 论理的历史之统一的见解，即认论理学与历史为同一个出发点。在论理学的运动中，论理学范畴之彻底运动中，反映出因历史辩证法的法则而修正了的历史之过程。同样 Lenin 也接受了 Hegel 提出历史的与论理学的相互关系之问题。依他意思，思惟法则之学的论理学，同时即为对应于思惟对象的真理之学。论理学不是什么心理学，乃至所谓现象学。论理学是要讲明真理的问题的；然而一切真理都是历史的，离开历史的各种条件，便无所谓真理，因此所以论理学范畴的发展，一定对应于人类历史的发展；所谓世界史的阶级别、时代别，以及一切历史学的东西，其实不过纯论理东西在历史哲学上的假名罢了。这么一来，便 Hegel 的历史哲学，就是一部论理学的全体财产目录，只是辩证法发展的全体体系，他的历史哲学无疑地彻首彻尾是依据于纯论理主义而成立，彻首彻尾依据于 Lenin 所谓“关于一切物质的、自然的，及精神的发展诸法则之学，即关于世界一切具体的内容，及世界认识的发展法则之学”的论理学（见 Lenin《黑格尔论理的科学大纲》，川内唯彦译，页 26）。不消说这种纯论理主义的解释，有许多学者要起反对，尤其是新黑格儿主义者如 Dilthey、Kroner、Nicolai Hartmann、Glockner 等。Dilthey 在他名著《黑格尔青年时代史》中告诉我们，Hegel 之青年时代，不是我们呼为主知的唯理的“泛论理主义者”，而实为接近于近代生命主义、直觉主义的一个人。Kroner 更知道泛论理主义的危险，他极力反对这种见解，要将辩证法之反合理论的特性，来代替了辩证法之合理论的特性；他甚至于有时称 Hegel 为非合理论者了。Nicolai Hartmann 也拒绝了泛论理主义，他指示我们要理解 Hegel，须知“在抽象的概念中，很巧妙地潜藏着某种具体的活的某物”。Glockner 更明白道破泛论理主义的辩证法，应扬弃之于包括的合理的——非合理的方法之中。（参看 Glockner《黑格尔复兴与黑格尔主义》页 5、63—65，大江精志郎译）不但如此，照 Georg Lasson 所编《黑格尔全集》中历史哲学的序文，则在 Hegel 未作论理学和哲学大系以前，他已经是一个历史哲学者了。这么一来，可见辩证法不是历史的代数学，历史哲学反是 Hegel 哲学方法的出发点了。然而无论新黑格尔主义者怎样证明 Hegel 不是如 Erdmann 所说的一个泛论理主义者，我们从历史的眼光来看，总不便于承认新黑格尔主义便可代表 Hegel 原来的见解的吧！ Glockner 书中曾认 Balland 的话。谓“二十世纪中已不能有与原来 Hegel 学徒同样的存在”（页 4）；这是一点不错的。如果真要解释 Hegel 的历史哲学，当然不能适用新黑格尔派之非合理的解释，而应该牢牢守住 Hegel 之合理论的解释。

我们的问题，不在于努力将 Hegel 变成唯物论来读，更不愿将 Hegel 复归于他的青年时代，却是从真正的把握来说，Hegel 历史哲学中，于合理里实持有非合理的萌芽，不过这种非合理的要素，是因其自身的本性而移为反对物的。因使其自身彻底反而走到极端，转化为非合理的反对物。这一点，却很值得注意。如 Hegel 历史哲学始终以现在主义为出发点，对于他同时代的专门历史家，很是攻击。他说：

> 我们历史应该据实记载，我们历史非从经验上研究不可。……我们主张的第一个条件，就是将历史事实忠实地把握着。

因此他对于无记录时代各种想象的史料，关于人类原始的圣经故事，都认为无价值的“先天的捏造”。而放逐之于世界史哲学的范围外，却是他方面，他又有正反对的主张。他说：

> 我们研究世界史时，第一是将历史当作一个过去来看，但我们同样地始终把捉住现在来看。真的东西永远是即自且对自的存在，不是昨日，不是明日，刚好就是现在。这所谓绝对的现在的意思，就是“今”。……我们即使通过如何广大的过去，我们

还只是从事现在，哲学只有取于现在的现实的事物。

因为历史哲学是以把握历史发展的现阶段（即时间的现在）为中心，所以走到极端，反而转化为无时间的现在。无时间的现在为时间的现在之一否定，而变成无时间的现在一事，正由于把握时间的现在的原故。现在主义的 Hegel，不但包括合理的历史的特性，而且包括非合理的超历史的特性，然而这种辩证法的矛盾，不正是可以曝露他历史哲学的论理本性吗？由合理之一面，有力的要求认识现实，在这里可以看出“悟性”的思惟的要求，也可以看出辩证法唯物论者的要求。反之由非合理之一面，欲以“理性之眼”来照彻事物的全体性，这么一来历史又变成如 Croce 所谓永远的现在的历史了。但话虽如此，Hegel 终竟是一个观念论者，当然不能如 Marx 似的固执物质的现实世界，他的历史哲学仍不得不拜倒于神的摄理的计划之下。照 Hegel 看来，世界史的发展就是精神（或普遍理性）之辩证法的开展。“精神在本质上是神活动的成果，精神的活动就是直接性的超出，直接性的否定，及向自己的复归。”这么一来历史便超出实史之上，结果也只成其为一种“辩神论”就完了。

（七）Ranke

黑格尔派的历史解释，影响及许多的思想家（Bauer、Zeller、Marx、Lassalle 等），即在伟大的历史记述学派中，似乎和一切思辨之夸张无缘，但也有表示其为观念论派，例如创始“言语学的批评主义方法”的 Niebuhr，对于罗马史的研究，内容即接近于浪漫主义。最明显的就是 Leopold von Ranke（1795—1886）。他御前讲义《关于近世史的诸时期》（*Über die Epochen der neueren Geschichte*）即极力赞成观念论思想方法的伟大。但他虽受 Kant 派哲学的影响，就其对于历史现象主严格探讨，这一点，却和前者立于全然反对的地位。即 Ranke 一方面承认 Kant 所说的自由和 Fichte、Hegel 所说唤起世界活动之精神力，但一方面对于 Hegel 所定出理想目的的绝对理性，则立于反对的地位。这就是说 Ranke 不承认人类历史生活的原动力，是如 Hegel 所说有一个为指导观念（leitende Ideen）的绝对理性，可以做活动的根本、必然的推进机。何则？照这种见解，便完全拒绝了个人的自由，人类失却意志自由，便如傀儡似的而全然没有价值了，如此还有什么自由可说？岂不是论理上的矛盾？不但如此，就历史事实来看，如曾一度努力于人类全体使命的古代东方诸国，现在好像全然没落而在地上消灭了；那么以昔例今，现在代表绝对理性的民族，也决不会最后完成它的理性；某时期后，一定也要在反绝对的理性之方向没落的。又即就罗马的衰亡来看，就十八九世纪法兰西的轻佻华丽时代来看，都不见得那时代会比前时代更向于伦理的理性的方面。所以那说人类趋向全体目的之一个漠然的假定，在历史上面是不能证明的。历史上也决没有人类不绝进于绝对理性方向的一回事。然则什么是支配各时代的指导思想呢？Ranke 说：那是现于各时代的种种“倾向”，这就是各时代人们所要走的方向。有时现为人类之宗教的倾向，有时现为文学的倾向，有时为政治的倾向，在这个场合，史学单单认识或记述这些各种倾向，是不能推究出一个概念的。又通全人类的历史生活，也没有一贯的倾向，各时代现出各特殊的倾向或形式，在那里便发生了时代的特殊个性。而且成为这时代倾向的，是从各时代人的自由观念出发，而表现于时代许多之史实中，存有密接的内的联络关系。个个的史实可以看出是由于这个关系而联络，在这里形成了固定的有特色的时代相。

Ranke 用两种方法，来把握这个历史的运动，一个就是当时硕学

Niebuhr 所用考古学的方法，审查史料；在批评的研究以后，再从潜于史料里面，体认精神。Ranke 最初虽用这种方法来把捉史实的正确，但因这种方法不能理解史实全体，也不能把握其间的某种关系，所以不很满意，而更用第二方法，即从史实里面把捉它的关系的要求。于是 Ranke 更进而从事哲学的考察。但他不如 Hegel 似的，将一切事象归于绝对理性，使适合于论理的范畴的法则；又不如 Fichte 似的，以伦理的价值为标准，而附以意义。因为历史生活的诸现象，常为人类自身的发现，所以应该把握含于史实间的因果关系（innere Kausal-nexus），由此而联结史实。这就是说，各时代里所有历史现象都是表现那时代人的自由精神，甚至极微细的事情，它里面都有很深之内的关系。这种关系，有那“既成”（das Gewordene）与“生成”（das Werdender）间密接必然的因果关系，又同时有与许多其他存在间的关系。只要推究在这时间空间里面的两因果关系，使之成为完全的联络，那么历史发展的根本原理，已经很明白了。而且照 Ranke 意思，将这把捉关系的推理展开起来，那因果关系当然要推广到全世界事实里面，于是便达到世界史（Weltgeschichte）的观念。Ranke 因为要促成这史实之全部的普遍把捉，遂贡献一生于大著世界史的编纂。因他始终以史家自任，他的方法和的工作，可算是最科学的，一面又很明了受了 Schelling、Hegel 等影响，而承认自由与精神力；所以他在历史哲学第二时期与第三时期中，可算一个承前启后不可少的历史家，过此就是科学的历史哲学时期了。

第五章　社会的科学的历史哲学（上）

（一）序说

历史哲学在形而上学的思潮以后，接着就是社会的科学的思潮，这种思潮以独特的见地，影响于普遍的历史意识。即如前面所述 Montesquieu 及 Mably、Raynal 等认物质的经济生活对于历史之影响。又如 Turgot 的三阶段发达说，都可认为历史哲学第三期即社会的科学的历史哲学底先驱。其后 Condorcet 著《人类精神进步史纲》（*Esquisse d'un tableau historique des progrès de I'esprit humain*），很早主张于历史方法采用了自然科学的方法。从他以后，关于历史哲学最应注意的，就是 Henri de Saint-Simon（1760—1825）了。Saint-Simon 的历史解释，混用着主知的解释和经济的解释，依他所说，政治现象应受经济生活的影响；学问自身的发达却经过三个阶段，即最初神学的，次为形而上学的，最后为实证科学。政治组织既与精神发达的各阶段结合，又立脚于财产制度与产业制度之上。这么一来，便从 Saint-Simon 的历史哲学里面，造出两大不同的所谓第三期之历史哲学，这就是实证主义（Positivismus）与唯物主义（Materialismus），前者以知识定律即三阶段说为研究中心，后者以物质定律即经济史观为研究中心；前者可联想及社会学的历史哲学，后者可联想及社会主义的历史哲学。不过说到唯物主义，尚有生物学的唯物论与经济学唯物论的两大派别。生物学的唯物论即应用了 Darwin 的生物进化论来说明人类历史的发展，这就是生物学的唯物史观；即将生存竞争、自然淘汰、适者生存、遗传及适应环境等法则，应用于历史上。如 Friedrich V. Hellwald 所著《自然发展至现代的文化史》(*Kulturgeschichte in ihrer natürlichen Entwickelung bis zur Gegenwart* 1875）及 Otto Seeck 所著《古代世界衰亡史》(*Geschichte des Untergangs der antiken Welt* 1894）等便是。然而这种学说势力影响很小，所以我们为简单明了起见，只就经济学的唯物论与实证主义的两大思潮，即唯物史观与社会史观的两大历史思潮，加以详细的叙述。

（二）唯物史观的哲学体系

我们研究 Hegel 的历史主义，便发现了矛盾的事实，就是他一方面使唯心辩证法发达至于极端，一方面却因“少年黑格尔派”的媒介，遂使唯物论与辩证法结在一起，转化为 Marx 派唯物辩证法的历史哲学。Marx 在《资本论》第二卷第二版序中，公开地承认他是这伟大思想家的门生。Hegel 的辩证法是立于头上，Marx 却把它倒置足下，以开发其陷在神秘圈子里的合理的种子，这就是很有名的所谓唯物辩证法了。唯物辩证法和观念论的辩证法同样承认人类社会是一个不断的历史的“动”，但前所见的动是立于头上，是认动的究竟原因由于人类意识的变化，后者却认变化的究竟原因在于生产方法的变化，所以是不能相同的（参看郭大力著《黑格尔与马克思》《民铎》第十一卷第一号）。黑格尔既承认理性的无穷变化，又认理性为绝对，说什么“存在的就是合理的，合理的就是存在的”；Marx 却在此处受了少年黑格尔派 Ludwig Feuerbach（1804—1872）唯物思想的影响，不相信绝对理性而变成急进派。原来自一八三五年

Strauss 著《耶稣的一生》已使少年黑格尔派不能不归依到十八世纪英法的哲学唯物论。直到一八四一年 Feuerbach 著了一书，叫做《基督教的本质》（*Das Wesen des Christentums*），他尽力推翻一切神学的唯心的基础，完全从唯物的自然主义之观念出发，予当时思想界以很大的影响。虽然他的人生哲学里，也有一点唯心的倾向，但他方面他原来的唯物的自然主义，却帮助了 Marx 去建设唯物论的世界观。这么一来，从黑格尔学派的分裂，另外出现了别的一派，这就是有实际的成果的唯一之一派，而这派主要地是戴上了 Marx 这个名字（参看《费尔巴哈论》页 86 汉译本）。Marx 起初在一八四二年做《莱因评论》（*Rheinische Zeitung*）编辑时，还和当时黑格尔派激烈青年根本相同，但在他一八四三年寄友人的两封信中，便已经看出唯物辩证法的运用。至一八四四年著《黑格尔法律哲学批评》一书，他便完全变了，从那时起，历史唯物论逐渐有个显明的概念（参看 Henri See《历史唯物论》页 2—4）。一方面 Marx 前的十八世纪法国唯物论者如 La Mettrie、d'Holbach、Helvétius 等，及王政复古时代底法兰西史家，也多少给 Marx 底伟大的学问上以先驱的使命。不过法兰西唯物论者，"一到了以人类之史的发展为问题的场合，便一般地忘掉了其感觉论的'人类'观，而反复着和当时底'启蒙主义者'同样的话，说世界（即人类底社会关系）是为意见所支配的。"（《史的一元论》页 9）因有这种根本的矛盾，遂使他们完成不出唯物的历史观。反之 Marx 即在历史的观察，也和唯心论者断绝关系；他完全致力于历史之唯物的解释，把近世史当作一个阶级斗争看，当作经济的进化看。他这种以经济事情为中心的历史观，因他说明历史上的社会变迁，注意在社会史上一切关系依于物质的条件而变化的原则，故此学说推到极端，把理想那样东西，也看做不过物质的影子，历史家对于这句话，自然不能同意的了。不过他也有一个好处，就是对于他们专在上帝之城发现历史的原理的，却别开生面，从地球上日常经济生活里面去发现他。

我们研究唯物史观的发展史，似可分为三大进化时期。即如Karl Korsch在所著《马克思主义与哲学》(*Marxismus und Philosophie* 1923)第二编所分，第一期为Marx、Engels，自身理论之发展；第二期为Kautsky科学的非辩证的理论之发展；第三期为俄国Lenin等辩证的革命理论之发展，与哲学问题的复活。在Marx、Engels所谓唯物史观，本质上就是唯物辩证法及其亚流，便变成非辩证的东西。即一方将Marx的唯物的理论，变成如Kant所说“对反省的判断力之主观的根本原则”，他方则以为马克思主义的社会学理论，为比较倾向于经济的或地理的生物的体系。所以第二期的唯物史观，已经不是第一期Marx本身的唯物史观。即将社会革命之统一的全体理论一变而为资产阶级之经济组织，国家教育制度宗教，艺术科学及其他文化的科学底批评。这些科学的批评，不消说不能走向革命的实践中，而一变为种种的改良运动了。于是有拒绝修正派的解释，从唯物史观派内部发生裂痕，使马克思主义理论复活的，这就是俄国第三国际派的理论之最高表现。他们反对第二国际派将唯物史观变成抽象的及非辩证的实证科学之体系，因而主张哲学问题复活，注重理论与实践之辩证法的统一，自然在唯物史观史上，这一派可算最彻底最出风头的时代了。

(三)Marx

原来德国社会运动发生初期，本有两不相同之思想体系，一个为Ferdinand Lassalle(1825—1864)所取伦理的，理想主义的见解，一个即Karl Marx(1818—1883)及Friedrich Engels所取唯物论的见解。由此理想主义与唯物主义形成了德国社会运动之二大潮流，构成了一八六〇年时相对抗的二大党派。但到后来，因一八七五年哥达会议，两派的安协，采用了有名的“哥达纲领”（das Gothaer Programm）。这可算理想主义之 Lassalle 主义与唯物主义之马克思主义的思想混血儿了。从七〇年代至八〇年代为德国工业跃进发展的时代，跟着劳动者阶级的发达，社会运动的尖锐化，在思想方面马克思主义逐渐次压倒了 Lassalle 主义，一八九一年在 Erfurter 所采用的“Erfurter 纲领”，实即无异于宣告马克思主义对 Lassalle 主义绝对的胜利（参看波多野鼎著《新康德派社会主义》页 1—2）。所以我们现在要讲社会主义的指导理论，已不必过分注意理想主义，只要将 Marx 所依据辩证法的唯物论即唯物史观，研究一下就行了。

我们在此可先引 Engels 在他知己（Marx）墓前演说辞的一段：“Darwin 发见有机界发展律，Marx 亦同样地发见人类历史发展律，这种发展律，本只在很简单的事实之中，——不过在他以前，往往为历来理想累积所掩没而已；——这事实就是：人必先关心着饮食衣住，然后才能及于政治科学艺术宗教等。……（参（Mehring《历史的唯物主义》页三）可见唯物史观本很简单明了，然而“Marx 以前的人，走的却正是相反的路”（同上）。即 Marx 也是几经着年代顺序而渐渐发展来的。所以我们要发见这种历史哲学，也须稍费苦心，在研究 Marx 为一般公认为唯物史观公式的《经济学批评序文》以前，最好先认唯物史观为历史哲学之一；而研究他和前代历史哲学所有的关系，及其自身的发展。我们知道，一八四三年 Marx 给友人 Arnold Ruge（1802—1880）的两封信，已经很可看出他不满现实，要积极的建设新世界之热情的面目。Marx 说：“我们不是独断的豫想新的世界，却是要从旧世界的批评中发见新的，这就是新倾向的长处。”这种由自己批评而发见自己，要在旧的东西中看出未来生出的萌芽，这就是Hegel辩证法的精神，同时就是Marx后年所成一个历史观——唯物史观——的根本原理。所以在这时已经置下唯物史观的一个基石了。再到一八四四年在《德法年报》发表《黑格尔法律哲学批评序说》，他便逐渐愈益注意经济问题，他说：“革命须要一个受动的要素，即一个物质的基础。”然而他并没有否认人类的意志作用，所以说：“哲学在无产阶级里看出物质的武器，同样无产阶级在哲学里，看出精神的武器。”依他后来自述，这一篇实即产生唯物史观的一个关键。因为解决苦闷问题的最初工作，就是黑格尔法律哲学之批评的研究，其序论在一八四四年发表于巴黎《德法年报》。我研究法律关系及国家形体既不从其自身理解，又不从所谓人类精神之一般的发展去理解，倒是在物质的生活关系上，——这就是Hegel仿十八世纪英法人的先例，包括之于“市民的社会”名称下的，——得到根据。而且这市民社会解剖的研究，达到了应求之于经济上的这个绪论。这不是很明白地以经济来解释人类社会吗？年报的另一篇论文，讲“犹太人问题”，他表明“法国革命的重要，不单在释放社会之政治势力，并且在乎释放政治上部结构所依存的经济基础。”（参看塞利格曼《经济史观》页22）翌年著《神圣家族》，偶然又提起法国革命的经济基础，甚至另外一段里，他说：

> 这些人把人和自然，与自然科学和科学的关系置诸度外，那里能够知道历史是什么呢？他们不晓得一个时代的工业情形，与日常生活中的生产方法，又怎样能够了解那时的形势呢？……他们将自己离开了自然科学，他们不求历史的渊源于地上物质的生产之中，而求之于空中迷蒙的云雾之内，就好像将精神离了物体，将自己离了世界一样。

所以一八四四年 Marx 可算已经确立了唯物史观的根本概念了。一八四七年又作一本《哲学的贫困》，来答复 Proudhon 所作《贫困的哲学》。在这本书里，他更明确表示经济制度都是历史的范畴，而历史自身也必定要就经济的发达方面，才可解释（《经济史观》页 26）。他说得好“社会关系都是与生产力密切联结的。人类获得新的生产力的时候，即改变他们的生产方式，而生产方式即获得他们的生活数据方法的改变时候，他们即改变他们所有的社会关系。用手推的磨子产生了封建主义的社会，用蒸汽机的磨子则产生了工业资本主义的社会。同是一样的人，一方按照各人的物质生产力而建立社会，他方也就产生顺应各人的社会关系的原则，观念与范畴。所以这些观念，这些范畴，也是与他们所表现的关系一样，不是永久的，他们即是历史的及一时的产物。”（杜竹君译《哲学之贫困》页 103—104）因此承认在生产力中有继续增大的运动，社会关系中有继续破坏的运动，观念中有继续形成的运动，因而无论何时的社会生活，都是经济进化的结果了。一八四八年和 Engels 联名出版有名的《共产党宣言》，虽不过前后四节组成的小册子，却是比较多占篇幅的第一及第二节，尤其第一节，差不多全部都是极直接的适用唯物史观而成立。这本书开头便泛论地说：“所有从来社会的历史，就是阶级斗争的历史（Die Geschichte aller bisherigen Gesellschaft ist die Geschichte von Klassenkämpfen）。”怪不得 Sombart 要说“《共产党宣言》包括一个史观的根本概念，在它上面建立了一政党的纲领”了。于是在以后几年里，如一八四九年所作《工资，劳动与资本》，认定“生产关系的总和，形成社会关系；而这社会关系就是我们所谓社会。古代社会，封建社会中等阶级社会，都不过是生产复杂关系合成的结果，无论那个都是在人类历史的发达上，划一重要时代的。”又一八五〇年著《关于法国一八四八年至一八五〇年的阶级斗争》一些论文，并且第一次把他经济原则应用到现实的政治。以为经济上的反动，就是通当时大陆诸国所行政治上反动的基础。还有一八五二年为纽约某杂志上作一篇论文，说明法国 Coup d'État（对反动派用非常手段之意）的经济基础，很有趣地告诉我们：

> 人类作成他们自己的历史，不是出乎他们自己的心愿，也不是在他们自己所选择的情形之下，却是在于指定的和传袭下来的情形之下。所有已死之人的陈迹，好像一座山似的，压在现存之人的脑筋上。

然而一般公认为合乎唯物史观公式的著作，却是他在一八五九年一月发表的《经济学批评的序文》。他把从一八四三年起渐渐发展的各种结论，总结起来告诉我们，而这个结论，即他自己以为"一旦得到后，逐为后来研究的指南针的一般的结论"。他将研究所得，简单的表示如次：

> 人类在他们生活之社会的生产上，加入于一定的必然的，非他们的意志所能支配的一种关系里面，就是加入于生产关系里面；这生产关系是和他们的物质生产力的一定发展阶段相适应的。这些生产关系的总和，构成社会之经济的构造；这经济的构造是法制上，政治上的上部建筑物所借以存立的真实的基础；而且一定的社会的意识形态，也是和这基础相适应的。物质生活的生产方法，一般为限制社会上，政治上，及精神上的生活过程的条件。并非人类的意识决定他们的存在；倒是他们的社会的存在，决定他们的意识。（河上肇把这一段叫做公式第一节）

社会的物质生产力，发达到一定阶段的时候，便和当时的生产关系相冲突；用法律上的术语说起来，就是和所有关系相冲突，然而社会的物质生产力，从前却在这所有关系里面活动发展过来的。这些所有关系，算是从生产力的发展形式变成生产力的桎梏了。从此遂进于社会革命的时代。经济的基础一经变动，那庞大的上部建筑物的全部，或是慢慢的或是急剧的，也就跟着变革了。（公式第二节）

当观察这样变革的时候，我们常要把这两件事区别清楚；一是起于经济的生产条件上的物质的变革——这是能够把自然科学来切实论证的——是法制上、政治上、宗教上、艺术上、哲学上，简单说句，就是观念上诸形态，——这是人类在他的里面，意识这种冲突，而且想除去这种冲突的。我们对于这样的变革时代，不是从这时代的意识，去判断他，——这就像我们要判断一个人，决不能照着那一个人自己以为他是怎样，去判断他一样。反之这时代的意识，倒是要从那物质生活上的矛盾，——就是要从当时存在于社会生产力和生产关系的冲突，去说明他的。（公式第三节）

一个社会组织，当一切生产力，在他里面尚有可以发展的余地以前，是决不会颠覆的；又新的比较高级的生产关系，当其本身上的物质的存立条件，在旧社会胎里尚未成熟以前，也决不会出现的。所以人类所提出的问题，常限于他自己所能够解决的。何以故呢？因为进一步观察，便会晓得；问题本身要等到解决这个问题所必需的物质的条件，已经存在了——或至少也正在于生成的过程中——的时候，才会发生的。（公式第四节）

从大体说起来，我们可以把亚细亚的，古代（希腊罗马）的，封建的及近代有产者的生产方法，看做经济的社会组织的进步的阶段。而这有产者的生产关系，在社会的生产方法里面，算是最后取敌对形式的。这里所谓敌对，并非个人的敌对的意思，然而在有产者的社会胎里所发展的生产力，同时成为解决这种敌对上所必需的物质的条件。所以人类社会的前史，算是把这种的社会组织，做他的终结。（公式第五节）（河上肇《唯物史观研究》第一章页 6—15 所分，译文见学艺社编《唯物史观研究》中）

Marx 这一段亲笔写下的唯物史观公式，依河上肇的分析研究，是含有两个互相连络的学说，其一可称为人类精神文化之经济的说明，如公式第一节的下半，第二节的最后一句，公式第三节的全部等。其二可称为社会组织之经济的说明，如公式第一节除却前半一部分，第二节除却末句所剩下的部分，第四节第五节的全部的。在此又可分为两部分，即属于社会现象之静的观察的部分，和属于动的观察的部分。如就社会组织之经济的说明，便可分为（1）主张社会的生产力和社会组织间，有密接不离的关系，如公式第一节的前半；（2）为讲明社会组织是跟着社会生产力的变动而必然变动的，如公式第二节（除去最后一句）及第四节第五节的全部。总而言之，Marx 的唯物史观，从静的方面观察，关于现成为问题的“基础”与“上部建筑物”的关系，实有如 Plekhanov 在《马克思主义根本问题》（木村春海译页 86—87）所拟下面的定式：

（一）生产力的状态；

（二）社会物质生产力所规定的经济关系；

（三）发生于一定的经济基础上的社会的政治的组织；

（四）一部分为经济所直接规定，一部分为由经济上面的社会的政治的组织所规定的，社会的人类的心理；

（五）反映这心理之性质的各种精神的文化。

换言之，即在静的观察部分，就是（1）经济的（2）社会的政治的（3）精神的各层，以显出层套的高低的等级。不过 Plekhanov 的解释之外，尚有各种纷歧的解释，使我们不知道适从那个才好。如依 Tönnies 意思，则唯物史观公式应为：

三分法
- 社会之“经济的基础”＝＝“物质生活的生产方法”
- “法制上及政治上的上部建筑物”
- “社会的意识形态”＝＝{“社会上的”，“政治上的”，“精神上的”}“生活过程”

（以上合为）二分法

依 Barth 的解释，则如次图：

“法制上及政治上的上部建筑物”＝＝“政治上的生活过程”

“社会的意识形态”＝＝{“社会上”的，“精神上”的}“生活过程”

依 Hammacher 则作如次的解释：

{“法制上及政治上的上部建筑物”，“社会的意识形态”……………}＝＝“社会上”{“政治上”，“精神上”}的“生活过程”

可见唯物史观公式中的一句话，已经很成为争论不决的问题了。（参见河上肇《唯物史观研究》页 7—11）若从动的方面观察，则唯物史观里面实藏着一种以生产关系为标准的经济发达阶段说，用公式第五节中一段来表示，就是我们可以把经济的社会组织的进步阶段，分为四大时期，即：

亚细亚的、古代（希腊罗马）的、封建的、近代有产者的

换言之，生产方法的发达阶段，可分为亚细亚时代、古代封建时代、近代有产者的社会时代；然而这一段话即在马克思派学者 Plekhanov，都弄得不能为他辩护。（木村春海译《马克思主义的根本问题》页 59）他说“以 Marx 的考察，断定亚细亚的，古代的封建的以及近代有产者的生产方法，为一般社会经济发展之继起的诸时期；可是等到 Marx 读到 Morgan 的‘古代社会’，他就变更了古代生产方法与亚细亚的生产方法关系的见解。实在封建的生产方法之经济发展底论理，这就指示资本主义的胜利导出社会革命，然而经济发展的论理，例如中国或埃及，并没有导入生产之古代形态。在第一个场合，是相继而起呢？还是前者由后者发生呢？究竟是那个发展阶段，很成问题。反之第二个场合，则经济发展的二种形态，同时并存着。……Marx、Engels 在未明了氏族社会的组织以前，像 Engels 以后自身承认似的，关于社会发展的理论，有显然的缺点。”那么既然是有显然的缺点了，为什么许多马克思派学者还要迷恋骸骨似的将他们经济发达阶段说，当作法宝看待呢？（请举日本学者做例，河上肇以此作为 Marx 亲笔写下的唯物史观公式的一节。）羽仁五郎著《转形期的历史学》页 206 说 Marx 这种理论，可为我们历史学根本原则论底历史发展段阶理论底中心。又石滨知行著《经济史概论》页 29 也依据这个

标准，将欧洲经济史分作四段阶：（一）原始共同社会；（二）古代社会；（三）中世封建的社会；（四）资本主义社会，或有产者社会。可见这种学说的误用，已形成一种学风了。而且照 Marx 的原文，“我们可以把亚细亚的，古代（希腊罗马）的，封建的及近世有产者的各生产方法，看作经济的社会组织的进步的阶段”；那么所谓“原始共产社会”在这发达的阶段中，应属于那一个阶段？亚细亚的？还是把他看作经济发达阶段以前的序幕？这真不能不说 Marx 所分阶段太欠明了了。不但如此，即就此经济社会构成的阶段说，也是完全抄袭 Hegel 的“历史哲学”的。在历史哲学第二编《特殊绪论》中，有《世界史底区分》一章，将精神的形象分作第一历史的幼年期——东洋的世界（1）中国（2）印度（3）波斯；第二历史的青少年期，为希腊的世界；第三历史的壮年期，为罗马的世界；第四历史的老年期，为日耳曼的世界（河野正通译页 385—402）。不料 Marx 竟把他任意凑合补缀起来，以 Hegel 的第二第三世界，凑成“古代的”；以第四之日耳曼世界，二分为“封建的”与“资产阶级的”；他这样把比较的尚有地理基础底 Hegel 的区分法，很不自然地变成自己之经济发达阶段说，这层福田德三著《唯物史观经济史出发点之再吟味》（页 74—78）一书，已经有很严格的批评，用不着我再详说了。总之 Marx 在一八五九年经济学批评序文所表示的唯物史观公式，虽然有极大的价值，但实在尚不脱于幼稚的思想。

但 Marx 自经济学批评序文出版以后，更于一八六七年发表《资本论》第一卷，一直到他死后十一年（一八九四）又出版《资本论》的第三卷，在他经济理论体系的全体中，实在和他历史观有不可分离的关系。如就第一卷初版的序文来看，如说“关于现代社会变动的经济的法则，就是这著述的最后的目的”。又说“我的意思是要将社会经济的构成的发展，作为一个自然史的过程来观察”；这不是很明白地认《资本论》为一部历史的著作，正是唯物史观的一个具体适用吗？试看第一卷里论劳动的行程一条，论机械的发展一条，乃至第二十四章第七章论“资本家集积之史的倾向”都是何等明白应用了唯物史观的主张。至于第三卷，Seligman 谓其“含有历史观的丰富材料，因其出版，欧陆上一般的著作者才知道这个学说的重要，从此以后对于这个问题的剧烈争辩，方才满布于科学界中”。(《经济史观》页 32)又 Bernstein 也看出《资本论》所表示的唯物史观，较之《经济学批评序文》为后来居上，虽然修正派有许多可非议的，此处却正是历史的事实。

(四)Engels

Marx 固然不如 Friedrich Engels(1820—1895)所说为真正唯物史观的发明家，Ch. Andler 曾指出在他以前先驱的理想家如 Proudhon 及 Sismondi, Fr. List，尤其是《商业利益》(*Des Intérêts du Commerce*)的著者 Pecqueur 等，都给 Marx 以很大的益处。但话虽如此，Engels 却要坚持 Marx 为真正的发明家，甚至他自已都丝毫不能分占创始的地位，这句话实在未免过于夸张，又未免太客气了罢！照我们意思，Engels 对唯物史观的贡献，决不在 Marx 之下，而且他不但完成应用了初期的 Marx=Engels 说，对于唯物史观实在更有重要的追加和修订。在一八四四年二月德法年报所载《一经济学批评概观》及《英国劳动者阶级的状态》两论文中，已充分把社会主义立于经济学的基础之上，已经看出资本主义社会之历史发展的必然性。从一八四五年至四八年可算唯物史观成立的时代，Marx 在一八四五年后为 Engels 发见的关于“Feuerbach 论纲”，对于从来所有唯物论即包含 Feuerbach 唯物论的“旧唯物论”，他特别提出新唯物论的主张；而这样脱离了德国观念论，建设唯物史观哲学的努力，遂成为 Marx 与 Engels 共著，生前未发表的《德国观念论》（*Die Deutsche Ideologie*）。一八四七年 Marx-Engels 又执笔于生涯最重要的文献《共产党宣言》，对于近世经济生活适用了唯物史观，却是现在我们所见《共产党宣言》，是出自 Marx 手笔，Engels 所起草的《共产党宣言》草案，即一九二一年 Bernstein 所发见刊行的《共产主义的原理》（*Grundsätze des Kommunismus*），其议论的深远锐利，虽不及《共产党宣言》，就其内容来说，差不多是一致的，如论近世社会的成立，无产者资产者的成立，及两者阶级斗争其结果为共产主义革命，及共产社会的成立，这些都是用物质的生活资料之生产方法来说明的。可见 Marx-Engels 的唯物史观这时已经算成立了。一八五九年 Marx 刊行《经济学批评序文》，Engels 在伦敦发行的周刊德国杂志《民众》里，匿名介绍此书，以为经济学批评是最初代表无产阶级的立场，为德国建设了独立的经济学的。他说：

> 这德国经济学根本上是立脚于这篇序文所记唯物史观上面。……这不但对于经济学，乃至对于历史的科学（与自然科学不同）都是革命的发见。……这不但有学说上的意义，即对实际都带着最大的革命的效果。

我们应该注意的，就是 Engels 对于 Marx 利用 Hegel 辩证法的批评：

> Hegel 的思想方法比较其他哲学者方法好的地方，在他方法的基础里，有很大之历史的意义。他的思索形态虽非常抽象的，理想的，他的思想发展却与世界史的发展平行，而世界史的发展，却不可不考察到本来思想的发展…………然而 Hegel 在历史

中，可算探究一个发展，一个内的关系的第一人。

从 Hegel 的论理学将其核心——这方面包含 Hegel 的实际的发见——抽出，在辩证的方法里脱去理想主义的外衣，而能够创造成功它最单纯的形态者，——只有这个形态，才是思想发展的真正形式；——只是 Marx，也只有他一个人。Marx 为此经济学批评根柢的这种方法的完成，我们认为结果决不下于唯物的根本观念。

因为 Hegel 划期的历史观，实为新唯物观之直接理论的前提，而论理的。方法实即无以异于除去历史形式与偶然分子之历史的方法，所以经济学批评中虽采了二种方法，即历史的与论理的方法，而为便利起见，将经济的范畴适合于论理发展之同一的顺序，是更易于理解的。所以 Marx 在经济学批评里面这种方法的完成，Engels 要特别注意它。一八六七年以后，Marx 以毕生事业贡献于《资本论》续编，完全注全力于经济学方面的研究。在这时候，Engels 和 Marx 可算较从前更为各自分担了专门的部分，尤以一八七〇年十月 Engels 移住伦敦以后，更是如此。Engels 的工作，关于我们研究的范围里，可看出有两方面，第一为唯物史观原理的说明，第二为唯物史观的应用。他在一八七八年著《马克思传》，屡屡以唯物史观与剩余价值论为 Marx 学说之二大发见，唯物史观就是 Marx 所以完成全世界史观的革命。他又批评当时柏林大学讲师在社会民主党隐然有很大思想影响的 Eugen Dühring 底学说，而著《反杜林论》。从新唯物论的哲学来讲精神与实在的关系，永久真理的否定，道德的阶级性质；关于唯物史观也下了明确的定义。《Feuerbach 论》是到 Marx 死后数年才发表的，在那里 Engels 叙述他和 Marx 经过如何的思想过程，才到达于唯物史观的立场，其第四章再述及唯物史观之根本的见解。但我们更应该提出注意的，就是 Engels 之唯物史观的应用方面，实对 Marx 有重要的补充。如 Marx 只将唯物史观适用于从中世封建社会至近世资本主义社会之成立和发展；他虽因一八七七年 Lewis Henry Morgan 发表《古代社会》（*Ancient Society*）一书，想将这家族历史附加于唯物史观里面，然而有志未成。这种事业，直到 Engels 在一八八四年著《家族私有财产及国家的起源》时才告成功。且在此书以前他的遗稿中也发现有《猿至人类的进化中之劳动的参加》一文，也是从唯物史观立场来讲明猿到人类的进化，而特别提出劳动之重要性的。还有 Engels 死后发表的他从一八九〇年至九四年所寄的很有问题的四封信，修正了唯物史观之一些重要的原理，为后来修正派所本；因为问题较为复杂，且留在后面讨论。然而总结来说，Engels 对于唯物史观的贡献，从历史的发展形态来看，他实在比 Marx 更为精彩，更见高明。这话是怎样讲呢？原来 Engels 的唯物史观比较 Marx 有四大补充之点。详说起来就是：

（一）Marx 说生产力是历史的决定力，Engels 却说一切社会秩序之真的根柢，就是“生产”，其次“交换”。——是屡屡并用“生产”及“交换”，如在一八七八年发表《反杜林论》里说：

> 唯物史观是从如次问题出发。生产及次于生产之生产物的“交换”，为社会组织的基础。一切历史社会里，生产物的分配及依据阶级，身分之社会的组织，都是因其如何生产，如何交换其生产物而被构成。由此见解，则一切社会变动及政治革命的最后原因，不应求之于人类的脑中，即人类对于永久真理及正义之递增的某种洞见之中，而应求之于生产及交换方法的变化之中，这就是不应求之于哲学，而应求之于当时的经济中。

又一八八五年当 Marx 所著 *Der achtzehnte Brumaire des Louis Napoleon* 第三版时，Engels 添上一篇序文，他说：

> Marx是最初发见历史进行的大法则的人。由此法则，便一切历史上的争斗，不问那是政治上、宗教上、哲学上，还是起于其他精神的方面的，实际不外乎就是社会各阶级争斗——明了的或不甚明了的——的表现。还有这些各阶级的存在，及其相互间的斗争，都是以他们经济发展的状况，生产方法及因此而生的交换方法而转移。

上面两段话，Engels不都是同样地以生产及交换之两个要素，为决定历史的力量吗？又在一八八八年（一月三十日）Engels在《共产党宣言》英译的序文，也是用生产及交换的文字。即就一八九四年的通信中，也没有两样。却是就Marx来看，则在他自己所写史观的纲领，如《哲学的贫困》及《经济学批评序文》中，都只使用“生产力”或“物质的生活”“生活资料的生产”这些说法。实在有如Tugan-Baranovsky所说（《唯物史观的改造》汉译页9），“对于唯物史观说之一元的根柢，已经拆去其后台了”。因为Marx只就生产的方法立论，忘记了交换的地位，所以Engels才特别提出在经济发达上面交换的力量，甚至在他《反杜林论》之辛辣的批评里，公然将交换与生产对立以为“杜林君把本质的各异的两个行程混淆了。”

（二）Marx只认经济的技术的生产力，Engels却追加入人类有机的生理的再生产。——Engels似受Morgan影响，Morgan指出性交状态与家族的历史，为原始社会里社会组织的物质基础；所以性欲及生殖本能，是怎样能够决定人类的发展。Engels所著《家族，私有财产及国家的起源》，实即Marx与Morgan学说的综合。所以他说：

> 照唯物史观则历史之最后的决定要素，即直接的生命的生产及再生产。这是从二种类成的，其一为生活资料的产出，即食

物，衣服，住居的产出及其必要之工具的产出。其二为人类的产出，即种族的繁殖。生活于一定的历史时期及一定国土之人类的社会制度，是受支配于生产的二种类，即一方依于劳动的发展阶段，他方依于家族的发展阶段。……

在他一八九〇年公认的通信中，又说：

照唯物史观则历史最后的决定要素，就是实在生命的生产及再生产。这个以上的说法，便不是 Marx 和我的主张了。

由上两段，所谓“再生产”就是人类生命的再生产，换言之即指子孙的生殖。所以一八九四年的通信中，更明白地叙述“人种也是经济的一个因子”。这当然把 Marx 所谓“物质的生活或生活数据的生产”，意义不知扩充得许多了。所以 Woltmann 在 *Historischer Materialismus*（S. 223）里批评他“物质的基础已经不单是经济的技术的生产力，而加上人类有机的生理的再生产，对于劳动组织史而加上家族发达史；合此两者而后才形成社会组织之真的基础”。可见 Engels 对于唯物史观实添上新的要素，而人种这个东西，也成为同等的经济因子，为唯物史观学说的一部分了。

（三）Marx 只将辩证法应用于社会的历史的事实，Engels 却将辩证的方法，扩大来应用说明一切自然的认识——一九一二年 Lukács 所著《历史与阶级意识》一书，会提出这个问题，看出他俩方法论的不一致；虽然 Deborin 著书反对他，但如 Sombart 却极力赞成他。试看 Engels 遗稿中，有一种《自然辩证法》，这书“从物理学底立场看来，抑从物理学史底立场看来，都是不能够给与何等特殊之兴味的东西”（这是 Bernstein 的评语）。然而他却要依此来建设“辩证法唯物主义的自然观”。很大胆地说“在自然界中，同样地辩证法的运动法则，也贯通了无量数的变革之错综现象，这些运动法则”(《反杜林论》页13)。“自然科学已经进步到这样程度，使它再不能脱却辩证法的综合。”(同上，页19)因为Engels差不多二十年间(有时间断)从事于自然科学的及数学的研究，所以对于辩证法的应用，当然和Marx不同。而在Marx的信徒，也只得将他遗稿《自然辩证法》，静静地保存在他们底书架里面，不敢发表，一直到Engels死后三十年，才有俄国马克思派特别把他表彰起来，而成所谓Deborin学派。这就可见Engels即在方法论的完成上面，都和Marx不同，而很富有独创性的了。

(四)Marx财产发展的辩证法，以个人私有财产为肯定的阶段，Engels则以共有财产为肯定的阶段。——Muhs在一九二七年发表关于《Marx经济学的构造之考察》一书，第一卷第二章(蓑田胸喜译页40—44)即指出如上关于财产辩证法见解他俩的不同，试为列表比较如下：

	Marx	Engels
肯定阶段	基于固有劳动之个人的私有财产	共有财产
否定阶段	特殊之资本主义的社会	个人的财产
否定之否定阶段	社会化的生产方法	社会化的生产方法

那么可见在否定之否定阶段虽两人的解释相同，而从肯定阶段上，又根本相异。最可怪的，就是上面所引Engels的话，是出于《反杜林论》一书，是经Marx许可才出版的，然而他俩见解竟如此相违，那么叫我们还敢相信以辩证法的过程说明经济发达阶段说，是靠得住吗？却是就两者比较，则在财产辩证法中，Marx与Engels之重大矛盾，实际也不外证明以共有财产组织为肯定阶段的Engels解释，比较合于辩证法运动之必然的基础罢了。

（五）Dietzgen

Joseph Dietzgen（1828—1888）这位制革工人出身“我们的哲学家”（借用一八七二年 Haay 万国劳动大会席上 Marx 介绍 Dietzgen 的话）是在 Marx 已经确立了唯物史观的根本概念不久（一八六九年），很可惊异地也表示同样的意见。Engels 在所著《Feuerbach 论》一书中说，“多年为我们最锐之武器最良之工具的这辩证法的唯物论，不可思议地不但由我们发见，却在这个以外，和我们，不！甚至和 Hegel 都无关系的，为德国一劳动者 Joseph Dietzgen 所发见了”。但据实来讲，Dietzgen 发见之辩证法的唯物论终竟和 Marx 不同，所以一方面 Marx 不得不在给 Kugelmann 的一封信里，指出 Dietzgen 思想混乱的地方。Lenin 也不得不称“Dietzgen 的哲学，被人拟作不同于辩证法唯物论的特殊哲学”（Lenin《唯物论与经验批评论》页 124）。再加以马哈派如 Helfond 等加以无数的曲解（同上，页 154），似乎 Dietzgen 对于唯心论与不可知论，都已陷入不正当的让步了。然而从他方面看，如荷兰马克思主义者 Anton Pannekoek 所著《Dietzgen 哲学著作的地位及其要点》一文，却公然承认 Dietzgen 哲学为 Marx 说之一大补充。他说：

> Marx 阐明了生产社会过程的性质，实为社会发达动力之根本的意义，但他对于人类心的性质，由如何方法包含于这个物质的过程中，这一点却没有充分说明。Marx 说这个弱点，正是资产阶级思想之传统大势力的结果，遂致对于 Marx 说不能完全理解。又为发生误解的理由之一。于是这一弱点，因以人类心的性质为研究主题的 Dietzgen，而得到补救。依此理由，充分研究

Dietzgen之哲学上的著述，正是理解Marx及Engels根本著述之不可缺的重要的帮助。

同样Herman Gorter在《唯物史观解说》（第十章堺利彦译页248—250）中说：

> Marx说明生产关系如何使思想内容变化，可是无产阶级的哲学者神学者，以为思想是从神发生的。所以在Marx批评思想的内容以后，尚余思想界里不能说明的部分，资产阶级即利用那个部分，以为抬高自己贱视劳动者的工具。Joseph Dietzgen所研究的，就是这残余的部分。Marx抓住物的方面，Dietzgen却从他方面即心的方面出发，Marx证明了社会的物质对于精神做了什么，Dietzgen却证明了精神这个东西做些什么……所以依Marx与Dietzgen而思想与社会生活的关系，才十分明了，Marx研究思想的变化，Dietzgen研究思想的本质。

这么一来，Dietzgen的哲学，是将Marx所建立的唯物史观，在哲学的领域中得到了成果，也可算很有价值的了。并且事实也是如此，在Plekhanov以前，所谓忠实的马克思主义者，都只认Marx的贡献在于历史的及经济的方面，对于《哲学的唯物论》是一点没有关系的。所以为要确立他们哲学的基础，便不得不将马克思主义与随便那一个哲学者结合，例如Kant、Mach，尤其就是“我们的哲学家”Dietzgen。因为“Dietzgen的哲学思想是从资产阶级之影响独立发生出来的，所以和Marx及Engels的极相类似”（Plekhanov语，见《马克思主义的根本问题》页4）。所以甚至正统派的Karl Kautsky在所著《伦理与唯物史观》的序文中，竟认他一方面以Marx、Engels

的思想为基础，一方面以 Dietzgen 的哲学为基础，上面所引 Pannekoek, Gorter 诸人，更不消说了。

Dietzgen 哲学，简单说来，是和 Feuerbach 有些接近，且受了 Feuerbach 的影响。他所著关于辩证法唯物论的著作，有一八六九年写的《一个劳动者所见的人类头脑工作的本质》；一八八六年发表的《一个社会主义者在认识论领域中的经历》，和翌年发表的《哲学的实果》等，他的哲学根本上推翻了从来支配哲学之二元论的形而上学的思想方法，而建立了站在唯物辩证法的无产阶级哲学。无论道德、宗教、艺术，一切人类精神的产物，都是支配于其社会之物质的状况。人类之心，也只是自然的一部分，所以研究人类之心的科学，也可以作一个自然科学。而决定人类经验的东西，便是由外界所受的印象。由此经验发生人类的欲望，形成了人类的意志。如此围绕人类的世界都给人类以印象与欲望，此印象与欲望又给人类以意志与行动。由此人的意志和行动，人类才可以反过来改变世界。又因意志指导所起的行动，皆显现于社会生产的过程中；如此人类由其行动而与自然和社会成为进化发达的连锁中之一环。他这种思想，结果遂在哲学上奠定了第二期马克思主义之认识论的基础，而以哲学为以人心研究为主题的科学了。不过依最近马克思主义理论的发展，已发见真正马克思主义的认识论，决不在 Dietzgen 的哲学中，而在 Marx 与 Engels 之自己著述中，如 Engels 所著《反杜林论》的第一部，及《Feuerbach 论》中，早已形成了马克思主义之哲学的基础；又在《资本论》第一卷第二版的序文，及各处的脚注中，他所描写的唯物辩证法的大纲，是非常重要的。《哲学的贫困》第二部的若干页，乃至 Mehring、Ryazanov 校刊的新著作，都十分明了地看出 Marx、Engels 哲学思想的发展径路。所以现在第三期的马克思主义者已经不大注意 Dietzgen 哲学，如 Plekhanov 所说似的，“马克思主义的哲学不见因 Dietzgen 而有所补足，不过比他更为通俗化罢了”（《马克思主义的根本问题》页 5）。这话很可看出唯物史观论史的一大转机。

（六）Kautsky

从 Marx、Engels 学说初出现的幼稚时代，以至 Karl Kautsky（1854—1938）对于这个学说的整理改变，或如 Eduard Bernstein 对于这个学说的修正，这都不是如一般所云马克思主义理论的变形，却正是基于辩证法法则而为马克思主义自身矛盾之展开的。并且这也不是从 Kautsky 开始，在 Engels 一八九〇年至一八九四年写给各通讯社的信，已经有这个学说最重要的改变，Seligman 最明了这个情形，所以他说：

> 从四十年代这个学说初出现至 Marx 去世的时期，这个学说的创造者，用不着修正他们自己的说话。但在 Marx 死后，尤其这个学说惹起社会民主党注意以后，正统 Marx 派的人，太趋极端，致社会主义者间发生异论。在这里一方为应这些社会主义者的异论，一方因为外界的批评，Engels 于是乎才写了许多书信。在这些通信中，他主张 Marx 为世人误解的在认以经济元素说明历史的必要，可是这不是绝对的必要，他决不是除此以外，有意的拒绝一切别的元素；他指出经济活动，不只是物质的活动，实即人类的活动，在人从事经济活动时，不但用他手足，并且还要用脑；再就他所说来看，人类精神的进步，是要受许多条件的影响的。即一定时代里个人经济的活动，总是要受一切社会环境的一切事情支配的。这个社会环境又有种种分子的势力。Engels 自

已说“青年们往往过于重视经济方面，我和 Marx 是要共负一半责任的”。于是他又注意到社会组织的实际形式，是往往因政治上法律上哲学上及宗教上的学说和观念而决定。总之我们如果读这个学说一个创造者 Engels 晚年所写的意见，好像要疑惑到经济史观的学说，都已全部放弃了似的。（河上肇译《新史观》页63—65，参汉译 61—62）

由这一段，不是很可看出唯物史观即在 Engels 本身，已经不得不自加改变了吗？ Engels 的有名通信，实给生产关系的决定力以一个制限，所以后来屡屡为修正派引用，当做 Engels 自身对于唯物史观改变的论据。例如 Ludwig Woltmann 的《史的唯物论》二三八页以下，一九一一年 Karl Vorländer 的《Kant 与 Marx》七二页以下，又所著《哲学者的 Marx, Engels 及 Lassalle》（一九二四年）七四页以下。又如 Alfred Braunthal 所著《历史哲学者的 Karl Marx》（*Karl Marx als geschichtsphilosoph* 1920）一八四页以下，都引它作为 Engels“观念思想的独自化”的证据。不消说修正派 Bernstein，更是一口咬定 Engels 一八九五年十月揭载于《社会主义的学士会会员》的二通信，认为 Engels 自己修正了唯物史观的铁证。虽然 Heinrich Cunow 对这种 Bernstein 的 Braunthal 的解释，有很严正的批评，却是唯物史观思想的发展，却在其自身肯定之中，已含着否定的阶段，这却是不可免的论理的事实。

所以我们现在来讲 Engels 学问上的门生 Kautsky，便先要抛却许多成见，如 Lenin 题为《无产阶级独裁与背教者 Kautsky》的一小著，所加于他之辛辣的批评，我以为先可不必注意。在 Karl Kautsky 的一生涯中，实已经过了两次很有历史意义的论争。其一是起于德国社会民主党内部的所谓对于修正主义而为拥护马克思主义的论争；他即对于俄国布尔扎维克革命及列宁主义而为拥护所谓“正统”马克思主义的论争。但平心而论，前者的论争，虽给添上了一生的大光彩；后者的论争，却只送掉自己以没落的下场。我不是说 Kautsky 从革命的无产阶级的阵营里落伍了，我们是说 Kautsky 只是代表从一八八三年他创刊德国社会民主党机关杂志《新时报》(*Die Neue Zeit*)起至世界大战止，他不但是德国社会民主党的理论家，实即国际社会主义运动最大的马克思派学者，他对于唯物史观的解释，直到一九一〇年顷，被公认为马克思正统派的解释。他在这方面所残留下的唯物史观的文献，如他一八八八年所著《Thomas More 及其乌托邦》，一八九二年起草的《Erfurter 纲领注解》，及《论理与唯物史观》(一九〇六年)、《Bernstein 与社会民主党的纲领》(一八九九年，山川均译名《马克思主义修正的驳论》)等书。原来十九世纪后半，乘自由主义的资本主义余波，各国社会党多数出入议会，这个事实遂使马克思主义里面，发生了以进化代替“革命”的修正派马克思主义。如德国社会民主党里一八八九年 Bernstein 所著《社会主义的前提与社会民主主义的任务》(*Die Voraussetzungen des Sozialismus und die Aufgaben der Sozialdemokratie*)公然反对 Marx 的唯物史观和阶级斗争说，就是这个理论最明显的表现。与此差不多同一的，又有社会主义间的康德化运动，他们不满意于唯物主义，要将 Kant 的批评哲学来改变唯物主义的不完全不彻底，如 Bernstein 不必说了，Sadi Gunter 更进一步，主张社会主义一面是历史过程的结晶，同时也是思想的，或形成将来的意志，他因此标榜新康德主义。L. Woltmann 则主张调和 Kant、Marx、Darwin，使唯物主义和批评的论理哲学原理结合，而组织伦理的经济学。于是对此修正派之废止唯物主义运动，Kautsky 便不得不在“正统派马克思主义”的旗帜底下和它们宣战。他所著《Bernstein 与社会民主党的纲领》一书，即专为克服 Bernstein 的修正派马克思主义而作；而他的《伦理与唯物史观》一书，也就是从马克思主义批评Kant的最初一声；这是应该特别注意的。在前书第一章（山川均译页18—45），是在方法论上对于Bernstein批评的批评。他以为我们批评唯物史观应该如Marx、Engels、Morgan到达这个史观的方法一样，不应只就他们所说的话去咬文嚼字，是要博采事实从事研究才可能的。这就是说，只有由于经济史的发展，获得理解唯物史观。然而Bernstein却不如此，在他引用了Marx、Engels的著作及二三段通信以外，什么也没有给我们；乃至读他关于唯物史观的全章，连一个历史的事实，也没说到。（页23—24）这不是Bernstein的根本弱点是什么？其实Kautsky这一段反驳，要将唯物史观的基础置于经济史的事实上面，而不将事实返元于同一顺序之论理的发展，这正是代表他第二期论理的精神。所以一到讲辩证法时，他除屡次反复引用Bernstein的文句以外，对于他所下一切的批评，一些也不能驳倒Bernstein的批评。次之他在《伦理与唯物史观》一书，最初将人类的道德生活以马克思主义的见地来组织地叙述它，很大胆地说“唯物史观就是无产阶级的哲学，与此史观对立的各种思想，都是资产阶级的哲学”（由利英一译，页112）。又说“自资产阶级成为保守的阶级以后，社会发展之唯物论的见解，只有在无产阶级的立场机行”（页115）。他又固执要用“唯物论”一字，以为要将辩证法的唯物论，换成辩证法的“一元论”，或“批评哲学”或“实在论”，便要失却对于资产阶级的对抗性。似此本书将Marx唯物史观完全看做精神生活之阶级的说明，对道德的差异看做由于阶级的差异，这自然不能不算是Kautsky很大的贡献了，然而最使我钦佩的，却是他对于社会主义康德化运动所取反驳的论潮。康德化的修正派以为Kaut的伦理哲学，就是社会主义的伦理学，Kautsky反之不承认伦理学能给社会主义以基础，只有社会主义才能给伦理学以基础，所以《伦理与唯物史观》一书，即无异于向 Kant 之实践理性的学说挑战。Dietzgen 虽在哲学的领域里推翻了 Kant 二元论的形而上学的思想，Kautsky 却老实要克服那德国资产阶级思想的代表者——Kant——的伦理学，以成立其所谓社会发展之新唯物论的伦理学。他说得好“当十八世纪狭隘的唯物论已不能适合他们的时候，他们就再复归于从前的康德主义。尤其是康德主义排除了至今为自然科学征服的所有的缺点，可是从伦理上说，仍然没有脱掉它；这个伦理，却就是对抗现在社会发展的唯物论，而自成其堡垒的”（页 114）。他又在本书第三章《Kant 的伦理》里面（页 32—65）对于 Kant 哲学迎合资产者的弱点，如所谓“复归 Kant”所谓“伦理的社会主义”，不惜为辛辣的批评，他讥叹马堡学派 Cohen，以 Kant 为社会主义的创设者，他说“实际 Kant 比较十八世纪的法国唯物论，还要离开社会主义远些”（页 51）；这是一点没有错的。无论“新康德派的马克思化”也罢，“新马克思派的康德化”也罢，实际都只是抛弃了作为无产阶级哲学的唯物史观，以与资产阶级哲学的唯心史观调和，所以马堡学派的哲学家如 F. A. Lange, Hermann Cohen, Rudolf Stammler, Paul Natorp, Frauz Staudinger, Karl Vorländer 等，要以新康德哲学弥补马克思主义的缺点，其实都只是在实际运动里面，要和纯粹的马克思主义宣战而已。至于法国社会主义者之康德化运动，如 Jean Janrès 甚至以为 Kant 的国家观念，所有观念，和社会主义相一致，更不消说完全是缺乏历史观念的了。然而自从 Kautsky 提出以马克思主义对抗康德主义的批评以后，这个“唯物论呢？康德主义呢？”一个问题，遂引起十九世纪末叶正统派马克思主义者与讲坛哲学者间不断的论争，并且事实告诉我们，论争的结果，所谓“复归 Kant”的呼声，也已渐渐为“复归 Hegel”的呼声所压倒了。

话虽如此，Kautsky 批评康德主义，实际却引进了马哈（Mach）

主义，以为他反对辩证法之理论的基础。在 Kant 尚承认那为辩证法基础的矛盾的必然性，Kautsky 反而倒退一步，依他解释，矛盾是不可能的。他虽依据 Dühring 的权威，承认在力之对抗的意思上，有对立性的存在；而且也允许了为对立规定之统一的矛盾，在迷误的意义上，是存在的；却是对于矛盾的论理学，那在发展于矛盾中之现实性的诸法则，则绝对否定。在这里简直可以看出他和形式论理的同一性，一样的思想。“由我们意识看来，在我们思想中，不能允许矛盾的存在，意识一发见矛盾时，便因其矛盾而驱逐了这个矛盾。”这不是他分明否认了辩证法吗？ Weinstein 在《Hegel 辩证法批评》一书（第一编页 128—140 直井武夫译）告诉我们，原来 Kautsky 是在假装承认辩证法下面，公然将它变成 Mach 的辩证法的。为什么呢？他说“论理的思惟这个行为，在克服了‘自我’与世界间的对立，这是辩证法的。……这个综合，仿 Much 的例，不是可叫做适应吗？（*Die Meterialistische Geschichtsauffassung* S.148 此转引）可见 Kautsky 之辩证法的解释，是用适应来代替认识，用形式论理的矛盾来代替辩证法的矛盾。不！甚至用主观的东西代替客观的东西，辩证法成了生物适应环境的论理学，在实践方面，当然也要由革命的一变而为阶级调和的新修正主义了。因为他的辩证法的出发点，是从“自我”起点，所以辩证法只限于为精神世界适应环境的工具。所以这个范围以外，如认植物界中为有辩证法的存在，都是很误谬的。这一点 Kautsky 实在也给俄国派马克思主义所提唱的“自然辩证法”，留下很大之发展的余地。

（七）Bernstein

马克思主义第二期的矛盾，在党内可看出修正派的抬头，在党外却出了不少“马克思克服者”。如 Stammler 大著《依据唯物史观之经济与法律》(*Wirtschaft und Recht nach der materilistischen Geschichtsauffassung* 1806)即以为唯物史观是立脚于社会法则的混乱概念之上。因为 Marx 与 Engels 不能辨出社会法则与自然法则，遂将目的的关系(目的的必然)与因果的关系(因果的必然)看做一样，这就是全马克思主义一切矛盾的根源。但真正废弃了科学的社会主义，修正唯物史观，而为修正主义著出经典的，却不能不数到一八九九年 Eduard Bernstein 所著《社会主义的前提与社会民主主义的任务》了。(松下芳男译名《马克思主义的改造》)这本书末了一节，极力说及社会民主主义必须有 Kant 一人来对于传统唯物论的教义，下尖锐犀利的批评，以理想补救重视物质因子的危险。所以这一点，他又和新康德派社会主义没有两样。他在马克思主义里发见与 Stammler 所发见同样的矛盾，在唯物史观里面，要提出目的论与理想主义要素，使唯物史观理论与社会主义之目的意识的努力相调和。换言之即看出实现理论与行为之统一的必要，其结果遂夺去了马克思主义的科学性，而将社会主义理论建立于理想主义之上。他很有意思地提出唯物史观之发展变化的痕迹，他以为 Marx 与 Engels 都经过一种学说的变化，然而不但马克思主义者不知道，甚至 Marx 及 Engels 本身都不知道有这种变化。所以 Bernstein 即从这一点出发，发见了 Marx 及 Engels 后来自己修正唯物史观的事实。依他指示，在发表唯物史观公式的最初形式时(《经济学批评》的序文)，Marx 是一个严密的决定论者，在那里“人类的意识和欲望，完全表示为附属于物质作用的条件的”。但在《资本论》第一卷序文里，关于资本主义生产的“自然法则”，已经说到“以铁一般之确定不动的必然性作用贯彻着的倾向，是有问题”。即在论这个法则的地方，结果代替此确定不动的法则概念，而用更为伸缩自在之软性的概念，所谓“倾向”。不但如此，在第二页又述及社会是“可以短缩轻减”那在自然发达阶段中分娩的痛苦。再就 Engels 来说，在 Marx 生时共著的《反杜林论》中，说“一切社会变化及政治革命的最后原因”，不应求之于人类的脑中，应求之于“生产及交换方法的变化”之中，但是在此“最后原因，”是包含着有与此共动作用的他种原因，即第二位第三位……诸原因。而且这样原因的连续越大，便最后原因的决定力，无论质量方面，都越发受限制，这样事是很明白的。纵然这最后原因的决定力，依然发生作用，却是事物的最后形态，已不单依存于此。假使不能十分知道所有各种力量各种活动所生的作用，或不依这些力量的全价值来下批评，那么确实的测定，便不可能了。（松下芳男译页 41—42）还有就 Engels 晚年的各种著作来看，他将生产关系所有的决定力，更加以一层制限，就中一八九〇年至一八九四年揭载于《莱蒲西民报》（*Der Leipziger Volkezeitung* 1885 No, 250）及《社会主义的学士会会员》（*Der Sozialistische Akademiker* 1895）的两封通信，格外使唯物史观受制限，所以 Bernstein 即引用这些书信为根据。第一封信是寄 J. Bloch 的，里面说及“要是有人将经济的要素，曲解为唯一的决定者的话，那么这已先将命题变成无意味的，抽象的荒唐无稽的辞句了。经济的势力确是基础，但上部构造之各种各样的要素——阶级斗争的政治状态及结果；法律的形式，还有现实斗争所影响于交战者脑中之一切的反映，即政治上法律上哲学上的各种学说，宗教的见解，及其向教义体系的发展，一切这些要素也影响到历史上的斗争过程，同时在许多时候，又专为决定这些门争形态的势力”。第二封信是寄 H. Starkenburg 的，里面说及“政治的法律的哲学的宗教的艺术的各种发展，是依据于经济之发展的。但是所有这些东西相互之间，乃至经济的基础上，都发生了反作用。这并不是说经济的情形便是原因，便是唯一能动的，而一切其他都单有受动作用；这是说这些交互作用，其最后贯彻自己是在经济之必然的基础上实行的”。由这两封信的新解释，Bernstein 便更进一步，主张“现在信奉唯物的历史学说（唯物史观）的人们，不应停止在最初的形式里，应适用其最发达的形式。详细来说，即在生产力及生产关系发展的影响外，不可不充分斟酌各时代之法律的伦理的观念，与历史的宗教的传统精神，及地理的其他自然的状态——这些也是受人类本性及其精神素质所支配的——等影响”。他并且以为唯物史观经过这样修正以后，才真正成为科学之历史观的学说。不错！自他这本书提出精神的理想主义的要素以后，使那多年以马克思教义为根本信仰的民主党员，吃了大惊。所以前后发生了无数防御的论争，Kautsky 和 Heinrich Cunow 与 Bernstein 的论争，是很有名的。即法国两个著名社会主义者 Paul Lafargue 与 Jean Jaurès 的论争，也正是正统派与修正派在法国底论争。然而论争之中，所谓“正统派”马克思主义者，亦未始不大受其论敌“修正派”的影响。最明显的就是在 Bernstein 书中所说“马克思主义与黑格尔辩证法”（页 60—83）一章，他极力攻击 Marx、Engels 受了 Hegel 辩证方法的致命伤。“辩证法是很容易拿来应用的，却是很危险的。”“为什么呢？用辩证法的 Hegel 自身，就很难遵守所定辩证法的原则。”我以为这种反 Hegel 反辩证法的论潮，实有意无意中给正统派马克思主义以根本的影响。正统派对于 Bernstein 唯物史观的修正，虽觉着很是侮辱，但对于反对 Hegel 反对辩证法的论潮，到底不能否认。他们因为不理解 Hegel 所发见辩证法的重要，所以企图要从科学方法的立场上，来研究唯物史观。他们大多数都是排斥哲学，以为从来所称哲学，到了 Hegel 已达极点，自此以后就是科学代替哲学的时代了。所以从 Feuerbach 说了什么“我的哲学就是无哲学”一语以后，Marx、Engels 便老实实现这句话，将具体的科学来代替抽象的哲学。这就是说唯物史观不是抽象的哲学，却完全是哲学的嗣子——具体的科学。（大意引 Boudin 著《马克思学说体系》第二章页 20—21）这样嫌恶哲学的态度，要将自然科学和哲学绝缘，当然对于辩证法的理论，要持着反对的意见。这就是 Deborin（《唯物辨证法与自然科学》页 25）所讥为“这些同志也是对于哲学，取着严格之否定的态度，而属于以经济科学和哲学对立底广义的马克思主义者的”。然而不幸广义底马克思主义者，实即包括了所谓正统派马克思主义者，甚至 Kautsky 都不算例外。因为所谓正统派在哲学的领域里，实在是跟着修正派的科学跑的，所以 Lenin 在给 Gorky 的信中（见《唯物论与经验批评论》Deborin 序文第五节）很痛心地说：

> 学识最丰富的机关杂志 *Neue Zeit*，对哲学问题既不关心，当然不是唯物论之强有力的支持者。最近甚至毫无批驳地登载了经验批评论者的论文……社会民主党中的小资产阶级分子，对唯物论最怀敌意。他们倾向于 Kant 倾向于新康德学派，倾向于批判哲学……（页 19）

Deborin 在引用这封信后，也说及“德国当时执有国际民主主义最大权威的 Kautsky 却认哲学问题没有什么重大关系，并以为可将新康德主义和 Mach 学说作马克思主义的哲学基石”（同上页 20）；因为这些忠实信徒不懂得 Hegel，不懂得辩证法，所以自然而然走上他们论敌 Bernstein 等同一路线，而与当时接近经验主义的哲学家结合。例如将 Marx 与 Kant, Mach, Avenarius, Ostwald 乃至 Joseph Dietzgen 的哲学，都可以结合起来了。

（八）Plekhanov

我们讲“俄罗斯马克思主义之父”的 Gregory Valentinovich

Plekhanov（1857—1918），同时即开始讲第三期的马克思主义。在第二期正统派的马克思主义如 Kautsky、Cunow Mehring 等数都是德意志人，第三期如Plekhanov、Lenin、Bukharin、Deborin 等，多数都是俄罗斯人。所以 Karl Karsch 以为“这样第三的进化期——由那有名的代表者们，通例称为马克思主义的复活——在各地方，尤其俄罗斯的马克思主义间，有特别显著的发达”（《马克思主义与哲学》，塚本三吉译页 90）；这是一点不错的。他们在复归于本来的或真正的马克思主义之纯粹学说的观念形态下，将马克思主义为进一步的转变和展开，不但对于第二国际派渐趋以进化代革命的理论，回复了跃动的革命主义精神，而且对于亚流的俗恶马克思主义之趋于非辩证的实证科学的体系，而明确地高唱哲学问题与唯物辩证法的复活。当然屈指一算，Plekhanov 不能不称为从事此运动的第一人了。Plekhanov 最初在理论的领域贡献，是在九十年代所谓 Bernstein 论争时代（即修正主义抬头时代），尤其与修正主义哲学的代辩者 Conrad Schmidt 的论争，给当时以很深大的刺激。Lenin 曾这样称赞过他，“只有 Plekhanov 会以辩证法唯物论的观点，批评修正主义，他才是国际社会运动中的马克思主义者”（《唯物论与经验批评论》页 16 Deborin 序）。因为只有他与其“学派”，坚守着革命正统派之辩证法唯物论的城堡，所以前前后后不但与 Bernstein、Schmidt 等修正主义宣战，又和所谓俄国“合法的”马克思主义宣战。他之反对 Struve、Tugan-Baranovsky、Bulgakov 等这些俄国新康德派的代表，虽然如 Lenin 一八九八年给 A. Patressov 的信所说，他“在俄国的文献中，竟没有取坚决的态度”；然而他这样勇于担负对新康德派学者的斗争，已经为后日俄国马克思主义奠定了辩证法唯物论的哲学基础。他又先依这个立场，彻底的对抗 Narodniki 个人主义的经济主义之倾向，由此理论斗争，将马克思主义普及于俄国民众之间，这已经是很大的贡献了。一九〇三年至一九〇四年，在他所谓反对修正派斗争的盟友 A. Bogdanov 中，又出现了马克思主义新修正派的运动；这就是以 Bogdanov 和 A. Lunacharsky 等为中心，用所谓经验批评论、经验一元论、经验象征论等名词，将 Mach 主义和马克思主义联合一起。这种思想，于 1907—1908 年竟支配了俄国的哲学界，同时影响于社会民主主义的知识分子，乃至一部分工人之间。因为这新修正派予辩证法的唯物论以猛烈的打击。于是又引起 Plekhanov 等对俄国马克思主义间第二次的论战，在 *Golos Sotsial-Demokrata*（《社会民主主义者之声》）杂志的第六和第七号中，Plekhanov 用《战斗的唯物论》（*Materialismus Militans*）标题，发表他给 Bogdanov 有名的公开通信。但 Bogdanov 不久便著《一哲学学派的冒险》一书，来回答 Plekhanov 学派的批评，这个时候，第二国际派的 Kautsky 是抱怎样的态度呢？他却老实站在马哈主义一边，他说：

> 在我自己，我不认马克思主义是一种哲学，不过经验的科学关于社会的特殊解释而已。这个解释虽与唯心论哲学不相配合，但与 Mach 的认识论，是没有什么不同，在我个人不能寻出 Marx 和 Dietzgen 见解不相同的地方；而 Mach 则诚和 Dietzgen 非常接近。（发表于 *Der Kampf* 杂志第七号，此转 Deborin 序文页 12）

因为 Kautsky 简直承认了“Marx 没有哲学，只宣布了哲学的终结”；所以在哲学领域，可以任意和 Dietzgen 乃至 Mach 结合，但是这个见解，却是 Plekhanov 等所极力反对的。依照 Plekhanov 意思，则“马克思主义是整个的世界观，更明显地可说是发展到最高阶段的近代唯物论，也可以说是发展到最高阶段的近代世界观”（《马克思主义的根本问题》绪言）。此以 Marx-Engels 本身，即有较

Dietzgen、Mach 更彻底更丰富的哲学，用不着以任何哲学来代替冒充。Marx 哲学是将辩证法放在唯物论的基础之上，因他充分理解辩证法，同时又能使用辩证法来分析资本主义社会的人，所以只有他才能建设他们本身的哲学基础，这就是 Plekhanov 以一生精力不断著述《近代唯物论史》（*Beiträge zur Geschichte des Materialismus* 1894 榎木谦辅译），《历史之一元论的说明》（川内唯彦译《史的一元论》1925），及《马克思主义的根本问题》（恒藤恭译 1927）等书，以彻底拥护马克思主义、唯物史观、辩证法唯物论的根本理由了。并且他学问渊博得很，在哲学方面，有辩证法的唯物论，Hegel 与 Feuerbach 的研究；在哲学史方面，有法国唯物论史的研究；在艺术的领域，有艺术之唯物史观的说明。他又指摘 Karl Diehl——对 Marx 所受 Feuerbach 影响的评价，未免说得太过分了——为“无谋的误谬”（*Grundproblem*, S. 25）；指摘 Seligman 将 Marx 的经济见解与历史观分离，为历史的唯物论而大抱不安。他直接虽不说 Marshall，但由他攻击“自然不能飞跃”一语，谓其取入了 Darwin 进化论的弱点，“只知道渐次之量的变化”却不理解自然与历史里面的飞跃。他又批评 Brentano，批评 Sombart，在经济史上关于原始共产制的问题，更批评及 Karl Bücher。像他这样为马克思主义、唯物史观、辩证法的唯物论苦战不休的人，实在除 Lenin 以外，再也没有可以比他的了。不论俄国革命以后，他在自己思想转变[①]与自己思想破绽的苦恼之中，变成一个反马克思主义者、爱国社会主义者；却是他过去的理论斗争，实在给第三期的马克思主义，当过劳苦功高的先导，这一点在唯物史观史上，是很有位置的。

---

① “在自己思想转变”，原作“受新兴独裁阶级的侮蔑”，据朱谦之“自存本”改。——编者

（九）Bogdanov

德国有 Kautsky, Cunow 之反对 Bernstein 似的，在俄国也有 Plekhanov、Lenin 之反对 Bogdanov。固然 Plekhanov、Lenin 此说很有根据，却是 Alexander Alexandrowitsch Bogdanov（1873—1928）同样也是博学深思，也很有他的根据，这个根据就是马哈主义。一九〇四年 Bogdanov 发表他有名的《经验一元论》第一编，及《实在论世界观纲要》，一九〇六年在狱中写成了《经验一元论》的第三编，自此以后他便和一群多才的著作家 A. Lunacharsky、Marim Gorky、V. Bazarov 等，领导着“经验评批论”，努力把 Marx 与 Mach 联合，即将 Marx 与科学的哲学（马哈主义）联合，以结束唯物论之形而上学的体系。他们更集刊一论文集，名《马克思主义哲学大纲》，执笔者除 Bogdanov、Bazarov 等外，尚有 Berman、Yushkevich 诸人，给 Marx 阵营中的知识分子与一部分工人，以很大的刺激。当他们开始形成这一个特别理论，将 Marx 接近于 Mach、Avenarius、Pearson、Poincare 的时候；那自称其哲学为辩证法唯物论的一派，如 Plekhanov、Lenin、Axelrod、Deborin 等，不消说都极力反对他，尤其是 Lenin 所著《唯物论与经验批评论》，就是专为反对马哈主义，反对 Bogdanov 派而持论争底态度的。实际 Bogdanov 也自有他的特殊价值。唯物论与经验批评论两种认识论的分界，在前者认有一个独立自存的世界，后者认依存于感觉的世界；前者由外在世界出发到感觉，后者由感觉出发到外在的世界。因为这派不肯超出感觉而再进一步，他停止在现象的这一方面，而不承认在感觉范围外之物自身的存在，所以经验批评论者，结果就是不可知论者，Hume 主义者，一变而和 Berkeley、Fichte 所拥护的见解，也就没有两样。却是从 Bogdanov 看来，他坚守着经验论的立场，也是对的。外在独立的“物自身”，本来是没有的，然而在自然科学的研究法上，却可假定其有，而这假定的“有”，在唯物论者却误认以为实有，因而主张所谓“唯物论”，其结果非陷入形而上学的体系不可的。并且抱这种见解的，必然地趋向于绝对论无条件的客观性，然而依 Bogdanov 以及一切 Mach 派的说法，则“客观真理仅在一定时期界限之内”存在（参《唯物论与经验批评论》页 108），所以“Bogdanow 是个相对论者”（页 123）；在经验的领域里，也不能承认所谓“客观的感觉论”（Lenin 以为这就是唯物论），而主张“对于经验事实，若就其依存于一定的神经系统方面说，便是给某人以心理世界，又若就其独立于那种关系而言，又是呈给我们以物理世界”（页 24 引《经验一元论》第一卷）。“我的一般哲学借自 Mach 的，只有一点——即所谓物理的及心理的经验要素，在关系上是中性的，而且它们的特质，也依存于经验的结合。”（《经验一元论》第三卷序文，此转引页 22）这种认识论显然是将新实证论的定说，来修正了马克思派可认识的“物自身”之论潮（这正是 Kant 所要批评的）。最可注意的，就是 Bogdanov 甚至承认人类经验也是有一段进步的历史，经验愈益发展，愈现身为物理的物体。人类最初是一种直接经验的综合，直到后来才派生出物理的自然，因此他便将经验的发展过程，立下各种阶段：

(1) The chaos of elements;

(2) The psychical experience of men;

(3) The physical experience of men;

(4) Knowledge which emerges from it;

（Lenin: *Materialism and Empirio-criticism* 页一九〇引）

在这里，第一阶段“要素”底混沌，既为人类以前的感觉，只好说等于“Divine Sensation”（神的感觉），第二阶段以心理的经验，放在物理的经验以前，第三阶段才关照到以物理的经验代替心理的经验，于是第四阶段从物理的经验里导出知识。——这种经验的发展过程，使我不得不联想那主张“存在为意识所规定底三阶段法则公式”的Comte。依他的见地看来，“个人精神的生成过程，是经过神学的思想，形而上学的抽象思想，而终于科学的实证的世界观”。这里如果把Bogdanov之经验构成的阶段，和Comte应用于个人精神发展的三阶段比较一下，至少前三阶段是完全相同的。因为Bogdanov所谓科学的哲学，本来很受新实证论影响，所以自然而然把经验构成的阶段，隐蔽于Comte“三阶段”的模型公式之下。所以引申来讲社会意识阶段底分类时候，也不得不老实说出“和我们底分类非常接近的分类。例如实证主义所采用的思惟三阶段的分类法‘神学的阶段’‘玄学的阶段’‘实证的阶段’，及Louis Blanc所指示的‘权威主义’‘个人主义’‘同胞主义’的分类等都是。”（《社会意识学大纲》页58）再看他所发明支配意识形态底特殊文化格式，也就不过是：

（一）原始文化时代——原始社会意识时代

（二）权威的文化时代——权威的社会意识时代

（a）宗法时代

（b）封建时代

（三）个人主义的文化时代——个人主义社会意识时代

（a）观念的个人主义社会

（b）过渡形态

1. 古代社会的奴隶制度

2. 农奴制度

3. 手工业者的行会

4. 商业资本主义

（c）工业资本主义

（四）集团主义的文化时代 ═ 集团主义的社会意识

可见这种社会意识阶段底分类，很明白是结合了 Comte、Louis Blanc 所指示的知识发达阶段说；与 Marx 所分“亚细亚的古代的，封建的，近代有产者社会的”；Engels 所分“古代的奴隶制，中古的农奴制，近世的赁银劳动”之经济发达阶段说，而编成这种“综合”的阶段公式。不过这种阶段公式中，不免忘掉了“金融资本主义时代”，所以在后来《经济科学大纲》一书，便有多少进步的改革，即变成比较更为整齐的三阶段了。

（十）Lenin

当 Plekhanov 以辩证法唯物论的观点批评俄国新康德派学者的时候，Vladimiri Lenin（1870—1924）便开始埋头于哲学的研究，甚至对于这位《唯物论史》著者（Plekhanov）之态度，表示不满。及到他第二次坚决地对 Bogdanov 和其他马哈派取反对的态度时，Lenin 便居然与 Plekhanov 携手，同意于辩证法唯物论的一边了。Lenin 从一九〇六年，即十分愤怒于 Bogdanov 走入马克思主义的迷途上，曾写《三册手记的哲学通信》给他，可惜这部著作至今尚未发见，却是他留下给我们有名的《唯物论与经验批评论》一书，已可充分看出这位革命的思想家，即在所有马克思主义者之许多著作中，也是最彻底的反新康德派，反马哈派之辩证法唯物论者。他不但是伟大的叛逆者，最卓越的政治家，劳动阶级的天才的指导者，他实在对旧型的历史哲学，而开始供我们以理论与实践之辩证法统一的新历史哲学。他从其自身实践活动所成之理论的基础，将马克思主义认识论的根本思想，明确地公式化了。他极力说及以人类所有实践全体之认识，为理论基础的必要；他以为观念论哲学与马克思主义哲学的不同，即在前者求真理之标准于思想里面，反之后者则坚执以生活实践占第一位。观念论常代表与直接的生产过程，生产实践相分离的阶级；反之唯物论即代表生产阶级，即于自身的本质上，便表现着实践的阶级的世界观。他最反对马哈派不以实践为认识论的标准，以为这不过是虚伪的教授式的唯心论而已，若在唯物论者看来，实践与理论乃是一个问题。他根据于 Marx 的《Feuerbach 论纲》的第二段所说：

> 人类思想是否能够认识客观真理的问题，并不是一个理论上的问题，乃是实践问题。人类从实践中证明真理，就是证明其思想之实在性，证明其思想之有力量，证明其思想之人间性（Deisseitigkeit）。关于离开实践的思想是否真实之论辩，乃是纯粹烦琐哲学的问题。

因此便说“我们所能有的一切推理，都必然的以实际生活为根据，而这种推理基础，正是‘实践的’认识论，结果就是唯物论，根本以为在我们本身以外而相独立于我们的，有客体物物体之存在，而我们的知觉却外部世界的意象。”（页 84）又说：

> 我们已经看到 Marx 在 1845 年，Engels 在 1888 年到 1891 年间，开始将实践的标准引入唯物论的认识论中。Marx 在其《Feuerbach 论纲》第二段上说，在实践的领域以外，去追究“客

观真理是否相适合于人类理智”的问题，完全是烦琐哲学的。Engels反复说，对Kant和Hume的不可知论者以及其他一切哲学的混合，想作最有力之反驳者，乃是实践。他答复不可知论者说，我们行动的成功，正足以证明我们的知觉和所知物的客观性，是适相符合的。（页127—128）

懂得这种“实践的”认识论，便对Lenin战斗的唯物论，已很容易了解了。Lenin和别的纯粹理论的马克思主义者之不同，即在他牢牢守住实践，以解决认识论的根本问题，而这也就是他所以将马克思主义的理论，变成现实性的变更理论之理由。因为他不拘泥于抽象的理论，不拜倒于任何偶像之前，所以能从“政治的群众运动的经验”里面，创出哲学上“生之跳跃”的方法，即从理论向实践的飞跃，依实践而为理论的证明。并且在一切哲学的倾向后面，认出反映阶级斗争之观念的斗争，即哲学，党派的斗争，所以哲学就是党务。他说得好：“最新的哲学和二千年前的哲学一样，都是党派的哲学。”这种露骨地将美化精制的哲学，直接看出政治的实践的意义，怪不得他要那样极力铲除这政治反动之冒充的马克思主义，典型的新修正主义；而公然以拥护辩证法唯物论为己任了。不但如此，Lenin即在论到辩证法的问题，也绝对和那自命精通的专门学者不同。在他初期著作《人民之友是什么？》里，已经宣告：“……唯物论者的问题，在正确地精密分析现实的历史过程，那在辩证法上囫囵吞枣地选出证明三阶式确实性的凡例，这都不过黑格尔主义（从这里生出科学的社会主义）的残渣，其表现方法的糟粕而已……”（川内唯彦译页六〇）可见辩证法的本质，不在于三段论法，由Lenin看来，辩证法应该看做认识（发见）自然的一切现象，与进化中所充满着矛盾的相互排斥，相互对立的论理学，所以说“发展就是对立物的斗争”（关于辩证法的问题）。即应用于经济发达的研究，也和Marx在《资本论》里分析商品交换似的，以为“这种分析，在极简单的现象中（在资产阶级社会的细胞中），发见现代社会的一切矛盾（即一切矛盾的胚胎）。再进一步的叙述，就是彻首彻尾地指示我们这些矛盾（生长及运动），与这些矛盾构成分子的总合之社会的发展”。因此Lenin的经济发达观，实际不外乎就是阶级斗争的历史观。他所举做辩证法实例的，如：

数学里面的：正数与负数，微分与积分；

力学里面的：作用及反作用；

物理学里面的：阳电与阴电；

化学里面的：原子的结合与分解；

社会科学里面的：阶级斗争。

可见他把辩证法的发展，和阶级斗争发展底理论，合拢起来，这一点是比Marx为更进一步的。本来辩证法从本质上说，就是批评的而且革命的，应用来说明社会发展进化的原理，本只看到发展进化的间断时候，而不能看到永续不断的社会进化。换言之即可以应用它去说明社会病理，而不足以说明社会生理。（就是依据辩证法与唯物论合成的唯物史观，据孙中山先生说“马克思研究社会问题所有的心得，只见得社会进化的毛病，没有见到社会进化的原理”，即此意。）所以Hegel在《小论理学》中，有一章论到“论理学之详细概念与区分”，说“论理学从形式上是有三个方面：（A）抽象的或悟性的方面；（B）辩证法的或消极理性的方面；（C）思辨的或积极理性的方面”；这不是分明承认辩证法只侧重消极方面，只好拿来说明社会病理，即阶级斗争吗？所以Lenin能够抛却三分辩证法之纯粹理论，而完全深彻辩证法的本性，用悟性把握住实践的阶级斗争的历史观，这一点贡献，是很伟大的，虽然我不承认他所说那“相互排斥的对立物斗争，是绝对的”的话；虽然我不赞成他把社会科学里面的阶级斗争，和数学、力学、物理学、化学里面的相对物混作一谈，致失却科学的精神；然而 Lenin 伟大的实践与理论之辩证法的统一，终竟将辩证法具体的适用于政治的实践上面，而收非常的效果，且为马克思主义哲学之一般发展，开创一新的纪元。

Lenin 不但是天才的实践家，同时自身就是独特的大哲学家，他的哲学诸著作，实使马克思主义的理论思想，从“唯物论的俗学者”一变而为 Hegel 辩证法之“唯物论化”的问题。他研究哲学，约可分三时期，第一期为追放与亡命国外的时代，第二期为俄国第一革命及其反动期的时代，第三期为帝国主义战争的时代，即一九一四年至一六年时代。尤其是第三期，他的哲学研究，格外倾向于 Hegel 方面。Hegel 著作中如“论理的科学”“历史哲学”及“哲学史”等，都作成手记，而加以自己的批评。（参看 W. Adoratski 所著《Lenin 及其哲学的诸著作》页 6）不可思议地是在那样帝国主义战争开始的时候，竟不惜贵重时间来研究哲学，他是怎样重视 Hegel 辩证法的学说，是很明白的了。我们试就最近 Lenin 研究所编的《Lenin 材料集》来看，无疑乎他在多年间搜集材料很想完成关于辩证法唯物论哲学的一大著作，虽然事情太忙，没有成功有系统的叙述，然而他对于 Hegel 之深刻的分析的认识，不能不说已经攫住辩证法的核心，而将他变成唯物论来读了。

（十一）Bukharin

Nikolai Bukharin（1888—1938）这位在中国不失为马克思主义理论中一个最有权威的学者，实际他所阐明唯物史观的理论，所开辟马克思主义社会学的新道路，都只是表明他是一个 Bogdanov 主义者。他称自己主著《史的唯物论之理论》为“马克思主义的社会学”，这或许是不错的，却是这种社会学，以较那不看重社会学的 Plekhanov、Lenin 之辩证法的唯物论，似乎不彻底许多。Ladìslau Rudas 会对于他机械的决定论，及它和 Marx 历史必然论的不同，作很有价值的反驳。他实在太粗浅了，和 Feuerbach 的旧派机械论，几乎没有什么分别，然而不是马克思主义、Lenin 主义。Lenin 主张，辩证法的本质不在于三段论法，而他全部的历史理论，却即建设于三段论法之上；他虽一方面看出“斗争，矛盾，即所谓各种力量的冲突现象，决定了变动的原则”（页 110）；在另一方面又主张“斗争还是均衡之破裂呢”。这种以“均衡为一均事物之母”，从自然界中，看出各星球的均衡，各星球系统彼此的均衡；从生物界中，看出 Adaptation（适应）这个字的意义，就是均衡；所以在社会界也就看出这均衡的形势来（页 107—109）。所以在这个地方，他便定出一种进化的公式：

> 第一就是均衡的形势，第二就是均衡形势的破裂，第三就是在新的基础上，均衡形势之再建。新的均衡建立起来了，新的历史又再开始；新的均衡又成了“新的均衡破裂”之起点，由此递转，以至于无穷。总括这些事实，我们可以看见动的经程，是由于事物内部冲突之发展来的。
>
> 黑格尔注意了这种变动的性质，他用下面的方式来说明他：“原始的均衡，叫做‘正’（These），均衡的破裂叫做‘反正’（Antithese），均衡再建立于一个新的基础上面，叫做‘合’（Synthese）所有的均衡都调和起来，成一个统一的形状。用三个发达合拢起来的一个法则，以解释各种存在的现象是一个动的

状态，Hegel 取他一个名字，叫做辩证法。（页 110—111）

由上似乎 Bukharin 很理解辩证法了，然而在俄国“马克思主义旗帜下”的人，没有谁不非难他不懂辩证法的。Lenin 关于他《转形期经济学》的评注，老实不客气说他不折不扣的是 Bogdanov 主义者。“他是把那马克思主义理论与 Bogdanov 社会学的烦琐哲学组成的折衷主义，代替了唯物辩证法的。”Lenin 并且以为他误谬理论的根源，可从在辩证法的领域中看得出来，他在“转形期经济学”所加“转形过程之一般理论”这个旁题，由 Lenin 看来，就是根本错误的东西。所以有一段旁注很讥笑他：“那是什么呢？‘一般的吗？’变做 Spencer 的吗？”“著者对于经济过程还没有充分其体的实际研究过。”还有指出 Bukharin 滥用了“辩证法的否定”这句话，对于理论和实践的关系，也没有辩证法的把握着。所以 Bukharin 著作，只算做非辩证法的 Bogdanov 态度之结晶，只算利用了 Bogdanov 哲学的术语，来讲社会的阶级关系罢了。（详见 B. Borilin 著 Lenin 对于《转形期经济学底批评》文，旧译《Bukharin 唯物史观批判》页 147—219）实在说，Bukharin 和 Lenin 论点的不同，即在于前者主张辩证法的“均衡论”，后者为辩证法的“矛盾论”。Bukharin 之综合的折衷辩证法，要在史的唯物论里面证明那经济发达之妥协调和底过程，为第一社会诸要素间的均衡，第二社会均衡的搅乱，第三在新基础上社会均衡的回复。这种三段论法的辩证，好像和 Hegel 正、反、合的状态相同，实际是如 Deborin 在《均衡论与唯物辩证法》一文批评（同上，页 123—143）所说，只好叫做“均衡论”，却不得叫做“辩证法”。这就是说，只好算做进化论者 Spencer 和组织论者 Bogdanov 均衡论的化身，而非 Marx, Lenin 革命的辩证法的体系。Bukharin 自夸将 Hegel 辩证法的神秘用语，还元于近代的力学的用语，但据 Deborin 看来，这正是它所以根本拒绝了质的变化而单把量的增减来代替它，所以从力的作用底理论即均衡论出发，结果将不可避的把运动否定了，将内的矛盾变成外的原因了。故此这种理论，对于现实运动，实在底过程，及丰富的文化内容，都不能反映，而只反映着不动与静止的瞬间，这就是Deborin对于Bukharin最大攻击之一点。我尤奇怪Bukharin三段态的辩证法，除了把辩证法通俗化及单纯化以外，实在一点也没有何等必然性，而所谓第三段态，也决不成其为第一第二段态的综合，勉强叫他做Spencer派的"均衡论"，可是又太缺乏一点科学精神了。然而这种思想，因他一半应用辩证法，一半应用了归纳法，即是一半玄学一半科学之启蒙的见解，最容易蛊惑一般幼稚论者，使他为社会均衡之"搅乱"一段态的牺牲，这或者就是他《史的唯物论的理论》所题"马克思主义的社会学之民众的教本"，所谓"民众"的意义罢！

（十二）Deborin

A. M. Deborin在俄国哲学史论战上的贡献，在他企图对于德国的古典哲学和马克思主义与以精密详细的说明。如他所著有名的如《Kant的辩证法》《Fichte的辩证法》及俄译《Hegel著作集》第一卷（第二版）所揭载的序说，很可看出他怎样努力于将辩证法及Hegel哲学变成唯物论来读。即他关于《辩证法唯物论的哲学》《Feuerbach的哲学》《唯物论史》等这些超卓的唯物论史著述，也几乎证明他是辩证法唯物论之哲学全体的继承者。并且他不但从"死灰一般"的学说中，发现真理的种子，还且在所著《Lenin的辩证法》中极力提出"实践"与理论之辩证法统一的重要。在这一点，他思想浸透了Lenin主义的倾向。然而事实上最近俄国全联邦共产党中央委员会的决议，已对于实践的理解，下更根本的否定的批评。他们以为Deborin将实践解作狭义之认识形而上学的意义，即主体表象应该依外界的素材而行检查的意义，似此将 Marx 理论所谓“实践——批评的革命的活动”，变成不过实验室经验的实践，其结局自要陷入于认识形而上的烦琐哲学，及康德主义了。（见《Deborin 派的批评》白扬社版页 7）。所以 Deborin 虽曾力说理论及实践的辩证法在 Lenin 主义——马克思主义中最高的统一，而他自己却即受了更年青之实践的唯物论者的批评而发疯了。他虽和 Plekhanov、Lenin 形成了哲学联盟，来反对马哈主义新康德主义；而更年青之实践的唯物论者，却即认他为康德主义者。无疑乎他虽不是康德主义，至少也是观念型的黑格尔主义者，像他那样出力为陈腐的 Hegel 的“自然哲学”辩护，甚至于说“理论的自然科学底领域上底 Hegel 的事迹，Engels 说是 Hegel 最高底功绩”（《唯物辩证法与自然科学》页 62）；“自然研究者当面着‘理论的必要’底时候，除靠住 Hegel，抓住 Hegel 辩证法的方法之外，没有方法”（页 64）；这样大而无当的话，末了要被清算，是当然的。尤其在一九二四至一九三〇年 Deborin 理论的清算止，所谓 Deborin 学派与俄国哲学者自然科学者最大的哲学上底论争，就是以他为中心，与机械论者 E. Stepanoff 等之论争。就他所著《辩证法与自然科学》一部大书来看，无论他怎样地说：

> 辩证法的过程，客观地不仅行于思惟及社会之中，也行于自然，那不是如 Hegel 所想过的属于概念界，而是属于自然界，所以那不能不发现于现实这个东西之中，自然之中。

要在自然科学之上，建筑辩证法的哲学的精神，把古旧的马克思主义理论的废物——Engels 的自然辩证法——来指导最近代科学的新发明，这种绝对的党派的斗争，实无异于宣告这位伟大的黑格尔主义者在掘自己的坟墓了。辩证法经过此次挫折之后，势必另开途径，所谓 Freud、Marx 主义也者，要将 Freud 主义适用于唯物论的辩证法，这或者又是告诉我们以第三期的马克思主义的结束，与第四期马克思主义的开始了吗？

由上讲历史哲学的第三期中，有“唯物史观”与“社会史观”两大思潮，遂不觉将“唯物史观”的历史，加以很详细的叙述。在唯物史观史中，又细分为三大进化时期；第一为 Marx、Engels 自身理论发展之时期；第二为 Kautsky、Lafargue、Cunow 及 Bernstein 等理论发展之时期；第三为 Plekhanov、Lenin、Bogdanov、Bukharin、Deborin 等理论发展之时期，而归结于所谓 Freud、Marx 主义。现在试劈开一边，再进论与唯物史观全然对立的所谓社会学的历史观。

第六章　社会的科学的历史哲学（下）

（一）序说

原来所谓社会史观，换言之即社会学的历史观，或如 Bernheim 所谓实证论的史观，和唯物史观不但思想见解不同，即来源亦不相同。唯物史观是德国古典哲学一个继起的哲学体系，所以 Engels 说“我们德国社会主义者，自夸的是我们不仅继承 Saint-Simon、Fourier 和 Owen，并且继承 Kant, Fichte 与 Hegel。”（《从乌托邦到科学的社会主义之发展》1882 年）反之社会学的历史观，则全为十七，十八两世纪科学概念发达之一个继起的科学体系。所以 Comte 追溯他思想的来源，是在“二世纪以前，实证哲学由于 Bacon 的教训，Descartes 的理想，Galileo 的发见，这些结合作用，才开始了反神学的及形而上学的精神”（《实证哲学》第一章页七）。我们知道最初科学是怎样在占星学家或炼金术者手里，人类知识在几世纪间先采用了神学的哲学的方式和教义，数理科学虽早些接近了实证理论，生物科学（动物学、植物学、人类学、生理学、心理学）则甚至可以说仅在十七十八两世纪，才有它们的发生（参看马尔文著《欧洲哲学史》傅子东译第二十一章《发见时代》）。至于社会学首先提出实证的、历史的、经验的方法，以物理和生物几种科学成立的定见，应用到社会事物之秩序上面，这自不能不推到法国的 Comte 了。虽然社会学史家讲到社会学的发端，也有不很注意 Comte 的，如 Small 在 *Origins of Sociology*（1924）中，便举出 Thibaut、Savigny、Eichhorn、Niebuhr、Ranke、Roscher、Knies、Treitschke、Schmoller 及其他讲坛社会主义者，来代替西欧学者（Wiese《社会学》黑川纯一译页 31）；又如 Othmar Spann，则以 Kant 与 Fichte 看做社会学的建设者；Wiese 不赞成这个见解，却指名提出 Hegel（同上页 17）。另一面则 Oppenheimer 竟呼 Lorenz von Stein 与 Karl Marx，为"指导的德国社会学者的两人"（见新明正道《独逸社会学》页 3、4）。但事实告诉我们，Kant、Fichte、Hegel 这些观念论者，都只有他们浪漫主义的、理想主义的社会哲学，却没有那以实证科学为基础的"社会学"，这是很明显的。至于说到 Marx，是否要建立一个"社会学"，却是一个问题。俄国唯物论者 Bukharin 是第一个要建立马克思主义社会学的，他在《转形期经济学》开头第一页，即说"Marx，他的商品拜物教论，对于理论经济学给与以非常好的社会学的引子"；但是 Lenin 呢，对于这一本书的评语，很讥笑地说：社会学只是"定义的游戏""玩弄概念的好把戏，便以为是社会学""什么话！'社会学''组织学'"；所以社会学在 Lenin 看来，是等于"概念烦琐哲学"。那么 Marx 是否算社会学的元祖，当然要发生问题了。因为唯物史观始终不免于应用德国玄学的方法——辩证法；始终自夸为继承 Kant、Fichte、Hegel 的体系者，那么我们倒不如老实承认他是一个不折不扣的社会哲学者好了。所以归结起来，社会学元祖的荣誉，仍应属于首创"Sociology"一名的 Comte。E. Durkheim 在一九一四年做的《社会学史略》，他说得好："社会学这个科学，是在法兰西发育，长养，现在虽然没有一个民族不去研究他，但是一脉相传，在根本上尚未脱去法兰西学派。"事实也是如此，当社会学未成科学以前，便有 Montesquieu 与 Condorcet、Saint-Simon 这几位思想家替社会学开了先路；社会学已成科学以后，Comte 更值得称为一部社会学史的中心。而且社会学的成立，是以生物学为基础，这生物学一个科学发见的荣誉，也是属于十七世纪前半的法兰西的。Huxley 证明过 Jean Lamarck 在一八〇一年已经使用生物学一名，在 Comte 时代，Darwin 的《物种起源》尽管没有出世（在一八五九年出版时，Comte 已经死去二年了），却因 Lamarck 生物学说的影响，社会学遂可先在法国宣告成立。不但如此，一切学问的成立，最重要的是探求“法则”；这个法则在自然科学里面，虽有许多人注意去发现他，在社会科学则直到十八世纪底优秀政治思想家 Montesquieu，才完全正当地定成公式。Montesquieu 在所著《法的精神》（严复所译《法意》一书）如次的规定法则底本质。他说：“法则云者，其最广义是由物底本性所发露之必然的关系；而且在这一意义上，一切底存在物，都有它自己底法则。”Comte 无疑乎大受 Montesquieu 的影响，在他《实证哲学》下第二章（石川三四郎译页 43），他说：

> 这本《法的精神》著作所以得力，是因著者将政治现象，都看做服从自然法则这一点。“法则”这个概念的意义，直到人类知识已经习惯于实证的研究时，才有意义。这种革新在一世纪前，由 Decartes、Galileo 或 Kepler 的著作，因受 Newton 有力之刺戟之下，来从事科学的进步的。Montesquieu 继续这种思想，很快地把他扩大来讲政治的诸现象，真是很可惊异的事实。

由这一段 Comte 的好评，可见那提倡有名的“三阶段法则”的 Comte，是很受 Montesquieu 的影响了。因为 Montesquieu 舍弃了社会哲学者思辨的方法，他的著述是如 Giddings 所说是“记述的”。“他使人们注意归纳法对于社会现象试为纯客观解释的实例，是给现在许多人种学及其他记述的社会材料以许多暗示”；当然 Comte 不能不受其影响。不过追溯 Comte 有名的“三阶段的法则”（Law of the three stages）则除 Montesquieu 根本给他以“法则”的概念和归纳方法以外，应再提及几位社会学的先驱者。我们所知道的已经有：

（一）G. B. Vico 在一七二五年出版的《关于国民通性底新科学原理》（*Principi di Scienza nuova d'intorno alla commune natura delle Nazioni*）。

（二）A. R. J. Turgot《关于世界史论文》（*Discourses on Universal History*）。

（三）M. J. A. Condorcet 一七九五年发表的《人类精神进步史纲》（*Esquisse d'un tableau historique des progrès de l'esprit humain*）

（四）C. H. Saint-Simon 在一八一三年所著《关于人类科学的手记》（*Mémoire sur la Science de I'homme*）。

意大利 Cosentini 著《社会学与 Vico》（1889），说科学的社会学元祖，是 Vico 不是 Comte，这句话固不免发生疑问，却是 Vico 所著《关于国民通性底新科学底原理》，实际就是历史哲学，是无疑的。如 Marx 注意过那样，他是立于“人类历史由于人类自身造成的理解”这个主张上面。（参看 Marx《资本论》第一卷第四篇第十三节脚注）他发展阶段的理论，虽不很明了，如有时分做“神们的时代，英雄的时代，人类的时代”；或说“从感觉的知识到想象的知识，最后才是概念的知识”，或说“神权制，贵族的共和制，民众自由的共和制，君主制底发展”；有时也说“诗的智慧，形而上学的智慧，物理的智慧的阶段”；或是“从需要到有益，更经便宜——快适——奢侈——颓废底感情发展”（关于 Vico 阶段理论的研究，可看 Flint 所著 *Vico* 一书页 3，213—226。又羽仁五郎《转形期的历史学》页 173—178，亦可参看）；但从大体看，仍可算对于三阶段的法则，略示了一个大概。次之 Turgot《关于世界史论文》，据 J. B. Bury 在《进步的观念》（*The Idea of Progress: An Inquiry into its Origin and Growth* 1924）一书，说他所立发展的法则，实在就是 Comte 有名之知识进化的三阶段法则的先驱。他说："人类在没有理解自然现象之因果关系以前，很当然地把自然现象作为由我们自身相似的，看不见的，有知生物做出来的；因为有知生物，除人类以外，没有更相似的呢！"这就是 Comte 所说的神学时代。"常相信荒唐无稽底诸神传说，还不能透彻自然历史的时候，哲学者要用那些抽象名词，如什么本质呀，能力呀，来说明现象的原因"；这就是形而上学时代。"能够观察物体之机械的相互作用，从数学推算，据经验来说明，而做出可能的假说，那是后来时代的事"；这不就是实证时代吗？所以 Bury 的结论，以为三阶段法则底最初创造者，应属于 Turgot 的（P.157）。复次 Condorcet 遗著《人类精神进步史纲》，将知识进步的观念来说明社会进步历史。他所分的九时期，似乎和三阶级法则不同，但他实在对于 Saint-Simon 和 Comte 的思想，与以许多的暗示。这只要看《实证哲学》下第二章（页 46—47）Comte 对于 Condorcet 的批评，说"从他才开始介绍社会进步之科学的意义"一句话，便可知道了。他所分人类进步的三大时期，就是：（参照彭基相著《法国十八世纪思想史》页 177—197）

第一个时代，自最初起，直到言语的发明的时候止。

第二个时代，为文学发明时代。

第三个时代，为历史完全成立时代。

于是更进一步，又详分人类精神为九个时期：

第一期为初民的社会期。

第二期为畜牧期，这一期直到农业期为止。

第三期自农业期进步之文字的发明时期。

第四期到我们真正的历史时期了，这就是希腊的时代，也就是人类和人类思想的初次进步时代，这一期直到亚历山大的时代为止。

第五期自科学的分工，直到科学的衰灭。

第六期为黑暗时期，自一切科学文艺的衰败，直到十字军东征以后的文艺复兴。

第七期为西方的文艺复兴期，这一期直到印刷品的发明为止。

第八期自印刷术的发明，直到科学与哲学脱离威权的羁扼时候为止。

第九期也可以说是最后的一期了。在这时期中，代表的人是 Bacon、Galileo 与 Descartes。

这种认人类自初至终无止境的进步，而特别注意于科学知识的发达，不得不说对于以前神学观念而起的一大革命思想了。复次说到 Saint-Simon，他《关于人类科学手记》所采用之人智史的三大别：

1. Époque des travaux préliminaires,
2. Époque de l'organisation du système conjuctural,
3. Époque du système positif.

不但为 Comte 学说体系建立一个坚固的基础，简直可以说 Comte 的根本思想，都含在 Saint-Simon 的计划之中。固然 Comte 的弟子们，如 Littré，只承认 Saint-Simon 创造"知识的两进化阶级，即知识之神学的及科学的阶段法则"。Flint 在 *Philosophy of History in France and Germany* 中 Saint-Simon 一题，有"The law of two state from which Comte's law of three state must have been derived" 一段（P.158），也是说"知识进化的三阶段法则在 Saint-Simon 那一部著述中，都没有说到，这句话是对的"。可是 Plekhanov 在《史的一元论》（川内唯彦译页 52）便提出异议，以为如果 Flint 注意些读了 Saint-Simon 的著作，便不难发见在 *Du Système Industriel*, Préface, PP. Ⅵ—Ⅶ 所述"人类的智性是从纯神学的观念移到实证的观念以前，许久时间是被支配于形而上学的过渡状态"那一段话了。实在说"三阶段的法则"虽然 Littré 给 Comte 如何辩护，实际不是 Comte 一个人私有的思想，而是很早就发见了思想史上公共的产物。再从一八二二年定出那个法则以后来看，很快地就为德国唯物论者 Feuerbach 所采取（参照石川三四郎《实证哲学附记》页 473—474），Feuerbach 言简意赅地叙述他精神的发达史说："我的思想过程，第一次是上帝，第二次是理性，第三次是人类，而也就是最后一次的思想。"（Plekhanov《马克思主义的根本问题》页 9 引关于《概念论与唯物论》著作集第十卷）这就是将 Comte 的三时期说再述一遍似的。Comte 尊重那为实证哲学基础观念的"人类"一点，在 Feuerbach 便成为"人类是第三且最后的思想"了。然而我们知道 Feuerbach 思想是给 Marx、Engels、Lassalle 及其他德国社会主义者以多大的感化的，所以即在后来马克思派，很多照样地借用三阶段的法则。（石川三四郎语）法国著《作为进化科学底历史哲学》（P.85—86）的 Rapporte，俄国著《社会意识学大纲》（P.5）的 Bogdanov，乃至中国以马克思派自命，著《科学与人生观序文》的陈独秀，他们差不多都居然借用了 Comte 三阶段的法则。换言之唯物史观派只要走出了德国古典哲学（Hegel）一步，他们便自然而然会有"社会学"的要求，而拜倒于"社会史观"之前了。

（二）Comte

我们所称为社会学之祖的 Auguste Comte（1798—1857），他实在能于德国古典哲学之外，分布一种较 Hegel 成就更为远大的历史哲学。他在所著《实证哲学讲义》（*Cours de philosophie positive* 1830—42）里，最初即就实证主义立场来讨论研究学问的目的，他说实证主义即立脚于事实之上的哲学，抛开那什么实在呀，本体呀，神呀这些抽象名词，完全依据观察与实验来研究现象间的因果法则。所以他的研究法，也是看重经验，而拒绝思辨，他揭出科学研究的目的，只在乎“为豫见而知”（Voir pour prévoir）。实证主义就是为要确立社会改造的原理，才不得不就人类之社会生活现象，施以实证的研究。换言之，即求潜藏于社会生活背后之共同思想，求出那支配社会生活的法则，这一点 Comte 和 Saint-Simon 是一样的。然而 Comte 却比 Saint-Simon 更进一步，Saint-Simon 只主张实证政治学即社会学，可作为一确实的科学来研究，Comte 却证明了社会物理学即社会学，不但能成为一个科学，而且在学问的体系上，有不得不和其他科学共同存在的理由。依他意思，则一切实证科学，在学问系统上，都有其一定的配列，个个科学不能全无关系地独立着，各个科学均保有一定论理的秩序，而立于此论理秩序最后之社会物理学，即社会学，就是指示人类生活的真正活动，而预测其将来之运命的。现在试先考察他有名的学问体系论。

照 Comte 意思，学问的分类是应依照那为分类标准之学问对象的类似性，及存于对象间自然的系列来确定的。所谓对象间自然的系列，就是指依普遍性大小之对象间的从属关系，照着从普遍性大到普遍性小的这样秩序，各个学问对象，可规定如下。即分为：

数理，天文现象；

物理现象；

化学现象；

生物现象；

及

人与人关系所成的集合现象。

此现象中，最初五个现象以较于最后一个现象（人与人的关系，所成的集合现象），可算普遍性大而复杂性小了。即因这个原故，所以很早经过实证的研究。却是最后现象，虽普遍性小而复杂性大，却也有成立为社会学的必要。这就是说，科学的研究法，必须是实证的，当我们以此诸现象中最普遍性小而复杂性大的社会现象为学问对象，而施以实证的研究时，在这里便成新的科学，所谓社会学了。因此照学问之体系秩序来说，就是数学、天文学、物理学、化学、生物学，最后才是社会学，应居于实证哲学的最高位的。

他这种科学的分类，由我看来，实包括以下两大特点：

第一，这种分类是发生的分类（genetisch Klassifikation），这在 Barth 所著《历史哲学的社会学》中（第一卷第二部前编第二章第一节《Comte 分类的本质》，波多野鼎译《社会学体系论》页 81—82），已经说得很明白了。发生论的分类，所立秩序，不仅注意于研究对象之并存关系，在可能范围，还要努力发现这些秩序的前后关系，即发展的系列。Wundt 要将发生论的分类，区别为构成的（konstruktive）与再构成的（reconstruktive），这是对的，构成的分类是比较对象而组成理想的型式，即所谓“类型”（Typen）的系列，那是不顾事实上如何发展，只在概念上，组成前后关系所有类型的系列的。反之再构成的分类，却要寻出从一类型到他类型所发生事实上发展的痕迹，换言之即模仿着宇宙的创成。但是 Comte 的分类，是构成的还是再构成的呢？ Barth 无疑地告诉我们："科学将人类知识的发展过程，在它自己之中反复着。……所以 Comte 的科学分类，不单是记述的，同时是发生的，而且是再构成的。"（页 82）不过 Barth 意思，"现在要使继承了 Comte 体系，则不但要从事社会现象的分类，而且希望有能发见这些生成，成长的种类方法；然而在 Comte 体系里，可认为这生成，成长最强的原动力者，只不过一个知识的动力而已"。这一段批评，当然是一大问题，若能超出知识阶段历程，而注意于层创的进化，将宇宙事物看做一大迭进的历程，则如近代 C. L. Morgan 和 S. Alexander 等学说，似也有注意的价值，不过这已不是这里所应讨论的了。

第二，Comte 科学的分类，不将自然科学与社会物理学并列，而认为社会学（社会物理学）所研究的现象，也是自然现象，不把他划在自然现象之外，这一点很可注意。（参孙本文《社会学的领域》页 96—97 所列关于各科学的排列，实即采用了 Comte 的分类法的。）

再就他所述实证的研究法来看，则在普遍性最大的天文现象，所云实证的方法，只不过一种观察法而已，次之研究普遍性小而复杂性大的物理化学等现象，则在观察法外更加入了实验法。更进而从事更复杂的生物现象之研究，则在这些二法之外，又加入了比较法；而复杂性最大的社会现象的研究，则在这些方法以外，更不可不加入研究此现象的特殊方法，就是历史法。为明了起见，试列表如下：

天文学…………观察法
物理学
化　学 } …………（观察法＋）实验法
生物学…………（观察法＋实验法＋）比较法
社会学…………（观察法＋实验法＋比较法＋）历史法

社会学虽在研究社会现象时，应用了前三种方法，但仍不能充分正确地研究社会现象，为什么呢？因为社会现象本是人类生活之连续的发展，所以只有考察此连续之历史的事实，才能够正确地理解它；然而这种理解，只应用以上三种方法，是不能求出什么的。这种现象的研究，只有由于考察了表示人类行为之连续痕迹的历史，而后可能。即因这个原故，社会现象的研究，不得不有特殊的方法，就是在以上三种方法以外，应该有历史的研究法，使社会学成为一个历史科学而发展。社会学只在这个地方，才能寻出社会变动的原则，找出社会生活进化的方向，以满足我们“为预见而求知识”的要求。固然有如形式社会学者户田贞三（《社会学讲义案》页 46）所攻击似的，这里所说观察法以下四种方法，要之不外使观察正确的手段而已，那么在观察法以外，还有什么特有的方法呢？其实这一段批评，显然不知实证的研究法，本以观察法为最低的一层，由此最低一层进到第二层，加入了实验法；进到第三层，又加入了比较法；再进到第四层，才加入了历史法。虽则所有各层均以第一层即观察法为底子，然而每进一层，于底子以外，复杂性必然有所增加，因而每层必自有其新的结构，而须要新的特有的研究法，去说明他。所以即就实证之方法来说，在层层推进中的每种方法，各有其特殊的功用，而历史的方法因为研究最复杂性大而普遍性小的社会现象，所以居于实证方法的最高层，怎好和那研究复杂性小而普遍性大的一般观察法混作一谈呢？不但如此户田贞三又批评 Comte“要从观察事实所得正确的知识，以预测将来的继起事实”；以为这样说法，未免将人类生活过偏于机械论的说明了。其实不然，人类生活不是如 Bergson 所说，只是常自创新不息，完全不可预知的，人类生活决不能这样漫无制限与不可预知，他在自然如此的变动中，实在是有进化的法则的。我们越发得到考察过去阶段的正确知识，越发明了现在所处的阶段是什么性质；同样我们越把握着现阶段的正确知识，至少也可预测将来继起的历史事实，是些什么。这是完全基于历史的经验，而证明不可逃避的事实，当然和根据自然的经验者不同。自然科学所求的是静的法则，故在那里《为预见而求知识》，机械论是必要的；然而社会学则为研究人与人间的关系，所求的是动的法则，不是静的法则，所以即同在这"为预见而求知识"中，这种预测，不消说也必为生机论的。

于是我们更进而论Comte社会学的体系。他将社会学分做两大部分，就空间时间的统一社会，而普遍地研究其构成组织方面的，他叫做社会静学；普遍地研究其历史的变迁方面的，他叫做社会动学，即历史哲学。前者关于社会秩序的研究，后者关于社会变迁进步的考察。在社会静学里，他注意于社会诸现象的共存关系，一致的关系，连带的关系，以及部分分化作用及其统一作用的关系，现在可无须细说了。只就社会动学来看，他在这里却贡献了三阶段法则的学说。他把从古至今人类所以承承代代的社会现象，集拢来做一条直线，使大家可以见得社会在各时代中一种继续不断的发展状况。他研究的结果，谓历史不应注意于一二著名人物，而应该注意于民众的行为，因为民众才是历史进程之重要元素。其二谓历史的现象，是自然的现象，受制于自然定律的。这两种思想实在是互相关系，因必当民众都向前活动时，而后自然定律——人类在时间里的进步——才可显现出来。因此他从这个意思去估定人类的进化，并且拿他最有名的二阶段法则，来讲历史哲学。以为促成人类社会进步的重要原因，如（1）人们的爱新性；（2）生命之长；（3）人口的增加三项，都不过是副次的。进步的主要动因，是由于人们知识作用的增加，即思惟能力的发展；因知识作用社会生活遂不绝地引入新的生活形式，在此遂造成历史。所以人类社会的历史，就是这知识作用展开的历史。就此知识作用展开的历史来看；实经过三个不同之理论的阶段：

（第一）神学阶段（Theological Stage）。这时期做一切理论基础的，就是“神”。一切现象都可以不可思议的超自然力解释他。

（第二）形而上学阶段（Metaphysical Stage）。这时期以抽象的概念，就是潜伏人们内心的思想，来解决一切。

（第三）实证的或科学的阶段（Positive or Scientific Stage）。这时期专以观察为主，汇集事实上所得的法则而整理之，排列之，借以说明一切。所用的方法，完全是科学的。

以上三个阶段，第一段是人智发展的开端，其发现时由上古以至中世之军事及宗教时代。第二段不过是过渡的方法，其发现时为由文艺复兴，以至十八世纪的哲学时代。第三段是人智发展的归着点，这便是 Comte 实证的科学的时期了。就中神学阶段，又包含三种相连的宗教，即拜物教时代、多神教时代、一神教时代。各宗教各形成其特有的社会组织。第一个时代对自然而施以原始人特有的解释，认一切万物都是有生命的，这时代于人类进化史所占的位置，是使农耕发达，确定了居留制度。第二个时代认天体为多神所组成，换言之即为超自然的非物质的本体所成，因供养这些神们遂组成有力的祭司阶级，这时地上权力属于宗教的权力之下，发生所谓神权政治，同时亦贡献一些知识科学，以及艺术方面。第三一神教时代为基督教哲学所促成，这时神学色彩已不甚浓厚，世界观中已多少包含着科学的思想，此时产生统一的僧侣阶级，将人类的全生活，完全放在基督教教化的力量之下；因其认在宗教上面，一切人类都是平等，遂将前时代身分的区别，尤其奴隶制度，宽和了许多。Comte 对于这个时代描写得很有精彩，但 J. B. Bury 在所著《进步的观念》（*The Idea of Progress*, P.301）里，却以此批评他，谓与 Hegel 同样地有取于先天的综合研究的倾向。

"他明白地说，一神教时代之社会的重要特质，差不多可用先天的来解释"；这段话不消说完全误解了 Comte, Comte 虽承认神学时期的思想方式，是很有用的，但那不过有时代的价值，时代过了，神学便入衰微，而成为文化的障碍了。所以自神学阶段而形而上学阶段，再进至科学阶段，每一阶段都有它存在的理由。不过依 Comte 意思，那三阶段法则中之第一第二时期，都早已过去了，只有第三科学阶段才算人类进化中之确定的时期。但 Durkheim 驳他，以为这不过 Comte 一人的私意罢了。"更又有谁能担保除了科学时期而外，将来不更另生出其他的时期来呢。"（《社会学方法论》许德珩译页 154）这句话是对的，在科学阶段以后，实在还应该添上第四的"艺术阶段"。Comte 在《实证哲学》（下册第十一章页 280）里，提出了美的进化与科学进化对立，似乎要分别这两个进化因子，但他还没有胆量承认美的阶段是在科学阶段之后，这是他最大的缺点。他说"在这里尚有关于美的进化与科学进化之困难的问题。这后于产业进化的两个进化，好像其间不照着定立的连续法则似的，大概前者事实上照一般的法则进行，德国是特别的例，即在德国，依于特别环境之助，科学的进步比美的进步为先"（页 280）又说"第三期科学的运动，是具有优于同期美学运动的本质的"（页 323）由这话看来，Comte 因站在第三实证的科学的阶段，故不能充分看到第四艺术的阶段，这是很当然的。为要解决他的困难问题，我主张把他所认为同时期的科学运动与美学运动分出先后，成为一种连续律的关系，不是很有理由吗？

Comte 在提倡人类知识的三阶段法则以外，他着实贡献了物质进化的三阶段法则，这一点，很可惜许久以前，就被人忘了。但在意大利 Prof. Dutt, Alessandro Groppali 所著 *Elementi di Sociologia*（原书一九〇五本高田保马译为《社会学纲要》页 211—212）中，却很明白地告诉我们，Comte 将人类进化分三时代即：

知识的进化：

神学时代，形而上学时代，实证学时代。

物质的进化：

军事时代，法律时代，产业时代。

Comte 的历史哲学，不但证明了人类知识的进化法则，还且证明了与知识法则并行之物质的进化法则，他实在告诉我们现代就是产业时代，即以经济支配一切的时代。过渡的玄学时代即法律家的时代，已经过去了；军事生活也早已逐渐化为产业生活，产业的实证社会才是全部欧洲政治之永久的目标（P. 303）。Comte 说及产业进化的特征，也分做三个时期，即“第一期发端于中世纪加特力教与封建制度保护之下，因旧势力与运命之助，而趋于自动的进步。第二时期进化，则因欧洲各政府以此为政治上取优越方法的对象，大加奖励。第三期产业总成为欧洲政治的永久目标，因此而到处发生了战争”（下册页 302—303）。由此产业进化的三阶段说，Comte 不是已经暗示我们以第三时期要有帝国主义的战争吗？不但如此，他又明白说明“产业的阶段里，有继续的三过程，第一以农奴制代替奴隶制度；第二都市阶级的解放；第三废止农奴制，同时可见诸都市最初的产业运动。”（页 308）。虽然 Comte 所得这些结论，并不完全，且非从实史的深切探讨出来，但就他把物质进化与科学的进化并行，和述产业进化的各特点，以较之马克思派的唯物史观，或者更接近于历史之相对的解释；这也可以说就是他历史哲学的大成功了。现将他历史哲学的体系，用图式表之：

	知识的阶级	物质的阶级	理论的基础	历程	时代的区分
第一阶段	神学时代	军事时代	想像	人智发展的开端	由上古以至中世
第二阶段	形而上学时代	法律时代	推论	人智发展的过程	由文艺复兴以至十八世纪
第三阶段	实证的或科学的时代	产业时代	观察	人智发展的归着点	十九世纪

不过 Comte 的历史哲学，也非不受排斥，由我看来，所谓神学阶段形而上学阶段，都是代表一种人类的本能心理；所谓历史演进就是以一个本能换一个新的本能，从神学的阶段到形而上学的阶段，从形而上学的阶段到实证的或科学的阶段，既然在历史上能够划一个知识上的痕迹，在人的本能心理上，也自占一个位置。我们不要求全人类生活的历史罢了，我们不研究历史的进化罢了，如果要做这样研究，那么我们不得不改变这“三阶段的法则”，而另用一种“发生式”（Genetic Mode）的法则来代替它。（参看拙著《历史哲学》页 53—66）我们可以依照 Comte 的法则来代表历史上三个时期，但我们要注意的，这个法则绝不是一个印成呆板的静的法则，堆积的法则；历史的现象都是极其活泼泼地，所以过去乃连绵不断地增加，现在即永远的现在，所以历史的发展，决不是仅仅一个继承的延长形式，我们更应注意那做成三个阶段的人类的生机力——本能；所以是生机的进化，却不是物质的堆积；是永久的创造，却没有最后的完成。在这里我不得不特别介绍 Max Scheler（1874—1928）的“知识社会学”来补充 Comte 的历史主义。Scheler 在《社会学与世界观》（*Schriften zur Soziologie und Weltanschauung Slehre* 1922）中，反对 Comte“三阶段的法则”，以为是根本错误，为什么？因为神学的认识和思考，形而上学的认识和思考，还有实证学的认识和思考，这都决不是在理知发达中的历史阶段，而为在人类精神本性下面之某种本质的持续的精

神形态，又为“认识形式”。在这“认识形式”中，无论那个都不能“代替”或“代表”别一个，因为在那里有全然各别的三种动机，在认识精神的行动里，为全然各别的三种部类、三种目标、三种人格型，乃至三种的社会团体。即由此各异的基础，而成立了宗教、形而上学与实证科学。甚至于此三种精神势力之历史的运动形态，也是根本不能相同的。现为明了起见，试就其重要之点，列表如下：[①]

认识形式	动机	目标	方法	指导者	社会团体	地理分布[①]
神学的认识及思考	济度（解脱的知识）	救人及其团体	希望恐怖爱意欲认识等	圣者	教会宗派信仰团体	印度
形而上学的认识及思考	惊叹（本质的知识）	完成最高人格	直观本性	贤者	学派	中国希腊
实证学的认识及思考	支配（事业的知识）	认识现象的关系	观察实验归纳及演绎	研究者	“科学的共和国”及其组织如大学专门学校学士会等	西欧

由上 Max Scheler 的“知识社会学”，依我意思和 Comte 实证主义的历史哲学，是不相冲突的。我们一方面可以如 Scheler 似的，从人类精神的本性里看出认识的三形式；一方面还可如 Comte 似的，去发见那外表知识的物质的阶段法则。我们一方面可以体验“历史的生命性”，一方面又可以表现为“生命的历史性”。从前 Humboldt 有一至理名言，就是“凡在人类历史上的一切活动，也一定活动于人类的内面”；把这话来修正 Comte 的历史哲学，实在再好也没有了。

① 此列内容底本原无，据朱谦之“自存本”校批文字补。——编者

最后我们应注意的，就是Comte的历史哲学是一种心理主义，和Hegel建立历史于论理主义的很不相同。依Comte意思，历史现象的主要原因，一方面看来可说是进步，而从他方面看来，社会的进步又是原于人类的心理，这一点他实在很有贡献。我们不敢说他这种心理的方法，足以完全解释历史，因为在Comte时代，Darwin的《物种起源》还没有出世，对于人类以外各高等动物的心理学，是一无所知，更不消说到最近才产生的社会心理学了。我们知道Lindner最初发表《社会的心理学》（*Ideen Zur Psychologie der Gesellschaft*）是在一八七一年，这时Comte已经死过去十四年了，在心理研究那样幼稚的时代，当然要用心理学方法的不免危险。但是平心来论，从Comte而至Lamprecht，历史的心理主义不是已经有很明确的很大的进步吗？历史如果不要科学的根据便罢，要有根据，则必须注意于具体的经验事实，即心理的事实。我们固然不否认论理主义，然而论理主义只是心理主义之一个说明、一个解释，无论如何历史，必须立于实证的经验科学之上，即必须以心理学为历史建立下一个更确实更完全之科学的基础。这一点在我前著《孔德主义与黑格尔主义》一文，已早论及，用不着再说什么了。

（三）Comte的继承者

Comte以后，社会学者间发生学派的分裂，这是很当然的事。因为Comte学说里面本含两个不同的根本原理，即一方面注重精神的原理，故在弟子中发生了以发展精神主义为唯一任务的一群学者。同时Comte又注重生物的原理，加以从他以后，受自然科学显著发展的刺戟，故又发生用新材料，将他学说里生物学的形式更加发展的一群学者。前者代表如Littré、de Roberty、De Greef，及与De Greef持同样学说的 Lacombe 等。后者开拓生物学方面的学者如 Paul von Lilienfeld（1829—1903）、H. Spencer，及 Spencer 许多弟子 A. Fouillée、René Worms（1869—1926）、Albert Schäffle（1831—1903）、J. lzoulet 等。（参看波多野鼎译《社会学体系》页 78—79，原著 P. Barth《历史哲学的社会学》第一卷上编）在固执 Comte 学说中精神原理的人们，不但承认三阶段法则，且极力注意发展 Comte 建立社会学所特别提出之科学的分类，与由此发生的科学阶段的系列。他们以为科学分类的原理及三阶段法则，同为科学及人类精神发展的原理，并且这就是 Comte 社会学的基础。如《Comte 传》之著者 Émile Littré（1801—1881）——Comte 最忠实的弟子，杂志 *Philosophie Positive* 的长期编辑者——他甚至于认 Comte 的科学阶段说及分类，可以保证为未来永远的认识，而为其全体系的中心。所以当 Spencer 开始对这科学阶段说猛烈攻击的时候，Spencer 主张从 Comte 阶段系列所见科学的发生，是和历史的事实矛盾；Littré 则极力辩护，以为关于发展方面，Spencer 的攻击是对的，但在构成（Constitution）方面，Comte 的系列，仍然算得真理。像这样牺牲了 Comte 科学阶段说的历史意义，而只从论理的意义保存他，是很可看出“分类主义社会学”的特色的。Comte 的第二弟子 Eugène de Roberty，也和 Littré 一样，注意社会现象的分类。他会将社会的体验，照其渐减的普遍性，分为“文明之四本质的类型”（modes essentiels），或“文明之四动因”，这不能不算做一大贡献。即将文明分为科学、哲学（初为宗教）、艺术、行动等。Comte 以为哲学在科学之先，他反过来，却认科学为哲学之论理的前提；科学是分析的假设的，反之哲学则与其先驱者宗教，同样为独断的、断言的。这种在文明发展的法则中，特别看重知识这一点，可算 Comte 的真正信徒了。复次 De Greef（1842—1924）在与 De Roberty 不同的方向上，也应用了 Comte 原理，在分类论中，他以认识与行动为基本的原理。他虽轻视 Comte 三阶段法则的价值，以为只在知识的范围里，尚称妥当，却不可应用于全社会。但他主张科学的阶段系列，无论在论理方面，或历史方面，都是正当的。即对社会学的方法论，他也提倡和 Comte 一样的方法。不过从前以历史方法为社会学特有的方法，由他看来，历史却是一般的方法；但当以历史观察社会机官及机能之变化时，那就是历史的哲学了。但由他看来，就中阶段秩序，为认识的手段，这在一切的现象上，尤其在社会生活之外的条件上，均可应用这种手段。以后和他达到同样结论的，还有法国历史学家 P. Lacombe，现在已不要细说他了。单道那受 Comte 实证哲学影响，而显著地倾向于人类进步的观念的，更有那位著《耶稣传》（*Vie de Jésus*）与《科学的将来》（*L'avenir de la science*）的 Ernest Renan（1823—1892），和有名的提倡“科学的批评”家 Hippolyte Taine（1828—1893）。Taine 著书如《英国文学史》（*Histoire de la littérature anglaise*）等，主张精神生活（人类）是有两个法则，即在同时有从属的法则（Lois de dépendance），继起有条件的法则（Lois des conditions），历史也不出此例。而此主要的条件，所谓三种根本力（Trois forces primordiales）；即为种族、环境及机会（Race, milien et moment）三者，以此说明文艺作品的各种特征，尤其应特别看重环境。这一点，可见他是如何受着当时自然科学的影响，及 Comte 之实证哲学的影响了。Renan 在一八四八年当时革命思想的印象之下，很早即埋头于人类未来问题的研究，他所著《科学的将来》，即要认出历史的目标，以为人类永远倾向于更完全的状态，向着以理性抑制本能的方面进行。他认法兰西革命为人类开始自觉之重要时期，这回革命实人类最初企图为自己的主人翁，以前所有时代，都只是人类生存之不合理的时代罢了。我们在这里，不得不在两个信仰之中，选择其一；要是我们轻蔑理性，我们便可在罗马教会外的权威之中，看出一切怀疑论的避难所；要是我们信赖理性，那么我们便应该承认人类精神的进行，应该肯定近代精神的意义。Renan无疑乎对于后者肯定他的信仰，他确信科学——包含言语学——哲学、艺术，结果将使一切的人类平等，而实现理想的文化。他甚至非难Comte所谓“人类全然依据科学生活，不！不如谓依据几何学的定理或无味干燥公式似的形式的文句而生活”。他又以为社会主义所提出解决人类问题的方法是对的，却是他们太使个人之自由受限制，所以他们的解决错了（参照Bury, *The Idea of Progress*, P.321以下）。似他这样在人类未来，暗示我们以一美善而愉快的生活，即人之理性完全发展的时期，虽似和我《历史哲学》（页370）所认人类将来为“人的本能完全充分发挥的时期”相差尚远，却是较之Comte已经倾向理想主义多了。Bergson在《哲学史略》（《法兰西学术史略》中页十八）也说“历史学家Renan他是很适应当时历史学正独立的时代，他对于历史的感想，在他著作中看来，有两层乐观的意思；一层以为历史是登记人道的不断进化，一层以为历史是哲学和宗教的替代物”，这就可见他的价值了。

（四）Comte在英国的影响

Comte曾一次受过英国学者John Stuart Mill（1806—1873）的援助，由这一点事实，已可看出Comte和Mill的关系了。Mill不但写成一部《Comte的实证哲学》，来论述含于Comte《实证哲学讲义》里面的思想，还再写一篇批评Comte后期的思想，尤其是《实证政治学体系》中的思想。Comte前半生涯严密地说，是在社会科学上，以历史的记述的说明的方法——社会现象研究的新方法——来从事发见人类进步之法则的。由Mill看来，这种新方法实比以前什么方法都高明，所以他极力主张它，而且欢迎它。Mill有一个根本意思和Comte

一样，就是承认普通人类进步的顺序，是依照人类对于知的确信之进步的顺序而决定。如果一流思想家们要从历史事实发见出经验的法则，那么这种法则，必从人类性的原理里面，由先天的演绎，一变而为科学的法则。他自始至终，漠然使用着“进步”一语，而所谓进步，并不含必然改善的意思，是因人类性而决定其变化，才有改善的意思。他自己宣言是一位乐天主义者，所以全体倾向，除一时例外，都确信倾向于较善，较幸福的状态进行的。他又反对法兰西的“实证学派”，如 Taine、Berthelot 等，将实证论变成妥协论或折衷论（Juste milieu）了。他很不客气地指出 Comte 后来历史哲学上的改变，实在是一大退步；第一，Comte 对于拜物教时代及所记神政的时期，予以较前更为优越的地位；第二，Comte 对于东方的神政主义者有很大好感；第三因对神政政治的偏好，最有兴味的对照，就是他厌弃希腊。似这几点，不消说都是一个彻底的实证哲学者如 J. S. Mill 所难于承认的了。于是我们再来研究一下 Herbert Spencer（1820—1903），他实在很受 Comte 影响，却为避免误会起见，极力辨别自己和 Comte 的不同。但依 Lester Frank Ward 所说：“Spencer 尽管拼命的不承认，然而他的综合哲学，关于各科学的排列，他采用了 Comte 的分类法。”这是一点不错的。Comte 至少也给 Spencer 以很大的暗示，他科学分类法的根本原则，即从单纯到复杂的进化法则，也可说是和 Comte 一样（参看 Arthur Lewis《社会主义社会学》第二章第三节）。不过从大体观察，Comte 的社会学，似以社会的过程为主，即偏于动学的研究；Spencer 则以社会的构造为主，即偏于静学的研究。然而社会静学和社会动学，是互相关系的，所以即在 Spencer 最初著《社会静学》时（1850），已规定和静学对立的动学，为研究那些社会所用以达到最完美的境地之力，这已经是注重进化的概念了。一八七二年所著《社会学导言》，以为“社会学的研究，是在最复杂形式中之进化的研究”。一八七六年发表的《社会学原理》，更明了地认社会发展为从军国主义的社会团体变到工业主义的社会团体；前者军事型社会即封建状态，后者产业型社会即资本社会。在军事型社会里，社会相互间不断地战争，社会就是万能，个人是无力的，所以不能发现个性的自由；但到产业型的社会，人民从此习于和平，战争已渐渐减少，代替战争的是以产业为重要活动的对象。所以社会之强制渐减，同时自动力及独创力渐增，个人可以自由活动，而大大发挥其个性了。似此社会制度之进化的研究，实际就是历史哲学，并且当我们研究 Spencer 时，即知他是一个进化论的哲学者，在没有研究社会制度的进化以前，他已经在一八六〇年后《第一原理》(*First Principles*)里面，将进化的观念应用到各方面了。他将万物的进化，分为三个时期：

> 第一个时期是“积聚”例如太阳系宇宙最初的星气，又如地球初期在星气内成的球形，又如生物初期的荣养。
>
> 第二个时期是“画分”——所谓“由浑而画”——例如由星气分为各天体，又如每一天体分为各部分；又如生物分为各种构造与官能。这种画分的时期，呈现一个分离的趋势，如果有一方面太偏重了，必致陷入瓦解的危险，所以须有——
>
> 第三个时期的“安定”。安定就是调和分与合之间，保存一种均衡，但这种均衡的安定是不能永久的，将来仍要重新经过这三时期的演进。(参照胡适《五十年来之世界哲学》页 21)

这种有名的“均衡论”已可充分理解进化论者 Spencer 的地位，并不如 Small 所说似的，在生物学方面是动学的，在社会学方面是静学的。他所谓“叙述的社会学”即历史学，依 Small 也未尝不称之为“在社会意识里划一新时代”的，然而这著名的一段，就是告诉我们历史家应该考察社会进步的现象的。试抄引全文如下：

在历史文献中，缺少了构成历史（严密意味的）真要件的一大部分；历史家直到晚近，才开始受这方面贵重的报告。以前好似没有人民而国王就是一切，过去的史书，几乎满纸都是国王的事迹，人民生活不过为不明了的背境而已。然至挽近，全人民的福利，较支配者的幸福，尤为重要，同时历史家也渐渐考察到社会进步的现象。我们所真要知道的，是社会的自然史，一国民之如何发达如何组织；我们要求的正是明了这些方法的事实。例如政府，最好是先注意那些关于官吏们的冗谈，然而政府的构造、原理、方法、偏见、腐败等等，却应多多知道。且不单关于中央政府，即至地方政府极微细的地方，都有知道的必要。……我们更应知道在尊称、应对、言语等现于社会仪式里面之阶级支配的事实。又支配家庭或社会里面人民日常生活（包含男女亲子的关系）的一切习惯，次之种种迷信——从比较重要的神话，至卑俗之咒语的一切迷信——也非知道不可。

还有产业的叙述是很必要的，即在分业所行的范围，不可不从雇主与雇人的关系，商品分配的动力，交通及流通机关的状态，进而知道产业上的技术，生产物的性质等。更有国民之知识状态也有知道的必要。那不单关于教育的种类或程度，且兼及科学进步及一般之思想方法。次之表现于建筑、雕刻、绘画、衣服、音乐、诗歌、小说等审美文化的程度，也应调查一下；甚至人民日常生活，即衣食住、娱乐等的描写，都是不可缺的。最后应该知道为结合全体而现于法律、习惯、俚谚等各阶级之理论上及实际上的日常道德。以上事实在可能范围里，正确明了地简单叙述它，像一切可认为全体理解似的；又各各可认为一大全体之相互从属的部分似的；将此综合排列起来，探出各事实的关系，而以究明如何社会现象可与如何社会现象共存为目的。关于过去的知识，只有由这样组织来的知识，才可以做国民行为的指针。如此构成有实际价值之唯一的历史，可称为叙述的社会；而历史家应尽的最高任务，即如比较社会学或为决定支配社会现象之最后的法则，而供给材料似的，应该叙述各国民的生活。

由这一段话，很可看出历史学上之一大进步，同时 Spencer 在历史哲学上的重要位置，也不待详说而自明了。

（五）Buckle

J. S. Mill 曾指出英国一位思想家 Henry Thomas Buckle（1821—1862），和 Comte 最相接近。不过 Buckle 著作中，充满着许多误谬，因为是他初期劳作，又于未完全成熟时，即不幸去世，所以成为永不磨灭的一个误谬，这就是他将自然法则不可变性的理论和定命论一样看待。又 Buckle 更陷入 Comte 所会避免的一个误谬，即将知识认为人类里面唯一进步的要素，而如道德，则无论何时只是同一的，所以甚至每年犯罪平均数，都不得不有何等变化。（见 Mill 著《Comte 实证哲学论》第七节，波多野鼎译页 130）这一段话拿来批评 Buckle 似乎很对的了，但由我看来，Mill 实在没有明了 Buckle 所谓“法则”者何？ Buckle 不但没有将自然法则不可变性的理论看做定命论，而且如他批评者 J. M. Robertson 所说似的：“Buckle 主张如果文化的标准是心理胜过外物，那么支配人类进步的两种定律之中，心理的当然比物质的更为重要。”（见 *Buckle and his Critics*，此引《经济史观》）可见 Buckle 并不曾将那法则不可变性的理论来解释所有的历史，即谓其过于将社会现象看得和自然现象一样，这当然是受当时统计学者Quetelet的影响。所以说同一罪恶在同一社会状态里可以有规则地反来覆去。从其他许多统计上平均数的不变，他看出个人一切行为均为所住社会状态之直接的结果；即依统计学的论证，进步不是因个人的行为而决定，常因支配舆论之知识的一般法则而决定。他这样过于误解统计上的事实，当然是一大错误，然而并不像Mill所说那样趋于极端，而统计法在社会静学上之重大意义，也正是很明显的事实。如Louis Bourdeau在所著《历史与历史家》（*L'histoire et les historiens* 1888）中，因偏重集团事象的统计及知识，遂至以此看做历史全体，以为历史的最后理想，是不用言语而用统计的数字与公式，来表现集团的事象。然而这种极端的历史的静学论，似不能归咎于Buckle的。

我们应该注意的，就是Buckle所著之《英国文化史》（*History of Civilization in England*）在建立科学的历史法则，与使此观念的普及上，是有非常的贡献的。他以人类进步的事实，认为当然，而以探究其原因为目的。他的学说，因人生地理学者Michelet、Friedrich Ratzel、Semple诸人提倡的结果，遂使Buckle声名，永久和物质环境联在一气，好似他所有主张，只包括于以"人类发达为完全受气候、土壤、食物及其他环境的影响"；这个地理史观之下就完了。但据实来说，Buckle所著书第一卷第二章中"论物的法则对于社会组织与个人性情的影响"虽然重要得很，却是专就古代的社会说的。所以说"考察最原始状态里面富的历史，我们便易发见所谓富的蓄积，是始终依据土壤与气候如何而决定的"（looking at the history of wealth in its earliest stage, it will be found to depend entirely on soil and climate，见原书页33）。但他又说：

> 我们在下述的事情之下，可认做真正有效果的唯一进步，

是不依于自然天惠之如何，而依于人类精力之如何；所以在初期受气候支配的欧罗巴的文明，较之其他诸国因土地性质如何而生的文明，发挥其不可名状的发达能力。原来自然力这个东西，一见似乎绝大似的，却是很有制限，并且带固定之性质，无论如何事情，虽曾增加了自然力，但以后能否增加，这是很难想象的。然而人类力这个东西，反之依经验及类推告诉我们的，那是无限增进的东西，人类理想不能想象为有穷尽的时候，而自己增加自己人心的力量，才是人类的固有特性。这就是外界自然和我们普通一切事物与人类，所以有明白区别的原因……”（原书页 37）

由这一段，不是很明白承认在自然力以外，更有人心的力；这就是物质法则以外，还有心的法则吗？所以 Buckle 虽从外的现象对心的作用入手，结果却认心的作用比物的作用更为重要。欧罗巴文明进化的特征，即在其全过程中，自然的法则渐渐减少，而精神法则的影响，渐渐增加。因此我们的问题，便非常简单，就是欧洲史之法则发见，即无异于人类精神之法则发现，于是精神的诸法则便成欧洲史之最后的基础了。不但如此，知识的分量与分布，实为规定近代文明进步的根本条件，自然现象与道德原理，虽在短期间中，也会惹起很大的变化，但不久便归平复。就长期间来看，知识的法则并不受这些副次的原因支配，反而这些乃以知识的法则为决定之势力。虽然这样知识中心的历史观，还不如他重视自然环境的学说，来得有声望些；但事实上他正是综合了从十六世纪渐渐发达来的自然环境史观，与十八世纪后半法国发达的知识中心史观，才结合为这个实证科学之历史观的。至于自然环境史观，详细的说明，最好是研究人生地理学专书，又如加田哲二《近代唯物的社会观之发展》中，第四章“Buckle 的文明史观”，虽和我所说不同，亦可参看。

（六）Lamprecht

自然科学的历史哲学，根据于自然科学方法来改造历史，使历史成功为一种科学。换句话说，即在杂乱无章的历史事实当中，寻出历史发达之普遍的法则，在这一点贡献，我们自不能不首推法国的Comte，和英国的Buckle了。然而这种Comte派的学说，在法国近今虽有Émile Durkheim（1858—1917）、Célestin Bouglé等在新实证主义的名义下，撑持门户；然而已失却Comte历史哲学所谓以普遍法则为可施于历史的理想。英国则如Leonard Trelawny Hobhouse（1864—1929）等，虽不失为综合社会学的一大权威，他甚至一九〇八年，为其门下Lake英译Müller-Lyer《社会进化史》（原名*Phasen der Kultur und Richtungslinien des Fortschritts*，英译*History of Social Development*）撰序，很明白地是受Comte派历史哲学的影响。然而终竟屈指一算，在实证论的进化论的英国传统之社会学者中，倒看不出有什么较为特色的自然科学的历史学说。反而Hobhouse所反对的德国流之社会学者历史学者中，竟有公然摆脱Hegel主义的立场，而倾向于和Comte同样的历史观者，这不能不说是历史哲学史上的一个奇迹。现在先就Karl Lamprecht（1856—1915）的历史哲学思想来说。他关于文化发达时代的区分，是在许多同学说中，为最卓越的一个。他历史学说的主著，有《近代历史学》（*Modern Geschichtswissenschaft*，英译由E. A. Andrews改题*What is History?* 1905），《史的考察入门》（*Einleitung in das historischen Denken*）及《文化史的方法》（*Die Kulturhistorische Methode*）等书，又依此历史学说，实际编成的历史，就是一八一九年以后所著的《德国史》（*Deutsche Geschichte*）。他说："人们须着眼于有规则的团体生活，即排斥个人之非合理性，而后历史才入于科学之一领域。”Otto Braun 批评他，谓其“似受 Quetelet 影响，利用了统计的方法，可是关于这种方法的论争，九十年间到处都成为争论的问题”（他举出如 Below、Hintze、Rachfahl 等，见《历史哲学概论》京口元吉译页 81）。这话我以为 Braun 未免太误会了。Lamprecht 并不曾说过历史学就是统计学的学问，采取有规则的普遍化的方法，也不尽于利用统计法，才可以表示。试看《近代历史学》卷首的文字，劈头就告诉我们：

> 近代历史学第一就是社会心理学的学问。现在历史学新旧倾向间所行不绝的论争中，最大的问题，即因历史里将社会心理的要素来对照个人心理的要素，而有意义。稍为严密些说，就是历史发展的原动力，是社会状态呢？还是英雄呢？这一个问题。
>
> 在这个论争里，取新的进步的，因而是攻势的见解，不消说就是社会心理学的见解，所以最好叫他做近代的。反之个人心理学的见解，却是旧式的。
>
> History is primarily a socio-psychological science. In the conflict between the old and the new tendencies in historical investigation, the main question has to do with social-psychic, as compared and contrasted with individual-psychic factors; or, to speak somewhat generally, the understanding on the one hand of conditions, on the other of heroes, as the motive powers in the course of history. Hence, the new, progressive, and therefore aggressive point of view in this struggle is the socio-psychological, and for that reason it may be termed modern. The individual point of viws is, on the other hand, the older [...]（*What is History?*, Lecture I, P.3）

这是何等明白地以心理法则说明历史事实，因而历史科学遂成为社会心理学的学问。所以历史科学所谓发见历史的法则，即历史发达的法则，结果亦不外乎文化发达之社会心理的法则。然而社会心理是与时俱变的，是发展进步的，这种心理变化的历程，可分为六[①]个类型的时代。这就是 Lamprecht 有名的 historische Periodisierung 了。

（一）Animismus（万物有生信仰）时代；

（二）Symbolismus（象征主义）时代；

（三）Typismus（类型主义）时代；

（四）Konventionalismus（因袭主义）时代；

（五）Individualismus（个人主义）时代；

（六）Subjektivismus（主观主义）时代。

后来省却万物有生信仰时代，以（二）为原始时代；（三）从三世纪（有时七、八世纪）至十一世纪顷（中世前期）；（四）为中世后期；（五）当近世初期，从十五、十六世纪至十八世纪前半；（六）当十八世纪中叶以后。这五个时代区分，本就德国国民的历史说的，因此很快的即采用为世界全体的历史过程，似乎未免“太为早计”。又像他这么样把模型主义因袭主义都嵌进文化的时期里，也本不是什么妥善的研究法。但由他意思，历史应该以人类社会心理的法则为主，这实在一点也没有错的了。他曾将这种法则来观察绘画发达的心理过程。又照样将经济生活，分为六个时期：

（一）集团主义的占有经济（Kollektivitisch-Okkupatorische Wirtschaft）；

（二）个人主义的占有经济（Individualistisch-Okkupatorische Wirtschaft）；

① “六”，原作“五”，误，据朱谦之“自存本”校批文字改。——编者

（三）用集团主义方法的自然经济（Naturalwirtschaft mit kollektivistischem Vorgehen）；

（四）用个人主义方法的自然经济（Naturalwirtschaft mit individualistischem Vorgehen）；

（五）实行商业共同管理的货币经济（Geldwirtschaft mit gemeinschaftlicher Bewältigung des Handels）；

（六）有个人主义基础的货币经济（Geldwirtschaft mit individualistischer Basis）。

但是这从物质文化方面所分的六时期，与从精神文化方面所分的六时代文化，是有怎样关系，Lamprecht 并没有详细说明。即其所定时代区分来看，如占有经济、自然经济、货币经济，似乎和以交换方法为标准的 Hildebrand 所定经济发达阶段说，也有一点相通。不但如此，他一面又将经济史的事实还元于一定的心理阶段，而考察其发展，这种对于经济阶段明白主张心理化的必要，或者比物质时代文化之区分，还要重要得多，详细请看我前著《历史学派经济学》一书，第四章第十一节。

最后我们应该注意，Lamprecht 不但详细研究德国民族历史的发达，提倡所谓心理学的文化论；他还要将这种文化发展时代的区分，适用于一切国民之历史的文化的发达。更以为无论何国国民，只要研究其文化发达之心理的力学，便自然而然倾向于世界史的考察。所以《近代历史学》末了一章，即为“从社会心理学立场所见之世界史问题”，他希望将国民史的方法，转变为世界史的方法，设立了一个世界史研究所，由学生们的补助，得开始研究东方亚细亚史。他搜罗了许多关于日本文明史的材料，认日本的发展，和德国非常类似，对于中国的艺术，也有一样主张。他虽然没有供给我们以完全的证据，然而从此摆脱了孤立的民族历史之狭小范围，而一跃为世界史的图式展开；历史已经不是一个独立民族对于他们老祖国找着过去的光荣和名誉的历史，历史已经更野心地，要求一个全体空间之连贯，而倾向于人类共同团体之世界史的或普遍史的问题了。他在《近代历史学》第二版序文里，有一句很扼要的话，他说“这本小著，同时包含着未来世界史研究的最初一课”；这一点，不能不说就是 Lamprecht 的最大贡献了。

（七）Breysig

Lamprecht 所提出世界史的概念，到了 Kurt Breysig（1866—1940）实质上便大加扩充，而且十分明白地正式表述它了。他极力批评 Ranke 一派，将世界史的概念，限于一定民族的历史，及人类生活一定的方向，认为很不对的、不合理的。依他意思，世界史的外延，可以包括地球上一切民族、国民、种族等的历史，又其内包，应包含人类生活一切方面的历史；所以在这里，一个统一的及包括的历史之发达，是很必要的。又各时代各国民的精神，我们只有从历史一切的构成物，或人类生活一切方面之历史构成物里探其真髓，才可以理解。不消说在历史研究里，个别研究也是很重要的，要是无视个别研究，便历史无论何方面都不能得到详细精审的知识。但从他方面来看，为要成功个别研究的话，有一个不可缺的条件，即对于不可分之统一生活，须先叙述全体，成立一个全体的历史。这么一来，可见世界史较之个别史应该占更高统一的地位了。因此 Breysig 再进而考察世界史联关理解的可能性。他先数到三种可能性；第一即从古以来所依据的，是时间的年代的次序，这就是以时间的年代的计算为原则出发。然而这种完全外面的时代区别，在叙述一民族或国民的个别史时。因为这是外面的故得到便利；但当理解几多民族发展的关系时，立刻就要陷全叙述于极度的混乱，所以时代史观是要不得的。次之就是依据空间的秩序，Breysig 以为“不！地方的统一与时间的统一，都不能成为组织的指导原理”。那么第三可能的世界史原理——“种族”，应该比“地理”史观好些，却是种族的和地理的史观，有一样困难，就是先住地与移住地的区别，致全部组织于致命的混乱，所以依据种族也不能明确地解决世界史的问题，而欲理解世界史时，则不可不超出三可能性的缺陷，而发见第四可能的原则。依 Breysig 所说，这就是生物学的史观。他在《世界历史之渐次构成与法则》（*Der Stufenbau und die Gesetze der Weltgeschichte* 1905. 2 Aufl. 1 1927.S.9）里说得好：“所谓发展时代之生物学思想，是可将地上所有民族历史，照着那些一切共有发展状态的顺序而支配着。”他把发展阶段的原则，以植物为喻：“植物生长是照着发芽、成蕾、开花、结实的顺序而次第发展着，同样民族生长，是照着幼年期的原始时代、少年期的古代、老年期的中世、成年期的近世、老年期的最近世，而顺次发展起来。”他这种“幼年期——老年期”之发展图式，很容易使我们想及美国生理学者 J. W. Draper 在一八六四年出版的《欧洲的知识发达史》（*History of the Intellectual Development of Europe*）一书，因为这本书也是相信自然法则，同样地将幼年少年青年壮年老年来区分欧洲进步的五个段阶，都称之为轻信期怀疑期信仰期理性期老衰期等。Draper 告诉我们，欧洲现在已经是倾向老衰期了，然而老衰期乃是人类进步的顶点；他以为中国即已达到这个安宁的时期，欧洲也必然地向着现今中国的状态进行。由这一段 Draper 的结论，我们已可充分看出 Breysig 的生物史观，是不会有什么价值了。但 Breysig 历史哲学的贡献，尚在于生物学的史观以外，更有他所主张的历史之二十四法则。这些法则是就国家制度的生活说的 Sombart。为柏林发行 *Quellenhandbücher der Philosophie* 特编的《社会学》，在第十一章即列入

Breysig 一九〇五年《世界历史之渐次构成与法则》一文，可见他的价值。本文开头便告诉我们："无疑地在世界历史里面，相互的交错，一切似乎都给我们以一些唐突的偶然的印象。但是就在这些也很明白地是依必然因果的连锁而发生，这是的确的事实。所以只有着眼于探求规则与秩序，然后才能若无其事的回溯到世界历史之渐次构成。而且渐次构成是于其自体之中，表示出法则与规则。"

又说："这些法则，至少也不像 Hegel 诸法则似的，又不是依据于随便做成之思想的建筑物，更不如 Buckle 似的，呆板皮相地由瞥见历史的现实，而做出与其概念上的形式有绝不相容部分之法则。"因此 Breysig 历史的法则，即从探究国家制度的发展，而定世界历史的法则为二十四法则。为节省篇幅起见，当然对此法则无抄录的必要，不过我们应该注意的，就是 Breysig 发展阶段的概念，有时为生物学的幼年——老年的发展阶段；有时为古代、中世、近世的发展阶段，有时表示为家族、身分、阶级或上说的国家制度的形式；因此由这些混合所成的历史学说，结果也只能成为缺乏明了规定的发展阶段，这不能不说他历史哲学之一大缺点。然而从大体来看，他探求世界史原则而着重于生物史观，认生物学的原理为世界史之指导原理，这一点倒很值得我们注意。

（八）Barth

意大利社会学史家 Squillace 将 Barth 和 Le Bon、Giddings、Baldwin、De Roberty、Fairbanks、Wundt 等，同算入社会心理学的社会学者之内，这是一点没有错的。因为 Paul Barth（1858—1922）本认社会为心理的结合，就中尤以人的意志为社会构成的要素，所以意志之统一的组织（System von Willinseinheiten），就是他所谓社会的概念。

而这意志统一与意志之进化过程，实即形成了他社会学说的中坚。依他意思，意志进化即所以促进社会进化，在此他便提出独特之《历史哲学的社会学》（*Die Philosophie der Geschichte als Soziologie*）的主张。以为社会学的对象即历史哲学的对象，如上意志之进化过程为历史哲学的对象，同时也就是社会学的对象，所以社会学和历史哲学是一而二二而一的。固然有许多社会学史家如 P. Sorokin 在《当代社会学学说》（*Contemporary Sociological Theories*, P. 92）中，简直斥之为“臆测的社会哲学家”。却是平心而论，Barth 以社会学为历史科学，在他所著《Hegel 及 Hegel 派的历史哲学，迄于 Marx、Hartmann》一书，很明白地舍却 Hegel 派片面之观念论的立场，而有取实证主义的社会学的立场，这一点不但证明了他决不是什么“Speculative 的社会哲学家”，正是一个将自然科学与历史科学联结一起的历史哲学者。他以为广义来说，要给历史科学下定义，历史科学就是一切变化的科学。历史中有自然史与人类史，人类史则研究人类社会的变动，又可分三种：即历史搜集（Geschichtsforschung）、历史记述（Geschichtsschreibung）与历史科学（Geschichtswissenschaft），不消说历史科学即以社会及社会的变动为对象，故不得不以多种多样广泛的现象为对象。因此便由科学一跃而达到最高原理，这就是所谓历史哲学了。由 Barth 看来，科学和哲学并非有什么特殊的对象，而只是程度之不同（einer graduelle Unterschied）。好比自然哲学，即综合自然科学所得之公例，历史哲学也是综合历史科学所得之概念公例，而成为历史的法则。所以归结来说，关于社会进化的科学为历史学，而历史学的最高原理即历史哲学，所以社会学——历史学——历史哲学三者，都是同一对象，不过程度不同罢了。他最大的贡献，在于历史哲学里面，特别提出历史法则之论理的性质。他先论到历史研究不应满足于记述一面，须发见其因果的关系或法则，使历史成功科学。次之即对于否定此历史科学说之种种思潮加以批评的研究，从 Kant 开始，进而批评马堡学派、西南学派，及 Dilthey 等的说法。最后结论，即题为《历史法则之可能性》一章，由此一章即可看出 Barth 对于历史哲学积极的见解。

固然从三方面观察，似乎可看出历史和自然科学不同，但由 Barth 看来，只要细心研究一下，即知此三种见解没有一个是妥当的。第一从人类意志方面考察，人类意志决不是纯自然法则所可把捉的东西，所以历史到底不能当做自然科学研究。第二从历史之心理学的方面考察，心理学决不是自然科学，故历史也成功不了自然科学。第三从价值方面考察，自然科学是全然缺乏价值见地的，故以价值为生命的历史，决其不能作为自然科学研究。可是由上三种驳论，没有一个注意到自然科学所特有之自然科学的方法，要是历史研究应该成功科学的话，那么便应有概念及法则的概念，如 Schmeidler 所说似的，历史记述家，当其选择对象时，常要求概念之一体系，好比叙述法国革命，第一便须以此为政治的事件来看，而且当然要有政治的概念，次为发见那革命的经济原因，他又要有经济的概念，所以这里无所谓价值关系而只有人类及生活之归纳的考察，是必要的。换言之，即只有概念而已。不但如此，对于历史家只以考察特殊者或个性的说法，Schmeidler 也以为要是没有普遍者，便特殊者也不能存在。Barth 更附加一句话，认特殊者与普遍者，无论上下左右，原因结果，都同样地相互保持着相关的概念，即因历史本有普遍概念的存在，所以没有概念即不能研究历史，而单纯历史的直观，只是盲目。次之讲到历史的法则，Barth 也不承认历史记述家在理解英雄、主人翁时，所用心理学的法则或命题，即 Simmel 所谓历史之“先天的”。他以为照自然法则的解释，所谓法则，应该就是客观事象的法则，是有普遍性的。在这里他极力提出因果原理，以证明历史法则之论理的性质。

（九）社会史观论者对唯物史观的批评

总上所述，从 Comte、Buckle、Taine、Lamprecht，以至 Breysig、Barth 这些社会史观论者，虽然还没有达到完全发见历史法则的时候，却是历史法则既经他们提倡以后，他的本身也已经上了进化的路。最可注意的，就是同在讲历史法则中，社会史观之一群论者，差不多对于 Marx 派的唯物史观，都持着批评的态度。Comte 似乎看过 Marx《共产党宣言》的译本，但他对于唯物史观，却持着正反对的看法来观察社会与历史。他极力主张拜物教与土著农耕生活之密切关系，而特别注重和物质原因不同之精神的原因。（《实证哲学》下第七章）Buckle 虽号称接近唯物主义，但原则上却将心的法则，看得比物的法则重要得多，当然不是唯物史观的同调。讲到 Lamprecht 更明白了，他反对 Marx 唯物史观之自然主义，以为“Marx 忽视了人类历史之心理的一般特质（psychologischer Gesamtcharakter）”；他又在《近代历史学》（和辻哲郎译页 230）一书，谓纯粹 Marx 学说与 Marx 派学说，什么用处也没有。可是他并不忽略这个学说的巨大意义，以为唯物史观在某一定的时候，也是对的，但应该加以多少的制限和修正，即这种理论，在国民之内的发展上，亦不能说明所有的现象；即在从事社会经济要素的说明时，似乎应特别注意这些物质要素了，然而单纯的适用，仍然非常危险；因为精神要素有时也是那个变革的动因啊！次之 Breysig 所著有名之《历史变化论》（*Vom Geschitchtlichen Werden* 1925），更为唯物史观批评中的一部好书，法国 Henri Sée 近作《历史唯物论》（黎东方译）序文，竟称此书第二册使他得益不少。Breysig 不但证明了“Marx 自己的行动，给他历史唯物主义以一个大揭穿”；他还能使此派论者，对他所说发展阶段之消极理论方面，不得不认其功绩。（参看羽仁五郎《转形期的历史学》内页 165《唯物史观与发展阶段的理论》）至于 Barth 所著《Hegel 及 Hegel 派之历史哲学，迄于 Marx、Hartmann》（*Die Geschichtsphilosophie Hegel's und der Hegelianer bis auf Marx und Hartmann* 1890）页七〇以下，他对于唯物史观批评，整整的有二十页。他最先就要证明“经济对于政治绝无超越之优势”；又谓“道德为经济关系简单的反射，这种意见亦绝无根据”。他又指出 Marx 之历史理论，虽自称为唯物论的，然而竟没有注意到物质上几个最重要的份子，如气候与人种的影响。他著名的论驳，以后很惹起 Franz Mehring 在其名著《德意志社会民主派的历史与学说》（*Die deutsche Socialdemokrate ihre Geschichte und Lehre*）中，大半部的批评。却是细心考察一下，社会史观和唯物史观因为立脚点不同，故学理上的论争，当然在所不免，但在论争中，究竟那一个学说更接近真理？他们论争究竟两方是持如何充分的理由？这些重大的疑问，都不是一二句所能解决，非待专书讨论不可。尤其是今日所谓社会学主义（Sociologism）者法国 Durkheim、Bouglé 等，在社会学之研究方法上，同样地取客观主义的态度，然而他们也反对马克思主义之“技术的自动论”（Bouglé 以为这就是唯物史观的根本概念），而提倡社会学的史观。简单来说，即所谓经济现象是和法律现象或道德现象宗教现象艺术现象，同样地为依社会形态的变化而变化，这种社会形态史观不是比唯物史观为更能说明社会变动的最后原因？是不是和唯物史观公式中所谓“社会的存在”有一样的意义？ Barth 曾指摘唯物史观常常误用“社会的”一语作“经济的”一语解，其实就 Comte 物质进化的三阶段法则来说，现代正是产业的时代，即构成社会生活的根抵而决定历史者，不是军事，不是法律，实是那使人类生活成为可能的产业组织；这就是历史过程，唯有产业组织的状态才能解释，这不就是说明现代社会就是经济史观的时代吗？然而经济史观横着考察社会时，固可说明现在，若纵的考察社会时，则又为一个一贯的社会学的史观所支配。因为产业组织状态，如 Marx 所谓“生产关系”，实际也不过为社会的存在之一，即经济形态为社会形态之一。而且所谓经济史观，说来也有种种状态。Marx 可以生产关系的形态为标准，List 也可以生产的状态为标准。Loria 以劳动为标准，Bruno Hildebrand 也可以交换形态为标准；Schmoller 以经济体或组织之大小为标准，Bücher 也可以由生产者的货物，转到消费者所成的距离为标准。所以专就经济史观，各学者本无一定的阶段说。即同在唯物史观的元祖当中，Engels 就不妨于 Marx 所说“生产”之外，添上一句“其次交换”。然而由我们主张社会史观的来看，则唯物史观应该如河上肇曾说过的：“唯物史观应该自觉着自己的相对性，同时向着现代，主张他的绝对性。”不！即在现代，也只好主张经济史观（广义的）的绝对性，而不能主张以“生产”为历史重心说的绝对性。因为生产之外，还有消费，一样地也是现代史的重心。美国有一位 Marx 的信徒 Maurice William，在他所著《社会史观》（*The Social Interpretation of History* 1921）中，告诉我们，并不是经济进化产生社会进化，而是社会进化指挥经济进化。“社会进化是带着强烈的实行性的。他底中心问题是要解决生存问题，要解决面包问题。怎样维持生存是根本的经济问题，一切历史都是被支配的适应于这个问题，人底消费问题”（Social Evolution is intensely practical. It concerns itself with the problem of existence, with the problem of bread. How to sustain life is the basic economic problem. All history has been shaped in response to this problem, the problem of man as a consumer，原书页 180，刘芦隐译页 172）。那么可见社会制度底改变，虽如 Marx 所说是因生产方法改变而改变，但是生产方法底改变，又如 William 所说，应该是因为它不足以解决生存问题而改变了。然而问题决不会到此而止，因为消费问题后面的原动力，还横着一个交换问题，即所谓货币问题。

有许多人因为 Marx 说过“手推的磨子，是封建时代的生产工具；蒸汽机的磨子，是资本主义时代的生产工具”；因此遂解释经济是一种技术，技术便可以决定一切历史。（如 K. Kelles-Krauz 等）却不知经济不是这种狭隘的技术，就完事了的；于是有许多人又以为经济不但指物质的技术，至少还包含“生产方法”与“阶级关系”（如 Kautsky、Cunow），然而这种思想仍然如 William 批评，只看见社会进化的结果，而非社会进化的原因。实在来说，所谓经济问题就是民生问题，即包括二大经济之生活领域——生产及消费——的交换问题，而其最重要的具体手段，从经济的形态学来说，就是货币。货币形式的进步，实足以决定现代的社会生活；货币的运动作用，实足以说明现社会的历史。如历史学派三大建设者之一人 Hildebrand，即从交换的标准上，将经济发展分做自然经济、货币经济、信用经济之三个阶段，这分明也是一种经济史观。并且这种经济史观可与经济心理阶段说结合，而形成为一种最完全的经济发达底形式。（说见第十节）总之即在经济史观当中，要以生产为历史重心，不如以涵盖力更大的民生问题，即消费，与交换为历史重心，不消说这种学说也是应该放在一个社会史观的总题目底下去研究的。

（十）孙中山

我们伟大的孙中山先生，[①] 他不仅是一个实行家，而且也是天才的理论家，他不单有政治哲学的理想，实在还有最深的历史哲学的思想。[②]

---

① “我们伟大的孙中山先生”，原作“在社会史观中，我们不要忘记了和 Lenin 一样伟大的孙中山先生”，据朱谦之“自存本”校批文字删。——编者

② “思想”下原有“他实在能于马克思派唯物史观之外，为社会史观之集大成者”数字，据朱谦之“自存本”校批文字删。——编者

他的历史哲学，只要看了《孙文学说》中论进化的一段（第四章），便知完全是依据社会史观之“三阶段法则”的，还且把知识的定律看得比物质的定律更为重要。自然这一点，先生实受 Comte 派的影响，不过较 Comte 更为精微博大多了。他说：

> 夫进化者自然之道也，而物竞天择，适者生存，不适者淘汰，此物种进化之原则也，……进化者时间之作用也，故自达尔文氏发明物种进化之理，而学者多称之为时间之大发明，与奈端氏之摄力为空间之大发明相媲美。而作者则以为进化之时期有三，其一为物质进化之时期，其二为物种进化之时期，其三则为人类进化之时期。元始之时，太极动而生电子，电子凝而成元素，元素合而成物质，物质聚而成地球，此世界进化之第一时期也。今太空诸天体，多尚在此期进化之中，而物质之进化，以成地球为目的。吾人之地球，其进化几何年代而始成，不可得而知也；地球成后以至于今，按科学家据地质之变动而推算，已有二千万年矣。由生元之始生而至于成人，则为第二期之进化。物种由微而显，由简而繁，本物竞天择之原则，经几许优胜劣败新陈代谢千百万年而人类乃成。人类初生之时，亦与禽兽无异，再经几许万年之进化，而始长成人性，而人类之进化，于是乎起源。此期之进化原则，则与物种之进化原则不同，物种以竞争为原则，人类则以互助为原则。社会国家者互助之体也，道德仁义者互助之用也，人类顺此原则则昌，不顺此原则则亡；此原则行之于人类，当已数十万年。然而人类今日犹未能尽守此原则者，则以人类本从物种而来，其入于第三期之进化为时尚浅，而一切物种遗传之性，尚未能悉行化除也。然而人类自入文明之后，则天性所趋，已莫之为而为，莫之致而致，尚于互助之法则，以求达人类进化之目的矣。人类进化之目的为何，即孔子所谓大道之行也，天下为公；耶稣所谓尔旨得成，在地若天，此人类所

希望化现在之痛苦世界，而为极乐之天堂者是也。（页五三）

由这一大段话，可见孙先生的历史进化观，是完全把那所谓自然的历史，如宇宙发生学、地质变化史、古生物学、物种进化论和人类发生学、人类活动的历史，联合到一起来讲的。这种一元历史的见解，实在不是那浅薄的机械的唯物论[①]者所能想象得到。他把所有历史分作三个时期：

进化线		进化现象	进化原则	进化目的
第一时期	物质进化时期	元始之时，太极动而生电子，电子凝成元素，元素合成物质，物质聚成地球。	物理变化的原则——达尔文主义	以成地球为目的
第二时期	物种进化时期	由生元之始生，而至于成人止。物种由微而显，由简而繁。经几许优胜劣败生存淘汰，千百万年而人类乃成。	物竞天择的原则——达尔文主义	以成人类为目的
第三时期	人类进化时期	人类初生时亦与禽兽无异。再经几千万年之进化；乃始长成人性，而人类进化于是乎起源。	互助的原则——克鲁泡特金主义	以求达大同世界为目的

虽然人类进化的时期，只是时间进化史上很短的很晚的一章，却是这最后一章，已经把进化由暧昧浑漠进至明确特殊复杂的地位；由历史进化的速度看来，也是后后胜于前前，以加速度进行。依孙先生所说："近世文明进步以日加速，最后之百年，已胜于以前之千年，而最后之十年，又胜已往之百年，如此递推，太平之世，当不在远。"（页 53）可见人类最近的未来，我们对之实充满有无限的希望。但讲到这里，我们要问人类进化经几千万年才有今日，但这几千万年中，

① "机械的唯物论"，原作"唯物史观和一般达尔文主义"，据朱谦之"自存本"校批文字改。——编者

究竟有没有历史阶段的痕迹可寻呢？他道有的！

> 夫以今人之眼光，以考世界人类之进化，当分为三时期。第一由草昧进文明，为不知而行之时期；第二由文明再进文明，为行而后知之时期；第三自科学发明而后，为知而后行之时期。（中略）科学发明之后，人类乃始能有具以求其知，故能进于知而后行之第三时期之进化也。（第五章页 59—60）

又说：

> 三代以前，人类混混噩噩，不识不知，行之而不知其道，是以日起有功，而卒底于成周之治化，此所以不知而行之时期也。由周而后，人类之觉悟渐生，知识日长，于是渐进而入于欲知而后行之时期矣。适于此时也，“知之匪艰，行之惟艰”之说渐中于人心，而中国人几尽忘其远祖所得之知识，皆从冒险猛进而来，其始则不知而行之，其继则行之而后知之，其终则因已知而更进于行。（页 58）

在这段中，孙先生说明人类进化之程序，是经过不知而行—行而后知—知而后行的三个阶段，这种看重知识进化的定律，和法国 Comte 不是一样的思想吗？孙先生所云草昧进文明，不知而行的时期，就是神学阶段；文明再进文明，行而后知的时期，就是形而上学阶段；科学发明以后，知而后行的时期，就是实证的或科学的阶段。而人类进化中之确定的时期，却在乎“大同世界”的实现，所以孙先生在上面说过：“人类进化之目的为何，即孔子所谓大道之行也，天下为公。”我以为这种社会进化史观，是一点没有错的。现在神学和形而上学的时期，都早已过去了，我们所处的时代，正是科学阶段，而我们理想，却在乎实现那欢天喜地的最自由最愉快的大同世界，大同世界就是历史之第四阶段，完全摆脱了无知之物质世界的束缚，是一种最美的理想的境界。这么一来可见孙先生的历史哲学，不但是以 Comte 派的社会史观为背景，还且确确实实以扩充光大这一派的历史学说为抱负。如 Comte 只看到历史的第三阶段，孙先生则站在第三阶段，看到人类发展必然要达到世界大同，即历史之第四阶段。又 Comte 只看到知识原素为历史原因，孙先生却看到“所得知识皆从冒险猛进而来”；这就是促进知识进化的生元动力，才是人类历史的真因，所以就这一点看，孙先生实在是一个很彻底的新生机主义者。他又看重互助，反对达尔文主义，在社会史观的演进史上，都不能不算是一个顶大的贡献！现在为说明的便利起见，试把他的进化说，作一简表如下：

人类进化线		知识的阶段	文化的阶段	经济心理的阶段	经济的阶段
第一阶段	神学阶段	不知而行之时期	由草昧进文明	钱币未发生之前，可称为需要时代（注）	以日中为市为金钱
第二阶段	行而上学阶段	行而后知之时期	由文明再进文明	钱币既发生之后，可称为安适时代	以金钱为金钱
第三阶段	实证的或科学的阶段	知而后行之时期	科学发明以后	机器发明之后，可称为繁华时代	以契券为金钱

（注）《孙文学说》第二章页 26—27，又《民生主义》第四讲页 90 云：“人类生活的程度，在文明进化之中，可以分作三级；第一级是需要，第二级是安适，第三级是奢侈。”亦可参看。

孙先生的历史观不但认社会进化为历史的中心，并且确实指明“民生”为社会进化的中心。民生是什么？依孙先生自己的界说：“民生就是人民的生活、社会的生存、国民的生计、群众的生命；"（《民生主义》第一页）由这个界说，可见所谓民生的历史观，实际就是这全人类社会"生之要求"的进化观；是为着研究一切人类社会的生活，生存、生计、生命，各方面的进化线路而有意义的。（在这一点，孙先生的历史观，应属于第四期之生命的历史哲学，可见他的精微博大了。）依孙中山先生的说法，则这种一部人类的进化史，从头到底，不外是一部人类满足"生"之要求（生活、生存、生计、生命）的历史，所以不但看见物质而且要看见生命，不但看见经济而且要看见生存；在经济当中，也不但看见人类中的一部分，更要看见人民"生活"全体；不但看见生产者底福利，也看见消费者地位的大多数国民的"生计"。因此孙先生便特别提出他发明的"民生主义的进化史观"。[①] 他有一段话说：

> 近来美国有一位马克思的信徒威廉氏，深信马克思主义，见得自家同门互相纷争，一定是马克思学说，还有不充分的地方。所以他便发表意见，说马克思以物质为历史的重心是不对的，社会问题才是历史的重心，而社会问题中，又以生存为重心，那才是合理。民生问题就是生存问题，这位美国学者最近发明，适与吾党主义若合符节。这种发明，就是民生为社会进化的重心，社会进化又为历史的重心，归结到历史的重心，是民生不是物质。（页 16）

我们就这一段话，可看出民生主义的历史观，就是在马克思主义信徒，只要他肯"以马克思底精神为骨干，利用他底科学方法"（William 说的话）去探究社会，他的结论，也是[②]得到与孙先生相同

① 自"依孙先生的说法"至"民生主义的进化观"，底本与此有较大出入，乃据朱谦之"自存本"校批文字改。底本文繁不录。——编者

② "也是"下原有"与 Marx 底结论不同而"数字，据朱谦之"自存本"校批文字删。——编者

的结论。因为“社会改变后面的原动力，是求解决生存问题。人因怕死亡的痛苦，不得不尽力求生，所有已往的历史，不过是人努力求生存的试验与失败底记载，求生意志才是普遍的经济问题”。而谋解决生存问题就是人底消费问题，所以社会进步总是合乎消费者的利益的，总是要和社会上大多数人底利益相调和的。固然在社会进化当中，每一过程，都有其特异的发生于生产一点上之阶级斗争底现象，但这种阶级斗争，是社会进化底结果，而非社会进化的原因。这么一说，岂不是 Marx 的唯物史观，他所有的理论，都一齐颠倒了吗了？因此 William 和孙中山都异口同声地批评：“马克思是一个社会病理学家，不能说是社会生理学家。”（《民生主义》页 22，参看《社会史观》页 80）现在为研究的便利起见，请将二氏所提倡之“社会史观”和马克思派的“唯物史观”，作一个简单的分析比较表：

社会史观	唯物史观
（1）经济进化产生社会进化	（1）社会进化产生经济进化
（2）以生存（求生意志）为历史重心	（2）以物质（生产方法）为历史重心
（3）为适应在消费者地位的利益而进化	（3）为适应生产者地位的利益而进化
（4）社会进化由于社会上消费者底利益相调和	（4）社会进化由于生产上掠夺者和被掠夺者底利益相冲突
（5）以消费者底利益为主的	（5）以生产者底利益为主的
（6）注重消费底财富	（6）注重生产的资本
（7）以社会利益调和为原则	（7）以阶级斗争为原则
（8）资本制度所侵占的，是社会全体的剩余价值	（8）资本制度所侵占的，是工人的剩余价值
（9）消费上的社会斗争	（9）生产上的阶级斗争
（10）取消商人分配的赢余制	（10）取消资本家生产的赢余制
（11）资本家与商人的利益冲突	（11）资本家与工人的利益冲突
（12）提倡消费合作社运动	（12）提倡生产合作社运动

因为 Marx 并没有发现社会进化底定律，他的唯物史观只搔着社

会历史底一点皮毛，所以我们不能不抛弃这种又陈旧又不科学的经济定命的学说，而完全接受 William 氏与孙先生之真正社会进化律的历史学说。我们已经依照孙先生的指示，定一个普遍的历史观，就是一切社会的变迁，都是以要求解决生存问题为原动力，都是以人民全体的生活生存生计生命为原动力；我们一定要为消费者底幸福而努力，我们一定要完全着眼于社会的利益而努力，这就是社会的历史观，即民生史观。孙先生说得好：

> 社会之所以有进化，是由于社会上大多数的经济利益相调和，不是由于社会上大多数的经济利益有冲突。社会上大多数的经济利益相调和，就是于大多数谋利益，大多数有利益，社会才有进步。社会上大多数的经济利益之所以要调和的原因，就是因为要解决人类的生存问题，古今一切人类之所以要努力，就是因为要求生存，人类因为要有不间断的生存，所以社会才有不停止的进化，所以社会进化的定律，是人类求生存，人类求生存才是社会进化的原因。（页 22）

又说：

> 实业的中心，是在什么地方呢？就是在消费的社会，不是专靠生产的资本。消费是什么问题呢？就是解决众人的生存问题，也就是民生问题。所以工业实在是要靠民生，民生就是政治的中心，就是经济的中心，和种种历史活动的中心，好像天空以内的重心一样。从前的社会主义，错认物质是历史的中心，所以有了种种纷乱。这好像从前的天文学，错认地球是宇宙的中心，所以计算历数，每三年便有一个月的大差，后来改正太

阳是宇宙的中心，每三年后的历数，才只有一日之差一样。我们现在要解除社会问题中的纷乱，便要改正这种错误，再不可说物质问题是历史的中心，要把历史上的政治和社会经济种种中心，都归之于民生问题，以民生为社会历史的中心。（页 34）

我们要知道孙先生的历史观非他，就是一方面把生存本身的知识定律，看得比经济的定律更其重要；一方面在经济的定律中，又把大多数消费者的社会，看得比生产者的社会，格外关切。不但如此，他在消费以外，又以交换为标准，来讲经济发达之三时期。他不像 William 一样，只知道生产方法的改变。是因为他不足以解决消费问题而改变，他还要更进一步，知道消费问题的改变，是因为不足以解决交换问题而改变。这一点他实在又比 William 高明多了。我们知道当一八四八年 Marx 发表《共产党宣言》，为后来唯物史观所本，同年 Bruno Hildelbrand 发表《现在及将来的国民经济学》，从交换方面说明经济的发达阶级为（1）自然经济时代；（2）货币经济时代；（3）信用经济时代；而以货币经济为信用经济之历史的过渡的现象，此说即为孙先生所取。学说第二章谓“需要时代以日中为市为金钱，安适时代以金钱为金钱，繁华时代以契券为金钱”。《钱币革命》一文谓“纸票者将必尽夺金钱之用，而为未来之钱币；如金银之夺往昔之布帛刀贝之用而为钱币也，此天然之进化，势所必然”。因而主张“国家收支、市廛交易，悉用纸币，严禁金银”。在这里可见 Hildebrand 的分类法，尚只偏于经济发达之外的形式，孙先生则将经济发达还元于物质的条件，又将物质的条件还元于心理的条件，这就是说将经济心理阶段上的需要时代、安适时代、繁华时代，来相当于经济发达所谓自然经济、货币经济、信用经济之三大时期。现代经济的新倾向，是已由生产经济学进而为信用经济学了，所以孙先生即依据此历史哲学分期的原理，来建立他实践政策之唯一目标，就是“钱币革命”。只有钱币革命才能解决民生的问题，人底消费的问题；只有钱币革命才是真正消灭帝国主义（金融资本阶级统治）在中国势力的经济革命。孙先生这种按着经济发达理论，所得最有深刻意义的政治纲领，当然又比 Hildebrand 学说，不知高明多了。现在试为列表对照如下：

孙中山	1. 需要时代……以日中为市为金钱……	自然经济	Hildebrand
	2. 安适时代……以金钱为金钱…………	货币经济	
	3. 繁华时代……以契券为金钱…………	信用经济	

第七章　新理想的生命的历史哲学（上）

（一）序说

由上叙述历史哲学的三时期，从宗教的历史时期经自我的历史时期，到社会的科学的历史时期，可见历史哲学的历史，也是按着人类进化之三阶段法则而渐进发展来的。然而历史哲学决不会到此而止，从前 Comte 定下三阶段法则的时候，以为第三科学阶段就是人类进化中之确定的时期，但 Durkheim 已经驳他："更又有谁能担保说除了科学时期而外，将来不更另生出其他的时期来呢？" 同样历史哲学的发展，在第三社会的科学的历史时期以后，接着便有综合的生命的历史哲学时期。在这时期里，对于历史的解释，已不如从前那样只限于自然科学方面。有的主张以文化科学（历史科学）与自然科学对立，如新康德派的西南学派，有的主张以心理法则代替物质法则的，如 Spengler。前者倾向于历史之论理主义，后者倾向于历史之心理主义。要之对于历史里面应用自然科学的方法，均有不赞成的样子。不过前者认历史为个性的学问，自然科学为法则的学问，因而极力反对"法则"，以为历史只限于价值认识，无所谓法则。反之后者虽认历史与自然科学不同，但仍然须要一个法则，即心理的法则。所以生命派的历史哲学，他的特色即在以历史的生命性艺术性来改造第三期自然科学的历史哲学，而仍立脚于心理的法则之上。虽然在这一派里，如

Bergson、Driesch 均不一定承认历史法则，然而他们也很注意到"未来历史之目的，在求历史中进化的符号，要如此，历史才能自成一种科学"（《生机主义史附录》页 36），可见和那单单提倡"价值哲学"来讲历史的理论圆满多了。现在为说明的便利，先述新理想主义的历史哲学，即新康德派的历史哲学，并加以批评。

新理想主义的历史哲学，有几点不能使我赞同的，就是：（一）否认历史事实的法则；（二）谓历史与心理学无关；（三）谓历史以价值为标准。Driesch 在《生机主义史附录》里，有一段批评他们的话道"谓历史以价值为标准，这也是好的，但不能说是科学。假使这便是历史最后的话，则历史便变成许多珍奇之事物的集合，最多只有了道德的价值而已"（页 35）；不过说到这派的历史哲学，也有很深远的渊源，不能一概抹煞。即从 Kant 的历史哲学发达而至挽近新理想主义之历史哲学，其间实有许多进步。再说到历史哲学的体系，第一如 Kant 所谓历史哲学是与认识论、道德哲学或宗教哲学并立，而为哲学体系之一部门，却不是最后的部门。反之新康德派则全部哲学从历史出发，所以哲学的最大事业，就是价值哲学即历史哲学。第二关于历史生活的原理，将 Kant《实践理性批评》所谓伦理的文化概念，加以扩充，使之确定为完全的文化概念，因而决定世界史之最后目标。第三即确立了历史的论理学，用旗帜鲜明之纯论理主义，建立当做历史论理学的历史哲学。当然这几种贡献，都可以说从 Kant 引申出来，就中尤以 Windelband 对于第二有很深的思想。在他所著 *Präludien*（松原宽译《哲学的根本问题》上下二卷），随处均可发见历史生活的原理。他将历史的理念，以理想解之，换句话说，就是所谓文化价值之最高的价值概念。这个理想，就是他所认为"人类的统一"。Rickert 于此虽无精彩论述，但对于历史之论理学，则有极明了的发展。因他方法论上非常细密，所以可算得西南学派历史哲学的集大成了。但话虽如此，一般从二十世纪初，以新理想主义为中心的历史倾向，也决不限于 Rickert 一人，也不限于西南学派，所以我们追本穷源，应从 Dilthey 讲起。

（二）Dilthey

一八八三年，Wilhelm Dilthey（1833—1911）发表一部名著《精神科学序论》（*Einleitung in die Geisteswissenschaften*），这部书在社会学史上的地位，据 Oppenheimer 的批评："Dilthey 可算社会学的强敌，同时又是社会学最有力的同伴。"这是一点不错的。Dilthey 从他精神科学方法论的立场，对于旧派如 Comte、Spencer、Schäffle、Lilienfeld 等，施以猛烈的攻击；甚至以 Comte 的社会学，为"芜杂之自然主义的形而上学"（页 303）。这一点他实在是社会学的强敌，把一向主张的阶段原理，都否认了。但他精神科学在现代社会学界里，对于所谓形式社会学、关系学、文化社会学乃至现在所谓一般社会学等，却占第一个母胎之地位，为现代社会学的先驱，这一点又可算社会学最有力的同伴了。总之 Dilthey 对于法英派的社会学及德国从来历史哲学的批评，实在有由旧派社会学转变为新派社会学之划时期的意义。他的历史学认识论曾给西南学派以很重要的暗示，然而他的见解，实比西南学派高明多了。他和别的学者不同，关于历史研究有很深的实际上的知识，如他自己所说，他的学问即生长于德国历史学派的空气中，而受其影响。却又不满于这个学派没有哲学的或认识论的基础，在这一点，他却反复着 Locke、Hume 及 Kant 所走的路径，要给精神科学以认识论的基础，他叫做"历史的理性批评"（Kritik der historischen Vernunft）。历史理性批评的根本概念，就是"生"；生在本质上就是历史的，这就是所谓"生的历史性"（die Geschitlichkeit des Lebens）了。生无论何时都为历史所规定，所以历史世界的理解，就是生这个东西的理解。所以说“人类有什么？这只有历史才能知道，舍却历史的研究，便人类之认识，是不可能的”。“人类有什么？这实不由于自己的瞑想所能知，也不是由于心理学的实验；乃由于历史才能知得。”因为生是历史的，故今日生之一切表现，明日即为历史。文化的各种体系（die Systeme der Kultur），艺术学问宗教等，即Dilthey所谓历史的社会的实在，离开“生”便什么也没有了。但是当我们理解这些历史的社会的实在时，我们便因理解（Verstehen），而再发见了为历史所客观化的“生”，这又是所谓“历史的生命性”（die Lebendigkeit der Geschichte）了。生的历史性是生自己之表现，历史的生命性则因“理解”而看出生自己复归自己的过程。所以这种理解，就是生之自己发见，自己认识。Dilthey分生的三要素，为：（1）体验（Erlebnis），（2）表现（Ausdruck），（3）理解。很和Hegel所谓精神发展之三要素，即主观的精神、客观的精神、绝对的精神相似。由他看来，主观之生之体验，因表现而客观化，又因理解而两者复归于一，这种生之自己认识，很和Hegel就绝对的精神来说精神之自己认识相似。而且Dilthey也和Hegel一样，认生是经历史而认识自己，不过Hegel的精神，本质上是合理的；反之Dilthey的生，却为表象、感情、意欲之构造关系。因此所以Hegel所说神精之论理的体系的发展阶段，是一种概念的无证法，Dilthey却变成生之联关之内的辩证法；在Hegel精神自己认识的原理，为辩证法的思惟，反之Dilthey则不但思惟，却是全体之生；所以归根及底，Hegel历史的图式是论理学的，Dilthey则为心理学的（参看三木清著《史的观念论之诸问题》页213、221）。他和他的学派（E. Spranger、H. Nohr、Friescheisen-Köhler）等，要将历史学的基础，建立于“记述的分析的心理学”（die beschreibende und zergliedernde Psychologie）

之上，这种心理学当然和自然科学的心理学，即说明的或构成的心理学不同。他以为心理学的分析，不可不与历史的分析结合似的，历史的分析亦不可不与心理学的分析结合。何则如经济、法律、宗教、艺术、学问等文化的诸体系，及结合为家族，组合教会，国家等社会之外的组织，因为都是从人类精神之生之联关产出的原故，所以最后非从这联关上是不能理解的。心的事实即是这些联关中最重要的构成要素，所以没有心理学的分析，便不能这些事物。由此意思，可见心理学正是历史生活之一切认识的基础了。

总而言之，Dilthey 虽无意于建立历史哲学，却从本质上将体系的哲学与历史的叙述，联成一起。他的哲学实以“生”为中心，哲学就是自己省察，或自向自身之“生”的省察；而这种省察，必然地就是“历史的自省”（die geschichtliche Selbstbesinnung）。这样认识论，由他看来，不是纯粹理性的批评，而为历史的理性批评。他说得好：“人类认识人类自己，或由人类所创造的社会或历史，这种能力，即历史的理性批评。”而这历史的理性批评方面，就是所谓精神科学自律性的方法论，是和自然科学的认识对立，而为知识之两种方法的。然而表示历史哲学的最高顶点，不应该用后者的方法，所谓“历史世界的建设”，是行于所有精神的科学中。普遍史尤其是一切精神科学之最终业绩，当然须要特殊的自律性的方法。Dilthey 于是更严别自然科学与精神科学，以为自然科学常只依于官能的智觉与悟性而研究，反之历史学（精神科学）的认识，则常认人类为一个统一的全体。在这里很明白看出两种科学所有特性上的差别，即所云“个体性”这个东西，特为历史研究之主要对象。历史学不止取于人类，且有取于物质的材料，然而支配历史世界的，却为个体性，由此才产出客观的文化事实。自然事实是外面的、感觉的；历史事实是内面的、想象的；对于历史事实（精神的事实）可从观者之想象追想而得；自然界的事实，却非观者内面所能理解，只有从外面用悟性才可以理解。换句话说，自然界的事实，不过现象的形式而已，精神的事实则直接与观者相通。即是理解那为材料的个人精神生活之机能者，就是精神的想象作用。此处所云想象作用，和概念的理解不同，是要求精神的所有方面，均为能动的。只要观者自己的体验愈丰富，便理解追想他人精神存在的能力，也愈增加。历史家的主要任务，不单以悟性规定那当做材料的"事实"，便完事的；是在于依据这些材料，而加以综合的，追想的解释这一点。由这意思来看，历史家的事业便和艺术家很相似的了。从上所述 Dilthey 历史哲学的根本观念，虽与西南学派不同，但从他分别自然科学与精神科学，已经给后代重要的暗示。如一八九四年，Windelband 发表《历史与自然科学》，一八九九年 Rickert 发表《自然科学与文化科学》，当然受他很大之影响的。Dilthey 又于一九〇六年，发表极有价值的《Hegel 青年时代史》，告诉我们：Hegel 的青年时代不是我们所呼为主知的唯理的"泛论理主义者"，而实是接近于近代之生命哲学，直觉主义的一个人，这样看重青年 Hegel 的倾向，实在给研究黑格尔主义者，以很大的新的意义。

（三）Simmel

Georg Simmel（1858—1918）是立于新批评主义的地盘上，而提倡与西南学派全不相同之历史认识论的。如他所著《历史哲学的问题》（*Das Problem der Gerchichtsphilosophie*），严密来说，即要创立一种历史范畴论，以完成其自己的方法。他很反对以历史为如实表现现实的所谓"历史的实在论"（historischer Realismus）。由他看来，史学决不是照样描写现实便可了事，反而在直接体验的现实里面，为认识主观之构成力作用所做成的产物。若以历史为如实的写真似的所谓历史实在论，恰如那艺术上的写实主义，当他一心一意写生现实，却没有注意到所谓写生其物，已将实物全然形式化了，这个同样的错误。自然科学应用感觉的材料，依于悟性概念来形成自然思惟的构成物，同样即在建立“历史”之精神的构成物时，也和自然认识一样，是必要有特殊之先天的机能的。自然科学里面，一般承认应有材料与形式的区别，可是将直接体验的现实，成为历史时候，在那里历史范畴也非明白从它材料里区别出来不可。这就是所谓“历史认识之先天的”了。历史决不独立于主观而为客观事实的再造，历史的对象，要是人格的表象、意欲、感情，换言之即精神的话，那么历史学的认识，便应该理解（Verstehen）历史的人格之精神内容；因而历史理解便为历史学认识论的基础概念。又关于历史的时间问题，Simmel也有专篇讨论他，以为时间只不过历史内容相互间的关系，历史的全体是超越时间的，时间的固定很不充分，所以在那里非加以理解的统一不可。这就是说，一个内容虽在时间中，这个内容尚非历史的；又单有理解，亦不成其为历史；只当两者交叉的时候，即那个内容站在超时间的理解之根据上而为时间的时候，才成为历史的了。因为Simmel这样看重历史学的认识论，所以和Dilthey所提倡之历史理性批评，同样地给后来学者以很大的暗示。又他《历史哲学的问题》一书中，说及“历史与自然科学的对立，即个个现象与法则的对立”；因此称历史科学为现实性科学（Wirklichkeitswissenschaft），即从直接体验之现实里面，由认识主观的构成力作用而成的科学。他这种分类论，虽还未十分成熟，却已很够给西南学派的历史科学说，以大大发展的余地了。

（四）Windelband

新康德派中有所谓巴登学派（Badener Schule order Badische Schule），

又名西南学派（Die Südwest deutsche Schule），即以 Wilhelm Windelband（1848—1915）、Heinrich Rickert，及他们后辈 Eimil Lask、Georg Mehlis 等为代表。这派中人将哲学看做价值之学，或当为（Sollen）之学；对于历史学上问题，有相当的功绩。他们将广义的科学，分为两类，一自然科学，二历史学。在一八九四年，Windelband 大学校长就职讲演《历史与自然科学》（*Geschichte und Naturwissenschaft*）中，已从方法论上，定下这种区别。依 Windelband 意思，应该变更从来如 Wundt 等科学分类的原理，即反对自然科学与精神科学之“学的分类”，而主张以认识目的——普遍与特殊——为标准，来分别自然科学与历史。这就是说，自然科学求“普遍”的法则，历史则要求特殊之历史的事实。一个是探求恒常不变之现实的形式，一个则观察个性之一度的内容，前者为法则科学（Gesetzeswissenschaft），后者为事实科学（Ereigniswissenschaft）。若用新造语表之，就是一个定立法则的（nomothetisch），就是自然科学；一个记述个性的（ideographisch），就是历史科学。不消说这种区别，只是方法上的分类，和内容的区别无关。同一对象可为定立法则的对象，他方又可为个性记述研究的对象；却是在我们学的认识里面，历史仍占有方法上的特殊地位，对于自然科学，而为一个独立之学。这就是他对历史解释，与科学的分类之大概了。现在试依据他死后发表的《历史哲学讲义》遗稿，将他哲学体系中最重要的历史哲学，略为介绍如下：

依批评哲学的立场，历史哲学是有二重问题，即第一将历史哲学从历史科学中分别出来，而决定前者的任务。第二说明两者，而定立了历史哲学的原理。然而从来历史哲学，专在两个方向求它本质，即与历史经过之全发展，以统一的说明；其他则求历史中不变的法则。发源于自然研究的希腊哲学，将人类或个人，和自然物一样看待，不给他以何等独自的价值；反之基督教哲学则将人类之坠落与救济，看做一回的历史事实，而下历史之统一的解释。如 Augustine 即以此世界史的说明为中心，建设他的历史哲学。历史的发展遂含有一种最后目的，就是神国与恶魔之国对立，末了世界审判；神国遂在地上实现。又如 Thomas Aquinas, Bossuet 及 Lessing 等，都曾为此神学的、目的观的世界说明。Herder 虽离开这种宗教意味，将历史看做人类进步的发展，可是结果仍和这些人们同样地要附与世界史之全发展，以何等的意义。反之由 Vico 看来，历史是由人类精神的本性所构成，故历史哲学就是精神哲学。然而人类精神构造，在任何民族都是同一的，所以历史哲学之任务，即在于历史的法则之探究。

但无论何种说法，历史哲学，原理上都认为和历史科学相同，世界史的问题，依据于个个民族特殊之历史知识，而施以选择、综合；又历史的法则，也不过是从归纳历史事实的经过所导出来罢了。

反之，批评主义的历史哲学，是依靠目的观，对历史的事件下价值判断。不过历史价值并不依道德的规律来定，那不是陶冶性格及心术之工具；要是如此，不如属之于文学的叙述，不能叫做历史哲学。然全然脱却这样道德化，而一谈及历史之进步退步或停止时，那已经豫想着某种价值，而下价值判断。可是历史里面所谓目的论的要素，如上述是有历史知识构成之方法原理，历史哲学不能主张将这些作为新的单独原理的。话虽如此，目的概念无论实质的、形式的，都可以解释；照前者来说，便是实质的形而上学；照后者则为方法论的、认识论的。所谓历史实质的形而上学，是采取超经验之宗教的或哲学的形而上学，而建立其世界计划。反之认识论的历史哲学，因为关于历史发展，进步或退步的解释，太随意的、无意识的、不分明的；遂起而任历史知识的批评，历史科学的哲学，或历史认识。这就是历史哲学所以和历史学并立，而有其特殊性的原因。

然而历史哲学不止于规定自己任务这样消极的结果，还要更进考究历史科学之原理。历史的发生，本来是“关于人类里面或人类的发生”，那和人类无关的事件，虽可成为历史意识，却也只限于人类历史上有何等重要的时候。但在他方面，一切发生之事，不一定都是历史的。而所谓历史的，一定由人类全体看来，是有价值有意味的东西，因而才能长久留在人类的记忆里。依据这样选择原理所构成的知识，即是历史，记载这些之文籍，即为史籍。但话虽如此，历史记忆不是永远没有错误，因忘却或由其他事情，遂致闲却了许多事情，例如历史只记载胜者，这个事实不是可以实证的吗？但无论如何，历史的真理依然是真的，非从我们知识独立出来而为妥当的东西不可，然而这样事，如何才可能呢？

人类可依见地之不同，而解释为生物学的、心理学的或社会学的概念，但历史问题中的人类，自不是如此，而应该以历史的价值规定为中心的人类。然在此意味的人类，已经不是实在的统一的人类，最好以理念名之。

然对如此所课普遍的生活统一之人类，而构成现实之生活统一者，更有民族及国家。即此两者就是我们历史至今到达的最后之实际的生活统一。历史所诏示的民族与国家的一致是偶然的，有时同一民族形成一国家，这就是最有强大生活能力的国民国家（Nationlstaat）了。有时一民族分裂为多数国家，乃至相反地多数民族集合于一国家之下，这都是可能的。虽然言语为统一民族生活的机能，可是像这样生活统一，须预想着有共通的表象、感情及意欲，这即是民族精神。民族精神虽不是实际的统一，而为机能的统一，但那不单为个人精神活动的结果，实先于个人而为规定个人意识的支配力。无论如何团体、集会，或国家，常存有这样全体意识；不过表示为最高程度的，却是民族。

Windelband 的《历史哲学讲义》说到这里，便中断了，我们虽不知道他的结论如何，但由此已可大体看出他历史哲学的目的和方法。至于特殊发挥价值之概念，补正了 Windelband 的学说，因而集西南学派历史哲学之大成者，自不能不以 Rickert 为代表了。

（五）Rickert

Heinrich Rickert（1863—1936）也是从方法论上出发，他在一八八八年所作博士论文《定义论》（*Zur Lehre von der Definition*），这时已经开始反对自然科学的普遍法（Naturwissenschaftliche Universalmethode）由他看来，一切学问不能都一样的应用自然科学的方法，学的方法不如说是因目的之如何而决定。故在考察学的方法时，应先注意其有如何目的。不消说要是认自然科学方法同时都一切学的目的，那么自然科学方法当然可说就是一切学问的妥当方法了，然而实际上成功学的目的者，决不止一个，或以普遍为目的，或以特殊为目的。那以普遍为目的者，是自然科学，以特殊为目的者，就是历史。为什么呢？因为由他看来，把经验的现实，从普遍之点观之，就是自然，从特殊之点观之，便是历史的原故。所以自然科学应取概括化的方法，历史里面则非取个别化的方法不可。不消说和 Windelband 所说似的，是和所取的内容无关，所以同一对象当它概括化的时候，属于自然科学，个别化的时候便入于历史之领域了。

在这里使用个别化之一概念，当然由他看来，不是孤立化的意思，因为孤立化是和学的任务相反的。在科学的领域，仍不能不问普遍这句话，可是此处所谓普遍，非可与以自然科学为目的之普遍混同。自然科学里的普遍是许多事物中有共通意味的普遍，是“法则或概念者，普遍也”；如此意味的普遍。对于这样普遍，个体只不过它的标本（Exemplar）而已。这种普遍与个体的关系，为类与种的关系，个体是属于普遍之下的。历史所求的普遍与此不同，是对于部分而有全体的意思，个体一方为部分的，一方即为构成的全体，对于这种普遍，个体不是从属，反而入于其中。由此个体相关联而成之全体，不但不失为一个特殊的东西，而且这个全体，又得为更大的全体之一部。要是这样解释普遍，那么所谓历史应取个别化的方法一语，和顾虑及普遍一语，是不相冲突的了。

然而接着就要问个别的方法，怎样才可能呢？或是说，个别的概念，怎样才能构成呢？在答这个问题以前，先逢着原来历史是否要个别化的疑问。一切历史上之完成事件，无论那个都是个别的，如云将这个别的东西，使之抽象普遍化起来，还有意思；将个别的东西使之个别化，这句话不是很无意思吗？为什么历史不能将这个别的东西，如实显现出来呢？对于这个疑问，只要反问到历史是否能将个别的东西如实显现？又要有显现吗？这就很够了。历史上的完成事件是各种各式的，即在很狭窄范围的完成事件，也是愈研究样式愈多，到底不是记述所能尽的；纵使可能，也不是科学之所能尽。Rickert 和 Simmel 一样，反对历史的实在论（historischer Realismus），以为历史不消说是完成事件之学，完成事件虽然一切都是个别的，然由他看来，在现实里将完成事件照发生时候一样的如实描写出来，那不算历史。历史只要成一种学问，便非概念化不可，换言之非抽象化不可，却是这种抽象，不是如自然科学似的以得到普遍概念或法则为目的，反而应该以构成个别的概念为目的。这么一来个别化一语决非无意思的，反为学的历史所绝对不可缺的方法。但个别化的方法要如何才可能呢？或个别的概念，是怎样才能构成呢？在这里他提出在历史理论上有很大意义的，所谓价值关系（Wertbeziehung）之一概念。即由他看来，自然科学的普遍概念，成立于与价值断绝关系之时；历史的个别概念则发生于与价值发生关系之时。然则他所谓价值究竟是什么呢？现在我们且不详说他哲学体系中价值关系之概念构成，因为那是专门哲学的任务；现在只举事实上所可承认的，例如宗教、艺术、科学、法律、政治、经济等，他将这些总括起来，叫做文化价值。因此所以历史由他看来，即将经验的现实与价值发生关系，然也只当选择主要事物作为个别的，限于一回发展表现时，才始成立。他从以上所述方法论上，先规定历史，更使之与文化价值发生关系而考察其对象；对于自然科学以自然为对象，历史就是以文化生活为对象的。

以上所述 Rickert 的历史论理，虽不过简单的二三点，然即就这些已可明白他是反对方法的一元论，将概括化的方法与个别化的方法；与价值有关系的看法及和价值相离的看法使之对立，因而区别了自然科学与文化科学。而且由此两者区别，遂认历史终非自然科学所能解决一切，其当然的结论，就是否认了历史法则之存在了。又 Rickert 在一九〇五年发表《历史哲学的问题》绪论（*Die Probleme der Geschichtsphilosophie, Eine Einführung*），可见他历史哲学之一般的计划。他将历史哲学分为三大部门：（一）历史科学的论理学；（二）历史生活之原理；（三）普遍史的历史哲学。实则他最大的贡献，仍在于旗帜鲜明地建立历史之论理主义。他的名著《认识的对象》（*Gegenstand der Erkenntnis* 1892.5, Aufl. 1921），主张“当为”（Sollen）为认识的对象，使 Kant 所认为自然科学方法论的基础者，一变而扩充之为历史哲学的基础。尚有《现代文化的哲人 Kant，历史哲学的尝试》（*Kant als Philosoph der modernen Kultur. Ein geschichtsphilosophischer Versuch* 1924），亦论及历史哲学一般计划的一部分。不过据实来讲，历史科学中如 Rickert 所谓个性，不如谓为事实性；所谓价值关系，不如谓为目的关系。Rickert 的历史论理学味尝没有一大部分的真理，然因太偏于论理主义，走到极端，便不得不反对心理主义，结果将 Dilthey 所谓“生活经验”，完全抛弃一边（如他一九二〇年所著“生命哲学”，就是专为批评生命主义和心理主义做的），只有形式而无内容，只有价值而乏实在。哲学既成为价值之学或“当为”之学，而非实在之学或事实（Was ist）之学；那么历史哲学便变成预想许多珍奇事物的评价，如 Driesch 所说“最多只有了道德的价值而已”，那里有历史的生命性可言？还有一层，就是这派把价值看做把捉真理的标准，这本是超出于“心理的”之外的一种方法，但说到价值，就不免有感情的元素夹杂其间，结果仍不免于心理的。

试再考察一下对于 Rickert 历史科学说的各种批评，有的以认识论为根据，有的以事实为根据。（参看渡边吉治著《历史的论理》讲座第四号）就认识论之根据，来反对 Rickert 个性科学的，就是 Barth。依他所说：“没有法则便没有科学的研究，不过美的直观罢了。”这句话自应加以商榷，然亦可见历史科学决不是没有法则的，不过不如自然科学家所见之静的法则罢了。次就事实的根据来反对 Rickert 的，因问题范围的不同，可分三种：第一如 Cassirer 对于自然科学概念规定的批评，第二如 Riehl 对于历史科学概念规定的批评，第三如 Frischeisen-Köhler 和 Wundt 涉及两者的批评。先说 Cassirer，他以为自然科学的本质，不是如 Rickert 所谓一般性（Allgemeinheit）而为必然性（Notwendigkeit）。“一般性是含着两个意义，不能算自然科学概念构成之特有的根本概念。一般性只不过作为必然性的征候而表现出来，必然性才是自然科学的认识之根本问题。”次之 Riehl 谓选择历史的事实者，不是 Rickert 所谓价值关系，而依于历史的效力（historische Wirksamkeit）。“历史家选择实际材料，非由于价值的观察点，而依于历史的效力之程度。”“同一历史的事实，只要历史家的观察，依不同的种种关系，便可成为种种不同的调子；然而历史事实之客观的价值，却是不变的。”Riehl 又说及使事实和价值发生关系和价值评价，结果是同一的作用，历史科学要看做是使事实与价值发生关系那已不成其为经验科学了。这段话虽经 Rickert 自己极力辨驳；可是由我们看来，Riehl 的论旨，是比较对的。属于第三的是 Frischeisen-Köhler 和 Wundt Fischeisen-Köhler 说自然科学在古代虽以一般性为目的，但在近代，自然科学中却以特殊性为目的；如天文学不单以星当做分量来看，还考究其色等之质，因而 Rickert 的一般性，是应该反对的。他又说及即在历史科学，也用得到如地震那样自然科学之概念，所以历史科学的目的不能限于个性，谓历史科学与价值有关系，也不一定对的。他甚至怀疑于 Rickert 所谓价值，是不是就是一般概念，可见是很有问题的了，最后 Wilhelm Wundt（1832—1920）根本就不承认 Rickert 的分类方法，他以为将历史的观察，只限制于人类方面，未免太偏狭了（*Einleitung in die Philosophie* 页 67）。“这种形式的区别，在两层意义里都是虚伪的，第一谓自然科学不注意个体，这句话也不是真理，因为如地质学就是有取于个体的；第二谓历史学里不能安置法则的东西，这句话也不是真理。”（同上，页 69）Wundt 对于形式的区别而提出事实的分别，因而提倡他有名之论理的分类，即将经验科学依认识对象而分为自然科学与精神科学，各各内含发生论的科学，即所谓自然的历史（宇宙发达史、地质学、生物学）与人类的历史。他的分类虽有许多应加批评，却是大体来看，却是较 Rickert，更接近事实的真理多了。

（六）Lask

Emil Lask（1875—1915）对于历史哲学虽没有体系的叙述，只有《Fichte 理想主义及历史学》（*Fichtes Idealismus uud die Geschichte* 1914）一书，为他最初期历史的论文。可是 Lask 他是如人们所知道似的，在西南学派中，为最注全力来从事认识论方面的一个人，其叙述 Fichte 历史哲学，实即可见他历史哲学的主张，因为西南学派实即直接祖述 Fichte 历史哲学之根本精神的。然而 Fichte 哲学为 Kant 哲学的继续发展，所以在说 Fichte 之前，Lask 便先提出 Kant，以为 Kant 的历史哲学其特征在将文化与历史一样看待。文化是与自然对立，即历史与自然对立；所谓自然作用是有必然的，不加以"当为"的人为意思，如 Herder 即以这样自然作用来支配人类历史，Kant 反对他，主张"当为"的人为过程，才成为真正历史。这一点对文化过程的认识，就是 Kant 所以与启蒙时代相对立的特征，也就是他所以为近代历史哲学之祖的原因了。然而从 Kant 而至形成新康德学派，其中尚差一步，为什么呢？因为 Kant 还没有完全脱却启蒙思潮的影响。他只看见一般的纯理性界，却没有注意理性界以外之纯经验界。因为太注意一般性的原因，反而对特殊性的关系，不加以严密的考察，以为后者只是偶然的，无价值的。却不知只作用于纯理性界的历史，实在不能构成其为历史的；因为理性界所起的事实，常为一般的，所以这种历史，不过屡次反复表示其法则性而已，对于历史事件之一回性，是看不出来的。因此从 Kant 而至最近的历史哲学，尚余一步之空隙可走，那就是 Fichte 的历史哲学了。

对于 Fichte 历史哲学的解释，虽不足看出 Lask 在德国西南学派所占独特的地位，然至少亦可看出他历史认识论之基础观念。依他意思，Fichte 是最初确立价值个体性之认识论的方法的；直到 Fichte，而后个体性、一回性等历史哲学上重要概念的基础，才为人所尊重。同时给西南学派哲学以一般最有力的影响。现在试摘要表解如下：

I. 价值个体性之认识论的方法论的确立。
（a）认个体性中有超经验的东西。
理性的与经验的之必然的关系，即讲明理性的与非理性的之必然的关系。
（b）认识事件之一回性。
II. 历史即文化思想之哲学的确立。

再就那为历史认识基础概念之个体性及非理性，于认识论的意义上观察，也发见了 Lask 和 Windelband、Rickert 一点不同的解释。Windelband 与 Rickert 依历史认识所成就的个性，直观乃至概念，实含有非理性的要素，这就是说，个性的认识作用上之构成物中，含着某种非理性的要素。但到了 Lask，因认识作用的分析较为精密，遂引出关于个性认识不同的异论。Lask 是始终确守认识论上之二元论的，这一点又和只认识根源为一元性的 Rickert 不同。他非难 Rickert 认识论上的不彻底，而格外要求历史论理的彻底，他的历史概念因在方法论上很接近于自然科学的概念，所以即在关于学的分类问题，对于 Rickert 也不能不稍异其趣，这当然又是哲学上必然的一大进步了。

在新理想主义的历史哲学中，我们或者还可数到 Rudolf Eucken（1846—1926）在他所著《新理想主义哲学》第二一论第二章，有论“历史的价值”一段（波多野精一译原名《为精神的生活内容而战》页 248—268）认历史为超时间的现在之产物。所谓历史的理想即是精神生活系统的发展，即为永远的现在而战。他反对 Hegel 运命之历史观，要超越现时代的现在而走向世界历史的现在——永远的现在。他的历史哲学带着非常浓厚的奋斗色彩，虽也注重历史的价值，却是这种价值，乃建立于精神生活的发展里面，伟大人格的本质里面；这当然较之 Rickert 等只谈价值不谈生命的，不消说内容丰富多了。次之如 Ernst Troeltsch（1846—1926）所著《依据实证主义历史哲学的历史力学》（*Die Dynamik der Geschichte nach der Geschichtsphilosophie des Positivismus* 1919）他论及形式问题与内容的问题，在历史哲学里贡献了很好的观点。关于 Hegel 辩证法之有生气的指导理念之各种研究，及对于实证主义历史哲学的批评，都有很多的贡献。他又特别著《世界观之历史的意义》（*Die Bedeutung der Geschichte für die Weltanschauung* 1918）一书，依他主张历史是发展于创造的，无数新的，生产的事实之上；历史的概念是有具体之直觉性，从经验的知识与直观发生的。和 Troeltsch 比较相同的，还有那位《历史和[①]生活》（*Geschichte und Leben* 1925）及《个人与集团》（*Individuum und Gemeinschaft* 1926）之著者 Theodor Litt（1880—1962），现在已用不着细说了。单就新康德派中放一特别异彩的马堡学派（Marburg School）即 Natorp 的历史哲学，试为研究一下。

（七）Natorp

近人谈历史哲学必推巴登学派即西南学派，实则新康德派的马堡学派，如 Paul Natorp（1854—1924），他的贡献，决不在 Windelband、Rickert 之下。就他所著《哲学的问题与特殊诸问题》（*Philosophie, ihr Problem und ihre Probleme*）来看，哲学体系的主要部门，只有论理学、

① “和”，原作“的”，据该书原名改。——编者

伦理学、美学、宗教、哲学、心理学等，而无所谓历史哲学，似乎历史哲学由他体系看来，是不很重要的了。但 Otto Braun 叙述历史哲学史时（《历史哲学概论》页 91 京口元吉译），却举出他著书中如《德国的使命》（*Deutscher Weltberuf*），《精神之诸时代》（*Die Weltalter des Geistes*）及《德国人的精神》（*Seele des Deutschen*）等书，都是扩大了历史哲学的范围的，就中他一九一八年出版的《精神之诸时代》这部小书的副题，更明白写着《历史哲学的说明书》（*Gerchichtsphilosophische Richtlinien*），可见他虽不谈如巴登学派所谓历史哲学，却实在有另一种历史哲学的观察。现在试介绍此书大意如下：

元来此书是当世界大战时，为献给祖国将来支持者之青年们，使其自觉世界的使命而做成的。由他意思，所谓各民族的世界使命，不是建立于各民族的自己意志，而建立于"普遍精神 Geist"上。此精神不因民族而不同，可算一切民族公共的。各民族又各有特殊的"个别精神 Seele"，在这里所谓民族之世界使命，结果即依此普遍精神而规定了个别精神。所以本书第一卷即考察此普遍精神之从来如何解释。第二卷才开始参照史实，确定德国人个别精神的特色，以解决世界使命的问题。第一卷又分五章，第一章历史的意义与起源；第二章东洋精神；第三章犹太教与希腊精神；第四章罗马、基督教、中世；第五章近代精神。其中最有历史哲学兴味的，不消说就是第一章。因为第二章以下，都不过将第一章所说历史哲学，就人类精神事实之发展史，来作具体的说明罢了。

历史究竟是什么？要明白历史的意义，他先就认为误谬之一二史观，加以批评，次述自己的历史观。他批评的对象，第一是合理论者的历史观，以为这种史观，未免轻忽事实，以私意解释世界历史之进行，如 Hegel 历史哲学，就是好例。然而历史里面本含有无限其物之非合理的分子，合理论者的历史观，则将无限化为有限，将我们所认为非合理分子化为合理分子；因此种史观，设定一个特定的目的，又以此假定，任意解释世界历史，预测将来，所以未免太冒险了。第二就是将历史特质与自然科学特质相对立的思想，他虽没有指出何人，却很明白是对 Windelband、Rickert 等历史哲学之一种批评。他以为自然科学与历史学的区别，如那样说是很难成立的。第一即一度起的事情，也得有法则，故谓历史不是法则科学的话错了。第二，自然科学所论自然现象，也有一度起的，历史现象中，也有一致的，反复的；所以由此区别两学问的不同，也是错的，这就是说，由第一则法则的概念未免过狭，第二，也抓不住历史法则之特色。然则他所谓历史法则是什么呢？用简单的话来说，就是“记忆的法则”（Gesetz der Mneme des Gedächtnisses），是和自然科学里面所谓因果关系的法则不相同的。然而自然科学之合则性，亦不限于“原因的法则”（Ursachgesetz），由 Natorp 看来，自然科学和历史之根本不同，却在于认识方面，一个是分析的，一个是综合的；一个是抽象的，一个是个体的。他说得好：

> 自然科学譬如生物学或天文学等，即全将那唯一的只一度起的作为问题，其对象在某程度上，也常由抽象而得。最后不得不止于所谓一般合则条件的某种程度之范围里面。其全部考察的方法，则以分析为主。反之一切历史里面，其重要事件，在认识全然个体的事物，而达到各个体验者之一瞬一瞬的体验。因此所以历史认识的范围里，虽尽量应用分析，但它考察的方法，仍为综合。

由这一段话，可见 Natorp 虽反对巴登学派自然科学与历史学的区别，以为历史学也是一种法则科学，同时一说到历史法则怎样与自然科学法则不同，在这里他又提出自己独特的区分法，这一点不得不看出有与巴登学派同一的立场了。依 Natorp 历史学的特质，即在于学问对象的不同，历史是非合理的，所以单靠理知不能知道；它虽与自然科学同样须要经验，但“历史的经验和自然科学全然不同，那不是各事件之因果关系似的所谓经验；是将各事件保藏于人类记忆所及，过去各时代记忆之宝物中，而且渐渐地将这累积起来的宝物，送达将来，这人类的宝物，即是‘文化’；不但保藏而已，还要注入新体验的要素，使成其为更新之精神进步的基础。所以此处所谓经验，不是因时转变稍纵即逝的东西，不是那只有保存而无自身精神生命的东西，反而是将这些永远化了，融化于体验之中，又依此得到新生命的”。即因这个原故，所以历史按照阶段进行，且每进一阶段，均于自己中，包含着较低的阶段，更超越自己走向无穷。只要阶段愈高，此高上之倾向亦愈大；而此无限之综合、统一、高上、发展，他叫做“普遍精神的无尽藏性”（Unausschöpfbarkeit des Geistes）、“普遍精神的法则”（Gesetz des Geistes）、“普遍精神的理法”（Logos des Geistes）等等。又因一切过去均保藏于现在创造的行为之中，故又叫做“记忆的法则”。依此理论 Natorp 遂就历史事件即历史的事实中，探究普遍精神之 Logos 发展的痕迹。第二章以下所述“世界观的发达过程”，就是他对于历史法则的具体说明了。

我很惊奇的，就是 Natorp 的历史哲学中，竟发现出与 Comte 三阶段法则极相似的历史法则。照他所说，世界观的发达过程，从《吠陀》以来东洋人之普遍精神开始，凡经三时期的发展。凡世界观的发达过程，都是因有限者对于无限者关系的意识而决定，但其关系不是同一的。在第一时期，有限者没入从属于无限的东西之中，被动以外，什么东西也没有。在第二时期有限者和无限者间，发生很大的罅隙，因而极热烈地要求调和。在第三时期，十分认识了有限者的价值，各个人各民族均向着无限的东西发展。如东洋人及印度人的世界观，是第一期的代表，犹太教基督教中世欧洲的世界观，相当于第二期；近代人的世界观，相当于第三期。不过这里仍然有个问题，就是同时他认第一期第二期精神方面，不能认有个性的变化发展，个体无论何时何处，都是同价值的，对于无限全体，可认为无发展的时代。然而个性的变化发展，乃为历史事件的特质，所以说到真正历史，须到第三期才算开始，换言之，即历史的意识，至此时期才始出现，这就是他所认为历史的起源了。总结起来，Natorp 和巴登学派同样地认历史哲学即为历史学的理论。如历史学研究有“意味”（Sinn）的“事件”（Das Geschehen），历史哲学则研究此意味之本身；这一点可说很相同的。至于将历史学从自然科学中区别出来，而认历史也是一种法则科学，且进而探究“普遍精神的法则”，这不能不说是他最大的贡献，以较 Windelband、Rickert，不但毫无逊色，而且学说也进步多了。

第八章　新理想的生命的历史哲学（下）

（一）生命主义的历史哲学

由上所述，新理想主义的历史哲学，大概以价值的认识为中心，如 Dilthey、Simmel 等倾向于生命哲学，虽属例外，但 Dilthey 和西南学派很有渊源；尤其 Simmel 要考究“历史认识之先天的”，仍不能不说是 Kant 批评精神所及于历史的影响，所以大体仍接近于新康德派。现在请再进述和此派绝不相同的，以生命的表现为中心之生命主义的历史哲学，或借用艺术批评的新名词，叫它“表现主义的历史观”。不过属于这派学者，既以把捉生命，表现生命为哲学职务，对于历史哲学的体系组织，就不大注意，因而也没有共通的观点。且谓其为历史哲学，不如谓其根本否认历史，所以当一九一六年 Theodor Lessing 第一次出版《历史为无意义中的意义》（*Geschichte als Sinngebung des Sinnlosen*）的时候，书店照例送一本到一个有关系的杂志，请予批评；这个杂志的编辑人，将原书退还，并附一封短信说：“我们只批评科学的著作，对于这种假充内行的书，恕不批评。”（参照姚从吾《德国史学界所称道的几种历史观》，《留德学报》第一期）可见这种生命的表现的历史观，最初就是难为一般理解之反历史运动；不过反历史运动以较那以“价值哲学”命名的历史哲学，为更有价值，这点却大可注意。现在请先从 Schopenhauer 说起。

Arthur Schopenhauer（1788—1860），依 Rickert 所说，实为近代生命哲学的先驱者。（见《生的哲学》第二章页 31—32 小川义章译）他在《意志与观念的世界》（*Die Welt als Wille und Vorstellung* 1819 女市崎正治译下册第三十八章页 134—147）中，有《历史论》一章，先引 Aristotle"诗比历史，更为哲学的、优秀的"一语以后，即接着发表自己的思想。他说历史不是科学。

科学分别无数事物，集为种的概念，又将种的概念集为类的概念，于是从普遍与特殊，着手认识。这种认识虽不必考察一一事物，却可适用于一切事物，包括了无限的特殊。所有科学互相并立，各自研究其所属范围的对象；哲学则为最普遍最重要的知识，立于科学之上，而与科学所准备者，以一大解决。——只有历史，实不在此例。为什么呢？因为历史没有其他科学所夸的长处，他不置认识的对象于从属关系，而单不过并列之而已，这是很缺乏科学之根本性质的。无论何种科学都是有系统的，历史没有，所以历史虽为知识（Wissen），却算不得科学（Wissenschaft）。历史决不依据普遍来认识个个事物，只直接地把捉它，换言之即无论何时，都只在经验之上。反之真正的科学，则超出经验以上，以支配个个事物，至少在某范围内，得预见其事象可能之包括的概念。原来科学是概念的系统，故常常说"类"，历史不然，是就个体来说，因而历史不成其为科学，要说是个体的科学，就已经太矛盾了。

由上所述结果，科学是就常常存在之事物说的，历史则只关系只一度起的事物。历史所考察的，是那性质上本不能尽之个个单独的事物，故所知道的，也只有不完全之半分的事物而已。加之每日有每日之事，以至得未曾有之事，来告诉我们。——固然有人要说在历史里面有时代、政府，其他的重要变化及国家变化，一句话来说尽，凡表现于历史年表上的，都正是普遍的，因其中编入特殊，所以即在历史，也可以将特殊从属普遍。但是这样说，未免误解了普遍之一概念。何则？这里所举历史上的普遍，只不过主观的，是由各人对于事物知识之不足而起，实际在那概念中，并不含事物之客观的东西，即在历史中，最普遍者其自身也只是个个的事物。或某长时间，或是主要事项，在那里特殊事物对这些事物的关系，好像部分对全体的关系，却不如一切自然科学所见事件的法则那样关系似的。然而在真正科学则不止以事实相示，而以概念相示，所以只要正确知道普遍，就可依此规定了目前的特殊。例如只要知道关于三角形的一般法则，便目前三角形所有属性，依此也可以知道了。又含于一切哺乳动物的属性一定也含于目前所捕的蝙蝠，不要解剖已经明白了。然而在历史方面，就如前所述，其所谓普遍，不是客观的而为主观的；这只可表面上叫做普遍而已。因此例如三十年战争，谁也知道这是十七世纪所行之宗教战争，但是这样普遍知识，不是关于所经过细目的知识。还有真正科学虽以基于直接知觉所得之特殊的个别的事物为最确实，然而普遍真理是从特殊的个别的事物抽象而来，所以在这样真理之中，纵有时错误，仍可说是真理。反之历史方面，最普遍的便是最确实的，即如时代、帝王相承、革命、战争与平和条件，就是好例。然而一到特殊事件及与特殊相关的事件，便不很确实；而且越是特殊，越不确实。因此所谓历史因愈特殊而愈益感得趣味，但亦愈成其为难信之物。这么一来，历史无论何点看来，都和小说很相近了。

Schopenhauer 又进论历史与哲学不同，哲学是从普遍的见地，考察一切事物；历史则专以特殊的个别的事实为对象。哲学要在特殊之中，发见普遍，认现象里面的变化，是非本质的。反之历史则常常告诉我们：某物转变而为他物。哲学要认识那亘过去现在未来而不变存在之人生的本质，故其理解在“深”，历史则认现在为无限过去之续，由此连结未来，故其理解在“长”。知道哲学的头脑和历史的头脑绝对不同，那么还成什么历史哲学呢？但话虽如此，Schopenhauer 却给我们以反历史之历史哲学。他说得好：

> 历史其物，不但它的发展，甚至它的本性，都是虚伪的。……而且翻来覆去的，始终反复着同一样的事情。……真的历史哲学乃在认知在这无限的变化和事件的纷扰之中，是有那永远不变的本性。那是今天和昨天一样，而且永远是一样的事情。无论古代的事，过去的事，东洋也罢，西洋也罢，一切的变化中，都可认识同一的性质。无论多少特殊情形，多少制度礼俗的千变万化，必无处不可看出同一的人类性。这个同一在一切变化中所有的，即为人类的心脏、头脑，及其根本、性能——恶者多而善者少。一般历史的题句，写着“名异实同”；从历史哲学看来，甚至读了 Herodotus，就已经足够了！

因为 Schopenhauer 一面只认历史之本性，为迁流转变的方式，没有“法式固定的永恒”，所以历史在他眼里，仅仅呈现为幻像或迷景，“历史无论何点，都和小说很相近”。从另一面，他又认历史越是变化，越是相同，历史的变化是一个循环的方式，所以今日如此，明日如此，历史总是永远说着同样的话。那么历史还有什么意义和价值呢？不过平心而论，Schopenhauer 的历史哲学，虽只表示着历史哲学自己咒责的性质，而他所论自然科学与历史的不同，注意到从来闲却了的历史之特殊性，这一点不能不说是一大贡献，且予西南学派以先驱的使命。不过不能因此抹煞历史学，以为一说特殊，就不会有科学了。

（二）Nietzsche

Friedrich Wilhelm Nietzsche（1844—1900）思想，接受了 Schopenhauer 的生活意志论，而以强烈之意志肯定它，同时抛弃了悲观主义。他知道世界只是痛苦之永远的轮回，然而这种可怕的宿命，正足使他取征服态度，而益足表现。他很好笑所谓“历史主义”（Historismus），以为这是蚀灭生命的最大仇敌。在所著《查拉图斯特拉》（*Zarathustra*）里，把“有教之国”描写得非常滑稽，在那里住民除穿着所谓“过去”补缀之褴褛以外，什么东西也没有。但在他所著《历史对于人生的利弊》（*Vom Nutzen und Nachteil der Historie für das Leben*）一书，则对此早年考察，为更根本的研究。依他意思，历史只是回忆过去，很妨碍生活的流动，所以我们要超越历史，摆脱传统的历史势力。他绪言里先引 Geothe 一段话：“凡不能增加我的活动，或直接给我势力而只教训我的一切东西，都是我所讨厌的。”以为这很足重新估定了历史的价值。尤以就现代来说，历史家也者，正是缺乏生命力之典型学者。——而且教坏了多少活泼泼地青年，所以《历史对于人生的利弊》一书，实即对于近代人历史教育的抗议书，而要求从人生之根柢上，从浑身一切力之解放之自我的行为上，从自内涌出的生力上，应用了活的历史。活的历史对于历史病的患者，更应特别提倡非历史的，与历史的有同样的必要。Nietzsche 说得好：

> 以热烈的本能，豫感着何时有历史的必要，何时有非历史的必要。在这里要求读者注意一点——非历史的东西和历史的东西，同样地在某个人某民族某文化之健康上，是必要的。（生由长江译《Nietzsche 集》第十编页 307—308）

我们在某程度上，觉着要将非历史的能力，看做更重要的，更根本的吧——只要其中有一切何等正当的健全的伟大的事物，有何等真正的使人类得以开始长成的基础之内。（页 308）

……却是在那里，我们不管那是真正非历史的文化，反因这个原故，才看出说不出之丰富的活泼泼地文化的真实性。（页 379）

非历史的与超历史的，对于因历史而被压迫的生命，对于所谓历史病，正是自然的解毒剂。（页 411）

这不是证明了 Nietzsche 是个历史的否定者吗？然而 Nietzsche 所否定的，是历史的过剩，而非生活与行为所要求的历史。历史的过剩使人生负着过去的重荷，由伤害生命而至灭亡。他从五点观察，以为历史的过剩，第一发生了内外矛盾，致使人格坠落。次之因此过剩，陷于以本时代为超越一切时代之最高道德的自负心。第三此过剩扰乱了民族的本能，同样防碍了个人或全体的成熟。第四由此过剩，发生所谓人类之老年的信仰，这对于任何时代的健康上，都是有害的。最后由此过剩，对其时代自身，有陷于讽刺的危险，这是比说风凉话的，陷于更为危险的心理，因此生活力萎缩、绝灭，而走向圆滑处世术之一途。（页 342）由上可见 Nietzsche 反对过剩的历史，正所以提倡真正生活的历史。他又将历史分做三种类。有的历史，在努力行动者认为必要；有的趋于保守者认为必要；有的要求解放苦闷者，认为必要。这三种关系，即相当于三种类的历史：——即区分为纪念碑的历史，好古癖的历史，与批评的历史。

（一）经念碑的历史（monumentaliche Geschichte）。他批评这种历史，以为纪念碑的历史都是受类推之欺骗的。“只要制作历史之魂，有力地给人类以伟大的冲动；只要所记的过去值得模仿、可以模仿，且可再现的话，那么历史便被带着何等变更、何等美化，因而进于虚

构的危险。有时甚至纪念碑的过去，和神话的虚构之间，几乎全无分别了。”（页 321）

（二）好古癖的历史（antiquarische Geschichte）、这一类历史最容易使人陷于盲目的搜集狂，置身过去霉臭的空气之中，把现所有新鲜的生活，全然忘了。所以说“在这里无论何时都有一个危险，即将眼见之一切陈旧的过去东西，同样认为可尊敬的东西；而且对此古物，那不起畏敬之念的一切，即新的生成的事物，都一概排斥它，敌视它”（页 328）。“好古的历史纵使不从人生的坠落着想，仍然留下一大危险——要是那是很有力地，可以妨碍考察过去之其他方法的话，那么这种历史，也只知道保存人生，却不知创造人生。”

（三）批评的历史（kritische Geschichte），在纪念碑的及好古的考察过去以外，尚有第三即批评的历史；这种历史在人类生活线上，获得破坏过去和裁判过去的力量。不过说到裁判，并不见得什么正义，下判决者更毫无一点情恩，且宣告文常常又是不当的。为什么呢？因为那决不从纯洁的认识之泉流出的原故。

Nietzsche 一面承认这些历史在从事生命的范围里是有用的，一面又对于过剩的历史极端排斥，以为这不外增加我们的负担，与行路之难而已。他又极力反对 Hegel 的历史哲学，以为 Hegel 哲学之奇怪的影响，实在再危险也没有了。Hegel 之历史的观念，只能使人心萎缩沮丧，由他看来，似乎在他自己柏林生活时，世界过程的顶点和终点，已经合为一了。他唱道“世界过程”却把自己时代看做世界过程之必然的结果，在他以后所有继起的事物，实际都只好认为世界史轮回曲的尾曲，或变为不用的事物，而失却价值了。而且 Hegel 一流所谓历史，似乎侮蔑地，叫做神漫游地上的历史——因神始有历史发生，却是这位神，只可解为在 Hegel 派自己的头盖之内的。Nietzsche

又很讥笑辩证法，说什么“世界过程之现世的结束，应与最终之日一致”；他说：“不！汝明快的可笑的精神，只要非论理的事物，像今日一样有势力，例如在‘世界过程’尚为一般的同意之下，如汝所说的最终之日，还在很远哩！为什么？这个地上还是很快活的，还是开着许多幻想——如你自身和与你同时的人，同有幻想似的——之花，我们和你均不复归于‘无’，为什么？我们如像初次理解你似的，相信有更愉快的时代，即将来临，你误会了吗？无意识的人！”（页394）

（三）Bergson

我们再就法国现代之生命哲学来看，由法国学派的实在感对待康德学派的价值观；而至于今日博格森学派与马堡学派，巴登学派与社会学派之根本的对立，即对于根本的主知主义而为彻底之反主知主义，对于历史哲学的确立而为将历史哲学变成社会学研究的方法。简单说吧！价值哲学与自由意志哲学，历史哲学与社会哲学，其间所存一般不同的要素，只要把康德派哲学和Bergson哲学比较一下，就很容易明白了。（参照三宅茂《法国生命哲学》第三讲）著者固然不曾以法兰西学派自居，但我始终认历史哲学即是社会学，而倾向于社会学的史观，尤其不敢赞同所谓巴登学派以价值哲学来讲明历史。我是新生机主义者，自然极表同情于Henri L. Bergson（1859—1941）所倡创造的进化说。不过Bergson亦有所本，只是他最能表现法兰西哲学之特性罢了。如Alfred Fouillée（1838—1912）在他《观念力的进化论》（*L'évolutionisme des idées-forces* 1890）一书，即认历史的进化，就是观念力之实现的连续；不是非人类的势力支配人类，却因人类的努力，而使世界进行；所以自由才是进化的真正原因。他这种思想，影响Émile Boutroux（1845—1921），遂成为一种偶然性论，不但证明了宇宙现象之进化发达，为偶然性发达的结果；而且完全本于Comte分类法的见解，以偶然性之发展，论述各种学科的发展。又如Bergson在《哲学史略》所认为“在十九世纪哲学家中间，应给他一个真正第一流位置”的Cournot（1801—1877），在所著《近代思想事变的进程》里，要分别必然与意外，主要与偶然，而认历史现象中不能有数学的关系，这一点也正是Bergson的先驱者了。虽然Bergson本不要建立什么历史的哲学，但他极力提倡：有生命就有了自由的，不能豫知的运动，生命自始即专为保存过去和预期将来，永久继续使过去现在将来互相重叠，以成一不可分的绵延（Durée），这个绵延一语，实在就是极端发挥历史哲学之真精神了。因为他认生命的绵延为不可预测，所以人类的历史，也就无所谓定律可言。他说得好：

> 历史的事实，决没有重复的。往时所发生的Austerlitz之战，决不能再发生一次；因为历史上不能发生同样的情形，所以不能发生同样的事实。历史所关心的，只是特别事实，以及产生这些事实的特别情形，所以严格的说，历史与定律无关。因为所谓定律者，是由某种相同的原因发生某种相同的结果；历史最要的问题，是在推求某种事实，是否的确在某时某处发生，以及所以发生的情形。（《心力》页64—65胡国钰译）

我们须知Bergson所认历史与自然科学的不同，即自然科学采用的方法，乃属于定律之下，并且能在时间空间上重复无穷的次数；反之历史的事实则决没有重复的。因此所谓没有定律一段话，不消说是和Windelband、Rickert等结论相同，应受同样的批评了。然而Bergson历史哲学的特色，却不在他的结论，而在于出发点上提出了生物学的心理学的方法。他反对机械论极烈，然亦反对目的论，当然不能在生命之流上，画出我们现在活动之进化的定律，但他却有几个好处，值得我们研究历史者来注意他。

第一，Bergson 所说创造的进化，是根据生物学与心理学的方法，尤其他发挥之进化论的意义，完全是从心理学起点，虽使用生物学说，也不过视为象征的表现罢了。所以 Bergson 的进化学说，正是站在心理主义的在线，比较价值哲学，不消说接近具体的事实多了。

第二，Bergson 认生物之生都有一种冲动之力，他叫做 Élan Vital。生物有了这种生力，方能传种、方能突变、方能进化。Robinson 在《新史学》（*New History* P. 265，何炳松译页 267）有一段说“这种重要的冲动，可以代表天然维新的精神，这种产出变化的精神——就是广义的冒险精神——已经不是诗家的或梦想家的观念了，我们研究历史的人，同研究科学的人，也不能不注意他了”；但在汉译本却少译了一句，就是“这种重要的冲动，就是 Bergson 所谓 Élan vital”。

第三，历史与自然科学根本不同，在于自然科学以空间为标准，而历史以时间为标准。但这种不断之时间的流动性，依 Shotwell 在《史学史导言》（页 316—317）所说，以近代哲学家 Bergson 所论者为最精彩，这就可见他对历史之时间解释，是有很大影响于新史家。

（四）Croce

但话虽如此，意大利 Benedetto Croce（1866—1952），他所著《历史叙述的理论及历史》（*Theory and History of Historiography*, Tr. by Douglas Ainslie 1921）一书，对于历史之时间问题，似乎较之 Bergson 更为精彩，更值得我们注意的。依他意思，“一切真的历史，都是现代史”（Every true history is contemporary history），普通以过去的

事实为历史事实，却不知过去事实，须经过今我思想的活动，即将过去涌现于现在之中，而后才有存在的意义，所谓历史的现在，就是超越时间，不！就是包括过去现在未来的 eternal present（永远的现在）。如 H. Wildon Carr 的解释："the present is not a mathematical point but a duration span"（*The Philosophy of Benedetto Croce*, Chapter Ⅺ. P. 190）。所以真有生命的历史，都是现在的，失却现在，即过去的历史（non contemporary or past history）；这在 Croce 看来，都不过无生命的形骸而已，空音（empty echo）而已。他在第一章即《历史与年代记》里，说明 History 与 Chronicle 不同，照普通的区别，似乎 Chronicle 只记述个个的事情，History 则具一贯的意义；Chronicle 记述公事，History 记述公事；Chronicle 记不重要的事情，History 记重要的事件。……然而这些区别，由 Croce 看来，实在都无意义，真正历史与年代记的区别，即在后者失却现在之思想的意义；由意志作用，记忆着抽象空虚之言，所以不是真的历史，只成为 Chronicle 完了。

> History is living chronicle, chronicle is dead history; history is contemporary history, chronicle is past history; history is principally an act of thought, chronicle an act of will. Every history becomes chronicle when it is no longer thought, but only recorded in abstract words, which were once upon a time concrete and expressive. The history of philosophy even is chronicle, when written or read by those who do not understand philosophy: history would even be what we are now disposed to read as chronicle, as ...（P.19）

由上可见历史与年代记的关系，即在于一个是现在的历史，一个是过去的历史；一个为活的历史，一个为死的历史。照普通解释，应该Chronicle在先，历史的成立在后；但由Croce看来，却是最初先有历史，后有Chronicle。这就是最初先有生命，而后才有生命的残骸；要是Chronicle先历史而发生，那不等于未有生命，而先有死骸吗？当然这种死骸，也不是绝无意义；这墓碑似的纪念物，只要会惹起今我思想之活动时，便可再现为真的历史，所以Chronicle也未尝不是再现历史的手段，而再现之者，就是我的活动；所以我的活动，即成为历史的生命。他又在第二章《伪历史》（Pseudo-histories）中，对于所谓文献学的历史痛下攻击。他说：

> 在现代这种文献学的历史（Philological historians）是如许之多，尤其自从夸大——换言之，偏重——文献言语学的方法（Philological method）以来，这种历史是怎样盛行于现代。他们表面上似乎很严正地科学的历史，然而可悲者，即太缺乏了精神的连结，而且根本上除博学或最博学的年代记以外，什么也没有。虽可为适应需要之参考书类，但决不是修养精神和心情的至理名言。（英译页28）

因为文献学的历史，也不过文书的搜集而已，既非真理，又无热情，这虽是极便利的记述，却不是确实的真理。借Geothe的话来下批评，即是缺乏了精神的连结（fehlt leider das geistige Band）。反之真的历史，不认除主观热烈思索的现在以外，更有意义；所以我们各瞬间知道那有知之必要的所有历史，在我们所知的历史以外，都是全无意义的，即都不是历史。如普通以Chronicle为历史，其实只是自然主义的偏见罢了。又如所谓普遍的历史（Universal history）——或称为世界史，由Croce看来，也是无意义的。（见第三章）何则？所谓普遍的历史，是指记述世界人类开始生活以来，以至今日之一切事情的历史（更彻底地说，记述至世界末日的历史）；然而这种东西，仍不能在思想的主观以外，有其自身的存在。真的历史都是现在的，如谓此外尚有历史，那都是自然主义的谬见，是应该排斥的。但话虽如此，他并非不认历史之中有普遍者（The universal），他甚至说“历史实在就是普遍的表现”；这句话不是很矛盾吗？不！绝对的观念论者无论何时都认有普遍者的，在历史中所谓特殊的或个体的事物，无论那个都是普遍者自己的特殊化个体化；即于自身里面，化“一”为“多”。历史不外普遍的表现，决不止为特殊个体而有历史意义，乃因其特殊化了、个体化了、才开始真正在那里具体地表现真之普遍。

再详细来说，历史实为思想的产物，而思想一物实以普遍为本质，并且离开具体地将普遍特殊化了，便普遍亦不可见。由于这种结论，所以 Croce 更进而极力非难那陷于误谬态度的两种历史观。其一以自然主义必然论的立场，解释历史意义；换言之即基于因果的必然关系，而从事自然主义的说明。其二即所谓历史哲学。（见第四章）就前所说，是先汇集事实，次结合为因果关系，一个事实必有原因，那么又有原因的原因，推之更有无穷的原因；因为无论溯到何处，都看出无穷尽的最后原因，结果遂任意地在何处定立一个终点，以为第一原因。除由此第一原因说明一切以外，也就没有办法。这当然不能使我们满足的，于是遂有所谓历史哲学出来，对现实世界的事实，不用必然论之因果的说明，而假定有个超越世界之神秘的目的论的创造者，从超越的精神中，玩味自己，而表现为历史的事实。这样说明，和前者必然的说明完全不同，却是仍然不能使我们满意，因为这两种思想方法同陷于共通的一样误谬。两者都只承认所与的所谓历史事实，不过由必然主义的见地，则将历史事实，只客观地当做所与的事物，以因果定律，来连结种种的事实。又由历史哲学的见地，则如前所述，是从超越的创造者来说明所与的事实，不过有这些不同罢了。

然而这种轻视主观之解释，是绝对的观念论者所万不能承认的。由此意义，单以所与的事物认为历史事实，那是和我们主观毫无关系的，并且除对着自然事实以外，什么也没有。依 Croce 意思，所谓历史事实，决不如此。历史的事实决不存在于主观以外，是由于纯粹活动的我，超时间的，不！不如说是时间化之活动的我，而后才始建立。所以不是只对 Already given 的这样事实，是在活动的主观思想里面，才看出它的真意义的。

总而言之，历史的真意义，不在于何等因果的必然主义，与所谓历史哲学。所谓历史的意义，亦不由于思想活动以外之盲目的原因，与所谓超越的创造者；历史实为主观产出的结果，即历史应看做人之思想的产物。在这个意义上，他便提倡所谓“人格的历史观”（见第六章），然而这里所说的人，也和普通解释的意义不同，普通只将人作一个个体看待，一个特殊看待，却忘却那个体化了特殊化了的普遍者，离开了普遍者来解释人类，便都是个人主义的看法，抽象的看法，拿来说明由个人集合成的历史，也是对的；然而不能说明人类思想产物之真的历史，不能把握以普遍为本质之真的人类——即 Humanity。为什么呢？因为集合无数的个人，不能得到真的人格之意义，要不能理解真的人格，则人类论是无意义的。唯以普遍为本质，看出具体化的表现，而后才有真人格的意义，而后才能以一切万有，皆认为真的人格，即普遍的体现。这么一来，历史的解释，便从抽象的转化为具体的，从误谬之自然主义的见地，更生为真正的观念论。又从个人主义的见解，一变为普遍主义的见解，因而大大发挥了历史的价值，历史才成功为把捉一切统一综合的至高原理。

因为 Croce 这样解释历史，所以结论几和 Hegel 一样。Hegel 认哲学即是一种历史哲学，Croce 则以为将来的哲学，就是历史。H. Wildon Carr 告诉我们：

> Croce sees a new epoch uprising, an epoch which we cannot delimit because we are in it and of it, but which marks the passing of philosophy from an old concept to a new. The philosophy of future will be no longer, he thinks, theological, nor metaphysical, nor positivist, it will be historical.（*The Philosophy of Benedetto Croce*. P. 205）

这是一点不错的。实在 Croce 所著《论理学》（*Logic as the Science of the Pure Concept*）中，已经有 "Identity of Philosophy and History"（PP. 310—330）一章，他说"哲学与历史不是两个，只是一个；不是互相影响，是同一的东西。因此历史不比哲学为先，哲学也不先于历史，即两者是同时并生的"（Philosophy and history are not two forms, they are one sole form: They are not mutually conditioned, but identical, ——History does not precede philosophy, nor philosophy history: both are born at one birth. PP. 324—325），因为"哲学的领域关系于历史知识的领域，所以欲得哲学的真实，便不可不知历史"（The breadth of his philosophy will depend upon the breadth of his historical knowledge, ——History must be known in order to obtain the truth of philosophy. PP. 312—313），所以又说"历史就是哲学的试金石"（It is history which is the touchstone of philosophy）。由上可证 Croce 虽要取消历史哲学，实际却使历史和哲学，发生更亲密的关系了。

（五）Spengler

欧战起后，历史观方面新系统的学者，倾向于所谓表现主义的历史观；此历史观的代表者，一位是 Prof. Theodor Lessing，一位就是我们伟大的 Oswald Spengler（1880—1936），余如 Thomas Mann《一个非政治的意见》，Hermann Keyserling《一个哲学家的旅行日记》，都可算一样倾向的了。Lessing 所著《历史为无意义中的意义》（*Geschichte als Sinngebung des Sinnlosen* 1916）一书，可惜我没有机会读他，但据《留德学报》第一期（姚从吾《德国史学界所称道的几种历史观》）一文介绍，知道他是根本否认历史的。

> 雷星哥所首先特别声明的；"历史学不是像自然科学那样学问，历史只是类似科学的学问"；历史的记载，实际上也不过只是些已往人群事迹，偶然保留，经后人集合成的。所以历史并没有什么意义，也并没有相互的因果关系。意义与因果关系，都是后人将这些偶然保留的人群事迹，集合成历史的时候才想出来的。因此这些意义与因果关系，只是个人的推想或假定，历史学者并没有方法能将已往实事的真象，确实记载下来。
>
> 雷星哥又说：因为历史家各有成见，成见又各代不同，所以对实事不能有一定的记载。历史上也只有大人物的神话，没有大人物的本色与真面目。比方同是一个拿破仑，在十九世纪中叶，众口一辞说他是专制魔王；现在成见改变，大家又都说他是大人物了。

虽然现象论者 Lessing 这样极端的历史之怀疑主义，惹起一般德国历史家和哲学家 E. Troeltsch 等的批评，但在世界文明烂熟正在疲劳现象的时代，这书无疑乎就是代表的作品了。不过较之 Oswald Spengler 所著《西欧的没落》（*Der Untergang des Abendlandes, 2* Bde., 1918—1922），似乎未免影响差些。何则？ Spengler 此书出版后，引起德人一种普遍的同情和热烈的欢迎，第一版一九一八年出版，到一九二二年已销售五万三千部以上，第二册第一次，即印五万部（依据 August Messer 所说）。可见这一部伟大著书，是怎样可以代表时代了。现试略述一下他的文化史观。

从来对人类史以及文化发展的解释，总以为有一个无穷的统一的生成发展，却是 Spengler 根本否认这个概念，以为这样“世界史”，这样“人类的文化”，是不能存在的；而存在的只有各不相关之独立的几种文化。在他第二卷里，曾举出八[①]个高等文化，同时述及这些文化发生的时代。（1）埃及文化；（2）巴比仑文化；（3）印度文化；（4）中国文化；（5）希腊罗马文化；（6）亚拉伯文化；（7）墨西哥文化；（8）西欧文化（或浮士德的文化）；（9）俄罗斯文化。这些文化的产生，都是起于突然的，不是有什么连带的关系，也不互相了解。然则这所谓文化是什么呢？ Spengler 说“文化就是一切过去及将来世界史上的根本现象”：这根本现象即将生成的理念，纯粹表现于眼前的现象。Geothe 由此而研究生物，Spengler 则适用之于诸文化的研究，因为文化也是生物，也是有机体的原故。要是欲理解文化之构造，则不可不用以前所用动植物比较形态学的方法。所以 Spengler 著书副题，即为《世界史形态学的轮廓》。他始终把文化看做植物一样，植物的运命从其开花结实以至枯死，人类每种文化的产生，也是有他的童年期、壮年期和老年期，以至不可避免的死亡。在这里他提出所谓“命运”的观念。由他看来，历史的过程，各种文化的发生及消灭，都只是一个自然的命运，没有一种文化能够避免死亡，即各文化之标准的生命，都不过一千年之久，经过这个期间，即不因外面的灾厄而绝灭，亦必因内面力之消耗而自归于尽，这是没有什么例外的。因此西欧的文化，即所谓浮士德的文化，由他看来，自千八百年以来，也已发展到最后阶段，即入于无生产力的老年时代了。欧洲现

① 原作“八”，据下文，当为“九”。——编者

已不是什么文化的支持者，只不过为文明的支持者，照千年的标准说法，早已入于命运的绝境，而没落了。将来代之而起的，就是俄国的文化，但那不是西方式的布尔塞维克指挥者 Lenin 的文化，而为代表俄国人民真正灵魂之 Dostoevsky 的文化。依 Spengler 意思，未来的新文化，是一定属于真正的俄国农民所创造的文化。

但在这里有一个疑问，就是命运为什么要使文化突然发生，又突然消灭呢？于是不能不对于他所假说的“文化之灵”，说明一下。依 Spengler 则一文化的历史，都只是灵之可能性的连续实现，即文化之灵的一个发现，一个化身。所以各文化之突然的发生和消灭，也都不外乎各文化所有“灵”的表现而已。真的文化之灵，无论那个，都具有宗教性；文化所发露的一切生命形式，即各种艺术、教理、礼拜、形而上学，及数学的形式世界、装饰艺术、圆柱、诗歌、思想等，都是宗教的。“一切文化的本质，是宗教的；因而一切文明的本质，便是伪宗教的”（1，455）；于是他进而区别“文化”（Kultur）与“文明”（Zivilisation）两个概念。文化是关于人类内面之灵的精神修养及其事实，是统括一切宗教的艺术的最完善之人类生活的状态。反之文明则关于外面的教育与秩序，统括现代之工业与机械等。换言之，即前者为灵之活泼泼地肉体，后者乃其木乃伊；前者为精神的、广义的，后者为物质的、限定的。并且文明为文化的最后时期，即文化所不可避免之运命的危期。文化一发展到老年时代，便入于文明之死亡的境地，没有灵，没有哲学，艺术，而只剩得残酷的动物性的一群野蛮人，以从事物质扩张和帝国主义的发展。不但如此，从全文化的历史来看，文化初期的特征，是从田野发生城市；可是文化后期的特征，则为城市与田野的斗争；最后文明时期，则完全为城市的胜利，而向着世界之都市发展。所以越发文明，越与文化之灵的诞生地——田野——之距离越远，而一种文化，也终告消灭了。

从历史的认识论来观察 Spengler，也有更伟大的贡献。他要分别历史的世界（Welt als Geschichte）与自然的世界（Welt als Natur）；自然世界是“既成的”（Gewordene）世界，因而以“延长”或“空间”占了优势；历史世界是“生成的”（Werden）世界，因而以“方向”或“时间”占了优势。时间——生成，是很难捉摸之体验状态，“当我们生活着，我们自身就是时间”（1，161）。空间——既成，是光学的物理的现象。由时间则构成有机的世界观，由空间则构成机械主义的世界观；两个概念根本不能相同。好比在那一成不变之矿物植物中，用科学的分析，加以认识，是有法则的必然的，却是这种法则只是自然的法则，而非历史的。反之理解历史，则不说认识，而只用直观。由他看来，“完成直观时，其自身即已有历史的体验行为”（1，127）；一切历史事实都决不是重复的，是只一回起的。因其依据于“方向”（时间）的原理，所以也照着“不可逆性”的原理。再明白说吧！自然的认识是依据超时间的，即非历史的，非有机的（无生命）必然的形式，所以是数学的、因果关系的。反之历史的认识是依据时间的，即不重复的、有生命的、内面的感情，所以是生物学的、直观的。用 Spengler 自己的话来说，就是：

历史与自然，在我们里面恰如生和死，永久生成的时间和永久既成的空间似的、互相对立。在明了的意识里，生成与既成互争其在世界表象中优越的地位，只是大文化所认为可能的此二种观察法之最高最深形式，由古代之灵来看，即表现为 Plato 与 Aristotle 的对立；由西欧之灵来看，即表现为 Geothe 和 Kant 的对立；这就是所谓永远以“赤子之心”直观的纯粹世界之观相学，与永远以老人悟性而认识的纯粹世界体系论。

因为历史的认识，对于各种文化，即所认为最大人类的有机体，都应该从它的容貌言语行为去理解的。专门的历史家虽应用了史的事实与数，但那不过手段而已，最重要的是直接用感情之眼来直观灵的Symbol（象征）、灵的表现。那不是要定立法则，而只是要感得意味，在这里一切无常之物，只有影像；所以要把捉这些影像的意味，须先以艺术之眼捉住那伟大悲剧之运命的特征。当然说到这里，他所谓历史的认识方法，已全然脱出自然科学之悟性的范围，而入于艺术之直观的认识范围。所以他甚至以为"对于自然应该应用科学，关于历史则应和作诗一样；其余都是不纯粹的解决法"（1,128—9,199①）。历史家和艺术家一样，应该将一切的生成，一切内的体验，都融化于直观的睇视之中。反之组织的科学的代表者，如物理学者，达尔文派学者，或所谓实证的历史家的代表者，才去应用经验去理解已成不变的事物。所以Spengler的历史观，最后结论，竟在于以历史的观察法为艺术的直观。然而Spengler并不以充当一个历史家为满意的，在他《西欧的没落》序论之最初一句，竟谓"本书意为预测历史之实验而作"；似他这样穿上历史之衣，充一个预言者，一方面提倡历史的直观，一方面又坠入"为预见而知"之社会学的方法，这不能不说是他思想的伟大，同时就是他思想的矛盾了。

（六）Driesch

August Messer批评Spengler的历史哲学，说他已经从Marx的唯物史观和Haeckel机械的自然主义，而更进一步倾向于生物学上的新生机主义了。（见《Spengler哲学》第五编结论）然而真正以新生机主义解释历史者，却不能不推到现代以实验海胆（Seeigel-Eier）著

① "9,199"疑误，然引文位置不可考，姑存之。——编者

名的 Hans Driesch（1867—1941）。他实在给我许多的教训，使我知道历史之意义，应该从生物学之进化论的解释。他说：

欲论历史之意义，不可不知意义二字之作何解释；以德语言之，或曰 Bedeutung，或曰 Sinn，若以 Sinn 代 Bedeutung，则以甲字代乙字，犹无当焉。依予所见，凡变化情形之有目的者，是为有意义；以自然界之现象明之，若山脉之成，或由火山之爆裂，或由地形之变迁，时而风吹，时而雨打，一切出于偶然，初无目的可言。反之若蛙卵之长成，自受精后，为细胞开剖，而终于成蛙，若是者为有目的。二者之为变化同也，然一则为物理的变化，故彼此之堆积为总和的（Summhaft）。试分析言之，有特点三，山石堆砌，而彼此并无关系一也；风吹雨打，原因皆由外起二也；元素之性质，如速率位置等既定，则变化可以推算而得三也。以言乎蛙，则为生机体的变化，亦有特点三：求达于最后之全体（Endganze）一也，生机体之长成，不能无待于物质条件，如水中之酸素，气候不能在百度表零度下，皆是也；然环境虽重而动力则自内发二也。虽知其元素之性质，无以明其变化，以其中尚有全体化成之动因（Ganzmachende Faktor）在三也。吾人更以简单之名表之，山脉之变化为总和的、为偶然的、为元素所合成；至于生机体之变化，则为全体的，彼此互有关系，而其动因则不能求之于元素之间也。——变化之为总和的、偶然的，吾人名之曰“堆积”；其为全体而互有关系者，吾人名之曰“进化”。于是所谓历史之意义者，决之于历史之为堆积的，抑为进化的而已。（见《杜里舒讲演录》内南开大学讲演《历史之意义》页2—3）

这“堆积”和“进化”两个名词，实在是 Driesch 对于历史哲学的最大贡献，不但为“进化”之概念重新估定一番，下一次新定义；更为混杂的历史寻出一条新路。原来堆积是从外面累积的，进化是从内部发展的。如果人类历史只是陈陈相因，而没有创造而日进不已者在，便历史犹之乎物质之为堆积的，而无所谓生物学之进化了。Driesch又告诉我们，所谓进化，尤其以叙述人类在“知识线”上的进化，才是历史的真正解释。这种知识线是由人类全体或其大多数之共业所构成的。除此知识线外，如人种、大人物、民族、国家都和“进化”无关，都和历史没有密切的关系。他说得好：

> 谓世界人种之分立，有关于进化耶？以吾人所见，人种之发达虽殊，然无特别之差异。以欧洲之哲学上贡献言之，法有笛卡儿（Descartes）、马尔布兰西（Malebranche），英有洛克（Locke）、休谟（Hume），德有来布尼兹（Leibniz）、康德（Kant），文化学问之发达，纯视个人之天性如何，与种族之界无涉焉。欧种如此，他种可知。……谓英德法及其他各国之分立，有关进化耶，则德法之世仇，其先出于同源；今德之西部与撒尔脱人（Celtic）混，东部则与斯拉夫人同化；以言英人则为盎格鲁、撒逊、诺曼三种人之混合者，若此者皆物质心理之堆积使然，谓为出于天之所命则误矣。各国之分合，殆如蜂蚁之散处，多一国少一国，与世界之进化，决无影响。
>
> 然则历史上之大人物，其种种行为能构成一进化线耶？以吾人观之，所谓大人物者，即其生存半出于偶然，或以疾病而死亡，或以战争而殒命，谓一负担进化之人，而生死之不可必如是，则进化步骤之相继，不亦殆乎？
>
> 由上所言观之，大人物也、民族也、国家也，皆与进化之

义无涉，何也？凡散见于大地而属于空间的者，皆以非全体性参杂其间，既非全体矣，尚何进化可言。诚如此，地球上人类历史中，果无进化之可言乎？曰不然，变化之为进化的者，独智识线（Wissenslinie）而已。

知识有二面，自其互相授受者言之，固难逃堆积之公例，自其推陈出新者言之，则日新又新进而不已，且流传人间，今古相继，文字一日存在，即知识一日不灭。又以知识虽出于一人，而是非真伪之标准，必以最后之全体为依归。若夫种族、政治，有此疆彼界之分，而独此一帜，则为人类共享之公器，故吾以为欲求所谓进化线，舍知识莫属焉。

此知识在线之贡献者，世界能有几人。以吾人观之，孔子也，老子也，耶稣也，释迦也，亚历士多德也，牛顿也，歌德也，康德也，其殆近之。然特创者固不可多得，而有功于传播或采纳者，要亦合于前所谓学说之传播之全体性。故知识之授受，虽概以归诸进化之列可焉。（同上《历史之意义》页7—9）

Driesch的历史哲学，归宿在"知识线"的进化上，知识线的进化又由于人类社会之心理的原因。（他曾屡次说到历史现象不是个人心理学可以从而解释。）这一点实在我完全赞同，没有疑义的了。但依他意思，谓天下古今知识线的波澜起伏，实俨然有所谓"全体性"的在他背后。全体性和总和（Sum）不同，总和是"堆积"，而"全体"乃是进化，但这个全体性怎样能够证明他的存在呢？关于这一点，Driesch尝从物质上，精神上来证明人类是具全体性的。从物质方面讲，人类是一代一代相传下去的物种相传，因而有变化，有血统，这可说就是全体性之一种象征。然还有更重要的，却是精神方面，他曾举几个特征如下：

（A）文字和语言。——无论那一人种，那一国家，都是有语言及文字，这就是人类心理自然相应的第一个特征。

（B）新思想的同时发明。——人类思想的基础，往往时间和空间绝不相同，而能发现不谋而合的学说。例如牛顿（Newton）与来勃尼兹（Leibniz）二人，同时异地而发明微分学，这各不相谋而想及同种学说，不得不说是全体性的表示了。

（C）学说授受。——如甲提倡一种学说，乙宣传它，这决不但师生间相互的传授，他所以彼此相得，实由甲乙同在协和的全体当中。

（D）道德的自觉性。——任何社会都有“应该”“不应该”“何必这样”“可这样”这几句话，我们从这几句话观察，就可知道人类“善”和“恶”的观念，也是全体的。一定是自己已经承认了是全体之一分子，所以一切行为，才要求和它符合。

（E）职业的协和。——人类各种职业都有人担任，这也决不是偶然的。这种职业的协合，在国家有非常变故时，格外重要。彼此间互相扶助，拿大家所得的，来维持生存，虽不免有的失业或饱食，但仍有好几个地方可看出是有全体性的。

（F）目的与结果相反。——有人说过，冯德（Wundt）所谓“目的底异化”，也是全体性的一个证据。如亚历山大攻小亚细亚本不过要穷兵黩武，结果却给东西交通作个媒介。这种人或一团体的行为，能发生并没有预先计划而于全体有利益的效果，这除了全体性，也很难说明的了。（以上见《系统哲学》页134—136，《生机体之哲学》页80，《实生论大旨》页69等）

照此看来，人类历史实在是全体性的。用生机论者的一个专门名词，就是“以全体为依归”（Ganzheitsbezogen）的了。但话虽如此，Driesch 虽极注意于历史的进化，至以为“未来历史之目的，在求历史中进化的符号；要如此历史才能自成一种科学”（《生机主义史附录》页 36）；却是对于历史进化的定律为何，并且对于历史是否为一个真进化的问题，他仍不免有许多疑问。（参看《生机体之哲学》页 80—82，《生机主义史附录》页 28—30，《实生论大旨》页 94—98，《系统哲学》页 139—142）他一方面主张历史应该从进化的解释，一方面又说人类是否进化永久是历史上的疑问符号，这就是他顶不彻底的地方了。并且他反对历史定律的学说，尤其与他的秩序论自相矛盾；不知历史定律从 Buckle、Taine、Lamprecht 以至 Breysig 虽然还没有达到以历史为知识线进化之完全解释，却是历史定律既经有人注意，他的本身也就应该上了进化的路。我可以说过去的历史定律，是和其他自然现象同支配于机械的方法底下，是把物理化学的历程，应用到历史方面，所以应该反对。换一面说，我们所要发现的历史定律，是一种动的定律，是主张历史现象具特有之时间的动的定律，如果知识线是进化的，那么人类历史为什么还不是进化的呢？大概 Driesch 只知道知识线可以解释历史进化，却不知知识线如何的进化；换句话说，就是过去知识线上的演进史，他还未研究及之，所以不敢有什么正式的答案。其实在这一点，德国的 Hegel，尤其是法国的 Comte，已经有一个很大的贡献了。

一九三二，四月十七日，在北平。

附录　历史哲学用书要目[①]

凡　例

（1）本要目以作者现藏录《历史哲学文库》为标准。

（2）本要目即著此书时之参考书目，如（7）为第六章《社会史观》之参考，（8）为第五章《唯物史观》之参考，余可类推。

（3）本要目中（二）（三）两条原为国立暨南大学《西洋史学史》《社会学史》之参考书目而作，现编入总目，内容仍照旧。

（4）前著《历史哲学》（民国十七年十二月再版，泰东图书局），关于生物进化论及社会心理等，均介绍略目，可资参阅。

目　次

---

① 底本日文书籍均用片假名，今按现代日语规范通改。——编者

（六）关于生命派及其他

（七）关于社会学的历史观

（八）关于唯物史观及其批评

第一 历史的历史

（一）关于历史哲学史的

R. Flint: *The Philosophy of History in France and Germany*, London.1874.

此书绪论及第一部，关于法国者可省去不阅。第二部自页333—607，关于德国的历史哲学家如 Lessing, Herder, Kant and Schiller, Schelling, Schlegel, Krause, Hegel 以至 Lazarus, Lotze Hermann，均有详细叙述。

R. Flint: *Historical Philosophy in France and French Belgium and Switzerland*, New York. 1894.

郭斌佳译:《历史哲学概论》，一九二八年，新月书店刊，即据此书绪论之全译。此外内容对于 Bodin, Bossuet, Montesquieu, Turgot, Valtaire, Rousseau, Condorcet, Saint-Simon, Fourier, Proudhon, Cousin, Vico, Comte, Littré, Renan, Taine, Cournot, Tardif and Seignobos, Tarde, De Coulanges 均有详细的叙述，而加以批评。著者尚有 *Nico* 一书，在 Blackwood's Philosophical Classics 内，共九章，亦可参考。

E. Bernheim: *Einleitung in die Geschichtswissenschaft*, 1920. Berlin.

坂口昂，小野铁二共译:《歴史とは何ぞや》，昭和三年第四刷，岩波书店刊。本书第一章页 1—62 “史观之发达” “现代史观主潮”“历史哲学及其文献”，可作历史哲学史之一参考。

武内省三:《历史哲学史概论》，大正十四年十一月法学论泉一七——五〇，法学小志社刊。

船田三郎:《现代历史哲学问题》，昭和二年四月至四年八月哲学讲座第 10，12，13，15 各期，近代社刊共三章。第一章歷史哲学の概念；第二章現代歷史哲学の前階段；第三章現代歷史哲学の成立及び其の問題。

Otto Braun: *Geschichtsphilosophie* 1921.

京口元吉译:《历史哲学概论》，大正十三年，东京至上社。本书第二章“历史哲学的历史”页 27—94。又野野村戒三：史学概论，昭和四年，早稻田大学出版部刊。第四章“史观之变迁”，页 47—88，亦本于此书。

J. B. Bury: *The Idea of Progress, An Inquiry into its Origin and Growth*, 1924.

高里良恭译:《人類進步の史的考察》，昭和三年，博文馆刊，此书叙 Bodin, Le Roy, Descartes, Fontenelle, Abbé de Saint-Pierre, Montesquieu, Turgot，百科全书派，Roussean, Mercier, Condorcet, Vico, Cousin, Jouffroy, Guizot, Saint-Simon, Fourier, Comte, Proudhon, Renan 处，可与 Flint 前著相参证。

Henri Sée: *Science et philosophie de L'Histoire*, 1928, Paris.

施亨利:《历史之科学与哲学》，黎东方译，民国十九年十月，商务印书馆刊。本书第一章历史哲学的起源，第二章历史的玄学观念：黑格尔，第三章实证派的概念：孔德，第四章历史的批评概念：古尔诺，可作历史哲学史之一参考。

羽仁五郎:《転形期の歷史学》，共六篇（1）反历史主义批判，（2）事实の選択と解釈，（3）歷史学の方向及び方向転換，（4）

個別特殊性の幻想，（5）世界史の可能性と必然性，（6）唯物史観と発展段階の理论。昭和四年九月，铁塔书院刊。

三木清：《史的観念論の諸問題》，共五篇（1）批判哲学と歴史哲学（2）歴史的因果律の問題（3）個性の問題（4）デイルタイの解釈学（5）ヘーゲルの歴史哲学。昭和四年六月岩波书店刊。

姚从吾：《德国史学界所称道的几种历史观》，《留德学报》第一期，民国十九年六月商务印书馆代售。

（二）关于历史学史的

J. T. Shotwell: *An Introduction to the History of History*, New, York, 1923.

何炳松、郭斌佳译：《西洋史学史》，一九二九年商务印书馆刊，又第十一版 *The Encyclopaedia Britannica*（《大英百科全书》）中"History"一条，可作本书要略参看。

H. E. Barnes: History, its Rise and Development，见第十四卷 *Encyclopaedia Armericana*（美国百科全书）页234—243。

H. E. Barnes: History, in *The History and Prospects of the Social Science*（《社会科学的历史与趋势》）页1—55，1925，New York.

向达译：《史学》，一九三〇商务印书馆刊，对于史学进展中的几种重要现象，及新史学，为极明了的叙述。又雷震译本题《西洋史学进化概论》，民国廿一年二月，北平文化学社刊。

H. E. Barnes: Recent Tendencies in the Writing and Interpretation of History, in *Recent Developments in the Social Sciences*, by E. C. Hayes, Lippincott, 1927. 本篇论最近史著史观的趋势，大要复述前书内容。

H. E. Barnes: *The New History and the Social Studies*. New York. 1925.

本书共十章，以第一章"The Past and the Future of History"为最重要，又分两节，（1）The Current Historiography（2）The

New Synthetic History，其余各章讲史学与地理学、心理学、人类学、人种学、经济学、政治学、伦理学的关系，及其史观。

J. H. Robinson: *The New History, Essay illustrating the Modern Historical Outlook*. New York, 1912.

何炳松译:《新史学》，北京大学丛书之一，民国十八年十一月四版，商务印书馆刊。页 1—102 有“新史学”“历史的历史”“历史的新同盟”三章最重要，Shotwell 曾认为史学史中应首读之书。

M. Ritter: *Die Entwicklung der Geschichtswissenschaft an den fährenden Werken betrachtet*, München und Berlin. 1919.

本书论由初期作品所见历史学的发达，是对于历史全体为较详细的叙述。又一九一一年 *Historische Zeitschrift*（《史学杂志》）中有同著者之“Die Christlich-mittelatterliche Geschichtschreibung”（《中古基督教史籍》）一文。

E. Fueter: Geschichte der neueren Historiographie（V. Below und Meineche: *Handbuch der mittalterlichen und neueren Geschichte*），Berlin und München，1911，Zte. Auf. 1925.

《挽近历史叙述法的历史》为西方史学史之一名著，从意大利 Machiavelli 叙至一八七〇年止。Gooch 在《十九世纪中历史及历史家》页一小注首称此书，有 Emile Jeanmaire 法译本，一九一四年。

Ch. V. Langlois: *Manuel de bibliographie historique*, t. I. Instruments bibliographiques, 1896; t. Ⅱ. Histoire des études historiques, Paris, 1904

《历史书目提要》第二部叙文艺复兴以后历史研究的历史同组织。

B. Croce: *Theory and History of Historiography*, Part Ⅱ. Tr. by Douglas Ainslie, London, 1921.

羽仁五郎译:《歴史叙述の理論及び歴史》，大正十五年岩波书店刊。第二部页187—417，对于希腊、罗马、中世、文艺复兴、启蒙主义、浪漫主义、实证主义等各时代之历史叙述，略为研究，而加以批评。别见生命派历史哲学条。

J. B. Bury: *The Ancient Greek Historians*, New York.1909.

著者又有 The Idea of Progress 别见历史哲学史条。又 J. Gairdner., G. Masson and U. Balzani: *Early Chroniclers of Europe*(《欧洲古代编年史家列传》)及 C. Wachsmuth: *Einleitung in das Stumdium der alten Geschichte*，1895，均研究古代史学史的名著，惜未见。

H. T. Buckle: Origin of History, and State of Historical Literature during the Middle Ages, in *History of Civilization in England*, chapter VI. and editor, 1913, New York.

西村二郎译:《パクル世界文明史》，第二卷第六章页1—55，"歴史の起源——中世紀に於ける歴史の文献の状況，"大正十二年，而立社刊。

W. Wattenbach: *Deutschlands Geschichtsquellen im Mittelalter*, 2 vols, 6th. ed., 1893—1894.

这是研究中古史学史的名著，为 Shotwell 所称道。

G. P. Gooch: *History and Historians in the Nineteenth Century*, London, 1913.

全书二十八章，将十九世纪所有历史家与史籍，详加叙述。第一章至第八章，从 Niebuhr 以下至 Droysen, Sybel, Treitschke 等所谓"Prussian 学派"，均叙德国的历史及历史家；第九章至十四章，从"法国历史研究的复兴"至 Napoleon，均叙法国的历史及历史家，第十五章至二十章，"由 Hallam 到 Macaulay"至"Acton 与 Maitland"均叙英国的历史及历史家，第二十一章至二十二章，叙述北美及其他小国的历史及历史家。第二十三章以下至最后第二十八章，顺次叙述“Mommsen与Roman研究”“希腊与Byzantium”“古代东方”“犹太人与基督教会”“Catholicism”及“文明史”等，闻何炳松先生译此书过半，惜未出版。同著者又有以下各篇论文：(1) The growth of historical Science, in “the Cambridge Modern History”, vol. XII. PP.816—850, 1910; (2) Progress in historical studies, in “the Birkbeck College Centenary Lectures” 1823—1923，1924; (3) Historical research, in “The Recent Development in European Thought, edited by F. S. Morvin，1920. 这些篇通通可作“十九世纪的史学与史家”的缩本来读。

Eibl: *Metaphysik und Geschichte*（《形而上学与历史》）只发行第一卷，关于埃及、犹太、希腊及罗马等历史哲学思想之变迁，为详细的叙述，未见。

R. Flint: *The Philosophy of History in France and Germany*, London, 1874.

R. Flint: *The Philosophy of History in France and French Beligium and Switzerland*, New York, 1894.

两书内容大有增减，前者绪论仅页1—61，后者自页1—172，前者叙法国历史哲学自页65—328，后者自页176—705，前者自页333—607，叙德国历史哲学，后者则缺此部分不提。郭斌佳译《历史哲学概论》一九二八年，新月书店刊，即据后书《绪论》之全译，别见历史哲学史条。

A. Guilland: *L'Allemagne et ses historiens*, Paris, 1899.

英译 *Modern Germany and her Historians*（《近世德国及其历史家》）1915. 又 Wegele: *Geschichte der Deutschen Historiographie*,

1885 也是研究德国史学史的一部必读书，为 Gooch 所称道。

A. Molinnier: *Les Sources de l'histoire de France*. 6 vols, 1901—1906。

本书 Shotwell 认为适于研究法国史学，Gooch 只举其第五册，一九〇四年发行。

C. Julian: *Historiens Français du XIX Siècle*, Paris, 1897.（《十九世纪法国的历史家》）

G. Monod: Études historiquer en France, dans la *Revue internationale de l'enseignement*, décembre 1839.（《法国历史研究》）

Ch. Lcuandre: Les études historiques en France depuis la guerre, dans la *Revue des Deux Mondes*, 15 janvier 1877.（《战后法国之历史研究》）

Ch. Seignobos: L'histoire en France au XIXe Siècle, dans *l'histoire de la langue et la littérature franGaise*, Ⅷ, 1899.

Ch. -V. Langlois: Les études historiques, dans *La Science franGaise*, t, II. Paris, 1915, P.73—96（《历史研究》）又 "L'histoire", dans *un demi-Siècle de civilisation franGaise*（1870—1915）, Par Baillaud, Boutroux, etc, Paris, 1916.

L. Halphen: *L'histoire en France depuis cent ans*, Paris, 1914.（法国历史叙述百年史）

以上五家存目，均录自间崎万里"現代フランスの史学"一文。除 Halphen 一书外，均为揭载杂志论文，或收于单行本中，为研究法国史学史之重要参考。

Histoire et historiens depuis cinquante ans: Méthodes organisation et résultats du travail historique de 1876 à 1926（Bibliothèque de la Revue Historique）2.vol, Paris，1927—1928.

本书为史学杂志创刊五十年纪念发行，由专家分担执笔，叙述"五十年间历史及历史家"，为最近五十年史学研究的总览。

C. Gross: *The Sources and Literature of England History from the Earliest Time to about 1485* London, 1900（从最古时代到一四八五年英国史的材料与著作）。

J. S. Bassett: *The Middle Group of American Historians.*（美国中期史学家列传）。

J. F. Jameson: *History of Historical Writing in America*. Boston, 1891.（美国历史著述的历史）。

原随园:《ツキヂデスの史学に就いて》(《论 Thucydides 的史学》)，见《史学》第四卷第一号，大正十四年二月，庆大文学部三田学会刊。

千代田谦:《ランケの世界史観に於ける羅馬主義》。史学研究第一卷第三号，昭和五年四月，广岛文理科大学，广岛史学研究会编印。

阿部秀助:《ランケ以前及び以后に於けるドイツの史学》。见ランケ：《欧洲近世史》，历史丛书5，附录页483—503，大正十二年七月，国民图书株式会社刊。

中村久四郎:《西洋の史学史一斑》。见《历史及历史教育》第二十九章，页188—204，大正十五年二月十五日再版，共立社刊。

间崎万里:《欧米の史学研究五十年》。见《史学》第二卷第二号。

间崎万里:《現代フランスの史学》。见フランス学会编《フランスの社会科学》页495—550，昭和五年二月发行。绪言外分二节，第一节“近世历史编纂学的发达”，第二节“最近历史编纂的发达”，又分（1）历史之高等教育机关，（2）研究所、学会、史学杂志，（3）文书目录与出版，（4）总目录，（5）名著，（6）通史等。

陈训慈:《史学蠡测》中“西洋史学一瞥”一节，见《史地学报》。

徐则陵:《近今西洋史学之发展》，见《史地学报》第一卷第二期。

向达译:《近四十年来美国之史学》。Charles Me Leap Andrews 原著一八六四年见《史学与地学》第一期。

约翰生亨利:《历史教学法》，第一章“历史是什么？”页 15—25，何炳松译，民国二十年再版，商务印书馆刊。

案西洋史学史要目，可资参考者，不过如此。Shotwell 在 *An Introduction to the History of History* 第一章“Bibliographical Note”里（P. 11）所举纯史学史的参考，不过 Robinson, Wachsmuth, Wattenbach, Molinier, Fueter, Gooch, Guilland, Flint, Croce 九家，只有三种是英文本，二种为英译本。Gooch 在 *History and Historians in the 19th Century* 页一小注，所举最好的史学史，更不过 Fueter, Wegele, Molinier, Flint, Monod 五家，内只有 Flint 一种是英文本。又如汉译可见者 Henry Johnson :《历史教学法》附录四“参考书选要，”关于“历史的历史”不过 Shotwell, Robinson, Bury, Langlois, Fueter, Gooch, Flint, Julian, Guilland Jameson 十家（页 21—22）。Barnes 所著《史学》（页 101—102）虽举 Bassett, Croce, Flint, Fueler, Cairdner, Gooch, Jameson, Lamprecht, Ritter, Robinson, Shotwell, Stephens 十二家，但 Lamprecht 的 *What is History*，尚只算历史哲学，和史学史无关。这样看来，史学史的材料，真有些不易搜集，本要目或尚完全也未可知，不过许多德法要书，多未到手，姑且存目，留待将来而已。

一九三一，九月十一日，暨南大学。

（三）关于社会学史的

P. Barth: *Philosophie der Geschichte als Soziologie*, Leipzig, Vol. Ⅱ. 1922.

本书《历史哲学的社会学》，只第一卷出版。第一版一八九七年，第二版一九一五年，第三版一九二二年每次内容颇有增加。第一卷之第二部，题“批判的概观”，评论各种社会学说，又分前后两编，前编“社会学体系论”，后编“一面的历史观”，其“社会学体系论”实即一部社会学史，有波多野鼎译。大正十二年东京大镫阁刊。此书所叙，为 Comte, Littré, de Roberty, De Greef, Lacambe, Wagner（主知的社会学）社会学的达尔文派，Spencer, Lilienfeld, Schaeffle, Fouillée, Jean Izoulet, Worms（生物学的社会学），Tönnies, Ward, Giddings, Ratzehofer, Small Ross, Mackenzie, Haurion（主意的社会学）等社会学说，别见社会学的历史观条。

Ven Wiése: *Soziologie; Geschichte und Hauptprobleme*. 1926.

黑川纯一译注：《社会学，历史及主要问题》，昭和三年，刀江书院刊，第五章以下，叙 Comte, Spencer，美国社会学，德国旧百科全书的社会学，德法在 Tönnies, Tarde 以后之新社会学，而以“关系学”结篇。

Ludwig Stein: *Die Soziale Frage im Lichte der Philosophie*, 4.Aufl, 1923（由哲学上所见的社会问题）

协调会译：《社会思想史》，昭和二年，即本书第二编之全译。共二十一章，从古代社会思想开端，叙至 Ratzenhofer 及现代社会学止，为研究社会学成立史之一部名著。

H. Cunow: *Die Marxsche Geschichte, Gesellschafts- und Staatstheorie*, 2 Bde., 1920—21.

乌海森谷、滨岛共译：《マルクスの歴史、社会並に国家理論》二卷，改造文库第四六、四七篇，改造社刊，为研究马克思派社会学史之一部名著。

W. Sombart: *Soziologie*，在 Berlin Pan-verlag Rolf Heise 发行之 *Quellenhandbücher der Philosophie* 内。

景山哲雄译：《社会学》，大正十三年而立社发行“社会学体系”之一，共十六章，对于 Comte, Lindner, Spencer, Schaffle, Tönnies, Le Bon, Stammler, Tarde, Gierke, Ward, Breysig, Wundt Simmel, Spann, Scheler Weber 等社会学说，为扼要之介绍。

A. Small: *The Origins of Sociology*. Chicago, 1924.

本书偏重德国历史政治，经济学家的思想线索，为讨论近代社会学起源之一著作。又著者一九〇七年发表“Adam Smith and Modern Sociology”，一九一六年发表“Fifty Years of Sociology in the United States（1865—1915），见 *American Journal of Sociology*, vol. XXI. 均可参看。

E. S. Bogardus: *A History of Social Thought*. 2nd. ed., 1928（社会思想史）

共二十八章，Comte 以前分十二章：（1）社会思想的性质，（2）古代社会思想，（3）古代文化，（4）希伯来的社会思想，（5）Plato 与希腊社会思想，（6）Aristotle 与希腊社会思想，（7）罗马社会思想，（8）古代基督教社会思想，（9）中古社会思想，（10）More 与乌托邦社会思想，（11）个人主义社会思想，（12）Malthus 与人口论，（13）Comte 与实证社会思想。Comte 以后分十五章：（14）Marx 与社会主义社会思想，（15）Buckle 与地理社会观，（16）Spencer 与社会有机体论，（17）L. F. Ward 的社会学，（18）人类学的社会学，（19）优生学的社会学，（20）社会学中的斗争说，（21）社会学中的协作说，（22）——（23）心理社会学思想，（24）应用社会学的趋势，（25）近代基督教的社会学。（26）教育社会学的勃兴，（27）社会调查的方法，（28）社会学思想的发展等。

J. Lichtenberger: *Development of Social Theory*, London, 1924.(《社会学说的发展》)

本书共十五章，Comte 以上九章:(1)Plato;(2)Aristotle;(3)希腊末期与罗马早期的作家，如 Polybius, Ccers 等;(4)基督教;(5)Thomas 与 Dante;(6)Niccolo Machiavelli;(7)Bodin;(8)社会契约说如 Hobbes, Locke, Rousseau;(9)Montesquieu;(10)Comte. Comte 以下五章:(11)Darwin 与进化论，又对 Malthus, Kidd 等，均有叙述;(12)Spencer;(13)Ward,(14)Tarde,(15)Gumplowicz and Ratzenhofer。

T. Bristol: *Social Adaptation, a Study in the Development of the Doctrine of Adaptation as a Theory of Social Progress*, Harvard University press, 1921.(《社会适应论》)

本书十八章，分五篇。首叙 Comte, Spencer，社会学方法论派别三章外，即将社会学学说大要分为（1）受动物理与物理社会的适应论，如生物进化论（Lamarck Darwin, Weismann, Vries, Mendel）；新达尔文派社会学者（Nietzsche, Kidd, Pearson, Vacher de Lapouge）；环境学派（Marx, Buckle, Ratzel, Semple, Ripley）。(2）受动精神的适应论，如社会有机体论的发展（如 Schäffle, Mackenzie, Le Bon, Durkheim）；人类学的社会学者（Sumner, Boas, Westermarck Habhonse, Thomas）；历史社会学者（Gumplowicz, Ratzenhofer, Bagchot）；说特殊公式或原理的社会学者（Adam Smith, Tarde, Baldwin, Drummond, Giddings）。（3）自动的物质适应论，如发明与制作（Ward, Patten, Carver）。（4）自动的精神适应论，即自动的社会适应论（Novicow, Carlyle, James, Ross）。末论及理想化与宗教（Comte, Ross Baldwin)，虽缺乏历史组织，仍不失为社会学史之重要材料。

P. Sorokin: *Contemporary Sociological Theories*, 1928, New York and London.

黄凌霜译:《当代社会学学说》，一九三〇年，上海北新书局刊。对于机械学派，Le Play 学派，地理学派，生物有机体派，淘汰学者与遗传学者派，"生存竞争"与"战争社会学"，之社会学派，人口学派等，均为详尽的叙述。唯下七章关于"社会学派"及"心理学派"等等，尚未刊出，本书叙述详尽，为研究现代社会学说之一大名著，应一读。

加田哲二:《近世社会学成立史》，昭和三年，岩波书店刊。

刘叔琴译：一九三一年开明书店刊，共四章。序论：社会学史的意义，第一章近世初期的社会学思想，第二章英国社会学思想的发达，第三章法国社会学思想的发达，第四章德国社会学思想的发达。

加田哲二:《近代唯物社会観の発展》，昭和六年，春秋社刊。本书为研究马克思派社会学史不可多得之佳作，对于自然环境社会观的发展，经济社会观的发展，阶级斗争社会观的发展，德国理论的现实的社会观之发展，均有详尽的叙述。

松元润一郎:《现代社会学说研究》，昭和三年，刀江书院刊。内容有 Durkheim 的社会学论，新社会学的发展，现代社会学之诸倾向，现代法国社会学，及关于 Giddings, Trotter Hobhouse, Pareto, Sander 等社会学说的研究。

岩崎卯一:《社会学序说》，昭和三年，刀江书院。共三章，(1)社会学的本质，(2)社会学的异说，(3)社会学的体系，附录社会学文献目录，对于日本社会学论文，介绍甚详。页 99—144，180—205 论社会学体系，即为李剑华著《社会学史纲》页 17—

63 所本，可一读。

岩崎卯一:《社会学の人と文献》

本书介绍 Giddings, Worms, Hobhouse, Kelsen, Max Adler, Spann, Wieser 及意大利社会学者 Parato, Cosentini 等生平及其学说，极有趣味，且可实际观察各国社会学界派别的内幕。

C, A, Ellwood: Recent Developments in Sociology, in Hayes' *Recent Developments in Social Sciences* 1926, London（《晚近社会学的发展》）

全书共七部分，关于“社会学”一部分，由 Ellwood 执笔。叙述自一九〇九年后社会学上的四种倾向，（1）注重社会生活的精神方面，及心理学与社会学的关系，（2）注重有机的或综合的见解，（3）发展一种综合的社会研究方法，（4）伦理观念与社会改造等。

F. H. Hankirs: History and prospects of Sociology, in Barnes' *The History and Prospects of the Social Science*, PP. 255—332. New York, 1925.

全书共十部分:（1）史学，（2）人生地理学，（3）生物学，（4）社会心理学，（5）文化人类学，（6）社会学，由 Hankins 执笔。本篇分七节，先述 Comte, Spencer, Ward，最后一节叙述现代社会学状况。又分为地理决定论，生物决定论，心理决定论，文化决定论，社会哲学者及其他。在短篇中将社会学的历史与趋势，叙述得极有系统，为美国哥伦比亚学派对于社会学史之一重大贡献。

H. E. Barnes: *The New History and Social Studies*. New York, 1925（《新史学与社会研究》）

著者为现代有名之社会学史，史学史家。一九一七年在哥伦比亚修学时，曾出版 *Sociology before Comte* 一书，此则侧重说明史学与诸社会科学的关系，别见史学史条。此外尚有关于英美社会学的短篇论文，如“American Psychological Sociology”（美国的心理社会学），“The Sociological Review for 1922, 1924, 1925”。又“English Sociology”，见 *American Sociological Society*, Vol. XXI。

E. N. House: *The Range of Social Theory*, 1929.

（《社会学说的领域》）本书基于社会科学上五种基本的理论问题，（1）人生地理学；（2）经济过程与经济组织；（3）社会心理学；（4）集合行为与社会制约；（5）政治过程。由此五问题，征引社会科学家种种意见，可作美国支加哥派社会学史著作之一参考。

Tenney: Some Recent Advances in Sociology, in *Political Science Quarterly*, Sept, 1910.

E. A. Roes: Tendencies in Sociology, in his *Foundation of Sociology*, 1905.

岩崎卯一在《社会学の人と文献》页 150，称此篇与 Tenney 名作，可并称为美国社会学史的文献。

H. W. Odum: *American Masters of Social Science*. Henry Holt Co. 1927.

本书叙述美国九大社会思想家，关于 Ward, Small, Giddings 名篇，可作社会学史料读。

小林郁：《米国に於ける社会学発達の概観》，社会学杂志第二十四号，《米国社会学号》，日本社会学会编。

山口正：《米国社会学の発展》，《社会学杂志》第十一号。

孙本文：《美国社会学现状及其趋势》，《东方杂志》二十三卷十二号，又《文化与社会》页 115—149 内。民国十七年东南书会刊。

L. Von Weise: German Sociology, in *the Sociological Review*, Vol.19., No.1.

C, Brinkman: Present Situatien of German Sociology（《德国社会学现

状》) in *American Sociological Society*, Vol.21., 1927.

P. P. Jacobs: *German Sociology*, 1909, New York.

以上关于德国社会学史之英文著作。

Durkheim: La Sociologic, dans *La Science Française*, tome tre, Paris Larousse, 1916.

松元润一郎译，见《哲学杂志》第四六八号。汉译即《法兰西学术史略》中《群学史略》，李璜译，民国十年，亚东书局刊。此虽短篇论文，实为研究法国社会学史必读书。

P. Faucounet: Durkheim Sociological School, in *The Sociological Review*, Vol XIX. No.1。

田边寿利:《フランス现代社会学》。

高濑庄太郎:《ブーグレの社会学》。

均见フランス学会编《フランスの社会科学》内，页3—30，昭和五年，刀江书院刊。

J. Hecker: *The Russian Sociology*, New York, 1915,

波多野鼎译:《ロシア社会学》，大正九年，东京聚英阁刊。对于斯拉夫主义及俄罗斯主义社会学说、西欧主义社会学及主观主义社会学，如: Lavrov, Mikhalovsky 等，及客观主义社会学如 Plekhanov, Struve, Tugan-Baranowsky；无政府主义 Kropotkin 及其他法的社会学，及历史发生的社会学; de Roberty, Novicov 等的社会学；均有叙述。可与 Sorokin 所著《二十世纪的俄国社会学》(*Die russische Soziologie in Zwanzigsten Jahrhundert*) 英译 (见 *American Sociological Society*, Vol. 21, 1927)，同为不可多得的俄国社会学史书。

新明正道:《独逸社会学》，昭和四年，日本评论社刊，社会科学丛书第十六编。于形式社会学及综合社会学的倾向，及现象学的社会学，理念型的社会学，均加叙述。

赤坂静也:《佛兰西社会学》。

松元润一郎:《英美社会学》。

五十岚信:《独澳社会学》。

以上均见《大思想エンサイクロペヂア》，P 13“社会学”内，昭和三年，春秋社刊。

户田贞三:《社会学讲义案》(第一部)，昭和三年，弘文堂书房刊。内容为 1. 绪论; 2.Comte 的社会学; 3.Comte 以后的社会学; 4.Sinmel 的社会学; 5.Simmel 以后的社会学，叙述极其明晰，可代表形式社会学派之社会学史观。

绵贯哲雄:《现代社会学问题》，哲学讲座第十，十二，十三，昭和二年四至十一月，东京近代社刊。内容：第一章社会学方法问题，第二章以 Simmel 学派为中心的问题，第三章以 Durkheim 学派为中心的问题。

小松坚太郎:《社会学论考》，昭和三年十一月，岩松堂书店刊。本书为对社会学主要问题的研究，于德奥社会学家多所批评，尤于 Weber 派“理解社会学”，介绍甚详。

Arthur Lewis: *An Introduction to Sociology.*

高畠素之译:《社会主义社会学》，昭和四年七版，改造社刊。本书共十三章，于 Comte, Spencer, Ratzenhofer，及 Marx 在社会学史上的地位，颇有简洁的叙述。

改造社编:《形式社会学研究》，社会科学第一卷第五号，大正十四年改造社刊。执笔者有高田保马、新明正道、波多野鼎、关荣吉、五十岚信等，于此派社会学说，介绍甚详。社中《自然的社会学と文化的社会学》及《社会学に於ける文化の取扱》二篇，亦可为文化社会学之一参考。

关荣吉:《社会学研究》，昭和四年，启明社刊。共三部分，1. 形式社会学研究，介绍 Simmel 的社会学等。2. 历史哲学研究，介绍 Hegel 的历史哲学，社会哲学等。3. 文化社会学及日本社会学研究，内《文化社会学の動機》一篇，对于德国二三代表的文化社会学者如 Spengler, Max Scheler 等略有介绍。又同著者尚有《文化社会学》一书，有张资平等译本，社会学丛刊第三种，一九三〇年乐群书店刊。第一章序论，亦可为研究德国文化社会学说之一参考。

孙本文:《社会学上之文化论》，民国十六年一月，北京朴社刊，本书对于美国文化社会学派如 Ogburn, Case, Herskovits 等，均加介绍。

易家钺:《社会学史要》，共学社丛书之一，民国十三年三版，商务印书馆刊。

李剑华:《社会学史纲》，民国十九年世界书局。

崔载阳:《近世六大家社会学》，民国十九年民智书局，六大家为 Comte, Spencer, Ward, Tarde, Gumplowicz, Durkheim 等。

应成一:《社会学》，见孙寒冰主编《社会科学大纲》第三编，对 Comte, Spencer, Ward 及近代社会学家的意见，均有简略叙述，民国十八年十月，黎明书局刊。

社会思想社编:《社会科学大辞典》，如新明正道所撰アメリカ社学会（P. 19），イギリス社会学（P. 46），イタリア社会学（P. 69），ドイツ社会学（P. 786），フランス社会学（P. 1018[①]），日本社会学（P. 873）各条，均极精彩。昭和五年，改造社刊。

中国社会学社编辑：社会学刊，上海世界书局发行，如第一卷第三期，李剑华《孔德的生平及其学说》。第二期陈序经《海夷史教

① “1018”，疑误，暂存。——编者

授》。第一期吴景超《孙末楠传》；孙本文《孙末楠的学说及其对于社会学的贡献》；游嘉德《孙末楠与恺莱的社会学》。又第二卷第一期，李剑华译《霍布浩斯的社会学说》，第二期胡鉴民《涂尔干传》，均可为社会学史上的参考数据。

还有关于各国社会学史的名著，如 A. Vierkandt: "Die Uberwindung des Positivismus in der deutschen Soziologie der Gegenwart"（《征服现代德国社会学的实证论》），*Jahrbuch fur Soziologie*, 1922, Vol.11）及 G. L. Duprat: *La Psycho-sociologie en France*（法国的心理社会学）以及关于意大利的，如 R. Michels；关于捷克斯拉夫的，如 Amost Blàha 等的名著，虽经 Sorokin 等介绍，因为不易看到，都只好表过不提。至如介绍专家社会学的，如 Spykman 著 *The Social Theory of Georg Simmel*, 1925。Carter 著 *The Social Theories of L. T. Hobhouse*, 1928。这一类著作，必定还可搜集许多，现在只好从略了。

一九三一，九月十四日，上海，暨大。

第二　历史的哲学

（四）关于康德及新康德派的

桑木岩翼：《カントの歴史哲学に就て》。《哲学杂志》第三十卷第三百四十号，大正四年六月。

木村素卫，田中经太郎，商坂正显等译：《イマヌエル・カント一般歴史考其他》，カント著作集 13，大正十五年十月，岩波书店刊。全书包含《世界公民的見地に於ける一般歴史考》《啓蒙とは何ぞやの問題に対する解答》《人間歴史の憶測的起源》《万物の終局》《永遠平和の為に》五篇，为 Kant 关于历史哲学之重要论文。

イマヌエルカント：《实践理性批判》，波多野精一，宫本和吉译，昭和四年四月三版，岩波书店刊。岩波文库 11—12。

久保正夫：《フイヒテの歴史哲学》。哲学研究第五卷第四册第四十九号，第五册第五十号，大正九年四月。

桦俊雄：《フイヒテの歴史哲学》。理想第十四号第二册（第十六号），昭和五年五月，理想社刊。

フイヒテ：《独逸國民に告ぐ》，大津康译。昭和三年三月，岩波书店刊。岩波文库 266—267。

フイヒテ：《知识学》，河面仙四郎译，昭和四年十月，春秋社刊。世界大思想全集 20。

船田三郎：《歴史哲学の可能に関する問題》（カントとシエリングに於ける），哲学第五辑，昭和四年二月，三田哲学会编。

板垣鹰穗：《新カント派の歴史哲学》，大正十三年六月五版，改造社刊。共四章，第一章歴史哲学の概念と歴史，第二章カントの批判哲学と科学方法論，第三章リッケルトの歴史哲学の基礎，第四章りッケルトの歴史哲学梗概，可为新康德派历史哲学的入门书读。

米田庄太郎：《新理想主义历史哲学》，共四册，弘文堂书局刊。

《歴史哲学の諸問題》，大正十三年二月再版。

《历史哲学体系》，大正十三年六月改版。

《カント及び其の後の歴史哲学》，大正十三年十月改版。

《ウインデルバントの歴史哲学》，大正十四年三月改版。

全书卷首有メーリスの歴史哲学一篇，盖依据 G. Mehlis

一九一五年发表的 *Lehrbuch der Geschichtsphilosophié* 编纂成的。就中“カント及び其の後の歴史哲学”，对于从 Kant, Fichte, Scheling，及 Hegel 均有叙述。自然科学的历史哲学，如 Lamprecht, Breysig, Barth；及记述史派的 Meyer 的历史哲学；亦有专篇论它。

米田庄太郎:《りッヶルトの歴史哲学》，大正十一年二月再版，改造社刊。本书分五章，对于 Rickert 的认识论及历史哲学一般，详加介绍。

ヴヰンデルバンド :《哲学概论》，松原宽译，昭和二年四月，日本大学出版部刊。本书第二编第一章第十六节“历史”，为研究新康德派历史哲学者之重要文献。

ヴヰンデルバンド :《哲学の根本問題》，松原宽译，原著名 *Präludien*，上卷昭和二年二月再版，下卷大正十五年十一月，东京同文馆刊。下卷第五“歴史と自然科学”，为有名历史哲学文献之一。又有藤田英雄单译本，昭和四年十二月岩波书店刊。岩波文库 556。

ギンデルバント :《歴史哲学の課題に就て》，四宫兼之抄译，大正九年九月至十年三月《哲学杂志》第 35 卷第四百三号至第三十六卷第四百九号。

ヰンデルバントノ学说：筱田英雄著《价值哲学》之第二章，见哲学讲座第十四，昭和二年十二月，近代就刊。内第二节“歴史の解釈と科学の分類”，第三节“文化の問題”，均极简洁明了，可资参考。

杉原圭三:《価値自覺としての歴史——ギンデルバント歴史哲学考察》——昭和三年《哲学杂志》内，第四十三卷第 493，497 号。

Rickert: *Die Grenzen der naturwissenschaftlichen Begriffsbildung, Eine logische Einleitung in die historischen Wissenschaften* 1896—1902. 3 and 4 Aufl. 1921（自然科学的概念构成之限界，诸历史学之论理的绪论。）

Rickert: *Der Gegenstand der Erkenutnis. Eine Einführung in die Transzendental-Philosophie*, 1892. 4 und 5. Aufl. 1921.

山内得立译:《認識の対象》，大正九年四月五版，岩波书店刊。又有岩波文库本，71—73。

Rickert: *Kulturwissenschaft und Naturwissenschaft*, 1899, 6 und 7, Aufl. 1926.

佐竹哲雄译:《リッカート文化科学と自然科学》，大正十三年五月四版，大村书店刊。卷首译者序说，题为“リッカートの哲学”，甚可一读。

Rickert: *Die probleme der Geschichtsphilosophie, Eine Einführung*, 1905, 3 Aufl, 1924.

田边重三译:《リッケルの歴史哲学》，大正十一年二月东京大村书店刊。本书序论除外，共三篇:（1）历史科学的论理学（2）历史生活之原理（3）普遍史的历史哲学。

Rickert: *Kant als Philosoph der modernen Kultur. Ein geschichtsphilosophischer Versuch*, 1924.

大江清一译:《現代文化の哲人としてのカント》，昭和三年五月理想社出版部刊，原书副题为“历史哲学的尝试”，可见此书的重要。

饭冢敏夫译:《ラクスフイヒテノ观念论ト历史》，大正十四年《法政新志》1—5号。

田代秀德:《ラスクに於ける歴史認識の問題》，大正十五年五月，《哲学杂志》第四十一卷第四百七十号。

大冢保保:《リッケルトの歴史科学説の批評》 大正四年七月,《哲学杂志》第三十卷第三百四十一号。

儿玉[①] 达童:《ナトルプの歴史哲学》，大正十二年六月,《讲座》第六号，大村书店刊。

E. Troeltsch: *Die Bedeutung der Geschichte fur die Weltanschanug*, Berlin 1918.(《世界观之历史的意义》)

E. Troeltsch: *Die Dynamik der Geschichte nach der Geschichts-Philosophie des Positivismus*, Berlin 1919.(《依据实证主义历史哲学的历史力学》)

西田几多郎:《自然主義と歴史》，大正十三年八月增订四十一版，岩波书店刊，“思索と体験”之第四编，页 91—138。

桑木岩翼:《歴史哲学の問題》，昭和四年六月，太阳堂书店发行《哲学纲要》后篇之第三编，页 268—299 本明治四十二年二月讲演稿。

左右田喜一郎:《歴史法則に就いて》，胜木鼎一译，大正十四年二月第二刷，岩波书店刊“経済法則の論理的性質”之第二章，自页 85—115。

田边元:《歴史の認識に於ける概念の機能》，昭和三年四月，史林第十三卷第二号，京都帝国大学史学研究会编。

田边元:《歴史の認識に就いて》，大正十一年一月，史林第七卷第一号。

川合贞一:《歴史に対する近代の認識論的考察》，大正十一年，史学第一卷第二号，庆应大学三田史学会编。

渡边吉治:《歴史の論理》，大正十二年四月，讲座第四号，大村书店刊。

① “玉”，底本作“王”，误，今改。——编者

（五）关于黑格尔主义及辩证法

ヘーゲル：《法の哲学》，速水敬二、冈田隆平译。昭和六年四月，铁塔书院刊。本书序文及第三章三四一至三六〇（页519—532）论“世界史”，对于历史哲学有简略之叙述。又本书尚有矶野骏译，见《ヘーゲル及弁証法研究》，昭和四年3，4，12及六年一月至五月各册，题为《法律哲学要纲》。

G. W. F. Hegel: *Lectures on the Philosophy of History*, *Tr*., by J. Sibree. 1914 London. 本译书一八七〇年初版，此为Bohn’s Libraries本。

河野正通译：《ヘーゲル歴史哲学概論》，昭和四年四月，白扬社刊。按本书据Lasson所编*Philosophie der Weltgeschichte*（《世界史の哲学》）第一卷译成的，较英译更为可靠。日译共三种，一为明治二十七年二月涩江保译述之《历史研究法》二册（通俗教育全书第九十五编），东京博文馆刊。一为昭和四年四月，今田竹千代译《历史哲学序说》，理想社出版部刊。均据英文转译，且不完全。又本书有通俗本，可作研究黑格尔哲学之入门书读。

大江清一译：《ヘーゲル精神現象論序說》，昭和四年十月理想社出版部刊，又同书在《ヘーゲル及弁証法研究》昭和四年7，8，9，10，11，五年5，6，7，8，9，六年一号各册，有松岳谦一译。

速水敬二译：《ヘーゲル論理学》，昭和四年十月，铁塔书院刊。本书为Hegel《哲学体系纲要》第三版绪论及第一部论理学之全译。此外尚有三种日译本，一为明治三十八年二月起小田切良太郎，纪平正美共译之《ヘーゲル体系》，见哲学杂志第二百十六号起附录。一为和四年一月至七月《ヘーゲル及弁証法研究》各期所刊，三枝博音译“論理の科学”。其一则为昭和六年四月，春秋社刊“世界大思想全集”第四十种，岩崎勉所译《论理学》一种。又《哲学体系纲要》之第二部门，本为《自然哲学》，此书

在《ヘーゲル及弁証法》昭和五年7，8，9三月各册，有矶野骏译，未完。

Hegel's Science of Logic. Tr. by Johnston and Struthers. 2 vols. New York. 1929.

河野正通译:《ヘーゲル大論理学》(第一册)，昭和六年三月，白扬社刊。

クーノーフイッシャ:《ヘーゲル哲学解説》，坂上绚一郎译，昭和四年三月再版，白扬社刊。本书为Kuno Fischer所著《近世哲学史》第八卷Hegel中，第一部后半部之全译。

フーゴー・フアルケンハイム:《ヘーゲル》，昭和四年二月，岩波书店刊《大思想家》内，执笔者为Hugo Falkenheim，大桥勉译。

B. Croce: *The Philosophy of Hegel*, Tr, by Douglas Ainslie, London, 1915.

高见泽荣寿译:《ヘーゲル哲学批判》，昭和二年十二月，东京甲子社书房刊。

吉冈佐太郎译:《ヘーゲルの哲学に於けるもあるものと死せるもの》，昭和三年三月，东京批评社刊。

栗林茂译:《ヘーゲルの青年時代》，昭和四年二月，三田哲学会刊《哲学》第五辑内。来稿为Dilthey所著《ヘーゲル青年時代史》第一章之译文。

ヴヰンデルバント:《ヘーゲル主義の改新》，松原宽译，昭和二年二月，同文馆再版之《哲学の根本問題》上册内。此为Windelband名著Präludien中之一篇。

ハルトマン:《アリストテレスとヘーゲル》，桦俊雄译，昭和五年九月，岩波书店哲学论丛37，为一九二三年Nicolai Hartmann讲演"Aristoteles und Hegel"之全译。

マルック:《ヘーゲル主義とマルクス主義》，奈良冈茂雄译，昭和五

年三月，岩波书店哲学论丛30，为一九二二年 Siegfried Marck 著 *Hegelianismus und Marxismus* 之译文。

纪平正美：《ヘーゲル哲学》，哲学讲座第6，8，9，10，四号内，大正十五年十二月至昭和二年四月，近代社刊。

W. S. Chang: *The Development, Significance and Some Limitations of Hegel's Ethical Teaching*, 1925, The Commercial Press.

中华学艺社论文集第一种，张颐用英文写的一部《黑格尔伦理探究》。

《ヘーゲル及弁証法研究》，共藏三十册，昭和四年一月至六年六月第一卷春阳堂刊，第二卷起由人文书房发行，编辑者前后有三枝博音、石川涌、矶野骏等。为日本新进学者研究黑格尔主义者的机关杂志。

《ヘーゲル研究号》，《理想》第三年第一册（第九号）昭和四年四月，理想社刊。

《辩证法研究号》，《思想》第八十九号，昭和四年九月，岩波书店刊。

《ヘーゲル復興》（ヘーゲル死后百年記念特集），《理想》第二十二号，昭和六年四月，理想社刊。

《百年忌記念：ヘーゲルとヘーゲル主義》，国際ヘーゲル聯盟日本版，昭和六年五月，岩波书店刊。

以上各杂志纪念册，最可见日本最近黑格尔研究的一时风气。国際ヘーゲル聯盟版，执笔者如西田几多郎、田边元、三木清等，皆日本第一流哲学家。《理想》编缉者大江精志郎等，多为新ヘーゲル主义或青年黑格尔派。

关荣吉：《ヘーゲルの歴史哲学》，昭和四年七月，启明社刊。“社会学研究に歴史哲学研究”，页155—169内。

三木清：《ヘーゲルの歴史哲学》，昭和四年六月，岩波书店刊。“史的観念論の諸問題”内页227—268。

松原宽:《ヘーゲルの歷史哲学》,《理想》第三年第九号“ヘーゲル研究号”页101—116。又昭和六年二月，同文馆刊《ヘーゲル哲学物語》中页165—183，著者亦有同样题目之论文二篇。

今田竹千代:《ヘーゲルの歷史哲学》,《理想》第二十二号“ヘーゲル复兴号”内，页232—244。

河野正通:《ヘーゲルの史的弁証法に就いて》，思想第八十九号辩证法研究号内，页95—110。

仲小路彰:《ヘーゲルの史的弁証法》，昭和四年九、十两月《ヘーゲル及弁証法研究》内。

プレハーノフ:《ヘーゲル批判——ヘーゲル六十年忌に際レて》，川内唯彦译，昭和二年十一月丛文馆刊。又同书又有昭和二年十一月，同人社书店译本，译者笠信太郎，题为《ヘーゲル論》。

ハインリッヒ・クノー:《ヘーゲル・マルクスの弁証法、社会および国家観》。森谷克已译，昭和三年六月，同人社书店刊。乃据H, cunow所著《マルクスの歴史、社会並に国家理論》中第一卷第九章“ヘーゲルの歴史並に国家哲学”之全译。

レーニン:《ヘーゲル「論理の科学」大綱》，川内唯彦译，昭和四年九月，丛文阁刊。从一九二五年俄文《马克思主义旗下》一至二号所载原文译出，有Deborin序文。

デボーリン:《弁証法:ヘーグル「論理学」批判》，川内唯彦译，昭和五年四月，铁塔书院刊。乃据俄译Hegel著作集之第二卷第二版揭载Deborin序说之全译。

イー・ワインシユタイン:《ヘーゲル弁証法批判》，直井武夫译，昭和六年一月，春阳堂刊。

赤松要:《ヘーゲル哲学に於ける経済的社会的体系》，见《商业经济

论丛》第五卷，页 491—540，昭和二年，名古屋商业学校商业经济学会发行。

元良勇次郎:《ヘーゲルの存在論に就て》，哲学杂志第二百七十二号。

又关于 Hegel 日本著述，新刊者有如下各书，除グロックナー一书外，均未阅读，姑存目如下：

グロックナー:《ヘーゲル復興と新ヘーゲル主義》，大江精志郎译，理想社出版部刊。

ヘーゲル復興号第二册，理想第二十七号，昭和六年九月发行。

高桥里美、武市健人译:《ヘーゲッ哲学概論》，岩波书店刊。

田边元:《ヘーゲル哲学と弁証法》，岩波书店刊。

《ヘーゲル哲学解説》，国際ヘーゲル聯盟普及版，岩波书店刊。

（六）关于生命派及其他

Herder: *Ideen Zur Philosophie der Geschichte der Menschheit* 1784,

ヘルダー:《歴史哲学》，田中萃一郎、川合贞一译，泰西名著历史丛书第十三十四两卷，大正十二年八月发行上册，十四年六月发行下册，国民图书株式会社刊。较英译卷首多“[①]の歴史哲学”三章译文。

W. Dilthey: *Einleitung in die Geisteswissenschaften* 1, Berlin, 1885

三枝博音译:《精神科学序説》，昭和三年五月，大村书店刊。本书著者关于历史哲学著作，尚有《在精神科学里历史世界的建设》第一卷（1910），及《历史论集》第二卷（1914），唯尚无译本。竹下直之有《生の哲学と歴史性の問題（デイルタイ覚書）》，载理想第十五号，可参看。

---

① “叉一”，底稿不清，疑为“ヘルダー”，即 Herder 之假名。——编者

三木清:《デイルタイの解釈学》，见《史的観念論の諸問題》页171—225，昭和四年六月岩波书店刊。

オイケン:《历史的价值》，见《新理想主義の哲学》第一编第二章第二节第三段（页248—268），又第三章第一节第四段“历史”（页333—340），并为Eucken历史哲学的重要论文。波多野精一、宫本和吉共译，大正二年四月，东京内田老鹤圃刊。

Simmel: *Die Probleme der Geschichtsphilosophie*, 1905,

关荣吉译:《历史的理解》，与《歴史的时間の問題》二篇，见《社会学研究》第二“历史哲学研究”，页192—228，即依据本书译出者。昭和四年七月，启明社刊。又思想第三十五号有プラウト著《ジムメルの文化哲学》一文，可参看。

シヨペンハウエル:《歴史に就いて》，见《意志と現識とレての世界》第三卷补说，第三十八章页134—147，姊崎山治译，明治四十四年，博文馆刊。

ニイチエ:《人生に対する歴史の利弊》，生田春江译，见《季節はブわの考察》第二编ニイチエ全集10，昭和四年一月，新潮社刊。

B. Croce: *Theory and History of Historiography*, Tr, by Douglas Aninslie, London, 1921,

羽仁五郎译:《歴史叙述の理論及び歴史》，大正十五年，岩波书店刊。

Croce: *Logic as the Science of the Pure Concept*, Tr, by Douglas Aninseie, London, 1917,

本书第二部分，Ⅲ. History（页279—309），IV. Identity of Philosophy and History（页310—330）均为研究Croce历史哲学之一重要参考。

H, W. Carr, *The Philosophy of Benedetto Croce; the Problem of Art and History*, London 1927.

本书最后一章，即专论 Croce 的历史哲学，应一读。

吉田静致:《絶対観念論の歴史観》，见《伊太利の新観念論》第三章，哲学讲座第八内。昭和二年二月，近代社刊。本文对 Croce 的历史观，为简洁的叙述。

スペンクラー :《西洋の没落》，村松正俊译，上册大正十五年十二月，下册昭和二年一月，批评社刊。

アウグスト・メッセル :《シペングレルの哲学》，奥津彦重译，大正十五年十月，共立社刊。附录三篇（1）エードウアルト・マイエル著“シペングレルの「西欧の没落」について ;（2）エル・ャーコプスケッテル著“ゲーテの 「ファウスト」とシペングレルの文化哲学”;（3）井゛ルヘルム・ヲ゛リンゲル著“表現主義とシペングレル”。

笠信太郎:《シユペンクラーの歴史主義的立場》 昭和三年十月，同文馆刊。附译 Spengler 原著《ベシミズムス？》一文。

杜里舒:《历史的意义》，见《杜里舒讲演录》第五册，南开大学讲演，商务印书馆刊。又《系统哲学》页 134—136,《生机体之哲学》页 80,《实生论大旨》页 96，杜氏关于历史一节的论述，均可参看。

朱谦之:《历史哲学》，民国十七年十二月版，泰东图书局再版。为一九二四年在厦门大学的讲义录。

（七）关于社会学的历史观

补永茂助:《歴史哲学者民族心理学者とレてのヴイコー》,《哲学杂志》第二十四卷第二百六十九号，明治四十二年七月，东京帝国大学哲学会刊。

小泉顺三:《サン・シモンの歴史哲学と人類の科学》,《三田学会杂志》第二十三卷第二号，昭和四年二月，庆应大学经济学部编。又高桥正男译著《サン・シモンの生涯と其思想体系》，第四章第二节第七章第二节，均专论历史哲学。又附录419—478《圣西门经济史观对于马克思的影响》一文，亦可参看。大正十三年九月，东京モナス发行。

Comte : *The Positive Philosophy*. Freely translated and condensed by Harriet Martineau 2 vols, London aud New York, 1854, 又 Bohn's Philosophical Library 本，一九一三年，伦敦。

コント :《实证哲学》，石川三四郎译，世界大思想全集第25，26上册昭和六年一月，下册昭和三年十一月，春秋社刊。

Lévy-Bruhl: *The Philosophy of Auguste Comte*, Tr by F. Harrison, London 1903 法原文 *La philosophie de Auguste Comte*，德译者 H. Molenaar，一九〇二年。

J. S. Mill: *August Comte and Positivism*, Lippincott phiadelphia，1866.

ジヨン・スチユアート著:《コント実証哲学》，波多野鼎译，社会科学大系9，大正十二年七月，东京而立社刊。又バルト著社会学体系第二编，页23—82，专叙 Comte 的社会学。波多野鼎译，大正十二年，大镫阁刊，可参看。

又津久井龙雄著:《コントの実証哲学》，社会经济思想丛书7，大正十五年四月事业之日本社出版部刊，亦本于 J. S. Mill 一书。

又 Bogardus *A History of Social Thought* 页 222—244 ; Lichtenberger *Development of Social Theory* 页 236—265 ; Hankins *History and Prospects of Sociology* 页 292—297 ; Bristol *Social Adaptatior* 页 12—28 ; 均有简洁的叙述，详见社会学史各条。

永田伸也:《社会現象の実証的方法（コントの社会学方法論の考察）》，同志社论丛，大正九年二号。

本田喜代治:《オーギユスト・コント其時代及其思想》,《社会学杂志》，大正十三年一至二号。

米田庄太郎:《コントの社会連帯思想》,《哲学研究》，大正十二年至十三年四号。

手冢寿郎:《サンシモン伯とオーギユスト・ユムト》,《商学研究》第七卷第二号，昭和三年一月，东京商科大学刊。

H. T. Buckle: *History of Civilization in England*, 2 Vols; London and New York 186 and 3 vols; London and New York 185; and 4. Vols; New York. 1913.

西村二郎译:《バクル世界文明史》，六卷，大正十二年五月至十三年九月，东京而立社刊。

Montesquieu: *The Spirit of Law*, Tr. from the French by Thomas Nugent, A New edition, Carefully revised and Compared with the best Paris edition, to which are prefixed a Memoir of the Life and Writings of the Author, and an analysis of the Work, by M. d'Alembert, 2 vols, Cinciunati. 1873.

宫泽俊义译:《法の精神》，共二册，昭和三年一月，岩波书店刊。岩波文库 177—180，严复译:《孟德斯鸠法意》，严译名著丛刊第 5，商务印书馆刊，民国二十年二月。

参看加田哲二著:《近代唯物的社会観の発展》第一编“自然環境的社会観の発展”（页 71—127）；第一章“ジャン・ボオダンの自然環境的社会観”，第二章“モンテスキユウにおける社会と自然環境”，第三章“ドイッ及イギリスにおける地理的社会学思想の発達”，及第四章“トマス・バックルの文明史

観”各篇，又美国 Semple 女士《地理环境文化史》村尾升一译，大正十五年二月，而立社刊，可为地理史观之一参考。

ハアバースペンサー：《第一原理》，泽田谦译，世界大思想全集 28，昭和二年三月，春秋社刊。

ウオード：《纯正社会学》，石川功译，大正十三年十二月，东京新潮社刊。

Giddings: *A Theory of History* 1920.

岩崎卯一：《历史についての理论》，见《社会学の人と文献》第一编ギデイングス先生の人と学について，页81—92。又题“ギデイングスの聖雄史観的文明史論”。大正十五年，刀江书院刊。

Ellwood: *Cultural Evolution*，钟兆麟译《文化进化论》民国十九年十二月，世界书局刊。又黄凌霜著《社会进化》民国十八年十月，世界书局刊，亦可参看。

吉田秀夫：《史观としてのマルクス人口論》，《我等》第十一卷第7—9号，昭和四年七月至九月，我等社刊。此篇可见 Malthus 人口史观之一斑。

ブーグレ：《社会学入门》，牧野巽、本田喜代治译，昭和四年九月，刀江书院刊。本书第三编“クルノの歴史と社会科学との关系論”一篇。尤可注意。可参看森川龙夫“社会学的史観の再吟味”（科学文化 6 月号，昭和五年六月，科学文化アカデミイ发行）；与新明正道社会学と唯物史観について”（《社会科学》第二卷第八号，大正十五年“唯物史观研究号”，改造社刊）两篇

M. William: *The Social Interpretatios of History. A Refutation of the Marxian Economic Interpretation of History*, London 1922,

刘芦隐，郎醒石合译：《马克思主义与唯物史观》，民国十六年六月，民智书局刊。此书第八章《社会史观》，可与孙中山民

生主义讲演参看。

高田保马:《阶级及第三史观》，大正十四年六月十五日改造社刊，可参看福本和夫著《唯物史觀のために》第三编二“高田博士の第三史観を批判す”（页 262—299），昭和三年四月，改造社刊。及思想第百号纪念特辑，高田保马“第三史観の立場かち——福本氏への反批判”，昭和五年八月，岩波书店刊。又高田氏外能反成一定史观者，尚有土方成美所著“一つの经済（配分）史観”，见经济研究第四卷第一号，大正十六年一月，经济研究会刊。

Lamprecht: *What is History? Five Lectures on the Modern Science of History,* Tr. from the German by E. A. Andrews, 1905.

和辻哲郎译:《近代历史学》，大正八年十一月，岩波书店刊，参看关荣吉著“ランプレヒトの文化発展時代分け,”社会学杂志第十一号，大正十四年三月，日本社会学会编。

K. Breysig: *Stufenbau und Gesetz der Weltgeschichte*, Berlin 1905（《世界历史之渐次构成与法则》）

又参看 Sombart :《社会学》，第十一章“クルト・ブライジヒ”，页 221—241，对于此书有简略的介绍。（大正十三年十一月而立社刊）又羽仁五郎《転形期の歴史学》，页 161—200，关于 Breysig“发展阶段的理论”，亦有批评的介绍。

P. Barth: *Die philosophie der Geschichte als Soziologie*. 1897.

波多野鼎译:《社会学体系论》，大正十二年三月，东京大镫阁刊。本书即其第一卷第二部前编之译文，别见社会学史条。又关于 Barth 学说可参看林惠海著“バルト教授の社会学説”，见《哲学杂志》第三十八卷第四百三十二号，大正十二年二月刊。

P. Barth: *Die Geschichtsphilosophie Hegel's und der Hegelianer, bis auf Marx und Hartmann, Ein kritischer Versuch*, Leipzig. 1890.（《黑格尔

及黑格尔派的历史哲学迄于马克思、哈脱曼》）北平图书馆有此书，可参考。

朱谦之:《三民主义的历史观》，见《到大同之路》第四章页61—104，民国十八年九月再版，泰东图书局刊。

（八）关于唯物史观及其批评

フインゲルト，シルヴイント共著:《史的唯物論教程》，プロレタリア科学研究所译，昭和六年三月五版，共生阁刊。

全联邦共产党中央委员会编:《「史的唯物论」大系》（总论[①]之部），「マルクス主義の旗の下に」编辑部译，昭和六年二月，白扬社刊。

エス・セムコフスキー编辑:《マルクス学教科書》，マルクス书房编辑部译编。昭和三年至四年十月マルクス书房刊，全书结构共七编:

第一编　社会進化の鉄則；

第二编　史的唯物論；

第三编　史的唯物論の例証；

第四编　自然と必然；

第五编　弁証法；

第六编　弁証的唯物論；

第七编　世界観とレてのマルキシズム。

原文对译:《唯物辩证法》（マルクス・エンゲルス・オヨビレーニンの諸著作よりの抜萃），经济学批判会编昭和三年十一月四版，弘文堂书局刊。

タールハイマー :《弁証的唯物論入門》，高桥一夫译，マルクス主义文库10，昭和四年一月再版。希望阁刊。

---

① 底本作“编”，今改。——编者

广岛定吉译:《弁証的唯物論入門(现代世界观讲话)》,昭和四年二月五版,白扬社刊。

李达译:《现代世界观》,一九二九年十二月三版,昆仑书店刊。

ヴエ・サラビャノフ:史的唯物論入門,荒川实藏译,昭和五年七月,先进社刊。

ユリアン・ボルハルト:《史的唯物论略解》,水谷长三郎译,昭和二年一月五版,同人社书店刊。

福本和夫:《唯物史観のために》,昭和三年四月改造社刊,又昭和二年十一月四版之《唯物史観と中間派史観》可参看,希望阁刊。

河上肇:《マルクス主義の哲学基礎》,见《マルクス主義经済学の基礎理論》上篇,页11—276,经济学全集第八卷,昭和四年十二月,改造社刊。又同著者《唯物史观研究》,大正十五年三月三十版,弘文堂书房刊,可参看。此外关于唯物史观论文重要者,尚有:

《社会主義革命の必然性と唯物史観》(我等第四卷第四号);唯物史観と因果関係(社会问题研究第五十五册);

《唯物史観に関する自己清算》(社会问题研究第77—88册)。

プロレタリア科学研究所编:《唯物史観序説》,本书内容由六篇合成,执笔者为羽仁五郎、小仓金之助、三木清、户板润、佐野案、本多谦三等,昭和五年三月,铁塔书院刊。

——以上唯物史观入门书

フリードリッヒ・エンゲルス:《フオイエルバッハ論》,佐野文夫译,昭和二年十月改订四版,同人社书店刊。

リャザノフ编:《マルクス・エンゲルス遺稿:ドイッチエ・イデオロギー》第一编フオイエルバッハ論,由利保一译,昭和五年二月，永田书店刊。

プレハーノフ：《評議フオイエルバッハ論》，川内唯彦译，昭和五年四月丛文阁刊。

彭嘉生译：《费尔巴哈论》，一九二九年十二月，上海南强书局刊。

エンゲルス：《反デユーリンゲ論》，河野密，林要共译，河上肇编纂マルキシズム丛书第八册，昭和二年六月再版，弘文堂书局刊。

吴黎平译：《反杜林论》，一九三〇年十一月，上海江南书店刊。

エンゲルス：《自然弁証法》，加藤正，加古祐二郎译，昭和四年十二月，岩波书店刊，岩波文库563—564。

エンゲルス：《史的唯物論に就て》，吉山道三译，昭和二年九月，共生阁刊。

エンゲルス：《家族、私有財産および国家の起源》，西雅雄译，昭和四年六月，岩波书店刊，岩波文库531—532。

《マルクス・エンゲルス全集》，昭和三年六月起发行，改造社刊。关于马克思的唯物史观，可参阅《神圣家族》河野密译；“哲学の貧困”浅野晃译；《经济学批判》猪保津南雄、宫川实译。又《资本论》第一卷第二版跋文，河上肇、宫川实译。

デイッゲン：《哲学の実果》，山川均译，改造文库第一部第十三篇，昭和四年二月，改造社刊。

デイッゲン：《辩证法的唯物观》，山川均译，改造文库第一部第十二篇，昭和四年二月，改造社刊。又杨东篿译，一九二九年十一月再版，昆仑书店刊。

デイッゲン：《マルキシズム認識論》，石川准十郎译，改造文库第一部第十一篇，昭和五年二月，改造社刊。又杨东篿译《新唯物论的认识论》，一九二九年九月二版，上海昆仑书店刊。

狄任:《辩证法的逻辑》，柯柏年译，一九二九年七月，上海南强书店刊，此书是据英译重译的。

ポール・ラファルグ:《正义・善・灵・神の唯物史観》，荻原厚生译，昭和五年五月，先进社刊。

《Jaurés と Lafargue の論爭：史的理想主義か史的唯物論か？》谈德三郎译，昭和二年七月，同人社书店刊。

カウツキー:《倫理と唯物史観》，由利英一译，マルクス主義选集 3，昭和三年三月，共生阁刊。

カウツキー:《マルキシズム修正の駁論》，山川均译，世界大思想全集 47，昭和三年十月，春秋社刊。

ヘルマンゴルデル:《唯物史观解说》，堺利彦译，昭和二年四月第十版，白扬社刊。

李达译:《唯物史观解说》，新文化丛书之一，民国十八年九月十版，中华书局刊。

Boudin: *Theoretical System of Karl Marx*, 1915。

山川均译:《マルクス学説体系》，大正十四年一月，白扬社刊。

A. Labriola: *Essays on the Materialistic Conception of History*. Tr. by Charles H. Kerr, Chicago, 1908.

木苏谷译:《唯物史观研究》，社会科学大系 3，大正十三年六月东京而立社刊。

黄药眠译:《史的唯物主义》，一九二九年十二月，上海江南书店刊。

ハインリッヒ・クノー:《マルクスの唯物的歴史理論》——《マルクスの歴史、社会並に国家理論》(第二卷第五册)乌海笃助，滨岛正金共译，昭和二年十一月，同人书店刊。

ハインリッヒ・クノー:《マルクスの唯物弁証法》——《マルクス

の歴史・社会並に国家理論》(第二卷七册)森谷克己译，昭和二年五月，同人书店刊。

メーリンノグ:《唯物史観》，冈田宗司译，昭和四年六月，丛文阁刊。

屈章译:《历史的唯物主义》，一九二九年一月，上海创造社出版部刊。

コルシユ:《マルクス主義と哲学》，冢本三吉译，大正十五年八月，希望阁刊。

三木清:《唯物史観と現代の意識》，昭和三年七月第三刷，岩波书店刊。

加田哲二:《近代唯物的社会観の発展》，昭和六年五月，春秋社刊，别见社会学史条。

胡汉民:《唯物史观与伦理之研究》，民国十六年五月三版，民智书局刊。

○　○　○

プレハノフ:《史的一元论》，川内唯彦译，昭和四年一月，南宋书院刊。

吴念慈重译:《史的一元论》，一九二九年六月，上海南强书局刊。

プレハノフ:《マルクス主義の根本問題》，木村春海译，昭和四年一月五版，共生阁刊。

プレハノフ:《近代唯物论史》，扰木谦辅译，社会思想丛书，昭和三年十二月再版，同人社书店刊。

プレハノフ:《わが批判者の批判》，外村史郎译，昭和四年五月，丛文阁刊。

Lenin: *Materialism and Empirio-Criticism*(Collected Works Vol. XIII), New York International publishers Co, 1927.

山川均、大森义太郎译:《唯物論と経験批判論》，昭和四年七月，东京白扬社刊，レーニン全集第十三卷。

笛秋、朱铁笙合译:《唯物论与经济批判论》，一九三〇年七月，上海明月书店刊。

レーニン:《史的唯物論》，アドラッキー编，甲村清吉译，昭和四年十一月，マルクス书房刊。又同书直井武夫译《レーニン史的唯物論体系》，昭和五年三月，希望阁刊。

レーニン:《弁証法的唯物論について》，河上肇编纂（事项别レーニン選集第一分册）昭和四年一月，弘文堂书局刊。

ルッポル:《レーニン主義と哲学》，广岛定吉译，昭和五年三月三版，白扬社刊。

アドラッキー、デムチウク、カーレフ:《レーニンの哲学的遺産》，プロレタリア科学研究所唯物辩证法研究会译，昭和六年五月，共生阁刊。

波格达诺夫:《经济科学大纲》，施存统译，一九三〇年四月四版，上海大江书铺刊。

波格达诺夫:《社会意识学大纲》，陈望道、施存统合译，一九三〇年三版，上海大江书铺刊。

N. Bukharin: *Historical Materialism, A System of Sociology*. New York, International Publishers. 1925.

楢崎辉译:《史的唯物论》，社会思想丛书第十一编，一九二七年七月，同人社书店刊。

富士辰马、横田千元译:《唯物史观》，昭和二年三月八版，改造社刊。

许楚生译:《唯物史观与社会学》，社会科学名著译丛之一，一九三〇年一月再版，上海北新书局刊。

デボーリン・ルダス著:《ブハーリン唯物史観批判》，昭和五年十一月三版，东京白扬社刊。

高尾正之助译:《ブハーリン「転形期の経済学」への批判——レーニン遺稿の新発表》。本书译自 L. Leontjew, M. Joelsen, B. Borilin 等论文，昭和五年四月，丛文阁刊。

アーデボーリン :《弁証法的唯物論の哲学》，川内唯彦、永田广志共译，昭和三年一月再版，丛文阁刊。

林伯修译:《辩证法的唯物论入门》，一九三〇年三月，上海南强书局刊。

デボーリン :《哲学とマルクス主義》，河野重弘、永田广志共译，昭和四年二月，上海书店刊。又井上满译《フランス唯物論史》，昭和三年五月普及版，南宋书院刊。即本书论文之一部分。

デボーリソ :《唯物论史》，昭和四年十一月，白杨社刊。

デボーリン :《フオイエルバッハと其の哲学》，永田广志译，昭和四年九月，白扬社刊。

デボーリン :《弁証法と自然科学》，上下两卷，笹川正孝译，昭和五年三月，六月白扬社刊。本书上卷页 32—76《唯物論的弁証法と自然科学》，曾载《戦闘的マルクス主義》一九二五年第五号，另有大山一郎译本。昭和三年十月四版，弘文堂书房刊。中文有林伯修译，一九二九年八月再版，光华书局刊。

デボーリン :《レーニンの弁証法》，河上肇译，マルキシズム丛书第一册，昭和三年十月五版，弘文堂书房刊。又同书有志贺义雄译“レーニンの戦闘的唯物論”，昭和四年五月再版，希望阁刊。

デボーリン :《カントにおける弁証法》，宫川实译，マルキシズム丛书第四册，昭和三年九月八版，弘文堂书房刊。程始仁重译《康

德的辩证法》，民国十八年十二月，亚东图书馆刊。

デボーリン：《フイヒテにおける弁証法》，小西文夫译，マルキシズム丛书第十八册，昭和三年六月弘文堂书房刊。

程始仁重译《斐希特的辩证法》，民国十八年十二月，亚东图书馆刊。

デボーリン：《レーニンと弁証法的唯物論》，太森义太郎译，为Lenin《唯物论与经验批判论》序论之单行本。昭和二年九月，丛文阁刊。

デボーリン：《正統派マルクス主義とは何ぞや——ルカッチと彼のマルクス主義批判》，稲村顺三译，昭和二年五月，丛文阁刊。又Georg Lukaes《階級意識とは何ぞや》，水谷长三郎译，昭和二年一月，同人社书店刊。

デボーリン：《マルクス主義、レーニン及び現代の文化》，藏原惟人、秋丸纯共译，昭和二年九月，丛文阁刊。

唯物论者协会译编：《「デボーリ派」批判のために》，昭和六年五月，白扬社刊。此书为对于Deborin派之清算。

ゴーレフ：《弁証法と弁証的方法》，藏原惟人译，昭和二年九月再版，南宋书院刊。

ストリャーロフ：《機械論と弁証法的唯物論》，笹川正孝译，昭和五年九月，白扬社刊。

イー・ワインシユテイン：《マルクス、レーニンに於ける弁証法》，直井武夫译，昭和六年三月，春阳堂刊。

——以上唯物史观名著选录

波多野鼎：《マルクスに於ける歴史観の発展》，《社会科学》第一卷第四号。

久留间鲛造:《ヘーゲルの哲学史とマルクスの経済学史》,《大[①]原社会问题研究杂志》第二卷第二号。

栉田民藏:《ヶネーの経済表と唯物史観との交渉》,《大原社会问题研究杂志》第二卷第一号。

栉田民藏:《唯物史観の公式に於ける「生産」及び「生産方法」》,《大原社会问题研究所杂志》第十卷第一号。

堀经夫:《唯物史観に於ける「生産方法」及び「生産関係」の関係》,我等第三卷第六号。

古屋美贞:《唯物史观研究》,《同志社论丛》第十二号。

——以上杂志论文。

J. E. T. Rogers: *The Economic Interpretation of History*. Ninth edition, 1921 London.

田尻稻次郎:《经济史眼》,明治四十四年十一月,增补六版,有斐阁书房刊。本书共二十章,即依据 Rogers 学说所编成,与马克思派系统不同。

波多野鼎:《新カント派社会主義》,社会科学丛书第十二编,昭和三年九月,日本评论社刊。本书共八章,对于 Stammler, Bernstein 及修正派 Schmit, Woltmann, Vorlaender,墺国派[②]Max Adler, Kranold,等唯物史观批评说,均有介绍。

オスカー・ブルム:《マルクス化とカント化》,波多野鼎译,我等丛书别册一昭和二年四月,同人社书店刊。

横滨社会问题研究所编:《新カント派の社会主義観》,左右田喜一郎监修,社会问题研究丛书第二编,大正十四年二月,岩波书

① "大",底本作"太",讹,今改。下同。——编者
② "墺国",即今奥地利。——编者

店刊。

山口正太郎:《シユタムラーノ唯物史観論ノ一考察》,《国民经济杂志》第30卷第6号。

山口正太郎:《シユタムラーの唯物史観批評》,《我等》第三卷第十一号。

生岛广治郎:《シユタムラー唯物史観及無政府主义批判》,《国民经济杂志》第36卷第一号。

ベルンシユタイン:《マルキシズムの改造》,松下芳果译,世界大思想全集47,昭和三年十月,春秋社刊。

榎木谦辅:《ベルンシユタインの唯物史観修正論の批判》,《社会思想》第五卷第十号。

マツクス・アドラー:《思想家としてのマルクス》,山田秀男译,昭和三年九月,《日本评论社刊》。

平野义太郎:《マックス・アドラー「唯物史観に於けるテレオロギー」》,《社会科学》,大正十四年一号。

波多野鼎:《アドラー「マルクス主義と独逸古典哲学との関係」》。《社会政策时报》,大正十五年六七号。

B. Croce: *Historical Materialism and the Economics of Karl Marx*. Tr. by C. M. Meredith. London. 1922.

纲本正三郎译:《マルクス派経済学と唯物史観》,近世文化丛书之一,大正十一年七月,日进堂刊。

ツガン・バラノヴスキイ:《唯物史観の改造》,高畠素之译述,社会哲学新学说大系一,大正十三年十二月,新潮社刊。

安保浩译:《唯物史観と余剩価值》,大正十一年,天佑社刊。

水谷长三郎译:《唯物史观批判》,大正十二年四月,同人社书店刊。

胡一贯、张文心合译:《唯物史观的改造》，民国十九年四月，新生命书局刊。

E. R. A. Seligman: *The Economic Interpretation of History*, Columbia University Press and edition 1924.

河上肇译:《历史之经济的说明》,《新史观》，千驮木丛书第二编，明治三十八年六月，川冈书店刊。

陈石孚译:《经济史观》，世界丛书之一，民国十七年七月六版，商务印书馆刊。

L. Parce: *Economic Determinism or the Economic Interpretation of History*, 1913, Chicago.

カアル・ムース :《唯物史観の哲学的・経済的基礎——マルクス主義の社会・歴史哲学》，蓑田胸喜译，精神科学丛书第一编，昭和二年六月，原理日本社刊。

施亨利:《历史唯物论》，黎东方译，民国十八年十一月初版，民智书局刊。

M. M. Bober: *Karl Marx's Interpretation of History*, 1927, Harvard University Press.

刘天予译:《唯物史观之批评的研究》，本书译自美国哈佛大学经济丛书第三十一种，原名为 *Some Crtical Considerations of Marx's Theory of History*，系马克思的历史观之第五部分之全译。民国二十年二月，大东书局刊。

Erich Brandenburg :《唯物史观批评》，平井新译，之田学会杂志第二十一卷第八号。

Ludwig Waltman :《ヘーゲル及びフオイユルバツハとマルクス》，波多野鼎译，《我等》第七卷第六号。

高岛佐一郎:《マルクスの唯物史観及び唯物論的弁証法の文献史的

考察と其の批評（序论）》，商业经济论丛书第一册，名古屋商业学校编。大正十三年三月，东京宝文馆刊。

久米成次:《唯物史観批判の研究》,《观想》第四十五号，四十九号。

室谷贤二郎:《唯物史観の相対性》,《商业讨究》第三卷下册。

北聆吉:《唯物史観の誤謬二三》,《祖国》第二卷第五号。

小泉信三:《唯物史観と共産主義的帰結》,《改造》第十一卷第八号。

福田德三:《唯物史観经济史出立点の再吟味》，昭和三年五月，改造社刊。

土田杏村:《マルキシズム批判》，昭和五年七月，第一书房刊。本书对于福本和夫氏、河上肇氏、三木清氏之唯物辩证法，均有严格批评。又本书外著者尚有《マルクス「ゴオタ綱領批評」の中心思想》(文化第六卷第一号);《ヘエゲル哲学とマルクス、レニンの弁証法的唯物論》(社会科学第二卷第八号，唯物史观研究号)；及《唯物論弁証法と其の批判》(思想问题第七,八讲页148—226，昭和四年十月，日本评论社刊）等。

大江精志郎:《唯物辩证法乃至自然辩证法批判》,《理想》第十八号，昭和五年九月刊。

大江精志郎:《唯物史观批判》,《理想》第十九号“新兴社会理论号”内，昭和五年十月刊。

一九三一,九月在上海暨大。

一九三二,四月二十六日在北平改稿。

人名对照表[①]

Adoratski（亚多拉斯基）
Alexander S.（亚历山德）
Ammianus Marcellinus（安密亚那斯·马塞立那斯）
Andler, Ch.（安德勒）
Aquinas, Thomas（汤麦史·阿阔纳士）
Aristotle（亚里士多德）
Augustine St.（奥古斯丁）
Avenarius, R.（阿凡纳里斯）
Axelrod. L（阿萨劳德）
Bacon（培根或倍根）
Bagehot（白芝浩）
Baldwin（鲍尔文）
Barth, P.（巴鲁德）
Bauer（包尔）
Bazarov（巴柴洛夫）
Below（白楼）
Bergson（柏格森）
Berkeley（巴克莱）
Berman.（白尔曼）
Bernheim, E.（班海穆）
Bernstein（柏恩斯坦）
Berthelot（白西洛）
Blanc, Louis（路易布兰）
Block, Y（卜洛克）
Boas, F（鲍亚士）
Bodin, J.（波当）
Bogdanow, A.（波格达诺夫）
Boingbrok（波令布鲁克）
Bolland（玻兰）
Borilin, B.（博立林）
Bossuet（包绪埃）
Bouglé, C.（蒲格勒）
Bourdeau, H.（布尔多）
Boutroux, E.（布特鲁）
Braun, O.（布朗）
Braunthal, A.（布朗泰）
Brentano, L.（布伦坦诺）
Breysig（布勒西格）
Bukharin（布哈林）
Bucher, K.（毕喜）
Buckle, H. T.（巴克尔）
Bulgakov（布儿加戈夫）
Bunsen（班森）

① 底本原题为“人名索引”，后附上海民智书局版页码。今删去页码，改题为“人名对照表”，福建本改题为“西文人名汉译”。——编者

Burgess, J. W.（柏哲士）
Bury, J. B.（柏里）
Caesar（恺撒）
Cardozo（加尔窦助）
Carr, H. W.（加尔）
Cassirer（加西勒儿）
Cohen, H.（柯亨）
Collingwood, R. G.（柯林渥特）
Comines（康明）
Comte, A.（孔德）
Condorcet（孔道塞）
Cosentini（柯省特尼）
Coulanges, F.（葛朗基）
Cournot（古尔诺）
Croce, B.（克洛采）
Cunow, H.（孔诺）
Darwin（达尔文）
Daunou（陶郎）
Deborin（德波林）
de Greef, G.（戴格立夫）
de Roberty, E.（戴洛柏提）
Descartes（笛卡儿）
Dewey, J.（杜威）
Dietzgen. J.（狄慈根）
Diehl, K.（狄厄尔）
Dilthey, W.（狄尔泰）
Dostoyevsky（陀思妥夫斯基）
Draper, J. W.（德雷柏）
Driesch（杜里舒）
Dühring, E.（杜林）
Durkheim（涂尔干）
Eichhorn（爱康恩）
Engels, F.（恩格斯）
Erdmann, E.（爱儿德曼）
Erhlich（爱尔立舒）
Eucken, R.（倭伊铿）
Eusebius of Caesarea（攸栖比阿斯）
Fairbanks（范鹏克）
Ferguson, A.（费古生）
Feuerbach, L.（费尔巴哈）
Fichte（菲希特）
Fischer, K.（菲莎）
Flint, R.（傅林特）
Fouillée, A.（傅叶）
Fourier, F. M.（傅立叶）
Freeman, E.（佛里曼）
Friescheisen-Köhlier（佛里昔爱萴·柯厄勒）
Froude（佛鲁德）
Galilei, Galileo（伽利略或盖律雷）
Geothe（歌德）
Gettell（高特尔）
Gibbon, E.（吉本）
Giddings（瞿廷史）
Glockner（格罗克纳）
Gogarten, F.（高加尔登）
Glodenweiser（戈登卫然）
Gorky, M.（高尔基）
Gorter, H.（郭泰）
Groppali, D. A（格洛巴利）
Grupp（格拉普）
Gunter, S.（甘泰）
Haeckel（赫克尔）
Hammacher（哈马喜）
Hartmann, C. R. E. V.（哈儿特曼）

Hartmann, Nicolai（尼各勒·哈脱曼）
Haym, R.（海逸母）
Hecataeus（赫刻提阿斯）
Hegel（黑格尔）
Held, A.（赫尔德）
Helfond（赫尔房德）
Hellwald, F. V.（海娃儿德）
Helvétius（爱尔伯铁斯）
Herder, J. G.（赫德）
Herodotus（希罗多德）
Hesiod（希西阿）
Hildebrand, B.（希德布兰）
Hintz（杏特兹）
Hobhouse L. T.（霍伯浩）
d'Holbach（德文 Holbach，霍尔巴哈）
Holmes（和谟兹）
Homer（荷马）
Humboldt, W. V（洪保德）
Hume, David（休谟）
Huxley（赫胥黎）
Lzoulet, J.（伊作勒）
Jerusalem.（耶路撒冷）
Jaurès, Jean（弱海时）
Kant（康德）
Kautsky, K.（柯祖基或考茨基）
Kelles-Krauz, C. V.（客列士客楼茨）
Kepler（客卜勒）
Keyserling, H.（克斯尔林）
Kidd, Benjamin（颉德）
Knapp（克纳布）
Knies, K.（克尼斯）
Korsch, K.（柯鲁舒）
Krause（克拉斯）
Kroner（克劣纳儿）
Kropotkin, P.（克鲁泡特金）
Kugelmann. R. W.（苦格尔曼）
Lack（拉克）
Lacombe（拉公布）
Lafargue, P.（拉发格）
Lamarck, Jean（拉马克）
La Mettrie（Lamettrie，或拉·麦托利）
Lamprecht（蓝普勒喜）
Lange, E. A.（蓝格）
Langlois, H. V.（朗格诺瓦）
Lask（拉司克）
Lassalle（拉萨尔）
Lasson, G.（拉松）
Le Bon（黎朋）
Leibniz（来勃尼兹）
Lenin（列宁）
Lessing, G. E.（雷星）
Lessing, Th.（雷星）
Lilienfeld（李林佛）
Lindner（林德纳）
List, F.（李士特）
Litt, Th.（黎德）
Littré（黎吐勒）
Livy（李维）
Locke（洛克）
Loria（罗立亚）
Lotze, R. H.（陆宰）
Luckacs（鲁加斯）
Lunacharsky, A.（卢那茶尔斯基）
Luther, Martin（马丁路德）

Mably（马百里）
Mach, Ernst（马哈或马赫）
Machiavelli, N.（马基雅弗利）
Maine（梅茵）
Malebranche（马尔布兰西）
Mann, Thomas（曼恩）
Marshall（马先尔）
Marx, K.（马克思）
Mehlis, G.（米利斯）
Mehring, F.（墨林）
Messer（麦塞）
Meyer, Eduard（梅约）
Michelet（密希来）
Mill, J. S.（约翰穆勒）
Miltn（米尔顿）
Montesquieu（孟德斯鸠）
More, Thomas（莫尔）
Morgan, C. L.（摩尔根）
Morgan, L. H.（摩尔根）
Muhs（穆斯）
Müller-Lyer（米勒利尔）
Narodniki（拿路尼基）
Nasse（拉斯）
Natorp, P.（拿托儿普）
Newton（奈端或牛顿）
Niebuhr（尼布尔）
Nietzsche（尼采）
Nohr, H.（诺尔）
Ogburn（乌格朋）
Oppenheimer（乌本海）
Origen（婀利振）
Orosius（奥洛息阿斯）
Ostwald（阿斯瓦德）
Otto of Freising（鄂图）
Owen（奥文）
Pannekoer, A.（潘奈柯尔）
Patressov, A.（巴托勒索夫）
Pearson（皮尔逊）
Pecqueur（柏格）
Philo Judxus（腓罗犹太）
Plato（柏拉图）
Plekhanov [Plechanov]（蒲列哈诺夫）
Plotinus（柏拉听纳斯）
Poincare, H.（潘卡勒）
Polybius（波里比阿）
Pound（庞德）
Proudhon（蒲鲁东）
Quetelet（葛特莱）
Rachfahl（拉此佛尔）
Ranke（蓝克）
Rapporte（拉波播尔）
Ratzel, F.（赖实尔）
Raynal（雷拿尔）
Renan, E.（鲁南）
Ricardo（李加图）
Rickert（黎卡特）
Riehl（黎尔）
Ritter, K.（立忒）
Robinson（鲁滨孙）
Robertson, William（罗伯特生）
Robertson J. M.（罗伯特生）
Rocholl（罗凑耳）
Rogers, R. W.（洛哲斯）
Roscher, Wilhelm（罗协儿）

Rösler, H.（罗斯勒）
Rousseau（卢索）
Rudas, L.（卢达）
Ruge, A.（卢格）
Rümelin（吕墨林）
Ryazanov（李耶查诺夫）
Saint-Simon（圣西门）
Sallust（萨拉斯特）
Savigny, F. K. V.（萨维尼）
Schäffle, A.（谢富勒）
Scheel, H. V.（席尔）
Scheler, Max（雪雷）
Schelling（谢林）
Schillcr, J. C. F.（席勒）
Schlegel, F.（史雷格尔）
Schlözer（士洛则）
Schmeidler（司麦德勒）
Schmidt, Konrad（斯米特秃）
Schmoller, G. V.（石慕勒）
Schönberg（松保耳）
Schopenhauer（叔本华）
Seeck, Otto（席克）
Seignobos. Ch.（瑟诺博司）
Seligman（塞利格曼）
Semple, E. C.（圣婆儿）
Shaftesbury（莎福慈百里）
Shakespeare（莎士比亚）
Shotwell, J. T.（邵威尔）
Sibree, J.（席布利）
Simmel（齐穆尔）
Sismondi（西斯孟迪）
Small（司马尔）
Smith, Adam（斯密亚丹）
Sombart, Werner（桑巴德）
Sorokin, P.（素罗坚）
Spann, O.（斯班）
Spencer, H.（斯宾塞）
Spengler, Oswald（施宾格勒）
Spranger, E.（施勃郎格）
Squillace（斯魁拉士）
Stammler, R.（施登末勒）
Starkenfurg, H.（斯塔肯费利）
Staudinger, F.（斯陶丁格尔）
Stein, L. V.（斯泰因）
Steffensen（史宅芬孙）
Stepanoff, E.（史推潘诺夫）
Strauss（司特老司）
Struve（司特鲁夫）
Suetonius（斯韦托尼阿）
Tacitus（塔西佗）
Taine, H.（泰纳）
Tarde（泰特）
Tayler, A. E.（泰罗）
Thibaut（席博特）
Thucydides（修昔的底斯）
Tönnies（杜尼斯）
Treitschke, H.V.（崔志基）
Troeltscb, E.（托洛尔次）
Tugen-Baranovsky, M.（杜格巴洛诺夫斯基）
Turgot（杜尔阁）
Turner, William（忒湼）
Varro（瓦罗）
Vico（韦柯）
Vierkandt, A.（费尔康）

Voltaire（伏尔泰）
Von Wiese, L.（冯维史或维史）
Vorländer, Karl（伏兰德）
Wagner, Adolf（瓦格涅）
Ward, Lester F.（华特）
Weber, Alfred（韦柏）
Weber, Max（韦柏）
Wegelin（韦格林）
Weinstein（魏斯泰因）
William, M.（威廉）
Windelband（温特尔班）
Woltmann, L.（瓦尔特曼）
Worms, René（华姆史）
Wundt（冯德）
Yushkevich（游西凯维赤）

中山大学哲学系 主编

朱谦之全集

卷四

历史哲学

（二）

历史学派经济学
黑格尔主义与孔德主义
黑格尔的历史哲学
孔德的历史哲学
文章辑录

商务印书馆
创于1897 The Commercial Press

本卷册二目录

历史学派经济学

本书于1933年2月由上海商务印书馆初版发行，2002年收入福建本第五卷。本次整理，以1933年商务印书馆本为底本，以福建本为校本，同时参以中山大学哲学系藏朱谦之先生“自存本”之校批文字。

——编者

目　录

序

法人孔德氏说人类进化，分为神学、玄学与科学的三级；近代学者，无不以由玄学而嬗于科学为目的，是我们所能公认的。科学的异于玄学，就是舍演绎法而用归纳法。但同是用归纳法的科学，因对象的不同，而得区为两类；一是自然科学，一是历史科学，前者在剔除歧异之影响而求得反复不变的因果；后者在观察类似之事实，而表出特别不同的关系。各有领域，不能相易。经济学的成立，实始于古典学派，此派纯用演绎法，以个人的利己性与自由竞争为出发点，欲求得一抽象的超时间空间而永久不变的原则，以应用于一切；是貌为袭用自然科学的法则，而结果乃蹈玄学的覆辙。马克思派反之，乃参用归纳法，而又欲执着阶级斗争的理论以建立一成不变的公则，乃不得不利用黑格儿的辨证法以为护符，于是又成为半科学半玄学的组织。纯粹用归纳法的，惟有历史学派。历史学派中，虽也有新旧的区别，而且经济学中是否由国民经济学而进于世界经济学，亦为值得研究的问题；然而历史学派的经济学，确比古典学派与马克思学派为进步，是无可疑的。我国经济学说，虽自管子时代已有甚精的格言，然二千年来，迄未有科学的组织。直至十九世纪，始有侯官严氏所译之斯密氏《原富》，是属于古典学派的。最近时期，又有译述马克思派的著作，然亦零星小著，无关宏旨。至于纯粹历史学派的著作，则译者较少。朱君谦之，素治玄学，著有《虚无哲学》等书；近则由玄学而进于科学，于历史学派的经济学研究甚深；特编此书，不特于历史学派与古典学派及马克思派的异同分析甚精；而且于历史学派中各种经济发达阶段说，详悉叙述而加以批评，于我国经济学界，必有重要的裨益，可以断言。所以略志缘起，藉为介绍。

中华民国二十年五月五日

蔡元培

第一章　绪论

历史学派（Historical School）是近代一群重要学者，应用历史精神和方法到社会科学上的一个新运动。不但经济学史上有历史学派，政治学上、法律学上也有历史学派。如葛退尔（Gettell）在《政治思想史》（*History of Political Thought*）中，即有“政治思想的历史学派”一章，历举德国历史学派的萨维尼（Friedrich Karl von Savigny）、英国历史学派的梅茵（Sir Henry Maine）、美国历史学派的柏哲士（John W. Burgess）；实际直到现在，根据于历史的考察来研究政治和法律发展的学者，恐怕比从前还要占势力吧！奥彭衡（Oppenheimer）虽反对新历史学派，而他所著的《国家论》，却完全引用历史方法来讲明国家制度的发达。法律学上的新历史派即社会学派（Sociological School），也有代表人物，如 Erhlich、Holmes、Pound、Cardozo 等，可算法律学几大宗派中最大的一派。可见从广义来说，历史学派的运动，在多数学者努力之中，是没有间断过来的。不但如此，现在最出风头的，不就是马克思派？马克思（Marx）不是做过《历史法学派之哲学的宣言》来反对历史学派之浅薄倾向？（改造社版《马克思燕格儿[①]全集》页 195—200）然而很奇怪的，当他批评历史学派最利害的时候，即他最受这一派影响的时候。他那篇论文极力批评历史学派的元祖韦柯（Vico），而在《资本论》第一卷第四篇第十三节的脚注，

① “燕格儿”，今译“恩格斯”，余同。——编者

又那样地注意他。（他的女婿拉发格（Paul Lafargue）著《正义·神灵的唯物史观》第一章“马克思的历史方法”，第三节即专论韦柯的历史法则，可见影响之大了）。而且我们即就马克思所说“经济的社会构成之进步的阶段”，即概括之为“亚细亚的、古代的、封建的及市民的生产方法”的发达阶段；似此应用的历史的观察，来建立经济发达阶段的法则，和历史学派的经济阶段说，还有什么不同？历史学派谁也知道他是受黑格儿（Hegel）哲学的影响很大，但马克思学说亦何能跳出此例。可见马克思派虽反对历史学派，实际上他也正是一个历史学派的产物，的的确确是一个历史学派的学者。他的有名的《共产党宣言》，在一八四八年，和历史学派三大建设者之一人希德布兰（Hildebrand）的《现在及将来的国民经济学》同年发表，这不就是很明显、很可注意的事实吧！所以我们现在经济学的问题，不要像从前那样彷徨不定，我们很可以把问题缩小，来问一问我们是要遵循历史学派当中的那一派？马克思一派，还是李士特（List）一派，还是希德布兰一派，还是……？这么一来，历史学派的讨论范围就扩大起来了，然而我这一本小书，初意并不准备将马克思派立即加入，所以这里也只表过不提。本书的最大目的，只要能够简简单单地讲明研究经济学上的历史学派，即十九世纪中叶德国的历史学派就完了。

原来德国历史学派，在思想方面是对抗第十八世纪斯密亚当（Adam Smith）、李加图（Ricardo）等基于演绎法所成绝对主义的英国古典派经济学，而主张归纳的相对主义的历史方法。但这历史方法，据许多学者都说是受了黑格儿主义（Hegelianism）的影响。韩讷（Haney）的《经济思想史》和葛退尔（Gettell）的《近代政治思想史》，差不多有同样的论调。据我看来，黑格儿（Hegel）哲学在德国当时实已铸成了纯粹的德国社会学的形态，所以德国社会科学的创设者，无论是马克思、燕格儿（Engels），抑为经济学家而兼政治学家的施泰因（Lorenz von Stein 1815—1888[①]），他们几位都是引用黑格儿学说于经济学方面去的。（参看加田哲二著《近世社会学成立史》页206）马克思不要说了，尤其是施泰因，承认经济学与历史观念相关联，实为德国从古典主义过渡到历史经济学派的一大思想家，他的社会政策的理论，也实为后来石慕勒（Schmoller）所本。过此便是那一位历史学派经济学家的罗协儿（Roscher），他所受黑格儿主义的影响更为显明。总之黑格儿，据斯班（Spann）和威瑟（Wieser）告诉我们，他是德国社会学的开山元祖，比康德（Kant）、菲希特（Fichte）的贡献还要重要些，所以我们假说历史学派为黑格儿主义方面的发展，也实在有充分理由。何则？黑格儿主义影响于历史经济学派者，有可注意的两要点：第一是"进化的方法"，据费雪（Kuno Fischer）对于《黑格儿哲学解说》（原著见《近世哲学史》的第八卷，坂上绚一郎译，《黑格儿哲学解说》页1—15），则黑格儿的出发点，即为世界发展又世界全现象，尤其生活全现象的进化观念。不消说这种特出的进化思想给历史学派以一大刺激，使他知道经济生活是一种与时代共同进化的连续，它是不断的创造又能进步的；因此而古典学派的绝对主义便推翻了。第二是"历史的方法"，我们读过黑格儿《历史哲学》的，不能不承认他是已经贡献了划时代的历史的方法，对于一切社会科学的诸形像，如国家、法律、宗教乃至人生的诸领域，都能从历史的过程形态去观察他。一面具体的认识那些事象过去的轨道，即一面预测现实的必然的历史的步骤，这种特出的历史的思维的考察法，一转便可应用于经济学，成功为经济之历史的考察法（历史学派），与历史之经济的考察法（马克思派），于是而种种经济发

① 施泰因卒年，一说为1890年。——编者

达阶段说发生，而古典派的抽象演绎法，便应手倒下来了。由上可见历史学派实渊源于黑格儿主义的方法，在黑格儿本身生前虽没有系统的发表过经济学（《人伦的社会体系》(*System der Sittlichkeit*)乃是未完稿，并且很不明了似的），而事实上历史学派因为有可靠的进化的历史方法做根据，便成就了比黑格儿还要进步许多的经济学说。就是马克思走错了路似的，想用黑格儿辩证法组成经济的理想（最好笑的是，他们的财产的辩证法自相矛盾，如马克思以私有财产为肯定的阶段，燕格儿则以共有财产为肯定的阶段，那末叫我们后学要如何适从？怪不得克鲁泡特金（Kropotkin）要大呼打倒辩证法了），然而他的成就已经是青出于蓝，不过比较于历史学派，则马克思派未免玄学的色彩太多，而后者的优点，则更接近自然科学的方法罢了。

但从另一方面看，则历史学派虽受黑格儿哲学的影响，却不止单受黑格儿哲学的影响的。在这里我可以依据殷格郎（Ingram）著《经济学史》(*A History of Political Economy*，“万有文库”内，胡泽、许炳汉译）第六章“历史学派”（第三册页23—85）的几段话，知道除了黑格儿以外，历史学派实受孔德（Comte）的影响最大。“据孔德观察，社会学的主要点，当如下述：——（一）社会学一定是一种科学。在此科学里面，凡社会状况的一切要素及其彼此的关系和交互的动作，统通要研究的。（二）社会学包含动态的和静态的社会学说。（三）社会学排斥绝对论，以循序变化的概念，代替抽象固定的概念。（四）社会学虽不排除其他讲学法，却是它的主要方法是历史比较法。（五）社会学充满了道德观念和社会责任思想，与从〔天则〕(Jus naturae）论所推演的个人权利相反。（六）社会学的精神及其实行结果，都趋于实现一切构成〔公共正义〕(Popular cause）的大目的。（七）社会学虽以此为目的，却是企图实现，是利用和平的方法，以进化代替革命。”（页三十三）这上述各种特点，可说和德国历史学派的全部学说完全一致，尤其是关于社会动态的研究；孔德派承认：“社会学自有，而且必须有它的研究范围和特殊的研究法，它的范围即是最广的历史范围，包含同时代的事实，而它的主要研究法——虽不是唯一的研究法——如我们说过的，即是社会学之比较法，最适当的称之为〔历史法〕（historical method）。”（页三十五）将这种历史法适用于经济学，便就是历史学派的见解。不但如此，孔德在他的《实证哲学》以及他的《实证政治学》（*Politique Positive*）的许多地方，对于从前经济学者的一般观念和研究法，都提出或暗示反对，特别是对于我们所说的李加图及其党徒的观念和方法予以非难。约翰·穆勒（J. S. Mill）曾对孔氏的评语发生愤怒，说“此种评语，实足以见孔德之如何浅薄；”（页三十七）。由这愤语，可见孔德和古典派经济学者是怎样冲突。不过问题却有一点，就是孔德思想虽如何接近历史学派，而历史学派事实上还不肯老实承认是受他的影响，如克尼斯（Knies）就是好例。他所著《站在历史方法立场上的经济学》，依殷格郎的批评，“他对于历史法之解说和阐发，于孔德之所成就者毫无增益，氏书的第二版刊行于一八八三年，在此版里面，他作一个奇怪的声明，说当他在一八五二年撰著此书的时候，对于这种由一八三〇年到一八四二年就已出版六集的《实证哲学》，他完全不知道，并且他又说，或许所有德国经济学者都不知道。这种说法，颇于他们心地的光明上，或是文字的缜密上，发生疑问的。设若我们记得穆勒在一八四一年已经与孔德通信的事，和一八四三年出世的《逻辑学》（*Logic*）里头穆勒称颂孔德的话。可是，克尼斯嗣后研究孔德的作品时，他告诉我们说，他在此书中发现这样多与他的结论相同的意见，令他惊诧不已。他或许是很惊诧，因为他的方法论中真正有价值的见解，而被孔德说来，则规模较大，魄力亦较雄厚了。”（页四十二）其实不但克尼斯如此，最明显的如希德布兰，他关于改良经济学所立的目标，不受历史派法律学的感动，而是受言语学的感动。迪尔（Karl Diehl）在他的*Theoretische Nationalökonomie* 页213（此据住谷悦治《经济学说的历史性、阶级性》页一四§1）说，“不管罗协儿用历史法律学的方法，希德布兰却以历史的言语学为依据（Wie Roscher die historische Juristenschule, so hat Bruno Hildebrand die historische Sprachwissenschaft als Vorbild genommen）。”这样两种根据的不同，即无异告诉我们黑格儿主义与孔德主义的不同。因为十九世纪言语学的进步证实了人类言语是经历史上秩序的变化，以成现今的言语，经济生活，同样地亦经过历史上秩序的变化而演成现代的经济生活。因此希德布兰遂采用言语学的道理而应用于经济学，结果在经济研究上，也主张以相对观念，代替了绝对观念。我们再转眼看希德布兰《现在及将来的国民经济学》，有对于蒲鲁东（Proudhon）财产论的有名的叙述（页239—256，在许多蒲鲁东研究者如Salomon, Zenker, Dube, Mülberger中，他也是应首屈一指的。），然而蒲鲁东和孔德是有思想上的关系（只要注意在一八五七年九月八日举行孔德葬式时，蒲鲁东是在许多参列者之中，就很够证明他们是同调的了。），那末希德布兰能说没有间接受着影响罢！总而言之，历史学派实兼受黑格儿与孔德两大导师的影响，可说就是这大思想的一个综合。他们的优点，是在有这两大思想的长处，而舍弃了他们短处，这一点拿来和马克思派比较，似乎又胜着一筹的了。

于是从历史学派思想的背景，移到研究当时发生的社会背景时，最唤起我们注意的，是按那时德国的情形，和中国现时情形差不许多。一八三三年的关税同盟，可算历史学派元祖李士特（List）根据各国历史事实，提倡保护关税论的成功；然而细察那时情形，和在次殖民地的中国，因受国际的经济压迫，以致八十年来农业衰落，工业凋零，民生憔悴，国势衰弱，一直弄到如今才主张保护政策，而有所谓关税运动与裁厘运动发生，这不是和李士特的学说背景恰恰相同的吗？我最好在这里把马寅初先生《马克斯学说与李士特学说二者孰宜于中国？》一文（见《马寅初演讲集》第一集）所述德国当时的社会背景，摘录其条目如下：

（一）内地税之遍设；

（二）国境关税之废滞；

（三）企业家之要求；

（四）商务上之统一。

原来德国在一八〇〇年至一八四〇年，国内正是四分五裂的时候，关内遍设厘卡，即普鲁士一邦，亦有八十七处之多，各处又复不相规定。其次德国当时对于国境关税不甚注意，如进口税之类，均无规定，且极微弱，故制造品输入甚多，国内商业因而不振。又德国当时一般企业家，尤其是纱厂方面，因英美商业发达，输入之货甚多，均请政府实行保护政策。又德国商务税统一较政治统一为先，故先实行废除内地税，当时以各邦自行联盟，定有一定之税率。（以上节录《演讲集》页223—226）由以上种种情形来看，可见德国和中国经济现状相同，历史学派在德国是有他不可避的社会原因，同样在中国因为情形相同，自然而然地历史学派也有渐渐抬头的倾向。只要看看提倡保护的关税政策和裁厘政策为什么能够实行，就可见这都是经济趋势中必然的历史使命的了。再进言之，在德国所发展的新历史学派，如石慕勒（Schmoller）从伦理的见地来解决社会问题，如一八七三年设立社会政策学会，一面对外为反抗英国的资本主义而反对古典学派的经济学，一面对内为促进自国产业的勃兴，同时不能不反对马克思派的共产主义的理论；这种情形和中国现在所需要的经济学，从根本的性质看，似乎有些相同。可是我们要注意的，中国现在所需要的不止是对抗工业资本的社会政策，却是对抗国际帝国主义金融资本的“钱币革命”，因为历史的背景不同，所以孙中山才同时主张钱币革命与实业计划，来解决民生问题。我敬爱的国内经济学者醒来吧！为着拥护国民经济的全体生活，我们现在实有提倡历史派学说的必要，请莫再空谈那不落边际的马克思的“财产辩证法”我们还是脚踏实地，为“人民的生活，社会的生存，国民的生计，群众的生命”奋斗到底！

第二章　历史学派的根本概念

历史学派是对于斯密亚当和李加图所建设的正统学派下了许多反对议论，最明显的如排斥演绎法而主张归纳法，及用历史方法去从事各民族的经济生活之研究。但实际据威尔布兰（R. Wilbrandt）在《国民经济学的发展》（*Die Entwicklung der Volkswirtschaftslehre*）中说，则对于古典经济学派，可举三种类的反对说：第一是反动的保守主义者的一派，这是因为古典经济学派的经济学所及于公众生活的恶影响，因而希望憧憬着再夺还一切损失，复归于中世封建势力下所行的家长制度的“古代黄金时代”。这就是憧憬于那不支配于货币、拜金主义和冷酷的契约，宁愿从信仰生活，由信仰而结合，使人们再生存于共同性的Gothic式教堂的时代的反动。第二是所谓历史的伦理的学派，这派发生的原因：（a）人们对于从古典学派的学说及理论所期待着的结果完全失望，因而对古典学派的方法，不能不抱怀疑态度。（b）对于现实所有为任何时代不曾预想到的弊害的发生未免失望。而且就这些事实怎样和自然法则相调和的说法，也始终没有，一度将事实看定了以后，便主张将这些事实从国民经济学来下判断；因此从新采用了历史的态度，而应以历史的方法为依据的要求，便成为重大问题。第三是对于将来的态度，即要求全体改造之社会主义的勃兴；由他们看起来，则代表着近代世界即资产阶级支配的世界，并且赞美这世界的古典学派的经济学，不过是有产阶级的科学罢了。这派的企图，不但轻蔑这些，攻击这些，更重新采出建设一个完全不同的世界，这就是和古典学派对立着的社会主义学派（第二篇第一章）。——由上所说，可见历史学派和乌托邦派、社会主义派同样地站在反古典学派的共同战线上，同样地不满于古典学派以自由竞争和利己心为基础的经济理论。（住谷悦治著《经济学说的历史性、阶级性》页1，谓马克思因反对古典派经济学的自由竞争和利己心的根本论调而建立了他科学的社会主义的全体系；他反对历史学派亦攻击那以自然法的演绎为基础的绝对主义。这种分别，好似忘却历史学派即“伦理学派”这个名称的一点似的。实则知道历史学派为什么高唱经济学研究中须有道德的要素，就知道他们是如何反对古典经济学之自由竞争和利己心的根本论调了。）所不同者，即在这三派憧憬的对象不同，第一乌托邦派以“过去”为理想境，是经济学上的复古派。第三社会主义派（把社会主义一名专属于马克思派，是不对的。实则乌托邦固是空想的社会主义，历史学派恰是现实的社会主义。）以“将来”为理想境，是经济学上的未来派。第二历史学派以“现实”为理想境，所以是经济学上的现实主义派。（Totomientz《经济思想史》页182，谓“历史学派亦常被称为现实主义学派，因为他们注意于现实的经济现象，使用统计的方法”。）然而经济现象乃是现实的现实，不是过去，不是将来，所以只能在现实中涌现理想，却不能离开现实而施设虚玄的理想社会，这是第一点要注意的。复次，这三派所应用的方法不同，第一乌托邦派的方法是宗教的、诗的；第三社会主义派的方法，是玄学的、辩证法的；就中只有第二历史学派，才真正完全应用了科学的历史的方法，——归纳的统计的方法，这是第二点要注意的。懂得这些，然后才好言归正传，来叙述历史学派的根本概念。

历史学派通常以李士特（Friedrich List 1789—1846）看做这派的创始者（他的主著是《政治经济学之国民的体系》*Das Nationale System der politischen Oekonomie*，1841），其实李士特虽知道用历史之比较观察，但他“多存门户之见，其历史智识亦不甚完备”；这在韩讷（Heney）的《经济思想史》已有的确批评，所以从方法革命这点来看，不把他列入德国历史学派当中，而只把他看做初期的国家主义派（参看《经济思想史》第二十章、第二十六章），也就没有什么。真正历史学派的勃兴，最有贡献的却是所称为三个德意志青年的罗协儿（Wilhelm Roscher 1817—1894）、克尼斯（Karl Knies 1821—1898）、希德布兰（Bruno Hildebrand 1812—1878），有这三个人，历史学派才算确立。他们极端反抗古典经济学，要推翻他而从事于经济生活之历史的研究，其结论只认经济政策的真价不是绝对的而存于相对的一点。而且否定了古典学派主张在经济学里发见那有普遍妥当性的经济法则，如斯密·亚当屡屡所述通过一切时间空间（all times and all places）而不失其真实的那样法则，是没有的。经济现象不是如古典学派所想象的超越时间空间的普遍东西，它终竟是限制于时间空间之个别的具体的现象，是具有随时代之推移而发生、随时代之转移而消灭的性质的。至于经济学的方法，则主张依于归纳法，而搜集许多资料，从事于详细事实的研究，把握着经济生活与法则、惯习、伦理的关系，在那里便把道德的要素看重起来。因此便排击以古典学派之利己心与自由放任为基调的世界主义，而提倡以国民生活为中心的经济思想，为所谓国民经济学的建设而努力。依他们的先驱者看起来，在国际上有强固国民感情的存在，是很有益处的，因此对于英国学者的世界主义，特别把国民精神激发起来（参照住谷悦治《经济学说的历史性、阶级性》页 2—4），这么一来，那末历史学派实在还没有跳出国家主义范围，和我们一向提倡大同主义的根本冲突（大同是以博爱为基础，古典学派所倡世界主义则以自由竞争和利己心为基础，绝不相同），那末为什么还要提倡他、阐扬他？不知道历史学派原有旧派与新派的区别，旧派重视国家活动，新派则重视社会活动；旧派重视国民经济，新派则倾向世界经济；旧派思想偏于消极的，新派则偏于积极的；（韩讷将历史学派分为旧派或较消极派与新派或较积极派，是很值得注意的。）如以上所述，专指开创旧派思想的保护关税论派，自是恰好；然而历史学派的思想历程，是从发萌期而成立期而发展期，它的本身也是有一段进化的历史，所以成就也就决不到此而止。

（1）历史学派的发萌期　在德国最初反对斯密亚当以自由放任为基调的世界主义，而高唱着以国民生活为中心的保护主义经济思想的学者，不能不先举李士特（Friedrich List）了。据燕格儿（Friedrich Engels）说："……甚至于一八三〇年，对于做德国物质的市民的发展阻碍的、那样滑稽似的旧中世纪的残余，不得不实行斗争时候；德国的经济学，还什么也不可能。关税同盟的成立，同时德人好容易才能理解经济学这个东西，此后为着德国市民阶级的利益，才开始实行输入英国及法国经济学，不久在学界与官吏间，从输入的数据上，用那不失为"德意志精神"的方法，将它改造了。如此德国经济学的文献，由于能文的产业骑士、商人、学校教师及官吏等的凑集中成立起来，那种没趣味、浅薄、无思想、冗漫和剽窃之点，和这种德国经济文献相并的，只有德国的小说罢！于是抱着实际目的底人们之间，先造成了产业家的保护关税学派，其权威者李士特在他荣誉的全著作中，虽曾抄入那封锁大陆理论的创始者法国人费利耶（Ferrier）的话，但依然为德国市民的经济学文献，创出了最好的东西。"（改造社版《马克思燕格儿全集》第七卷，页33—34。《卡尔·马克思经济学批判》第一册。）依燕格儿而得如此好评的李士特的经济思想，究竟是怎样的东西呢？依我们看来，李士特与其谓为学者，无宁谓为实际家；他尊重经验，排斥演绎抽象的理论，对于书斋的智识，比之实际是算不了什么的。就是他攻击古典学派，也始终站在这经验的历史的立场。据他说，因为英国古典派经济学忽视了有特殊历史发达之各国的国民性，从独断的前提，建立出经济学理论，所以他们理论太抽象了，往往不合于历史的事实，他们所谓世界主义，将各各国民性的差别都没却了，实在不过纯粹地空想罢了。而且古典派经济学，据他说来是有三大误点:（李士特《国家经济学》王开化译，第十五章页一五八）

第一为无限制之大同主义（boundless cosmopolitanism），此主义既不认识国家之性质，又不注意于国家利益之满足；第二为无生命之物质主义（dead materialism），此主义处处惟知注意物之交易价值，而于国家之精神上、政治上，现在或将来的利益，以及国家之生产力均不顾及；第三为无组织之利己主义（disorganizing particularism）与个人主义（individualism），此主义忽视社会工作之性质，生产力联合之作用，俱有伟大之效果。

实在说起来，人类社会发展，应当是一种历史的循序的发达，一级一级的放大，如“身修而后家齐，家齐而后国治，国治而后天下平”，到了“天下平”才可以次进于庄严华丽的“大同世界”。所以无限制的大同主义，完全不认个人与全人类之内，尚有“民族国家”存在，这是根本错的。孙中山告诉我们:“要讲世界主义一定要先讲民族主义，所谓欲平天下者先治其国，把从前失去了的民族主义，从新恢复起来，便要从而发挥光大之，然后再去讲世界主义乃有实际。”李士特也同样告诉我们：在经济学上，个人的经济生活要和国家、和国民性相结合，才能够如实说明它。

在个人与全人类之间，尚有国家存在。国家者各有其特别

> 之言语，特别之文学，特别之起源，特别之历史，特别之风俗习惯、法律制度，与夫其他各种生存、独立、存续、进步等事所必具之条件，而自有其特别之领地者也。乃由许多精神与利益之锁链，而结合为一独立社会，且为此社会计，在此社会中，应承认有权利、法律之存在；复以其联合统一之资格，与其他国家社会相对峙，即以其己国之权力与政策，维持其生存独立于世界现势之下者也。个人仅能由国家之力，在国家之中，获得精神文化、生产力、安全与福利，故人类之文明，亦仅能藉各个国家之文明与发展，始有达到之可能也。（第十五章页 158—159）

他怎样反对世界主义理论之普遍的适用，而高唱着特殊国家及民族文化的根本精神，这一点是很容易知道的了。他因此便说各国的发达程度各各不同，他说："政治之作用，在于变野蛮之国家为文明，变弱小之国家为强大，一言以蔽之，在于使国家之生存与继续，益臻于巩固耳。国家经济之作用，在于完成一国经济之发展，准备加入于将来之世界社会（the universal society）。"（第十五章页一五八）

因为李士特一面高唱国民思想，一面梦想着永久平和的"世界联合，"所以施泰因（Ludwig Stein）简直说他是"国际联盟的先驱者"。（《社会思想史》第二十章，日本协调会译，页 318）但在没有到达这世界社会时，国家之保护干涉是必要的。斯密·亚当研究富的性质及交换价值，而注力于分业论——生产财富之力，但是现在重要的不是富或交换价值，是能创出这些富或交换价值之力；分业要算是创造物质的力，可是现在却非先养成如此的生产力不可。在这里依于国家的保护贸易政策，来保护未发达的产业，是必要的。还有"古典学派是使政治和经济分离，经济学的对象只是价值与交换，而以决定价值、资本、利润、赁银地租的概念，分析其构成要素，究明其腾落变动，这就是经济学的任务；政治的关系，那是不要管他的。但是经济现象要不是和政治发生关系，它的真相是不能够解明的，尤其于生产力的养成、未发达产业之保护等，经济现象和政治现象，是持着密接不离的关系。”

在古典学派则国民经济和个人经济是作一样看，好像个人经济的解明也可说明国民经济似的；但是事实上两者性质全然不同，即使集合个人经济，仍不能使其成功国民经济；这两个各别的东西，在相互矛盾的场合里，个人经济非成为国民经济的牺牲不可。李士特因此举用国家权力节制个人企业的许多事件，而指摘古典学派个人本位的自由放任政策的误谬，主张国家的保护政策。（第十四章页 148—156）

把以上李士特见解概括起来，第一是反对古典学派将普遍的经济法则适用于不同历史传统的诸国民，而主张经济学应该以国民生活为本位的。第二是真的国富不是物质的富的总量，而是存于活动着的生产力，为着他的发展，国家要有保护政策的一点。

（2）历史学派的成立期　历史学派从李士特开出一条准备的道路以后，到了那位历任 Göttingen 与 Leipzig 两地大学教授的罗协儿（Wilhelm Roscher）出来，遂为该学派划一个新纪元。他是德国经济学中持中有名著作家之一，所著《根据历史方法的国家经济讲义纲要》（*Grundriss zu Vorlesungen über die Staatswirtschaft nach geschichtlicher Methode* 1843）序文里，将历史学派的根本原则都说明了，虽然殷格郎说他“有时态度尚属游移，而且最不幸的，是他以历史法与哲学法相对比”。（《经济学史》第三册页三七）如分国家学的方法为二部：其一哲学的方法，在可能范围抽象的弃掉了时间空间的偶然性，而构成概念的方法；其二是历史的方法，深入于人类发展的事实中，而实地叙述它的方法。可是国民经济学是国家学的一方面，是研究国民经济的发达的科学，当然是要以历史的方法为依据的，所以在这一点上，他还是没有错的。今请录其所述历史学派的纲领如下：

我主张国民经济学的方法，应该达到和萨维尼（Savigny）、爱康恩（Eichorn）在法学所用的方法一样。详细说起来，这种方法不仅它的外形是按时代的顺序以研究现象，而且具有下列的根本观念：——

（一）怎样增进国富虽是我们主要的问题，但那不是我们经济学之本质的目的。国民经济学不单是致富的技术，是要怎样判断人类、支配人类这样政治的科学。我们的目的是要在经济的见地上，叙述国民之所思、所欲，怎样发明、努力，并且怎样达到目的。像这样叙述必须和国民生活中其他科学，尤其与法律学、国家学及文化史有密切关系的把握着，才可能的。

（二）但所谓国民者，不是现在活着的一堆人，所以想研究国民经济学，单单从事现今经济关系的考察，是很不够的。因此由我们看起来，对于过去文化阶段的研究，差不多有同样的重要性。

（三）从大多数现象中，要看出本质的合法的东西的困难，使我们没的法子，只好从经济的见地，将我们所知道的一切国民相互比较着。但是近代国民，因为无论何点都相互密接地混杂着，所以非考察一切国民，则某一国民之根本的考察是不可能的。又已灭亡了的古代民族，横直它的发展是有已告完全的特殊的教训，所以于近代的国民经济指出其与古代相同的倾向，这种对照看法，就是批评这些极重要的指南针。

（四）历史的方法，不是对于某种经济制度，可任意赞美它或单纯地咒诅它，为什么呢？因为对于一切国民一切文化阶段，而都是完全有益的或有害的经济制度，是差不多没有的。小孩的玩具、老人的拐杖，虽对他们是有益的，若由成年的大人看来，好像极难堪似的。实在经济学的主要使命，就是指示着“为什么”又“怎样”，一种制度在彼时所认为合理的有效的，而在此时则次第变成不合理的和产生有害的东西？（K. Diehl : *Theoretische Nationalökonomie*, SS. 212—213. W. Roscher: *Grundriss zu Vorlesungen über die Staatswirtschaft,* Vorrede, Ⅳ—Ⅴ. 此据住谷悦治前书页10 §1）。

由上便知，依据罗协儿，就经济学是和其他社会科学相同，应从事历史的或统计的研究，置基础于归纳的方法上，因而经济学上否定古典经济学依据独断与抽象的演绎的方法，所立的绝对普遍的原则。一切的各时代各国民，通通有他特殊经验的经济现象，都不过是一切经济进化发展的特定段阶，因此所谓国民经济学，也就是用历史的方法，探究关于国民经济的发达法则的科学罢了。但话虽如此，罗协儿上述原理大体不错，而第三项中之一部分，则不免太误解了，要受殷格郎的批评。据他评语：“古代民族的经济，在研究上不能比近代民族的经济更重要，实在说来，二者之间孰重要孰不重要，问题根本就不应发生。因为一切社会科学，他全研究之主要条件，是依靠历史上进化最完全的各时代全部的比较考察，……而不是它任何部分的发展，这样才可决定它进化的法则。——正如研究生物的进化，不是一个机体的某时代可认为特别的重要，全部进化的顺序，都是研究的对象。”（《经济学史》第三册页三九）这段话也很值得我们注意。

（b）[①] 希德布兰（Bruno Hildebrand 1812—1878）的根本思想，在他所著《现在及将来的国民经济学》（*Die Nationalökonomie der Gegenwart und Zukunft*）便可看得出来。这书于一八四八年即刊行第

---

① 底本缺“（a）”，姑存之。——编者

一卷，嗣后并未继续完成。他和罗协儿同样地指摘斯密要确立能够适用于一切时间空间的经济法则是误谬的，以为那是陷于斯密以前所倡Mercantilism（重商主义）及Phisiocrate（重农主义）学派想建设普遍妥当的经济学说的一样的误谬。他说“斯密亚当及其学派，……谓国民经济学非建设能适合于一切时代一切国民的法则不可，这恰像卢梭及康德忽视了人类天赋的差异、国民的特质与社会的发达阶段的不同，而以绝对的国家为目标一样。斯密及其学派也忽视了各国民的特殊事情与发达条件，而要求普遍妥当的法则，建立所谓世界的或人类的经济学。他们使基础于人类与财关系的经济学法则超越时空，而忽视了现象的变化；忘却了一个为社会实在的人类，常为文明之儿、历史的产物（ein kind der Zivilisation und ein produkt der Geschichte）。它的欲望、性格、财与人的关系，都是因地理历史的不同，跟着社会一般不绝的进化而改变的。”（Hildebrand：a. a. o. SS. 27—29. 此据住谷悦治前书页12 §1）不但如此，“他们以个人为社会研究的最后目的，主张社会这个东西，也是基于利己个人的交换及契约而来，那是因为以个人的利己认作社会的源泉，及其结合的纽带的原故。斯密学派以经济学解作由各个人纯粹利己心发动着的人类相互交换关系的自然学说；而利己心是和其他的自然力一样，假定着作用于同一方向同一事情之下常得来同一结果。从这么一点，人们不管是德国也好，英国也好，都可把他学派的法则叫做经济上的法则，和其他自然法则一样，与经济法则以永久的持续性”。这就是那根本的误谬，在于以独断的利己的个人为全理论的前提，而导出普遍法则。因此他对于斯密及其学派所主张的世界主义与个人主义，没却了重要的国民性，想把他们经济法则适用于历史传统不同的诸国民这一桩事，不得不起来反对它。他又在所著《国民经济科学之现在问题》（*Die gegenwärtige Aufgabe der Wissenschaft der Nationalökonomie*）的序文中，有如次的叙述：

据我的确信看起来，国民的经济学是和它的言语、它的文学、它的法律及它的艺术，同样地是文明之一分枝，同样地和这些其他文化分枝在特定的自然法则的限界内活动着。但是在这限界内，那些都是人类精神自由与工作的产物；因此其所谓科学，决不是如自然科学得于一切关系通时间空间都以同样法则说明、同样尺度计算似的抽象的东西。宁好说那是无论在个个的国民或就全体的人类，跟着它的历史发展，从一阶段进到一阶段，在它的行程是附加了现代社会的工作于社会的过程中；而认识这些过程才成问题。国民经济学的文化史是置于与国民之综合的政治的及法律的发展的历史与统计相关联的唯一确实的基础上，从这个基础，才开始现出比较成功的国民经济学之广泛的构造。

从这样立场，他遂认定像现在货币经济，也不是超越时空永久的现象，那不过是移行于更完全发达阶段，所谓信用经济之历史的过渡的现象罢了。

对他应该注意的，是在经济学的领域中，充分开辟了历史的方法与方向，并将普遍经济学变更为关于国民经济发展法则的学说这一点。殷格郎有一段批评很好："希德布兰的确是一位超等的思想家，恐怕德国的经济学者中，没有什么人比他的智力更为深沉和敏锐。凡是德国学者常患繁赘和晦涩的毛病，他都完全没有。他用确切而有力的手笔，画一个广大的界线"。（《经济学史》第三册页 40）我在历史学派中，因为他所取的历史方法，和他对于信用经济学的真正性质之见解，更不消说是特别钦佩他。

（c）克尼斯（Karl Knies 1821—1898）对于历史学派的目的和方法，有最彻底的且最有系统的完备的宣言。他所著《站在历史方法立场上的经济学》（*Die politische Ökonomie vom Standpunkte der geschichtlichen Methode*）在一八五三年出版，当一八八三年再版时（这是献给罗协儿的），表题改为《从历史立场所见的经济学》（*Die politische Ökonomie vom geschichtlichen Standpunkte*）。他在本书里说，经济学不是精神科学，也不是自然科学，那是另外以第三世界为对象的科学。原来在克尼斯当时，一般科学分为精神科学与自然科学，前者以观念世界为对象，后者以诉于感觉的外面世界为对象的科学。克尼斯对于这分类举出第三分科的国家学与社会学，而以经济学属于第三种类。因为第三科学是以研究多数个人或国民在一定社会下所营共同生活的行为为对象，这些行动的动因为精神作用，而其表现则属于感觉世界的现象。（Knies：*Die politische Ökonomie vom geschichtlichen Standpunkte* 1883. S.6. 此据住谷悦治前书页 15 §1，下同此。）但是具这第三科学性质的经济学，应用什么方法去研究呢？他说：

> 经济生活的状态或说明这些的经济学理论，其形式、形态、议论乃至结果等，一切都是历史发展的产物。这种经济学是保持着与人类及国民历史的一时代之有机的关系，而发生于受时间、空间、国民性等限制之下，与之共同渐次进展的东西。经济学是应求其立论基础于历史的生活之中，它的结论非应用历史的方法不可。经济学上所谓一般的法则，不外显示着历史的说明与真理进化的表现。……经济学理论之绝对主义，是只行于某特定历史发展的一阶段上，其自身便是时代之所产，而于历史发展的一时代，表现着那时代的经济学。

因为这个缘故，所以说某时代的经济理论为完全最后的那样论断，都是根本误谬。实则这些都不过是那时代、场所及国民性之经济上理论的反映罢了。无论在英国、在德国及其他各国，各各有不同的领土，即各各有不同的经济条件。譬如因各国气候的不同，生出各国民劳动能力的差异，而土地的丰饶、广狭、外围的状况、在世界市场各国之特殊的地位等等，都使各国民的经济事情成为特殊的东西。而且经济现象是受各个国家之政治的、法律的、宗教的、哲学的之思想的影响。这么一来，便经济生活不过只占有国民生活之经济的一面，因而以经济生活为研究对象的经济学，不与其他文化的诸现象发生关系，是不可能的。又当观察时，不可不以各个的特殊性为基础。（Knies, a. a. o. SS. 44、61、106）所以由他看来，经济学不是依据于孤立的抽象方法，最后便主张只有基于当时历史的并统计的考察之归纳的方法，才是经济学上主要的基础。即就经济学上的政策来说，一面不可不求适合于其经济的历史，同时却不许有何等一般的策略，只要有恰合于某一特定状态之相对的解决就行了。

（3）历史学派的发展期　历史学派的发展，是从一八六〇年以来的事。以德国很光荣的经济学者石慕勒（Gustav von Schmoller）为中心，由布伦坦诺（Lujo Brentano）、赫尔德（Adolf Held）、克纳蒲（Knapp）、毕喜儿（Bücher）、哥哈母（Gothiem）开头，可以数到那瑟（Erwin Nasse）、谢富勒（Albert Schäffle）、松贝耳（Gustav Schönberg）、席尔（Haus von Scheel）、罗斯伦（H. Rösler）、华格涅（Adolf Wagner）等，即所称为“新历史学派”或“伦理学派”的一派。还有在历史思潮中，以各自独得的方法，在最新人间占重要特殊地位的，有韦柏（Max Weber）、桑巴德（Werner Sonbart）；这些较晚出的经济学者，很显著地展开旧历史派的学说，将历史方法更彻底的适用于具体的研究方面。如柏林大学教授石慕勒，就是好例。他企图以同样经验的历史的方法建设经济学，将罗协儿、希德布兰、克尼斯叫做旧历史派，而自称为新历史派。他的特点是从那里看出来呢？那就在于高唱着历史方法的彻底，与在经济学上加入了伦理要素的原故。

先就他历史方法之彻底来说，恐怕在反对党方面都没得异议罢！威布兰德（Wilbrandt）曾半嘲似的说："由他看起来，只有唯一之历史的方法存在着，……以后所谓'社会政策学会的留学生'（Fahrende Schüler der Vereins für Sozialpolitik）于其研究旅行中，由那统计、调查、考察和亲眼看见所凑成的一切观察，用有权威的事实描写着，……那是再也不用特殊思考的能力，只照事物原样说明就完了。如此便成立了总括的——不但现在——经济发达的装饰品，要使有人再去调查，实际就好像有什么生命似的，照实又复写起来，看了恐怕也要瞠着眼，吃了一大惊吧！"（Wilbrandt：*Die Entstehung der Volkswirtschaftslehre*）又照斯班（Spann）的批评，则"旧历史学派比较新历史学派还带着显著的理论的色彩，讲起这学派，是要求那统制的 Mercantilism 和自由放任原则的综合。反之新历史学派，便格外深入于经济史和记述的研究，——这不过特殊问题的文献罢了，blosse Monographien = Literature 罢了。"（Spann：*Die Haupttheorin der Volkswirtschaftslehre*）由上所述，都是对于历史方法中最彻底的统计的方法下攻击，即对于"经验主义"下攻击的，然而在历史学派公认的创造者石慕勒，早已在《国民经济学概论》里宣言过：

> 新历史学派和他（罗协儿）的差异，是在他们摈斥迅速的普遍化，所以他们觉得必须由事实的广泛的搜集，而进于各种时代、民族及经济状态之特殊研究。他们第一要求经济上的特殊问题之论文，他们起首要说明的，与其是全国民经济及世界经济底生产过程，毋宁是个个的经济制度。他们采用法制史之研究的严格方法，但欲以旅行或他们自己的理解补足他们书本上的智识，为了这个，更去利用哲学乃至心理学的研究。

可见新历史派的根本好处，即建立方法于严格地历史的统计的经验主义之上，而排斥一切抽象的方法。他们和马克思派抽象经济学的真正区别，即在一个能埋头于准备的工作及材料的搜集，一个则迅速的想将他们抽象的财产辩证法的结论，应用于各种不同的民族。老实说吧，如要使国民经济学成功为真正科学，即不能不承认仗着历史的乃至统计的方法之助，而定立所谓国民经济发展的法则。最可笑的，是马克思派的布哈林（Bukharin），在他所著《有闲阶级的经济理论》的绪论，对于新历史学派的功绩，没的法子否认，只好套上黎卡特（Rickert）、温特尔班（Windelband）一派的滥调，把科学分为个体记述的（idiographic）与法则定立的（nomographic）。因此遂谓"历史学派轻蔑建立一般的法则，所以它实行破坏经济学为一种科学，而且以具有个体记述之形态的'纯粹记述'去代替；换言之即使这种科学，相等于经济史及经济统计，特殊是个体记述的科学。这种科学不能把它的唯一正确的观念——发展——装入理论讨究的框架内，所以这科学如同圣经的无花果树一般，永远不会结实。"（郑译本页15）他不知道在历史学派的工作中，第一步的记述个体，正是第二步定立法则的准备工夫。事实告诉我们，那一个经济进化的法则不是由历史学派建立起来？旧历史学派如李士特。希德布兰不要说了，即所称新历史派的人们，如石慕勒关于经济组织形态所立的经济阶段说、毕喜儿从生产目的又从生产至消费路径长短所立的经济阶段说，那一个不可称为法则定立的科学？所以布哈林的抹煞事实、掩耳盗铃的办法，终不足取，而新历史派的最彻底的统计法，也终不可埋没。你看布哈林这样接着说："它的积极的重要性，仅能在搜集材料为理论的考察上见到，并且在这种意义上，历史学派的工作，是非常有价值的。"（页一五）既然是有价值了，那为什么又要反对它？

次之，依石慕勒看来，过去历史派的人们，要想将特殊性和国家结合起来，这是误谬不过的。经济现象不止是为国家制限而发挥其特殊性，即超越领土界限，在数国家中，或于同一国家领土内之各地，都可表现其特殊性。这个原因是因为特殊性不是限制于国家领土，而是由于言语、历史、伦理、道德感情其他之文化现象。只要在这些文化现象不同的场合，即在同一国家内，也因其特殊之点，而有经济现象的差异发生，这是不可不注意的。（Schmoller: *Grundfragen der Sozialpolitik und der Volkswirtschaftslehre* 2 Aufl. S. 45，此据住谷悦治前书页一九 §1下同此）

他在这些许多文化现象中，特别重视了伦理观念，以为在经济生活，人们为以外物充足自然的欲望而行动着，但是谁也不愿止于这种自然的技术的关系，更为着满足那优美高尚的欲望或伦理的要求而努力，所以经济组织是非制限于经济的规律或伦理的那个生活秩序不可。例如市场之永续的关系，或劳动者问题、赁银关系等，都要和人类向上的生活欲望所谓伦理的道德的问题相关，才能够说明解决它。而包含这些经济问题，又因关联于人们所抱伦理及法律上诸观念之如何而受限制的。（Schmoller, a. a. o. S. 50）

本来英国古典经济学派以利己心为前提，但在事实上这不是可以无限制地发挥的，他是只有在被束缚节制于伦理的条件之下，才能完全得着效果。因此在经济生活中忽视了这两个力量，便不能算做公平的判断。又旧历史派的人们，专门从气候、人口、国富等之物质的技术的方面观察，而忽视了伦理的道德的方面观察①，不知涉论到一国底

① 不！旧历史派创立者之一人克尼斯，是怎样看重伦理的道德的方面，这只须一看施泰因（Stein）《社会思想史》（日本协调社译，页330—331）所引克尼斯在《站在历史方法立场上的经济学》的一段警语，便可完全明白了。他说“从许多国家科学的理论家传来论理脉搏的麦克维利（Machiavelli）把伦理从政治学里赶出来，新哲学（斯宾诺莎）把伦理变成物理学，于是伦理学从其自身里把伦理看作赘物弃掉。可是从前麦克维利在政治学里所要做的，斯密亚当同样地施到经济学了。”可见在石慕勒以前的历史学派，早已注意到伦理的道德的要素，不要抹煞它才好。

经济生活及其组织，就不得不于自然条件的差别以外，更考虑到国民的特性、伦理思想、劳动心理的状态、勤俭努力之如何、义务观念的厚薄、家族生活之良否等等精神的心理的方面。（Schmoller, a. a. o. S. 54）事实，在近代经济社会中许多复杂的问题，由于它的文化状态、伦理、道德、思想的地方是很多的。例如幼年劳动者的禁止、妇人劳动的条件、老衰废疾者的保护规定及其他劳动条件等，因于那时代文化观念或伦理思想显出各各程度的不同。又与国民生活密接的特定企业，要委托个人呢，还是由公司组织？或是移于地方自治团体，乃至于国家经营，像这些才是真正的问题。

似这样在社会生活看重伦理道德的思想，当然对于经济生活上的分配问题要主张公平的观念了。因此为着拥护贫者的权利，便提倡所谓社会政策或社会改良。固然这不彻底的“讲坛社会主义”，或更称他为“大学社会主义”“博士社会主义”“教授社会主义”，在一般马克思派看来是不满意的。然而我们要注意的，就是“社会主义的正式的学说是基础在工业的永久性上，到现在已经永远的失了信用了。但他的正式的哲理还是安然的存在，因为在消极的方面，他是一个反对资本主义的道德革命，在积极的方面，他却是建设于互助情义、共同生活和四海皆兄弟的原理上面；这都是社会主义最终的目的”。（潘悌 Penty 的话）所以社会主义经济学的实际价值，正在底子里有伦理道德观念，即公平的观念为基础，在这一点，新历史派的道德的提议是完全对的。就使我们对于那一点一滴的社会政策不能赞同，但在原理方面，把国民经济建设在一种博爱的道德基础上面，因而到达“均无贫，和无寡，安无倾”的世界，这在大致是没有什么不同的。

新历史派除了历史法之经济学的通则外，据殷格郎（Ingram）在 *The History of Political Economy*（《经济学史》第六章页 47—49，又小川市太郎著李祚辉译《经济学史》页 274—276 译文）说这派最力持的主要观念，还有以下三项：

（一）伦理的要素　如石慕勒（Schmoller）在他的《法律与道德原论》（*Grundfragen des Rechts und der Moral* 1875）和谢富勒（Schäffle）在他的《人类经济之社会制度》（*Das gesellschaftliche System der menschlichen Wirtschaft* 1861）里面，都主张在经济学之研究中，应特注重道德的要素。依此派学者观察，以为实际的经济社会中，常有三种不同之活动方式与范围：其一为私人经济；二强制的公共经济；三慈善的经济。在第一种里面专为个人的利益支配，在第二种里面为社会的公共利益支配，在第三种里面则为慈善的冲动支配。可是就在第一种里，个人利己的行动，也不是绝无限制的，为防私人经济根本原理的过度滥用，就不得不由经济的道德来抑制它、管理它，这是无论在实际、理论方面都不可忽视的。第二种强制的公共经济，其受公共道德力的拘束，很是显明；至于慈善的经济，道德的力量，更不消说是格外优越的了。

（二）经济学与法律学的关系　次之此派学者从施泰因（L. von Stein）和罗斯伦（Rösler），已重视经济学与法律学间相互的关系，可是将此理论组织成最有系统的是华格涅（Wagner），特别是他著的《原论》（*Grundlegung*）里面。依他意思，“自然法”（Jus nature）如我们所知道的，是重农学派据以建立经济学说的，此时已失却信用；个人之经济的地位，不是如他们所说单是依靠所谓自然权利，也不仅是倚赖本人的天然权力，而是统制于历史所产同时代之法律制度下的。因此这半经济的半法律的自由和财产的种种概念，照以前说法是不行的。即就个人与社会的关系这个问题，无论何人，若以较旧的法律、哲学、政治学或国民经济学，而以个人为社会中心时，即将陷于不可解的矛盾。这只要看在经济学上以个人利己与自由竞争为前提的重农学派及英国古典学派所陷的误谬，就容易明白了。华格涅因此主张在研究一切事物之先，首先考察社会经济生活的状况，然后在这基础之下，来决定个人经济自由的范围。

（三）国家积极行动的要求 关于国家的职能，也和古典学派所支持的观念不同。古典学派普通均奉卢梭、康德学说，以为保护社会各分子间无诈欺强暴的行为，即为国家唯一的天职。但是历史学派便不承认国家只是一个维持秩序的机关，而是国民的公务机关；凡是个人自由努力不能适当完成的事务，都应由国家去办理。若是一种社会的目的，只有经由国家的行动才能达到，或是才能最便利的达到，则国家这种行动便是正当的。而且政府实行干涉时，也决不是千篇一律，是应该适应于各个的事情、各国民进化的阶段，而个别地决定的。国家自然应有公共卫生的设备，生产运输的管理，和对于社会上弱者，如妇女、小孩、衰老、贫困者之保护，不因自己怠惰而沦于悲惨境遇之劳动者的保护，且依法律与监督之力，应谋劳动者个人的或共同的自助精神之向上，遇必要时，尤须保障他们收入的安全。

如上所述，便知新历史派的主要特质，在对于社会问题持道德的态度，而与个人主义、自由主义立于正反对的地位。这一点实和社会主义相同，尤其是谢富勒和华格涅因受理论的科学社会主义思想的影响，对于他们所发明的学说，是十分钦崇和注意的。可是一经依据事实，用历史方法仔细考虑的结果，他们便发现一个与马克思派全不相同的结论。他们一面指摘资本主义经济组织的缺陷，同意于社会主义思想；同时却避免了马克思、燕格儿等那样玄学的辩证法的态度。换言之即一方反对古典学派所主张的自由放任，在某程度内，将个人经济的利己活动加以节制；一方从伦理的见地，力说劳动者阶级状态有改善的必要，承认劳动者团结的权利。因为这些学者，关于经济政策是站在自由贸易派（Manchester School）与社会主义中间的地位，所以被自由主义派严厉的攻击，认他是“新式的社会主义”，因此两者之间剧烈的论争开始了。新派的著作如谢富勒的《资本主义与社会主义》（*Kapitalismus und Sozialismus* 1870）、华格涅的《社会问题讲话》（*Rede über die Soziale Frage* 1871）和松贝耳（Schönberg）的《德意志帝国的劳动局问题》（*Arbeitsämter. Eine Aufgabe des Deutschen Reichs* 1871）里面，既不偏于自由主义者的私人经济，又不偏于社会主义者的强制的公共经济，他们惟有以在道德底原则为基础的经济上，主张以国家法制之力，缓和近代产业上加诸弱者的压迫，且要求将进步文明的幸福，贡献到一般劳动者。为要贯彻这个主张，他们深知有严密团结和设立实际政治机关的必要。一八七二年十月，因开大会于爱森纳哈（Eisenach）讨论社会问题，列席者有德国各大学的经济教授、各政党的代表、劳动界的领袖、甚至少数的大资本家；在此会议中，决定了社会政策的主义纲领，翌年遂成立所谓“社会政策学会”（Verein für Sozialpolitik），以为他们研究现实政策及发表言论的机关。固然对这学会承认的也有，反对的也有，如奥彭衡（Oppenheimer）即专反对此派政策，与以“讲坛社会主义”（Katheder Socialisten）这个绰号，就是好例。然而据实来讲，新历史学派在经济学史上自有它特殊的地位，它是适应当时德国特殊的经济事情而发生的。所以“讲坛社会主义”那种不彻底的办法，在主张上似不能与我们革命论者为友，可是新历史派的特征，乃在它的“方法”，与实际政策无干。实际政策是随时代、地方的变动而变动的，然而不能摇撼到方法问题。并且就社会政策学会内部说，也是主张分歧，左派因不满于经济社会的现状，主张组织的变更财产法，以谋根本的改革，右派则主张依赖国家之力，以现行法律制度为基础，而为渐进的部分的改革。由这左右派的主张不同，可见解决社会问题，本没有一定不变的政策论，更不能拿这个来做标准，去反对新历史学派。譬如说，在革命的环境中，社会革命还有某种相当的时间，那末用种种温和的社会改良政策是对的；反过来说，假使革命的环境和革命的需要，已觉着资产阶级退化成为一个反动的工具，一跃就可跃到大同世界，那末激烈的社会革命政策，也是对的。然而无论从事社会改良也好，社会革命也好，我们首先须要埋头于经济阶段的了解及准备材料的搜集，这就是所谓历史的统计的方法。由此可见，社会政策学会和新历史派经济学的方法，实没有根本的必要的关系，我们可以以一个社会改良主义者属于历史学派，然我们也可以同时以一个社会革命论者的资格而主张历史学派。晓得这一点，而后对于历史学派的实际的社会政策，纵可摈斥得无地可容，而我们的结论，仍然可将它底历史的精神为骨髓，利用他底历史的统计的方法。至于现代一些有闲阶级，他们完全抛弃了新历史派的方法，而只要注全力于时代错误的社会政策的残余，那在我们始终站在历史观点来看的人，很容易知道那只是盲从历史学派，而不知用历史学派的方法的。反之，真正运用历史学派方法的，也一定不取于这“劳资协调”“社会改良”永久不变的滥调头。

第三章　历史学派的国民经济学

我们不相信经济学理论的普遍妥当性，以为任何经济学，都不过一时共同趋向的经济理想，为应付经济心理的要求而发生的。故有一时代经济心理的要求，必有一时代的新经济学；即因这个原故，所以经济学说绝不是什么天经地义，经济学也正是随时变迁进化的东西。就它发生的背景说，经济学的本身就是活动的，不是静止的；是变换的，不是呆板的；是进化的，不是倒退的。如中古时代圣徒阿奎那太摩士（Thomas Aquinas）的基督教经济学，不适合于后代经济心理的要求了，那末我们就任其消灭，而另取英国古典派经济学。古典派如斯密亚当（Adam Smith）、马尔萨斯（Malthus）、李加图（Ricardo）的学说又露出破绽了，十九世纪还有马克思派理论经济学和历史学派的国民经济学来代替它。然而马克思派的理论经济学和历史学派的国民经济学，也都不过在经济思想的推移中占一重要地位。尤其马克思派的经济学，限定于研究资本主义的社会经济的运动法则，即资本主义的无秩序与将来没落的法则，那末当基础于资本主义的商品生产社会"扬弃（aufheben）"时候，则相应于此的理论经济学，也不得不自告消灭。至于国民经济学呢？更毫无疑义，如果还要持续其生命，则不可不由国民经济学转化而为世界经济学（大同经济学），所谓新历史学派亦不得不转换为更新的历史学派，把旧时代的"国民经济"推翻，而倾向于大同主义的"世界经济"，但这是完全要由历史的基础而决定的。在经济生活之历史的发展中，仍须先在国民经济里站稳脚根，才好实现世界经济，不然如古典经济学主张所谓“绝对的理论”与“经济上的普遍法则”，似乎是抱世界主义了，然而这种早熟的经济理论，我们很明显知道它是英国资本主义社会的特殊的产物，只是不折不扣的个人主义经济学！

但是国民经济学是什么呢？在这里罗撒·卢森堡（Rosa Luxemburg）在《经济学入门》（*Die Einführung in die Nationalökonomie*）曾举出许多历史学派所下的定义。其实下定义的办法，本不足说尽如国民经济学那样极复杂的东西，而卢森堡又要有意嘲弄国民经济学者的正式代表，结果使对于要理解这问题所含意义的人，反弄得莫明其妙，这是很可惜的。因此我在这里不妨将卢森堡所举，用批判抉择的态度，将各种定义重新估定一番。

历史学派的创始者罗协儿，在他最初的大著《国民经济学的基础》（*Grundlagen der Nationalökonomie*）的第二章第十六节上说：

> 我们将国民经济学解作国民经济，即经济的国民生活之发展法则的科学。（借曼葛德（von Mangoldt）的话来说，是国民经济史的哲学。）这和国民生活的其他一切科学一样，在一方面关联着个个人类的观察，在他面伸长到全人类的研究。

这个定义，很分明地告诉我们国民经济学所具的科学性质，在第一个场合是法则定立的（国民生活之发展法则的科学），在第二个场合是个体记述的（一面关联着个个人类的考察）。那末像布哈林只承认历史学派的工作相等于个体记述的科学，岂不是造谣？（见《有闲阶级的经济理论》页一五）然而没有理解的卢森堡，还要说这个定义“犹如问牛角眼镜是什么？是牛角框子的眼镜，货驴是什么？是运货的驴。"（《经济学入门》页五，汉译页二）把罗协儿所下的定义，竟看做小儿解释谜语用的方法，这还有什么话好说呢！

次之就是为历史学派的殿将、柏林大学教授的石慕勒，他在《国家科学大辞典》（*Handwörterbuch der Staatswissenschaften*，为孔拉德（Conrad）和赖希士（Lexis）两教授编纂，由德国诸大学教授合著成的。）上说："国民经济学是什么，那可说是记载、指定国民经济现象，说明其原因，并当它为理解一个联结全体的学问。尤其在这个场合，不消说得是要对于国民经济预先下个正当的定义为前提。作这个学问中心的，是在今日文化的国民之间所反复着的某种典型的诸现象，即分业及劳动组织、交通、所得分配、社会的经济文物等等。后者依靠于私法及公法之一定形态，统制于同一或类似的心理力，生出类似或同一的规定或势力；其总体的记载，是如实地说明着现在经济的文化世界的静态，即这种世界之一种平衡的组织。国民经济学从以上所说出发，渐次尝试观察到个个国民经济相互的不同，与在各处相异的组织形态，而探究此等相异的种种形态，是如何结合，便现出如何结果。这么一来，便可达到诸形态相互之因果的发展观念，并经济的状态之历史的发展观念。即是说，在静态的观察上，可加以动态的观察。而且此学问最初出现时，即因一切人伦的历史的价值判断建立理想，同时在某程度常维持着所谓实践的机能，这便是在理论之外，常建立生活上实际的教训。"（佐野文夫译《经济学入门》页5—6，汉译《新经济学》页2—3）

这个定义，初看似乎冗漫难解，对于国民经济学的本质，不曾说出什么似的。然而卢森堡自己不懂，竟不求甚解地武断着说："这是一篇捕风捉影的文句，除虚饰话头的音响而外，一无所有。""那些有产阶级学者，关于经济学的本质，用暧昧糊涂的文句，决非偶然；观其言语中，足以表现两点，就是这些学者诸君自身的不懂，和不愿使问题的真相阐明的，那种偏颇执拗的根性。”（日译页 7，汉译 3—4）这就未免神经过敏，且失却科学冷静批评的态度罢！实在说，石慕勒所下的定义，对于国民经济学很明显地是就两方面来说明：（a）国民经济学之静学的方面；（b）国民经济学之动学的方面。在静学方面，则指摘出 1. 国民经济学必须关联着其他社会科学，如法律学与文明史等；2. 心理的道德的观察。在动学的方面，则 3. 承认经济发达的原理；最后才述到实践的重要。所以即就这个定义来看，其最有价值处，可与孔德（Comte）在《实证哲学》中所分“社会静学”（Statique Sociale），“社会动学”（Dynamique Sociale）互相比美，可惜卢森堡因他不耐寻思，竟不能看出在这定义中含义，这真是一桩憾事。

但是石慕勒在同一论文中又有如此的说明，使一般不了解国民经济学的更容易认识。他告诉我们说：“数百年间，各个私人经济及社会经济的事实，为人所注意、所记载；个个的国民经济真理，亦为人所认识；经济上的问题，也在道德及法律体系中为人所研究。于十七世纪到十九世纪之间，国民经济诸问题，在国家的统制及行政上，获得从来预想不到的重大地位，以至多数著述家着手于这个国民经济问题，对于青年学生，也有教示这个问题的必要；于是乎从来个个的部分，方才得综合成一个特殊的科学。同时一般科学思想勃兴的结果，十八世纪的著作家，方将所集成的国民经济的问题及真理，用一种根本思想——如货币及交换、国家的经济政策、劳动与分业等结合成一个独立体系，从此国民经济学遂成了独立的科学。”（日译页 10—11，汉译 5—6）这一番话，本来是就国民经济学的发生和成立的过程说的，所谓“在国家的统制及行政上，获得从来预想不到的重大地位”；这也只是就这个学科所收的效果而言。换言之，即国民经济学的发生，不是如卢森堡所说“是迫于国家统治及行政之必要，——政府之必要”；乃是由于数百年间将长期零星散漫的个个国民经济的观察结成系统，而后在国家的统制及行政上，才感着有着手应用它的必要。所以国民经济学的起源，不是政府的一个嘱托，乃是政府是国民经济学的一个嘱托，一个实施的机关。所以照卢森堡的话，实在是倒果为因，无的放矢！并且我们就拿来证据来说，所谓历史学派的创设者李士特为反官僚主义而奋斗，结果是怎么样呢？投狱——追放——不遇——自杀；希德布兰从一八四一年在马堡大学讲国家学，因关联政治问题，在一八五〇年免去教职；那末就国民经济学发生期的代表来看，我们还能说国民经济学的起源，是政府的一个嘱托吗？还不能说是对于政府的一个抗议吗？够了！够了！让我们抛开这些意气话，将国民经济学的本质内容，更加精密的研究一番。

原来国民经济学是为对抗自由学派的古典经济学而发生的。所以要懂得这种学问的本质，最好不先下定义，而将他和古典学派经济学列举比较一下，如（A）古典学派经济学的出发点为个人利己心与自由竞争，历史学派则反过来，主张经济生活之历史的统一的形成观。（B）古典学派经济学相信有一个普遍妥当性的经济法则，可以超越时空；历史学派则否定这种绝对性，而抱经济法则之相对的见解。（C）古典学派经济学只注重社会现象之一方面，历史学派则注重于社会诸现象相互关系的认识。（D）古典学派经济学主张抽象的演绎方法，历史学派则反过来采用历史的归纳的研究方法。因有这四大要点的不同，国民经济学才从古典经济学摆脱出来，成了独立的科学。即因有此四大要点，历史学派才构成一整个的国民经济学之学的体系。以下试略为说明：（参考西村文太郎著《历史学派论》，《政经论丛》第一卷第二号）

（A）经济生活之历史的统一的形成观，是对于那经济学上主张无政府、无秩序的个人资本统治的古典学派经济学而起的反对学说。这就是说，古典学派抱个人主义的见解，对于社会而尊重个人价值，极言个人有绝对的自己目的，因而社会这个东西，也不过个人之形式的机械的集合体；所谓社会法则的标准，也常依据个人，这就是经济学上重农学派及斯密学派等所怀抱的见解。反之，历史学派是主张全体主义的见解的，以为个人的实在，不过是本质的实体表现的派生，或置于第二位的东西；而社会才是人类精神结合之统一的实体。似此以人类的实在归于精神的结合，因而所谓社会，已经不是什么多数个人之单纯集合，而为一个之精神的统一的实体，是必然地带着伦理的意义的。基于上面相异的见解，历史学派遂脱出个人主义见地而立脚于全体主义上，以经济看做在国民精神中生长进化着的统一的组织体；所谓历史的国民的经济组织这个观念，就是成立于国民之统一的精神的实在观念上。因此所以说，国民经济学即不外乎以“经济学为统一体的国民进化法则的科学”；希德布兰告诉我们以这个学问的使命，“即说明国民并全体人类之经济的进化，寻出现代经济的文明基础，以为解决人类问题的指针”。新历史派石慕勒，也论到国民经济之全体的概念，他说：“国民经济是说一国民经济行为的总体，换言之即国民经济社会之诸施设的统一的组织；其各部分虽各自独立，而由统一的心理及物质的原因，支配统一于全一体的实在；即各部分皆有密切相互的关系，而属于中心的组织包括之下。”毕喜儿在《国民经济的成立》（*Die Entstehung der Volkswirtschaft*，权田保之助译作《经济的文明史论》）更具体的指示我们，“国民经济的发达，从根本上说，是政治的中央集权的结果。而此政治的中央集权，是开始于中世末了领土的国家成立，终于现在国民的单一国家的创成时候。经济力的统括，在总体的较高目的之下，在使屈服于政治的特殊利益，而与之相俟而行。”（页一七三）固然这里国民经济学即 Volkswirtschaftslehre，同时含有 Nationalökonomie 的微妙意味；但是我们要注意的，这不过是追溯本原的说法，若讲到究竟，则如毕喜儿所说（页一七四）："……新鲜而重大的人类文化问题，即要求着全国民之统一的组织，即有生气之一大共同利益团体。只有在这种共同的经济基础上，才能够建立所谓世界史的思想。"这又何等明白告诉我们，国民经济正是走向世界经济之一必要步骤。罗协儿以国民经济学解作经济的进化法则之学，但他在定义里，并没忘却加入"在他面伸长到全人类的研究"一句。石慕勒和伊利（Ely）都说扩大国民经济至世界经济，主张次于国民经济，更追加上世界经济的一阶段；那末我们还能说国民经济的对象，只限于一国独立领域的经济范围？总之历史学派的最大贡献，即在建立经济学于历史的基础之上，所以由这站在历史立场上的经济学看来，国民经济研究的使命，不可不从发生学的方法来解释（见毕喜儿《经济的文明史论》页一一一），不可不先认定历史的统一的形成观。虽则他们并没有高唱着精神的实在观念，但所谓"统一"，所谓"进化"，都不外意味着人类精神生活关系的连结发展；其发展的方向，也是把孤立的个人翻来覆去，乃是对于古典学派的资本统治的个人经济与资本主义超国家的经济，而力倡从历史的统一的国民经济，到实在精神的全人类的世界经济。

因为国民经济学不是以追求个人的利益为活动主体，所以对于古典学派的自由放任思想，也主张用全体主义的义务及正义的观念来代替它。在英国个人主义派，以为社会的调和状态可在自由放任的政策上求，但其结果，却使富者更富、贫者更贫，本希望诸阶级的平等，反而惹起不断地增加阶级上的不平等；于是对这种个人的不幸福、社会的不安宁，历史学派便依据全体主义的要求，而提出伦理的救济责任，这就是所谓社会政策。社会政策无论是何等地不彻底，却确实救出那以经济学单作财学或富学、愿为资本阶级工具的自由学派的倾向，是很值得注意的。斯班（Spann）说得好，“社会政策是从德国古典哲学所形成的全体主义的国家概念，对于个人主义的国家概念底胜利，发生出来的。”这句话并没有错，历史学派原来是实在论者，是黑格儿主义的信徒，然而他的好处在此，有些不彻底的地方也在此！

（B）次之经济法则的相对性见解，是对于古典学派主张超越时间空间具普遍妥当性的经济法则而起的反对学说。依这派学者看来，不管经济生活是构成怎样形态，它总是一个与时代共同进化的历史产物；并且在每个国家里面，都有其特殊的形态与特殊的国民性，因而所谓经济法则，也就不过在历史的进化表现中，于国民发展某阶段某方，得维持其真理。这就是说，经济进化是随历史的进化而进化，无所谓“普遍性”，也无所谓“绝对性”，如重农学派与斯密学派，要在人类的天性当中探求经济法则，结果遂把它看作通过时间空间而永远妥当的真理（这种真理性，希德布兰叫它“普遍性”，克尼斯叫它“绝对性”或“透彻性”），这是根本错的。对于这种见解，历史学派便特别提出经济法则的相对性来代替。所谓相对性，即谓经济法则为暂时的、条件的，就是因历史的进步，常产生新事实，使同一法则不得有永久支配的力量；且其真理性，常跟着环境条件下生活样法的变化而消失去。克尼斯曾论及经济现象及经济法则，谓其只有大致类似的，没有一概相同的；所以在经济学所求的，也不外是类似法则，不是那绝对的相等的因果法则。依于这个见解，希德布兰也对斯密学派下攻击：“他们使基础于人类与财关系的经济学法则超越时间空间，而忽视了现象的变化，忘却了一个为社会实在的人类，常为文明之儿、历史的产物；它的欲望、性格、财与人的关系，都是因地理历史的不同，跟着社会一般不绝的进化而改变的。”毕喜儿基于同一见解，因论国民经济之全体的历史的形成，也说及经济法则的相对性。他说：“国民经济上的一切现象，都是历史的文明的现象，因此人们要从事国民经济现象之科学的研究，而求其通贯过程的法则，则不可不先知道国民经济的特征及其变迁的法则，决不是有绝对性质的。所以可完全适应于所有时代文明状态的法则，也简直没有。”（权田保之助译《经济文明史论》页一一〇）又说：“国民经济研究的使命，不消说要先认识现在事实而说明它。但只这个是不够的，我们非从事于经济的过程之动的研究，更进而将它为发生学的解释不可。”（页一一一）可见历史学派重视经济法则之相对的见解，其结果当然要重视经济生活发达底史的考察了。所以因于历史学派之学底体系上要求，遂发生种种经济发达阶段说，这个贡献，是顶大的。如历史学派先驱者李士特，以生产方法为标准，成立五阶段说；罗协儿从经济发达之拟人的观察，成立三阶段说；希德布兰以交换形式为标准，试为三阶段说；毕喜儿以由生产至消费所成距离为标准，提倡三阶段说；……这些都是从经济生活的发展，要求所谓进化过程之客观的标准的。固然近代许多学者，对于此等见解不能无条件赞成它。如斯班（Spann）对于毕喜儿那样博闻广证、精查检讨成的《国民经济成立论》里面所提倡的经济发达阶级说，尚讥其没有触着真实之点，别的更不消说了。然而历史学派对于古典学派所立抽象法则，不顾经济生活现实的个性而要求绝对性的，反过来论证经济法则的相对性，高唱着经济历史之时代的现实的个性，因而提倡所谓经济发达阶段说，这一点不能不说它学问体系，是首尾一贯的了。

（C）社会诸现象相互关系的认识，是对于古典学派只注重社会现象之一方面而起的反对学说。由历史学派看来，国民经济一面从事历史形成的动学的观察；一面则作为国民生活之一方面，对于其他生活方面有密切的生活关系；因此如专把这国民组织的生活之一方面——经济生活——分离出来研究，那是没有什么价值的。现在的问题，是经济学应该脱出这种抽象的假定的基础，立脚于人类实际的生活事实上，便有采取其他国民生活学问底结果的必要。所以罗协儿说："国民生活虽表出各种形相，于其内面却有本来密接的关系，故对于全体而为外面形相之一的经济生活的研究，同时必须研究到那内面关系之其他方面才对。"这就是从旧来将经济学看作"富学"或"财富"的观念一转而认为人类的学问；尤其是国民生活的学问。如此重视经济生活之社会的性质，这一点自比把经济学仅认作为财富而有之科学的，好得多了。用石慕勒的话来说，即从英国正统学派手里，救出那把经济坠作交易学，或为资本阶级致富手段的危险，使之成为以人类为中心底道德的政治科学。固然在现在，以"富学"观念为经济学的真对象，忘却人类本身、单集中注意于以外界事物充足欲望的手段的还是很多。但是历史学派告诉我们："国民经济学不单是致富的技术，是要怎样判断人类、支配人类这样政治的科学；我们的目的，是要在经济的见地上，叙述国民之所思、所欲，怎样发明、努力，并且怎样达到目的。像这样叙述，必须和国民生活中其他科学，尤其与法律学、国家学及文化史有密切关系的把握着，才可能的。"（罗协儿）克尼斯也有同一趣旨的论调，谓社会经济构成的历史的发展之结果，与那时代的全社会组织，是有极密切的关系的。不但如此，石慕勒还说一般经济学都有哲学的社会学的性质，因而应该接近那从社会本质及经济生活之一般原因出发底伦理的历史哲学的研究。可见历史学派是怎样看出经济学对于一般社会诸科学及历史哲学的相互关系的了。

实在说，社会诸现象相互关系的认识并不始于历史学派，在西斯孟迪（Sismondi 1773—1842）就早以经济学为伦理之一分科，认它的独立，不过仅是表面的派生的罢了。因而论及经济学的研究，应与相当社会关系的环境发生关系。又以历史哲学构成其学问体系的圣西门（Saint-Simon）也从社会诸现象相关的一体的看法，说到经济现象，要脱离政治的及法律的诸现象去研究，是不可能的。历史学派的贡献，也正在此处以综合的研究全体社会现象的见地，为骨干之一，而构成经济学的体系。于此请试将历史学派这种社会诸现象相互关系的见解，和那立脚于社会诸现象之统一的观察，所谓历史哲学的综合社会学派创始者孔德的学说，比较一下，更是有意味的事。孔德以社会学为研究构成社会一切要素底相互连带的进化作用底科学，在这里是可分为两大部门：即其一研究为社会共存法则的种种社会诸关系与其机能的一般的调和，所谓社会静态学；他面研究社会的历史的进化过程，所谓社会的动态学。如此以进化观念，代替了社会之固定的见解，排斥绝对观而主张社会法则之相对的支配性，因而对于研究方法，也以历史的比较法为最适当。如经济的构成及其作用，也认为与社会一般构成有密切关系，那单独分离研究的经济学是不可能的。这就是说，在孔德科学的社会学说的体系中，已充分具备历史学派所认识的经济学上社会诸现象相互关系的原理。虽然依照克尼斯的声明，在一八五二年他发表著作时，或许所有德国经济学者即不知道有由一八三二年到一八四二年孔德所出版的《实证哲学》，但是事实告诉我们，在一八四三年穆勒在《逻辑学》里已开始称颂孔德，那末德国经济学者至少对于立脚于社会动静观念上同一见解的孔德，不能没有受些影响。英国历史学派殷格郎说得好，克尼斯著作中最有价值的地方，在孔德的学说中可以极明了地看出。而殷格郎本身和勒斯理（Leslie）也自认很多受孔德思想所鼓励，这就可见历史学派和法国社会学的历史观是有思想关系了。

（D）历史学派采用历史的归纳的研究方法，是对于古典学派主张抽象的演绎方法而起的反对运动。克尼斯说过“应用于科学研究上的研究法，和学问性质有最密切的关系”；所以经济学史上方法论的论争，即不得不唤起关于学问本质上的论争。如古典学派以少数自明真理的演绎原则，和最抽象的一定不变的“经济人”出发，演绎的结果，当然是那以绝对性为本质的自然法；反之，历史学派则立脚于我们所经验着一切实际的社会事象，完全应用历史的统计的方法，其结果自然是重视经济生活之历史的形成观了。这就是说，归纳法底采用，是和所求于支配一定时代一定社会那样历史的法则见解，是有密切关系的。所以说“历史法采用的结果，古典学派所附与于经济现象底自然法，即普遍性及永久性，便一同消失”（季特 Gide 的话）。因为对于古典学派采用抽象演绎法的严正批评，使历史学派至少也不立脚于经济法则的绝对性上，即是不立脚于自然科学的法则上。希德布兰说过：国民经济学之“所谓科学，决不是如自然科学得于一切关系通时间空间所以同样法则说明、同样尺度计算似的抽象的东西”。结论是，国民经济学是说明国民或人类之进化过程，使现代人了解对于社会进化应加于那一阶段，在这里历史与统计的研究法，不消说是必要的。同样毕喜儿也主张国民经济学应从动的过程来研究，从发生学的解释来研究，他说得好：“好似对于历史的文明事实，须知道其如何发生时，才能达到无遗憾的了解；同样当研究国民经济时，对于至今所见文明人经济那样，国民经济形相，是经过如何进化的过程；更于其间各个的经济现象，是经过如何的变迁，可说这就是研究这门学问极紧要的职务了。”（《经济的文明史论》页一一一）石慕勒对于经济学上历史的经验的研究之意义也有同一见解。他说：“解释证明了经济法则，定出一定法则之可能支配范围的限界，更从事实的归纳，到达新的原理。”这么一来，可见支配历史进化现象之经济生活相对法则的见解，也不过是和方法问题有关的见解罢了。然而我们要注意的，即对于历史事实的考察，这就在古典学派，也不能说全没注意到。如斯密《原富》所含历史的材料很多，马尔萨斯的《人口论》，更是极尊重历史事实的；不过由古典学派看来，历史事实不过是从抽象的演绎生出来底因果律的证明，即是历史单不过作为参考资料，和他们所提倡的绝对法则的价值无关。但在历史学派便大不同，他们是依据历史事实为发生法则的基础的。历史事实之精疏，简直可以决定这门学问的生命。所以在研究法上，这历史的归纳法的采用，实在可算历史学派学问体系中之本质的要求，非如此便不成其为历史学派的国民经济学了。

由上四大要点，国民经济学才构成了一整个的学问系统。所以如果像卢森堡似的要问"国民经济学是什么"，那么我们就可以很明了地用比较叙述的方法，来答复国民经济学是什么了。然而卢森堡在此还要完全造谣似的，从另一方面来攻击国民经济学，他引马克思主要著作《资本论》为例，说《资本论》附了一个"经济学批判"的副标题，这就是马克思把自己的著作放在从来经济学的圈外，而宣告这种学问已经死亡，正在批判的埋葬时代了（见《经济学入门》页九）。他不知道马克思所批评的，完全不是历史学派的国民经济学，而只是英国古典学派的经济学。他在一八五九年发表《经济学批判》一书，所批评的是古典经济学派一世纪半的研究的结果，而对于英国从白退（William Petty）至李加图、法国从布哇斯基伯（Boisquillebert）至西斯孟迪（Sismondi），提出一个无情的总批评；（汉译本页二,四五）和历史学派的国民经济学有什么关系呢？《资本论》第二版的跋文里，确有一大段批评到德国经济学，但他告诉我们："经济学在德国直到现在还是一个外来科学。……总之德国缺乏产生经济学的基础，那是作为现成商品似的，从英国及法国输入而来，德国的经济学教授，都不过是学习这些的生徒。”又说：“这些经济学只限于资产阶级，即不是将资本制的秩序看作通过社会生产之历史的发展阶段，反而将它认为社会的生产之绝对的且最终的形态把握着。”由这些话来看，可见《资本论》对于经济学的批评，也只正对着当时德国流行自由主义经济学的一派，即如燕格儿所说“在计算利害的信仰之下，无分别地模仿英国自由贸易论者的论议”的一派。他们如佛希尔（Faucher）、布劳恩（Braun）、米协历士（Michaelis）……都是主张经济法则的绝对性，无例外地承认资本主义的永久性，那当然是要受马克思派攻击反对的，然而并没有因此连及新兴的历史学派国民经济学。事实恰好相反，在一八四八年马克思、燕格儿发表《共产党宣言》，同年历史学派三大创设者之一人希德布兰，也发表《现在及将来的国民经济学》，在这本书“序说”里面（*Die Nationalökonomie der Gegenwart und Zukunft* 1848 SS.1—5）竟宣言：“经济学在德国最近才划出一个重要时期，那已不为学者的专有物，而和英国一样开始为民众的学问。好像在宗教改革时代，神学走出僧侣室外；现在国民经济学也从官署和大学的讲座，走向公共生活的市场，开始感动民众，且使其拥护一般国家的国民利益。”这种经济学转换期的宣言，分明告诉我们国民经济学在现在方才开始，那么和这学派同年代的马克思，对于同年新生的学问，又如何能即宣告这学问已经死亡呢？可见卢森堡在这方面的批评，是完全失却历史态度，如果不客气地说，就只简直是造谣罢了。然而我因此感到对国民经济学的本质阐明，除开上面比较叙述的方法以外，更须用历史进化的方法，将国民经济学在经济学史上的地位研究一下。知道国民经济学在经济学史上所经过的历史的进化过程，那末一切对于国民经济学的误解都自然可以得到解释。但在做这种分析研究之先，我不妨先发表经济学史的表解如下：

时期	经济思潮	学派	重要学者	重要著作	根本概念	方法论	时代之区分
第一时期	宗教的经济学时期	基督教派	Thomas Aquinas Thomas Moore	《神学集成》 《乌托邦》	（1）“数、衡、度乃上帝用以分配万物之工具” （2）慈善与恤贫	想象的方法	中古世纪
第二时期	资本主义经济学时期	英国古典学派	Quesnay Adam Smith Malthus Ricardo John Stuart Mill	《经济表》 《富国论》 《人口论》 《经济学及课税原理》 《经济学原理》	（1）自由竞争 （2）以个人利己心为出发点 （3）普遍绝对的经济法则	抽象的演绎法	十八世纪

续表

第三时期	伦理的或科学的社会主义经济学时期	历史学派	List Roscher Hildebrand Knies Schmoller Brentano Bücher Wagner	《政治经济学之国民的体系》 《根据历史方法的国家经济学讲义要纲》 《现在及将来的国民经济学》 《站在历史方法立场上的经济学》 《国民经济学概论》 《社会政策研究》 《国民经济学的成立》 《社会主义、社会民主主义讲坛》及《国家社会主义》	（1）经济生活之历史的统一的形成观 （2）经济法则的相对性 （3）社会诸现象相互关系的认识	归纳的历史法	十九世纪
		马克思派	Marx Engels Rosa Luxemburg Hilferding Lenin Bukharin	《资本论》《经济学批判》 《共产党宣言》 《家族、私有财产及国家之起源》《经济学入门》 《金融资本论》 《资本主义最后阶段的帝国主义论》《转形期的经济学》 《有闲阶级的经济理论》	（1）资本主义社会之发生、运动、没落法则之理论的说明 （2）从商品生产的分析建立理论经济学	辩证的历史法	

我们主张各时代经济学底理论，都是特定的历史发达之结果；所以在上面经济学史表解里面所表示的进化段阶，实在和人类社会其他文化诸现象的“三阶级的进化法则”是有不可离的关系，然而我在这里不是要谈历史哲学，所以也只好把这个问题表过不提。我们应该注意的，就是考察经济学史的时候，知道这些都是一时代一场所之经济上的理论的反映，若谓这些理论有个是完全最终的，那都只是谬见。所以从中古经院学派的经济思想，即经济学的发萌期，经重商学派至十八世纪中叶，经济学才进入成立期。（案正统学派实为重商学派、重农学派正反学说的综合，重农学派不要说了，重商学派对于生产要素之发明，实为斯密亚当生产要素之说所本，韩讷《经济思想史》页一三。）其著述又为后为物值说发明之基础，斯密亚当及英国古典学派之主义皆直接以此为渊源（页 125）。至此派哲学，论人类行为以自利为主，亦影响于古典学派的悲观主义（页 135）。所以在这表里，我只把重商学派看作第二时期古典经济学的渊源，把他忽略了。）十九世纪中叶，德国学者即历史学派与社会主义派，又出而反抗古典经济学，建立社会经济学，这才是经济的发展期。可见就经济学本身，就有一段长的而且复杂的历史。再就经济思潮的阶段来看，如第一期，则基督教与教堂实为中古经济思想的渊源，其人类天生平等与自然财产社会的观念实和当时基尔特制度相合。因为基尔特从表面上看来，乃是一个“私有公用”的共产团体，在经济方面，则是特别在基督教与教堂的感化之下的手工业时代。克鲁泡特金（Kropotkin）在《互助论》说过（第五章）：“若从在特别圣徒底保护之下的共产村落或都市，乃是社会的和宗教的一意义而说，则一切同业公会，就都是宗教的。”（页 29）这句话并没有错，我们只要稍稍注意到当时最卓越的圣徒阿阔纳士（Aquinas）的经济学说，他们高唱劳动的庄严，反对奴隶制度，以收取利息为不当的见解和正当价值的规定，那一件不影响到基尔特？实在说，在中世纪手工业活跃的时期，劳动所得的繁荣和尊敬，都是根据于基督教的观念的，这就是宗教的经济理论时期。（案此期摩尔（Moore）的《乌托邦》，实为后世空想社会主义所本，依我意思则奥文（Owen）、圣西门（Saint-Simon）、傅立叶（Fourier）等经济学说，都只是希望憧憬着于这个中古的黄金时代，而提倡新宗教下的新社会，这可算是这个思想阶段的遗形物，所以表解里也把他忽略了。）到十六世纪以后，因国民的自觉，看重富国强兵，造成如柯尔贝（Colbert）的经济政策，即所谓"重商学派"，接着起而反抗这种思想的，是以魁斯奈（Quesnay）为中心起于法国一群的"重农学派"，这都是应着第二期个人底经济理论而生产的。尤以重农主义主张自由放任的哲学，对于制限或干涉个人经济活动的都极端反对。他们主张经济行为的目的和动机全在个人，所以也可唤做自由主义派或个人主义派。十八世纪末所谓"古典经济学派"，如斯密亚当（Adam Smith）、马尔萨斯（Malthus）、李加图（Ricardo）、约翰·穆勒（John Stuart Mill）等，即发展于此自由学派底思想之内。自从斯密亚当《富国论》确立了个人经济学的基础以后，大计划的资本式的企业就出来了。分工论的结果，使无数的工人分工而作，在好的方面讲起来，实使我们经济生活，发生完全的变化，造成了一种新的经济时代——资本制度；在坏的方面，因为资本制度发展的结果，贫富两种阶级，产生不能再容忍的不平等的状态，那没有生产工具的人，不得不为极低微的工银，每天做工十五六小时，这种不公道的分配制度遂引起第三期的经济思潮。不但如此，资本主义世界经济，是将经济的全领域陷于完全无组织无秩序的状态，即通全体为无何等计划、何等组织、何等规定之存在，完全由于那不能不受统御的势力，——"看不见的手"之盲目的支配，把人类经济的运命随意播弄着；这种无秩序的资本统治，当然要发生第三时期对于资本主义经济的反抗。再就社会哲学的基础来说，第二时期的经济理论，都是从人类之自然——人类性——里寻出永远的自然法则。斯密以个人活动的根本动机归于自爱心，乃至利己心；依他意思，知道自己利害的莫过自己，各个人谁也比较政府知道自己更多，所以谁也只要听自然法而行好了，所以他们的经济学的体系，即存于这种人类之自我肯认的原则上，因即存于资本主义永久性之肯认的原则上。然而这种反伦理的、反社会的、反历史的第二期经济理论，在历史发展的过程中，是只能和资本制度同其运命，结果是要跳向自己批判即资本主义批判而飞跃的。如在英国约翰·穆勒，就是好例。他本是个人主义，到了晚年，竟自认是社会主义的共鸣者了。李加图可称达于个人经济学理论的顶点，但他却成了英国社会主义者汤姆生（Thompson）、格雷（Gary）、布利（Bray）全学派之直接的母胎。在法国则有最初将古典经济学派通俗化了的史霭耶昂（Say, J. B）和接着而起的西斯孟迪（Sismondi），在德国则最初于雷峨（Rau）看出社会主义的萌芽，相继出现了屠能（Thünen）、罗贝尔图（Rodbertus）以至于马克思及燕格儿，完成了对于古典经济学的转换期。可见由经济理论的第二级，跨到经济理论的第三级，这正是特定的历史发达的结果了。但在反对古典经济学的经济理论当中，实可举出三种类：第一是空想的社会主义，如奥文（Owen）、傅立叶（Fourier）、圣西门（Saint-Simon）等，那是因反对第二期的经济理论，而憧憬于第一期的乌托邦的，所以依我意思，这只是第一期经济理论的遗形物，这里可以表过不提。就中最可注意的，是本书所叙以历史的归纳的方法为依据的历史学派，即伦理学派，与那以历史的辩证方法为依据的所谓科学社会主义派，如马克思、燕格儿等，都是代表第三期的。历史学派已可不说了，专就所谓科学的社会主义派来说，则自马克思的《资本论》确立了社会主义的经济学以后，于是跟着对于资本主义的扬弃，经济学的目的遂成功为解剖资本主义社会，而发见其经过、发生、发展及其没落之经济的运动法则的经济学。而资本主义经济的特质就是“商品生产”，所以这种“理论经济学”，也是从商品生产的分析，因而解明了剩余价值的出处，——地租、利子和赁银。其全理论经济学的基本概念，即是建筑于这种商品价值价格的诸概念上。所以据实来说，这一派经济学只好算得对于古典学派之“经济学批判”，即限定于资本主义社会之经济学的批评，若真正讲到人类社会底经济学，则不应这样的偏重消极，而应积极的阐明人类全社会之经济的运动法则。即对于将来社会的经济计划，亦决不见得不是经济学本来的目的；然而马克思的理论经济学，实根本反对这种理想的未来国（Bebel 在《妇人与社会主义》第二十一章，虽述将来社会之根本的法则，但那又当别论。），因为《资本论》的经济学体系，本建立于黑格儿的辩证法上（列宁说：“人们在没有把握着黑格儿的全论理学后，便对于马克思的《资本论》，尤其是第一章，不能完全了解的。”这话说得何等明白。），而黑格儿的辩证法，就它本质又天然只是消极分析批评的东西。（案黑格儿《哲学体系纲要》的第一编，“论理的科学”之“预备概念”中之一章“论理学之详细概念与区分”说，论理学从形式上说是有三个方面：（A）抽象的或悟性的方面；（B）辩证的或消极理性的方面；（C）思辨的或积极理性的方面；可见辩证法完全只是代表消极的分析批评的一面罢了。）所以由此形成的马克思（理论经济学），其所有心得，即在对于资本主义生产方法之分析解剖。这就是说，他的贡献为辩证法所限制，即限于消极与破坏方面，所以只成功了经济社会的病理学，不能成功经济社会的生理学。复次，这种理论经济学是从商品生产分析出发的，然而商品生产乃为产业革命后所发达之产物，所以代表这商品生产的古典学派，固然只算“生产经济学”（案 Bagehot 说：“英国今日所有之经济学，可谓之为商业学（The Science of Business），自广义言之，商业可以概括生产与贸易之社会。”巴加特为英国经济学者最有历史观念的人，其言甚可玩味。）即从事分析商品生产的理论经济学，仍不过于“生产经济学”没落过程中尽它的职务。但是我们现代经济学的新倾向，已由“生产经济学”进步到“信用经济学”，我们时代已经由马克思所说的社会生产的经济观，而代替之以社会的信用的经济观。如现代银行的职能，就是扬弃了生产概念，而以社会全体之富为基础，而任意创造发行所谓信用货币；这种信用经济学的理论的观点，实在是对马克思以商品生产概念为中介概念组成的生产经济学以致命的打击，使我们知道马克思派经济学，只是说明产业革命后的经济社会，而不足说明由信用概念统一构成的现经济社会。然而反对者可以举出马克思《资本论》之最后一卷“资本制生产底总过程”中关于信用经济理论；但在这里，他自己宣告把信用经济划出于本书范围之外，所以只好就其结论来看，则仍然不过以银行所借与产业资本家的货币资本，是由于把别人货币在自己手中集积着这样观念。像这样把银行看作单纯的东西，全不知银行的发行信用货币，和作用于社会生活上货币资本无关，银行乃从自己手中任意发出信用货币而付与于产业资本家的。所以马克思的信用制度论，事实还不过是货币论而已。在《经济学批判》全书四分之三所论的，也不过对这种从生产论延长出来底货币论而已。然而从马克思以后，那以马克思经济的观察为出发点的信用经济理论，如喜乎丁（Hilferding）的《金融资本论》和列宁的《资本主义最后阶段的帝国主义论》，似乎学说进步多了。但很可惜的，就是他们的金融资本论，仍和马克思一样把社会经济生活的经济特色看作商品生产；即其所谓金融的观点，还是商品生产，而非信用本身。依喜乎丁的见解，则银行不过为转化货币的机关，将所谓“休息货币资本”，转化为“作用货币资本”罢了。所以这种见解，仍然没有看到信用经济自动创造的新机能，因而对于扬弃生产经济学的信用经济学，也全然没有会得。至于列宁（Lenin）所著《资本主义最后阶段的帝国主义论》，对于帝国主义的特色非产业资本乃为金融资本的发见，实在是一大贡献，可是很可惜的，他也不过将“独占的支配”底概念和信用制度的理论结合，至于银行以独自机能任意发行着所集中的信用货币，则仍没有理会到。因为他始终是以生产及资本的集中作为银行集中的原因，所以也只好算做生产经济学最后的变象产物罢了。（关于马克思派信用经济理论的批评，参照土田杏村《马克思主义批判》页135—160，在这一点他实给我许多有益的见解。）总而言之，第三时期经济思潮的代表，是所谓科学社会主义派和历史的＝伦理学派。科学社会主义派他们“所著的书和所发明的学说，可说是集几千年来人类思想的大成”；但是经济思想到了他们手里，难道就算止境了吗？不，决不，现在较新的经济学说如克鲁泡特金的无政府共产主义，且不说他，即如新进的经济学者如柯尔（Cole）、潘悌（Penty）、泰罗（Tylor）的基尔特社会主义、苏鲁（Sorel）的工团主义，都是要根本改造马克思派的经济理论，使倾向更新的方面走的。就中奥大利[①]学派如门格尔（Menger 1840—1921）、威塞耳（Wieser 1851—1926）、费巴卫（Böhm-Bawerk 1851—1914）、高申（Gossen 1810—1850）、叶万士（Jevons 1835—1882）的一派，以“限界效用学说”为中心理论，将经济学附以主观的心理的色彩，实际乃立于金融资本主义作为利息生活之社会层底理论而表现。其根本主张，如树立演绎法、提倡经济法则的普遍性、主观的价值学说、对于个人意识的解剖，表面上虽对于第三期的经济学说为有力批评，实际却只是第二期个人主义、资本主义、自由主义的遗形产物，

① “奥大利”，今译“奥地利”，余同。——编者

是不能算做第四时期经济理论的代表，而只好说是第二时期资本主义最后阶级所呈现的泼剌生动的经济理论的反映罢了。于此有可真正看作第四时期新经济学底萌芽的，我们宁可举出那主张消灭售卖者与购买者、债权者与借贷者、工业主与工资劳动者间的斗争的“合作主义派”。复次就是英国以陶格勒（C. H. Douglas），A. R. Orage, N. Allen Young, Hattersley, Hugh, P. Vowles, Marten Cumberland 为中心而起的“陶格勒主义”（Douglasism），即信用经济学的一派。这两派都把经济生活安置于道德原理的基础上，主张虽不免分歧，从大体看，却均接近于“历史学派”。所以依我意思，应该将“信用经济学”的理论，完全和历史学派结合，换言之即从历史方法的基础上，建立历史哲学的综合社会学；从综合社会学的基础上，又建立历史学派的经济学；于是从历史学派经济学基础上，才树起信用经济理论。这么一来，信用经济学才根源深厚，既不陷入如奥大利学派非历史观点的误谬，亦可避免对于历史学派无原理性的批评。于是从国民经济学进而建立以统一全世界、极公正与有效率的信用制度和合作制度为基础的“世界经济理论”——大同主义经济学。但是这种新经济学的抬头，责任恐怕还在我们身上哩！我们努力，我们不要像没出息的卢森堡似的，大喊着什么“马克思理论中完成了经济学，同时也是作为科学底经济学的终局”；我们知道，这只不过是马克思派理论经济学的终局罢了。然而从经济学理论的发展史上看，则从国民经济学进到大同主义经济学，从个别的国民的经济生活进到全体性的世界经济生活，在这个做媒摆渡之间，我们的新的经济学，是必然地向着历史的大道展开。我们不相信马克思主义就是“万事万物的终点”（the end of all things），所以正在马克思经济学底批评埋葬时代，我们大同主义的经济学刚好在新的形态中，从摇篮里走了出来，这并不是什么奇迹，这是历史进化必然的结果。

我祝新的世界经济学的产生，我对于母胎似的历史学派底国民经济学，在经济理论进化过程中，虽不能无所尊重；但是我们更重要的，不是回忆过去，我们更当相信自己的创造能力，来开辟大同主义经济学的新路。从前有个横溢着自由精神的诗人海涅（Heinrich Heine），因为那时历史学派曾证实一切变动之迟缓，所以他便这样歌唱着（Bukharin：*Historical Materialism*, P. 71，汉译《唯物史观与社会学》页 104 §1）：

Beware of that king in Thule, avoid
The North and its lurking dangers；
Police, gendarmes, whole historic school——
You and they are better strangers.

——A Winter's Tale

留心在梭耳的那一位王，
要避免北方和北方潜伏的危险，
巡警，宪兵，一切的历史学派——
你同他们都是最好的不识之客。

——冬夜谈

但是这首诗，是随时间进化而失却意义了。从前的历史法学派总是假托于神圣的传统，说什么旧制度怎样的好，我们应该遵守他，这种反动的历史学派，让我们大胆的诗人来歌唱它的死灭，反之，真正经济学上的历史学派，应该一方面仰倚着过去，一方面俯视着将来，应该告诉我们人类经济生活的进化是到了这个程度，应该提倡进化，极力从国民经济的偏见解放出来。总之，现在底最新历史学派，应该在宛转呼号中间也梦想那欢天喜地底“大同经济”的新发展。

第四章　历史学派底经济发达阶段说

第一节　评马克思派经济阶段底理论

现在我们讲到经济发达阶段说，便要首先联想到马克思派所说经济发达阶段的理论；这在我们国度里，历史学派全没发展时，是毫不足怪的。然而真正讲到经济发达阶段说，则我们不能不说马克思的学说，也只算做历史学派当中的一个，只算得经济发达阶段说当中最坏的一个。为什么他是最坏的呢？因为所有德国历史学派都是应用了历史的归纳的方法来构成经济发达阶段，却只有马克思还要故步自封地采用那历史的辩证的方法，做他学说的基础；这种科学方法与玄学方法的分途，即是我不得不说他是最坏的原因。复次，马克思派对于经济阶段以生产社会关系为唯一标准，固然是很有见地；但一把他所谓历史特定的发展阶段来看，则立说纷歧，使我们不知适从那个才好。他们的分法是（参照羽仁五郎《转形期历史学》页206，石滨知行《经济史概论》序论页183—185所引马克思语）：

古代希腊罗马的社会　封建社会　资产阶级社会

亚细亚的　古代的　封建的　近代市民社会

——马克思说

古代的奴隶制　中古的农奴制　近世的赁银劳动

——燕格儿说

在这里燕格儿基于劳动形态的发达阶段说，实在可认为有力的学说，不过这种学说也只算做一个补助的次等的学说。以较同样主张劳动形态分段说的，如英国的汤姆生（Thompson 著 *An inquiry into the principle of the distribution of wealth* 1824）分劳动组织为：（一）强制劳动组织；（二）自由个人的竞争组织；（三）相互协作组织；则燕格儿说近消极的。以较意大利罗利亚（Loria）从人口学状态，即以人口的密度为经济构造的基础，而建立奇特的社会进化论，则燕格儿说尚为不彻底的。然而燕格儿的学说，终竟比马克思不知清楚明白许多。他在一八八四年出版的《家族、私有财产及国家之起源》，经桑巴德（Sombart）把他总括整理起来，也就很可观了。反之马克思《经济学批判》序文中所分的亚细亚时代、古代封建时代、近世市民社会时代，这即在马克思派最忠实的信徒蒲列哈诺夫（Plekhanov）都弄得不能为他辩护。（木村春海译《马克思主义的根本问题》页五九—六〇）他说：

以马克思的考察，断定亚细亚的、古代的、封建的以及近代市民社会的生产方法，为一般社会经济发展之继起的（顺序的）诸时期；可是等到马克思读到摩尔根的《古代社会》，他就变更了古代生产方法与亚细亚的生产方法关系的见解。实在封建的生产方法之经济发展底论理，可和所称资本主义的胜利导出社会革命一样，然而经济发展的论理，例如中国或埃及，并没有导入生产之古代底形态。在第一个场合，是相继而起呢，还是前者由后者而发生呢？是那一个发展阶段很成为问题。反之，第二个场合，则经济的发展的二种形态同时并存着，……马克思、燕格儿在未明了氏族社会的组织以前，像燕格儿以后自身承认似的，关于社会发展的理论有显然的缺点。

那么既然是有显然的缺点了，为什么许多马克思派学者还要迷恋骸骨似的，将他的经济发达阶段说当作法宝看待呢？（我刚从日本回国，即举那里几位有名的学者做例，如河上肇在《唯物史观研究》页9将这段话作为马克思亲笔写下的唯物史观公式的一节。羽仁五郎在《转形期历史学》页206说马克思这种理论，可作为我们历史学根本原则论底历史发展阶段理论底中心。又石滨知行著《经济史概论》页29也依据这个标准将欧洲经济史分作四阶段：A. 原始共同社会；B. 古代社会；C. 中世封建的社会；D. 资本主义社会或有产者社会；可见这种学说的误用，已经是误会得不得了。）况且照马克思的原文，"我们可以把亚细亚的、古代（希腊罗马）的、封建的及近世市民社会的各生产方法，看作经济的社会组织的进步的阶段"；那么所谓"原始共产社会"，在这发达的阶段中，应属于那一个阶段？亚细亚的？古代的？还是把他看作经济发达阶段以前的序幕？这真不能不说马克思所分阶段太不明了了。不但如此，即就这经济的社会构成的阶段说来看：也是完全抄袭黑格儿底《历史哲学》（Hegel : *Philosophie der Weltgeschichte*）的。在《历史哲学》第二篇"特别绪论"第三，有"世界史底区分"一章，将精神的形态分作：第一历史的幼年期，为东洋的世界，（一）中国、（二）印度、（三）波斯；第二历史的少年期，为希腊的世界；第三历史的成年期，为罗马的世界；第四历史的老年期，为日耳曼的世界。（河野正通译《历史哲学概论》页三八五—四〇二）不料马克思竟把他任意凑合补缀起来，以黑格儿的第二、第三世界凑成为"古代的"；以第四之日耳曼世界，二分为“封建的”与“近代市民社会的”。他这样把比较的有地理基础的黑格儿的时代区分，很不自然地变成功《经济学批判》序文中的经济发达阶段说，这层在福田德三著《唯物史观经济史出发点之再吟味》一书（页七四—七八）已经有很严格的批评，这不就是马克思学说为经济发达阶段说当中最坏一个的证明吗？不但如此，我们再回转头来瞻望马克思发展阶段的理论，在现代俄国最近思想界底发展，显然可分作两派：一派是立于历史的辩证方法底基础上，一派则以经济批判论为基础。但这两派，无论那一个对于经济发达阶段的法则，都只呈露出消极的面目，这是很值得注意的。第一派以辩证法为中心的，可以蒲列哈诺夫（Plekhanov）《史的一元论》《马克思主义的根本问题》、列宁（Lenin）《唯物论与经验批判论》、德波林（Deborin）《辩证法与自然科学》《黑格儿论理学批判》等为代表。第二派以经验批判论为中心的，可以波格达诺夫（Bogdanov）《经济科学大纲》《社会意识学大纲》；布哈林（Bukharin）《史的唯物论的理论》《转形期经济学》等为代表。这两派在俄国曾发生极大的思想上论战，如列宁的《唯物论与经验批判论》是为驳波格达诺夫的《经验一元论》而做的：德波林的《辩证法与自然科学》大部分是为驳和波格达诺夫同派的斯宅巴诺夫（E. Stepanoff）而做的。列宁遗稿中有关于《转形期经济学》的评注，指布哈林为波格达诺夫派，对于辩证法全不明了，近来此类论战文件，在《马克思主义旗帜下》杂志上看出不少。（但据最近俄国《马克思主义旗帜下》关于编辑部组织变更底报告，则德波林派似又有失势的倾向，这是很可注意的。）但在我们中国，实际上则辩证法论派因为没有德国传统哲学做他背景，对于辩证法论派还不甚了解，倒是那经验批判论派，因它所用方法是一半辩证法一半带着归纳法的倾向，所以影响最大。假使我在这里不先将眼前这两派关于经济发达阶段说的误谬，先下一番严正批评，便对于历史学派底经济发达阶段说也不好提出，提出也不易解明，所以在此有尽先批评这两派的必要。

（第一）辩证法派，在经济发达阶段说上的最大贡献，即在以财产发展之辩证法底运动法则，作为资本主义社会运动法则之论理的说明。如从辩证法的观点上，说明资本主义的生产法则，于其发展的现实过程中，由辩证法的作用必转化为其反对物。这就是说财产发展之辩证法的阶段，是可用黑格儿说的图式来表示，即正立——否定——否定之否定。因为辩证法于现存事物之肯定的理解中，同时含着否定及其必然没落底理解，一切生成形态，在其运动之流中，都只是暂时的，不是永久的；所以把他应用到经济发达阶段的历史上即如下式：

> 原始共产制形成了一切社会的发展的出发点，这便是“正”。
>
> 原始共产被解体、被否定，于是代生产手段共有和共同生产而起的，便是私的生产，奴隶经济、封建经济、单纯的商品生产，最后是资本家的生产，这便是“反”。
>
> 第三个阶段是私的生产的再否定，是共同所有的复兴，也就是达到较高阶段的共产制的复兴，这便是“合”。
>
> （塔尔海玛 A. Thalheimer 著《辩证的唯物论入门》页 174，高桥一夫译；《现代世界观》页一七六，李达译）

但是我们知道，这种三分辩证法是可以随便怎样结撰都可以的。所以穆西（Karl Muhs）在一九二七年发表《关于马克思经济学内的构造的考察》（*Anti-Marx. Betrachtungen über deninneren Aufbau der Marxschen Ökonomik*）一书，第一卷第一章（蓑田胸喜译，见页四〇—四四）即指出关于这种财产发展的辩证法，马克思以个人的私有财产为肯定的阶段，燕格儿则以共有财产为肯定的阶段。试为列表比较一下：

	肯定阶段	否定阶段	否定之否定阶段
马克思	基于固有劳动之个人的私有财产	特殊之资本主义的生产	社会化的生产方法
燕格儿	共有财产	个人的财产	社会化的生产方法

那么可见在否定之否定底阶段，虽两人辩证法之解释相同，而从肯定阶段上说，又根本相异。最可怪的，就是上面所引燕格儿的话，是出于《反杜林论》（*Anti-Dühring*）一书，是经马克思同意才出版的，然而他俩见解竟这样互相乖离，那么叫我们还敢相信以辩证法的过程说明经济发达阶段说是靠得住吗？罢了！罢了！这从科学的社会主义（？）之中所生长来的黑格儿主义的残滓，我们实在有些不敢领教。甚至于列宁辩到无可辩时，也只好在《人民之友是什么》一书，说辩证法的本质不在于三段论法，而暗示着马克思、燕格儿的无聊。可是列宁的辩证法，讲到究竟上也仍然是变相的玄学，他的特色在把辩证法看做认识（发见）自然的一切现象与进行中所充满着矛盾的、相互排斥的、相互对立的论理学，因此所以说“发展就是对立物的斗争”（《关于辩证法的问题》一文见英文版 Lenin：*Collected Works* vol. XIII PP. 321—327）。而关于经济发达的研究，也和马克思在《资本论》里分析商品交换似的：“这种分析在极简单的现象中（在资产阶级社会的细胞中。），发见现代社会的一切矛盾（即一切矛盾的胚胎），再进一步的叙述，就彻头彻尾地指示我们此等矛盾（生长及运动）与此等矛盾构成分子的综合之社会的发展。”因此列宁的经济发达阶段观，实际不外乎就是阶级斗争的历史观。他所举做辩证法实例的，有如：

数学里面的正数与负数、微分与积分；

力学里面的作用与反作用；
物理学里面的阳电与阴电；
化学里面的原子的结合与分解；
社会科学里面的阶级斗争。

可见他是把辩证法的发展，和阶级斗争发展底理论合拢起来，而比马克思更进一步的。本来辩证法从本质上，就是批评的而且[①]革命的（参看拙著《革命哲学》页一四六），把它应用来说明发展进化的原理，就有只能看到发展进化之间断的时候，而不能看到不间断的社会进化底缺点。换言之，即可以应用它去说明社会病理的现象，而不足以说明社会生理的现象。（就是依据辩证法与唯物论合成的唯物史观，据孙中山先生说："马克思研究社会问题所有的心得，只见得社会进化的毛病，没有见到社会进化的原理。"这个批评再适当也没有了。）所以黑格儿在《哲学体系纲要》（*Enzyklopädie der philosophischen Wissenschaften im Grundrisse*）底第一编"论理底科学"之"预备概念"（Vorbegriff）中，有一章论"论理学之详细概念与区分"（Näherer Begriff und Einteilung der Logik）说："论理学从形式上是有三个方面：（A）抽象的或悟性的方面；（B）辩证法的或消极理性的方面；（C）思辨的或积极理性的方面。"（Das Logische hat der Form nach drei Seiten: A）die abstrakte oder verständige, B）die dialektische oder negativ-vernüftige, C）die spekulative oder positive-vernünftige.）这不是分明承认辩证法只侧重消极，只好拿来说明社会病理的吗？所以列宁能够抛却三分辩证法的滥调（塔尔海玛的《辩证法的唯物论入门》，因为还站在这个地盘上，所以价值便不很高），

① "且"，原作"是"，误，据朱谦之《革命哲学》改。——编者

完全深彻辩证法的本性，而把握着阶级斗争史观，这我是第一个钦佩他的。我们知道，矛盾与斗争永久是社会进化所产生的一种病症，那么我们不但不要抹煞这个病的社会事实，我们还要应用历史的辩证方法，去研究“病”的发展法则，所以列宁这一点贡献，是很有价值的。然而我们因此遂像列宁似的说那“相互排斥的对立物之斗争是绝对的”；这种把矛盾斗争看做历史的常态，完全只看见辩证法的或消极理性的方面，而没有看见思辨的或积极理性的方面，这不能不说是大错特错。就黑格儿的论理学的体系上说，尤其不能不说是大错特错。不但如此，即从辩证法之具体的例证来看，列宁把社会科学里面的阶级斗争和数学、力学、物理学、化学里面的相对物混作一谈，也实在太缺乏科学的精神了。何则？在卢加（Lukács）著《历史与阶级意识》一书（一九一二年）已分明说出马克思与燕格儿所用辩证法的不一致，即马克思只将辩证法应用于社会的历史的事实，而燕格儿则将辩证的方法扩大来应用说明一切自然的认识；（这种意见，虽德波林在《正统派马克思主义是什么》一文极力反对他，但如桑巴德 Sombart 则极力赞成他。）不料这种依燕格儿在《反杜林论》和《自然辩证法》各书的思想，在列宁所著《唯物论与经验批判论》附录“关于辩证法”一文里面更加发挥，使辩证法完全适用于自然科学而成功为自然科学的方法论。其末流遂成功“德波林学派”，在一九二四年以后，与俄国哲学者、自然科学者最大之哲学上底论争。一九二九年苏维埃国立出版所发行德波林（Deborin）《辩证法与自然科学》一部大书，可谓此派集大成的著作了。（笹川正孝译本序文页，3—10）然而在辩证法家与纯正自然科学派之绝望的斗争中，我们宁可站在主张辩证法对于自然科学之无力的那方面。辩证法依我的意思，非不可应用于社会科学的病理学方面，但在自然科学方面，则不可不与辩证法分离；因为自然科学的世界形象本不含有何等唯物的本体，它只有完全用数理的记号来表现才属可能。（在我没有系统地发表《科学批评论》以前，请先参看《思想》第百号纪念特辑内石原纯著《近代自然科学之超唯物的倾向》一文。）所以如照列宁和德波林学派的误用，结果非将自然科学再回转到古形而上学的唯物论或阴阳家的学说不可；更不消说自然科学受玄学方法限制致不能发展进步的那一段话了。总之，辩证法的应用，在 Wendorf 的《辩证法与唯物史观》一文，已指出辩证法不适用于经济事实的问题，但这在我的见解，尚可一半承认；唯用辩证法来研究自然科学，则可谓完全无意义的玩意儿。

（第二）经验批判派如波格达诺夫（A. Bogdanov）所著《经济科学大纲》《社会意识学大纲》，似乎完全根据社会意识形态底构成来说明经济发达的顺序了；但其所谓“意识形态”，从列宁派看来，虽给他以“经验”的名称，实际上却只是无意味的抽象的东西。用列宁的话来说，只不过是“an idealist equivocation”（观念论的遁辞）罢了。依他所分，意识形态构成的段阶是：

（1）“要素”之混沌界（The chaos of “elements”）；

（2）人类之心理的经验（The psychical experience of man）；

（3）人类之物理的经验（The physical experience of man）；

（4）“从此发生的知识”（“Knowledge which emerge from it”）。

（英文版 *Collected Works* vol. XIII P. 190，日文版山川均大、森义太郎译，页 380—381）

在这里，第一阶段“要素”底混沌，既然是超过人类以前的感觉，那和黑格儿所谓“divine sensation”（神的感觉），又有什么不同？第二阶段以心理的经验安置在物理的世界以前；第三阶段才开始照应到以物理的经验代替心理的经验；于是第四阶段从物理的经验里发生意识。——这种"经验一元论"使我不得不联想到那主张"存在为意识所规定底三阶级法则"的孔德。依他底见地看来，"个人精神的生长过程，是经过神学的、形而上学的，而终于科学的、实证的世界观。"在这里我如果把波格达诺夫的意识构成的阶段说，和孔德应用于个人精神发展的三阶段说比较来看，至少前三阶段是完全相同的罢！因为波格达诺夫的根本思想，有意无意似的隐蔽在孔德的三阶段的模型之下，所以引伸来讲社会意识阶段底分类时候，也不得不老实说出"和我们底分类非常近似的分类，例如实证主义者所采用的思维三阶段的分类法，神学的阶段、玄学的阶段、实证的阶段，及布朗（Louis Blanc）所指示的权威主义、个人主义、同胞主义的分类等都是。"（《社会意识学大纲》页58）再看他所作为支配的意识形态底特殊文化格式，则也不过：

（一）原始文化时代＝原始社会意识时代

（二）权威的文化时代＝权威的社会意识时代

（a）宗法时代

（b）封建时代

（三）个人主义的文化时代＝个人主义社会意识时代

（a）观念的个人主义社会

（b）过渡形态

1. 古代社会底奴隶制度

2. 农奴制度

3. 手工业者底行会

4. 商业资本主义

(c) 工业资本主义

(四) 集团主义的文化时代＝集团主义的社会意识时代

可见这种意识形态底分类法，很明白是将孔德和布朗所指示的三阶段为基础，中间插入马克思所分〔亚细亚的、古代的、封建的、近代市民阶段社会〕，与燕格儿所分〔古代的奴隶制、中古的农奴制、近世的赁银劳动〕那样经济阶段的理论，而编成这种不伦不类的阶段公式。不过这种阶段公式，在《经济科学大纲》便颇有更动，变成更整齐的三阶段了。

(一) 自然自足社会

(a) 原始氏族共产主义

(b) 族长宗法社会

(c) 封建社会

(二) 商业社会

(a) 奴隶制度

(b) 都市手工业制度

(c) 商业资本主义

(d) 工业资本主义

(e) 金融资本主义时代

(三) 社会化的有组织的社会＝社会主义社会。

这就是把《社会意识学》里面的第一、第二阶段合成为第一阶段，而在第二阶段商业社会里删去了农奴制度，末了把金融资本主义时代加上去。这样伸缩自如底经济发达阶段说，实在不异告诉我们以马克思派阶段说的破产，怪不得像形式社会学派要那样一并攻击综合社会学文化分期的原理啊！于是我们再从波格达诺夫一转来研究布哈林，他在社会主义经济学上的贡献，恐怕比谁都有名的。但他据列宁在关于《转形期经济学》评注的话来看，则也是不折不扣的是波格达诺夫主义者："他是把那马克思主义理论与波格达诺夫之社会学的烦琐哲学组成的折衷主义，代替了唯物辩证法的。"本来布哈林对于辩证法的无理解，这在杂志《马克思主义旗帜下》非难他的人很多；据哥列夫在《辩证法与辩证的方法》，就说他把辩证法看做论争；这个解释是根本错了。（藏原惟人译，页四）列宁以为布哈林底误谬理论的根源，可在辩证法的领域中看得出来。他在《转形期经济学》所加的"转形过程之一般理论"这个旁题，由列宁说，就是根本错误的东西。对这一点，列宁有一段讥讽似的评注，"那是什么呢？'一般的吗？'成为斯宾塞的吗？""著者对于经济过程还没有充分具体的实际研究过。"他还指摘布哈林滥用了"辩证法的否定"一句话，对于理论和实践的关系，也没有辩证法地把握着；所以布哈林的《转形期经济学》，只算是非辩证法的波格达诺夫态度的结晶；只算利用了波格达诺夫哲学的术语，来讲明社会的阶级诸关系。（详见 B. Borilin 著《列宁对于〈转形期经济学〉底批评》一文，日译"《布哈林唯物史观批判》页 147—219。）实在说，布哈林和列宁学说的不同，即在于"辩证法的矛盾派"和"辩证法的调和派"的不同。布哈林底综合的折中辩证法，要在史的唯物论里，证明那经济发达之妥协调和底过程为：第一社会诸要素间的均衡（正）；第二社会均衡底搅乱（反）；第三在新基础上，社会均衡之回复（合）；这种三段状态的辩证法，好像和黑格儿正反合的三阶段相同的了，但是如德波林在《均衡论与唯物辩证法》一文的批评（见《布哈林唯物史批判》页 123—143），这只好叫做"均衡论"，而不得谓之"辩证法"。这就是说，这是属于进化论者斯宾塞（Spencer）和组织论者波格达诺夫的均衡论的系统，而非黑格儿、马克思、列宁的辩证法的系统。布哈林自夸将黑格儿辩证法之神秘的用语，还原于近代力学的用语，但据德波林看，这正是他根本拒绝了“质”的变化，而单将“量”的增减来代替它。所以他从力底作用底理论，即均衡论出发，结果将不可避的把运动否定了，将内的矛盾变为外的原因了；所以依照这种理论，则对于现实运动，和实在底过程及丰富的变化内容，通通不能反映，而只反映着不动与静止的瞬间，这就是德波林对于布哈林最大攻击的理由了。但是据实来讲，布哈林的三段态的辩证法，除了把辩证法通俗化及单纯化以外，实在一点也没有什么价值；而所谓第三段态，也决不成其为第一、第二段态之综合，勉强叫他做均衡论，又似嫌太缺乏了实证的科学的精神。可是这种思想，因他一半应用了辩证法，一半应用了归纳法；即是一半玄学头脑、一半科学头脑那样启蒙的意见，最容易蛊惑着一般头脑不清的初学者，使他为着第二段态社会均衡之搅乱的牺牲。这一点实在没有适当的话，来表示我对于他们的不安了。

由上我们知道，现在俄国辩证法派和经验批判论派，对于经济发达阶段的研究，都一样地没有把握着它的能力，一样地陷入玄学方法的错误；我们要不是把眼睛闭了，总不便于承认它们在经济学上的贡献是科学的罢！因为这些经济学者本来不习惯用那历史的归纳法，乃至真不知道什么是经济发达底段阶，可是他们偏偏能够用些艰涩的辩证法语句，使有些人来相信那些字面。但是好了，现在对于这种没有脱离玄学方法的辩证法派或准辩证法派，我们已觉悟有提倡那用历史的归纳方法的历史学派的必要。因为结论是这样的，经济发达阶段说只有站在历史科学的归纳方法才行，所以我们为着要把经济学建筑在方法论底一个坚固的基础之上，也只有说一声“再会”，而和旧马克思派的玄学部分永远分离了。

第二节　经济发达阶段说的性质

在没有讲到历史学派底经济发达阶段说以前，我们应该先明白知道“经济底进化法则”底性质。第一这种法则是属于历史科学的法则，而非自然科学的法则；第二这种法则是依据于孔德的社会进化说的法则，而非依据于黑格儿社会轮化说的法则；第三这种法则，在社会诸现象相互关系中是相对的法则，而非绝对的法则；简单来说，就是经济底进化法则，是应该放在“社会学的历史观”底总题目底下去研究的。

（第一）关于经济进化法则为历史科学的法则，而非自然科学的法则底问题；我们的论点，是在承认经济进化法则是支配于科学法则底概念之下，而要接着问是那一种的科学底法则？如答案是属于历史法则，那么历史本身有没有法则？就是一个问题；历史法则是什么？又是一个问题。让我缓缓地穷原究委的来讨论它罢，原来一九二二年 Mind, No.121 Oct. 即载着有关于历史与科学英国哲学者的论战，题为“Are history and science different kinds of knowledge？”，参加这次论战的人物，为柯林渥（R. G. Collingwood）、泰罗（A. E. Tayler）、席勒（F. C. S. Schiller）三人，依柯林渥则对于历史科学性之否定者，如谓（a）科学是普遍的，历史是特殊的；（b）科学是发于批评精神的，历史是基于教权的；这些话都一一反驳，而认十九世纪的实证论者以历史为科学的话为正当，不过历史家不单只要一般法则这一事就完了。于是对此而有泰罗的反对说，他是从论理的关系中，主张历史和科学性质不同。但他的纯粹科学与纯粹历史不相一致的论调，实在不过单纯的假定，反之现实的科学和现实的历史，就一定相合之点很多，所以在这里，席勒从实验主义的出发点上，比较倾向于柯林渥的意见些。但是这一些讨论中，三人都没有一句话触到德国温特尔班（Windelband）、黎卡特（Rickert）一派的学说，这不能不算做一大遗憾。（参看桑木岩翼《哲学体系》页196—210，《历史和科学是不同的知识吗》一文）所以我们如果要彻底地问历史是不是科学，则不可不超出英国哲学者的讨论范围，而更进一层把德国学者对于历史与自然科学问题的意见，拿来批评研究一番。

德国温特尔班、黎卡特等，是属于所谓新康德派之西南学派的。这派底最大贡献，在把历史与自然科学相对立，但实际在一八八三年狄老泰（Dilthey）著《精神科学序说》，在他研究历史学的认识论中，以自然科学为依于官能的智觉与悟性的研究，历史学（精神学）则依于一个统一的全体，即个性的研究，自然科学为外面的悟性的理解，历史上之事实（精神的事实）则为内面的想象的体验；似此分别历史学与自然科学，已经给后代以重要的暗示。所以在一八九四年温特尔班便发表《历史与自然科学》有名讲演，到了黎卡特发表了《自然科学与文化科学》一书，历史与自然科学从此便分道扬镳了。依据他们的说法，则我们要认识经验事实，是有两种方法：一种是从经验的事实之一般化方面去认识，一种是从个性的方面去认识。前者研究事实的一般法则，后者研究事实的特殊个性；因此前者叫做法则科学（Gesetz-wissenschaft），后者便叫做事实科学（Ereigniss-wissenschaft），而前者是自然科学，后者就是历史科学或文化科学。依照上述的旨趣，可作一比较表：（参照西田几多郎《思索与体验》，页91—137“自然科学与历史”，和中村久四郎《历史及历史教育》，页124—128“历史学之学问的性质研究”）

自然科学（物理学、化学、生物学、力学等）	历史科学
（一）为自然科学对象的自然，是以同一的事实，而几次反复着的。换言之，即从一般的法则，而将同一事实反复表示着。	（一）历史科学的对象，不是同一事实的反复，而为只一度起的。换言之，不是一般的，而为特殊的；没有所谓法则，而各各有着它的个性。

（二）自然科学是讲明我们经验事实底因果关系，是求支配于如何原因、生出如何结果的因果关系之一般法则的学问。	（二）历史的事实，无论对于时间空间或者人物，都只限于一次起的。史学在何处也是讲明时间上只一度起的事实的学问。
（三）自然科学尽力除去直接经验的异样性与个性，而将一切经验统一于一般性质之下，从此去说明一切。	（三）历史虽似反复的，可是时间既已不同，便其人物年龄也不能无异。严密说来，即已不是同一个人。所谓反复者，都是那已失掉个性的罢了。
（四）自然科学是尽力把经验的事实，使它一般化。	（四）反之历史家尽力要它个性化。如果要讲那一般法则，便成为社会学了。
（五）自然科学是立于一切同一性质之假定以统一经验的学问。又有归一的倾向，即将生理学还原于化学、物理学，化学又还原于物理学，物理学归一还原于力学。	（五）在历史讲原因结果，自不同于自然科学所讲因果律；而只是明因果的关系，即究明虽有同一的事情原因，却因国体而不同，因国民性而不同底那个性，故不产生同一的结果。
（六）构成学问概念，将一般的东西由一般的方法去观察，是自然科学。	（六）把特殊的东西由个性化的方法去观察，是历史科学。
（七）照一定条件（原因）之下，会发生同样事实（结果）的说法，则自然科学的法则是有效的。即自始即预想着由反复的事实而成立的，是自然科学。	（七）限于一回完成事件的价值认识，是历史科学。所以历史的认识不同于自然科学那样定立法则，而是要决定某完成事件之有如何价值，是否在全体之上有为其一部分之必然的价值？
（八）所谓自然，即一任其本来之自然生长生产。如就土地说，从土地而自然自由生长来的是自然产物。人类则从事有价值的目的而耕耘灌溉成田亩产物，叫做文化产物。所以对于自然概念之构成，也是离开价值方法而以发见一般的法则为目的。	（八）历史一语不过表明其形式的方面，若就内容的方面说，则特殊的东西，叫他历史不如叫做文化。而所谓文化，是因从事有价值的目的，由人类直接产生的。或说至少在现时，因各各有固有价值而有意义，所以文化是含有价值的。历史科学或历史学即文化科学，是依于价值关系的方法，而以决定一次起的事实为其目的。

由上所列，简单说起来，就是历史科学是把那一次起来不再反复的事实的个性，从价值方面去认识他，这就是所谓文化科学说了。但由我看来，文化科学说要把历史科学之一次性，来和自然科学的反复性分开，这种见解实在是滑稽矛盾极了。真正的历史，与其谓注重个性，无宁谓注重具体的事体；与其谓注重价值关系，不如说注重目的底关系。并且黎卡特关于分别历史与自然的根据，也实在过于浅薄。冯德（Wundt）在《哲学概论》中就有下面的一段话：

> 这个形式的表征（在自然现象的反复性及历史领域中的非反复性。——亚克色列罗德），由两个见地看来是不对的。第一以单一的现象（das Singuläre）为在自然科学上完全缺乏不要的东西，是全然不对的。例如全地质学差不多是由单一事实成立来的，可是谁也会不主张——冰河时代底研究，因其在一切盖然性上，只有一回存在了的缘故，就不属于自然科学，而该是历史家底空想的直观。第二，说在历史现象是不反复的，也是全然不对，从波里比阿（Polybius）为始，历史家只要他们不是年代记者，是很少放过可以指摘着同时的事件，及于异时间中有着处所或具有一样内的结合的类似现象系列的场合的。历史家为了某种结论，是利用了这样的历史的相似物的。”（亚克色列罗德著《资产阶级社会学的批评》永田广志译，页12—13，吴念慈译页14—15）

这么一说，可见历史在一方面也是具反复性的了。亚克色列罗德在前书里又引了近代哲学史家费雪（Kuno Fischer）的话，来证明历史事实之反复的意味；好像历史经验上底事实，都是要反对黎卡特的历史科学说而有意反复着似的。但是历史之为反复不反复是一个问题，历史是不是一个科学又是一个问题，假使我们证明了历史之非反复性，黎卡特便要因此把历史和自然科学对立，反一面说，假使我们证明了历史是反复的，也有许多学者、哲学家，又要据此来攻击历史之为非科学的了。如叔本华（Schopenhauer）就是一个极端的例。他是主张历史是具反复性的，所以说“历史是循环的”（《意志与现识的世界》下第三十八章“历史论”）但因此便说“历史的本质是虚伪的”“历史是主观的，不是科学的”；历史简直只是同旅行记或笔记小说一样的有趣，可是没有学问的价值。似这样以历史的循环法则，来否认历史科学性质的，我是听得多了。然依我们意思，把历史看作不同题名而同内容的反复循环，和把历史看作一次起来不再反复的东西，都是一样的错误，就是没有注意到历史的进化法则，所以对于历史是不是科学的问题，也无从得到完满的解决了。

我们要问历史是不是科学，应该先问历史是不是和一切科学同样的有一个法则？是不是贯彻于历史进程中的“个性”，乃是跟着存在其中的必然的法则来的？如果承认在历史里面，可以寻出一种根本发展和进化的法则；如果承认历史中的“个性”，并不是如飞将军似的从天上而下；那么我们怎好把历史和科学分离，要分别什么“法则科学”和“事实科学”呢？须知宇宙间一切学问不讲便罢，要讲便都是以事实做基础，而寻求它的法则的；不过同在法则科学当中，自然科学有自然科学的法则，历史科学有历史科学的法则。固然有许多人把历史法则和其他自然现象同支配于机械的法则底下，要把物理、化学的法则应用到历史方面，所以应该反对。但我们因此便可以抹煞历史法则的存在，而否认历史是科学吗？不对，历史现象是具特有的“动的法则”的，历史科学和自然科学的不同，不关于法则的有无，而是由于它的本性所发露的动的法则和静的法则的不同。动的法则是时间的法则，静的法则是空间的法则，而历史无论从那一点看去，都是以时间为标准的。在这里我可以介绍傅林特（R. Flint）和邵威尔（Shotwell）论历史和自然科学的分歧点的话。傅林特说得好：

It consists of events; it is das Geschehene. It is the entire course of events in time. It is all that has happened precisely as it happened. Whatever happens in history. Eternal and unchanging being has no history. Things or phenomena considered as existent, connected, and comprehended in space, compose what is called nature as distinguished from history. And history as distinguished from nature is process and movement, the coming of things and phenomena into being or into successive stages and states of being, the flow of occurrences in time.（*History of the philosophy of history*, PP. 6—7，《历史哲学概论》，郭斌佳译，页 10—11）

邵威尔有一段更透彻的话，他说：——

For history differs from the natural sciences in this fundamental fact, that while they consider phenomena from the standpoint of Space, history deals with them from the standpoint of Time. Its data are in eternal change, moving in endless succession. Time has no static relationships, not so much as for a second. One moment merges into the next, and another has begun before the last is ended. The old Greeks already pointed out that one could never put his foot twice into the same waters of a running stream, and never has philosophy insisted more eloquently upon this fluid nature of Time than in the writings of Professor Bergson. But whatever Time may be in the last analysis it is clear that whereas physics states the meaning of the phenomena with which it deals in descriptions, history must phrase its interpretations in narrative—the narrative which runs with passing time.（*An introduction to the history of history,* PP. 316—317,《西洋史学史》，何炳松、郭斌佳合译，页 367）

似此把“时间”和“空间”这两件事来分别自然科学和历史，实在比新康德派温特尔班、黎卡特的学说，理由充足多了。从一方面看，时间和空间相互的关系非常密切，所以历史科学和自然科学的本身，从底子来说，也是不可以绝对分开的。而从另一面来说，他们毕竟各有各的范围，各有各的法则，一个是研究时间的进化法则，叫做历史科学；一个是研究空间的现象法则，叫做自然科学。再明白说，一个是从内部进化的、生成的科学；一个是从外面堆积的、既成的科学。在此我应该再介绍欧战后影响最大的历史哲学家斯宾格拉（Oswald Spengler）的学说，他在 *Der Untergang des Abendlandes*（《西洋之没落》，村松津俊译）一书分别所谓“历史的世界”（Welt als Geschichte）与“自然的世界”（Welt als Natur），历史的世界是“生成”（Werden）的世界，是时间的、直觉的、生机主义的世界；自然的世界是“既成”（Gewordenen）的世界，是空间的、概念的、机械主义的世界。历史的世界是“觉在”（Wachsein）的，自然的世界是“坠在”（Dasein）的，因此斯宾格拉的结论，也承认历史事实的不可逆的原理。就是说历史事实和自然科学之为必然性的形式不同，历史事实是决没有重复的，这一点和新康德的论调似同而异。他是更透彻地以内的时间的流动性说历史的，若果只从外的堆积的观察，则一切历史的现象，都是矛盾而冲突的，还有什么不重复呢？总而言之，历史与自然科学的不同，即在前者是动的时间的法则，后者是静的空间的法则。人类社会生活的现象，是时时演进、滔滔不息；但在演进过程中，是有一个现象所以附隶底动的法则来支配社会的现象，但这历史的动的法则究竟和自然现象所以附隶的静的法则，是有怎样的不同呢？我们可以略举两项：

（一）历史法则是心理的法则；自然法则是物理的法则。自然的现象是本于物理而成的，而历史的现象是本于心理而成的。所以对于历史现象的解释，在某范围内，固可以如邵威尔的说法，兼收物质与心理两原素。而从根本上看，则仍归宿于心理的法则，而不归宿于物理的法则。所以兰伯列希（Lamprecht）在《近代历史学》（英译 *What is History*？）里面，开头便说"历史是社会心理的科学"（History is primarily a sociopsychological science, P. 3），由他意思，历史上的一切活动和事实都不外乎心理作用，是可以应用社会心理学的原理来解释它的。尤其是某种文化的形状，就是某种集合心理的形状（Collective Psychical Condition）；而所谓文化的时期，也不过是社会的心理现象的一个连串罢了。因此他就心理学上所见德国历史发达的一般形式，分做六个阶段；似此主张历史应该以人类社会心理的法则为主，这实在一点也没有错的了。

（二）历史法则注重目的关系——目的底必然；自然法则注重因果关系——因果底必然。凡百自然现象之自然定律，都是支配于因果律的原则（Causality），但在人类历史，则在因果关系以外，实支配于动的内在的目的。施登末勒（Stammler）在他名著《唯物史观观点中的经济学与法律学》一书，述及社会现象一面有基于自然必然性的因果关系，同时他面有手段与目的关系，即目的论的考察。假使只认社会的发达是自然而必然的，和日蚀之必然地来到一般，那么社会主义者只要笼着手以待因果律的自然推行，还要参加社会运动做什么呢？由此矛盾的事实，可见历史科学和自然科学是有很大不同，历史是要求一个动底目的的，是由于人们的欲望与目的而成的。所以因果的必然论虽可解释一切事物，而历史法则则不可不用动的目的论来讲明。反之如布哈林的《史的唯物论的理论》一书，因他只懂因果律不懂得辩证法，所以才那样反对目的论的考察，实际辩证的法则，正是一种动的目的论的变式之表现罢了。

由上所述，便知历史是以动的时间为基础，而形成心理的目的论的法则，和那以静的空间为基础，形成的物理的因果论的法则，从本质上看，根本不能相同。但因此我们便否认历史为法则科学，那实在大错特错。巴克儿（Buckle）著《英国文明史》（*History of Civilization in England* 1857）第一编，即揭发历史家这一大弱点，以为历史家不能发见支配现象的法则，使历史陷于混沌无政府状态，这不能不说是历史家比其他之自然界研究者劣弱些的证据。他很沉痛地说：

> It is not, therefore, surprising that the study of the movements of Man should be still in its infancy, as compared with the advanced state of the study of the movements of Nature. Indeed the difference between the progress of the two pursuits is so great, that while in physics the regularity of events, and the power of predicting them, are often taken for granted even in cases still unproved, a similar regularity is in history not only not taken for granted, but is actually denied.（*History of Civilization in England* P. 6）

知道历史和自然科学一样，要从事实的混沌当中寻出必然的法则，而后历史才能脱出幼稚状态，和自然科学来并驾齐驱。但说到历史的法则，巴克儿的意见也和我们一样，即一方面注重于自然界中气候、食物、土壤、自然之一般的状况，叫做“物的法则”；一方面则注重人类的精力、知识，叫做“心的法则”；可是归根及底，要确定人类进步发达的情形的，“心的法则”实为更重要的原因。如欧洲文明的进步的特征，由他看起来，就是物的法则的影响减少，心的法则的影响加多。他说：

> …From these facts it may be fairly inferred, that the advance of European civilization is characterized by a diminishing influence of physical laws, and an increasing influence of mental laws.（P. 112）
>
> …For if the measure of civilization is the triumph of the mind over external agents, it becomes clear, that of the two classes of laws which regulate the progress of mankind, the mental class is more important than the physical.……These mental laws, when ascertained, will be the ultimate basis of the history of Europe; the physical laws will be treated as of minor importance, and as merely giving rise to disturbances, the force and the frequency of which have, during several centuries, perceptibly diminished.（P. 113）

这是何等明白地指示我们，历史进化的意义，是在“心的法则”，而不在物的法则。在物的法则方面，历史不能不借助于自然科学方法，来研究定期反复的现象，而在心的法则方面，则不可不超出地理环境以直接体验历史生命的活跃，这就是人类进化历程的心理阶段说了。说到这里，我们才好言归正传，把问题还原到经济进化法则为历史科学法则，而非自然科学法则底那个证明。这就是说，经济进化底法则是属于心理的目的论底历史法则，而非物理的因果关系论底自然科学法则。为什么呢？因为国民经济上的一切现象，本是历史的文明进化的现象；依毕喜儿的说法，即不可不从事于经济的过程之动的研究，进而将他为发生学的解释不可（《经济的文明史论》页一一一）。所以这种法则，至少也不立脚于自然科学的法则之上，这层我在前两章已引过希德布兰、克尼斯的话作详细的说明，用不着再说什么了。至于左右田喜一郎在所著 *Die logische Natur der Wirtschaftsgesetze*（胜本鼎一译《经济法则之论理的性质》页二三七）中，要将自然科学底法则与历史底法则调和起来，把经济法则之论理的地位，用下图来表示：

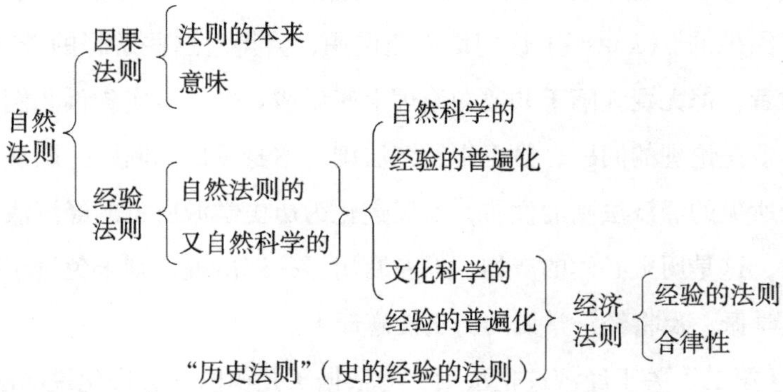

这种很有创见的经济学之方法论底研究，很可惜还是站在黎卡特哲学的发展之上，结果归结到什么超越的经济的文化价值，将货币看做经济底先天概念，这是我们所不敢承认的。依我们意思，则宁可采用石慕勒的解释，将国民经济学分为“静学的”与“动学的”两方面观察，在动学上完全应用历史法则，在静学上则自然科学的统计方

法是非常必要的。然而这决不是古典学派所主张的那有普遍性、永久性的经验法则，更不是什么超越的经济的文化价值那样玄学的、抽象的东西。我们再看左右田喜一郎所说（页二五）："在历史学派成立以前，经济法则总看作以自然法则为主底意味解释着。例如地租的法则、收获递增减的法则、人口的法则等都是。照这些法则底内容，果可称为"法则"与否，且不问它；而就当时自然科学得到未曾有的胜利时候，一切的科学，不管是精神科学也罢，自然科学也罢，一切都受这方法论的影响。无疑乎像经济科学也要以其方法论的理想构成因果法则的经济法则；但是自德国历史学派成立以来，这种解释便不能不加以很多很有力的限制，这一学派排斥那建立一般的且永久的根本原理适用于事实的经济现象。为什么呢？据他们意思，事实的经济现象太复杂了，是不能从几个法则，用演绎方法来说明的。"虽然左右田喜一郎对于这点以为当时将"目的论的"（teleologisch）和它反射的"因果的"（kausal）这句话未免滥用，弄得对这些解释的赞同者、反对者，都无疑地陷于共通的论理上底误谬。但是事实告诉我们，这决不但是论理的问题，恰正是经济法则之本身发展的问题。即从古典学派所见的经济法则的性质，发展进化为历史学派所见的经济法则的性质，这是历史必然的产物，像左右田喜一郎所说，则未免过于袒护古典学派，反将经济学说的历史性忘却了。

（第二）关于经济进化法则，为依据于孔德的社会进化说的法则，而非依据于黑格儿社会轮化说的法则这个问题。我们知道在现代历史哲学思想中，实有两大不同的派别，就是一个是社会学的历史观，一个是所谓辩证法的唯物论。换言之，即一个是从法国学派的历史归纳法出发，以孔德的社会进化说底法则为中心；一个是从德国学派的辩证法出发，以黑格儿的社会轮化说底法则为中心。现在试把这两派的发展，用图表示起来就是：

孔德
- （英）Spencer, Buckle, John Stuart Mill, Hobhouse
- （法）Littré, Taine, Proudhon, Cournot, Tarde,①
  Durkheim, Bouglé
- （德）Lamprecht, Breysig, Barth，经济上的历史学派②
- （意）Loria, Groppali
- （奥）Ratzenhofer
- （俄）Mikhalovsky, Kropotkin
- （美）Ward, Giddings, Ellwood
- （日）米田庄太郎，建部遁吾，松本润一郎
- （中）孙中山

黑格尔
- （德）Marx, Engels, Lassalle, Dietzgen, Kautsky,③
  Cunow, Mehring
- （意）Labriola
- （俄）Plekhanov, Deborin, Lenin, Bukharin, Thalheimer,
  Rjazanow, Rudas, Borilin
- （日）福本和夫，佐野学，河上肇，三枝博音

但在这两派中，我为什么单指黑格儿是社会轮化说呢？这自不免要有一番说明。原来社会进化说和社会轮化说的区别，即在前者主张纵线进化，后者主张循环轮化；前者在找寻历史进化的趋势时，看重发生学的方法；后者找寻历史变迁中的循环（cycle）、反复（repetition）、节奏（rhythm）时，看重辩证的方法。（关于社会进化说与轮化说的解释，请看黄凌霜先生《社会进化》第六章页 77—99，

① 泰特受黑格儿影响，所以他模仿的法则说，亦社会轮化说之一种。

② 经济学派最初受黑格儿影响，以后即完全站在孔德的体系上，看殷格郎《经济学史》便知。

③ 第二国际派多倾向于非辩证法的科学理论的发展，所以和黑格儿的关系少些。

中列一表极有价值，他也把黑格儿的正、反、综看作世界精神或逻格斯 Logos 的历史的本身实现之循环，请读者注意。）这种方法的不同即是黑格儿和孔德社会学说分途的原因，试举黑格儿的《历史哲学概论》来看（Lasson 编纂的 *Hegel, Philosophie der Weltgeschichte* 的第一卷，河野正通译作《历史哲学概论》），便有许多地方，可看出他对于人类历史，是抱着轮化的观念。

〔例一〕论变化。——第一章“世界史的理性观”论到变化（Veränderung）的范畴，以为变化这个思想，在消极方面，使我们对于历史上最自由、最富、最美的生活，不禁发生没落之忧、幻灭之感；好像一切都是无常，常住不变的东西是绝对没有似的。但这种变化的范畴，很快的就与新生复活之他一面结合，这种思想是从东洋得来，恐怕就是东洋人最伟大思想、东洋形而上学最高底思想。那是一般所知道的，就个人底方面说，含着轮回（Seelenwanderung）底表象与更生之鸟的譬喻。照这种譬喻，就自然的生命，永远不断地准备着埋葬自己的火葬场，在火葬场中焚却自身，即在死灰中现出永恒不断的新的再生的活泼泼地生命出来。但这譬喻，单是东洋的譬喻，只是关于肉体的譬喻，没有看到精神；在西洋来说，就精神不单为再生，而是表现，更作为高扬、净化而表现。不消说精神自己反抗自己，把自己形象的形式消灭，而向着自己新生活前进，但是精神不但脱却自己实有的外壳而移住他底外壳，他实从以前自己形象的死灰当中现出纯粹的精神来，这就是精神的第二形像。所以精神的再生（Verjüngung），不是单单复归于以前同样的形象，而是那醇化精制了的精神。”（页 29—33）似此以精神为战胜死亡而永生底观念，以精神为不断的破坏，不断底创造的观念，实在是黑格儿轮化说高出其他消极轮化说底一点。

〔例二〕论历史。——黑格儿将世界历史看作精神（或普遍的理性）之自己发展、自己完成的历史，但是精神发展之各阶段过程，实在只是精神将自己自身对象化为辩证法的阶段过程。所以在第三节“世界史底过程”，谓世界史是表现着关于自己自由底精神意识，与依此意识从低的原理走向高的原理的发展；而这发展的阶段过程，依他所说，是“概念自己规定自己，在自己内部措定了种种规定，而再把这些规定扬弃了；由这扬弃作用，而再获得一个肯定的规定，更丰富更具体的规定。概念一般底论理的本性，即辩证法的本性，——这种必然性与纯粹抽象的种种概念规定底必然的系统，是可在论理中认识着。”（页二四四）明白说来，即“精神是本质的为自己活动的结果，精神的活动是直接性的超出、直接性的否定及向着自己内部的复归。”（页八七）再用他“论理底科学”的术语表之，便是“即自的”（an-sich）、——“对自的”（für-sich）、——“即自且对自的”（an-und-für-sich）辩证法的过程。即由于二度的否定，而使精神复归于最高的意识，即神的理性。所以世界历史，毕竟不过神自己不断地玩味着自己的历史。（关于黑格儿的历史辩证法，请看孔诺 Cunow 著《黑格儿、马克思底辩证法、社会及国家观》森谷克己译，页二二—三〇）这不就是黑格儿把历史，看作世界精神或 Logos 的历史本身实现底轮化说底最大证明吗？

〔例三〕论民族。——在第二章“历史底理念及其实现”论到民族精神，以为民族精神可看作是一个自然的个体，经过勃尖——强盛——没落——而至于死灭的。这就是说，民族精神在有限的本性上看是无常的。所以说“一民族最美的青年时代，是属于精神活动的时代，那时各个人热望着保存自己祖国，贯彻自己民族的目的；但当达到这个目的时，便很快地要坠落在无生气的习惯中，而向着死灭方面进行。所以民族也和人类依于生活的习惯一样，经过长时间从壮年时代至老年时代的过渡期间，醉生梦死似的享乐之后，便终告死灭，而如从前对于民族的活气和关心，也全然消灭完了。这就是民族精神底自然死灭。”这就是黑格儿告诉我们以民族精神所演出的“进行”和“没落”的节奏。在这种节奏当中，眼见着个个民族精神的灭亡，同时即发见那属于世界史的民族以一个新的原理而出现。他有一个譬喻说，“一民族的生活，好似一个成熟的果实，果实再成种子，但是这种种子，是由其他民族所成熟的种子。”（页七四—八八）这种种子的譬喻，不是证明了黑格儿的的确确是一个轮化论者吗？

〔例四〕论世界史的区分。——他在第二编“特殊绪论”里，论世界史的过程好比太阳；太阳是从东方升起的，世界史也是从东方进到西方的。所以亚细亚是世界史的发端，而欧罗巴毕竟是世界史的终极。但是在这里，黑格儿为着自己民族的光荣，不愿意再提到东方再出的太阳了，他只好说：“纵然地球是由圆球造成的，但历史不是回转于地球的周围，所以太阳升于东方亚细亚而没于西方。于是西方升出自己意识之内的太阳，放着更赫耀的光辉。”（页三八五——三八六）我们知道，在这里黑格儿是有意地放弃了轮化说的。若由论理的必然的结论来看，则太阳的譬喻，不见得足以证明太阳是永远照耀西方的，刚刚相反，太阳是出了又没、没了又出的，那末斯宾格拉所唱道的西方的没落，不就是成了东方的复兴吗？所以很像和黑格儿开玩笑似的，不可思议地在我前年所读的《历史哲学概论》的眉批里面，竟发现了“东方再出的太阳，来普照世界”这几个大字。

由上可见，我把黑格儿学说归于社会轮化说，是很有理由的了。不但如此，就黑格儿的影响来看，法国社会学派的泰特（Tarde），因在黑格儿的辩证法的影响之下，故所成的“模仿的法则”，将社会看做反复（Répétition）、对立（Opposition）、适应（Adaption）的三式，完全就是循环轮化说的模型，那里是社会进化法则？复次德国哲学家斯宾格拉（Spengler）著《西洋之没落》，站在世界史形态学的观点上，高唱着历史的周期性，把文化和植物的运命对比，一样地要经过开花与结实、生长与枯死的时代。而且各文化的“标准的”生命之长，都只不过一千年；他举九种文化作例，除俄罗斯文化成为新发生的问题外，如埃及文化、巴比仑文化、印度文化、中国文化、希腊罗马文化、亚拉伯文化、墨西哥文化，都是按着由少至壮、由壮至老、由老至于灭亡；因而证明了西洋文化，也已经到最后的阶段。（案黄凌霜先生《社会进化》页八〇，谓斯宾格拉分九种文明，“文明”当系“文化”之误，应加纠正。因为斯宾格拉学说以文明 Zivilisation 为文化 Kultur 的最后时期；文明为物质的、限定的，文化为精神的、广义的。并且他说“文明为文化底危机”“欧洲的没落，即由于只有文明的支持者，而没有真正文化的支持者”；可见是很有区别，不可乱用的了。）在这里惹起我们注意的，就是斯宾格拉的社会轮化说，完全是受他的先驱者黑格儿的影响。所以 August Messer 在《斯宾格拉底哲学》第五编，竟说“斯宾格拉的历史哲学可看作黑格儿式历史观察之后期底果实；”（奥津彦重译，页二八四）Karl Heim 也称赞他是“黑格儿式历史观察法的完成”（同上，页二八六）；我们只要就他把文化和植物的运命对比的一点，就知道和上面所引黑格儿种子的譬喻是怎样相同的了。所以即就斯宾格拉的轮化说的历史哲学，也可以反证黑格儿说是建立于社会轮化说上，而和社会进化说根本不相同的。

实在我们要说到社会进化说，便不可不从黑格儿的系统走向孔德的系统。因为社会进化的法则，只有在社会学派，才可得到真正解释的，但说到社会进化的法则，可举者甚多，却没有什么共同的标准似的。然而无论摩尔根（Morgan）所分的 1. 野蛮、2. 半开化、3. 文明的三阶段，或斯宾塞（Spencer）所分的1.积聚、2.画分、3.安定的三阶级；从兰伯剎希（Lamprecht）的文化阶段的六个时期，以至勃兰雪希（Breysig）关于二十四法则底说明；他们学说虽然不同，但在主张社会进化为历史重心的一重点，却完全相同的。并且即在找寻社会进化的法则时，完全不采用黑格儿的辩证法，而用历史的归纳方法，这一点也是相同的。不但如此，对于黑格儿的“三分法”（Triology），这派曾有一个很重要的提议，这就是“三阶段的法则”（Law of the three stages），即依照我们所称为社会学之祖的孔德，将人类思想的进化，分作三个不同阶段:（第一）神学阶段（Theological stage），这时期做一切理论底基础的，就是“神”，一切现象都可以不可思议的超自然力解释他。（第二）形而上学阶段（Metaphysical stage），这时期以抽象的概念，就是潜伏人们内心的思想，来解决一切。（第三）实证或科学的阶段（Positive or scientific stages），这时期专以观察事实为主，汇集事实上所得的法则，而整理它、排列它，藉以说明一切，所用的方法，完全是科学的。（参看《实证哲学》下册，石川三四郎译，第六章至第十二章）以上三个阶段，第一段是人智发展的开端，其发现时为由上古以至中世之军事及宗教时代；第二段是[①]过渡的方法，其发现时为由文艺复兴以至十八世纪的哲学时代；第三段是人智发展的归着点，这便是孔德的实证的科学的时期。依他意思，那三阶段法则中之第一、第二时期，都早已过去了，只有第三科学阶段，才算做人类进化中之确定的时期。但涂尔干（Durkheim）驳他，以为这不过是孔德一人的私意罢了，“更又有谁能担保说，除了科学时期而外，将来不更另生出其他的时期来呢？”（《社会学方法论》汉译，页154）这句话是对的，固然我们可以依照孔德的“三阶段的法则”，来代表历史上三个时期，但若是很执意地把一阶段一阶段看成印成呆板的静的东西，这就不足

① “是”后原衍“不是”，据上下文意删。——编者

以说明社会进化的真象了。（孔德的批评，请参看拙著《历史哲学》页43—46，55—56，164—166，253）因为静的法则不适用于动的现象的原故，所以我们不得不改变这“三阶段的法则”，而另用一种“发生式”（Genetic Mode）的法则来代替它。M. Scheler 在《社会学与世界观》里面告诉我们，关于三时期所谓神学的认识、形而上学的认识、实证的认识，都决不是理知发达的历史的阶段，乃是人类精神本性中本质的或持续的精神形态。于认识精神行动中，全然三个各别的“认识形态”，谁也不能代替谁的。（参看桑巴德 Sombart 著《社会学》第十五章“Scheler”景山哲雄译，页 327—332）这种见解，因没有认清历史进化是以一个时期换一个新的时期，和孔德不知道所谓神学阶段、形而上学阶段都是代表一种人类的“认识形态”，可谓同是一种错误。依我们意思，历史的现象都是活泼泼地，所以过去乃连绵不断地增加，它不仅是一个继承的延长形式，乃是人类精神本性之本质的又持续的无穷发展，这么一来，便打破向来对于三阶段法则的“堆积”的见解，而变成如柏格森（Bergson）滚雪球底譬喻一般，越滚越大的创造的“进化”了。（参看《历史哲学》，页 165—168）但在这里，我不是要建立新孔德派哲学的地方，也就不便多说。现在所要唤醒人们的，就是孔德的三阶段的法则，实在很早就发明了，那不是孔德个人的私有思想，而是历史发展的产物、思想史上公共的财产。我们不要像乌拉治弥尔·索罗威哟夫（Wladimir Sergejewitsch Solovjov 1853—1900）那样，只管辛辣地指摘着《实证哲学讲义》底著者自身底发展，是不是合于三段法则。我们要问的是，这三阶段法则是如何发生、如何形成、在现在是如何发展，说到这里，我不得不先举几个孔德的先驱者了。就我所知道的，已经有：

（1）G. B. Vico 在一七二五年出版的《关于国民通性底新科学原理》（*Principi di una scienza nuova d'intorno alla Comune Natura delle nazioni*）

（2）A. R. J. Turgot 著的《关于世界史论文》。

（3）M. J. A. Condorcet 一七九四年发表的《人智进步之历史的略表》（*Esquisse d'un tableau historique des progrès de l'esprit humain*）。

（4）Saint-Simon 在一八一三年著《关于人类科学的笔记》（*Mémoire Sur la Science de l'homme*）。

案韦柯（Vico）所著《关于国民通性底新科学原理》实际就是历史哲学。如马克思所注意过那样，他是立于“人类历史由人类自己造成的理解”这个主张之上。（参照马克思《资本论》第一卷第四篇第十三节脚注）他的发展阶段的理论，虽不很明了，如有时分作“神的时代、英雄的时代、人类的时代”；或说“从感觉的智识，到想象的智识，最后才是概念的知[①]识”；或说“神权制、贵族的共和制、民众自由的共和制、君主制底发展”；有时也说“诗的智慧、形而上学的智慧、物理的智慧的阶段”；或是“从需要到有益，经便宜——快适——奢侈——颓废底感情发展”；（关于韦柯阶段理论的研究，可看傅林特所著《韦柯》一书，页 3，213—226。又羽仁五郎著《转形期历史学》页 173—178，亦可参看。）但从大体说，仍可算对于阶段的法则，略示了一个大概。复次，杜尔阁（Turgot）《关于世界史论文》，据柏里（J. B. Bury）在 *The Idea of Progress* 一书，说他所立发展底原则，实在就是孔德那有名的知识进化三阶段法则的先驱者。他说：“人类在没有理解自然现象的因果关系以前，很当然地把自然现象想象为由和我们自身相似的、看不见的有知生物做出来的；因为有知生物，除人类以外没有更相像的呢！”这就是孔德所说的神学时代了。“在那信仰荒唐无稽底诸神传说，还不能透彻自然历史的时候，哲学者便要用那些

① “智”，原作“知”，据上下文意改。——编者

抽象的名词，如什么本质呀、能力呀，来说明现象的原因。”这就是形而上学时代了。“能够观察物体机械的相互作用，从数学衍算，据经验说明而做出可能的假说，那是以后时代的事。”这不就是实证时代吗？所以柏里的结论，不为三阶段法则的最初创造者，应属于杜尔阁的。（高里良恭译《人类进步之史的考察》页 187—189。又 Flint：*History of the Philosophy of History,* P.287 也说：“……There cannot be a doubt that as to the general conception of this fundamental principle of his system Comte had been anticipated by Turgot。”）复次，孔多瑟（Condorcet）遗著《人类进步之历史的略表》，将知识进步的观念，来说明社会进步历史。他所分文化的十时代，似乎和三阶段法则不同，但他实在对于圣西门（Saint-Simon）和孔德的思想与以许多的暗示，这只要看《实证哲学》（卷下第二章，页 46—47）孔德对于孔多瑟的批评，说他“开始介绍社会进步之科学的意义”那句话，便可知道了。至于说到圣西门，他《关于人类科学的笔记》所采用的人智史的三大别：1. Époque des travaux préliminaires；2. Époque de l'organisation du système conjectural; 3. Époque du système positif, 简直是先为孔德的学说体系树立一个坚固的基础。固然孔德的弟子们如律特鲁（Littré），只承认圣西门创立了“知识的两进化阶段，即知识之神学的及科学的阶段的法则”；傅林特在“*Philosophy of History in France and Germany*”（页一五八）“圣西门”一章下，有“The law of two state from which Comte's law of three state must have been derived”的话。但他又说：“知识进化的三阶段法则，在圣西门那一部著述中都没有说到，这句话是对的”；可是蒲列哈诺夫（Plekhanov）在《史的一元论》（川内唯彦译，页 52）便提出异议，以为如果傅林特注意些读圣西门的著作，便不难发见在 *Du*

Système industriel préface PP. Ⅵ—Ⅶ所述“人类的智性从纯神学的观念移到实证的观念以前，永久时间是被支配于形而上学的过渡状态”那段话了。实在说，三阶段的法则虽然律特鲁、傅林特给它如何辩护，实际却不是孔德个人私有的思想，而是很早就发明的思想史上公共的财产。再从自孔德成立三阶段法则后的影响来看，从一八二二年定出那个原则以后，很快地就为德国唯物论者费尔巴哈（Feuerbach）所采取。费尔巴哈讲到自己精神的发达史时，说：“神是我最初的思想，理性是我第二的思想，人类是我第三又最后的思想”；这就是将孔德的三阶段再述一遍似的。孔德尊重那为实证哲学基础观念的“人类”这一点，在费尔巴哈便成为“人类是我第三又最后的思想”了。然而我们知道，费尔巴哈的思想，是给马克思、燕格儿、拉塞尔（Lassalle）及其他德国社会主义者以影响的；所以即在后来马克思派，也很多照样地借用这三阶段法则。（参照石川三四郎《实证哲学》附记语，页473—474）不信，我们请看那位著作为《进化科学底历史哲学》的法国马克思派拉波播尔（Rapporte）（汉译页85—86）不是借用了这三阶段的术语来证明历史哲学的进化过程？俄国的波格达诺夫在《社会意识学大纲》也承认他的时代分类，和孔德所指示的思维三阶段分类非常近似（页五六）。乃至我国以马克思派自命的陈独秀先生，在《科学与人生观》序文里面，不也是根据孔德的三阶段说来讲他的人生观？可见三阶段的法则，在马克思派中，只要不是“辩证法派”，差不多第二国际派和经验批判论派，没有一个不很尊重它的。至于说到这个法则和无政府派的关系，我们只要注意一八五七年九月八日，执行孔德的葬式时，参列者有蒲鲁东其人的一桩事，就可见他的影响是更密切了。我们再读克鲁泡特金所著《近世科学与无政府主义》一书，是怎样说“实证哲学很能适合近世自然科学的进步”（页

二八）；是怎样说"现在的科学中我们不必要说什么上帝的假设和形而上学的奥词了，因为我们已经能看自然的书，它包藏有机和无机两方面的生命和人类"（页25—26）；这不是分明承认三阶段的法则了吗？这么一来，可见我上面所说三阶段法则，是思想史上公共的财产，的确是有这一个事实。不但如此，我还可更进一步证明所谓三分辩证法，实际也不过是三阶段法则的一个变形；而黑格儿的社会轮化说，实际也跳不出孔德的社会进化法则的圈外去。何以见得呢？原来在近代历史发达阶段说的研究中，再没有比孔德和黑格儿两大派别更重要的；但是这两派学说，也不是绝对不可相通。所以很有几位学者，竟认孔德是受黑格儿影响，可是这话据傅林特在《历史哲学史》（Vol.1. France P. 262）的一段说明，知道孔德实没有受过黑格儿或谢林（Schelling）底影响的。现在为说明的便利起见，请录它一大段如下——：

> Comte looked on history from a point of view in some respects not unlike that of Hegel, and his opinions coincided with those of Hegel on a number of social questions, hence some have thought that he may have been influenced by Hegel, or even have borrowed from him. Dr. Stirling, for example, collects from Mr. Mill's summary of Comte's doctrine several statements which he pronounces "Hegelian indications" "eminently Hegelian traits","Hegelian analogies", and principal Tulloch writes as follows:"other thinkers before Comte had conceived of human society as regulated by natural laws, and so presenting throughout its course agreat plan of development. It cannot be said that even here he is entirely original. Not to speak of Montesquieu and Condorcet, to whose labours he himself does justice,

M. Littré has cited a remarkable passage from Kant, in which the idea of human history as a connected chain of events, and of human society as a vast organism governed by its own laws, in expressed with great clearness and force. The same views were worked but with still greater power and success by Hegel, from whom we cannot but think Comte borrowed many of his idea." I must entirely dissent from the opinion expressed by the learned principal in the concluding words of this citation. That Comte borrowed from Hegel is a conjecture not only unsupported, but opposed, by facts…（P. 262）

他接着就引证一八二四年，他的朋友 M. d'Eichtal 柏林通信的事实，来证明孔德是绝没接受黑格儿的影响；因为在一八二四年，他早已将三阶段的法则建立了。由我看起来，孔德没有受黑格儿的影响，已有许多事实做证明，而在黑格儿的历史哲学中，倒处处看出三阶段法则的应用。如他在一八二二年至一八二三年，在柏林演讲的《历史哲学》便有好些地方具着三阶段法则底模型，他有没有受法国前辈如孔多瑟（Condorcet）、圣西门的影响，倒是一个疑问呢！（孔诺 Cunow 在《黑格儿、马克思底辩证法、社会及国家观》页二一曾提到黑格儿和孔多瑟的关系，是很值得注意的。）我们试先把黑格儿所著《法律哲学》来看，已经把国家之发展史的地位，划作三个阶段：即（1）家族、（2）资产阶级社会、（3）国家，再打开《历史哲学概论》来看，他所说世界史发展的阶段（第五章页二二一），是把自己意识形成的原则为基础而分作三阶段就更明白了。

第一阶段是直接的阶段，属于精神沉潜于自然性这样状态的范围。在这自然性中，精神不过为不自由的个别性而存在罢了。（这是一人的自由。）

第二阶段是精神脱却自然性而入于自己之自由意识中的阶段。可是这第一回的分离，因直接的生自自然性，故与自然性有关；又将自然性作为契机之一，所以是不完全的部分的分离。（这是若干人的自由。）

第三阶段是从那特殊底自由，而突进于自由之纯粹一般性，即突进于精神性之本质的自己意识和自己感情。（这是人类的自由。）

他又用儿童的精神做比喻，说："精神的第一时代，可比幼儿的精神，是支配于精神和自然统一的时代。我们在这统一里，可看出东洋人的世界，这时没有自由精神，一切都立于自然的地盘之上；多数人服从一个人的意志，恰如儿童在家长制的世界似的，单不过是偶有的从属罢了。""精神的第二关系，是在精神自己内底分离关系，即自己内反省的关系，脱却了纯粹的服从和信赖。在这关系中，又分作两种关系，第一是精神的青少年时代，这时精神对自的有自由，但这种自由还和实体性结合着，还不是那从精神深处再生的自由，这是当于希腊人的世界。次之关系就是精神的成年时代的关系，这时个人对自的有着自己的目的，可是这个目的，只有贡献于为一般者国家才能达成，这就是罗马人的世界了。在这里个别者的人格和对于一般者的贡献相对立。""复和第四现出日耳曼人的时代、基督教的世界。这是精神的老年时代。在这时精神和个人的比较是不可能的。个人从其否定性归属于元素而全然消灭，精神复归于自己的概念，而个人完全得到自由，在自己内部得着实体的自由，这就是主观的精神和客观精神的大调和。"（页二二二）我们在上面所引，不是很容易看出黑格儿的《历史哲学》，其归宿点仍在于三阶段的法则吗？我们再看他在“世界史的区分”一章所设太阳的譬喻。第一时期在太阳之光底下所起的恍惚惊奇的情绪，不自禁地忘掉自己，这可以说是宗教时期。次之太阳上升时，依于自分自身的光明来照耀一切，这种从最初惊叹之不活动状态，而走向自己自意识的移行，这可以说就是自我的时期。最后到了晚间，太阳依于自己劳作、在自己建物之中，完成其意识的太阳，一个内的太阳，这可以说就是实证时期。（页三八五）并且黑格儿对于这各阶段的移行，怎样用辩证法来解释，虽没有详细说明（页二二三告诉我们，对于这阶段说和辩证法的说明，要留着以后解释），其实不用说明，我们知道这三阶段的法则，是已经可以成立的了。再看到他唯一用辩证法说明发展的阶段过程底地方（页二四四），也不过把三阶段的法则，变成功循环轮化式的说明，这和韦柯把社会进化看作螺旋状的运动（Spiral movement），也就没有什么不同。所以我越想越觉黑格儿的三分辩证法，在消极方面的贡献不消说了，在积极方面，却只是一种三阶段法则的变式表现。这就是它所以存在的理由，也就是它所以不能彻底的理由罢！闲话休谈，我们再看黑格儿以前的德国传统哲学，如康德在一七八六年出版《人类历史之推想的起源》中分人类发展为三阶段：（1）安乐及和平的时代；（2）劳动及纷争的时代；（3）人类趋向于社会结合的时代。再看菲希特所分人类理性五阶段的发展：（1）理性本能时代；（2）理性权力时代；（3）理性解放时代；（4）理性知识时代；（5）理性艺术时代；这些时代的区分，善看都可以把他作为人类知识三阶段的法则的某种说明。这不是德国的传统哲学虽没有宣告三阶段法则，而无形之中仍然脱不出这种知识法则的支配吗？总而言之，社会进化的法则即三阶段的法则，虽和社会轮化的法则即辩证的法则根本不同，而在辩证论者却常常依据于此以为成立的根据，这是很值得注意的。归到本题，即关于经济底法则，也应该站在法国学派的历史归纳法之上，以孔德的社会进化说底法则为基础；不应该像德国学派只从辩证法出发，以黑格儿的社会轮化说为基础，这一层也不待详证而自明了。

（第三）关于经济进化法则，在社会诸现象相互关系中，是相对的法则，而非绝对的法则底问题。这就是说，经济发达阶段说只是社会发达阶段说底一部分，像马克思很笼统地，把经济发达阶段以为就是社会发达的阶段，这是很不对的。所以在一九二二年美国经济史专家格拉斯（Gras）著 *An Introduction to Economic History* 一书，开宗明义即表明经济发达的历史外，尚有宗教的历史、政治的历史、人类智识的历史，而否认单独的历史之经济的解释。这就是说经济发达阶段说，不过是社会发达阶段全体中一个系统的发达史，此外尚有许多宗教的、政治的、知识的、艺术的、法律的、伦理的历史发展阶段，通通可以在社会发达阶段说这一个总题目之下来研究的。最好的例，如意大利 Groppali 著《社会学纲要》研究社会的进化，而列举及经济现象（第四章）、法律现象（第五章）、政治现象（第六章）、道德现象、宗教现象（第七章）、艺术现象、科学现象（第八章）等等，在其讲经济现象之社会的进化时，才详述有名诸学者如李士特、罗协儿、毕喜儿等学说，这种研究法是很有价值的。又如德国米勒利尔（Müller-Lyer）《社会进化史》一书，是专从经济变象去研究文化发展定律的一个人，但他也有承认经济进化是从社会进化发生的意思。至于专讲社会发达阶段的历史哲学者，如德国兰伯列希（Lamprecht）将国民文化的发达分做六个时期，对应于此精神的文化方面，把经济生活方面也分做六个时期：（一）集团主义的占有经济；（二）个人主义的占有经济；（三）用集团主义方法的自然经济；（四）用个人主义方法的自然经济；（五）行商业之公共管理的货币经济；（六）有个人主义基础的货币经济。——这种分类法，当然尚有许多问题，然而把经济进化放在社会进化的法则之下的研究法，却是完全对的。老实说吧，社会进化的范围比经济进化范围大得多哩！从鲍里贝士（Polybius）关于国民历史发展的理论，由君主制——僭主制——贵族制、寡头制——民主制、群众制——及从群众制再复归君主制的发展阶段理论；以至于现代美国文化人类学者之社会进化观，只要他是注意社会变迁的历程的，都可以包括在社会进化法则底题目下。但无论那个的解释，都只是一个相对的，而非绝对的解释。何则？人类的历史，本来就是最广义的社会进化史，所以我们研究历史哲学，应该以社会进化为重心，来解释整个的全时代全社会的文化。像从来的历史家，大多数因只看到社会进化的片面，各立一说，各走极端，有的主张用政治解释历史的，如亚历士多德（Aristotle）把历史看作一个从君主专制到贵族政治、从贵族政治到平民政治的进化，这就叫做“政治史观”。有的主张用法律解释历史的，如施登末勒（Stammler）他说社会是人人服从外界束缚的规则所营的共同生活，无论那样社会历史都包含规则与规则以下的行动，这就叫做“法律史观”。有的主张用经济解释历史，如马克思说：“物质的生活资料之生产方法，可以决定社会的、政治的及精神的一切生活过程；”又说：“人的感觉、幻想、思想方法和人生观，都在财产的形式上和社会生活的情形上有其根据。”似此认人类的历史发达为生产复杂关系合成的结果，这就叫做“唯物史观”或“经济史观”。然而无论什么政治史观呀，法律史观呀，经济史观呀，归根及底这些政治的、法律的、经济的……历史变迁，实在都不是绝对的，乃是相对的，所以在这着眼点上，我们只承认社会进化指挥经济进化，而不承认经济进化产生社会进化。换句话说，即只承认经济史观与经济发达阶段说只能解释经济一部分的问题，不能解释那社会的、政治的及精神的一切问题。这不消说是和马克思主义所说经济史法则的性质，是绝不相同的了。

话是越说越长的了，现在不可不自告结束。即是在我们讲到历史学派经济发达阶段说以前，不可不先注意到经济发达阶段的性质是：（一）属于历史科学的法则，而非自然科学的法则；（二）是依据孔德社会进化的法则，而非依据于黑格儿社会轮化的法则；（三）这种法则在社会诸现象相互关系中，是相对的法则，而非绝对的法则。至于说到这个经济法则本身的应用，也不能没有一个详细说明，不然把这法则看作万应锭、百效膏来用，也是万分危险的。但我写到这里实在倦极了，并且关于这一段说明，在本庄荣治郎所著《经济发达阶段说》一文（《经济史研究》，页1—3）开头便论到这个问题，不妨即把它转译，以当结束：

> 通观现在各国经济状态，颇有许多不相同的，有的以农业为其国的主要产业，有的以商工业为立国大本，而从过去之发达的顺序来看，也和现状一样，也有许多的差异。有的经过渔猎、牧畜二时代而进于农业时代，有的可不经牧畜时代很快地从渔猎时代入于农业时代，不但他的发达顺序不同，甚至于他的速度也不一定是一样的。有的国度要费了数百年长年月的经过历程，在某一国里，却只仅仅数十年间，就可以成就他。像这样各国经济的发达，千差万别似的，可是却不可因此便假想在这极纷杂的发达变迁中，到底不能概括成系统的，那是不可这么想。固然这些史实是千种万态，很近于复杂多歧的，但是要求出贯串这些事实的通有的法则，也非决不可能。所以欧美尤其是德国学者们，或从生产的方面，或从交换的形态，或从生产消费的关系，其他根据于种种标准来说明经济发达的阶段（Wirtschaftsstufe, economic

stage)，而论述经济所以常经如何顺序而发展着。就是经济史研究的最后目的，也不能不说是存于这一点。

关于这些学者的见解，有一句话应该注意的，即是所谓从第一期的甲状态移于第二期的乙状态，这不是说在第一期乙状态全不存在，又在第二期甲状态完全消失、毫不存在的意思；只不过说于第一期、第二期主要流行的东西是某状态罢了。例如所云从物物交换时代进入于货币经济时代。这不是说于第一期一点也不利用货币，又于第二期甚至穷乡僻壤都非货币不可，而物物交换全不存在的意思。只是说在第一期流行着以物物交换为主，在第二期流行着以货币交换为主罢了。但是因为在第一期某地方曾用货币，又即在第二期物物交换尚存的原故，便说这个学说是误谬的，像这种批难，虽然屡屡有人唱说，可是这是全因不解论者之说所致，所以这批难是错了的。要之经济发达阶段说，是只就某时代的主要现象来说，对于这现象的萌芽是存于那一个时代，它的痕迹继续到那一个时代为止，这些是通通不问的。

这么一来，经济发达阶段说不外乎是通说经济发达的全过程，而抽出存于各时代的特色拿来说明。因此所以毕喜儿说：经济阶段说与一般历史家所尝试的时代别性质不同，在一般历史家，对于某时代所起重要事项，不问其为常态的，抑为偶然的，有把一切网罗着的必要；可是理论家之说述发达阶段说，主旨是把全发展分为主要阶段，而把捉其足以表示关于各阶段之常态真髓的发展的事迹，那各阶段偶然的事实，就把他忽略过去，也算不了什么。格洛士（Grosse）也说明于时代一般地行着某经济形式这句话，不是指于那个时代，在所有场合只流行着这个形式，不过是说这个形式通过许多场合，而为主流行着要了。我们应该知道，这个意思是适用于经济发达阶段说的一切学说的。

第三节　经济阶段说的分类

经济阶段说（Economic Stage Theory. Entwicklungsstufentheorie）是经济史学者对于人类社会经济发达的历史所设下的阶段学说，但是当立阶段时，各学者各依所信的某种标准为基础来讲经济史，所以经济阶段说依于各学者各自关于阶段的考察而有不同。直到现在，经济阶段说种类是很多的，那么我们为研究上便利起见，不可不先从大体上类别为一定的部类。在这里请述一下一些学者所定的几个分类法：

桑巴德（Sombart）类别经济阶段说，为下之五种：

（1）人类经济生活是照着狩猎民、牧畜民、农业民及工业民而继续发达的阶段说；

（2）依据交换状态来区别经济阶段说；

（3）依据经济主义（Wirtschaftsprincipien）区别阶段说；

（4）依据于人们对于个个的生产经济所有相互法律的关系来区别阶段说；

（5）依据于参加一个全体生产物的生产之经济的调节，即俗所谓分业，来区别阶段说。

菲立波维（Philippovich）更简单地，大别为下之三种：

（1）以当时国民经济特有的生产方针为标准的；

（2）以经济单位之交易形态及其条件为标准的；

（3）以经济单位组织的种类及其结合形态为标准的；

米勒利尔（Müller-Lyer）对于许多的阶段说加以重新估定，一面将交换方法看作综合发展中最重要的标准，一面更将诸说，作如下之分类：

（1）以交换方法发展的程序为标准的（Hildebrand）；
（2）以私人生产同社会生产之比例为标准的（Engels）；
（3）以由生产的货物转到消费者所成距离为标准的（Bücher）；
（4）以经济体或组织范围之大小为分类标准的（Schmoller）；
（5）以社会化为分类标准的（Sombart）；
（6）以主要生产原素为分类标准的（Roscher）。

米田庄太郎比较对照于以上所举诸说，大体类别为下之八种：

（1）以生产方针或生产形态为标准说（Aristotle, Ferguson, Condorcet, List, Hahm, Steinmetz）；
（2）以生产要素为标准说（Roscher）；
（3）以劳动形态为标准说（W. Thompson, Loria）；
（4）以交换形态为标准说（von Lavergne-Peguilhen, Hildebrand）；
（5）以经济主义为标准说（Schäffle, Wagner, Grosse, Rodbertus, Sombart）；
（6）以经济的欲望及其满足的关系为中心，更以社会化的程度为标准说（Engels, Schmoller, Bücher）；
（7）诸种标准综合的阶段说（Sombart, Müller-Lyer）；
（8）从心理的方面观察经济阶段说（Patten, Giddings,

Lamprecht)。

(《经济心理的研究》,页 138—234)

据我所知道,日本以米田庄太郎提出经济阶段说的研究为最早,此后如本庄荣治郎著《经济史研究》(页 1—36)、《经济史考》(页 1—17)、田崎仁义著《经济史讲义》(页 63—128)这几种叙述各种经济发达阶级说,为本书取材最多的著作书,而关于对于经济阶段说,仍多少依据于米田氏的分类。只有近年石滨知行以马克思派的见解,稍稍翻出一些花样。他把经济阶段说简单分做:

(1)以生产形态或生产与消费关系为分类标准说。

(A)Lewis H. Morgan 的阶段说;

(B)Ernst Grosse 的阶段说;

(C)Friedrich List 的阶段说;

(D)Karl Bücher 的阶段说。

(2)以交换为分类标准说(Bruno Hildebrand)。

(3)以政治与经济关系为分类标准说(Gustav Schmoller)。

(4)以社会的分化为分类标准说(Werner Sombart)。

(5)以结合关系为分类标准说(Mitscherlich)。

(6)以生产关系为分类标准说(Karl Marx)。

(《社会科学大辞典》“经济阶段说”一条)

在这里可注意的,就是把马克思和摩尔根所分的阶段,也作为经济阶段说的一种来研究了。我以为这种新材料的增加,是能使经济阶段说增了不少意义,依此我们可重新定出一个经济分类一览表,而后再作详细的说明:

时期	文化阶段	经济心理阶段（注）	交换 Hildebrand	生产要素 Roscher	生产形态 List	生产关系 Marx	私人生产比较社会生产 Engels	生产至消费所成距离 Bücher	社会化 Sombart	经济体之大小 Schmoller	工作组织 Müller-Lyer
第一时期	由草昧进文明	需要时代	自然经济	自然	渔猎状态 牧畜状态 农业状态	亚细亚的、古代的	自给经济 交换经济 （A）偶然的	封锁的家内经济	个人的自给经济时代	村落或市场经济	宗族制度
第二时期	由文明再进文明	安适时代	货币经济	劳力	农工业状态	封建的	交换经济 （B）经常的 （C）必然的	都市经济	过渡的经济时代（经济单位的合力活动）	都市经济 领地经济	工业组织
第三时期	科学发明以后	繁华时代	信用经济	资本	农工商业状态	近代市民社会的	资本主义经济	国民经济	社会经济时代	国民经济到世界经济	资本组织到社会主义组织

（注）《孙文学说》第二章，又《民生主义》第二讲。

上面一览表，或者比米勒利尔（F. Müller-Lyer）的表（《社会进化史》，页269），格外适合于三阶段的法则些。米勒利尔所举为综合分类的代表者是希德布兰、燕格儿、毕喜儿三人的阶段说，他最初似乎已看出交换方法在综合的变象学上的重要，但他又说："交换方法是综合发展最重要的标准，但不是惟一的标准。如转运方法、交通方法、生产者与消费者间的距离、贸易之范围与数量、综合的范围等现象，也可用为量测综合的发达的标准，无论用那一个标准来量测综合，那综合变象学便显出不同的方面的"。（页257）这话在从前自然是对的，但是现在我们已经知道经济活动是好比电流的轮道似的，是形成一个流通行程，即从生产货物转到消费的一个行程。所以生产和消费好比电流的阴极和阳极，我们不应把重点着在那一极，即不能把重点着在生产和消费之任何方面。所以真正综合的经济变象，也不应侧重于生产本位解释或消费本位解释，而应注全力于交换本位解释，即从经济之流通行程的事实来解释。因此所以在许多经济发达阶段说中，如生产、消费那样种种社会关系，它自身是被一切所谓"交换"这种决定的要因所规定，而希德布兰以交换为标准的阶段说，也自可算得最综合的经济阶段说了。复次在上面除马克思、燕格儿不自认为历史学派以外，其余如李士特、罗协儿、希德布兰、毕喜儿、石慕勒、桑巴德诸人，都是属于所谓历史学派。所以我们一讲到经济阶段说，便不能不联想到历史学派。历史学派在这方面贡献是最大的，因有这种贡献，经济的历史才有一个确实的历史科学的基础。

第四节　李士特的经济发达阶段说

（一）

从生产方针或生产形态上区别经济发达的阶段说，古代很早就有了。最初在亚里士多德时，即于所著《政治学》区别人民为牧羊者、耕种者、海贼、捕鱼者、狩猎者，也有许多人民兼营这些诸种生业，不过似乎没有把这些生业的区别，看做经济的发达阶段罢了。（Aristotle, *Politics*）其后到十八世纪法国的思想家，尤其是在提倡进步说人们的著作里屡屡现出这个学说的萌芽，如费古生（Ferguson）著的*Essay on the History of Civil Society*（1767）、孔多瑟（Condorcet）著的《人智进步之历史的略表》都曾从这方面来说经济发达。孔多瑟将人类的进步分作九阶段（合将来的阶段为十阶段），其最初的三阶段，即所谓渔猎时代、牧畜时代及农业时代。但是从生产方针的观点上，更详细地、更严格地来区别经济发达阶段因而惹起学者注意的，恐怕又不得不推到李士特（Friedrich List）了。在他名著《政治经济之国民的体系》（*Das Nationale System der Politischen Ökonomie*，一八四一年发行第一编，其终编之第四编在一八四四年出版。英译者为 Lloyd，在一九二四年出版。汉译《国家经济学》，王开化译，一九二七年出版。）的绪论及第二编中，先列述欧洲各国并美国的特殊经济史后，便断定各处国民一般地在其经济发达的过程中，是经过经济上的五阶段：

1. 原始野蛮状态（Wilder Zustand）
2. 牧畜状态（Hirtenstand）
3. 农业状态（Agrikulturstand）
4. 农工业状态（Agrikulturmanufakturstand）
5. 农工商业状态（Agrikulturmanufakturhandelsstand）

他大意说："国民经济是照阶段而发展进行着，在欧洲通数世纪所行的过程，是从渔猎的状态进至牧畜的状态，更进入农业的状态，再进为工商业的状态；而此等历程，我们均可于短时期中，在这新邦国里看得出来。”（英译文：The best work on political economy which one can read in that modern land is actual life. There one may see wildernesses grow into rich and mighty states; and progress which requires centuries in Europe, goes on there before one's eyes, viz. that from the condition of the mere hunter to the rearing of Cattle—from that to agriculture, and from the latter to manufacture and commerce. 页 XⅢ）又说：“关于国民经济的发达，在各国皆须经过以下各种发展的阶段：原始的野蛮状态、游牧状态、农业状态、农工业状态、农工商业状态”。（英译：As respects their economy, nations have to pass through the following stages of development: original barbarism, pastoral condition, agricultural condition, agricultural-manufacturing condition, and agricultural-manufacturing-commercial condition. 页 143）不消说李士特原意本不在于论究经济发展的阶段，只是将这个学说做他为祖国热烈主张保护主义经济政策的一大论据，可是当时学者间还没有听过这个学说，尤其就欧洲主要诸国的经济史上看，这种学说是很适合似的，所以一时竟得很大的影响。依他意思，则经济的发达，和文明进步、政治上的发达及一国实力的增加，是有相互关系；而可为这些发达根本的，却在乎工业的发达，所以要谋一国发展，则不可不努力于发达工业。而农业国民欲进为工业国民，先须与先进工业国实行自由贸易，虽由此有输入工业品的必要，但到了国内工业已经多少发达，便为保护国内工业促进其发达起见，又有采取保护贸易政策的必要了。不过保护政策也只是一时方便的手段，如果到了本国工业极发达时，也可以撤回保护政策而移向于自由贸易一途。所以就与外国贸易的关系来看，一国的发达是可分为如次的四时期，就是：

（第一期）输入外国工业品、输出国内农业品及原料品的农业发达时代。

（第二期）输入外国工业品、同时发达国内工业时代。

（第三期）以国内工业品可充国内大部分的需要的时代。

（第四期）输出国内工业品的大部分、输入外国原料品及农业生产物的时代。

由上四期说，可相当于前述农业状态以下，是很明白的。因为这里所说第一期，就是工业没有发达的农业状态。然而李士特的主旨只在于农工商业的发达，对于经济发达阶段说，因为不是论述的本意，所以对于各阶段的特质，也就来不及详说它了。

（二）

李士特就上述农业以下四期区分，用“时代”（Periode）这句话，而就全经济发达阶段，则不用 Periode 而用“状态”（Zustand）这句话，不消说在意味上本没有多大分别，但欲严格地传述李士特的学说，就用 Periode 一语是很不妥似的。

次之李士特并没有言明，世界各国经济无论何国都照这样顺序发达着，如前面原文不过只指欧洲诸国而已。所以即就这一点看，说什么李士特学说“不论洋之东西，不问时之古今，都一样地照这顺序发达着”（津村秀松《国民经济原论》四十三年合本版 84 页对于李士特说的订正。），像这样十分肯定的话，是很不对的。就是说“温带地方的一切国民”那一国都要经过这些阶级，这样说也不见得能够严格地传出李士特的意思。李士特所举欧洲的事例，大概是经过上面经济状态变化是无疑的，但不是绝对地像从来解释似的一切国都不得不经过那阶段。反而拿他所说的话来看，如云：

"The industrial history of nations, and of none more clearly than that of England, proves that the transition from the savage state to the pastoral one, from the pastoral to the agricultural, and from agriculture to the first beginnings in manufacture and navigation, is effected most speedily and advantageously by means of free commerce with further advanced towns and countries...."（*The National System of Political Economy.* P.144）由这些话，可见只是以英国的工业史为目标来说明罢了。

最后他对于第一期用漠然的野蛮状态（Wilder Zustand）一语而不用像那渔猎时代 Periode der Jagd und Fischerei, Periode des Jägers- und Fischerlebens 等语；尤其在野蛮时代人民差不多完全依赖自然的产物，或食树实，探求草根木皮，或在山野佃猎，在河海捕鱼，常在这状态之下，叫做渔猎时代应该是没有错的了；但是严格说起来，野蛮状态这样说法，实在含有更广义的解释，即是野蛮状态这句话，不问以动物性食料为主，或以植物性食料为主，它是指着人类原始生活所有一般幼稚的状态说的。所以像克尼斯所说：渔猎时代的人，在所认为适于捕鱼的河海、可狩猎的山地以外，对其他广大的地球表面部分，都看作无意义似的。（Knies, *Die politische Öekonomie vom geschichtlichen Standpunkte*, S. 364，此据本庄荣治郎前书，页 7）像这样批难，如果能照原文那样用着野蛮状态一语，便可以不至发生；然而不幸而福田德三一面用着 Wilder Zustand，一面尚要作为狩猎及渔业时代介绍着（《国民经济原论总论》，页 326，82），这真不是我们所能了解的了。

（三）

上述对于李士特的批评，可大别为二类：一个是关于它的立脚点问题，一个是关于实例的问题，就前者的批评，是谓李士特说，单从生产一方面观察，还够不上来表示全经济生活的发达，可是事实是这样的，所谓农工商那样生产上大事实的发达消长，决不止于这该生产方面的变化，而是及其影响于其他的生产方面的。好比同是一种农业，在农业时代的农业，和在商工业时代的农业，这其间便很大不同。不但如此，在生产部门的变化，也自然大大影响于交换、消费、分配等各方面；故欲明一般经济性质的变化，即从生产方面也可以说到一般经济底发达。那所云农业时代、工业时代，既都不是单指农业、工业，而是指着农业最盛期的经济发达状态，或跟着工业发达的一国经济状态的进化，那么这种批评，不是很不可靠了吗？

关于后者的批评，说者很多，现在只举一二要例。如希德布兰说，李士特虽就英国的历史立说，但不得谓各国无论何处都经过这种发达的阶段，这只要把英国的发达和荷兰的经济史比较一下，就明白了。就在英国，不管他是从农业进至工业，更至于商业的发达，而从依里沙伯（Elizabeth）时代至十八世纪中叶，英国商业航海的发达，不是英国工业发达的结果，反而工业乃由商业发达及获得殖民地而达至近代的盛况。老实说吧！各国民都各有特属的经济发达的路径的，有的从农业进行，有的从牧畜而转入他的阶段，有的又从航海业开始而进于其他经济阶段。要之人民从事生活时，第一条件就是倚赖自然，只要和营谋生活有关系的土地及气候有些不同，便它的生活状态，像产业发达也决不能是同一的。所以我们如果把从某特殊阶段的一国经济发展情形，很快地想应用于和他情形不同的国度里，这可算是非历史的，并且是独断的了（Hildebrand：*Die Nationalökonomie der Gegenwart und Zukunft* SS. 73—76，此据本庄荣治郎前书，页 8）。此外克尼斯也举出反对李士特五阶段说的实例，菲文波维（Phillipovich）又举到德国没有渔猎牧畜时代。像这种驳论是很多的，所以李士特学说要完全承认是很困难，但是如谓“没有商业便没有农业、工业发达的时代，又以工业为国民经济高度发达的标帜，是不对的。何则？在经济发达幼稚的自然人之间，往往可以看出有进步的工业品。”（菲文波维对于李士特批评之一例）像这样批评，就未免过于望文生义，于李士特的真意，反为把捉不着。因为农工状态一语，并不是绝对地否认商业的存在，只是指这时代农、工二业特别发达，这只就前述农业以下所分四期来看，就可明白了。又自然人之间存有工业制品，但我们不能即谓此未开化状态便是工业时代，反之李士特所说，倒不过是说在经济发达时代，其代表的产业之一为工业而已。所以他的根本概念和批评说，还是不相冲突的。

（四）

但是平心而论，李士特所倡经济阶段说，有应维持的地方，也有应修改的地方。依照日本本庄荣治郎和田崎仁义两位学者的意见，则前者倾向于李士特说之维持，后者倾向于李士特说之修正，试各为介绍如下：

照本庄荣治郎，则先从人口论出发，谓依李士特学说，经济的发达即表示着生产方法的复杂化，而使这生产复杂的人口，是因时代增加，故对此不得不有讲求衣食方法的必要。希德布兰已经告诉我们，人类在从事生活时，第一是倚赖自然，所以最先人类就是服从自然，从采集天产物以营生活的。直到人口增加而至于不得不出于饲养兽畜或栽培植物以谋衣食之一途，于是对于自然便要加以多少劳力，而生产方法，因之也稍为进步些。但到人口更增加时，劳力又从散漫的劳力进到集约的劳力，渐渐进到征服自然以适应人类生活的状态，从此而经营经济生产的手段方法，也越发复难到了极点了。由上人口的发达，拿来和李士特经济的发达相比较，则所谓野蛮状态就是服从自然以营生活的时代，但到人口稍为增加要多少劳力时候，便进为牧畜农业时代。更进而至于工业、商业，因要征服自然，故所需要的劳力亦最切要。这么一来，便从野蛮曚昧的状态，渐次进至农工商的状态，在大体上不得不认为很自然的趋势了。好比中国，或说是农业国，或说是要进为工业国，这所谓农业国、工业国，都是代表着在某时代最主要产业的名称，并不是农业国便全然没有工业、商业。并且从经济的发达来看，实由农业而进至工商，就是中国不也是从农业状态渐渐进到工商状态的实例吗？那么李士特的经济阶段说，虽不能照样承认，但从野蛮状态而农业状态而进至工商业状态，像这样大势，却是没有错的。又李士特照着经济发达的阶段，而说到采取适应于各阶段的经济政策，这一点他的功绩，也是不可埋没的。

但另一方面看，李士特学说固不能不说有许多卓见，但如果把这学说看做一个经济史上的绝对法则，无论何地何处都可照着这个阶段说来应用，那也未免失之太早计了。所以田崎仁义在《经济史讲义》（页68—69）一面极端推崇李士特，一面则指出这种阶段说的相对性。为什么呢？因为可作这种阶段例外的国民是太多了。例如台湾蕃族，从狩猎、捕渔很快地进到农业，然而不经过什么游牧、牧畜等阶段，就是在日本经济史上，可目为游牧、牧畜的时代，也几乎没有。因为在岛国之上，山多地狭，像大陆国那样适于游牧、牧畜的地方是很少的，所以从渔猎时代即转到农业时代，这大概完全由于地理的原因吧！又亚米利加印甸族，在欧洲人发见那地方时，已经是营农业的种族。又不管在工业进步到某程度的种族，还没实行游牧、牧畜的也有，如新大陆因不适于驯养牧饲动物，动物多从欧洲输入，所以它的经济发达是照狩猎——农业——农工的阶段发展。其他有的是滨海国，不经过农工业，从渔业很快地成为海运贸易国的；有的在大陆因地味或雨量瘠薄这些地理的原因，无论何时也不进到农业阶段，而只从事游牧的。又生来即有商业技能，从历史的第一页，即以贸易立国的民族也有。虽然就经济的发达大势说，是不脱于从自然至人为、从散漫至精细、从单纯至复杂、从分立至协作这样社会进化的法则以外，但是这种法则不是对于如何条件都可以发现同一的效果的；刚刚相反，它是因其自然的条件、人为的条件如何，而生出许多差异显现于历史上的。所以李士特的五阶段说，要是作为一个绝对的经济法则看，我们是根本反对，反之如只认这学说的相对性，那末即在生产形态之中，依我意见又何不可再细分阶段。如专言农业，则农业可分为三阶段，即第一期为耙耕与犁耕、第二期为园艺、第三期为商耕。又专言工业，则第一期为家内工作、第二期为手工业、第三期为工场工业。专言商业，则第一期为访户商、第二期为市场商业、第三期为定住商业。这么一来，学说岂不更完全多了？最后从孙中山学说的基础来论李士特，亦确有其成立的理由，案孙中山说，人类为生存需要而要求（1）食物、（2）衣服、（3）居住、（4）交通四事，而这四事经我研究的结果，却是按着经济心理的阶段次第发达来的。如最初在需要时代，人类的要求以食物为先，故生产形态为农业状态；次之安适时代，人类的要求重在衣服、居室，故生产形态为农工业状态；再次繁华时代，人类的要求重在交通便利，故生产形态为农工商业状态。这么解释，便李士特学说不但可以成立，且得一种新的说明、新的保证，所以孙中山先生《对中央银行开幕训辞》（《中山全书》第三册，页 284）说到南美洲的野蛮人，曾提及："那种野蛮人还是在渔猎时代，谋生活的方法没有到游牧时代，不知道怎样从事畜牧；也没有到耕种时代，不知道树艺五谷；更是没到工商业时代，像我们现在的从事制造，用金钱来交替货物。"由这一大段话，可见李士特的阶段说和孙中山说，也是不相冲突的了。

第五节　格洛士的经济发达阶段说

和李士特学说相似，根据生产形态和技术来分类的，还有如伊利（Ely）所分：（1）渔猎阶段、（2）游牧阶段、（3）农业阶段、（4）手工业阶段、（5）工业阶段等；但是这种生产形态的分类，随着后来经济史、原始文化史、民俗学等研究的发达，似已有许多学者嫌其过于粗杂，只知道皮相的观察，而不能看到经济现象的里面。但是因此而一概排斥，那是很不对的。并且这种学说，在黎伯勒（Le Play）派社会学的研究，尤其是新社会学派（如戴慕林 Demolins 等）的研究中，是很占一个位置。不过李士特一流的分类过于粗杂，我们不能不更精密地将经济形态的分类重新研究一番。在这里请先介绍格洛士（Ernst Grosse）的经济发达阶段说。

格洛士在所著《家族的形态与经济的形态》（*Die Formen der Familie und die Formen der Wirtschaft* 1896，河田嗣郎译见《家族制度研究》附录）中说，人类从经济上看，是有三个大别：即渔猎民、牧畜民及农民。但是在渔猎民及农民之中，又有高级、低级的区别，因此便可分类为五部，即是：

1. 低等的渔猎民（Niedere Jäger）
2. 高等的渔猎民（Höhere Jäger）
3. 牧畜民（Viehzüchter）
4. 低等的农民（Niedere Ackerbauer）
5. 高等的农民（Höhore Ackerbauer）

在低等的渔猎民时，人类获得食物的方法是最粗野的。所谓

Jagd（狩猎）是指较普通所用意义更广的范围，他们除捕小兽、鱼类以外，诸种虫类（如蛆虫、蜗牛等）都可供作食用；且不但这些动物性食物，就是树实、草根、木皮等，也都由女子采集，充作食料，男子则从事于捕获鱼兽。所以把 Jäger 看作狩猎民这固然不对，叫他做渔猎民，尚不免于不完全，但照从来译语，暂叫做渔猎民。这个时代的特点，即所捕获、采集者无论是动物性或植物性的食物，总不外是天然的产物，至于用某种方法来饲养、栽培这些动植物，使它增加分量、改良品质，像这样手段，他们是不懂的。不消说这种饲养、栽培的事，即在高等的渔猎民都看不到。高等渔猎民和低等渔猎民的区别，在前者比较后者有完全的手段（例如进步的工具），且多住在自然条件丰饶地方，其所得的财，也稍为丰富且确实的一点罢了。因为有可满足欲望多量之财的经济丰富些的人，比较没有余裕讨生活的，当然要有更大的文化发达的希望，所以结果高等渔猎民便从低等的渔猎民区别出来了。

次就牧畜民来看，好像把这个看作人类经济生活的形式，是最不适当似的。但据实来说，只从专门牧畜讨生活的人是很少很少，这里所称牧畜民者，不是指那样纯牧畜民，而是广义包含着一切以牧畜为维持生计的根本生活的人。所以他们的生活，在通常从事饲养兽畜以外，尚实行搜集栽培植物性底植物。

次就低等的农民，除却例外场合以外，其全种族都是专从事于食用植物的耕作栽培，或是把它作为主要从事；在这部落中，有劳动能力、劳动义务一切人们的活动，谁也是为着耕作注全力的。这就是说在低等的农民间，全部落民的主力都是专费于生产食料；但在高等的农民，致力于此食料生产的，便不过那社会的一部分，其他部分的人，尽可注全力于农业以外的事业。这么一来，社会中便发生从事农业与其他产业两种，于是分业发达，而社会文化遂显然进步到比那低等农民更高的状态了。

格洛士更继续着说，以上所述五状态，不一定是把人类经济的发展照历史的顺序来说，可是低等的渔猎民为最幼稚的状态，高等的农民为最进步的状态，这是无可疑的。问题只在关于站在这两状态中间之发展史的考察应从如何标准，于此便发生种种不同的见解。如那高等的渔猎民，虽必从低等渔猎民进化而来，而已经营农业者，也非不可成为进步的高等渔猎民；又一般牧畜民，也不比低等的农民阶段更低，且以牧畜为进于农业不可缺的阶段，这也不过很少的现象；反之牧畜民尝为农民的实例，倒很多哩！但是另一方面，尝以营牧畜生活的，因时代的变迁，最初不过是附随农业，后来遂至于独立经营。总而言之，农业和牧畜两者，是相互独立而同时发达的，如把那一个看做那一个的前形态，都是不很对的。

由上所述，格洛士说和李士特一样地从生产形态方面来讲经济的发达。（卢森堡《经济学入门》第二章第四节，谓格洛士以财的分配作为经济形态判断的出发点，这真不知何所见而云然！）虽然这种议论不见得是怎样精细限定的说法，然即因其有伸缩余地，反而将这学说应用于各国时有极大的可能性，可算得稳健的主张了。不过照毕喜儿的批评（《经济的文明史论》页三九注五一），则“格洛士所分狩猎民、牧畜民、农民等完全囚于外面的范畴，对于经济之内的生命，尤其在家事没有十分注意”，这话也是对的。在格洛士著作同年发表的还有汉恩（H. Huhn）所著《家畜和人类经济的关系》（*Die Haustiere und ihre Beziehungen zur Wirtschaft des Menschen* 1896）一书，在那里将生产形态分做七部类，可算更精密的了。依他分类：

第一类　纯采集民　完全没有工具或武器，只采集路上所见植物或小动物讨生活。但这种人民在今实际上已不存在，这只纯粹由于假定。

第二类　狩猎民及捕渔民。

第三类　原始农民　只知道用耙耕种。

第四类　殖民地农业　以欧人的资本、精力，为欧人的利益而经营，可看作耕种的集中制；其主要手段即为黑奴。

第五类　园艺农业。

第六类　家畜经济　以牧畜为主，或全从事于营养资料。

第七类　正当农民　即以谷物的生产、使用家畜及犁为特征。

这在米勒利尔（Müller-Lyer）所著 *Phasen der Kultur und Richtungslinien des Fortschritts*（汉译《社会进化史》第二卷第一章）里面，更进一步，将生产形态分作十一类：

（一）狩猎及捕渔	1. 低等狩猎
	2. 高等狩猎
	3. 捕鱼
（二）牧畜	4. 牧畜
	5. 狩猎兼耙耕
	6. 捕鱼兼耙耕
（三）农业	7. 耙耕（但稍兼狩猎及牧畜）
	8. 耙耕兼牧畜
	9. 犁耕
	10. 园艺
	11. 商耕

但上面格洛士、汉恩、米勒利尔的生产分类，都不过说到农业为止，所以还不算得精密。只有荷兰以人类学者及社会学者著名的施丹梅兹（Steinmetz），他在涂尔干所发行《社会学年报》（*Durkheim, L'Année Sociologique*, Tome Ⅲ）里面，发表一长篇论文《社会类型的分类》（Classifications des Types Sociaux），在那里以经济生活之一般的性质为标准，将社会类型先分成十类，更就各类区分为种及变种，现在试举其十类名称如下：

第一类　小采集民　可与此类一种所谓高等采集民者相区别。

第二类　狩猎民　分四种。

第三类　捕鱼民　分三种。

第四类　漂泊农民或狩猎农民　分三种。

第五类　真正低等农民　分三种。

第六类　高等农民　分数种。

第七类　游牧民　分三种。

第八类　条件复杂的　工业因分工之发达占重要地位，因而商业亦占重要地位，惟劳动者尚未集中工场，又工业作为农业之副业，在家内经营。

第九类　制造业或手工业时代　以同一生产为目的底人力集中、技术分业的增进、自然力之粗杂利用等为特征，分数种。

第十类　分业越发发达，蒸气、电气、爆发力等自然力之规律的利用为一切生产的基础。又国民经济生活以国际贸易基础而成立，分数种及变种。

上面施丹梅兹说，恐怕在所有以生产方针为标准的经济形态分类中，是最精密的分类法罢！不过这里只立出社会类型的类别，仍然不能直接看出经济发达的阶段别，这实在是很大缺点。并且这各种形态并发达的顺序，是否可以照样适用于各国，这实在是个大问题。所以我们对此，只好如对待李士特、格洛士一样，只承认其大体的倾向，至于最严格的经济发达阶段，似乎在生产方针或生产形态这些外面的范畴上，实在还看不出什么！

第六节 罗协儿的经济发达阶段说

在普通经济书上，常常发见以生产要素为标准来区分经济发达阶段的这种思想，但很明了的成为体系学说，却不能推历史学派三大建设者之一人罗协儿（Wilhelm Roscher）了。罗协儿的分类法，据米勒利尔谓其"虽然不是真正的阶级次序，但是可以从一个新的论点，显出三个现在常讨论的时代"（《社会进化史》页二六五），这话是对的。他在所著《国民经济原论》（*Grundlagen der Nationalökonomie* S. 47，此据本庄荣治郎著《经济史考》页七）中以生产要素为标准，将大概各国民经济的发达分作三阶段，就是说：

> 古代是一般以"自然"为最重要的时代，这时森林、河流及牧场等天产物，很够养活当时稀薄的人口，那不能占有生活源头的土地的人，除却当奴隶绝对属于土地所有者之外，也就没有什么了。及至第二期即中世的后半，生产要素中，"劳力"渐次成为重要，因而都市发达，生出基尔特制度（Zunftrecht），于是劳力也次第资本化了，在土地所有者与奴隶健仆之中至生出一中间阶级。到了第三期，"资本"最占优势，土地因投资而加无限的价值，在工业里，器械力代替人工，国民之富从此看出很大的增进，好比法律到所谓法治国时代开始从土地所有寺院、家族等

> 手里分离变成大发达的一样，经济活动也是到了资本主义时代才开始非常发达了。但在这个时期，殷实的、幸福的中等阶级减少了数目，只剩那拥巨大富力的少数者与苦恼贫乏的大多数劳动者相对立状态的时候到了。以上三时期在文明诸国的历史上都可看到，大概上古国民，即其最盛期，尚不能进到上述的第二期以上，我们现在由于器械力与资本力所成就者，希腊、罗马人只不过利用奴隶的劳力来成就它。上古国民经济与近代的国民经济区别的要点，除基督教以外，可说就存于这根本不同的一点。

总之这三个生产要素，在发达进程（以类似动物状况为起点）中，第一时期以自然占最重要的地位，生出所谓依赖自然的时代。在第二期，劳力较自然格外重要，于是现出劳力时代。在第三期中，虽然也利用自然及劳力，但比较起来，资本更占重要地位，只有资本才能使生产效果更大，这就是所谓资本主义时代了。米勒利尔曾把这个发达过程，和他们所说时代的分类对比，试为制表如下：

Roscher	第一期	依赖自然时代……自然……宗教组织时期			Müller-Lyer
	第二期	劳力时代……劳力……工业组织（合乎手工艺的）时期			
	第三期	资本主义时代……资本……资本制度组织时期			

由上可见，罗协儿从生产三要素所示一般经济发达的大势，是很有理由的了。在人类生活幼稚时，人类依赖自然，自然就是生产必要的条件，没有自然，便什么也不能够取得。到了人口渐次繁殖，从来靠天吃饭的办法不行了，于是大多数货物必须用劳力（用人的行为）获得，于是劳力遂为生产必要的条件。但是到了器械发达，小规模生产又不行了，于是从前用劳力做成的，现在都利用精巧的机械来替代它；由于资本的蓄积，使生产更有功效，所以到这时候，资本遂成生

产的必要条件了。故从大体来看，罗协儿学说的确可以成立。（本庄荣治郎《经济史考》页10—11，就是替罗协儿说辩护的。）但从他面来看，也有许多可批评的地方，现在试节米田庄太郎的见解来重新估定价值，用不着我再说什么了。他说（《经济心理的研究》页154—161）：

就此以生产要素为标准的学说看，我们实得到对于经济发达理解上的不少利益，在诸国民诸时代的经济生活中，辨出生产要素相互之相对的重要，这在理解经济生活的真相上，是投下一道大光明似的。又将今日一般所承认的近世经济时代，即称为资本主义时代。（但资本主义一语可作种种意味用，在此只意味着资本要素压倒其他生产的诸要素而占重要的解释。）而发挥其特征于资本之相对的重要的一点，这可算是论理上当然的结论。并且这种学说，把他和现在德国学界普通采用的自然人民（Naturvölker）与文化人民（Kulturvölker）的分别，即受自然支配的人民和征服支配自然的人民的区别相照考察时，我们发见其间思潮的暝合，不觉感觉很大趣味似的。但是我们若再细心考察一下，便不难发见这学说的粗杂和浅薄，在经济发达阶段说中，只好把他作为次等的学说，作为补助手段来用。为什么呢？现在试就这学说的一根本观念来说，试溯到人类进步的原始时代，自然支配人类的力量是很大的。反之人类越进步便自然支配人类的力量越薄弱，反而人类支配自然的力量越大，这就是现在一般流行思想把文化意味着克服自然或支配自然的说法。……但是就这种文化观念，我以为是很可注意，……夫以征服或支配自然为文化中核的观念，常包含着文化发展低度时人类受自然支配，而一到高度人类便可脱却自然支配这个思想；可是像这样简单，竟谓文化发达，人类便摆脱自然支配的看法，果然算得科学的正当看法吗？这就是很大疑问。固然从大体考察，我们并不反对这个观念，但在思想上既没有适当的保留，而竟如此率直主张，这就误解了人类与外界自然的关系，且对于人类的力量也未免陷于夸张的谬见了。尤其是在过重人力倾向的现代，这点是大可注意。依我的观察，不问文化发展的程度如何，人类是永久不能脱却自然支配，至多不过在其形态或样式有些变动罢了。而普通所谓摆脱自然支配或是征服自然那些话，其实都只是指这个形态或样式的变动而言。……若据我的观察，则自然支配人类，是跟着人类的进步从直接的进到间接的、从粗鄙的进到精妙的。然则严密地来说，人类的进步从外界自然方面看，其支配、其影响是越发精妙深奥了；从人类方面看，因人力的增进，也越发亲密接近自然。而且作为文化发展函数的人类，其与外界自然关系，照普通解释，是解为自然人民与文化人民的区别，又将经济发达解作第一阶级自然时代、第二阶级劳动时代、第三阶级资本时代，这尽管是科学的精确说法，也算不得什么根本的阶段别哩！不过从大体上考察，我也不排斥这个观念，不！从便宜上还可以承认它，甚至于使用它。总而言之，以生产要素为标准的经济发达阶段说，在科学方面虽不是精密的或根本的，但从大体上考察，仍不能说是谬见。所以我不排斥这个学说，但谓将这个学说看作根本的经济发达的阶段别是不很稳当，而只承认其有为一个补助次等的学说之价值。

第七节　希德布兰的经济发达阶段说

（一）

从交换形态来讲经济发达阶段的学说，是很早就有了。同在第十九世纪中如 von Lavergne-Peguilhen，已经将经济形态大别为强制经济、利益分配经济及货币经济，而就货币经济述出很深奥的意见。（*Bewegungs-und Produktionsgesetze* 1830）却是从交换形态上出发，严格地区别经济发达阶段的，却不能不数到希德布兰（Bruno Hildebrand）为一般人所赞许的“三阶段的分类”了。这三个阶段便是：

1. 自然经济（Naturalwirtschaft）
2. 货币经济（Geldwirtschaft）
3. 信用经济（Kreditwirtschaft）

但依柯恩（Gustav Cohn）在 *Grundlegung der Nationalökonomie*（1885）所说，则这三阶段说实萌芽于布哇斯基伯（Boisguillebert 在一七〇七年）、形成于丕列鲁（Isaac Pereire 在一八三二年）而倡导于希德布兰，可见学说的源流是深远的了。希德布兰先在所著《现在及将来的国民经济学》（*Die Nationalökonomie der Gegenwart und Zukunft.* 1848, SS. 276—279）述这三阶段说，以后又在论文《自然经济、货币经济和信用经济》（见 *Jahrbücher für Nationalökonomie und Statistik*，2 Band，1864, SS.1—24，此据本庄荣治郎《经济史研究》，页 12）里详论它。依他所说：“一切交换形式，起先都只是物与物交换；更进才使用贵金属的交换媒介物，就是货币；最后便至于以信用——在将来付清同一物或同价物的契约——来交换货物；基于这三种的交换形式，便形成自然经济、货币经济、信用经济的三经济的发达。无论何民族，起先总是以第一形式为经济发展的最初阶段。因为使用交换媒介的货币，是要等到劳动或劳动生产物有余剩得以卖买获得金属为前提，所以货币经济是当民族能够生产比自己必要更多的货物，已经进于幸福状态时，才开始发生的。信用经济是因感到有秩序的货币交通虽极发达，而不便之点还多，为要使支付手段更加简单，才有信用经济发生。可是这三阶级的渐次发达，是不能用年代区分的，在一时代将终的时候，已经渐实行着他时代的经济。例如以中世纪称为自然经济时代，则在都市里，已经很早就有货币经济发达着；这样说，便以上所述也不过是大体发达的顺序罢了。”但是就在现在，信用经济虽发达于都市商工业者之间，在乡间则还是用货币经济（现金交易）的多，甚至用自然经济（物物交换）行货物交换的，也绝不是没有；只是依最进步的重要形式来说，就现代可以说是信用经济时代罢了。

希德布兰这种三阶段说，不单是论述着交换形式的进步，他还要从此更进一层来讲明经济组织的变迁的。所以对于此说，而谓其只关交换形式、不足表示经济全体发达的这种批评，不得不说是根本错了。现在依希德布兰所述，三种经济和一般经济状态的关系是：

> 在中世自然经济时代，各人和土地用所称为巩固的纽带结合着。一方有土地所有者，他方有对于土地的劳动者，相互地有密切关系；这时生产交换的现象也不能脱出土地和劳力的关系以外；对于国家的义务亦受这关系的束缚，像封建制度、租税贡物。农民土著或因交通没有发达、资本的集积不大，一度从事的产业，便固执经营方法。人口的增加又迟，一般生活并经济状态都呈沉滞固定状态，各种关系都是世世相传，带着很浓厚的保守的色彩，这些可以说就是这自然经济的特征了。
>
> 但到了实行货币，国民生活便显著发达，解散了自然经济时代巩固的纽带，土地也失却从前意义而成为容易分割的，且和其他的所有权一样，可从一人手里转到他人手里。土地所有是自

由了，同时农民也从土地解放出来，成为自由劳动者，租税之贡物也一变而用货币来代替它。Zunft基尔特衰亡了，于是产业自由，工商业发达，分工次第兴起，资本激急增加，人口亦大繁殖，各人都自由地各从所欲来发挥能力，废却从来那样主仆的制限的关系，变保守沉滞的社会而为进取竞争时代，这种变迁所及于思想界的影响，使社会的面目全然一新了。

像这样使用货币，给经济的发展以很显著的一个划时期的变化，可是经济发达到甚至使用货币都感着麻烦的时候，于是要省约使用时间和劳力，连货币这个东西也可以不用了。如此到了信用制度实行，没有货币实际的媒介，而可得更多的效果，于是乎经济界的活动更敏捷了，更比前大大的发达了。

总而言之，在自然经济，人类是因外面的物质的纽带相互结合着，这个纽带到货币经济时代便解散了，所现出自由新鲜的经济组织，可算是新势力和新生活的发展；但到了信用经济，人类便重新到达以精神的道义相结合的时代。

（二）

以上略述希德布兰说的大要，但对于这学说有许多学者提出严格的批评，是很值得研究和注意的。如桑巴德（Sombart）很简单地批评这个学说的价值，谓“希德布兰在许多不同的经济方式，从其征候来区别它，却没有注意到产生这些征候的基本的形质这个东西”；这句话虽然米田庄太郎很赞同他，但我觉得和希德布兰立说还不至根本冲突。如《孙文学说》第二章颇采取希德布兰的学说，而谓“需要时代以日中为市为金钱，安适时代以金钱为金钱，繁华时代以契券为金钱”；这里所分需要时代、安适时代、繁华时代完全从经济心理阶段立说，即从桑巴德所谓产出那些征候的基本形质这个东西，可见孙中山学说比希德布兰更富有彻底性，但因此遂抹煞希德布兰的三阶段说，也不见得有什么充分理由罢。

次就希德布兰的立脚来论，依柯恩（Cohn）的批评（见 *Grundlegung der Nationalökonomie*, 页 453，又可参看 *Zeitschrift für gesammte Staatswissenschaft*. Jahrg. 1869，页 392，柯恩的论文），则“以交换（Umsatz）为国民经济发达的立脚点，这是错的。何则？经济生活最初的阶段，实为无交换时代，从来 Naturalwirtschaft 一语，非指物物交换（ein Umsatz der Güter in Natura），却是道着在一家内生产所要货物而消费之的一回事”。那么在论究以交换为标准的经济发达以前，不可不先从交换之有无这个问题论起。在幼稚社会，各人重要的是为自家生产自家消费，若一家所生产与他家所生产互相交换，这是已经在一般可认为进一步时代的现象了。这为自家而生产消费的时候，即所谓自足经济（或自给经济 Selbstgenügsame Wirtschaft），用毕喜儿 所说，即指封锁的家内经济（Geschlossene Hauswirtschaft），这自足经济即是无交换时代的经济。然则从论理上正当的观察，应该先分自足经济与交换经济，然后再就交换经济时代来作区分，如希德布兰所说，似乎不过只道着交换经济时代罢了。（参照本庄荣治郎《经济史研究》页一五）

但是这种驳论，认在交换经济时代以前有自足经济，即无交换经济时代，这在许多学者便发生异议。依田崎仁义《经济史讲义》（页 78—84）所说，虽也承认有交换经济以前的无交换时代，但这时代是由于强夺、窃取、战胜、牺牲、粢盛、进贡、赠答、罚财、赔偿、赌博等等财物转移的方法，来补足自劳自给的不便利，但决不是什么自足经济。在人类不行物物交换以前，究竟有没有绝对的自足经济，这是很难断定的。为什么呢？当我们考察世界现存各处原始民族的经济生活，虽一般地不行物物交换，但就一部落、一民族或一地方人民取得他部落、他民族或他地方的生产物，来供生活用的证据看，却是很不少的。又即同一部落民族或地方人民之间，也看不出那绝对地没有取得他人生产物，而纯然过着自足经济生活的。他们取得自己不能生产的财产的方法，最先是用所谓一方取得的方法，如强夺、窃取，再进为一方的给与，如进贡、赠答等，此外尚有种种财物移转的形式，如罚财、赔偿、赌博等等，关于这些福田德三在《流通经济讲话》第二编（第四章、第五章）有极富兴趣的说明，用不着我们再说什么了。那么这样看来，即在物物交换经济发生以前，也决不见得就是如学者所称为很简单的自足经济时代；所谓孤立的真自足的经济生活究竟存在与否，都不能没有疑问的了。所以田崎仁义的结论是："我们于物物交换经济时代以前，很快地即断定为自足经济时代，这种学说是不能赞成的。"（页八三）若依我观察，则不但谓有自足经济时代的说法不对，就是证明交换经济时代以前为由于强夺、窃取，战胜、牺牲等等财物移转的学说，也全然不能当作科学的推论看，最多只算一种臆谈罢了。因为他完全从不好的方面看，却忘记了矇昧人、野蛮人社会里面，爱、和平及互助的元素，是很早就存在的。并且即在矇昧人时代，只要人类欲望有种种的需要，即不能没有最低限度的交换；交换乃是应人类本性的永久需要，是通有史时代以来没有不存在时候的。所以以有无交换为标准，要分别什么无交换经济时代（自足经济时代也好，一方取得经济时代也好）和有交换经济时代，根本就不知道交换是基于心理的原因；就是"欲望"（Wants, Bedürfnisse）。只要一天有人类存在，即不能没有不足之感（欲）与求其充足之愿（望），我们既不能假定在经济心理阶段上能有个无需要时代，那么我们怎能在经济征候上，说有什么无交换的时代呢？所以结果就是本庄荣治郎仍不得不让步说："所称自足经济时代，并非表示交换绝无的时代，是说交换还没有站在经济生活上主要地位的时代罢了。如毕喜儿所说封锁的家内经济，亦不过如此意义。所以潘寇（Panckow）一面承认交换的事实存于最低发展的阶段，一面又说原始经济组织的重心，是存于货物交换的缺乏，或纯欲望满足生产（Die reine Bedarfsproduktion），因而承认了毕喜儿的学说。”（《经济史研究》页一六）这样说，和希德布兰也就没有什么冲突，那么何必又自作聪明在页二十二的对照表里，还要把自足经济时代与交换经济时代对立呢？

第三论到希德布兰所说自然经济的意义，是用自然交换的方法行物物交换，而柯恩则指此为自足经济。但是照通常用语，Naturalwirtschaft 一语，是如菲立波维（Philippovich）所说同时包含两义，即是自然经济在第一义是指自足经济，第二义才意味着物物交换；希德布兰所用，似乎偏重第二义。因此便有许多学者，以为在这点考察，应先使自足经济与交换经济对立，而后论及物物交换才对，不然将此和无交换自足经济混同，在理论上是不可能的。实则希德布兰所谓无货币媒介的物物交换时代，事实上即相当于自足经济时代，不信请看他讲自然经济的特征，而注意到那时沉滞固定不进步的状态，就可看出他的意思了。所以自然经济和自足经济，是二而一、一而二，不能有什么严格区分的。所以物物交换原只不外自足经济时代的交换形式，而自足经济，说他是沉滞固定的状态则可，但绝不是有什么绝对“封锁”的意义。

第四论到希德布兰所说货币经济的意义，如氏前面所述，很明白的所谓货币即指贵金属货币而言。在物物交换时，一人要拿出的货物不必就是他人所欲得的，因此不投机，生出许多不便；为要除去这些不便，自然而然定出交换的媒介物，乃是必然之势，这种交换的媒介物就是货币。但是这种货币，究竟开始是从贵金属造成呢？还是由于别的货物？这是很值得考究的。在最初期可以说因为当时家畜、兽皮、贝壳、谷物、布帛等，比较别的货物更受一般欢迎，因而尽了货币的任务，这就是所谓“物品货币”的发生了。至于从一般货物分离、专作货币用的铸造货币，尤其是像贵金属货币那样，是在稍稍进步社会中才通行的，这是不能否认的事实。然而希德布兰对于物品货币，并非全不注意到，当他列举物物交换的实例时，说出可看做物品货币的东西，例如 Scandinavia 北方民族，于家畜之外，以称为 Wadmal 的一种毛织物作为一般支付的手段，而以一牝牛或百二十 Ellen（1 Ellen 约$\frac{2}{3}$米突）的 Wadmal 作计算价值的单位；在古德意志，以武器、牛马及其他家畜为卖买的手段，裁判上的赎罪罚金，也拿武器和家畜充数；此外如新锡兰以烟草及火药为卖买交换手段，还有用玉蜀黍的，用羊毛、脂肪、牛酪等从事交换的事例很多。由此看来，希德布兰一面以自然经济为物物交换，一面又包含着这些物品货币，而以货币经济为专限于金属货币似的。于是有些学者（如本庄荣治郎）便认这不是正确的办法：“若以自然经济为物物交换，则不如将货币经济时代分为物品货币时代与金属货币时代，还要适当些。因为两种货币虽同为交换的媒介物，但其充作货币职分的力量，是很大不同，因而大大影响到一般经济的发达。”（《经济史研究》页一八）可是经我细心研究的结果，希德布兰将物品货币归入物物交换时代，实在很有见解。我们须知那绝对没有交换、没有交通、彼此孤立的自足经济生活是没有的，人类自始即实行着交换，实行着物物交换，乃至不能不发明一种用自然货币来间接交换货物，这种自然货币，如米勒利尔所举的，是：1. 能长久保存的食品，如枣、盐块、Kola 果等类；2. 衣类如毛布、兽皮、毛皮（北欧的毛皮钱）等等；3. 装饰品，特别是珠、蛤、蚌；4. 器具如斧、小刀、剑、钉等类。（《社会进化史》页二百四十九）故在自然经济时代，虽不知铸造金属货币为媒介来交换货物，而实际却已知道用自然货币为媒介来交换货物，但是因此遂谓货币经济已经发生，把物品货币也归入货币经济之内，这又是根本错误。因为不但忘却以金银铸造货币的理由，还且太把货币之唯一效劳的出售性（Saleability）及交换性（Exchangebility）和使用物品混作一谈了。

最后就希德布兰说最惹一般议论的，是以货币经济和信用经济对立。拿柯恩（Cohn）的批评来看，则“希德布兰的学说，未免轻视为货币最重要职分的价值的标准；而价值标准的职分，是不管交易因信用进行与否依然存在。故在此场合，虽存着现金经济（Barwirtschaft）与信用经济（Kreditwirtschaft）的区别，而两者都应包含于货币经济（Geldwirtschaft）之内”。同样的批难，在许多学者如菲立波维（Philippovich）等，都主张以信用经济和自然经济、货币经济相对立是不对的。因为货币经济从物物交换经济发达出来，尚可独立存在，而信用经济则决不能从货币经济独立出来。信用经济为避免现金交易的麻烦，因用汇票或凭单等，依信用在将来清偿债务，或决算账簿上的贷借，却是对于这等信用券或帐尾数目，是必须将来支付现金的。所以信用经济依然是以货币为基础，是不能和货币经济相对立的。所以为慎重起见，在日本学者如内田银藏，便只承认信用经济为“在货币流通盛行上，信用制度大大发达，因此而支付到了实际极便利计算的阶段”（《经济史总论》），这不消说是将信用经济看做只在货币经济下发达的东西了。本庄荣治郎虽然承认没有信用制度的经济社会，和那银行及其他信用机关发达，一国经济活动全利用凭单、汇票等的社会到底不能相等，所以将信用经济从货币经济区别出来是必要的。可是归根结底，他仍然主张就货币经济中，分出物品货币时代与金属货币时代，更加上信用经济时代，作为货币经济时代的第三期。他曾制一表，对于希德布兰所说加以许多的修正：

- 甲　自足经济时代
  - 1. 物物交换时代…………………………（自然经济）
  - 2. 货币经济时代
    - A 物品货币时代…（自然经济）
- 乙　交换经济时代（2. 货币经济时代）
    - B 金属货币时代…（货币经济）
    - C 信用经济时代…（信用经济）

这种修正，全然不明了三阶段法则的性质，比较米勒利尔将希德布兰的分类用七个劳动组织的变象去说明，实在差得多了。米勒利尔是很知道三阶段分类的好处的，所以他很承认货币经济和信用经济的分别，反之本庄荣治郎则完全是一个金属论者，完全不知道信用和现金不同，他决不是代表现金，而是代表社会自有史以来有价值的财富的。如银行特有的机能，即在以社会全体的能力、货物为基础，而任意发行所谓信用货币，所以信用经济是主动的，是如希德布兰所说，以精神的道义那信任（Confidence）为基础的；就是没有现金，只要社会的能力、货物一日不灭，便信用经济亦一日不会失掉价值。所以如内田银藏、本庄荣治郎，把信用经济归入货币经济之内，实在完全不明了信用经济的性质，完全证明他们是金属论者罢了。然而不幸这种误解竟风行很广，几乎无人敢提异议，真是憾事！田崎仁义是以宣传王道天下自命的，但他也没有悟到钱币革命的大道理，还要说什么“希德布兰以信用经济与自然经济及货币经济对立成一时代，是很不对的，为什么呢？信用经济只是将货币支付延期，决不是离开货币而能独立存在。换句话说，这不过货币经济达到技术发达的更高一步的性质罢了”。（《经济史讲义》页七七）似这样把信用看做完全不过货币的附属物，当然对于希德布兰从交换方面观察经济的发达阶段说，是完全无从了解的了。老实说吧！批评希德布兰信用经济理论最早最有力的是柯恩（Cohn），而柯恩根本就是一个只知货币经济不知信用经济的人，他批评希德布兰共有三点：第一点谓信用经济应与现金经济同属于货币经济之内，不可将信用经济和货币经济对立；第二点谓因经济进步将现金交易压倒这句话，是不对的；第三点谓经济发达的最初阶级，是无交换时代。关于第一、第三，前面已经说得很多了，只就第二点来看，柯恩就是完全缺乏历史的眼光，对于交换的经济进化，似乎什么也不知道。他还以为经济越进步便越倾向于现金交易，这种货币经济的开倒车论，教我从何驳起他呢！

（三）

现在率性不厌求详地，再将马克思派对于希德布兰的批评拿来研究一番。本来卢森堡（Luxemburg）在所著《经济学入门》对于历史学派毕喜儿的经济发达阶段说很是攻击，但对于希德布兰还不能批评什么，只好说“那所分自然经济、货币经济、信用经济三期和历史学派身分相当的图式，比之毕喜儿还较高明，而且不是更近于真理吗？”（佐野文夫译，页228—229）但是马克思派终竟对于希德布兰是不肯放松的，所以石滨知行在《经济史概论》第一部论到“经济阶段说”（页27—28），便不客气地提出希德布兰做他批评的对象，因为他是始终站在马克思经济阶段说的立场上去批评，所以很值得我们注意。现在试先介绍原文：

> 希德布兰从交换的标准上，将经济发展分做自然经济、货币经济、信用经济的三个阶段。所谓自然经济阶段是物物交换时代，货币经济阶段是以贵金属为媒介物的货币使用时代，信用经济阶段是指依据将来契约乃至信用而行财富交换时代。于此他所说自然经济阶段，是包括着从历史的初期，以至中世的庄园制度时代那么长的时间，而且在这长期间中，把那1. 私有财产尚未发生，在共同计划下从事共同劳动，亘数千年的原始共产社会时

代；2. 和那发生私有财产，发生奴隶制度的身生关系（从法律上说，就是阶级关系），生产程度发达所谓古代社会的希腊罗马时代；3. 又对于土地发生所有权，拥有所谓农奴特别阶级的特殊的庄园制度时代；都一概归入同一阶段当中，这未免太不对了。不但如此，就在交换形式开始时候，重要的是种族和种族间因酋长而行偶然交换，以后进为个人与个人交换时，就不单以皮、贝类为媒介物，在希腊罗马时代已经行着金属货币，甚至像现在信用制度似的一种银行保险都已经存在。而将如此不同组织的交换诸形态的社会，都归入自然经济这同一阶段之中，其为不合理，是不用说的了。又将中世都市至因产业革命起变化的资本主义时代中期，归入货币经济的同一阶级，这也不能不说是粗心万分。总而言之，将无穷复杂变化的社会历史，只由于交换媒介物一形式的货币之有无来分别他，像这样所成的阶段，很明白是不合理的。

由上马克思派批评，似乎将希德布兰的经济发达阶段说一笔抹煞的了。但是事实恰恰相反，可以说希德布兰说不因马克思派的批评而损失价值，反因其与马克思派互相比较，越发使我们不得不尊重它、拥护它；觉着除却这种三阶段的分类以外，再没有更好的了。何则？马克思派所拿来批评攻击希德布兰的，大约不过三点：就是（A）自然经济时代所占的时间太长了。他不知道孔德（Comte）所提出的最有名的三阶段法则，在第一级发现时，也是由上古以至中世的军事及宗教时代，我们绝不见得因为时间太长来反对他。我们须知道文化的集聚，是不能把时间做正比例的；康德（Kant）已告诉我们，文化时代越进越促，每次进步速度越快。所以历史学者分别世界史的年代，约言之，古代的期间约五千年，中世纪的期间约一千年，新时代的期间约三百五十年，现代的期间约只一百二十年；可见文化的时代越早，他的期间也是越长；（参看米勒利尔的《社会进化史》页364—365）自然经济时代因为时代最早，所以时间之长是毫不足怪的。反而如马克思派要不伦不类地，将自然经济时代分别为什么原始共产的、亚细亚的、古代的；将这从原始的年代区分（如古代——中世——近世）和地理区分（如亚细亚——欧罗巴）混合成的阶段说，和希德布兰说比较起来，试问那一个更把捉着经济关系的根本地方呢？（B）马克思派谓自然经济时代已经行着金属货币，乃至如一种银行保险像现在信用制度都已存在；那么这样说，希德布兰还要分别什么自然经济、货币经济、信用经济，真未免太多事了。可是历史先生告诉我们，马克思派反历史的论潮，除了根本观念的淆乱不清以外，再也没有什么。至若说希腊罗马时代已有所谓银行保险如现在信用制度一般，那只好算做马克思派的异想天开。克罗士（Croce）常讥刺马克思派杜撰原始的共产主义的乐园，谓于最近代的史观之中，竟显示着诗的性格；（《历史叙述的理论及历史》第一部，页90）不图这种诗人式似的妄想，不在于描写原始的共产主义的乐园，而在于杜撰那有银行保险的古代希腊罗马时代；这种鲁莽的历史的幻想，教我们讲历史进化的人，只有退避三舍的了。（C）马克思派谓无穷复杂变化的社会历史，不能单因为交换媒介物货币之有无来分别他。这番话似乎倒有商量余地，如米勒利尔在《社会进化史》（页二百五十七）也说："交换方法是综合发展最重要的标准，但不是唯一的标准，如转运方法、交通方法、生产者与消费者间的距离、贸易之范围与数量、综合的范围等现象，也可用为量测综合的发达的标准。"这段话完全对的，就是我前面所列"经济阶段分类一览表"，在交换的标准以外，不是已列举出生产要素、生产形态乃至马克思的生产关系、燕格儿的私人生产比较社会生产种种阶段说，认为都能解释经济发达一部分的问题吗？不但如此，希德布兰说虽算得综合发展最重要的标准，而这种标准必须与经济心理阶段结合，才发见其真正的价值。因为一切经济发达的形式的分类，无论如何都只是偏面的、局部的解释，反之经济发达的心理的分类，才是真正经济进程中综合的综合。如《孙文学说》第二章，在取希德布兰形式的分类之先，他先从经济心理的标准，分出需要时代、安适时代、繁华时代，把这些心理综合的因子，作为解释经济现象的重心，这种对于希德布兰说的根本改造，实在再好没有了。现在试为列表对照如下：

孙中山			Hildebrand
1. 需要时代	以日中为市为金钱	自然经济	
2. 安适时代	以金钱为金钱	货币经济	
3. 繁华时代	以契券为金钱	信用经济	

第八节　毕喜儿的经济发达阶段说

（一）

毕喜儿（Karl Bücher）他用货物由生产者转到消费者所成的路线为经济发达标准，成立很有名的三阶段的分类。他在所著《国民经济成立论》（*Die Entstehung der Volkswirtschaft*，权田保之助译：《经济的文明史论》）里说：（页 116—117）国民经济为经数千年来历史的进化的产物，到了有近世国家才开始成立，所以算不了什么古的。在以前人类长时期间没有交换，纵有也到底算不得国民经济，只好说是生产者和消费者之直接交换所营的经济而已。现在如要将此进化全体在一个浑一的见解之下来解释，则这样解释，不消说是要透彻国民经济的本质的现象，同时又非说明那旧经济时代之组织的要素不可；这就不过是要了解财货生产及其消费之间所存关系的意思。再精确地说，即区别财货由生产者转到消费者手中所通过的道程之长短，在这见解之下，我们对于全经济的进化，至少可将历史上可以十分精确探究的中央及西部欧罗巴民族的经济进化，而将他分做三个阶段：

（一）封锁的家内经济阶段（Die Stufe der geschlossenen Hauswirtschaft）（纯粹的自己生产，无交换经济。）……在这阶段，货财即消费于所生产的同一经济内。

（二）都市经济阶段（Die Stufe der Stadtwirtschaft）（顾客生产，直接交换的阶段。）……在这阶段，货财从生产经济直接移向消费经济。

（三）国民经济阶段（Die Stufe der Volkswirtschaft）（商品生产，货物流通的阶段。）……在这阶段，货物普通是为企业生产而至于消费止，不得不经过经济的许多段。

毕喜儿在这三个经济阶段之外，还说到经济尚未发达以前状态的个人食料探求时代（die Stufe der individuellen Nahrungssuche）（页三四），这时代不是意味着现在所知道自然人民最幼稚的生活，而是搜集那认为由最原始生活方法而生的种种特征，研究这些特征而从思想上构成比现在自然人更古些的原始人类的生活状态罢了。而且依毕喜儿所说，在这时代各人除自己的肉体以外，什么武器工具也没有，完全和一种兽类一样，和同类共同在一定的地域内漂泊，很巧妙地使用手足来捕物攀树；无论男女都运用手，或以爪从地中掘出所得的小动物、草根、树实等，即作为食料。他们为获得食物，或成大小群或分散，却还不能造出一个社会，只不过个人从事探索食物过活罢了。这样把他叫做原始经济状态，还不如说是原始非经济状态，就是经济这个东西尚未发生的时代。因为这时代，人类虽各各营着经济行为，但这种行为还没有支配于一定的顺序计划之下，所以还不能形成“经济”的。所谓“经济”，是包含着劳动、定价、省俭消费、蓄积财产、以文化开发的物资传给子孙这些意味，而这就在比较进步的自然民族且不可能，何况野蛮最下级的民族，连经济的萌芽都是不能承认的。（页三三）因此由毕喜儿看来，在经济史以前数千年间原始的生产关系，都只好叫做“非经济”和“非劳动”的时代，反之真正最初的经济史，是开始于封锁的家内经济以下的三阶段，这就是说经济史是始于高级农耕的时代。现在试把毕喜儿所认经济发达三阶段的特征，简单说明如下：

第一期　封锁的家内经济阶段。在这时代，自家所需要的东西，即由自家生产，所谓从生产到消费经济的全过程，差不多只在家（家族、氏族）那样狭窄范围内去实行它。而其生产的方法和标准，也全因家族需要而不同，和他家他户的经济是常常不接触的。因此毕喜儿把这时代，叫做纯自给生产或无交换经济（reine Eigenproduktion, tauschlose Wirtschaft）。不过依他意思，这也不是绝无交换的时代，不过说那偶然而有的交换现象，还不能占有经济生活一要素的重要地位，所以只好算做偶然的附加现象罢了。

第二期　都市经济的阶段。在这时代，财是从生产经济直接移向消费经济，详细说起来，即代替了纯粹的自己生产，而生出为他人的顾客生产；在生产者、消费者间成直接的交换，故也叫做直接交换时代（Kundenproduktion, direkte Austausch）。至于所称都市经济，是因为到中世后半期都市发达，这种经济现象才盛行了的缘故。

第三期　国民经济的阶段。在这时代，货物从生产而至消费，常不得不通过经济的许多段。即财之生产，已不是如第二期似的为着消费的定买而生产，是为预备应一般市场的需要，作为商品而生产的。所以消费者不从生产者手里直接要求所需品，而只取提供于市场的货物来消费它。故货物从生产者移到消费者的手里止，要经过几多的中人，而生所谓财之循环的现象。故这时代，也正是商品生产的货物循环的时代（Warenproduktion, Stufe des Güterumlaufes）。又因这是在近世国家成立以后才成为主要现象，所以叫做国民经济。

毕喜儿更进而就家内经济、都市经济、国民经济的三阶段，举出很详细的事实（参看《经济文明史论》页 111—182）。现在虽不能依照所论一一介绍，却可述它一个大概，如前面所说的，在：

第一期　封锁的家内经济时代是纯自给生产时代。交换这时还不至占重要地位，营利和家计也就没有什么区别，而当时的家族，不是像现在所谓小家族那样，是包括数代血族者的大组织，而有共同的土地所有者、共同的经济、法律上共同保护的大家族，又不外乎是为集合体的氏族，即所称为家族共产体便是。即至这家族共产体渐渐没落，也非即刻就实行近世的小家族组织，它是以或为地域团体、或为奴隶制度，而维持其共同管理之责的。即在前以属于同一血族之故，组织同一经济团体，如今虽非同一血族关系，但因住在同一地方，营共同经济的关系（地域团体）；或收容无血族关系的人，用人工方法来扩张各家属的范围（奴隶制度）；因而维持了从来封锁的家内经济形体，以为其满足欲望的手段。这种奴隶制度，曾实行于希腊、Carthage、罗马等，于中世初罗马人及德意志人的经济状况，亦因同样原则，从封锁的家内经济而更进一步。当时国王、贵族、僧侣等，有广大的土地，使役许多奴隶以经营经济，这就是所谓“庄园经济”；但即在庄园经济，仍不见和其他庄园经济有交换的现象，尚不过实行着自足的经济罢了。

但是这样自足经济，对于天天增进的欲望，许多场合都不能使人十分满足，一方苦于需用品之缺乏，他方却存有许多余剩，那样状态的发生，遂不得不实行新底特殊交换。而这种交换，例如收获不良者从邻人借入谷物，订下第二收获期归返的契约；或者在互相扶助的契约之下，因罹火灾或家畜毙死，而受了他人救助的一回事。要之这些都还是从相互扶助的观念出发，不能看作真的交换；却是从这种交换渐渐发达，便至于看出交换的固有意义。例如某甲将他的职工或木匠等奴隶让渡邻人，而从对方邻人受到其余剩品的葡萄酒或木材等，这么一来，便失掉相互扶助的意味，而和有无相通的交换如谷物与葡萄酒、马与谷物、麻布与盐，这样场合也没有什么不同了。并且像这样交换所用物，例如毛皮、毛织物、筵、家畜、装饰品、贵金属等，不久即成为一般交换的媒介，于是货币起而有市场、有行商，渐次进到交换经济的领域来了。

第二期　虽入于直接交换时代，但最初还以自给自足为主，交换不过只是补充的现象。和从前似的依然依赖土地过活，仅以余剩品相互交换，用极简单的形式，即生产者和消费者在一定时间、一定场所，集合于市场制度之下，实行交易。这时还没有组织的商业存在的必要，且在中世都市住民的生活，和地方农民一样，依然以农为主，不过当时都市为防护壁垒和城塞的必要上，对于外部的侵略，定有军事的权利和义务以求十分保护。于是都市次第发达，人口也渐渐增加，已经达到就所有土地不足养活住民的状况，于是乎在都市方面遂发生工业，地方人民则专从事农业，以生产余剩品携到市场，交换都市住民的工业制品。而在交换场所的市场，或禁争斗，或对于一般交易及度量衡实行取缔等，以国王很大权力的保护，才得安全公平地实行交易，确立所谓市场的平和（Marktfriede），使市日渐繁荣，因而保都市全体的平和（Stadtfriede）。如此都市住民比较农民得更多的保护特权、更多的自由，遂至于都市住民与地方农民之间，在社会上、政治上生出很大的间隔了。

在当时都市的政策，第一是使都市住民所欲交换的货物，在公共场所，不经中介者而直接交换。第二都市住民所需要的工业品，务必在都市内能够生产它；而且都市手工业者间所成组合制度（Zunft），有种种特权独占的地位。因期实现以上政策，又采取了保护都市内部的手工业，或给与特权于熟练的职工、使之移住等等方法。

当时的交换，很明白地是生产者对消费者的直接交换，商业还不至大发达。但是就在当时，过都市糊口生活的人，甚至连利用定期市场的余暇都没有的，因此便有小规模的小卖商人发生。这卸卖商业，主要是在大市（Messe）和外国人交易，其所取商品，如香料、热带地方的果实、干鱼、咸菜、毛皮、细布、葡萄酒等，至于都市附近产出的日用品还是没有卸卖的。

要之中世都市，合附近的乡村而成一个自给的经济组织，就在货币、度量衡等方面，也只行于特殊地方。都市与乡村的关系，事实上很像头脑和四肢存有强制的关系，所以当时都市与乡村成为不可分离的东西。这时代的经济，可说是以都市为中心的自给经济；在根本的性质上，还和家内经济、庄园经济等没有什么大不同的。但是当时都市与乡村之间既行分业，则其生产物自不一定是只为自己消费，在自己消费以上的生产，还可从事交易，农业、手工业、小商业各作为一个职业存在，这些职业不久发达起来，成为从来没有过的社会阶级。于是社会次第分化，各阶级各应于各自技能，生产最适的东西以互相交换，欲望的满足，自然比前更丰富了、复杂了！于是更进一步，遂有统辖这各都市经济的一大中心的国民经济的发生。

第三期　国民经济的成立，是由于确立政治上中央集权的结束，即至十五世纪后半叶，经济上表示种种统一的现象，及至十六世纪西、葡、英、法、荷兰等成立统一国家，稍后德意志、意大利更形成了民族的统一国家，于此遂可看出国民经济的成立。原来在古代，实行着一切经济以一家内的自给自足为目的，在中世则以都市乡村的自给为目的，但在国民经济，遂至采取更复杂些、人为些的民族的自给策，这叫他做国民自足经济，也没有什么不可以的。

这种政策，在十六世纪乃至十八世纪，是称为所谓 Mercantilism（重商主义）实行着。对内谋国内的统一，同时对外踏袭了地方经济政策，而取排他的自足的方策。这即是说，Mercantilism 不是一种学说，他是从 Charles 五世，经 Friedrich 大王、Colbert、Cromwell 等为建设大国家所采取的实际政策。这个个的政策，无论那个都是以国家自足主义为其根本精神分出来的。

这国民经济的发生是和资本主义的发达同时。资本的发生，是始于贷借金钱而授受利息；利息的发生，同时财产渐被活用，且成为可蓄积的。于是商业资本之外，生出贷借资本，两者相互很大的发达，而利息发生同时即可看做信用制度的起源。因资本及信用发生，商业受最显著的影响，于此间接交换才开始完成发达；就是农业、工业也已经不是单纯为顾客的目的而生产，是要以国民市场为目的而实行着，这就是所谓市场生产时代。

要之在国民经济开始时，打倒了同业组合、各都市及诸侯的权力，建立中央集权的统一国家。从这强大的中央权力，而实行保护干涉于社会经济生活底专制的经济政策，可是很快又一转而制限保护干涉，至于以自由竞争与权利平等为原则，来预期经济的自由发达。但是最近的倾向，在某程度，又可看出 Mercantilism 的复活和都市经济思想的再生；国家的活动范围，不单止于政治的方面，且进入于经济的方面。因计及经济关系全体的利益和调和、以期公平分配起见，遂有以大民族的国家之力，在某程度加保护干涉于个人经济活动的必要。为达这个目的，便实行关税政策、劳动者保护、交通机关国有及其他种种方法，而至于带一个特殊社会的色彩。这就是说，国民经济是从专制主义时代入于自由主义时代，更进而为民族主义时代（或社会的时代）了。

（二）

毕喜儿更进将这三阶段的分类，和各种经济上现象，如共同关系、生产消费的关系、劳动关系、资本、货币、商工业等，涉及十数项的比较研究；由这些项目，指示出其与三阶段的发展关系。这种研究法，在养成经济史的观察法上，是非常重要且有益的，现在为说明的便利起见，请参照《经济的文明史论》第三章第四节（页181—188）与田崎仁义《经济史讲义》（页九七——〇六）所录要领转译如下，至于原著者和田崎仁义所加很有意味的说明，或保留，或代以作者的意见。

（第一）就人类所成（经济的）共同关系来看：

第一期　在独立的家内经济或自足经济时代，人与人的共同关系是基于血族关系。

第二期　都市经济时代，或照一般学者所谓领域经济时代，接近关系，即是基于居住同一地域的关系。

第三期　在国民经济时代，为同国民的关系，即基于国民的精神感情之关系。

这就是说，从狭窄的血族关系，发展为社会的关系。人和人间渐渐关系复杂，互相依赖，而倾向于社会的合作范围更扩大的方面走去。

（第二）就财之生产和消费这一点来看：

第一期　财之生产消费，都只始终于同一经济之内。

第二期　两者经济不同，但从生产经济所生的财，直接移向消费经济。

第三期　财从离开生产者手里，移入于消费者手里止，通过许多的经济，这种径路，即所谓财之循环。

这就是在第一期，一切的生产财都是消费财，财是以使用价值为主眼而生产的。但在第二期，这种消费财的一部分成为交换财，而有可认为交换价值的样子。在第三期，一概的财不但止为交换财，且都一度表出商品的性质，先以交换价值为主要者，更进至于以换财而得货币为经济上的主眼了。

（第三）就经济单位这一点来看：

第一期 以各个家计为经济单位，而于这单位内实行生产消费的共产体，亦可谓为经济组织。

第二期 经济单位与经济组织之间发生差别；在一个经济之中，有包含着几多经济单位的样子。

第三期 两者的差别很明了了，大小无数的经济单位，在所谓大的国民经济的组织之中活动着。

（第四）就劳动来看：

第一期 是自己劳动或强制使用为自己所有财的奴隶劳动。

第二期 是君臣的、主从的、办差的，即封建的劳动。

第三期 所谓劳动，是以受报酬的目的而为他人劳动为限，即基于自由契约的劳动。

从消费者和劳动者的关系看来，第一期是消费者自身是劳动者，或使用奴隶，这是所谓家内工作时代。第二期消费者直接从劳动者买劳动，即零工工作，或直接买劳动的生产品，所谓手工业时代。但是第三期消费者和劳动者没有直接的关系，消费者是消费着买来劳动结果所做出来的商品，劳动者则在企业者或商人里卖却其劳动。第三期的劳动，就是所谓自由赁银的劳动，没有特别说述的必要；可是就第二期劳动可看出人为的精巧，第三期劳动则可看出机械的精巧，因时期不同，而各自发挥其特点，这是很可注意的。

（第五）就货币来看：

第一期 大概全无货币的存在，即有亦止于以直接使用财为蓄财的手段。

第二期 有为交换媒介物的货币。

第三期 货币在前述的职分以外，还须作为流通的和营利的工具。

在这里，毕喜儿是受希德布兰的影响的。他说："这三时代，有些学者称之为自然经济、货币经济、信用经济，这虽然不能完全说尽了货币的变迁，却算得最适切的说法了。"（页 184）但是信用经济，照田崎仁义的意思，则无论如何进步，决不能失却货币之用，这话是根本错的。因为信用经济的性质，即在于完全摆脱货币而独立存在，所谓钱币革命便是。

（第六）就资本来看：

第一期 差不多没有资本，只有消费财。

第二期 劳动用具虽有事业资本的性质，但原料尚不成其为资本，只商业有营利资本。

第三期 一切财都取资本的性质，而有营利资本。

用毕喜儿自己下的案语说：第一期是无资本经济（kapitallose Wirtschaft），第二期是排资本经济（kapitalfeindliche Wirtschaft），第三期才是资本主义的经济（kapitalistische Wirtschaft）。但依我意思，毕氏这种见解，实不适用于说明中国。何则？在国民经济的发展阶段中，帝国主义国家方面，可取资本主义的途径，而在半殖民地的民族运动，则明白觉悟了反国际资产阶级的历史使命。所以我们的国民经济运动，决不要再加入于现代资本主义的经济制度，反之是在"使资本主义变而为社会主义"（《实业计划》序，孙中山语）；因此而毕喜儿对于经济史之资本阶级的见地，虽不免要受卢森堡在《经济学入门》里严格的批评，但和我们以国民经济为发展社会主义手段的学说仍然没有干涉，这请读者注意。

（第七）就所得与财产来看：

第一期　财产和所得很难分别，只有发生地租这一事，具有和财产不同的一种所得的形式。

第二期　纯粹所得还没存在，要全靠所得来生活仍不可能，而要有财产。

第三期　此时有地租、利息、利得、赁银等四种所得，在财产则有享乐财产和营利财产分立。

（第八）就分工这一点来看：

第一期　在特殊经济范围，虽有老幼男女分工，但一个特殊经济和其他特殊经济之间，分工便不存在。各个的特殊经济都只营着同样事情的。

第二期　在都市内发生各种职业的分工，又乡村与都市间，发生农业与工商这样生产业的分工。

第三期　无论那方面都实行分工，这时有职业的分工（分职）、生产的分工（分业）和劳动的分工（分劳）三种。

关于分工的发展，可参看米勒利尔《社会进化史》第三卷第三章，他将分工的全体发达程序，分做三大时期，再分为若干分级；第一时代为性别的分工，第二时代为男子的分工，第三时代为妇女的分工，与毕氏的分类很可互相发明。

（第九）就工业来看：

第一期　农业（其他原始生产业）的余暇工作以外，还没有独立的工业。

第二期　虽有特殊职人的工业，还没有营利的工业。

第三期　不为营利的工作是没有的，一切都实行着工场制度。

（第十）就商业来看：

第一期　只有访户商。

第二期　有市场商业。

第三期　有定住商业。

在第一第二期，商业不过是自治的生产业的补助部分，至第三期才至成为生产和消费间之必要的连锁。但商业的形式，是有四种：一为供给者求需要者而沿门叫卖，即访户商；二为需要与供给集合一个场所而行交易，即市场商业；三为需要者求供给者而往购买，即定住商业；四离开现物而将需要、供给来投合调和，即交易所。毕氏的第三期，似乎须包含此交易所商业，才算完全。

（第十一）就交通来看：

第一期　主人使役奴隶或健仆，使从事交通。

第二期　因为办差，在都市职掌交通通信，并兼私人之用。

第三期　为一般公众发生各种交通机关，从其他产业独立出来。

关于交通的三阶段次序，可参考米勒利尔《社会进化史》第三卷第四章。依他所说，交通方法的发达，可分做三期：

第一时代　唯一的交通方法是语言，后来加信号（夜晚的火号、非洲的鼓语等类）通消息。又有传递使者制。

第二时代　用文字交通。

第三时代　藉机械的机关以行交通，如印刷（新闻）、电信、电话、邮政等事业。

他在交通以外，又举转运方法的变象学，实则两者在毕喜儿是合作一种的。转运方法也有相类的三阶段次序：

第一时代　原始时代唯一的转运方法是人自己。一切货物必用人的个体负担。

第二时代　发明了人为的转运方法，他训练载重的兽，可以在草原、沙漠上利用他们。他造车船乘具，主要的转运都是在水上。

第三时代　因蒸气机、汽船及铁路等类的发达，地球各国乃进于

日常往来之域。（页 257—259）

但米勒利尔上述时，并未注意到毕氏的交通分类。他只说“这个阶级次序，实在是与自然经济、货币经济、信用经济的分类相当”；这一点是很值得注意的。毕氏的分类大致不差，不消说现在电气交通时代所有电气车船、飞行机及有线无线的电话电报，都应包括在第三期内。

（第十二）就信用来看：

第一期　只有消费信用，得以人身及其全财产为保证。

第二期　消费信用以外，发生不动产营利信用、对物信用。

第三期　近代特殊信用形式的营业信用或生产信用，最初发达于商业，后及于一切经济范围。即不但对动产有信用，更进发生对人信用。

由上毕喜儿指示关于经济组织的形态发达和三阶段的比较，是很值得我们详细去研究的，就中还有关于工业制度发达的理论，也和三阶段的分类完全配合的，为讲述的便利起见，我们可另辟一节来研究它。

（三）

毕喜儿在《国民经济成立论》（《经济的文明史论》，页 194—237）有题为“工业经营制度之史的进化”一章，依从来工业史研究的结果，将工业制度分做五个主要的经营制度。依照历史的序列，即是：

（一）家内工作（das Hauswerk［Hausfleiss］）

（二）赁工作（das Lohnwerk）

（三）手工业（das Handwerk）

（四）发庄制度（家庭工业）（das Verlagssystem［Hausindustrie］）

（五）工场制工业（die Fabrik）

家内工作是在家内将所得原料从事生产，即以供家内消费之用，这是在无交换经济时，行于自产自费经济内的工作。毕氏的意思，在这经济阶段，没有财之流通、没有资本，财是为全部消费而生产的。所以全家所有只是因消费程度之差而有的使用财产，如谷类、麦粉、面包、织物及衣服等，虽也有那生产补助的工具如手臼、斧、织机等，但可供交换他物用的那样货物，则一个也没有。且此种细工，可以说起源比农还古，在未营农业的幼稚民族，据说是已能造弓矢、织席、鞴皮、建家屋、制造工器等，但此虽实行于渔猎牧畜农民家内的余暇工作，却即在发生第二以下工业制度后，尚得保其几分残喘的。

第二赁工作（小工或零工），已不是余暇的工作。因为专门生产的劳动者，虽有极简单工作用具，却还没有事业资本，所以他们只好受原料生产者的供给，而加以熟练技术，在生产中取得工赁。就中还分两个形式：

a　在家工作（Heimwerk）

b　出外工作（Stör）

前者是劳动者在自己家内，从事业主受取原料，加以一番工的技术，对其所做工作，可得到个数赁银。这如麻布、织工、磨谷者、乡间烧面包雇工等，以织机、磨车、烧面包灶，都是固定不易搬运的时候为多。后者是出外工作，劳动者搬用具住在事业主家，在那里受取原料做工，对此可得到每日工钱。但无论在家的或出外的，在他没有事做闲散的时候，大概都是从事农业去的。

第三是手工业，这时生产手段即工具、原料等，全部为工业者所有，应顾客的定买而从事生产；在原料费外加上劳银，以相当代价卖给定买者，因此也可称为定货工作。其主要的特色，就在为顾客生产一语；尤其是在没有定买闲散的时候，虽有时也将造成的现成品拿到市场，但其生产品还是常由直接消费者来买去的多；其间也还没有什么卸卖商或发庄那样媒介商的存在。因为这样生产的准备，通过全过程，都在同一的工作场之内，所以不须很多资本，价格也就没有再加算经手费的必要。虽然如此，因为定买的关系，生产的数目不得不受限制，所以事业的规模也就不大，且只限于应都市经济所需，故在更大的中央集权的国民组织和国际的市场出现的时候，手工业便不得不跟着倒下来了。于是在第十七、十八世纪，便发生新的经营组织，即第四的工业制度。这种有国家并国际的市场基础的制度，在从前许多人称他为 Manufaktur 或 Fabrik 这样二重的名称，但是精细考察起来，这个名称元来是包含着两个不同的经营组织：即其一从来被人误解为家庭工业（Hausindustrie）的，我们可以改称它为发庄制度（Verlagssystem）。其二就是我们所谓工场制工业（Fabrik）。这两个组织的使命，都在推广工业生产物来供给市场区域，所以要有极多数的劳动者，而这两个不同之点，则存于完成它任务的方法和劳动组织方法的不同而已。（页二二二）

就中最简单的是发庄制度。此制度发生的原因，不是由于工作技术进步，反而是由于商业方面的发达；得用钱商人即发庄，介在生产和消费之间，兴起间接生产或市场生产才发生的。从技术上看，则依然依赖主观的技术，固守传统知识，不应用机械或分工法等，和前阶段的手工业本没甚不同；却是在此有个新的现象，就是很多没有事业资本、不懂市场情形的手工业者，又农民家族或都市的兼职者，完全受那有事业资本、通市场景况、富于企业精神、以营利观念为主要活动之商人的指挥而从事生产的。这种经过商人而行的工业制度，在实行时，大概有三种方法：其一工人自己买入原料，从自己计划或发庄的定买，而以自己生产工具从事生产，由发庄出来收买它。其二从发庄供给原料于工人，或赁借生产工具，对其制品，支出个数赁银。其三即介在工人与发庄间尚有所谓经手人，即替发庄分向工人定货，因而指导其生产，将制品移交发庄，以完成其媒介作用。因有如此这般性质，所以这第四段即有用钱工业，简直可以叫它分散的工场工业；

不过那工场制工业所有分工利益的一大特色，这时还未充分采用，有这些不同罢了。

第五是工场制工业。使用多数的劳动者，充分利用分工和统一，合理地集约地行着大规模市场生产的工业制度。它的特色，无论是技术方面、经营方面，都是利用科学知识，尤其是无遗憾地活用了近世科学成果的机械，和近世经济万能力的资本；而其以营利观念为经营的根本动机，更是烂熟的第三期经济现象的表现。

总而言之，（1）家内工作是为自用而生产；（2）赁工作是为定买而提供其工作；（3）手工业是为顾客而生产；（4）发庄制度是分散地行着商品的市场生产；（5）工场制工业是集中地行着商品的市场生产；把这工业经营制度史观，和前面所述三阶段的分类对照一下，即如下表所列：

家内工作	封锁的家内经济阶段
赁工作 手工业	都市经济阶段
发庄制度 工场制工业	国民经济阶段

可见毕喜儿的经济学说，是彻首彻尾遵守三阶段的阶级次序，在历史学派当中，也是很可惊服的了。不过把毕氏这里所说工业经营的阶段，和米勒利尔所分工作组织的变象来比较，似乎毕氏所举工场制工业，还不能算做工业制度进化的顶点。毕氏似乎只知道工场制工业的急速的进步，实与自由手工业一大打击；却不知在这第五工场制工业以外，最近代实勃兴着第六阶段，即米勒利尔所说“社会化的工业”（《社会进化史》页191—193），或用福田德三在《劳动经济论》（页71—72）所说即所谓“结合的大经营工业制度”，伊利（Ely）在

所著《产业社会进化的研究》（*Studies in the Evolution of Industrial Society* 1903）里，也指出最后阶段的工业阶段，最显著的就是为第三状态的“结合”（Integration）的发现。但这社会化的工业，即结合的大经营工业制度是怎样东西呢？这自然不能不举出那趋向合并联合的生产方式，如 Syndicates, Trusts, Rings 等。而这些大综合的企业，将各种不同技术上的经营，综合于一大企业之下，例如纺绩工场、曝工场、染工场、织工场等，可共置于一个大企业经营之下，用综合统一来统制支配工业的经营。这从技术上看，似与工场制度没甚不同，但在经济上、企业上看，是集合许多的工场制工业而成一大综合的大经营工业，自比毕喜儿所说第五阶段，还要进化多了。但是话虽如此，这种结合的大经营，是有三种形式：（案米勒利尔只分两种，国家的和分作的，他完全没有注意到大的私人企业即帝国主义，是毫不足怪的。）第一种为私人企业利益的大结合，这就是所谓有垄断独占性的资本主义的帝国主义。他们瓜分世界，输出资本，无非为少数银行资产阶级的利益，这是非打倒不可的。第二种是完全由国家经营，如俄国革命先前所谓军事共产主义，以至一九二一年后实行的新经济政策都是。他们发展国有的大工业，实行国外商务的专制，很喜欢地回转到国家资本主义，将所有经济事业都在无产阶级专政之下归国家经营；这种以国家的大企业代替了资本的大企业，很可以算为经济史上划一新时代；却是这种从上而下的国家资本主义，结果不过为管理这庞大的企业，而设下一个最讨厌的新官僚制度罢了，真否能为公共的利益，这还是绝大一个问题。第三种是合作的大结合，可算社会化的工业中最进步的形式，米勒利尔指点我们：“合作的营业不是为一个资本的企业，不是谋私人的利益，乃是为所有的股东谋公共的利益。国家营业的组织是由上而下，而合作的事业则靠着自助的、以个人的动力为基础，由下而上”（《社会进化史》页一百九十四）。我们试把这话和孙中山《建国方略》中《实业计划》比较一下，便觉实业计划即特别具备这种深远弘大的合作的意义。所以说："吾之国际发达实业计划，拟将一概工业组成一极大公司，归诸中国人民公有。"（页二一〇）又说："六大计划为吾欲建设新中国总计划之一部分，然皆欲对于中国，使资本主义变而为社会主义。"（页二一一）又说："驰骤于今日世界经济之场，以化彼族竞争之性，而达我大同之治。"（自序）这是何等明白要实现最大计划的社会化的合作工业，如果真个实行，便全国人民都是股东，全国一概工业即组成为全体股东——人民谋公共利益的极大公司；这种社会合作的最高级的形式，不消说是比帝国主义式和俄国金字塔式的两种大经营工业制度，不知优美和平得许多。而这种大同主义的经济理想，它的原理，帝国主义国家什么经济哲学家竟都没有见到、没有说出，那也就怪不得毕喜儿那样高明的学者，对于这一点也还没有想通呢！

（四）

上节所述家内经济、都市经济、国民经济的三阶段说，一般承认这是毕喜儿所说。但据近时皮怜基（Plenge）教授研究的结果，则在一八六七年五月勋保（Schönberg）已做过题为"Zur wirtschaftlichen Bedeutung des deutschen Zunftwesens im Mittelalter"的一篇论文，在*Jahrbücher für Nationalökonomie und Statistik*, Bd. 9 里面发表，其中所说，和毕喜儿三阶段说是完全相同的。所以上述三阶段说，算不得毕喜儿的独创，因而主张将这个荣誉归到勋保的。（Plenge：*Wirtschaftsstufen und Wirtschaftsentwicklung*（*Annalen für soziale Politik und Gesetzgebung*, Bd.4. Heft 5 und 9.）又《经济论丛》三卷三号有神户博士《论毕喜儿经济发达阶段说非其独创》一文，此全据本庄荣治郎《经济史研究》页三一三六）。

照皮怜基教授所说："勋保认国民经济为全然文化发达的结果，且以历史的状态之比较为一重要的观察法。像这样状态，即一方先将经济事情在各时代的全体关系作为一个统一全体来观察，在他方不但观察这样变迁发达的状态，且承认这样状态是一个模型的东西；即虽依场所而有千差万别之形，却是在根本点，尚存有共通的关系。即依勋保所说，对于所谓阶段说或状态说研究方法上的特征，比毕喜儿更明了地论述着。不过研究方法存于毕喜儿而为勋保所缺乏者，只有以外形的标准即'贩路的长短'（Länge des Absatzwegs）为区别标准的一点。"但是拿勋保所说"对于消费者或商人，生产物的贩路同时完结了生产目的，且为新生产的起因，这种贩路就是使生产发生循环的动因"的话来看，已很够知道这里是存着毕喜儿所大成思想的萌芽。于是皮怜基还要更进一步，将勋保论文所分家内经济、都市经济、国民经济的项目，将这些可证明的文章，随处摘引排列起来；最后且就几个现象，行各经济状态的比较，完全变更了勋保论文的原形，使成为和毕喜儿阶段说同样的形式，因而努力说明这两说是怎样相同的。

现在直接从勋保氏论文来看，他和毕喜儿一样用着 Hauswirtschaft, Stadtwirtschaft, Volkswirtschaft 等名词，且承认这些经济状态是渐次发达的；如古代实行家内经济，中世实行都市经济，近时才为国民经济时代。只有一点，他是将观察的重要标准，放在生产劳力或生产的职业之上，即是："所有经济的劳力，在其最普通的分类，是可分作生产的三样式；这就是获得原料品、加工于原料品的精制品，及将原料品、精制品从生产者移向消费者手里这三桩事，而这三桩事，可以说即表现为一国民主要职业的原始产业、工业、商业三种；但这决不是存于任何时代，是到了国民经济发达，才最明白地实行着的。在古代家计之外，没有像这样似的经济组织，没有职业的分立，只是以家内经济形成一切经济关系的基础。故在当时，这些三者生产的行为，不论那个都只实行于一个广包并容的家内经济之内；那中世初期，像德国庄园一样，在种种关系上，也很和这家内经济类似，那些经济行为，都只行于庄园经济的内部。但是因都市之发达，同时像这样家内经济的生产共同形式便次第解消，商业先分离独立了，原始产业和工业，最初先为地方的分立，前者行于乡村，后者行于都市，可是到以后更发达些，职业上工业与原始产业及土地所有的关系，便渐次分离独立，而至于手工业中有组合的组织了。在中世都市经济时代，没有一个统一综合的经济，各地方存立着个个的经济、各各独立的组织团体；而当时都市无宁看作是道义的团体，为谋增进住民全体之精神的、物质的幸福而努力的。在那市场警察、组合制度等各种政策，不管是对于生产者、对于消费者，或对于都市住民、对于外来人，其精神都不外乎照上述旨趣来干涉财之生产、分配及消费。在当时还不十分承认经济上的自由，一般通行着各个人为全体幸福、应该牺牲其所欲这个思想，生产消费之所有关系，亦从全般利益即以增进万人幸福这样道义的努力为原则的；而这些经济上的关系遂定为法律，不像现在似的只属于个人之自由自制的范围；简单说起来，由道义的精神、法律所决定的制限，是足够左右个人经济上的欲望满足了。及至国民经济时代，为得完全职业自由与自由竞争底确乎不拔的基础，上述的各种职业分立便显著起来，渐渐可看出细密的分派。生产因分工的发达与劳力及资本的结合，举出大量生产之实；可是在他方面看，因此便发生大规模的企业，或由企业者联合拥有大组织与资本，为应时代的趋势，个人的小企业对此遂达到很难对立竞争的状态。”这么看来，在说一国经济状态为由家内经济至都市经济，更进至国民经济这一点，勋保和毕喜儿是没有什么不同，尤其在重要各点，毕喜儿对于勋保也没有增加什么，这就是皮怜基所以把三阶段说创说者的荣誉，归于勋保的原因了。

但是据实来说，两者虽主张同一的三阶段说，而所以区别三阶段的标准，却不相同。毕喜儿区别的标准，是在从生产者至消费者所成路程的长短这一点，虽皮怜基说，这单不过外形的特征，没甚重要似的。却是据本庄荣治郎的解释，则（一）毕喜儿是以此为区别三阶段的根本标准，以此为表示三阶段相互之发展关系的，所以不能不说是很重要，要是忽略了这个标准，便毕喜儿所说，或至完全失掉生命。而关于这点，勋保将生产物的贩路，单只认为生产的动机及目的，没有像毕喜儿看得那样重要，也没有想到以此为区别经济发达的标准。复次（二）如皮怜基所指为经济事情之变迁的状态和模型的状态，这在讲经济发达阶段说的，可算得是同一公认的前提，那末以此来说勋保与毕喜儿的类似，也决不是什么很必要的了。（三）又勋保论文主旨是以说明中世组合制度，毕喜儿说则专以解明经济的发达，在这一点可认两者间是有很大不同。因为要把勋保说当作经济阶段说来看，皮怜基教授假使不尝试改变那样论文的结构也是不行的。（四）加之毕喜儿搜集了许多经济上的事实，来说明三阶段的发达顺序，这种十分加以说明的一点，就是何人也不能否认。由此种种理由，本庄荣治郎便认皮怜基对于毕喜儿说的批评，是不很对的。三阶段说虽始于勋保无疑，而将勋保学说发挥光大以至于大成者，这就不能不说是毕喜儿的最大功绩，所以这种学说，最好是并称为 Shönberg-Bücher’s Theory，这么一来，便两个人的贡献，都可不至埋没了。

（五）

但话虽如此，毕喜儿的三阶段说，是有许多地方要值得批评的。我们固然不要像卢森堡（Rosa Luxemburg）那样，拿着“对于经济史之资本阶级的见地”这个罪名来一意排斥（《经济学入门》第二章），我们却可学着蒲列哈诺夫（Plekhanov）似的，一面尊重毕喜儿为“最卓越的经济学者的一人”，又“可惜的是在全数中那么很少有的肯思想的学者的一人”，一面仍然没有忘却严密的批评他。我为着方便起见，将米勒利尔、蒲列哈诺夫、卢森堡、米田庄太郎等批评分做几段来说，除了卢森堡所说：“如毕喜儿那样近代有名的大学教授，……对于英美的历史完全穿凿附会，把什么家内工作、什么赁工作、什么顾客工作，好像下等首饰铺那样，用炫学的自装矜重的态度而并排陈列着，这就是以‘天才的眼光’，而证明右之阶级本能”（《经济学入门》佐野文夫译，页二三〇），似这样冷嘲嗤笑似的无理由排斥，是没有讨论的必要的。还有蒲列哈诺夫对于毕喜儿所说劳动与游戏关系说的批评，固然算得艺术批评史上最有兴趣的一大问题，尤其是关于唯物史观立场上的艺术理论问题；但是在这里因欲集中于经济阶段说的研究，就只好表过不提。实在说起来，毕喜儿所著《国民经济成立论》一书，可批评之点很多，不过我们现在只限完把三阶段说作批评的对象；就中最能惹我注意的，是米勒利尔所指摘那三阶段界线不明的一点，和米田庄太郎对于原始经济生活和交换有无问题的讨论，是最有学理上研究价值的。试为一一列举如下：

（第一）米勒利尔的批评　他在说明毕喜儿所定三阶段说后，即接着说：“但是毕喜儿所定的最低级与第二级间的界限，与我们的分类全然不同。依他的主张，最低阶级不仅包括一切自然民族之阶级，并且还包括全体古代的经济，雅典与罗马帝国的发达也包括在内，第二阶级以中古时代都市的发生为起点，这个界线是错误的。因为这样的分类，好像是认中古时代为继着古代而起的最高的发达变象，但是古代经济已达到了第五级即初期资本制度的变象，而这个发达的最高级，直到罗马日耳曼民族才达到；依 Kulischer 的见解，则谓直到中世纪之末达到；依 Ed Meyer 则谓十七、十八世纪才达到的。第二因为这个分类，将五个最初所发达的变象，都属于第一类，将原始的游牧民族经济与罗马帝国之经济并为一谈；简直把工作史与经济史中第一重要的分段，便是把分别自然民族与文化民族、且促生文明的男子分工之起原完全遗漏了。并且被那个极不精确的名词‘自足的家内经济’（这顶好用‘主要的私人生产’的名称代之）遮盖着，所以对于经济的发展，完全不能得到真的观念。第三历史家与经济学者都承认古代希腊自纪元前七世纪与六世纪，罗马自纪元前五世纪与四世纪，已有货币经济了。而自足的家庭经济与货币经济，又是两个全不相容的观念；如果家庭是自足的，各家庭只为自己而生产，那么货币之发明是不必要的；正如在一国里面没有交通，没有邮政，也不会发明邮票一样。”因此为要纠正毕喜儿的错误，米勒利尔便提出修正的见解道：“如果将那与事实不相容的，最初的两个阶级中间之界线，改为上文所说明的样式，令市镇经济以文明（以市镇）为起点，并且将自足的家庭经济的名称，依上述的意见与以修正；则毕喜儿的次序，于第四或将来阶级外，更加入世界经济阶级，这样的分类，便是极清楚的了。”（《社会进化史》页263—264）由上米勒利尔的总批评，虽有许多可商榷地方，但从大体说，毕喜儿三阶段分类的方法，本不很妥当。他虽极攻击自己同时历史学派的发展阶段说为牵强附会，“差不多不管适合与否，……勉强的使它适应于一切经济时期”；却是到自己讲经济三阶段时，又把那如彼天壤不同的种种经济的社会形态及历史的时期，置于一个阶段、一个图式之下，弄得界线不明，将货币经济竟归入于封锁的家内经济之内来讲，这种本末倒置的显明错误，当然不是我们所能够辨护的了。

（第二）蒲列哈诺夫的批评　他对于毕喜儿的批评，是集中于原始经济制度，尤其是原始共产制度的问题。（参照大家金之助著《蒲列哈诺夫》一文,《商学研究》第八卷第三号，页 211—213）他以为论到原始经济状态，是有两个不同的看法：一个是原始共产主义的经济的描写，一个就是毕喜儿个人的食料探求的描写；前者可看作集团的，后者可看作个人的原始民族。毕喜儿基于经验的材料，谓原始民族是没有经济生活，他说经济是“包含着向于获得生活资料的协同的活动”；又说“经济不但就现在的瞬间，且有关于未来的挂念、节约时间的利用及其合目的的配分为前提”。在低级种族的生活，虽表示着这个特征最微的端绪，但于其全生活，是在所谓个人的食料探求时代；因此在毕喜儿的经济发达阶段说里，有经济以前的一阶段，这种阶段就是个人的食料探求的阶段；在这阶段，“各个人对彼群团以外的团员，什么也不关心似的，只悬念着自己”。对于这种学说，蒲列哈诺夫同样地利用经济的材料来下批评，他调查关于为毕氏研究对象的最低级种族底人种学的文献，竟到达了和毕氏极反对的结论，这一点是很值得我们注意的。他指出 Bushman（南亚弗利加土番）以劳动与合目的底时间配分为前提，实行集合二百人至三百人协同的狩猎。他又指出 Bushman 为未来贮藏食料的事，关于菲律滨的 Negritos 族，他从毕喜儿所引用著者的书里，引出同一样的事实。又因就 Brazil 土人、北美印第安人、Eskimo 人、New Zealand 土人等，这些人种学的研究及调查，指摘出原始民族协同的生活斗争与共有获物的事实。所以说“经验的材料，已决定地把食料之个人探求的学说推翻了”；又说毕喜儿是“陷入自己先见的迷妄中”。依他意思，则在野蛮人即因血族结合的结合力从事生活斗争，而如毕喜儿的见解，“则无论是依据事实的材料也好，由于假定的考察也好，同样地是没有确证的”。最后他到达了这个结论：就是关于野蛮人经济的见解，不要问他“喜欢不喜欢”，而应该问他“事实矛盾还是不矛盾”，因为事实告诉我们：毕喜儿所说原始时代的个人食料探求，是杜撰矛盾的，是不会有的。而且刚刚相反，请看我前著《历史哲学》(页一一四)所引，便知即在蒙昧人时代的 Bushman 人、Hottentots 人，他们都是互相亲爱，决不是如毕氏所说过着各人孤立的生活。再说 Eskimo 人、Aliontes 人，他们的富的破坏，他们把自己底生存和种族的生存当做一个东西看，至于共产村落、共同吃饭、共同劳动，这种原始共产主义的经济，不消说马克思主义者蒲列哈诺夫可以承认它，就是民生主义者孙中山也满口承认它。所以说(《民生主义》第二讲)："民生主义就是共产主义，这种共产主义的制度，并不是由马克思才发明的，当原始人类发生的时候，便有这种制度，便已实行共产。照生物进化学说，人类是由禽兽进化而来的，先由兽类进化之后，便逐渐成为部落，在那个时候，人类之生活便与兽类的生活不同，人类最先所成的社会就是一个共产社会。所以原人时代已经是共产时代，那个原人的情形，究竟是怎么样？我们可以考察现在非洲和南洋群岛的土人生番，毫未受过文明感化的社会，是甚么制度。那些土人生番的社会制度通通是共产，由于现在那些没有受过文明感化的社会都是共产，可见我们祖先的社会，一定也是共产的。"这段话虽然没有提及批评毕喜儿，却是实质上是和蒲列哈诺夫一样站在肯定原始共产制的共同战线上，来反对毕喜儿和一般经济学者所描写个人食料探求时代的无稽的。

(第三)卢森堡的批评 卢森堡虽然决意排斥毕喜儿经济史的见地，但他的根本批评，也有许多和米勒利尔、蒲列哈诺夫等互相发明的。他最精彩的批评，可分两点：第一是说毕喜儿所分经济史的图式，很奇怪的是有许多还没有包含在内。"在毕喜儿教授看来，经济史是开始于欧洲文化民族的 Mark 组合，即是从行高级农耕时代才开始的。在高级农耕以前，数千年间的原始的生产关系，即在今日许多民族还尚停在这种状态的生产关系，毕喜儿教授如一般所知道的，他名之为‘非经济’，即很有名的所谓‘个人的食料探求’或‘非劳动’的时代。如是毕喜儿教授将经济史从原始共产主义的最晚期的形态开始，即始于因为定住与高级农耕的原因，原始共产主义势至瓦解而移向于不平等榨取及有阶级社会之预兆的时期。格洛士（Grosse）虽反驳农业 Mark 组合以前之全发展时期的共产主义的存在，而毕喜儿则简直将这共产主义时期由经济史中抹杀了。”（《经济学入门》，页二二三，《新经济学》，页一四九）又说：“毕喜儿教授举自足的家内经济为其经济史的第一阶段，这在他不知是作如何解的？照毕喜儿看来，这个阶段是如前所说是始于农耕的村落组合；但是毕喜儿教授在这原始的 Mark 组合以外，将其他种种历史的形态，即如希腊人及罗马人的古代奴隶经济与中世封建的庄园经济，都算入‘自足的家内经济’的阶段内。这么一来，从荒古时代经希腊的古代与中世全体、至于近代初期止底文化人类的经济史全体，都总括之为生产的一个阶段。对之中世欧罗巴的基尔特都市为第二阶段，现在资本家的经济为第三阶段，这样在毕喜儿教授的经济史，以散居于印度五河地方之山峡中或他处仅仅保全余命的共产主义村落共同体，和雅典文化隆兴达于绝顶期的 Pericles（纪元前四九五——四二九雅典的大政治家）的家政并中世 Bamberg 僧正之封建的馆邸等，并列着作为同一的经济阶段看。可是不待怎样三尺的童子，只要在学校从历史教科书里学得一点皮毛的知识，也会看破这个是将根本不同的种种事情包括在一起了。”（页 225—256，汉译页 151）由上卢森堡的话，似乎将米勒利尔所谓三阶段说界线不明的一点，和蒲列哈诺夫所说将原始共产主义状态抹煞的一点，在这里又重新合并提了一回；可见毕氏那样全盘错误的图式是已有定论的了。然而卢森堡在这两点外，还特别注意到从国民经济到世界经济的阶段进程。他以为毕喜儿解说“国民经济”即资本主义经济为人类历史之最高最终的阶段，而否认资本主义经济带着革命的倾向，更向着世界经济发展，这是根本错误。何则？依毕喜儿则“今日所谓世界经济等等全无意义，依然不过只是国民经济罢了”（页三一）；毕喜儿甚至怀疑于在最近的未来，是否有世界经济出现，还是一个很大的疑问（页三〇引）。似这样只承认国民经济为经济形态中的最后阶段的见解，实在经不起卢森堡的一驳，即同在历史学派当中，如石慕勒对此便提出很不同的异议。他从政治组织的标准上，谓国民经济应进到世界经济，伊利（Ely）就毕喜儿的三阶段说亦自立 World economy 的一时期，附加于国民经济之后。这么一来，毕喜儿的三阶段说便一变而为家内经济、都市经济、国民经济、世界经济的四阶段说了。

（第四）米田庄太郎的批评　他批评的最大好处，是在发见毕氏三阶段说应用于实际的历史方面所引起的错误问题。他说：“毕喜儿将希腊人及罗马人的经济生活完全用封锁的家内经济的类型来说明，这只要详细考察希腊罗马的历史，就很明了知道这个见解是不对的。故如 Bleoch 或 Röhlman 等希腊史罗马史的专门家，尤其对于这一点，很不客气地非难他。柏林大学教授近以研究文化史知名的勃兰雪希（Breysig）虽没有批评毕喜儿，但实质上却提倡反对学说，谓希腊民族的经济发达的阶段，及罗马民族经济发达的阶段，是和日耳曼诸民族之经济的发达阶段相平行的。”（《经济心理研究》，页 175—176 引）米田庄太郎是赞同勃兰雪希的见解，因而否认了毕喜儿对于希腊罗马经济生活的见解的。不但如此，他还从“原始经济生活与交换有无问题”（第三章），从民俗学方面证明了原始经济时代并不是全然不行交换的。本来日本经济学者，如内田银藏在《经济史总论》（页三十六）所下毕喜儿的批评，早已集中于交换有无的问题，他说：“由我们看起来，货物交易的起源很古很古，严密地即绝对地交换绝不存在的阶段，在东西各国，至少不能拟之于所谓有史以后时期。像那各家全然为自己的消费而生产，真正只从事家内自给自足这样状态，恐怕在所谓鸿荒之世、神话传说的时代，都是属于很少有的啊！”至于米田庄太郎虽然对毕喜儿有意让步似的，说“毕喜儿之自足的家内经济的真义，不是含交换绝无的意思，是指这时交换不成本质的组织要素，只不过偶然的附加的现象状态罢了。但他为使思想清楚起见，或是为提倡起见，便从心理学方面讲明自然人民心理是怎样地不能实行交换，这么一来，反而把他的真义给世人误会了。”（页五九六）我们试抛开米田氏这种妥协的批评，再从正面来看他的见解，则完全是从历史方面、民俗学方面来否认交换绝无这个思想的。他说得好：“先前 Cook 传说 Australia[①] 人全然没有交换的观念，Dampier 也这样说着，又 Vaillant 说 Hottentots 人不知交换，Herrers 和 Lapiltordie 则举亚米利加土人等为例。又 Crilson 氏在所著《沉默商业》（*The Silent Trade*）、von Walterschausen 氏在论文《Polynisien 交换贸易的起源》里都列举了不知交换的蛮人的例。可是经学者细心探究的结果，才明白这些蛮人没有一个不实行交换的。要之在现在民俗学的状态下，想发见那不知交换的自然人民的存在，是很困难的，所以石慕勒竟这样说‘一定的商业及交换贸易，很早就发达了，我们从一定商业及交换贸易上看，差不多要知道怎样不相接触的种族及民族，是没有的。’又说：‘像没有无道路的国家似的，我们全然不能想象那自始即不表见商业及交易的人类及种族。’又在一九一二年社会学界可看一大著作的意大利 Cosentini 的《社会学》（*Sociologia. Genesi ed evoluzione dei fenomeni sociali*，1912），也论到在原始社会商业的起源是很古的。……由以上所述，交换起源之早，这在通民俗学最近智识的人们，大概无论谁，都没有异论吧！”（页五〇一）总而言之，米田庄太郎从民俗学所下批判的考察，结果是认在毕喜儿所说经济发展的最初阶段里，已经有交

① “Australia”，原作“Austria”，疑误，据上下文意改。——编者

换发达。那么毕喜儿建立无交换、单纯交换、复杂交换的经济阶段，不消说最早就非根本改造不可。卢森堡也说："无交换经济，这不外是世人未曾见过的大学教授式的妄想。"然而毕喜儿竟将这个妄想应用于说明经济阶段的前史，在这一点，和希德布兰所分"自然经济、货币经济、信用经济"，请问那一个更接近事实的真理些？

最后我们请将毕喜儿对于其他历史学派所下的批评，再拿来研究批评一番，以为本节结束。依他意思，经济的阶段，在学问研究上是不可缺的手段，可是理论家所求的经济进化阶段和历史家不同。历史家要尽举一时代所发生的一切重要事项，理论家则于要求解释全体的进步形态，对于一切现象生灭转变所谓过渡时代这个东西，是可以抛弃不顾的。像这样，所以文明理论家所做的，即要确立一贯的形式，更大胆地说，即以发见进化的法则为可能的。但是依从来成就的计划，是怎样呢？他们到底没有透彻事物的本质，而止沉滞于皮毛的观察而已；在他们所立进化阶段的计划中，最著名的，是李士特从生产主要倾向所立的五时期说，和希德布兰以交换交通状态为标准所立三个的进化阶段。但据毕喜儿，则"将这两个阶段说的方法看，这些除原始状态以外，虽承认于其他一切时代有以货物交换为基础底国民经济，却又假定着这生产及交换的形式仅不过是跟着时代而不同。如此经济生活的根本现象，通古往今来一切的时代，无疑乎确信其为同一的东西；因而他们所能做的，即说明过去各种经济政策的法则及设备，是由各时代生产或交换交通方法之不同而起。就是现在，要是这个状态变化，便法则亦不得不跟着变化了。"（《经济的文明史论》页112—114）他又批评格洛士所分狩猎民、牧畜民、农民等全然囚于外面的范畴，对经济的内的生命，尤其家事，没有十分注意。（页三九脚注）总之毕氏对于同学派的人所下批评是一点不客气的；的确如毕氏所说，历史学派的阶段说，不少都是"概念的分析、心理的游离的演绎”的成果。所以就是希德布兰的学说，如果不加上孙中山经济心理阶段说的说明，便也只是个囚于外面范畴、缺乏了经济内的生命的东西。李士特、格洛士更不要说了。然而我们因此难道就敢承认毕喜儿学说，是已把捉住经济的基本生命吗？没有，决其没有，且不论他所立大胆的经济进化的法则是鲁莽支离、经不起一驳，就是其最精髓的一点，将满足一国民欲望的目的说明国民经济。（页一一〇）从欲望与其满足的一定关系上，尤其是以社会化的程度为标准的一点上（参看《经济心理研究》页一七四），似乎已经看到经济心理的重要了；然而毕氏的见解始终也不能更进一步，结果仍不过改头换面似的，说出那和李士特、格洛士差不多一样似的只有外面范畴的三阶段说，这实在是毕喜儿的根本弱点，更那里赶得上孙中山那样透彻事物的本质，而又不忘外面范畴的经济进化的法则好得多了。

第九节　石慕勒的经济发达阶段说

（一）

新历史派的领袖石慕勒（Gustav Schmoller），是着眼于经济生活与政治社会组织的重大关系，而从这方面来讲经济发达阶段的。依他意思，则经济进化是经过如下的四阶段：

1. 村落经济（Dorfwirtschaft）
2. 都市经济（Stadtwirtschaft）
3. 领地经济（Territorialwirtschaft）
4. 国民经济（Volkswirtschaft）

他在论文“Das Merkantilsystem in seiner historischen Bedeutung:

städtische, territoriale und staatliche Wirtschaftspolitik" 里面说："在所有经济发达阶段而左右其发达的主要关系者，不得不归到那时候民族的政治组织。这种政治组织，或为血族团体及种族，或为村落及 Mark（这是德意志民族的村落共有地，关于其耕地，叫做 allmende，因为跟着人口增加，从前不顾的村落、连续的山林沼地等，都共同使用它，这些村落共有地便叫 Mark。)，或为领地，或为国家，又或为联邦，而这些常常支配经济生活，决定其组织制度，为全社会经济组织的重心点。不消说很明白的，这种政治组织不能算做说明经济发达的唯一要素，可是直到现在止，对于历史上所起种种经济组织的形式而与以最深刻影响，这一点不能不说是有重大的意义。而且伴着政治组织的发达，从种族发达而为 Mark、村落、都市、领地、国家、联邦等，社会经济团体也跟着时代而扩大范围，渐渐可看出经济的发达。" 这就是他前面所分村落经济、都市经济、领地经济、国民经济这四阶段说的了。这篇论文在一八八三年九月三十日脱稿，揭载于一八八四年的 *Jahrbücher für Gesetzgebung, Verwaltung und Volkswirtschaft* 后，在一八九五年在他论文集 *Umrisse und Untersuchungen zur Verfassungs-, Verwaltungs- und Wirtschaftsgeschichte besonders des Preussischen Staates im 17. und 18. Jahrhundert* 的卷头里，又题作 "Studien über die wirtschaftliche Politik Friedrichs des Grossen" 被收入（Ashley 英译题为 "Mercantile System and its Historical Significance illustrated chiefly from Prussian History"，在 *Economic Classics* 中）。更在他名著 *Grundriss der Allgemeinen Volkswirtschaftslehre*（Theil. 1. 1908）卷头（页 3—4），又论到经济发达是从家族经济、种族经济、村落经济等阶段，进为都市经济，至于国民经济，更发展为世界经济。即在国民经济之后，又新加入世界经济一段，使经济组织的形态更完全了。但他虽没有提及领地经济，而于二三二页以下又合并论着，可见不是将这段排除。所以将石慕勒所说，就分为村落经济、都市经济、领地经济、国民经济、世界经济的五阶段说，是一点也没有错的。现在试举其概要如下：

在还没有形成氏族或种族底原始的经济社会，各人差不多只为着自己及其子孙来从事经济活动，其后至经济上、政治上的发达稍稍成功，便看出家族经济、种族经济的发生。像这样经济，其中心点在为家族等自足生产，交换现象还没有发达，只不过为利用牧畜，移住农耕地、森林地及牧地的目的，实行着地方共同经济及种族经济；又在优等种族，为共同防御、搜集贮藏品等，曾立下分配耕地、战争及劳动组织等等经济上重要的制度而已。但就此时代经济生活的根本特征，用家内经济或种族经济及村落经济这些话来表示，却不一定很一致的。可是以后，各家内经济及种族经济，次第分化成更强大的社会团体，及至在中心地点成立大市场，经济状态便不同了。即当时大多数家族，虽尚以自己生产为主，而渐渐地也至有交换交易的事情，这种交换，最初限于以都市的市场为主，农夫以粗制品、手工业者以其工业品携来市场，不待商业的媒介而直接卖出，这样就成为古代小都市的国家。中世都市及小国家等，在许多场合，都成为共同生活的中心点；因为这市场制度为当时经济状态的特征，所以称这种经济为都市经济。

在中世封建制度时代，诸侯各各割据领地，在都市失却势力的，很多被诸侯吞并，其富力与势力充实者，则隐然对诸侯成一敌国，或略取周围之地，至有很大领土。在这些诸侯和都市以外，还有有力僧侣占有领地，其结果各国显出四分五裂状况，各自以广大领域为基础而树立新的经济组织，遂至看出所谓领地经济的发生。

更进而许多都市和地方结成更大的社会团体，从交换交易及货币交易底进步，市场交易及商业遂越发影响到个人经济，使不能脱却关系。并且同时国权为权力的中心点，由于大中央经济所组织底货币制度、道路建筑、农业法、工业法、交通政策、商业政策、纳税制度、征兵制度等，使家族部落及团体的诸经济从属于国家，这就是近世国家的发生，同时可见我们所称为国民经济的成立。这国民经济，一方面结合所有经济，使与自由交换及商业交易有不可分离的关系，他方面则为市、街、村、州、县及国家统一的经济制度的基础。所以国民经济是包括存于一国土一国民一国家所成同等关系，及支配从属关系底经济全体，但是我们更进却不可不想到全地球上一切经济生活的总体。现在各国经济是互相交涉互相扶助的关系，而我们即将这种国民经济的全体称之为世界经济。

（二）

关于石慕勒说的批评，应该分做三段来讲；最受误会的，是他以村落经济为最低的经济组织这一说。如田崎仁义在《经济史讲义》（页九〇—九二）对于石慕勒即提出修正说，谓村落经济只是地方团体的经济，和家族、氏族的经济不同。如家族或氏族，是以血缘结合的社会，所以是血缘团体的经济，为比村落经济阶段更幼稚的经济。又这氏族经济阶段还不能算得最低下最初等的，而比氏族经济更初等幼稚的，还有原始的经济阶段，是包含着共产体及母系家族等经济的。所以依他意思，应修正增补石慕勒的阶段，为1. 原始经济的阶段；2. 氏族经济的阶段；3. 村落经济的阶段；4. 领地经济的阶段；5. 国民经济的阶段；6. 超国民的大经济组织的阶段。除了第六阶段和石慕勒世界经济不同，只算得帝国主义的经济，没有讨论的余地外，我认为就在村落经济上所加的第一、第二阶段，也完全只成一个鲁莽的“固执皮毛”的修正，最可笑的，就是田崎博士纵没有注意到石慕勒原文，何以连米田庄太郎的介绍也没有注意到。其实石慕勒论世界历史发达的系统，本大别为旧发达系统与新发达系统两者，所谓村落经济、都市经济、领地经济、国民经济乃至世界经济，都只是就新发达系统之经济的发达说的。至于旧发达系统，“即始于荒古历史以前时代，自然经济的战争的领域（naturalwirtschaftlich-kriegerische Reiche）之发达，在这领域，纯然给地方 的及血族团体的原始经济生活上，建设了神权的、战争的、专制君主的建筑物”（米田庄太郎《经济心理研究》页一七二）。可见石慕勒并非不注意氏族经济乃至原始的经济，不过把他归入旧发达系统之中，以别于新发达系统的经济发达阶段。固然这种对于经济时期的区别，使人联想到毕喜儿所假设的“非经济”时代，其为缺点乃不成问题，却是田崎博士在没有注意旧发达系统与新发达系统的分别以前，就提出那样鲁莽的“固执皮毛”的修正，不能不说是太疏忽了。

次之石慕勒的阶段说，本来是根据德国的事实立论的。所以菲立波维（Philippovich）竟谓石慕勒说可适用于德国，却不能拿来论究一般经济的发达（本庄荣治郎《经济史考》页 17 引），尤其像领地经济似的，在德国虽足划成一个过渡时代，在西欧诸国则在领地不大发达中，已经很早实行着民族统一，进到所谓国民经济阶段，所以这实在不能算做一个时期。同样本庄荣治郎也曾举出那根据德国事实来一般地讲经济进化的毕喜儿，谓这就是毕喜儿所立阶段和石慕勒略同而不设这领地经济的缘故（《经济史考》页 17）。又米勒利尔对于这一点也提出一些异议，他以为石慕勒所分领地经济，在他所说综合的阶级次序中，是“没有相当的，却是一个过渡阶级”。（《社会进化史》

页 261）依他从社会学方面看，顶好修正为以下的分类：

1. 家族经济

过渡：村落经济

2. 都市经济

过渡：领地经济

3. 国家或国民经济。

不过石慕勒理论是否应该如此简单的讨论，把领地经济看做德国特殊事实，或限为只是过渡现象，究竟那一说合乎真理，这不能不说是一个问题了。最后将毕喜儿和石慕勒比较，毕喜儿不立国民经济与世界经济的区别，惹起卢森堡的严重批评，石慕勒则因重视政治组织而注意及息息相关的国际关系，在国民经济以外，特立世界经济的阶段，这一点不能不算他阶级说中特开生面的了。总结起来，石慕勒从经济组织形态上所立的五阶段说，大体方针是很对的；不过有一点，就是太重视了政治的要素，而忽略于心理的要素。所以如米田庄太郎所评，就是对于“心理化的主意，没有充分发展或没有彻底的一点，是不很完全的”（《经济心理研究》页 173）；这话就很可代表我对石慕勒的总批评了。

第十节　桑巴德的经济发达阶段说

（一）

现代德国最大经济学者桑巴德（Werner Sombart）虽不是历史学派，却是从历史学派出来，在 M. Scheler 等影响之下，来建设新经济学的。所以有许多经济学史家，都主张把他列入历史学派里面（如 Totomientz《经济思想史》页一八六，就是好例）。他极热心研究国民经济的阶级次序，虽在一般批评，只认那种阶级次序，不过是以毕喜儿或石慕勒说为根本，而更加详细讨论的分类法。但是这种皮毛的观察，据米田庄太郎简直以为不对；因为从表面看，桑巴德说似乎不过毕喜儿或石慕勒说的展开，而从深入其内面来看，则他实含着很大的一种创见。且在经济学者中，可算得最能理解发达阶段心理化的旨趣，而以此基础来尝试综合诸说的最初之一人了（《经济心理研究》页一七八）。米勒利尔也说桑巴德“在他的已屡次被引用的著作中，含有至有价值的思想之内容，且能引起社会学者的注意”。但他的分类究竟是怎样呢？简单说就是：

1. 个人经济的阶级。在这个阶级上，一个团体的需要由自己供给。
2. 过渡经济的阶级。可称低级的社会经济，在这个阶级上，一个团体的需要为许多团体的协作供给，但是各团体自身，大概还是自足的。
3. 社会经济的阶级。在这个阶级上，生产各团体的分工及其相互的关系，已完全成为一个不可分离的总体。（《社会进化史》页 264—265 引）

米勒利尔对于这个将社会的依赖用为发达标准的阶段说，曾指出他种种缺点，如“一般的见解，便以为这种分类是没有色彩的，并且也缺乏毕喜儿的分类中所有的精神；所谓自足的家庭经济，个人经济这个名词，简直不适当的。因为人无论在什么时候，总是行社会生产的。”（页 265）因为如桑巴德自己说，个人经济这个发达阶段，正带有共产主义的色彩，那么和个人经济这个名词，岂不是根本冲突？但据米勒利尔说，则“这个缺点不过是桑巴德分类的抽象的性质的结果，他的分类，犹如代表一切其他阶级次序，把各阶级都包括在内，因此成为最广大的表现”。现在试将这最广大表现的桑巴德说，从两方面来观察；一是他所称为组织的发生的考察法，一是他所称历史的发生的考察法。而所谓组织的发生的考察法，其要点则存于经济形态及经营的组织说，这可说就是桑巴德阶段说的根本观念。

依桑巴德意思，经济形态和经营形态是有很大区别，经营是劳动团体，经济是活用团体。经营分个人的经营、过渡的经营及社会的经营；在个人的经营，其作业虽完全带个人活动的性质，但在社会的经营，其作业则为全部共同，不能用各个人来区别的。因此前者的生产物成为各劳动者的生产物，后者的生产物成为全体劳动者的共同生产物；前者没有分业及合作，后者却成立于此基础的条件之上，而社会经营的特色，便存于这一点。依经营规模的大小，及其指挥者与劳动者的关系，可作下的分类：

个人的经营	（1）单独经营	小经营
	（2）家族经营	
	（3）助手经营	
过渡的经营	（4）稍扩张的助手经营	中经营
	（5）社会的小经营·中经营	
	（6）个人的大经营	大经营[1]
社会的经营	（7）手工的大经营	
	（8）工场制大经营	

桑巴德更就经济阶段、经济制度及经济主义的观点上，作成一览表，米田庄太郎更补充原说，成如下的区分。（参照《经济心理研究》页179—180引）

① “大经营”三字原脱，据上下文补。——编者

经济阶段	经济制度	经济形态	经济主义
个人经济	（1）原始血族经济	种族经济 氏族经济 家族经济	满足欲望经济
	（2）家族共产体（大家族）经济		
	（3）生产消费相统一的广义自足经济	家计及庄园经济	
过渡经济	（4）生产消费相分离的广义自足经济		
	（5）村落经济	地方团体经济 农夫经济	
	（6）交换经济，尤其都市经济	手工业经济	
社会经济	（7）社会主义经济	共同设备中央管理局及生产组合	
	（8）古代的奴隶经济	资本制企业	营利经济
	（9）近世殖民地的奴隶经济		
	（10）自由赁银劳动者的资本主义的交易经济		

复次，就历史的发生的考察，依桑巴德意思，则一切新经济主义都是先从现存经济组织的模型内努力发达出来，而其经济形态，在根本上是为当时占优势的其他经济主义所产经济秩序的特性所决定，只能由此缓缓形成适合于自己精神的经济生活全体的。却是从新经济主义在旧经济秩序内发达奋斗的期间，这从新经济组织的方面看是其早期，而从旧经济组织的方面看却是它的晚期；还有在经济组织的早期与晚期之间，尚有隆盛期的存在。今以欧洲的经济发达为例，则中世纪为应手工业生产之经济主义而起的经济组织的发展时代，即都市经济的时代；但是在这被历史决定的经济组织的模型内，即发生了后来新经济主义，即资本主义。要之，资本主义在手工业经营的模型内，自始即做出适合自己的经济形态，即资本主义的企业，这就是资本主义早期的开始。从此以后，资本主义更得

到势力，渐次用自己精神来变更经济生活，遂使经济秩序和自己十分适合，这是资本主义隆盛期的发展。但是其后更有新经济主义，即社会主义发现于资本主义之内，这便是社会主义早期的开始，同时也就是资本主义的晚期了。

由上桑巴德两种发生的考察法，虽都有精密的分类似的，但仍不能看做是从一贯基础上所见的发达阶段说。如前一览表，将古代的奴隶经济列入社会经济的阶段，不消说完全只是非历史的解释。其余在关一《工业政策》所指摘的（上卷页八六），如在经济形态的区分中缺乏根本一贯的精神，也是很值得我们注意。总之桑巴德这种分类，与其说是以考察经济阶段次序为目的，不如说是以适于汇集各种见解、加以区别为目的。在他细密的地方，虽比其他学说更有特色，但如关一博士所评，“这个长处便是他的短处，因此他的分类，便不免失于繁杂多歧，故在以分类法为研究目的的，不能得多大益处”。这个评语，田崎仁义在《经济史讲义》（页一一八）很表赞同，我也觉着桑巴德在注意发达阶段心理化的旨趣一点，虽有很大创见，而其综合诸种标准所成的经济发达阶段说，则仍不免有纷杂多歧之弊，这一点把他和米勒利尔比较，似乎桑巴德不如多了。

（二）

米勒利尔（F. Müller-Lyer）最惹我们注意的，是他在所著《社会进化史》（英译 *The History of Social Development*，由 E. C. Lake 和 H. A. Lake 母女译出，一九二〇年出版。汉译《社会进化史》为陶孟和等译，民国十三年出版。）中关于经济发达说，含着经济发达阶段心理说底倾向。他虽然是专从经济变象去研究文化发展的定律的一个人，可是他同时主张“进步一定是人的固有的，至少也是他的本质中发生的，凡是人类社会，过了若干年代一定要发现的”（Progress must be something inherent, immanent in man, or at least arising out of his own essence, and must needs appear where human society exists for any length of time, 英译页 308,《社会进化史》页 334)。这不是人类的一切历史由自己造成，而经济发达也只是依人类历史社会之本质的心理的原因吗？所以米田庄太郎在《经济心理研究》(页 183)说："米勒利尔虽没有意识地发展经济心理阶段说，可是暗中实含着一定的心理化说，不过表面采用那食物生产技术及劳动组织三者相互关系为标准罢了。"现在试举他关于经济进化发达的一览表为例。(《社会进化史》页 198—199，陶孟和等译)

下表从食物生产、技术及工作的组织这三种经济机能的发展上，来测定文化发展的阶段，似乎和桑巴德一样，不免于纷杂分歧之弊。但是米勒利尔在一览表后，又总括每个发展的两个变象（早期与晚期），并为一个时期，因此便归并成和三阶段法则完全相合的经济阶段，这可说就是米勒利尔说的第二特点了。今依序表出如下:(英译页 193，汉译页 199—200)

第一时期　宗族制度(Clan organization)

1. 第一变象，早期族制的变象（自给的游徒的群或宗族的组织）

2. 第二变象，晚期族制的变象（扩大的宗族组织）

第二时期　工业的组织(Industrial organization)

1. 第三变象，早期工业的变象（采邑经济、村落经济）

2. 第四变象，晚期工业的变象（城市经济）

第三时期　资本组织(Capitalistic organization)

1. 第五变象，早期资本的变象（国民经济之开始）

2. 第六变象，高级资本的变象（国民经济）

3. 第七变象，晚期资本的变象（世界经济之开始），此项变象大概将为将来第四时期的基础。

似此将经济发达阶段，分为（一）宗族组织时期；（二）工业组织（合乎手工艺的）时期；（三）资本制度组织时期；我不能不说是米勒利尔的最大的贡献。他实在兼有摩尔根（Morgan）以生产技术为标准说，和燕格儿以私人生产比较社会生产说的好处，而没有他的短处，并且和桑巴德的综合说比较起来，又不知清楚多了。他又有"经济阶段分类一览表"（页 268—269），更可明白看出这三个阶段、七个变象，和其他经济阶段分类说是有怎样关系。并且在这里面，似乎已经指示我们，希德布兰以交换方法为标准说正是综合的变象学中第一个涵盖力大的学说，这可说又是米勒利尔的第三特点了。今再录表如下：

由下表，可见关于经济阶段所有各不同的理论，由米勒利尔看来，都不过只是表面的抵触，实际从那个起点都行的。不过在经济发达的定律中，可称"综合"分子的，却只有希德布兰的分类才可相当。所以在第三卷第四章，米勒利尔特提及"交换方法为综合发展最重要的标准"（The means of exchange is the most important standard of the development of integration, P. 243，汉译页 257）；虽然这不是唯一的标准，但以较那第五章"另一种的阶级次序"（页 259）所举燕格儿、毕喜儿的阶级理论，毕竟有轻重之分。不但如此，照米勒利尔自己所定的七个工作组织的变象，都是可以归纳在这三个阶段中说的，不信请再举原书一段为证。（P. 242，汉译页 255—256）

第一时代——自然经济。

（a）无交换的宗族经济，

文化阶级	副阶级	代表的民族	食物	工具	工作的组织		
					工作组织的形式与体积	分作	合作
Ⅰ.野蛮	（甲）低级 原始时代	已灭绝，尚未发见	自然的食物，采集野生植物，游猎，捕鱼	原始的木制与石制工具	1. 早期宗族变象，自给的	没有分作	——
	（乙）中级 低级游猎	澳洲土人、布须人、火国人、爱斯基摩人等、冲积期人	自然的食物，采集野生植物，游猎，捕鱼	古石器时代	2. 晚期宗族变象，扩大的族的经济	男女间的分作	自然经济
	（丙）高级 高级游猎	北美游猎民族	自然的食物，采集野生植物，游猎，捕鱼	古石器时代	3. 晚期宗族变象，扩大的族的经济	男女间的分作	——
Ⅱ.半开化	（甲）低级 牧畜与低级农业	亚洲、非洲的游牧民族，红印第安人，农业民族有马来人等	用藉着耕种（耙耕）与牧畜得到人工的食品	新石器时代（陶器、纺织）	2. 晚期宗族变象，扩大的族的经济	男女间的分作	——
	（乙）高级 高级农业 （到文明的过渡，半文明的国民）	大洋洲、非洲的农业民族，荷马时代的希腊人，诸王时代的罗马人，中世以前的日耳曼人	藉着耕种（犁耕）与牧畜得人工的食品	—— 过渡到	3. 早期工业变象，堡邸的与乡村的经济	男子间分作的开端	自然货币经济

续表

文化阶级	副阶级	代表的民族	食物	工具	工作的组织		
					工作组织的形式与体积	分作	合作
Ⅲ. 文明	（甲）低级 低级文明	古代美洲文化，阿苏利亚、巴比伦尼亚人、埃及人、中国人，梭仑前的希腊人，布匿克战争前的罗马人，中世的罗马日耳曼人	园艺 / 锄耕	金器时代（赤铜、青铜、铁）	4. 高级工业变象，都市经济	男子间的分作	货币经济
	（乙）中级 中级文明	梭仑以后的希腊人，布匿克战争后的罗马人，十八世纪以前的罗马日耳曼人	园艺 / 锄耕	金器时代（赤铜、青铜、铁）	5. 早期制资本制度的变象，国民经济的开端	男子间的分作	——
	（丙）高级 高级文明	十八世纪、十九世纪的罗马日耳曼人	商耕	机械时代的开端	6. 高级资本制度的变象，国民经济	女子分作的开端	信用经济
Ⅳ. 新时期（社会化？）	（甲）低级 低级的社会化	本世纪的民族	——	——	7. 晚期资本制度的变象，国际经济的开端	——	——
	（乙）中级	——	——	——	——	——	——
	（丙）高级	——	——	——	——	——	——

形式		分工	综合			经济体之大小（Schmoller）	社会化（Sombart）	主要的生产要素（Roscher）
时代	变象		交换方法（Hildebrand）	私人生产比较社会生产（Engels）	自生产到消费者之路线（Bücher）			
Ⅰ.宗族组织 （a） （b）	1. 初期宗族变象	Ⅰ.性别的分工	Ⅰ.自然经济	Ⅰ.私人经济	Ⅰ.自足的家庭经济	——	Ⅰ.个人的经济	Ⅰ.自然
	2. 高级宗族变象	——	——	Ⅱ.交换经济 （a）偶然的	——	——	——	——
Ⅱ.工业组织 （a） （b）	3. 初期工业变象	Ⅱ.男子之分工	（自然经济）	（b）经常的	——	Ⅰ.村落或市场经济	Ⅱ.过渡经济	——
	4. 高级工业变象	——	Ⅱ.货币经济	（c）必然的	Ⅱ.市镇经济	Ⅱ.市镇经济	——	Ⅱ.劳动
Ⅲ.资本制度组织 （a） （b）	5. 初期资本制度变象	——	——	——	——	Ⅲ.〔地方经济〕	——	——
	6. 高级资本制度变象	Ⅲ.女子之分工	Ⅲ.信用经济	Ⅲ.资本制度的经济	Ⅲ.国民经济	Ⅳ.国家或国民经济	Ⅲ.社会经济	Ⅲ.资本
Ⅳ （a） （b）	7. 晚期资本制度变象	——	——	——	Ⅳ.〔世界经济〕	——	——	——
		——	——	——	——	——	——	——

1. 初期宗族变象，

（b）无交换方法的种族间的交易，

2. 高级宗族变象，

（c）藉自然货币为媒介的对内与对外贸易，

3. 初期工业变象。

第二时代——货币经济。

（在以色列族，起自纪元前九世纪与八世纪。在希腊，起自纪元前七世纪与六世纪。在罗马，起自纪元前五世纪与四世纪。在德国，起自十字军东征时代。）

4. 高级工业的变象，及

5. 初期资本制度的变象。

第三时代——信用经济。

（在英国起自十八世纪之末，在德国起自十九世纪中叶。）

6. 高级资本制度变象，及

7. 晚期资本制度变象。

因为米勒利尔这样尊重以交换方法为标准的希德布兰理论，所以和我们意思最合。不过只有一点，可以完全应用米田庄太郎的批评的（《经济心理研究》页一八六），就是米勒利尔说虽暗暗地含着一定的心理化说，却表面只采用食物生产、技术及工作组织这三个关系为标准，而对于彻底研究这些共通基础之一定心理的事实而确立根本原理这个意思，还是没有，这不能不说是米勒利尔的根本缺点了。即因有这个缺点，所以米勒利尔说，从外面看，是综合说似的，而深入其内部来看，则他所指出诸种阶级别的相一致，不如说都只是偶然的，还算不得真正成立于共同因果关系的根底之上。这一点拿来和孙中山的经济阶段的心理化说比较，不消说又差得多了。

第十一节 经济阶段的心理化说

历史学派的特征，是在根据历史事实和实际的经验，而求出一种经济发达的阶段原则；对于经济之心理方面则很少研究。因此从他们所立的某一标准来看，可以说从那个起点都行的，然都不能算做完全的阶级说；完全的阶级说须要求综合考察这些诸标准，因而结合成经济发达之根本的完全的阶段。但这么一来，则经济发达，结果非还元到一定的心理的事实不可，这就是兰伯列希（Lamprecht）所谓“经济阶段心理化”。那句话了（氏最初用 Beseelung，或 Psychologierung，后又用 Psychisierung 一语）。可是经济阶段底心理化说，虽然在近时社会学者间成一个显著的倾向，却是和历史学派仍然没有多大关系。历史学派如从前所说，都只讨究经济生活的外形，就是最可注意的毕喜儿在《国民经济成立论》(《经济的文明史论》页一一〇）开头便说到“欲望”，他所立的三阶段说，依米田庄太郎说（《经济心理研究》页一七四）也可算得是以欲望及其满足的一定关系为骨髓的说法，可是这已经是很不明了的了。石慕勒、桑巴德从深处来看，对于发达阶段心理化的意思似乎都很有一些理解（同上，页175、178），然而平心说来，历史学派中真个以欲望及其满足底一定关系为根本标准的，恐怕还是燕格儿（Engels）在一八八四年出版的《家族、私有财产及国家的起源》，还比较明了一些；不过燕格儿自己不认他是历史学派，这一点是应该申明罢了。桑巴德将燕格儿的思想总括整理成以下的图式：

1. 私人经济　为自己的需要而生产的。

2. 交换经济　可以按交换的状态，再分为：

(a)偶然的现象——将有余的交换。

(b)经常的现象——从牧畜种族与农业种族间，因食物生产分化来的。

(c)必然的现象——从农业与手工业分立来的。

3. 资本主义经济 是按着供给和要求的关系，为商品的生产，其出现是因经济范围扩张的结果，而成必然的发达的。(《经济心理研究》页170,《社会进化史》页260)

但这燕格儿说，虽很明白表示着心理化说，但依米田庄太郎批评，依然是粗杂而且不彻底的。(《经济心理研究》页171)老实说吧！历史学派对于心理方面所见经济阶段说，贡献是很少的，有的却反在社会学者对于经济学研究方面，将经济学说添附了许多心理的色彩。如泰特(Tarde)所著《经济心理学》，以发明为经济原因，分资本为本质的或发明资本与补助的或工具资本，这就是将经济学说心理化了最好的例。再看在研究经济发达阶段的，如柏登(Patten)著《社会原力的理论》，分苦经济阶段与乐经济阶段，这是从感情生活方面将经济阶段心理化了。美国瞿廷史(Giddings)著《经济时代》一文，则从知力方面提出经济阶段心理化的方案；兰伯列希(Lamprecht)则从意志方面提出经济阶段心理化的方案；乃至日本米田庄太郎著《经济心理研究》，也抱这同样倾向。唯照我的意思，则经济阶段心理化案，虽从社会学者提出来，但如没有将他还元到历史学派里面，则论理上仍只有一半可以成立；又从经济心理关系着想，则要求关系和供给关系中，不得不认人类生活程度的"欲望"一要素的重要。而人类欲望，依孙中山先生说，即从需要程度而安适程度、而繁华程度(《孙文学说》第二章，又《民生主义》第四讲)，这种经济心理三阶段的分类，即在经济发达阶段心理化的学说中，可算得未曾有的了。

以下请将柏登、瞿廷史、兰伯列希等学说，略为介绍如下：

（一）柏登的心理化说 美国 Pennsylvania 大学经济学教授柏登（Simon N. Patten）是以经济学者而兼社会学家的。他在一八九六年发表《社会原力的理论》（*The Theory of Social Forces*，秋叶隆译）一书，在那里区别苦经济（pain Economy）与乐经济（pleasure Economy），即以避苦求乐为标准，来区别经济发达阶段的学说。据柏登意思，则有机体之适应环境，是因心意活动的机关决定的，内行神经流造出意识的观念，因而获得环境的知识；又应之而外行神经流，使有机体适应环境而起运动。然而要问这种适应是以什么做有机体进化的根本原因呢？柏登说，这个原因是存在于环境之内，而环境则又有地方的环境与一般的环境之分。在地方环境生活的民族，是直接接触一定地方的自然力及自然物质，其成功全然决定于其地方的开拓。他们的食物、衣服、住家、工具及富等，其种类都是固定而无变化，因为他们和地域以外的世界隔绝交通，所以也不能由此享受一切的利益。他们生存必要的只是一点点的财货，为获得这一点点财货便起很激烈的生存竞争，而决定这种竞争的，不是那就外界事物得来详细知识的感觉的观念，而为强大敏捷底本能的行为。只要地方环境的特征越严厉，便他们的运动力也越发达，他们的全心用元气充满着，这尤其在战争及征服的形态上，可发现他们的活动。反之一般的环境和地方的环境不同，在这里包藏各种各样的事物财货，这些财货的生产范围非常之广，几乎是以他们所难知道的那样调子相接续着，为要辨别这些，敏锐的分析力是必要的。因此在这环境，为生存必要上感觉力及感觉的观念，不得不十分发达，不！能得到生存竞争上胜利的，与其说是运动力的发达，不如说是由于感觉力的大发达。因为在地方环境，竞争和斗争是行于人与人之间，在一般环境，则行于人与自然之间，而征服自然也只有由于注意周密的观念、精微的分析、熟考的行动才可成功的。但是在这一般环境中，成功发达底民族，结果其感觉力发达得极其微妙，对外界事物所立差别也极其精密，一一应之而起运动，是很困难的，因此所以反应的速度减少，决断迟钝了，实行力衰弱了，这就是一般环境使人们临事优柔寡断，因而阻害社会进步的短处。

试就一切民族历史的发达来看，都是始于地方环境，先从其内发达以后，才渐渐向着一般环境而积极发展着。所以民族的发达，根本上可区分为两个阶段，第一阶段是发达于地方环境的阶段，第二阶段是发达于一般的环境底阶段。而在第一阶段，社会生活底一般的心理的特征，不外乎尽力于避苦行为，因经济为社会生活的基础，故此阶段便可称之为“苦经济时代”。在这时代，人口稀薄，生活资料丰富，可是民族间冲突很激烈，人心充满着畏敌和避祸的观念；又他们以为自然是为不可思议的魔力和不测的祸灾所充塞，并不想到扑灭猛兽，而只求免除受害就完了。又因不知道卫生方法与食物供给的不规则，遂使他们常感着饥荒、疾病、瘟疫的危险，要之这时代是以恐怖与避苦之念为人类行为的主要动机。因此社会基础的经济，也是先从苦经济开始，而以恐怖之念为宗教、道德、法律一切社会制度的根底，是以避苦为主眼所组织的。但是人类从这阶段渐次上升到第二个阶段，社会生活的性质，便起很大变化，一般的特征不是避苦是求乐，不是苦经济而为乐经济了。在这时代，大国民发达，国际的平和成立了，扑灭毒蛇猛兽为规则的收获，改良交通，免却饥荒的危险，医学卫生知识的进步，使疾病减少，寿命延长，安闲生活的时候到了。如此先芟除了苦经济的根底，然后更进一步使物质界的分析及其要素的调和格外巧妙，因而越发进到万般求乐、以富之追求为人生主要职业的一途。又博爱之情、人道的事业发达了，人类团结的范围越发扩张，于是乎经济变成“乐经济时代”，而宗教、道德、其他一切的社会制度，也都以求乐为主眼组织起来。总而言之，世界诸民族依柏登意思，其历史的发达，都是先从一个地方的环境及苦经济之下开始，渐次才进步向于一般的环境及乐经济。这种苦乐经济说，在经济阶段心理化的根本原理上，是偏于感情生活方面的解释。从好的方面批评，如华特（Ward）所说，则对于从来宗教的、伦理的或哲学的见地所不能满足解释的许多人生问题，而投下一道新光，使开出新解决的途径。从坏的方面批评，则如柏特（Parth）在 *Die Philosophie der Geschichte als Sociologie*（《历史哲学的社会学》）所说，只从感觉神经中枢与运动神经中枢那样单纯差别的基础上，成立所谓苦经济与乐经济的分别，即从这两个相反原则，很快地又拿来说明人类历史的全体，这种思想太薄弱了，结果必然的是非失败不可（参照米田庄太郎《经济心理研究》页 189—200 引）。实则平心说来，柏登的学说虽有种种缺点，但他所分苦经济与乐经济的分别，大体和孙中山先生所分需要时代、安适时代、繁华时代这三阶段本没甚冲突。如谓苦经济为需要时代，则乐经济当为繁华时代，苦乐经济的过渡期，当为安适时代。所以就在反对柏登说的瞿廷史，在所著《社会学原理》中，仍不能不说“柏登教授用苦痛经济到快乐经济的过程说明进化阶段，这可算独创的暗示的思想之结晶，这是从近代平凡陈腐的伦理说，而移向伦理现象之科学的研究的第一步”。这样恭维的话是不错的，不过瞿廷史接着说：“但是可恨的，我很难认出柏登教授这些用语所表现的正确的意味，氏之所谓苦痛经济的阶段，正是民族的一种快乐——即活动的快乐、力的快乐、最强烈地享乐——的阶段；他们所不能得的快乐，只是反应的快乐、效用的快乐罢了。又氏所谓快乐经济的阶段，从种种抑制与兴奋的战斗生活转移到平淡无味的产业生活，自发活动的快乐大大减少了，可是效用的快乐、反应的快乐大大地增加；所以这两个阶段，真正说来，不得不叫他做努力经济（effort economy）及报酬经济（reward economy）。”似这样承认柏登社会原力的理论为从来所说关于进步条件研究中最完全的东西，一面又觉着他太把自然的环境看得呆了，这样毁誉参半的瞿廷史的批评（*The Principles of Sociology*, 1920, pp. 405—406），很值得我们注意。并且柏登的苦乐经济说，虽充分说明了需要时代、繁华时代，而对于过渡期的安适时代，则无何等说明，这一点也和三阶段的分类不合，所以不能算得最完全的心理化说。

（二）瞿廷史的心理化说　一九〇一年在 *Political Science Quarterly* 六月号所发表“The Economic Ages”一篇论文，已可看出瞿廷史（Giddings）经济阶段心理化说的大意。再参考同杂志一九〇三年九月号所载“The Economic Significance of Culture”，更容易理解他学说全部的旨趣。现在请照他高足弟子米田庄太郎在《经济心理研究》所述（页 203—214），并参考田崎仁义《经济史讲义》第十一讲（页 119—127），略为介绍如下：

依瞿廷史意思，所谓经济，是有机体将那可能的效用转化为现实的效用之行为体系。而这经济行为体系，从大体上可分别（A）有机的经济；（B）本能的经济；（C）理性的经济底三阶段。有机的经济是指植物的经济现象，本能的经济是指动物的经济现象，因为这两种是属于生物进化论的研究范围，所以社会学者或经济学者只要论究理性的经济就很可以了。而理性的经济，更可分为如下四阶段：

第一阶段　运命经济，或侥幸经济

第二阶段　魔术经济

第三阶段　祭祀经济

第四阶段　企业经济

（1）奴隶经济

（2）工匠经济

（3）资本主义的经济

原始人知识的程度很低，所以最初经济的活动，不依据于理智的合理的计划，而完全依靠于推测或揣摩（guessing or conjecture）的侥幸，即运命的心理，所以叫做运命经济或侥幸经济（luck economy）。后来比类推理发达，一切行动为想象的心理作用所左右，受支配于民俗学上所谓魔术这个东西，所以叫做魔术经济（magic economy）。次之现出演绎的、思辨的即独断的特征，或以魔术及万物有生的信仰为基础，而改造自然哲学；将天空、海洋、地下等一切眼看不见的世界，都用超自然的人格者解释它。谓一切现象都由不死的神们创造，而人们自己的幸福和安宁，也都听命于神，因神的喜怒而得幸不幸的；因此为媚神求福起见，便有贡献种种牺牲、努力祭祀，以使家畜繁殖、农作丰饶的必要，又饥荒、瘟疫等，一切都是神罚，若要避免它，也只有祈祷献祭的唯一办法，这就是所谓祭祀经济（sacrificial economy）。但是到了人智渐进，独断的演绎的智慧，因有许多弱点被人吐弃，于是从归纳的方法来研究事物的倾向渐渐发达，人们也于此知道由自己组织的勤劳，发明巧妙的事业经营，而得到人生的幸福，这就是所谓企业经济（business economy），企业经济先为奴隶经济，次为工匠经济，更进就是所谓资本主义的经济了。

对于瞿廷史这种学说，我们感着不少的兴味，他的特点是在从知力生活方面考察经济发达的段阶。如第一阶段运命经济，为推测或揣摩的知识；第二阶段魔术经济，为比类推理的知识；第三阶段祭祀经济，为演绎的、思辨的即独断的知识；而这三阶级又总括之为仪式经济（ceremonial economy）。因为是人们将一切求安宁幸福的经济行为，只看做仪式的行为的时代。直到第四阶段企业经济，才应用归纳的知识，如此在经济生活的发达上，看重知识元素的发达，这一点瞿廷史实含着很深大的意义的。我们把他和孙中山的历史观比看，则瞿廷史所定的第一阶段、第二阶段、第三阶段，实际只是孙中山所分知识阶段中的第一阶段，即“不知而行的时期”。至于瞿廷史所分第四阶段的最后一段资本主义的经济，才可当孙中山的第三阶段，即“知而后行的时期”。因为在祭祀经济，瞿廷史一转就转到企业经济中，这样不适当的分法，遂使孙中山“行而后知的时期”，竟没有一个相当者，所以瞿廷史经济心理化案，未免太忽略一个阶段了。而且所谓运命经济、魔术经济、祭祀经济这些新造语，也非常幼稚好笑；将这些自然经济时代，仅仅不知而行的那样揣摩、比类、独断的知识，也归入所谓理性的经济之中，这“理性”一字更不知作何解释？不但如此，瞿廷史分经济发达为四个阶段，又总括前三期为仪式经济，以与营利主义的企业经济对立，这种二分的阶段法，实际和内田银藏区分经济史的阶段，为“支配于因袭习惯的阶段”与“自由企业竞争的阶段”，也就没有高明许多。所以瞿廷史的阶段心理化案，虽然他的高足弟子们（如米田庄太郎等）为之赞叹不置，可是细察起来，实在还没有把捉经济心理阶段的要点，且和三阶段的分类一点也不相合，所以只好说是失败了。

（三）兰伯列希的心理化说　把兰伯列希（Lamprecht）说和柏登、瞿廷史比较，则柏登从感情生活方面立论，瞿廷史从智力生活方面立论，而兰伯列希则比较的倾向于意志方面立论的。他原来是一个历史哲学家，要研究文化发达之一定阶级别或时代别的。他把德意志国民文化的发达分做六大时期，对应于此，在经济生活方面也分作六时代：

（1）万物有生信仰的时代（Animismus）

（2）象征主义的时代（Symbolismus）

（3）模型主义的时代（Typismus）

（4）因袭主义的时代（Konventionalismus）

（5）个人主义的时代（Individualismus）

（6）主观主义的时代（Subjektivismus）

像他这么样把模型主义、因袭主义都嵌进文化的时期里，本不是什么妥善的研究法，再看他和此相应的关于经济方面的六时期，也不见得怎样高明。他所立的时代别是：

（1）集团主义的占有经济（Kollektivistisch-okkupatorische Wirtschaft）

（2）个人主义的占有经济（Individualistisch-okkupatorische Wirtschaft）

（3）用集团主义方法的自然经济（Naturalwirtschaft mit kollektivistischem Vorgehen）

（4）用个人主义方法的自然经济（mit Individualistischem Vorgehen）

（5）实行商业共同管理的货币经济（Geldwirtschaft mit Gemeinschaftliche Bewältigung des Handels）

（6）有个人主义基础的货币经济（Geldwirtschaft mit Individualistischer Basis）

但是这从物质的文化方面所分的六时代，和从精神文化方面所分的六时代文化是有怎样关系，兰伯列希是没有详细说明。只有从其所定时代别，如占有经济、自然经济、货币经济似乎和以交换方法为标准的希德布兰理论有些相同，这一点倒值得我们注意的。不但如此，他一面又将经济史的骨髓，还元到一定心理的过程而考察它的发展，这种对于经济阶段而明白主张心理化的必要，或者比前面所分时代文化，还要重要得多。不过这心理化说怎样和六时代相配合，兰伯列希还不见有明了的说明，所以他的学说，欠明了处太多了。现在试就他心理化说研究一下：

依兰伯列希意思，是把欲望和欲望满足间之心理的紧张（Die psychische Spannung zwischen Bedürfnis und Bedürfnisbefriedigung）看做经济发达上根本的事实，即由于紧张范围的扩张，和解除这个手段的发达为标准，来区别经济阶段。将经济分为如下三段阶，而第二、第三又可细分：

（1）心理的紧张还没有存在底原始状态（Primitiver Zustand）

（2）在封锁地平线内心理的紧张时代（Zeitalter der Spannung innerhalb geschlossener Wirtschaftshorizonte）

（3）在自由地平线内心理的紧张时代（Zeitalter der Spannung freier Wirtschaftshorizonte）

原始状态的特征，是这心理的紧张全不存在，或不过仅仅存在，而对于解除紧张的手段，则全为反射的。在这个阶段，欲望冲动与欲望满足间差不多没有空隙，即以获得财货为目的底推断，及以经济的价值观念填塞住底心理的紧张，也全然没有。要之欲望和满足间，尚不生出心理的知力的距离，所以食物都只是冲动的探求着，反射的享受着，碰好的固可满腹而犹不休，碰坏的找不着食品，便不免于饿死之一途。

“在封锁经济地平线内心理的紧张时代”更可分为三时代：第一时代，可称“在劳动共同团体地平线内底紧张时代”，其解除紧张是在于劳动共同团体的共同劳动之内，就德国史来说，就是氏族时代。从经济上看，这氏族时代底特征，是血缘相近所成的亲密的共同团体；而应这个特征，经济的欲望已不如前代一样由于个人孤立的努力，而是由氏族的共同劳动才得到满足的。在这时代，人们在以自己生产财产满足自己欲望以外，更有余裕交换他人生产的财货；不过这时代在氏族内财货分配的方法、关于财产所有观念、惯习等，到底不许氏族内部有规则的交易的发达，所以交易也不过用献物形式，及稍稍带卖买臭味行于异氏族或异种族之间罢了。试就这个状态推察，在这时代个人欲望与满足间的紧张，尚没有存在或只作为例外存在；而那延长欲望感觉与享乐间距离之智力的要素，在个人仍是很缺乏的。所以惹起欲望和欲望满足间一定的紧张底原因，是因氏族共同团体及生活上而自然发生着罢了。

在封锁经济地平线内心理的紧张底第二时代，可称为“劳动组合团体地平线内心理的紧张时代”。其解除紧张，是由于该组合团体之力，用组合方式实行着。就德国史来说，即当于 Mark 团体的时代。同样第三时代可称为“家属经济地平线内心理的紧张时代”，其解除紧张成为个人的、人格的，即由于家长首领之个人的人格的考虑及经营而实行着。

经济发达的第三阶段，为“自由经济地平线内心理的紧张时代”。就德国史来说，更可分为二时代，第一时代可称为“都市经济及领地经济地平线内心理的紧张时代”，其解除紧张，是由于分业的价值媒介，手工业及商业即发生于这个时代。第二时代可称为“国民经济及世界经济地平线内心理的紧张时代”，其解除紧张，是由于合业的价值媒介，企业的发生即在这个时代。依兰伯列希看来，最近时代一般所称为资本主义时代者，其实不过经济生活的第二次要素，而近世经济生活的根本特征，却在乎欲望和满足关系，在最近时代是用新的形态表现着。在前代，欲望的调节乃在消费者的指导之下，现代则至于受企业家的指挥，企业成为近代经济的营利业特有的形态，从以前的诸时代分别出来。照这个事实，我们可以即刻悟到近世欲望与满足紧张的扩大，就是由企业惹出来的。即因欲望与满足间心理的紧张非常扩大，所以为解除这个必要底经济的记忆，个个经济财货的评价、经济的预见及经济的活力等等手段，也越发强大到前所未闻的程度。在这里可注意的，即为这个新现象骨髓的，是经济心理紧张的商业的方面，是因一定的分业的劳动或合业的劳动而受限制的。分业的倾向引出个人主义的发达，合业的倾向惹起社会主义的发达，这两个倾向，在促进企业发达的方针上，是很一致的。从此也可稍稍看出经济生活将来的发达方针，不过最近时代特有的企业形态，其经济发达的色彩，不得不决定于自由企业罢了。

以上略述兰伯列希经济阶段心理化的原理及心理化各阶段的特征。固然这里所定三发达阶段，和前面所引六时代别不能融合，可是在他形成的一个经验的法则形式，即谓“跟着文化的发展向上，增加了欲望和欲望满足间心理的紧张，同时也增加了为解除这个底经济的记忆及经济的预见等”；这样从欲望紧张的基础上，看出从本能的经济倾向，转化为意志的经济倾向，这不能不说是兰伯列希说的最大贡献了。再把他这个学说和孙中山所分经济阶段说比较一下，则需要时代即心理的紧张还没有存在底原始状态，安适时代当即封锁经济地平线内底心理紧张时代，繁华时代当即在自由经济地平线内心理的紧张时代。所以兰伯列希注重经济心理的原因，即欲望与满足这一点，殆和孙中山学说相同，不过兰伯列希说实缺乏严密的体系，且以自由企业看做近世经济心理的紧张特有的形态，和孙中山理想的“将一概工业，组成一极大公司，归诸人民公有”那样纯太平的社会，景象又有不同了。

总而言之，经济阶段的心理化说，如柏登从感情生活方面考察，瞿廷史从知力生活考察，兰伯列希从意志生活方面考察，这种说法都各有他的长处，且有许多要点与孙中山学说相合。但从短处来看，则这三者都很欠明了，拿他和历史学派李士特、罗协儿、希德布兰、毕喜儿、石慕勒、桑巴德诸人比较，则这经济发达之心理的解释，似乎还不及经济发达之物质的解释，还觉体系分明，使人一目了然似的。于此有一大经济学说出来，这就是孙中山先生的经济发达阶段说。他一面采取了经济阶段心理化说的长处，将经济发达分为（1）需要时代；（2）安适时代；（3）繁华时代的三大阶段。一面又采取了历史学派经济发达阶段说的长处，限定“需要时代以日中为市为金钱；安适时代以金钱为金钱；繁华时代以契券为金钱”（《孙文学说》第二章）。这就是说，经济心理阶段上的需要时代、安适时代、繁华时代，即相当于历史学派希德布兰所谓自然经济、货币经济及信用经济的三大时期；这种集大成的经济阶段说，实兼有前述二大学说的长处，将经济发达阶段还元于物质的条件，又将物质的条件还元于心理的条件，这一点我敢说过去欧美的经济学家、社会学家，没有一个想通的。不但如此，现代经济学的新倾向，是从生产经济学进而为信用经济学，孙中山的最大功绩，即将这信用经济学完全建立于历史学派经济学之上。由此而提倡“钱币革命”，提倡设立“公仓工厂”，这不但在中国经济最婉转痛苦的时期，是一个社会主义发展的手段，即对世界经济，也是所以到达孔子所谓“大道之行也，天下为公”的大同世界。于此我乃不能不预祝这转形期的历史学派的成功！

第五章 历史学派批评的批评

由上各章，将历史学派的根本观念及其代表者的经济发达阶段说，都略为叙述一下，以下即可顺序对于历史学派的评家，加以严格批评的批评。原来从经济学史看来，关于历史学派的批评太多了，尤其是关于方法论上的论争，可汇集出许多文献，次之则关于新历史派成立的社会政策学会的批评。不过依我意思，后者和历史学派没有直接的必然的关系，历史学派可以为国家主义者，同样也可以为共产主义者、无政府主义者；可以为社会政策的信徒，同样也可以为社会革命的信徒，乃至世界革命的信徒。所以政策论的批评，仍然没有看到历史学派的主要特质，乃在比政策还要重要得多的历史方法论问题。反之从方法论批评历史学派的，我们只要屈指一算，便可举出奥大利学派的门格尔（Karl Menger）、魏伯耳（Max Weber）的批评，与马克思派的卢森堡（Rosa Luxemburg）和布哈林（N. Bukharin）的批评，现在试为介绍如下：

（一）奥大利学派的批评 这派创始者门格尔（Karl Menger），在一八七一年发表《国民经济学原理》，从事理论之积极的建设，同时对当时风靡全欧的历史学派泰斗石慕勒开始挑战。一八八二年成方法论的著作，如《关于政治经济学的方法研究》《历史学派的误谬》等书，从此两派遂成相对立的现象。但据贲巴卫（Böhm-Bawerk）说，则“这个论争，原来和善恶的问题无关，只好认作存于经济学中真正历史方法和同时孤立的正确方法（isolierende exacte Methode）的问题”；这是一点不错的。门格尔与石慕勒的论争，实际只是经济学上归纳法和演绎法的论争。历史学派最有光辉的学者石慕勒，像威尔布兰（Wilbrandt）指摘那样，差不多只知道有历史的统计的方法，对之门格尔则很明快地在经济学上主张用演绎法，对于石慕勒说施以辛辣的方法论上论争。他是相信经济法则的普遍妥当性的，信有一个超越时间空间无例外底法则的绝对性的，在所著《国民经济学原理》（*Grundsätze der Volkswirtschaftslehre*），劈头即这样说着："原因结果的法则支配着一切东西，这个大原则没有例外，即在经验的范围内，若看出有这法则的反对例，那也是无效的。人类之不断的发展，不但没有动摇这个原则的倾向，而且反而确信这原则，使这原则的妥当范围次第扩张起来。还且在知道不超越这个法则而进展的一桩事，是与人类的进步同其步调的。"因此，所以经济学原理即是以探究这种普遍法则为最终的目的。不但如此，由奥大利学派的立场看来，历史学派的一群，是经济学者呢？还是历史学者呢？他们所完成的，是经济学呢？还是历史学呢？这不得不成问题。据门格尔看来，则经济学和历史学本质上是各别独立的科学，一度入于历史学的领域，便无异于放弃经济学本来的立场；纵然在经济学领域于探究法则的范围，而依据历史的方法为经济学的补助方法，似乎很有意义的了，然而依此决不能发见出那为经济学原理的抽象的因果法则。纵然在构成经济学原理的过程中，要搜集资料，采用了历史的叙述方法，然历史学派在还未更进一步以前，事实上已经将历史研究蒙上经济学的假面具，这自算不得有经济学的性质了。即如石慕勒说，须充分搜集资料，经济学的法则始有价值可言，然而以不断发展的历史，而提供不绝的新事实，完全的资料搜集既没有希望，反而因为供给历史事实的追求，将经济学本来的目的丢掉了（*Das Wesen und die Aufgaben der National-ökonomie* S.3，此据住谷悦治《经济学说之历史性、阶级性》页 27

引）。总而言之，门格尔从方法论的立场上，说（1）历史学派的经济学，要说是经济学，不如说是包括于历史学的范围；（2）就在经济学的范围中，只从事搜集历史的事实，也不能望其构成经济学原理及其法则的发见。由他这番话，似乎很冲着历史学派的致命伤了，然而很可惜的是，奥大利学派主张抽象的演绎法，反对历史的归纳法，只是露骨的为古典学派绝对主义的复活，只好算那以资本主义的商品生产为普遍绝对的这个观念流出来的学说，没有别的。然而我们从历史的观点来看，则一切经济学都只有历史性，一切经济法则都只有相对性，就是资本主义的商品经济，我们也不要以为是永久化的东西，只要时候到了，资本主义和资本主义的学说，都要从宝座上倒塌下来的。奥大利学派的人们醒来吧！“经济学不管经济学者们是怎样意识着，他总是一个历史的社会科学，是以关于研究社会经济生活的本质及其发达的法则这个观念为前提的”。所以在经济学里面没有什么抽象的法则，在这一点历史学派无意中却和马克思相同：“从他看来，世上并没有存在那样的抽象的法则，……照他的意思，倒是各个历史的时代，各有它的特有的法则。……人类生活这种东西，一经活过了所给与它的发展时代，一经从一个被给与它的段阶到第一个段阶去了的时候，它也就会被一个法则支配起来。一句话说完，经济生活对我们呈示着一种和生物学那种别的领域内的发展史相类似的现象。……古时的经济学家，在他们把经济法则拿去和物理法则并化学法则相比较的时候，实在误解了经济法则的性质。”（《资本论》第一卷第二版原著者序文，陈启修译，页 185—186）因为马克思是广义的历史学派，故对于经济法则，也能从历史的形态上去认识他。（马克思的短处，不在于历史的方法，是在应用辩证法来讲历史方法，后再说明。）反之奥大利学派理论的全体系，则完全站在非历史的观点上。他们的问题，不是在历史变化中的人类相互的关系，乃为人类与财的关系；

不管在经济学上的诸范畴，如价值、价格、地租、资本、利润、恐慌等等，是怎样具着历史的性质，而在门格尔看来，这都是超越时空的自然的范畴的问题。好比资本，由他理论的结果，好似野蛮人最初用石子敲果实，这最初的石子也是资本，那末人类从开始在地球生活以来，便有资本家了；这种完全非历史看法所陷的论理误谬，不是很明白的吗？不但如此，奥大利学派不从搜集社会的历史的事实下手，而只从解剖个人的意识下手，他们所成立的主观的价值论，有意忽略了社会现象的研究，以为从个人的主观的东西，可以导出社会的客观的东西，这种全体系的论理的破绽，只是暴露奥大利学派对于社会的历史的事实之无能。因为搜集事实资料是需要耐苦和劳动的，让我们只安坐着等那一定量的财从天降下来吧！说到这里，怪不得布哈林要拿"金利生活者"（coupon-cutters）的经济学这个名词来形容奥大利学派，因为金利生活者他除决意怠惰与坐闲外一无所事，所以在经济学上，也用不着搜集历史的事实，这大概就是门格尔等反对历史学派的最大理由罢！可是据事实看，奥大利学派仍不算得彻底，他们那样地否定经济学和历史学联合，但就在门格尔的《历史学派的误谬》论文中，仍不得不说"国民经济没有历史的研究，便不能有这非常发达的理论（经济现象的），又同样地作为实践科学的经济学，即政策和财政，也是一样。但是无论如何，这只是补助的科学"。这是什么话！对于历史研究下全攻击的，为什么倒转过来又承认它？可见奥大利学派之攻击历史方法，乃全无根据，然而近代学者乃至以马克思派自命的住谷悦治（《经济学说之历史性、阶级性》页27—28），竟不惜以此赞美此派反历史学派的功绩，这不能不说是很好笑的矛盾的事实了。

（二）卢森堡的批评　在前述各章，已举出不少卢森堡（Rosa Luxemburg）在《经济学入门》对于历史学派的批评，这里则专举她一篇论文“Zurück auf Adam Smith!”（*Neue Zeit*, Nr. 33, XVIII Jhrg., II. Bd., 1899—1900；久留间鲛造译作《古典派、俗流、历史派及马克思派经济学》，见《社会科学》第一卷第一号，页205—222）来说，依她意思“若以古典派经济学为认识资本主义经济的基础与根本诸法则为目的，则反之历史学派的使命，是以使经济的内部诸关系（inneren Zusammenhänge）成为神秘化。在旧历史派对于古典的自由主义之‘标准化的’‘范畴的’特质底反抗，还不过对应着资本主义以前生产方法之社会的特质底中世的杂多与特殊化这个抗议。但是在这个地方，由罗协儿、克尼斯、希德布兰看起来，古典主义之‘绝对的理论’底历史的批评，是对于自己自身内部诸法则，而有对资本主义社会自身的抗议；而此等诸法则的遮蔽，便是新历史学派的目的。便是它‘历史的’使命。因为这就是它的存在理由，所以才造出社会经济之诸法则底否认，乃至经济上的独断、经济上研究的方法。”似此卢森堡于历史学派看出这不过是科学经济学自己破坏与抛弃底精神的表现，因此他同Schüller也差不多，说什么“对于资本主义制度的怀疑，一方生出从一般研究转眼为各个现象的辨明那样俗流经济学之辨解的态度，他方自始即断念于经济原理的一切研究，宣言以既存及现存事实底单纯叙述为斯学使命，而产出历史学派”。结论不能不认“历史学派为无原理性”了。但是历史学派真是无原理性吗？真是对于资本经济内部的诸关系，使之神秘化的吗？我又不知道“无原理”与“神秘化”两句话是否可以并存，马克思派为反对历史学派，乃至无意中为古典学派帮忙，真是矛盾极了。不但如此，卢森堡既然承认了“依希德布兰、罗协儿所创设的新历史学派，是近代的资本家阶级自身对于其自己阶级所支配的结果提出抗议”；那末既是资本家阶级了，为什么又说“历史学派从根本看来，在经济理论的领域，是德国中产阶级之唯一真实的国民的产物”？又“历史学派在它内面的历史，表出德国中产阶级之历史的忠实的反映。这个学派的教义，他的研究，乃至其发展诸相的研究，同时可看做德国中产阶级自身的近代发展的缩图”。那末历史学派的阶级性，岂不是为资产阶级了，同时又为中产阶级？这种矛盾不分明的阶级的本质观，和谓历史学派为资产阶级自身的抗议，一样可见卢森堡的批评，是如何纠缠不清。实际则历史学派的发生，是在其应用了历史的归纳的方法，而这方法是无论那个阶级都可以适用；完全不是所谓阶级性的问题（举例如布哈林为要批评奥大利学派，到各处图书馆搜集资料，但我们能因此便断定他是属于那阶级吗？），乃是历史归纳法与演绎法的问题。我们要问，我们应该像 Schüller 似的大呼复归于古典学派的方法呢？还是采用了他们所谓“学问贫弱、没有实际效果”的历史归纳的方法？我们知道对于古典的演绎法，曾唤起三种类的反对说（参照第二章）；就中历史学派是反对抽象的演绎法，而采用了历史的归纳法；马克思派虽同样反对抽象的演绎法，但他却采取了“辩证的演绎法”。固然辩证的演绎法，未尝不也看重历史的形态，然而对于这历史形态的把握，是用的玄学方法（辩证法），不是用的科学方法（归纳统计法），这一点却值得我们注意。卢森堡最明白告诉我们：“马克思为解资本主义经济的谜语，提出与古典学派正反对的演绎法，即对于资本主义的生产方法，以人类的＝经常的性质底信仰，不可不着手以对于历史的过渡性的观察来代替它。他是对于古典派之形似上的演绎，而正反对地返于辩证的演绎。”最后又说到“经济学的前程，只在依于马克思所走过的辩证的方法的途上残留着”，好个辩证的演绎，好个依于马克思所走过辩证的方法的路径，拿他和古典的演绎法比较一下，固然进步极了，只可惜这还只是神秘化的“辩证的演绎”，还只是黑格儿辩证法的信徒，那里算得起科学方法？好个黑格儿主义的信徒，不信只要看列宁所说马克思派经济学与黑格儿哲学的关系，“人们在没有把握着黑格儿的全论理学后，便对于马克思的《资本论》，尤其第一章不能完全了解。所以后半世纪间无论那个马克思主义者，总没有抓着马克思”。真的！马克思经济学是直接从古典哲学黑格儿的辩证法脱胎来的，而辩证法则如许多学者所指摘，不能适用于经济学的事实。（最近 Borilin 所著《在经济学上辩证法与机械论的对立》一文，引起我对于这个问题将来还要批评的兴趣；日本土方成美著《经济学与辩证法》一文，见《中央公论》第四十四卷第四号，照他对于辩证法的理解，还不能使我们满意。）所以我们如果不将经济学变成科学罢了，如要有使它成为科学的决心，那就不能不舍弃了辩证法，完全采用历史学派底归纳统计的方法了。

（三）布哈林的批评　在所著《金利生活者的经济学》（Bukharin: *The Economic Theory of the Leisure Class*，郑侃译《有闲阶级的经济理论》）底“序论”中，布哈林曾对于马克思以后经济学的二倾向，下一个有体系的批评。依他意思，则因为对抗马克思学说经济学中，涌现出两个基本的倾向；一个是罗协儿、希德布兰、克尼斯、毕喜儿等所代表的历史学派，一个就是门格尔、贲巴卫（Böhm-Bawerk）、威塞耳（Wieser）等所代表的奥大利学派。“然而这两个倾向，只徒表示布尔乔亚经济学的破产而已，他们表示这种破产于二个全然相反的形态。前一个布尔乔亚理论的倾向，因对于抽象理论完全持否定的态度，而陷于支离破碎地步；然而另一个倾向，则正求构成抽象的理论，因而获得许多极端巧妙的‘表面的说明’”（页 7—8）。关于奥大利学派的话，今且表过不提，单就布哈林对于历史学派方法的无理解，则未免使人失望。他说：

从论理的观点看，历史学派的特征，特别是在它对于抽象理论采取否定的态度之点。这学派深切地嫌憎一切抽象的研究，它怀疑，有时就干脆否认这种研究的一切可能性。“抽象的”这个字，在这学派用来，意思是“无意义的”，许多这些学者甚至对于一切科学的最重要的概念，即“法则”的概念，也采取怀疑的态度。充其量不过承认仗历史的经验的乃至统计的研究之助，而确立的所谓“经验的法则”。

结果遂发生摈拒一切普遍化的狭量的经验主义，这学派的极端的代表们的箴言，是搜集具体的历史的材料，而无限稽延普遍化的及理论的工作。……这种在原则上与一切抽象的方法相反的态度，目下还在德国占势力。一九〇八年石慕勒又明言：“我们仍在埋头于准备的工作及材料的搜集”。……

历史学派活动的结果，出版了许多记述的历史的著作，价格、工银、信用、货币等的历史，但这些著作，对于价格或价值的理论，可谓无一些进展的辅助。这儿人们必须明白，这两个领域是完全不同的：“最近三十年间，汉堡（Hamburg）或伦敦市场中的物价底统计是一事；加连尼（Galiani）、龚迪拉（Condillac）及李加图（Ricardo）著作中的价值及价格的一般理性之建设，又是另外不同的一回事”。

“一般的理论”底否定，就是否定国民经济学之被称为独立理论的学问底权利吧”！（页10—14）

由上布哈林的批评，好像是把门格尔们的话再背诵一过，实在已没有再讨论的价值了。然而可注意的，就是布哈林那样出力拥护抽象的方法，他甚至于说：“抽象不外是认识行为的一个必要的属性，它只当从具体的特征，普遍化的过程，结局成为绝对空幻的抽象时，对于认识无所裨益，然后可被摈弃。”又说：“各种材料的聚集，与其说是便利认识，毋宁说是妨害。”（页13）这种非科学的论调，使人不得不疑到马克思派之无事实性与浅薄的抽象性。须知历史学派不是反对建立一般的法则，却不能不反对那抽象的演绎法则，因为“宇宙间的道理，都是先有事实，然后才发生言论；并不是先有言论，然后才发生事实”。（孙中山先生语）所以多种材料的聚集，正是建立经济学理论的第一步骤，不然则如历史学派所建立的种种经济阶段说，都不能成立了。然而要成立这些经济阶段法则以前，先不可不从具体的事实着手，若抛弃事实而构成抽象的言论，是不行的。如布哈林所引柯沙（Luigi Cossa）说的市场中的物价底统计是一事，关于价值及价格的一般理论又是另一事，这正是证明了演绎派经济学的理论不和实践一致。因其轻蔑建立经验的法则，所以他实行破坏经济学为一种科学，而且只以抽象的法则去代替它。算了吧！我们早知道布哈林是一个不大懂辩证法的，列宁在《转形期经济学》的评注所说似的，“著者对于理论与实践的关系，没有用辩证法的观察着”，因此他对于历史学派的批评，也全无是处。他以为如石慕勒等只是狭量的经验主义者，他不知道列宁正在排斥他是将马克思的理论，向实验主义者波格达诺夫的社会的烦琐哲学送着秋波咧！总而言之，历史学派固然有不少应该根本批评的地方，然而布哈林等批评，实在是隔靴搔痒，对于历史学派还是不相干。至于反对新历史学派之“心理心＝道德的考察”，那是因为他和古典主义批评家一样，是由于对“型类混杂”底否定而起。他不知道社会现象是复杂的、多方面的，如不将生活过程的其他方面综合来看，则其结果必流于浅薄的抽象论。所以历史学派对于社会诸现象相互关系的说法，实在可算是一大贡献。不错！“事实上社会的生活过程是一个统一的川流，现实地只有一个历史，没有如许的历史，——法制史、经济史、风俗史等。惟有仗科学的抽象的帮助，我们才能分这个统一的生活为数部分，故意着重现象的某系列，并依一定的特征而组合他们”。（页12）然而我们不要忘却这种科学的统一生活过程的分解，只是“悟性认识”上假定有如此抽象事实，而非“理性认识”上具体地有如许事实（黑格儿《哲学史》绪论关于具体者发展的辩证法，可惜布哈林没有看过），所以将经济学与法律、道德分开的说法，只为分别名相的便利起见，是可以的，但不必合于事实，不必合于具体的统一，若真正经济的事实，则不可不与其他生活方面有密切的关系，而为具体统一的“综合的社会学”的研究。

在上面的批评以外，我应该顺次提到对于历史学派成立的社会政策学会的批评，如住谷悦治著《经济学说的历史性、阶级性》一书，差不多有一大半是对这一点下批评的。他以为历史学派方法论底社会的根据，就是社会政策学会；却不知社会政策学会注重劳资两阶级的调和一点，仍不过是历史学派一时的产物，是为应一个时代一个地方的需要而产生的。我们不能假想有适用于一切国民一切时代皆有利益的社会政策，同时亦不能有对于任何时代任何国民都行之有害的社会政策。即单就德国社会政策学会来看，则一八七三年至一八八一年所取的政策，不同于一八八二年至一八八九年的；而一八八二年至一八八九年的政策，又不同于一八九一年以后。而且在新历史派中本分两派，左派因不满意于经济社会的现状，主张组织的变更财产法，以谋根本的改革，右派则主张依赖国家之力，以现行法为基础，而为渐进的部分的改革；左派以华格涅、谢富勒为代表，右派以石慕勒、布伦坦诺为代表；可是新历史学派也本没有一定不变的政策论，自不能拿这个来做标准，去反对它了。因为社会政策学会与历史学派本身无干，历史学派的特征，乃在方法方面，而非实际的政策的方面。实际的政策，应该应国民的历史的特性而随时随地不同，然而所用历史的归纳方法，却是不变的。在某国可以应用这种方法讲社会政策，在他国又可以用同一方法来讲社会革命，最明显的例，如孙中山先生是站在历史学派的基础上，然而他同时可以提倡反帝国主义的国民革命，和废除金钱的钱币革命，这不是证明了主张革命论者仍然不失其为历史学派吗？所以住谷悦治只关心于社会政策学会的保守性是错的。历史学派是如他名字所表示的，应该本身也有一段长的与进化的历史；从前的历史学派，提倡社会政策来对待工业资本主义，现在的历史学派，却不可不极力提倡钱币革命，以对待金融资本主义。由这实际的政策的演进，我们即可看出历史学派经济学的新趋势，是只要时代有变迁，实际的政策也要变迁的。这就是我最后对于历史学派之政策转变的宣言！

中华民国二十年四月十二日，上海。

黑格尔主义与孔德主义

本书是朱谦之先生任职上海暨南大学时撰成，于1933年4月由上海民智书局初版发行，列为“历史哲学丛书”之一种。2002年收入福建本第五卷。本次整理，以1933年民智书局本为底本，以福建本为校本。

——编者

目　录

发刊历史哲学丛书序言

历史哲学是和自然科学一样，要在事实的混沌当中，寻出一种社会现象的根本法则。这种学问的重要，已为一般研究社会科学者所公认，试为说明如下：

（1）从哲学方面说：现代哲学的新倾向，可从两面观察，一方面为由神学、形而上学而递嬗于实证的科学的哲学，一方面即为黑格儿主义复兴。以前言之，须先研究孔德的历史哲学；以后言之，不得不先研究黑格儿的历史哲学及辩证法。

（2）从历史学方面说：历史学的演进，是从故事式的历史进到教训式的历史，又从教训的历史进到发展式的历史；这就是所谓历史观，或历史哲学了。史家论史，愈广博，愈深刻。换言之，愈真实，就愈不可不先研究历史哲学。

（3）从社会学方面说：社会学的派别，虽有分科科学的形式社会学和历史哲学的综合社会学对立；然而形式社会学总不及历史哲学的社会学，来得影响大。如近来各史观的抬头，就是好例。又即在形式社会学者，从其社会形式的研究，也指出新历史观的可能（如 Simmel）。可见研究任何派社会学，都不可不先明白历史哲学。

（4）从其他社会科学方面说：如研究经济学，不可不先知道历史学派各种的经济发达阶段说，乃至于民生史观，唯物史观。又研究法律学，应知 Stammler 等法律史观，研究社会心理学，应知 Lamprecht 等社会心理史观，研究人生地理学，应知 Montesquieu, Buckle 等地理史观……

总之历史哲学在学问体系中，为魄力最大的综合学问，尤其在我们中国，更有整个系统的介绍的必要。本丛书的编辑，意在广包并容，不拘一格，内容务切急需，而以总理三民主义的历史观为其旨归。介绍的部门，约分四种。

（A）入门书　如《历史哲学大纲》《历史哲学发展史》《历史哲学的社会学》《三民主义的历史观》等。

（B）以史观为标准　如《社会学的历史》《唯物史观》《唯性史观》《地理史观》《生物史观》《新康德派的历史哲学》等。

（C）以个人为标准　如《孔德的历史哲学》《菲希特的历史哲学》《马克思的历史哲学》《黎卡特（Rickert）的历史哲学》斯宾格拉（Spengler）的《历史哲学》等。

（D）黑格儿[①]及辩证法研究　介绍黑格儿所著《历史哲学》《论理学》《法律哲学》及其他。论文专刊有《黑格儿主义与孔德主义》一书，可作入门书读。

朱谦之，国立暨南大学。

① 民智书局本封面作“黑格尔主义与孔德主义”，朱谦之自引此书时亦用此译名。然其在正文中均译“黑格儿”，并未统一。为保留其习惯用法，姑存之。——编者

黑格儿的百年祭

一八三一年十一月十四日，人类思想史上最大的哲学家黑格儿（C. W. F. Hegel）死去了。从那时算到现在，刚好是一百年的纪念祭；全世界的黑格儿主义者，或黑格儿学者，都发狂似的纪念他。在德意志本国，Glockner 完成了为纪念刊行二十卷的黑格儿全集；Lasson 从新校编的全集，也已出版到十五卷了。在苏俄，则国立出版所发行的黑格儿著作集的译本，在 Deborin 和 Rjazanov 编纂之下，从一九二八年七月一日起，预定至本年黑格儿百年纪念日止，完全出版。在日本从一九二九年一月起发行《黑格儿及辩证法研究》月刊，尚在继续出版外，《理想》第九号的《黑格儿研究号》，《思想》第八十九号的《辩证法研究号》，都可见一时哲学趋势；而最近《理想》第二十二号，新出的《黑格儿复兴号》和国际黑格儿联盟日本版《黑格儿与黑格儿主义》都写明为纪念黑格儿死后百年特刊的。回头来看中国，就关于黑格儿研究的论文，除北大教授张颐用英文著的《黑格儿底论理研究》一书，也就没有什么，更不消说他的主要著作，如《论理学》《历史哲学》《法律哲学》，一种也没有介绍过来的了。

一八九一年当黑格儿六十年忌辰，Plechanov 在 *Neue Zeit* 机关杂志，曾发表《黑格儿论》；说黑格儿的影响所及，如辩证法，论理学，历史，法律，美学，哲学史及宗教——差不多一切学问，没有不因黑格儿的影响，而取一个新的形态的。现在距离这句话又经过四十年了，黑格儿的研究，跟着左翼信徒而更扩大势力，如 Lenin 所说：“如研究黑格儿论理学的全体，而不理解，便对于马克思《资本论》，尤其是最初数章，是完全不能理解。”这不是把黑格儿哲学，扩大来讲经济学吗？ Deborin 学派依据于 Engels 著的《自然辩证法》，大大提倡将黑格儿辩证法完全适用于自然科学。如他在一九二九年苏维埃国立出版所发行的《辩证法与自然科学》一部大书，和俄译《黑格儿著作集》第一卷第二版所揭载 Deborin 的序说，不是完全把黑格儿的哲学，扩大来讲自然科学吗？所以依照现在学术界，无论是赞成者或反对者，对于黑格儿没有深澈的研究和批评，便一切学问都谈不上，尤其是社会科学方面。

黑格儿的复兴运动，很早在一九一〇年 Windelband 已有《黑格尔主义复兴》的有名讲演，载在 *Praludien* 里面，然而 Windelband 是一个新康德主义者，对于黑格儿终竟是隔靴搔痒；而真正的复兴，应该如 R. Kroner 名著标题所指示的，是《从康德到黑格儿》，决不是新康德派或英国 J. H. Stirling 等所能冒称的。我们睁眼看看吧！苏俄以外，全欧洲黑格儿复兴的思想家，可举者如意大利在一九〇六年 Croce 所著《黑格儿哲学中活的和死的东西》；德国 Dilthey 同年发表极有价值的《黑格儿青年时代史》; Nicolai Hartmann 一九二三年著《亚历士多德与黑格儿》；一九二九年著《黑格儿》（德意志观念论哲学第二部的单行本）; S. Marck 一九二二年著的《黑格儿主义与马克思主义》；乃至 Kroner 代表的著作，一九二一年发表的《从康德到黑格儿》，这些以“精神现象论”为中心的黑格儿复兴运动，看重黑格儿哲学的生命性、艺术性，实在比浅薄的唯物论，即机械论者的唯物论，或者更有复兴的历史意义。最可注意的是一九三〇年四月廿二日至廿五日间，在 Hague 所行最初国际的黑格儿会议，差不多全欧多数的黑格儿研究者及爱好者一概出席，因而创立了“国际黑格儿联盟”。这个联盟设立十九个规约，而以促进黑格儿哲学的研究为目的。听说在本年复活祭后一星期，在柏林还要召集联盟会员，作盛大的学术讲演呢！

一方面我们不要忘记了俄国从辩证法的唯物论观点来研究黑格儿的一派。Lenin 在一九一四年即着手于黑格儿研究材料的搜集，因为事情太忙，没有成功有系统的叙述；但就他遗著中关于《黑格儿论理科学底大纲》（载在一九二五年发行的《马克思主义旗下》一至二号），已经很够看出俄国派怎样努力于将黑格儿哲学变成唯物论来读。虽然如 Bukharin 对辩证法简直不懂；Thalheimer 等，对于黑格儿研究，未免浅薄；但如 Deborin 的《黑格儿论理学批评》（俄译黑格儿著作集第一卷第二版序说），却实在对黑格儿有深刻的明了的论述。不过依最近俄国《马克思主义旗下》关于编辑部变更组织的报告知道去年十月十四日，Deborin 的理论也被大会清算下来，反辩证法唯物论的"开倒车"，和 Freud、Marx 主义的新倾向，是很值得注意的。

我对于黑格儿哲学是持批判的态度，既不同于俄国辩证法唯物论的立场，也和从前德国左党（die Linke）右党（die Rechts）及中央党（das Zentrum）通通不同。我不是属于右党的 C. A. Gabler, F. Biese, Hinrichs, Schaller, Heaning 等的信徒，又不是属于中央党的 Conradi, K. Rosenkranz, J. E. Erdmann, Vatke, Michelet, Schasler 及 Baur, Zeller, Kuno Fisher, Plantl, Vischer 等的信徒，更不是属于左党的 D. F. Straus, Feuerbach, Bruno Bauer, Arnold Ruge, Friedrich Richter 等的信徒，我是有自己哲学的立场，即"生命辩证法"的立场，而表同情于"青年黑格儿派"的。尤其本书所为纪念祭礼物的《黑格儿主义与孔德主义》一篇，是在历史哲学上将黑格儿与孔德结合。《黑格儿的辩证法》一篇，是在生命哲学上将黑格儿与柏格森结合。所以在这一点，我应该公开承认我不是一个 Hegelian 旗下的人，我只是一个抱自己主张的"Half-Hegelist"，但可不是从前超越神论派的半黑格儿学派，这一派如Chr. H. Weisse, Im. H. Fichte, H. Ulrici, K. ph. Ficher, J. Branis, J. Sengler, Schmid, Huber, Carriere, Steffensen, Heyder Günther 等等，最好叫他为伪黑格儿派（Pseudo-hegelianer），若我所谓“半黑格儿主义”，乃依据辩证法，承认黑格儿与反黑格儿两说同时存在，说不定这才是最完全的黑格儿主义哩！

因为本书要用最简短明了的论文，介绍最有体系的黑格儿学说，所以自撰不过数篇，译稿倒占了篇幅的大部分。而取材的标准，也只限于（1）新黑格儿学派及青年黑格儿派，如大江清一，松原宽等。只有三枝博音，近于变例。（2）取原文多用黑格儿自己的话缀成的，如关荣吉两篇。卷末附录《黑格儿历史论的介绍和批评》，是我在国立暨大《西方史学史》讲稿的一节，可作本篇《黑格儿主义与孔德主义》之一参考。至于全部译文，因黑格儿哲学以擅长晦涩著名，译时虽力求真确，错误之处，恐所不免，若得读者指教，使这难解的学问，有个更大发展，这就是我所最希望的。最后谨以此小书献给我们百年前最伟大的哲学家：**黑格儿先生**。

一九三一，十月十日，朱谦之，上海。

黑格儿主义与孔德主义

朱谦之

（一）

我们纪念人类思想史上最大哲学家黑格儿的百年祭，但是我们不要忘却了这风靡德俄的黑格儿百年祭，是正当盛行于法兰西的孔德（Auguste Comte）百年祭的翌年。伟大的孔德，最初贡献世间的社会科学名著《实证哲学讲义》第一卷，是出版于一八三〇年的；所以一九三〇年，可算纪念孔德百年祭最好的一年。在法兰西本国，为纪念这位实证主义的元祖，听说在去年有盛大的纪念祭，可见黑格儿和孔德，真是旗鼓相当，无独有对。虽然在今年许多纪念黑格儿与黑格儿专号里，还未发见这《孔德主义与黑格儿主义》同样的新题目，即从来对于这两位大哲学家，尚未作过详细的比较研究。然而很有趣的就是，我因研究历史哲学的结果，觉着这两大哲学家同样地给我很大的影响，同样地有他独到的主张，值得我们纪念。所以这篇论文，不但为纪念黑格儿而作，格外是要补行纪念那几乎被人忘却了的实证哲学元祖——孔德。

原来一百年来的思想史，实在可说就是黑格儿主义与孔德主义的争斗史。无论那位学者，不是黑格儿主义的信徒，便是孔德主义的信徒。如在社会思想上主张实证主义的，一定对黑格儿起了一个反感，像在 Lessing 时代 Mendelssohn 冷遇 Spinoza 一样，用“死狗”一句话开始冷遇黑格儿了。有名的 Eugen Dühring 著《科学的变革》；克鲁泡特金著《近世科学与无政府主义》；Hobhouse 著《国家之形而上学的理论》；杜威著《德国哲学与政治》，从广义来说，都是站在孔德主义的立场，来反对黑格儿的。同样以黑格儿自命的马克思派，有名的如 Engels 的《反杜林论》（*Anti-Dühring*）；Lenin《唯物论与经验批评论》之冷遇 Mach，都是极端的例。至于哲学更不消说，在每个有文化的国家里，黑格儿哲学与实证哲学从来互相对抗，各无逊色。如英国可算经验主义 Hume，和实证主义者 John Stuart Mill，Spencer 等祖国了，然而实证哲学的反对者，却有 Green, Bradley, Bosanquet 这一批牛津大学学者。美国已经是实用主义 William James, John Dewey 的世界了，却也有 Josiah Royce, W. E. Hocking 等撑持着一元的客观观念论的立场。讲到社会学，一般承认将社会学的起源，求之于孔德《实证哲学讲义》第四卷创始“Sociologie”一字的时候；而在德国社会学派如 Spann 则主张以 Kant 与 Fichte 为社会学的建设者；Wieser 在所著《社会学》里简直主张推黑格儿为代表。或如 Oppenheimer，甚至以 Lorenz von Stein 与马克思为指导的德国社会学者了。由此可见黑格儿主义者与孔德主义者，是怎样冲突。次如法理学，在各国黑格儿与新黑格儿派之 Kohler、Berolzheimer，永远是与社会学派相对立。在历史哲学则从黑格儿派出来的唯物史观派，至今尚与社会史观派的 Durkheim、Bouglé 对立，成为客观主义社会学的两大潮流。这不就是证明了一百年来的思想史，几乎就是孔德主义与黑格儿主义的争斗史吗？固然在中国，对于这种争斗，似很可以袖手旁观，因为我们中国除了张颐教授用英文著 *Hegel's Ethical Teaching* 以外，简直可说和黑格儿的哲学，尚未发生关系。孔德的实证主义，似乎已成学者的口头禅了，然而他那部名著《实证哲学》，恐怕就没有什么人读过，更不消说到翻译一层。那末我现在所提出极有兴趣的新题目，或者被人们轻轻放过，也未可知。但是学说是学说，事实是事实，在学说还未十分被人注意以前，事实上中国已经走到这个两大哲学思潮的三叉路了。如在“黑格儿主义与孔德主义”的意识之下，我们可以看出一方面过去有玄学与科学的论争；一方面将来又要有新实证主义即社会史观派，与辩证法的唯物论即唯物史观派的论争。打开窗户说亮话罢！如果在这时，孔德主义还是黑格儿主义？这个疑问符（？）没有解决，中国思想界便要走头无路。并且这不是什么小小的问题，是要解决孙中山主义与马克思主义在中国的运命的。在未论本题正文以前，我请先将这两派的思想系统，用图表示起来，就是：

孔德
- （英）Spencer, John Stuart Mill, Buckle, Hobhouse
- （法）Littré, Taine, Cournot, Tarde（1），Durkheim, Bouglé
- （德）Lamprecht, Breysig, Barth, Müller-Lyer，经济上的历史学派（2）
- （意）Loria, Groppali, Cosentini
- （俄）Mikhalovesky, Kropotkin
- （美）Ward, Giddings, Ross, Oyburn, Ellwood（3）
- （日）米田庄太郎，建部遯吾，松元润一郎
- （中）孙中山

（1）Tarde 思想受黑格儿的影响，所唱模仿法则，亦近于黑格儿式，为社会轮化说之一种。

（2）经济学上的历史学派，如 Roscher 等本受黑格儿的影响。但从 Hildbrand, Bücher 乃至英国的历史学派，则均受孔德派影响。参看 Ingram 经济学史。

（3）Ellwood 本出支加哥大学 Small 门下，颇受德奥派影响的，但他名著《文化进化论》则全与哥伦比亚派几无分别。

黑格尔——
- （德）Marx, Engels, Lassalle, Dietzgen, Kautsky（1）, Cunow, Mehring
- （意）Lobriola
- （俄）Plechanov, Deborin, Lenin, Bukharin, Thalheimer Rjazonow, Rudas, Borilin
- （日）福本和夫，佐野学，河上肇，三枝博音

（1）第二国际派多倾向于非辩证的科学理论的发展，所以和黑格儿关系少些。

（二）

上面所说，从来对于孔德主义与黑格儿主义没有做过详细比较研究的话，当然须要有一番申明。因为史家将孔德和黑格儿并作一谈的，不是没有，但都不过片言只语，并且都是取否定批评的态度的。如 J. B. Bury 所著 *The Idea of Progress* 第十六章第五节，因论孔德的弱点，竟然宣言："对于历史的解释，我们所得自孔德实证的法则的，恐怕和黑格儿之形而上的范畴一样少罢！两思想家都不过研究历史上事实的一部分，所以他们的解释，未免太轻率了。黑格儿之先天的综合研究法，是从他哲学上的学说引出来的，在孔德却亦发见其有取于先天的倾向。他明白地说一神教时代之社会的重要特质，差不多可以先天的来解释的。"这段话不消说是完全误解了孔德，孔德虽承认神学时期的思想方式是很有用。但那不过有时代的价值，和孙中山所说"比方在神权时代非用神权不可；在君权时代非用君权不可；现在的潮流已经到了民权时代，便非提倡民权不可。"（《民权主义》页一九一二〇《中山丛书》内）是一样的意思。似此绝对应用"史心"（Historical-Mindedness）正是一种最有益人类社会的研究法，不见得就是孔德学说的弱点吧！至于法国史家

Henri Sée 著《历史之科学与哲学》(黎东方译页四十八)，只轻轻抹煞他说："孔德和黑格儿，对于未来的透视很少，他也是个保守家。"他完全忽视孔德"为预测而求知识"的旨趣，他完全把科学家的孔德和玄学家的黑格儿混作一谈，这样比较研究，怎样能教我们心服呢？实在说吧！在近代历史社会学说的研究中，再没有比孔德和黑格儿两大派别更重要的。但这两派学说也不是绝对没有共通之点，所以很有几位学者，竟以为孔德曾受黑格儿的影响。(如桑木岩翼《哲学纲要》页一〇一，昭和四年版，说什么"如孔德等正反对的学派，都脱不了黑格儿三分法的影响。"这就是好例。)不过这种臆说，据 Flint 在 *History of the Philosophy of History in Europe* 页 622 里一段说明，已证明了孔德没有受黑格儿的影响的。现在为说明的便利起见，请录其一大段如下：

> Comte looked on history from a point of view in some respects not unlike that of Hegel, and his opinions coincided with those of Hegel on a number of social questions, Hence some have thought that he may have been influened by Hegel, or even have borrowed from him Dr.Stirling, for example, collects from Mr. Mill's summary of Comte's doctrine several statements which he pronounces "Hegelian indications" eminently "Hegelian traits" "Hegelian analogies", and principal Tulloch writes as follows: "Other thinkers before Comte had conceived of human society as regulated by natural laws, and so presenting throughout, its course a great plan of development. It cannot be said that even here he is entirely original. Not to speak of Montesquieu and Condorcet, to whose labours he himself does justice, M. Littré has cited a remarkable passage from

Kant, in which the idea of human history as a connected chain of events, and of human society as a vast organism governed by its own laws, is expressed with great clearness and force. The same views were worked out with still greater power and success by Hegel, from whom we cannot but think Comte borrowed many of his ideas." I must entirely dissent from the opinion expressed by the learned principal in the concluding words of this citation. That Comte borrowed from Hegel is a conjective not only unsupported, by opposed, by facts.

他接着引一八二四年他的朋友 M. Deichtal 柏林通信的事实，来证明孔德是没有接受过黑格儿的影响的。因为在一八二四年，他早已将有名的三阶段的法则建立了。由我看起来，孔德没有受黑格儿的影响，是没有疑问的，而在黑格儿的历史哲学中，倒处处看出三阶段法则的应用。如他在一八二二年至一八二三年柏林讲演的《历史哲学》，便有好些地方具有“三阶段的法则”底模型，他有没有受法国前辈如 Condorcet, Saint-Simon 的影响，倒是一个疑问呢？ Heinrich Cunow 在《黑格儿、马克思之辩证法、社会及国家观》里（森谷克己译，页二一）本曾注意到黑格儿和 Condorcet 的关系。他说：“大抵黑格儿关于必然性及关于历史的发展形态之存在的见解，是认为有论理的特性的。事实上同样见解，在 Condorcet 里，也可以看出。不消说话虽如此，黑格儿的见解不是从 Condorcet 借来的。很明显的差异，就在于 Condorcet 单取历史的经验的命题，反之黑格儿则将此基础放在认识论上，而且将它体系化了这一点。”由此可见 Condorcet 和黑格儿的不同，不过一个是历史之论理的解释，与历史之心理的解释的不同，至于根本发展的理论，是很相同的。我们再把黑格儿所著《法的哲学》来看（速水敬二·冈田隆平译，第一四二节以下）第三部已经把国家之发展史的地位，划分为三个阶段:（1）家族;（2）市民社会;（3）国家。再打开《历史哲学概论》来看（河野正通译，第三章页二二一），他所说世界史发展的阶段历程，是以自己意识形成的原则为基础，而分作三阶段或四阶段，更可明白了。

> 第一阶段，是直接的阶段，是属于精神沉潜于自然性状态的范围。在这自然性之中，精神不过为不自由的个别性而存在罢了（这是一人的自由）。
>
> 第二阶段是精神脱却自然性，而入于自己自由意识中的阶段。但此第一回分离，因直接地生自自然性，故与自然性相关，又以自然性为一要素，所以是不完全的部分的分离（这是若干人的自由）。
>
> 第三阶段是从那特殊底自由，而昂进于自由之纯粹一般性，进于精神性之本质的自己意识与自己感情（这是人类的自由）。

他又用儿童的精神为喻，说“精神的第一时代，可比幼儿的精神，是支配于精神与自然统一的时代。我们在这统一，可看出东洋人的世界。这时没有自由精神，一切都立于自然的地盘上，多数人服从一个人的意志，好像儿童在家长制之下，不过是个从属罢了。”“精神的第二关系，是在精神自己内底分离的关系，自己内反省的关系，脱却了纯粹服从和信赖。在这关系中又分做两种关系，第一是精神的青少年时代，这时精神对自的有自由，但这种自由还和实体性结合着，还不是那从精神深处再生着的自由，这是当于希腊人的世界。次之就是精神的成年时代的关系，那里个人对自的有着自己的目的，但是这个目的，只有在于从事一般者国家的贡献时，才能达到，这是罗马人的世界。在那里个别者的人格，与对于一般者的贡献，是相对立的。”“复次，第四现出日耳曼人的时代，基督教的世界，这是精神的老年时代。在这时精神与个人的比较是不可能的，个人从其否定性，归属于元素而全然消灭，但是精神却复归于自己的概念，个人完全得到自由，在自己内部得着实体的自由。这就是主观的精神与客观的精神的大调和”（页二二二）。我们在这里不是很容易看出黑格儿的《历史哲学》，其归宿点仍在于三阶段的法则吗？并且所谓三分辩证法，实际不也是孔德三阶段法则的一个变形吗？照这样看来，黑格儿主义仍未脱出孔德主义的圈外，即从黑格儿而至唯物论者 Feuerbach，当 Feuerbach 讲到自己精神的发达史时，他说“神是我们最初的思想，理性是我第二的思想，人类是我第三又最后的思想”，这不就是将孔德的三时期说重述一遍吗？再从 Feuerbach 而至马克思，虽没有照样借用三阶段的法则，但他《经济学批评》序文中所说经济发达的阶段，仍不过是说：“我们可以把亚细亚的，古代（希腊罗马）的，封建的，及近世有产者的生产方法，看做经济的社会组织的进化阶段。”据福田德三的批评（见《唯物史观经济史出发点之再吟味》页七四至七八），知道这也是借自黑格儿的《历史哲学》的。在《历史哲学》第二编《特殊绪论》中“世界史的区分”，即如上所述为东洋的世界（中国、印度、波斯）、希腊的世界、罗马的世界、日耳曼的世界。不料马克思竟把他任意拼凑起来，以黑格儿的第二第三世界，凑成为“古代的”，以第四之日耳曼世界二分为“封建的”与“有产阶级社会的”。这么一来，不很可看出马克思说，也是间接和孔德的三阶段法则发生关系吗？由马克思至俄国的 A. Bogdanov，在《社会意识学大纲》里，竟承认他的时代分类，和孔德所指示的思维三阶级分类非常近似（页五八）。至于 Bukharin 的唯物史观，Deborin 早讥之为属于 Spencer 的均衡论的，更不消说了。可见在马克思派下，只要不是完全的“辩证法论派”（专指 Plekhanov, Lenin, Deborin 派），差不多第二国际派乃至俄国派中的经验批评论者。没有一个不是弃却自己阵营，来向实证论者的哲学送其秋波的。那么我们现在就是要说黑格儿主义和孔德主义绝对不能相通，恐怕也没人肯相信这话了。

（三）

本来人类社会在知识线上的进化现象，是有一种根本发展的原理原则的，而这种原理原则，依我意思，是完全可以并用心理的或论理的方面来解释。如主张心理方面的解释（知识社会学的解释），最有名的，就是孔德之三阶段的法则。就论理方面的解释，最有名的就是黑格儿的三分辩证法。据我研究的结果，原来这两种解释——心理主义与论理主义——是不相冲突的，而且是相反相成的。原来挽近哲学界有所谓心理主义与论理主义之争：心理主义是以生活为本位，而倾向于内容的、经验的、情意的；论理主义是以思想为本位，而倾向于形式的、先天的、理知的，这样分别同样地可以应用到历史哲学。如黑格儿依 Eduard Erdmann 称之为“泛论理主义”，这就是极端的例子。然而平心来看，论理主义只是把具体的事实，还元于抽象的知慧之结果，所以论理主义乃是心理主义的一个解释，一个反映。即所谓黑格儿的三分辩证法，也何尝没有心理主义的基础，也何尝不可解作如 Le Bon 所谓“生物逻辑”“感情逻辑”之变式的表现？（参看《意见及信仰》一书）如果不承认生命便罢，承认生命，便不能没有生命的矛盾现象；如有男便有女，有生便有死，男女，生死，都正是根本的生命辩证法，是不能否认的事实。而且就黑格儿的本身来说，据 Dilthey 在《黑格儿的青年时代》所说，则青年的黑格儿，正是一个生命的哲学论者；Rickert 在《生之哲学》（小川义章译，页二二四，二九三），把黑格儿算入生物学主义之内，那么我们还能说那历史的论理主义，能够摆脱历史的心理主义而独立吗？所以我前著《历史学派经济学说》第四章第三节，曾主张过“三分辩证法实际也不过是三阶段法则的一个变形”，不管 Flint 所论孔德是否受黑格儿影响的问题，或如我前面提出的黑格儿有没有受法国前辈 Condorcet 影响的问题，而要之两者是互相关系，虽则出发点不同，而同样可以解释历史，却是很明了的事实。

现在试将两家学说，作一比较表：

	第一阶段	第二阶段	第三阶段	第四阶段
孔德	神学阶段	形而上学阶段	实证的或科学阶段	（艺术的阶段）
黑格儿	（没自的）	即自的	对自的	即自且对自的

在这里可注意的，就是孔德本身就是站在第三阶段的，故以实证的或科学阶段为终点；黑格儿本身是站在第二阶段的，故以即自的阶段为起点。实际则由发展的历史看来，如 Durkheim 说的：“谁能担保说，除了科学时期而外，将来不更另生出其他的时期来呢？”（《社会学方法论》许德珩译，页五四）所以实证的或科学阶段之后，应加上艺术的阶段，以与黑格儿三分辩证法里“即自且对自的”形态相当。同理黑格儿照自己此处的阶段起点，所以是很不完全的。因为在“即自的”形态以前，原应加入“没自的”一个阶段。“即自”即是“有”，“没有”即是“无”，而从逻辑的彻底来说，“有”本从“无”出，所以“即自”以前，应加上“没自的”阶段，以与孔德三阶段法则中“神学阶段”相当。这么一来，不但三阶段的法则变成四阶段，而三分辩证法也变成功四分辩证法了。但这种两思想系统的综合，要说是我的发见，不如说是从研究他们自己书中的意旨得来的。

先说孔德，他在《实证哲学》（下册，第一一章页二八〇，石川三四郎译）里，提出美的进化与科学进化对立，似乎要分别这两个进化因子，但他还没有胆量承认美的阶段为在科学阶段之后，这是他最大的缺点。他说："在这里尚有关于美的进化和科学的进化之困难的问题，这后于产业进化的二个进化，好像其间不是照着定立的连续的法则似的。大概场合，前者事实上照一般的法则进行，德国是特别的例，即在德国，依于特别环境之助，科学的进步比美的进步为先。"又说："第三期科学的运动，是持有优于同期美学运动的本质的。"（页三二三）由这些看来，孔德因为站在第三期实证的或科学的阶段，不能充分看到第四期艺术的阶段，这是当然的。为要解决他的困难问题，把他所认为同时期的科学运动与美学运动分出先后，使成为一种连续律的关系，不消说是很有理由的了。次就黑格儿来说，因他不能超越他所处时代之即自的阶段，所以只成功了那不完全的三分辩证法。即是：

an-sich（即自[①]的）	正
für-sich（对自的）	反
an-und-für-sich（即自且对自的）	合

但 Ludwig Fischer 在 *Die natürliche Ordnung unseres Denkens* 却非难他，谓其将对立性之统一形态，不适当地应用着。他说："黑格儿方法的本质，不从全体——于其中露出对立性——单一者出发，而从对立性之一方面出发，其次才探求这种对立性之第二补充的方面，而最后于这一方面，建立'统一'。"由 Fischer 的意见看来，这带来第一次的总体形态的分裂，是不对的。为什么呢？因为不可分的单一者，作为可分的诸部分分裂的东西考察，而后从这些部分构成全体的缘故。在这里空想上的"部分"，论理地好像是在全体之先，为独立的"事

① "自"，原作"是"，据上下文改。——编者

物”而出现着（S. 278 引，见 Deborin《黑格儿论理学批评》页二〇〇，川内唯彦译），不消说是极不对的了。虽然 Deborin 对这意见表示反对，但我却极端赞同。何则？黑格儿论理学的出发点，如从真正全体——单一者出发，便应该是“没自的存在”，即“神的存在”，而不应该从对立性之一方面——“即自的”即“思维的存在”出发。于是黑格儿论理学的发端，便立于“思维”与“有”之同一性的见地上，思想便是有，有便是思想。黑格儿说得好：（《小论理学》第八十六节）“‘有’不是我们所能感觉、直观、表象的。有就是纯粹思想，而且有以纯粹思想，形成其始源。”但我们应该注意的，这个纯粹思想的纯粹有，推到极端，仍然和非有，纯粹无的概念相通。或是说什么：“始源是有与无的统一。换言之，即同时有有，有非有，且同时是非有之有。”可是这非有之有，在 Deborin 这些唯物论者看来，却正是原料之永远性的否定，却正是一个纯粹抽象的形式，结果这世界从纯粹思想发生的学说，是要和基督教的世界创造说相一致的（参看 Deborin 前著第五节）。那么纯粹有既不过是说绝对的否定，从纯粹思想之即自的存在，一直追到一念不生，纯粹无的“没自的存在”，这点纵使黑格儿复生，也是无法否认的了。总而言之，黑格儿与孔德一样，他俩都有特别见到的地方，同时因受时期限制，和参考系的不同，也各自有疏略的地方。我们只须把这两大思想合拢起来，互相补充，便自然能给历史进化的法则，以一个更确实更完全之科学的基础。

但话虽如此，把孔德和黑格儿比较，历史哲学方面，似乎历史的心理主义要比历史的论理主义重要得多。无论许多马克思派学者怎样指出黑格儿式的论理学，是“关于世界一切具体的内容（思想除外），及世界认识发展诸法则的科学”；（Lenin 著《黑格儿论理科学大纲》川内唯彦译，页二六）无论怎样“一般地努力，将黑格儿用唯物论来读”（页五一），我们总不便于说那抽象的智慧（论理），会胜过于具体的经验事实（心理）万万吗？我们决不反对史的辩证法，然而史的辩证法只能承认其有为一个补助的次等学说的价值，而真正发展的历史，应该如 Lamprecht 的话，是以“历史为社会心理的科学”（History is primarily a socio-psychological science），就是把历史发展的一般形式，分做三个阶段或四个阶段，也都是以人类社会的心理方面为主，而叙述人类在知识线上的进化现象的。不然，凭空来说什么三分辩证法，就是 Lenin 也恐怕不敢领教。（他在《人民之友是什么》页三五—三六，告诉我们辩证法的本质，不在于三分论法，很可注意）看看下面一段马克思、燕格儿关于财产发展的辩证法之论点分歧，便知我为什么要主张历史的心理主义胜过于论理主义的理由了。

在 Muhs 一九二七年发表《关于马克思经济学的构造之考察》一书，第一卷第一章（蓑田胸喜译，页四〇—四四）指出马克思以个人的私有财产为肯定的阶段，燕格儿则以共有财产为肯定的阶段。试为列表比较：

	马克思	燕格儿
肯定阶段	基于固有劳动之个人的私有财产	共有财产
否定阶段	特殊之资本主义的生产	个人的财产
否定之否定阶段	社会化底生产方法	社会化的生产

上面所引燕格儿的话，虽出于《反杜林论》一书，是经马克思许可出版的。然而他俩意见竟如此乖离，那么叫我们还敢相信以三分辩证法即历史的论理主义，来说明历史阶段，是靠得住吗？马克思、燕格儿是本于黑格儿的，那么我们还敢说黑格儿主义是完全靠得住吗？所以在这一点，我倒觉着孔德的贡献，比黑格儿重大得多。现在为明晰起见，试将两种学说，作一简单的比较：

（四）

（一）孔德的法则是进化论的，黑格儿的法则是轮化论的。——俄人素罗坚（P. Sorokin）在《当代社会学说》（*Contemporary Sociological Theories* PP. 730—738），曾指示我们以纵线进化说与循环轮化的区别。这区别我们可以看出前者主张社会进化，后者主张社会轮化。前者在找寻历史进化的趋势时，看重历史的归纳方法，后者在找寻历史变迁中的循环（Cycle）、反复（Repetition）、节奏（Rhythm）时，看重辩证的方法。而且依据素罗坚的意思，孔德三阶段的法则，是纵线进化的模型（P. 728），黑格儿的正（Thesis）、反（Antithesis）、合（Synthesis），却是非周期的循环轮化说的模型（P. 737），这大概是没有疑义的了。现在试再详论如下：孔德在《必要的科学工夫》书中，虽没有承认文明进程是一个直线，但他看重社会进化观念，这在实证哲学中，却时时可以看出。所以说："从动的观点看来，人类的进化，在发达的顺序中，是什么逆转也没有。至少某种势力只能变更他的速度，改变它的方向。"（石川三四郎译，下册页六五）但在黑格儿却始终把发展的历史，看做循环的运动。"精神本质为自己活动的成果。精神的活动是直接性的超出，直接性的否定，及向着自己内部的复归。"（《历史哲学概论》页八七）再明白地用他论理的术语表之，便是"即自的""对自的""即自且对自的"辩证法的历程，即由二度的否定，而使精神复归于最初的意识，这不就是黑格儿把历史看做不过精神或 Logos 的历史本身实现之轮化说底最大证明吗？再如《历史哲学》中，论变化则举一般所知道的含着轮回之意的更生之鸟为喻（第一章页二〇—二二）。论民族则将民族的生活，比喻做一个成熟的果实，果实再成种子，但是这种种子是由其他民族所成熟的种子（第二章页七四—八八）。论世界史的区分，则以太阳的历程为喻（第二编页三八五—三八六）。可见我们把黑格儿属于轮化说下，是很有理由的了。再明显些，如《哲学史》绪论中所说“世界精神发展之阶段”的系列，可以说是依于精神从即自态超出自己，于对自态成功自己，而为自己复归自己的一大循环运动。这种运动是有具体的种种发展之一系列，但可不是向抽象无限，无目的底进行之直线所可表现的。那是一个圆形，不可不为自己复归自己的表象的；而这样大圆的圆周，有数多的小圆连锁着。这么一说，我可以承认黑格儿的圆形轮化和孔德的纵线进化，是可以相同的吗？自孔德提倡社会进化以后，便有许多他的追随者，如 Taine, Lamprecht, Breysig, Barth，经济学上的历史学派等，极力探求历史进化的法则，把从古至今人类所以承承代代的社会现象，集拢来做一个直线，使大家可以看到社会在各时代中一种继续不断的发展状况。反之在黑格儿主义方面，如德国 Oswald Spengler 著《西洋底没落》，高唱历史的周期性，把文化和植物的运命对比，完全为黑格儿式历史观察之完成似的，不消说了。（看 August Messer 著《Spengler 哲学》第五编页二八四，奥津彦重译）甚至于 Lenin 在《哲学资料集第十二卷》（页三二六，此据《Lenin 哲学的遗产》页一一引），尚说什么：“人类的认识，不是直线的，这是在自己圆的体系内，为一个螺旋的体系，接近无限而行的一个曲线。”他反对“直线性”，以为这是观念论的认识论的根源，实际不过证明了他是一个不折不扣的黑格儿轮化说的信徒罢了。但是关于这一点，我在早年著《革命哲学》（第二章，页一八—二〇）里，早已有过解决。我的意思，以为历史的绵延，不是直线也不是曲线，他是从一方面看，好似不断的流水一般，没有时候休息的，也不会重复的，也没有逆转的，所以“直线性”的进化，自然有他的位置。而从其他方面看，如黑格儿说的进化，是理性的自然发展，他的好处能够把不断的本体，分为一片一片一段一段的分段生命，使实际上可以应用，这正是黑格儿的长处。因为看重分段的生命，便自然把心理的经验，看做反复循环，所以循环运动的轮化论，也可以有他的位置。换句话说，孔德主义与黑格儿主义都不无用处，只要能够综合这派的长处，而没有误用他的短处就好了。

（二）孔德的法则是积极论的，黑格儿的法则是消极论的。——孔德所谓实证阶段，有人译作“积极的阶段”；他的实证哲学，有人译作“积极哲学”。（如陈大齐，《哲学概论》第三编第三章的译语，就是好例。）这个名词如果是指那专重经验排斥一切想像推论的一种意思来说，真再对也没有了。孔德自己说：（《实证哲学》上册，页一六）“神学哲学与形而上学互争着改造社会的事，实证哲学则至今除概括地批评两者以外，对于这论争是不干涉的。何则？这种哲学，是应置基础于实行积极的职务，要完成从 Bacon, Descartes, Galileo 开始的广大知识之实施呢！这么一来，革命的危机便要完结了。”原来由孔德看来，形而上学就是所谓“否定的哲学”（Philosophie négative）。实证哲学在社会科学之部的第一章，很有趣的把“形而上学”和“革命”一语联成一起，叫做“革命的形而上学”，是代表“无政府的精神”，是“破坏旧制度，提倡新宪法”的必要学说。不但如此，依照 Mill 所说：“一切带着革命派、革命党、激烈派、民主派、自由派、自由思想者、怀疑派、消极或批评派，无论是在宗教上、政治上或哲学上，都给孔德总称为玄学的。”（照施亨利《历史之科学与哲学》第三章注三十九汉译语）可见孔德所谓形而上学，实际就是革命哲学，而玄学家就是革命家了。对于这种批评的、破坏的、革命的形而上学，于是孔德便提倡建设的、积极的、改良主义的实证哲学的重要。他不看重玄学家所想像的无秩序的进步，是要完全应用科学方法，来成功一个由秩序概念支配的进步的。从这一点看，孔德或者“也是个保守家”，然而这才真正是科学的态度啊！反一面来看黑格儿，因为他所处的时代，所用的辩证的方法，都是代表形而上学的。固然他也有保守的一面，但那保守主义是相对的，黑格儿革命的性质是绝对的（看燕格儿著的《Feuerbach论》便知）。最明显的，就是他所用的辩证法，依罗素（Russell）在《德国社会民主党》一书的解释：（A）辩证法一方面承认事物的现状，一方面又承认结果归于消灭。（B）辩证法一方面承认事物的现状，一方面又承认结果归于消灭。（C）辩证法以为历史上进化的社会形式，变动不居，故不特计及其过渡的性质，且计及其暂时的存在。（D）辩证法不愿有任何事物加诸其身，就他本质说就是批评的，而且革命的。即因辩证法能变更现存事物的形式，向着进化的前途伸去，所以成为破坏的智慧，所以成为一种极端的、革命的、理想的旗帜，到一个地方，就要惹起许多的恐怖党、革命军来。拉萨尔（Lassalle）、马克思、燕格儿等不要说了，就是无政府主义者的Max Stirner、巴枯宁、蒲鲁东，那一个不先受这方法论的影响？可见Kuno Fischer在《黑格儿哲学解说》（坂上绚一郎译，页四五〇）上大书特书“黑格儿辩证论的方法，又名为绝对的否定性的方法”，这话真有充分理由的了。我们再打开黑格儿自己在《哲学的诸科学集成》第一编《论理学的预备概念》中“论理学的详细概念与区分”一章，即告诉我们：

论理学这个东西，从形式上说，是有三个方面：（A）抽象的或悟性的方面；（B）辩证法的或消极理性的方面；（C）思辨的或积极理性的方面。

Das Logische hat der Form nach drei Seiten: (A) die abstrakte oder verständige, (B) die dialektische oder negative-vernüftige, (C) die spekulative oder positive-vernüftige.

这不是证明了辩证法只限于代表消极理性那方面吗？固然黑格儿接着申明“这三方面不是构成论理学的三部门的”，并且说：“这些三方面，更可以置之于第一要素即悟性的之下。即因这个原故，可以看做孤立着的各别的东西。”但仔细考察起来，不说论理便罢，要讲论理便都是基于概念的范畴上，所以都可置之于抽象的或悟性的之下。却是黑格儿的真正影响，反不在于这有固定规定性的区别性的悟性思维，反而在于有怀疑性的超越性的变易性的辩证法，这一点是很值得我们注意的。固然 Cunow（《黑格儿、马克思之辩证法、社会及国家观》页二九）又告诉我们，由黑格儿看来，“概念的否定”（die Negation）决不是完全的否认（völlige Verneinung），也不是归无的还灭论（Aufgehen in ein Nichts），而是因引导现存概念于更高的形态——即是在包含否定反对物的范围内，是更高的——而扬弃着（Aufhebung）的一回事。这么一来，便黑格儿辩证法一方面的否定，正是一方面的肯定；一方面的扬弃，正是一方面的生成。换句话说，就是一方面是消极论，一方面又反转而为积极论了。总括一句话，孔德与黑格儿主义，虽有积极与消极方法的不同，但在孔德欲实现其实证的或科学的阶段之先，多少革命形而上学的一种过渡时代，是必要的。（参看《实证哲学》下册页一二四）即是黑格儿主义的消极精神，多少是必要的。然而消极就是积极，一切掀翻朽腐的大破坏，应该对于新秩序的建设有益处才好，就这一点说，我又不得不深深感激孔德在那个时代提倡“实证哲学”的苦心了。

（五）

最后我应该从上面所说，作一个有力的结论：

第一，黑格儿的辩证法是消极的、破坏的，所以由此形成的辩证法唯物论即唯物史观，也是偏于消极的、破坏的。孙中山先生说“马克思研究社会问题所有的心得，只见到社会进化的毛病，没有见到社会进化的原理。所以马克思只可说是一个社会病理家，不能说是一个社会生理家”（《中山丛书》本《民生主义》页二二），因为唯物史观就是黑格儿的辩证法和唯物论合拢成的，所以就它的本质属性，只能见到社会当进化时候所发生的一种病症。反之依据孔德主义成立的社会学的历史观，才可以发见社会进化的定律。但话虽如此，因为社会病理也是为历史事实而存在，是不能否认的。所以我们不但不要抹煞这个病的社会事实，我们还要应用辩证方法去研究病的现象，病的法则。在这一点，黑格儿主义在学理上，是很有用处的。不过把他扩大来说明社会生理，即社会进化的原动力，便陷于不可能的状态了。

第二，孔德与黑格儿是代表两个不同的哲学阶段，一个是第二时期形而上学阶段的代表，一个是第三时期实证的科学阶段的代表。在形而上学阶段里，固可以用辩证法来解释自然科学，但一到实证的科学阶段，便那应用辩证方法说明一切自然的认识的，都用不着了。如燕格儿所著《反杜林论》《自然辩证法》和 Lenin 所著《唯物论与经验批评论》里，要使辩证法完全适用于自然科学，而成功为自然科学的方法论，这种企图，我是绝其反对的。Deborin 对于黑格儿可算很有研究的一个人，但他在一九二四年至一九二九年和俄国哲学者自然科学者最大的哲学上底论争，即一九二九年出版的《辩证法与自然科学》一书，我不敢说他是成功。为什么呢？辩证法即玄学方法，本有玄学上的地位；归纳法即自然科学方法，也有自然科学上的地位；如不把界限分清，结果必弄起学术界里乌烟瘴气，将从 Bacon, Descartes, Galileo, Montesquieu, Comte 以来才开始的各科学，都完全破坏，而重蹈玄学的覆辙。这在科学还在萌芽的中国，更不知应该怎样努力避免这最危险的“论理的诱惑”才好。

总而言之，我们纪念黑格儿的百年祭，却不要忘却了孔德出版《实证哲学》的那一年。我们知道这两大思想家的学说，实在是相反相成。如果黑格儿的玄想，值得我们纪念，那么孔德的科学论，更值得我们景仰无忘！如果把黑格儿主义叫做“破坏的智慧”，那么孔德主义就是“建设的智慧”了。然而真正的真理，是要包括那破坏与建设，消极与积极，病理与生理，乃至玄学与科学，纵的进化与圆的循环，而成一个大综合的完完全全无少亏欠的大智慧。

一九三一，八月十一日，上海

黑格儿小传

铃木权三郎　著

朱谦之　译

黑格儿（Georg Wilhelm Friedrich Hegel）一七七〇年八月二十七日生于德国伏腾堡（Würtemberg）首府斯塔加特（Stuttgart），他先同乡谢林（Schelling）世出五年，后席勒（Schiller）十一年。在那生地，处处和德国别的地方不同，人情单纯质朴，加之热烈信仰新教主义，虽地属南方，但一般情形，不如说是在北方德意志和南方德意志之间，为北方普鲁士之刚直、严正、合理性，与南方居民之梦想的性格混合。我们在黑格儿哲学中，不注意存于两方面的浑然融合是不行的。冷静澄彻的推理，烈火般探究真理的热心，使我们不期然而然感着愉快，而奏着所谓绝对观念论的交响乐。

黑格儿父亲是他国里的财政官，一个诚实的市民，母亲在黑格儿十四岁时，弃她三子而长逝了。在黑格儿所常发生的回忆里，似乎她是具优美性格与教育的妇人。弟卢道威非为军人，早死，妹库利斯德阿列很久和他亲热地结着兄妹的感情。

黑格儿五岁入拉丁学校，七岁时入学于当地 Gymnasium。在 Gymnasium 中，他最爱读各种书籍，尤其是希腊的诗文。他喜欢 Sophokles（悲剧家——译者），曾再度译他的戏曲 *Antigone*，而 *Antigone* 怎样长久影响到他的思想，这在读他的书，是很容易知道。即在这时黑格儿有个很明显的特色，就是他读书时，一遇好材料，即有造成真实内容的节要的习惯，而且这是经一生这样干的。这种态度，一方面表示他思想的客观，即认真的态度，一方面却为内容丰富的哲学，作准备的工夫。

一七八八年黑格儿十八岁时，离开 Gymnasium，在 Tübingen 大学的神学研究室，费去五年时间，和同时在一研究室的诗人 Hölderlin，及二年后成为挚友的谢林间，结一奇缘。恐怕在 Tübingen 五年间，由黑格儿一生看来，是最富于青年思想的时代罢！热烈地影响到他们青年的，是卢梭（Rousseau）与革命，前者使黑格儿与 Hölderlin 及其他友人，共同耽溺于柏拉图、康德等的研究，后者传说驱使他们在很好天气的一天，和谢林同到 Tübingen 市场，树起自由的纪念树。但是黑格儿不单是法兰西革命的赞美者，在他心里，已潜藏这时代的冷静的反省，对于浮薄的感情主义，而持反抗的。他那直观现实的眼光，那样似的深思熟虑，甚至在友人间，得到“老人家”的绰号。但在这思虑背后，永远燃着追求真理的炽烈的热心，像 Dilthey 所说，实在他“即在青春过去成为老年的时代，在他胸里还是不绝地燃着熊熊的火焰的人”。这种特征，在这时代黑格儿遗著叫做《国民宗教与基督教》那篇论文断片中，很可以看得出来。他不满足于那些空口说白话的，或卖膏药似的，说什么“启蒙”呀，“人类的知识”呀，或“种族的进化完成”呀！他排斥为法兰西革命原理的抽象的自由，而立志从事具体的国民精神与国民宗教的勃兴，以救济坠落的现代。我们在散见于这个断片中的许多话，很可看出他后来思想的萌芽。

一七九三年大学课程完毕，黑格儿想充当牧师，不如希望在学问上立脚的好。于是选当时好学人们所取最方便的生活方法，在一八〇〇年至六年间，充家庭教师，前三年在百伦（Bern），后三年在富兰福特（Frankfort am Mein）过活，这是在他生涯中开始最沈潜的思想生活的。在百伦，黑格儿寄寓于百伦贵族家里，在此得到亲自观察当时代表的贵族政治的机会。他离开故国，离却友人，在静默的生活中，他的冷静观察，越发变锐敏了。同时因为不绝和谢林以文字往还，对于渐次成熟长足进步的德意志思想界，是非常注意的。菲希特（Fichte）、谢林、席勒等大出风头于革命后骚动的物情中后，始给新世界以一道新光，同时深深地感动了黑格儿。他在激烈的刺激之中，更沉潜于独自的思索，其研究也渐渐由神学的方面，而进展于哲学的方面。在百伦时代，黑格儿所著片断的书很多，就中特以《耶稣的生涯》《基督教的积极性》为最重要。又他的《Alp旅行记》，亦无遗憾地传出他的风格。当居留百伦末了，他献给Hölderlin的诗《Eleusis》，可算潜在他思想的深渊里的炬火，那幽玄的章句，把“一即一切”这真理的认识与思慕，吐露之于直观和想像之中。一七九七年初，黑格儿因Hölderlin的介绍，做一个商人哥格尔家的家庭教师而赴富兰福特，与寄寓同地的Hölderlin叙其契阔。住富兰福特时，他思想的痕迹，可从《基督教及其运命》及《一八〇〇年的体系断片》里看出。前者较百伦时代的研究，更深入于哲学的，对于宗教的解释，道德性与感性的关系，黑格儿发表独自的思想。对康德则意识地提出反对，尤其以生命、运命、爱三观念，所表现形而上学的思想。可见黑格儿这时代的体验是如何精深。同时后者表出他用辩证法纯化了他的方法的具体形态，其断片之文字晦涩，是如何难于道破所达到的精深体验，更不消说了。一七九九年一月黑格儿的父亲死去，承继了若干遗产，因此经济上的安定，使他决心到哲学的中心地耶拿（Jena），想在当时名声啧啧的谢林之下，开始从事学问的活动的计划。

一八〇一年一月，黑格儿到耶拿，后即为该处大学的私讲师，开始他的讲坛生活。这一年他最初发表论文《菲希特哲学体系与谢林哲学体系的不同》，更公表就职论文《关于游星轨道》。继之一八〇二年，与谢林共刊行《哲学批评》杂志，在那里揭载下列诸论文:《哲学批评的本质》《常识与哲学》《怀疑论与哲学及其关系》《信仰与知识》《自然法论》，又在教坛充当讲师，助教授（一八〇五年任命）之六年间，讲了论理学、形而上学、自然哲学、纯粹数学等。从此等著作的内容来看，黑格儿当时实全追随谢林的思想，而为其辩护者，但在内面，他自己的哲学已到要准备和谢林决裂的时候。而且我们还可看出在百伦，富兰福特时代的思想，在耶拿时代已纯化为论理的，培成了在《精神现象论》里开花似的黑格儿的哲学。

一八〇六年十月十三日，拿破仑击破普鲁士军，长驱陷耶拿，这时正好黑格儿在隆隆炮声之下，完成他大著《精神现象论》最后的一章。他一身穷困无依，避身于故友前总长嘉布兰那里，他给友人 Niethamme 很感动的信说:“我看见皇帝了，看见世界灵魂骑马在市中巡行了，看着这里一方骑马过去，一方从一角里伸手向世界全土而支配它的个人，好像有什么奇异之感似的！”他恐怕没有预期他所带原稿的伟大不朽，比这地上支配者优越多哩！即在普鲁士一国，这也是无价之宝。实际，在翌一八〇七年出版的这本《精神现象论》，在人类完成的伟大功绩中，也是有大书特书的价值的。《精神现象论》描写出从他最初直接的感觉性，到达于绝对知识的荆棘之途，描写出“发见的航海”。

耶拿陷落及大学封锁，使黑格儿再陷于穷境。但侥幸的是依友人 Niethamme 援助，一时充班堡（Bamberg）新闻编辑，更在一八〇六年为 Niethamme 招去充当 Gymnasium 校长（当时 Niethamme 为巴依埃伦的教育部长官），至一八一六年止，在努因堡（Nürnberg）送他八年活动的且幸福的生涯。他为 Gymnasium 的哲学教育，著《哲学入门》，且在许多演说中，发表他教育上的意见。一八一一年九月当时已四十一岁的黑格儿，和努因堡市顾问的女儿马利亚结婚，这位长久孤独生活的哲学者，才第一次逢着快活的幸福生活。他寄信给友人Niethamme说：“我达到地上的目的了，为什么呢？在这世界只要有职业和妻子，便什么都完全了，只有这两个，是一个个人应求的主要条件，其余都不过他的注脚而已。”这不是很可看出他的真面目吗？他和妻马利亚间，生下两个小孩，一八一二年黑格儿发表其第二主著《论理学》第一部二卷，十六年著第二部，完成了在努因堡时代最大的收获。

一八一六年他同时受Erlangen, Berlin, Heidelberg三大学的聘约。但他决意应Heidelberg大学，在彼讲哲学讲义二年。到一七年，他刊行第一版的《哲学的诸科学集成》，在大学里讲哲学史、美学等，更在《Heidelberg年报》投稿关于《Jakobi哲学的批评》,《Würtemberg的政体》两篇论文，当时他哲学上的弟子还比较的少，仅不过Cousin等数人受他影响而已。

一八一八年，黑格儿继菲希特后任为柏林大学教授，在此地过他最后极盛的十几年。当十月二十二日开始上课，述他就任演说时，他说：“求真理的勇气，对精神伟大能力的信仰，这都是研究哲学的第一条件。人们应该尊重适合自己的这个最高存在。精神之如何伟大与雄力，这里已不烦多说，而认识那隐秘于宇宙中的本质，却是不可抗的勇气，一定要把那富和深陈列于认识的眼前，而享受它吧！”燃烧着的这种热烈的希望，使黑格儿顺序讲述他历史、艺术、宗教、国家、社会等哲学的意见。又在一八二〇[①]年发表《法律哲学纲要》，在序言里有一句含很深意义的话，即“现实的即理性的，理性的即现实的”，因此黑格儿的名誉益高，从各地来学的人很多。即

① “一八二〇”，原作“一八〇二”，据上下文改。——编者

如 Marheineke, Gans, Michelet, Hotho, Strauss, Bruno, Bauer, Erdmann, Rosenkang, Feuerbach 等，在这里急速地宣传黑格儿哲学，使黑格儿学派抬头起来。和他青年期隐退的研究生活相反地，在柏林时代的黑格儿，变成快活的社交的黑格儿，并且和他难信难解的哲学相反，而其人格，宽厚地恳切接待相识的弟子。曾亲受黑格儿指教的 Hotho 教授，叙他的印象，有一段说："……用巧妙讨人喜欢的音调，这不是先生的长所，但有时恰如有市民礼貌的谈吐中，既合时宜，且杂以诙谐；有时要认真，也很有严肃的气象。因为无论何时，都表示神气十足，所以包围先生的人，无论谁，都自然受他感化。……在埋头研究的青年时代，他是非常隐退的，反之在晚年却好像很好的交际家了。而且先生思想精深，似乎要在别人的平平凡凡中得个调和一样，先生尤其格外欢迎那普通样子的人。……来求先生帮助与指导的，他不厌费去时间，对他献出忠告、试练、确实的谈话。柏拉图在《宴飨篇》中，赞美苏格拉底（Socrates）在宴飨方酣时，持着很冷静的态度。夜深后，他周围的人，醉的醉了，或退席的退席了，尚留着与 Aristophanes 及阿嘉东倾大杯盏，从事哲学的论战。……实在我们所见的一切人中，只有黑格儿先生一人，可以仿佛这种愉快的生活的乐趣。"留柏林中，只有一八二二年，二四年，二七年，黑格儿旅行了荷兰、维也纳、巴黎，亲近了新的文物，尤其是绘画、音乐等艺术，这是对他《美学讲义》，贡献许多材料的。一八二七年，在黑格儿指导之下，创刊《学术批评年报》，他在这里发表八篇演说。一八三〇年就任为柏林大学校长，就任的演说中，他极力说及关于自由精神与大学自由。翌年著《英国宪法改革论》，是黑格儿受当时——为欧洲政界投一暗影的——七月革命刺戟而发表的政治观。一八三一年的夏天，虎列拉病猖狂极了，在这期间，黑格儿因感从前发表的论理学种种不满，正在改订，写道："听说柏拉图曾七次改正他的《国家篇》，但当逢着近代更深远的原理，更困难的对象时，却不可不经七十七次推敲的工夫。”这样序文，同时在第一卷再版发表。但写这篇序文之后七日，刚刚新学期功课要开始的时候，实为一阵激烈的腹痛所袭，经一夜苦恼之后，家人闻变赶来看护，他却在睡眠中安然去世了。时正一八三一年十一月十四日，午后四时十五分，享年六十一岁。

（译注）案关于黑格儿传记的著作，重要的有 R. Haym（*Hegel und Seine Zeit*. Berlin 1857, Neue Aufl. 1927），F. Rosenzweig（*Hegel und der Staat*, München und Berlin, 1920），H. G. Hotho（*Vorstudien für Leben und Kunst,* 铃木权三郎译《黑格儿的回忆》见《理想》第九号黑格儿研究号），K. Fischer（*Hegels Leben, Werke und Lehre*, Heidelberg, 1901），W. Dilthey（*Die Jugendgeschichte Hegels*, Leipzig, 1921），栗林茂译《黑格儿的青年时代》见三田哲学会编《哲学》第五辑。又《黑格儿及辩证法研究》昭和四年八月号，本地麟一郎译《黑格儿的柏林时代》（即本篇之一节）等名著，此篇译自铃木权三郎著《黑格儿略传》，见《理想》第二十二号黑格儿复兴号。又汉译 Will Durant《古今大哲学家之生活与思想》第六章第八节（页 453—464）《黑格儿略述》，亦可参看。

九月十五日，上海

黑格儿与德国浪漫主义

吹田顺助　著

朱谦之　译

（一）

黑格儿有时称为浪漫派的哲学者，他的哲学常认为浪漫派哲学的合理化或完成。但是关系不是那么简单可承认的，第一所谓浪漫派哲学，或是思想，主要是指初期的浪漫派。可是哲学上的浪漫派，和一般文学史上所论断的，断不能完全统一。精神上纵然统一，论理上仍不一贯，把这个来和有整然体系的黑格儿哲学比较一下，在论述时常常感着困难罢！更就浪漫派来说，如优李乌斯·柏宅鲁翦说过似的，有历史概念的浪漫派和心理概念的浪漫派，两者时时不免于矛盾冲突（参照《德国浪漫派的本质规定》）。例如所谓"空想的""热情的""非合理的"等心理概念，为浪漫主义的主要要素，那么在所谓浪漫家之中，却不少有冷静的、理智的、批评的人物。于是黑格儿与浪漫派发生关系云云，是指着那个意思的浪漫派，这就成为一个问题了。

将以上事实考察一下，两者比较来看，其间似乎存着许多的异点。第一，黑格儿哲学是泛理论，是以辩证法为他思想体系的骨子，如 Kroner 给黑格儿哲学以非合理论的特色，也没有什么不对。但从大体来看，无论怎样总不能不说这是一个大合理论。然而浪漫派哲学，却是非合理论的，如哥鲁夫所说，就是非合理主义的观念论（这一点以后说明好了），那是要排斥理智，取消论理，提倡空想与直觉，有时走向主观放肆与浪漫派的 Irony 的也有。只就这一点来说，已经大不相同了。第二，黑格儿哲学是观念论，施查鲁止曾把他看做观念的实在论（Ideal-Realismus）（参照《从 Schiller 到 Nietzsche》），但是主张思维内容与思维对象的同一性，否定那现实世界可脱却认识而独立存在的现实的对象，这才是纯粹的观念论。然浪漫派哲学一方面是观念论，一方面又实立脚于自然哲学之上，隐约间含着实在论的倾向。那是 Friedrich Schlegel 在 *Ideen* 里所暗示的思想，可称为浪漫派的一元论的（参照瓦鲁埃鲁著《德国浪漫派》第一卷页五五）。因为在“有限”里可随处启示“无限”，因为宇宙经过个个的现象，才可认识出他的光荣，所以浪漫家要学着去爱有限、现实。即如 Novalis，他一方面可叫做 Magischer Idealismus 的唱道者，他方面却有走向“所与性”哲学，或实在论的倾向。（尤其浪漫派的自然、现实的观念，在黑格儿所谓为精神他在的自然里，在人类共同体所启示的客观精神里，更可以看出观念论的合理吧！关于这一点留在后面再说。）

第三，浪漫派的自我、个性的观念，是从菲希特（Fichte）的“我”派生出来的。那不外乎将元来形而上学概念的“我”，翻译为经验的心理学的意思。黑格儿的“我”，也许就是菲希特纯粹我的发展，那绝对的我，绝对的精神，不消说就是形而上学的概念。第四，浪漫派的中心思想为个性主义，在个性自由奔放的活动中，可看出甚深的意义。反之黑格儿认国家为道义的完成，道德观念的具体的实现。国家由他看来，不是为个人、社会的利害结合而设的手段，应该说就是以其自身为目的，为所有目的中最高的一个。而且国家并不排斥个人，但将个人作为他的因子包含着。换言之，即“个”是含有于

“全”之中，但这么一来，便止成为个的存在而存在了。（参照嘉诗拉的《Hölderlin 与德国观念论》）像这样看法，可以说就是将浪漫派思想的主要特质扬弃了。尤其浪漫派是个人主义的，同时如柯鲁古杭所述似的，也多少抱着共同团体的感情，如国家的意义，也为 Novalis, Schleiermacher, Adam Müller 等所十分认识（参照柯鲁古杭著《人格与共同团体》）。固然这只可看做浪漫派个人主义思想的转移，而要之从这意味来说，大概和黑格儿思想没有什么扞格冲突吧！最后黑格儿为人，是极冷静的、论理的、意志坚强的，总之可说是带 Nüchtern 的性情，一向没有那浪漫的梦想的倾向，乃至惑溺感情或非合理要素的一个人。我们对于这样人物，很容易在亚里士多德型里感到他，大体和柏拉图型的浪漫家，是有许多不同的。

但不管有这些异点——这或者不是异点，也说不定——黑格儿哲学仍可看做浪漫派哲学的完成者，这是根据什么理由呢？黑格儿在为“再建那为康德所破坏了的”思辨哲学的领袖以外，要是不认其有更特别的内容的关系，介于两者之间，那么像这样说法，除了单为时代的概括名称以上，还有什么呢？

（二）

因为要了解黑格儿与德国浪漫主义的特殊关系，我们试换个方向来考察那参与黑格儿哲学发生时的一些历史事实。关于这一点 Dilthey 在《黑格儿的青年时代》中“在神学研究的关系里，黑格儿世界观的发生”一章，给我们以许多暗示，该把这一节（页 54—60），简单说明如下：

一七九五年至一八〇〇年间，正在要造成黑格儿时代流行的新的客观观念论的运动当中，发生了黑格儿神秘的泛神论。当时恰好文学上的一个新运动，先后发生于柏林、耶拿及 Dresden 的时代，

Hölderlin, Friedrich von Schlegel, Novalis, Schleiermacher 等和谢林（Schelling）及黑格儿均在同一方向进行。可是黑格儿的日记和他一些书籍里，没有说出这种氛围气，是那一部分影响到他。尤其是考究到谢林给黑格儿泛神论的世界观以多少影响？当时一般占优势的泛神论的倾向，和康德及菲希特所引起新形而上学诸要素的影响？那就年月日不甚分明的笔记里，到底是不容易确说的问题。但从至此的发展史来看，黑格儿从菲希特的纯粹我出发，进到绝对我的构成，此在主观里而为普遍妥当的。结合着所有思想者们所从事的，从超越的关系构成宇宙。只这一点，我们很明白地看出是受谢林的影响。

他在观念里表现着无论那个形而上学的天才，还没有看到的现实的一面，而这方面更融合于他形而上学的体验里面。就传记看来，这是有体验过程的一系统，由于在这些里把握着一个普遍的事态，这些便成为哲学的体验了。体验的强度与非个人的态度，于体验里把捉普遍事态的能力——那是形而上学天才的必要条件——在大形而上学者黑格儿，是应有尽有的。（施查鲁止在前述著作里说："做成黑格儿浪漫根底的，从所有外面，可说基于纯粹论理学的他的世界形象，却是先依据于最深固有的考察来的。"）他和他的朋友们一样，废弃了精神所认为属于没关系的权威之下的。例如他否认在人格的关系里而有对神力的支配，与服从的种种形式，将这种关系变为人类相互的接近，人类与自然的接近，及人类与神诸力接近的关系，他只要将自己看做神"完全"的一部分感受着。

这形而上学的天才同时和他历史的天才相结合，这一点最早他的研究方法，便和其他同努力的侪辈不同。例如 Friedrich Schlegel 的历史知识，是比较包括的，比较为方法的，但他尚缺乏如黑格儿所抱那样在各概念里把捉普遍事态的纯粹性、强度与恒久性。他在所有现象当中，注入他体验的深度，而且在这时候完全持客观的态度。他在将意识的历史形态追到最后的深处，同时他可把历史世界的丰富，概括于自己之内。他将与概念诸关系——这些是使他将精神的关系发展着的——的同一关系，再见于宇宙的关系及历史的关系里，这种三样关系的同一性，遂成为他思想活动的基础。

在黑格儿内部的这些问题，曾否因一七九五年谢林所著书引他入于绝对的自我的泛神论，这还不能彻底看得出来，可是黑格儿泛神论的方向，是由于谢林那般大胆而神速的举动而决定的。还有谢林的《关于知识学解释的论文》，废弃了主观与物自体截然不同的认识，对于占优势的康德哲学所行的批评，的确影响到黑格儿。在谢林一七九七年，宣言自然为可见的神时，黑格儿也表示着同样的主张。黑格儿把主观及客观关系作为同一性认识的问题，看做解决了似的，所以对于认识论几乎不持何种要求。其后谢林在一七九八年《世界精神》里，表现宇宙 ideell（理想的）关系的概念，正是这时代黑格儿占优势的概念——“生”的概念。谢林说：“生是共通于一切生活个体里，他们互相区别的，只不过生的方法罢了。”“生之普遍的原理，于各个生活的个体里，而个性化了。”“一切事物（不单现象且于无限段阶里而接近个性的）的本质，就是生。”像如此这般的命题，即在黑格儿的笔记，也几乎照抄似的反复着。而且比较谢林将普遍的生活看做精微的有机体来决定，且因与康德同样地对此诸部分的“全体”关系而下定义，这也是在黑格儿里看得出的思想。但在他是——这是很重要的异点——一个世界全体性的概念，对于悟性思维的诸关系，这样论理的对立，便成他全思想世界的中心点，而且主张有这个意义。尤其这纯粹生的概念，如以为黑格儿完全得自菲希特及谢林，那就未免太早计了。为什么呢？因为 Hölderlin《毕皮林恩》的第一卷，已经是贯串着这个概念，而且谢林对进化史自然解释的进步，在当时黑格儿笔记里，是看不出来的。

（三）

以上为一八〇〇年前后包围黑格儿思想的氛围气，这很快发展为他绝对精神的生之概念——和谢林、Hölderlin 共通的生之概念，不可不说是黑格儿所以与德国浪漫派相结合的。黑格儿和两位朋友，在 Tübingen 时代的深交，这谁也知道的，可是这时代和后来 Hölderlin 曾受黑格儿等如何影响，又黑格儿等曾受 Hölderlin 的如何影响，这如 Dilthey 和嘉诗拉所说似的，是不能确定的问题。那生之概念同样地酝酿于德国浪漫家，这据布令古曼的研究，是很明白了。（《德国浪漫派里生之观念》一九二六年）更在此以前，赫德（Herder）*Ideen* 第五章“关于斯宾诺莎 Spinoza 对话的第五讲话”及哥德（传为一七八一年所写《论自然》一篇）所已暗示着或形成着的思想，结果这些诸家共通的生之观念，于 Spinoza 的万有一元论发其端，更由 Lessing 及 Jakobi 而普及于德国思想界，成为通贯时代的普遍的精神。换一句话来说，即作为一个思潮，将当时各种精神包围着，而且各自依各自的宗派，将它成为自己的，这大概是不会错的吧！次就 Novalis 生之观念与黑格儿生之观念比较一下，便可看出两者的关系。

浪漫派的“自我”，不消说是从菲希特的“我”派生出来的观念，但是彼等浪漫家不能满足于菲希特之排斥作为非我的自然，这就 Hölderlin 对于菲希特的关系说，也是一样。（嘉诗拉）他们尤其是 Novalis，要将自我（精神）置于和非我（客观）同样的价值上，先取结论来看，要不过想废弃那观念论与实在论的对立罢了。Novalis 说：“要规定自我，我们应先将此和某物发生关系，关系是依区别而行——依于两者存在的一个绝对领域的 These 而行，那就是存在（Nursein）或浑沌。”（*Studienhefte* Ⅲ）即将包括全存在于他自身之中的更高事物，他叫做浑沌。他更进一步说：“要是尚有一个更高领域的话，那大概是存在与非存在间的领域，摆动于两者之间——一个不可言说的东西吧！而且在这里，我们便得到生之概念。”依他意思，所有哲学都是以存在为目标，存在以上，不是我们认识能力所能达到的。生——这个唯一不断之流，是不可言说的，非合理的。因此这种生之观念，不是在心理的历程里所可发见。还有这种形而上学原理的生之观念，应该和从自然科学上的生活历程有个分别。（他受当时自然科学的影响很深，关于这一点现在且不说它。）而且生之形而上学与进化的观念，在他是有内面的必然关系的。在那里进化历程是照浑沌——两极性——综合的系统来表示。生若要是进化的，那末所包括的一切事物，人类及自然都非为历史的发展的历程不可。而且这种历史的发展，更依生之本质而决定，即为有机体的历程。而且生之反对不是死，死由个体看来，不是完结，不是绝灭，那不过变化而已。死是有升到更高事物的可能，为要确定认做无限运动的生的性质，死是生之必然的前提。

即就 Friedrich von Schlegel 在一七九三年给哥哥 Wilhelm 的书信，也表现着生之观念。他在那里说“无限的充实”，“无常生活的永久之泉”，把理性叫做“比较高尚的生”。而且他所谓生是基础于内的分裂上，所以是永久的浑沌。在他那里，缺乏了可把捉其意思的可能性，其意识要不外乎是 Irony。由他看来，或由 Novalis 看来，无限的生是一个究竟语，可是后者认运动停止时的统一，前者却只看见无限的运动。

我们还可述到 Adam Müller、巴德鲁，尤其谢林关于生之观念。但这里只好割爱，立即来说黑格儿。黑格儿发生生的观念，已如上所述，但在他纯粹的生——那又具有精神的特质的——是认为世界全体性而被规定。那不是认为复杂性统一的抽象法则，却是包括“多”于其统一里的“全”，部分只要它们和有生命的统一结合，便成机官。精神是在生之全体里，综合着各部分。而且这种生之全体，正是世界全体性“一个统一里复杂性的综合”的精神，是于个体精神的关系里体验着的。自然在那里不就是生，却是“固定化的生”，是依于反省——在那里个体从全体分别出来——而固定化了的事物。那不过基于对立为“一个无限中的有限”罢了。个体生命的人类，只要他是个部分，从其他区别出来的某范围，是存在着。但同时他决不是独立的部分，而只在于全与一的某范围里，是存在着的。这么一来，生是对立的，同时又是合一的，悟性不能同时思维两者，为什么呢？因为一个肯定常含排斥其他一个事物的意思。悟性要一面认识着生，一面把捉着生，是不可能的。因为要超越思维与无限的生。主观与客观的对立，是不可能的原故。无限的生，普通是不可理解的，但是有限的生，因为那是有生命的，所以在宗教里可以上升到作为纯粹生命的神。生的一个特质，就是发展。是从未发展的统一，到反省（分离），再从那里到合一（爱）的发展。可是这种发展在那个以上，便没的法子追究。关于自然里面的发展（进化），当时尚未论及，这就是从一七九五年至一八〇〇年支配黑格儿的所谓“神秘的泛神论”的大意。Dilthey 将这种“神秘的泛神论”把他简单公式化如下：“在世界全体性里，而能实现的精神的无限生命——那不是悟性所能把捉，只由于达到心灵之宗教的纯静观时，才可以得到他。”（《黑格儿的青年时代》页一五四）

黑尔格与浪漫家所抱的共同点，就是确信生之非合理性，把握着最高综合的爱，和发展系统的看法。但我们在黑格儿里是不能看出如关于自然之无限生产性的谢林的见解，和所云生是无限的生命，这样 Novalis, Friedrich Schlegel 的理论的。黑格儿完全从思维的关系形式，尤其是从“全”对“个”的关系出发，因此他所说生之观念，统一、无限与其他观念都和浪漫派不很相同。由他看来，无限是与无限生成之中发展着的充实，是同一的事物。要之，黑格儿是缺乏动学的发展概念的。还有一个，因为他不从自然哲学出发，而从历史，尤其是宗教史出发的原故。依他似无限的规定，也是依据纯论理的要素来决定的。

以上我们着眼于生之观念，来探讨黑格儿与浪漫派的关系，但不能说即只此而止。浪漫派的国家观，在黑格儿的国家哲学里成怎样的组织呢？浪漫派的艺术——黑格儿把他解作基督教的艺术，哥特式艺术——在黑格儿的美学里，拿它和东方艺术，古典艺术相比，是含着什么意义呢？奥托·布兰温所谓浪漫派的“近代历史意识”充满的历史精神，在黑格儿历史哲学里，结果是成怎样的合理化呢？——关于这些问题，可讨论的恐怕还很多吧！《德国浪漫派》的著者鲁卓鲁夫海穆，在同书结论里，述到浪漫派最巧妙的文学精神，和大规模的合理化，同样地行于黑格儿的哲学里。在那里浪漫家美学计划之一些批评的，体系计系之一些历史的，与宗教的道德的计划之一些艺术的，互相支持、交错，互相集合、贯彻着，然而在那里同时浪漫家逸出自己范围而完结了。现在对这些问题已无暇来讨论它。

总而言之，浪漫派之“萌芽的”“流动的”“断章的”“非合理的”，在黑格儿哲学里，才可看出结实、定形化、组织化来。然而这并不是黑格儿哲学否定了那动的发展的要素，在那里实包藏着与浪漫派意义不同的发展要素，至于把捉这些要素，以此来解决现代思潮的纷争，因而指导了他的趋势，这正是现代黑格儿学徒的职务了。

（译注）本篇译自《理想》第二十二号《黑格儿复兴号》页93—105。可参看大西克礼著《黑格儿的美学与浪漫主义》，见国际黑格儿联盟日本版《黑格儿与黑格儿主义》页277以下，昭和六年五月岩波书店刊。

十月十二日，上海

黑格儿的精神现象学

大江清一　著
朱谦之　译

（一）

一八〇七年是属于有很深的历史意义的时期，即在一八〇六年十月，在拿破仑率法兰西军队占领耶拿那一月，黑格儿刚好写完《精神现象学》的最后原稿。黑格儿对英雄拿破仑在感叹与战时不安之中，将《现象论》最后的二三十页脱稿了。当黑格儿寄呈此书给住在 Munchen 的谢林（Schelling）时，关于此书最后数章，作如次之申明:（一八〇七年五月一日）“关于最后部分太不完备，请原谅一下，因为完成这原稿时，正当耶拿战争（十月十四日）的前夜半。”

黑格儿从一八〇三年秋至一八〇六年秋，为思想的展开，拟著《学术的体系》（*System der Wissenschaft*），其第一部即著此《精神现象学》。但这种计划，不曾完全实现，到头只著第一部就完了。然而黑格儿在这书里，脱却谢林的影响，要严密将哲学成为学术，这种思想却实现了所要完成的学术体系的一部计划。这样说现象论可算就是他自己思想诞生期里最初丰饶的果实了。又如 Weiss 所说，即组成他体系的预备学，以现代语来讲，可说就是黑格儿哲学的哲学概论罢！

然而这是从现象论的立场说，此书实含黑格儿的全体系。若我这个序文里，则不及述到现象论全体的内容，而只就这里所译序论，在有助于其内容的理解上，简单一述什么是他哲学的本质。

（二）

此序说，如 Haym 所云，不单是现象论的序说，实即简单明了叙述黑格儿全体系的纲领与特质的，同时又特别是对谢林哲学及浪漫主义的思想，为很详尽的根本的反驳。所以此序说最好给他一个名称，叫做“谢林和黑格儿哲学体系的差别”（*vgl. Haym*：*Hegel und Seine Zeit* S. 215），当然此序说不但对谢林哲学的否难论驳，也含着对于康德（Kant）、菲希特（Fichte）的形式主义或反省哲学的批评。同时成为这种批评论驳的黑格儿哲学立场或方法，因而为他体系的骨格的，在这里很明白地叙述着。所以如 Haym 所说似的：“完全理解此序说的意义的人，即谓为理解着黑格儿哲学的人，并非过言。”（Ebda.）像这样地有极深含蓄的序说啊！所以此序说不应该很快地读完他——实际这也是不可能的——应该充分地熟读再读着。

此序说的，不一成为黑格儿哲学体系的枢轴的，是什么呢？这不消说是他的辩证论（Dialektik）或辩证的方法（dialektische Methode）了。当黑格儿写《现象论》时，一方面依存于康德、菲希特的德国观念论，现出它丰富的果实；同时一方面却是浪漫主义思想极端表示其逃避世界或孤立性思想的时代；而这就是黑格儿正在使自己哲学萌芽生长的时代。所以黑格儿仍完全站在浪漫的思想之中，而更努力于新哲学的建设。如 Weiss 所说，“黑格儿哲学最好的意义即在于负有这两重意味的特色，这就是一方面有要求认识与生活统一的浪漫主义的热情，而他方面有求普遍性与扩大性之不断的欲望，即将全复杂性与全现实，在以上统一之中努力把捉着”（Weiss: *Einleitung zur Phänomenologie*）。Windelband 将此特色用“浪漫思想的合理化”一语来表示，实在黑格儿辩证法的特质，也是存于这一点的。具体的来说，即一方依于由谢林或浪漫主义的思想保着知的直观或感情，一方面由康德、菲希特等而注重反省的思维，把两者用独自的方法综合起来。这就是成他体系根本特征的辩证法的问题了。

由谢林看来，只有知的直观才可以到达绝对依据，反省的悟性是不能将绝对把捉着的。因此这种知的直观和反省毫无关系，只要依自己一刹那的绝对的直观，便可显示绝对。但是这种绝对是无自觉的，无自意识的。一句话来说，如黑格儿譬喻那样，不过是“黑夜所见的一切牛，都是黑的”罢了。所以依据谢林知的直观底同一哲学，没有主客观的区别，又只那无一切差别之无差别界孤立存在，且不得不止于此。然而即因固执那无差别界的原故，反而从差别界即依于反省的世界区别出来，所以结果又不得不取一个形式了。黑格儿不承认这种固定的绝对，以为谢林所主张的绝对，不过哲学的出发点，所以“谢林所认为终局的形态，黑格儿看来，却是始源的形态”（Croce: *Lebendiges und Totes in Hegels Philosophie*, S. 39）。黑格儿说过：“形式主义有空虚的广，同样又存有空虚的深。”（原书页九，译书页四四）即依谢林所谓绝对，是有空虚的深的。在“这绝对里，一切东西都是一个，一切东西都是一样的”（原书页一四，译书页五二）。反之，在“单一的知识”里，又陷于“单色的形式主义”了。

“实存于真理中的真实形态，才可成功一个真理之学术的体系。”（原书页六，译书页三七）“真的东西是全体的，然而全体必定依其发展而完成自己，同时为本质的。所设绝对，在本质里便有结果，于结局里才始真为绝对。”（原书页一六，译本页五七）即黑格儿辩证论的体系，是从那个始源的绝对出发，而归宿于此结局之真的绝对。在这里为证明始源与终局的同一，遂成完结的圆形论证。然而谢林的绝对，于其中不含差别，是孤立之绝对的同一，那是陷于没有运动，极呆板单调的知识的。黑格儿批评他，那是“和皮相观察是一样的”。他发见了脱出这呆板的“绝对的同一”的途径，就是辩证法。“始源，原理或绝对，要是最初直接表现出来，那不过是普遍者罢了。当我说‘一切的动物’时，这句话在动物学里毫无用处。同样地应该注意这精神的东西，绝对或永远等名词，也是不能表出含于其内的是些什么。”（原书页一六，译书页五七）若要把握含于其中的东西，这些便非依据于反省这些自己的思维不可。“这话事实上只不过表现着为直接者的直观罢了。从这话更进来说，即连一命题的成立，也含着向他的生成（Anderswerden）且向他的生成有非回转头来不可的，那便是一个媒介。”（原书页一六，译书页五八）这个媒介是不可避免的东西，要是避免着，反而“出于不知媒介与绝对认识这个东西的性质”。（同页）那个媒介，即是反省，可以说就是“直接者的本身”，是应该认为“关于绝对之积极的要素”来把捉的。即于直观所给与活泼泼地即自态，只有这个里是无差别的，如前述是“黑夜里所见一切的牛，都是黑的”，借康德的话来说，就是“盲目”。那是由于反省其自己自身，才能获得意识着的形态，即知的形式。无形式的内容，反而自己是空洞的、虚无的。黑格儿叫他“单纯的概念”，叫他“空虚的原始性”，不如批评之为“单色的形式主义”。谢林哲学即相当于这个批评的对象。

如此“即自态即抽象的普遍性，在他自己的性质上，便有要为对自的（für-sich-zu-sein）的倾向（即在那里由于固定了形式这回事），对于一般所云形式的自己运动，便忽略过去。”（原书页一五，译书页五六）在那里想永远住在神圣的世界，同时实在就是离开现实，固定于抽象的空虚的即自态里，然而事实，即自态是不在那里停止的，是要展开的。即自态要充当对自态这已经是一个发展。然而即自态不满足于止为自己对自态之抽象普遍性的形式。为什么呢？因为即自态的本质，不止这样形式而已，是应该有内容的，在这种即自态与对自态的对立关系里，所以自觉矛盾者，是因即自态依据对自态而再反省其自身的原故。在那里那个矛盾是不能不否定了罢。因为否定了那个矛盾，那对自态——依照黑格儿特别的用语法——便扬弃了而复归于元素的即自态里。可是那个即自态，不是始源里单纯抽象的即自态，而为将对自态含于自己之中的即自且对自态。然而这即自态和所云即自且对自态，不是各异的，而为原来同一事物的发展。于这个意义上，所谓始源和终局是同一的。在这里扬弃一语的意思，是将始源里即自态，持扬到较高的即自且对自态的意思，同时又含着废止那对自态又同时保有着自己，这就是包含以上三个意思的这个 Aufheben 的译语了。

因此所以黑格儿所云直接的或本源的即自体，不但内容不可固定，即可固定的形式，也是没有，而最好是用"有生命的实体"（die lebendige Substanz）这句话来表示。"这有生命的实体，便是存在。其存在实为主体，或实际可称为现实的某物，可是那只不过自己定立的运动，或只限于自体以自己为媒介的范围内，生成其他之物。"（原书页一五，译书页五五）所以这个实体不停止于即自态里，是否定了自己而为对自态的。但如前述，即在对自态亦不停止，于是更扬弃了此否定（否定的否定），发展而为即自且对自态，当然再复归于始源的即自态了。黑格儿说："要是说形式是和本质同样的话，于是以为认识作用充分满足于即自态或本质，就是没有形式也行，这样想一定是误解了以上理由的。——即谓在绝对的原则或绝对的直观里，可以省却前者的完成，或后者之发展，那也是一样的误会。当然形式由本质看来，好像它自身似的，是非常必要的。”（原书一五——六页，译书五六—五七页）反面来说：“依知识的主观而将唯一不动的形式适用于现存事情的任何方面，从外面搬进材料于这静止的原质之中，像这样事情，同内容不定的想像的意思一样，差不多毫无所要求的充实。即几于一点也没有从自身涌出的丰富的内容，和规定自己诸形态的差别的。”（原书一三页，译书五一页）这关于谢林形式主义的批评，也可看做对于康德及菲希特等形式主义的批评。所谓形式与本质（或内容材料），是应该看做同一者在自己发展中的二要素。这样从事自己发展，“有生命的实体，是认为主体而有纯粹单纯的否定性的。当然由此而有单纯性的分裂，或对立的二元化；更由此有这个无关轻重的相异性，及其对立与否定，即只此再度复归自己的这同一性，或他的存在里自己向自己的反省，才是真实的。——却不是本源的统一的，或直接的统一的。真实的东西其自身就是生成，始源时就预定有终局做它目的的一个圆。而且那个圆只由于实行及其终局，才是现实的”（原书页一五，译书页五五）。

所以由认定始源的单纯概念的自己运动，即形式的自己运动，而真实者的全体便完成了。这样始源的概念，成为自己运动的结果。由于完全自觉自己而达到自己意识，在那里便完全把捉着真实者了。所云完全把捉着就是在认识上把捉着这一回事，这就是“存在的就是现实的”那句话的意思。为什么呢？真实的东西就是这个发展形态，且同时就是发展形态的知识体系。其体系就是真实，就是存在，就是现实。在这里由黑格儿看来，思维与存在是一致的，他有一句著名的话“现实的东西是理性的；理性的东西是现实的”，便可见了。黑格儿所云辩证法，就是指以上概念的自己发展形态，且那个东西即是思维，因而这和要严别形式与内容的康德思想，很明白地是大不同了。这样成功自己发展的概念，黑格儿又叫做“精神”，即依他意思，这个精神就是“生命的实体”“全体”“真的绝对”“神的生命”。[①]

从这样辩证论的思想，黑格儿在这序说里，更论到历史的真理及数学的真理。例如要问 Caesar 生于何时，这些是容易答复的，可是“甚至这样明显的真理，没有自意识的运动，都是不行的”。又就数学的真理来说，那是关于“非本质的不具概念性格关系”的量（Grösse），因而由事态一面看去，这可以说是外面的。“数学所供真理以可贵的原料，就是空间与数的一（das Eins），所云空间是概念所视为一个空虚的死的一个要素，其中记载各自区别的，便是定在。又在那里，那些区别，也同样地是没有运动，且为无生命的。现实的东西（das Wirkliche）非如依数学所考察似的空间，像数学上事物那样非现实性，是和具体的感性的直观或哲学，是没有关系的。就这样非现实的原质来说，毕竟只是非现实的真实，即只存有固定的死的各种问题。”（原书页三四，译书页九五）要之数学的真理，黑格儿以为是没有本质的自己运动的。反之哲学的真理，就是那现实的东西，有生命的东西，自己运动的东西，这就是辩证论的东西。所以黑格儿说：“真理不是已经铸成可装入荷包里的货币。”（原书页三〇，译书页八七）

---

① 但在此序说里，黑格儿已经明示着后来发展的泛论理主义的本质，也是很可注意的事。例如黑格儿所述谓：“在某物的性质中，即某物的存在中，所有其概念之存，是存于一切论理的必然性的。只这论理的必然性是理性的有机全体的律动。又这个内容就是概念，当然是和本质同样地有内容的知识。——或者只这样必然性，才是思辨的东西（das Spekulative）。——具体的形态。一面自己活动，一面把自己成为单纯的规定性，因此具体的形态，提高了论理的形式，因而得到自己的本质性。其形态之具体的定在，只是这个运动，且即是论理的定在。所以在它具体的内容里，是没有从外附以形式主义的必要的。具体的内容，在其自身里，移向形式主义，然其形式主义却不是这外面的形式主义。为什么呢？因其形式是在具体的内容自身里，为固有的生成的原故。”（原书页四五，译书页一一六——一一七）

如已说明过，辩证论的体系，又可说就是否定性的体系，为什么呢？否定性要认为概念的自己发展，这就是“动力”了。存在或现实形态的辩证论，不但有认识方法和理论，简直就是我们存在或实践的基本形态。然而这个意思不是将个个客观事象的变化，一概认为辩证论的泛论理主义。而这样客观东西和全体存在的关系，却不可不在形而上学之具体的非合理主义里去观察它，这就是新黑格儿主义的立脚点了。在这个意思里的辩证论，就是我们全体生存的活动力，或为“复归于存在的魔力”。所以如下 Kroner 所说的话，我认为是很透彻黑格儿精神的。“在我们各人里，至少都表示相当于此体系的敬意，及那体系对有用事情而为体系的解释似的，人们应该要求解释那个体系，这就是所谓真挚依于抽象概念的原质。详言之，以游戏轻快活动着黑格儿的强大之力，也并没有错看了那比这个更不可少的有力的真挚性。只这个真挚性，才能给游戏者及其游戏以一个灵魂（Kroner: *Von Kant bis Hegel*, Ⅱ. S. Ⅸ）。”我想他是以这样真挚精神来写这个序说（《精神现象论序说》）的。“神之生命与神的认识（照黑格儿说，概念或精神就是神之生命，辩证法是神的认识。）云者，可以说就是爱之自己玩味自己罢！在这观念里要是缺乏了真挚，苦恼，否定的忍耐与努力，那末一定陷于教训的，甚至坠入陈腐的了。”（原书页一五，译书页五六）黑格儿又说：“精神生活（Leben des Geistes）不是怕死，完全离开破坏的生活，反而是耐死，在死里保全生命的生活。”（原书页二六，译书页七八）我们现代无论在思想在实践，都是一定要有黑格儿的真挚性与忍耐的时代罢！“我们不难看出我们的时代就是诞生的时代，且可说为新时代的过渡时代。精神依于存在与再现，而与过去的世界绝缘，且将那些葬于过去之中，而从事精神的改造事业。实在精神决不会停歇的，是常常继续为进步的运动的。然而小孩经长久静默地摄取营养之后，最初的呼吸，突破了那一味增大发育的渐次性——成为质的飞跃——而今也如生小孩一样，形成自己的精神，静静缓缓地成熟为新的形态，将其过去世界的建筑，一片又一片地分析下来，这过去世界的摇动，只在个个的征候里暗示着，又弥漫于现存事物中的轻忽或倦怠，或对于未知者的无常之感，这正是接近于有什么变动的前征。全体似乎不变的这个渐次的瓦解，一旦忽然中断，如阳光一闪，显出新世界的形象来。”（原书页一〇，译书页四五—四六）这样说法，当然给我们现代以很深的暗示，应该怎样从事那精神存在的发展呢？或则要依照现代人对思想与实践有怎样的真挚性来决定了吧！*

以上从黑格儿思想所引出几分有益的引论，是当做序言一类写的，可是这在那含丰富思想的这《精神现象论序说》，单不过如骨格的素描。在可能的范围内，我仍努力于避去自己意见，将黑格儿思想照原样叙述，且对于黑格儿思想在现代哲学或现代思想里，有如何意义，或如何生存意义等，均故意不述。为什么呢？因为读者诸君本有从黑格儿思想里，探取任何事物的自由，至少在可能范围内，总要避免先入之见的妨碍或束缚的。我很希望由读者诸君熟读这本序说，对于黑格儿的思想内容，有充分的理解。Weiss 对此书全体的印象，有很适切的一段话，即认为序说看，也是很适当的。他说：“现象论是成为从正在准备研究萌芽的始源，走到体系之完成形态的一个过渡。因此那是用非常方法，表现出这两方要素的融合。现象论如艺术的作品似的，以为是充分感情的非常密切的断定在作用着，却又即刻由那构成概念的锐敏，与辩证法的严密，而与印象于学术的研究。或以

---

* 黑格儿在此序说中说：“在那自己里，保有完满而静止且认为实体的自己诸要素的圆，是直接的，因而为不值得大惊小怪的状态。”（原书页三六，译页书七七）

为现象论可认为过去精神历史的奇怪的缩影么？却又即刻表现出精神的再生与永远创造的启示。现象论是以粉碎一切似的辩证论，从精神之最低阶段升到它最高的自己显现。然而从其始源到终局，将超越一切阶段次序之哲学认识的绝对性，作为不可缺的基础、前提。（*Einleitung*, SS. Ⅷ—Ⅸ）（下略）

（译注）按本篇为大江清一译《黑格儿精神现象论序说》中《翻译者的序言》（页2—23），一题《黑格儿哲学的特质》一文。（昭和四年十月理想社出版部刊）除节去前后两段无关紧要者外，原文多引用黑格儿自己的话，所以可贵。著者本国际黑格儿联盟会员，在所主持《理想》杂志第九号，曾出“黑格儿研究号”，又第二十二号新出“黑格儿复兴号”，写明为纪念黑格儿死后百年特辑，可见他是怎样倾向于黑格儿主义的了。本篇外尚有《黑格儿的辩证法》《新黑格儿学派的立场》《黑格儿与Heidegger》等篇，均有独特的见解。但将黑格儿思想照原样叙述而不参以先入之见的，不得不数此篇了。

一九三一，十月十九日附记。

黑格儿论理学大纲

朱谦之　著

黑格儿哲学，依 Eduard Erdmann 所说，是可称为“泛论理主义”的。固然这“泛论理主义”和心理主义并不冲突，甚至于 Rickert 在《生命哲学》（页 224，293 小川义章译）里，把黑格儿看做生物学主义者。可见黑格儿所谓论理的，决不是和心理主义对立。不过从大体来看，他看精神思想的发展，完全看做是论理的辩证法的展开，这一点不能不说他的哲学体系彻头彻尾是依据于论理主义而成立，彻头彻尾是依据于 Lenin 所谓“关于一切物质的、自然的及精神的发展诸法则之学，即关于世界一切具体的内容及世界认识的发展法则之学”的论理学。（见 Lenin《黑格儿论理科学大纲》，川内唯彦译，页 26）

黑格儿从一八一二年至一八一六年，即从事《论理的科学》（*Wissenschaft der Logik*）的著作，其后一八一七年复发表《哲学的诸科学集成》（*Enzyklopädie der philosophischen Wissenschaften im Grundrisse*）一书。在这里，他把哲学体系分做三部分：

第一，Logik（论理学）

第二，Naturphilosophie（自然哲学）

第三，Geistesphilosophie（精神哲学）

这 Logik 一部分，和一八一二年及一六年发表的《论理的科学》二卷比较简约许多，所以一般习惯把《论理的科学》叫做“大论理学”，后者叫做“小论理学”。但此大小二部，虽有烦简不同，内容却是一样的。尤其这本集成的论理学，从一八一七年及三〇年，二十余年间，由黑格儿自身的三次增订改版，可算名贵极了。事实也是，要是对于这本“小论理学”如没有深澈的研究，便一切黑格儿哲学都谈不上，所以这书内容有简单介绍的必要。

原来论理学自亚里士多德以来，都只看做研究思维之外的形式的学问。如所谓思维的根本法则：（1）同一律，（2）矛盾律，（3）排中律，要不外乎是“是——是，否——否”的公式，但事实我们却发现了“是——否，否——是”的公式也可以成立。这就是说在静止的孤立的对象里，固可以应用形式论理学的法则；而在运动的即“关于一切物质的，自然的及精神的发展”，却不可不应用运动的即矛盾的论理学。运动就是一种矛盾，运动只有从“是——否，否——是”的公式来下判断，所以在这一点，黑格儿论理学的贡献，不消说比亚里士多德是还要重要多些。依黑格儿说法，无论那个思想，一定是有两个相反对部分，这两个相反对的部分，义相反对，而穷其所极，却是相反相成，同时俱在。例如有限这个概念，决不是孤立的，是和无限的概念，同时俱生。又没有结果的概念，便原因的概念不能成立；没有主观的概念，客观的概念不能成立。又说到南极，即有北极存在的意思，说到蔷薇是红的，即有蔷薇不是红的意思。总之黑格儿以为一思想的成立，同时必有反对的思想，隐然与之对抗，所以任何思想，其自身都不是绝对完全的，是含有积极消极之两个方面而成立的。所以真正完全的思想，一定要综合这两个极端，而推至无穷，这就是黑格儿所谓 Widerspruch（英文 Contradiction），即矛盾的原理了。

黑格儿的辩证法（Dialektik）即基于上面矛盾的原理，将积极的观念为 Thesis（正），消极的观念为 Antithesis（反），而综合此两者，为 Synthesis（合）。

Spinoza 曾说“限定就是否定”（Omnis determinatio est negatio）至黑格儿遂采用了这句话，不过两人对这句话所含的意义，不能相同罢了。依黑格儿的意义说，则无论如何积极的事情，其中必定含着消极的事情。即就前例来说，所谓有限，其中必含有无限，有限就是不是无限的意义。所以在黑格儿哲学，一切要成完全思想的，不可不先经过 Negatio，即否定的过程。经过否定的过程，这就是采用了 Widerspruch，即矛盾的原理了。否定和肯定，是两矛盾的作用，一个肯定，加了因肯定的否定而设之否定，于是由此两极端的综合，便生出完全的观念。这又可说是否定的否定，即第二的否定了。于是从这两重否定得来的肯定，就是 Synthesis，即综合。而欲由此得更高的新的命题，新的发展，也是须照同样地依否定之否定的法则而为次高肯定命题中的否定，更综合此两极端的次高肯定与否定，而为更高的命题，即第二的综合了。这么一来，“关于一切物质的、自然的及精神的发展”，便可至于无穷，因而渐渐达到最高的观念，即 Absolut（绝对的观念）了。所以在黑格儿的哲学里，Negatio 即否定，是成很必要的。

然而黑格儿的辩证法，一面说是矛盾的论理，或否定的论理；同时也可说是综合统一的论理。即黑格儿哲学的根本观念，乃在于综合形式与内容，绝对与相对，实在与现象，存在与非有，主观与客观，这些一切的对立。因此 Kroner 说他是“最大之思想的艺术的产物”，我一向也是把他和法国柏格森所唱创造的进化说一样看待。（参看《革命哲学》页 18、20、80、146）而且我是主张将黑格儿的辩证法，和柏格森的生命哲学综合起来，而为“生命辩证法”的，但说来话长，暂且不说。现在只就黑格儿的论理学，先作一个简单的介绍。黑格儿依照矛盾的原理，将辩证法的过程，分为正、反、合，所以黑格儿的论理学，也是由于三部成立：

第一、die Lehre vom Sein　有论

第二、die Lehre vom Wesen　本质论

第三、die Lehre vom Begriffe　概念论

就思想的理论来看，可分为：

（1）思想的直接性——即自的概念。

（2）思想的反省及媒介——概念之对自的存在，及其假象。

（3）思想之向还归自己的存在，及其发展之据自的存在，——即自且对自的概念。

由这一节，可见黑格儿的确是将“即自的”（an-Sich）“对自的”（für-Sich）“即自且对自的”（an-und-für-Sich）三概念来分配他论理学中有，本质，概念三部门的。又这三部门还可相当于论理之形式的三方面，即（A）抽象的或悟性的方面；（B）辩证法或消极理性的方面；（C）思辨的或积极理性的方面，虽然黑格儿明言：“这些三方面，不是构成论理学的三部门的。”并且说：“这些三方面，都更可置之于第一要素即悟性的之下，即因这个原故，可以看做孤立着的各别的东西。”但仔细考察起来，不说论理便罢，要讲论理，便都是基于概念的范畴上，所以都可置于抽象的悟性之下，这当然要和直接证会那无穷的不间断的生命的直觉法不同。所以由直觉法一旦移入论理学，无非为着实际的说明方便罢了。所以黑格儿的论理学，虽从抽象的有论（Engels 叫他做空想的原始状态）起点，终局却在于“现实的即理性的，理性的即现实的”的概念论。在形式上虽从悟性起点。却是要悟性这个东西，达到极端，便不得不转化为反对物——理性的方面。如果我这句话不错，那末对于近来三枝博音《黑格儿论理的科学》等书，完全忽略了“概念论”或思辨的方面的，不得不说是对于黑格儿的论理学，铸一大错。不但如此，黑格儿论理学事实上也决不止于这纯粹抽象的悟性的，他的论理学决不是形式论理学，而为存在之学。

所谓存在，不是固定不动的实在，乃是活泼流通，永不间断的生命之流，所以他的论理学，就是生命的论理学。他说得好："矛盾是一切运动与生命性的根本。"（见《原文对译黑格儿辩证法》，三枝博音编页3）"在肯定的自己自身中，有否定性，因为此超出自己之外而自己变化的，是生命性。所以某物只要在自己之中含有矛盾，更只要在自己之中有把握着矛盾的根本力的范围内，是有生命的。"（页7）又最明白说："观念因有这样的否定性，所以永远地有从差别的东西分出自己与同一的东西；从客观的东西分出主观的东西；从无限的东西分出有限的东西；从肉体分出心灵，这样区别着的辩证法，然只要在这范围内，是有永远的创造，永远的生命性，而且是永远的精神。"（页107，原引集成第二版第二编第二百十四节注）可见黑格儿是如何看重生命性，是如何接近于生命哲学。然而不幸的许多黑格儿的信徒，全然忽视了这"论理的观念的展开，是从抽象的到具体的进行"（页73），而只注意他最初体系中的抽象的悟性的方面，这在我不消说是根本不能赞同的了。闲话休题，且就黑格儿论理学作进一步的考察：

［第一］Die Lehre vom Sein（有论）

黑格儿把有论又分做：Qualität即形质，Quantität即分量，及Masse即度量，以上三者。

（甲）Qualität（形质）

思想的根本在于物之有无，所以黑格儿论理学，是从讨论物之有无开始的。依黑格儿说，有是抽象的，"是不可直观的，不可表象的"，在这意味上，有是和无相等。绝对之有，即等于绝对之无，没有"无"的观念，便不会有"有"的观念；没有"有"的观念，便不会有"无"的观念，然则说"有"即有"无"的意思，说"无"即有"有"的意思。有无是相通的，这个相通，可称为Werden，即是"转化"之谓。Sein即有，Nichts即无，以上两者的统一，das Werden，即转化，英译当为 Being, Nothing, Becoming。不消说黑格儿这种论理学的展开，也是有所本的，如说纯粹有，本于 Parmenides，说转化是本于 Heraclitus 的。

此 Werden 即转化，就是黑格儿辩证法的神髓。黑格儿说过“转化是最初具体的思想，因而是最初的概念”。因为有即有空虚的无，无即有空虚的有，所以只有把握有和无统一的概念“转化”，即此辩证的过程的结果，才有 Dasein，即“定有”发生（英译 Determinate Being, Existence）。今以 Sein 即有，为正的命题，以 Nichts 即无，为反的命题，对此二者，以 Werden 即转化，为今的命题，依此过程，便发生 Dasein，就是“定有”，Dasein 就是纯粹有与纯粹无统一之限定的有，例如草木禽兽等存在都是。此限定的有，其限定的状态，排除他限定的状态，即有含着不是其他限定的状态这个意思，这就是 Qualität，即形质的原理了。

所谓 Qualität，是有直接该当于有即实在的限定法则，对于有即实在而为限定时，其限定是有非其他限定的意思，例如说赤色，便有不是白色，不是青色，也不是其他诸色的意思。在此也有 Omnis determinatio est negatio 限定就是否定那句话的意思。

由这样限定所得的结果，是 Für-sich-sein 即“对自有”。在前述及 Sein 及 Dasein，至此又说 Für-sich-sein，此 Sein, Dasein, Für-sich-sein，即“有”“定有”“对自有”三者，是成为相连续的观念的。

Für-sich-sein 即对于自己而有，是一个完成的形态，即是“一”（das Eins），即是排除他的一。举浅近的例来说，如自我，自我是有与别的不同的有。总而言之，Für-sich-sein 即是一，即是排除他的一。

说到“一”，便不得不忽然想到“多”，所以一因排除他的结果，便发生多的问题。

Für-sich-sein 这种过程，叫做斥力，斥力一语本用在物理学上，黑格儿却把他应用到哲学方面。有斥力便有引力，一虽不是多，却是多中之一。所云一不是多，这是斥力的作用；所云为多中之一，这是引力的作用。一为多中之一，而多之名一即是一，这么一来，斥力就是引力，引力就是斥力；一即是多，多即是一；多和一是相通为一的。

（乙）Quantiät（分量）

Quatlität 即形质，在黑格儿论理学中，为抽象中的抽象。次之 Quantität 即分量，也不免于抽象的。所以我们为便利起见，最好是用黑格儿具体的例。在这里，我们可以想象有广约五段的地面，这是就地面的量说的，但这个地面，不是森林，不是沼池，却是一大草原，这是就地面的质说的。尤其数学，是专门告诉我们量的。

黑格儿在 Quantität 的题目之下，先论（1）纯粹的分量（简称纯量），着目于连续的及分隔的大（die Gröss）。次论及（2）Quantum 即定量，特着目于数的考察。次及外延的及内包的定量，最后叙述量的无限。于是更进论及（3）Grad 即"度"——量的关系，这在《大论理学》是更分为直接的关系、逆的关系、自乘关系三者。（参英译 *Science of Logic*, pp. 333—343, "The Quantitative Ratio" 一节）

[丙]Masse（度量）

度量即 Qualität（形质）与 Quantität（分量）二者的综合。例如有一册书籍，如说他有印刷装帧等等，或简直说他是学问的工具，这是质的说法。说他是什么版，或多少大，多少厚，多大重量，这是量的说法。但是一册具体的书籍，不止由于质和量便成立的。不一如果质和量分离，就具体的书籍，也不能存在，所以在这里，有质与量综合的必要，即有度量的必要。即如书籍，虽施以印刷装璜，而在量上有大小不合之度，太大太小了，仍不能叫做书籍。所以质、量要达于完成的规定性，便少不了 Masse，即度量。

又例如温度之水，温度减，则水变而为冰；温度增，则水化而成气，这就是由于温度的分量如何，而影响及水的形质，这也是度量的说法。

（二）Die Lehre vom Wesen（本质论）

本质论为黑格儿论理学中最困难的部分。但就本质论里面，如所说反省诸规定，却又是黑尔论理学中最有特色的部分。

黑格儿将存在论分做三部，同样本质论也分做三部。黑格儿无论讲什么，都是设为三部分，以与 Thesis（正）Antithesis（反）Synthesis（合）三者相合。菲希特（Fichte）的哲学，谢林（Schelling）的哲学，和黑格儿的哲学，都是三角形的。

本质论的第一部分是论存在的基础，即理由的。而从有区别出本质，最先不可不详论:（甲）纯粹反省规定。因没有本质而没有否定性，即反省的。照着诸规定态的顺序，可举为“定立的反省”“外的反省”“规定的反省”三方面。又反省诸规定，细论起来，又可包括为（一）同一性;（二）区别，又分为绝对区别、差别、对立;（三）矛盾三者。

次论（乙）Existenz，即存在；其次论 Ding，即物。而当论物时，更论及质料及形式等。

在本质论的第二部分，是论 Phänomen，即 Erscheinung，即现象的。这个题目之下，论及（甲）Welt der Erscheinung，即现象的世界;（乙）Inhalt und Form 即内容及形式;（丙）Verhältnis 即关系。而当论关系时（《小论理学》第一三五节），又告诉我们直接的关系，是全部与部分的关系。

本质论的第三部分，是论 Wirklichkeit，即现实性的。这现实性是第一部分与第二部分的综合，即对于第一部分及第二部分，而为 Synthesis 的。

在论现象性的部分，又论分（甲）可能性;（乙）偶然性;（丙）必然性三者，而论必然性时，说及（1）本然及偶然;（2）原因及结果;（3）动及反动，末了更提到必然与自然。

［三］Die Lehre vom Beriffe（概念论）

概念论是对于 die Lehre vom Sein 即有论，与 die Lehre vom Wesen 即本质论二者，而行综合的。

概念论又含以下三者。

（甲）主观的概念;

（乙）客观;

（丙）观念。

［甲］在主观的概念中，有:

（一）Begriff als solches，即概念所以为概念者;

（二）Urtheil 即判断;

（三）Schluss 即推理。

论以上三者，黑格儿哲学依然是照三角形发展的。专就“概念所以为概念者”一段，又含以下三者。（1）普遍性;（2）特殊性，（3）个别性。

卢梭（Rousseau）尝论国法，他说“国法要出自 Volonté générale，即普遍的意思，因此却不要出自 Volonté de tous，即全体人的意思”，黑格儿对此很表赞同，且说若卢梭常常注意这些二者区别，则国法的研究，当比现在更有成绩多了。

（二）论 Urtheil 即判断，黑格儿将判断的种类分为（1）质的判断;（2）反省判断;（3）必然性的判断;（4）概念的判断等等。

（三）论 Schluss 即推理，同样分为（1）质的推理;（2）反省推理;（3）必然性的推理等。而此推理，即为 Begriff（概念）与 Urtheil（判断）的综合。

［乙］客观　黑格儿在此题目下，分论三者:

（一）Mechanismus 即机械性；

（二）Chemismus 即化学性；

（三）Teleologie 即目的性。

目的性是论目的的实现过程，在这里又论及结局原因与期成原因的区别。

［丙］Idee 即理念（或译“观念”）

理念是概念与客观性之绝对的统一，是对此二者而为综合的，黑格儿说：“以绝对者为定义，其自身就是绝对的——理念就是真理，为什么？真理是不外于客观性与概念的一致，却不是我自己的表象与外物一致之谓，这最多不过证明我的表象是正当罢了。因为理念不是关于个人或表象或外的事物的问题。——但是一切现实的东西，只要是真实的就是理念的，而且真理性也只有通过理念，依据理念才有的。”（《小论理学》第二一三节）在这句话里，不是很容易使我们想起《法律哲学》序文里所说“现实的即理性的，理性的即现实的”那句话吗？

理念的说明，是有种种方法。依黑格儿，理念可称做“理性”，更可称做 Subjekt-Objekt，即主客观的统一；或 Das Ideelle und Reelle，即理念与实在的统一；有限与无限的统一；精神与肉体的统一；乃至含于现实性中的可能性。此外可说明的方法，还是很多的（《论理学》第二一四节）。

黑格儿的哲学至此越发显出其为绝对的观念论，黑格儿无论说明何事，最后总是归到“理念”一句话。

理念也是照着三个段阶，而渐次上升，达到最高的阶段的。其次序如下：

（一）Leben 生命

（二）Erkennen 认识

（三）Absolute Idee 绝对的理念

生命就是直接的理念，为概念与客观之最近的统一，而且生命是Organismus 即有机的。在生命里，概念与客观性相混，其区划不很分明，生命中的概念，其概念是不显明的。至于 Erkennen 即认识，而后才始区划分明。

关于得到认识，有分析的方法与综合的方法，黑格儿论到这里，又说及定义、分类与定理等等。

生命理念与认识的概念结合，就是 Absolute Idee，即绝对的理念。生命理念本不过自然的理念，不过未发达的理念，然而认识的理念，亦不免偏于一面，即不过为意识的理念，不过 Idee für Sich，即对自的理念。绝对理念综合前二者而为 Idee an und für Sich，就是“即自且对自的理念”。绝对的理念，永远流动的玩味着它自身，永远不断地使自己向着无限实现。

这么一来，从生命的理念，扬弃为认识的理念，更从认识的理念，扬弃为最后绝对的理念。绝对的理念是最高的理念，是站在一切辩证的过程的绝顶，而为与神同一的。

（附注）以上所记论理学的大纲，多取材于 Johnston and Struthers 英译 *Hegel's Science of Logic* 第一册所载表解。及速水敬二译《黑格儿论理学》；三枝博音著《黑格儿论理的科学》；尤其是《法学协会杂志》第二十六卷第八号，户水宽人《黑格儿学说》一篇。说不上什么介绍，只要初学者约略知道黑格儿论理学的纲目就完了。

一九三一，八月廿七日，上海

黑格儿论理的研究

三枝博音　著
朱谦之　译

现代哲学者一提到论理的这句话，差不多都把他和心理的或经验的东西对立，除 Dilthey 学派有多少的例外，新康德派、现象学派，便都如此。但是黑格儿所云论理的，不但和现代哲学者所谓论理的，相差很远；即现代哲学者所见黑格儿之论理的，和他所解也不能相同。在黑格儿所谓论理的，不是和心理的或经验的东西对立，那是不踢蹐于这一些些的分别的。"论理的三方面，就是所有真实者的一般要素。"换句话说，可断言为即辩证法之谓。

黑格儿曾明确地写下关于论理的东西，这就是在普通略称为 *Enzyklopädie* 的《哲学的诸科学集成》(*Enzyklopädie der philosophischer Wissenschaften im Grundrisse*)之中。[①] 这书是从黑格儿手里改订到第三版的。尤其在第二版，它的内容比第一版约增三倍，不消说是有多少经过改窜和许多添上去的。但在三种的 *Enzyklopädie* 中，这里所述论理三方面的地方，只有一处添了二三行，其余什么订正也没有。不但如此，这二三行添上去的，和第一版在同样地方所说的

---

① 关于论理的公式之表现，已经很早在一八〇八年在黑格儿的思想中形成了。参看 Rosenkranz 在一八四〇年发表黑格儿的 *Philosophische Propädeutik* 第二课"精神的现象学与论理学"。

意义内容，也绝对没有变动。以上的事，可以看出黑格儿论述，关于论理的三方面一段，它的思想的内容，乃至表现，都是基于极精细的思索，且几经雕琢才成功的。尤其第二版附录对于这地方的补遗，含很丰富的思想，对于辩证法探究者，说明得极恳切的。此外更可注意的，就是和黑格儿有别处不同而“比较的脱却观念臭味”的就在这里。固然燕格儿（Engels）所说：“比较的脱却观念臭味”，是就 *Enzyklopädie* 全体较之其他著作而言，不是专指这个地方，可是关于论理三方面的论述[①]，不得不说是在 *Enzyklopädie* 中是最不带观念论臭味的。从来讲黑格儿论理学或辩证法的人们，对于这一点不加注意，这是很奇怪的。恐怕这所云非观念论的，就是他们所认为所谓俗臭的吧！但是只在这里，最直截地明了地呈露出黑格儿的论理学或辩证法。在这里，使黑格儿辩证法和其他哲学者们所解的辩证法有重大区别的，就在于论理的要素之一，加入了“悟性的思维”这一点。所谓悟性，“要是缺少了它，便一般无论在理论的领域，或实践的领域，思维要得到如何的确定性或分别性，都是不可能的”。关于悟性的本质，黑格儿所说，使读者很深的感动。以下［　］，为著者加的说明。

悟性的活动，一般地因其内容保有普遍性的形式而成立。

［感觉或直观，完全关于具体事物，悟性却不如此。悟性活动所生的结果是一般的，是有这里所谓“普遍”的形式的。普通人叫做概念，或形式论理学所教概念，都是由此所说悟性活动的结果来的。黑格儿在别的地方说“普通人们分析从表象所见的东西，次之将特殊的东西还元于共通的东西时，人人把这个叫做概

① 《黑格儿辩证法》页三十三。译者按本书为三枝博音编原文对译本，昭和五年七月人文书局发行。

念，可是我们不是这样的。”］[①]

依悟性定立的普遍性，是一个抽象的普遍性。如此普遍者固定以与特殊者对立，因为这个原故，依然规定于特殊的东西。悟性对于它的对象，无论何时都是分离的、抽象的，因此所以悟性就是直接的直观或感觉之正反对物。直观或感觉完全关于具体事物，且不出于这个以上。

人们对于思维，一般常反复的予以非难。说什么思维是硬化且偏狭的呀。思维一彻底便招有害的或破坏的结果，这样非难，是起因于将悟性与感觉对立来的。这样非难，如果内容是正当的话，应该尽先给他如次的答复，即因思维一般详细说来，不应理性的思维负此非难，这只应该由悟性的思维负责。但在此更重大的事，即不能不承认那放置了什么的悟性思维，它的权利和功绩。可以说一般无论在理论的领域，或实践的领域，要是思维缺少了悟性，便不能得到如何的确定性与分别性的。眼前就认识作用来说，认识作用是从区别面抓住那时候的对象开始的。例如说自然的观察，即将质材、力、种属等来区别，由这样区别而成孤立，遂对自的使之固定化。在这时候做思想活动的，就是悟性。在这时候，同一性，换言之单纯的自己关系，便是思维的原理，在认识作用从一个规定移到别的规定时，这同一性是制约了。就数学来说，大（量）是忽略一切其他诸规定，而有移动时的规定；在几何学，人们比较诸图形，为的是分别同一的图形的原故。认识作用在其他领域，也是如此。例如在法律学，人们眼前就是依靠同一性进行，其时从一个规定推定到别的规定，这种推定作用，就不外乎依同一性的原理而进行的。——于理论的东

① 《黑格儿辩证法》页百五十三。译者按本书为三枝博音编原文对译本，昭和五年七月人文书局发行。

西，同样地于实践的东西，缺乏悟性是不行的。行为方面，本质的要有性格，性格的人就是悟性的人，着眼于某一定的目的，而静默地追索它。像哥德（Geothe）所说，有志大事的人，应觉悟到有限的事，反之志在一切的人实在什么志也没有，而且一切都成无用的。在世间可引起关心的事太多了，西班牙的诗、化学、政治、音乐，一切都很有兴味的；对这一切而感兴味，无论何人，谁也不能说他什么不好，但是做一个人要想在一定的事情中成功什么，便不可不固执一定的什么东西，他的力量分散多方面是不行的。无论那种职业都是如此，职业是用悟性经营起来的。例如裁判官应该固执法律而下判决，若左顾右盼，擅自宥恕便错了。——不但如此，一般地悟性是训练之一个本质的要素，有训练的人断不以暧昧无定的事情为满足，而静默地明晰地将对象抓住。反之没有训练的人不放心地跄跟着，要和这样人谈论什么问题，要使他判然着目于问题的一定点，是非常之困难的。

由上说明，可论定以下的事。即从普通表象来说，那一见似和悟性距离最远的活动领域或范围，缺乏悟性都是不行的，又越发缺乏悟性，越发应认为不完全的东西。即就这个说明，来看艺术、宗教及哲学，都很适合。例如艺术方面，应于概念而种种美的形态得确定了、表现了它的区别，这就是由于悟性的原故。个个的作品也是如此。所以在一个戏曲的美与完成里，种种人物的性格，不可不纯粹与明了地表出；所取种种的目的与兴趣，不可不明快且判然地表现出来。次之再就宗教的领域来说，例如（内容、理解及其他差别，且不论他。）希腊神话所以优于北方神话，因为前者各个神们的形态，是以雕塑的鲜明创出来的，而后者则坠于朦胧的五里雾中。——哲学也是不可缺乏悟性，这依前面说明，已经是不要赘说的了。哲学无论讲的什么，任何思想都非充分划然把捉着不可，非把暧昧不明之点断绝不可，这是很必要的。

悟性甚至于数学或自然科学的领域里，都是不可缺的。这样黑格儿的观察，特别值得我们注目。又在实践方面，悟性成就了如何重大的职务，这照黑格儿指示，我们不是很可以就我们身边的事件或时局问题，而历历得着实证吗？“性格的人就是悟性的人，着眼于某一定的目的而静默地追索它。”“做一个人，要想在一定的事情中成功什么，便不可不固执一定的什么东西，他的力量分散到各方面是不行的。无论那种职业，都是加此，职业是用悟性经营出来的。”“有志大事的人，应觉悟到有限的事。”“有训练的人，便不以暧昧无定的事情为满足，而静默地明晰地将对象把握着。”这些事情，不要说职业，就是政治也好，革命运动也好，历史不是很分明地在我们面前实证着吗？

读者想可明确地把握黑格儿所谓悟性是什么了。黑格儿在别的地方，又叫它“感性之无思虑”，“悟性的偏执”，可是最好还是解做悟性的思维。像这样悟性，严格地说，将悟性思维认为论理学的一个要素，这在希腊以来的论理学史里，实在可算空前的。在所谓“纯粹”之意识，思索先练过的现代哲学者看来，黑格儿所谓论理的解释，只是论理学的冒渎，反映着跣脚者的闯入吧！纯粹认识的论理学者柯亨（Hermann Cohen），不是很早以“这不算真实的道理”来嘲评黑格儿矛盾的论理吗？（参照别项“本质论里反省诸规定”的结语，译者案即原书第二篇第五节，页二二六。）

论理这个东西，从形式上说，是有三个方面的。（A）抽象的或悟性的方面；（B）辩证法的或消极理性的方面；（C）思辩的或积极理性的方面。

黑格儿“论理的科学”，是从有、本质、概念三部门成的。在这里论理的三个方面，很容易认为该当于这三部门。黑格儿分明说过，“这些三方面不是构成论理学的三部门的”，仔细考察起来，则这三方面和三部门，尤其其第二（本质）及第三（概念）部门，与B及C的二方面，要说没有互相该当之论理的本性，那又不然。对于这种研究，为使黑格儿论理学的特质清楚起见，是个有兴味的研究。但在此只预备说下这个，就是这三方面要是作为各别的东西考察——这样做，到底是在悟性的思维下去考察的事——那是全然无意味地崩坏完了。所以抽出某种方面而与其他论理的区分比较，这单单不过抽象而已。“这些三方面，都更可置之于第一契机即悟性的东西之下，即因这个原故，可以看做孤立的各别的东西。但这么一来，便这三方面，都不是真理性里的考察了。”从以上就悟性的观察，在此可得次之结论：“悟性的思维，毕竟始终不出于固定的规定性，及其对他规定性的区别性。而这种限期制着的抽象，由悟性的思维看来，成为对自的，存续且存在的东西。”把这个明白地率直的说，则悟性之规定东西的方法，是固定的。在那里固定了的一个规定，与对置于固定的其他某种之一种规定，像说那是那个，这是这个一样，没有顾虑到为别个东西取来的两规定间有什么内的交涉，这可说实在很抽象的了。像这样限制着的抽象，由悟性的思维看来，单独的说，就是固执着一个好像独立底完全的东西。

但是这种抽象性，无论是人类的思维乃至行动，都是不可缺的。（黑格儿所说抽象，指的是什么，这里以外，还有可看得的。）尤其是由实践看来，那样强有力的事，是绝对不可少的。在现代，悟性薄弱就是宣告人类的死亡，因为一切文化都非置于机械化不可，然而机械或机械的联络，不是理性的立场，而为悟性的立场。

悟性的特质如上所述。但黑格儿在这里又说：“悟性这个东西，无论怎样也不是最后的，而为有限的。”这所云“最后的”（ein Letztes），是指那更好的，所以不是最后的意思，反而是不以这个为止，即不是完成的，因而为有限的意思。更换句话说：“悟性这个东西，走到极端，便转化为它的反对物的底子。”悟性的思维不是不成熟的东西，只要使其自身彻底，便“走到极端，转化为它的反对物”。这种转化或移行。就其自身明了说出来的，就是第二之辩证法的契机。

黑格儿所说：“辨法的契机，就是这诸规定的，固有的自己扬弃作用，又对于这诸规定走向对立的诸规定之移行作用。”[①] 意即指此。我们在这里必须明确地抓住扬弃作用（Aufheben）及移行作用（Übergehen）。所以附以“作用”字件，为的使人在实行扬弃或移行，能照其过程去把握它，故选此译语，决不是有什么心理作用那个作用的意思。“Aufheben 云者，先有废弃着否定着的意思，因此可举例如说：‘某种法律或制度等被 Aufheben 了。’但 Aufheben 更可用为保存着的意思，在这意思，我们说：‘某种东西被 Aufheben 得好。’”这字义的说明，举出 Aufheben 两样的解释，我们同时在一事实之中，不可不抓住这以两个成立的东西。所谓扬弃不是要拿来什么东西而保管之的说法；所谓移行，不是从 A 移行到 B，而 C 便全然无纵无影如此运动的说法，扬弃及移行，从斗争里看，是最明了地表现着。那主张以斗争为事物存在的本质者，是 Heraclitus，黑格儿和拉萨尔（Lassalle）称赞 Heraclitus 的流动转变说，这是周知的事实。“战是一切物的父亲，一切物的王者。”（Heraclitus）斗争是什么？从甲及乙这两不同的存在间所生的关系来看，是完全抽象的。斗争不是两个间的关系，而为同一物的发展。更详细来说，要不是甲之中含有乙，乙之中含有甲，便两者的战争是不能成立的。这么一来，在甲已经不单

① 《黑格儿辩证法》页四十一。译者按本书为三枝博音编原文对译本，昭和五年七月人文书局发行。

是甲，在乙已经不单是乙，甲乙都是同一物的发展。在甲与乙是没有战争的，战争是使现在甲与乙成立着。在战以前有甲与乙，那末以甲与乙的存在为先行条件的战争，是不能成立吗？这个疑问是抽象的，在战以前两者的存在，是对于战的把握为没有益处的事情。战是造成敌党的，从战是以敌及同党两者成立这一点来看，敌与同党都是所谓部分的要素。要是从甲于自己之中有乙，乙于自己之中有甲，因而甲不单是甲，实即是乙；乙不单是乙，实即是甲。这样关系来看，则这些已不是部分的要素，可特唤它做契机的了。那么把敌党之甲与乙，看做各别独立的存在——这是以前悟性的思维之立场，是把那个与乙关系抽象起来而存在的。但是假使这个时候，越发保持以甲为甲（所以是与乙敌对的），不！甲保持为甲时，反而不是原来的甲，而变成他甲了。不但如此，变成他甲的事，正是由于甲之保持为甲。那么不是原来的甲，而变成他甲，这就是原来的甲的否定。被否定的甲，不是全然废弃了的甲这个意思，是原来的甲，用别的形状保留着，仍然不会有断绝的。这和原来的甲不同的甲，就是移行。所以移行云者，不是乙和别个甲向乙移行的事，是甲保持为甲，从其事体本身，而导向甲之否定，即由甲之否定，而转移为乙的一回事。甲因保持为甲反而单成为甲之否定，这就是扬弃。否定的意义，正当地解释起来，就是扬弃的，因而是辩证法之理论的基础。“辩证法是持有否定的成果的，但这否定的东西，正是作为成果，同时为肯定的东西。为什么呢？否定的东西，把从那里所来成果，作为扬弃的东西而含于自己之中，并且没有这个，是不能存在的。”①

辩证法的契机之理解，无论何处都不可不先由于悟性的契机之理解来促进的。“悟性的思维，毕竟始终不出于固定的规定性，及其对

① 《黑格儿辩证法》页五十九。译者按本书为三枝博音编原文对译本，昭和五年七月人文书局发行。

他规定性的区别性。”这是把悟性的思维，照原样悟性的思维一应规定着的。在悟性的思维里，一个固定的规定性与其他的一个固定的规定性，无论何处都只看做别个的东西，好像把这个视为同一的事，是不合理的矛盾似的。但是一个悟性的规定性，转化为其他的规定性，要怎样才可能呢？换句话说，辩证法的契机是什么呢？黑格儿就悟性诸规定，而将辩证法作如次的说明：

> 辩证法不如看做是悟性规定、事物及有限者一般之固有的真实本性，但是反省最初先是超出孤立规定性的超越作用，因而又是给与这种规定性以双关关系的关系作用。虽然如此，这种规定性，毕竟仍保持着孤立的妥当作用，反之辩证法则为内在的超越作用。在那里悟性诸规定的一面性与制限性，是认为本有的东西，即为悟性诸规定之否定而表现。一切有限的东西，正是自己扬弃自己的。①
>
> 在我们普通的意识里，不固执抽象的悟性规定，是纯粹公平的事，谚云“自他共生”便是。但精确来说，则有限的东西不单是从外面受制限，是因其自身的本性而被扬弃，因其自身而移为反对物的。例如人说“人类皆有死”，有时只认这死为在外事情中得到它根据的事，从这样考察法说，就生或死成为人类的两个特殊性质。但是从真正的把握来说，则实际所谓生之生中，于自己中已持有死的萌芽，而且一般有限的东西，于其自身便有矛盾，由矛盾而扬弃了。②
>
> 包围我们的一切事物，都可作辩证法的实例来看。我们知

① 《黑格儿辩证法》页四十三。译者按本书为三枝博音编原文对译本，昭和五年七月人文书局发行。

② 同上，页四十五。

道一切有限的东西，都不是一个确乎不可拔的最后的，反而是变易的暂有的东西，盖都不外乎是有限东西的辩证法。从辩证法而为有限的者，即自的自成为他者，超出那直接的所以然的东西，且变成它的真反对者。[①]

如上叙述，可约说为下面二项：

（一）辩证法是悟性诸规定、事物、有限者一般之固有的真实本性，决不是由人类随便思想而从外一般地附加于悟性规定、事物及有限者的。

（二）有限的东西，即自的自成为他者，超出那直接的所以然的东西，且变成它的真反对者。

我们普通所谓物，都是当做固定东西的。如铲是一物，实际铲是经人手为掘取土砂、石炭等器具用的，即是与这些物为不绝交涉或应有交涉之物。但是铲是当做一物，而与其他种种物（土砂、手等等）无何等交涉的孤立存在的东西，这是很抽象了，可是这么看法，在日常生活是有不可避的悟性之原因。因为把这个只当做这个固定的东西，所以是有限的，而且这是悟性规定的结果。物之实例，不限于铲等物质的东西，即一个行政机关，都是如此。那么这样看来，黑格儿所谓“悟性规定、事物、有限者一般”云者，总之都是指同一的东西，即当做固定的东西。用黑格的常套话说，要不外乎有限的东西罢了。因此辩证法无论是就悟性诸规定，或事物，都是可论证的。“包围我们的一切事物，都可作辩证法的实例来看。”在理论上，则常常看到一般的规定。黑格儿论理的科学，别的置而不论，关于思维的范畴，则有许多叙述，就是这个缘故。单只从事关于思维规定的辩证法

① 《黑格儿辩证法》页五十一。译者按本书为三枝博音编原文对译本，昭和五年七月人文书局发行。

的话，那就是思维的辩证法。燕格儿之所谓“头脑辩证法”。论理的科学所取范畴的展开，便是这个。但是辩证法是潜伏在事物中的，所以就物或事件也可以说明辩证法。黑格儿自身也作这个尝试。但只在专做这说明或论证的尝试以上，便一般地于悟性规定或理性的本性，非拿出思维规定，或范畴不可，这是不待说的。——那么思维或概念的辩证法，与具体事实（就黑格儿用语，最好是说概念的定在状态。）的辩证法，这些横竖仍然是有限东西的辩证法。有限东西的辩证法，不是由于人类随意附加的，而为有限东西在他自身所本来有的。“有限东西，不单是从外面受制限，是因其自身的本性而被扬弃，因其自身而移为反对物。”（以上是约说（一）之说明。）

为什么有限东西从其自身的本性而被扬弃呢?

设想有一个和其他判然区别着的有限物，这假定叫做K，还有再设想有和其他漠然差别着的某物，这假定为V。K是鲜明地和其他不可混同地区划着的一物，K越保持其为K，他的这种区别，便很必要的。从K区别出来的，不是K而为非K，不是K的东西，是和K对立的。要是区别K是必要的，那么这个非K也是必要的。若K是固定的因而和其他没甚交涉而全然是孤立的话（这就是悟性的思维之立场，而且是K作为K而存在着的事实），这个立场想起K绝对必要非K，不是很怪奇吗?但是纵然感着如何奇怪，实在的事实却是由K看来，非K是绝对地必要的。只要K保持其为K（换句话说，悟性的规定，毫不自欺地自己主张悟性的规定），事实上，K（如悟性的规定所见的，）就非下和其他没有交涉而全然孤立的这样规定不可。然而现在所云K绝对地必要非K这句话，却是这个规定的否定。K和K之他者即非K，有绝对必要的交涉，这已经不是K的自身（在悟性的规定下的K），毕竟只是K的否定。以上事情约言之，即有K而反为K否定，这不是悟性规定改宗了原故，而是因为它自身彻底了的原故。有K而反为K的否定这句话，这只许在丝毫没有抽象之具体的状态，才可以说得。一切的思想，都以这样移行作为契机包含着。次之试想像V的时候，某物有和其他漠然差别着的某时候，这种区别只以有几分差异为止，某物虽然保持其为某物，某物却不可说就是他的反对物，即某物的否定。这把它和K的时候比较一下，便充分明白了。区别若单在差别之域，是不发生辩证法的发展的，参照“同一、区别、对立、矛盾”那一篇吧！（译者案即本书第二编第四节，页一九四以下。）——那么K在固定的规定下，是抽象的有限的。“一切有限的东西，正是自己扬弃自己的东西。”对照V的时候来看，便可知道悟性思维是如何占论理的契机之重大的位置了。就黑格儿所举实例来说，所谓“过于法则不法”（Summum jus summa injuria），那不是普通所行的法，而为极苛虐的法，即“抽象的法”，反为非“法”，而变为“不法”。法律不是因取入恶法而生转化，是因固定地执着法律之为法律的尊严（法律一般地是尊严的东西）的原故。“过于锐则刃缺”，锐之反对为钝，刃不是因钝致缺，这在刃是不会有的，即不是锐的反对，而为锐的对立。有钝刃是不会缺的，乃因极锐极敏了的原故，反而转化为它的对立底反对，即它没落了。“傲者不久”这句话，也是一样说法的。（以上约说（二）之说明。）

我们现在到达第三之思辨方面的考察，先述思辨的方面是什么，而后加以批评。

黑格儿说：“思辨的或积极的理性的东西，是于这些对立里，把捉住诸规定的统一，即把握住含于诸规定的解消与移行中的肯定的东西。”[1] 以前所云辩证法的契机，毕竟就是悟性诸规定的扬弃及其移行之谓，所谓第三之思辨的东西，就是把握住这个悟性诸规定之统一。（统

① 《黑格儿辩证法》页五十九。译者按本书为三枝博音编原文对译本，昭和五年七月人文书局发行。

一在黑格儿氏和其他哲学者所说不同，有真理性的意思。所以悟性诸规定不作为部分，而作为契机，因而作为扬弃而表示自己的时候，到底就是真正表示具体的时候。）辩证法的契机是有跃动底过程的意思，思辨的东西，则为其过程之可把捉者，换言之，即实在的东西之表现。这里为更易了解，可作如次说明。即悟性诸规定的扬弃及其移行，毕竟不外否定的论理（可想以前K转化的时候）。因此想起似乎那里什么肯定的确定的东西也没有的，坏一点来说，恰正似“关于那里这里，大逞其三寸不烂之舌以外，什么也没有，在这里什么实质也没有。”但是扬弃及移行的现状，决不是无内容的，在这里特别表现着真正抓住确定的实质的东西，就是黑格儿所谓“思辨的方面”。思辨东西可用下面的话来说，思辨不单是主观的，不如说是将悟性的对立，作为扬弃了的东西而含于自己之内，正因为这个原故，所以是具体时，且表现为总体的东西□。[①] 所以黑格儿的思辨，不是普通人所指为空论的“徒逞思辨”那时思辨的意思，黑格儿所云思辨在此也有固有用法，而不是表示主观的或观念的意思，是有把握事物的具体性及总体性的意义的。抓住事物的一面性而固执之，就是悟性的思维。事物的总体性在将悟性之固执对立，认为扬弃了而含于自己之中这个立场上，才开始表现出来的。黑格儿把这个立场叫做理性的。照黑格儿看来：“所谓理性的，纵然是思维的且抽象的，同时却是具体的。这样说是因为理性的，不是单纯的形式的统一，而为有区别的诸规定之统一的原故。”理性的云者，是对于悟性的东西而言，理性的东西不外乎辩证法的东西。因此所以把辩证法方面，叫做否定的（消极的）理性；把思辨方面，也叫做肯定的（积极的）理性的方面。

思辨的、理性的、统一性等黑格儿的用语，和普通哲学解释全然

---

① 《黑格儿辩证法》页六十五。译者按本书为三枝博音编原文对译本，昭和五年七月人文书局发行。

不同，因此把使用这些哲学用语之其他哲学者，所受的批评运命，同样地决定黑格儿的运命，是不对的。黑格儿是应认为黑格儿来真正理解的。在马克思主义立场上的解释，且不说她，使他消失于现代观念论的哲学里也是不可以的。黑格儿只有真正保持为黑格儿时，于此才有辩证法的发展出来。这么说不是想从黑格儿哲学抹去观念论的倾向，由马克思主义者看来，黑格儿是观念论哲学者，这是不错的。为什么呢？我们在这里可记得黑格儿寄 Mehring 书信的一节话："Luther 和 Calvin 征服了正式加特力教；黑格儿征服了 Fichte 及 Kant; Rousseau 间接地以社会契约论，征服了立宪主义的 Montesquieu，可是这始终在神学、哲学、国家学的范围内的事迹，于这些思想领域的历史中，表示一个段阶，是全然不出于思维领域以外的。"①

论理三方面之黑格儿的叙述，简单来说，是想现组织地来表辩证法这个东西的。Mehring 把马克思《经济学批评》序文的一节，所称为唯物史观公式的地方，曾有一段批评："在这很短的语句里，以一切文献中得未曾有地透彻的精深、明了，来叙述人类历史的运命法则。"同样的批评，也可以拿来称道黑格儿关于辩证法的叙述。希腊以来的哲学中，像这样揭发人类思维的本性，而能独创说出它的发展机能者，实在一个也没有。不做 Mehring 所谓"Leipzig 的哲学教师"不是现代哲学的认识论者，便不能明确地把握辩证法的，是没有的罢！我们也和黑格儿同样地"直观着那在前什么人（那虽可看做如何永久确实的）不得抵抗的，有绝大威力的辩证法。"

（译注）本篇作者三枝博音，为日本黑格儿研究之一大权威。昭和四年起每月刊行之《黑格儿及辩证法研究》，及"黑格儿研究会"，

---

① F.Mehring: *Geschichte der deutschen Sozialdemokratie* (12 Aufl., 1922), Erster Teil, Bd. I., S. 336f..

皆以氏为中心人物。本篇译自他近著《黑格儿论理的科学》之第三编，页229—251，原名《论理的三方面》。昭和六年二月，刀江书院发行。本文是专门介绍黑格儿在第二版*Enzyklopädie*第二编《论理的科学》之“预备概念”（Vorbegriff）中“论理学的详细概念与区分”（Näherer Begriff und Eintheilung der Logik）的。我因为这里引用黑格儿自己的话特多，可资参考。又作者提出“悟性”（Verstand）的重要，译之也不失为一家之言。

一九三一，八月二十日，上海

黑格儿的辩证法

朱谦之　著

（一）

黑格儿复兴的运动中，最可注意的莫过于他的辩证法（Dialektische Methode）了。“辩证法”近来在我们哲学或社会科学里面，已成为新语流行，可是辩证法的历史，乃至黑格儿辩证法在辩证法史上所占的位置，恐怕就有些人莫名其妙。实在说辩证法的本身，也是有一段长的进化历史的。如 Benedetto Croce，在 *What is Living and What is Dead of the Philosophy of Hegel* 一书，虽有“Explanations relatings to the history of the Dialective”一章，但所述不过古代希腊哲学家，和黑格儿辩证法的几位直接先驱者，对于辩证法过去的线索，还不能完全应用历史进化的方法去说明他。Thalheimer 的《辩证的唯物论入门》（李达译《现代世界观》）虽述及“古代论理学及辩证法”的历史，但他也不过要把古代辩证法分做纵的辩证法与横的辩证法之二发展段阶，对于辩证法的发展史，仍无所发见。所以这次提出此项问题，实为应用历史方法来讲辩证法的最初一次，亦即以辩证法来讲辩证法的最初一次，藉此可以知道辩证法本身不是什么天经地义，是随时有进化发展的。黑格儿辩证法可以反转变成马克思的辩证法，马克思派的辩证法，结果也是跟着历史进化，而消失他的时代价值的。依我意思，对于辩证法的发展，可大别为两大时期，胚胎时期为古代希腊，发展时期乃在中世以后，辩证法的起源，有的举 Zeno，有的举 Socrates，但依 Aristotle 说过“辩证法的发明者 Zeno”一语，似乎 Zeno（纪元前 490—前 400）以辩证法证明多与动两概念之不能实在，应该就是辩证法的起源了。然而截至 Zeno 止，辩证法的要素不外三者：

A. 对他的论争；

B. 抉出矛盾；

C. 证明。（参照古谷荣一:《唯物辩证法批判》页 15）

这种特殊的诡辩的辩证法，和公孙龙子等坚白异同之辩，差不许多。但同时代却有和 Zeno 正反对的学说，这就是小亚细亚的 Heraclitus 了。Heraclitus 以辩证法证明了运动的实在，如谁也知道的，即说“万法流转”“有与非有为同一的”“一切存在又不存在”的大原理。这样依于矛盾及其发展所立的实在观，实为后来黑格儿辩证法所本，所以我们推 Heraclitus 为辩证哲学的鼻祖，这也是没有可疑的。于是从 Zeno 发展，而至“Socrates 的产婆术”，也是以抉出矛盾为辩证观念的内容，不过这种论辨，已带很浓厚的真理主义色彩，即因“归纳的辩证法”来建立普遍真理的概念的。Plato 更进一步，在“归纳的辩证法”里，更提出演绎法的必要，且非常看重他。即 Plato 的辩证法是反复于各概念的特殊与普遍的论理，是将所谓超越观念的论理学与形而上学，都认为辩证法的。不过 Plato 的辩证法中，如有名的非有存在论，实得化而为后来黑格儿非有与有同一的思想（看《柏拉图全集》第六卷页 678），这点倒可以注意。至于 Aristotle 更将归纳法与演绎法从辩证法里断然区别出来，而以前二者为严密的科学方法，后者则不过对于科学方法而为预备的、前驱的、常识的方法。这么一来，辩证法的思考，便和论理的思考不同，也就没有多大的价值了。由这样看来，古代的辩证法，实在不是辩证法的发展，而为辩证法的萌芽，不过从主潮来说，可以包括于“静学的辩证法”，或如Thalheimer所谓“横的辩证法”的一个题目之下。然而真正的辩证法则不可不为“动学的辩证法”，不可不为“纵的辩证法”，也只有这种辩证法，才能从历史的发展方向把握真理，才是真正哲学的特殊方法。现在试依我研究的结果，将中世以后辩证法的发展时期，依三阶段分别如下：

第一阶段	神学的辩证法	Origens, Miltiades, Melito, Quadratus, Augustinus, Aristo, Theophilus, Aristides, Apollinaris, Minucius Felix, Justinus, Arnobius, Tatianus Hermas, Lactantius, Athenagoras
第二阶段	观念论的辩证法	Kant, Rousseau, Fichte, Condorcet, Schelling, Hegel, Ferguson
第三阶段	唯物的辩证法	Bukharin, Marx, Proudhon, Feuerbach, Engels, Deborin, Plekhanov, Lassalle, Dielzgen, Lenin
第四阶段	生命的辩证法	Nicolai Hartmann, Bergson, Dilthey, Croce, Kroner

上表详细叙述起来，可以做成一大部的“辩证法史”，但那不是本篇所负的使命，本篇只要籍此明了黑格儿辩证法所占的历史位置就完了。原来中世的辩证法，虽没有发生显著的问题，但大体可说就是Plato系统的复活。Plato主义最后的哲学者Proklo（410—485）说“辩证法不是主观的，是实在发展之内面的过程”。有的竟说“辩证法

是神做出来而为万物的基础的”。这样将辩证法与神学的实在观结合，实隐含 Plato 的超越观念主义在内，至于中世第二世纪有特称为辩证家的神学者一派（参看柏井园著《基督教史》第二十章，页 128—197，日本基督教兴文协会刊，大正十三年四版），如 Justinus 著《大辩证书》《小辩证书》，Lactantius 著《神的法制》，都可称当时拥护基督教理的最完备的辩证论。Augustinus（同书第四十二章，页 268—273）本受新 Plato 学派的影响，于所著《上帝之城》极力辩证神的政治之恒久不变，也可算这个时期的代表。但这“神学的辩证法”到了后来，便为“观念论的辩证法”所代替。Schleiermacher 虽为一个神学家，但他对辩证法所下的定义，谓“知识学或思维的学问，即辩证法也”，这已经脱却中世臭味而入于辩证法的第二时期了。如鼓动法国革命风潮的卢梭，他就是开始深刻地充分看出文明之辩证法的矛盾性。蒲列哈诺夫在《史的一元论》（页 159）有一段话：

> 卢梭是比同时代底侪辈崭然露了头角的……那是在于同时代底侪辈，差不多都是形而上学者，而他却是辩证法地思维了的人这一点。他对于不平等底发生的见解，的确是辩证法的见解。……（吴念慈译）

再看 Heinrich Cunow 为讲明黑格儿历史辩证法的来源（森谷克己译《黑格儿、马克思的辩证法、社会及国家观》页 22 下，东京同人社刊昭和二年）而追溯到卢梭，Condorcet, Ferguson 等发展的辩证法，更可见观念论的辩证法，早先已在法国发生的。Engels 在《反杜林论》（河野·林共译，弘文堂版二二〇页以下）里，称卢梭《关于不平等起源的论文》为应用了辩证的方法。Cunow 竟谓同样见解，在 Condorcet 或 Ferguson 里，也可以看出。Condorcet 和 Ferguson，不认人类理性的发展是直线的进步，这发展的经过中，竟发见所谓复归及再复归，这当然也可说是倾向这时期辩证的方法了。然而据实来说，“辩证法的历史。应当以曾经发现意识之（思维之理性之）辩证法构造的伟大的德国唯心论者，康德、菲希特（Fichte）、谢林（Schelling）和黑格儿为主要目标”。（Deborin 著《菲希特辩证法》的劈头语）。康德在辩证法史里所做的事业，是在他的二律背反中，发见了理性之辩证法的性质。黑格儿说：“康德曾把辩证法的地位提高，而他的最大的功绩，也就是属于这方面。因为他从辩证法中脱去其在普通的表象中所有的任意的假象，而表明辩证法为理性之必然的行为。”（看 Deborin《康德的辩证法》页 38）固然康德有时将辩证法看做“形而上学的假象假现之理念的论理”，有时又将批判法当作辩证法解释，但是只此在“先验的辩证论”中所说二律背反，实在就是康德辩证法的伟大发见了。Deborin 所著《康德的辩证法》，就是专从这一点发挥。他说“贯通康德的宇宙开辟说的根本思想，就是发展的理想，与特殊的机械的辩证法”（页一一），“康德的宇宙开辟论建筑于其上的实在的对立之原则，发展的观念之原则，与对抗力的斗争的原则，为表现德国哲学中辩证法之发展的第一阶段”（页三七），不过他也认康德的辩证法为“观念论”的。至于菲希特，则主张辩证法为要求相反观念之一致的方法，换言之相反综合法，就是所谓辩证法。第一是自我定立自我；第二是自我定立非我，从那里推出否定的范畴；第三自我与非我的综合，这种菲希持自我辩证法的模型，很明白地是取辩证法的三段论法，在辩证法史上可算是很进步的了。“我们可以积极地主张，在菲希特，在黑格儿，‘体系’几乎完全是在辩证法的方法中出现的。因为这些德国的唯心论者，是从思想的辩证法的构造出发，而思想之于他们，则为一切存在的实体，一切存在的根本理由。所以德国的唯心论者，遂达到世界组织之辩证法的构造。”（见汉译《菲希特的辩证法》页1—2）而且“菲希特的辩证的方法，较之康德的辩证的方法，得了形式上的进步，而在他的内容里面，特标出它那极端的唯心论的性质”（页53）。可见菲希特之胜过康德，是在他越发倾向于发展的观念论的辩证法了。至于举到黑格儿，则是“在观念论哲学底发展上，其主要的最后的连环，就是黑格儿底体系”（蒲列哈诺夫《史的一元论》页115—116）。“德国哲学它到黑格儿达到登峰造极的地步。它的最大功绩，在于回复辩证法，把它作为最高的思维形式。”（《反杜林论》汉译页29）实际他所提出“思维底辩证法的方法”，就是观念的实在世界的自己展开。所以“在黑格儿看来，思想的（黑格儿把它变成独立的主体，名之曰概念。）过程是现实的，而且现实世界不过是观念之外的表现”（马克思《资本论》第一卷二版序言，此据萨可夫斯基著《辩证法》汉译，页14引，平凡书店版）。这可算达到观念辩证法的最高峰了。于是依照物极必反的原则，便有马克思出来提倡唯物辩证法。他在《资本论》第一卷二版序言，有一段有名的对黑格儿辩证法的批评，他说：

> 我之批评黑格儿辩证法之神秘的方面，几在三十年前，当是时黑格儿辩证法，尚盛行一时，然亦正是在我著作《资本论》第一卷的时候。那些自傲自满的庸俗之流（现在是德国教育文化中之主角），都特别满意对待黑格儿，亦好像在Lessing时代Moses Mendelssohn所采取对待Spinoza如“死狗”一样的方法，所以我就公开地承认我是这些伟大思想家的门生，且在讨论“价值论”时，尤时常用“辩证法”这一术语。黑格儿辩证法虽紧握有神秘的意味，然黑格儿之为第一个予辩证法一般运动形式以深刻与自觉的分解的事实，则绝不因此而能加以否认。黑格儿的辩证法是立于头上，必须把它倒置之足下来，以开发其陷在神秘圈

子里的合理的种子。

辩证法在他的神秘形式之下，仍在德国风行一时，这是因为大家都看这是可以揭发物之生存状态的。辩证法在其合理形式之下，其对于资产阶级及其理论家代言人，只有怨恨与畏惧，因为在“生存”的真正了解中，同时亦就含有“否定”的了解——即其必然超于灭亡。辩证法观察每一生存形式，都是在运动中，亦即是在转变中，所以他对于任何东西，都不妥协。他的实质，便是批评的，革命的。

这一段话可看做是由观念辩证法变为唯物辩证法的一篇宣言。马克思能够很深刻地认识辩证法之革命的性质，尤其和我意见完全相合。黑格儿说过“矛盾推动前进”，故在阶级斗争中，怪不得辩证法要成为理论的有力工具。然而我们不要忘记了，从“头的辩证法”（Dialektik des Kopfes）进至唯物辩证法，实经过Feuerbach唯物论的思想。Feuerbach在《将来哲学的根本问题》第六十二节说：“真正辩证法不是孤独思想家与自己自身的独白，真正辩证法，是我和你的对话。”（冈村幸二译，昭和四年白杨社刊）这是何等分明地把辩证法变成唯物论的解释，而且是在马克思之前的了。从马克思至Engels，在《辩证法与自然》中，述及“科学的辩证法之一般的性质”（Allgemeine Natur der Dialektik als Wissenschaft, *Marx-Engels Archiv*, Bd. Ⅱ, S. 285）是有三个法则：

（1）对立物融合的法则（das Gesetz von der Durchdringen der Gegensätze）；

（2）质变为量和量变为质的法则（das Gestz des Umschlagens von Quantität in Qualität und umgekehrt）；

（3）否定之否定的法则（das Gesetz von Negation der Nagation）。

最重要的是燕格儿把辩证法完全应用到自然科学方面，Lukács著《历史与阶级意识》一书（一九一二年），告诉我们，马克思与燕格儿所用辩证法的不一致，即马克思只将辩证法应用于社会的历史的事实，而燕格儿则将辩证的方法扩大来应用说明一切自然的认识，这是不错的。燕格儿遗稿中的《自然辩证法》，如“从物理学底立场看来，抑从物理学史底立场看来，都不是能够给与何等特殊的兴味的东西。”（这是他至友 Bernstein 的评语）然而他却要依此来建设“辩证法唯物主义的自然观”。很大胆地说：“在自然界中，同样的辩证法的运动法则，也贯通了无量数的变革之错综现象，这些运动法则。”（《反杜林论》页 15）“自然科学已经进步到这样程度，使它再不能脱却辩证法的综合。”（同上页 14）不消说这在完成辩证法史的第三阶段即唯物辩证法的理论，是有很深的历史意义了。从此而至 Plekhanov，他不但反驳新康德派之非辩证的方法，取坚决的态度，而且最踊跃于将辩证法的唯物论应用到艺术、文学的解释。如所著《史的一元论》，《马克思主义的根本问题》等，都是因那“学识最丰富的机关杂志 *Neue Zeit*，对哲学问题之不关心”，而特踊跃于哲学的斗争，乃大大提倡辩证法的。（参看 Lenin《唯物论与经验批评论》德波林序言）Lenin 在这时候，也和 Plekhanov 形成了哲学的联盟，而极力和马赫派、波格达诺夫派宣战，他那部名著《唯物论与经验批评论》，一再告诉我们以两种认识论的分界线，即经验批评论是依存于感觉的世界，唯物论却为独立自存的世界。又告诉我们以辩证法唯物论与相对论中间的界限。如“波格达诺夫是个相对论者，而 Engels 乃是辩证论者。”（汉译页 123）不但如此，他在一九一四年即着手于黑格儿研究材料的搜集，因为事情太忙，没有成功有系统的叙述，但就他遗著中关于《黑格儿论理科学大纲》（载在一九二五年发行的《马克思主义旗帜下》一至二号），已经很够看出他是怎样努力于将黑格儿哲学变成唯物论来读。他和马克思之在价值论里应用“辩证法”一样，也把黑格儿哲学扩大来讲经济学，他说：“如研究黑格儿论理学的全体，而不理解，便对于马克思的《资本论》，尤其是最初数章，是不能理解。”然而又和 Engels 一样，使辩证法完全适用于自然科学，成为自然科学的方法论。在他遗稿中，《关于辩证法》一文（汉译《唯物论与经验批评论》附录，页 435—436），所举为辩证法的例证的是：

在数学里面的：正数与负数，微分与积分；

力学里面的：动力与反动力；

物理学里面的：阳电与阴电；

化学里面的：原子的化合与分解；

社会科学里面的：阶级斗争；

实际他所最注意的，还在“发展就是对立物的斗争”这一点，而且到了他，而后唯物辩证法真个成功理论与实践之辩证法的统一。所以 Lenin 可算辩证法史第三阶段之登峰造极的了。于是从此到所谓 Deborin 学派，尤其发挥了结合辩证法与自然科学的理论，如在一九二四年至一九二九年，俄国哲学者自然科学者最大的思想上底论争，就是以他为中心人物的。一九二九年苏维埃国立出版所发行 Deborin《辩证法与自然科学》一部大书，可谓此派大集成的著作。即他所著《黑格儿论理学批评》（俄译《黑格儿著作集》第一卷第二版序说），也实在对黑格儿有深刻的、明了的论述，不过同样依据物极必反的原则，依最近俄国“马克思主义旗帜下”关于编辑部变更组织的报告，知道去年十四日 Deborin 的理论，也被大会清算，那么唯物辩证法乃至自然辩证法，遭此一番重大打击，势必自告结束，而在辩证法史上却要别开一新途径。这不但我们意料中如此，事实上在德意志本国，黑格儿尤其是辩证法的研究，不是已预告我们以哲学时代的转换了吗？一九〇六年意大利 Croce 所著《黑格儿哲学中活的和死的东西》(*What is Living and What is Dead of the Philosophy of Hegel*, P.214)很有趣地告诉我们:

> Thus, Bergson, one of the writers who have attached themselves to this movement. advocates as a metaphysic of the alsolute, an intuitive knowledge, qui s'installe dans le mouvement et adopte la vie même des choses. But was not this just what Hegel demanded, and the point from which he began to find a form of mind, which should be mobile as the movement of the real, which should participate in the life of things, which should feel "the pulse of reality", and should mentally reproduce the rhythm of its development, whithout breaking it into pieces or making it rigid and falsifying it?

在柏格森直观的知识里，看出黑格儿的要求和出发点，这实在给我们以重大暗示，使我们对于黑格儿及辩证法的研究，完全倾向于联合生命哲学之一途。固然柏格森学说由黑格儿看来，只不过是出发点，或如他批评谢林的绝对精神似的，谓其为“手枪里不意发出的弹丸”，然已可使我们知道思维和直觉是缺一不可的，合理的和非合理的，事实上是同时并存，无法否认。所以辩证法史如果不想另开新的一页罢了，如果还要喊着“黑格儿复兴”，那么黑格儿的辩证法，非从所谓唯物辩证法乃至自然辩证法手里，转到生命辩证法，即从直觉涌出的思维方法不可。Croce 的新黑格儿主义不要说了，在他发表前书的一年，德国 Dilthey 亦发表极有价值的《黑格儿青年时代史》，他告诉我们，黑格儿的青年时代，不是我们所称为主知的唯理的“泛论理主义者”，而实为接近于追求近代生命哲学，近代的直觉主义的一个人。由青年黑格儿看来，体验与思想是不可分的一个东西，又一切理解之力，只有靠直接真情，才可以理解着活泼泼地生命。在这里脱却了辩证法的重重甲胄，而表示其融合基督教内容与希腊国民宗教思想的。于是我们遂在黑格儿体系里面，发见了 Kroner 所谓“幻想的直觉”，马克思从黑格儿得到的唯物论，也一变而为从黑格儿里得到生命论了。Dilthey 以后更有 Nicolai Hartmann，在一九二二年发表《亚历士多德与黑格儿》，一九二九年发行《黑格儿》的单行本（《德意志观念论哲学》第二部），他是以黑格儿的《精神现象论》为中心，指导我们要理解黑格儿，须知“在抽象的概念中，很巧妙地潜藏着具体的活的某种东西”（《黑格儿》页 3）。他对辩证法的解释，就是：“在辩证法中潜藏着某种暧昧不明谜一样的东西，这在人们无论怎样都是瞒不住的罢！”（页 159）“从事辩证法的思想方法的人们，甚至自身不能发现辩证法的秘密，这是很值得注意的。他们虽把捉着这种方法，但如何做成它，却不能使之说得出来，因为这不是他们所能明白知道的，好像艺术在创作的过程中，不能知道自己一样。”（同上）又说：“人们要论证辩证法的本质时，任如何分析，如何理论，也是没有用处的。人们只有站在与艺术理论家同一限界之前，才可看出自己。”（同上，页一六〇）这种看重辩证法的神秘性艺术性的说法，固然使许多唯物辩证家吃惊不少，然而这正是代表辩证法史第四阶段之生命的辩证法。此外更如 S. Marck 在一九二二年著的《黑格儿主义与马克思主义》，说明“黑格儿在现实的苦难之中，常欲看出哲学之蔷薇”（奈良冈茂雄译，页 47），乃至 Kroner 一九二一年发表代表的著作《从康德到黑格儿》，又告诉我们要使黑格儿辩证法复活，须努力于黑格儿哲学之存在学的解释。所以如 Martin Heidegger 存在学的黑格儿解释，《黑格儿现实科学及其渊源》（第一卷）著者的 Kurt Schilling-Wollny，乃至日本田边元（著《辩证法的论理》见《哲学研究》136号)、大江精志郎(著《黑格儿与 Heidegger》,见《理想》第二十二号黑格儿复兴号)从广义来说,都可说是比浅薄的唯物论,或者更有黑格儿复兴的历史意义的。还有最可注意的,是一九三〇年四月廿二日至廿五日间,在 Hague 所行最初国际的黑格儿会议,差不多全欧多数的黑格儿研究者及爱好者一概出席,因而创立了“国际黑格儿联盟”。这个联盟,设立十九个规约,而以促进黑格儿哲学的研究为目的,说不定本年复活祭后,在柏林召集联盟会员作盛大的学术讲演,对于“生命辩证法的理论”,将开出更大的发展的前途呢!总而言之,除非不承认现在黑格儿辩证法的发展以外,那末黑格儿辩证法的发展,必然而当然地要如从前由观念论的辩证法到唯物辩证法似的,现在必从唯物辩证法发展到生命的辩证法。Engels 不是已经说过:“我们今后所获得的,不是证明那空想的原始状态的实在,那种空想的原始状态是可以黑格儿‘即自的’范畴把握着的。和那个同样的、空想的消失,可以用‘对自的’范畴把握看,就是这么回事,黑格儿援助啊!”在 Engels 发表这段名言以后,现在已不知经过许多岁月了,因为辩证法的自己发展,即走到要综合那黑格儿“即自的”范畴和 Engels“对自的”范畴,而为“即自且对自的”范畴来把握着生命状态的时代。我们在 Engels 这一段话后,应该加上几句:“我们今后所获得的不是实现那唯物的对立状态的实在,那种唯物的对立状态是可以 Engels‘对自的’范畴把握着,和那个同样地唯物的消失,可以用‘即自且对自的’范畴把握着,黑格儿援助啊!”

(二)

近来许多研究黑格儿与唯物辩证法关系的,都喜欢指出黑格儿“精神的实在性”,“黑格儿的绝对观念论不外唯物论之观念论的表现,恰如 Spinoza 的泛神论为无神论之神学的表现似的"，"黑格儿所云观念，不过名词罢了，实则所谓思维不外存在之别名"。（如本庄可宗著《黑格儿与唯物辩证法》一篇，见《理想》第二十二号，页 75、76）因此所以马克思所谓"黑格儿的辩证法是立于头上，必须把它倒置之足下来"这一段话，变成很不充分的了。但是事实果然如此吗？黑格儿无论怎样给他辩护，总是一个观念论的辩证论家，是将第二阶段的唯心辩证法走到极点的，我友郭大力先生有一段话，说得很清楚：

> 黑格儿既承认绝对世界在现象世界之中，又承认绝对理想性乃先宇宙而存在，既承认理性为绝对，又承认理性为可变，这是黑格儿系统的矛盾。但所以会有这种矛盾，就因他是一个唯心论者呀！（《黑格儿与马克思》见《民铎》第十一卷第一号）
>
> 黑格儿与马克思因为都承认人类历史的变化，所以他们是相同的。但是黑格儿认变化的究竟原因，在于人类意识的变化，马克思却认变化的究竟原因，在于生产方法的变化，所以他们是不相同的。换言之，他们的同点，在于他们的辩证法；他们的异点，在于他们的唯心倾向与唯物倾向的差别。

这是一点没有错的，黑格儿学说，和本庄可宗所说"所谓思维不外存在之别名"刚刚相反，他以为"所谓存在不过思维之别名"。为什么呢？最好先注意黑格儿论理学的出发点。原来"黑格儿论理学是立于思维与有之同一性的见地上，即因这个原故，他不得不从概念之中，导出'有'，结果而思想不得不从自己中产出有来，论理学最初即关于思想与有为同一的问题，思想即有，有即思想。"（见 Deborin 著《黑格儿论理学批判》川内唯彦译页 65）而且由黑格儿看来，思维的对象，也和思维没有什么不同，思维的种种客观，都不过思维的规定。Feuerbach 说得好："思维在这里（即在黑格儿论理学里）依然是对于自己而在不可分的统一之中，思维的种种客体，都不过思维所发生的，除满足自己的思想以外，什么也没有的思维诸规定罢了。"所以黑格儿之所谓主客统一，实在不是统一，而只好说是同一（同书页 71）。这不是很可明白黑格儿是个完全的观念的辩证论者吗？不过观念论的辩证法因为使它自身彻底的缘故，反而转化为他的对立的反对，这就是黑格儿辩证法所以转化为唯物辩证法的真正原因。马克思将黑格儿倒置过来，主张存在就是物质，而物质的对象——思维——也不过物质的种种规定，所以说："唯物论的学说，即以为外物可反映入吾心的学说。对于实物存在于我们身外一事，已得说十二万分的明白，我们的知觉与表象，是外物的关系。"（Lenin《唯物论与经验批评论》页 92）好个以思维为存在的肖像，不是和黑格儿以存在为思维的肖像刚刚相反了吗？但是据实来看，"存在"不是"思维"，也不是"物质"，乃是活泼泼地"生命之流"。换言之，即"具体的有"，不是物质或思维，而是那统一物质与思维的"生命"。所以在这里于观念论的与唯物论的辩证法以外，自然而然地更给"生命辩证法"以发展的余地。生命的辩证法家很可以大胆地说："黑格儿的辩证法是立于顶上，马克思的辩证法是立于足下，这在顶上的辩证法，染上了一身神秘的意味；而在足下的辩证法，同样地亦染上了一身俗臭的意味。算了吧！我们如果还要固执着辩证法的彻底，那么就必须从头到底地整个地发现生命的源泉来。"

本来黑格儿辩证法和马克思底全部学说，是有密切关系的。如马克思学说最重要的是唯物史观、阶级斗争说、剩余价值说三种，却都受黑格儿的影响。如在《唯物史观公式》，分历史发展的阶段为"亚细亚的，古代的，封建的，近代资产者社会"，这显然是抄自黑格儿底《历史哲学》。在《历史哲学》第二编《特殊绪论》第三有"世界史底区分”一章，将精神的形像分为第一历史的幼年期——东洋的世界:（一）中国,（二）印度,（三）波斯；第二历史的青少年期，为希腊的世界；第三历史的成年期，为罗马的世界；第四历史的老年期，为日耳曼的世界。（见河野正通译《历史哲学概论》页385—402）不料马克思竟把他凑拼起来，将黑格儿第二第三世界，凑成“古代的”。以第四之日耳曼世界，二分为“封建的”与“资产阶级的”。这段在福田德三著《唯物史观经济史出发点之再吟味》一书（页74—78），已经有很详细的说明，用不着再说什么了。次就阶级斗争来说，依Beer说:“黑格儿辩证法是斗争的进化。”（《马克思主义时代社会主义史》胡汉民译，页71）这本已可看出“阶级斗争”的萌芽。而尤其是阶级观念，马克思实从黑格儿处得到益处不少。黑格儿说:“国家的第一基础要是贵族，那么第二基础就是各种阶级，所以阶级是很重要的。”（《法的哲学》页324，速水敬二译）他将阶级的本质，从两方面观察，一方如家族似的，为公共生活的重要支柱，他方潜于有很深的社会经验的意义之欲望组织内。他所立阶级的三区分，即为实质的阶级，反省的阶级及普遍的阶级（页334）。在那里我们很可认出这是辩证法运动的形式的。

（第一）实体的阶级，即“农民阶级”，是以所耕土地之自然的产物，为其财产，所以和自然有最密切的关系。这个阶级常不失其淳朴的生活样式及其实体的信条，人类在这时候，用直接的感情，一切都受自然之赐，在敬虔的依赖中，发生感神的信仰。他们的劳动，是与土地相结合，但这阶级没有获得富的思想（同上页325—326）。

（第二）反省的，即实业的阶级，是以改造自然的产物为其职务，且悟性、反省、劳动这些成为此阶级实行价值改造及其普及的重大要素，他们自己生产享乐，均基于自己自身的劳动，是带有都市精神的。这个阶级又分为手工业阶级、工业阶级、商业阶级。在第一阶级（实体阶级）没有反省，一切听命自然而发生依存的感情，所以比较是倾向于服从的。反之第二阶级，则倾向于自由多了（同上页 326—327）。

（第三）普遍的阶级，是管理社会状态之普遍的利益的。关于这个地方，黑格儿没有详细的说明，只泛泛地说："这个阶级是依据于私有财产呢，或是这个阶级的活动，因国家安全的支持，私人完全要为普遍者而劳动呢？要之无论那个对于欲望都不免要为直接的劳动。"（页 327—328）

他又很明白告诉我们："人类应该认为属于一定的阶级的。……没有阶级的人类，只不过私人罢了，缺乏了现实的普遍性。"（同上页 330）他在上列三阶级外，更讲到军人阶级（页 508），政治的阶级（页 480），又说到"中等阶级"。虽然许多不甚明了，却已经很够充分给马克思以发展的余地。马克思在一八四三年所著《黑格儿国法论批评》（见《马克思燕格儿全集》第一卷，服部英太郎、新明正道共译），即对于《法律哲学》二九七节所谓"行政官并官吏形成中等阶级的主要部分"（上书页 467）一句话，加以申说（《全集》卷一页 311）。又对于三〇一节，黑格儿所论阶级竞争的必要性与不用性，认为完全真实。又如三〇四节，三〇五节，三〇六节，三〇七节，黑格儿论阶级处，均照录原文，附以傍点，而尤致意于黑格儿论政治的阶级的要素中"敌对的可能性"的问题（《全集》页 356）。这不是很明白马克思的阶级斗争说，乃是黑格儿很大的影响吗？再讲到剩余价值说，更明白了。马克思《资本论》第一卷第二版序言中，已自己宣言："我公开地承认我是这些伟大思想家的门生，且在讨论价值论时，尤时常用'辩证法'这一术语。"因此 Lenin 便说："如研究黑格儿论理学的全体而不理解，便对于马克思的《资本论》，尤其是最初数章，是完全不能理解。"这不是说即在价值论上面，也深刻着黑格儿辩证法的痕迹吗？所以如三枝博音著《依黑格儿论理学之马克思资本论的解释》(后改题为《在资本论里黑格儿论理学的结实》，见《黑格儿及辩证法研究》杂志，第二十三号以下)一篇，我认为很有充分的理由。总而言之，我们须知道马克思的所有学说，完全不能和辩证法分开，而辩证法的源泉则直接得自黑格儿的。故将黑格儿辩证法，固执到极端，反而一转而为逆立的唯物辩证法，给辩证法史上划一新阶段，所以从这一点来看，马克思对黑格儿正如辩证法方式所表现似的，他是同时肯定黑格儿，又否定黑格儿的。同理我们生命辩证法的信徒，一般地将辩证法作生命论，从一方面看，固似“青年黑格儿的复兴”，他方面却正好公开承认我们也是伟大的马克思的门生，不过把唯物辩证法走到极端，便不得不一转而为逆立的生命辩证法罢了。用马克思对待黑格儿的态度，我们可同样拿来对待马克思。如果唯物论要真与辩证法相结合，则这唯物的“物”，已经不是一种固定死板的一种定体，而为在变化历程中活动体之一物。这么一来，在宇宙之内，从组织这个大地的质点起，没有一个不是永久在剧动的状态中，没有一个是真正的静止的东西，所以推到极端，仍不得不急速跳出唯物论的一切根本假定，而急速变更到生命论所走的方向。这就是我们越发研究辩证法的唯物论，越发有“复归于黑格儿”的要求。我们依据黑格儿而发现了“生命辩证法”，这在辩证法史上是一个“飞跃”，一个“进化”，用黑格儿的术语表之，就是辩证法“自己复归自己之一大圆形运动”(《哲学史绪论》)。

(三)

黑格儿在哲学史上他永远是一个大唯心论者，然而在他观念的果壳内，实含着生命的果核。所以 Rickert 在《生的哲学》第二章，历数近代生命哲学家如 Schopenhauer, Nietzsche, Bergson, William

James……，却未忘却了黑格儿（见小川义章译，页 293）。他说："生命这个名词，在以前有时如青年黑格儿等已作一样意义来用，因为这个缘故，有人把他和生命哲学结合，也是对的。"可见 Dilthey 在《黑格儿的青年时代》谓青年的黑格儿是一个生命哲学家，这就在专讲分别形式的 Rickert，都没的法子否认了。而且我们即专就黑格儿著作来看，如他在《历史哲学》，虽极端否认那"直观与感情，认为是无反省的意识"（河野正通译，页 38），而主张人与动物分别，是在有思维作用，这就是他所以成功"理性派"的原因，但他仍不能否认感情的存在。他甚至说："理念与人类的热情，两者形成了世界史织物的经纬。"（页 104）"热情是世界秩序的一个成分，其他成分，就是合理。"（页 106）"我们在世界之中，无论如何伟大的人，没有热情是什么也不能成就的。"（页 108）"热情使全个人放弃其他一切兴味目的而集中于一个对象，这在伟人里，最可看得出来。伟人是为热情所驱使的，他们的确是热情的人，即他们有他们目的的热情，而其全性格、天才、资性均倾倒于这个一般者的。这个一般者，就是他们的 Pathos，热情正是他们自我的动力，没有这个动力，使他们什么事都干不成。"（页 133）"热情没有什么不道德的，这个灵感在有真实本性时，同时又为冷静的灵感。"（页 134）似这样赞美热情不置，以热情为历史的原动力，这一点就露出生命哲学家的面目来。然而黑格儿的哲学全部，终竟是主张"理性"而视轻感情的，他只认人类历史就是"绝对理性的发展"，而不认其为"真情生命的发展"，这就不得不和我们生命辩证法的哲学分家了。我们所能作的，就是将他的历史哲学倒竖起来，而主张"热情应占历史的第一位"。马克思自谓他的学说，是将黑格儿辩证法倒立，实则黑格儿辩证法本有"动学的"与"静学的"两面，马克思的辩证法只算"静学的辩证法"的倒转，所以由"理性"逆转而为"物质"，以"理性"本含有"物质"的倾向，所以逆转为空间方式的“辩证法唯物论”。反之我们主张把黑格儿的历史哲学倒立，是根本的要将“理性”一转而为“热情”，由空间趋势一转而为时间趋势，由静的堆积的轮化，一转而为动的进化的绵延，所以是他“动学的辩证法”的倒立——这就是所谓生命辩证法了。

生命辩证法就是“生命的逻辑”，如 Lenin 在《黑格儿论理的科学大纲》（川内唯彦译，页 26—27）所下论理学的定义，说：“论理学不是关于思维之外的诸形式之学，那是关于一切物质的、自然的及精神的发展诸法则之学，即世界一切具体的内容，及世界认识之发展诸法则之学。即论理学为世界认识史的结算、总和、结论。”这一段大学教授所梦想不到的论理学定义，几乎已可完全充作“生命辩证法”的定义来读。“是——否，否——是”这一个矛盾逻辑，实际即是一切皆流，一切皆变，一切物质的、自然的及精神的发展诸法则之“动的逻辑”。从前的论理，证明了“运动是不可能”，现在的论理学，却要告诉我们以运动是极显然的矛盾。这就是说除直接承认了生命辩证法以外，是没有其他的更好的说明。但在这里，我们尤不能不记起法国 G. Le Bon 在《意见与信仰》（冯承钧译）里所说的“生物论理”“感情论理”乃至“神秘论理”（见第三篇页 90—142），这些论理是和理性论理可以相存，但也可以相争，而总之却都可认为“生命辩证”的异名同实。好似辩证法从大体上，可如田边元教授所分（1）综合性；（2）否定性；（3）实在性；（4）发生性等等。（《辩证法的论理》见《哲学研究》第百三十二号起所载）生命辩证法亦可以冠以各种论理，如生物论理、感情论理等名称，若综合来说，我以为只要用“生命论理”这一名词就行了。Le Bon 也说：“生物论理先于他种论理，无之则生活必不可能。”（《意见及信仰》页 108）但他所说还只以“本能”作用为限，我们意思则以为辩证法承认一切的矛盾现象，实由于人类无意识中承认其自身生命的矛盾现象起点。如一男一女，一生一死，这种生命上的根本矛盾事实，实际就成为辩证法论理的源泉，这就是所谓“生命逻辑”。而尤其是“生命逻辑”和两性的关系最为密切。所以在《易经》里辩证的观念之展开，如说什么“一阴一阳之谓道”“阖户谓之坤，辟户谓之乾，一阖一辟谓之变，往来不穷谓之通”。(《系辞传》)说什么“天地絪缊，万物化醇，男女构精，万物化生”。说“刚柔相推，而生变化”，说“乾坤其易之蕴耶，乾坤成列而易乎其中矣。乾坤毁则无以见易，易不可见，则乾坤几乎息矣”。表面上虽用着“刚柔”“乾坤”“阴阳”这些抽象名词，来代替相对待的关系，实际都只是具体的两性关系的象征。所以《易经》从根本意义上看，简直可说就是完全建立于“生命逻辑”的基础上，即“两性逻辑”的基础上。即因辩证法论理中“运动即矛盾”这个概念，本从“两性关系”与所谓“原始反终，故知死生之说”的生死关系上，蜕化出来，所以马克思派唯物辩证法走到彻底，便不得不和精神分析学者 Sigmund Freud 学说联合起来，而成功所谓“Freud-Marx 主义”。一九二九年斯塔利耶洛夫所著《机械论与辩证法的唯物论》(笹川正孝译，白杨社刊)里有一篇即为反驳“Freud 主义与 Freud-Marx 主义”做的，在那里引 Freud-Marx 主义派的话很多，试摘录其要者：

> 心理学者及社会学者，马克思主义应该介绍这个精神分析(Freud)的学说，为什么呢？因为精神分析可使他们在他采求里，得到最丰富的材料。
>
> 由于以 Freud 主义适用于唯物的辩证法，而后马克思学说才能从资产阶级意识的皮膜里，观念论形而上学的歪曲里，同矛盾与不彻底性里解放出来。所以 Freud 的理论，可算无产阶级斗争的一种武器。

由于风靡西欧的Freud主义的诱惑。唯物的辩证论不是从它自身里已转化而为生命论的辩证法吗？Freud的"无意识的心理学""两性关系的社会学"，我以为至少也能给辩证法以新的"生命逻辑"的基础。我们不要以为只要物质的经济的条件，便可惹起人类的历史行为，须知要没有感情的及神秘的激动，即两性的冲动为原动力，便一切物质要件，正如没有发条的钟表一般，动也不动一动了。所以唯物辩证法的学说，于自己中便含着自己否定的萌芽，不彻底便罢，一彻底便变成它的真反对——生命辩证法了。

生命辩证法一方面从生物的说明就是"生物逻辑"，一方面从心理方面观察，就是"感情论理"。感情依Wundt所分，是（1）快不快；（2）紧张、弛缓；（3）兴奋、沉静，这些感情法则表现于论理上，即为辩证法。又如所谓"质变为量，量变为质"的法则，实际也可以感情偏倚所生的"变质征候"（Degenerationszeichen）来说明，辩证法所以能够唤起否定一切的"飞跃"（革命运动），也全靠感情心理做背后的护持力，而当感情完全不受理性统驭，变成一种"神圣疯狂"时，又就是所谓"神秘论理"了。可惜这个道理不明，以致从来辩证法的立场，不是陷于"不可思议"，便要染上一身"俗臭"，如能知道辩证法原来是有生物的心理的基础的，辩证法的特色，正在"化腐朽而为神奇"，那末辩证法自身便有确实的科学基础，不是容易理解得多么？

但话虽如此，生命辩证法如果要完成其自身的使命，则必须和"直觉法"结合，换言之即将黑格儿的哲学方法（辩证法）和柏格森的哲学方法（直觉法）结合，这个意思我在十年前所著《革命哲学》（页19、25、80、84—85）已发其端，至今大意还未变动，试录数节以当结束：

柏格森的进化论，应用他去说明生命的真象，自然再好没有，然为实际上的需要起见，却不可不和黑格儿的进化论合拢起来。不然，尽管柏格森讲得“天花乱坠”，只可惜这大宇宙全体绵延的创化，还和我们现在“分析的生命”全没交涉啊！（P. 19）

我们虽用辩证法去指示现有进化的理势，同时还要用直觉法，去直接体验吾人心意的绵延，使从前由辩证法所证得的“分段生命”，由心意连串起来，于是把那一片一片一段一段的静相，都给打碎了，遗漏于其中间的真时，也都充实了。而流行的进化，也就是永远绵延创化的“真的时间”了。（P. 25）

我们要是专靠直觉，也不见得能自悟悟他，因直觉是不可说不可说的，今既不能无说，就免不开一切的表示方法和争论境界，所以直觉以外，为便利起见，还有取于辩证。但不过我要用的辩证法，实在和黑格儿不同，是有数特色:（甲）从前用辩证法的，又不知直觉法，用直觉法的，又无条件的看轻辩证法，由我看来，这两法实在是相反相成，可以互相帮助的。何则？辩证所得，虽不如直觉的完全，其直觉实能籍辩证以自表现。而且从表面上看去，辩证只见一支一节的片段，若能用“直觉”去证会辩证，还是无穷的、完全的、不间断的本真。由此可见辩证法要是活看，也见得到真的时间，而由直觉法一旦移入辩证法，也无法为着实际的需要。故此我说的辩证法，是受过直觉法洗刷过的，不似从前的哲学家，除却审辨物象的重复以外，便不知辩证为何物了。（乙）从前的辩证法，因含理知的分子太多，所以看得到的，并非纯然时间的，而且常是空间的，如黑格儿的三分法，可以拿来做个好例。因他筑基于概念的范畴上，故此太近于科学家法的派头了，结果只知道空间的开拓，所求的进化也只是散漫的移行，至于绵延不断的时间的流行，实在还未会得。我么？总想把辩证法去证会时间的流转，所以根本上反对黑格儿的三分辩证法，就因这个缘故。(丙)从前的辩证法实在没有什么根据，故此那实验派的科学家都莫名其妙，不消说是要极力排斥他了。至于我说的辩证法，实在可以新心理学来证明(PP. 84—85)。

写上面一大段话时，我实未知有 Dilthey 的《黑格儿的青年时代》一书，和我有同样的不谋而合的见解。近来因再研究黑格儿，越注意青年黑格儿派的运动，越发自信从前主张以辩证法和直觉法结合的说法，大致真确不移，而且从直觉法本身看，也是经过一段发展的时期，即从（1）神秘的直觉；——（2）内省的直觉；——（3）几何学的直觉；——最后才到柏格森的（4）生命的直觉，所以这里所谓辩证法与直觉法结合，当然是指辩证法与“生命的直觉”相结合。这么一来，黑格儿的辩证法，便可变成 Kroner 所说似的“最大思想的艺术所产”的辩证法了。也唯有这生命辩证法，才能亲切分明认识那相对、双的天则流行；才能够证会那浑融圆转、活泼流通、永没休歇的“真情之流”。

一九三一，十月廿三日，上海

黑格儿的历史哲学

关荣吉　著
朱谦之　译

（一）

照黑格儿看来，历史是有三种类：（一）原始的历史（die ursprungliche Geschichte）；（二）反省的历史（die refelktierte Geschichte）；（三）哲学的历史（die philosophische Geschichte），历史哲学的对象，就是最后之哲学的世界历史（S. 33）。

在我们从事哲学的历史考察以前，先简单地将第一及第二的历史考察法，概说一下：

第一原始的历史，在称为历史之父如 Herodotus，或 Thukydides 等可以看出，这就是史家将是自己所体验的行为、事件或状态记述下来。又如福雷德力大王的"Histoire de mon temps"，是以伟人自叙其自己功绩，于此著者的精神和他所叙述功绩事件的精神，是同一的（SS. 33—36）。

第二反省的历史方法，和原始的历史不同，是史家照各主观所决定的目的而编历史，却不是依于历史事件的本身精神写的。例如普遍史（Allgemeine Geschichte）为反省的历史一种，却只以叙述某国的历史全体为目的。尤其就在这个场合，虽然和原始的历史一样，也能够把各各时代的精神写得活灵活现，可是历史家屡因保持一切时代同一的音调的原故，史家的精神便与各各时代的实际精神冲突。反省的历史别的种类，就是为充道德的教训或政治家的座右铭编纂的历史，例如寻万国兴亡之迹而探其原因，便是这种历史。这叫做实用的历史（pragmatische Geschichte）。反省的历史之第三种类为批评的历史，这不是历史，是历史的历史，即历史故事的价值评价。最后可举概念的历史（Begriffsgeschichte）。所谓概念的历史，有艺术史、法律史、宗教史等，虽不免于部分的，因而是抽象的，但因采用了普遍的观念，故可认为向哲学的历史之一转机。

第三历史，哲学的历史——这就是眼前题目。哲学所采用的唯一思想，是理性支配世界，又此世界历史是照理性进行着之理性的思想。这个信念，说不定就是历史的一个前提。但在哲学本身这不单是前提，理性就是本体，即由此本体内，支配一切实在的存在与成立。理性不单是理想或应该怎样，是无限之力，有无限的形式同时有无限的素材。理性自己培养自己，其自身就是内的世界向现象界的表现——向自然界及精神界，而后者即世界历史。因此世界历史为理性的发展进行，这样说法，不是前提，而是从世界史观察所得的结果。

关于理性支配世界，而又支配世界史这个确信，可想起两种形式。一个是 Anaxagoras 所谓（Nous 支配宇宙）的命题，但 Anaxagoras 谓宇宙受法则支配，法则就是理性，可是宇宙对于法则是不持意识的，宇宙不是理性本身。别的一个是在宗教的真理形式下，即不认世界为一任偶然的原因，是由神意摄理世界的。但是为宇宙支配者之神意的思想，若单是信仰，还未完全，是非将神真个认识不可的。因此黑格儿说，我们认识是依永远真理所向的目标的，这从所谓“在自然界同样在精神的世界显现着”一语便可明白了。我们思想在这个范围，是一种辩神论（Theodizee），是神的显证。——那是来勃尼兹（Leibniz）于形而上学的形式里，用尚未精确的抽象的范畴所尝试的。

（二）

以上简单叙述哲学的历史及其他二种类历史的意义。现在更进将哲学历史的原理详说一下：先应该注意的，世界史是进行于精神的领域中。世界固然包含物理的自然与心理的自然，然精神及其发展进程是本质的，因此这里将自然置于考察之外。历史哲学应该研究的问题，是如下三种：

（一）精神性质之抽象的规定；

（二）精神使理念实现，应使用如何手段；

（三）精神之完全具体的实现的形态。

第一、精神的性质——将他和正反对的物质对照，最容易认识出来。即是说，物质的本体为重力，同样自由是精神的本体。像一般所知道似的，精神有自由以外的属性，可是这其他属性，除为自由的手段以外，便无价值，思辨哲学是以自由精神为唯一真实的东西认识着，物质在自己的外部有其本体，反之精神则为依据自己自身的（bei-sich-selbst-sein）。精神之依据自己自身，就是自己意识（自觉），意识者与被意识者两者是同一的。如此本质上据有精神的世界历史，遂不外精神的展开。像胚子内含树木的全体性质似的，在精神最初的痕迹里面，亦潜在的含着历史全体，即世界史是精神的自己展开。换句话说，为精神本质的自由之实现。但是这不是从历史的开始便完成的，这是从渐次发展来的。在这里黑格儿成立一句名言——“世界历史就是自由意识的发达”（Die Weltgeschichte ist der Fortschritt im Bewusstsein der Freiheit），我们对于这自由意识的发达，不可不认识其必然性。

自由概念有许多解释，故须不误解才好。自由的意义，如前述是bei-sich-selbst-sein（依据自己自身）。黑格儿说自由是有他所欲实现的目的自身，然而这便是精神的唯一目的。这个目的在世界历史常为所向的最后目标，为此在长久岁月，贡献一切牺牲于地上的广大祭坛之上。在所有事象或状态的转变中，这个目标是唯一不动的。又这个目的是神向世界所求的目的，而神是完全无缺的，所以结果他除求其自身的意志以外，没有什么（SS. 50、54）。

次之问题是要自己实现自由的理念，应该使用如何的手段这个问题。

黑格儿说第一应该注意的，如前所述我们所谓究极目标、原理，乃至叫做精神性质的，乃是普遍的内的东西。因为使这些显现于实在世界，则为第二要素的人类行为是必要的。行为就是人类的欲望、冲动、热情（Leidenschaft）。只要一个目的，对我能唤起活动，一定在某意味上就是我的目的。纵使这个目的含着许多和我不相干的方面，同时在那里却非有满足着我自身的目的不可。"他只汲汲于自己有兴味的事"，这样非难的话听得多了，可是只要成为个人的行为以上，要没有那个人对于这事体的兴味是不行的。（尤其这种兴味，不一定限于私欲——下等意味的——又有自己的确信意见等意。）当全个人放弃其他一切兴味目的，而集中于一个对象时候，我们把兴味叫做Leidenschaft（热情），世界史的大业，没有这个热情，便什么也做不成的。

即于我们考察的对象中，表示着二个要素。其一理念，是有究极目的；其他便是人类热情。依据后者而无意识中达成前者，即究极目的。所以热情可算世界精神为实现自己目的的一种手段、工具，但热情自己是不自觉这个大任的。个人或国民的活动，是自己满足自己而同时成为更高者的手段，引用黑格儿巧妙的表现，就是："彼等（人类的行为）做成自己兴味，而因此遂到达比较更高超的东西（ein Ferneres）。"

像这样热情，对世界史的究极目的，而立于手段的关系上，但其自身却只管埋头于自己的兴味。世界精神之最卓越的手段者，是世界史的个人（die welthistorischen Individuen）。世界史的个人，无踌躇地固执着一个目的。他们不在平和的既成秩序里求目的，而以尚埋地下里面底内的精神为目的，那是要破开地壳长出来的，如此他们遂为世界史划一新时期的人。——在这范围内，世界史的个人又可叫做英雄呢！世界史的个人或英雄的运命，决不是什么幸福，世界史不是幸福的舞台。看看亚历山大、恺撒或拿破仑吧！有的夭折被刺，有的成流窜之身，他们于普通的意味上不是道德家，一切都是以热情欲望做成史的人。世界的英雄，很顽强地固执着实行一个兴趣，其结果在路途上，有时践踏了许多无罪的花。

但是不要误解，相争而因没落其一部分，是特殊的兴味，却非普遍的理念。普遍的理念不管特殊者的对立与争斗，仍然是秋毫无损。否定了一个部分，肯定了别的部分，这是现象界常有的事，本体是没有的。理念不从自己自身支付存在与消灭的赋税，而依据个人的热情支付它。

个人行为在一切手段（为实现世界精神的）底范畴之下来考察，但个人行为有难成为这样某物手段的藏于以自身为目的之一方面——这即道德、伦理、宗教便是。道德宗教于自身中，便有内容的目的，又道德、伦理、宗教在历史里面，对所受不幸的运命而鸣不平。它们对于世界宣言应该怎样办，大喊着我们特殊的兴味，不是要求热情的满足，而是要求理性，昂然对世界状态轻易发不满之声，甚至于反抗。可是这样子，实在不得不说是僭越的态度了。他们所夸称的理想，毕竟是主观的，个人所独自想出来的东西，对于普遍实在如何能够成功法则呢？观于宗教的道德的目的之没落，即刻就疑到神的意思，是不行的。这些目的，当然在内面是无限而永远，就其形成来说，却是有限的，因而应该没落的。神自始至终支配着世界，世界只要为神理念的清光所照，便如黑暗里所见幻影似的完全消灭了吧！所以世界精神的法则，凌驾于一切特殊的机利之上。

第三，依据上述手段而实现目的，在现实界是取什么形态呢？——这个问题，照黑格儿说，就是主观的有限的目的，于实现中要有什么材料（Material）的问题。主观意志、热情为活动的实现的手段；理念则为内的者，国家就是这两者综合统一之伦理全体。国家的目的是使本体内在于人类之实际的行为与感情之中。国家是现存地上底神的理念，国家是世界史之较为限定的对象，在其中自由得到客观性。由此看来，世界精神或理念是内的、抽象的，其所取具体的形态，便是国家，如此国家就是精神即自由的实现。他方面又个人为国家一分子而活动时，或从事国家的行为时，国家便存在于个人之主观的意志里，所以国家是含有主观性的要素，所谓国家为二者之客观的统一，意即指此。

因此由黑格儿看来，国家在世界史的发展里，是不可缺的。为世界史理念的自由之实现，只经过国家而后可能。他说世界史里单道着形成国家的国民，为什么呢？国家是自由的实现，人类所持一切价值只有经过国家才能够得到它。国家是国民生活各方面——艺术、法律、宗教科学等的中心基础，而在这些之中，宗教是立于顶点的。宗教和国家冲突，有人便否认国家，那是不对的。宗教和国家是有密接关系，国家有宗教的地盘，又同时国家的原理是立于宗教基础之上。

又国家，如社会契约论者说法，以为是主观自由的互相的限制，这在黑格儿是所最排斥的。国家有客观的实在自由，较之主观自由有更高的自由。个人加入国家不但没有因此限制自由，相反地得到更高的自由，——这一点在 *Philosophie des Rechts* 有很详细的说明（SS. 76—95）。

（三）

以上考察精神性质之抽象的规定，精神为使理念实现所使用的手段，及精神在现实界里完全实现的形态，即国家，所以剩下来的工作，就是观察世界史的发展过程。

第一先说发展的意义，变化（Veranderung）之一概念，已含着倾于完全底冲动要素，但在此时完成的目标还很暧昧，发展的原理是含这个变化以上的意义。根据于内的规定，自存的前提，那不是在偶然的游戏中丢圈子，是绝对的规定着的。

有机体的自然物也有发展，它的存在，首先即为胚种，然后从自己内造出差别，同时发展进行。但是这种发展是直接的非对立的进行；精神的发展，和这个不同，精神规定底实现发展，是通过意识与意志，意识与意志先沉潜于直接的自然的生活之中，内含无限的要求与无限的丰富。如此精神在自己之内保持对立，他把自己看做障碍，要克服它。自然的发展，是静静地展开；精神的发展，则对自己自身为顽强无限的挑战。然而这又不单有自己发展底形式，是实行一定内容的目的的。这个目的开前面已经说过——即是自由。自由是精神发展的指导原理，依据他而发展才有意义。

世界史的发展形成阶段，阶段的规定是论理的——这一点以后详述。现在要反复说明的，精神的发展是从不完全者到完全者底进展。可是把不完全者认做抽象的，那可不行，它同时含着他自身的反对，即完全者——目标，作为萌芽或冲动而内含着这一点。

次就历史的起源，有种种臆测。如种种自然状态说，亚当、夏娃传说等。像这样诸说的真实性，事实上很难证明，但无论如何，由哲学的考察看来，只取从理性最初现于现实世界时底历史就够了——那就是国家形成后的历史。国家形成以前的历史，严密地说，不是历史，是历史的前史（Vorgeschichte）。国家才开始供给了适合于历史散文底内容。

最后述世界史发展的方法。世界历史如上屡屡所述，是精神意识即自由及其实现的发展，而这发展是成阶段系统，而且那是照辩证的方法。即规定自己，后又扬弃之，从扬弃而得到更丰富的更具体的规定。各阶段都有和别的阶段不同的它所特有的原理。像这样原理，在历史上精神的规定——即特殊的国民精神。各国民精神就是那一国的宗教、政治组织、法律制度及科学、艺术、技术等一切文化之共通的标记。

所谓某特性构成着某国民的固有原理一事，是可经验上认识，历史上得到证明的，但这又非对于先天性——或理性信赖不可。好像那观察天体，如关系于普遍的根本规定底知识，缺乏先天性，便无论如何仰天长望，也终不能发见法则似的。

国家是自由在地上的实现。这是就国家一般说的，若具体的国家，即各国民国家，则其自身是个别的全体，但同时又于全世界史上，只是一要素而已，一发展阶段而已。各国民精神是完成自己，即刻就走向没落，完成同时就是没落，就是其他精神的出现，其他世界史的国民之登场——表现着世界历史的一个新时期。所以说“世界历史是在精神的时间上展开着，像自然在空间上展开着一样。没落同时就是新生命的诞生。从生而死，又从死现生，如东方思想所谓 Phönix（更生之鸟），投身火中又从其灰烬中得新生命的出现，如此永远反复着。世界精神却不止像 Phönix 似的只反复着新的更生，它是更净化了再生着（Er geht erhoben, verklärt, ein reinerer Geist aus derselben hervor. S. 118）。如是世界史发展的过程，便是一个国民精神升扬于其他较高的精神而行的一回事。

由此可见各国民精神的原理，是照必然的阶段系统，而成唯一之普遍精神的要素的。经过了这些，而普遍精神在历史里遂升扬前进到自足的全体。历史哲学是采取精神的理念的，因而那永远以现在的为对象。为什么呢？因为理念常是活泼泼地，精神是不死的，他不是过去，不是未来，而本质的就是现在的原故（SS. 95—125）。

（四）

如上所述黑格儿以历史哲学构成世界的历史。黑格儿的历史哲学不是屡见那样和实际史没交涉的历史哲学，黑格儿实际地做成世界历史的组织，来证明他的历史哲学不是虚构。

Philosophie der Geschichte 后半，即是世界史的叙述。但详述它不是我们的目的，只述一个梗概好了。世界史第一是东方世界（die orientalische Welt）；第二希腊世界（die griechische Welt）；第三罗马世界（die römische Welt）；第四日耳曼世界（die germaniche Welt），照这样发展来的。在东方只一个人有自由，就是专制政体。希腊及罗马，只部分人们知道有自由，所以是贵族政治或民主政治。至于日耳曼民族的世界，才开始一切人们知有自由，于是成立了君主政治。还有，东方世界好像幼年并少年时代，希腊为青年时代，罗马为壮年时代，最后日耳曼可拟为老年时代。自然的老年，是所谓老衰，可是精神的老年，乃是完全的成熟。

要之世界史不外自由概念底发展，所谓世界是精神的实现——这就是真实的辩证法，就是在历史上神的显示（Rechtsfertigung）。从来

所发生的和现在天天发生的事，没有一个和神没有关系，不！这正是神的功业！（S. 563）

（原注）黑格儿的历史哲学，即世界历史哲学，在*Grundlinien der Philosophie des Rechts* § 341以下叙其梗概（并*Enzyklopädie der philosophischen Wissenschaften im Grundrisse* § 548以下），但详细须看*Vorlesungen über die Philosophie der Geschichte*以上叙述即依据后书，用的是Reclamsausgabe版。

（译注）本篇作者关荣吉，是日本新进的社会学家，中文曾译其《文化社会学》一种。（张资平、杨逸棠合译，乐群书店版。）本篇直译自《社会学研究》第二部，《历史哲学研究》页一五五——一六九，原文几全用黑格儿自己的话缀成，可为研究黑格儿《历史哲学》的一个参考。

黑格儿的社会哲学

关荣吉　著
朱谱之　译

（一）

康德、菲希特的反省哲学（Reflexionsphilosophie），止固执于主观客观之二元对立的领域；谢林的同一哲学（ldentitätsphilosophie），把主观——客观，看做不动的统一；和此两者不同，将主观——客观的实在，从融合之低的不完全的阶段，照 Dialektik（辩证法）发展，顺次升至完成程度，而达到绝对的融合之域，这就是黑格儿的哲学了。这种实在即精神（实在是主观——客观，但实际却含两者较高的主观，所以是精神的）之全内容的考察，从各个见地看的，有《精神现象学》（*Phänomenalogie des Geistes*）及《哲学的诸科学集成》（*Enzyklopädie der philosophischen Wissenschaften im Grundrisse*），对于部分领域而为特殊考察的，就是法律哲学，即法律哲学是在实在的特殊领域里，实验他的方法是否和实在符合。黑格儿法律哲学的思想，在 *Über die Wissenschaftlichen Behandlungsarten des Naturrechts* 里已经发端，在这论文批评霍布士（Hobbes 虽未明说出来）等经验方法，和康德、菲希特之形式的反省方法的不完备，而主张应该依据他独特的方法，即思辨的方法。在此表面现出柏拉图、亚里士多德国家思想的影响，也就是形成了黑格儿国家思想的基础了。又即在《现象学》里叙述精神发展之一阶段，却是认为客观精神学的法律哲学思想，这在 *Grundlinien der Philosophie des Rechts*（《法律哲学纲要》）可看出他详细的叙述还有简单的，可参照《集成》第三部第二节“Der objektive Geist”（客观的精神）一部分，也可以理解一些。

在这小篇里，不是要根本考察法律哲学的全体，而只是其一部分的“Philosophie der Sittlichkeit”“Sittlichkeit 的哲学”照文字来讲，不如说是伦理学，但普通我们所叫伦理学的，就是道德哲学，却不是黑格儿的“Sittlichkeit 的哲学”，后者不如叫做社会哲学，更适合于我们用语的习惯些，所以即决定采用了社会学的名称。（Sozialphilosophie 一名，在黑格儿是不存在的。）

我们考察虽限定于法律哲学最后的一部分 Philosophie der Sittlichkeit，却不可不先把 Philosophie des abstrakten Rehts（抽象法的哲学），及 Philosophie der Moralität（道德哲学），简单叙述一下：*

（二）

在《法律哲学原理》的序言里，黑格儿说出他哲学方法的特殊性，而且对于那些以为真理不从概念认识，只由热情而投身于神的怀中，因天启可得真实的一些浪漫思想，很是攻击，而主张学的认识，概念是可以认识真理的。这一点在《现象学》序言里，早已述及。对于这种感情直觉的哲学，给它以不客气的滑稽的“有空虚的大，同样有空虚的深”的批评。又他方面对于形式主义哲学——以为绝对者、

---

* 以下黑格儿著书，均据 Lassonsausgabe。

真实在，是在彼岸，是哲学所不能认识的，能认识的，只有现实——的二元论，揭出他那有名的“理性的即现实的，现实的即理性的”底说法，他说理性的就是观念，不在彼岸里，是潜藏于现实的事物里。

法律哲学是以法的观念为其对象的，实际法的历史性质与意义，则为实证法学的问题，两者是应该分别的（*P. d. R.*, § 1—3）。

法的根据为自由意志，自由的存在就是法。自由构成了法的本体及规定，法律组织就是具体化的自由帝国。物质的本体为重量，同样意志自由，即为法的本体（*P. d. R.*, § 4，7）。

但自由意志是什么呢？次之试分析一下意志：

自由意志是理论精神与实践精神的统一（*Encycl.*, § 481）。详说起来，意志第一包含我之纯粹无规定乃至纯粹反省的要素，在那里从直接存在于各种制限——即自由、欲望冲动——所与一定的内容里，解放出来。换言之，绝对抽象的无限，即是纯粹思维，意志在这一面是消极的自由，乃至悟性的自由，要之是空洞洞的自由。宗教上或政治上的狂热者，都是在这个阶段。第二是我从无差别的无规定，转向到一定内容的定立规定，是有我的有限性乃至特别性的要素。这种要素，也免不了否定，即为废弃了第一抽象的否定。意志实在就是这些二要素的统一，反省于自己之内而还元到普遍者的特殊者——即个别者（Einzelnheit）。第一要素是普遍的，但这是把一切规定抽象了的普遍，而真实的即具体的普遍，却不是这样似的抽象的事物。普遍者具有对立的特别，且因自己之内的反省，成为普遍与整齐了的普遍者（*P. d. R.*, § 5—7）。

自由意志依发展的阶段，可分如下：

第一，是直接的意志。这直接的意志是有抽象的人格（Person 乃至 Persönlichkeit）。抽象的人格，即自且对自地，为自由意志，但是还没有完全脱出抽象的状态，其存在，存于直接的外的事物。像这样说，便是形式的或抽象的法。

第二，意志从外的存在，反省自己，是有与普遍对立规定着的主观的个别者。自由意志分裂为内的善与外的世界二者，且互相交通，即所谓道德（Moralität）的世界。外的自由意志即抽象法，内的自由意志即道德，同不免于抽象的有限性。

最后到实体的意志，自由观念才算完全。实体的意志是前二者抽象要素的统一，善之思考的观念，与反省自己的意志，一同实现于外的世界之中。像这样认为实体的自由，是为实在及必然，同时为主观的意志而存在着，——这便是伦理（Sittlichkeit）。而且伦理的实体，更发展为家族、市民的社会、国家（*P. d. R.*, § 33；*Encycl.* § 477）。

在此应申明的，道德与伦理普通是作同意义用的，却是在黑格儿便有本质的不同。康德实践理性的哲学，在这里只限于所谓道德，拿来说明黑格儿伦理的立场，是不可能的。不！分明地是被否认。因此康德哲学之为个人主义的，也更容易明白了（*P. d. R.*，§ 33）。

（三）

黑格儿法律哲学的第一部是抽象法，第二部道德，第三部伦理。先大概说明这抽象法及道德哲学以后，才好叙述到伦理哲学，即我们所谓社会哲学。

抽象法——在抽象的概念上，所有即自且对自的自由意志，是存在于直接性的规定。抽象的自由意志，是精神以自己自身认为抽象的且自由的我，而以之为对象，即为目的。像这种抽象的自由，就是抽象的人格。在这立场上的法则，是应为“一个抽象的人格，而且尊敬他人抽象的人格”。在具体行为的关系上，抽象法只有可能性（Möglichkeit——（自注）不如说是Dürfen?）。因而法的规定，便是认可权（Erlaubnis oder Befugnis）。又从同一根据，这种法的必要，只限定于所谓不犯抽象人格及由彼所发事物的消极性，换言之，只限于禁令（Rechtsverbote）而已。

抽象法分为财产（Eigentum），契约（Vertrag），不法与犯罪（Unrecht und Verbrechen）。

抽象法对于物而为人格的支配，所以均有人格（抽象的人格）的权利，在这里没有物的权利，换句话说只有 persönliches Recht 而已。又一切权利，存在于物（an Sache），不存在于人格（an Person），因此所谓 Sachenrecht, persönliches Recht auf dingliche Art, peisönliches Recht（Kant：*Metaphysik der Sitten*, Ⅰ Theil, § Ⅱ f.）是不对的。又尤如将家族国家那样实体的关系，混入这抽象法的范围里，可算最大的误谬。要把夫妇（Ehe）或国家包括于契约的概念之下，是将夫妇或国家的本质变成荒谬有害的思想。而且契约是（1）从任意意志（Willkür）出发。（2）只定立于任意意志，因而单成为合一意志[①]（Identischer Wille），却不是即自且对自的普遍的意志。（3）契约的对象，是个个外的事物，为什么？因为只有这样事物，才属于任意意志的缘故。然而家族或国家是实体意志，是自存的普遍的意志，那是对物没有关系的。又这一点只要看本论“伦理”一节，更容易明白了（*P. d. R.*, Ⅰ. Theil insb., § 34—40, 75；*Encycl.*, Ⅲ. Theil, Ⅱ Abteil., § 488f.）。

自由意志是从外的存在移向内的存在——道德的立场，就是如此。道德的立场，不但是即自的，而且是对自的为无限意志的立场。意志之自己内的反省，与存于即自在（Ansichsein）与直接性对立着那个对自的合一，及其发展于内的诸规定，就是规定抽了象的人格，

① “志”，原作“意”，误，据上下文改。——编者

为主观的人格（Subjekt）。这种主观性的立场，比较直接性的立场，有更高自由的基础。但是在它自身是未脱却抽象性、限定性的。为什么呢？因为尚残存主观性与客观性的对立，意志与世界间的矛盾的缘故。故道德的立脚点，就是应该做什么，要求些什么，道德的意志的法，是包含三方面即企画（Vorsatz）、意图与幸福（Absicht und Wohl）、善与良心（Gut und Gewissen）等（*P. d. R.*，Ⅱ Theil, insb., § 105—114；*Encycl.*, § 503f.）。

善虽为自由之实体的普遍，但犹不免于抽象的，至于伦理的立场，而后自由才有完全的具体性。伦理是主观的 Gesinnung，同时又有存于即自的法，如此抽象法与道德的综合，才得到伦理的观念。（*P. d. R.*, § 141）。

（四）

伦理哲学（依前面所注释的）即我们认为所谓社会哲学研究的，伦理就是自由的观念（die Sittlichkeit ist die Idee der Freiheit）。——黑格儿冒头便如此说。换言之伦理就是表现于实在世界与自己意识本性的自由概念（*P. d. R.*, § 142），详说起来，就是客观的精神的完成（*Encycl.*, § 513）。客观的伦理，经过无限形式的主观性，成为具体的实体。所以伦理的实体，是将差别定立于自己之内，因而具有确实的内容。这种内容，其自身为必然的，是有超然成立于主观嗜好以上那样即自且对自的法则。伦理是有客观的自由，必然的领域，为其要素的伦理的力，支配个人生活，而显示于为其表象的个人里。即家族或国家——那都是伦理的存在——都可认为超个人的全体的。这就是黑格儿社会哲学之一大特色，在后面当更详细地叙述它。如此在伦理世界里，个人的 Gesinnung，是有它的实体性及所有个人利害与全体相一致的这样知识，个人在这种一致里相互了解，这就是所谓信赖（Vertrauen）。——这可算就是真正伦理的意境了。伦理的义务论，不可在道德主观性的虚空原理里面去求，那是恐怕什么东西也不规定的吧！伦理的义务当然属于这个第三的世界，伦理是认为实体的规定而对个人的意志加以拘束。“拘束”这句话还不甚妥当，拘束的义务作用，表现于不定的主观性及抽象性时，在伦理法的王国里，不如谓为个人在义务里得到自由。即义务与权利，融合为一。又伦理在个人性格里而施反省，这便是德（Tugend），德只是表示个人适合于其所属关系的义务，即是适法性（Rechtschaftenheit）。

伦理实体的发展阶段，就是：

1. 直接的或自然的伦理精神。——家族。

2. 分裂的精神。——市民社会（bürgerliche Geselleschaft）。在普遍形式里自立的肢体的结合。

3. 实体的普遍。发展为有机实在的精神——国家。（*P. d. R.*, § 142—157；*Encycl.*, § 513—517）

家族——

家族就是精神直接的实体，其感情的统一，是将个性的自己意识，即自且对自的，保有于认为存在的本质性这个统一之内。如此家族的统一，不为一个抽象的人格，而形成一个构成员（Mitglied）存在着。家族包含三方面：（一）其直接概念形态，即在于夫妇关系；（二）外的存在，即在家族财产；（三）在儿童教育及家族解体。

夫妇关系，第一含着自然的要素，但这自然两性的外的统一，可变更为精神的自觉的爱，即夫妇关系的伦理性，是作为实体目的的这个统一意识，因而成立了爱、信赖、全个性实存的共同性。——在这个感情里，抑制自然的冲动，精神的结合有权利认为实体而超出偶然的热情，或一时的兴趣之上，即自的成为难于解体的。如前所述夫妇不是契约，是由两人格的合一而生一大人格。契约不过外物关系任上意意志的结合，所以将夫妇关系看做契约去理解，这是根本失却夫妇的本质性。夫妇关系，家族精神的特质，就是爱与信赖，而真正宗教的特征，就是敬虔（Pietät）。他又述及关于结婚仪式的意义，及应排斥血族婚姻等等。

家族外的存在就是财产，家族财产有要成为持续的确实的财产（Nermögen）的要求。

夫妇的统一，只认为感情时，才算实体，而于存在上说，仍为两个分裂的主体。但在他们爱的对象的儿童里，便融化为一。儿童有因家族财产而受养育的权利。儿童是自由人，不是物，儿童达到成年时，便亲子间伦理的关系解体，儿童又构成了新的家族（*P. d. R.*，§ 158—180；*Encycl.*，§ 518—522）。

家族是一个抽象的人格，这人格的统一，分歧为多数家族相互对峙着——精神的分裂阶段，在此形成了市民的社会（*P. d. R.*, § 181）。

市民的社会——

市民社会是对立为二个原理。由各种欲望的全体看来，市民社会它的自身就是一个具体的人格。换一方面就是特殊人格，与其他特殊人格的关系，换言之特殊人格因其他特殊人格，同时即因普遍性以充足其欲望，这又是市民社会的另一原理。由此二原理对立的结果，便可见特殊的存在，即对于特殊者，使之有向一切方面发展自己的权利，同时对于普遍者。又认为特殊者的基础，因而自认于特殊者及其最终目的上，有凌驾之权利。市民社会如此便与国家对立。市民社会固然是和国家同样是一个全体，但其社会的各员，却充分保持自立。市民社会的普遍性，是附属于特殊者的个人，为个人的手段。如此市民社会便是外的国家（aüsserer Staat），或为欲望——悟性的国家（Not = und Verstandesstaat）。反之真正国家是将特殊者完全吸收于自己之内。康德将市民社会与国家看做不过同一物不同的看法（Kant: *Metaphysik der Sitten*, I Theil, § 43）黑格儿则将此两个概念严密地区别出来，因而市民社会的市民（Bürger），就是私人（Privatperson）。

市民社会包含三要素：

（一）以欲望为媒介，依据个人的劳动及一切他人劳动，及欲望的满足，以满足自己的欲望——欲望的体系。

（二）含于体系中所谓自由普遍者的实现，换言之即依据司法（Rechtspflege）来保护财产。

（三）对残存此体系内的偶然性的防卫，即警察。并保持认为共同利益的特殊利益，即组合（Korporation）。（*P. d. R.*, §182—188; *Encycl.*, § 523）

欲望的体系——其目的在求主观特殊者的欲望满足，但在其他特殊者的欲望及自由意志的关系上，是有普遍性作用着，如此出现于理性这个领域的，就是悟性。国家经济学（Staatsökonomie）——黑格儿这样说，但正确来说国家经济学就是考察这种集团运动的科学。市民社会是有全体关系的欲望体系，但在他内部又可细分为几个特殊的体系，欲望与其满足方法。因而依据理论的实际的教育差别的特别组织——这便是阶级。（Stand 不如叫做身分，但从其内容来说，反而叫做阶级妥当些。）阶级是有 1. 实体的（Substantieller）阶级——本来意义就是农民阶级；2. 形式的（Formeller）阶级——商工阶级；3. 一般阶级——这是以社会一般的利益与目的为任务的人，从事宗教、艺术、科学的人，即知识阶级。

司法——将法（Recht）看做法律法则（Rechtsgesetz oder Gesetz），确立公布出来，更进而组织法典（Gesetzbücher）。又这种法律法则依据公共力量来实行，这就是司法。各市民都有站在司法上的权利与义务。

警察与组合——依于警察之力，得有一般财产与人格的保存。

市民社会由于劳动组合的不同，而构成组合（*P. d. R.*, §189—255；*Encycl.*, §524—534）。

（五）

客观的精神即伦理，于为直接的自然的精神，便是家族，于其分裂形态，便为市民社会；最后综合两者，便就移向到国家了。这种辩证法的发展，不外乎给那作二者真实根据的国家，以一个科学的证明。所以国家实在不是最后的，反而是最初的（in der Wirklichkeit ist darum der Staat überhaupt vielmehr das Erste），只有在他里面，才得构成家族与市民社会。须国家的观念自已消灭以后，才有这两者出现（*P. d. R.*, §256）。在这里应特别注意的，就是所谓黑格儿精神辩证法的发展，是和普通所认为时间的发展概念不同。（但辩证法的发展，同时也有在时间中发展的时候，那就是世界历史，为历史哲学的问题。）

国家是伦理精神的完成，所以说国家是自觉的伦理的实体（die Selbstbewusste Sittliche Substanz）（*Encycl.*, §535）。又国家是伦理观念的现实态——显现的自明的认为实体意志的伦理精神，思维自己，认识自己，且就自己所知道的，限于自己所知道的，拿来实行他（*P. d. R.*, §257）。

国家是认为实体意志的现实态，即自且对自的而为理性的，这种实体的统一，是有绝对的不动的自己目的，在这里，自由达到了最高顶点。这最后目的是对于个人持着最高的权利。反面来说，个人的最高义务，即为国家的成员。黑格儿的国家是看做超个人的实体，完全如肢体似的包含着个人。国家是个人的基础，这一点可说就是黑格儿社会哲学很显著的特色，这是在柏拉图、亚历士多德希腊国家思想的影响之下，于前揭“Wissenschaftlichen Behandlungsarten des Naturrechts”里已经表明了。引用亚历士多德的话来说：“国民（Volk）性质上是较先于个人，为什么呢？个人要不是分散地独立的人，那么个人便等于为全体与统一的部分。在国民的部分里，没有不能协同的人，又依独立性什么东西也不要求的人，那不是动物，便就是神。”（Ibid., S. 393）

因为国家如此凌驾于个人之上，而有自己目的的观念，所以国家极力排斥所谓为保护个人机关之个人主义的国家观。所以说，要是将国家与市民社会混同，将国家的规定置于保护财产及个人的自由之上，那么个个人的利益，仍然成为最终的目的，个人为其目的而结合，因而为国家成员一事，变成任意的事实了。像这样是和黑格儿所谓伦理的有机体的国家观念相反背的。国家对于个人的关系，全然不是这样。国家是客观的精神，所以只依据于个人为国家的肢体，才可得到客观性、真实性与伦理性。国家的结合，在他自身里有真实的内容目的，个人的规定，是存于能经营普遍的生活。

法律哲学乃至社会哲学的对象，不单是概念或历史的成立，而为理念的，这在开头早已说过的了。上面所述国家观念不消说也是国家理念。因此所以国家的历史起源，是由于家长的家族进化来呢？还是从恐怖或信赖来呢？又将从协同的组合来呢？这些问题一又像要问法所以成立的基础是为意识里面的神法呢？或实证法呢？还是契约呢？惯习呢？这些问题，都是和国家的理念本身，没有何等关系的。要是问关于个个具体的国家的权威，那么从它国家内便可引出妥当的法的形态，但是哲学的考察，是较此为关于内面的思考的概念（gedachten Begriffe）。卢梭曾为这种思考的概念的探究（举例如所说什么结社性，什么神的权威），不但于形式上，又于内容上，把思考（Gedanke），不！把思维自身所有的原理即意志，看做国家的原理树立着。但卢梭虽遗下这样功绩（菲希特也是一样），却单把意志在个别意志的一定形式里去求，不把普遍意志认为即自且对自的理性的意志。因单单把握从个别意志意识的发现着的共同的意志（das Gemeinschaftliche），所以国家里个个人的结合，遂成为以个人的任意意志、意见，表示肆意的合意为根柢的契约。如此一般发生了把很易理解的，存于即自且对自的神圣者及其绝对权力与威权的毁灭似的结果。这种结果，演出人类空前未曾有的可怕的活剧，所谓法兰西革命。卢梭立理性为其原理是对的，但是那只是想像的理性者，却不是真正的理性者。和此站在正反对的，便是 Haller（《国家学的复古》（*Restauration der Staatswissenschaft*）。Haller 否认以国家本质认为理性的东西，他把国家之历史的偶然的诸要素，照原样地看做国家的实体，和黑格儿的立场，可以说是真正的两极端。

前面曾说家族的神是 Penaten，以敬虔为德性；国家的神就是 Athene，对于敬虔之德，而有政治的德行（*P. d. R.*, § 258）。

国家的理念包含三方面：（1）直接的实在——组织法（Verfassung），或国内法（Inneres Staatsrecht）；（2）个个国家的关系——国外法；（3）特殊国家，不外在普遍理念的发展与实现中的素要——世界史（*P. d. R.*, § 259；*Encycl.*, § 536）。

国内法——

国家如前述认为伦理精神的完成，而为自觉的伦理的实体。但在此更应重复来说，国家是具体的自由的实在。这种具体的自由存于次点，即完全发展了个别的人格及其特殊的兴趣，看出了他对于自己权利的承认（这点家族和市民社会，也是一样）。同时一半以其自身融化于普遍者的兴趣，又一半以知识与意志将普遍者的兴趣，肯定为他自己实体的精神，为着他的穷极目的来活动。近世国家原理将主观性的原理持高到特殊者自立性的顶点，但同时又把主观性的原理还元到实体的统一，于前者之内保持后者，因此尽了多大之力。国家的特质，在他权利与义务的关系里，最容易表现出来，尤其义务由自己看来，是实体的东西，是对于即自且对自的普遍者的行为。反之权利却为此实体者存在的本身。两者在形成的阶段看，是有不同方面，又分在于人格里。然而在国家，权利与义务结合成同一的关系，但即于国家同时种种要素以特有形成的结果，再现出权利与义务之别。这就是说，在形式方面两者是一样的，但内容方面很不相同。反之在私法与道德的领域，存着内容的抽象同一性，在形式方面权利与义务对立。但是在家族，儿童不特对于他父亲的同一的义务与权利；市民不特对于主权者的义务与内容同样的权利，义务与权利的一致概念，这是国家的重大规定之一（*P. d. R.*, §260—261）。

国家主观的实体性，即政治的感情（politische Gesinnung），就是爱国心（Patriotismus）。爱国心是有实在的确实性，换言之就是信赖（Zutrauen），即所谓自己兴趣含于他者（在此为国家）兴趣目的之内的意识。爱国心屡屡解释成异常的牺牲与行为的心理，但是爱国心的本质，在普通状态里是由习于将共同体看做实体基础和它目的的一段感情。将异常时的爱国心，哓哓说个不休，不是反而缺乏了真正爱国的感情吗？（Ibid., §67—268）

国家客观的实体性，就是国家的有机组织。这种有机体是理念向各方面和它客观实在的发展——政治的组织。

政治的组织，第一为国家内部组织，就是于向自己自身的关系上，为国家之有机生活的过程。国家的内部组织是理性的，那是因为国家概念有其自己规定，不存于为他目的或利用的原故。政治组织可区分为三个权力，而且各权力因其使其他要素作用于自己之内，所以自身就是全体。三个权力就是：（a）立法权（gesetzgebende Gewalt）；（b）行政权（Regierungsgewalt）；（c）君主权（furstliche Gewalt）。立法权是决定普遍事物的权力，行政权在管理普遍者下特殊的个别的场合，是有用的。最后，君主权是最后的意思决定者，是统括前二者达到个别的统一，因而站在立宪君主国的绝顶。国家组织是一个有生命的全体，不可分的统一，是一个个体，这样遂成立国家的主权（Souveränität）。在此便想起国民主权（Volkssouveränität）的概念，主权在于国民这句话，要是将国民解作全体的意思，那末把他看做国家对内主权的别名，而用国民主权的概念，是很对的。但要是将国民主权与君主权对立，那就简直是误谬的思想。没有君主的国民，是不得成为有机的全体，单不过集合着罢了。又关于君主权尚有二三叙述，应从省略。行政权又规律权，包含司法及警察权，规律权对于市民社会里特殊者的利益，组合团体、阶级、职业等而行统制。最后立法权，是关于法律法则自身，这种立法权自身，实为宪法的一部分，因而宪法必以此为前提，且在这范围里，即自且对自的存于立法权之直接规定以外，但跟着法律的进化，及普遍的行政事务的性格，而更形发展（参照速水敬二译《法的哲学》页68—469——译者）。

对内主权只在认为精神及其实在的国家诸要素，为国家的肢体而成立的范围里，是理念性的。然而精神在自由里，向着无限消极的自己自身的关系，同时又表示为对自在（für-sich-sein），国家在这个规定里，是有个别性的。个别性的国家对峙于他的国家，为排他的自主的存在，这就是所谓对外主权。这种国家对外的独立性，是国民第一的自由，最高的名誉（*P. d. R.*，§ 269—329）。

国外法（das äussere Staatsrecht）即国际法，发生于独立诸国家的关系，那种形式是当为的形式，为什么呢？因为他的实在性是基于相互区别着主观的意志的原故。（原文作“基础于多数最高意志之上的原故，此改据《法的哲学》第三三〇节。——译者。）即国家在地上有绝对的权力，一个国家对于其他国家是保持着独立的主权的。立于国家以上的权力（例如世界国家），是不存在的，所云国家间的承认，确是完成一国家主权的确实性的原因，但毕竟不过有形式的抽象的意义而已。诸国家相互关系的种种规定，从双方独立的任意出发，是具有契约即条约之形式的性质的。但是这种契约，是非常拙劣的。照黑格儿看来，国家是在地上最高的权力，所以在国家间，立于其上的审判者是没有的。不！甚至仲裁者也没有的。黑格儿不采用康德所唱依国家联合可以抑制战争的永久和平论，他说国家的特殊意志，在很难看出一致的时候，国际的纷争除诉于战争以外，没有办法。战争在伦理上是必要的。不可单从外的偶然的看法，以此为绝对害恶，不！战争是国民伦理的健康的标记。因此黑格儿成为国家至上主义之有力的代辩者。但国家虽不辞却相互的战争，而依相互承认的关系上，即在战争里尚残留结合的余地。所以战争是可以消灭的，于其内含着和平的可能性（*P. d. R.*, §330—339）。

最后各国民国家，因其为特殊性的原故，遂不免为有限性的；各国家精神，都可相率而为实现世界精神过程之一要素。世界史即这种普遍精神的展开，所以世界历史（Weltgeschichte）就是世界审判（Weltgericht）（*P. d. R.*, §341f.; *Encycl.*, § 548f.）。

（译注）本篇译自关荣吉著《社会学研究》二，《历史哲学研究》页170—191，昭和四年七月启明社刊。

1931，9，30

黑格儿的宗教哲学

松原宽　著
朱谦之　译

(一)

古代哲学，于某意味上可认为要以哲学代宗教的。新柏拉图学派以来中世哲学，这个色彩，尤其浓厚。因此直到康德以前，所有哲学都是采取形而上学形态，而讨论宇宙的实在的。但自康德出现，遂宣言形而上学不能成立为一种学问，即认识论才真是哲学的中心问题，这就是他所创始的所谓批评的认识论了。在这种考察里面，不消说他在历史上留下种种学的意义，kopernikanisch Wendung（即对于从客观的哲学，主张主观可以决定客观，因而导出新批评哲学的方向之谓——译者）好像将天动说变成地动说的，将过去种种的思想方法，都改变了。最可注意的，就是严别价值与实在，即所谓 Sollen 和 Sein 的对立，"有这么回事"不一定就是"应该有这么回事"。理想和现实冲突，不是使许多人感苦闷吗？依此便可稍稍想象康德所说的真意义了。这样价值与实在的分别，固然给我们以很深暗示，在这里却不能使我们忘却不可救药的悲哀。价值永远地是价值，而非实在，理想永远地是理想，而无达到现实之一日，要是真个这样，那末我们的运命，不是只能在地上蠢动，而仰望着无限的彼岸与神的光辉吗？本来在现实世界里实现理想，在地上建立神的王国，这些才是我们唯一的心愿，然而这么一来，不是人类万千的努力精进，都成了无效和失望了吗？死后可升至西方的极乐世界，这是不错的，可是我们还想这个肉身照样得救，还想将可贵的价值实现到地上来的，还很多哩！但是康德始终说，价值就是价值，不是实在，那末我们还想从哲学里得救了吗？固然价值与实在的分别，是康德的最大发见，但是我们全人类所要求的，是价值与实在融合一致的境界。我们在这里不能不看出很大的鸿沟，于是我便想到黑格儿的哲学了。

（二）

在黑格儿眼中所见“现实的东西是合理的，合理的东西是现实的”，一切万有都是理性必然的发展，价值与实在的区别，在他是不必要的。理性就是现实，当为就是实在。由他看来，康德派的教说，乃是得了所谓 Sollenkrankheit（当为病）。这种看法，也不是无理的，因此他的哲学思想，被人认做就是泛论理主义，从史家 Eduard Erdmann 以 Panlogismus（泛论理主义）解释黑格儿以来，这种解释，差不多成为学界的定论。

要是照这个解释，则一切都是论理必然的发展，论理便成为至高无上的了，那么从来多少含有所谓非论理的，非合理性的宗教，应该是占怎样的地位呢？他说宗教是第二的段阶，只有哲学才占上面最高地位，得以十全形态来表现绝对精神的。这样从哲学史家 Kuno Fischer 常用的这种解释，好像黑格儿对于宗教真个冷淡似的。波多野博士在所著《西洋哲学史要》中，叙述黑格儿的哲学：

精神到了自己意识着绝对，换言之一面显现有限形态，一面意识自己本来的无限者，这就是绝对的精神，就是精神发展的最高阶级。绝对的精神，现为三种形态，即是美术、宗教及哲学，而是等三者，同为绝对者自己的认识。不过美术及宗教里，它的自己认识尚未完全，美术将绝对的精神变为直观之形，宗教则将此表现为感情及表象之形。但是绝对元来是论理的，其认识形式亦不可不适合于其本质，这样绝对的精神，在概念的形态里，才见其完全表示出来，这就是哲学。哲学是最高最完全的真理，是“Logos”（理性）发展的最高阶段。

（中略）这样就波多野博士所论来看，是很明白的。但我在这里却不能无疑，即观察黑格儿究竟是否应从泛论理主义这个见解出发？然对于以泛论理主义观察他的，近时渐渐发生许多异议，那就是“Junghegelianismus”（青年黑格儿派）的运动。

（三）

十九世纪中叶黑格儿逝世以后，风靡德国思想界的黑格儿主义之次第凋落，而大唱着唯物论的凯歌。但是唯物思想是不能长久君临思想的王国的。从十九世纪末叶，复兴康德的呼声，渐渐高起来了。新康德学派的旗帜，从二十世纪初头以至现世，似乎所向无敌。但话虽如此，一方面却不要忘记了黑格儿学徒，也不肯自甘缄默，即有一群思想家，要将黑格儿的论理，适用来解释现代。在意大利 Benedetto Croce 博士，在日本如纪平正美博士都是好例。在这意味上，这些思想似可称为新黑格儿派。

但“青年黑格儿派”却不是新黑格儿学派，新黑格儿学派如前所说似的，是黑格儿论理之现代的应用。反之“青年黑格儿主义”，则专重视青年期黑格儿的著作。从来所认为黑格儿著作的，是一八〇七年黑格儿在耶拿时期，所著《现象论》（*Phämomenologie des Geistes*）以后，如 *Enzyklopädie*, *Logik* 等都是，一八〇七年以前的作品，则全然置之不论不议。不□□至远不知道呢！ Eduard Erdmann 或 Kuno Fischer 都不知有此，一九一〇年 Wilhelm Windelband 论到 *Erneuerung des Hegelianismus*（黑格儿主义复兴），也未一言提及。又即在 Croce 博士，在黑格儿解释上的名著 *Lebendiges und Totes in Hegels Philosophie*（《黑格儿哲学的意义与批评》）也没有提到他。因此我们不能不将发现黑格儿青年期作品的功绩，归于我 Wilhelm Dilthey。经这个刺戟，而后黑格儿的解释，才次第变个样子，这即不外乎“青年黑格儿主义”的抬头了。

那末所谓青年黑格儿主义的根本特征是在那里呢？这一派的领袖 Kroner，在他近著 *Von Kant bis Hegel*（《从康德到黑格儿》）里这样说：

> 更正由于从前为 Eduard Erdmann 所称泛论理主义的误解，这是一件很紧要的事。要是现在于黑格儿的辩证论里，不注意合理的特征，而力说其非合理的特征，那么这个目的便达到了。

由这段话，使可稍稍看出这个学派的目标所在了。固然这样解释，又恐惹起新的误会，或不安的地方，但也只由这样主张，才可发见黑格儿的真精神。

又青年黑格儿派的根本概念，是在力设黑格儿思想中的非合理性，这样思想，很和我所谓生命哲学，实在深相契合。从来我对于实验主义，或人本主义，乃至柏格森的创造哲学等，均有很深的兴趣，关于生命至上的哲学，也不知道讨论过多少次了。但是这些学派仍嫌其学之反省的不足，未免尚有遗憾。于是为要求学的思索与论理的反省，遂来叩 Heinrich Rickert 教授之门。Rickert 教授是受康德精神影响的新康德派哲学者，他是以截然区分混沌的事体为哲学任务，所以他分别内容与形式，而以究明形式的规定为哲学事业，内容是不管他的。内容纵可认为非合理，但只形式才是论理的研究的对象。在分别价值与实在的康德的态度，我们虽对之有无限的尊敬，却也并不没却潜在人类里面很深的悲哀。同样地 Rickert 彻底的论理的态度，给我以很深的印象，但仍不能使我免陷于怀疑之深渊。“要是思维只止于单纯论理的要求，那么如何而可想象有可创造的内容呢？对于思维，遂不得不留下潜在的一个非合理性的难问题。”这句话我想不但是左右田博士的疑问罢！（同博士著《经济哲学的诸问题》）

（四）

由上所论青年黑格儿学徒，在黑格儿思想里，看出非合理性为其思想体系的背景，为其根本基调，那是不能不给我们以何等伟大的暗示的。对于青年黑格儿派我还没有十分研究，在那里也免不了许多疑问，然而我对于这些思想里，却已发见出前途的光明，这在这里是应该申明的。为什么呢？我一向不以那使生命成伟大之生的生命哲学为满足，以为那是太缺乏了论理的反省的。却是依现在黑格儿的解释，似乎一切不满足者都可以满足。要是这样解释黑格儿的话，就黑格儿的宗教观，势不得不变其从前的解释，这是很容易知道的。现就黑格儿青年期的作品来看，除二三政治论等著作以外，差不多都是宗教上思想的痕迹，他对于宗教，决不是无关系的、冷淡的。

他的力作就是《基督的生涯》一书，在那里已可知道他不是把宗教看做较低等的人。而且那不止是他青年期的思想，这个思想，一直到后年都是如此。在此现在我们可稍稍探讨他在思想成熟时期的宗教哲学。那最适用的，自应举到 Bolland 编的黑格儿的《宗教哲学》（一九〇七年出版）一书了，可惜现在已经绝版，没有法子得到它。犹幸尚有 G. Lasson 博士所编《哲学丛书》一编的 *Hegels Begriff der Religions*（《黑格儿的宗教概念》，一九二四年出版），因为这是从黑格儿柏林大学等讲义草稿编成的，和 Bollaud 或不无多少不同，但他的根本思想，大概是一样的。

黑格儿所说："人之所以为人，因为有意识，有一般思想，还有就是因有精神的原故。人类即因能思考又有精神，故为永远的意识。"即在这里，他承认人类与动物根本相违。然而宗教由他看来，则为"有关于神的意识"，像哲学以最高绝对为其对象似的，宗教的对象，依他意思，也是最高绝对，在此是不存有何等优劣或高低的区别的。不！也不能存有这种区别的。为什么呢？"万物从神而生，又复归于神。"为要明了神的荣耀与尊敬，便有宗教生活的存在。

他这样很深地洞察宗教是些什么，但同时对于神学却不能引起他尊敬的意思，这为的什么呢？在他眼中，将现实的东西看做合理，又合理的东西看做现实。真理决不是这样空洞洞的，应该是具体的，是要有充实的内容的。然而那个内容，即依于神学而被取消了。这么一来，他就把神学看做真理的冒渎者，而对之不胜愤激。真理既是这样，宗教敬虔的绝对性已自不是他的理想，彼岸之花，是没有的，有的，只这个现实。

同时神也不是无内容的，不是白纸，是存在着的现实的神。实在宗教就是神的精神的产物，决不能说这只是人类发见来的，那不是神的活动创造，是什么呢？由此可以看出他正是很深的宗教的理解者了。

脱却地上有限的视域，登于群峰之巅，我们不是可以仰望苍苍高处么？不是可以离绝尘世，而静眺各种风景与不自由的人间么？宗教生活也正是这个样子，一度我们登上宗教精神之最高峰，从离绝人世烦恼来看，则种种世情不是飞也似的过去了吗？不！若从爱心与法悦之念来照澈它，这些不都是入于永久的平安么？

这样他便相信宗教与哲学是很妥帖地融合着，不！以为一切文化现象，在宗教里都可看出他究竟的中心点。在神的思想、神的意识、神的感情里，得着它的中心点。只有神，才是万物的最初，万物的最後。

(Omega) “Sie alle (Kunst, Wissenschaft, Sitten) finden ihren letzten Mittelpunkt in der Religion, in dem einen Gedanken, Bewusstsein, Gefühle Gottes. Er ist der Ausgangspunkt von allem und das Ende von allem.”

这些思想和我一向持论以宗教为综合文化的说法，有些仿佛，所以衷心里，不禁喜欢得怎样似的。（下略）

（译注）本篇译自著者《黑格儿哲学物语》一书，页184—193昭和六年二月同文馆刊。同著者关于宗教，尚有《宗教文化的创造》及《宗教之门》二书。即就黑格儿亦另有《黑格儿的宗教哲学》一文，刊于《理想》第二十二号《黑格儿复兴》内，尤注意于黑格儿宗教哲学体系，与此篇不同。

一九三一，十月二十日附记。

康德主义与黑格儿主义

岩崎勉　著
朱谦之　译

由许多黑格儿信徒看来，黑格儿哲学是一方康德（Kant）菲希特（Fichte）哲学和他方谢林（Schelling）哲学的完全综合。他们以为康德—菲希特哲学不和黑格儿哲学对立，后者是前者更高的发展，这样说难道就对了吗？

康德是分析家，反之黑格儿确为一个综合家，且如 Kroner 所说，黑格儿哲学的秘密，是将所有现于哲学史上的对立，通通放在自己的范围内，把“那个呢—这个呢”，变为“那个也—这个也”，这大概是没有错的。不但如此，黑格儿他的这种计划，实际上成功到某程度，这也是事实。但虽如此，从世界观上看，他的哲学仍然只可看做一个世界观，这么一说，如一些人至呼黑格儿为德国古典观念论哲学的完成者，都是无意思的。在世界观上观察，从康德经菲希特、谢林而至黑格儿——德国古典观念论的历史，决不是从未完成到完成发展的路上去，即在世界观上，最好说康德和菲希特表示着同一世界观的类型，而黑格儿谓将这些和谢林综合，不如认为和谢同对立于此，而表示着一种世界观的类型。而且这两种哲学，在历史上因属于一个德国古典观念论之一系统内，同时在世界观上，两者所示的对立决不是派生的对立，似可认为最根本的本质的对立。[1]

因为这个原故，我在这里，将康德哲学与黑格儿哲学世界观的根本特性，就若干点，试为比较一下：

（一）

自我哲学与世界哲学　对于世界而明了认识人类主观的能动性，这不消说就是所谓康德 Kopernikanische 转向的伟业。（对于从客观决定主观的哲学，主张主观可以决定客观，因而导出新批评哲学的方向，即所谓 Kopernikanische 转向。——译者）而且在他划时期的人类自觉的向上努力，不只关于一个认识论的领域，实关于人类性的一切方面。将人类看做自主的有自律价值或道德的意志的主体，是有绝对自己目的的东西。还有在原理上，认为和其他一切世界对立，而开始明了自觉的，也是他。康德以前的哲学，人类对于世界，在认识上仍不过是受动的，又存在方面也只看做从属的，或极其同质的关系。不但如此，甚至我们几乎认为哲学常识的，如自我与世界，意识与对象，主观与客观，人格与自然的对立，在康德以前，还没有一次看做本质的根本的对立，故不成为积极的重大问题。由康德以前的人们看来，人类常常只看做世界的一部分，因而那和世界对立的，不是人类或自我，而为超感觉的观念（Idea），或神。人类或自我，是常融化于世界之中。柏拉图所知道的对立，是观念和感觉界的对立；亚历士多德（Aristotle）所知道的对立，是形式与质料，或超感觉的与感觉的对立。至于笛卡儿（Descartes）

---

[1] Dilthey 将观念论的世界观，分做“自由的观念论”与“客观的观念论”两种类型。前者如康德和菲希特的哲学，后者如谢林或黑格儿的哲学，参照 *Gesammelte Schriften*, Ⅷ, S. 107f.。

或斯宾诺莎（Spinoza）虽发生物与心对立的问题，可是这既不如康德以后哲学所见那样自我与世界的对立，也不是意识与对象的对立。康德以前哲学，即因这个原故，在本质上为不了解自我与世界对立的哲学，为将自我融化于世界里的哲学。照 Kroner 所说，可呼为无自我哲学（Ich-lose Philosophie），同样也可叫做世界哲学（Weltphilosophie）。反之经康德的 Kopernikanische 转向，在一切意味上，获得自主的自我底自觉，这种以自我为中心的哲学，可以叫做自我哲学（Ichphilosophie）。而所谓德国观念论，即依于康德所依据的自我哲学，为出发的基础。

康德开始了德国观念论，到菲希特手里，更趋于自我哲学的一个彻底的极端。菲希特全然否定康德的物自体，将一切事物事象，都以超个人的行为为基础，从那里去演绎说明它。由他看来，唯一可能的出发点或原理，就是活动着的自我。这个自我，有绝对的自己定立，同时依于自我更决定了自我对立的非我。这种自我与非我的对立，他似和康德一样，成为“异他定立”底原理的对立。然而从绝对的自我立场看时，非我在他自身，已对于绝对的自我的活动，而为附属的存在。因此所以在最后的意义上，非我没有和自我相并底独立的实在性，它自身所有的最后的实在性，只有活动的自我而已。而且照菲希特看来，这样对于自我的非我，只不过为其实践的对象或手段而已。这么一来，在康德尚认为与主观并立有其自身独立存在的客观，到菲希特便完全废却它的同格的独立性，将客观完全置于主观或行为中自我的绝对优位之下，就完了。

谢林继菲希特之后，再将康德及菲希特自我哲学的倾向，一转而为世界哲学。在这里，哲学的中心原理，已不是自我，而为绝对者或世界。相当于菲希特所谓绝对自我者，就是谢林在精神与自然，或主观与客观的根底，而为第三者的绝对同一者。而且认为有限存在的自我，是成为这样唯一绝对者而表现的。因为这个原故，他不像康德或菲希特似的，以自我与世界，或自我与非我的原理相对立。不特如此，由他看来，一般所谓精神与自然，都只是绝对同一者之两样的表现，在根本上两者是同一的。即自然为看得见的精神，精神为眼看不见的自然，两者间的差别，只存于一方面是自觉的，一方面是无自觉的罢了。这样所谓同一性体系，不消说自我不以自我为问题，是以全体者为问题，自我不如谓为完全没入于全体的存在之中，消灭了。

黑格儿不以自我为自我的问题，和谢林是完全一样，而且就这一点，他和谢林同样复归到康以前无自我哲学的立场。不错！黑格儿哲学在他精神现象论里，以人类意识为其中枢的这一点，也可以说是依据于康德的理性批评，而且这么一来，他的哲学，当然不是站在过去形而上学的地盘之上，反而可说是立于经 Kopernikanische 转向后的地盘之上。但话虽如此，他的哲学，决不能叫做自我哲学，为什么呢？康德或菲希特常以有限的自我和世界对立，而其哲学问题，即专以这样自我为中心的。反之黑格儿则将自我与世界对立的问题，几乎不能成问题，因为自我应该说是融化于全世界或全体之中的。且在他看来，在辩证法展开的诸要素里，把握着"普遍的唯一观念"，或绝对的精神，这才是哲学的问题。然他所云绝对的精神，决不单是人类的精神，如有些人（例如 Windelband① 以黑格儿绝对的精神解作人类的精神，那么如 Heinrich Scholz② 所说似的，其结果不变成世界的拟人观吗？何则？黑格儿里绝对的精神，不是那和自然存在相对立的，

---

① Windelband, *Geschichte der neueren Philosophie*, Ⅱ. Bd., S. 354（7.18 Anfl. 1922）.

② Heinrich Scholz, *Die Bedeutung der Hegelischen Philosophie für das philosophischen Denken der Gegenwart*, S. 39（1921）"这（绝对的精神）即因这个缘故，无论何时，谓其为依人类内面所现人类本性的制限而展开，不如那将人类和屡被蒙蔽的精神同一看法，更为不行。这种同一看法就是拟人观，那是黑格儿所排斥的。"

是包含着一切对立的绝对者，使之提高到全体者的位置的。因此所以这和 Dilthey 等所谓客观的精神（例如社会精神），不消说是有很大不同。黑格儿绝对的精神，宁与谢林所说“绝对的同一者”相当。那就是超人类的本体的世界精神，就是神，更不外就是生命全体的存在罢了①。因此黑格儿哲学，便是本体化了世界精神的哲学，是将人类自我融化其中的世界哲学。

如黑格儿所云精神，似专指人类精神；又他所云理性，也不单指人类理性，或只经过人类理性才表现着的理性，而为作用于人类理性背后的世界理性。由他看来，理性是“无限之力”，同时又是“本体”，是“他自身一切自然的又精神的生命之无限的材料，同时又为这种内容活动之无限的形式。”“一切现实依据于此，又于其中保有其存在或独立。”②而且这样理性支配全世界，从人类个个特殊的目的分开，不断地实现他自身的普遍的目的。理性从根本上说，不是与前述精神不同，是成为存在现实上一切东西的本质。因此所以黑格儿说，理性是和批评哲学里所说不同，应该是比较接近基督教的。

（二）

二元论与一元论　在康德或菲希特的自我哲学里，自我常看做和自我以外，即自然的世界或非自我，为根本不同的东西，以为这些在原理上，是相对立的。而且这二元的对立的思想，正是康德及菲希特自我哲学，或一般所谓批评哲学的根本特性。这种二元的对立，在理

① Kroner 将黑格儿的精神，作如下说明“神就是精神，这种福音书的话，应该记在黑格儿形而上学的入口门上。……精神或为一切存在的全体概念，同时因此而全体概念应为认识哲学的机关。精神是客观认识客观中的主观，要之是绝对的东西、真的东西、现实的东西。”（R. Kroner, *Von Kant bis Hegel.* Ⅱ. Bd., S. 263）

② Hegel, *Vorlesungen über die Philosophie der Geschichte*, S. 34, 35（Glockner）.

论方面现为意识与对象、主观与客观、认识的与被认识的、形式与内容、精神与自然等等；在实践方面表现为意志及其对象、人格与自然、目的的关系与因果的关系，又价值与存在等等。而且这些一切都是“异他定立”，为绝对的原理底对立关系，这种所谓异他论的二元的看法，给康德及菲希特哲学以意志的当为的性格，尤其是规定了意志目的观的理想主义的立场，这是不消说的了。

反之在黑格儿，如上一切对立便失却他的究竟性，而只成相对的东西就完了。因为这个原故，在康德或菲希特，依如上诸对立而来究竟的根源，末了是存于自我与非自我的对立里。可是由黑格儿看来，像这样二元的对立，决不是本质的对立，单不过派生的对立罢了。

黑格儿的根本意思，以为现象即实在，实在即现象，实有的东西可解作永远存在的绝对精神之自己表见。由康德得到的 Kopernikanische 的地盘，虽仍保存着，却已全然发展为较高的形式。在黑格儿如 Kroner 主张[①]，已经是超出认识论了。依于康德将先验论理学变成思辨的论理学，黑格儿是将认识论变成形而上学了。他的思辨的论理学，不消说不单为思维论理学，同时也不是以主客观关系为主题的认识论，而为以规定全体存在问题的存在的论理学。关于这一点，是抱着和过去本体论一样的问题的。因此这里已全看不出那以自我和非自我对立为根柢本质的对立关系了。

还有他在别处曾一度将自然和精神对立，但是这也和康德或菲希特所说那样关系，完全不同。黑格儿看来，自然和精神不是所谓异他定立的关系，而只是反定立的关系，两者不外为绝对者精神或唯一观念之辩证法展开中的两个要素罢了。自然是绝对者精神之辩证法展开中过程的阶段，在即自态里未显现的精神，是到达现实自觉精神的

① Kroner 前书，页一一二注。

中间阶段。即于即自的意味上，所有精神的观念，已于其外化或他在里，率性作为实存的自然而表现。次之依于他在复归自己之中，而作为现实的自觉精神存在着。黑格儿即因这个原故，虽不似谢林，说什么自然与精神，自然为看得见的精神，精神为眼看不见的自然那样同一的存在，却也以这是同一的全为体者之两个段阶的表现。

且在黑格儿里，绝对精神的辩证法，就是唯一全体存在者的辩证法。于全体的形态中，所谓思想或意志，与所谓存在原理上不是别个的东西，倒不如说两者的运动或发展，最后实为同一观念的发展。即在他认为观念辩证法展开的两段阶——自然与精神，前者是机械的必然的领域，后者是自由的领域，是具这样区别的。但由他看来，自然必然之“因果的关系”，和依于自由之“目的的关系”，并不像康德等具有那样重要的对立的意义。为什么呢？因为在别的时候，存于两个关系的背后或根柢的，是同一样绝对的精神，是唯一普遍的观念的原故。在他似乎管理因果关系的不是人类一样，又管理目的的关系者，最后也不是和自然对立的人类。目的的关系的主体不如说就是要将“自己现实化”的“普遍的观念”，或为本体的世界理性。而个个人类照黑格儿自己所说，只不过他的手段罢了。而且在这为实现观念的手段这一点，人类和人类以外其他事物或自然的存在，实无何等本质的区别。所以在这场合，要想到二元的对立，那么谓为人类与自然的对立，不如说一方观念与他方统合人类及自然的实存世界的对立。然而这种观念和实在的关系，也和所谓价值哲学里所见价值与存在的对立，本质上不能相同。为什么呢？后者以价值与存在相对立，这是原理的对立，又价值实具当为的性格的。可是在黑格儿里，观念与现实实在的关系，于本来意义上本不是对立关系，甚至此两者本质上就不是别的东西，又观念也不具什么当为的性格的。

这样在他所云观念不持当为性格的这句话，是依他宗教的一元的泛理性主义，或神支配世界的思想而决定的。换句话说，那是因为他的哲学不似康德—菲希特哲学那样，站在以人类意志为主体“人类目的观”的二元的立场，而为以世界精神或世界理性为主体“世界目的观”的一元的立场。如 Hammacher[①] 所说似的，结果是将因果的关系与目的的关系，看作一样的原故。

（三）

主意说与主知说　黑格儿所谓观念的现实化或实现，不单为人类自律而设的目标，不单“应有而现实无有一语似的，却是很有力的”[②] 观念的自己展开。又为神的计划，神的事业。由他看来：“神之摄理，对于世界及过程，而有绝对的狡智的关系。”“神造人类使将特殊的种种欲情、兴趣，很自由地作用着，却是依此而生的，正是神之计划的实现。那是和神在此所利用特殊的种种欲情和兴趣，为与最初所向目标不同的他物。”[③] 还有照他《历史哲学》序论所说，所谓实现观念的普遍目的，是不管各个人类是否向其意识目的而努力，又各个人类的欲情、兴趣，更有各个人或国民的胜利或没落，都毫无关系。而只把这些当做手段，当做牺牲，缓缓地一点不差的实行着。像这样所云观念的实现，不但是可能性的事实，却是必然性的事实。

因为这个原故，在那里已经没有价值哲学，如人类的意志或当为等，能够干涉的余地。纵说有关系，那也不过极有限定的意思。事实上黑格儿在他《历史哲学》里，不在人类理性的意志或当为里去求历

① Emil Hammacher, *Die Bedeutung der Philosophie Hegels für die Gegenwart*, S.44（1911）

② *Enzyklopädie* § 6.

③ *Enzyklopädie* § 209, Zusatz.

史发展的原动力，而在盲目的“欲情”里去求。实际完成普遍的或世界史职务的“欲情”，就是“不但有自己内容，且具有普遍行为或事业的推进力或原动力”的意欲，为要完成这样欲情或意欲的职务，是没有一定意识着那普遍目的的必要的。黑格儿自己说过：“各个人或各国民，当他们到达所追求的目的时，那他们的种种活动，同时就成为比他们目的更高更广泛的目的的手段或工具。而且关于这种目的，他们什么也不和道，只在无意识中去实现他。”[①] 而在这种欲情或特殊目的的相克行为里，使人类无意识中致力于普遍目的的实现，这就是他所谓“理性的狡智”，而这“理性的狡智”，和他在别处叫做“神的摄理”，是一个东西。

这样世界历史的看法，不以世界历史当做人类自主的历史，却认为以本体的世界理性，或黑格儿自身所叫做“世界精神”为主体的历史。而且从黑格儿看来，这仍是依据泛理性主义或神支配世界之乐天的形而上学的见解、信仰，而附与其特性的。即：“神支配世界，神支配的内容，或神计划的实现，就是世界历史。”[②] 又说：“理性支配世界，因此世界历史也是照着理性进行。”[③] 这便是他的信仰。而且再照他说法：“关于世界历史可以说就是精神即自的认识了所有自己进行着那精神的表现。”[④] 又“这（世界精神的目的，只不过是发见自己，反省自己将自己当做现实来观照罢了”。[⑤]

黑格儿末了很快地将现实存在的历史的发展，和世界精神或观念之自己发展，作一样看待。在他看来，根本上观念和现实存在，是没有差别的。世界不外乎依于唯一存在的观念自身而发现、发展罢了。

---

① *Vorlesungen über die Philosophie der Geschichte*, S. 54（Glockner）.
② 前书，六七页。
③ 同书，三四页。
④ 同书，四五页。
⑤ 同书，五四页。

所以只将偶然的东西除外，世界之现实的存在，他的本质就是理性的。换句话说，就是价值的东西，而且现实存在的发展，很快地成为价值的发展。依他看“理性的就是现实的”，同时反面来说“现实的就是理性的”①。“现实的世界是为应有而有”②，“所有的东西，是理性的”。③但即因如此，他对于当为的轻蔑或排斥，自然是应该的。他说：“世界要是正确地是为应有而有，那么悟性预定的当为，那里还有存在的余地呢？”④

从此便可明白黑格儿前述目的的关系与因果的关系，不是什么本质的对立关系，而从全体方面来看，本质上还是同一合致的，或者本来是一个东西。而且这么一来，便看出结果是废弃了当为，更进一步，其结果即扬弃或废弃了认为人类意志目的观的理想主义的立场。

在黑格儿哲学里，所谓人类意志的这个意志是很被轻视的。他的哲学，差不多唯一重要的，就是思维，就是概念。意志很明白的置于思维的优位之下，不管这回事经 Kroner 等怎样给他辩护，也是不能否定的。由黑格儿讲到人类意志（价值意志），则用世界或神的意志来代替它。人类最好只认为目前现实中神的计划。事实上他于《法律哲学》的序文，或 *Enzyklopädie* 绪论里，也很明显地表示着主知主义的倾向。即由此看来，哲学或一般学问，都不教我们“世界应该怎样”，不是“当为”的问题，而只以“概念上把握着所有的东西”为目的。

黑格儿在这一点，站在将实践理性放在理论理性上的康德或菲希特主意主义的立场，全然相反的立场上。

如黑格儿，依他泛理性主义或神支配世界之一元论的立场，而规

① *Grundlinien der Philosophie des Rechts*, S. 33.

② *Vorles. ü. d. Philosophie der Geschichte*, S.67.

③ *Grundl. d. Philosophie des Rechts*, S. 35.

④ *Enzyklopädie* § 6.

定着主知主义的倾向似的，那规定康德或菲希特主意主义的，就是自我与世界对立之二元论的立场。或者也可说规定着这两种倾向的，是依于最后两种哲学所取目的观的种类吧！即在取“世界目的观”立场的黑格儿哲学，那负实现目的的最后责任者，执行目的实现的行为者，就是本体的世界精神或神。为实现他的目的，是无须特别等待那有限存在的人类目的意志，或自主意志的努力的。反之在康德或菲希特等“人类目的观”的立场，则有意志的计划着执行普遍价值或目的的实行，其最后本体，最后的责任者，始终都是有限的人类。他的目的是为人类的自律而设的目的，他的实现，是不可不依靠人类自己意志的努力的。

在这后者立场上，不消说目的关系与因果关系的对立，是绝对的、原理的。为什么呢？因为依据自由而统驭目的关系的，只是人类的精神（理性的意志），而机械的必然的因果关系的主体，那是没有关系的自然及一般存在。人类依其意志的努力，将还在自己主观观念的目的，刻刻实现于客观实在的因果关系之中，这是可能的。但是人类是常认为有限的存在，而位于历史的无际限的时间当中，那么所谓关于他全体的价值生活，所谓目的与现实存在的完全合一，这只是课人类以永远的问题。而且在此如菲希特所说自我对于非我，像字面所表示的，应要求“无限的努力”，在这一点，照这意义来说，黑格儿预想所谓“恶”的无限，是当然不可免的。而从人类意志目的观的理想主义立场来说，那就是“恶”也不是什么不幸的事情，甚至可说就是附与意义于人类存在的无限性的一个条件呢！

（四）

自由论与必然论　在康德与菲希特，自由是被认为有限存在的人类自由，人类是意志的主体，道德律的主体，是唯一无限制的自由主体。反之在黑格儿则有完全意志自由的，却是绝对者的精神，还有即可认为本体的观念或概念。因此所以所谓自由，实际即康德所谓“宇宙论的自由”，[①] 即不依靠其他原因，于其自身里而有自主的运动，不外这个意思罢了。即因这个原故，对于自然的因果，要问意志是能动性吗？价值与非价值间，有选择的自由吗？这都是不成问题的。依黑格儿看来，观念不是那应有而现实无有一语似的，却是很有力的，即那不是如批评哲学里所谓当为，在现实上可有可无这一类的东西。不但如此，在那观念的现实化上，不一定要有人类有意识的目的行为，那是不论人类意志着那个没有，是必然地要实现的。

如上所述，黑格儿大概以人类自身的理想，认为空虚的抽象，而这“空虚”一事，是很可轻蔑的。因此便不认普遍的目的为人类自律而设的目的，那倒是为超人类的普遍者而设的目标。而且由他看来，为要实现这普遍的目的，人类是受制于神或世界理性的“绝对狡智”，不自觉地成为到目的的一个“手段”，一个“牺牲”。而且在这个意思，如 Siegfried Marck[②] 所说，人类单不过为绝对精神或世界理性的傀儡而已。这么一说，黑格儿至少在关于普遍目的的范围内，所称自由，决不是有限的人类，而为世界理神——绝对的精神之一物。

但在说某物为自由的意思里，已含着此物感什么东西抵抗的有限的存在。在康德所谓人格的本质是自由的，这句话意思已经将那个看做有限的，而与世界或其他人格为本质的对立了。要之照此意思，则黑格儿所谓与最后全体存在者同一的绝对精神，或唯一普遍的观念运

---

① Kant, *Kritik der reinen Vernunft*, S. 561.

② Siegfried Marck, *Kant und Hegel*, S. 89（1917）.

动是自由的一语，可以说和说什么神是自由的一语，同样地毫无意义。因为绝对者的自由一语，和必然的一语，是一样的原故。而且这不但关于一个绝对精神或唯一的观念运动，且可说是关于它体系分化了个个观念的自由。为什么呢？因为唯一观念与各个观念，在根本上是同一的原故。

但在黑格儿意思，所谓自由又与理性的一语意义相同。因他所谓自由，不外乎精神或观念的自己发展，在他看来，这些东西的自己发展，常常是理性的。这么一来，他所谓自由，必然和理性的，在根本上都是一样的事物了。①

（五）

人格主义与生物学主义　康德所见有限存在的人类，是一面属于感觉界，同时他面属于超感觉的睿智界的。而属于这睿智界的，是人类所以从一切事物区别出来，叫做人格的便是。人格具有“在全自然组织中的自由与独立性”，是依于自由自律，而为道德律的主体的。且依康德看来，道德律是神圣至高无上的东西，所以为此自律主体的人类，在这一点上，也是神圣至高无上的。所以世界里其他一切事物，都只可当作人类的手段来用，只人类才有自己目的，才是真正目的本身的。“在目的的系里，人类就是目的本身，即无论依于何人，乃至依神。那时候如自己同时没有什么目的，单单作为手段使用，决

① “自由一语，好像在不断汇兑贸易里变动的货币似的，完全只靠思考方法来决定此语的意义。黑格儿给这句话的解释，不就是曝露他哲学上根本的弱点么？”（R. Haym, *Hegel und seine Zeit*, S. 370）似此 R. Haym 嘲骂的评语，未免过分了些。但是要从康德主义的立场看，则如上黑格儿自由的概念，实可谓无何等自由的特色，为名实不符的东西。站在一元论“世界目的观”立场上的黑格儿自由的概念，最后本质上似和唯物论或唯物史观里所认自由概念，是没有什么不同了。

其不可能的。”[①] 即人类由于以人格为道德律的主体，故不为其他任何物而存在，也不为神或人类而存在，只是为着自身而存在的。

黑格儿当然不是否认人类的自己目的性，他由于包含人类里面神的东西，换言之，即所谓理性的东西，而说自己有自身目的的。即因人类分有理性，故可参加于世界理性的普遍目的，依此意思，是有自己目的的。但在此意义上的自己目的性，只限于所谓有限者的自己目的性，只限于全体者与同一事物的范围里，即在将自己融化于全体者中的范围里，才有自己目的性的。因此所以人类在不以全体者普遍的目的为自己目的时，已经不能说有自己目的的存在了。不错！黑格儿也承认在个别存在的人类，有追求着主观的有限的或特殊的自己目的，但是那是即刻由此而无意识地成为普遍目的的手段或牺牲的。

“特殊者比较普遍者，有许多是无价值的，个人是为普遍者而供其牺牲。”[②]“世界精神的胜利，是超越一切特殊者的权能的。”[③] 因为普遍者的善，常不得不以较特殊者的善，供其牺牲。各国民或人类，为保持“道德的健全”（这里所说道德的，是含有生命的意思），结果没落了多数个人或国家，甚至斗争，都是必要的。[④] 从这点来看，所谓个别存在的人格自己目的性等，简直不成问题。为着较普遍者的目的，个个的人，常不过为手段而已，牺牲而已。由黑格儿看来，他所谓“世界史的人物”，所认因实现世界史目的而演绝大角色的，如亚历山大、恺撒或拿破仑这些人物。冷静地不顾一切，只为自己欲望的特殊兴趣所驱使，完全只向着一个目的猛进。在他途上屡屡蹂躏了许多无罪的花，粉碎了许多事物，然而从世界史的立场看去，那是不得

---

① *Kritik der praktischen. Vernunft*, S. 132.

② *Vorlesungen über die Philosophie der Geschichte*, S. 63.

③ 同书，页 69。

④ *Wissenschaftliche Behandlungsarten des Naturrechts*，Sämt. Werke, I, S. 487. 或参照 *Phänomenologie des Geistes*, S. 347。

不如此的。

似此依黑格儿，则如康德所云一切道德，从绝对精神之自己发展的世界史立场看时，单不过是“私的道德”罢了。“那要求精神绝对的最后目的所完成的，即摄理所行的，乃是超越于从个人道德性所见属于个人义务或归罪能力，或责任要求的。”[①]“世界历史，普通不受道德或前屡述道德与政治间所存区别范围等的拘束。”[②]即在世界史的见地，无论那种行为，其结果实质上有所贡献于历史发展者，是较之一般道德，可认为有“更高的立场”的。因为这个缘故，在此像康德所说道德的原则——“人类无论对何人，决不能单作手段使用”——是全然不能存在了。

我们在此，反于个人立场上的康德伦理的人格主义，可以看出黑格儿进化的普遍主义。在康德只一心一意抬高了最后绝对的自己目的，即所谓道德律与有限存在的人格性，而在黑格儿，却再把它搁下相对的地位。在康德人格的本义，似决不认为全体的一部分，所以即在国家或与社会的关系，从最高意义上说，都是人格的。反之在黑格儿，人格不如说在全体者中单不过部分而已，那更高一义的，常是普遍的国家，普通的社会。在康德于“目的的体系”里，人格是最后的东西，国家或社会和其他一切存在，都只是他的手段。然而黑格儿反对地以为目的的体系里，人格应看做那较近有机全体的国家或社会的手段。像这样康德主义与黑格儿主义的对立，不是很像近代极端基督教的个人主义，和古代希腊的普遍主义的对立吗？

但和普遍主义同样地，还可看出黑格儿进化主义的思想。即如前述，各个人或各国民的斗争及其相互胜利或没落中，保持了全体人类生命的健全那样思想。他把一般道德律的妥当性相对化了，在

---

① *Vorles. ü. d. Philos. d. Geschichte*, S. 105.

② 同书，页一〇六。

他上面安置世界史的道德，为世界历史进展，甚至承认一般道德的恶。这不消说是那以普遍世界精神为历史主体这个思想的结论，但又如 Hammacher[①] 等说，也可认为以人类之生物学的健全为目的的。例如在排斥“奴隶道德”而唱“超人道德”的尼采伦理说等，也可以看出这种思想。黑格儿所谓“私的道德”，即相当于这“奴隶道德”；“世界史的道德”即相当于“超人道德”。只就两者异点来说，尼采的“超人道德”，由当事者方面说，是分明意识着的道德意识；反之黑格儿所说“世界史的道德”，由当事者看来，是没有必定意识着的必要的。而且即在这一点，黑格儿的伦理说，以较尼采的伦理说，照普通的称呼以上，也是生物学主义的。

（译注）本篇译自《理想》第二十二号《黑格儿复兴号》内，页116—136，昭和六年四月理想社刊。著者译有黑格儿《论理学》一书，见《世界大思想全集40》，同年同月春秋社刊。

十月十六日，上海

① 前书，页六七。

（附录）黑格儿历史论的介绍与批评

——史学史导言

朱谦之　著

历史的历史，是当历史本身成为一种“科学”以后才发达的，是要待合于科学方法的历史考订学（Historical Criticism）兴起，而后发达的。所以为期很浅，而关于这方面的研究成绩，也就不多。我这次研究的目的，是要特开方面，将历史学的发达，把他作为一种人类知识线上的进化现象看，换言之即将关于人类知识发达的阶段法则，完全应用来研究历史的历史。即将史学史的演进，当做一个发展，一个极有规律的极有条理的阶段进程。但在未说明之先，请先将关于历史分类的学说，叙述一下，即作为本导言之一节。

（一）

请先举黑格儿历史的分类，黑格儿在《历史哲学概论》（河野正通译自 Lasson 版）第二编《特殊绪论》中，有“种种不同的历史的考察方法”一章，这一章在 J.Sibree 英译本，便作为开宗明义的总论发表。他将历史分做三种类：

（一）原始的历史（Original History）；

（二）反省的历史（Reflective History）；

（三）哲学的历史（Philosophical History）。

（第一）原始的历史 例如 Herodotus, Thucydides 及其他二三位类似的历史家，都可算这种历史家的代表。由此数氏所述所看，便可理会原始的历史是些什么。他们只记录当时战时的状况、事迹、社会的各种状态，这些十之八九，都是从自己见闻得来的，限于自己精神所几分了解的。他们从起于我们周围世界的种种事项，移向于再现的智力（Representative intellect）之范围，如此外界的现象，通过内界的概念力（Conception），和诗人一样，照原样地用那直接接于自己耳目的材料，造成一定表象。不消说上述直接记录历史事实的历史记录家们，有时也利用他人的记事或谈话等（因为一个人想直接见闻万事，是不可能的），但这不过如诗人一般，将现成言语——这对他是有许多益处的——当做一要素来用罢了。历史记录家编纂当时故事，而置之于永久不朽的殿堂，是不能不将口碑、民谣、传说一类除出记录史之外的。为什么呢？因为这些还只在朦胧的形态中，且不免为未开民族的观念的原故。反之在这里，史家应该采取那能辨别自己怎样，自己周围的事情怎样的民族，目击现实且在适合目击的范围内，自此那一到完全成熟便要失却历史价值的那种口碑式或讹传所成混沌的境界，全然不同，而有极可信赖的基础了。

如前所述，记录历史家的特质，是将我们亲自见闻的社会状况、事迹，一概变成概念的形态，因而这种所成的历史内容，是不会有广泛的范围的。最好的例，如 Herodotus, Thucydides, Guicciardini 三氏，都是以现实存在于他们周围的事件，作他们的重要材料。换言之，产生史家的环境，和史家所记录的惹起种种事件材料的环境，是一致的。又史家的精神，和他所传种种事件的精神，也是全然同一。史家不过如史剧里的一个俳优，多少只记载着他自己所参加的场面，或至少和他有关系的场面。如此史家将很短的时间与人事、事迹，编成一卷历史，恰如无意识地一笔一笔画出一幅的画图来。他们的目的，只要将这活露活现的事件写真，明确地传给子孙，他们是不发生反省的问题的。为什么呢？因为除了专心讲究事件以外，他们还未生这个以上的问题的。即如著者，在 Caesar 的场合，有为将军或政治家而左右文武大权的地位，他之史的要素，自不外乎现出成就其自己目的经历而已。

例如读 Thucydides 史书往往载着许多演说（Speech）——关于这点，我们不能承认这就是真实的记录。——似乎反对前面所云原始的历史了，但是演说之一个本质的部分，是人与人间的交涉，而且是许多极重要影响的交涉，所以演说可成历史。固然有人往往以为“某种事件单不过谈话罢了”，且在这个范围，很可证明演说是无责任的。这样演说，全然不过空谈，而空谈更享有无责任这句话之重要特权。但是从国民对国民演说，或国民对国王演说，这正是历史的重要要素。例如在 Thucydides 史中，Pericles——最纯洁高尚的政治家——的演说似的，因经著者一番修饰，自不能不影响到 Pericles 的性情。但是这位历史记述者，因其自身受过他时代的教育，所以这个演说，依然是他那时代的演说。在这些人们的演说里，表现出他们民族种种的原则，他们自己性格之种种的原则，关于他们政治的关系，并道德的及精神的本性的意识，他们的目的及行为方法之诸原理。这么一来，历史记述者所借自演说者的，并不是史家自身的臆说，只是照样地描出演说者自身的教育而已。

如上所述，史家——即我们欲详悉其国事情，洞察其国民精神所不可不熟读的历史著者，又不单知识渊博，且能从此得真正的满足那样的历史著者，——实在意外是很少数的。现在试举此种史家的著者，如：

Herodotus 即所称史家的鼻祖，与前所述的 Thucydides，其他如 Xenophon 的《万人退却记》（*Retreat of the Ten Thousand*），都可算入原始的历史之中。又 Caesar 的《评传》（*Commentaries*），也不失为

伟大精神的简洁的杰作。

以上列举这些历史记述者，在古代一定的是伟大的军人及政治家，在中世则除却立于政治中心的僧正以外，一般僧侣从事素朴的年代记编纂者，都可归入这种记录的史家。他们和上古史家直接接触现实生活的，恰成一反比例，他们都是全然和世事隔绝的人，至于近代，更一变而史学范围更加广泛，一切事迹，都很快地变成历史的再现（Historical representations）。记录史当中，有如可与Caesar《评传》相匹敌的、活泼、简单、明了的记传——尤其是关于军事的记传——出世，又关于军略与周围状况之记述，而其内容之丰富，叙事之绵密简直胜过Caesar《评传》的，如法国的“回忆录”（Mémoires）之类，也属于这一种。回忆录成于许多名人手笔，尤以其中以奇谈逸话，占其材料的大部分。虽然范围狭些，且只说琐细事件，因而根底不是很完全的、但是在那里，有如大僧正Cardinal Retz的《回想录》，所表示的极大历史的领域，真不能不算历史的杰作。在德国差不多看不见这样大家，只有Frederick the Great.（所著有《现代的历史》*Histoire de mon temps*）是显著的例外。本来，这种著作家须占有很高的身分地位，只有站在高位置上，才能正确地概观当时的事事物物，若仅在下位，则恰如“井蛙窥天”，到底难望其编纂出完璧的纪录史。

（第二）反省的历史　这种历史的特色，在于超越现在。即这种历史的叙述，不限于有关系的特殊时代，而为企图着超出特殊时代的精神。在这第二类历史中，又可区别为全然不同的数种历史：

（甲）普通史（Universal History）　一民族或一国家乃至世界之全历史的概观。简单来说，我们所称为普通史的，即属于反省的历史之一。在这普通史里，以改作史的材料为主要条件。此种修史家，以自己的精神从事修史，换言之是以与内容的精神各别的精神，来从事修史事业。因为这个原故，史家在一方面关于所记述种种行为，事件的内容及目的之种种原理，在一方面关于编纂历史的编纂法所有的种种原理，都特别成为重要了。在我们德国人间（黑格儿说），这时所用的反省或分别，是各种各样的，各各史家都竞自创立独自的方法。若英吉利人，或法兰西人，则一般知道历史是应如何记述，因而不敢自炫新奇，大概均以一般的文化或国民的文化为主旨。反之德国人，常只各自注意于特有的个性，不是记述历史，而常非追求着历史之应如何记述不止。

反省的第一方法（普进史），要是它的目的单在叙述一国历史的全体，那么这和前述的记录史是相近了。像这一类的历史著述（其中如 Livy, Diodorus Siculus, Johannes von Müller 的《瑞士史》等，都可算得），要之用得适当，是极有价值的。不消说这种历史家接近于第一类（记录史）的历史家，即读者好似在目击当时实况所述故事一般地，如实的记述，实在是好极了。但话虽如此，著者因为是在当时不同的教育之下，所以彻首彻尾带着自己的特色，因而史中所经过的各时期，也应之而发生变动。换句话说，著者的精神是和在史中诸时期的精神，是全然不相同的。今举一二例。如 Livy 记述罗马累代的国王、执政官、将军的演说，可是这种演说只行于 Livy 时代之老练的辩护士的口调，和罗马往时的真的传说（例如 Menenius Agrippa 的寓言）是很显著不同的。又他记述如目击实况似的战争的始末，但是它的状况，是可适用于任何时代的战争。尽管它记述得如何明了，而在叙事中，其前后关系的不统一，或关于主要事项，在他处屡屡看出其前后的矛盾。要想知道这样编纂家和前记录的历史家的差别，最好是把 Polybius 这个人的方法，和 Livy 利用各时代的历史记录——Polybius 的记录也包含在内——而加以增补省略的 Livy 方法，拿来比较一下，便知道了。又 Johannes von Müller 努力于忠实描写记述的各时代，其结果因过于热心，不知不觉地给历史以过于艰辛的形式的炫学体裁。我们比较这个，还是爱读从前 Tschudi 的记传，因为 Tschudi 的历史，不用人为的虚饰的古体，没有使用废话的毛病，一切都是很纯洁的、自然的。

那以编纂关于长时期的各时代的历史，或以编纂关于世界历史全体的历史为目的的，不消说是要放弃各时代真相之个别的叙述，而抽象地描写过去。所谓抽象地描写过去，意思不但是说脱漏了许多社会的事迹、行为，而且是要在最有力的摘要编纂者的活动之上，一战斗，一大胜利，一个包围攻击，已不是原来样子，是省约为简单单的记述的。如 Livy 记载罗马与 Volsci 人的战争，往往极其简约地，写着“这一年与 Volsci 人战争”便是。

（乙）实用史（Pragmatical History） 反省史第二类是实用史，即为明示事迹之原因结果的历史。当我们探索过去，而专从事前代之研究时，我们脑里自然会现出现在——这是认为劳心的报酬，由心自身的活动里生出来的。——不消说既往的事迹和现在的事迹虽各自不同，而支配此二者的观念，只有一个。——探究二者的根柢，其互相关系，只有一个。——因为有这一个，故可属之于既往一类的事迹，隐然使之成为现在。实用的反省，无论怎么抽象，从其性质来说，却是真正不绝的现在，复活了各种过去故事而给与以现在的生命。不消说这种反省，是否真正胜任愉快，是关于著者自身的精神如何。尤其是要为实用史的著者，应该特别注意道德上的省察，应该希望以历史为道德的教训的实例——历史屡屡是为这个目的编纂的。——由于道德的实用，可以高尚人心，故以此供给儿童的道德教育，使之因慕美德而起模仿心，这样话，说不定也是对的。但是国家与人民的运命，他们的利害关系，他们事务之盘根错节等，全然是别一个的领域。即统治者、政治家、国民虽从历史的经验得到教训，然而征之实际，政府和人民决不从历史里学着什么。又依历史所得教训而行动的事，也是没有的。各各的时代，各各有他特殊的环境，因为一切事情太不同了的原故，生于当代，而处理当代之事，势非依当代自身来决定不可。也只有依自身决定，才可能的。在错杂世界的诸事象里，一般原理什么用处也没有，即征之过去同一的环境，也只为徒劳。何则如黯淡的记忆的阴影，对于溌溂[①]自由的现在，是全然无力的。就这一点来看，如在法国革命时代屡屡引用希腊罗马的先例一样，实在再浅薄也没有了。此等民族的精神和我们时代的精神，什么东西都是不相同的。Johannes von Müller因怀抱这种道德的目的，在他所著《瑞士史》（*History of Switzerland*）及《万国史》（*Universal History*）里，为教帝王、政府及瑞士人民的原故，特地编纂了教训——反省集。屡屡在他书信里述及一周间中，集成一定数的格言，但是这种格言，是不能算得成功，反而见出他思想的浅薄。只有无余蕴地观察历史上的关系，根本的，同时是精深的，这种反省才得称为真理与有价值。（如Montesquieu的《法意》*De l'esprit des lois* 便可看出。）然而这种完全的东西是很少的，所以像乙种反省史出来，甲种反省史便束之高阁一般，丙种反省史出来，便乙种的反省史也不得不弃却了。如此交互地新陈代谢，没有一个可以完全信得，因为诸书所揭史料，为著者各自所专有，所以甲乙丙诸书各各有不同的材料，各各自信有整理其自身特有史料的能力。但回头一看，以自己的精神误认为载于书中的精神，这不能使我（黑格儿说）无疑的。于是有对于反省史觉着厌倦的读者，遂舍却此种有何等特定的见地，而再追求那从事普遍观察的纪传。不错！这些纪传是有价值的，但是十之八九，都只不过为历史供给材料，虽然很能给我们德国人（黑格儿说）以满足，反之

---

① “溌溂”为日文，意为“生动活泼”。——编者

法国人则巧妙地复活过去，成为现在，使过去能够和现在的状态发生关系。

（丙）批评史（Critical History）反省史的第三类为批评史，这在德国是正在很盛行之历史的研究法，所以这里有记的必要。批评史原来不是历史自身，不如说是历史的历史，历史故事的批评，历史的真理性或确实性之考察。这种历史所以特别成为一种的原因，不在于事象本身，是在于著者从历史的记述中，求探出了家历史家如何的观察力。法兰西人于这种历史的方法，曾著许多有价值的书，但是他们这种批评的研究法，并不是要作为一个历史的研究方法来适用，不过是把他们的批评，用评论的形式写下就完了。我们德意志（黑格儿说），在言语学领域中所行的，如所谓高等批评，同样地行于历史学的领域里。人人放弃了重要的历史研究，而与空虚的想像力，一切可能的非历史的妄想，以活动流行的余地。于此又有将过去的历史复活于现在之别的方法，即以主观的想像来代替历史的事实。他们以为只要这个想像越发大胆，即根据于这个想像的事情越发贫弱，又这想像和那确乎不动的历史事实的矛盾越多，便这个价值，也越发成为最卓越的了。

（丁）艺术史、法律史、宗教史（History of Art, of Law, of Religion）最后种类的反省史，是从一民族之丰富生活，一般性之全关系里，摘出来的一个专门的历史。这种历史最初就表现为部分的、特殊的，因此便不免于抽象的。但因其采用了一般的见地（例如艺术、法律、宗教的历史）故可看做到达哲学的世界史的一个过程。至于现在这种观念史（History of ideas）渐渐发达，遂惹起世人注意。尤其是民族生活之各部门，是立于与民族史全体之密接关系上的。目下重要的问题，就是关于全体的关系，应表示其真实的形态呢？还是单只求之于外的事情之中？由后场合则各部分全然可看做偶然的国民特性，要是反省史在采取一般的见地时，而这种见地是真实的话，那么这不单是外的关系或外的秩序，而应该注意到在各种事象或许多事迹里面，是有内部的指导精神的。为什么呢？理念的好似灵魂的先导者 Mercury 一样，实为国民与世界的指导者，而此指导者之必然的合理的意志，——即精神——不问古今，都是世界史事迹的指导者。把握此指导精神的本质，这就是本书的目的。为达此目的，便不得不问第三类的历史，即历史哲学了。

（第三）哲学的历史　这是和最后之历史的研究方法相关，所以他的观点，也是一个普通的观点。但却不是忽视其他种种的观点，而抽象地摘出来的一特殊者。哲学的考察之一般者，是做出种种事迹的心灵，是种种行动，各各个人及种种事迹的 Mercury，种种民族与世界的指导者。我们在这里是很熟悉这个一般者的指导的。哲学的世界史之一般的观点，不是抽象的、一般的，而为具体的，且的确是现在的。为什么呢？因为这是永远依据自身而存在的精神，对于这个精神，是无所谓过去的。

（二）

由上所述，黑格儿关于历史的分类，大概是没有错的。不过只有一点，就是黑格儿仍然没有注意到这些历史分类之内的联络。他只知道有历史的三个主要分类，却不知在历史知识的发展中，这三种历史，实即形成了史学史的三个主要阶段。即从原始的历史到反省的历史，从反省的历史到哲学的历史。如果把历史的历史，从发生学的方面去考察，则这三种历史，是可看做一个有机的全体，而渐进发展着的。自然这种新的看法，也不算做我的创见，我只是一面承认历史之本质的分类，是有如黑格儿所说的三种类；一方面又承认这三种分类的历史，是按着孔德三阶段的法则，而渐进发展着罢了。在德国 E. Bernheim 博士所著《史学入门》（*Einleitung in die Geschichtswissinschaft* 1920，柏林新订版，坂口昂、小野铁二译《历史是什么？》第一章，页 4—5）虽然没有提到黑格儿，但他很有名的历史分类，却是完全就历史之系统的序列说的。依他意想，历史可分做故事的历史、教训的历史、发展的历史三种。“在历史的知识发展中，可分做三个主要阶段，此等阶段如现在所指示者，实相当于一切知识的发达阶段。即可分为故事的或列举的阶段，与教训的或实用的阶段，与发展的或发生的阶段，这三种。”（页 5）把这段话和黑格儿的分类来比较，所谓故事式的历史即原始的历史，教训式的历史即反省的历史，发展式的历史即哲学的历史。Bernheim 本着眼于孔德“人类知识发达阶段说”的（实际已有人误认此三种分类为出于孔德者，如卢绍稷著《史学概论》第四节历史之进化页 8 中所述，就是好例），而其结果却恰好和黑格儿的分类极相吻合。并且他从静学的历史分类，变为动学的历史分类，从空间的组织学的历史分类，变成时间的发生学的历史分类，这一点我不能不说是有很大的贡献了。

但在这里，我是无意于详说历史的历史的。我的意思，只是指明和黑格儿历史分类不同的，还有那受孔德三阶段法则影响的 Bernheim 的历史分类，要读者注意。固然这两种同以原始的历史为起点，同以哲学的历史、历史哲学或发展的（发生的历史）历史观为在历史知识的发展中之较后较进化的产物。但在一说到各种历史的实例，则两家学说，便不免很有出入。如照 Bernheim 的见解，则 Thucydides, Polybius 等，都是属于教训的（实用的）历史之内，而在黑格儿，则仍属之于历史的第一类，即故事式历史之内。这种很大的分别，使我们编撰西洋史学史的，不免踌躇起来，但最后经我详细考察的结果，觉着 Bernheim 举例，比较更可靠些。现在试照 Bernheim 的说法，作一个简单的表解：

（一）故事式历史	纯材料的关心，及美的关心	年代记，歌谣史诗	荷马史诗；东洋希腊罗马之金石刻文；Herodotus
（二）教训式历史	教训的关心，偏于事件之心理冲动的观察	传记，言行录	Thucydides, Polybius, Tacitius
（三）发展式历史	发展的概念，人类之统一性的观念	科学的历史	二元的学史观，唯物论的史观，实证论的史观，康德派历史哲学，人生论哲学

上面的详细说明，让我在本书各篇序论里去研究，这里只试将此表和 Shotwell 所撰《史学史导言》（*An Introduction to the History of History*）比看一下，则在史学史的开卷数章，从埃及的纪年史——巴比仑亚述与波斯的记载——犹太史——自荷马至 Herodotus 等，都可算做故事式历史的阶段。从 Thucydides, Polybius, Varro, Caesar, Sallust, Livy, Tacitus 以至 Suetonius, Ammianus Marcellinus，都可算做教训的（实用的）历史的阶段。而附录题为"中古及近世史学"之第二十七章"历史之解释"，却正是发展的（发生的）历史的阶段，可惜言之不详。自然这种区分，有许多处所要和黑格儿的分类冲突，但从大体来看，史学的发展，是可用三阶段的法则来说明，是不待证而自明了。

黑格尔的历史哲学

本书于1936年4月由上海商务印书馆初版发行，2002年收入福建本第五卷。本次整理，以1936年商务印书馆本为底本，以福建本为校本。

——编者

目　录

序　论

一　黑格尔哲学之辩证法的体系

黑格尔（Hegel）全部的哲学体系，依 Dilthey 在“黑格尔青年时代”一书中，曾证明了他底哲学实际上只是一种文化哲学，这种哲学是为企图理解历史上文化底进化阶段而发生的。所以严格来说，黑格尔的哲学，可以说是文化哲学，也可以说是一种历史哲学。而他的历史的哲学，据批评者的意见，“毋宁说只是哲学的历史，他自己独得的哲学历史”，所以依据黑格尔则：

第一　哲学即哲学史；

第二　哲学即历史哲学。

因为黑格尔全部的哲学体系，均建立于历史主义的基础上面，换言之即建立于历史的论理主义——辩证法——之基础上，所以辩证的方法遂成为黑格尔全部哲学之体系基础，因而一般学者均认：

黑格尔最大的贡献，就在提出辩证法为思想的最高形式。

他不但论理学中根据辩证法而成立，甚至其全部哲学体系，也是根据于辩证法即史的论理主义而成立。他的全部哲学原分为三个部分，即：

（A）论理学；

（B）自然哲学；

（C）精神哲学。

即就这三个部分来说，已经看出是根据三分辩证法的形式了。现在先就论理学来说，黑格尔的论理学，也是由于三部分而成立：

第一　有论；

第二　本质论；

第三　概念论。

就思想的理论来看，可分为：

（1）思想的直接性——即自的概念；

（2）思想的反省及媒介——概念之对自的存在及其假象；

（3）思想之还归自己的存在，及其发展之据自的存在——即自且对自的概念。

由上可见，黑格尔的确是将“即自的”（an-sich）、“对自的”（für-sich）、“即自且对自的”（an-und-für-sich）三概念来分配他论理学中有、本质、概念三部门的。试列表如下：

- 论理学
  - （1）有论
    - （1）形质
      - 有（有无化成）
      - 定有
      - 对自有
    - （2）分量
      - 纯粹的分量（简称纯量）
      - 定量
      - 度（=量的关系）
        - 直接的关系
        - 逆的关系
        - 自乘的关系
    - （3）度量
  - （2）本质论
    - （1）论存在的基础
      - 纯粹反省诸规定
        - 定立的反省
        - 外的反省
        - 规定的反省
      - 存在
      - 物
    - （2）现象
      - 现象的世界
      - 内容及形式
      - 关系
    - （3）现实性
      - 实体性关系
      - 因果性关系
      - 相互作用
  - （3）概念论
    - （1）主观的概念
      - 概念之所以为概念者
        - 普通性
        - 特殊性
        - 个别性
      - 判断
        - 质的判断
        - 反省判断
        - 必然性的判断
      - 推理
        - 质的推理
        - 反省推理
        - 必然性的推理
    - （2）客观
      - 机械性
      - 化学性
      - 目的性
    - （3）理念
      - 生命
      - 认识
      - 绝对的理念

黑格尔论理学，无论何处，都是设为三部分以与三分辩证法之“正”“反”“合”相合。如在有论中，形质为正，分量为反，度量即形质分量二者之综合。在本质论中，第三部分之现实性，即为第一部分与第二部分的综合。而概念论则又为对于有论与本质二者，而行综合。概念论中理念是概念与客观性之绝对的统一，是对此二者而为综合；而理念中，生命理念不过自然的理念，认识的理念亦不过意识的理念，只有绝对理念才综合二者，而为即自且对自的理念。黑格尔的全部论理，都是依照这样三角形发展，而最后总归到绝对“理念”一句话。

次就自然哲学来说。论理学为主观之粹纯思想，自然哲学则为客观方面的思想，盖所谓“自然”这个东西，不外乎思想自身之客观的表现，他将自然哲学，亦分为三个部分，即：

- 自然哲学
  - （1）重学
    - （1）数理
    - （2）重力
    - （3）空间里面之绝对的运行（关于日月星辰）
  - （2）物理学
    - （1）物质之一般的形成（例如，土，水，光）
    - （2）物质之相对的形成（例如，比重黏着性，弹性）
    - （3）物质之特别的形成（例如，酸金属）
  - （3）构造
    - （1）地质之构造
    - （2）植物
    - （3）动物

黑格尔哲学自始就是三分辩证法的形式，所以论理学分三部分，自然哲学亦分为三部分。就最后“构造”来说，在地质之构造中，生命（Leben）尚为蛰伏的状态，真之生命尚未发现；至于植物，生命始渐发扬，而渐至成长，能有适应自然之力及增加繁殖之力，不过在植物尚无可称为完全的自我，植物是不能有自主宰的；其各部分亦互相独立，故其生命亦未达到完全的程度。但至动物，生命始几达到完全的程度，而且具备活动机关而有感觉；再至于高等动物，更至人类，遂有完全自意识的力量。由上可见自然哲学分三部分，此三部分又分为三部分，逐一均具辩证法的过程之本性，而其辩证法的过程推至极点，即为构造中之动物，动物之占最高地位者为人，人是有意识有精神的，由此便又牵涉到“精神哲学”了。

再次论到“精神哲学”，也和论理学，自然哲学一样，分为三个部分：

（一）主观的精神；

（二）客观的精神；

（三）绝对的精神。

试为作表如下：

- 精神哲学
  - （1）主观的精神
    - （1）人类学
    - （2）心理学
    - （3）意志
  - （2）客观的精神
    - （1）法律
    - （2）道德
    - （3）政治
  - （3）绝对的精神
    - （1）美学
    - （2）宗教
    - （3）哲学

主观精神中，意志经过“嗜好”“愿望”“欲情”而达于“自由意志”，自由意志只有在人类团体里面，才能实现的；进一步来说，即在法律，道德，政治里面，方能实现，所以由此主观的精神便牵涉及客观的精神了。

客观的精神中，黑格尔讲到法律，看重个人之自由意志，因而将财产权之根据，归于自由意志；然而自由意志走到极端，则必变成不正行为，即由个人与个人的权利冲突，于是发生所谓刑罚，其目的在使一般的意志与特定的意志恢复相互关系，而不分离；可见最后仍在于一般的意志与特定的意志之调和一致了。

在客观的精神里面，有法律之一个极端，又有道德之另一个极端，政治则总合两者。在此黑格尔便提出一种对于历史的思想，他以为世界的历史，从大体上说，即是政治史，而且世界的历史即为自由意识之发达的历史。

主观的精神与客观的精神之综合，这就是“绝对的精神”。客观的精神关于国家与个人的问题，绝对的精神则和个人无关，而为关于人种一般及世界历史的问题。绝对的精神之三部门，美学是属于技术的，宗教则指出神与世界之不同，第三，哲学则专以研究理性为主眼。黑格尔最看重哲学，尤其注全力于历史哲学及哲学史讲义，而此历史哲学与哲学史，遂使黑格尔大吐气焰，在那里可看出哲学上种种的学说，自始至终，显示出黑格尔之“绝对的观念论”。

二　黑格尔历史哲学在哲学中之位置

固如上所述，黑格尔哲学全部为辩证法之过程，换言之即全部哲学为应用史的论理主义之一种历史哲学。但从另一方面来看，则历史哲学它的本身也只能在黑格尔全部哲学中占一个位置，换言之历史哲学在黑格尔哲学全体系中，是属于《精神哲学》中“客观的精神”之第三部分，即“国家哲学”中的。这句话并非我独创的见解，或附会，却是事实如此。黑格尔在一八二一年曾出版《法律哲学》，其最后第三部第三章“国家”之最后一段（第三四一至三六〇节），即为“世界史”，这不是证明了黑格尔的历史哲学，原来只是“国家哲学”之一部分吗？

黑格尔的主要著作，在一八〇七年《精神之现象学》以后，可举者为：

一八一二年至一三年（第一卷）一八一六年（第二卷）

《论理之科学》

一八一七年——《哲学的科学集成》

一八二一年——《法律哲学》

一八二二年至二三年——《世界史之哲学》讲义

即就这个顺序来看，已很明显地看出几点即：

（第一）黑格尔的历史哲学是成立于《论理之科学》与《哲学的科学集成》中“小论理学”之后，所以他的历史哲学也是完全以史的论理主义即以辩证法为基础。固然在从前研究黑格尔历史哲学的，如最有名的 Georg Lasson 对于黑格尔历史哲学那样极其重要的辩证论问题，不大注意。又如 Kuno Fischer 当其叙述黑格尔的历史哲学，也不能给辩证法以满意的解释。（参看所著《黑格尔哲学解说》第十三章以下）Paul Barth 在“黑格尔之历史哲学及迄于 Marx, Hartmann 之黑格尔学派”中，有意批评黑格尔的论理学，及依据于黑格尔辩证法而成立的唯物史观；但他所领会的，只是辩证法之皮毛，并且以为这种方法是不能应用于历史方面的。但是依据一九二二年 K. Leese 所著《黑格尔之历史哲学》一书，在绪论中，对此便一一提出抗议，他告诉我们“黑格尔历史哲学的中心点，正在于辩证法这点，至于一切的东西，都是来理解这个中心点的”；这么一来，可见黑格尔历史哲学，他是明示了辩证法的过程，也只有以辩证法说明黑格尔历史哲学，才能发见它的特色所在。

（第二）黑格尔的历史哲学是成立于一八二一年《法律哲学》之后。《法律哲学》在黑格尔著作中，最与“论理之科学”发生关系，故在黑格尔研究者间，因要理解那最难解的论理之科学，便须先从事于法律哲学之研究。现在试将《论理之科学》与《法律哲学》的目录内容，作一简单的比较（参看三枝博音:《黑格尔论理之科学》页273—276）。

论理的科学			
（甲）有论			
A. 形质	a. 有	b. 定有	c. 对自有
B. 分量	a. 纯量	b. 定量	c. 度
C. 度量			
（乙）本质论			
A. 存在的基础	a. 纯粹反省诸规定	b. 存在	c. 物
B. 现象	a. 现象的世界	b. 内容及形式	c. 关系
C. 现实性	a. 实体性关系	b. 因果性关系	c. 相互作用
（丙）概念论			
A. 主观的概念	a. 概念之所以为概念者	b. 判断	c. 推理
B. 客观	a. 机械性	b. 化学性	c. 目的性
C. 理念	a. 生命	b. 认识	c. 绝对的理念

法律哲学			
（甲）抽象法			
1. 所有	2. 契约	3. 不法	
（乙）道德			
1. 企图及责任	2. 意向及幸福	3. 善及良心	
（丙）伦理			
1. 家庭	A. 婚姻	B. 家庭之财产	C. 儿童教育及家庭之解体
2. 市民社会	A. 欲望之体系（a. 欲望及其满足之种类　b. 劳动之种类　c. 财产及其阶级）		
	B. 司法　（a. 所谓制定法之“法”　b. 法律之制定　c. 裁判）		
	C. 警察及团体（a. 警察　b. 团体）		
3. 国家	A. 国内法	B. 国外法	C. 世界史

由上我们列举黑格尔《论理科学》与《法律哲学》的目录内容，很可注意的，就是在其他任何论理学，或法律哲学里所绝对没有的东西，只有黑格尔里才可看出这样独特的辩证法的顺序。《论理之科学》以有论始，以绝对的理念终，同样《法律哲学》则以抽象法始，以世

界史终。“有”在论理上不得谓之具体的事物之存在，同样抽象的法，也不能谓之为具体的法律。从论理学方面说，“有”，本质最后是在概念里，在绝对的理念里，得到归宿；从法律哲学方面说，则无论抽象法中之所有，或契约，终不能成为我们日常所依据民法上面的所有或契约，而具体的并且成为社会的“所有”或“契约，”其最后则必有待于“伦理”，“国家”才能成立。这么一来，可见法律哲学和论理学的体系，可谓是完全一致了。然而更可注意的，就是《论理学》之第三部为概念论，概念论之第三部为理念，理念之第三部为“绝对的理念，”同样地《法律哲学》之第三部为伦理，伦理之第三部为国家，国家之第三部为世界史，所以两两比较，则知黑格尔的意思，是（1）以伦理与概念相当；（2）以国家与理念相当；（3）以世界史与绝对理念相当。所以在黑格尔的全部哲学里，所谓“历史哲学”实际也只是“法律哲学”中“国家哲学”之一部分，国家哲学之所终，即为黑格尔“历史哲学”之所始，黑格尔所以成为国家至上主义之有力的辩护者，谓其由于历史哲学提倡的结果，不如谓为提倡法律哲学中国家哲学的结果。换言之，即由其提倡精神哲学中之客观的精神的结果。

三 历史哲学为黑格尔哲学发展中之综合阶段

按照黑格尔生前出版之主要著书，以著作的时间考之，“历史哲学讲义”是在死后一八三七年第一次附于全集第四卷以内出版，不过讲义原稿则在一八二二年至一八三三年即已成立。它是黑格尔在柏林大学的冬季五个学期讲演的，即 1822—1823，1824—1825，1826—1827，1828—1829，1830—1831 年，可见即在全部主要著书中，算得最后的出产品了。而按黑格尔历次的主要著书，实即代表其哲学思想发展之四个时期，以图表之，即是：

第一时期	一八〇七	精神现象学
第二时期	一八一二至一八一六	论理学
第三时期	一八二一	法律哲学
第四时期	一八二二至一八二三	历史哲学

因为在讲历史哲学之先，已经有《精神现象学》《论理学》《法律哲学》等主著出版，所以在《历史哲学》中，也可以充分看出《精神现象学》《论理学》《法律哲学》的痕迹。换言之，《历史哲学》即为这些哲学主著之综合著作，即代表黑格尔哲学发展中之综合阶段。如在《历史哲学讲义》中所提出之各种问题，就是以《精神现象学》《论理学》《法律哲学》等为基础的。例如：

（一）世界史之理性观及精神性质之抽象的规定等，均以《精神现象学》为基础。

（二）又通贯《历史哲学》全书，特殊是在论“世界史之行程”“世界史之区分”里，可看出论理学的基础。

（三）精神之完全具体的实现的形态，如国家法律状态等，则以法律哲学为基础。

现在试以次说明之：

（A）历史哲学之精神现象学的基础。

我在第一节曾述及，黑格尔全部哲学均属于辩证法的体系，当然《精神现象论》也不算例外。黑格尔写好《精神现象论》的最后原稿，是在一八〇六年十月在拿破仑率法兰西军队占领耶拿那一月。黑格尔在战时不安之中，将《现象论》最后的二三十页脱稿了，可是这一本书的伟大不朽，可算就是“他自己思想诞生期里最初丰饶的果实”。又如Weiss所说，即组成他体系的预备学，以现代语来讲，可说就是黑格尔哲学的哲学概论罢。因为这本书实包含黑格尔的全体系，而且为他对于 Schelling 哲学及浪漫主义思想，最初为很详尽的反驳；所以要讲黑格尔哲学，应以此书为第一出发点。在这本书里，黑格尔反对 Schelling 一派所主张的“固定的绝对”，以为这种绝对是无自觉的，无关意识的；一句话来说尽，不过如他比喻那样是“黑夜所见的一切中，都是黑的”罢了。反之真正的绝对，则必定“依其发展而完成自己”，所以是辩证法的发展的；而这样成功自己发展的概念，黑格尔叫做“精神”。却依他意思，这种精神就是“生命的本体”“全体”“真的绝对”“神的生命”。在《精神现象论》的序说里，也论及历史的真理，以为“真理不是已经铸成，可装入荷包里的货币”，是要靠“自意识的运动”的。

在一八〇九年至一八一一年，即在他主著《精神现象论》（1801）与主著《论理之科学》（1812）之间，他便写一篇短文，为《精神现象论或意识之学》（黑格尔全集第十八卷，现 Glockner 监修全集第三卷“哲学入门，第二课程，精神现象学与论理学”之第一部），很明显地将《精神现象论》的大纲表出，他说：

> 知识的规定，不但为客观的规定，且为主观的规定，或可以说是客观与主观相互关系之一定的种类。……主观更精确地言之，即是精神，而意识之学即是精神之现象学。

于是他即将意识分为三个阶段：即是

（1）一般意识；

（2）自意识；

（3）理性。

（1）一般意识，又分为（一）感性的意识，（二）知觉，（三）悟性三者；感性的意识，为关于对象之直接性，知觉则为感性的规定与反省的规定之混合。从悟性上说则知觉尚不过为现象的，悟性则为物之内面的考察，所以意识就是悟性。

（2）自意识，即我自己直观自己，而自意识之纯粹表现，即为我＝我，或我者我也。于其形成或运动中，可分三个阶段：（一）欲求的阶段；（二）主与从关系之阶段；（三）普遍的自意识之阶段。

（3）理性，为意识与自意识，或对象之知识与其自身之知识之最高的综合。

由上精神现象之辩证法，依我观察结果，以为这就是黑格尔历史哲学之第一个基本概念。《历史哲学讲义》第一编“一般的绪论”中，第一章即为“世界历史之理性观”，其结论以为“理性支配了世界，因此同样地支配了世界历史”。第二章“历史之理念与其实现”，开头即告诉我们：“世界历史是在精神的地盘之上进行。”“精神的本质为依据自己自身的，精神之依据自己自身，就是自己意识（自觉），意识者与被意识者两者是同一的，如此本质上据有精神的世界历史，遂不外精神现象的展开。”这不是很明白地看出历史哲学就是以“精神现象论”为最初之基础吗？

（B）历史哲学之论理的科学之基础。

关于这一层，似乎已无须说明，通贯黑格尔历史哲学全部之根本原则，即辩证法的“变化的范畴”。如在《历史哲学》中：

（一）论变化；

（二）论历史；

（三）论民族；

（四）论世界史的区分。（详见《历史学派经济学》页134—138）

由上各节均可看出黑格尔的历史哲学，实际就是论理学之具体的应用。R. Haym 在《黑格尔及其时代》一书，因看出黑格尔论理学的历史主义，所以说黑格尔论理学是与历史平行发展的。“为什么？

因为历史就是辩证的内容，它的指南针，具体的向导者”。K. Leese在一九二二年所著《黑格尔之历史哲学》（*Die Geschichtsphilosophie Hegels auf Grund der neuerschlossenen Quellen untersucht und dargestellet*, Berlin, 1922，中译民国二十二年）一书中，也很明白指出黑格尔历史哲学是完全从黑格尔的论理学出发，且在他“绪论”的附注里，更说出一点，就是黑格尔的著作之年代上的次序，是《现象学》《论理学》《哲学的科学集成》，这些都是在他的《世界历史哲学讲义》之先出版的。

（C）历史哲学之法律哲学的基础。

在《精神现象学》中，即叙及精神发展之一阶段，即“客观的精神”；又在《哲学的科学集成》第三部第二部亦曾论及，可是特别拿来考察研究的，却是一八二一年出版的《法律哲学》了。法律哲学是以法的观念为其对象的。法的根据就是自由意念，自由的存在，就是法。物质的本体为重量，同样意志自由即为法的本体。自由意志依发展的阶段，可分为三：

第一　是直接的意志，这直接的意志是有抽象的人格，其存在，存于直接的外的事物，这是所谓“抽象法”。

第二　是意志从外的存在移向内的存在；即反省自己，这是所谓“道德”。

第三　即实体的意志；自由观念于此才算完全，实体的意志是前二者抽象要素的统一，善之思考的观念与反省自己的意志，一同实现于外的世界之中，像这样实体的自由，是为实在及必然，同时为主观的意志而存在，——这便是“伦理”。

黑格尔的法律哲学即由上三部分而成，即第一部是抽象法，第二部道德，第三部伦理。

抽象法，又分为（1）财产，（2）契约，（3）不法与犯罪。

道德的意志的法则，包含三方面，即（1）企图及责任；（2）意向及幸福；（3）善及良心。但善虽为自由之实体的普遍，然犹不免于抽象的，至于伦理的立场，而后自由才有完全的具体性。

伦理，就是自由的理念，换言之即是表现于实在世界而自己意识本性的自由概念，详说起来，就是客观的精神的完成。而伦理的实体更发展为：

（1）直接的或自然的伦理精神——家族；

（2）分裂的精神——市民社会；

（3）实体的普遍，发展为有机实在的精神——国家。

就中家族又包含三方面：（a）其直接概念形态，即在于夫妇关系；（b）外的存在即家族财产；（c）儿童教育及家族之解体。

家族，是一个抽象的人格，这人格的统一，分歧为多数家族，相互对峙着——精神的分裂阶段，在此形成了市民的社会。市民社会包含三要素：

（a）欲望的体系——以欲望为媒介，依据个人劳动及一切他人劳动，以满足自己的欲望。

（b）司法——含于体系中所谓自由普遍者的实现，换言之，即依据司法来保护财产。

（c）警察与团体——对于此体系内偶然性的防卫，即警察。并保持认为共同利益的特殊利益，即团体。

由上论理在直接的自然的精神里为家族，于其分裂形态中为市民社会，最后综合两者，便就移向到国家了，国家是伦理精神的完成，所以说“国家是自觉的伦理的实体”；在这里自由达到了最高顶点，这最后目的对于个人持着最高的权利，反面来说，个人的最高义务，即为国家的成员。国家又包含三方面：

（a）直接的实在——组织法或国内法；

（b）各个国家关系——国外法；

（c）特殊国家，为普遍理念的发展，与实现中的要素——世界史。——最后各国民国家，因其为特殊性的原故，遂不免为有限性的；各国民精神均可相率而为实现世界精神过程之一要素，世界史即这种普遍精神的展开，所以世界历史就是世界审判。

由上所述法律哲学大意，已可看出所谓“世界史的哲学”，实际只是法律哲学中国家哲学之一部分罢了。所以在法律哲学中已孕育了历史哲学的萌芽，而历史哲学即不得不以法律哲学为基础。所以在《历史哲学讲义》中论及“精神之完全具体的实现的形态”一节，即以国家为归宿。他说“国家是现存地上底神的理念，国家是世界史之较为限定的对象，在其中自由得到客观性”；“世界精神，或理念是内的，抽象的，其所取具体的形态，便是国家”；“世界史理念的自由之实现，只经过国家而后可能”；“国家有客观的自由，较之主观自由，有更高的自由，个人加入国家不但没有因此限制自由，相反地得到更高的自由。”（见《黑格尔主义与孔德主义》页131—182）这不是充分证明了黑格尔的历史哲学，许多根本观念是从法律哲学来吗？

总而言之，黑格尔在历史哲学未成立以前，已经有了“精神现象学”“论理学”与“法律哲学”之理论的基础，所以“历史哲学”一方面在其哲学全体中占着特殊领域，一方面却因为接受了上面三个时期思想基础，因而成功了为其哲学发展中之综合哲学。换言之，这种综合哲学，即为他的历史哲学。

本　论

第一章　历史哲学的基本概念

（一）历史的分类　什么是历史，什么是世界史，黑格尔虽没有明白告诉我们，但在他第二编“特殊绪论”第一章“各种不同的历史观察的方法”中，却告诉我们以历史的分类，是有三种：（1）原始的历史，（2）省察的历史，（3）哲学的历史。在这里第三哲学的历史，就是我们现在所要考察的“历史哲学”。为研究之便利起见，先将黑格尔三种历史之考察法列表如下：

（一）原始的历史	
普通史	
内容	历史记录者多为伟大的军人或政治家，僧侣，记录当时战事状况，事迹，社会的各种状态，这些十之八九都是从自己闻见得来的。 为一民族一国家乃至世界之全历史的概观，一方面注重关于所记种种行为事件的内容及目的之种种原理，一方面注重关于编纂历史的编纂法所有的种种原理。
方法	照样记录那直接接触于自己耳目的材料，造成一定表象，除了专心讲究事件以外，是不发生反省的问题的。 各历史家竞自创立独自的方法，以自己的精神从事修史。当编纂关于长时期的各时代的历史时，是要放弃各时代真相之个别的叙述，而抽象地描写过去。

续表

<table>
<tr><td>著史目的</td><td colspan="2">将很短的时间与人事，事迹，编成一卷历史，将这活灵活现的事件写真，明确地传给子孙。
以改作史之材料为主要条件。</td></tr>
<tr><td>代表者及其著作</td><td colspan="2">Herodotus, Thucydides, Xenophon《万人退却记》，Caesar《评传》，Cardimal de Retz《回想录》，Frederick the Great《现代的历史》。Livy, Diodorus, Siculus, Johannes von Müller《瑞士史》，Polybius, Tschudi</td></tr>
<tr><td colspan="3">（二）省察的历史（此种历史叙述，不限于有关系的特殊时代，而为企图超出特殊时代之精神，换言之，即在于超越现在。）</td></tr>
<tr><td colspan="2">实用史</td><td>批评史</td></tr>
<tr><td>内容</td><td>为明示事迹之原因结果的历史。</td><td>此种历史非历史自身而为一个历史的历史，一个历史故事的批评，与历史的真理性或确实性之考察。</td></tr>
<tr><td>方法</td><td>以实用的反省，使既往一类的事迹，隐然成为现在，换言之即复活了各种过去故事而给与以现在的生命。</td><td>以批评的论文形式，写出他们的批评。</td></tr>
<tr><td>著史目的</td><td>希望以历史为道德的教训的实例，使读者因慕美德而起模仿心。</td><td>不在事象本身，而在于著者从历史的记述中，能探出了著作家之观察力如何。</td></tr>
<tr><td>代表者及其著作</td><td>Johannes von Müller《瑞士史》《万国史》，Montesquieu《法意》</td><td>Niebuhr《罗马史》</td></tr>
</table>

续表

	专门史	哲学的历史
内容	是从一民族之丰富生活，一般性之全关系里，摘出来的一个专门历史。	以哲学的见地从事历史的研究。
方法	采用了一般的见地，例如艺术，法律，宗教的历史。	这种历史的观点是一个哲学的世界历史之普遍的观点，但不是抽象的，而为具体的且现在的。
著史目的	可看做到达哲学的世界史的一个过程。	讲明那各种大事变与事实自身之内部指导的心灵，即历史之理想与其实现。
代表者及其著作	Hugo《罗马法历史》， Eichhorn《德①国法律史》。	

（二）历史哲学的意义　历史哲学是什么？Hegel却明白告诉我们："我们所考察的是世界历史的哲学，即我们要以哲学的见地从事历史的研究。"（自序）又说"关于历史哲学只是历史之思想的考察。"（同上）又说："哲学所携来的唯一思想，乃是……简单的理性的思想，这就是说，理性既支配世界，所以就在世界历史里，这也是从理性上发生的。"（第一编第一章）综合以上三段说法，就是：

（1）历史哲学为历史之哲学的考察；

（2）历史哲学为历史之思想的哲学考察；

（3）历史哲学为历史之理性的思想的哲学考察。

（三）历史哲学的研究法　但我们怎样以哲学的见地来从事历史的研究呢？在这里黑格尔曾提出了三个观点：

（1）一般的观点　"哲学的世界史之观点，并非忽略忽视其它观

---

① "德"，原作"法"，误，将Eichhorn之著作名改。——编者

点的一个从许多一般观点中抽出来的观点，哲学的世界史之精神的原理，乃为一切观点的全体，哲学的世界史，考察各民族之具体的精神原理及原理之历史，它并不取于个别状况，而从事于那通贯全体之一般的思想。所谓一般并非属于偶然的现象，而是将许多特殊性总括为一的现象。”（第一编第一章）

（2）具体的观点 “历史对象为包含一切实存之全方面于自己内部之最具体的对象；历史的个体就是世界精神，所以哲学当从事于历史的时候，它就以具体的对象所具有之具体的形态为自己的对象，而考察它的必然的发展。”（第一编第一章）

（3）现在的观点 但是哲学的世界史之一般的具体的观点，再进一步就是现在的观点了。所以黑格尔说：

> 哲学的世界历史之普遍的观点，不是抽象的普遍的东西，而是具体的，而且正是现在的，因为它是永久依靠自己而存在的，而在精神一方面绝没有什么过去的东西。（第二编第一章）

这句话怎样讲呢？他的解释是：

> 此一般者是包罗万有于其自身的无限的具体者，因为精神依靠着自己而永久存在，此具体者亦无往而不为现在的，且常永久保持其力与强力，并没有什么过去的东西。（第一编第一章）

黑格尔因始终以现在为出发点，所以对于他同时代的专门历史家很为攻击，他说：

> 我们历史应该据实记载，我们历史非从经验上研究不可。……我们主张的第一个条件，就是将历史事实忠实地把握着。

因此对于无记录时代各种想象的史料，关于人类原始的圣经故事，都认为无价值的“先天的捏造”，而放逐之于世界史哲学的范围外。不过我们要注意的，就是黑格尔所谓历史的现在，这一个现在，实即为永远的现在，Marx 派因其注重现在一点，一转而注重现实，注重社会，但这只不过对于 Hegel 所谓“现在”，下一歪曲的解释，若由 Hegel 看来，则实有更深之一层意义，即如他所说：

> 我们研究世界史时，第一是将历史当作一个过去来看，但我们同样地始终把握住现在来看。真的东西永远是即自且对自的存在，不是昨日，不是明日，刚好是现在。这所谓绝对的现在的意思，就是“今”。……我们即使通过如何广大的过去，我们还只是从事现在，哲学只有取于现在的现实的事物。

因为 Hegel 历史哲学是要把握那一般的，具体的而且现在的历史阶段，所以他历史哲学的出发点，乃在于历史的直接性上来看历史，明白来说，就是他的历史哲学的研究，乃在于：

第一，以“变化的范畴”解释历史——黑格尔以为那种不注意历史事实而计划出来的历史哲学，是不可思议的，“历史纯然要解释的，只有实在，只有事变与行动”；历史哲学必须以“含在历史里的事实”为起点，然而这种事实，乃为变化的事实，愈观察历史的事实，就愈觉历史事实之“变化”，直接涌现于我们眼前，看吧！

> 我们的眼前展示着那各民族，各国家，各个人的可能发生的事变与行为，即无穷尽的各种庞杂的形态，不绝地此废彼兴，此灭彼生，相继续着一幅庞大的画图，一切发乎人类心情中的，即一切善的，恶的，伟大的，……一切我们所追求的目的，我们

对这种目的怀着希望，并对它感着恐怖。我们在这一切可能发生的事件与偶然事件之中，看出人类的行为与对于他的苦难，看出我们的事物，并因此又到处看出我们对于此等事物之好恶的关切的倾向。有时美，自由与富，牵引着我们；有时是势力来刺激我们；甚至由此知道一种罪恶，自己是显著地做过了。……到处都是牵引我们到它的利害关系之中的，极其五光十色的参伍错综，此一物也方成过去，彼一物又立即取而代之。

这种变化的思想之消极方面，引起我们的悲哀，尤其使我们感着烦闷的，就是历史中极丰富的形象，极优美的生活，顿遭没落，使我们徘徊身世于胜迹的废墟之上。历史使我们离开我们所对之发生兴趣的极崇高优美的事物，各种情感竟破坏了它，它已毁灭了，一切都毁灭似的，没有一点存留下来，毕竟，它是无常之物，终非常住不变之物。每一个旅行家都曾感觉到这种悲哀，——这种悲哀并不是像在爱人的墓前，痛悼个人的损失与自己目的之无常，而是对于那为光荣而有教养的人类生活之没落，而发生的一种无私心的悲哀。（第一编第一章）

历史哲学即以此“变化的范畴”为研究之出发点，并且马上将这种“变化的范畴”另与一方面即从死里复活新的生命之说相结合，所以接着便是：

第二，以永远创新的“变化的范畴”解释历史——人类历史是永远创新不息的，一切都在毁灭，然一切实都在更生，所以变化的范畴，马上就与另一方面即“新生”之说相结合。依 Hegel 说：

这就是东方人所抱的一种思想，或许就是他们的最伟大的思想，他们的形而上学之最高的思想。就个人关系说，这种思想就包含在轮回的观念中，然而用“不死之鸟”比喻，则知者更为普遍，而所谓“不死之鸟”的譬喻，就是自然的生命的譬喻。就是说，自然的生命永久不息地准备着火葬它自己的火葬场，永久不息地用它的火葬场以焚毁它自己，并且永久不息地从它的灰烬中现出那返老还童的新鲜活泼的新生命来。但是这只是东方的一个譬喻罢了，它适合于肉体的譬喻，而不适合于精神的譬喻。若就西方来说，那精神不仅像返老还童地显现出来，并且要显现出来得更高超，更微妙。不消说精神自己反抗自己，毁灭它自己形态的形式，并由此而把自己进到新的形成，但是当它脱却它的生存的外壳时，不仅是移转到它一外壳，并且从它以前的形态之灰烬中形成一种更净妙的精神，这就是精神的第二范畴。精神之返老还童，不仅是复返于以前同样的形态，这种复返是精神自己的更醇化，更精进，精神由它的使命之解决而创造新的使命，于是它就积累地增加它的劳作的材料，因而我们就看见精神在历史之中向着无量数的多方面去进行。并在其中享受它自己，满足它自己。（第一编第一章）

但是无论如何，像这样精神从它的活动里不断的创新，而又不断的从新消灭，究竟为着什么目的的呢？于是接着便论到：

第三，以理性之永远创新的“变化的范畴”解释历史——历史既然只是变化，只是不断地毁灭和不断地创新，那末毁灭的，创新的，又是为着什么？有什么究竟目的呢？因此 Hegel 便设一个疑问道：

我们既把历史看做一条屠牛台子，在这个屠牛台子上面，各民族的幸福，各国家的哲理，以及各个人的道德，都要供其牺牲，那末必然地就要发生一个疑问：这种绝大的牺牲所成就的是

什么？有什么最后目的？（第一编第二章第二节）

他的答案以为：

> 一定有一个最后目的，做这种精神内容之绝大的牺牲的基础，这个问题逼着我们要问，在这种明显的表面上纷扰之后，是否有一种内面的，沉静的，秘密的工作？一切现象的力量，是在什么地方保存的？（第一编第一章）

历史哲学就是为要解决这一个问题，而提出“理性的范畴”的。历史哲学以为这一个“绝对的最后目的”，就是理性，我们应该在历史里面看出“理性”，而且我们更应该使历史服从“理性”。如他所说的“关于真理的勇气，对于精神势力的信仰，就是哲学研究的第一个条件”。同样地“对于理性的信仰，就是历史哲学研究的第一个条件”。黑格尔很明白地告诉我们：

> 这种一般的信仰，就是说人必须首先从这种信仰上走到世界历史哲学那里去，这种信仰，就是以为**世界历史乃系永久的理性的一种产物**，并且理性已经规定了它的各种伟大的改革了。（第一编第一章）
>
> 我们的前提和信仰，就是理性支配世界而且也是这样地支配了世界历史，并且是这样地在支配着。其它一切万有对于这个自体的与对自体的普遍事物，都是居于隶属地位，供它的驱使，并做它的手段。（第一编第二章第二节）

“人必须把这种信仰与思想放到历史那里去，……这是我所假定的一种真理。”原来Hegel全部历史哲学即站在这个“假定的一种真理”上，即“世界史之理性观”的观点上，有了这个“假定”，才发生Hegel的历史哲学，而他历史哲学的任务，也就不过引用历史事实来给他这一个假定以正确的证明罢了。

（四）历史哲学的任务　关于理性支配世界，而又支配世界史这个确信，可想起两种形式：

（其一）希腊人Anaxagoras之“努斯”（Nous）支配宇宙说；

（其二）宗教家对于“神意”的信仰说。

黑格尔注意到他的历史哲学和这两种世界观的区别，在于：

（其一）Anaxagoras确曾说明理性是统治世界的，他以为世界实支配于很精密之数学的法则，如天体之运行，寒暑昼夜之变化，又如生物之构造及官能，其精微巧妙都不能说是物质运动机械的结果，因此他便假定有一个原理，以一定目的给一切的物质以秩序和统一，这个原理叫做“努斯”（Nous）。但是这种说法，由黑格尔看来，未免太抽象了。因为他还不能把这种思想应用到具体的自然的上面，所以没有什么价值。

（其二）宗教的理性观，是在宗教的真理形式之下，即不认世界为一任偶然的原因，是由神意摄理世界的；但是这种神意支配宇宙的思想，若只不过信仰，还未算得完全，是非将神这个东西真个认识不可的，因为宗教的理性观只是信仰，或只是“一般”天命的信仰，它并没有企图认识我们眼前所隐着的天命计划，所以也就不甚可靠了。

在此黑格尔便提出他的世界史的理性观，他以为在哲学上讨论历史，其意义即在“把理性的范畴应用到历史上面，而于历史证实了理性的范畴”，所以《历史哲学》第一章“世界历史之理性观”，开头即告诉我们：

哲学所采用的唯一思想是理性支配世界，因此而世界是照理性进行着的思想，这个确信与理解，说不定就是历史的一个“前提”，但在哲学本身却并没有什么前提。理性就是本体，即由此本体内，支配一切实在的存在与成立，理性不单是理想或仅存于少数人脑中之某物那样无力之物，它同时就是无限之力，有无限的形式同时有无限的内容，理性自己培养自己，其自身就是内的世界向现象界的表现——向着自然界及精神界，而后者即世界历史。理性为着收纳他自己的活动之资料与对象起见，需要外部的物质。……理性自身不仅是它的最后目的，从内部到自然的宇宙现象之行动与产生，并且也是到精神的宇宙现象——到世界历史之行动与产生。因此而世界历史只是这一理性的现象，即理性在其中启示自己的特殊形态之一，就是在一种特别原素，即各民族中表现自己之原始形态的复写……。

这种世界史的理性观，注重在具体的历史事实，当然要和上面所述两种只有抽象名词的形式要大大不同了。因此所以黑格尔说：

人们常常谈到理性，却不能说出什么是它的规定，什么是它的内容，什么是我们所能依以批判它之是否合理？在理性的规定之中理解理性，首先就是事实，若是我们一般只停止在理性之中，那末一切东西都只成为空话而已。（第一编第一章）

因为“理性”是可以认识，可以显证，所以历史家可以从历史的本身上，来证明“理性的信仰”，更进而证明“历史是神的本性在一个特别的某种因素中的发展”，似这种以历史事实认为“神自己的工作”。我们当然不敢恭维，但在黑格尔却实以为历史哲学的任务即在于这种“历史上一种神的辩解”。他很不客气地自称其历史哲学为一种“辩神论”，而这就是历史哲学的最大任务。他说：

> 神统治着这个世界，他的世界统治的内容，他的计划的成功，就是世界历史。了解他的计划，就是世界历史哲学的任务。

但同时又很具体的告诉我们：

> 那指出各民族的各种原理之进行，发生，递嬗，这种运动之关联在什么地方，那就是哲学的世界历史之任务。

第二章　精神史观

（一）精神之辩证法　Georg Lasson 在 *Hegel als Geschichtsphilosoph*（Leipzig, 1920）一书中曾经指出对于黑格尔哲学的研究，是有几条路可以走通：

（1）由论理学入门；

（2）由精神现象论入门；

（3）由历史哲学入门。

我们无疑地要主张由历史哲学入门的。何则？Hegel 的论理学是以辩证法为中心，而辩证法即是发展的论理学，换言之即不外为思维之历史的辩证的方法。又 Hegel 的《精神现象论》固为最重要之一著作，他告诉我们，人类意识为从低级的东西渐次发展至于绝对精神之过程，这种精神的辩证法，无疑乎也是一种精神之历史的辩证的方法；所以 Lasson 所指的三条路，实际只有一条路——即历史哲学为研究 Hegel 哲学的必经路径。而且专就精神之辩证法来说，Hegel 在

《历史哲学》第二章“历史之理想与其实现”中已经说过：

> 精神的最初迹象，也是和萌芽一样，已经潜伏地含有全部历史。

而且“精神的发展”，是在阶段的行程中逐渐完成的。（第一编第二章第一节）世界历史只是指出精神之辩证法的发展，那不是在历史哲学中已分明看出“精神现象论”的缩图吗？所以历史哲学实为精神现象论的入门，而精神现象论决不为历史哲学的入门。Hegel 的全部哲学，用一句话来包括，可以说就是一种“精神的历史观”。

黑格尔虽然说过“世界历史不是别的，只是表现为神意统治的计划罢了”，而历史哲学的任务，即在于了解他的计划，这分明好像是一种“神学史观”了。然而 Hegel 所谓“神”，只是“理性之中有神”，神是伏在理性的根基之中，所以 Hegel 所谓“神”，实际只是“精神”之一别名。他不是神学的历史哲学家，如 Angustine 那样；他只是一个形而上学的历史哲学家，所以他的说法就要大不同了。他说世界历史只是神的计划，却即是指着：

> 世界历史是在精神的地盘之上进行着。（第一编第二章第一节）

因此所以他历史哲学的原理，即建立于“精神世界”之上。他告诉我们，第一要注意的，就是世界历史都是精神的历史。固然一说到世界，是包含着“物理的自然”与“心理的自然”，然而精神及其发展进程是本质的，所谓“物理的自然”也同样地包含于世界历史之中，是只能当做与精神有关的去观察。Hegel 说过“在我们一般的意识中，有两个王国，自然的王国与精神的王国。精神的王国为人类所产生的王国，我们虽然对于上帝之国造成各式各种的观念，然而它总是一个精神的王国，而这一精神的王国，是实现于人类之中，放置在生物界中的。”（第一编第二章第一节）Hegel 的历史哲学是将自然王国置于考察之外，而只注重精神的王国。而且以为精神的王国，即人类所产生的王国，是可以包括“上帝之国”的，而这就是说明他为什么不主张神学历史观而为形而上学的历史哲学家的原因了。

再细心考察一下，他在历史哲学中所提出的几个应该先决的问题，有如下三种：

（1）精神性质之抽象的规定；

（2）精神使理念实现，应使用如何手段；

（3）精神之完全具体的实现的形态。

Hegel 全部的历史哲学，可以说就是一种“精神史观”，但若再加考究一下，则精神史观更可引出其他史观，所以对照于上面之三个问题，Hegel 关于历史哲学的思想，亦可分为如下三种：

（1）精神史观；

（2）英雄史观；

（3）国家主义史观。

即在（1）精神性质之抽象的规定问题，提出了普遍精神的历史观。在（2）精神使理念实现，应使用如何手段的问题，提出了英雄或伟人史观，在（3）精神之完全具体的实现的形态问题，提出了国家主义史观。固然这种严格的区分，是前人所未经注意而为我所提出的，但是在我细读“历史哲学”一书以后，不得不说其体系“原来如此”。

（二）精神之概念与自由　现在所要讨论的，就是“精神性质之抽象的规定”，换言之，即什么是“精神”的概念。

在我们考究“精神”的概念以前，应该先注意及于精神所在之精神世界，Hegel 是一位唯心论者，故虽承认有自然的世界与精神的世

界对立，然而自然世界是附属于精神世界的，所以结果就是：（第一编第一章）

精神的地盘是包括万有的；

精神是存在于我们所考察的它的舞台上，存在于它的世界历史之中，即存在于它的具体的现实之中的。

然则这个无往而不在的“精神”，究竟是些什么呢？它和“自然”，有什么分别没有？在这里 Hegel 曾给我们以很圆满的答复，依他意思：

（第一）精神是自由的——精神不是一个抽象的东西，它乃是彻首彻尾为个体的，活动的，绝对有生命的，把它和正反对的“物质”对照，最容易认识出来。我们应该这样说，“假使重力是物质的本体，那自由就是精神的本体”；（第二章第一节）“精神的一切属性；只有因自由而存立，一切都是为自由的手段，一切都是在寻求自由与产生自由，自由为精神之唯一的真实。”（同上）Hegel 以为精神就是自由，自由就是精神的“依据自己自身”——“自在”。“盖我若是依赖的，则我即依据于另一种非我的东西之上，而不能缺少了一种外部的东西；我若是自在的，则我即是自由的。”所以精神＝自我意识＝自由。由 Hegel 看来，只是一物之异名，而与物质之依于外物而存在者，绝不能相同。可列表区别如下：

物质	以重力为本体	依外物而存在	互相排斥，其中决无统一	总想抛却自己而寻求它的反对物
精神	以自由为本体	依自己而自存	其自身有其中心点	虽也努力趋向于中心点，然而它就是自己里面的中心点

知道精神只是自由的精神，自由即为精神之唯一本质，那末就容易明白黑格尔的历史哲学，为什么又可叫做“自由史观”了。

（第二）精神是活动的自由的 精神是自由的；然而这种自由，却不是一种静止的本体，乃为一种绝不静止绝不休息的活动的自由。“精神从其本质上，就是行动的”（第二章第一节）；他是不休的无限的运动，不断地否定与不断地创成，因而感着不断的“它所动作的乐趣”。Hegel说得好：

> 若是精神努力趋向它的中心，那它就是努力去完成它的“自由”；这种努力在它是本质的东西。即是若是有人说，精神是存在的，那努力首先就有这样的意义；精神是某种完成之物。但精神是某种活动之物。活动是精神的；本质精神是活动的产物，所以精神者精神之始，同时也就是精神之终，精神的自由不是在于一个静止的存在，而是在于对于压迫自由东西之不断的否定。……所以精神是为自己而存在的。自然事物不是为自己而存在的，因此他们不是自由的。”（第二章第一节）
>
> 精神存在之最初的形态，只是自己活动，它的存在是有现实性的，不是什么静止的存在，而是产生自己。为自己而存在，由自己以创造自己的存在。”（同上）

又说：

> 精神在本质上，就是行动的，它使它自己成为对自己而存在的那种东西，成为它的行为，成为它的事业；精神就这样成为自己的对象，于是他就以自己为它自己而存在。”（同上）

知道精神的第二意义就是活动，自由是因活动而有活动即所以完成自由。所以精神的自由可以说就是“活动的自由”，即依据于辩证法之基础上，而不断地发展的“精神之自由”。

（第三）精神是在精神的本身以内，而有其活动的自由的 因为精神不是依于外物而存，是为自己而存在的，所以精神之不断地活动，其活动亦非位于精神以外，乃系位于精神的本身以内，精神自己的本质以内。精神依据对于自己的知识，生产自己，实现自己。精神的活动就是把他对于自己所知道的，更加以实现。精神知道精神是自由的，因而努力活动以求最圆满的自由之实现，这种活动，是精神辩证法的发展。精神的本身既以自己分裂了自己，又以自己调和了自己。辩证法的发展是（1）直接性（直接的同一性），（2）直接性的否定（矛盾），及（3）自己的还元（经过矛盾所调和的同一性），所以 Hegel 说：

> 精神并不是一种直接的东西，它实在是一种还元的东西。那种调和的运动就是精神的实在关键。精神的动作就是直接性的超过，就是直接性的否定，也就是藉此而成的自己的还元，所以它就是由它的动作把自己造成的东西。

由上一段可见精神之活动自由，乃为精神之在精神的本身以内而有其活动自由的，即是精神由于二度之否定而复归于精神本身。精神只是不断的活动，它经过了正，反，合之辩证法的过程，而战胜了自己，这即是精神之“自己的还元”，即系“结果”。但这个“结果”，也不是静止的，他乃是作为更高的，更有精神的再次统一的新起点，因而再造自己精神之新的历史。

综合以上三观点，便知道精神的概念中包含着历史发达的概念了。所以 Hegel 以为世界历史即是精神的自己展开，换句话说，就是精神本质的自由之实现，但是这不是从历史开始便完成的；这是从渐次阶段的发展而来的，在这里 Hegel 成立一句名言道：

> 世界历史就是自由意识的发达。

（三）论民族精神　由上可以说是 Hegel 精神史观之最好最简短的解释了，不过 Hegel 精神史观之所以为精神史观，还不由于这样抽象的说明就完了，他更特别指出“民族精神”，以为民族精神就是普遍的精神之一个特殊的精神。他说：

> 历史中的精神是具有普遍的本性，然而在普遍的本性之中，却有一个定体，一般地说，就是民族。而我们所须从事研究的精神，就是这个民族精神。（第一编第二章第一节）

民族精神就是成为特殊形态的那种普遍的精神，就是表现于现实世界中之精神的“个体”，从这一民族精神到那一民族精神之过渡，普遍的精神是完全不灭的，“世界历史就是精神之自由意识的发达”，同时也可以说就是“民族精神之自由意识的发达”，所以 Hegel 说：

> 精神是自由的，实现它的本体达到这种优越的地位，就是世界历史中的世界精神之努力。……但它的活动不是一次完成的，而是在阶段的行程中逐渐地完成的，每个个别的新的民族精神是征服世界精神以获得他的意识，即它的自由的一个新阶段。……世界精神从低级的规定前进到更高级的原理，更高级的自身的概念，前进到它的理想之更发展的表现。（第二章第一节）

世界历史即是普遍精神之阶段行程的表现，而民族精神的各种原理，即为普遍精神中各阶段中之一种因素，民族精神总是时代的骄子，虽然每一个民族精神都有其自然的死灭，而死灭之后必然地生出新的民族精神，而且后来居上，后一阶段的民族精神常超出于前一阶段的民族精神之上，否定前阶段的低级的自由，而更向于更高级的自由。所以“精神之自由意识的发达”是可以用下面的各种表式来说明的。即是：

	精神自觉阶段	精神发达阶段	民族精神的代表	自由阶段	论理的阶段
第一阶段	精神自由之自觉还未发生，而为受支配于无自觉之自然性的时代。	精神的幼儿时代	东方世界	一个人的自由	正
第二阶段	精神脱却自然性始进入自由自觉之境界的时代。	精神的青年时代，精神的成年时代	希腊 罗马	若干人的自由	反
第三阶段	发生一般精神的自由之自觉而为以此自支配一切的时代。	精神的老年时代	日耳曼民族	人类的自由	合

黑格尔的精神史观，其结论以为只有日耳曼民族才知道一切人类自体的自由，才知道人类之所以为人类，就是因为他是自由的。（第二章第一节）所以只有日耳曼民族才可以算得人类精神自由之极端的表现，在这里 Hegel 已经暗示我们他的精神史观，其结果不得不归宿于狭窄的国家主义的历史观了。

第三章 英雄史观

精神史观的结论，只告诉了我们“精神性质之抽象的规定”，但在这里马上就发生了一个问题，就是理性之实现是应使用什么手段呢？在这里 Hegel 便提出他的“个人阶段说”，以为“个人”尤其是世界历史的个人，——即所谓伟大的“英雄”，实为实现理性之最重要的手段，因此便提出了一种“英雄史观”。

黑格尔对“个人的等级”有如下之区分：

（1）个人；

（2）保存的个人；

（3）世界历史的个人。

第一类的个人，“这只是与全人类大众无足重轻的各别的个人，而这无足重轻的各别的个人所有的德性之存在的范围，也是同样地限于比较狭小的范围。”（第一编第二章第二节）

第二类的个人，乃是适应民族精神的个人，他的个人价值即在于“他们依照民族精神，即在他们为这同样精神的代表而分得全体各种事务里的一种职位”，他对于社会全体所具的道德上的任务，乃是一种保存的任务；一种民族、国家的保存，同时就是各个人道德生活的保存。因此而国家利益与私人利益可互相联合，而造成“民族的开化时代”，即民族的美德，民族的能力，与民族的幸福的时期。

第三类的个人，也可叫做英雄（Herö）吧！“其异于保存的个人者，则在有世界历史的人格，这乃是更高级上的一个个人”。这种伟大的个人，即为历史上各个伟大的英雄，他和同时代的个人不同，他对于那时代的各种必然性与要求，在别人只是蒙昧地预觉到，模糊的看到，本能地意欲到的地方，他却完全很明了清楚的一眼看破，而成为他坚定的目标。所以历史上各种伟大的个人，也就是“各种有见识的人”，他们所说所做的东西，就是那所能说所能做的最好的东西。

黑格尔以为我们要实现自由的理性，应该使用一种手段，这就是指各种“个人”。世界历史好比一个有机体，“在这有机体里，没有一种肢体可以是目的，没有一种肢体不是手段”。各个人在世界历史里，只是当做一种手段来用，所以各个人虽在自己之中，各自看出其“自己的目的”，而在全体上却只被看作一种手段，一种工具。在精神之开展中，无形中已经“用了这各种手段，以渐渐达到他最后的目的”。

黑格尔以为第一应该注意的，就是如前所述所谓最后目的，原理，乃至叫做精神性质的，都只是普遍的事物，抽象的事物，都只不过是一种可能性，一种能力；但是还没有从它的内部出现于实在界。要实现这种可能性，不能不加上第二个要素，而这第二个要素就是实行，实现，在这里人类的行为是很必要的。行为是什么呢？黑格尔以为就是人类的欲望、冲动、热情，个人的欲望、冲动、热情，和那有理性的东西，就构成了世界历史的线索，“只有那单纯的欲望，那意欲的野蛮性与粗暴性，那任意的立场，才落在世界历史的剧场与范围外面去”。

黑格尔在这里特别提出热情的重要。固然在世界历史上看，各个人不过一种手段，一个工具，而在各个人自己的立场上看，则唤起他的活动的，一定是“自己的目的”，一定是他“自己的事情”。只要一个目的，对各个人能唤起活动，一定在某意味上就是各个人自己的目的，纵使这个目的含着许多和他不相干的方面，同时在那里却非有满足着他自身的目的不可。也许我们可以非难他，说他“对于普遍的目的没有注意，只是孤独地营求着私人的利益，只是孤独地营求他自己的事情”；这样非难的话，听得多了，可是只要成为个人的行为的话，要没有那个人对于这事情的兴味是不成的。尤其是这种兴味，不一定限于欲望——下等意味的——又有自己的确信与意见等等；当全个人放弃其他一切兴味目的，而集中于一个对象时候，我们把兴味叫做“热情”（Leidenschaft）。世界史的大事业没有这个热情便什么也做不成的。

但在世界秩序之中，有热情的一方面又有合理之一方面，即在

Hegel 历史哲学考察的对象中，表示着两个要素，其一“理念”是有最后目的，其他便是人类“热情”。“热情是实行者，热情决不是与理念对立的东西，而是实现普遍事物的东西。就热情之道德的方面说，他自然是追求他自己所关切的事情，所以一方面他好像是恶的，利己的。同时活动的人总是个人的，我就在行动之中，我所企图使之成就的目的，就是我的目的。但是这个目的，可以成为一个我的目的，也可以成为一个普遍的目的”。所以热情与理念之关系，即在于依据人类热情而无意识中却为最后目的而动作，即为达到理念而工作。所以热情可算世界精神为实现自己目的的一种手段、工具，但热情自己是不自觉这个大任的。个人或民族的活动，是自己满足自己而同时成为更高者的手段，引用 Hegel 很巧妙的话，就是“彼等（人类的行为）做成自己兴味，而因此达到比较更高超的东西”。

像这样热情，对世界史的最后目的，而立于手段的关系上，但其自身却只管埋头于自己的兴味。世界精神之最卓越的手段者，是世界历史中的个人（die welthistorischen Individuen），世界史的个人无踌躇地固执着一个目的，就是为着满足自己的利益，需要，情感而努力。他有的是伟大的热情，热情只管向着一个目的上之集中点，至于其他一切的利益与目的，就都抛在九霄云外；他所以能做成一点伟大的事情，就因为他有伟大的热情。历史上各个伟大的英雄，他们都是一种新的、将来的事物秩序之创造者，所以对于旧制度旧惯习，常常不惜加以猛烈的破坏。他“不是从安静的，有秩序的系统上，不是从尊为神圣的事物进行之中，取得他们的目的与他们的职务，他们的真正根据，不存在于现实的状态，却是另一种源泉。”（第二章第二节）这种源泉乃系一种新的世界组织之尚未发现的精神。他大胆地打破现存社会的天罗地网，而显出那隐伏的新的精神，因此而他遂成功为世界史划一新时期的人，他有的是“明白的思虑”，所以和一般无意识的“热血之士”不同，他是站在时间之必然性的基础上，从事事业，所以又和一般所谓“冒险之士”不同，虽然他的工作不在满足别人，乃为满足自己，但是他在无意之中，同时却与世界精神相合，Hegel的结论以为“历史上所有伟大的人们，他们自己的特殊的目的，就包含了那为世界精神的意志之实体的东西”。在这范围内，世界史的个人又可以叫做英雄呢！

然而世界历史的个人或英雄的运命，决不是什么幸福。“历史并不是幸福的舞台，各种幸福的时期在历史里都是空白的纸。”（第二章第二节）看看那些伟大人物的结果如何吧！“古今将相在何方，荒草一堆草没了”，他们早已死了，死后还要受着那些无意识人的讥评。再看看亚历山大，凯撒，拿破仑吧，有的夭折被刺，有的流放被逐，然而他们的生存，都似乎是来替世界历史服务的。再就这些伟大人格的个人的价值来说，他们在某意味上说都不算什么道德家。他们一切都是以热情欲望来做成历史的人。世界的英雄很顽强地固执着实行自己的兴趣，其结果在路途上，有时践踏了许多无罪的花。历史不是什么道德的舞台，Hegel 在“希腊的世界”一节，曾有两个地方指出了历史之超越道德主义的意义。他以为“一种世界历史的人格，不能照着普通人道德的尺度来测量，它乃是表示一种与这里无关的价值，这种价值系在精神自己解放的历程里，有它自己的地位”。假如人们只如一般俗流的历史家所为，照着一种现代道德的尺度，来测量亚历山大，“那末这就不会接近他那伟大的世界历史的人格了”，这是何等明确地超越一切否定一切之英雄主义的历史观。

但是我们不要误会，Hegel 的英雄史观和他的精神史观不是冲突的，是相反相成的。英雄的事业虽不问何者为善与何者为恶，而其结果却一定是走向普遍的善的方面。普遍的真理，为自身实现起见去驱使热情，其结果乃以伟大的个人供其牺牲，个人不过特殊的事物，比较普遍的事物乃不过一种手段而已，工具而已。所以普遍的理念既不管特殊的事物在斗争场里自相攻击，甚至于斗争的结果，一部分因之没落；但这种没落，是特殊的事物，却非普遍的理念。普遍的理念仍然是秋毫无损的，特殊事物的此兴彼灭，这是现象界所有的事，本体是没有的。所以 Hegel 的结论，以为“理念不是由自己纳付生灭无常的贡物，而是由各个人的热情纳付它，凯撒要废止那腐败了的自由，就不得不完成那必然的事物。他虽然在这个斗争中不得不死，然而那个必然的事物依然存在，由理念说来，自由是横在外部的可能发生的事件之下的”。（第一编第二章第一节）

第四章　国家主义史观

Hegel 历史哲学中提出了三个问题：（1）精神性质之抽象的规定，其解决为精神史观；（2）精神使理念实现应使用如何手段，其解决即为英雄史观；现在所要讨论的即第三问题（3）精神之完全具体实现的形态，其解决即为国家主义史观了，不过不谈 Hegel 国家主义史观则已，要说它的国家主义史观，依我研究的结果，以为应分做三个层序来说，就是：

（一）它的国家主义史观；

（二）它的文化的国家主义史观；

（三）它的宗教文化的国家主义史观。

（第一）先说它的国家主义史观，依 Hegel 意思，世界史个人或英雄还只是手段，但这手段所完成底目的是什么呢？就是这个目的在现实中它的具体的形态是什么呢？不错！精神就是自由，但要使自由完全实现，要有什么材料（Material）才行呢？Hegel 简单的答案，以为就是国家，国家是那合理的最后目的所要实现之具体的形态。国家不是别的，国家乃是热情与理念两者之综合，主观的意志或热情，乃为活动的实现的手段，理念为内心的东西，国家则为综合统一两者之伦理全体。国家的目的，是使本体内在于人类之实际的行为与感情之中。国家是现存地上底神的理念，国家是世界史之较为一定的对象，在其中自由得到了客观性。由此看来，世界精神或理念是内的抽象的，其所取具体的形态，便是国家，如此国家即为精神或自由的实现，也可以说就是理念在地上的实现，他方面当个人为国家一份子而活动时，或从事国家的行为时，国家便存在于个人之主观的意志里，个人之热情里，所以国家是含有主观性的要素，而同时又为包含普遍性的一个东西。主观性与普遍性是不相矛盾的，所以 Hegel 曾说："国家是个人拥有自由于其中而享受之的现实；"所以 Hegel 的自由史观，结果竟可归结到使此种"自由之积极的现实与满足的"国家主义史观。他很大胆地告诉我们，以一种国家主义的自由观。他以为国家是超越个人意志之客观的意志，而这意志不像个人意志之有限，不合理，相对的，而为无限的真实，合理而绝对的存在。因此这就是自由，而国家的法律，也不外这自由的表现。所以个人依于绝对服从国家，而合于客观的无限的，合理的绝对的真意志，这就是 Hegel 发现的真自由。真自由即此客观的实在自由，较之主观自由有更高的自由，个人加入国家不但没有因此限制自由，相反地得到更高的自由，这就可见 Hegel 为什么一面主张自由（奴隶的自由），一面又为国家摇旗呐喊，而主张其狭义的国家主义的历史观了。

（第二）但我们更进考察一下，就知道 Hegel 的国家主义史观，更有一层更深的意义。由 Hegel 看来，国家都是"文化国家"，所以他的国家主义史观，结果便是一种"文化的国家主义史观"。这话从何说起呢？ Hegel 历史哲学中曾一再告诉我们：

国家是其他具体的方面——法律，艺术，礼俗，生活之安慰的中心点。(第一编第二章第三节)

国家就是民族生活之其他的具体方面，如艺术，法律，风俗，宗教，科学的基础与中心点。(同上)

人类只有在国家之中总得到文化的生活，所以说：

人类之所以为人类之一切的事情，他都要感谢国家，他只有在国家之中，才得到他的本体。人类所有的一切价值，一切精神的现实，他只有由国家才能取得。……所以只有人类是生存于风俗，生存于法律与道德的国家生活之中。……(同上)

Hegel主张世界历史便系国家历史，然而国家乃系文化国家，它就是那民族精神之各方面的表现，所以不说国家则已，一说国家即指着一种文化的国家。“人对于异乎宗教，科学与艺术的国家，与国家法律，通常认为政治的方面，由是国家这种名称便暴露了两种意义。但本书所谓国家，却是采取了一种更有包括的意义……在这里我们系指的精神的现象而言。”由上可见Hegel的国家主义史观，便是文化国家主义的史观了。

不过Hegel的文化国家史观，虽指出国家乃包含民族生活之一切具体方面，如艺术，法律，风俗，宗教，科学等等，却是一讲到各民族国家即具体的国家时，似又只注意于以下之三个文化类型方面，即是：

(1)〔艺术〕为一般者与特殊者，有限者与无限者对立之和解。

(2)〔法律〕为国家统一与个人自由之对立之和解。

(3)〔宗教〕为俗世间与神国对立之和解。

依照德国历史哲学家E. Troeltsch在*Der Historismus und seine*

Probleme 一书中的说明，Hegel 意思，世界历史即为自由意识之发达史，然而个人自由意识之自觉，实始于希腊世界，Hegel 是一个欧罗巴主义者，以为东方各国不知精神或人类有所谓自由，故无自由可言。自由观念之发生，实开始于希腊人，只有希腊人才能认识人类的自由，而要求一切人类与个人之内的统一，不过希腊人这种思想，也还未明确变成认识的形态，它只不过在“美”的东西之中，而要求一般者与特殊者，有限者与无限者之统一罢了。但话虽如此，具体的辩证法的世界理性之把握，无疑乎希腊实代表了第一阶段，它自身只是代表文化国家中之一个要素，即是“艺术文化”，所以它的民族生活也只是直观的，艺术的而缺乏什么组织，对于现实问题，便觉无力去应付了。如例人生之斗争烦闷这些问题的解决，希腊是全然无力的，为要解决一般的理性与个别的理性的对立，便不得不更进一步，而这就是罗马主义所成就之法律文化的新阶段了。

在第二阶段，一般的理性表现而为国家之法律，又个人的理性与个人的自由，表现而为有人格之法律上的概念，因此而国家遂成为自由理性或艺术等之中心，因此而国家成为精神之一切基础，使一切对立均以国家概念而被打消，但话虽如此，国家统一与个人的自由之对立，实际还不是完全没有的，这只不过外部的法律上解决而已，只不过藉帝政之势力范围而为俗世的打消而已。国家一统于皇帝，一般市民均与以市民权，因而在帝政之中打消之而已，这种世俗的解决当然是不够的，因之便不得不更进一步，要求宗教的解决。这么一来，从前人类中心主义便不得不走向神中心主义，而法律的文化国家，也一变而倾向于宗教的文化国家了。

在第三阶段即为以伟大之宗教来同时解决国家与教会，外的法律与内的良心，乃至俗世间与神国所起的斗争，这种更深切的一种对立，是非依靠最后的阶段解决不可的。在这里 Hegel 便提出了日耳曼主义，日耳曼主义以千年以上之努力，成功了超越表面的一时的之永久的解决；日耳曼主义最初有皇帝派与教皇派之激烈斗争，这种对立其裂痕很深，但因宗教改革与近世哲学之发达，遂使俗世间与神国间所起的斗争，因内在之理性概念而得到完全和解，结果对立是没有了，而且即因哲学这种原理，便产出近代国家，永久存在的国家。在这国家里面，自由达到最高顶点，一切宗教艺术哲学均更加发展，而这就是 Hegel 所主唱之“日耳曼主义”了。黑格尔主张国家为文化国家，而将日耳曼之宗教的文化放在文化国家之顶点，所以我们应该接着来研究一下它的“宗教的文化国家史观”。

（第三）Hegel 的文化国家观，认国家为民族生活一切具体方面的基础与中心点，这里所谓具体方面，包括艺术，法律与宗教等等，然而在这种种文化类型里面，Hegel 是特别注重宗教的。他以为“在这些意识的联合之各种形态中，宗教是居于首位的”（第一编第二章第三节）；在国家的生活里面，宗教乃为一切知识之中心点。所以 Hegel 认国家是依据于宗教之上，“国家以宗教为基础，国家的本源在宗教，那在本质上就是说，国家产生于宗教，并且现在和永久地都产生于宗教，一定的国家产生于一定的宗教……因此国家与国家的宪法和宗教具有同样的性质；国家实际上是产生于宗教的，并且甚至是这样的；雅典的国家，罗马的国家只有在这种民族的特种的异教之中，才有可能，也就和一个天主教的国家与新教的国家，各有其不同的精神与不同的宪法，是一样的。”（同上）而且他甚至于说“国家与宗教有同一的共通的原理，而国家因为它有宗教，所以就有政治的，艺术的与科学的生活。”（同上）那不是说政治的艺术的与科学的文化，都是受宗教文化的影响吗？可见 Hegel 的国家主义史观，一变再变却变成功了宗教的国家主义史观了。所以 Hegel 极力主张国家里面应有宗教，宗教和国家冲突，有人便否认国家，那是不对的，宗教和国家是有密切关系，国家有宗教的地盘，又同时国家的原理即立于宗教基础之上。关于这一点，我们最好再参看一下 Hegel 所说的宗教。Hegel 在柏林大学讲完美学讲义，即继之以宗教哲学讲义，从一八二一年至一八二四、一八二七及一八三一年共讲四次，现如 Lasson 所编《黑格尔的宗教哲学》三卷，在这一部书里，第一部为宗教之本质论，或宗教概念论；第二部为宗教之现象论。在第一部里面，Hegel 已经提出国家与宗教的密切关系，看出宗教与国家有同一之共通的原理；在第二部宗教之现象论中，则述及宗教意识之历史的发展，依他所述，可列表如下：

Hegel的宗教观
- （1）自然宗教
  - （魔神之宗教）
  - （野蛮人与中国之宗教）
- （2）精神的个体的宗教
  - 崇高的宗教（犹太教）
  - 美的宗教与合目的底宗教（希腊与罗马之宗教）
- （3）绝对宗教（自由之宗教）
  - 基督教
  - （日耳曼人之宗教）

（（1）至（2）：既成宗教）

Hegel 这种宗教之辩证法的发展史，无疑地和他的国家主义史观相照应的。他一方面承认宗教为各民族国家之必不可少的基础，所以说“雅典的国家，罗马的国家，均有其异教的基础”；一方面又以为只有日耳曼民族才是天之骄子，只有日耳曼的精神才是新世界真精神，只有它才是基督教即绝对的宗教的传布者，似这样把最高的文化地位让给他的同胞，结果他的宗教哲学也就变成功了一种充满爱国精神之宗教史观。不过平心而论，他的宗教的国家史观，实在未免把历史事实曲解了，例如把中国的宗教认为与野蛮未开化民族之宗教，同样地属之于自然宗教之中，已显然可见他对于中国历史尚缺乏充分的研究。（虽然他也读过许多中国文献？如《通鉴纲目》《红楼梦》等）又如以基督教为绝对宗教，却不知印度宗教的教理，较之基督教尤为高超。

总而言之，Hegel 的宗教哲学，实际也只不过为他国家主义的历史哲学之一个说明，一个旁证，懂得这一点，也就不至于十分责备他了。

第五章　世界史阶段说

由上考察精神性质之抽象的规定，精神为使理念实现所使用的手段，及精神在现实界里完全实现的形态，那末所剩下的工作，就是观察世界史的发展过程，即所谓世界史阶段说了。

在未说到本题以前，应略为叙述一下 Hegel 所认为“世界史发展的方法”。

（第一）发展的意义　发展与变化不同，乃为“含着变化以上的意义”，变化是没有一定目标的，发展则为一定的目标所规定，它不是在偶然的游戏中丢圈子，它是根据于内面之规定的。

发展的种类可分为（1）自然的发展，即有机体的自然物的发展；（2）精神的发展；其分别如下：

自然的发展	（1）这种发展，是直接的非对立的进行。	（2）这种发展是静静地展开。	（1）这种发展是没有一定内容的目的。
精神的发展	（1）这种发展是通过意识与意志，在自己之内保持对立。	（2）这种发展是对自己自身为顽强无限的挑战。	（1）这种发展是以自由为神发展的指导原理。

Hegel 的全部历史哲学，不外表明“全部的世界历史，即为精神的发展，而且因此即为自由概念的发展”。

（第二）历史发展的意义　上面述及发展即不外精神之自由概念的发展，而国家则为**自由之在世界里的实现**，所以人类历史的发展，应从国家说起，人类历史即是国家历史；虽然关于历史的起源，有种种臆说，如种种自然状态说，亚当、夏娃传说等，像这样各说的真实性，事实上很难证明。但无论如何，由哲学上考察起来，只取于自由（理性）最初现于现实世界时底历史就够了——那就是国家形成后的历史。国家形成以前的历史，严密地说，不是历史，是历史的前史。国家才开始供给了适合于历史散文底内容。所以要说人类历史的发展，则国家形成以后之历史的发展，即为人类历史的发展。

（第三）世界史发展的意义　然则世界历史的发展，即精神意识——自由及其实现（国家）的发展，是取怎样的形式呢？Hegel无疑地告诉我们，“这种世界史的发展，乃是依照辩证的方法而发展”。辩证法的原理，如果被认为Hegel历史哲学之全部基础，则在其发展之各种单独部分间的相互关系，当然也应该是依照辩证法的组织而发展的。我们甚至可以说除了应用辩证法的观点来研究Hegel世界史的哲学以外，实在更没有其他可以接近Hegel知识的路径，辩证法的历程系实行于“同一”与“矛盾”，或“肯定”与“否定”的节奏之中，所以我们以下所研究之Hegel的“世界史阶段说”，我们所能作的，也只不过发现它的“世界历史之辩证法的发展”罢了。申言之，即不过发现它“世界国家之历史的辩证法的发展”罢了。

世界国家之历史的辩证法，是一阶段一阶段地发展的，各阶段都有和别的阶段不同的它所特有的原理。这种特有原理，在历史上成为特殊的民族精神；各民族精神就是那一国的宗教、政治组织、法律制度，及科学、艺术、技术等一切文化之共通的标记，同时在全世界历史上，却是一要素而已，一发展阶段而已。各民族精神是完成自己，即刻就走向没落，完成同时就是没落，就是其他精神的出现，其他世界史民族的登场，——表现着世界历史的一个新阶段。若以历史事实证明之，则此世界史历程之辩证法，即为：

（第一）东方世界；

（第二）希腊世界；

（第三）罗马世界；

（第四）日耳曼世界。

现在试简单述之如下：

Hegel 以为民族生活，好比人类中个人一样，人类的年龄可分为四个时期，即可区分为人类之儿童时代，青年时代，壮年时代，及老年时代；同样世界史的民族也可分配之如下式：

（第一）东方世界——儿童时代；

（第二）希腊世界——青年时代；

（第三）罗马世界——壮年时代；

（第四）日耳曼世界——老年时代。

世界史的民族有的是在人类的儿童时代，占重要的位置；有的则在老年时代占重要的位置。不过自然的老年，是所谓老衰，而精神的老年，乃为完全的成熟，所以世界史的民族，达到日耳曼世界，可算登峰造极了。

（第一）人类之儿童时代　可以东方世界为代表。东方世界依 Hegel 意思，在这里看不出所谓国家，所以东方世界是“那先于国家生活并在自我意识生活以外的史前的东西”。所以严格来说，应把它放在世界史哲学的观察范围以外，因为这一个时代的民族精神，乃是绝对的利己主义，及专制主义，喜欢的是残暴之战争的游戏，所以和人类的儿童时代相当。它的精神原理，乃为最低的精神，即系精神与自然的直接统一，即系绝对不自由的生活地位，换言之即不自由的，奴隶般的服从状态。Hegel 把这个东方精神，曾用“自然精神性”的概念来称呼它，以为在东方精神，“外部的东西与内部的东西，还没有被区别出来”，所以东方各国所特具的政治，可以称之为“神权政治”，在这神权政治里，“世界的国君，就是神，神就是世界的国君”。Hegel 将这种东方原理，归之于以下之各国家：

（1）中国——神权政治的专制政体；

（2）印度——神权政治的贵族政体；

（3）波斯——神权政治的君主政体。

在这个时代，“国家是一种抽象的东西，国家不是目的而是元首”；所以东方原理的“自然精神性”，原来只是永远为自然所压抑的精神性，人们在这个时代，只有“不自由的服从”。不过同在东方精神之中，Hegel 却看出了辩证法之三阶段，即：

（1）中国——Hegel 把它来代表“缺乏了自己的内性”，甚至于称之为“无精神状态”“它是一种不独立的”“未成丁的”“不自由”的精神。根本即为“不运动的”，这是辩证法之第一阶段——“正”。

（2）印度——印度与中国一样，停滞在“自然精神性”的原始阶段，但是在印度是有“动摇的无束缚的扰乱”，不过这种“动”，无疑乎只是一种“被动的”关系；印度所现出的不是自动的，征服的，而为被动的，被征服的，所以印度精神只是一种梦幻与飘荡，一种无自我的分散状态。不过精神在印度的宗教里，曾达到一种比较中国“更高的阶段”罢了。这是辩证法之第二阶段——“反”。

（3）波斯——波斯为中国与印度间之更高的综合，波斯超过印度的进展，在于它的宗教反射了一种民族精神，所以 Hegel 说：“在波斯里，人开始与自然分离”；“异于单纯的自然之统一性，是首先在波斯的原理里表彰出来的”。在中国和印度里，精神在家庭族长主义的血统基础上，或在阶级制度的出身区别上，是受抑制的。而在波斯的宗教里，曾有一个主张，谓一切人都能以同样的方法接近纯粹的光与善，一切人都能同样地尊崇自己，个人因此就得到了一种“为他自己而设的价值”了。所以说“世界历史的显然的关系，系以波斯而开端”，这就是辩证法之第三阶段——“合”。

实际 Hegel 这种三分辩证法，是很缺乏历史事实底根据的，他对于中国文化完全没有领会，所以他的世界阶段说，也只成功为历史哲学家之思想的游戏。他在叙述波斯王国时，兼叙述“犹太”和“埃及”，以为是从东方世界到西方世界的过渡时期。东方原理系表明精神如何仍与自然混杂而沉没于自然以内，这就是精神的低级状态，为专制主义所压抑下的自由；但到了“犹太”人的宗教里，精神却达到了一种高处，在这里可看出东方原理的突变。东方人是把自由解释为第一位，犹太人则以精神的东西居第一位，不过犹太人也是无所谓国家的，“国家却系不合于犹太原理的东西，而出于摩西立法之外的”。次述埃及，埃及系由东方到希腊的精神意识之“内部”的过程与进程，而历史的外部过渡所表白的，则为波斯。在埃及，它的民族精神便是“发酵的精神”，这种精神努力向着明了的地方，但没有达到明了的地方；努力要从自然的桎梏中解放，但还不能从自然的桎梏里完全解放。所以埃及还只算得过渡时期，直到希腊，自我之自由意识才开始明了起来，“人们认识你自己”，在这个呼声之下，而人类的历史开端了。

（第二）人类之青年时代　可以希腊世界为代表。希腊世界为世界史上之最美的生活时代，希腊民族所代表的，是那青年的轻快动作及热诚，高尚之理想主义的飞跃，唯美的人生态度，所以我们研究希腊，最好是从艺术上面去理解它。希腊民族即为艺术的民族，自由在这个时代最初露其头角，所以 Hegel 说：“希腊精神乃是自由的，美的个性的。”美的个性的概念即为 Hegel 列希腊民族于其上的最简单的方式。美的个性所表现的形式，即为：

（1）主观艺术品——希腊人；

（2）客观艺术品——希腊宗教；

（3）主观客观艺术品——希腊国家。

希腊精神是自由的，所以它知道自己“要解放”，“它并不经过自然，因为它必须改变自然，同化自然，并制造自然为它的目的”；它就是“美的自由”。所以它的国家的本质，表现为“美的宪法”，这就是“美满的自由的帝国”。不过这个美满的帝国，也有其没落时期的，Hegel 以为每种世界历史的文化民族，都经过了三个主要的同样的周期性，希腊亦不出此例。所以希腊的历史，可分为三时期：

第一个时期，为真实个性之生长的时期。

第二个时期，为对于外国“胜利与幸福的”时期，即为“希腊生活的最美丽的开花期”。

第三个时期，即为“它的没落与崩坏”的时期。

所以如 Kurt Leese 所指出似的，在希腊的本身里，也表明了“儿童时代的开端，青年时代的升进，成人时代的成熟，与老年时代的衰败”。第一个时期表明精神与自然的奋斗，因而精神便成为自然原素的主人，并把自己形成到自然原素里面去。第二个时期，在表明精神与自然现已达到调和（综合）的希腊精神之完全成熟。第三个时期，即为衰败与没落的时期，这就是 Hegel 历史辩证法的格式。

（第三）人类之壮年时代　可以罗马世界为代表。在希腊精神虽然产生了美的希腊人，美的希腊宗教，及美的希腊国家，但是希腊国家在其“美的自由的原理”之中，实包含着“腐败的原因”，在希腊最美满时期之希腊的联合，都不过只是一种暂时的联合。因为希腊人的美的自由的道德照着它的本质看来，是不能构成一种共同的国家。“这还没有关于抽象的普遍的东西之法律，还没有作为特殊组织的政府”；所以希腊原理，最后仍不得不为罗马原理所替代。“罗马国家在地理上与历史上都依据于强暴的力量之上”；他不是和平的美的生活，乃为一种以威力为目的联合起来的“战争国家”，所以罗马所成就者，乃为法律及道德；罗马民族乃为法律的民族，罗马实基于强固的法律及秩序之上，以建立一强大的国家。在艺术方面，罗马不过希腊的模仿者，但在其国家的统一性上面，它却超过了希腊，而建设了所谓“罗马帝国”。这个时代，“国家始而抽象地烘托出来形成一个目的”；所以罗马在历史上比较希腊，为高出一阶段了。这一个新的世界历史民族，依辩证法之发展也可分为三个时期：

第一个时期，包括罗马的开端及这个民族的强壮时期。

第二个时期，关于共和国的世界政权，就是罗马“最好的时期”，就是世界征服的扩张时期。

第三个时期，终结于帝国之无限制的专制主义，一方显出罗马对外的权力，一方即入于内部毁坏、衰败、灭亡的时代。

在罗马原理上面，找不到理论上带着快活的自由生活，而只是保持着一种实用的不愉快的生活。而且罗马虽创始了国家，把国家形成一个目的，但各个人对于这个目的，虽也参加，却不是全部参加和具体地参加。所以罗马原理的法律，结果却造成了罗马世界的无法律状态。痛苦、悲哀、祸患……它的自由变成为不自由的，无精神的皮相状态，于是它的内部的精神，又完全重复沉没于自然以内了。直到这个时候，罗马原理又不得不为一个基督教世界的原理所替代，这就是世界史第四阶段之日耳曼人的世界了。

（第四）人类之老年时代 就是基督教世界，也就是日耳曼世界。“精神在这个时期，藉基督教之力而再从死里复活起来，不但如此，而且提高为新的活动性，为最圆满的调和，为创造的充分完成的发展。”Hegel 大书特书地说人类历史到了基督教世界便达到了“人的完全的本质之绝对的最后的圆满”，于是而神人调和，而“世界的和平与调和就成功了。”这基督教世界就是日耳曼国家的原理，所以他告诉我们“日耳曼国家的原理，应适合于基督教的宗教；日耳曼诸民族的规定，系在充当基督教原理的支持者。”好像希腊的世界上所从事的，是在于艺术之美的生活；又如在罗马世界所从事的，是在法律的宪法生活；同样情形，在这历史最高的阶段上所从事者，乃在于基督教原理。“这在神里面之绝对的自由的原理”。他很高兴地把基督教原理放在最高的顶点，他说：“基督教世界就是完成的世界，原理是成功了，并且各自的目的藉此而完全成就了；观念在基督教里不能再看出一点不满意的东西。”有了基督教的宗教，“世界历史的绝对的时代”，便显现了。他很大胆地把日耳曼世界和基督教合拢起来，谓日耳曼世界就是一个“现实精神的帝国”，也就是“具体自由的帝国”。这个具体自由的帝国，即日耳曼史的过程，也是依照辩证法而发展的，可以把他分做三个时期：

第一个时期，是日耳曼诸民族在罗马帝国内之勃兴，及最初的基督教化；

第二个时期，中古时代，是在国家与教会冲突之十字军时代；

第三个时期，新时代，从宗教改革以后，直到启蒙时代，促成了“基督教自由的恢复”；自由精神的原理，在这里已成为全世界的旗帜了。

他甚至于将日耳曼史的辩证过程，来附会基督教神话上含有辩证法意味的三位一体说，他以为：

第一个时期为“父之国”；

第二个时期为“子之国”；

第三个时期为“圣灵之国”；为世俗的存在与神的存在之矛盾的调和，无限与有限精神之大统一。

Hegel 的世界史阶段说，其全部基础于历史的辩证法，即从（1）直接同一性，经过（2）矛盾而达于（3）调和，以为基督教世界即日耳曼世界，为历史的最高境界，所以他的结论，竟可成为这样离奇怪诞的“辩神论”！认得这一个“辩神论”的历史哲学，而后才好进一步来批评 Hegel 的历史哲学，而后才能对于 Hegel 的历史哲学，作一个客观的公平的观察。

第六章　黑格尔史观之批判

末了，请对黑格尔的历史哲学作一个总括的批判。Hegel 历史哲学的最大贡献，在给我们以一个动的历史观，一个基于史的论理主义——辩证法——上的动的历史观，然而他的缺点亦正在于此。

对于 Hegel 历史哲学的批评，G. Lasson 所著《黑格尔的历史哲学》(*Hegel als Geschichtsphilosoph*) 中曾举出以下三点：

（第一）黑格尔以为历史只是极少数民族之前后连续的历史，而将其他民族，其他国家，完全置之不理，未免太随便了。

（第二）他所谓世界史全然只是国家的历史，但是人类历史是涉及精神之一切方面的，难道那些就不算历史吗？

（第三）他所分历史的阶段，是依照自己所认为观念辩证法的发展而区分的，因此事实上就不免过于图式化了。

这三段的批评，没有一项不是对的，只是第一项的批评，我们尚可以给 Hegel 以一个解释。Hegel 的“世界史的哲学”在他第二部分中，所举中国、印度、波斯、犹太、埃及、希腊、罗马、日耳曼民族，这在 Hegel，当时，已大可以将世界史的民族包括殆尽；他不是不顾其他民族，只因其他民族还没有可以算得起“世界史的民族”的称号。第二项的批评，我们也可以替 Hegel 辩护。因为 Hegel 时代的历史哲学，当然只会发生国家主义的历史哲学，而在国家主义的历史哲学当中，却只有他将历史看得是和国家，民族精神，个人，发生有机的关系。在从前和他以后的历史哲学家，如 Windelband，虽也看重历史的理念，但此理念和国家发生如何关系，和民族发生如何交涉，是不大明了的。只有 Hegel 才开始告诉我们以历史与国家之内面的关系，没有国家便没有历史，没有文化，这种国家本位的历史哲学，可以算做 Hegel 历史主义的特色。同时他也不是不看重人类精神之其他方面，不过人类精神之其他方面，如宗教艺术等等，由他看来，均不出于国家的范围；Hegel 以为国家即为文化国家，所以第二项的批评，也还可以原谅的。只有第三项 Lasson 指出 Hegel 历史阶段说是偏于辩证法之图式化，这却是千真万确，事实如此，很难给 Hegel 辩护。而且这项批评，不但可以推翻 Hegel 的历史哲学，而且可以批评由 Hegel 以后受他影响的马克思主义派的历史观。Hegel 偏于唯心主义，个人主义和抽象的国家主义，这几个缺点还只算得在历史过去时代，即在历史哲学第二时期中所免不了的缺点。因他能够极端发挥其唯心主义，个人主义，抽象的国家主义，所以完成了第二时期的历史哲学，把第二时期观念论的历史哲学达到极点，这一点说不定正是他历史哲学的一种好处呢！所以前者的错误，从客观的历史观察，是应得原谅的。而且关于这种偏于观念论的历史哲学的批评，已经是很多了；经验论的历史家 Ranke，曾有过这种批评；社会学者及马克思主义者也有这种批评；甚至于号称新 Hegel 派之 Croce，在他所著《黑格尔哲学批判》（*What is living and what is dead of the philosophy of Hegel*, London, 1915）中，亦有这类不客气地批评，可见是毫无疑义的了。现在的问题，倒只在于第三项的所谓偏于图式化的批评，是格外应该加以注意和讨论的。

Hegel 的历史哲学，自始至终是依据于辩证法而成立，不但如此，他的全部哲学亦自始至终是依据于辩证法而成立。然而辩证法乃是一种论理主义，史的论理主义，这种史的论理主义适用于人类的历史上面，优点当然很多。（第一）它可以看出历史的事实是“动”的、发展的；（第二）它可以看出历史的现象，是突变的、革命的；（第三）它可以看出历史的发展，是合理性的、必然的；然而缺点和它的优点也一样的多，最大的缺点，即为陷于一种图式主义，结果常常以图式为主而弃却最重要的历史事实，而且常常以主观来改变历史事实。如Hegel对于中国之观察，即为一例。他实在对于中国历史的知识，未免太缺乏了。又如他对于日耳曼民族，把它放在图式的顶点，这都显然是一种错误；好像历史的图画到了他的时代便要告一结束了。Hegel如此，Hegel以后受其影响的马克思派，当然亦不出此例。马克思派所谓唯物史观的公式，为“亚细亚的，古代的，封建的，资产社会的”这种图式，应用于中国社会史上，便有许多地方不能说通，因而发生了很大的论战，而其结果却是无法解决。这种公式主义的缺点，即为史的论理主义即辩证法之最大缺点，我以前讲“现代史学概论”曾提出“史的论理主义”与“史的心理主义”对立，“历史论理学”与“历史心理学”对立，就中有详细的讨论和研究。我是主张史的论理主义自有他相当位置的，但应该把他和史的心理主义联合起来，才成功为真正可靠的史学方法，换言之即将Hegel论理主义的历史哲学和Comte史的心理主义的历史哲学综合起来，而后才成功真正可靠的一种科学的历史哲学。

参考要目

（一）原 著

Vorlesungen über die Philosophie der Geschichte, herausgegeben von Prof. Hermann Glockner.

铃木权三郎译《历史哲学》（ヘーゲル全集 10，东京岩波书店）

Lectures on the Philosophy of History. Tr. by J. Sibree, 1814（London, 1914）

Philosophie der Weltgeschichte, herausg. von Georg Lasson（Leipzig）

河野正通译:《历史哲学概论》（ヘーゲル著作集第一卷，东京白杨社）

王灵皋译:《历史哲学纲要》（上海神洲国光社）

（二）文 献

G. Lasson: *Hegel als Geschichtsphilosoph*（Leipzig, 1920）

K. Leese: *Die Geschichtsphilosophie Hegels auf Grund der neuerschlossenen Quellen untersucht und dargestellt*（Berlin, 1922）

张铭鼎译:《黑格尔之历史哲学》（历史哲学丛书，上海民智书局）

B. Croce: *What is living and what is dead of the philosophy of Hegel*, Tr. by Douglas Ainslie（London, 1915）

松原宽:《ヘーゲルと历史哲学》（东京，同文馆）

米田庄太郎:《ヘーグルの理论的历史哲学》(カント及び其の后の历史哲学ノ内，京都弘文堂)

朱谦之:《黑格尔主义与孔德主义》(历史哲学丛书，上海民智书局)

朱谦之:《历史哲学大纲》(历史哲学丛书，上海民智书局)

孔德的历史哲学

本书于1941年9月由商务印书馆初版发行，列为“社会科学小丛书”之一种。2002年收入福建本第五卷。本次整理，以商务印书馆本为底本，以福建本为校本，同时参以中山大学哲学系藏朱谦之先生“自存本”之校批文字。

——编者

目　录

第一章　孔德历史哲学的先导

法国历史哲学史上有两位孔德，一个是查理·孔德（Charles Comte 1782—1837），是自然主义的元祖（the founder of Naturalism），一个是奥古斯德·孔德（Auguste Comte，1798—1857），是实证主义的元祖（the founder of Positivism），前者曾著《立法论》（*Traité de Législation*, 4 vols.，1822—23），以地理的条件解释历史，他指出古代文化发生地如中国，波斯，阿剌伯之一部，埃及与中亚之地理的条件，但是佛林得（Flint）驳他，说理智，想象，情感，良知，以及意志之对于人类，是比气候或土壤更为重要。环境虽可影响历史，但是不能造成历史，历史是心灵的产物。（*Historical Philosophy in France*, p. 579）

实则查理·孔德本为地理学派的先导作家在无数的同类著作中，不失为一部有价值的贡献，不过不如奥古斯德·孔德那样重要罢了。

奥古斯德·孔德和查理·孔德不同之点，即在他应用了心理学的方法来解释历史，其详细的内容，让我以后再说，现在所应特别注意的，就是奥古斯德·孔德的思想，也是有所本的。我们只要注意一下他在一八四二年为《实证哲学》最后一册所作的个人的跋，和哥尔德（F. J. Gould）所作的《孔德传》（*Auguste Comte*），我们便容易明白孔德思想所受下面各思想家的影响。

第一是孟德斯鸠（Montesquieu）。孔德从一八一四年旅行巴黎，一生即住于此，当时巴黎如伏尔泰（Voltaire），卢梭（Rousseau），狄德罗（Diderot）等革命思想尚深入人心，而孟德斯鸠的《法意》，尤为孔德所爱读，在他《实证哲学》下册第二章（页 43）他说：

> 这本著作所以成功，是因著者将政治现象都看做服从自然法则这一点，“法则”这个概念的意义，直到人类知识已经习惯于实证的研究时，才有意义。这种革新在一世纪前，由笛加儿（Descartes），迦里列（Galileo）或喀伯勒（Kepler）的著作，因受牛顿（Newton）有力的刺激之下，来从事科学的进步的。孟德斯鸠继续这种思想，很快地把他扩大来讲政治的诸现象，真是很可惊异的事实。

由这一段孔德的好评，可见那提倡“三阶段法则”的孔德，是很受孟德斯鸠的影响了。

第二是孔道塞（Condorcet）。孔德从十八岁（1816）由乡间再到巴黎时，即特别对于哲学及史学感着兴趣，孟德斯鸠的《法意》以外，尤其是孔道塞的《人类精神进步史纲》（*Esquisse d'un tableau historique des progrès de l'esprit humain*）为当时他最爱读的书。他最钦佩孔道塞，自己告白过，孔道塞是他自己知识上的父亲，又在《实证哲学》下册第二章（页 46—47）对于孔道塞的批评，说“从他才开始介绍社会进步之科学的意义”。但他也不是完全承受孔道塞学说的，只说历史的研究方法上得孔道塞的许多益处，关于各个历史现象的解释，他们的见解不同是不消说的了。此外对孔德有影响的学者，尚有休谟（David Hume）及饶伯孙（W. Robertson），尤其饶伯孙所著《查理五世史》（*History of the Reign of the Emperor Charles the Fifth*）使他知道进化论的思想与历史法则的存在。

第三是圣西门（Saint-Simon）。孔德关心史学，不但对于人类过去的历史颇饶兴味，同时对于人类社会的现在状态，也有研究的热心。尤其他看见拿破仑战争以后法国的社会状态，不胜痛惜感慨，一八一七年二月寄给亲友的一封信，其中一节很愤慨地说：

> 巴黎现在卷入贫困中了，面包价钱抬得很高，还是不够吃，只要出门一步，便到处充满着无食无职的失业者的呼声，而在这样大多数国民穷到极点的时候，一方面仍极度奢侈地过生活，这是多么讨厌呀！……跳舞不是现在比从前还要流行吗……？

孔德和当时法兰西狂热的社会改革论者圣西门相识就在这个时候。孔德一八一八年以后数年间师事圣西门，关于他们俩在学问上的相互影响如何，此处不能十分明白记载，但是孔德对于社会状态的不满，是依与圣西门结交而越发强烈起来，这是事实。他在那时候写信给一位朋友说：

> 吾友！我们所爱的坦白而可尊敬的劳动阶级，是被优越者压迫榨取着了。劳动者勤劳的结果，应该全然归属于劳动者。……那扶养主人无耻的奢华，卑鄙的怠惰之状态，应该废绝。现在对于无用人们为有利的社会组织，应该改革为专于有用的人们为有利才好，这一点就是我们的义务了。

他在这个时候，在圣西门的机关杂志《组织者》（*Organisateur*）里面，发表一篇论文，大要述及中世时代“精神的权力”与“世俗的权力”分开，此两者现在各有其进步趋势，前者脱却神学的色彩而为科学的社会理论，后者倾向世界平和，且具体化于满足劳动要求的工业组织之中，这种意见以后更为发展，成为孔德有名之历史阶段说。

一八二二年五月他又发表第二论文，论文的中心思想，大意是说，过去的信仰已经破坏，人类的物质生活，现在要求新的指导，因此他便提出很有名的人类进步的三阶段法则。简单说来，就是认人类历史须经过三个阶段，第一神学的阶段，一切社会现象都看作神所造作的时期，这时奴隶主义与军国主义甚为发达。第二形而上学的阶段，这个时候，对于战争比较的看重产业。对于信仰，批评之风很盛，一切社会现象均看作抽象的形而上学的本能作用。第三实证的阶级，是支配于过去经验所成之科学的意见之时期。实证的政治即真正科学的政治，亦实施于此时。孔德因这些论文，遂一跃而得第一流历史哲学家的名号，而他和圣西门的决裂，亦正在此时。

由上所述，可见孔德思想的重要背景，可考者已有孟德斯鸠，康道塞和圣西门诸人，而这几位学者在法国历史哲学史上本为有数的人物，而且都是对于“三阶段的法则”有一些贡献的。此外还有意大利的韦柯（G. B. Vico）在一七二五年出版的《国民通性底新科学原理》（*Principi di una scienza nuova d'intorno alla comune natura delle nazioni,* etc.）和杜尔阁（A. R. J. Turgot）关于世界史的论文，虽然孔德自己未曾说到受他们的影响，但历史哲学史家的如佛林得，布雷（Bury）均认其为孔德历史哲学的先导，所以在我没有述及孔德的历史哲学以前，对于这几位孔德先导者的学说，应该加以研究一下：

（A）韦柯（1668—1744）

意大利人柯森狄尼（Cosentini）在一八八九年著《社会学与韦柯》，说科学的社会学元祖，是韦柯不是孔德，这句话固不免发生疑问，却是韦柯所著《国民通性底新科学原理》（一七二五年出版，三〇年改订第二版）实际即是历史哲学，为近世社会学史观所本。

韦柯的历史哲学，不但为社会史观派所注意，唯物史观派亦加以注意。马克思在《资本论》第一卷第四篇第十三节小注曾评韦柯，说他是立于“人类历史由于人类自身造成的理解”这个主张上面，马克思的女婿拉发格（Paul Lafargue）著《正义、神、灵的唯物史观》第一章第三节即专论韦柯的历史法则，可见影响之大了。

韦柯的“新科学原理”最大的贡献，在承认人类历史为人类自身所做成的发展史，换句话说，就是人间性的历史（storia dell’umanità）即将历史之一切事实，还原于人类之本性上，因之从此观念的历史，导出关于国家之本质的原理。即由人类之本性上发生习惯，从习惯上发生统治的形式，从统治的形式发生法律，从法律发生市民的风尚（abiti），从市民风尚，发生国民之公共的事象。所以道德、政治及法律即为历史之真的要素。现在试将其历史哲学述之如下：

（1）历史的心理主义　依韦柯的见解，人性一方面“是到处相同”一方面“为不能不变的东西”。由前者可以看出形式的一致，由后者可以看出发达之连续的观念。由他看来，在历史的过程上，实有自然而必然之连络，造出历史的推移之必然性。但是这种连络，可以说就是人类精神之发达，是以人类之自由意志，人类之必然的需要，即以一切民族国民共通之“普通心理”（Senso Comune）为标准的。韦柯是一个民族心理学的先驱者，所以常常应用民族心理学的材料，来解决其历史哲学的问题，而其民族心理学的观察，也不过为其历史哲学之特殊的一部门。（民族心理学之成一独立科学，乃在其后）由这一点，可见他是一个历史的心理主义者无疑了。

（2）历史的阶段说　韦柯历史发展阶段的理论，虽不很明了，如有时分做“神的时代，英雄的时代，人类的时代”，或说“从感觉的知识，到想像的知识，最后才到概念的知识”，或说“神权制，贵族的共和制，民众自由的共和制，君主制底发展”。有时也说“诗的智慧，形而上学的智慧，物理的智慧底阶段”，或是说“从需要到有益，更经便利——快适——奢侈——颓废底感情发展”。（关于韦柯阶段理论的研究，可看佛林得所著《韦柯》*Vico* 一书，页 3、213—226）但从大体看，仍可看出以下两点：

（1）以人类知识发达为本位之历史观；

（2）对于三阶段的法则，略示了一个大概。

韦柯探求世界史的法则，即从各国民共通性质之把握，因而达到永远的理念的历史。而此永远之理念的历史，最重要的是可以分做三个阶段：

第一　神的时代；

第二　英雄的时代；

第三　人类的时代。

神的时代，乃是人类文化生活的发端，最初野兽一般的原始人，本能地冲动地生活着，无所谓文化，无所谓精神生活，有的只是粗野之自然力而已。但如何从此发生文化的生活呢？韦柯的答案是由于恐怖，在洪水之后，世界逐渐干燥，常有猛烈雷电，使野蛮之原始人发生恐怖，觉着天之伟大与天怒之可畏可敬，因而感着超自然的神之必要，由敬畏惧之念遂生羞耻之心，脱却兽性生活，肉体冲动的本能的自我，在爱与秩序之下开始经营家族、氏族的生活。由此可见社会文化的生活之起源，实由于畏神之宗教意识，由此发生家族生活支配一切的阶段，发生家长制度。家长族长同时管理祭祀与政务，在此“父，君，僧合一”，而实行神意统治，由神之启示决定一切。此时心物之分别不明，神成为有形之具体存在，而尚未达到抽象的思维的“神”的程度。

第二为英雄的时代。在神的时代即家族的氏族的社会以后，因进步的家族与不进步的家族，强者的氏族与弱者的氏族发生斗争、征服，因而现出不平等与阶级的对立，这就开始了英雄时代。此时开拓土地驱逐毒蛇猛兽，经营农业，以好战的冒险精神从事掠夺，狩猎，竞技与远征，虐待奴隶，提高父权，妇女、儿童的地位极低。言语渐渐发达，喜用比喻，诗人与神学者尚未分家，类型的性格因个人而表现，英雄诗发生，法律逐渐明确，贵族与平民的对立，主人与奴隶的关系，土地所有权的问题，婚姻权，立法权等问题，均可见阶级的对立，以政治的形态说，为贵族政治。以文化的阶段说，为诗歌的时代。若以神的时代为少年心理的阶段，则此英雄时代实为青年心理的阶段。此两时代均为人生之成长期，文化之创造期，富于生气，为极生动活泼之欲望，情感，能力之纵横发挥的时代。韦柯最着力研究，最有兴味的即此两时代中所具有之一种浪漫情调的生活状态。

第三为人类的时代。神话传说时代入于所谓历史时代，韦柯叫做人类的时代。此时已经不是那诗的想像的，情热爆发的创造力底时代。英雄时代之阶级斗争，结果进于民主的国民共和政治，最后更进于王政的形式。言语文字更为明确精密，法制，风俗也更趋复杂，神话是忘却了，宗教合理化而为道德，理智造成了所谓哲学，一切均进于思维的，反省的阶段，虽缺乏天才之生动，而更近于切实的生活。这是所谓壮年，老年之心理时代。

由上神，英雄，与人类之三阶段，韦柯以为这就是造成“一切国民随时间而经过了发生，进步，完成，没落，灭亡之所谓永远理念的历史”。历史考察的范围延及于东方各国与新大陆，但是为其历史中枢者，却是古代希腊与罗马的历史，就中尤其应该注意罗马。韦柯之特殊的世界史观，即是“新科学原理”之基础，可以说即是罗马的历史，这是第一点可以注意的。

（3）历史的循环说　还有就是韦柯历史哲学中之“循环论”了，韦柯之历史的过程，实以希腊、罗马的历史为终结。所谓中世以后以至当代，则为第二之过程。中世以日耳曼人之原始的神的时代开始，经过英雄与诗歌之贵族与封建制度的阶段，与好战之英雄的时代，到了近代则为诗歌与想像力之缺乏，而为论理的数学的，笛卡儿（Descartes）一流之思维的时代；但丁（Dante）好比荷马（Homer），十字军好比希波战争，法兰西语之风行一时，辞书文化之发达，亦与希腊之末期相似，仿佛即为合理的，民主的，王政的人类时代之完成期。我们在这里，可以想象韦柯自己所带几分悲观的生活和性格，与意大利没落的当时情状。但是依韦柯的说法，则在此第一过程与第二过程之中，却是一气贯通继续下去的。好比不死之鸟一样，是一种循环。却是这种循环，韦柯又以为和波里比阿（Polybius）等非科学的说法不同，而有更充分的根据的。因为这种循环，不止于循环而已，他是一种螺旋式的运动，时时有其新的内容与形式的。

总而言之，韦柯所著《国民通性底新科学原理》一书是以历史的具体的“事实”为基础，而努力探求其真理即是法则，所以这种贡献，可以说完全是一种“历史哲学”。虽然这种历史哲学归结于“圆环的发展”，带着很浓厚的天主教的，浪漫主义的色彩，却是就其将新科学原理建立于“事实”与“真理”之二重性上面来说，其根本态度，可以说是接近于实证科学的。又如其神话研究，言语研究，与古代中世之研究，或其人类观与阶级斗争观等均不能不说时代的产儿，为孔德历史哲学所本，怪不得布勒萃（Breysig）与克洛色（Croce）等均极加称道，而我们至今研究社会学的历史观，也不得不首数及这位十七至十八世纪初期之韦柯了。

（B）杜尔阁（1727—1781）

杜尔阁在法国大革命前，曾任二十年法政府之财政部长，在经济学上是属于重农学派的领袖，又为《百科全书》执笔之一人。在历史哲学上，他又是实证哲学元祖孔德之先驱者，在东西文化交通史上，我们曾记起他和中国两青年学者高类思与杨德望发生关系。

现在所提出研究的，是杜尔阁和实证哲学元祖孔德之三阶段法则的关系。（参照佛林得所著 *Historicial Philosophy in France*, 1894, New York，页 280—289；布雷所著 *The Idea of Progress: An Inquiry into its Origin and Growth*, 1924, p. 157; Stephens: *Life and Writings of Turgot*）

杜尔阁在二十三岁时候，曾计划写成关于世界史的论文，使他在历史哲学史上占着很光荣的地位，我们现在所能看到的就是一七五〇年他在索尔蓬（Sorbonne）大学所成之二讲义（Discourses at the Sorbonne），即他全部计划之一部，由此可以看出他历史哲学的大意，是怎样想说明人类进步的观念的。进步的观念，他认为就是历史解释中最重要的原理，他把世界史看作一大全体，虽然有时进步得缓慢，但是很确实地相互交替着平和与纷乱的时代，而向着较大较完全的方面前进，但在这里促进人类全体进步的原因是什么呢？杜尔阁虽曾领略孟德斯鸠《法意》中地理史观的见解，但其意思却和孟氏不同。依他意思，历史进步的决定原因，第一是人类的性质——情热与理性，第二才是环境——地理与气候。杜尔阁批评孟德斯鸠关于气候的推论，以为将外的原因来说明我们的精神和性格，还是研究法上之一大错误，而真正科学发展之研究，则非以心理学为基础不可。布雷说及杜尔阁虽然不曾论及自由意志的问题，但他所说历史上之因果的连续，并不排斥“伟人之自由行动”，他以世界史为一大全体，历史的生活，恰似个人似的可看出有机的统一性的。虽则有时现出停滞的现象，所谓颓废时代，却是这不过表面的情形而已，实际历史是常常继续向着幸福的时代走的。在这个有机体中，虽然其中所含各单位，不能以同一步调前进，但这只是因为自然所给与人类的才能不平等的原因。才能以外还有环境的关系，有的才能因环境优良而特别发达，有的断送于不良的环境之下，各国民步骤之不能平等，实因为环境之无穷变化的结果，而历史之无限的继续期中，此种不平等是总会消灭的。

但是人类社会的发达，不是受人类理性支配的，人类并非自觉地以一般的幸福为他们行动的目的，人类是支配于热情和野心的，是盲目的。为什么呢？因为若果理性可以支配一切，便进步亦必停止。要是在理性支配之下，则为防止战争使各国民继续着孤立的状况，各人种永远使用着不同的言语，而分为无数孤立之集团而生活。因之此一切集团思想之范围，均局于一隅，科学艺术政治均行停滞，看不出进步的情形来。如中国的历史，就是这种住民割据生活的结果之一好例，在那里没有什么犯法不正的事情，但也没有进步可言。

这种论断是很难成立的，却是杜尔阁提出此种见解，他的真正目的，是想证明将来有一个时代，将骚动的危险的情热，支配之于理性之力，而这个时代，就是世界历史所向之而行的原动力。历史固然是一种错误，狂乱，不幸的事实堆积，但是人类的错误和不幸实造成了“进步”的观念，“进步”是“和平”与“纷争”的互相交替，所以在骚动而危险的“情热”支配之下的时代以后，应该向着更大更完全的“平和”的理性时代，这在杜尔阁也是当然的结论了。

但是历史上所见文化的停滞时期又怎样去解释呢？如中世纪之黑暗时代，依杜尔阁看来，这也是幸福时代的准备时期。杜尔阁对于历史的见解，和伏尔泰全然不同，他说基督教亦为文化之有力的原动力，而非如伏尔泰所说只是妨碍物而已。他用很有力的语句来叙述基督教的文化使命，与其伦理学说的崇高，赞美天主教会，以其能保存古代遗产并生出新鲜活泼的文化之花，但他同时又极端赞美科学，称赞阿剌伯人在文化史上之重要的贡献。他说：“他们在许久以前将所知的希腊哲学传播于东方各国，又如数学因他们的力量而加扩充，炼金术促进了物体的分析结合，同时因之而发生了不可限量的化学一样的科学。”

然而杜尔阁的最大贡献，为历史哲学史家佛林得·布雷所极力称道的，乃在他所建立的历史发展的大原则。他主张一个民族当进步的时候，其前进的步骤，是加速度前进的。他这一个法则，佛林得·布雷均认为孔德有名的知识进化三阶段“法则”的先驱。虽然杜尔阁不像孔德一样，给此法则以更广泛的根本的意义，但就他所述，实已不能不算为此法则建立下重要的基础了。他说：

> 人类在没有理解自然现象的因果关系以前，很当然地把自然现象看作和我们自身类似的，看不见的，有知生物做出来的。人力所不及的事情，均支配于神，由于对神之恐怖与希望，发生崇拜，而此拜神之念，一转而尊敬将来的权力者。

这一段就是孔德所说的神学时代。

> 哲学者虽承认此等荒唐无稽的诸神传说，但不以为即能于自然的历史中找出真的光明。他们于是想出一些抽象的名词，如什么“本质”呀，“能力”呀，来说明各现象的原因。

这就是孔德所说的形而上学时代。

> 但是这种说明，是不充分的，于是代替他的，便主张观察物体之机械的相互作用，人对于此机械之物，只能从数学推算，用经验来证明，而做出可能的假设，那是时代较后的事。

这不就是孔德所说实证或科学的时代吗？

所以布雷在《人类进步之史的考察》中，述及此处（p.157）以为三阶段法则底最初创造者，应属于杜尔阁的。佛林得亦有同一样的论调。

虽然杜尔阁不像孔德那样以三阶段的法则为全文化过程之基本原型，而要之孔德曾受杜尔阁的影响，而杜尔阁实为孔德历史哲学之先导者，却是决无可疑的了。

（C）孔道塞（1743—1794）

孔道塞是法国革命思想的辩护人，为大革命而牺牲的自由思想家，百科全书派之一人。一七六八年因著 *Essai sur le calcul intégral* 数学书而著名，一七八二年被举为“法兰西学会”会员，革命时代为共和党的政治家，其名著《人类精神进步史纲》（*Esquisse d'un tableau historique des progrès de l'esprit humain*，1794）乃作于逃避过激政敌的时候，后被发见，毒死狱中。（本篇介绍他名著中所见的历史哲学，参照佛林得《法国历史哲学史》页 325—339。彭基相著《法国十八世纪思想史》页 177—198，布雷《人类进步之史的考察》第十一章页 248—259。又孔德在所著各书，亦举及这一位历史哲学者孔道塞，如 *Cours de philosophie positive*, Ⅳ 252—262 与 *Système de politique positive*, Ⅳ appendice général, 109—111，他曾自称“孔道塞是他自己知识上的父亲”，这就可以见孔道塞的历史哲学和孔德的密切关系了。利维布律尔 Lévy-Bruhl 著《法国哲学史》第十章《孔道塞》，彭基相译，页 184—194，亦可参考。）

孔道塞是杜尔阁的朋友，又为传说的作者，他以杜尔阁历史哲学研究的倾向为基础，而着手于文化史的计划，这真再恰当也没有了。杜尔阁对于文化史还不过留下一点暗示，尚未实现他的计划。但在孔道塞则更进一步，他计划的根本思想，在他著作中已将大要写出，他的原理，差不多和杜尔阁相同，对于杜尔阁的主张更加以新的意义，新的发挥。他热心地将此理论完成，关于人类精神进步之历史的乐观的记述，成于一七九三年政变的时候，这是很值得惊叹的。他是百科全书派的一人，故其精神透彻，而对于基督教的态度，也和伏尔泰，狄德罗相同，杜尔阁对于既成宗教，表示敬意，给神的摄理以文化发达史上之——地位，可是孔道塞对于基督教和中世文化便和他的文化所见不同。

两位思想家之最重要的区别，在他们执笔的环境不同。杜尔阁不承认急剧的变化为必要，他很想在现制度下从事改革的运动，孔道塞在革命前，虽承认这种见解，但因驱于革命热情，眼见美洲自由的胜利，与废止奴隶运动之扩大，使他得到证据更相信他的本来的乐观主义。他对于此人类大革命之一，既有经验，便发生信仰，很慎重地计划怎样应付人类的危机，怎样去应用历史来指导革命。他的信仰极为坚固，当他被非法处死的时候，他最后仍唱着藉理性与科学能达到人类进步高潮，他满心希望有一个理性以外无主人而只有自由民居住的世界——没有暴君，奴隶，僧侣和他们愚笨与伪善等，——以此光明的世界来临自慰，虽然时候还在很远的未来才可达到。（参照布雷书中所说）

孔道塞历史哲学的中心观念，即是进步与完成的观念。这种思想常常表现于他的著作中，并且非常迫切与热心，每一时代都有新的发现与发现的新工具；这好比“阿拉丁的灯”（Aladin’s lamp，此为《天方夜谈》故事）谁能有它，就能变好，只要好好地用它。所以科学的进步与人类的改良是相随而来。在《人类精神进步史纲》中开始便说“我的目的是藉推理与事实的帮助，表示没有野蛮能使人类的能力增进；表示人类的进步是无限制，不能与地球的进步相合”。即是我们身体的组织也将要完成，如讲求卫生，房屋构造很适宜，对于动物构造有彻底的知识，人的生命一定可以延长。（参照利维布律尔《法国哲学史》页187）因为他相信人类进步就是“知识”的进步，文化的历史即是知识发展的历史，所以他的历史的阶段说，即以“知识”的进步为根据，指示我们以人类自始都是不停地向前进步，并且这种进步是永无停止的一天。

孔道塞以知进步的观念，他将人类知识约略分为三个大时期：

第一个时期　自最初起直到言语的发明；

第二个时期　为文字发明时代；

第三个时期　为历史完全成立的时代。

第一个时期，现在还没有历史的充分证据去说明他，而只能想像有这么一个时代，这时除我们的官能已发达外，尚在无知无识的境界。孔道塞说：“人类在未成社会而孤立时候，获得语言的程序究竟到什么程度，我们现在不得而知。不过此时有种显著的色彩，即是有几种极粗浅的道德观念与社会的秩序已开始了，使人与活的动物稍有区别，并渐渐形成一个有规则的社会。所以在这个时代，除了我们的官能的发展能稍被看出以外，别的实无所知。”

第二个时期，已有几种历史的证据，初民社会到此可以说是完全了。孔道塞说：“这个时代人类已知道应用技术，并且科学的光明，也在这时开始。通商的结果产出国家，并且发明了文字，藉这些事物的帮助，我们遂能将各种不同的社会都联合起来。由历史我们知道这时已经有许多事实，但是我们必须在各种不同的民族中选择那些比较接近的事实，汇成一起以造成一个人类进步的历史假说。”

第三个时期，在这个时代我们已经有了一切必须的证据，将这些证据聚集起来，加以批评，我们就造成一个很坚固与很确实的基础了。孔道塞说：“人类精神进步的历程现在已变成实在的历史了。再用不着哲学家的想象与任何假设的造成。把这个时代的事实聚集起

来，就很够指示出由他们彼此关联而产生的真实。”（参照彭基相：《法国十八世纪思想史》页179—181）

《人类精神进步史纲》中更将上面所分人类进步的三大时期，详细分为文化之十时期。就中第十时代为属于未来的时期，所以归结可说只有九时期，而此九时期与三大时期根本上并无区别，不过一个比较简略，一个比较详细就是了。这各时期也不是有同等的意义，他这种时代的区分，也并非依据于政治的变化，而完全依据于知识之重要的发展，这一点也是值得我们注意的。

这九时期的区分，佛林得在《法国历史哲学史》中（页327—328）曾有简单的扼述，布雷在《人类进步之史的考察》中（页252—253）所述尤为简略，现在试以彭基相氏《法国十八世纪思想史》（页177—196）为依据，略举各时期的重要特征如下：

第一期为初民的社会期

（1）初民社会就是许多小家庭，这种社会的造成，一因婴儿须有父母保护，二因此遂产生父母与子女永久联合的感情。

（2）初步文明与粗浅的技术的发见，如武器的制造，食物的储藏，应用器具的采择，耕种的试验，语言的发展，道德感情的进步等。

（3）发生战争，不能不有首领，为最初政治制度的萌芽。

（4）有音乐，跳舞，诗歌的初民艺术。

（5）发生教主统治的阶级。

（6）这时妇人是一种奴隶。

第二期为畜牧期，这一期直到农业期为止。

（1）畜牧为最主要的工作。

（2）专门的技术已完全，羊毛的织物开始。

（3）产生货币。

（4）产生人类真正的奴隶制度。

（5）最初法律的判断的萌芽。

（6）教士的权力增加，用欺骗的方法统治人，已成习惯。

第三期自农业期进步到文字发明时期

（1）农业成为维持人类生活重要的来源，并且变成人民主要的职业。

（2）人民已知安居乐业，有一种诚实的道德。

（3）地主与劳工两个阶级的形成。

（4）教育渐成重要。

（5）城市的形成。

（6）政治上最首领的出现。

（7）封建制度的起源。

（8）天文学，算学，几何学的发明。

（9）发明文字。

第四期到我们真正的历史时期了，这就是希腊的时代，也就是人类和人类思想的初次进步的时代，这一期直到亚历山大（Alexander）的时代为止。

（1）希腊接受了东方的许多遗产——技术与制度，科学的知识，宗教信仰以及文字的字母，普通应用的器具等。

（2）那些非教士的人都有自由思想的权利，这种思想的自由，产生了希腊的许多哲学家。

（3）数学，其他科学，艺术，文学，均有惊人的发展。

第五期自科学的分工直到科学的消灭。

（1）希腊著名的思想家亚里士多德（Aristotle）不但包罗了一切的科学，且想把哲学的方法应用到人类的一切智慧上去。

（2）科学分工，数学与哲学分开，天文学物理学在此时期都有专门研究的人。

（3）罗马除继承希腊外，更创造了法律文化。

（4）“神庙”将众神放在一个庙里祭祀，这是将以前崇拜多神的习俗，用一个崇拜一神习俗来代替，为后来承认一个最高的神权的先声。

（5）基督教出来，将各种不同的教派联在一起，这时大家都只信仰有一个基督。

第六期为黑暗时代，自一切科学文艺的衰败直到十字军东征以后的文艺复兴。

（1）这时人类精神，都是浑浑噩噩，一无所知，遍地都是野蛮的行为，残暴的举动，腐败奸险到了极点。

（2）野蛮人征服毁掉了罗马的文明——艺术，文字及一切器具。

（3）人民屈服于混乱的封建制度的三层专制之下，即君主，军阀与教士。

（4）政治极黑暗，所谓法律，极为野蛮，维系人民全恃实教的诳语。

第七期为西方的文艺复兴期，这一期直到印刷品的发明为止。

（1）文艺复兴之四个重要原因，第一是教士压制的反动，第二是当时学校中尚保有以前自由思想的习惯，第三是普通人民的解放，第四是十字军东征，使西方与东方的物质文明接触，因此产生文艺复兴运动。

（2）有许多重要的发明，特别是关于机械的技术，如风车、日规、造纸术、指南针、火药等。这些技术或由西方人发明，或由中国传来的。

（3）此时风俗习惯，尚极粗鄙，不过那时的歌舞者、诗人及中等阶级的人当中，也能寻出一点新鲜的理想。

第八期自印刷术的发明直到科学哲学脱离威权的羁绊时候为止。

（1）印刷术的发明。

（2）土耳其取君士坦丁堡（Constantinople）（韦尔思 Wells《世界史纲》第三十四章谓美洲之发现，即为土耳其人侵入欧洲之结果）。

（3）新大陆的发现。

（4）表现于宗教方面，即为路德（Luther）的宗教革命。

（5）表现于人类别种活动方面的，第一为法学的构成，第二为近代科学的开始，第三为造型艺术与文字的发展。

（6）自由的精神与传统的偏见，此时正在战争的时候。

第九期，也可以说是最后的一期了。代表的人物是培根（Bacon），伽利略（Galileo），与笛卡儿（Descartes）。

（1）培根发明真正的方法来研究自然，他给我们以三种很重要的工具，即是观察，实验与数学。伽利略贡献了数学与物理学方面。笛卡儿则为天生的哲学家，使人类能走上大道的一个先锋。

（2）天文学，数学，物理学，自然科学的进步以外，人类本性的研究有洛克（Locke）与孔迭雅克（Condillac），社会的研究有杜尔阁、白利士（Price）与卢梭。

（3）这时的艺术，有惊人的进步，美术几乎达到极完全的地步，即是专门的技艺已使人类能得到大的幸福了。

布雷在《人类进步之史的考察》中（页252—253）提出孔道塞此书之最特色的部分，在于指出印刷术发明的伟大结果，与由笛卡儿所成就的科学上革命，结果产生了新时代——即法兰西共和国的建立，孔道塞鼓吹法国革命，以为笛卡儿天才已使人类受了极大的鼓动，革命不过这种精神的结果罢了。他有一句名言道“哲学才能够真正指导革命的原则”，这也可见他的历史观是如何着重知识的元素了。

《人类精神进步史纲》最后抱了一种极端的乐观主义，以为人类的进步是永远没有止境，即到地球末日，人类的进步将要消灭，但是地球存在一天，我们绝不要再怕野蛮时期的复返。他并且预料人类社会的总趋势，是一天一天地向着平等的方向走去，先是国家的平等，而后再到种族的平等。促进这种平等的方法是解放殖民地与奴隶，派遣公民到非、亚、美、各洲去宣传自由的真义与平等的原则。个人在社会中也渐趋于平等，遗产的均分已渐使个人的财产平等，互助的组织在人类的前进中更将大放光明，教育的普及更是不可限量，并是促进个人平等与全体精神一致的一个最好方法。这样一步一步地向前进，人类到最后自能达到最高的与最完全的境界。

怎样才能到达这最高的与最完全的境界呢？孔道塞的答案，仍决定之于自然科学的知识的状态，他说："一切政治上与道德上的错误，都是因为哲学上的错误来的，至于哲学本身的错误，又是由于物质的及环境的错误而来，所有超自然的思想与宗教的制度，都是由于人对于自然律不明白而来的。"所以人要对于自然律一天一天地知道多了，这些思想上的错误，也自然会一天一天地减少了。人类的进步也自然一天一天地完成了。（参照彭基相:《法国十八世纪思想史》页 196—198）

孔道塞这种进步与完成的观念，当然给孔德以很大的影响，而尤其使我们感着兴趣的，就是孔道塞也和孔德一样，曾经指出科学进化的次序，利维布律尔（Lévy-Bruhl）在《法国哲学史》第十章（页189）中告诉我们，"孔道塞曾指出科学演进的普通次序，依照此次序，比较简单的事实先被研究，而后科学的进步才被确定。所以他说天文学是最初被创造的，最后创造的是生理学，在生理学以外，对于社会学他似乎也见到，社会现象是他常常想到的题目"。不但如此，"孔道塞似乎已略为见到社会的静学与社会的动学之区别，社会的动学之特别重要"。由上各点更可以看出孔道塞的根本的思想和孔德的密切关系，怪不得孔德要这样说，孔道塞是他"知识上的父亲了"。

（D）圣西门（1760—1825）

他是法国社会主义之祖，幼年即富于空想，十九岁时会参加赞助美国独立运动，他的思想虽未成功体系，却给其伟大的弟子孔德以很大的暗示，又其弟子贝札尔（Bazard），翁封坦（Enfantin）依据他的思想，成功法国社会主义的最初学派，所谓“圣西门主义”（Saint-Simonism），这都是使他为世人所重视的因。（他的全集是从一八六五年开始发行的*Oeuvres de Saint-Simon et d'Enfantin*共四十册，其重要著作有一八五七年在Hubbard发行的二册本，与一八五九年在Brussels发行的三册本，研究的书籍以Booth所著*Saint-Simon and Saint-Simonism* 1871与Jonet所著*Saint-Simon et le Saint-Simonism* 1878为最好。现在只就历史哲学来说，可参考佛林得*Historical Philosophy in France*，页394—408，布雷所著《人类进步之史的考察》页342—350。Friedrich Muckle: *Saint-Simon, Sein Leben und Werk* 1907），利维布律尔《法国哲学史》中“孔德”一章亦曾叙及，兹将大意述之如下：

一八一四年圣西门在一本小册子里，有一段名言：

> 诗人的空想将黄金时代放在人类的摇篮期，反之将自己所处时期，放在铁的时代，但是黄金时代决不在我们后面，而在我们的前面。这完全是社会秩序。我们祖先未曾见过这个时代，我们子孙也不知道什么时候才能达到，但是开拓这一条路，却是我们的义务。

圣西门实受伏尔泰时代思想的影响，而为表同情于大革命思想的自由主义贵族之一人，从一八〇三至一八二五年他的思想虽几经变迁，但他是孔道塞与观念论者的门生，从这些人的思想里，他得到了两个不变的根本概念，第一以物理为伦理学与政治学的基础，第二承认历史是进步的。

孔道塞以知识的进步运动解释历史，与圣西门相同，但他以为孔道塞这种解释，未免太狭窄了，致犯两种错误。一则不能理解宗教之社会的意义，二则中世变成发展之无意义的停滞。圣西门以为宗教也有它社会职务，不能认为只是邪恶的东西。中世欧洲也非无用可悲的蒙昧主义的胜利，而实为人类进步中有意义必然的阶段。这种说法，当然对于孔道塞的学说是一种补充了。

还有孔道塞主张历史的价值在预见未来，给未来以一种根据，圣西门将此说发挥，以为预见不是孔道塞非科学的方法所能成功，因预见之故，不能不发见运动的法则，然而孔道塞不能发见此法则，又不想去发现此法则，所以应有更进一步从事发见社会法则的必要。

圣西门从历史演绎出来的法则是：组织或建设时代与批评或革命时代相交替相接续的。中世纪为组织时代，次之即表见为批评的革命的时代。此时代告终又有新的组织时代起而代替，如此进步不已，而历史发展的最后目标，则为社会的幸福，但劳动阶级居社会的大多数，所以第一步目标，即为劳动阶级运命的改善，因此社会改造遂成为政府之主要问题了。圣西门对于此问题的解决，提出社会主义。他很讥笑自由主义的标语，什么民主主义，自由，平等，以为和反动主义一样，加以拒绝。他又主张废止战争，在各国政府之上设立一个人类的议会（parliament of man）（以上参照布雷：*The Idea of Progress*）。

圣西门的历史哲学著作，可参看他在一八一三年发表的《人类科学的纪录》与《万有引力的研究》，及较前之一八〇八年所发表的《十九世纪科学研究序论》三书。在《十九世纪科学研究序论》中，他已将孔道塞的史观更为发挥，直至一八一三年《人类科学的纪录》一书而始完成。

《人类科学的纪录》一书，为印刷上的便利分为二册，实即代表二部分思想。第一篇讲个人生理学，第二篇讲人类史，当然这两篇是有连络的，不过关于个人生理学无甚发明，无注意的价值，反之第二篇则为极有兴味之人类史的发展的草案，是以人智之发展为中心的一种观念史观。

依圣西门看来，“同时代无历史书”，因为他们不能以真的科学精神来处理历史现象，而只无秩序地维持事实，便为满足，这当然不能发见历史现象中之决定的原动力。他们一般见解，以为历史的考察，第一国王，第二即政治的军事的事实，历史成为国王的起居注，这样就满足了。

因要纠正这种错误，历史便有改造的必要，历史应该从社会事实的中心里找出社会生活现象的特质，换言之，即以说明作为诸现象基础原理的因果关系为目的。由此一点，圣西门便提出“知识”为历史生活之最高原理，知识实为历史独特领域，它即是人类的精神生活，以不断的创造力，决定其他文化要素，如宗教道德，政治的内容及其进化倾向，因之其他形成文化作用的影响，如风土等，虽不能全然排除，但也只占得第二等的地位，所以我们不能不就知识以观察人类的过去，现在，及未来。人类的历史实因知识内容的变化而变化。所以人类的过去，现在及未来，同时即可看作是知识的过去，现在及未来，换言之，知识实为组成历史系统的一种媒介物。

由上圣西门的历史观，可以说纯然是观念史观的了，但细心一看，他的观念史观，实含有几个特点，如下所述的三点，即为好例。

（第一）他不相信人类进步是无限制的，他以为进步是依照事物必然之理而确然有其制限的存在。

（第二）个人与社会实取同一的进步阶程。

（第三）人智的发展，倾向于最大多数的幸福的增进。

圣西门的历史体系，可分两个时代，最初时代，只好说是人类史的序说，又分为两部分，第一部分是将地质学的观察，应用于历史方面。因为人类实与地球的存在相联络，所以历史研究应从地质学入手。第二部分包含在地球上已有动物及人类住居的历史，在这部分，特别从事有机体，无机体的研究。如《关于人类科学的纪录》前半所述便是。不过这两部分，即作为历史序说的部分，由现在看来，虽无甚价值，但在注意到人类前史这一点，却不能不说是一种贡献。

第二时代才是人类真正历史的时代，又可分为十二个时期：

（第一期）以亚维伦（Aveyron）地方所获的野蛮人为例，他们绝无知识，生食各动植物，住居山野，与动物生活很少本质的差异，这是第一期的特点，即因这点，圣西门根本反对卢梭一派所说自然人为幸福生活的说法。

（第二期）以住居麦哲伦海峡（Strait of Magellan）附近的土人为代表，他们尚在极野蛮未开化的状态中，以洞穴为家，不知道火。

（第三期）以美洲北东岸北部发见的住民为代表，这些人已建立家屋也可看出政治组织的最初萌芽，但言语还未发达，计数不能超出“三”以上的数目。

（第四期）如美洲北西岸北纬五十度旁所发见的土人，已达文化状态，有完全的言语，服从领袖，为猛烈的食人种。现存新西兰人（New Zealanders）即为好例。最可注意的就是人类本不吃人，到了知识发达，发明很多的杀人武器以后，人类便开始吃人了。

（第五期）以檀香山诸岛（Sandwich Islands）的住民为例。文化已进步到不吃人的程度，言语颇发达，土人分两个阶级，僧侣管理宗教仪式，在社会全阶级中，占最尊贵的地位。

（第六期）以西班牙人所发见当时秘鲁人及墨西哥人为例，在此治者与被治者截然不同，分成政治的社会。他们采掘金属，美术工艺有显著的进步。

以上从第一时期至第六时期，均应用人类学的说明，以下才进入历史事实之真正的文化阶段，而以埃及人为始。

（第七期）历史现象的重大转机，是从埃及人开始，埃及人以卓越的精神发明文字，社会组织为拜物教，人民崇拜日月星辰，乃至山川，动物以之为一切现象的基本原因。伦理科学与观察科学均已萌芽，但对于这些现象的作用，依观察是不能研究出来。又因科学的努力，惹起社会的阶级区别，即一方面有僧侣而兼学者，一方面有无知识的民众，这种僧侣阶级具有最初的政治权力，行使绝对威权。在此时期我们看出两点，第一这时祭祀权力与科学能力，本质上为同一物。第二此宗教团体即为最有教养的团体，当其缺乏此种能力时，便不为人尊敬，而渐归毁灭，为更贤明的团体所替代。这种变化，即是告诉我们以普遍思想的革新时代来了。

（第八期）以希腊的社会制度为代表，这时以超越的原因说明万有原理的宗教，已成为民众的宗教。此宗教因荷马（Homer）的伟大创造力而成为民众化。关于此时期，圣西门指出几点：

（1）有超越的宗教，超出各民族之上，而予以共通的利害观念，所以各民族争斗的时候，寺院宛然有抑压各自私益的最高任务，有如社会的官厅。

（2）希腊人开始对于社会组织为真正的研究，不但建立理论政治学的原则，且从事实际的研究，其中出了不少的大立法家。

（3）希腊人艺术上颇为优越。

（4）苏格拉底（Socrates）创出一神教的观念，实为历史上之一大分界。

固然以事实为基础的历史，是由埃及人开始，然而真正可为科学研究之有价值的对象，实始于苏格拉底以后的近世史，在他以前的历史分类，均甚错误。真正分类，应以苏格拉底为中心来分，所以历史分类应如下表：

人类史			
（1）古代史 （人类有史以来至苏格拉底）		（2）近世史 （苏格拉底至现代）	
（1）人类始源至摩西（Moses）	（2）摩西至苏格拉底	（1）从苏格拉底至穆罕默德（Mohammed）	（2）从穆罕默德至现代

换言之，即从第一期至第八期为古代史，从第八期至十二期为近代史，而第八期则为古代与近代的分歧点。

（第九期）为罗马时代。罗马人之最大贡献有二。其一为一神教的完成，多神教只能统治小规模的社会制度，即人口少数的国家，若乎言语风俗气候风土不同的广大国土，便需要一个更高的统一原因，而罗马人建立了一神教，实为走向更高统一原理之第一步。其二为市民权的确立。在希腊人只有少数人民是自由的，然而近代欧洲，则一亿五千万人均享有市民权，其间幸福的变化，不能不及罗马时代所确立的市民权的制度。

（第十期）以阿拉伯人即萨拉森人（Saracens）为代表。这时发明时代科[1]学，又建立观察科学上的大功绩，这就是说，阿剌伯人实在苏格拉底以后为科学进步的贡献者。

（第十一期）即中世时代。圣西门认此时代颇占普遍史的地位，无论从何方面看来。均可认为古代最高知识的成果，其关键即在混入了柏拉图（Plato）哲学而开创前代未有之社会构造力的基督教便是。由基督教教理而欧洲各国遂能打成一片，造成坚固的文化社会，这却不能不归功于查理曼大帝（Charlemagne）。他知道只有俗世间的权力，不足以统制一切，因此援用有组织力的基督教，确立教权，将政

① “科”，原作“学”，误，据福建本改。——编者

权与教权分开，而造成文化进步的大伟业。但从一方面来看，从查理曼以至现在，欧洲社会物质的关系虽不断进步，而人智方面则全体无何等进步可言，为什么呢？因为个别科学没有完成的原故。

（第十二期）这个文化的形成期，只有待于将来的。

基督教社会制度的覆灭，乃为科学的职务。科学最初受阿剌伯人的刺激，由阿剌伯人将代数学，天文学，化学，生理学等输入欧洲，直至十四世纪发生了意大利的文艺复兴，代表了俗人胜利的先声。次之哥白尼（Copernicus）提倡太阳中心说，唤起中世人的迷梦，培根、笛卡儿、伽利略、牛顿、洛克等一方面的科学革命，另一方面又有学者而近政治家的路德提倡宗教革命，打倒教皇的政治权力。如此对于历史上古代神话体系的推翻，更完成于法国的启明哲学，尤其是百科全书派，至今为欧洲社会思想的中心问题。而在此十二时期中，圣西门尤其注意牛顿的万有引力法则，认为本时期的根本原理。

圣西门对于此人类史之十二文化期，不惜缕缕千言，此不过述其梗概，以见他的智识史观。他主张知识进步使人类历史也跟着进步，所以历史是不会倒退的，前代的思想内容，再也不能复活，这是历史的进步的原则如此，不能违背，所以我们所能做的，只有顺应此法则而努力前进。他说得好："我们要想脱去泥沼的唯一方法，只有前进，'开倒车'是对于我们一点利益也没有的，我们即要倒退，也不能成功。"

圣西门的知识史观，也可以说是圣西门受了杜尔阁、孔道塞影响所发展的知识史观，其重要著作，如前所述，是一八一三年发表的《人类科学的纪录》，但是到了一八一七年及一八二五年，即在圣西门晚年期的著作中，却很明显地看出历史哲学思想之一大转变。这位老哲学家当一八一九年出版一部大作《组织者》，这是和孔德合作的，一八二一年及一八二二年，新著《实业体系论》（*Du Système*

Industriel）出版，在这一部书里，便提出了划时期的“经济史观”。这经济史观当然是受法国革命后实际生活和这时经济的飞跃情形的影响，故在书中，承认“实业”的新原理，承认“实业万能，万事均由实业而成立”（Tout par l’ industrie, tout pour elle.）。这实业的历史观，即是所谓“经济史观”。

现在试将《实业体系论》的历史哲学思想略为一述，原来在《实业体系论》中，圣西门也是抱着两种历史观的。即（一）为知识的历史观，（二）为经济的历史观，因为一七八九年的法国革命，一方面为百科全书派哲学家的努力，一方面实为不断的经济进步的结果。圣西门在一八一三年的著作，虽只注意前者，即知识史观，但在晚年期的著作，即在《实业体系论》中，则尤注意于经济的进步的影响，以为文化现象之统一的说明。在知识的原因以外，更须特别注意经济的原因，近代历史的特质，即在科学的天才与实业的天才通力合作，使生活状态有不断的进步。但就知识的历史观念来说，圣西门此书大意不能超出《人类科学的纪录》的范围，不过有好些重要的补充而已。如就宗教的思想来说，在此书中将宗教的科学分为三种:（一）偶像崇拜，（二）多神教，（三）一神教，这即是好例。但最重要的却是经济的历史观念，即经济史观。经济史观承认人类历史除却受哲学思想的制限以外，更受经济的事实所决定。而且社会秩序的基础，实可以某一定之经济的技术的状态来说明的。为什么呢？实业进步实为最基本的一回事，实业实为人类社会存在的唯一保证，富与幸福的唯一源泉，它是社会结合必不可缺的条件，所谓各国民，要之不外为实业社会而已，经济的关系而已。不但如此，圣西门更将“财产关系”放在中心的地位，以为“财产法”实为社会建筑的基础，不过对于财产与生产之支配关系，他还没有很明白的说明罢了。但他也曾注意到阶级斗争，以为法兰西的历史即为法兰克族侵入以来阶级斗争的连锁，这种思想当然曾给马克思以很大的暗示了。

这经济史观的思想，在圣西门以前也有很多代表的思想家，如韦柯，孟德斯鸠，卢梭，福格孙（Ferguson）等均有痕迹可寻，但是圣西门以后，才有实际的发展。

最后应该加以说明的，倒是圣西门和孔德的关系。圣西门和孔德都是主张知识史观，兼及经济史观的，但是他们两人的思想关系，却成为历史哲学史上的一个疑问，如一八五八年翁封坦曾经指出："孔德不承认圣西门为师，反而攻击其师盗取他的思想，使师之弟子背叛圣西门，这可以说是新的犹大（Yudas）！其实他的全部学说，在他未生以前，圣西门早已发表过了。"（*Science de l'Homme*, pp. 73—74）反之拉非特（Pierre Laffitte）在一八八四年则主张圣西门思想对于孔德的实证主义的发展，实无影响，而且孔德的实证主义才是真的实证主义（*Revue occidentale*, 1884, p. 120 Citée par Dumay）。就近年来说，一方面有杜马（Dumas）教授及培累尔（Alfred Pereire），尤其是塞空（Second）教授及塞利尔（Seilliere）主张前说，他方面又有杜布松（Dubuisson）及美尔卡（Marechal）主张后说，究竟那一说对呢？这还是一个问题。

我们现在不能详细去考证它。但据利维布律尔所说，圣西门和孔德的关系，始于一八一八年，培累尔则考证为一八一七年开始，大概在一八一七年孔德即充圣西门的书记，一两个月后即一八一七年九月及十月《组织者》第三卷与第四卷第一分册出版，此第三卷所有记事，均用圣西门署名，但事实上全部均为孔德所著，而这一点除一二例外，在学说史家中，可说已无异议。还有第四卷第一册也有许多学者认为孔德的手笔。第三卷出版后，因其中所含实证主义的道德观，为读者所不满，被人告发，宣告停购；因此第四卷第一册也买不出来，圣西门大惊，在一八一八年四月只好自己来写《组织者》新第四卷出版，这一段事实，即可证明两人感情从此疏隔的原因，而思想上的不同，也可于此证之，然而谓孔德不曾受圣西门的影响，则绝不可靠，两人实始于合作而终于分离，当然彼此不免要有思想接触的关系。如最有名的三阶段法则，圣西门在一八一三年所著的《人类科学的纪录》中，即已成立，如他所采用的人智史的三大时代。

不但为孔德学说体系建立一个坚固的基础，简直可以说孔德的根本思想，都含在圣西门的计划之中。固然孔德的弟子们，如利特累（Littré）只承认圣西门创造“知识的两进化阶段，即知识之神学的及科学的阶段法则”。佛林得说：“知识进化的三阶段法则在圣西门那一部著述中都没有说到，这句话是对的。”可是蒲列哈诺夫（Plekhanov）在《史的一元论》便提出异议，以为如果佛林得注意些读了圣西门的著作，便不难发见在 *Du Système industriel*, préface, pp. Ⅵ—Ⅶ所述“人类的智性在从纯神学的观点移到实证的观念以前，许多时间是受支配于形而上学的过渡状态”那一段话了。即因圣西门看重三阶段的法则，所以他对于纯政治的现象，如法国革命时代的说明，“以为是受了法学家及形而上学家的支配。”实在说，“三阶段的法则”虽然利特累给孔德极力辩护，实际却不是他一个人私有的思想，而为很早就发见了思想史上公共的产物，如韦柯，杜尔阁，孔道塞和圣西门没有一个历史哲学家不是以三阶段的法则为说明历史的锁钥，这不是证明了孔德以前，已经有许多孔德的历史哲学先导者存在的事实吗？

第二章 历史哲学的基本概念

孔德的《实证哲学讲义》(*Cours de philosophie positive*，1830—1842)是最初把实证主义领域大致确定的论文，同时也是最初把社会学的历史观提出的论文。他在讲义里面，创用了实证主义(positivism)这个名词，以陈述他的哲学系统，根据这个系统，他即建设社会学，根据社会学，以建立他的历史哲学。如利维布律尔所说过似的，“总之孔德是一个哲学家，他的系统是最好构造系统中之一。他将这些观念连结在一个有力的系统中，这些观念以前或已有过，或分散在各处，这都没有关系，孔德将它们连结在一个系统，给它们以新的意义与新的价值。”(《法国哲学史》页228)但是我们要问孔德这一个哲学家，究竟是用什么来连结成他的整个系统呢？当然无疑的就是他所提倡的“实证主义”。

“实证主义”即立脚于事实之上的哲学，抛开那什么实在呀，本体呀，神呀这些抽象名词，完全依据观察与实验来研究现象间的因果关系。孔德六厚本的《实证哲学讲义》，花[①]了十二年的时间，其重要的努力即要用这种实证的信仰来代替神学的与玄学的信仰，用科学法则的知识来代替神学玄学的解释，所以他的研究法也是着重经验而拒绝思辨。他揭出科学研究的目的，只在乎“为预见而知”(voir pour prévoir)实证主义就是为要确立社会改造的原理，才不得不就人类之社会生活现象，施以实证的研究。换言之，即求潜藏于社会生

---

① “花”，原作“化”，疑误，据上下文改。——编者

活背后之共同思想，求出那支配社会生活的法则，这一点孔德和圣西门是一样的，然而孔德却比圣西门更进一步，圣西门只主张实证政治学即社会学，可作为一确实的科学来研究，孔德却证明了社会物理学即社会学，不但能成为一个科学，而且在学问的体系上，有不得不和其他科学共同存在的理由。依他意思，则一切实证科学，在学问系统上，都有其一定的配列，个个科学不能全无关系地独立着，各个科学均保有一定论理的秩序，而立于此论理秩序最后之社会物理学，即社会学，就是指示人类生活的真正活动，而预测其将来之运命的。现在试先考察他有名的学问体系论。

照孔德意思，学问的分类是应依照那为分类标准之学问对象之类似性，及存于对象间自然的系列来确定的。所谓对象间自然的系列，就是指依普遍性大小之对象间的从属关系，照着从普遍性大到普遍性小的这样秩序，各个学问对象，可规定如下。即分为：

数理，天文现象；

物理现象；

化学现象；

生物现象及人与人关系所成的集合现象。

此现象中，最初五个现象以较于最后一个现象（人与人的关系，所成的集合现象），可算普遍性大而复杂性小了。即因这个原故，所以很早经过实证的研究。却是最后现象，虽普遍性小而复杂性大，却也有成立为社会学的必要。这就是说，科学的研究法，必须是实证的，当我们以此诸现象中最普遍性小而复杂性大的社会现象为学问对象而施以实证的研究时，在这里便成新的科学，所谓社会学了。因此照学问之体系秩序来说，就是数学，天文学，物理学，化学，生物学，最后继是社会学。应居于实证科学的最高位的。

他这种科学的分类，由我们看来，实包括以下几个特点：

（第一）阶段的观点　这种分类，主张科学是由普遍而到特殊，由简单而到复杂的地位，以图表之，即为如下之阶段式：

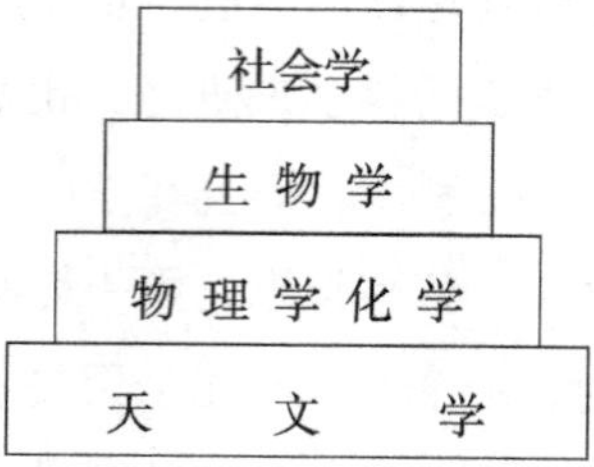

如以神学之知识分类（亚里斯多德，雨果 Hugo），为圆心式的分类，哲学之知识分类（倍根，笛加儿，胡尔弗 Wolff）为树枝式的分类，则孔德这种阶段式的分类，那样条理明晰，从科学分类的历史看来，已经是很富于独创的精神了。

（第二）发生的观点　这在巴尔特（Barth）所著《历史哲学的社会学》中（第一卷第二部前编第二章第一节"孔德分类的本质"已经说得很明白了。发生学的分类，所立秩序，不仅注意于研究对象之并存关系，在可能范围，还要努力发现这种秩序的前后关系，即发展的系列。冯德（Wundt）要将发生论的分类，区分为构成的（konstruktive）与再构成的（reconstruktive），这是对的。构成的分类是比较对象而组成理想的型式，即所谓"类型"（Typen）的系列，反之再构成的分类，却要寻出从一类型到他类型所发生事实上发展的痕迹。换言之，即模仿着宇宙的创成。但是孔德的分类，是构成的还是再构成的呢？巴尔特无疑地告诉我们："科学将人类知识的发展过程，在它自己之中反复着。……所以孔德的科学分类，不单是记述的，同时是发生的，而且是再构成的。"不过巴尔特的意思，"现在若使继承孔德的体系，则不但要从事社会现象的分类，而且希望有能发见这些生成，成长的种类方法；然而在孔德体系里，可认为这生成，成长最强的原动力者，只不过一个知识的动力而已。"这一段批评，当然是一大问题，但无论如何，孔德发生的科学分类，同时即为三阶段法则的补充，如一般批评孔德哲学者所说“科学分类是说明知识进展的次序；是就静的观点来说明动的观点形成的法则”，这就可见科学分类之为发生的分类的意义了。

（第三）实证的观点 如利维布律尔在《法国哲学史》（第十三章页234）中所指出的：“他的科学的分类，主要的是表示依赖于实证的观点。即每一种科学必预先料定了前一种的科学，如几何学无需于天文学；但是天文学适相反，不能变成一种科学，直到希腊的几何学家成功以后。物理学在力学与天文学以后，化学又在物理学以后。属于活的物体现象除服从力学、化学的公律以外，并服从特别生物学的公律。每一个新的现象依赖于较简单更普遍的现象，所以每一种新的科学成立，也要依赖于以前的一种科学。”社会现象最为复杂，所以我们必须希望社会为最后组织的科学。政治的幻像在我们今日仍有势力，不仅支配了较低下的阶级，并且支配了上等阶级，这很足以表示人不能自实证的观点来研究社会事实，除非生物学达到适当发展的程度以后，“实证的社会学没有可能”。这就可见科学的分类是从实证的观点出发的了。

（第四）自然科学的观点 这种科学的分类，不将自然科学与社会物理学并列，而认为社会学（社会物理学）所研究的现象，也是自然现象，不把他划在自然现象之外，这一点很可注意。（孙本文所著《社会学的领域》页96—97，所列关于各科学的排列，实即采用了孔德的分类法的。）

但是孔德科学的分类，虽为普通科学家所采取，因为他们觉得这种分类是很方便，但是这种分类也曾为他的同派的哲学家所批评的，例如：

（一）斯宾塞（Spencer）的批评 科学分类中孔德只注意理论的科学，在理论科学中，只讨论抽象的科学。所以斯宾塞就极力说这种分类不能回答一个确切与完全分类的条件，因为孔德只将抽象的科学加以分类，具体的科学未加以分类。不过斯宾塞这种批评，利德（Littré）在《孔德与证实哲学》（*Auguste Comte et la philosophie positive*）第六章（页 277—301）已有详细的解答，以为斯宾塞所责备孔德没有做的，正是孔德不想去做的罢了。

（二）穆勒（J. S. Mill）的批评　在孔德的科学分类中，没有提到心理学，利维布律尔（《法国哲学史》页 235）曾经发过一个疑问“为什么心理学竟没有提到？此处这个缺陷是否危险了他的全系统？至少穆勒是如此想，并且这也是一个重要的原因，使穆勒不附和孔德的哲学”。但是利氏的答案，以为由孔德看来，“有机体是心理学作用必需的条件，所以结果无须将心理学与生物学分开，但是这仅是一个形式的问题，假使我们因此推论到在孔德的系统中没有心理学，那我们是完全错了。”

再就他所述实证的研究法来看，则在普遍性最大的天文现象，所云实证的方法，只不过一种观察法而已，次之研究普遍性小而复杂性大的物理化学等现象，则在观察法外更加入了实验法。更进而从事更复杂的生物现象之研究，则在这些二法之外，又加入了比较法；而复杂性大的社会现象的研究，这在这些方法以外，更不可不加入研究此现象的特殊方法，就是历史法。为明了起见，试列表如下：

人类史	天文学	观察法
	物理学	（观察法＋）实验法
	化学	
	生物学	（观察法＋实验法＋）比较法
	社会学	（观察法＋实验法＋比较法＋）历史法

社会学虽在研究社会现象时，应用了前三种方法，但仍不能充分正确地研究社会现象，为什么呢？因为社会现象本是人类生活之连续的发展，所以只有考察此连续之历史的事实，才能够正确地理解它；然而这种理解，只应用以上三种方法，是不能求出什么的。这种现象之研究，只有由于考察了表示人类行为之连续痕迹的历史，而后

可能。即因这个原故，社会现象的研究，不得不有特殊的方法，就是在以上三种方法以外，应该有历史的研究法，使社会学成为一个历史科学而发展。社会学只在这个地方，才能寻出社会变动的原则，找出社会生活进化的方向，以满足我们“为预见而求知识”的要求。固然有如形式社会学者户田贞三（《社会学讲义案》页40）所攻击似的，这里所说观察法以下四种方法，要之不外使观察正确的手段而已，那么在观察法以外，还有什么特有的方法呢？其实这一段批评，显然不知实证的研究法，本以观察法为最低的一层，由此最低一层进到第二层，加入了实验法；进到第三层，又加入了比较法；再进到第四层，才加入了历史法。虽则所有各层均以第一层即观察法为底子，然而每进一层，于底子以外，复杂性必然有所增加，因而每层必自有其新的结构，而须要新的特有的研究法，去说明他。所以即就实证之方法来说，在层层推进中的每种方法，各有其特殊的功用，而历史方法因为研究最复杂性而普遍性小的社会现象，所以居于实证法的最高层，怎好和那研究复杂性小而普遍性大的一般观察法混作一谈呢？

依据上面实证的方法论，可以定出几个法则，就是：

〔第一个法则〕现象愈简单，所用的方法亦简单；现象愈复杂，所用的方法亦愈复杂，试以下图明之。

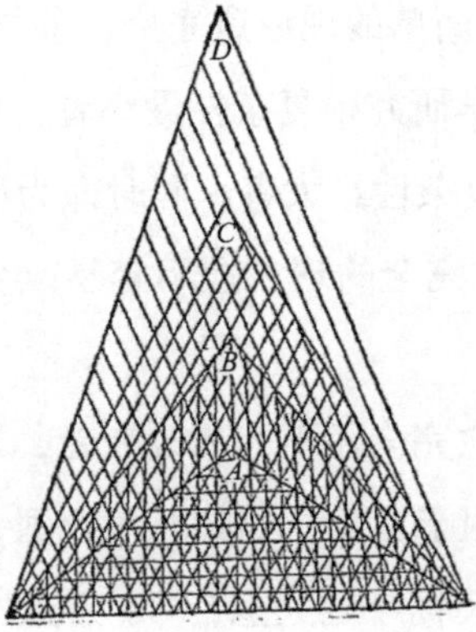

在此塔形图，可见各种方法之内包（involution）的关系，A层塔底为观察法，B层为实验法，C层为比较法，D层塔尖为历史法。A层以横线表之，B层以直线表之，然B层以直线而兼有横线，换言之即B内包着A，即实验法内包着观察法。同理C层于以左斜线表示其特性外，又兼有直线与横线，换言之即C内包着B和A，即比较法内包着实验法与观察法，更进一层来说，D层塔尖不仅包有C层在斜线与B层直线及A层横线，且又有其独特之右斜线与左斜线直线横线相交，换言之即D内包着C，B和A，这就是说历史法内包着比较法，实验法和观察法，这不是证明了现象愈简单，所用的方法亦简单，现象愈复杂，所用的方法亦愈复杂吗？

〔第二个法则〕愈简单的现象，愈不易为人力所控制；愈复杂的现象，愈易为人力所控制。

如数理天文研究的现象，普遍性最大而复杂性最小，最不容易为人力所控制；物理学化学研究的现象，普遍性次大而复杂性次小，便稍易为人力所控制；次之生物研究的现象，普遍性次小而复杂性次大，便更易为人力所控制；如医学与外科手术，即为好例。最后人与人关系所成的集合现象，即社会现象的研究，因其普遍性最小而复杂性最大，故完全为人力所控制，如政治法律，皆依人力而施设者。

〔第三个法则〕愈简单的现象愈完全，愈复杂的现象愈不完全。

如天文现象为科学研究中复杂性最小者，同时即为最完全者；人类社会为科学研究中复杂性最大者，同时即为最不完全者。

〔第四个法则〕愈完全的现象愈不容易改变，愈不完全的现象愈容易改变。

如天文现象即为愈完全而不容易改变者，刘知幾《史通》书志第八所谓“两曜百星，丽于玄象，非如九州万国，废置无恒；故海田可变而景纬无易，古之天犹今之天也，今之天即古之天也”。反之社会现象则因过于复杂，故瞬息万变，其特性为“变化”而非“不易”。

由上四个法则，均可看做实设方法论的根本原理，依此实证的方法论，孔德才建立了社会学（社会物理学），依此社会学才建立了历史哲学这一门学问。

“历史哲学”不是别的，在孔德社会学的体系中，即所谓“社会动学”。他将社会学分做两大部分，就空间时间的统一社会，而普遍地研究其构成组织方面的，他叫做社会静学；普遍地研究其历史的变迁方面的，他叫做社会动学，即历史哲学。前者关于社会秩序的研究，后者关于社会变迁进步的考察。在社会静学里，他注意于社会诸现象的共存关系，一致的关系，连带的关系，以及部分分化作用及其统一作用的关系，现在可无须细说了。只就社会动学来看，他在这里却贡献了三阶段法则的学说。他把从古至今人类所以承承代代的社会现象，集拢来做一条直线，使大家可以见得社会在各时代中一种继续不断的发展状况。他研究的结果，谓历史不应专注于一二著名人物，而应该注意于民众的行为，因为民众才是历史进程之重要元素。其二为历史的现象，是自然的现象，受制于自然定律的。这两种思想实在是互相关系，因必当民众都向前活动时，而后自然定律——人类在时间里的进步——才可显现出来。因此他从这个意思去估定人类的进化，并且拿他最有名的三阶段法则，来讲历史哲学。以为促成人类社会进步的重要原因，即（1）人们的爱新性，（2）生命之长，（3）人口的增加三项，都不过是副次的。进步的主要动因，是由于人们知识作用的增加，即思维能力的发展；因知识作用社会生活遂不断地引入新的生活形态，在此遂造成历史。所以人类社会的历史，就是这知识作用展开的历史，而这就是所谓知识的历史观了。

第三章　知识史观

孔德的历史哲学，是以知识为中心的历史观，他所提倡有名的三阶段说，也只是以知识为中心的三阶段说罢了。他分析那支配社会进化的诸要素，所得的最后结论是：

> 我们实无可疑地，将知的进化，作为人类进化全体的第一个原因。
>
> 若使知识的观点，可支配社会组织之静学的研究，则更大的理由，同样地可应用之于社会之动学的研究。虽然知识常常要受食欲，情欲或感情之不断的刺戟，可是从进步的全体来看，这些都只在智能的指导之下，而后进步才可能的。

所以他接着说：

> 社会的历史，是受人类精神支配的历史，因而我们研究历史的，不得不以人类精神全体史为目标。(《实证哲学》下册页 113—114)

知道孔德的历史哲学，乃是以知识为中心的历史观，即是一种"精神的历史观"，而后才能明白孔德所规定的人类发展的三阶段说，为什么只是以知识为中心的三阶段说了。

最可注意的，就是孔德所发现以知识为中心的三阶段法则，实为他历史哲学说的中心，同时即为他的社会学说的中心。孔德因看得人类知识的混乱，是因为没有统一的思想，但要想有统一的思想，便不得不建立实证哲学，要使实证哲学发生效力，他又必须要建立社会学，但经他研究的结果，社会的一切要素，均以知识要素为最重要，所有各种文化历史，各种社会现象，都是跟着知识的变动而变动，因此他便发明了以知识中心的三阶段法则。所以这三段法则的发明，不但建立了孔德的历史哲学，简直建立了他社会学的中心，孔德的社会学，无论社会静学，或是社会动学，均以知识为中心，严格来说，可以用一个新名词，称之为“知识社会学”，而他的社会学即历史哲学，更无可疑地，可称之为“知识史观”。

但是孔德怎样发现这种知识的三阶段法则呢？在这里应该有一段历史的说明，依孔德后来自己说，这种见解在一八二二年，即当他二十四岁时候，早已成立了。现在试依照次序，将这种三阶段说的说明，分三期说明之如下：

（一）《早期论文集》中所见之三阶段说

孔德从一八一八年以至一八二六年间，曾发表了一些论文，这些论文失传已久，自重新发见以后，即于一八五四年重刊在《实证政治学》里面，作为附录，并且曾由胡顿（Henry Dix Hutton）分别译印出来，命名为《孔德社会哲学的早期论文集》（*Comte: Early Essays on Social Philosophy*, London, 1911）在这里有两篇很值得我们注意。

（1）《近代史之蠡测》　见《实证政治学》卷四附录页四以下，这是孔德在一八二〇年对于历史事实观察之第一种结果。主要论点，是在历史上分别天主教的封建制度和科学的实业制度，以为实业必会推倒战争，科学必会代替神学。他并推论“实业”的发端，起自平民对选举权的享有，“科学”的发端，是从亚剌伯人把观察的科学输入欧洲以后，合此两种力量，遂把封建主义和神学主义所代表的旧制度推翻了。在这篇论文里，孔德已很明白认识了他所处的时代，是科学时代，同时即是实业时代；而且这早期的历史哲学，实已包括了其后《实证哲学》卷五卷六中大部分的观念（参照黄文山译，Grange 著《孔德之社会学方法》）。

（2）《社会改造之科学工作的计划》 在这一篇论文里，他已经把三阶段的法则很明白地建立了。其时是一八二二年，他只有二十四岁，论文的中心思想，大意是说："……过去的信仰已经破坏，人类的物质生活，现在要求新的指导，很长久可怕的激动，摇撼了欧洲社会，可是比较立于坚固基础上的新社会的建立，还未成功，〔因此所以〕作为精神指导者的科学家，不可不将政治学改造为严正科学。又在世俗方面，实业上的指导者们，也应该将这政治理论实现于社会上。"孔德这篇论文中，最初提出人类知识进步的三阶段法则，他概括地说：

> 由人类精神的性质看，我们知识的每一分支，在继续前进中，必须服从三种不同的理论阶段：即神学的或幻想的阶段，玄学或抽象的阶段，最后为科学或实证的阶段。（*Système de politique positive* 附录，页七七彭基相译）

后来孔德在《实证学讲义》第四卷中也自己说：

> 在一八二二年自己曾发现了三阶段说，即最初为神学的，次之为形而上学的，最后为实证哲学的，这样三个状态之不变不可缺少的继续。我们的知识，不论在那一方面研究的领域，常常要通过这三个状态的。

可见三阶段法则，在一八二二年早已成立，从那时以后，如施亨利（Henri Sée）所说“他只需把这已成熟的理论详细发挥罢了”。（《历史之科学与哲学》页三三）尤其可注意的，就是在这些论文中，他提出几个重要的见解，如：

（A）政治应该变成一种科学。

科学家在今日应该把政治学的地位提高，使他变成一种观察的科学。

（B）提出“社会物理学”一名。

我们为要使自然科学完全无缺起见，仍须添上一种科学——社会物理学——这个条件一旦满足后，我们自能综合一切不同的概念，建立一种真正的实证哲学。

（C）文化阶段说。

我们观察社会组织，必须知道它与文化的各阶段有密切的关系，而且受文化的阶段所决定，文化的进步也是要根据于事物性质之不变的法则，而为其所统驭的。

（D）历史之概括的观察。

各种社会现象在继续发展中，实互相影响，因此若不把全体的进行，作一个概括的观察，便绝对不能解释它们中任何一个的进行。

举此四点，已可见孔德一八二二年的早期论文，已经怎样建立了他的历史哲学了。（A）（B）两项可以看出孔德社会学学说的起源，（C）（D）两项尤可以看出孔德在社会动学即历史哲学说的起源。孔德承认文化有必然的行程，这个行程可以说是和物理现象一样地有定律可寻，因此发明了三阶段的法则。又以为科学的历史和叙事的历史不同，故要丢开特殊的事实，琐屑的事实，而指出一种综合的观察，这么一来，孔德的历史哲学便能建立起来了。

（二）实证哲学中所见之三阶段说

在一八二二年早期论文集中，孔德虽已成立了三阶段的法则，但那时他只有二十四岁，而且专究的学问，也并非历史，所以孔德历史哲学的成熟，还须等到一八四一至一八四二年的《实证哲学》第五卷第六卷中，才可看得出来。孔德《实证哲学》中关于社会科学方面，分为社会静学与社会动学两大部分，论社会静学的只有一章，而讲到社会动学即历史哲学的，却有七章之多，列表如下：

- 社会学
  - （1）社会静学　即社会之自发的秩序之理论（第五章）
  - （2）社会动学即进步之理论
    - 绪论（第六章）
    - 文明进化的阶段
      - （一）神学阶段
        - 拜物教时代（第七章）
        - 多神教时代（第八章）
        - 一神教时代（第九章）
      - （二）形而上学阶段　即革命的过渡期（第十章）
      - （三）实证的阶段
        - 专门时代　即分别精神优势的时代（第十一章）
        - 实证时代　即综合精神优势的时代（第十二章）

由上表已可看出社会动学即历史哲学在孔德的《实证哲学》中，尤其是在社会科学的体系中，是占怎样重要的位置了。孔德由一八三〇年起出版《实证哲学》第一册，直至一八四二年方脱稿，最重要的社会动学即历史哲学则成于一八四一至一八四二年即《实证哲学讲义》之第五卷第六卷。我们现在且研究一下，他所说社会动学的根本概念是什么，他说：(参照 Grange《孔德的社会学方法》一文)

> 动的社会学的真正的普遍精神，在把每种这些绵延的社会状态，看作前段的必然结果，后段不可少的动力，有如来布尼兹(Leibniz)的清晰的格言说的，现在以有未来而伟大。所以这种科学在本方面应有的对象，在发见这种“延续”所据的永恒法则——这些整部的法则，决定人类发展的根本进程。

孔德反对一切关于“人类圆满论”的懒惰的论潮，而以“发展”一名词代替他。所谓发展者，乃指示一种普遍的和不能争论的事实，绝不曾包括着任何道德的判断。但在发展中，以那一方面为最紧要呢？当然人类生存的身体，道德的，知识的和社会的各方面，都可以保证“发展”是一种确凿的事实。然在发展之中，最明显和最容易了解的，孔德却指出知识方面，因为只有知识的发展，其主要部分亦即是对一般进步影响最深刻的部分，而且知识它所遇着的阻力最少，而进程又最快，所以知识的发展研究，正是一切进步发展的研究的锁钥。但是知识有没有偶然的影响呢？孔德的答案，“是没有的”。

> 在知识的程序中，没有偶然的影响，或任何个人的优越，能够把那保留到后一个时代的发见，例如根据人类思想的基本运动所诏示——移到前一个时期去，反之亦然。科学史坚决地证

明，纵使最卓越的天才，也是密切地依着人类思想的现阶段。

晓得孔德社会动学即历史哲学中进步的理论，而后我们便可更进一步来研究他以知识为中心的三阶段的法则，《实证哲学》卷六对于此三阶段法则曾有一段解释，认为这三阶段法则是如其他自然哲学的法则一样，这个法则解释了自有初民直至现在人类各方面的历史。然则这三阶段法则，究竟是什么呢？无疑乎孔德从来不曾注意引用史料和参考，然如施亨利（Henri Sée）所说“仍盖不了他的史识的丰富”（《历史之科学与哲学》页41），这就可见他的真价值了。

三阶段的法则，即认人类社会的历史，就是知识作用展开的历史。而就知识作用展开的历史来看，实经过三个不同之理论的阶段：

（第一）神学阶段　这时期做一切理论基础的，就是“神”，一切现象都可以不可思议的超自然力解释他。

（第二）形而上学阶段　这时期以抽象的概念，就是潜伏人们内心的思想，来解决一切。

（第三）实证的或科学的阶段　这时期专以观察为主，汇集事实上所得的法则而整理之，排列之，藉以说明一切。所用的方法，完全是科学的。

以上三个阶段，第一段是人智发展的开端，其发现时由上古以至中世之军事及宗教时代。第二段不过是过渡的方法，其发现时为由文艺复兴，以至十八世纪的哲学时代。第三段是人智发展的归着点，这便是孔德实证的科学的时期了。就中神学阶段，又包含三种相连的宗教，即拜物教时代，多神教时代，一神教时代，各宗教各形成其特有的社会组织。

第一个时代——拜物教。对于自然而施以原始人特有的解释，认一切万物都是有生命的，这时代于人类进化所占的位置，是使农耕发达，确定了居留制度。

第二个时代——多神教，这个时代在知识科学及艺术方面均大进步，希腊文明便是好例。这时因认天体为多神所组成，换言之即为超自然的非物质的本体所成，因供养这些神们遂组成有力的祭司阶级。孔德以为古代社会的军事制度也是成于此时。多神社会大部分建于奴隶制之上，奴隶制在当时很是必要，而且本是有益的，奴隶因此可以免去牺牲，保存生命，但是多神教也有多少的严重缺点，如神权与私权的纠纷，家庭道德的不完全，于是代替它的，便是从多神教中发展出来的一神教。

第三个时代——一神教。在这时代，孔德特别恭维天主教，以为它能够分开神权与俗权，"这便是近代政治所以优于古代政治了"。而且它还对于封建制也有好处，封建制度原来是"近代社会的摇篮，只须看它俗权方面的过渡性质好了。"虽然中世社会还是个军事社会，可是比古代已经良好得多，它的战争大都是自卫的性质，这也是受了天主教道德宣传的影响。（参照施亨利：《历史之哲学与科学》页41—42）还有这个时候，神学的色彩已不如前浓厚，世界观中已多少包含着科学的思想，此时产生统一的僧侣阶级，将人类的全生活，完全放在基督教教化的力量之下，因其认在宗教上面，一切人类都是平等，遂将前时代身分的区别，尤其奴隶制度，宽和了许多。孔德对于这个时代描写得很有精彩，但布雷在所著《进步的观念》（*The Idea of Progress*）里，却以此批评他，谓与黑格尔（Hegel）同样地有取于先天的综合研究的倾向。"他明白地说，一神教时代之社会的重要特质，差不多可用先天的观念来解释。"这段话不消说完全误解了孔德，孔德虽承认神学时期的思想方式，是很有用的，但那不过有时代的价值，时代过了，神学便入衰微，而成为文化的障碍了。

总结来说，孔德对于神学段，认为至少有许多益处，（第一）神学虽然只是假设，但此假设实为知识发展的一个起点，如果没有这一个起点，便哲学科学都无从发达，人类的知识也就不能发达下去。（第二）神学时期所有的赏善罚恶的道德观念，对于意志薄弱的我们人类，增加了许多勇气。（第三）共同信仰，亦为社会成立与发展之一要素。（第四）就是在社会内养成一种专门致力于思考活动的阶级，如昔日的僧侣、术士之流。（参看崔载阳著《近世六大家社会学》第一章"孔德的社会学"，页 7—9）因此孔德攻击十八世纪哲学之浅薄的反神学倾向，而主张"神学阶段"在人类知识发达中是不可免的和必要的文明阶段了。

但是神学阶段只是人智的起点，而人类的知识是终竟要以科学的阶段为目标的。不过从神学阶段到科学阶段绝不是一步即能达到，因为二者相差太远，为避免我们心理所不能忍受的急激的变化，于是在神学阶段与科学阶段之间，便产生了形而上学阶段，以为二者之过渡。依施亨利所述："据孔德见解，形而上阶段是和神学，科学两阶段之为独立阶段者不同，它是没有固有的领土的，是以调和神学与科学二者为职务的，尤其是科学未长成的时候，此种过渡期，实为必要，因为科学得到形而上学的掩护，可以从容向前研究，而免神学阶段之干涉。"但是形而上学阶段，究竟是在什么时候开始呢？孔德意思似乎指文艺复兴以后，因为从这个时候，神学及军事制度才渐渐归于崩坏的。

形而上学时期，在十四十五两世纪，还只表现着一种自动的继起的批评精神，还没有一种领导的学说体系，但到了十六十七以至十八世纪，便受了一种消极哲学的大影响，这就是所谓革命的时期。"革命的理论本身只是长时期分化作用的结果，形而上学家和法律家的行动相继表现出来，法律家且很强地自组成一种阶级。"（《历史之哲学与科学》页 43）

宗教改革运动，使天主教内寡头政治一天天地退化，世俗权力的伸张，有如君主的进步，大臣政治及官僚政治的扩大，外交阶级的形成等等。尤其在宗教中，新教主义更激动了荷兰，英国，美国等的革命。”（同上）

这一时期革命的学说，可直溯至十七世纪中叶，如倍根和笛卡儿在智识解放中是很有份的，而且神权性的批评，如英国的霍布士（Hobbes），他们神权性的批评，似乎帮助专制君主，而实为俗权性批评的前驱，于是到了十八世纪，革命的运动便勃发了。

原来由孔德看来，形而上学就是所谓“否定的哲学”（philosophie Négative），形而上学时代就是否定的哲学时代。《实证哲学》社会科学之部第一章，很有趣地把形而上学和革命联成一起，叫做“革命的形而上学”，是代表无政府的精神，是破坏旧制度提倡新宪法的必要学说。不但如此，依照穆勒（J. S. Mill）所说：“一切带着革命派，革命党，激烈派，民主派，自由思想者，怀疑派，消极或批评派，无论是在宗教上，政治上或哲学上，都给孔德总称为形而上学的。”（参照施亨利同书第三章注三十九）可见孔德所谓形而上学时代，即是大革命的时代，而形而上学家就是革命家、批评家了。对于这些批评的破坏的革命的形而上学时代，于是孔德便提倡那建设的积极的改良的实证哲学时代的重要性。他自己说：

> 神学哲学与形而上学互争着改造社会的事，实证哲学则至今除概括地批评两者之外，对于这论争是不干涉的，何则？这种哲学是应该放在积极的职务，和完成培根、笛加儿、伽利略所开始的广大知识的实在呢！这么一来，革命的危机便要完结了。（《实证哲学》上册页16）

依孔德意思，现在那三阶段法则中之第一第二时期，都早已过去了，只有这第三的实证科学阶段才算人类进化中之确定的时期。但涂尔干（Durkheim）驳他，以为这不过孔德一人的私意罢了。“更又有谁能担保除了科学时期而外，将来不更另生出其他的时期来呢？”这句话是对的，在第三时期科学阶段以后，实在还应该添上第四的“艺术阶段”，孔德在《实证哲学》（下册第一一章页280）里，提出了美的进化与科学进化对立，似乎要分别这个进化因子，但他还没有胆量承认美的阶段是在科学阶段之后，这是他最大的缺点。他说：“在这里尚有关于美的进化与科学进化之困难的问题。这后于实业进化的两个进化，好像其间不照着定立的连续法则似的，大概前者事实上照一般的法则进行，德国是特别的例，即在德国，依于特别环境之助，科学的进步比美的进步为先。”（页280）又说：“第三期科学的运动，是具有优于同期美学运动的本质的。”（页323）由这话看来，孔德因站在第三实证的科学的阶段，故不能充分看到第四艺术的阶段，这是很当然的。为要解决他的困难问题，我主张把他所认为同时期的科学运动与美学运动分出先后，成为一种连续的关系，也是很有理由的了。

以上略述《实证哲学》中三阶段的法则说，可是这一个有名法则，孔德究竟是用什么来证明他呢？在这里孔德也有两种的证明：

第一种是历史的证明　依照历史说，神学形而上学的倾向是渐渐为实证的倾向所代替，历史是不全倒退的，所以这种法则的证明，也可以确定了。

第二种是心理学的证明　因为三阶段法则是人类知识进步的普遍公式，不是在个人题材中，而在普遍的题材中，即人类中。

因此而孔德便证明了三阶段的法则，便是历史哲学的基本法则，人类智识进化的重要法则。

（三）实证政治学中所见之三阶段说

一八四二年孔德告成《实证哲学》以后，有好几年没有出版更大的著作，直到一八五一年《实证政治学》（*La politique positive,* 4th. ed., Paris 1912 英译本早绝版，名为 *The System of Positive Polity*）第一册才出版，其后续出三册，每年一次，至一八五四年全书告成。

孔德这一本晚期的著作，说者均认其和克罗提尔（Clotilde）女士的恋爱相关，他在这书里，主张一种人道教，他说："在过去的宗教中，人是崇拜上帝；在实证的宗教中，人是崇拜人道。"因此他这本书的副题，即名"社会学的一种论著，创设人道的宗教"。这就可见他思想的大转变了。因为孔德在著此书以前，即在实证哲学时代，他只了解知识方面的重要，而提倡知识史观，主张以知识为中心的三阶段法则。可是在实证政治学时代，因受了深刻的感情的经验，于是觉着早年所从事的思想之改造运动，还不全然适合于促成社会的复兴，而复兴社会，本来是他所渴望的，他现在知道感情的再造也同是重要的事情了。所以在他三阶段法则中所弃掉的"宗教的阶段"，也认为有复兴的必要。依他自己所说，是将自己的思想提高，使由哲学和科学进而至宗教。他说"他以前过的生活样式是亚里斯多德的，现在却要实践保罗（Paul）的生活了"。（参照《孔德的社会学方法》页 74）

但是孔德在《实证政治学》所主张的宗教，即是孔德实证哲学中所认为过去的神学阶段的残余，因此在实证主义者中如曾受孔德影响的穆勒（J. S. Mill）在他写成一部《孔德的实证哲学》论述含于孔德《实证哲学讲义》里面的思想，还再写一篇评孔德后期的思想，尤其是实证政治学体系中的思想。孔德前半生涯严密地说是在社会科学上，以历史的记述的说明的方法——社会现象研究的新方法——来从事发见人类进步之法则的。由穆勒看来，这种新方法实比以前什么方法都高明，所以他极力主张它，而且欢迎它。可是孔德后期的改变，穆勒认为是实证哲学的坠落，而历史哲学上的改变，更可认为孔德之一大退步。第一孔德对于拜物教时代及所谓神学的时期，予以较前更为优越的地位。第二孔德对于东方的神政主义，有很大的好感。第三因对神政政治的偏好，最有兴味的对照，就是他厌弃希腊。但这几点，不消说是一个彻底的实证主义者如穆勒所难于承认的了。但话虽如此，孔德实证政治学也有许多好处，如在社会静学上，迹寻人类的文化演进，比《实证哲学》后两册说得更为透彻，社会动学中将人类精神区分为三种，即是（1）感情的;（2）知识的;（3）动作的；对于从前只注重知识的历史哲学，而更提出感情的和动作的两要素，这也未始不能不说是他历史哲学的领域的一大扩充了。

第四章　社会史观

孔德在提倡人类知识的三阶段法则以外，他更从社会生活方面，注重社会进化的三阶段，这一点很可惜许久以前，就被人忘了。现在未详加说明以前，先将孔德在《社会物理学之原则，或关于人类自然进步之一般理论》一文（此论文最初在一八三九年发表，载入一八三〇至一八四二年《实证哲学讲义》，巴黎版第四版）中所述“社会进化的三阶段说”摘译如下：

> 物质的进化之全体，必然地取着一个历程，这个历程不但和上面所说知识的进化相类似——如此章最初所示社会进步之全体系，就其本身性质而论，根本上不能不附属于此知识的进化——而且完全与之相合。但是这种补足的研究方法，现在比之本论，更容易明白，所以我关于物质的进化只作大概之一般的考察，而对于从来常被误会之物质进化与知识的进化之相互关系，只稍为说明一下：
>
> 政治哲学之合理的研究，对于政治所用各种的手段，不是以为军事的生活，就是实业的生活，而且只要人类知识有相当的进步，则军事的精神即不断地减退，与实业的精神之不断的抬头，因而形成了我们不断的进化中之二大必然的趋势。现代的特征已很明显地看出，对于军事的生活现代社会已发生显著的反感，例如强制征兵之必要，即可看出军事的精神之完全缺乏，今

世纪之初所见异常巨大之军事的行动，不过为一时不可免的现象，但是不久我们所有之实业的与平和的本能，又毫无可疑地以急速之发达，占优胜之地位。在这一点，实际即所以努力保证文明世界之根本的平和，不消说欧洲之平和，时常濒于危机，实际虽未至开战而已屡屡使人有不安之感，这不过是由于国际关系之组织制度，一时尚未免有缺陷之故。

如上所述为必然的关系，但实业的状态与军事的状态，是根本相违的。从一个社会组织向其他社会组织之一般的迁移，的确比较精神的方面，如神学精神与实证精神之继续，而更为间接的。在这里，最后才确实知道，这好像和知识的进化里面之形而上学的阶段完全一样似的，必须有一中间状态，以为一般的介绍。即是，在此状态，人类渐次离开军事的生活，而准备使实业的生活，占最后的优势。如此之社会状态，一定带着暧昧模糊的性质，这个时代，不得不以各种阶级之法律家，立于政治的舞台上。要之这个时代的特质，对于以前，第一时期之攻势的军事组织，一般地变成守势的军事组织。继之而军事的精神，于不知不觉之间，又全部地附属于实业的精神之下。这种过渡状态，现在尚未完全过去，所以无论何人，在模模糊糊之中，常因自己直接的接触，而感得其独特的性质，即因这个原故。

由上所述，简括起来，便知孔德很明白告诉我们，人类进化可从两方面来观察，即：

知识的进化

神学时代　形而上学时代　实证学时代

物质的进化

军事时代　法律时代　实业时代

孔德的历史哲学不但证明了人类知识进化的“知识史观”，而且还证明了与知识进化并行之物质的进化之“社会史观”，此社会进化专就军事的生活的观点来研究，亦可分为三个时期，即：

侵掠的军事时代　防御的军事时代　和平时代

这就是军事时代为“侵掠的军事时代”，即军事的军事时代，法律时代为防御的军事时代，即法律的军事时代，第三实业时代，为消弭战争之平和时代，亦即实业的军事时代，这就是孔德的心目中的“现代”。

一九三四年，德国大经济学家宋柏特（Werner Sombart）著《德意志社会主义》，其第一卷为《经济时代》，他把现代文化生活的特征，归纳成一个总概念：“经济时代”。他说明这一个文化阶段的特质是如此：

> 在这个时代中，经济和经济的以及与其有联系关系所谓“物质的”重要，实已征服一切其他价值而取得霸权的地位，并且经济的特质已经在社会和文化的一切其他疆域上盖上了它的标记。

这种“经济时代”的现代观，实不为宋柏特所发明，在孔德的社会史观中早已成立这一个结论了。孔德承认我们现代就是实业时代，即以经济支配一切的时代。过渡的玄学时代即法律家的时代，已经过去了；军事生活也早已逐渐化为实业生活，实业的实证社会才是全部欧洲政治之永久的目标。（页305）孔德说及实业进化的特征，也分做三个时期，即：“第一期发端于中世纪加特力教与封建制度保护之下，因旧势力与运命之助，而趋于自动的进步。第二时期进化，则因欧洲各政府以此为政治上取优越方法的对象，大加奖励。第三期工业才成为欧洲政治的永久目标，因此而到处发生了战争。”（《实证哲学》

下册，页 302—305）由此工业进化的三阶段说，孔德不是已经暗示我们以第三时期要有帝国主义的战争吗？不但如此，他又明白说明：实业的阶段里，有继续的三过程，第一以农奴制代替奴隶制度；第二都市阶级的解放；第三废止农奴制，同时可见诸都市最初的工业运动。（页 308）虽然孔德所得这些结论，并不完全，且非从实史的深切探讨出来，但就他把物质进化与科学的进化并行，和述实业进化的各特点，也就可以说就是他历史哲学的大成功了。现将他历史哲学的体系，用图式表之：

	知识的阶级	物质的阶级	理论的基础	历程	时代的区分
第一阶段	神学时代	军事时代	想像	人智发展的开端	由上古以至中世
第二阶段	形而上学时代	法律时代	推论	人智发展的过程	由文艺复兴以至十八世纪
第三阶段	实证的或科学的时代	实业时代	观察	人智发展的归着点	十九世纪

但在这里我们要问一下，孔德所说的知识的进化，和这里所说社会的进化，究竟有怎样的相互关系呢？孔德似乎很有意去解释他，却不曾有很明了地去解释他。

施亨利在《历史之科学与哲学》中论《实证派的概念：孔德》一章（汉译本页 40）有一段最简括的解释，即是：

> 这三者都各有一固定的社会状况，神学期有军事的精神及军事的制度，实证期有实业的精神不断地在前进，过渡期的玄学期，可说是法律家时代。

然而仍不会说明此知识的进化和社会的进化如何发生了密切的

关系，在这里我们可以参照波格达斯（Bogardus）《社会思想史》（*A History of Social Thought*）一书中的解释（Chapter XIII：Comte and Positive Social Thought, pp. 226—227）。

> 孔德对于社会思想的第二个主要贡献，即是这三种形式的思想都是各各决定了和适应了一种社会组织。从他自己的宗教契约观点来说，他宣称神学思想产生军事的和君主专制的社会组织。上帝是站在阶层之顶点，他是王中之王，并且是一位有权力的战士，而一般人民则分置于军事组织中。神圣意旨支配一切。这种神圣意旨藉领袖人物而表达出来，是不允许疑问的，大家必须忍受独断主义，否则可怕的刑罚将临到软弱干犯者的身上。神圣权利支配一切。
>
> 玄学思想产生抽象权利说所统治的政治，过去的神权代之以天赋权利，社会组织成为法制的，形式的，结构的，然而并不满人之意。

实证思想产生实业制度，而走到实业时代。它研究自然以及利用自然。它开发地球上的物质原料并产生物质发明。（钟兆麟译：《社会思想史》第十三章第三节页176）

由上可见孔德的社会史观，实和知识史观完全相应，而为附属于知识史观之下的一种历史哲学。孔德不是看重实业的精神，然而实业的精神，由他看来，实为科学精神的产物。孔德承认现代是科学时代，同时是实业时代，因此他对于实业时代有很多的发挥，孔德的“经济学”，至今尚影响于“历史学派”，而孔德的三阶段的法则，对于历史学派的经济发达阶段说，因之也就发生很大的影响了。

第五章　孔德历史哲学的影响

孔德历史哲学，包含知识史观与社会史观之两方面，由知识史观，发生心理阶段说的影响；由社会史观，发生经济阶段说的影响，试以次述之：

第一，心理阶段说的影响　孔德是最初注意心理学的方法的，他的知识史观，要从人类心理的现象，去找出历史的程序来。可是在孔德时代达尔文（Darwin）的《种源论》还没有出世（在一八五九年出版时，孔德已经死去二年了），对于人类以外各高等动物的心理学，所知尚少，更不消说到最近才产生的社会心理学了，我们知道林德勒（Lindner）最初发表《社会的心理学》是在一八七一年，这时孔德已经死去十四年了。在心理的研究那样幼稚的时代，孔德要想用心理学的方法来解释历史现象，结果只能把历史现象弄变易，而不能完全解释他。所以到了涂尔干就很不客气地拒绝了心理的解释，以为不过是一种玄想罢了。然个人心理虽不能用来穿凿事实，但历史既是一个社会现象，把他当作是社会的心理来研究，这就不容有少许疑义。我们假使不能想着一个与社会心理分离独立的人类历史，那末我们就不能不承认蓝伯勒赫（Lamprecht）的话，以“历史为社会心理的科学”了。本来孔德之心理学的方法，在各方面已有很大的影响，如穆勒（J. S. Mill）、斯宾塞、巴克尔（Buckle）和泰因（Taine）等均属于这一派。蓝伯勒赫之社会心理学的方法论，也不算得例外。德国鲍恩韩（Bernheim）在他所著有名的《史学入门》（坂口昂等译，页50—52）

中告诉我们：孔德之心理的方法，不但影响及于他所直接感化之人（如穆勒等），而且间接影响到现在如社会学、民族心理学、文化史之全体的知识领域。就中尤其可贵的就是德国专门史学之一人蓝伯勒赫了。鲍恩韩说：

> 德国史家蓝伯勒赫在他一八九一年后所著《德国史》里面，很明白地采用了孔德的根本思想。虽然不是与孔德抱着完全一致的知识，但就他所描述的历史及几多理论的论文之中，却包含着孔德下列的根本思想。即如发展进化之社会心理学的解释，从比较的研究法看出文化之各时代，个人附属于全体状态，历史欲进而为现实科学必须有正确地因果的知识之要求等等。

这不但看出孔德之根本的思想方法，而且也可以看出蓝伯勒赫的史学方法论的要点所在了。不过鲍恩韩虽指出蓝伯勒赫之方法，直接来自孔德，而蓝伯勒赫自己却说："拙著《德国史》，实在是最初采用社会心理学方法的一部书。"在他所著《近代历史学》英译《什么是历史》（*What is History*? Tr. by E. A. Andreus, New York 1905）中，更极力否认，并坚持其体系之独创性，不过有些与孔德相同罢了。但英国著名的史家布雷（John B. Bury）在《达尔文主义与历史》（Darwinism and History）一篇文中，则又指出蓝伯勒赫所受孔德派之间接的影响。他说：

> 蓝伯勒赫之综合历史过程，欲以"文化历史"发现决定原因，殊关重要。德国史学表现孔德派之间接影响，以心理学为基础。依氏之意见，心理学在一切心理科学中所持之地位（即基本科学之地位），与机械学在一切自然科学中所持之地位相同。根

据同样比较，史学又相当于生物学，若不将其（历史）化成普通观念，则不能成为科学……总之蓝伯勒赫创造一种特别历史学之观念，即以历史的人种学目之可也。此新科学在研究文化时代，其对于历史学之关系，与人种学对于人种描写学之关系相同。此种科学，显然相当于孔德之社会动进学，而孔德所重视之比较法，亦为蓝伯勒赫之主要工具。（《新史学与社会科学》页 200 所引）

因为蓝伯勒赫完全主张社会心理学的方法，所以和传统派史家之侧重个人心理学的方法者，绝然不同，适成为对抗之形势，在英译《什么是历史》一书，开头便说：

近代历史学第一就是社会心理学的学问，现在历史学新旧倾向所行不绝的论争之中，最大的问题，就因在历史里将社会心理的要素来对照个人心理的要素而有意义。稍为严密些说，就是历史发展的原动力，是社会的状态，抑为英雄呢？这一个问题。

在这个论争里，取新的进步的，因而是攻势的见解，不消说就是社会心理学的见解，所以叫他做“近代的”，反之个人心理学的见解，却为旧式的了。

又在一八九七发表一篇论文（*Zukunft*, 2 January, 1897, S. 8. 此据迈叶（Meyer,《历史之理论及方法》页 24 引）中说：

社会心理学的发展阶段，是有类型的，因之国民史之真正科学的时代区划，只存在这个阶段之中，决不应求之于所谓政治史之各时期中。

因为蓝伯勒赫认定某一文化形态，都是为支配时代之一种集体心理状态，而此社会心理状态之嬗递，是有一定次序的，即由于心理紧张范围的扩张，和解除这个手段的发达为标准，可分作三个阶段。（一）心理的紧张，还没有存在的原始状态。（二）在封锁地平线内，心理的紧张时代。（三）在自由地平线内，心理的紧张时代，似此以欲望冲动与欲望满足间的距离，来做社会心理的发展阶段，这种方法见解，虽然有许多学者如冯比卢（Herr von Below）及迈叶等均不惜加以批评，但大体上，我们也可以学美国班兹（Barnes）在《新史学与社会科学》中，所说的公平话一样，也以为："氏以历史之主要任务，在研究过去以发现文化所以形成今日形态之经过，其主张极为正确。氏主张研究过去时代集体心理之变化，认系研究历史最有成效之方法，吾人对氏之此一主张，或亦将同意之。但近来研究历史者，虽采用新法，而于蓝伯勒赫之从社会心理观点，以解释历史进程之主张，尚疑其（主张）不完全有效。彼等认定氏之企图以历史事实，合于其新定之体系，不免有削足就履之嫌……"为什么呢？因为历史上的一切活动和事实，本不外乎心理作用，而所谓文化分期原理，也不过是社会心理的一个发展阶段罢了。不过在蓝伯勒赫自己所分历史发达的一般形式，则实尚未做到这一地步，他从社会心理学的方法，做成功其所谓西方文化之社会心理发展中之伟大阶级为六个阶段，即是：

（1）万物有生主义时代；

（2）象征主义时代；

（3）模型主义时代；

（4）传统主义时代；

（5）个性主义时代；

（6）主观主义时代。

像他这样把模型主义、传统主义都嵌进文化的时期里，本不是什么妥善的研究法；而且这种阶段说，原不过为其巨著《德国史》中之组织原则，而蓝伯勒赫却以为其“阶段为一切民族发展至现代文化水平线所共同表现之社会进化之模型”，所以更觉牴牾了。但由他意思，历史应该以人类社会心理方面为主，这实在一点也没有错的了，即因蓝伯勒赫只把历史看作社会心理的一个连串，而没有注意这个连串背后那种逼促人们实现他进步的“生机力”，所以还不能尽历史的意义，即对于历史进步还不能有所启发，所以方法上实有改造的必要。

实际则社会心理方法之历史心理学，不但在德国有蓝伯勒赫传承了孔德主义的体系，即在英法等国亦均有代表作家。如英国有名的白芝浩（Walter Bagehot 1826—1877）他所著《物理与政理》一书（*Physics and Politics* 1873）可算就是现代以心理学解释社会进程与制度之成功创作了。在他第四五两章实为从心理学来解说政治发达的阶段说，即是：

（一）人类心理进化中第一伟大时代，即“习惯形成时代”（the custom-making age）……摹仿为主要的法则。

（二）人类心理进化中第二伟大时代，即“习惯冲突时代”，或称为“民族形成时代”（the nation-making age），深刻来说，应称为国家形成时代……战争为主要的法则。

（三）人类心理进化中第三伟大时代，即“讨论时代”（age of discussion）……中庸为主要的法则。此时人类的文化，已达于更高程序了。

从历史的事实来说，可为列表如下：

人类心理的进化阶段	第一阶段	第二阶段	第三阶段
	习惯形成时代	民族形成时代	讨论时代
主要的法则	模仿	战争	中庸
时代的区分	原始时代	古代之伟大帝国	希腊、罗马初期——日耳曼民族

还有主张民族心理学而为全世界心理学的泰斗的德国冯德（1832—1920），他主张民族中有民族精神，民族心理学便是发现民族精神生活中的特殊法则的。人类文化表现于民族精神的产物里面，即应求之于语言、神话、宗教、艺术之四领域。因此在他自一九〇〇至一九二〇年间所著的《民族心理学》里面，便将人类的文化史分为四大阶段：

（一）原始人时代；

（二）图腾制度时代；

（三）英雄及神的时代；

（四）人道发达时代。

冯德从民族心理学上，看出自古至今人类文化发达的纵断面，而以向人道发达的时代，为其归宿。他以为伟大帝国之兴亡，即人道时代之开始，这种以民族心理方法来解释文化史，结果竟与孔德有不谋而合之处，可见科学之历史心理学，在同时期是有很普泛很大的影响了。

但是上面所说都是就孔德一派社会心理现象的方法来说的，我们要注意的，就是在孔德派以外，尚有以马克斯派自命而提倡所谓“社会意识学的方法”的一派，可以俄国经验批评论者波格丹诺（Bogdanov）为代表。本来马克思派是受黑格尔辩证法的影响的，在马克思主义中，赞成辩正法的一定是革命派，不赞成辩证法的一定是改良派。如鲍恩斯坦（Bernstein）谓：“黑格尔的辩证法是马克思主义中谋叛的元素，是一切正确考察事物之途中的陷阱。”其实只是证明他是把马克思主义走出论理主义而倾向于史的心理主义罢了。经验批评论者波格丹诺在他所著《经济科学大纲》《社会意识学大纲》，也是不懂辩证法，而专注重于马克思所讲社会发达阶段的学说，而且偷取了孔德的精神，来装入于马克思的形式里面。所以由真正马克思派看来，简直是非驴非马；而在历史心理学看来，则连他“社会意识学”这一个题目，都是属于史的心理主义的。再看他自己说：

> 有几种和我们底分类非常近似的分类，例如实证主义所采用的思维三阶段的分类法（神学的阶段，玄学的阶段，实证的阶段）；及路易·勃兰（Louis Blanc）所指示的“权威主义”“个人主义”“同胞主义”的分类等都是。(《社会意识学大纲》页 58)

可见他虽认这些分类“在科学上是不圆满不正确的，因为他们都把社会意识和社会过程底其他方面分离了”（同上），却是他所受于孔德心理主义的影响，似乎也不便讳言罢？至于他所谓科学上圆满正确的社会意识学，究竟以怎样的程序为最适宜？社会意识底发展过程，应当怎样分析？他告诉我们：

> 说明社会意识学，以历史的程序为最适宜。我们底对象是在发展中被理解的生活现象，所以我们应当就在发展中研究它。

这真一点也没有错的了，但当他将社会意识分为许多的时代，则作为支配各时代的意识形态底特殊格式，特殊文化格式，在《社会意识学大纲》所说，和《经济科学大纲》所说，似不很相同。就为比较如下：

社会意识学大纲	经济科学大纲
（一）原始文化时代 =原始社会意识时代	（一）自然自足社会 （a）原始氏族共产社会
（二）权威的文化时代 =权威的社会意识时代	
（a）宗法时代	（b）族长宗法社会
（b）封建时代	（c）封建社会

（三）个人主义的文化时代 =个人主义社会意识时代 （a）观念的个人主义社会 （b）过渡形态 （1）古代社会底奴隶制度 （2）农奴制度 （3）手工业者底行会 （4）商业资本主义 （c）工业资本主义	（二）商业社会 （a）奴隶制度 （b）都市手工业制度 （c）商业资本主义 （d）工业资本主义 （e）金融资本主义
（四）集团主义的文化时代 =集团主义的社会意识时代	（三）社会化的有组织的社会 =社会主义社会

从大体来说，这种在唯物史观的名义之下，取马克思主义的形式而编成的社会意识的阶段公式，仍只算得孔德派心理主义阶段之另一模型。而上方的第一第二阶段可在下方合并成为第一阶段，下方第二阶段商业社会里，可删去了农奴制度，而把金融资本主义时代加上，这种伸缩自如的主观主义的历史阶段说，结果既不能完成其为史的论理主义，又不敢明白张胆主张史的心理主义，当然是应该受严格的批评了。

第二、经济阶段说的影响　孔德社会史观的影响，在政治学上法律学上经济学上，均可表见出来。如就政治学来说，近代主张政治进化的一般理论，即所谓政治阶段说，亦受孔德的影响。如斯宾塞曾讨论社会进化的各方面，但他也应用来解释政治的进化，他很注意政治进化有从简单到复杂的趋势，在最近的将来，集产主义会渐渐实现，多数人支配个人，世界和平由此实现。斯宾塞以外更有以政治发展为一种阶段的连续的，如白芝浩可以说是十九世纪政治学上的历史学派，在他所著《物理与政理》第四五两章，所说政治进化的阶段说，即第一为习惯形成时代，第二为习惯冲突时代，第三为讨论时代，这不但可见孔德心理阶段说的影响，且可见孔德社会历史观的影响。然而最重要的，还是经济学上的历史学派所受孔德经济阶段说的影响。

经济学上的历史学派，在思想方面是对抗十八世纪英国古典派的经济学，而主张归纳的相对主义的历史方法，但这历史方法，许多学者都说是受了黑格尔主义（Hegelianism）的影响，实际则受黑格尔哲学的影响以外，更受孔德的影响很大。关于这点，我在《历史学派经济学》（第一章绪论，页7—10）已经说得很明白了。试引证之如下：

> 在这里，我可以依据殷格郎（Ingram）著《经济学史》（*A History of Political Economy*）第六章“历史学派”的几段话，知道除了黑格尔以外，历史学派实受孔德的影响最大。“据孔德观察，社会学的主要点，当如下述：（一）社会学一定是一种科学，在此科学里面，凡社会状况的一切要素及其彼此的关系，和交互的动作，统通要研究的。（二）社会学包含动态的和静态的社会学说。（三）社会学排斥绝对论，以循序变化的概念，代替抽象固定的概念。（四）社会学虽不排除其讲学法，却是它的主要方法，是历史比较法。（五）社会学充满了道德观念和社会责任思想，与从〔天则〕（jus naturae）论所推演的个人权利相反。（六）社会学的精神及其实行结果，都趋于实现一切构成〔公义〕（popular cause）的大目的。（七）社会学虽以此为目的，却是企图实现，是利用和平的方法，以进化替革命。”这上述各种特点，可说和德国历史学派的全部学说完全一致，尤其是关于社会动态的研究；孔德派承认“社会学自有，而且必须有它的研究范围，和特殊的研究法，它的范围即是最广的历

史范围，包含同时代的事实，而它的主要研究法——虽不是唯一的研究法——如我们说过的，即是社会学之比较法，最适当的称之为〔历史法〕，将这种历史法适用于经济学，便就是历史学派的见解。”不但如此，孔德在他的《实证哲学》以及他的《实证政治学》的许多地方，对于从前经济学者的一般观念和研究法，都提出或暗示反对，特别是对于我们所说的李加图及其党徒的观念和方法，予以非难。穆勒（J. S. Mill）曾对孔德的评语发生愤怒，说：“此种评语，实足以见孔德之如何浅薄。”由这愤语，可见孔德和古典派经济学者是怎样冲突。不过问题却有一点，就是孔德思想虽如何接近历史学派，而历史学派事实上还不肯老实承认是受他的影响，如克尼斯（Knies）就是好例。他所著《站在历史方法立场上的经济学》，依殷格郎的批评，“他对于历史法之解说和阐发，于孔德之所成就者毫无增益，氏书的第二版刊行于一八八三年，在此版里面，他作一个奇怪的声明，说当他在一八五二年撰著此书的时候，对于这种由一八三〇年到一八四二年就已出版六集的《实证哲学》，他完全不知道，并且他又说，或许有德国经济学者，都不知道。这种说法，颇于他们心地的光明上，或是文字的缜密上，发生疑问的。设若我们记得穆勒在一八四一年已经与孔德通信的事，和一八四三年出世的《名学》（*Logic*）里头穆勒称颂孔德的话。可是，克尼斯嗣后研究孔德的作品时，他告诉我们说，他在此书中发现这样多与他的结论相同的意见，令他惊诧不已。他或许是很惊诧，因为他的方法论中真正有价值的见解，而被孔德说来，则规模较大，魄力亦较雄厚了。”其实不但克尼斯如此，最明显的如希德布兰（Hildebrand）他关于改良经济学所立的目标，不受历史派法律学的感动，而是受言语学的感动。

迪尔（Karl Diehl）在他的《国民经济学理论》（*Theoretishe Nationalökonomie*）里说："不管罗协儿（Roscher）用历史法律学的方法，希德布兰却以历史的言语学为依据。"（Wie Roscher die historische Juristenschule, so hat Bruno Hildebrand die historische Sprachwissenschaft als Vorbild genommen.）这样两种根据的不同，即无异告诉我们，黑格尔主义与孔德主义的不同。因为十九世纪言语学的进步证实了人类言语是经历史上秩序的变化，以成现今的言语，经济生活，同样地亦经过历史上秩序的变化而演成现代的经济生活。因此希德布兰遂采用言语学的道理，而应用于经济学，结果在经济研究上，也主张以相对观念，代替了绝对观念。我们再转眼看希德布兰"现在及将来的国民经济学"，有对于蒲鲁东（Proudhon）财产论的有名的叙述（页239—256，在许多蒲鲁东研究者如Salomon, Zenker, Dube, Mülberger中，他也是应首屈一指的）。然而蒲鲁东和孔德是有思想上的关系（只要注意在一八五七年九月八日举行孔德葬式时，蒲鲁东是在许多参列者之中，就很够证明他们是同调的了），那末希德布兰能说没有间接受着影响罢！

由上所述，可见历史学派确曾受了孔德历史方法的影响，那末历史学派所提倡的经济进化的法则，即经济阶段说，也是受孔德社会史观的影响无疑了。历史学派最早的著作，如李斯特（List）在一八四一年至一八四四年所著《经济学之国民的体系》，亦在孔德发表《实证哲学讲义》之后，这不是很明显的事实，证明了历史学派的经济阶段说，不能没有孔德的影响吗？历史学派的经济阶段说和孔德经济发达三阶段法则的关系，如下表：

时期	孔德的三阶段说的时期	交换 Hildebrand	生产要素 Roscher	生产形态 List	生产至消费所成距离 Bücher	社会化 Sombart	经济体之大小 Schmoller
第一时期	中世加持力教与封建制度保护下之工业时代	自然经济	自然	渔猎状态 牧畜状态 农业状态	封锁的家内经济	个人的自给经济时代	村落或市场经济
第二时期	欧洲各政府奖励政策下之工业时代	货币经济	劳力	农工业状态	都市经济	过渡的经济时代	都市经济领地经济
第三时期	作为欧洲政治的永久目标的工业时代	信用经济	资本	农工商业状态	国民经济	社会经济时代	国民经济到世界经济

总结起来，孔德历史哲学的影响，也就可以说就是他历史哲学的大成功了。不过孔德的历史哲学，也非不受批评的。我们可以依照孔德的法则，来代表历史上三个时期，但我们要注意的，这个法则绝不是一个印成呆板的静的法则，堆积的法则：历史的现象都是极其活泼泼地，所以过去乃连绵不断地增加，现在即永远的现在，所以历史的发展，决不是仅仅一个继承的延长形式，我们更应注意那做成三个阶段的"历史的生命性"，孔德看到知识原素为历史原因，这是再对没有的，都是孙中山先生却看到"所得知识皆从冒险猛进而来"这就是促进知识进化的生元动力，才是人类的真因。（参看《历史哲学大纲》页268）这种生命的历史哲学比较孔德更为精微博大多了。复次孔德的纯历史主义，也不无缺点。应该应用宣勒尔（Max Scheler 1874—1928）的《知识社会学》来补充他。宣勒尔在《社会学与世界观》（*Zur Soziologie und Weltanschauungslehre* 1922）中，反对孔德"三阶段的法则"，以为是根本错误，为什么？因为神学的认识和思考，形而上学的认识和思考，还有实证学的认识和思考，这都决不是在理知发达中的历史阶段，而为在人类精神本性下面之某种本质的持续的精神形态，又为"认识形式"。在这"认识形式"中无论那个都不能"代替"或"代表"另一个，因为在那里有全然各别的三种动机，在认识精神的行动里，为全然各别的三种部类，三种目标，三种人格型，乃至三种的社会团体。即由此各异的基础，而成立了宗教、形而上学与实证科学。甚至于此三种精神势力之历史的运动形态，也是根本不能相同的。现为明了起见，设就其重要之点，列表如下：

认识形式	动机	目标	方法	指导者	社会团体	地理的分布
神学的认识及思考	济度（解脱的知识）	救人及其团体	希望、恐怖、爱、意欲、认识等	圣者	教会宗派信仰团体	印度
形而上学的认识及思考	惊叹（本质的知识）	完成最高人格	直观本性	贤者	学派	中国 希腊
实证学的认识及思考	支配（事业的知识）	认识现象的关系	观察、实验、归纳及演绎	研究者	“科学的共和国”及其组织如大学专门学校、学士会等	西欧

上面宣勒尔的《知识社会学》，依我的意思，和孔德实证主义的历史哲学，是不相冲突的。我们一方面可以如宣勒尔似的，从人类精神的本性里看出认识三个形式：一方面可如孔德似的，去发见那外表知识的物质的阶段法则。我们一方面可以体验“历史的生命性”，一方面又可以表现为“生命的历史性”。从前洪保德（Humboldt）有一至理名言，就是“凡在人类历史上的一切活动，也一定活动于人类的内面”，把这话来修正孔德的历史哲学，实在再好也没有了。

最后我们应注意的，就是孔德的历史哲学是一种心理主义，和黑格尔建立历史于论理主义的很不相同。依孔德意思，历史现象的主要原因，一方面看来可说是进步，而从他方面看来，社会的进步又是原于人类的心理，这一点实在很有贡献。历史如果不要科学的根据便罢，要有根据，则必须注意到具体的事实，即心理的事实，然而我们不能因此即绝对否认论理主义。论理主义的最大功用，在能为心理主义之一个说明，一个解释，无论如何历史，必须立于实证的经验科学之上，即必须以心理学为历史建立下一个更确实更完全之科学的基础。然而无论如何历史。在他社会生理的现象之外，亦必有其社会的病理现象，这是史的心理主义所不能解释，而有待于史的论理主义的。因此所以孔德的历史哲学便有与黑格尔的历史哲学相互携手的必要，而这就是我在《黑格尔主义与孔德主义》一书所曾提出的一个新题目了。

参考要目

（一）原　著

Cours de Philosophie Positive, 6 vols., Paris, 1830—1842, 5th ed., 1892—1894.

The Positive Philosophy, Freely translated and Condensed by Harriet Martineau, 2 vols., 3rd. ed., London, 1893. 又 Bohn's Philosophical Library 本，London, 1913 。

Système de politique positive, 4 vols., Paris, 1851—1854, 4th ed., 1912, tr. into English, 4 vols, London, 1875—1877.

Early Essays on Social Philosophy, tr. by H. D. Hutton from the Appendix to the *Système de politique*, new ed., by F. Harrison, London, 1911.

（二）文　献

Lévy-Bruhl: *La philosophie d'Auguste Comte*, Paris, 1910, tr. by Kathleen de Beaumont-Klein, New York, 1903.

Mill, J. S.: *Auguste Comte and Positivism*, 3rd. ed., London, 1882.

Mehlis, G.: *Die Geschichtsphilosophie Auguste Comtes kritisch dargestellt*, Leipzig, 1909.

Flint, R.: *Historical Philosophy in France and French Beligium and*

Switzerland, New York, 1894。此书对于 Turgot, Condorcet, Saint-Simon, Vico, Comte 等均有详尽的叙述，特别是关于 Comte 一章，又 Bury: *The Idea of Progress, An Inquiry into its Origin and Growth*, 1924; Henri Sée: *Science et Philosophie de l'Histoire*, Paris, 1928 均可参看。

De Grange, McQuilkin: "The Method of Auguste Comte." in *Methods in Social Science* ed., by S. A. Rice, Chicago, 193l, pp.19—58. 黄文山译：《孔德的社会学方法》见《社会学界》，又 Bogardus: *A History of Social Thought*, 页 222—224; Lichtenberger: *Development of Social Theory*, 页 236—265; Hankius: *History and Prospects of Sociology*, 页 292—297; Kristol: *Social Adaptation*, 页 12—28，对于孔德的社会学说，均有简单的介绍。

朱谦之:《历史哲学大纲》(历史哲学丛书，上海民智书局)、《黑格尔主义与孔德主义》(历史哲学丛书，上海民智书局)、《黑格尔的历史哲学》(商务印书馆)。

文章辑录

实践论——马克思主义辩证认识论底新发展

中山大学哲学系集体讨论资料*

（一）

一九一九年五四运动以后，中国才开始有马克思主义者。马克思主义思想的出现，使中国革命展开了一个新的时期，使那时革命的领导者孙中山先生提出了“革命的三民主义”之新的解释。然而不幸地，这时中国的客观环境还没有达到能够完全接受真正马克思主义思想的条件，所以当时孙中山所领会的马克思主义，是从美国的一位马克思的信徒威廉（William）得来，和毛泽东同志所谓“中国人找到了马克思主义，是经过俄国人介绍的”（《新民主主义论》）底真马克思主义来源绝不相同。由前者主张“以马克思底精神为骨干，利用他底科学方法”去探究社会，似乎是真正马克思主义思想了，但一转眼间，又说：“马克思以物质为历史的中心是不对的”，“马克思是一个社会病理家，不能说是社会生理家”，因而马克思主义的根本思想竟被否定了。这究竟为的什么呢？毛泽东同志在《新民主主义论》中指

---

* 本文整理，以中山大学哲学系藏朱谦之先生 1951 年 4 月 22 日手稿为底本。从题名看，本文当是朱谦之执笔，中山大学哲学系集体讨论通过之讲义资料。——编者

出:“孙中山和我们具有各不相同的宇宙观，从不同的阶级立场出发去观察和处理问题。”这句话很容易被人忽略看过，其实这里所谓不同阶级立场，即是说“孙中山主张唤起民众”，“意思是说小资产阶级和民族资产阶级”，然而事实上“小资产阶级和民族资产阶级不可能领导任何真正的革命到胜利”。反之，毛泽东同志主张近代无产阶级的立场，主张工农联合，这是立场的根本不同，因为立场不同，所以观点也不同，所用的思想方法，因之也绝不相同。孙中山的观点是社会史观的观点，实证主义的观点。毛泽东同志的观点是唯物史观的观点，辩证唯物主义的观点。就思想方法来说，前者所用的方法是实证科学的方法，经验批判论的方法；后者所用的方法是辩证唯物主义与历史唯物主义底辩证法。因为两种马克思主义根源不同，基础不同，因而应用于中国革命实践上，结果亦不相同。严格来说，现在不说马克思主义的思想方法则已，要说马克思主义的思想方法，则在中国，只有毛泽东同志的《实践论》才算得真正马克思列宁主义的思想方法，才算得真正马克思列宁主义辩证认识论底新发展。

（二）

马克思主义的思想方法，一句话来说尽，就是“实践的认识论”。换句话说，实践论[①]就是马克思主义辩证的认识论。马克思、恩格斯、列宁、斯大林，都不止一次指出人类的实践证明唯物主义的认识论的正确。马克思在《费尔巴哈论纲》第二节说：

> 人类思想是否能够认识客观真理的问题，并不是一个理论上的问题，乃是实践问题。人类从实践中证明真理，就是证明其

① 底本中，朱谦之区分了泛指的“实践论”，与特指的“《实践论》”，余皆遵其手稿之别。——编者

思想之实在性，证明其思想之有力量，证明其思想之人间性，关于离开实践的思想是否真实之论辨，乃是纯粹烦琐哲学的问题。

什么是实践呢？实践就是亲身参加于变革现实，变革某种或某些事物的斗争，所以说：

> 环境的改变与人类活动的符合，只能看做而且应该合理地理解为革命的实践。（同上，第三节）
>
> 哲学家们曾经只是用不同的方式说明世界，但是现在问题，是在于改变世界。（同上，第十一节）

把实践的认识论和马克思以前的唯物论对比，即可以看出一切从前的唯物论，都是离开革命的实践去观察认识问题，所以说：

> 一切从前的唯物论，连费尔巴哈的包括在内，其主要的缺点就在于：对象、现实、感性，只是在客观的形式上或是在直观的形式上被把握的，而不是看做人的感性的活动，看做实践，不是主观地把握的。……费尔巴哈想要研究的，乃是跟思想中的客观确实不同的感性的客观，但是他把人的活动本身不是当做对象的活动来把握的。所以他在《基督教的本质》一书中，只是把理论的活动看做真正人的活动，而把实践只在它的污秽的犹太人的表现形式上加以理解和确定，所以他不了解“革命的”“实践批判”的活动之意义。（同上，第一节）

因为一切从前的唯物论，只是机械唯物论，它们在认识外部世界时，只把外部世界当作在直观的形式上被把握，却不看做是人的活动的对象来把握。它们只高傲地观照世界而不是改造世界，它们作为主体的人，也只是抽象的人、生物学上的人，而不是具体的人、结成一定的社会关系的人。因此马克思以前的唯物论，便不能了解认识对社会实践的依赖关系。

相反地，马克思主义者自一八四五年马克思提出实践的认识论以后，接着恩格斯以至列宁、斯大林、毛泽东，无一个不把实践看做认识论的第一个基础的标准。从前实践是一件事，认识论完全是另一件事，现在相反地是把实践这标准包含在认识论的基础里面了。在一八八八年恩格斯在《费尔巴哈与德国古典哲学的终结》中批判费尔巴哈写道：

> 费尔巴哈底附加的唯物论见解，与其说是深奥，不如说是敏锐，像对于一切其他哲学上的谬说一样，对于这些哲学上的谬说之最坚决的驳斥乃是实践，即实验与工业。（第二章）

他接着对康德和休谟的不可知论及其他唯心主义者所谓世界不可认识和“自在之物”不可认识的意见，而坚持“实践”是确实知识这一著名原理。他说：

> 既然我们能以亲自制造出自然界某一现象，依它的条件把它产生出来，并使它服务于我们目的的事实，来证明我们对于这一现象认识的正确，那么康德的那个不可捉摸的“自在之物”就要完结了。在动植物躯体上所形成的种种化学原素，当有机化学还没有开始把它们一一制造出来时，便始终是这类的“自在之物”，而当有机化学已开始把它们一一制造出来时，“自在之物”就变成了“为我之物”了。（同上，第二章：“*the thing-in-itself, became a thing for us*”）

他还举亚里查林（alizarin，即茜素颜料）和哥白尼底太阳系学说为例，证明了对于那些唯心主义之最有力的反驳，就是实践。“我们的行为之成功，证明我们的知觉与所知觉的物底对象（客观的）性质相一致”，恩格斯这样地回答不可知论者。

我们知道，列宁是很看重恩格斯底实践认识论的，在《唯物论与经验批判论》中，列宁给它作一总结道：

> 在恩格斯，则整个活生生的人类底实践，因为给与真理底客观的规准，而渗入认识论的本身中。在我们还不认识那在我们的意识以外存在并发生作用的自然法则时，这种法则使我们成为“盲目的必然性底奴隶”，但在我们一认识了这种（像马克思成千次地重复着的）离开我们的意识和我们的意志而独立发生作用的法则时，我们就成为自然底主人。表现在人类实践中的对自然底支配，是自然现象和自然过程在人类头脑中客观的正确反映的结果，证明着这种反映（在实践所昭示给我们的限度内）是客观的、绝对的、永久的真理。（第三章第六节）

由此可见，恩格斯所主张科学实验的实践，参加变革现实的实践，是何等明白地把辩证唯物论底认识论向前推进了一步。至于说到我们最彻底的反康德派反马哈派之辩证唯物论者列宁，他不但是最伟大的革命者，最卓越的政治家，劳动阶级的天才的指导者，他实在对旧型的历史哲学，而开始供给我们以理论与实践之辩证法统一底新历史哲学。他从其自身实践活动所成之理论的基础，将马克思主义认识论的根本思想，明确地公式化了。他极力说及以人类所有实践全体之认识，为理论基础的必要，他以为唯心论哲学与马克思主义哲学的不同，即在前者求真理之标准于思想里面，反之后者则坚持以生活实践为第一位。唯心论常代表与直接的生产过程、生产实践相分离的阶级，反之唯物论即代表生产阶级，即于自身的本质上便表现着实践的阶级的世界观。他最反对马哈派不以实践为认识论的标准，以为这不过是虚伪的教授式的唯心论而已。若在唯物论者看来，实践与理论乃是一个问题。列宁根据马克思的《费尔巴哈论纲》，根据恩格斯“自在之物”到“为我之物”的转变所得结论是：

> 生活和实践必须是认识论底第一的和基本的观点，这种观点自始就排斥教授们底烦琐哲学底无数狂想，因此不可避免地要达到唯物论。当然这里不应忘记，实践这规准在本质上并不能完全证实或否定人类的表象。同时这一规准在阻止人类的认识变为“绝对物”这一点上，是够不确定的。但在跟各种唯心论和不可知论进行残酷的斗争上，是又充分确定的。如果我们的实践所证明的是唯一的究极的客观的真理，那么，从这里可以看出达到这个真理的唯一的道路，是站在唯物论立场上的科学底道路。（《唯物论与经验批判论》第二章第六节）

懂得这个实践的认识论，便对列宁战斗的唯物论已很容易了解了。列宁和别的纯粹理论的马克思主义者之不同，即在他牢牢守住实践，以解决认识论的根本问题，而这也就是他所以将马克思主义的理论变成现实性的变更理论之理论。因为他不拘泥于抽象的理论教条，不拜倒于任何偶像之前，所以能从“政治的群众运动的经验”里面，创出如下的思想方法：即从理论向实践的飞跃，依实践而为理论的证明，并且在一切哲学的倾向后面，认出反映阶级斗争之观念的斗争，即哲学党派的斗争，所以哲学就是党务。他说得好：“最新的哲学和二千年前的哲学一样，都是党派的哲学。”这种露骨地将美化精制的哲学，直接看出政治的实践的意义，怪不得要那样极力铲除那政治反动之冒充的马克思主义、典型的修正主义，而公然以拥护辩证法唯物论为己任了。

在1914—1916年社会主义革命前夜的时期，列宁写下不少的哲学笔记，其中之一就是《黑格尔〈逻辑学〉一书摘要》，尤其此书第三篇第三章对于实践的认识论，发挥得最为详尽。在这里，至少指出五点，就是：

（第一）人的实践是认识底客观性之检证，规准。

理论的认识，应当在其必然性中，在其全面关系中，在其运动底矛盾中，即自又对自地指示客体。人的概念只有在概念成为在实践意味下的"对自的存在"的时候，才能"最终地"把握、抓住、掌握认识底这个真理。即是人与人类底实践是认识底客观性之检证、规准。（页一七八）

在这里，列宁指出了实践在认识过程中的作用的基本原理。

（第二）实践是逻辑的"推论"，逻辑底式。

必须倒转过来，人底实践活动本应当几万万次地把人底意识导引到重复各种不同的逻辑的式，以便这些能够获得公理底意义，这点应注意。（页一五五）

"行动底推论"……对于黑格尔，行动、实践是逻辑的"推论"，逻辑底式。这是真的！当然，并不是说逻辑底式有着人底实践（＝绝对唯心论）作为自己的他在，相反地，而是说人底实践，重复了不止亿万次，于是在人底意识中以逻辑底式固定下来。这些式有着先入之见底持久性，有着正是（而且只是）由于

这个亿万次重复而来的公理的性质。（页一八四）

由此可见，唯物论的辩证法也正是由于人底实践，重复了不止亿万次，因而构成了“逻辑底式”，在这里，列宁很明确地指出了唯物辩证法和实践认识论的一致的门径。

（第三）实践比认识更高。

实践比（理论的）认识更高，因为实践不仅有普遍性底品格，并且有直接现实性底品格。（页一八一）

为什么呢？因为理论的认识不过在于说明世界，而实践则要改变世界，这即是说：

即是世界不满人，而人以自己的行动决心改变世界。（页一八〇）

换句话说，人底认识不仅反映客观世界，并且创造客观世界。（页一七九）

在这里，列宁很正确地指出根据科学认识而定下的改造世界的实践论。

（第四）实践是达到客观的真理之路。

无疑地，在黑格尔那里，实践像环一样处在认识过程底分析中，并且正是作为客观的（依据黑格尔“绝对的”）真理的推移。因此马克思直接地赞成黑格尔，把实践底规准导入认识论中：见《论费尔巴哈的提纲》。（页一七九）

真理是过程。人从主观的理念，经过实践（及技术）走向客观的真理。（页一六七）

由此可见，通过实践才能证明真理与发展真理。

（第五）认识与实践的合一。

认识……在自己面前发见真正存在的东西，即不依靠主观的意见（Setzen）的现存的现实性。（这是纯粹的唯物论！）人底意志，他的实践，自身阻碍着自己的目的底达成。……因为把自己和认识分离，不承认外在的现实性是真正存在的东西（是客观的真理）。认识与实践底合一是必要的。（页一八四）

理论的理念（认识）与实践底统一——要注意这点——而且这个统一恰恰就是统一在认识论中。因为“绝对的理念”（而理念 =“客观的真实者”）是在总合中得到的。（页一八八）

由此可见，主观与客观、理论与实践，这两者中每一种对于自身都还是片面的而有互相合一的必要。

在1921年在《再论职工会、目前形势及托洛茨基与布哈林同志底错误》中，列宁指出辩证法逻辑的特征有四，其中第三项是：

必须把全部人的实践——不管作为真理底标准也好，作为对象与人所需要的东西之联系底实际规定者也好，……包括在对象底完全的“定义”里面去。（《列宁选集》第十六卷页九一）

这就是说，判定唯物辩证法之正确内容，必须包括全部的人的实践，谁要是离开实践，他就使自己失掉把握唯物辩证法的可能性。这就是在1911年列宁《论马克思主义历史发展中的几个特点》中所指示："我们的——恩格斯关于他自己和他那位著名的友人说道——学说并不是教条，而是行动的指南。……忽视这一方面……就会破坏它的根本理论基础的辩证法，即关于包罗万象而充满矛盾的历史发展的学说，就会打破它与那些随历史每一次新转变而发生变更的一定实践时代任务之间的联系。"（《马克思、恩格斯及马克思主义》页二四七）

从列宁到斯大林，他在辩证认识论中更能取得马克思主义中主要的和基本的东西。他在1938年有名的经典著作《辩证唯物主义与历史唯物主义》中，无疑地推进了马克思主义哲学，并在无产阶级斗争的新条件下用新经验来丰富了它。在那里，述及世界及规律底可知性时，斯大林用很简洁的文句告诉我们：

> 我们对于自然界规律的那些已由经验和实践考验过的知识，是具有客观真理意义的确实知识。世界上没有不可认识之物，而只有现在尚未认识，但将来却会由科学和实践力量揭示和认识之物。
>
> 由此可见，科学和实际活动间的联系，理论和实践间的联系，它们的一致，应当成为无产阶级党底南针。

在1924年《论列宁主义基础》中，斯大林在发展了关于理论对于无产阶级运动的意义的基本原理时，他写道：

> 理论是世界各国工人运动底综合经验。当然，理论若不和革命实践联系起来，就会变成无对象的理论；同样，实践若不以革命理论为指南，就会变成盲目的实践。可是理论如果是在和革命实践密切联系中形成的，那它就能成为工人运动底伟大力量，因为理论，而且只有理论，才能使运动具有信心，使它有确定方

针的能力，使它能了解四周事变底内在联系。因为理论，而且只有理论，才使实践不仅能了解各阶级在目前如何行进和向那里行进，而且能了解这些阶级在最近将来会如何行进和向那里行进。（《列宁主义问题》第十一版页三六）

在这里，理论的重要意义，是如列宁说过和几十次重复说过的："没有革命的理论，就不会有革命的运动。"（《做什么》）然而马克思主义看重理论，正是，也仅仅是，因为它能够指导行动，就是实践。

1935 年《在第一次全苏联斯达汉诺夫工作者会议上的演说》中，斯大林更指出：

科学底原理向来都是由实践由经验来考验的。如果科学和实践断绝了关系，和经验断绝了关系，那还算是什么科学呢？如果科学就是像我们某些保守主义同志所形容的那样的一种东西，那它对人类岂不是早已没有什么作用了么？科学所以叫做科学，正是因为它不承认偶像，不怕推翻过时旧物，却很仔细倾听实践经验底呼声。如果不然，那我们就会根本没有什么科学，譬如说，就会没有什么天文学，而直到如今都会信奉着那陈腐不堪的普托莱米地心说了；就会没有生物学，而直到如今都会迷信着上帝造人的神话了；就会没有什么化学，而直到如今都会相信着炼金术士底预言了。（同上书，页六六四）

在这里，斯大林很正确地指出，真正的科学应该是和实践和经验相联系底革命的科学。换言之，即是依据新的革命实践来不断地和旧的和过时的东西斗争。

由上所述，马、恩、列、斯实践认识论的基本观点，把它系统化起来，使成为辩证唯物论的认识论的理论总结，这不是别人，这就是 1937 年毛泽东同志所写哲学著作，而又在 1950 年 12 月重新发表的《实践论》。《实践论》的最大特色，即在它牢牢守住实践，以解决人类认识的根本问题，它不但是将马克思列宁主义的普遍真理变为中国革命的实践，而更重要地是，它是辩证唯物论的认识论的进一步发展，是马克思列宁主义辩证认识论的进一步的新发展。

（三）

最近在学习毛泽东同志的《实践论》的号召之下，在中国新哲学研究会集体的研习之下，最值得我们注意的，是两篇哲学的专门著作，一是冯友兰《实践论——马列主义底发展与中国哲学传统问题底解决》（《新建设》第三卷第六期），这是代表清华大学哲学系集体讨论。一是《从西方哲学认识论的批判来学习实践论》（《新建设》第四卷第一期），这是代表北京大学哲学系集体讨论。前者注重实践论和中国哲学传统问题的关系，结论认为实践论是发扬了中国自古代以来的认识论上唯物论的传统，解决了中国哲学中的知行关系的问题。后者注重实践论和西洋哲学传统问题的关系，结论认为实践论为全新的哲学；一切旧哲学有共同的错误是在脱离实践，所以新旧哲学之间是连续性中断的质变；我们不应该强调他们的相似与联系，而要强调他们间原则上的区别。关于这两篇哲学论文的批判和介绍不是这里的事，现在只要指出一点，就是实践论虽然所说知行问题是和中国哲学中所理解的知行问题有关，但它很明白地不是中国固有的哲学认识论。同样，实践论虽然和西洋旧哲学有原则上的区别，但如黑格尔所提供的辩证法，却恰恰是“新的唯物的观点之直接的理论的前提”（恩格斯语见《论马克思底政治经济学批判》）。即因这个原故，所以实践论和中国哲学传统的关系是肯定的也是否定的，同样它和西洋哲学传统的关系是否定的也是肯定的。但我们问题的重点还不在于此，我们的重点是在于问究竟《实践论》对于马列主义有何发展，这问题很重要（在中国哲学研究会座谈会中即有人提出）。因为马克思主义是从西洋传统的旧哲学中批判发展而来，而中国唯一的马克思主义者毛泽东同志，他如果没有精通马克思列宁主义的理论，那他就不能实现其把马克思主义的普遍真理应用于中国的革命实践底作用。那末我们究竟要问，是不是就是这样把马列主义内容，表现于中国的民族形式，这种表现就是马列主义底发展呢？答案可以说是的，因为这是在实际的一定条件下应用了马列主义，这可以说是发展，然而实际论的意义和价值却不止于此。1950 年 12 月苏联《真理报》编辑部发表了一篇题为《论毛泽东的著作〈实践论〉》中，曾指出《实践论》这一著作底特点，是发展了马克思列宁主义关于辩证唯物论的认识的基本原理，关于实践在认识过程中的作用的基本原理，关于革命理论在实际革命斗争中的意义的基本原理；而更重要地在其著作的最后一部分，深刻地说明了发展了恩格斯和列宁关于绝对真理与相对真理的原理，关于客观东西与主观东西在认识中的统一的原理。这是不错的！如艾思奇同志所写论文的题目一样，“毛泽东同志发展了真理论”。因为真理的问题是对于革命成败攸关的重要问题，所以实践论依据辩证唯物论的认识原理反复地为我们正确地指明了真理的性质，判定真理的标准，以及如何解决理论的东西之是否符合客观真理性这个问题。然而很明白地，真理论尚不能包括实践论的全部内容和全部贡献，因为它只能代表此书的最后一部分，虽然是最重要的部分。然则从马克思主义辩证认识论的全面来考察，究竟《实践论》这一著作对于辩证唯物论的认识论发展了一些什么呢？依我们意思，毛泽东同志的实践论，因为它是总结了革命经验，同时也总结了马克思辩证认识论的理论传统，因此所以它的贡献，不但在于马列主义思想武器的具体应用，而且在它发展了创造了一些新的思想武器。因此所以我们如果说实践论发展了马列主义，也就应该是指发展了和创造了的这一些新的思想武器而言。这些思想武器，简单说来是有三种：

（其一）认识的三阶段说；
（其二）真理的生命观；
（其三）社会实践哲学。

现在试以次说明之如下：

（四）

（其一）认识的三阶段说

辩证唯物论底认识论的基础，是承认外部世界底存在及其在人的头脑中的反映。所以列宁说：

> 认识是自然在人底思想中的反映。（《黑格尔〈逻辑学〉一书摘要》，p. 160）

但在反映的过程中，要切记着的是，认识的人不是站在自然外面局外地直观的观察的探究自然的人，他是在社会物质生活中真正的行动的人，因为他的认识过程直接地是和社会物质生活底过程联结着，因此他不能离开人的阶级性，不能离开人的社会性。

人的认识，主要地依赖于物质的生产活动，逐渐地了解自然的现象、自然的性质、自然的规律性、人和自然的关系；而且经过生产活动，也在各种不同程度上逐渐地认识了人和人的一定的相互关系。一切这些知识，离开生产活动是不能得到的。在没有阶级的社会中，每个人以社会一员的资格，同其他社会成员协力，结成一定的生产关系，从事生产活动，以解决人类物质生活问题。在各种阶级的社会中，各阶级的社会成员，则又以各种不同的方式，结成一定的生产关系，从事生产活动，以解决人类物质生活问题。这是人的认识发展的基本来源。

在阶级社会中，每一个人都在一定的阶级地位中生活，各种思想无不打上阶级的烙印。

由此可见，认识过程首先就是社会的过程。其次在反映过程中，认识的人也不能离开人的历史发展，他只能以人类的历史实践为基础，这就是一步又一步地由低级向高级发展。

马克思主义者认为人类社会的生产活动，是一步又一步地由低级向高级发展，因此，人们的认识，不论对于自然界方面，对于社会方面，也都是一步又一步地由低级向高级发展，即由浅入深，由片面到更多的方面。在很长的历史时期内，大家对于社会的历史只能限于片面的了解，这一方面是由于剥削阶级的偏见经常歪曲社会的历史，另方面，则由于生产规模的狭小，限制了人们的眼界。人们能够对于社会历史的发展作全面的历史的了解，把对于社会的认识变成了科学，这只是到了伴随巨大生产力——大工业而出现近代无产阶级的时候，这就是马克思主义的科学。

由此可见，认识过程其次就是历史的过程。然而更重的，认识不但是社会的历史的过程，更且随着变革现实的实践而产生认识逐渐深化的运动。列宁不止一次谈及“我们关于事物的日益加深的认识底活跃的进行、运动”（《黑格尔〈逻辑学〉一书摘要》页三六），他说：

> 一方面，必须加深物质的认识到实体的认识（概念），以便找出诸现象底原因；另方面，原因底真实认识是从现象底外面性到实体性的认识深化。（同上书，页 119）

这种深化的认识观，在《实践论》中表现得最为透彻：

> 这种基于实践的由浅入深的辩证唯物论的关于认识发展过程的理论，在马克思主义以前，是没有一个人这样解决过的。马克思主义的唯物论，第一次正确地解决了这个问题，唯物地而且辩证地指出了认识的深化的运动，指出了社会的人在他们的生产与阶级斗争的复杂的、经常反复的实践中，由感性认识到论理认识的推移的运动。

> 为了明了基于变革现实的实践而产生的辩证唯物论的认识运动——认识的逐渐深化的运动，下面再举出几个具体的例子。
>
> ［例一］无产阶级对于资本主义社会的认识，在其实践的初期——破坏机器与自发斗争时期，他们还只在感性认识的阶段，只认识资本主义各个现象的片面及其外部的联系。这时，他们还是一个所谓“自在的阶级”。但是到了他们实践的第二个时期——有意识有组织的经济斗争与政治斗争的时期，由于实践，由于长期斗争的经验，经过马克思、恩格斯用科学的方法把这种

种经验总结起来，产生了马克思主义的理论，用以教育无产阶级，这样就使无产阶级理解了资本主义社会的本质，理解了社会阶级的剥削关系，理解了无产阶级的历史任务，这时他们就变成了一个“自为的阶级”。

[例二] 中国人民对于帝国主义的认识也是这样。第一阶段是表面的感性的认识阶段，表现在太平天国运动与义和团运动等笼统的排外主义的斗争上。第二阶段才进到理性的认识阶段，看出了帝国主义内部与外部的各种矛盾，并看出了帝国主义联合中国买办阶级和封建阶级以压榨中国人民大众的实质，这种认识是从一九一九年五四运动前后才开始的。

[例三] 我们再来看战争。战争的领导者，如果他们是一些没有战争经验的人，对于一个具体的战争（例如我们过去十年的土地革命战争）的深刻的指导规律，在开始阶段是不了解的。他们在开始阶段只是身历了许多作战的经验，而且败仗是打得很多的。然而由于这些经验（胜仗，特别是败仗的经验），使他们能够理解贯串整个战争的内部的东西，即那个具体战争的规律性，懂得了战略与战术，因而能够有把握地去指导战争。此时，如果改换一个无经验的人去指导，又会要在吃了一些败仗之后（有了经验之后）才能理会战争的正确的规律。

[例四] 常常听到一些同志在不能勇敢接受工作任务时说出来的一句话：没有把握。为什么没有把握呢？因为他对于这项工作的内容与环境没有规律性的了解，或者他从来就没有接触过这类工作，或者接触得不多，因而无从谈到这类工作的规律性。及至把工作的情况同环境给以详细分析之后，他就觉得比较地有了把握，愿意去做这项工作。如果这个人在这项工作中经过了一个时期，他有了这项工作的经验了，而他又是一个肯虚心体察情况

的人，不是一个主观地、片面地、表面地看问题的人，他就能够自己做出应该怎样进行工作的结论，他的工作勇气也就可以大大地提高了。只有那些主观地、片面地与表面地看问题的人，跑到一个地方，不问环境的情况，不看事情的全体（事情的历史与全部现状），也不触到事情的本质（事情的性质及此一事情与其他事情的内部联系），就自以为是地发号施令起来，这样的人是没有不跌交子的。

由此可见，认识过程再其次就是逐渐深化的过程。因为认识虽是反映，但不是实在世界的受动的反映，它是对实在世界采取能动的反映，所以能够由浅入深，从片面到全体，从外的联系到内的联系，因而逐渐地接近了客观的真理。所以列宁给认识下了一个界说：

认识是思维对客体之永远的无终止的接近。（《黑格尔〈逻辑学〉一书摘要》，p. 160）

但认识是怎样对客观世界底永远的无穷无尽的接近呢？列宁指出了认识过程之三个阶段，即是：

从生动的直观到抽象的思维，从思维到实践——这就是认识真理、认识客观实在的辩证法道路。（《黑格尔〈逻辑学〉一书摘要》页 134）

在这里，生动的直观是第一阶段，抽象的思维是第二阶段，实践是第三阶段。列宁的辩证认识论归结于以人们底实践，只有实践的检验才能证实了客观的真理，才能完成了认识的过程。然而很明显地，列宁在这里所讲认识的三阶段，只是一个初步的说法，他虽描绘出认识过程的大体轮廓，而没有详细指出它的一定的具体的内容。把这种认识的辩证法更有系统地用新的现代内容，采取新的形式来加以高度的发展的，这就是马克思、列宁的学生——毛泽东同志的著作。因此这一著作便成为现代辩证认识论发展的最高峰。《实践论》指出人的认识的三阶段是：

（一）感性认识；

（二）理性认识；

（三）革命实践。

在这里，感性认识就是生动的直观，是认识的第一个阶段；理性认识就是抽象的思维，是认识的第二个阶段；革命实践就是实践的检验，是认识的第三个阶段。在认识的第一个阶段中，人只能直接在认识上和外界结合起来，这一认识形式，便是感觉。比较发达的感觉，是以比较发达的感官和脑子，和比较优良的人的生活社会条件为前提的。

原来人在实践过程中，开始只是看到过程中各个事物的现象方面，看到各个事物的片面，看到各个事物之间的外部联系。例如有些外面的人们到延安来考察，头一二天，他们看到了延安的地形、街道、屋宇，接触了许多的人，参加了宴会、晚会与群众大会，听到了各种说话，看到了各种文件，这些就是事物的现象，事物的各个片面以及这些事物的外部联系。这叫做认识的感性阶段，就是感觉与印象的阶段。也就是延安这些各别的事物作用于考察团先生们的感官，引起了他们的感觉，在他们的脑子中生起了许多的印象，以及这些印象间的大概的外部的联系，这是认识的第一个阶段。在这个阶段中，人们还不能造成深刻的概念，作出合乎论理（即合乎逻辑）的结论。

感觉就是经验，也就是人的初步实践运动，离开了这初步实践，也就无所谓认识。为什么呢？因为：

一切真知都是从直接经验发源的。但人不能事事直接经验，事实上多数的知识都是间接经验的东西，这就是一切古代的与外域的知识。这些知识在古人在外人是直接经验的东西，如果在古人外人直接经验时是符合于列宁所说的条件"科学的抽象"，是科学地反映了客观的事物，那末这些知识是可靠的，否则就是不可靠的。所以，一个人的知识，不外直接经验的和间接经验的两部分。而且在我为间接经验者，在人则仍为直接经验。因此，就知识的总体说来，无论何种知识都是不能离开直接经验的。任何知识的来源，在于人的肉体感官对客观外界的感觉，否认了这个感觉，否认了直接经验，否认亲自参加变革现实的实践，他就不是唯物论者。"知识里手"之所以可笑，原因就是在这个地方。中国人有一句老话："不入虎穴，焉得虎子。"这句话对于人们的实践是真理，对于认识论也是真理。离开实践的认识是不可能的。

从认识过程的秩序说来，感觉经验是第一的东西，我们强调社会实践在认识过程中的意义，就在于只有社会实践才能使人的认识开始发生，开始从客观外界得到感觉经验。一个闭目塞听、同客观外界根本绝缘的人，是无所谓认识的。认识开始于经验——这就是认识论的唯物论。

但是认识的过程，是由第一阶段表面的感性的认识进至第二阶段理性的认识，这就是常识和科学知识的不同。在感性认识的第一阶段，无论是最初的由个别事物作用于人们感官所引起的感觉，无论是较深一层的在人们脑子中生起的印象，无论是再深一层的在脑中反映出这些印象的外部联系，要之虽有深浅不同，而均不出于常识的范围、初步实践的范围，更没有可能作出合乎论理科学的结论，因此认识的过程便不能不更推进一步。

由此看来，认识的过程，第一步，是开始接触外界事情，属于感觉的阶段。第二步，是综合感觉的材料加以整理和改造，属于概念、判断和推理的阶段。只有感觉的材料十分丰富（不是零碎不全）与合于实际（不是错觉），才能根据这样的材料造出正确的概念和论理来。

认识的第二个阶段，因此就是理性的认识阶段，也就是论理的认识阶段：

社会实践的继续，使人们在实践中引起感觉与印象的东西反复了多次，于是在人们的脑子里生起了一个认识过程中的突变（即飞跃），产生了概念。概念这种东西已经不是事物的现象，不是事物的各个片面，不是它们的外部联系，而是抓着了事物的本质，事物的全体，事物的内部联系了。概念同感觉，不但是数量上的差别，而且有了性质上的差别。循此继进，使用判断和推理的方法，就可产生出合乎论理的结论来。《三国演义》上所谓“眉头一皱计上心来”，我们普通说话所谓“让我想一想”，就是人在脑子中运用概念以作判断与推理的工夫。这是认识的第二个阶段。外来的考察团先生们在他们集合了各种材料，加上他们“想了一想”之后，他们就能够作出“共产党的抗日民族统一战线的政策是彻底的、诚恳的和真实的”这样一个判断了。在他们作出这个判断之后，如果他们对于团结救国也是真实的的话，那末他们就能够进一步作出这样的结论：“抗日民族统一战线是能够成功的。”这个概念、判断与推理的阶段，在人们对于一个事物的整个认识过程中是更重要的阶段，也就是理性认识的阶段。认识的真正任务在于经过感觉而到达于思维，到达于逐步了解客观事物的内部矛盾，了解它的规律性，了解这一过程与那一过程间的内部联系，即到达于论理的认识。重复地说，论理的认识所以和感性的认识不同，是因为感性的认识是属于事物之片面的、现象的、外部联系的东西，论理的认识则推进了一大步，到达了事物的全体的、本质的、内部联系的东西，到达了暴露周围世界的内在的矛盾，因而能在周围世界的总体上，在周围世界一切方面的内部联系上去把握周围世界的发展。

在这里，认识之由感性认识到论理认识之推移运动，是认识的深化运动的一步，也就是实践运动的第二步。

第二是认识有待于深化，认识的感性阶段有待于发展到理性阶段——这就是认识论的辩证法。如果以为认识可以停顿在低级的感性阶段，以为只有感性认识可靠，而理性认识是靠不住的，这便是重复了历史上的“经验论”的错误。这种理论的错误，在于不知道感觉材料固然是客观外界某些真实性的反映（我这里不来说经验只是所谓内省体验的那种唯心的经验论），但它们仅是片面的与表面的东西，这种反映是不完全的，是没有反映事物本质的。要完全地反映整个的事物，反映事物的本质，反映事物的内部规律性，就必须经过思考作用，将丰富的感觉材料加以去粗取精、去伪存真、由此及彼、由表及里的改造制作工夫，造成概念及理论的系统，就必须从感性认识跃进到理性认识。这种改造过的认识，不是更空虚了更不可靠了的认识，相反，只要是在认识过程中根据于实践基础而科学地改造过的东西，正如列宁所说乃是更深刻、更正确、更完全地反映客观事物的东西。庸俗的事务主义家不是这样，他们尊重经验而看轻理论，因而不能通观客观过程的全体，缺乏明确的方针，没有远大的前途，沾沾自喜于一得之功和一孔之见。这种人如果指导革命，就会引导革命走上碰壁的地步。

在感性认识和理性认识的相互关系中，应该特别指出的是：（第一）理性认识对于感性认识的依赖性；（第二）感性认识发展为理性认识的必然性；（第三）在实践中两者的统一性。因此而旧哲学中的“唯理论”与“经验论”都被根本推翻了。

这里有两个要点必须着重指明。第一个，在前面已经说过的，这里再重复说一说，就是理性认识依赖于感性认识的问题。如果以为理性认识可以不从感性认识得来，他就是一个唯心论者。哲学史上有所谓“唯理论”一派，就是只承认理性的实在性，不承认经验的实在性，以为只有理性靠得住，而感觉的经验是靠不住的，这一派的错误在于颠倒了事实。理性的东西所以靠得住，正是由于它来源于感性，否则理性的东西就成了无源之水，无本之木，而只是主观自生的靠不住的东西了。

理性认识依赖于感性认识，感性认识有待于发展到理性认识，这就是辩证唯物论的认识论。哲学上的“唯理论”与“经验论”都不懂得认识的历史性或辩证性，虽然各有片面的真理（对于唯物的唯理论与经验论而言，非指唯心的唯理论与经验论），但在认识论的全体上则都是错误的。由感性到理性之辩证唯物论的认识运动，对于一个小的认识过程（例如对于一个事物或一件工作的认识）是如此，对于一个大的认识过程（例如对于一个社会或一个革命的认识）也是如此。

列宁说过：“物质的抽象，自然规律的抽象，价值的抽象及其他等等，一句话，那一切科学的（正确的、郑重的、非瞎说的）抽象，都更深刻、更正确、更完全地反映了自然。”马克思列宁主义认为：认识过程中两个阶段的特性，在低级阶段，认识表现为感性的，在高级阶段，认识表现为论理的，但任何阶段，都是统一的认识过程中的阶段。感性和理性二者的性质不同，但又不是互相分离的，它们在实践的基础上统一起来了。我们的实践证明：感觉到了的东西，我们不能立刻理解它，只有理解了的东西才更深刻地感觉它。感觉只解决现象问题，理论才解决本质问题。这些问题的解决，一点也不能离开实践。无论何人要认识什么事物，除了同那个事物接触，即生活于（实践于）那个事物的环境中，是没有法子解决的。

但是认识的过程并不是到了理性认识阶段便完结了的。人的认识先由直接的实践得到感性的经验，这是第一步。再由抽象的思维得到论理的结论，这是第二步。然而马克思主义的辩证认识论，不但要说明世界，而且更重要的是进一步改造世界。这就是革命实践的阶段。

实践是认识底客观性之检证、规准，同时也就是认识过程之第三步。因此所以我们可以说实践是认识之始，同时也就是认识之成。如果我们要问：

然而人的认识究竟是怎样从实践发生，而又服务于实践呢？这只要看一看认识的发展过程就会明了的。

如果要直接地认识某种或某些事物，便只有亲身参加于变革现实、变革某种或某些事物的实践的斗争中，才能触到那种或那些事物的现象，也只有在亲身参加变革现实的实践的斗争中，才能暴露那种或那些事物的本质而理解它们。这是任何人实际上走着的认识路程，不过有些人故意歪曲地说些反对的话罢了。世上最可笑的是那些“知识里手”，有了道听途说的一知半解，便自封为“天下第一”，适足见其不自量而已。知识的问题是一个科学问题，来不得半点的虚伪与骄傲，决定地需要的倒是其反面——诚实与谦逊的态度。你要有知识，你就得参加变革现实的实践。你要知道梨子的滋味，你就得变革梨子，亲口吃一吃。你要知道原子的组织同性质，你就得实行物理学和化学的实验，变革原子的情况。你要知道革命的理论与方法，你就得参加革命。

辩证唯物论的认识论把实践提到第一的地位，认为人的认识一点也不能离开实践，排斥一切否认实践重要性、使认识离开实践的错误理论。列宁这样说过：“实践高于（理论的）认识，因为它不但有普遍性的品格，而且还有直接现实性的品格。”马克思主义的哲学辩证唯物论有两个最显著的特点：一个是它的阶级性，公然申明辩证唯物论是为无产阶级服务的；再一个是它的实践性，强调理论对于实践的依赖关系，理论的基础是实践，又转过来为实践服务。判定认识或理论之是否真理，不是依主观上觉得如何而定，而是依客观上社会实践的结果如何而定。真理的标准只能是社会的实践。实践的观点是辩证唯物论的认识论之第一的和基本的观点。

因为实践重要性如此，所以人的认识运动本质上就是实践运动。即就认识的第二个阶段性认识而言，理性认识虽有普遍性而缺乏现实性；只有实践才具有现实性的品格，所以实践高于理性认识。在认识的第二个阶段理性的认识之后，便应继之以“拿了这种对于客观规律性的认识去能动地改造世界”的革命实践的阶段。

然而认识运动至此还没有完结。辩证唯物论的认识运动，如果只到理性认识为止，那末还只说到问题的一半。而且对于马克思主义的哲学说来，还只说到非十分重要的那一半。马克思主义的哲学认为十分重要的问题，不在于懂得了客观世界的规律性，因而能够解释世界，而在于拿了这种对于客观规律性的认识去能动地改造世界。在马克思主义看来，理论是重要的，它的重要性充分地表现在列宁说过的一句话：“没有革命的理论，就没有革命的运动。”然而马克思主义看重理论，正是，也仅仅是，因为它能够指导行动。如果有了正确的理论，只是把它空谈一阵，束之高阁，并不实行，那末，这种理论再好也是没有意义的。认识从实践始，经过实践得到了理论的认识，还须再回到实践去。认识的能动作用，不但表现于从感性的认识到理性的认识之能动的飞跃，更重要的还须表现于从理性的认识到革命的实践这一个飞跃。抓着了世界的规律性的认识，必须把它再回到改造世界的实践中去，再用到生产的实践、革命的阶级斗争与民族斗争的实践以及科学实验的实践中去。这就是检验理论与发展理论的过程，是整个认识过程的继续。理论的东西之是否符合于客观真理性这个问题，在前面说的由感性到理性之认识运动中是没有完全解决的，也不能完全解决的。要完全地解决这个问题，只有把理性的认识再回到社会实践中去，应用理论于实践，看它是否能够达到预想的目的。许多自然科学理论之所以被称为真理，不但在于自然科学家们创立这些学说的时候，而且在于为尔后的科学实践所证实的时候。马克思列宁主义之所以被称为真理，也不但在于马克思、恩格斯、列宁、斯大林等人科学地构成这些学说的时候，而且在于为尔后革命的阶级斗争和民族斗争的实践所证实的时候。辩证唯物论之所以为普遍真理，在于经过无论什么人的实践都不能逃出它的范围。人类认识的历史告诉我们，许多理论的真理性是不完全的，经过实践的检验而纠正了它们的不完全性。许多理论是错误的，经过实践的检验而纠正其错误。所谓实践是真理的标准，所谓"生活、实践底观点，应该是认识论底首先的和基本的观点"，理由就在这个地方。斯大林说得好："离开革命实践的理论是空洞的理论，而不以革命理论为指南的实践是盲目的实践。"

认识的三阶段说最后归结出辩证认识论天才的公式，这就是实践与认识互相推进的公式。

通过实践而发现真理，又通过实践而证实真理和发展真理。从感性认识而能动地发展到理性认识，又从理性认识而能动地指导革命实践，改造主观世界和客观世界。实践、认识、再实践、再认识，这种形式，循环往复以至无穷，而实践和认识之每一循环的内容，都比较地进到了高一级的程度。这就是辩证唯物论的全部认识论，这就是辩证唯物论的知行统一观。

（五）

（其二）真理之生命观

实践论是辩证唯物论的认识论，同时又是马克思主义发展到最高阶段的现代世界观。这种世界观的特色，在把真理和实践统一起来，在随时准备在实践中坚持真理，实践、认识、再实践、再认识，就这样地形成了“绝对真理的长河”。这样地把对于真理的认识，变成了真理的永远“生命之流”。列宁在《黑格尔〈逻辑学〉一书摘要》中不止一次指出：

> 永远的生命＝辩证法。（页166）
>
> 把生命包括在逻辑中的思想，从客观世界在人底意识（最初是个体的）中的反映过程并以实践来检查这个意识（反映）的观点看来，是当然的——并且是天才的。（页168）
>
> 需要的不是无生命的骨什，而是活生生的生命。（页33）

因为认识的辩证法运动，就是反映着“这一事物（以及现象）底发展，它固有的运动，它固有的生命”（同上，页160），“一切都在生命中，在运动中，……一切都存在着，从一个状态转化为另一个状态”（同上，页58—59），因为“逻辑与认识应当从‘自然与精神底整个生活之发展中’抽引出来”（同上，页32），所以在辩证法中永远“感觉得生活的脉搏的跳动”（斯大林语），或如毛泽东同志所说的“成为不绝的运动之流”(《辩证唯物论》“运动论”中语)。我们知道，最近在现代反动哲学的阵营中也有提倡永远的生命说的，如柏格森的直觉主义，尼采的超人主义，但是这些法西斯蒂的反动哲学家是没有一个真正理解生命的。生命是物质的，具有现实性的东西，实践的东西；然而尼采却要使生命向上发展，使人成为较高较超的一种，这种使人“向权力的意志”的表现，只是生命的自己毁灭，只是把生命变为生命的超越，生命的否定。柏格森更荒谬极了，他要用直觉方法直接的体验生命的绵延创化，他说生命好比一股大流，没有时候休息的，也不会重复的，也没有部分的，只是那继续前进的、不断的“生之冲动”(Élan vital)，只是一种真时间。这真时间的认识不要凭借一种理知作用，只藉一种内在的同情的方法，以游神于物的内面而亲与其绝对无比、不可言状的本体融合为一。实则这种自直觉出发的哲学，根本不成其为科学的哲学。用黑格尔《精神现象学》中批判谢林(Schelling)的话，同样可以批判他，即是“黑夜所见的一切牛都是黑的”罢了。而且他所谓直觉的真时间，和我们现见的物质生命是有部分的有间断的时间不同，所以尽管柏格森讲得天花乱坠，只可惜从他虚幻的感觉所得，还和我们生命的实践全没干涉。总之，他们是将生命和现实性对立，离开人的社会性，离开人的历史发展来空谈生命，追求生命，其结果乃表现出一种最坚决的无限的意向与无限的要求和梦想，在行为上即表现为法西斯主义的唯生论。相反地，马克思列宁主义辩证认识论的生命观，是将生命和现实性合一，是将生命和实践合一，是将生命和客观的真理合一。从现实性中、从实践中、从反映物质生活的客观真理中所见永远的生命，这就是辩证唯物主义的认识论，这就是唯物辩证法的基本原理。试将这两种不同的生命观对比如下表：

唯物认识论	唯生论
“生命”与“物质”的统一	“生命”与“精神”的统一
“生命”与“现实”无距离	“生命”与“现实”有距离
出发点：客观	出发点：主观
“生命”之内实现生命	“生命”之外追求生命
“平凡”“写实” 出发至于永远和平境界	“梦”“幻想” 出发至于混沌动乱境界
生命之为现实，在现在为革命实践，在哲学上意义为理论与实践的合一	生命之为超现实，在现在为享乐主义英雄主义，在哲学意义上为理论与实践之不合一

因为辩证认识论强调认识发展的生命性乃是从客观的现的生活现象出发，和反动派的唯生论势不两立，这乃是生命观中唯物论和唯心论的斗争。现实无情地拒绝这正在败坏着和衰颓着的反动哲学，但是坚决地提出唯物辩证法的生命观，坚决地把认识当作过程看待，当作真理的生命之流看待。它高潮着：

> 辩证运动是一个复杂的充满着矛盾与斗争的运动。(《辩证唯物论》“反映论”一节中语)

在这里就贯彻着辩证认识论的生命观。由这生命观看来，人的认识过程即是革命实践的过程，即是人们坚持客观真理的过程。在《实践论》著作的最后一部分，毛泽东同志提出了认识运动达到实践是否就算完成了的问题，他的答复是：“完成了又没有完成。”这真是破天荒的论潮！铁一般的真理！

> 说到这里，认识运动就算完成了吗？我们的答复是完成了，

又没有完成。社会的人们投身于变革在某一发展阶段内的某一客观过程的实践中（不论是关于变革某一自然过程的实践，或变革某一社会过程的实践），由于客观过程的反映与主观能动性的作用，使得人们的认识由感性的推移到了理性的，造成了大体上相应于该客观过程的法则性的思想、理论、计划或方案，然后再应用这种思想、理论、计划或方案于该同一客观过程的实践，如果能够实现预想的目的，即将预定的思想、理论、计划、方案在该同一过程的实践中变为事实，或者大体上变为事实，那末，对于这一具体过程的认识运动算是完成了。例如，在变革自然的过程中，某一工程计划的实现，某一科学假想的证实，某一器物的制成，某一农产的收获，在变革社会过程中某一罢工的胜利，某一战争的胜利，某一教育计划的实现，都算实现了预想的目的。然而一般地说来，不论在变革自然或变革社会的实践中，人们原定的思想、理论、计划、方案，毫无改变地实现出来的事，是很少的。这是因为从事变革现实的人们，常常受着许多的限制，不但常常受着科学条件与技术条件的限制，而且也受着客观过程的发展及其表现程度的限制（客观过程的方面及本质尚未充分暴露）。在这种情形之下，由于实践中发现前所未料的情况，因而部分地改变思想、理论、计划、方案的事是常有的，全部地改变的事也是有的。即是说，原定的思想、理论、计划、方案，部分地或全部地不合于实际，部分错了或全部错了的事，都是有的。许多时候须反复失败过多次，才能纠正错误的认识，才能到达于和客观过程的规律性相符合，因而才能够变主观的东西为客观的东西，即在实践中得到预想的结果。但是不管怎样，到了这种时候，人们对于在某一发展阶段内的某一客观过程的认识运动，算是完成了。

但话虽如此，“认识乃是思维对客体底永远的无穷无尽的接近”（列宁），因之在接近客体之无穷无尽的辩证法道路之中，只要客体，不论是属于自然界与属于社会的，它的变化无穷，则认识的发展过程，也应跟着变化无穷，所以说：

> 然而对于过程的推移而言，人们的认识运动是没有完成的。任何过程，不论是属于自然界的与属于社会的，由于内部的矛盾与斗争，都是向前推移向前发展的，人们的认识运动也应跟着推移与发展。依社会运动来说，真正的革命的指导者，不但在于当自己的思想、理论、计划、方案有错误时须得善于改正，如同上面已经说到的，而且在于当某一客观过程已经从某一发展阶段向另一发展阶段推移转变的时候，须得善于使自己及参加革命的一切人员在主观认识上也跟着推移转变，即是要使新的革命任务与新的工作方案的提出，适合于新的情况的变化。革命时期情况的变化是很急速的，如果革命党人的认识不能随之而急速变化，就不能引导革命走向胜利。

这就是说，认识过程是一个依循着辩证法运动的能动的发展过程。一切客观世界的辩证法的运动，同时即反映着人的认识发展之无穷的辩证法的运动。因此人的认识运动是和客观的物质生命一样，是完成了又没有完成。然而认识运动毕竟就是坚持客观真理的运动，认识底完成了又没有完成，即是客观真理的完成了又没有完成。这么一来，便涉及真理之相对性和绝对性的问题了。真理是客观的，相对的又是绝对的。恩格斯说得好：

> 关于自然之一切真理的认识，就是永久的无穷的认识，因

此他实质上是绝对的。

辩证唯物论的认识论所以生气勃勃成为革命科学的知识，就因为它正确地反映了绝对的同时是客观的真理，然而在认识之深化过程中，认识之由浅入深，由片面到全体，由外的联系到内的联系，这即是告诉我们绝对的真理不容易得到，而必须由于我人认识之无穷无尽的实践。由于无穷无尽的实践，我们才能战胜一切阻碍物，才会逐渐接近于客观真理。所以客观真理不是没有，只需我人在主观认识上不断地跟着实践前进，就能够在无穷无尽的认识过程中，由于无数的相对真理的介绍而逐渐到达于绝对的真理。因此所以说："马克思列宁主义并没有结束真理，而是在实践中不断地开辟认识真理的道路。"我们应该肯定我们是能够认识绝对真理的。

马克思主义者承认，在绝对的总的宇宙发展过程中，各个具体过程的发展都是相对的，因而在绝对真理的长河中，人们对于在各个一定发展阶段上的具体过程的认识只具有相对的真理性。无数相对的真理之总和，就是绝对的真理。客观过程的发展是充满着矛盾与斗争的发展。人的认识运动的发展也是充满着矛盾与斗争的发展。一切客观世界的辩证法的运动，都或先或后地能够反映到人的认识中来。社会实践中的发生、发展与消灭的过程是无穷的，人的认识的发生、发展与消灭的过程也是无穷的。根据于一定的思想、理论、计划、方案以从事于变革客观现实的实践，一次又一次地向前，人们对于客观现实的认识也就一次又一次地深化。客观现实世界的变化运动永远没有完结，人们在实践中对于真理的认识也就永远没有完结。马克思列宁主义并没有结束真理，而是在实践中不断地开辟认识真理的道路。

在这里，“绝对真理的长河”不就是“永远的生命＝辩证法”是什么？把“绝对真理的长河”或“不绝的运动之流”包括在辩证认识论中的思想，这也是当然的，并且是天才的。只要“客观现实世界的变化运动永远没有完结，人们在实践中对于真理的认识也就永远没有完结”。因此，绝对其理纵使现在不容易达到，但由于我人永远的没有完结的相对真理的认识作用，这无数相对真理之总和，就成为绝对真理的表现。不但如此，即因为绝对真理的生命是一个永远没有完结的过程，遂使我人认识也变成一步一步向更高度发展的永远没有完结的生命的东西。由此可见辩证认识的生命观，是不外乎如下公式，即：

> 我们的结论是主观和客观、理论和实践、知和行的具体的历史的统一。

在这历史的统一中，我人不断地实践、认识、再实践、再认识，使真理的认识无穷尽，同时我人在生命之内实现生命的革命实践亦无穷尽。

（六）

（其三）社会实践哲学

实践论虽归结于知与行的具体的历史的统一观，但和中国哲学中所讲的知行合一说有些不同。王阳明的知行合一只是把知限制于一种个人的境界，是个人实践哲学却不是社会实践哲学。然而实践论却不但改造自己的主观世界，也改造客观世界。列宁在《黑格尔〈逻辑学〉一书摘要》中曾指出：

> 为什么从实践、行动，只推移到“善”呢？这是狭隘地片面的。（页 179）

中国哲学传统中所讲的知行，正是这种限于狭隘的片面的知行，限于道德的实践。在西洋古典哲学中，德国菲希特（Fichte）也何尝不是提倡实践活动的辩证法，依他见解，“自我”本身就是活动，就是作用，离开了活动没有自我；相反地，一切的自我都不过是活动，活动创造一切的客观世界，活动从“无”而创造存在的一切形态。“行动吧！行动吧！这就是我们的任务”。然而很明显地，菲希特这种强调思维活动，这样把实践还原为思维活动，这样把自我的活动构成为论理的连锁的发展，固然是展开了实践哲学，可是这种实践哲学事实上只是个人实践哲学，“我”和“非我”对立，在实践中“我”无穷无尽地征服“非我”以求我与非我的统一。这种自我的辩证法恰好反映了德国古典哲学的社会背景，这即是资产阶级反对封建的大斗争的社会背景，然而不适合于我人今日的社会背景。菲希特如此，黑格尔也不是例外。黑格尔把实践理解为劳动，这是完全对的，然而劳动是什么？他的答案就是抽象思想的活动：沉思。实践只不过是沉思，思想与自己本身的游戏，思想的自己改造，结果实践也只成其为精神的实践、个人的实践就完了。相反地，同在实践哲学之中，我人现在的实践观点已经从个人的实践阶段发展到社会的实践阶段，我们已经不需要什么抽象的实践哲学，而要建立不离开人的社会性，不离开人的历史发展底社会实践哲学。因此所以在《实践论》中开首即提醒我们：

马克思以前的唯物论，离开人的社会性，离开人的历史发展，去观察认识问题，因此不能了解认识对社会实践的依赖关系，即认识对生产和阶级斗争的依赖关系。

实践即是社会实践，离开社会性，离开人的历史发展，还有什么实践可言。所以说：

马克思主义者认为，只有人们的社会实践，才是人们对于外界认识的真理性的标准。实际的情形是这样的，只有在社会实践过程中（物质生产过程中，阶级斗争过程中，科学实验过程中），人们达到了思想中所预想的结果时，人们的认识才被证实了。人们要想得到工作的胜利即得到预想的结果，一定要使自己的思想合于客观外界的规律性，如果不合，就会在实践中失败。人们经过失败之后，也就从失败取得教训，改正自己的思想使之适合于外界的规律性，人们就能变失败为胜利，所谓“失败者成功之母”，“吃一堑长一智”，就是这个道理。

社会实践，换句话说就是社会斗争，首先就是生产与阶级斗争，然而不止于此。恩格斯在《德国农民战争》第二版序书后中说：

在劳动运动史初期，斗争即向三方面——理论的、政治的和实际经济的（反抗资本家）——进行，结成谐和的和有计划的一个实体。

就中经济的生产活动是认识底根本的主要动力，因此在社会实践中占重要的地位，这就是历史唯物主义的基本原理。

首先，马克思主义者认为人类的生产活动是最基本的实践活动，是决定其他一切活动的东西。

但是生产活动之外，更有人们的阶级关系、阶级斗争、政党斗争乃至理论斗争，这些各种形式在其互相联系中就组成了人的社会实践生活。

人的社会实践，不限于生产活动一种形式，还有多种其他的形式，阶级斗争，政治生活，科学和艺术的活动，总之社会实际生活的一切领域都是社会的人所参加的。因此，人的认识，在物质生活以外，还从政治生活、文化生活中（与物质生活密切联紧），在各种不同程度上，知道人和人的各种关系。其中，尤以各种形式的阶级斗争，给予人的认识发展以深刻的影响。

由此可见，人的认识无论何人也不能脱离社会实践而可以成功的。实践的观点即是真理的标准，真理不是只依天才的条件而定，而是依客观上社会的实践的结果如何而定。

不能在封建社会就预先认识资本主义社会的规律，因为资本主义还未出现，还无这种实践。马克思主义只能是资本主义社会的产物。马克思不能在自由资本主义时代就预先具体地认识帝国主义时代的某些特异的规律，因为帝国主义这个资本主义最后阶段还未到来，还无这种实践，只有列宁和斯大林才能担当此项任务。马克思、恩格斯、列宁、斯大林之所以能够作出他们的理论，除了他们的天才条件之外，主要地是他们亲自参加了当时的阶级斗争和科学实验的实践，没有这后一个条件，任何天才也是不能成功的。“秀才不出门，全知天下事”，在技术不发达的古代只是一句空话。在技术发达的现代虽然可以实现这句话，然而真正亲知的是天下实践着的人，那些人在他们的实践中间取得了“知”，经过文字与技术的传达而到达于“秀才”之手，秀才乃能间接地“知天下事”。

反一面来说，那些拒绝社会实践的人，无论是教条主义也好，或经验主义也好，他们的根本错误，都只在于离开了社会实践。他们的思想不能跟客观的现实性相合，因此不是走得太快就是太慢了。因此《实践论》站在社会实践哲学的基础上，坚决地严厉地批判了他们。

然而思想落后于实际的事是常有的，这是因为人的认识受了许多社会条件的限制的原故。我们反对革命队伍中的顽固派，他们的思想不能随变化了的客观情况而前进，在历史上表现为右倾机会主义。这些人看不出矛盾的斗争已将客观过程推向前进了，而他们的认识仍然停止在旧阶段。一切顽固党的思想都有这样的特征。他们的思想离开了社会的实践，他们不能站在社会车轮的前头充任向导的工作，他们只知跟在车子后面怨恨车子走得太快了，企图把它向后拉，开倒车。

我们也反对“左”翼空谈主义。他们的思想超过客观过程的一定发展阶段，有些把幻想看作真理，有些则把仅在将来有现实可能性的理想，勉强地放在现时来做，离开了当前大多数人的实践，离开了当前的现实性，在行动上表现为冒险主义。

唯心论和机械唯物论，机会主义和冒险主义，都是以主观和客观相分裂，以认识和实践相脱离为特征的。以科学的社会实践为特征的马克思列宁主义的认识论，不能不坚决反对这些错误思想。

反对一切离开具体历史的“左”的或右的错误思想。

尤其是社会实践哲学在现代这历史的新时期，更应该把它提到第一的地位，更应该怎样正确地把认识世界与革命地改造世界的责任作为我们自己的责任，这就是当前的革命实践问题，这就是把理论转过来为实践服务的问题。

> 社会的发展到了今天的时代，正确地认识世界和改造世界的责任，已经历史地落在无产阶级及其政党的肩上。这种根据科学认识而定下来的改造世界的实践过程，在世界、在中国均已到达了一个历史的时节——自有历史以来未曾有过的重大时节，这就是整个儿地推翻世界与中国的黑暗面，把它们转变过来成为前所未有的光明世界。无产阶级及革命人民改造世界的斗争，包括实现下述的任务：改造客观世界，也改造自己的主观世界——改造自己的认识能力，改造主观世界同客观世界的关系。地球上已经有一部分实行了这种改造，这就是苏联。他们还正在促进这种改造过程，中国人民与世界人民也都正在或将要通过这样的改造过程。所谓被改造的客观世界，其中包括了一切反对改造的人们，他们的被改造，须要通过强迫的阶段，然后才能进入自觉的阶段。世界到了全人类都自觉地改造自己与改造世界的时候，那就是世界的共产主义时代。

但是我们要怎样亲自参加变革现实的实践呢？人类光明的远景——世界的共产主义时代——不是在招手向着我们吗？然而我们不要忘记了马克思在《资本论》法译本所说的有名的话：“在科学上面没有平安的大路可走的，只有那在攀登上不畏劳苦不畏险阻的人，有希望攀到光辉的顶点。”努力吧！努力吧！认识，实践，再认识，再实践，不但要努力说明世界，而且更要努力改造世界，这就是我们今日哲学者的重大任务。

一九五一年四月廿二日
广州中山大学

（文内所引毛泽东同志《实践论》的全文，为学习便利，分类编排，并加以解说，请读者注意。）

辩证唯物论与历史唯物论教学大纲*

辩证唯物论与历史唯物论教学研究指导组简章

Ⅰ. 本教研组的成立，是以辩证唯物论与历史唯物论一学科为中心，并联系与本学科性质相近之历史唯物论、马列主义基础（联共（布）党史简明教程）各学科之教师组成。

Ⅱ. 本教研组的基本任务，在以集体力量领导和指导辩证唯物论与历史唯物论之教学方法及科学研究的工作。

Ⅲ. 本教研组在1951年度之主要工作，在保证完成本组主要学科教学方法上的工作，如编排教学进度表，编写教学大纲及教科书等。

Ⅳ. 本教研组为辅导学生学好辩证唯物论与历史唯物论，帮助学生的自修工作，负责解答学生所提与本学科相关之一切问题。

Ⅴ. 本教研组于必要时得举行学科资料展览会，与规模较大之学术集体讨论会。

Ⅵ. 本教研组设主任一人，由组员推举、校长任命，又设助理员一人，由助教或四年级同学兼任。

Ⅶ. 本教研组每三周开会一次，讨论本组教研问题并交流经验。

Ⅷ. 本简章如有未尽善处，得由本教研组讨论修订之。

---

* 本篇整理，以中山大学哲学系藏朱谦之先生1951年8月手稿为底本。原稿分上下二册，今合而为一。——编者

Ⅸ.本教研组通信处，暂设文学院哲学系办公室。

本课程根据斯大林的经典著作《辩证唯物主义与历史唯物主义》制定教学提纲，内容将唯物辩证法之四大特征，分析为三十六规律，又将哲学唯物主义与历史唯物主义中生产之三大特点，各分析为九项目，目的在培养学生掌握正确的思想方法与历史观点，较深刻地去学习辩证唯物主义与历史唯物主义，并能应用辩证唯物主义与历史唯物主义来解决一定的具体实际问题。

目 录

（其一）相互联系的法则

一、客观性

A. 联系的客观性

B. 联系的规律性

C. 联系的具体性

二、全面性

A. 全体联系

B. 有机联系

C. 内在联系

三、条件性

A. 条件

B. 地方

C. 时间

第五章　马克思主义辩证法

（其二）运动发展的法则

一、发展的必然性

A. 必然性

B. 偶然性

C. 预见性

二、发展的可能性

A. 可能性与现实性

B. 革命的创造性

C. 新的事物之不可克服性

三、发展的生命性

A. 生命性

B. 转变性（否定之否定）

C. 曲线性

第六章 马克思主义辩证法

（其三）质量转变的法则

一、前进的运动，上升的运动

A. 由旧质态进至新质态

B. 由简单到复杂

C. 由低级到高级

二、从量到质以及从质到量

A. 质量的统一性

B. 由量到质

C. 由质到量

三、渐变与突变

A. 渐变性

B. 突变性

C. 实践性（两条阵线的斗争）

第七章 马克思主义辩证法

（其四）对立的统一和斗争的法则

一、对立的统一

A. 对立的统一性

B. 内在的矛盾性

C. 对立统一的相对性与对立斗争的绝对性

二、对立的斗争

A. 斗争之不可避免性

B. 斗争的尖锐性

C. 斗争的复杂性

三、对立的发展

A. 矛盾推动前进

B. 不断的革命，不断的发展

C. 批评与自我批评是新社会发展的辩证规律

第八章　唯物论与唯心论

一、哲学上的两个基本营垒

二、唯物论与唯心论的区别

三、哲学唯物论对于研究社会生活和社会历史及其在无产阶级党实践中的应用的巨大意义

第九章　哲学唯物主义

（其一）客观世界是物质规律性的运动

一、世界的物质性

二、物质的客观实在性

三、物质运动的规律性

第十章　哲学唯物主义

（其二）物质是意识的来源，意识是物质的反映

一、物质对于意识的根源性

二、意识之为物质的反映性

三、思维是发展到最高完善的物质底产物，即人脑底产物，而人脑是思维的器官

第十一章　哲学唯物主义

（其三）物质世界底可认识性及其真理性

一、物质世界及其发展规律之可认识性

二、真理是客观的，相对的又是绝对的

三、认识与实践的合一

下篇 历史唯物主义

第一章 历史唯物论科学

一、历史唯物论与辩证唯物论的联系

二、历史唯物论为唯一底科学历史观

三、历史唯物论之史的发展

第二章 社会物质生活条件

一、“社会物质生活条件”底概念

二、物质生活条件之一（自然条件）

三、物质生活条件之二（历史条件）

第三章 地理环境与人口增长在社会发展中的作用及其限制

一、地理史观批判

二、人口史观批判

三、两种生产说的批判之批判

第四章 社会物质生活条件是社会发展过程中的首要作用

一、研究社会发展规律的关键

二、物质生活资料之谋得方式，物质资料之生产方式是社会物质生活条件系统中的主要力量

第五章 生产底三个特点

（其一）生产底第一个特点（生产的规律性）

一、生产底不断变更和发展

二、生产方式的变更必然引起全部社会制度、社会思想、政治观点和政治制度的变更

三、在各个不同的发展阶段上有各个不同的生产方式

第六章 生产底三个特点

（其二）生产底第二个特点（生产底矛盾性）

一、生产力与生产关系之辩证法的发展（内容与形式）

二、生产力发展之从旧质态进至新质态

三、历史上的基本生产关系与阶级斗争

第七章　生产底三个特点

（其三）生产底第三个特点（生产底实践性）

一、新的生产力的发生是在旧制度内部发生，是旧制度内部矛盾的结果

二、从自发的发展到自觉的活动

三、新政治制度和新政权在废除旧生产关系而奠定新生产关系中的积极作用

第八章　人民群众在历史上的作用

一、个人乎，群众乎

二、个人在历史上底作用

三、人民群众在历史上底作用

第九章　进步观念在历史上的作用

一、意识形态的上部建筑

二、两种社会思想和理论

三、进步观念在历史上的作用

第十章　唯物史观公式

一、社会之经济的结构：生产力与生产关系

二、基础与上部建筑

三、社会发展过程

上篇　辩证唯物主义

第一章　辩证唯物主义—唯一完整的科学世界观

（一）什么是辩证唯物主义——辩证唯物主义是马列主义党底世

界观——Ⓐ 辩证唯物主义是一种世界观——新旧哲学体系——世界观是对世界的总看法——米丁对“世界观”的说明——新哲学是严整的整个的完成的世界观——“人是上帝的奴隶”还是“世界的主人”？——新哲学的世界观是唯一为人民服务的（解放人民奴役状态）世界观——Ⓑ 辩证唯物主义是党的世界观——哲学是社会意识形态之一——阶级社会中之阶级的意识形态——资本主义社会中“党的世界观”——ⓐ 党派性——与无党派性对立——ⓑ 科学性——“超阶级的客观主义”与真正科学的客观主义对立——马克思主义理论的正确性——ⓒ 革命性——理论之“论战的性质”与“妥协的性质”对立——列宁指出最新哲学的党派性：唯物论与唯心论——Ⓒ 辩证唯物主义是马列主义党的世界观——它是阶级斗争的产物——革命是经验与科学理论的总结——马克思论哲学为无产阶级“精神的武器”——不但说明世界且改变世界——以苏联为例说明辩证唯物主义与阶级斗争的实践的联系——以中国为例说明新哲学完成了解放人民的大事业

（二）科学的世界观的特质——马克思主义不是教条主义——三个组成部份：辩证唯物主义、马克思的经济理论、科学社会主义底理论——辩证唯物主义首先是 Ⓐ 一元论的世界观——一元论、二元论和多元论——列宁坚决主张一元论即唯物论地消除“关于精神和肉体的二元论”——斯大林坚决主张二元论不能成立——Ⓑ 唯物一元论的世界观——我们认识世界的那种唯一的出发点，唯一的观点：唯物论原理——唯物一元论的真理与唯心一元论的欺骗——Ⓒ 辩证唯物一元论的世界观——“马克思和恩格斯不是强调辩证的唯物论而是强调辩证法的唯物论，不是强调史的唯物论而是强调史的唯物论”——辩证唯物论与机械唯物论两种世界观的区别——辩证唯物一元论的世界观是在实践上为认识现实与改变现实的革命武器

（三）科学世界观的组成部分——科学观点（唯物主义）与科学

方法（辩证法）——Ⓐ 辩证的方法论——革命方法——“论一切运动底最一般的规律”的科学——辩证地观看生活就是作为革命方法论的辩证方法——Ⓑ 唯物主义理论——革命理论——社会存在决定社会意识——实事求是，正视现实，正视目前经济关系底根本改造就是作为革命理论的唯物主义观点——Ⓒ 科学的革命方法与科学的革命理论的统一——辩证唯物主义是世界观同时又是方法论——作为方法论的辩证法和作为本体论的唯物主义的合一——内在于辩证唯物论中的科学的革命方法与科学的革命理论的统一，是马克思主义哲学跟以前哲学体系最根本的有着质的不同的区别之一

参考书：

［基本教材］

斯大林：《辩证唯物主义与历史唯物主义》（《联共（布）党史简明教程》第四章第二节，或《列宁主义问题》第十一版，页 703—736，单行本，1950 年莫斯科外国文书籍出版局）

［补充教材］

马克思：《费尔巴哈论纲》

马克思：《黑格尔法律哲学批判》

恩格斯：《费尔巴哈与德国古典哲学的终结》（第二节）“唯心论与唯物论”

列宁：《唯物论与经验批判论》（第六章第四节与结论）

列宁：《马克思主义底三个来源与三个组成部分》

斯大林：《无政府主义还是社会主义》

米丁：《论群众哲学》

《辩证唯物论与历史唯物论基本问题》第一分册

M. 贾克：《关于斯大林的辩证唯物与历史唯物论》（世界知识社，PP.4—6）

第二章 辩证唯物主义之先进理论

（一）马克思主义哲学的先驱者——《联共（布）党史》第四章第二节是辩证唯物主义的最高峰——辩证唯物主义之历史的准备——Ⓐ 十八世纪的法国唯物论——ⓐ 拉美特利（La Mettrie）——《人——机器》——① 人和动物一样是机器——② 思想也是物质——③ 精神是会死的——④ 上帝也没有——⑤ 幸福就是享乐——ⓑ 荷尔巴哈（Holbach）——《自然之体系》——① 唯物的自然观——② 唯物的道德观——③ 唯物的宗教观——ⓒ 狄德罗（Diderot）——《哲学原理》——① 自然的发展观——② 生物的发展观——③ 社会的发展观——ⓓ 赫尔维修（Helvétius）——《精神论》——① 人类是动物之一种——② 感觉的认识论——③ 利益支配我们的一切判断——恩格斯对于十八世纪法国唯物论的批评——“在下的唯物论”与“在上的唯心论”——Ⓑ 德国古典唯心哲学中的辩证法——ⓐ 康德的辩证法——①《天体论》中的辩证法——②《试论哲学中之负数》中的辩证法——③《纯粹理性批判》中的辩证法——辩证的综合论——纯粹理性的二律背反说——他[①] 的辩证法底优点和缺点——ⓑ 菲希特的辩证法——① 实践活动的辩证法——② 主观与客观矛盾的辩证法——③ 正，反，合论——ⓒ 谢林底“绝对的同一”——穿着神秘外衣的“自然辩证法”

（二）黑格尔与费尔巴哈——Ⓐ 黑格尔的辩证法——ⓐ 黑格尔唯心论体系与辩证的方法底矛盾——ⓑ 马、恩、列、斯论马克思主义辩证法与黑格尔唯心论辩证法之根本对立——ⓒ 什么是黑格尔辩证法中“合理的核心”——辩证法思想之几条根本的规律——Ⓑ 费尔巴哈的唯物论——ⓐ 马克思主义的唯物论与费尔巴哈的唯物论底关系——ⓑ

---

① “他”，原作“它”，改，全文同。——编者

费尔巴哈唯物论的批判——①自然科学唯物论的局限性——②辩证法思想的缺乏——③他的宗教论及道德论——抽象的“人”和“人性”——爱之宗教观——宗教史观——ⓒ什么是费尔巴哈唯物论的“基本的内核”——①论物质的可认识性——②论自然中之因果性与必然性——③论存在决定思维

（三）马克思、恩格斯、列宁底辩证唯物主义的发展——Ⓐ马克思、恩格斯是辩证唯物主义的创始人——Ⓑ恩格斯发展了自然辩证法——ⓐ在《对报告者的十个质问》中列宁所见的恩格斯辩证法唯物论——ⓑ论科学辩证法之一般的性质——ⓒ辩证法的三大法则是在发展进程中，不是什么教条——Ⓒ列宁发展了当作辩证法核心看的对立统一的法则——ⓐ列宁的哲学著作进一步发展了辩证唯物主义——ⓑ列宁规定了唯物辩证法前两个法则之严格次序——ⓒ《论辩证法是关于对立底统一的学说》及其影响

参考书：

［基本教材］

斯大林：《辩证唯物主义与历史唯物主义》

［补充教材］

马克思：《哲学底贫困》，第二章第二节——方法

马克思：《法兰西唯物论史》（见《神圣家族》第二卷，南强书店本《费尔巴哈论》附录页189—205）

马克思：《费尔巴哈论纲》

马克思：《资本论》第一卷第二版序言

马克思、恩格斯：《共产党宣言》

马克思、恩格斯：《德意志观念形态》

恩格斯：《费尔巴哈与德国古典哲学的终结》

恩格斯:《反杜林论》

恩格斯:《马克思底唯物论与辩证法》(同上,《费尔巴哈论》附录，页 209—218)

恩格斯:《自然辩证法》

列宁:《马克思、恩格斯及马克思主义》

列宁:《唯物论与经验批判论》

列宁:《黑格尔〈逻辑学〉一书摘要》

斯大林:《论列宁主义基础》

《联共(布)党史简明教程》

蒲列哈诺夫:《论一元论历史观之发展》

米丁:《论群众哲学》(第三篇、第四篇)

拉美特利:《人——机器》

黑尔维齐:《精神论》

霍尔巴哈:《自然界的体系》

狄德罗:《哲学原理》

蒲列哈诺夫:《近代唯物论史》

黑格尔:《小逻辑学》

黑格尔:《大逻辑学》

费尔巴哈:《基督教的本质》

费尔巴哈:《未来哲学的根本问题》

费尔巴哈:《宗教本质讲演录》

米丁、拉里察维基等:《新哲学大纲》(第一部，页 1—178)

《辩证唯物论与历史唯物论基本问题》第一分册

第三章　辩证法与形而上学

（一）辩证法与形式逻辑——马克思主义即是说辩证逻辑（列宁）——形式逻辑和辩证逻辑是不同的科学——形式逻辑对于辩证逻辑乃是知识的低级阶段——在矛盾推动中的逻辑学——当作联系的科学和形而上学对立着展开来的辩证法（恩格斯）

（二）形而上学的思维方法——辩证法导源于希腊文 dialego——古代辩证法的起源（Heraclitus）——“形而上学就是反辩证法的”（列宁）——Ⓐ 形而上学的联系观——Ⓑ 形而上学的运动观——Ⓒ 形而上学的质量观——Ⓓ 形而上学的矛盾观

（三）自然科学中的辩证法——Ⓐ 客观的辩证法和主观的辩证法——辩证法即是自然的发展法则在人类意识内之现实的反映——Ⓑ 自然科学的辩证法——物质运动的形式——数学——力学和天文学——物理学——化学——生物学——二十世纪的科学发明，每一个新的学说都证实了唯物辩证法的正确性——Ⓒ 米邱林生物学与辩证法唯物论

参考书：

［基本教材］

斯大林：《辩证唯物主义与历史唯物主义》

［补充教材］

马克思：《资本论》第一卷第二版序

恩格斯：《反杜林论》

恩格斯：《自然辩证法》

列宁：《马克思、恩格斯及马克思主义》

列宁：《黑格尔〈逻辑学〉一书摘要》

列宁：《再论职工会、目前形势及托洛茨基与布哈林同志底错误》

斯特罗来维契:《形式逻辑与唯物辩证法》(见《逻辑》第三章,页49—64)

勃鲁塞林斯基:《形式逻辑》

斯托列托夫:《辩证唯物论与米邱林生物学问题》

第四章 马克思主义辩证法

(其一) 相互联系的法则

马克思主义辩证法之四大特点——Ⓐ 相互联系的法则——Ⓑ 运动发展的法则——Ⓒ 质量变化的法则——Ⓓ 对立的统一和斗争的法则——辩证法的诸法则的联系性——四大法则之严格的科学的顺序——辩证法之第一原理及其推广去研究社会生活和社会历史之巨大的意义——唯物辩证法三十六规律

(一)客观性——相互联系的法则之第一特点——Ⓐ 联系的客观性——以天文学为例——以生物学为例——以物理、化学为例——以生理学为例——以社会现象为例——Ⓑ 联系的规律性——① 规律性——② 因果性——③ 相互作用——Ⓒ 联系的具体性——“抽象的真理是没有的,真理永远是具体的”——“没有调查就没有发言权”

(二)全面性——相互联系的法则之第二特点——Ⓐ 全体联系——以列宁从全体联系上考察第一次世界大战,因而指摘了考茨基之狭隘的片面的解释为例——以关于社会主义在一个国家胜利的可能、关于帝国主义锁链可能在其最薄弱的环节上被突破的列宁、斯大林的学说为例——以毛泽东同志在抗日战争期间所提出抗日民族统一战线政策为例——Ⓑ 有机联系——有机联系与机械联系——必然联系与偶然联系——Holbach之非科学的结论——Ⓒ 内在联系——内在联系与外在联系——本质与现象——从现象到本质,从比较不深的本质到比较更深的本质——以斯大林揭穿帝国主义者“不干涉政策”的

本质为例

（三）条件性——相互联系的法则之第三特点——一切都依条件、地方和时间为转移——Ⓐ 条件——根据和条件——从历史条件的发展观点上来研究事物——以马克思讲“黑人变为奴隶”为例——以恩格斯讲人类意识底产生为例——以列宁讲马克思主义与武装起义为例——以斯大林讲十月革命胜利的原因为例——以斯大林论集体农庄大量发展的必要条件为例——以毛泽东同志保证抗日战争胜利的三个条件为例——Ⓑ 地方——地理环境的各种条件在社会发展中起着一定作用——考究研究各地方民族的特点——Ⓒ 时间——时间的变化发展给与一切事物的发展以某种决定的意义和作用——以恩格斯论奴隶占有制为例——以斯大林论在社会主义胜利条件下国家的命运问题为例

参考书：

［基本教材］

斯大林：《辩证唯物主义与历史唯物主义》

［补充教材］

恩格斯：《自然辩证法》“辩证法科学底一般性质”

恩格斯：《反杜林论》概论《反杜林论》旧序论辩证法

恩格斯：《费尔巴哈》第四章

恩格斯：《社会主义从空想到科学的发展》第二章

列宁：《唯物论与经验批判论》第三章

列宁：《再论职工会》（《列宁选集》第十六卷）

列宁：《黑格尔〈逻辑学〉一书摘要》

斯大林：《第十八次党代表大会关于联共（布）中央工作的总结报告》

斯大林：《十月革命与俄国共产党人底策略》

斯大林：《论联共（布）党内的右倾》

毛泽东：《中国共产党红军第四军第九次代表大会决议案》

罗逊塔尔：《唯物辩证法》（第一章、第五章）

《辩证唯物论与历史唯物论基本问题》第二分册

第五章　马克思主义辩证法

（其二）运动发展的法则

辩证法之第二原理及其推广去研究社会生活和社会历史之巨大的意义——为了在政治上不犯错误，便要向前看而不要向后看

（一）发展的必然性——运动发展的法则之第一特点——Ⓐ 必然性——（第一）自然是在运动中——静止和均衡只是相对的暂时的现象——（第二）运动 = 一般变化——以自然的不变说为例——以物种的不变说为例——以人性不变说为例——（第三）运动是自己运动——机械论的和辩证法唯物论的两种对运动的看法不同——Ⓑ 偶然性——必然性和偶然性——客观现实中有必然也有偶然，偶然性是必然性的表现形式——以人类历史的发展为例——Ⓒ 预见性——"荒谬的预言等于神话，科学的预见却是事实"——"为着领导，必须预见"——重要的是预见事情的可能性

（二）发展的可能性——运动发展的法则之第二特点——Ⓐ 可能性与现实性——可能性与不可能性——可能性还不是现实性——抽象的纯形式的可能和实在的可能——在实践中为使可能变为现实必需有方法和手段（创造条件）——Ⓑ 革命的创造性——应当放弃自动流出论（自发论）——必然与自由——革命的创造性就是人的自由的出现——真的革命创造性和假的革命创造性不同——（第一）

急躁性不是创造性——（第二）无条件的自由行动不是创造性——（第三）不能变可能性为现实者不是创造性——© 新的事物之不可克服性——正在产生正在发展的东西和正在败坏正在衰亡的东西底斗争——新天新地新世界——（第一）新的与旧的之间的斗争之新的合理性——（第二）我们要为“新”的事物而斗争——以共产主义礼邦六为例——以苏联赞助斯达汉诺夫运动为例——以对于米邱林生物学的新的道路的赞助为例——（第三）我们要依靠新的力量新的阶级新的社会——联共（布）党就是依靠新的力量和旧的力量的斗争中发展起来的例子

（三）发展的生命性——运动发展的法则之第三特点——Ⓐ 生命性——“永远的生命 = 辩证法”——生命逻辑即革命逻辑——两种不同的生命思潮——“生命”与物质的统一和生命与精神的统一——生命与现实无距离和生命与现实有距离——唯生论哲学的反动性——Ⓑ 转变性（否定之否定）——肯定，否定，否定之否定——永远的破坏—创造—的公式——转变（Verwandlung transformation）——转变性 = 奥伏赫变（aufheben）——（第一）转变性之废弃着否定着方面——（第二）转变性之保存着方面——（第三）转变性之发展着进步着方面——斯大林底产生—衰亡—的公式包含了否定性、保守性、进步性之三方面转变的过程——© 曲线性——发展的螺旋形——直线论与曲线论——没有偶然性的宿命论的立场和通过无数偶然性的必然论的立场——不含有“矛盾”的和含有“矛盾”的——伪的无限和真的无限——自发性的机械发展形式和自觉性的辩证法发展形式——发展是对立物的调和和发展是对立物的斗争——只有曲线性才给与我们以理解“飞跃”“连续底中断”“向对立物的转化”等的钥匙

参考书：

[基本教材]

斯大林：《辩证唯物主义与历史唯物主义》

[补充教材]

马克思：《哲学底贫困》第二章第一节——“方法”

恩格斯：《自然辩证法》旧序“运动底基本形式”“辩证法与自然科学”

恩格斯：《反杜林论》概论

列宁：《黑格尔〈逻辑学〉一书摘要》

列宁：《唯物论与经验批判论》第五章第三节

列宁：《卡尔·马克思》（辩证法）

斯大林：《无政府主义还是社会主义》

《联共（布）党史简明教程》结束语

《马恩通信选集》

列宁：《宁肯少些，但要好些》

列宁：《左派幼稚病》

列宁：《预言》

列宁：《伟大的创举》

斯大林：《拖拉机工作者会议上的演说》

斯大林：《在全苏第一次斯达汉诺夫式工作者会议上的演说》

《米邱林给斯大林的信》

罗逊塔尔：《唯物辩证法》第二章

列昂诺夫：《斯大林论作为革命行动的方法的辩证法》

列昂诺夫：《马列主义论科学的预见》

《辩证唯物论与历史唯物论基本问题》第二分册

第六章　马克思主义辩证法

（其三）　质量转变的法则

辩证法之第三原理及其推广去研究社会生活和社会历史之巨大的意义——革命的变革是完全自然而必不可免的现象

（一）前进的运动、上升的运动——质量转变的法则之第一特征——发展乃是按照上升线的前进运动——“倒退”和“下降”的事实都只是暂时的相对的，而前进的运动、上升的运动却是永久的绝对的——Ⓐ 由旧质态进至新质态——“内容与形式以及形式与内容之斗争，形式底被抛弃，内容底被改造”——形式和内容的辩证法，是内容决定形式，形式帮助内容——新内容要求新形式，表现旧形式的旧质态要求改变为表现新形式的新质态——作为“内容”看的生产力和作为“形式”看的生产关系间的辩证的发展过程——Ⓑ 由简单到复杂——（第一）是细胞的发见——（第二）是能力转化的发见——（第三）是达尔文首次所提出的联系性的证据——以植物为例——以动物为例——Ⓒ 由低级到高级——机械论者把质归结为量，把发展看作完全是量的简单增长的过程：机械的运动，当然不会了解自然界底质的发展——自然界包括人类在内都是从低级到高级的发展过程底产物，是辩证地发生而不是形而上式地发生——以社会历史为例

（二）从量到质以及从质到量——Ⓐ 质量的统一性——①质——质是一种规定性——质是一种事物的内在的规定性——质是决不是人们头脑中造出来的而是客观事物之内在的规定性——②量——有质便有量，质是第一次的范畴，量是第二次的范畴——量是一种客观事物的外的规定性——“数”之概念——③质量——质与量二者的综合即是质量——一定的质必有一定的量，这质和量是在统一之中的——质量是在外表的关系上暴露他自己的一种内在的定性——Ⓑ 由量到质——世界事物都是质量，所以我们认识事物时，要把这事物当作一定的质量去认识，暴

露其质的变化和量的变化的关联的法则——自然中只有由物质或运动的数量上的增加或减少才能引起质量上的变化——自然中一切质上的差异若不起因于化学成分的不同，那就起因于运动（能）数量的或形态的不同，或起因于以上两者——以物理学为例——以化学为例——以生物学为例——以社会现象为例——Ⓒ 由质到量——新质产生了新量——例如在集体化的农村经济中，只是单纯的集合原有的生产手段已引起生产力数量上的极大的增长——社会革命开辟了量的发展的新的可能性

（三）渐变与突变——质量变化的法则之第三特征——运动之双重的形式：进化的与革命的——从辩证方法的观点看来，进化与革命、量的变化与质的变化乃是同一运动底两个必要的形式——Ⓐ 渐变性——由量到质的发展过程:（第一）不是逐渐地发生，而是由一种状态突变为另一种状态，（第二）这革命的飞跃不是偶然发生而是规律式地发生——自然没有飞跃说（Leibniz）——中国哲学只承认宇宙变化是渐渐地自然而然，突变也只是个渐，所以偏于改良主义——渐变是突变的酝酿——以俄国革命为例——量变在某一意义上说就是不显著的质变——渐变是部份的质变，站在质变的观点看来，这部份的质变还是全部质变的量（程度）的发展——Ⓑ 突变性——① 突变的科学性——突变的发生是必然的——② 突变的持续性——突变不只是一瞬间的而是有持续性的——③ 突变的规律性——居维（Cuvier）底激变和马克思底辩证方法没有共同点——规律性的飞跃与非规律性的飞跃——Ⓒ 实践性（两条阵线的斗争）——唯物辩证法强调突变论也不否认渐变性，在社会生活上强调飞跃的革命但不否认正确的进化——应该渐变时即不应实行突变，如果违背这个法则便成了左倾机会主义，便成了冒险主义、盲动主义、空想主义；反之，应该突变时即不应停止在渐变范围，违背这个法则便成了右倾机会主义，便成了改良主义、投降主义、折衷主义——两条阵线的斗争乃是

实践问题，只有实践才能机动地决定要走什么一个路线

参考书：

[基本教材]

斯大林：《辩证唯物主义与历史唯物主义》

[补充教材]

马克思：《资本论》第一卷第二版跋文

恩格斯：《自然辩证法》“辩证法”一章

恩格斯：《反杜林论》第一编“哲学”第十二章与十三章

恩格斯：《费尔巴哈与德国古典哲学的终结》

列宁：《黑格尔〈逻辑学〉一书摘要》

列宁：《卡尔·马克思》“辩证法”一章

斯大林：《无政府主义还是社会主义》第一节——“辩证方法”

斯大林：《伟大转变之一年》

《联共（布）党史简明教程》第十一章第二节

毛泽东：《实践论》

罗逊塔尔：《唯物辩证法》第二章、第五章

《辩证唯物论与历史唯物论基本问题》第二分册

第七章　马克思主义辩证法

（其四）　对立的统一和斗争的法则

辩证法之第四原理及其推广去研究社会生活和社会历史之巨大的意义——辩证法可以简要地规定为关于对立底统一底学说——既然发展过程是经过内在矛盾底揭露，是经过基于这些矛盾的彼此对立势力冲突来克服这些矛盾而进行的，那末无产阶级底阶级斗争，当然也就

是完全自然而必不可免的现象

（一）对立的统一——对立的统一和斗争的法则之第一特征——对立的统一是矛盾的暴露过程，对立的斗争是矛盾的克服过程，对立的发展是矛盾的前进过程——Ⓐ 对立的统一性——（第一）发见自然底一切现象和过程中的矛盾的对立的倾向——（第二）把世界的一切过程看作对立物底统一来认识——（第三）在对立物的统一中看出矛盾，在对立物的矛盾中看出统一——运动中必然包含着两种对立势力的统一——对立的同一性和抽象的同一性底比较——辩证的东西 =“在其统一中把握对立”——Ⓑ 内在的矛盾性——“辩证法本来就是研究对象本身内部矛盾的”——① 反面和正面——② 过去和将来——③ 衰颓着的东西和发展着的东西——要解决矛盾必须了解矛盾，事物的矛盾各有其特殊诸方面——（第一）在发展中作为基础的方面——（第二）在一定发展时期底统治的方面——（第三）在发展中起主导作用的方面——Ⓒ 对立统一的相对性与对立斗争的绝对性——（第一）各现象协和的开展的相对性——（第二）“各现象本身固有矛盾底揭露”的必然性——（第三）“这些矛盾基础上动作的相互对立趋势的斗争”的绝对性

（二）对立的斗争——对立的统一和斗争的法则之第二特征——对于机械唯物论关于均衡的学说的批判——“发展是对立物底斗争”——Ⓐ 斗争的不可避免性——① 旧东西和新东西间的斗争——② 衰亡着的东西和产生着的东西间的斗争——③ 衰颓着的东西和发展着的东西间的斗争——Ⓑ 斗争的尖锐性——① 区别性——② 敌对性——③ 不妥协性——Ⓒ 斗争的复杂性——敌对矛盾和非敌对矛盾——敌对矛盾的各类型——内在矛盾和外在矛盾的相互作用

（三）对立的发展——对立的统一和斗争的法则之第三特征——对于运动之不可能说（Zeno）的批判——辩证法逻辑是世界斗争、世界

矛盾的逻辑学——Ⓐ 矛盾推动前进——“矛盾一当停止的时候，生活也就停止”——“一切过去社会的历史是阶级斗争的历史”——矛盾发展到最高阶段就要发生飞跃的突变：革命——Ⓑ 不断的革命，不断的发展——马克思在 1850 年《中央委员会给共产主义者联盟的信》中提出“不断的革命论”——对于托洛茨基不断革命论的批判——斯大林在《论列宁主义底几个问题》中对于列宁正确了解并发展了不断革命思想底叙述——革命不到完全消灭阶级，不到“各尽所能各取所需”的共产社会是不会停止的——Ⓒ 批评与自我批评是新社会发展的辩证规律——在社会主义中敌对消灭，矛盾却还留着——批评与自我批评是克服社会主义社会里矛盾的方法——马克思、列宁、斯大林之关于批评与自我批评的学说——批评和自我批评是新的历史规律，是苏维埃社会发展的动力

参考书：

[基本教材]

斯大林:《辩证唯物主义与历史唯物主义》

[补充教材]

马克思、恩格斯:《共产党宣言》

马克思:《中央委员会致共产主义者联盟的信》，见《德国革命与反革命》，解放社版附录，页 161—169

恩格斯:《反杜林论》

列宁:《黑格尔〈逻辑学〉一书摘要》

列宁:《关于辩证法的问题》

斯大林:《无政府主义还是社会主义》

斯大林:《论联共（布）党内的右倾》

斯大林:《第十四次党代表大会报告》

斯大林:《联共(布)中央委员会向第十五次代表大会所作的政治报告》

斯大林:《论共青团的任务》

斯大林:《论反对派》

斯大林:《论党的工作之缺点》

斯大林:《联共(布)莫斯科组织底积极分子会议上所作报告》

斯大林:《列宁主义基础》第二章“方法”

斯大林:《论列宁主义底几个问题》

《联共(布)党史简明教程》

毛泽东:《论人民民主专政》

日丹诺夫:《在亚力山得罗夫所著〈西欧哲学史〉一书讨论会上的发言》

列昂诺夫:《论批评与自我批评》

罗逊塔尔:《唯物辩证法》第四章

《辩证唯物论与历史唯物论基本问题》第二分册

第八章 唯物论与唯心论

(一)哲学上的两个基本营垒——哲学的阶级性和党派性——唯物论与唯心论之间的斗争是哲学上两个党派的斗争,在这些党派之后站着不同的阶级——全部哲学史都是唯心论和唯物论这两个互相对抗的哲学派别的斗争和发展的历史

(二)唯心论与唯物论的区别——哲学的唯心论必然地引导到僧侣主义——Ⓐ 唯心主义认为世界是“绝对观念”“宇宙精神”“意识”底体现——Ⓑ 唯心主义硬说,只有我们的意识才是真实存在着的,物质的世界、存在或自然界只是在我们的意识中,只是在我们的感

觉、观念或概念中存在着——Ⓒ 唯心主义否认世界及其规律底可知性，不相信我们智识底确实性，不承认客观真理，并认为世界上充满着科学永远不能认识的“自在之物”——马克思主义唯物论的发生是哲学中伟大的革命变革——唯物主义哲学原理——Ⓐ 客观世界是物质规律性的运动——Ⓑ 物质是意识的来源，意识是物质的反映——Ⓒ 物质世界的可认识性及其真理性——唯心论的反动作用和唯物论在科学发展上所起的作用

（三）哲学唯物论对于研究社会生活和社会历史及其在无产阶级政党实践中的应用的巨大意义——Ⓐ 社会生活、社会历史不复是一堆偶然现象，而将成为一种说明社会发展的一种科学；又无产阶级党底实践活动，也决不应以“卓越人物”底善良愿意或抽象“理性”底要求为基础，而应常以社会发展底规律为基础——Ⓑ 社会底物质生活社会的存在是第一性的现象，而社会底精神生活是第二性的现象，因而社会存在怎样，社会物质生活条件怎样，社会思想理论政治观点和政治制度也就会怎样。又在无产阶级党底自己活动中，也就不应从抽象的理性出发，而应从具体的社会物质生活条件出发，应从社会物质生活发展底现实需要出发——Ⓒ 社会生活社会发展同样可能认识，都能成为准确科学，能利用社会发展规律来供实际的应用，由此科学和实际活动间的联系，理论和实践间的联系，它们的一致应当成为无产阶级党底南针——结论是，哲学唯物论是无产阶级哲学同共产主义思想有机地联系着，它是马克思列宁主义政党的理论基础，是认识世界和改变世界的武器，因它是推广辩证法于认识社会现象，便达到了唯物主义的最高峰

参考书：

［基本教材］

斯大林：《辩证唯物主义与历史唯物主义》

毛泽东：《辩证法唯物论》第一章

［补充教材］

马克思：《费尔巴哈论纲》

恩格斯：《费尔巴哈与德国古典哲学底终结》

恩格斯：《反杜林论》第一编第三——一〇章

列宁：《唯物论与经验批判论》（第六章第四节与序言）

列宁：《论战斗的唯物主义底意义》（见《马克思、恩格斯及马克思主义》页456—465）

斯大林：《无政府主义还是社会主义》

日丹诺夫：《在亚力山得罗夫所著〈西欧哲学史〉一书讨论会上的发言》

罗逊塔尔：《唯物辩证法》（导言）

《辩证唯物论与历史唯物论基本问题》第三分册

第九章　哲学唯物主义

（其一）　客观世界是物质规律性的运动

（一）世界的物质性——哲学唯物主义的第一原理之第一特征——世界按其本质说来是物质的——Ⓐ世界万物在本质上是同一——Ⓑ世界万物在本质上是同一为物质——Ⓒ世界万物在本质上是同一为物质的而有程度上的区别——约瑟夫·狄慈根《哲学论文集》说“世界是辩证的，它表现出就像它在根本上是多么的同一或类同，它在形态上也多么的变化多端；所有的区别都只是程度上的区别”——哲学的物质概念和物理学的物质概念，两者不是等同的不是

一样的，但也绝不是对立

（二）物质的客观实在性——哲学唯物主义第一原理之第二特征——世界上形形色色的现象是运动着的物质的各种形质——Ⓐ 感觉中的物质是离开我们而独立存在——Ⓑ 感觉中的物质是离开我们而独立运动着的存在——动的存在论和静的存在论——Ⓒ 感觉中的物质是离开我们而独立运动着、表现为空间和时间之客观形式的各种各样的物质存在——恩格斯和列宁之与唯心论的空间观和时间观作斗争——爱因斯坦曾着重地说“空间和时间的纪录有物理的真实的意义而非仅仅空想的”——空间和时间是一切存在物之存在底根本条件，空间不能与物质分离的，一切物质在空间内存在，但空间只在物质内存在——对于怀特海德和罗素不认空间和时间为存在底形式之唯物论底批判

（三）物质运动的规律性——哲学唯物主义第一原理之第三特征——世界各现象由辩证法所判明的相互联系和相互制约是运动着的物质底发展规律，世界是按物质运动规律发展着——运动是物质的内在属性，世界没有无物质的运动，也没有无运动的物质——Ⓐ 运动的无限性——低级运动与高级运动——不绝的“运动之流”——Ⓑ 运动的历史性——任何一个运动形态都不是绝对最初的，也不是绝对最后的，他是处在永久的长流中（无始无终的长流中），依据着对立斗争的法则（自己运动的原因），使每一运动形态总是较之先行形态进到了高一级的阶段——Ⓒ 运动的具体性——所谓“物质一般”与“运动一般”是没有的，世界上只有各种不同形式的具体的物质或运动——古代哲学家赫拉克利泰底唯物主义观点认为，世界是按规律燃烧着按规律熄灭着的永恒活火，列宁认为这是对于辩证唯物主义基础的一种很好的说明

参考书：

［基本教材］

斯大林：《辩证唯物主义与历史唯物主义》

毛泽东：《辩证唯物论》（第二章第五节、第六节、第七节）

［补充教材］

恩格斯：《自然辩证法》“运动底基本形式”

恩格斯：《反杜林论》第一篇第四五六章

列宁：《卡尔·马克思》“哲学唯物论”

列宁：《唯物论与经验批判论》第一章、第三章第一二三五各节、第五章

列宁：《黑格尔〈逻辑学〉一书摘要》

斯大林：《无政府主义还是社会主义》

狄慈根：《哲学论文集》“世界万物在本质上是类同的”

伍洛尔（R. L. Worrall）：《现代唯物论》（第八章“空间与时间”）

第十章　哲学唯物主义

（其二）　物质是意识的来源，意识是物质的反映

（一）物质对于意识的根源性——哲学唯物主义的第二原理之第一特征——思维与存在的关系问题是哲学底基本问题——对哲学基本问题之唯物主义看法认为，物质、自然界或存在是在意识以外，不依赖于意识而存在着的客观现实——物质是意识底源泉，是感觉、表象、概念底源泉——Ⓐ 意识形态底过程从属于物质的过程——Ⓑ 意识形态底过程从属于物质生产的过程——Ⓒ 意识形态底过程从属于人民群众底物质生产的过程

（二）意识之为物质的反映性——哲学唯物主义的第二原理之第二特征——Ⓐ 物质是第一性的现象，意识是第二性的现象——意识、

精神、感觉（或经验）是派生的——Ⓑ 意识是物质的反映、存在的反映——宗教，真实世界底反映（马克思）——列宁的反映论及其对于标符认识论的批判——意识在最好的情况下是存在的近似地正确的（完全合适的理想地确切的）反映——Ⓒ 人底认识不仅反映客观世界，还且创造他

（三）思维是发展到最高完善的物质底产物，即人脑底产物，而人脑是思维的器官——Ⓐ 只有高级物质才有反映物——Ⓑ 决不可把思维和思维着的物质分开——Ⓒ 人脑是思维的器官——在没有人类以前自然存在吗？——唯物主义关于从无机物质到有机物质，从无感觉的物质到有感觉的物质之推移——劳动在人底意识发展上的作用——巴夫洛夫（Pavlov）关于动物高级神经活动的学说，论证了那些产出意识以及心理形态之变化的神经的基础——现代自然科学之确证哲学唯物论关于物质与意识的学说

参考书：

［基本教材］

斯大林：《辩证唯物主义与历史唯物主义》

毛泽东：《辩证唯物论》（第二章第八节、第九节）

［补充教材］

马克思：《资本论》第一卷“宗教，真实世界的反映”

恩格斯：《反杜林论》第一编第七章、第八章

恩格斯：《自然辩证法》“在由猿到人的过程中劳动的作用”

恩格斯：《费尔巴哈与德国古典哲学的终结》

列宁：《唯物论与经验批判论》第一章第五节、第六节与第二章第一节、第二节、第三节

列宁：《黑格尔〈逻辑学〉一书摘要》

斯大林:《无政府主义还是社会主义》

伍洛尔:《现代唯物论》(第九章“脑与心灵”)

巴夫洛夫:《关于头脑大半球工作的讲义》(《新华月报》创刊号,译名《巴夫洛夫的道路》)

第十一章　哲学唯物主义

(其三)　物质世界底可认识性及其真理性

(一)物质世界及其发展规律之可认识性——哲学唯物主义的第三原理之第一特征——列宁底认识的定义——认识是人之反映自然——“反映自然的认识不是简单的直接的整体的反映,而是许多抽象的思考、概念、法则等等之形成过程”——Ⓐ 感觉:认识底出发点,是我们的一切知识底源泉——感觉为客观世界的主观形象——感觉为外间刺激力成为意识事实的转化——Ⓑ 表象:是从感觉到概念的过渡形式,表象并不直接地而是通过感觉间接地反映外间世界的物体与现象——知觉——想像——Ⓒ 概念:是认识底高级产物,是最包括一切的和深刻的客观之反映——概念和经验材料之不可分割的联系,它是经验、实践底产物——从感觉:具体的东西到抽象的上升过程——抽象概念(例如质量、原因、力、运动律、物质、形式等)——“一切科学的抽象更正确地深刻地完满地反映自然”——概念底灵活性客观地应用时即反映物质过程底全面性,及其统一时是辩证法,是永远发展着的世界底正确反映——世界上没有不可认识之物,而只有现在尚未认识但将来却会由科学和实践力量揭示和认识之物

(二)真理是客观的,相对的又是绝对的——哲学唯物主义的第三原理之第二特征——Ⓐ 真理的客观性——我们对于自然界规律的那些已由经验和实践考验过的知识是具有客观真理意义的确实知

识——客观真理就是说客观存在的物质世界是我们的知识或概念的内容之唯一来源——主观真理和客观真理——马克思主义所以成为革命的科学知识，就是因为他正确地反映了客观世界的实际规律，他是客观的真理——Ⓑ 真理的相对性——从不知到知识以及从不完全的知识到较完全的知识的科学认识底发展——我们认识之无穷之发展过程中，经过无数相对真理的介绍而到达于绝对的真理——Ⓒ 真理的绝对性——“关于自然之一切真理的认识，就是永久的无穷的认识，因此他实质上是绝对的”（恩格斯）——每一科学原理的真理界限总是相对的，绝对真理仅能表现在无数相对真理之上——绝对真理是相对真理底总和——对认识中的相对主义的批判

（三）认识与实践的合一——哲学唯物主义的第三原理之第三特征——人的实践是认识底客观性之检证规准——实践比认识还高——实践是达到客观的真理之路——认识的三阶段——Ⓐ 感性认识＝生动的直观——Ⓑ 理性认识＝抽象的思维——Ⓒ 革命实践——实体的认识和物质的认识——（第一）理性认识对于感性认识的依赖性——（第二）感性认识发展为理性认识的必然性——（第三）在实践中两者的统一性——社会实践原理——①生产的实践——②革命斗争的实践——③科学实验的实践——实践论：开辟了历史认识论的门径

参考书：

［基本教材］

斯大林：《辩证唯物主义与历史唯物主义》

毛泽东：《辩证唯物论》第二章第十节、第十一节，或《实践论》

［补充教材］

马克思：《费尔巴哈论纲》

恩格斯：《费尔巴哈与德国古典哲学的终结》第二章

恩格斯:《自然辩证法》“论辩证法”“劳动在从猿到人过程中的作用”

恩格斯:《反杜林论》第一编第九章

列宁:《唯物论与经验批判论》第一章、第二章、第四章第一二六各节，又第三章与第五章

列宁:《黑格尔〈逻辑学〉一书摘要》

列宁:《论辩证法的问题》

斯大林:《一九三八年五月十七日克林姆宫招待高级学校工人底讲话》

斯大林:《论列宁主义基础》第二章“方法”，第三章“理论”

斯大林:《第一次全苏联斯达汉诺夫工作者会议上的演说》

朱谦之:《实践论——马克思主义辩证认识论底新发展》

朱谦之:《实践论——开辟了新历史认识论的门径》

《辩证唯物论与历史唯物论基本问题》第三分册（页647—684“论客观真理”，页685—718“真理底具体性”，页719—762“马克思主义的认识论”，页763—792“辩证唯物论的概念论的基本要点”，页793—826“实践在认识上的作用”）

下篇　历史唯物主义

第一章　历史唯物论科学

（一）历史唯物论与辩证唯物论的联系——历史唯物论一名唯物史观，它和经济史观不同——①唯物史观确是拿物质的原因来应用研究社会、研究社会历史，经济史观只是拿经济的原因研究社会、研究社会历史——②唯物史观不但是方法论也是世界观，经济史观就只是方法论——③唯物史观确是马克思和恩格斯的作品，经济史观

很早就有了——它又和生物史观或技术史观不同——生物史观把达尔文代替了马克思，有机体的发展代替了经济的发展，种或族之生存竞争代替了阶级斗争——生物史观曲解辩证法为机体与其环境之相互问题底解答——对于把唯物史观认为只是一种经验的科学一种方法论，和它的哲学无关的学说底批判——Ⓐ 历史唯物论为辩证法唯物论在社会生活上的表现——把辩证法唯物论彻底地扩张于人类社会或历史的领域才能使辩证法唯物论更趋于深化和发展——Ⓑ 辩证唯物论的基本原理——① 客观世界本质上是物质的——② 物质是第一性的，思想是高度发展的物质的产物，意识是物质的反映，物质是我们感觉的源泉——③ 物质世界及其发展规律是完全可以认识的——Ⓒ 历史唯物论的基本要点——① 社会生活社会历史的客观性与规律性——② 社会存在的第一性与社会意识的第二性——③ 社会发展规律之可认识性

（二）历史唯物论为唯一底科学历史观——列宁在《什么是人民之友》中指出，唯物史观并非“多半是科学的历史观”，而是唯一的科学历史观——恩格斯在关于《卡尔·马克思》中指出历史唯物论是一种新的历史哲学——（第一）历史唯物论是研究社会发展规律的学问——否定历史过程底内在的规律性即取消历史之成为一种科学——① 政治史派（Ranke）——② 西南学派（Windelband，Rickert）——③ 生命学派（Bergson，Spengler）——傅斯年“历史是一个破罐子”的谬说——历史规律说与无规律说的对立——（第二）历史唯物论是把辩证唯物论原理推广去研究社会发展规律的学问——① 宗教的规律说（Augustine）——② 观念论哲学的规律说（Hegel）——③ 实证科学的规律说（Comte）——马克思轻蔑地排斥了孔德的实证主义——ⓐ 历史的机械论——ⓑ 不可知论——ⓒ 最坏的哲学——辩证法唯物论的规律说与非辩证法唯物论的规律说（包括观念论辩证法

和机械论方法）对立——（第三）历史唯物论是把辩证唯物论原理推广去研究社会发展规律，而且应用来指导我们在实践活动中改造世界的学问——斯大林论两派马克思主义者——“躺在”马克思主义的观点上的几种历史唯物论——①考茨基：适应论（生物学主义唯物论）——②布哈林：均衡论（机械主义唯物论）——③蒲列哈诺夫：从黑格尔立场修正辩证法唯物论——实践论和非实践论的对立

（三）历史唯物论之史的发展——历史唯物论的历史背景——历史唯物论之哲学发展的意义——Ⓐ历史唯物论的创立（马克思、恩格斯）——《共产党宣言》——《政治经济学批判》序文——《资本论》——Ⓑ历史唯物论的修正（柏恩斯坦、考茨基、波格达诺夫、蒲列哈诺夫）——《社会主义的前提与社会民主党的任务》——《马克思主义修正的驳论》——《唯物史观》——《经验一元论》——《论一元论历史观的发展》——Ⓒ历史唯物论的新发展（列宁、斯大林）——《唯物论与经验批判论》——《论辩证唯物主义与历史唯物主义》

参考书：

［基本教材］

斯大林：《辩证唯物主义与历史唯物主义》

［补充教材］

马克思、恩格斯：《共产党宣言》

马克思《政治经济学批判》序文

马克思：《费尔巴哈论纲》

马克思：《资本论》第一卷第二版后序

恩格斯：《费尔巴哈与德国古典哲学底总结》第四章

恩格斯：《反杜林论》引言、第三篇第一章

马克思:《一八五一年给魏德迈耶的信》

恩格斯:《1883 年三月十七日在马克思墓前的演说》

列宁:《卡尔・马克思》(“唯物史观”一节)

列宁:《马克思主义底三个来源与三个组成部分》

列宁:《马克思主义与修正主义》

列宁:《马克思学说底历史命运》

列宁:《什么是人民之友与他们如何反对社会民主党人》

列宁:《唯物论与经验批判论》

列宁:《黑格尔〈历史哲学讲义〉梗概》

斯大林:《无政府主义还是社会主义》

斯大林:《列宁是俄国共(布)党底组织者和领袖》

斯大林:《联共(布)党第十八次代表大会上报告》

蒲列哈诺夫:《论一元论历史观之发展》

朱谦之:《实践论——开辟了新历史认识论的门径》

第二章　社会物质生活条件

(一)“社会物质生活条件”底概念——历史唯物主义首先主张人类是自己创造历史的——人类创造历史是受着某种条件限制，这就是社会物质生活条件，就中经济关系的条件具有决定的作用——Ⓐ 历史科学之三个前提——《德意志意识形态》中讲历史科学的三个前提，以物质的生活条件为我们研究历史科学出发点的诸前提之一——① 实际的个人——一切人类史之第一个前提是有生命的人的个体之存在——人类和动物的重要区别在于他能产生用生活资料所维持的生活——生活方法——人类历史或社会最后都归之于“生产方法”的决定一样，个人的活动及思想最后也归之于“生活方法”所决定——(第一)人类自己的活动中最基本的活动乃是维持其物质生活的活动——（第二）实际的个人取得其生活资料的方法，就是生活方法——（第三）个人的生活方法必然地决定他的其他道德的宗教的哲学的以及其他的观念体系之一般的性质——“不是意识决定生活，反是生活决定意识”——②实际的个人的行为（劳动）——劳动是一切人类生活之首要的根本条件——劳动力或劳动能力——人类变化了他自己的本性，使劳动力变成受自己统制的劳动——（第一）劳动创造人——“人类生产他的生活资料，所以他间接地生产他物质的生活本身”——劳动在从猿到人过程中的作用——（第二）劳动创造人的社会——在生产中人们不仅对自然界动作并且也互相动作——人的本质在其现实性上乃是一种社会关系的总和——（第三）劳动创造人的文化社会——人是制造工具的动物——人的劳动原来即具有自己的目的，它不但创造了文化社会，同时创造了人类文化社会的历史——③物质生活条件——单纯抽象的把握劳动还不能说明在社会关系即生产关系中狭义的生产，而这种研究必须将那抽象的劳动并着社会关系去把握，研究其在什么条件下进行，“这条件不管是前定的或是由他自己的行动所造成的”

（二）物质生活条件之一（自然条件）——两种物质的生活条件——为前定的，即已存的自然条件——为由他自己行动所造成的，即为人类自己劳动创造的历史条件——自然条件是人与自然间的关系，历史条件是人与人间之社会关系——劳动生产力总要受诸种自然条件的限制——广义的自然条件有二：①人类的自然，如人口等，②环绕着社会的自然界即地理环境包含在内——自然条件虽不能成为社会发展中的主要力量，但却可以影响于劳动上面

（三）物质生活条件之二（历史条件）——人造的工具愈发达，则自然条件的限制愈后退——资本主义生产方法的成立以人类支配自然为前提——人的生产力乃是历史条件所造成，是在许久以前为人类

自己的行动所造成——劳动生产力所受历史条件的影响——①生产工具的范围及作用能力——②劳动者熟练的平均程度——③科学及其技术应用的发展程度——④生产过程的社会结合——⑤社会内部的分工

参考书：

［基本教材］

斯大林：《辩证唯物主义与历史唯物主义》

［补充教材］

马克思、恩格斯：《德意志意识形态》

马克思：《拿破仑第三政变记》

马克思：《政治经济学批判》

马克思：《资本论》

第一卷第一篇第一章、第二篇第四章第三节、第三篇第五章第一节、第五篇第十四章、第三卷第一篇第五章、第六篇第四十七章

马克思：《雇佣劳动与资本》

马克思：《费尔巴哈论纲》第六条、第十条

《马恩通信选集》

恩格斯：《劳动在从猿到人过程中的作用》

恩格斯：《人类进化过程》

斯大林：《无政府主义还是社会主义》

第三章　地理环境与人口增长在社会发展中的作用及其限制

（一）地理史观批判——孟德斯鸠底气候决定说——巴克尔底土壤与气候底决定说——墨西尼可夫底历史上大河的决定说——蒲列哈

诺夫强调地理环境对于生产力的发展的决定说——地理政治学成为现代帝国主义的反动工具，为它们追求世界统治权之思想上的根据——马克思主义指出地理环境在社会发展中的作用——（第一）地理环境是社会物质生活所必要的和经常的条件之一，而且无疑是能影响到社会发展，加速或延缓社会发展进程——围绕着人类的自然条件：①生活资料之自然财富，和②劳动工具之自然的财富——在生产过程中劳动必须受自然力的支持，必须与自然界在一起——事情不在于用人底力量代替自然力量，而在于以最有效地去使用各种自然力量——自然对于人的统治的力量是为历史所决定的——（第二）地理环境虽然影响到社会底发展，但决不能成为社会发展底主要原因决定原因——一般资产阶级学者对于地理学者定下的地理作因与社会现象的相互关系所加的分析——①地理作因的制约对于社会现象的不同范畴之影响不是一样严格和直接的——②地理定命论之非严格性也由各种社会形式在同样的地理区域内可以实现的可能性表现出来——③一种现象的地理的不可能性不会阻碍它的实现之可能性，这证明了地理决定论是只有相对性的——（第三）地理环境决不能成为社会发展底主要原因决定原因，因为在数万年间几乎仍旧不变的现象，决不能成为那在几百年间就发生根本变更的现象发展的主要原因——斯大林对地理史观论者所给予以致命的批判，在他从原则上提出了主要的方法论，这就是一种条件其本身在很长时期中基本上未变化，这种条件不能成为根本变化的主要原因

（二）人口史观批判——Ⓐ马尔萨斯底人口论——人口的增加是以几何学的比率增加，但生活资料只以算术的比率增加——Ⓑ高华利、威斯基和高士德主张社会的进步是依赖于人口的生长和密度——Ⓒ社会学上的达尔文主义和人类种族学者，如高宾奴——现代法西斯学者的种族优越论反映了最狂妄的煽动新战争的反动立场——马克

思、恩格斯对于人口论的批判——列宁揭露了相对人口过剩底历史基础和马尔萨斯主义底阶级性——斯大林指出人口底增长当然能影响到社会底发展，促进或延缓社会底发展，但它不能成为社会发展中的主要力量，它对于社会发展的影响不能是决定的影响

（三）两种生产说的批判之批判——恩格斯《家族、私有财产及国家起源》中论“有机的生理的再生产”——《德意志意识形态》中论人类生产的两重关系——蒲列哈诺夫对于加利叶夫的批评——古诺的批判——考茨基的批判——米丁的批判——两种生产说批判底批判

参考书：

[基本教材]

斯大林：《辩证唯物主义与历史唯物主义》

[补充教材]

马克思、恩格斯：《德意志意识形态》

马克思：《资本论》第一卷第三篇第五章、第五篇第十四章

恩格斯：《劳动在从猿到人过程中的作用》

恩格斯：《人底进化过程》

恩格斯：《家庭、私有财产及国家之起源》

恩格斯：《1865年三月二十九日给朗格的信》

列宁：《民粹主义的经济内容》

列宁：《论经济浪漫主义之特质》

斯大林：《1935年在男女联合机师会议上的演说》

蒲列哈诺夫：《论一元论历史观的发展》

蒲列哈诺夫：《马克思主义的根本问题》

米丁：《论斯大林的辩证唯物主义与历史唯物主义》

康士坦丁诺夫:《列、斯对于历史唯物论的发展》
《辩证唯物论与历史唯物论基本问题》第四分册

孟德斯鸠:《法意》
巴克尔:《英国文化史》第一册
马尔萨斯:《人口论》

第四章 社会物质生活条件是社会发展过程中的首要作用

（一）研究社会发展规律的关键——（第一）我们研究社会历史规律的关键首先要到社会的经济中去探求——社会经济发展的规律是从社会生活各种部门中划分出经济部门，认为这就是决定其他一切关系的基本历史条件——社会生活的各部门：有经济的政治的和法律的各种，这里特别提出经济部门的首要作用——社会的经济生活是第一性的现象，政治法律乃至社会的意识形式都是第二性的现象——政治史观批判——法律史观批判——（第二）我们研究社会历史规律的关键，是要在社会经济发展中“生产发展的规律”中去探求——生产的规律是社会经济发展诸规律中之一个主要规律——社会经济发展诸规律中有生产、交换和消费，而生产的规律却决定了交换和消费的规律——消费、交换在各方面都表现着是生产底一个构成部分——消费史观（民生史观）批判——威廉（William）和孙中山——交换史观批判——Hildebrand——马克思 1844 年论“金钱”——恩格斯屡屡并用“生产”和“交换”，但他只把“交换”放在次要的地位——（第三）我们研究社会历史规律的关键，要在社会经济发展中“生产力与生产关系发展的规律”中去探求——生产底必要原素，一方面是生产力表示人和自然的关系，一方面是生产关系表示人和社会的关系——历史唯物主义把社会作为生产有机体来考察，即把社会全体作为生产

力和生产关系发展的规律来考察

（二）物质生活资料之谋得方式，物质资料之生产方式是社会物质生活条件系统中的主要力量——生活资料谋得方式是指每一个人必先保持一个“物质的生活”，“物质资料生产方式”是指每一个社会需要保持其“社会的物质生活”——就个人言必先有一个物质生活，然后才可以有其政治宗教美术等活动及思想，就社会言必先有一个社会的物质生活，然后才可以有其政治、宗教、美术等社会生活——Ⓐ 社会生产力底组成成份——（第一）为要生活就必需生产——（第二）为要生产就必需要种种生产工具——（第三）为要善于产生这些工具、善于使用这些工具，就必需有相当生产经验和劳动技能而发动着生产工具并实现着物质资料生产的人——生产力二要素说（劳动者、劳动工具）——生产力三要素说（劳动者、劳动工具、劳动对象）——三要素说保留了一些旧观念，即认为生产力是自然底赐与而不是人类社会发展的结果；反之二要素说则表现着生产力是人类驾驭自然力的权能底尺度，表现着人类已把强大的自然力置于自己的支配之下——Ⓑ 生产 = 社会生产——人们在影响自然、生产物质资料时，必然要在自身之间发生一定的关系——生产在任何时候和任何条件下都是社会的生产——社会的生产便是“人们在自己生活底社会生产中彼此间一定的必然的不依他们本身意志为转移的关系”——各种社会构成中生产关系的诸性质——人与人之间的生产关系在各种不同的社会时代是各各不同的，基本上有如下三种——① 不受剥削的人们彼此间的合作和互助关系（社会主义制）——② 统治和服从的关系（奴隶制、封建制、资本主义制）——③ 由一种生产关系形式过渡到另一种生产关系形式的过渡关系（如新民主主义制）——Ⓒ 生产方式是生产力与生产关系在物质资料生产过程中的统一之体现——生产力和生产关系是同一生产事情的两方面，即构成了生产方式的两方面——生产力和生产关系是对立的同时是统一的，而这在物质资料生产过程中的统一之体现就叫做“生产方式”——生产方式即历史唯物论之所谓“物”，所谓“社会存在”，它是社会物质生活条件系统中的主要力量

参考书：

［基本教材］

斯大林：《辩证唯物主义与历史唯物主义》

［补充教材］

马克思、恩格斯：《德意志意识形态》

马克思：《政治经济学批判》序文及导论

马克思：《资本论》卷一第五章、卷二第一章

马克思：《哲学之贫困》

马克思：《拿破仑第三政变记》

马克思：《1846年十二月二十八日给安能可甫的信》

马克思：1844年《论金钱》

恩格斯：《费尔巴哈与德国古典哲学的终结》

恩格斯：《反杜林论》

恩格斯：《1893年七月十四日给梅林的信》

恩格斯：《1890年九月二十日给布洛哈的信》

恩格斯：《1894年一月二十五日给斯塔坚堡的信》

列宁：《什么是人民之友》

列宁：《卡尔·马克思》

威廉：《马克思主义与社会史观》

孙中山：《民生主义》

《辩证唯物论与历史唯物论基本问题》第四分册

第五章　生产底三个特点

（其一）生产底第一个特点（生产底规律性）

序说——历史唯物主义指出生产的三个特点三个基本规律——Ⓐ 生产第一个特点——生产是永远处在变更和发展状态的，因之它的上层建筑如社会制度和社会思想也随之变更而变更——历史条件限制的规律性问题——由此证明了历史唯物主义之第一定义：是研究社会发展规律的学问——Ⓑ 生产第二个特点——随着生产力在历史上变更和发展，于是人们底生产关系也与此适应而变更和发展，因此而发生了阶级斗争——生产关系与生产力之矛盾发展底辩证法问题——由此证明了历史唯物主义之第二定义：是研究辩证唯物论原理推广去研究社会规律的学问——Ⓒ 生产第三个特点——新的生产力的发生是在旧制度内部发生的，"强力是每一个旧社会在孕育着新社会时的产婆"——新的生产力怎样发生怎样从进化到革命底实践性问题——由此证明了历史唯物主义之第三定义：是把辩证唯物论原理推广去研究社会发展规律，而且应用来指导我们在实践活动中改造世界的学问

（一）生产底不断变更和发展——生产第一个特点之第一项目——社会发展史是生产发展史——社会发展规律的科学是在跟形而上学的社会观的斗争中形成的——形而上学的社会哲学从人类之自然（人性）里寻出永远的自然法则——不变的人性和永恒的正义正实现于资产阶级的法律之中——历史唯物主义是从具体的社会物质生活条件出发，从社会物质生活发展底现实需要出发——社会物质生活发展底现实需要，这即是人类必须吃、喝、穿、住，这就是人类底"物质的欲望"——人类底物质欲望即对于衣、食、住及其他的欲望，从最古的时代直到现在不绝地增加——生产跟着物质生活发展的需要之不绝增加，便推动了生产底不断的变更和发展

（二）生产方式的变更必然引起全部社会制度、社会思想、政治

观点和政治制度的变更——生产第一个特点之第二项目——社会的存在是第一性的现象，社会底精神生活是第二性的现象、从生的现象——“基础”与“上层建筑”的问题也就是社会存在决定社会意识的问题——基础是社会发展到某一阶段上的社会经济制度，上层建筑是社会对于政治法律宗教艺术哲学的观点，以及适合于这些观点的政治法律等制度——社会（广义的）生活图式——Ⓐ 基础对于上层建筑之主导作用问题——社会底生产方式怎样，社会本身在基本上也就会怎样，社会底思想和理论政治观点和政治制度也就会怎样——上层建筑是由基础产生的，基础之所以创立自己的上层建筑，就是为了要使上层建筑替它服务——随着经济基础的变更，于是全部庞大的上层建筑物中也就会或迟或速地发生变更，又随之基础的消灭，上层建筑也就随之归于消灭——Ⓑ 上层建筑对于基础之相对的独立性问题——上层建筑在其产生之后便都有它自己的发展规律——政治的上层建筑底相对独立性——哲学发展底相对的独立性——Ⓒ 上层建筑与基础之交互作用问题——上层建筑在历史上的积极作用，在它能帮助基础的形成和巩固——恩格斯有名的几封信证明了政治的法律的乃至宗教哲学艺术等是以经济底发展为基础而发展，但它们又在彼此相互间和经济基础上发生反作用

（三）在各个不同的发展阶段上有各个不同的生产方式——生产第一个特点之第三项目——基础和上层建筑是有各种不同样式的历史底关系——每一个不同发展阶段上的经济基础都有适合于这不同发展阶级底上层建筑——列宁对于“一般社会”说底批判——马克思摒弃了所有妄谈一般社会和一般进步的议论，而作出了对于一个社会（资本主义社会）和一般进步（资本主义进步）的科学分析——“剩余价值学说史”中指出要考察精神生产和物质生产的关联，最要紧的一件事是对于物质生产不把它当作一般的范畴，却就它的一定的历史形态

去考察——社会发展上的决定力量是在各个不同的发展阶段上底各个不同的生产方式

参考书：

［基本教材］

斯大林：《辩证唯物主义与历史唯物主义》

［补充教材］

马克思、恩格斯：《共产党宣言》

马克思：《政治经济学批判》序文及导论

马克思：《剩余价值学说史》卷一第三编（页364，三联书店）

恩格斯：《社会主义从空想到科学的发展》

恩格斯：《1890年一月九日二十一日给布洛哈的信》

恩格斯：《1890年十月二十七日给斯密特的信》

恩格斯：《1893年七月十四日给梅林的信》

恩格斯：《1894年一月二十五日给斯塔坚堡的信》

列宁：《什么是人民之友以及他们如何攻击社会民主党人》

斯大林：《马克思主义与语言学问题》

斯大林：《无政府主义还是社会主义》

蒲列哈诺夫：《唯物论的历史观》（第三、四、五节，论需要）

康士坦丁诺夫：《列、斯对于历史唯物论的发展》

米丁：《论斯大林的〈辩证唯物主义与历史唯物主义〉》

尤金：《社会存在与社会意识》

第六章　生产底三个特点

（其二）　生产底第二个特点（生产底矛盾性）

（一）生产力与生产关系之辩证法的发展（内容与形式）——生

产第二个特点之第一项目——Ⓐ 生产力是生产中最活动最革命的要素，其变更和发展首先是从生产工具底变更和发展上开始，生产力发生变更，然后人们底生产关系跟着变更——Ⓑ 生产关系反转来影响到生产力，加速或延缓其发展——Ⓒ 生产力与生产关系之矛盾，发生了经济构造的变革——形式与内容的辩证法中，内容是事物中具有决定性的东西，同样所以生产关系的形式是以生产力的内容为转移——生产力决定生产关系，生产关系帮助生产力——发展中新内容和旧形式间的矛盾同样反映在社会发展中，就是社会生产力和旧的生产关系间的矛盾——“内容与形式以及形式与内容之斗争，形式底被抛弃，内容底被改造”——现代资本主义就是作为内容看的生产力和作为形式看的生产关系间尖锐矛盾的最好例证——生产的社会性与占有的私人资本家形式间极深刻的敌对性，其唯一解决办法就是无产阶级革命——为什么在生产的变更和发展中是生产力的变更和发展在先，而生产关系的变更和发展在后呢？——（第一）生产力是内容，生产关系是形式，内容较之形式说来是活动的革命的因素，形式较之内容是固定的具有一种保守性的因素——（第二）一个社会的生产关系即在适于生产力发展之时也都保留着落后的残余性在内——（第三）因为生产关系的变更从来依赖于生产力的变更而变更——生产关系和生产力互相排斥同时又互相贯穿，生产关系也可能转变为生产力继续发展的推动机——生产力和生产关系的辩证法即它的“矛盾”与“适合”的辩证规律——生产关系和生产力性质不适合的实例——生产关系和生产力性质完全适合的实例

（二）生产力发展之从旧质态进至新质态——马克思给了一个十分确切的关于生产力概念的定义——一切社会生产过程同时也就是再生产过程——生产力不是纯粹的认识过程（Kautsky）或技术过程（Bukharin），它本身就是一种历史过程，是人类生活底物质条件底

生产和再生产过程——Ⓐ 生产力不仅是生产中最活动最革命的要素，而且是生产发展过程中决定的要素——生产力问题首先是生产工具的问题，生产力之变更和发展首先是从生产工具之变更和发展开始——我们关于生产手段决定劳动组织的理论——（第一）生产工具的改进是人与自然界之间的关系改变的重要原因——（第二）生产工具的改进是人与人之间的关系改变的重要原因——生产者即人在生产发展中的作用——“一个未从事劳动目的的机器是无用的”——“人们即生产力中最重要的原素”——Ⓑ 生产力发展之历史的形态——从古代到今日的生产力发展的一般情景——① 人们的蒙昧时代：自然技术占经济发达底长连锁中的最初一环——② 人类的野蛮时代：由石头工具过渡到金属工具，过渡到驯养动物和栽培植物，过渡到高级农业——③ 人类的文明时代的初期：金属工具改善，过渡到冶铁风箱、陶器生产、手工业以及后来手工业工场生产的发展——④ 人类文明时代的中期：过渡到机器，手工业工场生产转变为机器生产工业——⑤ 人类文明时代的后期：机器化的大生产时代——马克思所描写的包括中央自动机配力机与各种工作机所构成的庞大机械体系——电机和可能的现在科学正在研究的原子底使用是共产主义社会底基础——Ⓒ 生产力的发展，人们底生产关系也与此适应而变更和发展——生产关系必须与生产力发展相适应，这乃是生产力和生产关系发展的一定规律——亚多拉斯基（Adoratsky）所作生产力发展表解——社会发展史便是生产发展史、数千百年来新陈代谢的生产方式发展史、生产力和人们生产关系发展史

（三）历史上的基本生产关系与阶级斗争——集团和阶级的问题——在社会底经济结构的上部建筑物存在着对于生产手段的分配之不同的标志——① 就是作为社会生活过程的社会组织即阶级关系——② 就是作为政治的生活过程的政治制度即统治关系，这也只

是阶级关系之变形——Ⓐ 生产关系与阶级关系——列宁在《伟大的创举》中所下“阶级”的定义——① 在历史上一定社会生产系统中所处的地位不同，这是阶级存在的基本出发点——② 对生产资料的关系即生产手段的分配，这是从第一项派生的——③ 是在社会劳动组织中所起的作用不同——④ 因而领得自己所支配的那份社会财富的方式和多寡的各不相同，亦即生产物的分配不同——⑤ 形成其中某一集团能够占有另一集团的劳动，亦即形成社会阶级的分裂——阶级社会底每一形态和一般的阶级划分都只有历史的暂时性——在阶级社会中构成社会经济形态的生产诸关系是社会诸阶级间的关系——（第一）社会生产力发展到有剩余生产品底出现是阶级出现的主要条件——（第二）社会阶级划分是以分工规律为基础——（第三）随着使奴隶制成为可能的社会生产力的发展，规定了俘虏的奴隶转化而来的那种阶级分化的道路——Ⓑ 生产关系之历史的形态——① 阶级之存在仅仅联系于生产发展上某些特殊的历史的阶段——② 阶级斗争必然引起无产阶级专政——③ 这个专政仅仅是到废除一切阶级去和无阶级社会去之过渡——“迄今存在过一切社会底历史都是阶级斗争底历史”——历史上有五种基本生产关系——生产关系的基本形式表解——（第一）原始公社制度——① 劳动者和生产手段之原始的统一——② 没有阶级的区别，也没有什么法律和国家而只有习惯底统治——③ 原始经济底异常大的停滞性——（第二）奴隶制度——阶级剥削底第一种社会形态——① 生产力发达到吸收新的劳动力成为必要，因此战争时所获得的俘虏转化为奴隶——② 奴隶制使大规模分工成为可能，在那时的条件下是一种大进步——③ 奴隶被看作一种生产工具，为奴隶主底所有品——（第三）封建制度——阶级剥削底第二种社会形态——① 在封建生产方式之下生产者（农奴）跟生产的条件（土地）不可分离地联系着，

“正如蜗牛和它的壳一样”——②封建的剥削是立脚于经济外强制，以农民对地主之个人从属关系为基础——③在封建生产方式之下生产技术的进步非常迟缓，小规模的生产造成了保守的停滞的传统的性质——（第四）资本主义制度——阶级剥削底第三种社会形态——①它的商品经济是把劳动力当作商品，一切生产都是为着利润的获得——②生产的社会性和私人占有制的矛盾及其所产生的生产无政府性，资本主义发展底不平衡性和周期的生产过剩的危机——③资产阶级和无产阶级底阶级矛盾——无产阶级革命结束了历史上的阶级的剥削形式——©社会主义的经济体系——社会主义是历史上第一个不是自发地形成，而是自觉地按照预先以先进的科学的理论的基础拟定的计划建设起来的社会——过去的历史只是人类社会底“前史时期”——马克思底学说最主要的是“消灭阶级”——无产阶级专政是作为消灭阶级的工具——斯大林在第十六次党大会上阐明了跟资本主义体系对立的社会主义经济体系底重要特征——社会主义的生产关系和生产力的完全适应——《哲学的贫困》中的未来社会观——《共产党宣言》中的未来社会观——《哥达纲领批判》中的未来社会观——《反杜林论》中的自由王国——《国家与革命》和《论国家》中之无剥削阶级的世界——斯大林在《与第一届美国工人代表团谈话》中对于共产主义社会的简括的说明——全世界无产者联合起来呵！

参考书：

[基本教材]

斯大林：《辩证唯物主义与历史唯物主义》

[补充教材]

马克思、恩格斯：《共产党宣言》

马克思:《政治经济学批判》序文
马克思:《资本论》卷一第十三章、卷三第四十七章
马克思:《哲学的贫困》
马克思:《雇佣劳动与资本》
马克思:《1846 年十二月二十八日给安能可甫的信》
马克思:《1852 年三月五日给魏德迈耶的信》
恩格斯:《家族、私有财产及国家之起源》
恩格斯:《反杜林论》第二编第二三四各章
列宁:《卡尔·马克思》“阶级斗争”一节
列宁:《黑格尔〈逻辑学〉一书摘要》
列宁:《伟大的创举》
列宁:《俄国资本主义底发展》(结束语)
斯大林:《无政府主义还是社会主义》
斯大林:《略论党内的意见分歧》
斯大林:《第十六次党代表大会上报告》
斯大林:《1927 年在共产国际执委会上的演说》
斯大林:《在苏联集体农民突击队员第一次大会上的演说》
斯大林:《1927 年九月九日与第一届美国工人代表团谈话》
毛泽东:《人民民主专政》

康士坦丁诺夫:《列、斯对于历史唯物论的发展》
拉苏莫夫斯基:《社会经济形态》
柯斯明斯基:《封建主义》
李昂吉叶夫:《资本主义》
葛列席尔曼:《苏联怎样消灭剥削阶级和阶级差别》
奥斯特罗维强诺夫:《资本主义以前的诸社会经济形态》

《辩证唯物论与历史唯物论基本问题》第四分册

第七章　生产底三个特点

（其三） 生产底第三个特点（生产底实践性）

（一）新的生产力的发生是在旧制度内部发生的，是旧制度内部矛盾的结果——生产底第三个特点之第一项目——由旧世界的批判中发见新世界，要在旧的东西中看出未来出生的萌芽，这就是辩证法的精神，同时就是马克思后年所成一个历史观的根据原理之一——内部矛盾的自己运动，这种运动贯串着铁一般的必要性——资产阶级的灭亡和无产阶级的胜利同样是不可避免的，这就是说在旧的资本主义社会的内部已经孕育了无产阶级底胜利的前提——资本主义是萌芽于封建剥削的腹内，而封建主义则又萌芽于奴隶社会的腹内——黑格尔《精神现象学》中关于主与奴关系的学说——主与奴内部矛盾的结果，实际上也就反映着奴隶制怎样掘陷了自己的基础，反映着封建主义之历史的序幕——由此可见，资本主义制度可以用社会主义制度来替代，正如资本主义制度在当时替代了封建制度一样

（二）从自发的发展到自觉的活动——生产第三个特点之第二项目——没有一种旧的生产会自发地走下历史的舞台，旧的东西永远不会自己灭亡而必须把它消灭——自发的发展过程须让位于人们的自觉的活动，和平的发展须让位于强力的变革，进化须让位于革命——自发的发展是由于以下两个原因——①人们不能自由选择这种或那种生产方式——②人们在改善生产力要素时，不会觉悟到也不会想到这些改善将会引起怎样一种社会结果——自觉活动只局限于日常实践的狭隘范围之几个例证——自发性在新生产方式发展的过程中，只有当新的生产力还没有充分成熟之前才会存在——自发论是机会主义的理论，是减低觉悟份子在运动中的理论，是尾巴主义——列宁在《做

什么》一书中对自发论的批判——“给我们以革命的组织，我们就会推翻了俄罗斯”（列宁）——斯大林指出自流论在社会主义建设中就是反马克思主义的理论——生产关系底变更以及由旧生产关系到新生产关系的过渡，通常是表现于用革命手段来推翻旧生产关系而奠定新生产关系——由此可见由资本主义进到社会主义，工人阶级摆脱资本主义压迫，决不能经过缓慢变化经过改良来实现，而只能经过资本主义制度的质变，经过革命来实现

（三）新政治制度和新政权在废除旧生产关系而奠定新生产关系中的积极作用——生产第三个特点之第三项目——Ⓐ 国家与强力——国家即是阶级统治的机器，即是一个阶级压迫别一阶级的机关，国家权力总括表现于分疆割土和武装力量、监狱及各种强制机关等，因此国家就是强力——强力是一切孕育新社会的旧社会的产婆，它本身就是一种经济力量——国家的权力就是经济力量的集中的表现——无产阶级在反对资产阶级的斗争中一定团结成为阶级用强力消灭旧的生产关系——用强力把旧制度推翻的新政治制度和新政权在废除旧生产关系而奠定新生产关系中底伟大作用——Ⓑ 国家与无产阶级专政学说——国家的形成：奴隶制国家、封建制国家、资本制国家——资本主义的国家是资本家用来压制工人阶级与贫农的机器——关于无产阶级怎样去实现那无国家无剥削底自由社会，马克思主义者与无政府主义者之间的重大差别——马克思主义者在国家问题中最出色而最重要的思想，即“无产阶级专政”之思想底公式——无产阶级专政的国家即巴黎公社式的国家，但公社实际上已经不是国家一字原意上的国家——无产阶级专政就是对内民主对外专政——① 无产阶级专政是无产阶级革命底工具——② 无产阶级专政是无产阶级对资产阶级的统治——③ 苏维埃政权是无产阶级专政底国家形式——斯大林对于无产阶级专政理论的发展——无产阶级专政中的党群问

题——“共产主义就是苏维埃政权加上全国电气化”——人民民主专政造成了一种可能性，就是“经过人民共和国到达社会主义和共产主义到达阶级的消灭和世界的大同”——© 国家消灭和世界大同——“我们公开声明消灭阶级消灭国家权力消灭党，全人类都要走这一条路的，问题只是时间和条件”——恩格斯底“由必然的王国进于自由的王国的飞跃”——无产阶级革命才能消灭一切阶级的区别及阶级的对立，因之也使原来的国家趋于灭亡——在资本主义包围条件之下社会主义国家底本质——恩格斯底关于国家消灭的基本原理，斯大林从历史的观点上加以发展——在共产主义时期国家不会保存而会消亡下去，假如那时资本主义包围已经消灭而被社会主义包围所替了的话

参考书：

［基本教材］

斯大林:《辩证唯物主义与历史唯物主义》

［补充教材］

马克思:《1843 年给露格的信》（见《论犹太人问题》中附录）

马克思、恩格斯:《共产党宣言》

马克思、恩格斯:《德国的革命与反革命》

马克思:《资本论》第一卷

马克思:《哥达纲领批判》

马克思:《政治经济学批判》序文

恩格斯:《家族、私有财产及国家的起源》

恩格斯:《反杜林论》

恩格斯:《住宅问题》

恩格斯:《1890 年十月二十七日给斯密特的信》

列宁:《做什么》

列宁:《国家与革命》

列宁:《论国家》

列宁:《马克思主义与武装起义》

列宁:《论无产阶级在当前革命中的任务》

斯大林:《列宁主义基础》

斯大林:《无政府主义还是社会主义》

斯大林:《马克思主义与自由主义》(与威尔士谈话)

斯大林:《在第十八次党代表大会上的总结报告》

斯大林:《论苏联伟大卫国战争》

毛泽东:《人民民主专政》

葛列席尔曼:《苏联怎样消灭剥削阶级和阶级差别》

维辛斯基:《列宁、斯大林关于革命与国家的学说》

齐希克华才:《斯大林论苏维埃社会主义国家的学说》

第八章　人民群众在历史上的作用

(一)个人乎，群众乎——历史科学要想成为真正的科学，首先应当研究物质资料生产者底历史、劳动群众底历史、各国人民的历史——Ⓐ 历史的原动力问题——“世界历史就是伟人的传记”——历史事变的根本动因应该到国家要人的宫庭和邸宅里，到帝王情妇的会客室里找去——这般历史家甚至于说：埃及女王 Cleopatra 之美丽动人的鼻子乃是 Actium 战争的原因，滑铁卢战时拿破仑之感冒伤风竟至于使历史车轮转变一个方向——相反地，恩格斯指出“历史的真正的动力之动力，应当注意的并不是个别人的动机，而是推动广大群众、推动整个民族，而在每一个特定民族之中推动整个阶级行动起来的这伟大动机”——Ⓑ 历史的创造者问题——马克思和恩格斯揭破资产阶级的历史家把个别人物底行动提到首要的地位，把他们的行动与劳动群众的人民本身的活动相对立——俄国民粹派把人们分为"高级的""批判的思想的人物"，历史的创造者与"消极"的群众，这种反动的理论为普列哈诺夫与列宁所击破——《联共（布）党史简明教程》指出马克思主义的观点：不是英雄创造历史而是历史创造英雄，因此不是英雄创造人民而是人民创造英雄并推动历史前进——© 历史上的解放斗争问题——无政府主义底基石是个人，解放个人是解放群众集体的主要条件，它的口号是"一切为着个人"，在个人未解放以前要解放群众是不可能的。相反地，马克思主义底基石是群众，解放群众是解放个人的主要条件，它的口号是"一切为着群众"，在群众未被解放以前，要解放个人是不可能的

（二）个人在历史上底作用——马克思主义的解决个人在历史上的作用问题，在正确地辩证的解决偶然性与必然性以及自由与必然的相互关系的问题——①个人在自然的社会的和经济的环境，必然以其被动底性质而显著时，就成历史过程里面之一觉悟的和自动的因子——②个人行动之历史的成果，表现为若干个人集合地动作而生之影响底总和，所以初初对于个人本身必然地显出，像处在他以外和他以上之外来的力量一样——③个人可以加速也可延缓对历史行程的影响，能和历史并步前进的个人可以加速影响历史的行程，这样的人物实在是伟大人物，反之实行反动保守政策的个人可以延缓阻滞历史的行程，这种人物不可避免地遭到了失败的下场——马克思列宁主义论群众、阶级、政党与领袖底相互关系——伟人之伟大不是在他的个人的特点给予了伟大的历史事变以个人的面貌，而是在于他有这样的特点，使得他最能为自己时代底伟大的社会需要服务。他比别人看得更远愿望得更烈，他解决社会智慧发

展以往的进程所提出来的科学任务，他指出为社会关系以往的发展所创造的新的社会需要。他是英雄不是在他似乎能够停止或改变事物底自然进程，而是在他的活动乃是这个必然的和不自觉的进程底自觉的和自由的表现

（三）人民群众在历史上的作用——人民群众是历史的真正创造者，历史上的一切重大事件重大变化都和人民群众有关——从前曾将领袖认为是历史唯一的创造者，而不把工人和农民计算在内，这个时期已经过去了，民族和国家的命运现在不仅仅是由领袖来决定，而首先和主要的是由千百万劳动群众来决定。工人们和农民们无声无响的正在建设工厂和制造厂、矿井和铁路、集体农场和苏维埃农场，创造生活底一切财富，以衣食供给全世界。他们才是真正的英雄和新生活底创造者（斯大林）——革命的群众行动——瞧一瞧劳动人民的内部、群众的内心，在那里沸腾着组织的创造的工作，在那里涌现复兴的、由革命而光明的生活（列宁）——“从群众中来，到群众中去”（毛泽东）——“人民，只有人民才是创造世界的动力”（毛泽东）——以人民群众底社会实践（生产劳动、阶级斗争、科学与艺术的活动）为历史真理的，为标准底新历史认识论

参考书：

［基本教材］

斯大林：《辩证唯物主义与历史唯物主义》

［补充教材］

马克思、恩格斯：《神圣家族》

恩格斯：《费尔巴哈与德国古典哲学的终结》

恩格斯：《1894 年一月二十五日给斯塔坚堡的信》

恩格斯：《1883 年三月十七日在马克思墓前的演说》

列宁:《什么是人民之友以及他们如何反对民主派》

列宁:《左派幼稚病》第五章

斯大林:《论列宁》

斯大林:《无政府主义还是社会主义》

斯大林:《论党工作底缺点和消灭托洛茨基两面分子及其他两面分子的办法》(结束语第六节)

《联共(布)党史简明教程》第一章

蒲列哈诺夫:《论个人在历史上的作用》

毛泽东:《实践论》

毛泽东:《论联系群众》(《论联合政府》中)

康士坦丁诺夫:《个人与人民群众在历史上的作用》

亚克色列罗得:《社会学底批判》

伏尔佛逊:《辩证法唯物论》第八章

《辩证唯物论与历史唯物论基本问题》第四分册

第九章　进步观念在历史上的作用

(一)意识形态底上部建筑——社会存在与社会意识——观念的限度——统治着的观念就是统治阶级的观念——社会意识形态是社会思想、理论和观点，包括道德、宗教、艺术、科学、哲学之各方面——Ⓐ道德——道德底阶级性质——被压迫阶级的道德与统治剥削阶级底道德——共产主义道德的本质及其特征——Ⓑ宗教——宗教底阶级性质——宗教是人民的鸦片，是一种精神的下等火酒——战斗的无神论——任何一个社会主义者通常是一个无神论者——列宁与斯大林论工人政党对宗教的态度——Ⓒ艺术——艺术的阶级性质——对"为艺术而艺术"理论的批判——列、斯论艺术与文学的党性——新艺术与文学的力量是在于，它是除了人民利益和国家利益以外便没有而且也不能有别的利益的文艺——Ⓓ 科学——科学在阶级社会中的阶级性——科学的世界认识是社会实践改革之工具——与资产阶级科学底反动思想作斗争——Ⓔ 哲学——“哲学并不在世界以外”——哲学的阶级性和党性——哲学史就是唯物主义与唯心主义底斗争史——意识形态诸观点随社会条件而改变——社会意识方面的革命

（二）两种社会思想和理论——有旧的思想和理论，它们是已经衰颓并为社会上那些衰颓着的势力底利益服务的东西，同时又有新的先进的思想和理论，它们是为社会上的先进势力利益服务的东西——旧的思想和理论，它们的作用就是阻碍社会发展，阻碍社会前进；同时新的思想和理论就是促进社会发展，促进社会前进，而且它们愈是确切反映着社会物质生活发展底需要，便能获得愈加巨大的意义——旧的反动思想如关于资本主义的牢不可破，关于私有财产的神圣不可侵犯的资产阶级理论，关于无产阶级和资产阶级协调的改良主义的思想，关于高等民族和下等民族的种族理论，把掠夺战争认为正当的帝国主义理论，关于确定美国的世界霸权以及世界主义之帝国主义的意识形态等等，这些反动思想侵透了资产阶级的科学和文学、艺术，是永远都是跟着反映进步社会力量的情况志愿利益和目的之前进的进步的思想敌对的——旧的对新的意识形态的斗争，它们的思想进攻是他们反对进步力量，反对社会主义，反对人民民主，反对那些为自己的独立和权利、为自己决定自己命运而斗争的爱好自由民族之政治斗争的方式之一——贯串一切现代资产阶级意识形态的伪善和谎骗，并不是从资产阶级某些思想家或政治家的个性里产生的，而是从资本主义制度本身的性质，从资本主义制度的内在矛盾中产生的——在两个对立的社会制度和两个对立的意识形态的关联上，作为新的思想和理论，是在跟旧的思想和理论的斗争中发生的，而且旧的思想和理论体系的消灭，是跟那产生这些旧的反动思想理论体系的旧制度的消灭是

息息相关的

（三）进步观念在历史上的作用——先进理论和先进思想有动员的组织的和改造的作用——Ⓐ 新的社会思想和理论只有当社会物质生活发展已在社会面前提出新的任务时才会产生出来，可是它们既已产生出来便会成为最严重的力量，能促进解决社会物质生活发展过程所提出的新任务，能促进社会前进——Ⓑ 新的社会思想和理论既已在社会物质生活发展过程所提出的那些新任务基础上产生出来，便能扫除障碍，深入民众意识，动员民众组织民众去反对社会上衰颓着的势力，因而便利着推翻社会上正在衰颓而阻碍社会物质生活发展的势力——Ⓒ 新的社会思想理论既已在社会存在发展过程中业经成熟的那些任务基础上产生出来，便能反转来影响到社会存在，影响到社会物质生活，造成必要条件来彻底解决社会物质生活中业经成熟的任务，并使这社会物质生活可能向前发展——理论对于无产阶级运动的意义——“理论一掌握了群众，便立刻成为物质的力量”——“没有革命理论就不会有革命行动”——“只有以先进理论为指南的党，才能尽先进战士的使命”[①]——社会主义意识和苏联社会发展——社会主义意识是最前进的阶级（工人阶级）世界上最前进人民（中苏各国）底意识——贯彻新社会意识，一切形态的基本思想就是社会主义、共产主义和新民主主义的伟大思想——新的社会意识的每一形态（科学、道德、哲学、文学和艺术）在共同基础上发展着，各有特殊的使命，起着特殊作用——新的社会意识在中国就是马列主义和毛泽东思想

参考书：

［基本教材］

斯大林：《辩证唯物主义与历史唯物主义》

① “才能尽先进战士的使命”，通行本作“才能实现先进战士的作用”。——编者

［补充教材］

马克思、恩格斯:《德意志意识形态》

马克思、恩格斯:《论文学与艺术》(弗莱维勒编选)

恩格斯:《反杜林论》第一编第九、十、十一各章

恩格斯:《费尔巴哈与德国古典哲学的终结》第三章

恩格斯:给布洛哈、梅林、斯塔坚堡、斯密特等人论历史唯物论的书信

列宁:《做什么》

列宁:《什么是人民之友与他们如何反对社会民主党人》

列宁:《青年团底任务》

列宁:《论我们的革命》

列宁:《社会主义与宗教》

列宁:《论工人政党对宗教的态度》

斯大林:《论列宁主义基础》第三章"理论"

斯大林:《联共(布)党第十八次代表大会工作报告》

斯大林:《1938年五月十七日在克里姆林宫接见高级学校工作人员时的演说》

斯大林:《在克里姆林宫举行的红军学院学生毕业典礼大会上的演说》

《联共(布)党史简明教程》结束语

毛泽东:《实践论》

毛泽东:《新民主主义论》

日丹诺夫:《在〈西欧哲学史〉讨论会上的发言》

《联共(布)中央关于〈星〉与〈列宁格勒〉两杂志的决定》

《联共(布)中央关于剧场上演节目及其改进方法的决定》

《联共（布）中央关于电影〈伟大的友爱〉的决定》

日丹诺夫:《关于〈星〉与〈列宁格勒〉两杂志的报告》

康士坦丁诺夫:《列、斯对于历史唯物论的发展》

康士坦丁诺夫:《观念在社会发展中的作用》（见《辩证唯物论与历史唯物论基本问题》第四分册，页 1221—1273）

康士坦丁诺夫:《进步观念在社会发展中的作用》

康士坦丁诺夫:《社会主义意识与苏联发展》

第十章　唯物史观公式

——马克思在 1859 年为他那部名著《政治经济学批评》所写的有历史意义的序言中，对历史唯物主义底实质所作的一个天才的表述——

公式第一节下半，第二节的最后一句，公式第三节全部（人类精神文化之经济的说明）——公式第一节前半一部分，第二节除却末句所剩下的部分，第四节、第五节的全部（社会组织之经济的说明）——Ⓐ 社会之经济的结构：生产力与生产关系——首先指出人类必须参加在他们生活之社会的一定的社会关系——第二指出这社会关系乃是生产关系——第三指出了包罗万象的、全面的研究社会经济形态产生、发展和没落底过程的道路——生产力、生产关系和生产方法——Ⓑ 基础与上部建筑——第一，究极的基础问题——第二，层次的先后问题——第三，上层建筑之反作用问题——Ⓒ 社会发展过程——① 亚细亚的——② 古代的——③ 封建的——④ 近代资产阶级的——《德意志意识形态》中之社会发展学说——《雇佣劳动与资本》中之社会发展学说——马克思的公式和斯大林《论辩证唯物主义

与历史唯物主义》中所说社会发展过程之比观

参考书：

[基本教材]

斯大林：《辩证唯物主义与历史唯物主义》

马克思：《政治经济学批判》序文

[补充教材]

马克思、恩格斯：《德意志意识形态》

马克思：《雇佣劳动与资本》

恩格斯：《马克思底〈政治经济学批判〉》

列宁：《卡尔·马克思》“唯物史观”

试论康德的历史哲学 *

（一）

在哲学战线上，修正派总是千方百计用他[②]们的修正主义企图歪曲马克思主义。例如讲康德的历史哲学，所谓奥国派修正主义的代表理论家阿德勒（Max Adler）在1925年所作《康德和马克思主义》（*Kant und Marxismus: Gesammelte Aufsätze zur Erkenntniskritik und Theorie des Sozialen*），其中第二章第三节“历史哲学和社会主义”即公开宣言：“康德的历史哲学对于马克思的立场有直接的意义，和马克思的历史观构成了他的立场一样，历史哲学在康德也构成了他的全部见解的主要要素。”（页55—56，《世界大思想全集》42）更重要的是，他指出康德的历史哲学一见即表现其和唯物史观有根本相似之点。第一，是康德的敌对关系的概念。他所说个人精神生活所表现社交的和非社交的性质的矛盾，形成社会的不断进步，对人间的敌对关系，给予辩证法以人间化；同时又保证了从完全不同出发点所获得的唯物史观的根本思想。第二，康德的历史哲学的要素范围很广，在这领域也和马克思的思想方向根本一致。如说历史的目的从历史的因果

---

* 本文整理，以中山大学哲学系藏朱谦之先生1960年5月18日手稿为底本。——编者

② “他”，原作“它”，改，全文同。——编者

关系产生，因而历史的目的论和它的因果的法则性不相矛盾，且可以说是从此法则性的要因所产生之必然的结果。同样，马克思强调人类造成历史不是由于自己意识，或由于自己选择的条件之下意欲的结果。第三，对于社会发展的目标，康德的历史观也和马克思一致。《共产党宣言》主张“以各个人自由发展为大家自由发展条件的协会”，康德的最高理想则表现为人类本能充分发展所形成的受共通的法的管理的市民社会的概念，共通的国际联盟的概念，及同时好像社会主义的理想那样的永远和平的概念。因此阿德勒的结论，主张在康德的历史哲学的思想领域，他的最伟大的业绩即伦理的原理的新见解基础上，可和马克思主义合流（同上，页62—64）。果然如此吗？这就应该对于康德的历史哲学作一番比较细微的批判研究的工作。

（二）

康德一生没有系统地写过历史哲学，却曾从1784—1795年继《纯粹理性批判》一书之后，约十年间写了好些关于历史哲学的论文，即如：

（一）世界公民见地上的一般历史考（Idee zu einer allgemeinen Geschichte in we ltbürgerlicher Absicht, 1784）

（二）什么是启蒙问题的答案（Beantwortung der Frage: Was ist Aufklärung?, 1784）

（三）赫尔德著《人类的历史哲学考》的批判（Rezensionen von Herders Ideen zur Philosophie der Geschichte der Menschheit, 1785）

（四）人类历史之想像的起原（Mutmasslicher Anfang der Menschen-geschichte, 1786）

（五）万物的结局（Das Ende aller Dinge, 1794）

（六）永久和平论（Zum ewigen Frieden, 1795）

当然我们也不会忘却作为康德的历史哲学关键的1790所写《判断力批判》，在那书里将历史哲学和批判的目的论相结合的企图。还有1792年《关于根本恶》，后收入1793年《单纯理性范围内的宗教》第一编，及1798年的《人间学》（原名*Anthropologie in pragmatischer Hinsicht*，据岩波文库本题名）包含更成熟的历史哲学思想。虽然康德在三批判书之外，还没有写出历史的理性批判，但很明显地，历史哲学思想是和他的唯心主义批判哲学有密切的关系。从康德发展为黑格尔的历史哲学，还有新康德派的巴登学派即西南学派，认康德是他们新理想主义历史哲学体系的建设者，都决不是偶然的吧。

（三）

然则康德的历史哲学究竟是有怎么样的思想内容呢？首先应该注意他的历史哲学思想背景。在康德那个时代，凡是受过法国革命思潮影响的人，都很容易接受当时市民社会观念也就是资产阶级观念的人性论和人道主义思想。差不多和康德发表《世界公民见地上的一般历史考》同时，有赫尔德关于历史哲学著作出版，此两书均可看出所受当时思想的影响。正如早年马克思所说，"公正地把康德的哲学看成是法国革命的德国理论"（《法的历史学派的哲学宣言》，见《马克思、恩格斯全集》第一册页100，人民出版社）。然而同在法国的历史学说影响之下，赫尔德是受孟德斯鸠和和布封的影响，康德则受卢梭的影响。赫尔德在1774年所著虽不过纲领草案，未定下人类完全的历史哲学，但以后十年又著了《人类史的哲学考察》一部大书（*Ideen zur Philosophie des Geschichte der Menschheit*，日译本题《历史哲学》，卷首收入1774年《历史哲学序论》，《泰西各国历史丛书》

版），便想从宇宙开辟之自然史出发，以至人类有意志止，都把一个自然定律连串起来，使历史成功一个连续律的关系，在很杂乱的人类过去里面发现那和天体运动定律一律美好的自然定律。他的根本思想在认为人类的发展有个最后到达的目标，就是所谓“Humanität”。他先瞥见了地球、植物、动物的进化痕迹，而后进论人类界中之历史生活，再三力说人类的到达点，实即不外充分发达了人类所具的各种性能，而到达于内的调和和满足的状态。然要如此，则不可不教育个人，人类只有因教育始成为人，社会的要素由他看来，倒不过教化个人的一种手段罢了。对于这种以人道主义为人类理想状态的历史哲学，康德虽不发生异议，甚至在赫尔德的历史哲学中，也还讲述着他的先生康德的一种特殊的辩证法。尽管如此，康德在所作《赫尔德著〈人类的历史哲学考〉的批判》中，仍嫌赫尔德太趋于无批判的平等观了。依照赫尔德，人类历史是自然的发展的继续，自然和人类历史不是对立而是一定阶段中的发展，从低级的阶段发展到高级阶段是宇宙的一般规律。康德不同意这点，他宁可接受卢梭所说自然和人类历史的对立。正如他在《人类历史之想像的起原》中所指出：

自然的历史是从善开始，为什么？因为那是神的事业。自由的历史是从恶开始，为什么？因为那是人类的事业。

赫尔德只知道人类历史就是世界历史的一部分，是由于内在于自然里面的有机力而行动，却不知历史更重要的是由于人类的理性而行动，所以康德批判他。还有在赫尔德，历史的前进运动，是依于力之均衡的辩证法而发展，所重在于均衡的努力。反之，康德虽和赫尔德一样从进步的理想出发，而所重则在敌对关系的发展，即依于全自然中的敌对势力的发展与战争，而人类史才有更远大的前途。正因为社会中人类的敌对乃是自然为完成一切人类的实践的发展而取的手段，所以康德不反对自然利用战争，不像赫尔德那样过于单调人道主义来决定历史的意义和价值。在这一点，康德和赫尔德的意见分歧。

（四）

康德为什么把人类的历史和自然的历史对立起来呢？这是因为康德把人类的历史看作自由的发展的历史。作为人类历史的特有意义，乃在道德，道德是历史的先天的要素，而道德是必和自由相伴而成立，人类历史的发展，结果不过自由的发展。如黑格尔所说“世界历史就是自由意识的发达”，其来源即出自康德。康德是十八世纪德国资产阶级意识的代表者，看重个人自由是有他的社会经济背景的。然而在法国，当时讲自由是有它真正的阶级的物质基础，而在德国则仅仅软弱的市民阶级，还不能发展为共同的民族利益。正如马克思在《德意志意识形态》第二部分中一节中所指出：

> 法国的自由主义，……在德国资产阶级及其思想意识的辩护人康德，……把这些物质利益的理论表现与这些物质利益本身给分开了。他把法国资产阶级的具有物质动机的意志，给变成了自由意志的、自在自为意志的、人类意志的一个纯粹的自身规定。他就用这种方法把那个具有物质动机的意志给变成一个纯粹的思想意识形态的决定和道德的假定了。（吴恩裕译《论康德和政治的自由主义》）

这最明显地表现在康德的历史哲学方面，在《世界公民见地上的一般历史考》开题即说：

> 意志自由这个概念，无论从形而上学的见地怎样解释，也是意志的现象，即人类的行为和其他自然界的一切事象同样为普遍的自然律所规定。历史从事记述人类的这些现象，即令这现象的原因如何神秘，尚自从历史期待着次之二事：即历史把人类的自由意志的营为作为全体来考察，便可发现它的合规律的真正过程。由于这种方法就各个人看来是纷乱的无法则的东西，而就全人类看来，却可认出人类本来具有的素质，尽管缓缓地而实不断地进步发展着。例如婚姻生死等是受人类的自由意志的极大影响，一见似乎那些数目都是不能预先计算，没有可以决定的法则似的，但是依诸大国每年发表的统计表，这事体还是依照恒常不变的自然法则而发生，恰如变化无常的气候之有一定的法则似的，各个人各民族固初不料，当其各自依自己的意志行动之时，实则不知不觉中却正在依照自然的意图，他们并不知道此项自然的意图，即使知道亦不以为意——向着这个目的前进，而且为完成此目的而努力。

康德的意志自由实际即此纯粹的思想意识形态，要实现这种早由造化预定的抽象的自由，须依靠人类全体，个体的力量是不可能的。康德区别自然史和人类史，人类史要在承认有了这种抽象的自由才能成立。人类自从脱离了自然的和平状态，即感于生活上的不满，由其意志自由而产生种种的历史事业，自由是历史的原动力，然而这进入自由状态的历史生活，事实上乃处于敌对关系的社会，即人们一方面经营社会生活，一方面有其分离独立的倾向。用康德的话来说，即人之非社交的社交性（ungesellige Geselligkeit）。康德所想象的历史的起源，实际即从这非社交的社交性开始。这当然是一种矛盾，是人和人之间的矛盾，作为地球上唯一的理性动物的人类，既有社交的欲望，又有分离独立的欲望；有希望形成团结、和平的社会的倾向，又有与其他人们不断的冲突斗争的倾向。自然即利用人类这种敌对关系作为达到它的伟大的最后目标的一种手段，使人类史的无拘无束的自由状态最后又复归到和平安静的自然状态。即因如此，人类历史名为人类历史，实际乃是自然的隐藏的计划之实践的过程。人类的历史是自由的历史，因有自由这一个历史范畴，人类乃和自然对立。然而归根结底，人类的自由乃不过自然所以达到它的目标的一种手段，人类的意志自由，无论怎样解释，都不过成为自然的傀儡。这就是修正派阿德勒所以称康德为“真正伟大的历史理论”，为“进步的机械主义”（页56—57），而可以拿来补足马克思主义历史观的浅薄的理由。

（五）

康德在历史哲学论文上所表现的自由观念，实际是非合理的自由观，这种自由是不可避免地要和人的罪恶相伴着，因此人类造作自由的历史实际也就是造作罪恶的历史。康德在1792年于《柏林月报》发表《关于根本恶》（Das radikal Böse）的一篇论文，后收入1793年《单纯理性范围内的宗教》第一篇，接着加入了《善的原理和恶的原理之人类支配权的斗争》《对于恶的原理之善的原理的胜利和在地上神之王国的建设》《关于宗教和僧侣制度》等三篇。康德虽然把人类历史寄托于善和恶二原理的斗争而最后善之原理胜利，却是既以人性的根本恶为宗教的起因，则无疑还是受了落后的基督教所唱“罪业”的观念的影响。在和宗教论和道德论相结合的他的历史哲学里面，康德将作为历史的根本动力的人类的意志自由，从其经验的基础上认为根本恶，这种观点和当时法国启蒙学者的历史哲学大不相同，相形之下显然是思想上的一退步。

法国启蒙学者因长期和中国文化接触的关系，当中国经籍很多译成西文，而中国儒家人性本善的哲学乃得输入欧洲，为启蒙学者的进步思想导其先河。例如1788年伦敦刊行在巴黎发售的一部伪书《巴多明译注：自然法》（*Le Code de la Nature, Poème de Confucius, traduit et commenté par le P. Parrenin*），1752年伏尔德著《自然法赋》（*Le poème sur la Loi naturelle*）的初篇，都是受了中国哲学影响以后宣传人性本善的学说。据摩尔利（Morley）所著《狄德罗和百科全书派》（*Diderot and the Encyclopedists*. Vol. Ⅰ, p. 5），则简直认人性本善就是十八世纪的思想精神。早年马克思很看重这种思想，所以在《神圣家族》里指出：

> 并不需要多大的聪明就可以看出，关于人性本善和人们智力平等，关于经验、习惯、教育的万能、至于外部环境对人的影响，关于工业的重大意义，关于享乐的合理性等等的唯物主义学说，同共产主义和社会主义之间有着必然的联系。（《马克思恩格斯全集》第二卷页166，人民出版社）

尽管法国启蒙学者的人性本善说和阶级社会中的人性有很大距离，是有其思想的制限性，但此种获自中国的思想精神，比较康德所获自基督教的根本恶说究竟有很大区别。前者倾向人类历史的乐观主义，后者导致人类历史的悲观主义。在政治思想方面，前者和共产主义和社会主义之间有着必然的联系，而后者则完全和封建地主的统治社会相联系。例如康德在《世界公民见地上的一般历史考》中所提第六命题是：

> 最困难的问题同时又是最后才能解决的问题，即人类在同

类之中总是滥用自己的自由而限制他人的自由。因有这种动物的倾向，所以人们在同类生活之中必需有“主君”那样动物，但此“主君”当然只能在人类之中去找，而“主君”亦必需要另一个的“主君”。

这从根本恶的理论所演绎出来的给封建统治者服务的政治理论，是完全反民主的专制主义理论，怪不得赫尔德在他的《历史哲学》第二部第九卷中（日文版上册，页538—539）特别加以指斥。人类的历史如果只是这样具动物性的倾向的历史，那就应该没有道德的生活可言，而永远不会实现将来的“各尽所能，各取所需”的共产社会了。康德的人性观在受基督教的传统影响之外，更可溯及马基雅弗利的《霸术》一书。墨索里尼为《霸术》作序公开地说：“人完全是败德的动物，任何统治的方法都是合理的。”斯大林在《论苏联伟大卫国战争》中指出，这最恶毒的反动派希特勒的性恶论是：

“一个人”，希特勒说，“是生来就恶的，只有用暴力才能使他就范。对他说，任何手段都是容许的，应该说谎，应该背信，甚至应该杀人，只要政策是要求这样做的时候。”（页21—22，时代出版社）

斯大林的结论认为：“德国强盗由于自己道德的败坏，已经丧失人性，早已与野兽为伍了。”康德的根本恶，虽然和墨索里尼、希特勒这些法西斯之徒大有区别，但从某种意义上说，德国观念论的历史哲学，从康德到黑格尔或叔本华，无不带历史的悲观主义的色彩。历史既不是幸福的舞台，也不是道德的舞台，既然人性本恶，那末残酷的战争不是很必要吗？

（六）

固然我们也可以说康德是二元主义者，他一方面从经验论立场承认人性的根本恶，一方面又可从形而上学立场提出作为先验的要素之合法的永久和平。在《世界公民见地上的一般历史考》所提第五命题，他指出："自然所强迫人类必须解决的最大问题，乃是设立对全体成员得以行使合法权利的公民的社会。"康德是十八世纪德国资产阶级之意识的代表者，其理想的公民社会当然不出于资产阶级社会。1795年他写下《永久和平论》，提出他所认为国际间永久和平的必要条件，全篇结构先述预备的条款六项，次述决定的条款三项，此论文实际即为继续《世界公民见地上的一般历史考》而进一步提供其具体计划，其中最主要的确定条款是"国际公法应该以一切自由国家的联合为其基础"。这在康德所理想的世界公民的和平社会，其实现即现在的国际联盟，也就是世界资产阶级国家的联盟。康德要凭藉这种联盟来消灭战争，却不知国际间战争正是由于建立在资本制度上面的"市民的"社会之必然的结果。所谓自由国家的联合，事实上成为帝国主义国家的联合，既然把被压迫的民族永远拒绝于行政会之外，既然联盟的目的在阻碍社会主义国家，既然说不上国际平等，当然也不能保障和平和停止战争。最意味深长的是，康德晚年七十四岁时所写的《人间学》，在第二部第五篇讲到"人类的性格"时，提出了他一生所坚持全人类之"世界公民的"组织的理想为终结。康德认为不管"人类中所称为恶的种族"是具如何恶德，全人类也是倾向于"世界公民的组织"的理想前进。公民的制度是作为人类本分所要达成的最后目的（页332），是人类依照自然的隐藏的计划而完全实现其目的的状态。然而这种境界，在康德作为一种理想，实际并不以为能够实现。与此相反，他做梦也没有想到，他的这种理想，后来竟成为美帝国主义国家的阴谋政治统治全世界的意图。

从康德的永久和平的计划一变而成为美国世界政府的世界主义理论，所谓世界联邦主义者，他们企图要为世界建立起某种国际运动的姿态，他们所用的口号就是康德的永久和平。因为康德的永久和平原来就是站在资产阶级立场，所以美帝国主义竟可以利用来要求亚非各民族人民取消民族独立，以实现美帝国主义对全世界的统治。康德的历史哲学，如在1786年《人类历史之想像的起原》中为文化的发展，而颂扬战争的意义；在1796年《法理学之形而上学的基础》中，承认国家有从事战争的权利。既然把战争看成各族人民的关系中的自然状态，还有什么永久和平？因此他所标榜的永久和平，结果不过是虚伪的幌子，作为掩饰资本主义国家间矛盾的企图，而实际正是干涉和侵略政策的工具。

（七）

总而言之，康德的历史哲学基本上是资产阶级历史哲学的立场、观点，和马克思主义站在工人阶级的立场、观点的历史唯物主义，真有天壤之别。尽管康德也应用了历史的辩证法，不能说没有一些贡献，尤其是在自然史方面。但这种贡献是有它的历史制限性的。我们不但坚决反对像阿德勒那样用康德的历史哲学来补充马克思主义的修正主义，我们甚至基本上反对一切空洞、抽象、毫无内容的以人性论作为历史决定论的资产阶级历史哲学。

1960年5月18日

于北京大学